Stefan Scherer

Witzige Spielgemälde

Quellen und Forschungen
zur Literatur- und Kulturgeschichte

Begründet als

Quellen und Forschungen
zur Sprach- und Kulturgeschichte
der germanischen Völker

von

Bernhard Ten Brink und
Wilhelm Scherer

Herausgegeben von

Ernst Osterkamp und
Werner Röcke

26 (260)

W DE G

Walter de Gruyter · Berlin · New York
2003

Witzige Spielgemälde

Tieck und das Drama der Romantik

von

Stefan Scherer

W
DE
G

Walter de Gruyter · Berlin · New York

2003

♾ Gedruckt auf säurefreiem Papier,
das die US-ANSI-Norm über Haltbarkeit erfüllt.

ISBN 3-11-017774-9
ISSN 0946-9419

Bibliografische Information Der Deutschen Bibliothek

Die Deutsche Bibliothek verzeichnet diese Publikation in der Deutschen Nationalbibliografie;
detaillierte bibliografische Daten sind im Internet über http://dnb.ddb.de abrufbar.

Printed in Germany
Einbandgestaltung: Sigurd Wendland, Berlin

Inhalt

Entstehung und Etablierung

Literarisierung – Übergänglichkeit – Zerstreuung.
Tiecks Experimentaldramatik von der Anverwandlung der Tradition
zum frührealistischen Universalschauspiel

Stationen der Geschichte

Dekonstruktion

Wirkung

> Wir sollten eigentlich gar kein Drama machen
> es werden doch alle romantisch.
> (Schleiermacher: Gedanken III, 1798-1801;
> [1984], 124)

Epilogische Vorrede

Gegenstand der vorliegenden Arbeit sind dramatische Werke der deutschsprachigen Romantik. Den Schwerpunkt bilden die vier bedeutendsten Autoren des Kanons: Tieck, Brentano, Arnim, Eichendorff. Dramen der europäischen Romantik bleiben unberücksichtigt – im Bewußtsein der Tatsache, daß es sich bei der literarischen Romantik um ein eminent europäisches Phänomen handelt.[1] Das Argument der Gegenstandsbegrenzung tritt gegenüber genealogischen und historischen Gesichtspunkten zurück. Vorrangig ist das Interesse an der Rekonstruktion produktions- und rezeptionslogischer Voraussetzungen einer Dramenliteratur, deren Genese sich mit dem Namen Ludwig Tiecks verbindet. Von Tieck werden prototypische Elemente und Verfahrensweisen dessen ausgebildet, was der literarhistorische Diskurs als Romantik rubriziert. Daran knüpft die Reihe bekannter romantischer Autoren an, die mit dramatischen Werken hervorgetreten sind: teils in enger Anlehnung an Tiecks Dramen (als texturprägende Hypotexte), teils in stärkerer struktureller Abweichung bei Wahrung bestimmter Verfahrensäquivalenzen. Das Korpus der behandelten Autoren und die historische Begrenzung der Darstellung begründet sich aus der epochalen Einheit romantischer Literatur als Konstellation von Texten, die bei aller Disparatheit der Formationen vom Glauben an die Produktivität der Poesie und von der regulativen Idee ihrer höheren Ganzheit geleitet sind. Das Spektrum der behandelten Werke reicht folglich vom frühen Tieck bis zum spät- und übergangszeitlichen Eichendorff. Szenische Texte der 20er und 30er Jahre, die wie bei Grabbe, Platen, Immermann, Grillparzer, Nestroy, Raimund und Büchner zum Teil noch verwandtschaftliche Bezüge zur romantischen Dramaturgie aufweisen, entstehen unter den epochal veränderten Vorzeichen seit 1815.[2] Mit Ausnahme der Dramen Eichendorffs von den 20er bis zu den 40er Jahren gehören sie deshalb bereits der Wirkungsgeschichte an.

Die Arbeit gliedert sich in drei größere Teile: Einer ausführlichen Grundlegung zur Produktionslogik romantischer Dramatik vor dem Hintergrund zentraler Poetologeme frühromantischer Theoriebildung und prototypischer Kennzeichen romantischer Literatur – mit stetem Blick auf das epochale Spektrum der ganzen *literarischen* Romantik bis in die Spätphase bei Eichendorff – schließt sich die genauere Entfaltung der Logik und Genealogie der romantischen Texte Tiecks an. Rekonstruiert werden Voraussetzungen generischer Innovationen als Konsequenz zweier leitender Prinzipien: der Verfügbarkeit und der Sprachlichkeit von Litera-

---

[1] Vgl. Gillespie (1994), Hoffmeister (1978/1994).
[2] Vgl. Sautermeister/Schmid (1998, 9-15).

tur, die zur Literarisierung der dramatischen Rede – regulative Leit-These vorliegender Abhandlung – führen. Die Nachzeichnung des dramatischen Gesamtwerks Tiecks verfolgt Stationen der evolutionären Transformationsgeschichte über die Jahrhundertwende hinweg bis zum frührealistischen Universalschauspiel. Dem zentralen Kapitel schließen sich Überblicksartikel zur dramatischen Produktion der genannten kanonischen Autoren mit Ausblicken auf Friedrich und August Wilhelm Schlegel, Chamisso, E.T.A. Hoffmann, Kerner und Karoline von Günderrode an, daneben auf Filiationen im 'malerischen' Schauspiel der sog. Dresdner Pseudoromantik (Friedrich Kind). Die Beobachtungen zur Dekonstruktion des romantischen Dramas bei Eichendorff leiten über in den knappen Ausblick auf die Wirkungsgeschichte basaler Strukturelemente und Verfahrensweisen vom Vormärz über die Wiener Moderne bis zur Gegenwart.

Methodisch ist die Arbeit in erster Linie daran interessiert, die strukturale Logik des Produziertseins und deren Transformationsgeschichte, also die historische Abwandlung und experimentelle Erneuerung szenischer Sprachlichkeit auf der Folie gattungspoetologischer Formaprioris der dramatischen Rede zu rekonstruieren. Gesellschafts-, sozial-, medien-, diskurs- und psychohistorische Kontextannahmen spielen als Rahmenbedingungen hinein und werden ebenso wie biographische, textgenetische, gruppensoziologische, zeit- und geistesgeschichtliche Daten fallweise an den Werken konkretisiert. Die werkbezogene Darstellung beschreibt organisationslogische Voraussetzungen und ästhetische Effekte einer historischen Dramaturgie, ohne die Kontexte, soweit diese bekannt sind, in extenso zu entfalten. Analysiert werden medienspezifisch und generisch regulierte Verfahrensweisen, die als Werke kommuniziert werden, ohne einmal mehr die reziproke Autor- und Werkkonstruktion selbst zu problematisieren: Das Werk als unterscheidbare literarische Einheit definiert sich durch die Kopplung eines Texts an Autor und Leser als Instanzen seiner Produktion, wie der Autor aus der wie auch immer konventionalisierten Wechselzuweisung von Selbst- und Fremdkonstitution (vermittels der institutionalisierten Agenten des zeitgenössischen Wissenshaushalts und des Literaturbetriebs) entsteht.[3] Das unentfaltet Unzulängliche dieser Setzung wird komplexitätsreduzierend in Kauf genommen. Denn beobachtet werden sollen vor allem textuelle Formationen, die sich je spezifisch abgeschlossen präsentieren und einem Autor als Instanz ihrer Hervorbringung zugerechnet werden können, wie diskursiv, markt- und eigentumsrechtlich vermittelt die Autor- und Werkkonstruktion auch immer sein mag. Eine weitere Komplexitätsreduktion besteht darin, daß mit vorliegender Arbeit der Versuch einer umfassenden Zusammenschau der von der Romantik-Forschung vernachlässigten Gattung unternommen wird. Auf Forschungskontroversen kann die Untersuchung nur bedingt zurückblicken, was vom Zwang zum originellen philologisch-methodischen Gegenentwurf entlastet.

---

[3] Resümierend dazu Brenner (1998, 266f.).

Vorherrschend ist daher bei der Erfassung und Kontextualisierung des bislang ganz unterschiedlich ausgewerteten Materials der – interpretierende – Kommentar: die textbezogene Erschließung, die ihr Instrumentarium der strukturalistisch geschulten Form-'Analyse' und der auf konkrete Textrelationen zurückgebundenen Intertextualitätstheorie entlehnt. Die Transformationen dramatischer Texte seit 1795 im Gefolge der bekannten literaturinternen wie kontextuellen Umbrüche werden also nach mehr oder weniger konventionellen philologischen Gesichtspunkten (Gattungslogik, Strukturen/Texturen, Intertextualität, medienspezifische Rezeptionslogik usw.) beobachtet. Parallele Epochen- und Textformationen kommen von Fall zu Fall in den Blick. Die Arbeit versteht sich als Beitrag zu einer historischen Poetik der Form. Sie begegnet dem altehrwürdigen Vermittlungsproblem von Text und Kontext in der Sozialgeschichte der Literatur, indem sie die Historizität literarischer Texturen erschließt. Ziel ist eine verfahrensbezogene Rekonstruktion der historischen Poetizität romantischer Literatur an der Gattung Drama – der produktiven generischen Möglichkeiten und der kraft Literarisierung der Form zur Geltung gebrachten poetischen Metaphysik.

Unsere Aufmerksamkeit ist in jedem Augenblick
unseres Lebens viel mehr auf das gerichtet, was wir
ersehnen, als auf das, was wirklich vor uns ist.[1]

Die Phantasie wird nur von dem erregt, was man
noch nicht oder nicht mehr besitzt; der Leib will
haben, aber die Seele will nicht haben.[2]

Voraussetzungen

Phantasie und Präsenz – Drama und Romantik.
Rekonstruktion einer paradoxen Gattung

Romantische Schule! Das ist ein Wort, vieldeutsam,
unverständlich, nach Gelegenheit dumm.[3]

1. Romantik

Poesie, Roman, (Früh)romantik

Die regulative Idee der literarischen Romantik besteht in der Entfaltung und literarischen Reflexion der produktiven Möglichkeiten von 'Poesie'[4]. In einem auf
die Zukunft gerichteten und die vergangene Einheit der Dinge zugleich renovie-
renden 'Projekt' soll diese in die Welt eintreten und dort real werden. Möglich
wird die Poetisierung, orientiert am Leitgedanken von der Mannigfaltigkeit und
höheren Ganzheit des Lebendigen, weil „die Schönheit [...] nicht bloß der leere
Gedanke von etwas" ist, „was hervorgebracht werden soll, sondern zugleich die
Sache selbst, eine der ursprünglichen Handlungsweisen des menschlichen Geistes;
nicht bloß eine notwendige Fiktion, sondern auch ein Faktum, nämlich ein ewiges
transzendentales"[5] – „das ächt absolut Reelle".[6] Abgeleitet wird die der Poesie

---

[1] Proust: Osterferien (1996, 29).

[2] Musil: Der Mann ohne Eigenschaften (1978, 1666) (aus den Entwürfen zur 'Reise ins Paradies',
     Mitte der 20er Jahre).

[3] Tieck: Das alte Buch und die Reise in's Blaue hinein (Tieck-DKV XI, 850).

[4] Poesie, im folgenden nicht mehr diakritisch gekennzeichnet, meint die wie auch immer metaphy-
     sisch aufgeladene, selbständig gewordene Literatur, die um 1770 entsteht. Auf die Verhältnisse
     um 1800 bezogen, bezeichnet das Wort die progressive Universalpoesie der Frühromantik wie die
     politisch und religiös motivierte Literatur der späteren Romantik, ebenso die anthropozentrisch
     orientierte Freiheits-, Humanitäts- und Bewahrungskonzeption der Weimarer Klassik.

[5] Friedrich Schlegel: Athenäum-Fragment 256; KSuF II, 130.

attestierte Produktivität – hervorgegangen aus den vielbeschriebenen Transformationsprozessen in kunst-, literatur-, wissenschafts-, gesellschafts-, medien- und diskursgeschichtlicher Perspektive seit Mitte des 18. Jahrhunderts, vorbereitet wiederum durch den wahrnehmungsgeschichtlichen und epistemologischen Bruch im ersten Drittel des 17. Jahrhunderts[7] – von der Auffassung ihrer Einheit mit der Welt am Indifferenzpunkt von „Körper" und „Seele": Beide „Systeme von Sinnen" sind auf das „innigste mit einander verwebt".[8] Der „Sitz der Seele", einer im Diskurs der Empfindsamkeit emergierten und nun dem individualisierten Subjekt eingeschriebenen psychophysischen Innerlichkeit, ist dem 19. *Blüthenstaub*-Fragment zufolge dort, „wo sich Innenwelt und Außenwelt berühren" – „in jedem Punkte der Durchdringung".[9]

Angesteuert werden diese Punkte von der *literarisierten* Schrift.[10] Romantische Poesie erzeugt Anordnungen der Schrift, die sich als Substitution lebendiger Rede und als 'Abdruck' des menschlichen Geists selbst an der Grenzfläche von Innen- und Außenwelt bewegen.[11] Schrift mortifiziert die Mündlichkeit in eine Buchsta-

---

6 [2]Novalis II, 647; zu diesem höheren 'Realismus' als „Harmonie des Ideellen und Reellen" vgl. Friedrich Schlegels *Rede über die Mythologie*, deren lakonische Übertreibungs- und paradoxe Zuspitzungsrhetorik einen „grenzenlose[n] Realismus" postuliert, indem der „Idealismus in jeder Form" aus sich herausgeht, um wieder „in sich zurückkehren zu können" und damit „zu bleiben was er ist" (KFuS II, 203).

7 Vgl. Bockelmann (1991/1998).

8 [2]Novalis II, 546. „Ein System heißt der Körper, Eins, die Seele. Jenes steht in der Abhängigkeit von äußern Reitzen, deren Inbegriff wir die Natur oder die äußre Welt nennen. Dieses steht ursprünglich in der Abhängigkeit eines Inbegriffs innerer Reitze, den wir den Geist nennen, oder die Geisterwelt. Gewöhnlich steht dieses leztere System in einen Associationsnexus mit dem andern System – und wird von diesem afficirt. Dennoch sind häufige Spuren eines umgekehrten Verhältnisses anzutreffen, und man bemerckt ald, daß beyde Systeme eigentlich in einem Vollkommnen Wechselverhältnisse stehen sollten, in welches jedes von seiner Welt afficirt, einen Einklang, keinen Einton bildeten. Kurz beyde Welten, so wie beyde Systeme sollen eine freye Harmonie, keine Disharmonie oder Monotonie bilden. Der Übergang von Monotonie zur Harmonie wird freylich durch Disharmonie gehen – und nur am Ende wird eine Harmonie entstehn" (546f.). „Der Dichter findet also zu der innigen Verschmelzung des Geistlichen und Sinnlichen", so A.W. Schlegel in den Jenaer *Vorlesungen über philosophische Kunstlehre* von 1798 (Schlegel-Vo I, 49).

9 Athenäum I, 74.

10 Die diskursive Konstruktion imaginärer Innerlichkeit im Prozeß des 18. Jahrhunderts, die solche Schrift ansteuert *und* operativ freisetzt, ermittelt die 'Mediologie' Koschorkes (1999) an den Funktionstransformationen literarischer Rede im Verhältnis von (rhetorisch-persuasiver) Stimme und (produktiv-selbstorganisierter) Schrift. Die Beschreibung poetischer Emergenzeffekte in romantischer Dramaturgie sind Koschorkes Überlegungen zur *sekundären* Wiedererstattung von 'Präsenz' ganz grundsätzlich verpflichtet.

11 „Die Sprache ist kein Produkt der Natur, sondern ein Abdruck des menschlichen Geistes, der darin die Entstehung und Verwandtschaft seiner Vorstellungen, und den ganzen Mechanismus seiner Operationen niederlegt. Es wird also in der Poesie schon Gebildetes wieder gebildet; und die Bildsamkeit ihres Organs ist ebenso gränzenlos, als die Fähigkeit des Geistes zur Rückkehr auf sich selbst durch immer höhere potenzirtere Reflexionen. Es ist daher nicht zu verwundern, daß die Erscheinung der menschlichen Natur in der Poesie sich mehr vergeistigen und verklären kann

benfolge, und sie ist Medium zur Freisetzung und energetischen Produktion von Innerlichkeit. Denn der „Buchstabe ist fixirter Geist. Lesen heißt, gebundnen Geist frei machen, also eine magische Handlung"[12], weil die Umstellung der Literatur von Rhetorik auf Hermeneutik, die Umprogrammierung von der auf Passivität abzielenden Rezeption eines rhetorisch organisierten und dergestalt vorgegebenen, eindeutigen Zwecks auf die interpretierende Hervorbringung von Sinn die Selbsttätigkeit des lesenden Subjekts aktiviert.[13] Erst diese konstituiert das ästhetische Werk. Die Verschmelzung von Innen- und Außenwelt in der stillen Lektüre durch imaginäre Verlebendigung der toten Buchstaben – der „menschliche Geist" geht hier auf „wie eine schöne Blume"[14] – stiftet die höhere Verbindung: als halluzinative Effekte des Lesens, sekundäre Phantasmen der Einheit mit den Dingen, die dem Leser nach der autorseitigen Verwandlung von Geist, Seele und lebendiger (mündlicher) Rede in Buchstaben aus dem Buch wiederauferstehen. Poesie ist in der Romantik der Name für das schriftinduzierte Vermögen des Menschen, sich selbst vermittels der Sprache in innigster Einheit mit der Welt zu vernehmen.

Sie überschreitet damit nicht nur die Grenzen der realen Welt, sondern auch der literarischen Gattungen samt ihrer je eigenen Logik des Produziertseins. „Die romantische Poesie ist also die Idee der Poesie selbst; sie ist das Kontinuum der Kunstformen"[15] – nicht aber als harmonische Einheit, sondern als Versprachlichung der schaffenden Natur, in der sich das Prinzip des Lebendigen selbst bespiegelt. Sie repräsentiert das potentiell unendliche Kontinuum des Vielfältigen und Disparaten, in dem sich die innere Organisation der Welt, das Herz der Dinge, artikuliert. Die „schöne Ordnung" der Welt[16], so verstanden, kann der endliche literarische Text nicht darstellen, denn sie besteht aus unbegrenzbarer Mannigfaltigkeit, die durch Anreicherung zu erweitern ist. Poesie verweist auf die höhere Ordnung deshalb in all ihren Bestandteilen allegorisch. Ihr Modus ist die artifizielle Darbietung des je Disparaten, das sich in der produktiven Einbildungskraft des Lesers zur infiniten Potentialität einer willkürlich und künstlich geordneten schönen Vielfalt zusammenschließt. „Zum Ganzen, zum Werk" wird sie

---

als in den übrigen Künsten, und daß sie bis in mystische und geheimnisvolle Regionen eine Bahn zu finden weiß" (Schlegel-Vo I; Kunstlehre, 387f.).

12   Friedrich Schlegel: Philosophische Fragmente. Erste Epoche III; KSuF V, 78, [1229].

13   Buchstaben eröffnen jetzt die Unendlichkeit des Sinns durch die unabschließbare Interpretationsbedürftigkeit des Werks, die es dem omnipotenten Leser als zweitem Autor (F. Schlegel) überläßt, ihren inneren Geist gleich dem göttlichen Atem der Dinge zu ermitteln: „Die reinen und eigentlichen Konsonanten bilden das Charakteristische der Sprachen, und sind der Körper desselben; die Vokale enthalten den musikalischen Bestandteil und entsprechen dem Prinzip der Seele; der Anhauch aber, der auch in den andern Buchstaben die dessen empfänglich sind, mitwirkend versteckt, und an sie wie an seinen körperlichen Träger gebunden ist, entspricht nebst diesem seinem Gefolge der aspirabeln Buchstaben, dem göttlichen Element des Geistes" (Friedrich Schlegel: Geschichte der alten und neuen Literatur; KFSA VI, 113f.).

14   Kleist: Das Erdbeben in Chili; Kleist III, 152.

15   Benjamin (1973, 83).

16   Valeria alias Flammetta in Brentanos *Ponce de Leon* (Brentano-SW XII, 497).

„durch die Beziehung der ganzen Komposition auf eine höhere Einheit, als jene Einheit des Buchstabens, über die er [der romantische Roman] sich oft wegsetzt und wegsetzen darf, durch das Band der Ideen, durch einen geistigen Zentralpunkt".[17]

Die Idealform der *harmonia discors*, der Verbindung des Entgegengesetzten in der paradoxen Einheit von „unendlich volle[m] Chaos"[18] und „fragmentarische[r] Universalität"[19], ist der Roman, der mit Goethes *Wilhelm Meisters Lehrjahren* zum Vorbild und endgültig für poesiefähig erklärt wird. Als romantisches Buch ist er Inbegriff der Poesie, weil die gattungspoetische Unbestimmtheit die vielfältigen Ausprägungen zu einer in sich heterogenen Einheit synthetisiert, die in einem offenen und selbstreferentiell potenzierten Prozeß der Literarisierung – im permanenten 'Werden' als grundsätzlich unabschließbar begründet – zwischen 'allen' Gegensätzen 'schwebt'.[20] Von daher gibt auch der Roman der angestrebten, in der Endlichkeit einer realisierten Gestaltung aber nie einzulösenden Idealform romantischer Literatur den Namen, selbst wenn im Diskurs vom Romantischen, der als Redeformation erst nach 1800 zur Epochensignatur in Abgrenzung zur Klassik aufsteigt[21], eine Reihe ganz diverser Semantiken eingehen.[22]

Dem Begriff des Romantischen inhärieren, unabhängig auch von der Unterscheidung zwischen früher und späterer Romantik, deshalb so viele Bedeutungen und Zuschreibungen, daß die Zweifel am sinnvollen Gebrauch der Kategorie längst ubiquitär sind[23] – formuliert im übrigen bereits von dem Autor, der mit der

---

17 Friedrich Schlegel: Gespräch über die Poesie; KSuF II, 213.

18 Friedrich Schlegel: Ideen (1800); KSuF II, 227 [69]; zur Semantik von Schlegels Chaos-Begriff vgl. Menninghaus (1987, 204-207).

19 Friedrich Schlegel: Abschluß des Lessing-Aufsatzes (1801); KSuF II, 259; zum 'fragmentarischen Universalismus' vgl. Frank (1989, 238), Ostermann (1994, 280-283), Kremer (1997, 27).

20 116. *Athenäum*-Fragment; zum oft beschriebenen Schweben vgl. Menninghaus (1987, 132-142); eine philosophische Rekonstruktion des 'Schwebens der Einbildungskraft' bei Hühn (1996).

21 Bis vor 1800 haben sich 'klassische' und 'romantische' Autoren kaum in Opposition zueinander verstanden, so „daß die Jenaer Romantik durchaus nicht als Gegenbewegung gegen die auch programmatisch erklärte Klassik begann, sondern sich zunächst eher als eine Gemeinschaft von Autoren der jüngeren Generation darstellte" (Stein 1990, 237); ähnlich Ziolkowski (1995), der die Bifurkation, die zu Goethes Abwertung der Romantiker führte, auf die Zeit nach 1805 (Schillers Tod) datiert; vgl. auch die ereignisgeschichtliche Perspektivierung der 'Krisenjahre der Frühromantik' bei Paulin (1993b). Zu den gruppensoziologischen Faktoren der Epochenbildung siehe Kolk (1997, 82): „Tatsächlich läßt sich für die Jahre zwischen 1798 und etwa 1803 vielfach beobachten, wie Gruppierungen durch die allgegenwärtigen Kontroversen homogenisiert werden und zugleich ihre Gegner nur schematisiert wahrnehmen". Als polemische Vergemeinschaftungen gegen literarische Gegner generieren solche Gruppenbildungen strukturbildende Konzepte der literarischen Selbstverständigung, denen später epochale Triftigkeit attestiert wird. Zur Rhetorik der 'neuen Epoche' als Kommunikationsstrategie zur epochalen Codierung von 'Romantik' siehe Schmitz (1995, 293).

22 Zur Herkunft und Tradition des Worts vgl. Immerwahr (1972), resümierend Behler (1992, 118, 130f.) mit Einwänden gegen die etymologische Engführung von Roman und Romantik.

23 Vgl. u.v.a. Gaier (1987). Von einigen Arbeiten ist Romantik als Epochenbegriff sogar verabschiedet worden, ohne daß sie tatsächlich von seinem Gebrauch absehen können (vgl. Schulz 1983,

Sammlung seiner Schriften *Romantische Dichtungen* (1799/1800)[24] nicht unwesentlich zur Popularisierung und epochalen Kodifizierung des Wortes beiträgt.[25] Für Ludwig Tieck aber handelt es sich nicht um einen inhaltlich, weltanschaulich, geschichtsphilosophisch, religiös oder poetologisch begründeten Begriff im Sinne einer *bestimmten* literaturprogrammatischen Konzeption; auch nicht für eine „neue oder gar höhere Art der Poesie". Vielmehr habe das Attribut nur andeuten wollen, „daß der Leser in die entgegengesetztesten Regionen des Gefühls, der Leidenschaft, der Phantasiewelt in raschem Wechsel eingeführt werden solle".[26] Die Mannigfaltigkeit im schnellen Wechsel des Heterogenen – „eigentliche romantische Prosa", notiert Novalis, „höchst *abwechselnd* – wunderbar – sonderliche Wendungen – rasche Sprünge – durchaus dramatisch"[27] – läßt eine normbildende Bestimmung dessen, was unter Romantik zu rubrizieren ist, nicht zu. Es handelt sich weniger um einen nach gattungspoetologischen Kriterien zu fixierenden Stoff- und Formbegriff als in erster Linie um ein konstruktives Verfahren: zur literarischen Demonstration schneller Grenzübergänge bei Tieck, zur poetischen Herstellung einer sinnerfüllten Einheit bei Novalis.[28]

---

76). Zwar problematisiert Schulz den kategorialen Wert des Worts, unter dem allzu Verschiedenes subsumiert werde. Dennoch erfaßt er signifikante Ausprägungen dessen, was deutlich genug von anderen literarischen Konstellationen und Darbietungsformen zu unterscheiden ist. Zur Diskussion und Rettung des Epochenbegriffs Romantik unter expliziter Bezugnahme auf die Einwände von Schulz vgl. Segeberg (1994, 36), der die Unterschiede in „bestimmten Konfigurationen von Texten und textproduzierenden Institutionen" gegenüber 'spätaufklärerischen' oder 'klassischen' Konstellationen akzentuiert. Daß es Differenzen zu dem gibt, was unter anderen Epochennamen rubriziert wird, läßt sich allein daran ermessen, daß die in vorliegender Arbeit behandelten Dramen von Autoren, die im Bereich der Lyrik und Prosa vieldiskutiert werden, bislang kaum im Zusammenhang untersucht worden sind.

[24] Darin aufgenommen: *Prinz Zerbino, Der getreue Eckart und der Tannhäuser, Leben und Tod der heiligen Genoveva, Sehr wunderbare Historie von der Melusina, Rothkäppchen* (vgl. Schweikert I, 217).

[25] „Der erste bekannte deutsche Autor" freilich, „der das Attribut 'romantisch' in auffallender Häufigkeit gebraucht", ist Wieland. Bei ihm jedoch verbindet sich die Faszination mit „der permanenten Warnung vor den Folgen einer entfesselten Einbildungskraft zu einer ambivalenten Grundhaltung" (Petersdorff 1996, 98/Anm. 17, in Paraphrase von Immerwahr 1972, 81-87). Genauer: Bei Wieland wird auch das selbständig gewordene Wunderbare, das die Erzählung vom 'Prinzen Biribinker' im *Don Sylvio von Rosalva* (1764) artikuliert, moralisch-didaktischen Zwecken unterstellt.

[26] Köpke I, 265. Tieck, der das 'Romantische' synonym gebrauchte mit dem Begriff der Poesie – „ich weiß zwischen poetisch und romantisch überhaupt keinen Unterschied zu machen" (Köpke II, 173) – war deshalb selbst einer der entschiedensten Kritiker des Worts im Hinblick auf seine Karriere in Werken, die im Gefolge der Rezeption eigener Texte v.a. katholische Propaganda betrieben (vgl. Köpke II, 172f.). Die These, daß es eigentlich keine Romantik gebe (so bereits Immerwahr 1972, 7, unter Berufung auf Lovejoy: On the Discrimination of Romanticisms. In: PMLA 39 [1924], 229-253), ist also durchaus älteren Datums. Fast ist man geneigt zu sagen, daß die Problematisierung der Kategorie mit ihrer diskursiven Installation selbst zusammenfällt.

[27] [2]Novalis II, 654 [Aufzeichnung vom Sommer/Herbst 1800]. Die Charakterisierung romantischer Prosa als „durchaus dramatisch" indiziert die spezifische Intensität eines wie vermittlungslos dargebotenen Modus 'rascher Sprünge', auf die für das romantische Drama zurückzukommen ist.

[28] „'Die Welt', so notiert Novalis, 'muß romantisirt werden.' Dabei geht es nicht um das Erfinden neuer Inhalte, sondern um das Finden eines formalen Ordnungsverfahrens für die Überfülle des

Der schnelle Wechsel in größter Pluralität, das plötzliche bzw. okkasionalisti-
sche Umschlagen in ein je anderes, das die Flüchtigkeit des Augenblicks realisiert
und so das um 1800 etablierte Zeitlichkeitsbewußtsein vollzieht, die aus dieser Erfahrung heraus temporalisierte literarische Struktur, hervorgehend aus dem auf
Permanenz umgestellten Prozeßcharakter metamorphotischer Volatilität[29] –
strukturelle Verfaßtheiten dieser Art zeigen an, daß das Romantische nicht durch
bestimmte Inhalte präokkupiert ist: christliche oder 'vaterländische' Stoffe, Themen
und Motive wie das Wunderbare, die Phantasie oder das Mittelalter und ähnliche
der in der Forschung aufgeführten vorgebrachten Bestimmungen. Vielmehr kann
sich die Romantisierung an jedem Gegenstand, überall und jederzeit entfalten: an
alltäglichen   wie   an   ästhetischen,   geschichtlichen,   philosophischen   oder
(natur)wissenschaftlichen Zusammenhängen, am Gewöhnlichen wie am Phantastischen und an den höchsten Fragen nach dem Ich, der Natur und ihrer Seele.
„Das Princip ist in jeder Kleinigkeit des Alltagslebens – *in allem* sichtbar"[30]:
„Wechselerhöhung und Erniedrigung".[31] Denn der

> Künstler hat den Keim des selbstbildenden Lebens in seinen Organen belebt – die
> Reitzbarkeit derselben *für den Geist* erhöht und ist mithin im Stande Ideen nach Belieben
> – ohne äußre Sollicitation – durch sie heraus zu strömen – Sie, als Werckzeuge, zu *be-
> liebigen* Modificationen der wircklichen Welt zu gebrauchen.[32]

Eine generelle, von textuellen Vollzügen abtrennbare Bestimmung der Romantik,
die lange als Wesenserklärung vorherrschte, ist daher nicht möglich. Trotz aller
Differenzen allein zwischen Tieck und Novalis – zwischen voridealistischer Auto-
renästhetik[33] und idealistisch hergeleiteter Selbstbegründung der Produktivität
von Poesie, die den eschatologischen Sinnstiftungs- und Erlösungsgedanken bereits in der frühen Romantik (so in *Christenheit oder Europa*) hochgradig politisch
auflädt[34] – besteht die Gemeinsamkeit der genannten Aspekte im Verfahren.

---

vorhandenen Stoffes, mit dem sich diese junge akademische Generation konfrontiert sah. [...] Ein
Wissensinventar aus selbstgenügsamen Segmenten soll wieder unter dem Anspruch einer sinnerfüllten Einheit betrachtet werden" (Schmitz 1995, 299).

29   „Schaffen zeigt sich im Verwandeln, / Ernst verwandelt sich in Spiel, / Dieses ist der Worte Ziel,
/ Doch des Lebens Ziel ist Handeln" (Arnim-SW V, 8, Schaubühne III, 400), lautet die vielzitierte Schlußstrophe des Dichters in Arnims *Halle und Jerusalem* (1811). Das letzte Wort des Stücks
indiziert allerdings auch die entscheidende Akzentverschiebung von der frühen zur späten Romantik: vom interesselosen literarischen Spiel zur Persuasion im Aufruf, tatkräftig zur Verbreitung christlicher oder nationalpolitischer Ideen beizutragen.

30   ²Novalis II, 291.

31   ²Novalis II, 545. Das Bekannte erlangt dadurch „die Würde des Unbekannten", und das „Höhere,
Unbekannte, Mystische, Unendliche [...] bekommt einen geläufigen Ausdruck" (²Novalis II, 545).

32   ²Novalis II, 574.

33   Ribbat (1978, 73f.).

34   Nach der seit längerem eingerichteten Ansicht der neueren, durch den Poststrukturalismus ge-
witzten Romantik-Forschung sei die Modernität der Frühromantik gegen die nationale spätere
Romantik abzugrenzen. Nationalpolitische und reaktionäre Züge eignen aber bereits bestimmten
Ausprägungen der frühen Romantik, weshalb selbst die Novalis nahestehenden Zeitgenossen

Eingelöst wird dieses Verfahren vom Roman, dem nun der höchste Rang zugewiesen wird. Der Vorrang des Romans, der sich mit der Idee des romantischen Buchs verbindet, wird doppelt begründet: mit einem quantitativen und einem gattungspoetologischen Argument. Stellt auf der einen Seite die generische Unbestimmtheit die wichtigste Voraussetzung der prozessualen und selbstreflexiven Erkundung von Möglichkeiten der Poesie dar, insofern der experimentelle Zugriff einen zentralen Impuls des spontanen, schnellen Schreibens romantischer Autoren ausmacht[35], kann der Roman auf der anderen Seite traditionell hergebracht ganz Verschiedenes in sich aufnehmen und versprachlichen – als romantischer Roman nach Friedrich Schlegels und Novalis' einschlägigen Bestimmungen nun aber schlechterdings „alles".[36] Allein deshalb ist er „ein *Leben*, als Buch".[37] In diesem Buch vollzieht sich die universale Literarisierung, weil sämtliche Erscheinungsformen – vom sinnlich Wahrnehmbaren zum Imaginären, von der Wissenschaft über die Rhetorik zur Poesie, vom Alltäglichen über den historischen, sagen-, legendenhaften und religiösen Stoff bis zum phantastischen Gegenstand, vom naturwissenschaftlichen zum philosophischen Wissen – enzyklopädisch darin vereinigt sind.[38] Der romantische Roman ist „keine besondre Gattung" mehr[39], sondern die literarische Synthese aller Verfahren, die sich eben auch dramatisch äußern kann.[40] Er verfolgt nicht mehr den Zweck, die „*innre* Geschichte eines Charakters", eine Lebensgeschichte in ihrer Besonderheit und Totalität erzählend zu vergegenwärtigen, wie Friedrich von Blanckenburg die aufstrebende Gattung nach dem Vorbild Wielands charakterisierte[41] – allenfalls insofern, als die „Reisen durch das Weltall" im Inneren stattfinden.[42] Vielmehr wird der Roman zum Mo-

---

nicht bereit waren, seinen Aufsatz *Christenheit oder Europa*, der „einen ästhetischen Staat" will und „in die Nähe von Zwangsmaßnahmen" gerate, zu publizieren (Petersdorff 1997, 74); vgl. dagegen Osinski (1993, 32). Entsprechend hat Peter (1985, 167-190) in seine Sammlung *Die politische Romantik in Deutschland* auch Texte von Novalis aufgenommen. Bei Tieck lassen sich politische Implikationen dieser Art auch nach der Jahrhundertwende kaum feststellen; vgl. dazu mit zahlreichen Belegen Frank (1997b), hier etwa zu Tiecks Spott auf das im *Zerbino* artikulierte „Katholischwerden" (149f.) mit einschlägigen Stellen zur schroffen Wendung gegen den Katholizismus (151/Anm. 35) und zu Tiecks Verhältnis gegenüber dem semantischen Komplex 'Vaterland' (163).

35   Zum Experimentalcharakter als Kern der literarischen Romantik vgl. Pikulik (1992, 10). Auf die Schnelligkeit und Flüchtigkeit des Schreibens als einer besonderen Voraussetzung für bestimmte Struktureffekte romantischer Literatur wird zurückzukommen sein.

36   KSuF II, 114 (116. *Athenäum*-Fragment); vgl. dazu Frank (1989, 284), Schanze (1994, 10).

37   ²Novalis I, 599. „Aufgabe – in einem Buche das Universum zu finden" (²Novalis II, 683, [657]). „Auf eine ähnliche Weise sollen in der vollkommnen Literatur alle Bücher nur Ein Buch sein, und in einem solchen ewig werdenden Buche wird das Evangelium der Menschheit und der Bildung offenbart werden" (Friedrich Schlegel: Ideen, KFuS II, 229 [95]).

38   Zur frühromantischen Idee der Enzyklopädie vgl. resümierend Behler (1992, 277-283).

39   Friedrich Schlegel: Gespräch über die Poesie, KFuS II, 213.

40   „Der Roman kann episch, lyrisch, dramatisch sein" (KFSA XVI, 272 [221]).

41   Blanckenburg (1774, 390).

42   Novalis: 16. *Blüthenstaub*-Fragment – „ist denn das Weltall nicht in uns?" (Athenäum I, 74).

dus der literarischen Selbstreproduktion und -reflexion von Möglichkeiten der Literatur, indem er die von Schiller/Goethe noch einmal poetologisch kodifizierten Grenzen der Gattungen mißachtet, die mannigfaltigen Varianten experimentell und kombinatorisch ausagiert, sie ineinanderblendet, in sich vereinigt und die höhere Synthesis des Disparaten selbst literarisch reflektiert.

Selbstorganisation der Literatur um 1800

Der romantische Roman als romantisches Buch – dies signalisiert den veränderten Status von Literatur um 1800 – konstituiert sich so aus dem Bewußtsein der Verfügbarkeit aller Formen der Gegenwart und Vergangenheit (der vielgestaltigen Traditionen europäischer Literaturgeschichte). Dieser Verfügbarkeit korrespondiert die systeminterne Vervielfältigung des Formenspektrums, die aus den mittlerweile umfassend rekonstruierten literatur-, sozial-, medien- und gesellschaftsgeschichtlichen Veränderungen seit der 'Sattelzeit' um 1770 resultiert: der Historisierung und Temporalisierung des Wissens, der funktionalen Ausdifferenzierung der Gesellschaft, der von Foucault analysierten Aufhebung der Repräsentation und der diesem Umbruch einhergehenden Autonomisierung des Kunstsystems in den 90er Jahren – Konsequenz der gesellschaftlichen und epistemologischen Transformation in eine verzeitlichte, mobil gewordene Ordnung der Dinge. Die Pluralisierung literarischer Möglichkeiten, die sich durch den neuartigen Zwang zur Innovation nach Verabschiedung normpoetischer Textbegründungen seit der Genie-Zeit und durch die Ausweitung des literarischen Markts kraft einer verbreiteten Alphabetisierung beschleunigt, trägt entscheidend zur Umprogrammierung der literarischen Rede und ihrer gattungsförmigen Organisation bei.

Der Roman als romantisches Buch verwandelt sich in die literarische Demonstration von Möglichkeiten der Poesie und ihrer Perspektivierung, vollzogen in der artistischen Kontamination des regelpoetisch Inkompatiblen und *literarischen* Reflexion auf diesen Vorgang. Erst dadurch wird er vollends zu einer Literatur aus und einer Literatur über Literatur: zur 'Transzendentalpoesie', die nach dem berühmten 238. *Athenäum*-Fragment Friedrich Schlegels als „Poesie der Poesie" dadurch gekennzeichnet ist, daß sie „in jeder ihrer Darstellungen sich selbst" mitdarstellt.[43] Literarisch reflektiert sich die „Synthesis" des „Entgegengesetzten"[44], indem die Texte die Logik ihres Produziertseins und deren Voraussetzungen (als Bedingungen der Möglichkeit von Literatur) in der Darbietungsform selbst vorführen – u.a. in Variationen der Fiktionsironie, die als „Reflexion des Fiktionscharakters im Fiktionalen selbst" aufscheint.[45] Ironie ist daher nicht nur eine trans-

---

[43]   KFuS II, 127 [238].
[44]   So Fichte in seiner *Grundlage der gesamten Wissenschaftslehre*; dazu im Kontext der Metaphorik des 'Schwebens' Menninghaus (1987, 134).
[45]   Heimrich (1968, 69).

zendentale Kategorie, durch die innerhalb der Dialektik von Wechselerhöhung
und Erniedrigung bzw. von Hervorbringung und Vernichtung des Hervorgebrachten die paradoxe Vermittlung des Unendlichen mit der Endlichkeit literarischer Gestaltungen geleistet werden soll. Sie wird zu einem das Werk durchdringenden Bestandteil der literarischen Fiktion, der sich als „Selbstwiderspruch des
Fiktiven"[46] gegen die eigenen Voraussetzungen, den diese allererst konstituierenden literarischen Text wendet. Dies setzt neben dem Bewußtsein der Verfügbarkeit über Ausprägungen und Verfahrensweisen des literarischen Spektrums, die
die Ablösung der je eigenen Logik der Gattungen aus ihrem einst pragmatischen
Impuls[47] zur Folge hat, die Einsicht in das willkürliche Gemachtsein von Texten
unabhängig von funktionalen Zweckbestimmungen voraus. In dieser Freiheit besteht die entscheidende Differenz zur kombinatorischen Artistik früherer Literatur, etwa zur persuasiven, rhetorisch gebundenen Artifizialität und parataktischen
Heterogenität eines Barock-Texts.

Das Bewußtsein von Werken als Artefakten, vermittels dessen das Mimesis-
Postulat um 1800 seine normative Mächtigkeit verliert[48], ist die Schaltstelle dafür,
daß sich der Autor den überlieferten funktionalen Limitationen und Legitimationen von Literatur nicht mehr notwendig unterwirft, sondern Texte nun auch nach
rein literarischen Gesichtspunkten organisieren kann. So stellen romantische Autoren die Artifizialität der literarischen „Darstellung"[49], die Spürbarkeit der litera-

---

[46] Heimrich (1968, 69).

[47] Pragmatische Impulse der gattungsförmigen Organisation ergeben sich daraus, daß mit Gattungen je unterschiedliche außerliterarische und öffentlichkeitswirksame Zwecke verfolgt werden.
Lyrik dient etwa der rhetorisch konstituierten Selbstbestätigung allgemeiner oder transzendenter
Weltverhältnisse oder dem literarischen Ausdruck von Erfahrung und Innerlichkeit als Modus der
Selbstexplikation von Individualität, das Drama hingegen als sozialethischer Diskurs, insofern er
auf reale gesellschaftliche Probleme der Zeit abzielt (vgl. Eibl 1995, 56), der öffentlichen Repräsentation eines ständischen Selbstverständnisses, der Roman schließlich der literarischen Reproduktion eines ganzen Lebens im gesellschaftlichen Kontext als Modellierung bürgerlicher Soziali-
sationsformen zur Konstruktion vorbildlicher Lebensgestaltung usw.

[48] Zu diesem bekannten Befund, der einer teils weitreichenden Entsemantisierung und Entpragma-
tisierung der literarischen Rede in a-repräsentationistische Darbietungsformen einhergeht, vgl.
Menninghaus (1987, 225f.), zudem im literarhistorischen Kontext (auch des sentimentalischen
Klassizismus) die Beiträge in Tausch (1996), hier v.a. Schneider (1996) über Karl Philipp Moritz
Ornament-Theorie, die dazu veranlasse, die einschlägige Entsemantisierungsthese in die 80er Jah-
re zurückzuverlagern; bei Schneider aber auch der entscheidende Hinweis darauf, daß erst die
Romantik die „Autonomisierung der Arabeske [...] auf die Literatur übertragen" habe (37). *Das*
Paradigma einer nicht-repräsentationistischen Kunst ist die Instrumentalmusik, deren ästhetischen
Effekten romantische Literatur innerhalb der polaren Möglichkeiten 'Musikalisierung der literari-
schen Rede' und 'Literarisierung der Musik' nachstrebt; zur romantischen Hochschätzung der
Instrumentalmusik vgl. Naumann (1990) und Lubkoll (1995), die in Menninghaus' These vom
nicht-repräsentationistischen Zeichenmodell die „Quintessenz der romantischen Poetik" erkennt
(Lubkoll 1995, 286/Anm. 8). Zur musikalisierten 'Stimme' in den 'Tönen der Worte' bei Brentano
im Rekurs auf Tieck vgl. eingehend Menke (2000, 325-574).

[49] Der „genuin 'moderne'" Begriff poetischer 'Darstellung' (Menninghaus 1987, 84), den Klopstock
als Gegenbegriff zum 'Vorstellen' etabliert, bezeichnet einen literarischen Modus, der nicht auf

rischen Form, u.a. dadurch aus, daß sie, um Jakobsons 'concluding statement' *Linguistik und Poetik* zu bemühen, Äquivalenzen in der paradigmatischen Relation der Selektion auf die syntagmatische Relation der Sequenz projizieren: Literarizität inszeniert sich selbst mit Hilfe „artistischer Selbstverdopplungsphänomene"[50], also des ausdifferenzierten Spektrums von Formen des Parallelismus, die sich im Reim, in der Assonanz, im Metrum, im Rhythmus usw manifestieren.[51] Die potenzierte und zugleich entpragmatisierte bzw. entrhetorisierte Durchgestaltung (im Sinne der hergebrachten persuasiven oder wirkungsästhetischen Zweckbestimmungen) demonstriert die Organisation nach primär ästhetischen Gesichtspunkten. Durchgespielt werden formale Äquivalenzen, die die spezifische Einheit dissoziierender Textstrukturen erzeugen und so überhaupt das Verstehen eines primär durch Formalisierung konstituierten Werks gewährleisten, dessen Sinn und Zweck nicht mehr durch vorgängige Intentionen garantiert wird. Die Perspektiven der Poetizität zur Produktion eines vom Rezipienten konstituierten Sinns (insofern die Äquivalenzen erst in der Lektüre zur Geltung kommen) hat die frühromantische Theorie umspielt. Praktisch geworden sind sie bei Tieck, enggeführt in einem dramatischen Text, den Tieck programmatisch zum Hauptwerk, zum Inbegriff seiner Vorstellung von Poesie erklärt: im 'Lustspiel' *Kaiser Octavianus* (1804). Der universale Parallelismus dieses Dramas markiert den literarischen Höhepunkt der progressiven Universalpoesie und das epochale Ende der Frühromantik.

Der Verfügbarkeit der literarischen Verfahren korrespondiert die Unverfügbarkeit der Sprache, insofern sich diese pragmatischen Zwecken nicht mehr ohne weiteres unterordnen läßt. Artikuliert wird diese Erfahrung in Tiecks Briefroman *William Lovell* (1795/96), der sich als frühes Dokument einer Sprachskepsis äußert, weil hier Innerlichkeit selbst im Modus des Briefes nicht mehr den ihr angemes-

---

die „re-präsentationistische Logik der *nach*träglichen Verkörperung eines *Vor*gegebenen" abzielt (Menninghaus 1989, 332-336, hier 332); dazu eingehend Mülder-Bach (1998). Zentraler Stellenwert kommt der Kategorie in Hölderlins *Empedokles*-Projekt zu.

50 Menninghaus (1987, 22); zur Operationalisierbarkeit von Jakobsons Poetizitätsformel auf die Frühromantik vgl. Frank (1989, 365).

51 Eine Präzisierung der Definition Jakobsons, grundlegend für die Produktions- und Rezeptionslogik romantischer Texte, formuliert Wellbery (1996), indem er auf die sekundäre Motivation bei der Verwendung arbiträrer Zeichen im poetischen Text abhebt. Kraft des von Jakobson erkannten Verfahrens zur Herbeiführung von Poetizität stellt sich diese als diskursiver Effekt ein, zugespitzt auf die Formel „Semantisierung der Semiotik", die der Text betreibe (378). Unter Semiotik versteht Wellbery alle „sprachimmanenten Relationen" (367), die im poetischen Text 'dearbitrarisiert' werden, indem sich die Motivation durch Verfahrensweisen selbst plausibilisiert: „Der poetische Text referiert auf die eigene semiotische Konfiguration, aber nicht als einen Gegenstand der Referenz". „Das Gedicht zitiert sich selber, seine instransitive Autoreferenz ist *autocitation*, das Gedicht sein eigenes Echo" (383). Zu den wichtigsten Formen „intransitiver Autoreferenz" rechnet Wellbery neben dem Spiel (vgl. 382f.) v.a. den Rhythmus als „Elementarform des Parallelismus" (379).

senen erscheinenden Ausdruck findet: „Es ist ein Fluch, der auf der Sprache des Menschen liegt, daß keiner den andern verstehn kann".[52] Tiecks Roman artikuliert einen Zerfall intersubjektiver Verbindlichkeit der literarischen Rede und ihrer gattungsförmigen Organisation, auf den die veränderte Entfaltungslogik des romantischen Werks reagiert: „Wir sind aus der Zeit der allgemein geltenden *Formen* heraus."[53].

Umgekehrt kann nun aber aus genau diesem Grund Sprache der operativen Hervorbringung eines anderen, poetischen Zustands dienstbar gemacht werden, gerade weil die normativen Voraussetzungen kommunikativer Verbindlichkeit oder gar von Verständlichkeit (nach dem Kriterium begrifflich kommunizierbaren Sinns)[54] zerfallen. Das Bewußtsein von dieser Dialektik – der Verfügbarkeit literarischer Verfahren und der Unverfügbarkeit von Sprache – wird in den literarischen Diskurs eingeführt. Die nicht mehr verschleierte Willkür bei der Anwendung (und Ausbildung neuer) formaler Mittel für die Versprachlichung der Welt im „klare[n] Bewußtsein der ewigen Agilität, des unendlich vollen Chaos"[55] hält die Artifizialität der literarischen Darstellung präsent. Poetologisch reflektiert wird diese bekanntlich über den Begriff der Arabeske: einer formalen oder gar bereits ornamentalen Organisationsform zur Verbindung des Heterogenen im ästhetischen Gebilde, die den Zusammenhang von Entmimetisierung und werkinterner Selbstreproduktion literarischer Artistik zum unbestimmten Schweben der Texte erschließt.[56] Als „witzige Spielgemälde"[57] zielen Arabesken auf den grundlegen-

---

[52] Lovell, 514. Zitiert wird diese Stelle im Zusammenhang mit der zeitgenössischen Symptomatik des Scheiterns von Kommunikation von Luhmann (1996, 338/Anm. 40), wie Luhmann bezeichnenderweise überhaupt gern auf Tiecks Frühwerk (neben *Lovell* u.a. *Peter Lebrecht*) zurückgreift. Zu Tiecks Reflexionen der Sprachlichkeit und zum frühromantischen Befund der „Ohnmacht der Sprache" siehe Ito (1991, 531).

[53] ²Novalis II, 649 [479].

[54] Vgl. dazu natürlich Friedrich Schlegels *Über die Unverständlichkeit* (1800), wo die Unverständlichkeit des *Athenäum* zum Anlaß genommen wird, über dessen „Ironie der Ironie" zu perorieren (vgl. KFuS II, 239).

[55] Friedrich Schlegel: Ideen, KFuS II, 227 [69].

[56] Vgl. zur vielbeschriebenen Arabeske, um nur wenige neuere Arbeiten zu nennen, Schneider (1996), Menke (2000, 575-609) zur 'Arabeske der Klänge' (mit einschlägigen Zitaten), Menninghaus (1995, 94-118) zu Tiecks *Blaubart*-Erzählung, schließlich I. Oesterle (1995) zu Tiecks später Erzählung *Das alte Buch und die Reise in's Blaue hinein.*

[57] Friedrich Schlegel: Brief über den Roman, KFuS II, 209. Mit der Formel vom 'witzigen Spielgemälde' sind drei Konstitutionsfaktoren romantischer Dramaturgie als Vollzugsform der szenischen Arabeske berührt: Als „Gemälde" charakterisiert August Wilhelm Schlegel den 'komplexen Formtyp' (vgl. Schäfer 1956, 399) in der einschlägigen 25. Wiener Vorlesung *Über dramatische Kunst und Literatur* (Schlegel-KS VI, 112). Die komödienhaften Ausprägungen sind laut Kluge (1963) grundsätzlich bestimmt durch die Kategorien Witz und Spiel, wobei auch Kluge auf den allgemeineren romantischen Witzbegriff rekurriert, der als spielerische Kombinatorik und „Synthese von Phantasie und Verstand" (34) nicht an das Komische gebunden bleibt. Vielmehr macht die „freie[] Beweglichkeit" den Witz mit dem „Spiel" „identisch" (37), so daß er „zu den eigentlichen Formprinzipien romantischer Dichtung" gehört (36). „Fantasie und Witz sind dir Eins und Alles! – deute den lieblichen Schein und mache Ernst aus dem Spiel, so wirst du das Zentrum fassen

den Impuls romantischer Literatur, im spielerischen Vollzug poetischer Einbildungskraft und prozeduraler Reflexivität[58] einen anderen Zustand, den schönen
Zustand *ästhetischer* Freiheit herbeizuführen.

Der neuartige Status von Literatur um 1800 geht darauf zurück, daß sich erstmals in der Romantik ein vollständig literarisiertes Bewußtsein manifestiert, das
Werke nicht mehr notwendig literaturexternen Gesichtspunkten als Voraussetzung und Ziel der literarischen Gestaltung unterwirft: der nützlichen Unterhaltung oder der Nachahmung eines wie auch immer gearteten Außerliterarischen im
Modus der Repräsentation von Wirklichkeit (der Natur, der Autoritäten, der Gesellschaft oder der Geschichte); auch nicht mehr notwendig dem Ausdruck einer
Erfahrung und der moralischen, theologischen, anthropologischen oder ästhetischen Selbstvergewisserung des Menschen im Sinne der von der Aufklärung universalisierten Kategorien des Guten, Wahren und Schönen. Literatur kann sich
jetzt nach systeminternen Regeln entfalten. Sie dichtet sich so gegen die anderen
Systeme Rhetorik, Moral, Theologie und selbst gegen Ästhetik ab. Der letztgenannte Aspekt unterscheidet Autoren wie Tieck, Brentano und Arnim etwa von
Schiller, dessen Werke auf die eigene ästhetische Theorie zu beziehen sind. Aber
auch romantikintern bleibt ein Ideengeber wie Friedrich Schlegel, bei dem philosophische und ästhetische Reflexionen vorherrschen, von einem Autor wie Tieck
getrennt, der seinen Texten kein ästhetisches Programm unterlegt und nur gelegentlich mit poetologischen und später vor allem literaturhistorischen Äußerungen in Erscheinung tritt. Vollends in der Romantik etabliert sich damit historisch
die Möglichkeit zur „Selbstprogrammierung"[59] von Literatur als Verfahren, postuliert und zugleich demonstrativ inszeniert im vielzitierten *Monolog* von Nova-

---

und die verehrte Kunst in höherm Lichte wieder finden" (KSuF II, 230 [109]). Zum romantischen Witz-Begriff vgl. zudem Menninghaus (1987, 185), der ihn mit F. Schlegel als „spielendes
Denken" (KFSA XII, 393) und darin als „allgemeine Vermittlungskunst" und „Schöpfungs-
wissenschaft" begreift (KFSA XVIII, 125), deren produktives „Vermögen" dazu anleitet,
„Ähnlichkeiten" zwischen ganz Verschiedenem zu *stiften* und „so das Mannigfaltigste, Verschie-
denartigste zu Einheit" zusammenschließt (KFSA XII, 403) – und zwar durch die „*Mysterien der
Grammatik*" (KFSA XVIII, 486), bei denen der Witz „desto höher und kombinatorischer" ist, je
„entfernter die Gegenstände" sind, „die er verbindet" (KFSA XII, 403). Mit Benjamin begreift
Menninghaus (1987, 184) den Witz „als eine der 'Erfüllungen' des romantischen Reflexionsbe-
griffs". Die spielerische als witzige und produktive Kombinatorik der Poesie gilt deshalb nicht allein für die Komödie, sondern gleichermaßen auch für die ernsten Ausprägungen romantischer
Dramatik. „Der a r a b e s k e Witz ist d[er] höchste – I r o n i e und P a r o d i e nur negativ – desgleichen der eigentlich S a t i r i s c h e – nur in jenem nebst dem *combinatorischen* liegt die Indicazion auf
unendliche Fülle" (LN, 60 [407]).

58   „Prozessuale Reflexivität" läßt „sich bei allen voll entwickelten Medien nachweisen" (Luhmann
     1997, 372).
59   Vgl. Luhmann (1995, 301-340). „Selbstprogrammierung soll nicht heißen, das einzelne Kunstwerk
     sei ein autopoietisches, sich selbst erzeugendes System. Man kann jedoch sagen: es konstituiere
     die Bedingungen seiner eigenen Entscheidungsmöglichkeiten. Oder: es beobachte sich selbst"
     (331). Das heißt auch: Kunstwerke „reflektieren" ihr „Autonomgewordensein" (333); zur Selbst-
     organisation des Literatursystems im 18. Jahrhundert vgl. S. J. Schmidt (1989).

lis.[60] Selbstprogrammierte Werke selektieren ihre Anschlüsse nicht mehr nach außerliterarischen Gesichtspunkten, sondern in erster Linie nach Optionen, die sie
aus ihren eigenen Mitteln gewinnen: in der Romantik aus literarischen Techniken,
die von der zeitgenössischen Literatur und *verschiedenen* Traditionen abstammen.
Eine Möglichkeit ist natürlich auch das potenzierte Ausagieren des von Jakobson
erkannten Verfahrens zur Inszenierung von Poetizitätseffekten, das sich als genuin *literarische* Erzeugung von Äquivalenzen, einer ästhetisch hervorgebrachten
und nur auf ebendiese Weise nachvollziehbaren Bedeutung zu erkennen gibt.
Fremdreferenz – der Bezug auf die Welt, auf Erfahrungen oder die überlieferten
Funktionsbestimmungen von Literatur – wird damit nicht ausgeschlossen. Nur ist
diese keine Norm mehr, die zu befolgen wäre. Sie kann vielmehr selbst wiederum
nach rein literarischen Kriterien, insofern sie poetisch interessant ist, in das ästhetische Spiel eingeführt werden.

Zu den Autoren der Tradition, die solcherart organisierte Literatur verfaßt haben, gehören Cervantes, Shakespeare und Sterne. Auf sie beruft sich die frühromantische Programmatik explizit. In der zweiten Hälfte der 90er Jahre übersetzt
Tieck *das* Paradigma selbstbezüglicher Prosa, Cervantes' *Don Quijote*. Zwar läßt
sich die Selbstprogrammierung von Texten – Modus des freien Vollzugs literarischer Optionen nach der Emanzipation von nicht-literarischen Funktionsbestimmungen – folglich bereits vor der Romantik beobachten. Zum strukturgenerie-
renden, das Werk vollends durchdringenden Verfahren aber entsteht sie als generelle Möglichkeit historisch erst gegen Ende des 18. Jahrhunderts.[61]

Poetologisch begründet worden ist die Selbstorganisation der Literatur als
'Autonomie' des Ästhetischen bekanntlich von Karl Philipp Moritz, nachfolgend

---

60 „Wenn man den Leuten nur begreiflich machen könnte, daß es mit der Sprache wie mit den ma-
thematischen Formeln sei – Sie machen eine Welt für sich aus – Sie spielen nur mit sich selbst,
drücken nichts als ihre wunderbare Natur aus, und eben darum sind sie so ausdrucksvoll – eben
darum spiegelt sich in ihnen das seltsame Verhältnißspiel der Dinge" und darin die „Weltseele".
Der Gebrauch der Sprache in der Poesie vollziehe sich nicht „um der Dinge willen", denn das
„Eigenthümliche der Sprache" besteht darin, „daß sie sich blos um sich selbst bekümmert"
(²Novalis II, 672). Bis „zum Überdruß" sei der *Monolog* als Vorläufer der *différance* und *écriture*
'traktiert' worden, so Matuscheks (1996) Polemik, die gegen Menninghaus (und Derrida) die rhetorischen Strategien als „praktisch-poetisch" bewiesene „Kunst suggestiven Theoretisierens" betont (203). „So wird nicht prinzipiell die Differenz-Struktur der Sprache zelebriert. Vielmehr
kommt poetologisches Bewußtsein so zu Bewußtsein, daß in den philosophischen Spekulationen
über die Sprache zugleich die einfachen sprachlichen Verführungen deutlich werden" (205f.).
61 Dies in Differenz zu Mayers Ansicht, derzufolge „die Selbstreflexivität des Kunstwerks" zu seinem „apriorischen Charakter" zähle und demnach nicht an „historische Umstände gebunden" sei,
weil „poetologische Strukturen" bei Homer, Vergil und Dante nachweisbar sind, so daß „das von
Cervantes bis Calvino virtuos gehandhabte Spiel mit der Metafiktion als eine moderne Variante
innerhalb der immer auch selbstreflexiv ausgerichteten Literatur gelten kann" (Mayer 1989, 5f.).
Es gibt einen qualitativen Sprung vom Präsenthalten poetologischer (Selbst-)Beobachtungen zum
freien artistischen Spiel mit ihnen, das die *prodesse*-Norm verabschiedet hat. Eine Typologie der
Formen selbstreflexiven Erzählens hat Scheffel (1997) vorgestellt, der die Reihe exemplarischer
Interpretationen bezeichnenderweise mit Wielands *Don Sylvio* beginnen läßt.

in den ästhetischen Schriften Schillers im Gefolge der Auseinandersetzung mit
Kants *Kritik der Urteilskraft* (1790). Moritz spricht vom „in sich selbst Vollendeten"[62], Schiller von der 'Selbständigkeit' des ästhetischen Scheins komplementär
zu seiner 'Aufrichtigkeit', insofern dieser sich gegen alle Ansprüche des Realitätsprinzips abzudichten habe[63], auch wenn er die frühromantischen Konsequenzen einer freischwebenden Entfunktionalisierung nicht zieht. Denn in Schiller
Konzeption des schönen Scheins und des Spieltriebs, die sich gleichfalls als
Wechselbestimmung und Wechselauflösung (von Realismus und Idealismus, von
Sinnlichkeit und Vernunft) begründet, geht es noch um das anthropologisch und
subjektphilosophisch begründete Selbstverhältnis des Menschen und darum, wie
dieses als Freiheit in der Schönheit des ästhetischen Zustands gelingen kann.[64]
Mit der 'Heautonomie' des Ästhetischen[65] aber – und dies markiert eine Gemeinsamkeit der avancierten Literatur um 1800 aller sonstigen Differenzen ungeachtet
– verwandelt sich Literatur „von der Thesen-Verkündigungsanstalt (oder bloßen

---

[62]   Zuerst in der Abhandlung *Versuch einer Vereinigung aller schönen Künste und Wissenschaften unter dem
Begriff DES IN SICH SELBST VOLLENDETEN* (1785), das ein „in sich ein Ganzes" aus-
macht, das „mir *um sein selbst willen* Vergnügen gewährt" (Moritz 1997, 943). Zu Moritz' Autonomieästhetik, die „an Radikalität nur Kants *Kritik der Urteilskraft* (1790) gleichkommt" (Moritz
1997, Kommentar, 1285), siehe u.v.a. Schrimpf (1980, 94ff.), Heimrich (1968, 23f.), Schneider
(1996); zu den 'Schwierigkeiten', ja Aporien einer 'Sprache des Schönen' bei Moritz und Schiller
vgl. Schneider (1998). Zu F. Schlegels Bestimmungen des Werks als eines „In-sich-Durchbildeten,
In-sich-Vollendeten, Sich-selbst-Darstellenden oder gar Sich-selbst-Kritisierenden" siehe Menninghaus (1987, 66); dazu das 253. *Athenäum*-Fragment: „absichtliche Durchbildung und Neben-
ausbildung des Innersten und Kleinsten im Werk nach dem Geist des Ganzen, praktische Reflexion des Künstlers" (KFuS II, 129). Zu Moritz' Bedeutung für die Romantik vgl. Hubert (1968).

[63]   „Nur soweit er *aufrichtig* ist (sich von allem Anspruch auf Realität ausdrücklich lossagt), nur
soweit er *selbständig* ist (allen Beistand der Realität entbehrt), ist der Schein ästhetisch. Sobald er
falsch ist und Realität heuchelt, und sobald er unrein und der Realität zu seiner Wirkung bedürftig
ist, ist er nichts als ein niedriges Werkzeug zu materiellen Zwecken und kann nichts für die Freiheit des Geistes beweisen" (*Über die ästhetische Erziehung des Menschen in einer Reihe von Briefen;* Schiller II, 512f.); vgl. auch den Eingangssatz der Vorrede *Über den Gebrauch des Chors in der Tragödie* zur
Braut von Messina: „Ein poetisches Werk muß sich selbst rechtfertigen" (Schiller III, 471).

[64]   Zur Differenz zwischen Schiller und den Frühromantikern bei ähnlichem Rekurs auf Fichte vgl.
Hühn (1996, 593/Anm. 74).

[65]   Dieser Begriff nach Homann im Gefolge entsprechender Bestimmungen in Kants *Kritik der Urteilskraft* als „Freiheit" zur „Selbstbestimmung" von Literatur, „die sich nur im Urteil über den eigenen Urteilsvollzug herausbilden kann" (Homann 1986, 28). Es handelt sich um die „Freiheit
zum Entwurf ihres eigenen – poetischen – Paradigmas" (29). Im Gegensatz zu Schillers Anbindung etwa in den *Kallias*-Briefen oder in *Über Anmut und Würde* sei Heautonomie nicht notwendig
an den Begriff des Schönen gebunden; vgl. auch Homann (1996, 202), insgesamt Homann (1999).
Die Heautonomie des Ästhetischen bedeutet nicht, daß gesellschaftliche Verhältnisse bzw. Fremdreferenz exkludiert werden. Das Kunstwerk wird vielmehr zum Vollzug von Gesellschaft, mit
möglichen, nicht aber mehr notwendigen Bezugnahmen auf systemexterne Funktionen. In erster
Linie vollzieht es die nur ihm eignende Funktion, wie auch immer man diese – etwa als Funktionserfüllung von Funktionslosigkeit – bestimmen mag: „Das Kunstsystem vollzieht Gesellschaft
an sich selbst als exemplarischen Fall. Es zeigt, wie es ist" (Luhmann 1995, 499).

Unterhaltung) zum Organon der Problemreflexion".[66] War die an Exempeln statuierte, rhetorisch organisierte Literatur bis zur Mitte des 18. Jahrhunderts an Problemlösungen durch Nachahmung und persuasive Beglaubigung eines vorgegebenen Sinns interessiert, funktioniert der literarische Text seit 1770 als „selbständiges Organon der Reflexion ungelöster Probleme".[67] Vom Lösungszwang befreit, differenziert Poesie sich als „System mit eigener, doppelter Problemreferenz" gegen „Dichtung" aus: „Sie formuliert ungelöste Probleme und strukturiert damit zugleich das weiße Rauschen der Nichtwelt."[68]

Mit funktionalen Zweckbestimmungen, vorgegeben durch das je historische Realitätsprinzip, war Literatur bis zur Aufklärung konfrontiert, insofern sie sich nach außerliterarischen Anschlüssen hin organisierte: der Verbesserung des Menschen durch Überredung zu vernünftiger Einsicht und vernünftigem Handeln, systemtheoretisch formuliert also nach der Codierung ›vernünftig/unvernünftig‹, oder durch dessen empfindsame und später ästhetische Erziehung, die sich bei Schiller über die Leitdifferenz ›schön/nicht-schön‹ entfaltet. Noch im Sturm und Drang behauptete sich Literatur nach der Unterscheidung ›regelhaft/regellos‹ an den eher literaturexternen Kriterien der Normpoetik und des Mimesispostulats. Erst in Goethes *Wilhelm Meister* erkennt die zeitgenössische Kritik die transzendentalpoetische Selbstbegründung eines literarischen Werks, die darin besteht, daß eine Metaebene installiert wird, in der sich die Literarisierung der Prosa über die Art und Weise ihrer Darstellung selbst thematisiert; oder anders gesagt: mit der sich die Literarisierung der Prosa durch den ironischen Erzähler selbst erzählt.[69] Erst für die Romantik kann man in Fortführung von Eibls These sagen, daß sich Poesie zum ausdifferenzierten Organon der literarischen Reflexion von Möglichkeiten und Grenzen des Literarischen selbst umbaut, indem sie die Simultanthematisierung von Nicht-Welt ohne Rücksicht auf Begrenzungen des Realitätsprinzips betreibt. Die Werke programmieren sich selbst nach eigenen Kalkülen, indem die textexternen und textinternen Anschlüsse bevorzugt danach streben, ungewöhnlich, witzig, launig, phantastisch, grotesk, poetisch oder dergleichen zu sein – auf jeden Fall aber nicht mehr in erster Linie danach, daß mit ihnen ein auf reale gesellschaftliche Probleme bezogener sozialethischer, religiöser, politi-

---

[66] Eibl (1995, 87).

[67] Eibl (1995, 126). Die „Entstehung der Poesie" erkennt Eibl in Goethes *Werther* als „Übergangsstelle", als den „säkularen Schnitt in der Funktionsgeschichte der Dichtung". Die unlösbaren Probleme betreffen die vom Sturm und Drang ›entdeckten‹ Themen- und Motivkomplexe ›Gesellschaft‹, ›Liebe‹ und ›Tod‹ (126).

[68] Eibl (1995, 133). Die „Strukturierung der Nichtwelt" erschließt sich aus der „Simultanthematisierung" (vgl. 26-30). „*Nichtwelt* ist das Andere, Undefinierte, Unbestimmte" (16), das Unmarkierte und Nicht-Markierbare als ein ›Drittes‹ jenseits etablierter binärer Oppositionen (vgl. Brandstetter 1997, 76).

[69] Zur Transzendentalpoesie des *Wilhelm Meister*, die F. Schlegels berühmte Rezension *Über Goethes Meister* (1798) begründet, vgl. Mayer (1989); zum Transzendentalroman als Ablösung des pragmatischen Romans der Aufklärung vgl. eingehend Engel (1993; hier zum *Meister* 227-320).

scher oder ästhetischer Zweck verfolgt wird. Noch bei Schiller geht es um die
anthropologisch gebundene Idee des freien Menschen im interesselosen ästhetischen Zustand der Gemütsfreiheit, bei Tieck dagegen häufig nur noch um außergewöhnliche, witzige und schnell wechselnde Konstellationen. Vergleichbar weit
geht die Emanzipation vom pragmatischen Zweck in der zeitgenössischen Kunst
nur in der Oper, nicht zuletzt deshalb, weil auch sie sich wie die von der Romantik ästhetisch aufgewertete Instrumentalmusik durch „Transparenz ihres antimi-
metischen Status" zur Herbeiführung eines 'künstlichen Naturzustands' auszeichnet.[70]

Selbst wenn diese Entwicklung in der späteren Romantik – genauer bereits
nach 1803 – wieder revidiert wird[71], bleiben auch in den Konzepten eines „eher
gebrauchsliterarisch akzentuierten Gesamtkunstwerks"[72] artistische Verfahrensweisen der Frühromantik bestehen.[73] Erst diese ermöglichen, was nur Literatur in

---

[70]   Mayer (1996, 160). Auf diese Gemeinsamkeit geht, wie noch zu zeigen ist, die Annäherung von
       romantischem Drama und Oper um 1800 zurück; vgl. Mayers Überlegungen zur „Künstlichkeit"
       der Oper mit Verweis auf Tiecks *Oper, Operette* (156), zudem die Befunde zur Affinität mit dem
       nicht-aristotelischen, metadramatischen und modernen epischen Theater unter Bezug auf Dahl-
       haus' *Vom Musikdrama zur Literaturoper* (1983) (160/Anm. 20), gekennzeichnet durch
       „Suspendierung von Logik und Moral", die der Karnevalisierung in einem „sanktionierte[n] Frei-
       raum der Phantasie" korrespondiere (171). Die „Wirkungen der Oper auf den *dramatischen* Text"
       (167) beschreibt Mayer demnach als „Entmotivierung für eine spezifische Gattung des Dramas
       [...], in der die dramaturgischen Gesetze der Kausalität vernachlässigt werden können": in Mär-
       chenstücken, Festspielen und Satiren. Neben Mozarts *Zauberflöte* und Beispielen ihrer Wirkung
       etwa bei Raimund werden v.a. Goethes frühe Literatursatiren (u.a. *Jahrmarktsfest zu Plundersweilern*)
       und das 'Festspiel' *Pandora* (1810) als 'Wortoper' angeführt (169). Romantische Dramen, die hier-
       bei ebenso relevant wären, bleiben unerwähnt. Zur Oper als *der* antiaristotelischen Dramenform
       Mitte des 18. Jahrhundert vgl. Kiermeier-Debre (1989, 59ff.); zur Bedeutung der Oper für die
       'Geschichte ästhetischer Künstlichkeit' vgl. Zmegac (1993b, 30ff.), umfassend im Kontext des
       deutschsprachigen Musiktheaters Krämer (1998).
[71]   Zur „Wende von der Früh- zur Spätromantik" vor dem Hintergrund realgeschichtlicher Erfah-
       rungen vgl. Kurzke (1992): „Erst in den Jahren von 1803 bis 1815 wird in Deutschland alles
       durcheinandergeschüttelt. Erst jetzt [...] nahmen die Romantiker die Realität hinter den Gedanken
       wahr. Erst jetzt, mit dem Reichsdeputationshauptschluß von 1803, mit dem Ende des Reiches
       1806, mit der Gründung des Rheinbunds und den Kriegen mit und gegen Napoleon war die Re-
       volution wirklich in Deutschland angekommen, ging es nicht mehr um den 'revolutionären Idea-
       lismus' (Haym), nicht mehr um bloße Büchererfahrungen, sondern um den Krieg" (175f.): „Der
       Keil" zwischen Früh- und Spätromantik „ist die geschichtliche Realität" (177). Zu den Wechsel-
       bezügen zwischen Politik, Zeitgeschichte und Literaturauffassung und zur Verschiebung hin zur
       'politischen Romantik' vgl. die Beiträge Schwerings (1994) im *Romantik-Handbuch*.
[72]   Segeberg (1994, 56); hier auch im einzelnen zur Phasengliederung der Romantik.
[73]   Es ergibt sich daraus die in der Romantik-Forschung seit den 90er Jahren diskutierte und durch
       Bohrers (1987) forcierte Thesen zur ästhetischen Subjektivität initiierte Frage nach der spezifisch
       'ästhetischen Modernität' von Texten der späteren Romantik – und damit nach der epochalen
       Einheit der Romantik, und zwar jenseits der kaum bestreitbaren politischen, religiösen und lehr-
       haft-volksdidaktischen Ambitionen, die sich verfahrenstechnisch jedoch hochartistisch artikulie-
       ren (vgl. Segeberg 1994, 64f.). Es stellt sich das schwierige Problem, inwieweit Funktionsbestim-
       mungen dieser Art die „Autonomie" des literarischen Gebildes einschränken (vgl. 49, 73), wenn

der Spannbreite zwischen Poetisierung und Komisierung der Welt leisten kann: die zielbewußte Satire und politische Kritik ineins zu verbinden mit der interesselosen Freude am ästhetischen Spiel bis zum launigen Unsinn. Dazwischen angesiedelt ist das vielgestaltige Spektrum einer einfallslogisch strukturierten Literatur zwischen Realismus und surrealer Groteske, Naturpoesie und Kunstpoesie, das sich als ambivalente Schrift bis zu den Texten der späten Romantik erhält.

Die spezifische Leistungsfähigkeit selbstprogrammierter Literatur besteht darin, daß „die Autonomie die vollständige Trennung der Kommunikation der Kunst vom Gebrauch von Zeichen markiert – und das impliziert auch die Fähigkeit, die Zeichen auf nicht-semiotische Weise zu benutzen".[74] Diese Charakteristik zielt auf die nicht-referentielle Funktion als Möglichkeit des autonomen poetischen Texts: Er steht nicht mehr notwendig für etwas, was er selbst nicht ist, sondern referiert u.U. nur noch darauf, was sich allein aus der Darbietungsform selbst ergibt.[75] Erstmals in der Romantik kann sich Literatur *als* Literatur um ihrer selbst willen entfalten, eben auch dergestalt, daß sie die überlieferten Anforderungen literarisiert, indem sie die Verpflichtung auf das *prodesse* ins ästhetische Spiel einführt – nicht mehr aber, um den Nutzen von Literatur zu beglaubigen, sondern um diesen parodistisch oder satirisch auszuhöhlen. Das *prodesse*, das sie zitiert, wird damit literarisch interessant, die Thematisierung zur witzigen Demonstration der erlangten Freiheiten, weil der Norm tatsächlich keine Geltung mehr zukommt. So formuliert Tiecks Erzählung *Die sieben Weiber des Blaubart* (1797) die aufklärerische Selbstanbindung von Literatur an Wahrheit, Sinn und Zusammenhang, indem die Einleitung aus der Perspektive des regelpoetischen Kunstrichters deren Nutzen in der „Moralität" beschwört[76], um diesen dann in einer ironischen

---

„eine radikale Modernität und eine zeitbezogene Zweckhaftigkeit auf das Widerspruchsvollste miteinander verknüpft sind" (76). Mit gutem Grund plädiert Segeberg dafür, „die vielfältigen Überschneidungen zwischen literarisch-autonomen und wirkungsbezogenen poetischen Konzepten" nicht zu unterschätzen (49).

[74] Esposito (1996, 72).

[75] Gegen die Beobachtungen einer systemtheoretisch-poststrukturalistischen Forschung zur Literatur um 1800 regen sich Einwände, weil es tatsächlich noch um einen Bezug auf die Welt, die poetisiert werden solle, gehe. Dies im Sinne einer Lebenskunstlehre, die – „wie alle Texte der Epoche" – „mit *poetischen* Mitteln 'Heimatlichkeit', ein 'religiöses' Weltvertrauen" begründen und „zu aktiver, kreativer und individueller Weltgestaltung" ermutigen wolle (Engel 1993, 496). Autonomie der Literatur als Selbstorganisation schließt aber einen wie auch immer gearteten Bezug auf die sog. Lebenswelt einerseits nicht aus, die Artikulation von Sinn andererseits aber auch nicht notwendig ein wie von Stockinger unterstellt, der romantische Poesie darauf festlegt, eine Aufgabe zu übernehmen, „die traditionell die Religion zu erfüllen hatte" (L. Stockinger 1994, 98; zur entsprechend eingeschränkten Autonomie des romantischen Texts vgl. 100-102). Funktionszuweisungen dieser Art werden in der Romantik partiell und von Autor zu Autor auch werkgenealogisch sehr verschieden betrieben, stellen aber keineswegs eine durchgängige Motivation dar.

[76] Tieck-S IX, 43. Aus der ironisch eingenommenen Perspektive des Kunstrichters bestimmt Tieck die doppelte Verpflichtung von Literatur auf das *prodesse et delectare* (nach Goethes bekannter Umdeutung des '*aut-aut*' ins '*et-et*' im Motto des *Neueröfneten moralisch-politischen Puppenspiels* von 1774) als Vermögen des Dichters, „Nutzen" gewissermaßen „nebenher" zu stiften, ohne daß es der Le-

Kontrafaktur zeitgenössischer Literaturformen (u.a. auf den Erziehungsroman) in einer 'Geschichte ohne allen Sinn und Zusammenhang'[77] mit spielerischer Lust am Unsinn[78] poetisch zu annihilieren. Die Freiheit gegenüber den der Literatur vormals abgeforderten, ja diese erst legitimierenden Funktionen entbindet gerade im literarischen Spiel mit ihnen die ganz eigenen romantischen Formen des Komischen *zwischen* Satire, Parodie, Witz, Ironie und Humor.[79] Ihre systematische Unterscheidung fällt nicht nur deshalb schwer, weil die frühromantische Theorie sie gerne selbst ineinsfallen läßt, sondern auch, weil sie eben nicht mehr notwendig funktional motiviert sind, wie dies noch der Fall ist, wenn Literatur sich etwa als Medium der strafenden Satire zur Erlangung vernünftiger oder moralischer Einsichten aufführt. So besteht bei den romantischen Komödien mit ihrer exzellierenden Lust auf albernen Blödsinn[80] eine zentrale Schwierigkeit der Interpretation darin, die parodistischen und satirisch-politischen Implikationen von den Momenten des heiteren 'Mutwillens' und der interesselosen „schöne[n] Freude" im „Rausch der Fröhlichkeit"[81] bzw. „Witzesrausch"[82] zu unterscheiden. Als

---

ser im „Kunstgenuß" merke (Tieck-S IX, 92f.). Ohne „moralische Anwendung zu schreiben", könne also auf keinen Fall „nützen", der Dichter dürfe dieses einfache „Kriminalgesetzbuch der Kunst" nicht „genug im Kopfe haben" (93).

[77] Analog zu Novalis' berühmter Formel idealer Poesie in „Gedichte[n] [...] ohne allen Sinn und Zusammenhang" (²Novalis II, 572) charakterisiert der Erzähler des *Blaubart* sein „Buch ohne allen Zusammenhang" als „widersprechende[n] Unsinn" und „Spectakel um nichts" (Tieck-S IX, 219, 220, 223): „Kein einziger Leser kann es so sehr fühlen, als der Verfasser, daß es gänzlich an guter Simplicität Mangel leide, daß es gar kein Ziel und keinen Zweck habe, und sich in jedem Augenblicke widerspreche" (220).

[78] Vgl. auf der Folie einer anders gelagerten Kontextualisierung Menninghaus (1995).

[79] Die letzten drei genannten Formen auch im historischen Sinn einer *ars combinatoria*, die das Heterogene zusammenbringt, ohne es, wie im 19. Jahrhundert mit dem Humor angestrebt, notwendig versöhnen oder bruchlos dem Allgemeinen subsumieren zu wollen. Der romantische Witz ist so eingehend beschrieben wie der Ironiebegriff, als Formprinzip der scharfsinnigen und spielerisch erfindenden Kombinatorik von Böckmann (1933/1934, 71ff.), Kluge (1963, 34-39), Menninghaus (1987, 183-186); zur Ironie und zum Witz als einer „literarischen Praxis" des Komischen siehe Japp (1983, 189). Weniger einschlägig ist F. Schlegels Humorbegriff als Reflexionsbegriff (vgl. Mennemeier 1971, 278-280); von Novalis wird der Humor als Form der „wahrhaften Gegenwart des Geistes" in der „freyen Vermischung des Bedingten und Unbedingten" charakterisiert (29. *Blüthenstaub*-Fragment; Athenäum I, 79); zur Satire der Romantik, die sich poetisch, d.h. „als Dichtung selber erfüllt", vgl. v.a. Brummack (1979, hier 57).

[80] Dessen subversive Qualität in der Befreiung vom Identifizierungszwang die Philologie lange Zeit kaum einzuschätzen wußte. In welcher Weise sie dabei Postulate der klassischen Kunstlehre zugrundelegt, macht ein kontrastiver Blick auf Schillers Kritik am bloß willkürlichen „Spiel der Phantasie ohne allen innern Gehalt" deutlich: Das Unvernünftige sei nicht imstande, „das Herz zu bewegen" (*Über naive und sentimentalische Dichtung*, Schiller II, 592). „Der Phantast verleugnet also nicht bloß den menschlichen – er verleugnet allen Charakter, er ist völlig ohne Gesetz, er ist also gar nichts und dient auch zu gar nichts", was nur „zu einem unendlichen Fall in eine bodenlose Tiefe" führen und „in einer völligen Zerstörung sich endigen" kann (606).

[81] So F. Schlegel im frühen Aufsatz *Vom ästhetischen Werte der Griechischen Komödie* (1794; KFuS I, 10, 9), der von der Forschung – nur teilweise zu Recht – als programmatische Grundlegung einer Theorie der romantischen Komödie gehandelt wird. Ein zentraler Widerspruch in der wegen un-

poetisches Spiel hält sich romantische Poesie von der satirischen Vernichtung eines Gegners wie von den Niederungen des Realitätsprinzips (den sehr wohl attackierten Beschränktheiten des literarischen Betriebs und der politischen Verhältnisse) letztlich entfernt, weil sie selbst keinen realitätskompatiblen festen
Standpunkt als Voraussetzung der satirischen Kritik zur Verbesserung der Welt
einzunehmen bereit, ja letztlich dazu auch gar nicht mehr in der Lage ist. Ihr polemisches Potential gibt sie damit jedoch nicht preis, so daß sie sich auch nach
dem Verhältnis von „Poesie und Polemik"[83] am schwebenden Indifferenzpunkt
von satirischem Impetus und interesseloser Laune bewegt.

Die Gelenkstelle von Poesie und Polemik ist das Interessante, von Friedrich
Schlegels *Studium*-Aufsatz geltend gemacht für die veränderten Bedingungen moderner Literatur (im Sinne der *Querelle*) gegenüber der objektiven Poesie der Griechen. Aus systemtheoretischer Perspektive ist deshalb auch für romantische Literatur die Codierung 'interessant/langweilig' vorgeschlagen worden.[84] Nicht ganz

---

terschiedlicher Urteile zwischen dem ersten und zweiten Teil ohnehin nicht völlig transparenten
Argumentation Schlegels besteht darin, daß einerseits das „Ideal des rein Komischen" in der
„unvermischten reinen Gattung" der „Griechischen Komödie" erkannt wird (9), während deren
Repräsentant Aristophanes wegen der unverkennbar politischen, satirischen und zotigen Elemente samt der Parabase als eines die dramatische Handlung unterbrechenden Instituts andererseits
deutlich genug davon abweicht: Die 'Fehler' des Aristophanes „wider die Reinheit der Kunst"
bestehen in der bloß 'persönlichen' und weniger 'poetischen' Satire (12f.). Trotz solcher Widersprüche formuliert Schlegel mit den Bemerkungen zur „unbeschränkte[n] Autonomie" (11) und
„innre[n]" bzw. „gränzenlose[n] Freiheit" (10) zentrale Aspekte der reinen Heiterkeit und Laune
im interesselosen Spiel willen, das die Komödie der Romantik sehr wohl, wenn auch nicht ausschließlich, bestimmen wird. Als Vorschein auf die spätere Entfaltung des romantischen Ironie-
Begriffs und als „Bekenntnisse zur unbeschränkten Autonomie der Kunst" deutet entsprechend
Catholy (1982, 191) den Aufsatz, als „Grundlegung der autonomen poetischen Satire" Brummack
(1979, 11) mit genaueren Überlegungen zu den möglichen satirischen Implikationen des Komischen in autonomer Kunst (vgl. 9-45); vgl. auch Profitlich (1998, 89), der die Widersprüche zwischen schmerzhaften Inhalten, satirischen Intentionen und reiner Heiterkeit darin aufgehoben
sieht, daß sie sich im Spiel neutralisieren, solange der „Wechsel von Scherz und Ernst *ohne* Zerstörung oder Bedrohung der Werte des Gemeinwesens gelingt": Vorab eingeräumt ist damit allerdings die Harmlosigkeit der Satire (vgl. 90). Eine ausführliche Rekonstruktion von Schlegels Idee
der auf die Zukunft gerichteten Möglichkeiten der Poesie, in der die reine Freude der unvermischten Komödie „ohne den Zusatz des Schlechten, welcher itzt dem Komischen notwendig
ist", „das vollkommenste aller poetischen Kunstwerke sein" würde, weil hier „aus Gesetzmäßig-
keit Freiheit" geworden ist und „jede Kraft des Menschen frei und jeder Mißbrauch der Freiheit
unmöglich sein wird" (KFuS I, 14), unternimmt Dannenberg (1993, 158-178).

[82] Adam Müller (1967, 248) über Aristophanes in den Vorlesungen *Über die dramatische Kunst* (1806).
[83] Ribbat (1979b).
[84] Vgl. Werber (1992, 68ff., 75f.). Unter Voraussetzung dieser Codierung wird Werber zufolge der
Katholizismus nach 1800 nicht allein aus ideologischen Gründen literarisiert, sondern v.a. auch
deshalb, weil er poetisch interessant ist (vgl. 201-217). Werbers Beobachtungen treffen aber eher
nur auf Tieck (der nie zum Katholizismus konvertierte) und weniger etwa auf F. Schlegels auch
politisch motivierte katholische Propaganda zu. Auch andere Autoren der national-konservativen
Romantik verfolgen religiöse und restaurative Ziele, die weltanschaulich ernst zu nehmen sind.

so unplausibel, wie vielfach moniert, erscheint der Vorschlag, sie nach der Unterscheidung 'verständlich/unverständlich' zu codieren, zumal es sich bei der von Schlegel umspielten Kategorie der Unverständlichkeit um etwas handelt, „das sich nicht paraphrasieren läßt".[85] Damit ist insofern ein zentraler Aspekt romantischer Texte benannt, als deren Semantik tatsächlich nicht selten nur noch als Verfahrenseffekt beschreibbar ist.

Das geschichtsphilosophische Komplement des Interessanten und Unverständlichen ist das Neue[86], Konsequenz der evolutionären Ausdifferenzierung literarischer Formen, die sich aus dem doppelten Impuls von Negation und Wahrung durch Partialabweichung ergibt: also der Negation des je Bestehenden auf der einen Seite, dem Zusammenspiel von Selektion, Variation und Restabilisierung auf der anderen Seite.[87] Liegt der erstgenannte Mechanismus zur Hervorbringung des Neuen auf der Hand – häufig genug ist die Romantik als Negation der als rein vernunftorientiert diffamierten Aufklärung beschrieben worden –, ist das andere Verfahren dadurch gekennzeichnet, daß sich der Text sowohl anlehnt an etablierte oder historische Ausprägungen als auch von ihnen – diese variierend – abweicht. Die Anlehnung gewährleistet die Identifizierbarkeit durch Selbstanbindung an ein Bekanntes. Die Abweichung verbleibt innerhalb eines bestimmten Spielraums, der die Verbindung nicht vollständig kappt.[88] Reaktionsformen dieser Art auf das je Gegenwärtige wie auf verschiedene Traditionen begründen unter den Bedingungen historischen Denkens die geläufigen epochalen Konfigurationen um 1800. Sie machen die Gleichzeitigkeit des Ungleichartigen – von Klassik, Romantik, Spätaufklärung und Frührealismus – bereits an dieser Jahrhundertwende erklärbar, die dann über bestimmte Rehomogenisierungstendenzen des 19. Jahrhunderts hinweg als Stilpluralismus an der Umbruchsituation der beginnenden Moderne um 1900 wiederkehrt: Der jeweilige Fokus der literarischen Aufmerksamkeit auf Themen und Problemstellungen (z.B. Antike vs. Mittelalter) selektiert je eigene Verfahrensweisen, die in der Tradition vorgeprägt, im Aufgreifen aber variiert und durch Wiederholung der Abweichung wiederum epochal stabili-

---

[85] Hüser (1996, 249).

[86] Zur gewissermaßen selbst temporalisierten Kategorie des Neuen um 1800 vgl. Luhmann (1995, u.a. 323, 325): „Was immer es sonst ist: Neuheit ist jedenfalls Abweichung" (327). Zum Prinzip literarischer Innovation um 1800 vgl. Zmegac (1993a, 18f.), zum Originalitätsdruck und zur „Lust an der Originalität der Darstellung selbst" Menninghaus (1996, 471).

[87] So nach dem systemtheoretisch modellierten Evolutions-Begriff Luhmanns (1995, 341-392; 1997, 413-594).

[88] „Ein neuer literarischer *Stil* entsteht, wenn ein innovativer Autor einen Durchbruch erzielt und andere Autoren Elemente seines Schreibens übernehmen und soweit variieren, daß eine Familienähnlichkeit noch deutlich sichtbar bleibt. Den 'Sturm und Drang' könnte man derart als Epochenstil beschreiben, der seine Entstehung der Rekombination, der nachahmenden Variation zweier Goethe-Texte verdankt. Man darf es nicht genauso machen wie Goethe, dann wäre man ja nicht originell, wohl aber so ähnlich, und dann kann man hoffen, ein Publikum zu erreichen, das sich mit der wiederholten Lektüre derselben Goethe-Texte nicht begnügen möchte" (Plumpe/Werber 1996, 180/Anm. 10).

siert werden. In der Romantik entstehen literarische Neuerungen demnach nicht allein daraus, daß nur eine bestimmte Literatur wie die vernunftgeleitet-pragmatische der Aufklärung negiert wird: sei es parodistisch oder satirisch, sei es mit nihilistischem Impetus im Nachweis ihrer Untauglichkeit zur Bewältigung neuartiger Probleme wie in Tiecks *Lovell*. Sie ergeben sich auch, indem ältere literarische Traditionen (vor dem 18. Jahrhundert) aufgegriffen und literarisiert, also nachgeahmt und nach einem gleichsam potenzierten *aemulatio*-Prinzip reorganisiert werden. Etwas Neues stellt sich dabei allein deshalb ein, weil man die regelpoetisch nicht kodifizierte Naivität, die etwa in den sog. Volksbüchern des 15. und 16. Jahrhunderts wahrgenommen wird und die unter den Bedingungen des ausdifferenzierten sentimentalischen Bewußtseins um 1800 als solche interessant ist, mit den literarischen Mitteln der eigenen Zeit reproduziert; oder anders gesagt: weil sich die Herbeiführung von Naivität mittels der ausdifferenzierten Techniken um 1800 vollzieht.[89] Neuartige Selektionen dieser Art, entstanden durch Umstellung der Aufmerksamkeit auf wiederentdeckte literarische Traditionen (die 'altdeutsche Zeit', die das Mittelalter bis zum Barock umfaßt), werden von nachfolgenden Autoren aufgegriffen, wobei sich die je spezifischen Formen der Abweichung aus der selbst neuartigen 'anxiety of influence' (H. Bloom) ergeben. Die gleichgerichtete und je gleichartige Bezugnahme aber restabilisiert die resultierenden Konstellationen und Formen des Schreibens, die dann in der philologischen Rekonstruktion den Namen Romantik tragen.

Sowohl die positive Revitalisierung älterer Modelle als auch die Negation literarischer Muster der eigenen Zeit begründen die ausgeprägte Intertextualität romantischer Literatur. Im Gegensatz zur althergebrachten Legitimation der literarischen Rede durch zitierende Verdopplung als Bestätigung der Autoritäten emanzipiert sie sich zum absichtsvollen Spiel mit Traditionen und literarischen Techniken. Es handelt sich um Formen textueller Relationierung, die sich als inszenierte kenntlich machen. Neue Verfahren entstehen folglich auch aus der Anverwandlung und Kontamination disparater Traditionen durch einzeltextreferentielle und systemreferentielle Bezugnahmen[90] auf allen Ebenen und mit unterschiedlichem – positivem wie negativem – Impuls.[91] Die für einen Autor wie Tieck prägende

---

[89]   Ob dies als Entdifferenzierung im Sinne der romantischen Einheits- und Erlösungsidee zu beschreiben ist – die neue Funktion romantischer Literatur liege in der „Überwindung der funktionalen Differenzierung und ihrer Folgeschäden für das Subjekt und die 'bürgerliche Gesellschaft' in Richtung auf Identität durch Vermittlung eben der Dichotomien, an deren Ausdifferenzierung das Literatursystem selbst maßgeblich beteiligt war" (S. J. Schmidt 1989, 418) –, kann insofern bezweifelt werden, als die Entdifferenzierung mit Hilfe hochgradig elaborierter Formen ins Werk gesetzt wird. Das Programm einer „Entdifferenzierung durch Differenzierung, einer Austreibung der Moderne durch die Moderne, ist das leitende, den Schlegelschen Theorieprozeß antreibende Paradox" (Fohrmann 1998, 114).

[90]   Terminologie nach Broich/Pfister (1985).

[91]   Eine Erklärung literarischer Innovationen aus dem Prinzip des „ästhetischen Widerspruchs" im Sinne einer intertextuellen *Querelle* bei Homann (1996, 206): „Die romantische Literatur präzisiert interior ihre Anschlüsse in extremer Weise, aber eben nicht in bezug auf lebensweltliche, sondern

„Erfahrung einer Heteronomie des literarischen Ausdrucks"[92] wird zum Motor
der intertextuellen und selbstreferentiellen Bearbeitung von Traditionen im Modus des autonom gewordenen Literarischen.[93] Literarisierung meint demnach die
u.U. primär intertextuelle Motivation eines Werks, so daß die alten funktionalen
Legitimationen und Limitationen nur noch zitiert, ironisiert oder satirisiert werden. Allein dadurch wird aus den Texten „durch und durch Poesie".[94] Werke
verstehen sich nun als Generatoren, die im Spiel mit literarischen Modellen und
ihrer experimentellen Neuordnung die Metamorphose der literarischen Rede und
ihrer gattungsförmigen Organisation in einen je anderen, kaleidoskopisch wechselnden und so vor allem flüssigeren Aggregatzustand voranzutreiben versuchen.

Poetik des Unzusammenhangs, Traum, Einbildungskraft, Seele
– Übergänglichkeit

Als Wahrnehmungsform wird dieser Zustand den Erfahrungen des Traums und
der Volatilität der produktiven Einbildungskraft abgelesen. Hier sind die nach den

---

[92] in bezug auf literarische 'Ereignisse': in bezug auf vorgängige Literatur, etwa in bezug auf Shakespeares Dramen [...]. Sie setzt sich zu diesen in das Verhältnis [...] einer literarischen 'Querelle',
um sich selbst so dem Druck auszusetzen, der sie zu einer Transformation herausfordert".
Brecht (1993, 251).
[93] Dies ist gegen Brecht formuliert, der Heteronomie dem Autonomiepostulat der älteren Romantikforschung entgegensetzt, derzufolge Autonomie die Abbildung lebensweltlicher Erfahrung, also die Wiedergabe eines vermeintlich autonomen Innen meine: „Tiecks (Text-)Erfahrung scheint
mir als die Undarstellbarkeit des Erlebten genauer bezeichnet" (Brecht 1993, 246/Anm. 4). Tiecks
Prosa sei deshalb nur in einem „gewissen Sinne autonom, weil niemals vollständig kontrollierbar",
da sie ihre „Abhängigkeit von einer vorgegebenen Ordnung zu reflektieren imstande" ist (4). Die
dekonstruktivistische und diskursanalytische Perspektivierung bestreitet Autonomie demnach insofern, als Erfahrungen der Erlebnisse grundsätzlich der Sprachlichkeit des Realen unterworfen
und von daher durch und durch diskursimprägniert sind: „Die Prätention auf Autonomie, dem
Autor Ludwig Tieck durchaus nicht fremd, begegnet im sprachlichen Material der Heteronomie
einer ihr vorgängigen Ordnung" (249). Unter Autonomie kann man nun aber auch das sich selbst
organisierende Spiel sprachlicher Zeichen verstehen, die sich in differentieller Opposition zueinander ohne funktionale Subordination unter literaturexterne Zwecke des Allgemeinen konstituieren. Dies schließt Heteronomie nicht aus, Literatur macht diese vielmehr sogar als Voraussetzung
jeglicher Erfahrung bewußt und damit der Erfahrbarkeit allererst zugänglich, indem sie literarisch
artikuliert wird. 'Reale' lebensweltliche und lebensgeschichtliche Hintergründe werden so nicht
grundsätzlich bestritten. Literatur kann auch in dieser Perspektivierung der wie auch immer motivierten anthropologischen Selbstvergewisserung oder der Herbeiführung von 'Heimatlichkeit'
dienen. Allerdings führt die Selbstorganisation der 'gefährlichen' literarischen Rede Tiecks nicht
zur Konsequenz der klassischen Kunsttheorie, wonach das Werk als ein schönes all seine in sich
durchgebildeten Teile auf ein harmonisches Ganzes, in dem sich das Menschliche als währender
Zustand idealer Freiheit erkennt, transparent macht. Zur Differenz zwischen dem zeitgenössischen, noch dem Genie-Paradigma verpflichteten und dem von der Systemtheorie her profilierten
Begriff der Autonomie vgl. Luhmann (1995, 452f./Anm. 150).
[94] ²Novalis III, 558, [21]; siehe auch das *Athenäum*-Fragment 67 (KSuF II, 110).

Kriterien des Realitätsprinzips geschiedenen Elemente (im Blick auf die Herkunft aus verschiedenen Erfahrungsbereichen) zwar parataktisch nebeneinandergestellt, also als Sukzession diskreter Bild- und Gedankensequenzen isoliert, aber doch auch zugleich insofern als Totalität vereinigt, als sie in filmartiger Montage und Überblendung wie selbstverständlich ineinandergleiten. Die derart homogenisierende Verknüpfung der heterogenen Elemente erzeugt die Geschlossenheit der Traumwahrnehmung. „Erzählungen, ohne Zusammenhang, jedoch mit Association, wie *Träume*", notiert Novalis zu diesem Verfahren mit implizitem Verweis auf die höhere, werkkonstituierende metaphysische Einheit, „Gedichte – blos *wohlklingend* und voll schöner Worte – aber auch ohne allen Sinn und Zusammenhang – [...] – sie müssen, wie lauter Bruchstücke aus den verschiedenartigsten Dingen [seyn]".[95] Musil charakterisiert die „Verbindung der Vorstellungen, die im Traum herrscht", als „gleitende Logik der Seele, der die Verwandtschaft der Dinge in den Ahnungen der Kunst und Religion entspricht".[96] Poesie kann den Vorgang in einer dem Traum eignenden Selbstverständlichkeit reproduzieren, weil ihre gleitenden Signifikanten[97] von den Signifikaten, auf die sie verweisen oder die sie allererst performativ hervorbringen, getrennt und doch zugleich affiziert sind.[98]

Bereits die avancierten Autoren der Romantik versuchen, den unverfügbaren anderen Zustand – das Unmarkierte, die Nicht-Welt, die sich in der gleitenden Logik der Seele erkennt – literarisch erfahrbar zu machen; wie Musil aus dem Ungenügen am Wirklichkeitssinn bzw. aus dem „Ungenügen an der Normalität".[99] Praktiziert haben das halt- bzw. wie grundlose Flottieren sprachlicher Zeichen, das dieser Logik korrespondiert, die Werke Tiecks. Im spontanen Nachvollzug präsentieren sie sich häufig unzusammenhängend, also einer Modalität folgend, die das Disparate problemlos nebeneinanderstellt und ineinanderblendet.[100] Dem Leser ist es wegen der flirrenden Flüchtigkeit und delirierenden Halluzinatorik nicht selten nur schwer möglich, genauer angeben zu können, was überhaupt in ihnen verhandelt wird. Thematisch leitet sich die unklare referentielle Verankerung der gleitenden Signifikantenketten in den Texten Tiecks aus der Tatsache ab, daß die Darstellung des Wunderbaren nicht mehr rationalisiert, also realitätskompatibel plausibilisiert oder didaktischen Zwecken unterstellt werden kann, wie dies noch grundsätzlich bei Wieland der Fall ist. Verfahrenstechnisch werden disperse literarische Formen und Traditionen auf unterschiedlichen Stilebenen und in praktisch allen Gattungsvarianten zusammengebracht: bei Tieck sowohl auf die textinternen Verhältnisse als auch textextern auf Konstellationen zu anderen

---

[95]   ²Novalis III, 572.

[96]   Musil (1978, 593).

[97]   Vgl. Franks Hinweis auf Lacans vielbemühte Rede vom Gleiten des Signifizierten unter den Signifikanten (Frank 1989, 366).

[98]   Eine schrifttheoretische Herleitung dieser These mit Überlegungen zum Wechselverhältnis von produktiver Einbildungskraft und Schrift gibt Kapitel 4 (Lesen/Vorlesen: Szenische Poesie).

[99]   Pikulik (1979).

[100]   Zu 'Tiecks Poetik des Unzusammenhangs' vgl. Menninghaus (1995, 46-52).

gleichzeitig entstandenen Werken bezogen. Dies indiziert eine neue Souveränität, Heterogenes mit demonstrativer Freude an literarischer Artistik nebeneinanderstellen zu können, es experimentell zu literarisieren und in gleitender Übergänglichkeit[101] ineinander aufgehen zu lassen. Das Spiel mit übergänglichen Konstellationen der Literatur begründet die permanente poetische und poetologische Selbstreflexion in der literarischen Praxis Tiecks.

Doppelter Ursprung

Neben den ästhetischen Spekulationen Friedrich Schlegels und Novalis' repräsentieren Tiecks Werke die zweite Linie im doppelten Ursprung der Frühromantik in den Jahren 1795/96.[102] „Tieck kehrt ein πμP[oem] oft so um, wie ich ein φμPh[ilosophem]", schreibt Friedrich Schlegel in einer Notiz von 1797/98[103], in der dieser doppelte Ursprung der Romantik aus Poesie und Theorie, aus literarischer Praxis und philosophisch-ästhetischer Kritik bzw. Spekulation (auch in der provokativen Absicht, nicht mehr verständlich zu sein) auf den Punkt gebracht ist. Präzise benannt ist hier die trotz aller sonstigen Differenzen – zwischen transzendentalpoetischen und geschichtsphilosophischen Reflexionen einerseits, einer literarischen Rede ohne vorgängige Theorie andererseits[104] – bestehende Gemeinsamkeit im Verfahren. Der Experimentalcharakter ist der gemeinsame Fluchtpunkt von idealistisch begründeter Theorie, die in Fragmenten die witzige Kombinatorik des Geistes ausagiert, und Tieck, der diese Agilität literarisch konkretisiert. In beiden Fällen nährt sich das Selbstbewußtsein, über die Welt und ih-

---

[101] Vgl. Klussmann (1976, 357). „Nichts ist *poëtischer*, als alle *Übergänge* und heterogène Mischungen" (²Novalis III, 587 [221]). Heilman (1992, 268) akzentuiert die metaphysischen Implikationen: Als 'übergängliche' „hat sich die Sprache aus der Umklammerung konventioneller Ordnung gelöst, ohne sich geradezu zum Medium eines 'anderen' (vom Zeichen her strukturierten) Weltverständnisses emanzipiert zu haben". Das der Texten Tiecks „eigentümliche[] 'Dazwischen'" (268) findet freilich auch in der Literatur nach Verabschiedung ihrer pragmatischen Repräsentationalität und Gattungsbindung keinen rechten Halt mehr.

[102] Vgl. Brecht (1993, 2). Erkannt wurde der doppelte Ursprung bereits von Haym. In den Rekonstruktionen der Literaturgeschichte bleibt die „Gleichzeitigkeit" von Polemik und Poesie, von Theoriebildung (auch durch Kritik) und „Erweiterung und Wandlung poetischer Themen und Verfahren" (Ribbat 1979b, 61) zwar präsent. In der beobachtbaren Bifurkation zweier Linien des philologischen Diskurses wird diese aber auch nicht selten verdeckt, insofern allzuhäufig nur jeweils eine der beiden Seiten in den Blick gerät.

[103] KFSA XVI, 168 [991].

[104] Wie ein Großteil der Forschung betont auch Brecht den antiphilosophischen und antisystematischen Zug bei Tieck, der in Literatur nicht die Offenbarung des Absoluten oder eines höheren Prinzips erkennt, sondern diese ansieht als ein auszulegender – auch unsinniger – Zusammenhang. Ribbat geht sogar soweit, daß man bei Zugrundelegung transzendentalphilosophischer Spekulationen auch bei Brentano oder Arnim zu Fehlurteilen gelange, weil der Impuls zur systematischen Ästhetik „den an der Kunstpraxis, an der Produktion und Rezeption von Literatur Interessierten zunächst nicht direkt betrifft" (Ribbat 1978, 74).

re Literatur verfügen zu können, aus der umfassenden Kenntnis literarischer Traditionen.[105]

Eine spezifische Gemeinsamkeit leitet sich darüber hinaus davon ab, daß in der Inkubationszeit von Schlegels frühromantischen Gewitztheiten, also in den Jahren um 1796/97 nach dem *Studium*-Aufsatz, die Idee der romantischen Poesie der literarischen Technik eines Dramas, Shakespeares *Hamlet*, abgelesen wird.[106] Die Äquivalenz im doppelten Ursprung der Romantik, zwischen Schlegels Ideen und den von ihnen zunächst völlig unabhängigen Werken Tiecks, besteht folglich auch darin, daß leitende poetologische Kategorien an den Dramen Shakespeares entwickelt werden. In Tiecks Poetik, die als spezifisch romantisch angesehen wird, ist es das Wunderbare und der die Struktur eines Dramas wie Shakespeares *Sturm* organisierende Gedanken von der „unbegreiflich schnellen Beweglichkeit der Imagination".[107] Entscheidend kommt es Tieck auf deren Plausibilisierung im ästhetischen Gebilde an: im Drama gewährleistet durch spezifische Verfahren des Selbstverständlichmachens in der theatralischen Illusion; etwa durch die bei Shakespeare beobachtete parabatische Störung der Illusion als Modus ihrer Bestätigung, insofern dank solcher Mechanismen, die die dramatische Handlung unterbrechen und die identifikatorische Aufmerksamkeit zerstreuen, das Wunderbare sich zum selbstverständlichen Bestandteil der theatralischen Darstellung emanzipiert. Vernunftgründe, kraft derer die Störung der *vraisemblance* zu rationalisieren wäre, können diese neuartige Illusion nicht mehr außer Kraft setzen. Zentrale Bedeutung hat neben der Musik die Zerstreuung dramatischer Leidenschaften durch variable Formen des Komischen und die Darbietung literarischer Mannigfaltigkeit im aufgefächerten Spektrum disparater *dramatis personae* – allesamt Möglichkeiten, die illusionsstiftende Identifikation mit einer einzelnen dramatischen Figur im Kontext der Handlung zu irritieren und auf diese Weise das Realitätsprinzip, das sich durch das Pathos in der Darstellung einer Leidenschaft oder durch die Satirisierung eines Charakterfehlers geltend macht, ins übergängliche Ineinander von real Möglichem und Wunderbarem zu entgrenzen. Friedrich Schlegel auf der anderen Seite reflektiert über die 'Parekbasis' transzendentalpoe-

---

[105] Auch F. Schlegels „Poetologie ist ohne die Fülle seiner literarischen Kenntnisse und kritischen Arbeiten nicht zu denken. Man kann geradezu sagen: seine Theorie der poetischen Reflexion ist wesentlich die begriffliche Fassung einer reichen literarischen Erfahrung" (Menninghaus 1987, 244).

[106] „1796/97 verlagert sich Schlegels Interesse von der Fixierung auf das Identifikationsmuster Hamlet immer deutlicher auf die 'witzige' Konstruktion des Dramas; Verstand und Reflexion gelten nun als Merkmale Shakespeares, der 'der *witzigste* aller Dichter' (KFSA XVI, 179) ist. Gerade der *Hamlet* erscheint jetzt als 'philosophischer Roman' (KFSA XVI, 125), mit welcher Wendung ebenso auf Herder zurück- als auf die Athenäumszeit vorgegriffen wird. Shakespeares Drama wird nun 'erstes Beispiel' der romantischen Poesie, der in ihrer geforderten Verbindung von Kunst und Wissenschaft (KFSA II, 161) 'das Reflective' an *Hamlet* (KFSA XVI, 187) ebenso wie Shakespeares Vorliebe für das 'Stück im Stück' (KFSA XVI, 185) entgegenkamen" (Mayer 1989, 11).

[107] So in der Abhandlung *Über Shakspeare's Behandlung des Wunderbaren* von 1793 (Tieck-DKV I, 703).

tische Möglichkeiten und Effekte literarischer Selbstreflexion, darunter auch die romantische Ironie als 'permanente' Parabase.

Die Gemeinsamkeit zwischen der literarisch angebahnten und poetologisch reflektierten Idee des Romantischen, seiner ironischen Potenzierung und Depotenzierung zugleich besteht in der Artistik als Verfahren: „Es können *wunderbare Kunstwercke* hier entstehn", schreibt Novalis, „wenn man das Fichtisiren erst artistisch zu treiben beginnt".[108] Nicht nur Friedrich Schlegel und Novalis 'fichtisieren' artistisch, sondern in gewisser Weise auch Tieck. Im Gegensatz zum ideengeleiteten Romantisieren, einer geistigen „Operation" zum Auffinden des „urspr(ünglichen) Sinn[s]"[109], findet die Artistik bei ihm aber als Demonstration der unbegreiflichen, also reflexiv nicht einholbaren Beweglichkeit und Schnelligkeit der Imagination in der Literatur selbst statt.[110]

Literarisiert wird die Welt in der Frühromantik auf doppelte Weise: – durch das Romantisieren als einer progressiven Tätigkeit der poetischen Einbildungskraft, einer 'unendlichen Verdopplung' im ubiquitären Spiel mit den Potentialitäten des Geists und der Literatur auf der einen Seite; – durch „Umkehrung" in die „entgegengesetzte Richtung" kraft permeabler Formen der komischen Behandlung der Welt und ihrer zeitgenössischen Modeliteratur auf der anderen Seite, die sich bei Tieck nicht zuletzt gegen die von ihm selbst hervorgebrachten Neuerungen richten können.[111] Innerhalb der von Novalis bezeichneten Dialektik von

---

[108] ²Novalis II, 524; zum Kontext der 'Ideenspiele' und der literarischen 'Spiele über Nichts' im Zusammenhang der frühromantischen Fichte-Rezeption vgl. Menninghaus (1987, 153).

[109] ²Novalis II, 545.

[110] Bei Novalis hat das Romantisieren im Gegensatz auch zu Arnim und Brentano ein geschichtsphilosophisches Telos in der Wiedererlangung eines neuen goldenen Zeitalters. Zu den Differenzen zwischen der theoretischen Frühromantik und Tieck vgl. Klussmann (1976, 356f.): „Doch während es Novalis um eine vollkommene Poetisierung der Welt im Sinne einer qualitativen Potenzierung, einer grundsätzlichen Ausweitung des Endlichen ins Unendliche ging, während Friedrich Schlegel die progressive Universalpoesie als Verknüpfung und Vermischung aller Geistestätigkeiten und Bildungsstoffe forderte, konzentrierte sich die Aufmerksamkeit Tiecks auf die Grenzübergänge des Wirklichen und die Aufhebung der Maßstäbe des Bewußtseins". Der simultanpräsentischen Verräumlichung poetischer „Schrift(t)räume" bei Novalis, die die neue „Zeit" für endgültig gekommen ansieht, steht Tiecks „Einspruch" im *Runenberg* gegenüber, der die Verzeitlichung als „Folge der in der Schrift erzeugten Differenz von holographischem Ideal und sequentiell differentieller Realisierung" kenntlich macht (Steiner 1994, 311, 312/Anm. 10). Daß sich bei Tieck die Poesie nicht mit dem Leben verbindet und in ihm real wird, demonstriert das Frühwerk im satirischen Impuls der Literaturkomödien oder im nihilistischen Impuls des *Lovell*, vorgeführt v.a. an der Figur Balders. Die Literarisierung der Welt wird damit aber nicht grundsätzlich dementiert, sondern als punktuelle Möglichkeit der Stimmung im Augenblick bewahrt.

[111] Von der „entgegengesetzte[n] Richtung des Romantisierens" spricht Greiner (1992, 269f.); zur Umkehrung des Romantisierens durch „Ironisierung aller allegorischen Chiffren" in den „Märchenkomödien und Märchenarabesken der Jahre 1796 und 1797" vgl. Menninghaus (1995, 54): eine literarische Praxis, „in der die Koexistenz von Märchenbearbeitung und Poetik des Unzusammenhangs (noch) nicht die ab 1798 dominierenden hieroglyphisierenden Bahnen einschlägt". Dies ist allerdings nur bedingt zutreffend, insofern es bei Tieck auch nach 1798 Formen der Ironisierung und Satirisierung gibt, die sich stets auch gegen die eigene positive Poesie wenden.

Wechselerhöhung und Erniedrigung entfaltet sich die Literarisierung demnach in sowohl positiver als auch negativer Richtung: als Poetisierung der Welt und ihrer Literatur, als Annihilierung ihrer Grenzen mittels „poetische[r] Polemik" und „polemische[r] Poesie".[112] In beiden Varianten aber vollziehen die Texte die „mediale Reflexion"[113] ihrer Literarisierung selbst literarisch – und werden so zur Poesie der Poesie.

Romantisches Buch, schriftinduzierte Naivität als „schöne Ordnung", Lektüre

Ins Werk gesetzt wird die Poesie der Poesie, wie gesehen, im Roman als romantischem Buch: in der enzyklopädischen Vereinigung von „Poesie in Verbindung mit Wissenschaft, daher mit Kunst; daher die *Prosa* und die *Poesie der Poesie*".[114] Die Rezeptionsform des romantisches Buchs, Produkt und Ausdruck der potentiell unbegrenzten Tätigkeit des Literarisierens, ist die „Lektüre"[115] – ganz unabhängig davon, ob es sich episch, dramatisch oder lyrisch präsentiert.

Grundsätzlich erschließt erst die Lektüre, was Novalis 'ein *Leben*, als Buch' genannt hat.[116] Dem Ideal romantischen Lebens als Literatur ist sie gemäß, weil Lesen den Modus bereitstellt, realitätsinkompatible Zustände dem imaginären Mitvollzug zu eröffnen: „'Wenn man recht ließt, so entfaltet sich in unserm Innern eine wirckliche, sichtbare Welt nach den Worten'", zitiert Kittler Novalis zur Halluzinatorik der literarischen Schrift[117], und nicht ohne Grund erkennt Musil den anderen Zustand in der „Möglichkeit, so zu leben, wie man liest".[118] Denn dies sei der „ursprüngliche Zustand des Lebens"[119], weil er dem „ursprünglichen Lebenszustand des Gleichnisses" entspricht, in dem die Trennung „in die feste Materie der Wirklichkeit und Wahrheit und in die glasige Atmosphäre von Ahnung, Glaube und Künstlichkeit" noch nicht oder eben nicht mehr wirksam ist.[120] Der andere Zustand ist ein medialer, schriftinduzierter performativer Effekt be-

---

112 Ribbat (1979b, 63); zum Witz als „Gegenspieler der Stimmungswelt" vgl. bereits Böckmann (1934/35, 103).

113 Benjamin (1973, 62).

114 KSFA 16, 354 [101].

115 Daß der Roman „von den ältesten Zeiten für die Lektüre" war, betont Friedrich Schlegel – historisch gesehen falsch – im *Brief über den Roman* (KSuF II, 213).

116 Der Roman ist somit „die gebuchte intellektuale Anschauung eines Ich" (Schanze 1994a, 1-3). Schanze spricht von der „Literarisierung des Mündlichen" (Schanze 1994b, 347), Romantisierung ist daher „Verbuchung der mündlichen Traditionen" (348); zu den mediengeschichtlichen Verschiebungen als Voraussetzung für die Hypostasierung des Buchs im Gefolge der Temporalisierung eines unüberschaubar gewordenen Wissens vgl. Kittler (1987, 132ff.).

117 Kittler (1987, 139), vgl. ²Novalis III, 377. „Nur stille Lektüre macht Innerlichkeit zur Gewohnheit", so Kittler (1995, 84) zu Novalis' *Blüthenstaub*-Rede vom 'nach Innen' gehenden Weg.

118 Musil (1978, 563).

119 Musil (1978, 574).

120 Musil (1978, 582).

stimmter Textformationen im Augenblick ihres aisthetischen Vollzugs. Romanti-sche Texte erschließen so den *potentiellen* Raum menschlicher Innenverhältnisse. Vermöge der halluzinativen Kraft wird der Leser in diese Räume hineingeführt und gleich einem Cyberspace, den die Lektüre eröffnet, eingeschlossen. Histo-risch etabliert sich dieses Vermögen von Literatur im Prozeß der veränderten Al-phabetisierungstechniken seit dem 18. Jahrhundert, die bei der nunmehr völlig automatisierten stillen Lektüre den Buchstaben Klang unterlegen. Lektüre steuert die Affizierbarkeit des wahrnehmenden Körpers (der als gedächtnisäquivalentes Medium zur Speicherung sinnlicher Erfahrungen funktioniert), weil die Schrift sich das psychotechnische Wissen um effektive Steigerung im Wechselspiel von Einbildungskraft und selbst je historisch ausdifferenziertem psychophysischem Apparat angeeignet hat.[121]

Der andere Zustand wird dann auf eine Weise performativ Ereignis, die Ei-chendorffs ebenso schlichtes wie hochartifizielles Gedicht *Sehnsucht* thematisiert *und* literarisch herbeiführt: und zwar indem der Leser mit dem lyrischen Ich in ei-ner gestaffelten Reihe von Bild-Klang-Evokationen – textimmanent am Indiffe-renzpunkt von 'realer' Wahrnehmung und poetisch evozierter Imagination ange-siedelt – in die von der Sprache des Gedichts aufgespannte prächtige Sommer-nacht hineinleitet; dergestalt, daß diese zugleich im gehörten Lied der Gesellen besungen, also liedintern verdoppelt und von dort auf das einsame Mädchen-Ich am Fenster zurückgebogen wird. Im vernommenen Lied findet es die eigene Ein-samkeit am Fenster gespiegelt *und* in der sehnenden Bewegung in die Nacht hin-ein aufgehoben. Die poetisch sich reflektierende Sehnsucht evoziert, was das Sehnen als Differenzerfahrung erleidet *und* durch Wiedereintritt der poetischen Verdoppelung in die sich bespiegelnden Ebenen zur Erfüllung in Poesie auflöst. So befindet man sich mit der Sprache des Gedichts und dem unendlich sich ver-doppelnden Parallelismus plötzlich wie unvermittelt in der prächtig klaren Som-

---

[121] Vgl. Rieger (1995, 405f.). Medientheoretisch gesehen erfolgt die Affizierbarkeit des historisch dif-ferenzierten psychophysischen Apparats durch Literatur dergestalt, daß „das Wissen um Körper und Sprache, das Wissen um Psychologie einzelner Seelenvermögen und ihre Affizierbarkeit, um rhetorische Figuren und ihre Möglichkeiten zur Steuerung von Affekten und Einbildungen kon-sequent auf das Medium Schrift übertragen" wird (409). Innere Welten sind medial konstruierte Lektüreeffekte, die wie bei Novalis die Reflexion auf die „Einbildbarkeit von Einbildung" ermög-lichen (406). Schrift gestaltet sich in romantischen Texten verfahrenstechnisch demnach so aus, daß sie eine den psychophysischen Bedingungen von Körper und Geist entsprechende Logik des Imaginären ansteuert. Der Text vollzieht so die reale Gemeinsamkeit von Physis und Psychotik. Eine „Medientheorie imaginärer Affizierungen" habe zu reflektieren, daß „das Stadium einer technischen Latenz im Imaginären [...] den apparativen Umsetzungen vorgängig" ist (411). „Werke [...] sind Medien zur halluzinatorischen Substitution von Sinnesfeldern" (Kittler 1995, 140); eine umfassende historisch-anthropologische Rekonstruktion der materialen Verschiebun-gen im Körper- und Wissenshaushalt des im 18. Jahrhundert 'erfundenen' Menschen (Foucault) komplementär zur Entstehung einer hermeneutisch zu entziffernden produktiven Schrift als Substitution von 'Körperströmen' und Körperwahrnehmungen durch 'Schriftverkehr' bei Ko-schorke (1999).

mernacht, die die Poesie beschreibt und aufruft – und damit in der „ewige[n] Anschauung der Gottheit" als „oberste[n] Idee des Glücks, worin Erfüllung als
Sehnsucht selber sich offenbart".[122]

Romantische Texte inszenieren die Aufhebung des sentimentalischen Differenzbewußtseins im ästhetischen Augenblick – trotz der sequentiellen Struktur
der Schrift, die die erfüllte Stillstellung oder Verewigung verhindert.[123] Solches
Glück im Augenblick wird nicht allein kraft Evokation eines dem Realitätsprinzip
enthobenen Bereichs herbeigeführt, sondern auch im literarischen Erklingen einer
tönenden Natur, deren entsemantisiertes Rauschen den Zustand der Freiheit vom
Identifizierungszwang signifiziert. Andere Varianten literarisierter Naivität artikulieren sich im heiteren Mutwillen literarischer Albernheit oder im interesselosen
bzw. 'lustigen' Spiel der schönen Freude. In allen Fällen handelt es sich um Formen der künstlichen Wiedererlangung von Naivität durch Entgrenzung. Raffinierte Techniken erzeugen die ersehnte Einheit mit den Dingen – den „magischen
Glanz" einer „innern Welt" im „verlorenen Paradies"[124] – als literarische Effekte
in den erhöhten Momenten ihrer Entfaltung[125], so daß es auch dem Leser von
Eichendorffs Gedicht so scheint, als flöge die Seele nach Haus. Die Herbeiführung von Naivität durch schriftliche Reinszenierung ihrer Wahrnehmungsform,
die in der Lektüre Ereignis wird[126], eine von den 'Mysterien der Grammatik' produzierte sekundäre Naivität durch das sentimentalische Differenzbewußtsein hindurch, ist das Telos des romantischen Textes.[127] So verwandelt die poetische Sprache Welt in eine andere Ordnung der Dinge: in die Lebendigkeit der „schönen

---

[122] So Adornos genaue Formulierung zur 'erfüllten Sehnsucht' bzw. 'sehnenden Erfüllung' als Kern
romantischer Poesie, den Eichendorffs Gedicht im bewegten Augenblick des aistethischen Vollzugs unendlicher Verdopplung in den paradiesischen Zustand überführt (Adorno 1981a, 86).

[123] Vgl. den Einspruch Steiners (1994) mit Tieck gegen Novalis.

[124] So Brentano in der Selbstanzeige zur *Gründung Prags* (Brentano-SW XIV, 423).

[125] „Das eigentliche Wesen des Lustspiels ist, wie schon der Klang des Namens andeutet, eben nichts
Anderes, als die *momentane* Befreiung von allen kleinlichen, spießbürgerlichen
Rücksichten und Banden des Alltagslebens, indem wir dieselben ignorieren oder humoristisch auf
den Kopf stellen; gleich der Luft ein Gemeingut aller gesunden Seelen, das aber, eben wegen sei-
ner luftigen Beweglichkeit, durch die geringste Pedanterie verscheucht oder erdrückt wird" (*Zur
Geschichte des Dramas*, Eichendorff-DKV VI, 796; Hervorhebung von mir, S.S.).

[126] „Der poetische Akt wird zum Kern des poetischen Werkes, die Lektüre zum erneuernden Nach-
schaffen dieses Aktes. Der romantische Dichter 'läßt das, was er erfunden hat', vor den Augen
des Lesers 'stufenweise werden, oder er lockt ihn es selbst zu erfinden. Er will keine bestimmte
Wirkung auf ihn machen, sondern er tritt mit ihm in das heilige Verhältnis der innigsten Symphi-
losophie oder Sympoesie.' So wird 'die Poesie lebendig und gesellig, und das Leben und die Gesellschaft poetisch'" (Neumann 1991, 429); Binnenzitat: 112. *Lyceum*-Fragment 112; KFuS I, 248.

[127] „Die romantischen Dichter versuchten, die Magie des Wortes unmittelbar zu machen" (Henkel
1967, 308), im Versuch, „Wirklichkeit als Mythos und in der Bedeutsamkeit des Mythischen zu
sehen" (301). Angelehnt an A.W. Schlegels vielzitierte Bestimmung aus der *Kunstlehre* (1801-1804)
– „Die Poesie ist eine künstliche Herstellung jenes mythischen Zustandes, ein freywilliges und
waches Träumen" (Schlegel-Vo I, 441) – handelt es sich um den „Entwurf einer artistischen Universalität, um die Möglichkeit der Erzeugung des künstlichen Traums" (Henkel 1967, 307).

Ordnung", die sich aus dem „Kunstfeuer" der Liebe „in die Planeten" entzünde und als „geheimes drittes Leben" die „Seelen wunderbar empor" hebt.[128]

Die schöne Ordnung ästhetisch inszenierter Naivität ist wie in der Oper und Instrumentalmusik auch deshalb in der Literatur herbeizuführen, weil diese – unter den erläuterten Voraussetzungen historisch etablierter Autonomie – das Realitätsprinzip und die Begrenzungen der Wahrscheinlichkeit mißachten darf. Das 430. *Athenäum*-Fragment formuliert daher die Möglichkeit, „unvermeidliche Lagen und Verhältnisse" dadurch „liberal" behandeln zu können, „daß man sie durch einen kühnen Akt der Willkür verwandelt und durchaus als Poesie betrachtet."[129] Das ist die eine Seite als Konsequenz der entpragmatisierten Verfügbarkeit literarischer Mittel. Als „Gemütherregungskunst" aber steht Literatur andererseits auch wiederum mit dem Realen in Kontakt, denn Poesie stellt eine Form der Versprachlichung von Welt dar, deren Effektivität sich gerade darin erweist, über die Fähigkeit zur psychophysischen Affektation *durch* die Darstellung selbst zu verfügen.[130] Das Gleiten der Signifikanten vollzieht sich zwar ohne Rücksicht auf die Bedingungen und Widrigkeiten der physischen Realität (die von der romantischen Literatur sehr wohl thematisiert werden). Es ist aber deshalb keineswegs ein leeres und bloß differentielles Spiel der Zeichen, weil es sich auch in romantischen Texten um wie auch immer zu spezifizierende Bezugnahmen auf die Welt und ihre (inneren) Wahrnehmungsformen handelt: Der Äquivalenz von Schrift und Wahrnehmungsapparat korrespondiert die vorausgesetzte substantialistische Einheit der Poesie mit den Dingen.[131] Sprache ist grundsätzlich semantisch gebunden, und durch das Gitter der schwarzen Buchstaben und das supplementäre Spiel der Schrift hindurch wiedererstattet Literatur eine sekundäre Präsenz von

---

[128] So Valeria, die Verkörperung der Poesie, in Brentanos *Ponce de Leon* (Brentano-SW XII, 497f.).

[129] KFuS II, 153.

[130] Novalis bestimmt die „*Gemütherregungskunst*" entsprechend als „innre *Mahlery* und Musik" – „man sucht mit der Poesie, die gleichsam nur das mechanische Instrument dazu ist, innre *Stimmungen*, und Gemählde oder *Anschauungen* hervorzubringen – vielleicht auch *geistige Tänze* etc" (²Novalis III, 639). In der frühromantischen Theorie ist es die immer wieder verhandelte Nähe der Poesie zur Musik, die sich literarisch in der Innerlichkeit von Lyrik Ausdruck verschaffe, denn das Gemeinsame von Poesie und Musik liegt in der „unmittelbare[n] Darstellung innerer Zustände" (Schlegel-Vo I, 70), so daß lyrische Poesie diese Innerlichkeit selbst *direkt* in Erregung versetzt.

[131] „Die transzendental konzipierte *dissemination* des Novalis, die nicht wie bei Derrida als Produkt der Sprache, sondern als Ergebnis zugrundegelegter Substantialität gedacht wird, verlangt von der Kunst metaphysische Leistungen. Sie soll Teil einer Äquilibristik sein, die am Riß zwischen unbedingt Absolutem und absolut Bedingtem ein Wissen über das Ich entwirft, das nie im positiven Sinn eine Wahrheit über das Ich enthalten wird, sondern diese hieroglyphisch und im Vertrauen auf das Abwesende sich schulen lernt. Kunst ist Darstellung 'des innern Zustandes, der innern Veränderungen', die aus dem ewigen Mangel resultieren. Für diese Darstellung verwenden Novalis und Schlegel den Begriff der 'symbolischen Construction'" (Fromm 1997, 571). „Novalis hat mit dieser Sprachansicht nicht für eine anti-mimetische Sprache in der Literatur plädiert, sondern für eine, die an Mimesis und ihrer Negation gänzlich desinteressiert ist. Interessiert ist sie an der der Mimesis abgewandten Seite der Entdeckung des Selbst in – besser vielleicht: durch – sein Abwesendes" (581).

nicht minderer Intensität als das Reale selbst.[132] „Denn wie das organische Reich das mechanische aufgreift, umgestaltet und beherrschet und knüpft, so übt die poetische Welt dieselbe Kraft an der wirklichen und das Geisterreich am Körperreich".[133] Die textuell inszenierte Naivität des anderen Zustands wird so zum 'ächt absolut Reellen' im je gegenwärtigen Augenblick der Lektüre. Sie funktioniert homolog zur realpräsentischen Macht der Musik während ihres Erklingens (eben auch ganz ungeachtet der transzendentalphilosophischen Voraussetzungen im Zusammenhang der „grundsätzlichen Freiheit in der Selbsterzeugung symbolischer Welten", auf die sich Novalis' berühmte Formel beziehen läßt[134]). Vor diesem Hintergrund formulierte Musil das Ideal, „daß unser Dasein ganz und gar aus Literatur bestehen sollte".[135] Lesen und geselliges Vorlesen sind ideale Vollzugsformen des Lebens, weil hier reale Erfahrungen – literarisch artikuliert und medial verstärkt – gemacht werden, die der gleitenden Logik der Seele und der unbegreiflichen Schnelligkeit der Einbildungskraft in der Evidenz und Intensität des Traums entsprechen. Im Lesen – und intensiver nur noch im Träumen über das Lesen – machen die Überlegungen 'seltsame Wege', sagt der Erzähler gleich zu Beginn seiner *Recherche*, nachdem er lange Zeit früh schlafen gegangen ist: „Il me semblait que j'étais moi-même ce dont parlait l'ouvrage".[136]

---

[132] Vgl. Kapitel 4: Einbildungskraft – Schrift – Lektüre.

[133] Jean Paul: Vorschule der Ästhetik (1987, 39).

[134] Zur Kategeorie des 'Reellen' in idealistischer Perspektivierung vgl. Steiner (1997, 15, 36).

[135] Musil (1978, 365); vgl. dazu bereits Arnims Formel „Lebe wie dein Lustspiel" im Brief an Brentano vom 20. September 1804, die das Erleben während der Lektüre des soeben gedruckten *Ponce de Leon* als „Zugaben zu meinem Leben" begreift (Arnim-Brentano I, 237). Die leib-seelische Einheit der romantischen Komödie übt eine Wirkung auf ihren Leser gleich einer Nahrung aus: Das Lustspiel, so Arnim weiter, „soll ganz sich vereinigen mit uns, nicht eigentlig wirken wie Tragödien und Possen als Arzney, sondern als Speise und Trank uns nähren wachsen lieben und wirken lassen" (237).

[136] Proust (1954 I, 3) – „Es kam mir so vor, als sei ich selbst, wovon das Buch handelte" (Proust 1982, I, 9); vgl. auch Prousts *Tage des Lesens* (1905): „Lesen, dieser zugleich glühende und gelassene Genuß [...] das Lesen, bei dem die tausend Empfindungen von Poesie und unbestimmtem Wohlbefinden, die sich mit Fröhlichkeit aus der Tiefe der guten Gesundheit erheben, rings um die Verträumtheit des Lesers eine honigsanfte und goldfarbene Lust schaffen" (Proust 1989, 236/Anm. 1). „Dieser äußere Schein, mit dem sie [die „schönen Bücher", 243] uns bezaubern und enttäuschen und über den wir hinausgelangen möchten, ist das eigentliche Wesen dieser gewissermaßen *keine Dichte* besitzenden *Sache – eine auf einer Leinwand festgehaltene Fata Morgana –, die die Wahrnehmung ausmacht"* (245; Hervorhebung von mir, S.S.). Schon für romantische Literatur ist leitend, daß die Erregung der Einbildungskraft äußere Reize, die im lesenden Subjekt aufgehen, nicht entbehren kann: „Erforderlich ist also ein Eingreifen, das sich, obwohl es von einem anderen ausgeht, doch in uns selbst vollzieht, ist also der von einem anderen Geist ausgehende Impuls, der aber in der Einsamkeit empfangen wird. Nun haben wir gesehen, daß das gerade die Definition des Lesens ist und daß sie allein auf das Lesen zutrifft" (248).

> Die Inszenierung vermag zwar die Zuschauer zu
> ergreifen; sie ist jedoch das Kunstloseste und hat
> am wenigsten etwas mit der Dichtkunst zu tun.[137]

2. Drama um 1800

Das Drama, unabhängig zunächst von allen Differenzierungen innerhalb des
Gattungssystems, ist die literarische Darbietungsform einer Fiktion, die sich an
der theatralischen Realisierung orientiert, weil sie dazu „bestimmt ist angeschaut
zu werden".[138] Die sinnliche Wirkung ihrer Präsenz auf der Bühne ist ihr Zweck
und eigentliches Ziel. Das Strukturgesetz der dramatischen Form, die in der Aufführung wirksam werden soll, ist die auf das quantitativ überschaubare Maß zugerichtete und in einen bestimmten Zusammenhang gebrachte Verbindung von
Rede, Gegenrede und Aktion der *dramatis personae*. Dies konstituiert die dramatische Handlung, sei es als Sprechhandlung[139], sei es als tatsächliche Aktivität, wobei der Sprechakt den narrativen Bericht über vollzogene oder gerade sich voll-
ziehende äußere und innere Ereignisse einschließt.[140]

   Die Nachahmung einer „guten und in sich geschlossenen Handlung von bestimmter Größe"[141] wird auf der Bühne zur leibhaftigen Realität. Im rahmenbildenden Ausschnitt der neueren Illusionsbühne, die eine perspektivisch den Raum
erschließende Tiefe und die ihr korrespondierende Plastizität der Figuren darbietet, präsentiert sich eine wahrscheinliche, tatsächlich mögliche und in sich abgeschlossene Wirklichkeit.[142] Für wirklich genommen wird der theatrale Raum, weil
die realitätsähnliche Illudierung eines zusammenhängenden szenischen Gesche-

---

[137] Aristoteles (1982, 25; Kap. 6); vgl. Lessings Hinweis auf die Stelle im Brief an Mendelssohn vom
      18. Dezember 1756: „[...] daß die ganze Lehre von der Illusion eigentlich den dramatischen
      Dichter nichts angeht, und die Vorstellung seines Stücks das Werk einer andern Kunst, als der
      Dichtkunst, ist. Das Trauerspiel muß auch ohne Vorstellung und Akteurs seine völlige Stärke be-
      halten" (Lessing 1972, 85).

[138] Friedrich Schlegel: Gespräch über die Poesie; KFuS II, 213. Romantisch ist das Schauspiel des-
      halb „nur unter gewissen Einschränkungen": als „angewandter Roman" (KFuS II, 213).

[139] Vgl. Stierle (1976, 324).

[140] „Etwas wird auf der Bühne entweder vollbracht oder wird als Vollbrachtes berichtet" (Horaz
      1972, 15). An dieser Stelle der *Ars Poetica* formuliert Horaz eine für das romantische Drama be-
      deutende wirkungsästhetische Differenz zwischen Bühnenaktion und Hypotypose, also dem
      'Vor-Augen-Stellen' eines Geschehens durch narrativen Bericht: „Schwächer erregt die Aufmerk-
      samkeit, was seinen Weg durch das Ohr nimmt, als was vor die verläßlichen Augen gebracht wird
      und der Zuschauer selbst sich vermittelt; doch wirst du nicht, was besser im Innern sich abspielen
      sollte, auf die Bühne bringen, wirst vieles den Augen entziehen, was dann die Beredsamkeit allen
      verkündet" (15 f.).

[141] Aristoteles (1982, 19); zur aristotelischen Tragödie als Handlungsdrama vgl. Kannicht (1976).

[142] Zu der von Diderot geforderten strikten Trennung zwischen Handlung und Zuschauer, so daß
      die Bühne das Stück ohne Rücksicht auf das Publikum als vollkommen abgeschlossene Wirklich-
      keit präsentiert, vgl. Catholy (1968, 98).

hens das Bewußtsein davon suspendiert, künstlich und künstlerisch inszeniert zu sein.[143] Dies wiederum schafft die Voraussetzung dafür, die real präsente Wirklichkeit ästhetisch, also ohne direkte Beteiligung des Zuschauers aus der Distanz und dennoch affektisch wirksam anzuschauen. Damit die szenisch exponierte Handlung trotz ihres bloß illudierenden Charakters diese Wirkung, die „Erregung der Leidenschaften" in der einschlägigen Bestimmung Nicolais[144], zeitigt, ist sie nicht nur als spezifisch geschlossener Zusammenhang darzubieten. Zur Erregung von Affektwirkungen ist vor allem die reale Präsenz auf der Bühne erforderlich. Erst die leibhaftige Anwesenheit von Figuren, die – vom Handlungskontext plausibilisiert – sprechen und agieren, veranlaßt den Zuschauer zur identifikatorischen Mimesis oder zur distanzierten Bewunderung ihrer Gefühle bzw. Affekte; oder auch, um nicht zuletzt die Entwicklung bei Lessing anzudeuten, zur sympathetischen und doch auch rationalen Einsicht in die Ausprägungen und Möglichkeiten von Verfaßtheiten des Menschen, die der Zuschauer individuell und allgemeingültig zugleich an den dramatischen Figuren mitvollziehen soll. Auch die rationale Reflexion als eher distanzierte Beurteilung der Dispositionen einer Figur zur Vermittlung von Einsichtsfähigkeit beim Zuschauer, die die jüngere Forschung als selbstrevidierende Darstellungsintention der späteren Dramen Lessings etwa im Blick auf den problematischen Tugendrigorismus Emilia Galottis profiliert hat, erfordert deren Realpräsenz auf der Bühne, weil erst dort das komplexe Spektrum der ganzen menschlichen Natur eine der gedoppelten Rezeptionsabsicht gemäße Wirkung entfaltet.

Weniger als für das Trauerspiel gilt dies für die Formen des komischen Dramas, das nicht in gleichem Maße dem Identifikationsprinzip unterworfen ist.

---

[143] Zu diesem zentralen Sachverhalt vor dem Hintergrund der vom Aristotelismus des 17. und 18. Jahrhunderts aus der *Poetik* abgeleiteten Norm der drei Einheiten vgl. Landwehrs *Versuch der Grundlegung einer Gattungslogik*, der die Bedingungen der Möglichkeit, Illusion im ganzen Drama bewahren zu können, rekonstruiert. Abhängig ist durchgehaltene Illusion in erster Linie von der „Suspendierung des Inszeniertseins- und Inszenierungsbewußtseins" (Landwehr 1996, 39). Vollzugslogisch unabdingbar ist dazu der Zusammenhang des Geschehens: „Das 'szenische Darstellen eines Geschehens' ist konsistent nur vollziehbar, wenn das, was in ihm inszeniert wird, sich darstellt als ein zusammenhängendes Geschehen, [...] daß es scheint, *als ob* dieses Geschehen sich im Hier und Jetzt der 'Inszenierung' wirklich ereigne" (38). Das aber heißt, „daß die *Illusion* eines Geschehensablaufs möglich sein muß, und daß diese muß durchgehalten werden können" (38): „Diese Illusion ist nur dann möglich, wenn das Geschehen als *ein* Zusammenhang im Hier und Jetzt erscheint, als Illusion der Einheit von Handlung, Zeit und Raum. Die alte Vorgabe und Forderung nach Einhaltung der drei Einheiten, immer wieder als normativ denunziert, erweist sich unter dieser Perspektive als (mit)vollzugslogisch grundlegend und als nicht-normativ, sondern als explikativ: als Bedingung der Möglichkeit von Illusion und konsistenter Vollziehbarkeit des 'szenischen Darstellens eines Geschehens'" (39). Gelingende Illudierung ist demzufolge ein „Suspendierungseffekt" (39); erst die Regeln gewährleisten dramatische Wirkung (vgl. dazu mit Bezug auf zeitgenössische Quellen Inbar 1979, 17f.). Genau dies gilt auf *diese* Weise nicht mehr für die romantische Poesie und das romantische Drama, weil die Poesie der Poesie ihre Artifizialität und Inszeniertheit präsent hält.

[144] Nicolai: Abhandlung vom Trauerspiele [1757] (Lessing 1972, 13).

Vielmehr ist die Nicht-Identifikation ja sogar Voraussetzung für die Komik der Kontrastierung, die wie in der aufklärerischen Typenkomödie das Lachen über den Fehler der lächerlichen Figur auslöst. Bekanntlich verschiebt Lessing dieses Verlachen im 28. und 29. Stück der *Hamburgischen Dramaturgie* in ein Lachen anläßlich des verhandelten Sachverhalts, so daß der Zuschauer mit der komischen Person trotz ihrer Fehler nun durchaus sympathisiert. Schon dadurch ist in dieser literarhistorisch bedeutenden Modifikation des Lustspiels der reale Mitvollzug des Lachens während der Aufführung einer vernunftbezogenen Wirkung förderlich, die in der Verbesserung durch Sensibilisierung für das Lächerliche des Zuschauers selbst besteht. Nicht zuletzt erfüllen sich auch kompensationstheoretisch oder dichtungstherapeutisch motivierte Formen des Komischen, die an den Komödien Kleists gesehen werden[145], vornehmlich in der theatralischen Darbietung. Bei den Ausprägungen der romantischen Komödie hingegen ist dies nicht notwendig der Fall, weil sie wie das romantische Drama überhaupt nach einem anderen Konstitutionsprinzip, der Literarisierung der dramatischen Form, organisiert sind.

Ausgelöst wird die Rede und Aktivität als Handlung durch den Dialog, der sprachlichen Reaktionsform innerhalb der „je gegenwärtigen zwischenmenschlichen" Aktualität auf der Bühne, die nach Szondi das primäre bzw. absolute Drama des 18. und 19. Jahrhunderts begründet.[146] Im Kriterium der Absolutheit gehen freilich auch Dramen um 1800 nicht notwendig auf. Vor der 'Krise des Dramas' in der Moderne lassen sich gerade romantische Dramen als radikalste Abweichung davon beschreiben. Selbst aber Ausformungen des dezidiert an theatralischer Umsetzung interessierten hohen Literaturdramas der Weimarer Klassik sind trotz Rekurs auf die griechische Tragödie und die aristotelische Poetik nicht absolut, denkt man allein die episierenden Züge von Schillers *Wallenstein*.[147]

---

[145] So von Endres (1996), der eine Rekapitulation der Ästhetik des Komischen von Lessing über Schiller, Hegel, Solger, Vischer, Heine, Schopenhauer und Nietzsche bis Freud mit einschlägigen Zitaten gibt. Für die Romantik geht Endres nur auf die romantische Ironie und die vielbemühten Formeln Friedrich Schlegels ein.

[146] Szondi (1963, 74). „Die Alleinherrschaft des Dialogs, das heißt der zwischenmenschlichen Aussprache im Drama, spiegelt die Tatsache, daß es nur aus der Wiedergabe des zwischenmenschlichen Bezuges besteht, daß es nur kennt, was in dieser Sphäre aufleuchtet [...]. Der Dramatiker ist im Drama abwesend. Er spricht nicht, er hat Aussprache gestiftet. Das Drama wird nicht geschrieben, sondern gesetzt. Die im Drama gesprochenen Worte sind allesamt Ent-schlüsse [!], sie werden aus der Situation heraus gesprochen und verharren in ihr; keinesfalls dürfen sie als vom Autor herrührend aufgenommen werden" (15). Zur Diskussion der jüngeren Forschung darüber, was als entscheidende Konstruktionsdominante des Dramas – die Handlung, der Dialog oder die pragmatische Wirkung beim Rezipienten – anzusehen sei, vgl. Poschmann (1997, 6-8).

[147] Szondis *Theorie des modernen Dramas*, die dies ausblende, sei deshalb von einer „klassizistische[n] Befangenheit" geprägt (Müller-Seidel 1976, 341/Anm. 15). Episierungstendenzen im *Wallenstein* lassen sich nicht nur in der Totalität des von Komödienelementen durchsetzten *Lagers* beobachten. Sie ergeben sich auch aus der dramatischen Ironie, die den Zuschauer zum implizit auktorialen Beobachter macht, weil diese ihn durch die dramatische Perspektivierung von Meinungen und Gesinnungen innerhalb der komplexen Intrigen- und Gegenintrigenhandlungen stets mehr wissen

Zu unterscheiden sind seit der zweiten Hälfte des 18. Jahrhunderts deshalb Dramenformen, die sich als absolute an aristotelischen Kategorien orientieren, von solchen, die auf andere dramatische Tradition zurückgehen und sich unabhängig von der aristotelischen *Poetik* im späten Mittelalter und der frühen Neuzeit ausbilden. Wichtiger als das in der Shakespeare-Forschung umstrittene Problem der poetologischen Relevanz der *Poetik* für die erkennbar abweichende Dramenproduktion aber ist, daß diese zweite Linie eine andere Logik der dramatischen Darbietung als die Absolutheit, die im 18. Jahrhundert an die Illusionsbühne gebunden ist, zugrundelegt. In der Romantik ist vor diesem Hintergrund neben der italienischen Stegreif- und Märchen-Dramatik Gozzis und der grundsätzlich nie zu unterschätzenden Wirkung Shakespeares, die sich nach dem Sturm und Drang durch die von Wieland forcierte Rezeption der Märchenstücke und Komödien intensiviert, vor allem die Dramatik Calderóns wirksam.

Im absoluten Drama, um diesen Typus zunächst idealtypisch als Folie der Abweichung des romantischen Dramas zu rekonstruieren, treibt der Dialog im Gegeneinander bzw. Aufeinanderbezogensein des Sprechens die Handlung als reine Sukzession, als „absolute Gegenwartsfolge"[148] voran. (Die unterschiedlichen Ausprägungen des Dialogs und seiner Modifikationen im 18. Jahrhundert von der 'Handlung in Gesprächen' im klassizistischen zur 'Rede in Situationen' im bürgerlichen Drama sind hier im einzelnen nicht weiter zu verfolgen.[149]) Zwar gilt die Prädominanz des Dialogischen in erster Linie für die geschlossene Form des Dramas. Aber auch die offene Form, die die diskontinuierlichen Teile der Handlung eher nebeneinander als aufeinander bezogen präsentiert und den Dialog mitunter stärker ins Monologische diffundieren läßt, bietet eine szenische und als solche in sich geschlossene Gegenwart ihrer Figuren dar, so daß man an ihnen und ihrer „nächsten Umgebung ausschließlich" teilnimmt.[150] Über die äußeren

---

läßt als die Figuren. Szondis normative Konstruktion eines Gattungsaprioris über die Definition des Dramas nach der Minimalbedingung 'Dialog' ist für das theoretische Interesse, die Historizität der Gattung nachzuweisen, allerdings auch notwendig, weil erst auf dieser Folie die historischen Transformationen in der Moderne philologisch rekonstruiert werden können; vgl. dazu seinen Brief an Peter Suhrkamp vom 30.11.1955 als Reaktion auf die Einwände, daß Shakespeares Historien und andere 'offene' Dramenformen nicht berücksichtigt worden seien (Szondi 1993, 60-64, inbes. 61f.); zu Szondis Historisierung der Gattungspoetik in wissenschaftsgeschichtlicher Perspektive vgl. Scherer (2000b).

[148] Szondi (1963, 17).

[149] „'Handlung in Gesprächen' könnte die Formel für das klassizistische, 'Rede in Situationen' die Formel für das durch Diderot mitbegründete, bürgerliche Theater und Drama sein" (Turk 1992, XII). Denn Handlung ist hier nicht mehr ausschließlich aus dem Dialog motiviert, dieser kann sich wie bei Lessing freier gestalten, „weil die gegenseitige Aussprache das Ziel, nicht das Mittel der Darstellung ist" (XII). „Nicht das Vorstellen als solches in der ihr eigentümlichen Organisation, sondern das Vorstellen, bezogen auf das 'Interesse' am 'Plan' und beurteilt durch die 'Kunst des [...] Gesprächs' [Diderot], bildet den Gesichtspunkt des bürgerlichen Theaters und Dramas" (XII).

[150] *Über epische und dramatische Dichtung,* Schiller-Goethe, 524; vgl. dazu aber Landwehrs (1996) Beobachtungen zum ganz eigenen Status der Dramen von Lenz, die als „*Meta-Dramen*" die „Machart

Differenzen zwischen der offenen und geschlossenen Form hinweg ist deshalb das scheinbar vermittlungslos präsentierte *„vollkommen Gegenwärtige[]"*[151] der zentrale Aspekt einer Darstellung, die sich auf der Bühne in eine „reale" Gegenwart verwandelt.[152] „Im *Schauspiel*", schreibt Ludwig Tieck im frühen und zu Lebzeiten ungedruckten Aufsatzfragment *Soll der Maler seine Gegenstände lieber aus dem erzählenden oder dramatischen Dichter nehmen* (um 1792) zur Abgrenzung des Dramas vom Epischen noch ganz in dem (klassizistischen) Geist, der die Unterscheidungen von Goethe und Schiller umtreiben wird,

> seh ich alle Begebenheiten und Vorfälle selbst, nichts trennt mich von den handelnden Personen, ich behalte sie unaufhörlich im Auge, eine Szene entwickelt sich nach der andern, ich sehe die Leidenschaften von ihrem ersten Entstehen, bis zu ihren fürchterlichsten Ausbrüchen, ich vergesse es, daß ich nur vor einem Kunstwerk stehe und glaube mich unter die dargestellten Begebenheiten selbst versetzt. – Man verliert im Schauspiel den Helden und seine Begebenheiten nie aus den Augen, der Dichter hat alles für die unmittelbare Rührung des Zuschauers berechnet,

während „in der Epopöe alles der Seele kälter vorübergeht, der erzählende Dichter oft bei Nebensachen verweilt, die nicht so die innige Teilnahme fordern".[153] Die klassizistische Perspektivierung äußert sich darin, daß die besondere Leistung des Dramas als realpräsentische Umsetzung einer literarischen Fiktion am Kriterium der direkten, also vorgeblich nicht vermittelten Wirkung in der identifikatorischen Rührung während der Aufführung bemessen wird.[154]. Erst die Abhandlung *Über Shakspeare's Behandlung des Wunderbaren* (1793) verschiebt den Akzent, trotz der nach wie vor in Frage stehenden Unterscheidung zwischen Epiker und Dramatiker, vom affektbezogenen Wirkungspotential auf die Formen der literarischen Plausibilisierung des Wunderbaren als einer Möglichkeit auch der dramatischen Rede.

'das Drama' selbst zur kritischen Disposition stellen" (53), weil sie eine Verortungsmöglichkeit innerhalb des Spektrums dramatischer Formen zwischen Illusionsdrama und selbstreflexivem Spiel im Spiel verweigerten (54f.).

[151] Goethe an Schiller, 23. Dezember 1797 (Schiller-Goethe, 518).

[152] Die „dramatische Darstellung" ist eine, „die sich selber aufzuheben strebt, indem sie nicht die Darstellung von etwas, sondern ein im Augenblick allererst sich Ereignendes, eine nicht bloß ästhetisch vermittelte Gegenwart ist, sondern reale" (Szondi 1974, II, 54). Um die Vermittlungslosigkeit als Effekt entstehen zu lassen, muß die Suspendierung des Bewußtseins von Inszeniertheit gelingen: Die *„Illusion* eines Geschehensablaufes" entsteht „nur, wenn das Geschehen scheinbar 'sich darbietet': als etwas Unvermitteltes und Unmittelbares, als etwas 'Absolutes', das so muß erscheinen können, als werde es gerade nicht (imaginativ) in Szene gesetzt oder sei gar in Aufzeichnungen vorgeformt und ausgangsbestimmt" (Landwehr 1996, 38f.).

[153] Zit. nach dem Nachdruck in Tieck-DKV I, Kommentar, 1179f. Hölter zufolge ist der Text als Vorstufe zu Tiecks Briefen *Über die Kupferstiche nach der Shakspearschen Galerie in London* (1795) anzusehen (vgl. Tieck-DKV I, Kommentar, 1176).

[154] „Die Einschränkung der Phantasie durch die sinnliche Anschauung des Theaters", so Hölter, „wird noch nicht als Nachteil angeführt, im Gegenteil: epische Beschreibungen wertet Tieck als engere Fesseln denn Mimik und Gestik der Schauspieler" (Tieck-DKV I, Kommentar, 1183).

Absolut ist das Drama des 18. Jahrhunderts also dann, wenn es im „reine[n]
Bezug" „von allem ihm Äußerlichen abgelöst" ist: Die szenische Gegenwärtigkeit
kennt „nichts außer sich"[155], so daß sie, um vom Zuschauer verstanden werden
zu können, keiner Instanzen oder Erklärungen bedarf, die außerhalb des Dialogs
angesiedelt sind. Am dramatischen Text läßt sich dies daran ablesen, daß er ohne
literarisierten Haupt- und Nebentext[156] auskommt, so daß die Figurenrede ganz direkt in eine wahrscheinliche, realitätsadäquate theatralische Handlung überführt
werden kann. Die theatralische Darbietung präsentiert einen in sich geschlossenen
Fiktionsraum als Voraussetzung dafür, ihn trotz des Inszenierungscharakters als
(mögliche) Realität zu nehmen. Die dazu vorausgesetzte Form der Illusionsbühne
wird historisch jedoch erst im 18. Jahrhundert endgültig etabliert, während sich in
der Literaturgeschichte seit Hegels *Ästhetik* die Tendenz verfestigt, diese selbst
und die mit ihr verbundenen Einheitsimplikationen zum Inbegriff des Dramas zu
hypostasieren.[157] Das romantische Dramas dagegen zielt auf die Revitalisierung
nicht-aristotelischer Traditionen vor dem klassizistischen und bürgerlichen Drama
des 18. Jahrhunderts ab, während dieses selbst, insofern es um 1800 als Familiengemälde und Rührstück zum rein theatralischen Trivialdrama absinkt[158], den bevorzugten Gegenstand der Satire darstellt – damit eben auch auf die Illusion samt
ihren ästhetischen Implikationen.[159]

---

[155] Szondi (1963, 15). Gegen Szondis Postulat von der Absolutheit des Dramas wurden verschiedene
Einwände erhoben. Sie sei nicht tatsächlich gegeben, denn wegen des Fiktionscharakters könne
sie ständig durchbrochen werden (vgl. Pfister 1988, 22). Dagegen zielen Landwehrs gattungslogi-
sche Überlegungen zu Recht darauf ab, daß im Illusionsdrama genau dieser Fiktionscharakter
durch Vorgaben der Stücke selbst eben suspendiert wird (vgl. Landwehr 1996, 40ff.).
[156] Die Literarisierung des Nebentexts, von Pfister (1988, 107) als „auktoriale Episierung" charakterisiert, tritt erst in der Dramatik der Jahrhundertwende um 1900 extensiv in Erscheinung. Längere
Nebentexte gibt es zwar auch bereits im Drama um 1800 – so in Schillers *Jungfrau von Orleans* (vgl.
IV/6 als reiner Nebentext) und in deren Gefolge bei Zacharias Werner, daneben in Goethes *Pandora* (1810). Sie haben hier aber tatsächlich nur den Charakter einer szenischen Anweisung, während in romantischen Dramen vereinzelt auch bereits literarisierte bzw. auktorial ausdeutende
Nebentexte aufkommen. Die Literarisierung der Figurenrede dagegen hat eine längere Tradition,
denkt man an die Differenzierung in (Blank-)Vers, Prosa und *pun* bei Shakespeare. Den poetisierenden Effekt des Blankverses, der an die metrischen Bedingungen der deutschen Sprache ange-
paßten Modulation des jambischen Trimeters, bespricht Schiller im Brief an Goethe vom 24. November 1797: Mithilfe der rhythmischen Homogenisierung gewährleiste der Blankvers die Transformation der dramatischen Rede ins „rein Menschliche[]", verbunden mit dem wichtigen Hinweis auf das veränderte Verhältnis zur dramatischen Illusion, das die metrische Bindung herbeiführt: Die Prosa der Figurenrede sei gut „für den gewöhnlichen Hausverstand", der Vers aber
„fodert schlechterdings Beziehungen auf die Einbildungskraft" (Schiller-Goethe, 497).
[157] Zur Wirkung Hegels, die die Literaturgeschichte zu falschen Einschätzungen des Dramas und des
Dramatischen geführt habe, vgl. u.a. Homann (1986, 7ff.); zur subkutanen Wirkung der aristotelischen Poetik als Norm bis ins 20. Jahrhundert trotz aller Neuerung der dramatischen und theatralischen Praxis vgl. Hinck (1980, 7).
[158] Dazu insgesamt Krause (1982).
[159] Vielzitiert ist die Rede des Zuschauers Fischer in Tiecks *Gestiefeltem Kater*, der sich anläßlich des
präsentierten Märchenstücks mit sprechenden Tieren und anderen unzusammenhängenden Un-

Besondere Bedeutung hat der Dialog im Drama nur, solange die Handlung tatsächlich absolut bleibt, sich also innerhalb der Präsenz der situativen Bezüge vollzieht; wenn also nicht, wie Szondi an den Veränderungen der dramatischen Form nach 1880 gezeigt hat, externe Faktoren wirksam werden, indem sie sich gewissermaßen in die zwischenmenschliche Gegenwärtigkeit der Figuren schieben, auf diese Weise die Immanenz sprengen und sich als selbständige Elemente Geltung verschaffen. Dies ist der Fall, wenn die Vergangenheit als erinnerte oder als ersehnte prädominant wird (Ibsen, Tschechow), wenn die soziale Realität das Geschehen determiniert (Naturalismus) oder wenn die Verinnerlichung bzw. Subjektivierung die monologische Reflexion zum vorherrschenden Modus werden läßt (lyrisches Drama, Stationendrama bei Strindberg u.a.); aber auch, wenn in selbstreflexiver bzw. metadramatischer Weise das sich gerade erst konstituierende Drama zugleich bereits kritisiert wird, so daß Pirandellos *Sechs Personen suchen einen Autor* (1921) zum „Spiel von der Unmöglichkeit eines Dramas"[160] wird. Schließlich wird die zwischenmenschliche Aktualität, um eine jüngere Tendenz zu benennen, aufgehoben oder gestört, wenn Figuren, bedingt durch die Dialektik der Individualisierung in der Moderne, sich als völlig isoliert wahrnehmen, in ihrer eigenen verstörten Innerlichkeit versinken und deshalb nur noch aus einer Art halbbewußtem Dämmern heraus in larmoyanten Phrasen zu sprechen in der Lage sind, wie dies in den frühen Gesellschaftsstücken von Botho Strauß wie der *Trilogie des Wiedersehens* (1976) der Fall ist. Faktoren dieser Art lösen das Drama als absolute Gegenwartsfolge in szenische Formen auf, die als Episierung der dramatischen Rede beschreibbar sind. Generell ist die Episierung des Dramas als eine Transformation dramenförmiger Darstellung eines fiktionalen Geschehens zu bestimmen, die daraus resultiert, daß dialogexterne Faktoren (das von Szondi angesprochene Äußerliche des reinen Bezugs) die Darstellung konstituieren und so die Immanenz der szenischen Gegenwart aufheben. Für den Rezipienten wird die Einsicht in das der szenischen Aktualität Äußerliche zur Voraussetzung dafür, das Stück verstehen bzw. die Logik der dramatischen Vorgänge nachvollziehen zu können, weil sich diese selbst nicht mehr in der Immanenz der situativen Bezüge transparent macht. Die *intentio* der Darstellung wird nur noch in mittelbarer Weise erfüllt: durch eine wie auch immer geartete und wie auch immer implizit bleibende Funktionsstelle als Voraussetzung der szenischen Darbietung, die im epischen Text konventionell vom (auktorialen) Erzähler besetzt wird.

Tangiert ist davon der Dialog, von dem im absoluten Drama sämtliche Impulse ausgehen, die Handlung voranzutreiben. Sowohl im bürgerlichen Rührtheater als auch in den hohen Literaturdramen Schillers und Goethes ist die handlungsauslösende Wechselrede der zentrale Mechanismus, die zwischenmenschliche

---

wahrscheinlichkeiten (fremdländische Prinzen sprechen Deutsch usw.) darüber beklagt, nicht in eine „vernünftige Illusion" kommen zu können (Tieck-DKV VI, 499): eine 'richtig' funktionierende Illusion also, die der aufgeklärten Vernunft nicht widerspricht.

[160] Szondi (1963, 127).

Aktualität der Bühne im Zuschauer wirksam zu machen.[161] Die Einheit der Handlung ergibt sich aus den von überschaubaren *dramatis personae* begrenzten Konstellationen. Jede Szene ist relevant, insofern ihr ein funktionaler Stellenwert für das Ganze zukommt. Zumindest gilt dies für die idealtypisch zu konstruieren- de geschlossene Form, bei der die Einheit der Handlung – bedingt durch die Dominanz weniger Figuren in zeitlicher und räumlicher Nähe bei ausschnitthafter Kürze des Geschehens – konstituiert wird durch die Versöhnung oder die Kata- strophe: sei es in der Aufhebung der vorher entfalteten Gegensätze durch den Tod[162], sei es in deren Vereinigung durch Hochzeit. Die finale Anlage und die funktionale Integration der Elemente[163] innerhalb der von der Handlung selbst herbeigeführten Konfliktstruktur begründet die Gegliedertheit ihres Verlaufs, de- ren dramentektonische Idealform in fünf Akten von Gottsched dann auch für die Komödie kodifiziert wurde.

Die Strukturiertheit des klassisch-aristotelischen Dramas gilt als Formprinzip der szenischen Darstellung eines Geschehens, das bis ins 20. Jahrhundert zur normativen Voraussetzung dessen erklärt wurde, was das Dramatische ausmache. Im deutschsprachigen Bereich bildet sie sich historisch mit Gottsched heraus[164], wenngleich bereits im Sturm und Drang Dramenformen entstanden, die sich von der mit der geschlossenen Form implizierten Konfliktstruktur und der daraus ab- geleiteten Funktionalität der Elemente entfernen.[165] Noch in dem nach klassizisti- schen Kriterien undramatischen barocken Trauerspiel spielte die Geschlossenheit

---

[161] Auf bestimmte Modifikationen bei Schiller wird zurückzukommen sein. Goethes dramatische Werke um 1800 bleiben hier wegen ihrer ganz eigenen Problematik unberücksichtigt. Nur erin- nert sei an die zeitlos-statuarische und ins Allegorische stilisierte Dramaturgie der *Natürlichen Toch- ter* (1803), die auch den Dialog transformiert, zumal die Bewahrungskonzeption des Stücks in der Idee des lebendigen Denkmals – gespiegelt im Erinnerungsdenkmal des Herzogs im Wald (vgl. I/6, V.615ff.) und im Sonett Eugenies (II/4) – sich geradezu als Stationendrama in der Abfolge von Fall, Aufstieg, Fall und Entsagung in der bürgerlichen Ehe präsentiert.

[162] Eine Minimalbestimmung der Tragödie ist nach Eibl (1995, 97f.) die vom dramatischen Konflikt gewaltsam produzierte Leiche. Dieser Sachverhalt allein bietet eine Ansatzstelle dafür, daß es in der Romantik im strikten Sinne keine Tragödien gibt. Tiecks *Leben und Tod der heiligen Genoveva* (1799) weist eine der Tragödie eignende Konfliktstruktur nicht auf: Genoveva stirbt versöhnt und ohne Leid einen natürlichen Tod im Bewußtsein heilsgeschichtlicher Erwartung bzw. des pantheistischen Eingehens ins All, weshalb sie auch nicht als pathetisch-erhabener Charakter fi- guriert.

[163] Die Funktion des einzelnen Elements für das Ganze ergibt sich nicht nur innerhalb der kausal motivierten linearen Sukzession, sondern auch daraus, daß die Handlung in nicht-gegenwärtige Wirkungsfaktoren eingespannt ist. Sie erzeugen Spannung, indem sie jedes Element zur Voraus- setzung eines Folgenden machen: „Die dramatische Handlung besteht in der *sukzessiven* Verge- genwärtigung von vorweggenommener *Zukunft* und nachgeholter *Vergangenheit*" (Pütz 1970, 11).

[164] Vgl. Meier (1993, 74-94, insbes. 76ff.).

[165] Statuiert wird die Funktionalität der Teile durch Gottsched, ihr Meisterstück in einer „drama- tischen Algebra" (KSuF I, 218) ist Lessings *Emila Galotti*. Für durchaus episodische Szenen wie mit dem Maler Conti gilt dies freilich weniger, so daß auch *Emilia Galotti*, von den Zeitgenossen als 'shakespearisierendes Drama' beurteilt (vgl. Zeller 1988, 151, 322/Anm. 25; Inbar 1979, 9), zur offenen Form neigt.

der Handlung wegen der exemplarischen Funktion des metaphysisch bestimmten Geschehens eine nur untergeordnete Rolle. Erst mit der im 18. Jahrhundert einsetzenden Immanentisierung der theatralischen Sphäre zur situativ-aktualen Beziehung zwischen psychologisch faßbaren, als individuelle Charaktere angelegten Figuren gewinnt sie den Stellenwert, der ihr bis zur beginnenden Moderne zuerkannt wurde.[166]

Diese Entwicklung verbindet sich mit der aufkommenden, psychologisch begründeten Wirkungsästhetik, die die identifikatorische Mimesis der auf der Bühne dargestellten Leidenschaften von mittleren, d.h. dem Zuschauer in ihrer affektiven Disposition ähnlichen Personen gegenüber der im 18. Jahrhundert noch verbreiteten Tradition der rational motivierten heroischen Bewunderungstragödie[167] zum zentralen Zweck des Dramas erklärt. Das Postulat der Empathie als Form der moralischen Besserung des Zuschauers durch empfindsame und zugleich rationale Selbsterkenntnis seiner eigenen Affektivität, in der Lessing den Zweck des Trauerspiels sieht, setzt die leibhaftige Darbietung der Leidenschaften auf der Bühne bei gleichzeitiger Fokussierung auf „*einen* Menschen" und – mit Einschränkung – auf „*eine* herrschende Leidenschaft" voraus.[168] Erst die Einfühlung in das auf der Bühne als real illudierte Leiden einer Person zeitigt die Affekte der Furcht und des Mitleids, die den Zuschauer zur sowohl kathartischen als auch rationalen Selbstvergewisserung seiner Menschlichkeit veranlassen soll. Insofern ist

---

[166] Dies gilt auch dann, wenn man mit Steinmetz einräumen muß, daß eine Vielzahl der Dramen des 18. Jahrhunderts sich als durchaus handlungsarm erweisen, v.a. dort, wo die psychische Verfaßtheit der Figuren, ihre Innerlichkeit, das Interesse der Darstellung bindet (vgl. Steinmetz 1987, 11, 101). Darin spiegelt sich die Verschiebung von der aristotelischen Nachahmung der Handlung zur „Nachahmung der Natur" des ganzen Menschen, die Lessing im 69. Stück der *Hamburgischen Dramaturgie* postuliert.

[167] Dazu Meier (1993).

[168] So noch Jean Paul in seiner Abgrenzung von Drama und Epos in der *Vorschule der Ästhetik* (1804), die zentrale ästhetische und poetologische Theoreme des 18. Jahrhunderts resümiert (Jean Paul 1987, 231, 239); vgl. dazu etwa Blanckenburgs *Versuch über den Roman* zur Differenz zwischen Roman und Drama: „Das Schauspiel kann uns, nach der Natur seiner Gattung, nichts, als schon *fertige* und *gebildete* Charaktere zeigen, die der Dichter, zur Hervorbringung *eines* Vorfalls oder einer Begebenheit unter einander verbindet. Zum *Wirklichwerden* einer Begebenheit wird dies erfodert; und dies Wirklichwerden ist der Zweck des Drama. – Hierinn liegt auch der eigentliche Unterschied zwischen Drama und Roman. So wie jenes die Personen braucht, damit eine Begebenheit ihr Daseyn erhalte, weil, wenn wir Shakespeares historische Schauspiele ausnehmen, nur *eine* Begebenheit der eigentliche Innhalt desselben ist, eben so hat der Roman mehrere und besondere Begebenheiten, die sich in einem größeren Umfange von Zeit zutragen, mit einander zu verbinden; und diese Verbindung kann nun nicht anders, als natürlich durch die Formung und Ausbildung, oder *innre* Geschichte eines Charakters erhalten werden. Der dramatische Dichter hat nicht Zeit, noch Raum, uns auf diese Art zu unterhalten. [...] Daher ist denn auch im Drama die Umschmelzung eines Charakters, das, was man durch Sinnesänderung ausdrückt, ein so gröblicher Verstoß wider Wahrheit und Natur, weil der dramatische Dichter nicht Zeit und Raum hat, diese Umformung zu bewirken" (Blanckenburg 1774, 391). Die Darstellung „des *ganzen* Menschen" nach dem Vorbild Shakespeares verbietet es dann aber auch im Drama, „*einer* Leidenschaft zu viel Raum zu geben", so Schiller in seiner *Egmont*-Rezension von 1788 (Schiller II, 618).

das wirkungsästhetisch begründete Drama, das über die Dramatik des Sturm und Drang und seiner verselbständigten Affektivität[169] hinaus trotz der seit Kants Schriften als Philosophie der Kunst entstehenden Gehaltsästhetik[170] auch in der Weimarer Klassik (so in Schillers Idee des Pathetisch-Erhabenen) fortbesteht, mehr oder weniger direkt an die Aufführung gebunden.[171]

Dies gilt noch für die veränderte dramatische Konzeption der 'reinen' bzw. 'poetischen Tragödie', die Schiller mit der *Jungfrau von Orleans* (1801) und der *Braut von Messina* (1803) anstrebt. Das Poetische manifestiert sich hier wie in der Romantik nicht zuletzt als Konsequenz von Formexperimenten[172], zu erkennen an der metrischen Vielfalt der Figurenrede, wobei sich paradoxerweise gerade in der *Braut von Messina*, der dramatischen Reproduktion der „einfachen Tragödie, nach der strengsten griechischen Form"[173], die größte Annäherung an Verfahrensweisen romantischer Dramen abzeichnet.[174] Ihrer Vorrede zufolge ist Schiller an einer im Vergleich zu den vorangehenden Blankversdramen noch weiterreichenden

---

[169] Die Vorläuferstellung des Sturm und Drang für das Drama der Romantik ergibt sich, vermittelt über die verschobene Shakespeare-Rezeption, in erster Linie aus der spezifischen 'Regellosigkeit' im Gefolge der Auflösung der drei Einheiten. Allerdings verbleibt das Sturm-und-Drang-Drama noch bei der theaterbewußten Darstellung gesteigerter Affektivität: des „ganzen innern Räderwerk[s]" der Leidenschaften bzw. der „vollständige[n] Mechanik" psychopathologischer Befindlichkeiten innerhalb gesellschaftlicher, familiärer und philosophischer Konfliktlagen (NA III, 6). Zwar erklärte Schiller die *Räuber* in den Vorreden bekanntlich als für die Bühne ungeeignet, weil es unmöglich sei, in drei Stunden die Totalität der ganzen menschlichen Natur vorzuführen; das Stück sei deshalb „ohne Rücksicht auf theatralische Verkörperung" geschrieben (NA III, 243). Am Ende siegt aber, wie es zum Schluß der Vorrede zur ersten Auflage heißt, die Tugend, und das Laster werde wieder ins Gesetz zurückgeführt. So dominiert auch hier mit dem moralischen das wirkungsästhetische Prinzip, das, verbunden mit dem später formulierten Gedanken von der Schaubühne als einer moralischen Anstalt, weniger die Lektüre als den Besuch der Aufführung zur angemessenen Rezeptionsform des Dramas macht (zur primär psychologischen bzw. anthropologischen Orientierung der *Räuber* vgl. Ritzer 1998, 241). Diesem Befund korrespondieren die von Michelsen (1979) plausibilisierten opernhaften Verfahren der *Räuber*, da gerade die Oper in der theatralen Wirkung, die alle Sinne ansteuert, aufgeht.

[170] Begriff nach Szondi (1974 II, 315); zur Aufhebung der Wirkungsästhetik durch Kants *Kritik der Urteilskraft*, die Schillers „paradoxes Verhältnis" dazu begründet, vgl. Szondi (1974 II, 58ff.).

[171] Obwohl sie in die Nähe der Kunstphilosophie des Idealismus reichen, argumentieren Goethe /Schillers poetologische Reflexionen primär wirkungsästhetisch, weil die Kategorien zur Beurteilung des Kunstwerks aus der „Art seiner Rezeption" gewonnen werden (Szondi 1974 II, 57): Die „Eigenart der dramatischen Gattung" wird „in engstem Zusammenhang mit der Theatralik" gesehen (46).

[172] Die außergewöhnliche Vielgestaltigkeit und der dramatische wie theatralische Experimentalcharakter von Schillers Dramen sei mit „kaum einem anderen Autor" vergleichbar (Ritzer 1998, 240).

[173] Schiller an Körner vom 13. Mai 1803 (Schiller-Körner 1973, 312), mehrfach wiederholt in anderen Briefen (vgl. Schadewaldt 1969, 287f.; Kluge 1979, 243).

[174] Vgl. Sengle (1972b, 257f.), Schulz (1983, 519f.). Zur gesteigerten Poetizität der *Braut von Messina* dank der aufgewendeten literarischen Mittel vgl. knapp und präzise Ritzer (1998, 263-265). Die strukturelle Nähe auch der *Jungfrau von Orleans* zum romantischen Drama *gegenläufig* zur eigenen – klassizistischen – Dramenpoetik erarbeitet C. Stockinger (2000b).

Verselbständigung des Poetischen gegenüber dem bloß Sinnlichen des Theaters interessiert, auch wenn man mit der „Einführung einer metrischen Sprache" der Transformation hin zur „poetischen Tragödie" bereits um einen großen Schritt näher gekommen sei.[175] Gesteigert wird die Emanzipation des Poetischen in der *Braut von Messina* durch den Chor. Nach dem Vorbild der griechischen Tragödie revitalisiert, dient er dazu, die „poetische Freiheit" zu gewährleisten.[176] Denn als „lebendige Mauer [...], die die Tragödie um sich herumzieht"[177], installiert dieses dramatische Institut zur Darbietung der öffentlichen Meinung bzw. zur reflexiven Kommentierung des Allgemeinen einen Mechanismus, der „den Gang der Handlung unterbricht, der die Täuschung stört, der die Zuschauer erkältet"[178] und der so dazu beiträgt, die „Poesie *hervorbringen*" zu helfen.[179] Aus der komplizierten Verschränkung von theatralisch-affektischer Wirkung und Poetizität in der Doppelung von dramatischer Handlung und lyrischem Chor soll der höchste Genuß der interesselosen „Freiheit des Gemütes in dem lebendigen Spiel aller seiner Kräfte"[180] hervorgehen: aus der tatsächlich kaum weniger als paradoxen Koppelung von Interesselosigkeit und Affektwirkung.

Absolut ist ein solches Drama auf jeden Fall nicht mehr.[181] Vielmehr nähert sich die *Braut von Messina* als aktlose Folge von Szenen, die sich auf offener Bühne verwandeln, schon aufgrund der experimentellen Vielfalt wechselnder Metren und des thematischen Synkretismus von Antike, Christentum und Orient am Schauplatz Messina[182] verfahrenstechnisch romantischen Dramen wie Tiecks *Genoveva* (1799) oder antikisierend-romantisierenden Mischformen wie Friedrich Schlegels *Alarcos* (1802) an. Am deutlichsten zeigt sich diese Nähe – hervorgehend aus der Orientierung an der griechischen Simplizität – im „lyrischen Prachtgewebe" des Chors.[183] Als kommentierende Instanz hebt der Chor die Absolutheit der Hand-

---

[175] Schiller III, 474.

[176] Schiller III, 474.

[177] Schiller III, 474.

[178] Schiller III, 471.

[179] Schiller III, 474.

[180] Schiller III, 471.

[181] Die episierenden Momente der idealen Gemütsfreiheit gehen schon darauf zurück, daß diese, wie Schiller selbst betont, v.a. der Epiker ansteuert, während der tragische Dichter dem Zuschauer jeden Spielraum raubt, „indem er unsere Tätigkeit nach einer einzigen Seite richtet" (Schiller an Goethe, 21. April 1797; Schiller-Goethe, 375f.).

[182] „Ich habe die christliche Religion und die griechische Götterlehre vermischt angewendet, ja, selbst an den maurischen Aberglauben erinnert" (Schiller III, 477); dies freilich im Sinne einer universalen Religion ohne spezifisch christlichen Akzent: „Und dann halte ich es für ein Recht der Poesie, die verschiedenen Religionen als ein kollektives Ganze für die Einbildungskraft zu behandeln [...]. Unter der Hülle aller Religionen liegt die Religion selbst, die Idee eines Göttlichen" (477). Der Synkretismus „christlicher Motive im antiken Milieu" prägt auch Kleists *Amphitryon*, den Adam Müller als „Zeugnis des 'neuen Zeitalters der Kunst'" preist (Buschendorf 1986, 266).

[183] Schiller III, 475; zu den ästhetischen Konsequenzen der Poetisierung der Figurenrede in der Aufmerksamkeit auf Klangwirkungen (Assonanzen, Reime usw.) vgl. Sengle (1972b, 253). Die gravierenden Differenzen zum romantischen Drama sind jedoch nicht zu übersehen. Sengle be-

lung auf, er unterbricht die dramatische Illusion, um die poetisierende Wirkung (auch auf die agierenden *dramatis personae*) ausüben zu können, weil erst in der Doppelung von lyrischem Chor und dramatischer Handlung, von Poesie und Drama, die Freiheit des „bildenden Geistes"[184] im Wechselspiel mit der bloß sinnlichen Affektation durch die Bühne ermöglicht wird. Das Poetische – von Schiller entsprechend zum „Indifferenzpunkt des Ideellen und Sinnlichen" erklärt[185] – wird folglich durch die parabatische Wirkung des Chors, mittels derer man den „engen Kreis der Handlung"[186] verläßt, gegen die alle identifikatorische Aufmerksamkeit absorbierende affektische Gewalt der dramatischen Handlung gewährleistet. In der Verbindung von Poesie und Drama kommt das Ideelle und Sinnliche zusammen: in der 'Realität' der Bühnenillusion selbst. Denn der Idealzustand der poetischen Tragödie ist „von der ganzen sinnlichen Macht des Rhythmus und der Musik in Tönen und Bewegungen begleitet"[187], so daß auch die *Braut von Messina* ihre *intentio operis* allein in der Aufführung erfüllen kann. Die ideale Gemütsfreiheit stellt sich hier ein, indem die „sinnliche Welt, die sonst nur als roher Stoff auf uns lastet, [...] in eine objektive Ferne" gerückt wird, um sie in „ein freies Werk unsers Geistes zu verwandeln"[188] und damit die ästhetische Betrachtung im Sinne des interesselosen Wohlgefallens, der Zweckmäßigkeit ohne Zweck als Modus der Freiheit zur Selbstbestimmung anzusteuern. Erst so ist es dem Kunstwerk möglich, „wahrer" zu „sein als alle Wirklichkeit und realer als alle Erfahrung".[189]

Trotz des idealistischen Fluchtpunkts dieser Argumentation, die in den Reflexionen über die Möglichkeiten von Freiheit gegenüber den empirischen Begrenzungen des Realitätsprinzips durchscheint, gilt daher auch für Schiller Lenz' Diktum, demzufolge das „Theater [...] ein Schauspiel *der Sinne*, nicht des *Gedächtnisses*, der *Einbildungskraft*" sei, denn es diene dem „ganze[n] Vergnügen der Täuschung (des heiligsten Grundgesetzes aller Poeterei)".[190] Die für Schillers Ästhetik zentrale Idee der ästhetischen Freiheit des Gemüts, die seine bemerkenswerte Aufwer-

---

stimmt sie dahingehend, daß „die metrische Vielfalt in der Romantik oft nur ein Symptom für den Verlust der dramatischen Einheit" sei: „Aus dem Drama wird etwas wie eine Lyriksammlung oder eine Reihe von Genrebildern" (258).

[184] Schiller III, 472.
[185] Schiller III, 475.
[186] Schiller III, 476.
[187] Schiller III, 476.
[188] Schiller III, 472.
[189] Schiller III, 473.
[190] Lenz: Über die Veränderung des Theaters im Shakespear (1987 II, 747). „Die 'Errregung des Interesses, Ausmalung großer und wahrer Charaktere und Leidenschaften' sowie wahrscheinliche Situationen bilden für Lenz den spezifischen Wert des Dramas. [...] Damit hält Lenz auch das dramentheoretische Postulat der Wahrscheinlichkeit aufrecht. [...] Lenz wird so zum Fürsprecher Aristotelischer Regeln, die er in seinen *Anmerkungen übers Theater* wenige Jahre vorher so heftig attackiert hatte" (Luserke 1997, 80).

tung der Komödie begründet[191], ist gerade wegen ihrer Beziehung auf das lebendige Spiel *aller* Kräfte an das sinnliche Scheinen, also an das Theater gebunden.
Wie auch immer die ästhetischen Effekte, die besonders in der *Braut von Messina*
das Dramatische im konventionellen Sinn transzendieren, im einzelnen zu beurteilen sind: Stets zeigte sich Schiller am Theater interessiert, insofern es ihm um ein
aus dramatischen Konflikten hervorgehendes, ausbalanciertes Verhältnis von
theatralischer Wirkung und ästhetischer Freiheit (in der an die Idee der Schönheit
und des Pathetisch-Erhabenen gekoppelten Poesie) innerhalb der anthropozen-
trisch reflektierten Spannung von Sinnlichkeit und Vernunft ging. Dies gilt vergleichbar auch noch für die 'romantische Tragödie' *Die Jungfrau von Orleans*, selbst
wenn hier der dramatische Konflikt zwischen höherem Auftrag und diesseitiger
Liebe ins Innere der Hauptfigur verlagert ist. Zwar ist die erlangte innere Freiheit
im Zustand des Pathetisch-Erhabenen, in dem Johanna stirbt, nicht zuletzt durch
opernhafte Züge überformt. Im Gegensatz zu den 'Wort-Opern' romantischer
Dramen aber zielen die opernförmigen Machinationen der *Jungfrau von Orleans* tatsächlich auf eine Steigerung der theatralischen Wirkung.[192] Und so ist auch die
Poesie in der experimentellen Pluralität ihrer Formen präzise kalkuliertes Mittel
zum dramatischen Zweck. Sie zielt eben nicht auf Verselbständigung in einer
Darbietungsweise, die „auf keine andre Wahrheit, als die poetische, durch die
Phantasie gerechtfertigte, Anspruch" macht.[193]

Trotz Entgrenzung des Dialogs in der „lyrische[n] Sprache" des Chors, die
„die ganze Sprache des Gedichts zu erheben" imstande ist und eine tragikstei-
gernde „Erhebung des Tons"[194] herbeiführt, trotz der Verwandlung dramatischen
Sprechens in Richtung romantischer Universalpoesie, trotz solcher die dramatische Handlung zerstreuenden Momente also bleibt der Dialog bei Schiller die
zentrale handlungsleitende Instanz: zu ersehen schon an den zahlreichen
Stichomythien, in denen der Antikenbezug, besonders auf das analytische Drama
des Sophokles, durchscheint. Auch die Handlung selbst vollzieht sich innerhalb
der Präsenz der situativen Bezüge. Schon aus diesem Grund ist die *Braut von Messina* weniger Schicksalstragödie als Drama der Verbergung, Verkennung und Täuschung. Die Schuld als des Lebens größtes Übel resultiert aus dem Verhalten der
Figuren, das ihrer psychischen Verfaßtheit entspringt. Gefühlslagen begründen
die Familienkatastrophe bis zum pathetisch-erhabenen Freitod Don Cesars, der
als Akt autonomer Freiheit gerade demonstriert, wie der vermeintlich mythische
Zwang des Familienfluchs souverän außer Kraft gesetzt werden kann. Innere

---

[191] Vorbereitet in den 90er Jahren, programmatisch ausgeführt in der *Dramatischen Preisaufgabe* im
3. Band der *Propyläen* (1800), in der die romantikaffine Aufwertung der spielenden Komödie zur
idealen Gattung der interesselosen Freude beobachtbar ist. Für die angestellten Überlegungen zur
künstlichen Naivität ist es terminologisch signifikant, daß Schiller „das lustige Lustspiel" dem
„sentimentalische[n]" Lustspiel der eigenen Gegenwart gegenüberstellt (NA XXII, 326).
[192] Vgl. Schillers Brief an Goethe vom 3. April 1801 (Schiller-Goethe, 913).
[193] So ein Poetologem romantischer Dramatik, das Tieck zur *Genoveva* formuliert (Tieck-S I, XXX).
[194] Schiller III, 476.

Dispositionen, initiiert durch Gewissenskonflikte zwischen Liebe und familiärer Bindung, werden nach außen hin handlungswirksam und exekutieren das Schicksal (im Stück symbolisiert in der wiederholt aufgegriffenen Lava-Metaphorik), nicht aber der Fluch des Vaters, der als Antikenbezugnahme nur noch zitiert wird. Die Katastrophe ist Konsequenz interpersoneller Subjektivität, ausgelöst und vollzogen in der Gegenwärtigkeit verbergenden und täuschenden Sprechens, nicht also auf dramenexterne Instanzen wie ein äußerliches Schicksal zurückzuführen, selbst wenn sich die Figuren darauf berufen. So ist auch die *Braut von Messina* als weitreichendste Annäherung der Weimarer Klassik an das romantische Drama vor Goethes *Pandora* und *Faust II* – aller idealistischen Perspektivierung zum Trotz – eine theatersemiotisch zu beurteilende Tragödie, weil sich Schillers Postulate von der Autonomie des ästhetischen Scheins nur auf der Bühne selbst erfüllen können.[195] Von den Dramen romantischer Autoren kann man dies, allein wegen des verschobenen wirkungsästhetischen Interesses, so dezidiert nicht mehr behaupten. Lenz' Diktum vom heiligsten Gesetz der dramatischen Dichtung bietet daher nun die geeignete Rahmung, zentrale Differenzen zwischen dem im weitesten Sinne anthropologisch begründeten Drama des 18. Jahrhunderts[196] und den Transformationen der dramatischen Rede in der Romantik zu entwickeln.

3. Drama in der Romantik – Romantisches Drama

Grundlegung: Drama der Einbildungskraft

Die formalästhetischen Innovationen im Drama der Romantik gehen zurück auf die skizzierte Umstellung der literarischen Darstellung: von der Anthropologie

[195] Zur Notwendigkeit der Aufführung des aufklärerischen und klassischen Dramas im Zusammenhang der *eloquentia corporis* vgl. Kosenina (1995): Mit Lessing und Schiller sei gegen Aristoteles vorauszusetzen, „daß die dramatische Gattung ihre ästhetische Potenz erst durch die Inszenierung, durch die schauspielerische Repräsentation, entfaltet. Zu einem vollgültigen Kunstwerk wird das Drama mithin erst, wenn das geschriebene und gesprochene Wort um die sichtbare, bzw. aus dem Text und historischen Zeugnissen rekonstruierbare Sprache des Körpers ergänzt wird" (185). Daß dies eine in der Philologie „noch wenig vertraute Perspektive" sein soll (186), ist trotz des aristotelischen Verdikts allerdings nicht so recht einzusehen, zumal die theatralische Wirkung das Kernstück dramentheoretischer Wirkungsästhetik im 18. Jahrhundert ausmacht.
[196] Unterscheiden kann man die Varianten dieser Dramatik nach ihrer psychologischen, affekt-, politik-, sozial- bzw. gesellschaftskritischen Perspektivierung auf der einen, der satirischen, rührenden, verlach- oder derbkomischen Ausrichtung auf der anderen Seite. Zum sozialen Gegenwarts- und Gesellschaftsdrama als einer dramenhistorisch und (über den Begriff der Tragikomödie) auch gattungspoetologisch bedeutenden Innovation in der zweiten Hälfte des 18. Jahrhunderts, die durch die gleichermaßen gesellschaftskritischen wie gesellschaftspolitischen 'Komödien' von Lenz, szenischen Vergegenwärtigungen 'realer' Mißstände, begründet wird, vgl. Unger (1993, 259). Zieglers typologischer Bifurkation zufolge wird von Lenz das realistische Drama initiiert, das aber erst im 19. Jahrhundert den um 1800 vorherrschenden Typus des idealisierenden klassischen Dramas abzulösen beginne (Ziegler 1967, 158).

bzw. Psychologie der Leidenschaften und Gefühle, der Kritik sozialer Verhältnisse und des unvernünftig oder sympathetisch Lächerlichen zur Produktivität szenischer Poesie. Die Umprogrammierung entwertet den traditionell wirkungsästhetischen Impuls der dramatischen Rede, bestimmt im wesentlichen durch das Identifikationsprinzip. Die Dramaturgie des Interesses verwandelt sich in eine szenische Selbstrepräsentation von Kunst und Poesie, die nicht mehr in erster Linie affektische oder rationale Wirkungsabsichten verfolgt, im Bereich des komischen Dramas deshalb auch Formen des Lustspiels „ohne eigentliche Komik" zuläßt.[197]

Die Entfunktionalisierung von Literatur in der Herausbildung des Transzendentalromans durch Verabschiedung des pragmatischen Romans in der Empfindsamkeit und Spätaufklärung ist von der Forschung ausführlich diskutiert worden. Ähnlich verselbständigt sich in der Romantik auch im Drama das Literarische gegenüber wirkungsästhetischen, sozialethischen oder (in der hypertrophen Affektivität des Sturm und Drang) primär theatralischen Motivationen – und zwar schon dadurch, daß es der Dichter „durch die Mischung der dialogischen und lyrischen Bestandteile" in der Gewalt habe, „seine Personen mehr oder weniger in poetische Naturen zu verwandeln".[198] Der dramatische Text wird zu einer Form der Selbstdarstellung von Poesie und ihrer Produktivität kraft seiner szenischen Präsentation *literarischer* Vielfalt, in der sich sowohl die spielerische Agilität und Phantasie des menschlichen Geists als auch die Mannigfaltigkeit der Welt und deren innere Harmonie spiegeln. Zugleich reflektiert er dieses Vermögen auf selbst dramatische, also szenische Weise: als Transzendentaldrama.[199] Vermöge der Literarisierung macht das Drama auf sich selbst als Form, auf die Bedingungen und Möglichkeiten szenischer Rede aufmerksam.

Die experimentelle Selbstdarstellung literarischer Möglichkeiten in Szenen manifestiert sich verschiedenartig, neben der Episierung (und ihren Variationen zwischen universalem Welttheater und verkehrter Weltkomödie) u.a.
– in der Verselbständigung der Figurenrede im Wortspiel und in Formen durchmusikalisierter Stimmungslyrik;
– in der heiteren bzw. 'lustigen' Spiel-, Verkleidungs-, Verwechslungs- und Intrigenkomödie;

[197] So Eichendorff in seiner *Geschichte des Dramas* zum „eigentliche[n] Wesen des Lustspiels", das in der „Lustigkeit" bestehe, deren „unverwüstliche[] Heiterkeit" als „ideal Komisches" nach dem Vorbild Shakespeares auch „ein Lustspiel ohne eigentliche Komik denken" läßt (Eichendorff-DKV VI, 796).
[198] So A.W. Schlegel in der zentralen 25. Wiener *Vorlesung über Dramatische Kunst und Literatur* (Schlegel-KS VI, 113), der Paulin (1993a, 318) einen „gewissen Normstatus" dafür attestiert, was als das Romantische aufzufassen sei. Eingangs beurteilt Schlegel das Drama dementsprechend nach „einem doppelten Gesichtspunkte": „inwiefern es poetisch, und inwiefern es theatralisch ist" (Schlegel-KS V, 34). Poetisch wird es „im Geist und der Anlage" nach nicht allein durch den bloß äußerlichen „Versbau" und den „Schmuck der Sprache", sondern vor allem durch „höhere Belebung", so daß es ein inneres Ganzes durch Ideen, „die über das irdische Dasein hinausgehen, in sich abspiegele und bildlich zur Anschauung bringe" (34f.).
[199] Vgl. Heimrich (1968, 90, 105), der den Begriff jedoch nur der romantischen Komödie vorbehält.

– in der komischen Potenzierung des Spiel-im-Spiel-Mechanismus' mittels satirischer Märchenkomödien, die die Poetisierung der Welt und die Dekonstruktion des Welttheaters mit polemischen Attacken auf den literarischen Betrieb und die politischen Verhältnisse der eigenen Zeit verbinden;

– am Ende der Romantik schließlich, beim spätzeitlichen, d.h. in einem distanziert reflexiven Verhältnis zur Romantik selbst stehenden Romantiker Eichendorff – eingespannt ins Bewußtsein ihrer Überholtheit bei wehmütiger Wahrung ihrer poetischen Valenz – in einer komplex zersplitterten Verschränkung der ernsten und komischen Filiationen des romantischen Dramas ineins, die sich mit dem Impuls nach Einhaltung bühnenfähiger Maße zugleich auf das handlungsdramatisch und psychologisch motivierte Geschichtsdrama Schillerscher Provenienz zurückbezieht.

Mit experimenteller Freude an artistischen Innovationen erproben romantische Dramen Konstellationen szenischer Sprachlichkeit.[200] Dies impliziert einen dramatischen Konventionalismus, der sich in der (wenn auch nicht durchgehaltenen) vermittlungslosen Darbietung von Figurenreden bewahrt, ohne daß die aus der Logik der Gattung im realpräsentischen Wirksamwerden auf der Bühne abzuleitenden Strukturgesetze noch anerkannt und beachtet werden.

Mit der Aufhebung wirkungsästhetischer Impulse nach Maßgabe des 18. Jahrhunderts verschiebt sich auch die wirkungspolitische Funktion des Dramas: Als 'Volksrede'[201] adressiert es seine Wirkungsabsichten traditionellerweise an einen als repräsentativ sich wahrnehmenden und entsprechend homogenen gesellschaftlichen Stand, der sich in der sozialethischen oder gar politischen Wirkung dessen wiedererkennt, was auf der Bühne seinen Verhältnissen entsprechend dargeboten wird. (Im Bürgerlichen Trauerspiel sind dies bestimmte Tugenden, die dann im Drama des Sturm und Drang – sozialkritisch verschoben auf die Entlarvung gesellschaftlich sanktionierter Gewalt – das Emanzipationspotential ungeregelter Individualität unterbinden). Die Repräsentativität der Darstellung macht die gemeinschafts- und identitätsstiftende Funktion des Dramas – als ein ästhetisch institutionalisierter Modus von Vergesellschaftung – aus. Im literarisierten Drama der frühen Romantik dagegen geht die Preisgabe der homogenisierenden ethischen und soziopolitischen Qualität mit der zerstreuenden Wirkung auf einen veränderten Adressaten einher: Erfüllt sich das wirkungsästhetische Drama im Rahmen komplexer Identitätsbildungen, die feinnervig auf sozial- und gesellschaftsgeschichtliche Wandlungsprozesse reagieren, so individualisiert das litera-

---

[200] Zur Sprachlichkeit als Modus der relationierenden Vermittlung von Bestimmtheit und Unbestimmtheit, der Ineinsbildung von Anschauung und Begriff, von Individuellem und Allgemeinem in Anlehnung an Liebrucks *Sprache und Bewußtsein* vgl. Thomasberger (1994, 21-30); vermittelt und aufgehoben werden die Pole in einer „Bewegung" der „Entsprechung" (31f.). Von der „Sprachlichkeit der Werke überhaupt" in der Romantik spricht Menninghaus (1987, 224). „'Romantisierung' bedeutet die Herrschaft des Mediums Sprache über den Gegenstand" (Schmitz 1995, 301).

[201] Zur gemeinschaftsbildenden Wirkung des Dramatikers als „Volksredner" vgl. Schlegel-KS V, 35; erst durch diese Zweckbestimmung werde „ein dramatisches Werk theatralisch".

risierte Drama wie der literarische Text in der Romantik überhaupt seinen Adressaten zum isolierten Rezipienten, der seine asoziale Lage allenfalls temporär im Rahmen bestimmter Institutionalisierungsformen des Geselligen – des Salons als einer ritualisierten Pflege des Individuellen –aufgibt.[202] Erst mit der beginnenden politisch-restaurativen Romantik, in der veränderten historischen Lage nach 1803/06, verschiebt sich das Wirkungsinteresse des Dramas erneut, jetzt allerdings in Richtung nationalpolitischer, regionalpatriotischer oder volksdidaktischer Zweckbindung mit religiös konnotierter Semantik, die sich die Intensität der szenischen Präsenz von Religion, Sage und Geschichte auf der 'vollkommen gegenwärtigen' Bühne nun auch im Sinne des Festspiel-Gedankens zunutze macht.[203] In der Frühromantik dagegen korrespondiert der Herausbildung des literarisierten Dramas die zerstreuende Wirkung übergänglicher Formenpluralität, die als solche ambivalent bleibt, weil sie jenseits der Herbeiführung eines höheren Sinns im poetischen Zustand nicht mehr auf *bestimmte* Intentionen abzielt. Vielmehr artikuliert auch in die dramatische Rede in erster Linie das agile Potential der menschlichen Einbildungskraft: Ausdruck der „schaffende[n] Natur" des Menschen, die in „seinem eigenen Innern, im Mittelpunkte seines Wesens durch geistige Anschauung" zu finden ist.[204] Das Nachahmungspostulat verliert seine normative Gültigkeit auch für die szenische Kunst. Die Vorrangstellung der produktiven Einbildungskraft kehrt das Verhältnis vielmehr sogar geradezu um, indem nun der Mensch „in der Kunst" zur „Norm der Natur" erklärt wird.[205]

Mit Lenz gesprochen verwandelt sich das Drama der Romantik in ein Schauspiel der Einbildungskraft, auch in der Hinsicht, daß es sich auf Shakespeares Theater der Einbildungskraft zurückbezieht[206], das in der Romantik in spezifischer Weise überboten wird. Es versteht sich als szenische Präsentation von

---

[202] Vgl. Sengle (1972a, 332), hier auch der Abschnitt 'Kritik des Lesedramas' (331-334).

[203] Vgl. im einzelnen Pross (2001), die insgesamt jedoch nur ein partikulares Segment romantischer Dramatik der Leitkategorie 'Kunstfeste' zuschlagen kann, dezidiert nicht auf Gemeinschaftsbildung abzielende Stücke wie Arnims *Halle und Jerusalem* bezeichnenderweise nach wie vor als 'Lesedramen' charakterisiert (215).

[204] A.W. Schlegel: Kunstlehre; Schlegel-Vo I, 259.

[205] „Man könnte die Kunst daher auch definiren als die durch das Medium eines vollendeten Geistes hindurchgegangene, für unsre Betrachtung verklärte und concentrirte Natur. Der Grundsatz der Nachahmung, wie er gewöhnlich ganz empirisch genommen wird, läßt sich also geradezu umkehren. Die Kunst soll die Natur nachahmen heißt mit anderen Worten: die Natur (die einzelnen Naturdinge) ist in der Kunst Norm für den Menschen. Diesem Satz ist direct entgegengesetzt der wahre: der Mensch ist in der Kunst Norm der Natur" (Schlegel-Vo I, 259).

[206] Vgl. dazu im Kontext des 18. Jahrhunderts Turk (1992, 264f.): Die „entscheidende Differenz" zwischen der altenglischen Bühne Shakespeares und der Illusionsbühne des 18. Jahrhunderts „liegt in den Vorstellungen über die Anforderungen an den Zuschauer, der in dem einen Fall auf eine Illusion der sinnlichen Wahrnehmung festgelegt wird, während ihm in dem anderen Fall die Möglichkeit einer imaginativen Mittätigkeit freigestellt ist; je nachdem, für welche der beiden Möglichkeiten man sich entscheidet, ergibt sich daraus entweder die Forderung nach einer Anpassung und Bearbeitung des Stückes an die bzw. für die Illusionsbühne oder aber nach einer Wiederannäherung an die Bühne z.Z. Shakespeares".

Sprachlichkeit, Phantasie und phantastischem Witz[207], so daß der „Abdruck des menschlichen Geists"[208] gleichsam 'vollkommen gegenwärtig' bzw. „objektiv"[209] wird – bei Wahrung der diesem Geist selbst eignenden Konsistenz: „Ihr eigentlicher Zauber" schreibt August Wilhelm Schlegel in der 25. Wiener Vorlesung zur Malerei, der das romantische Drama als „Gemälde" nahe stehe, liege darin, „daß sie an körperlichen Gegenständen sichtbar macht, was am wenigsten körperlich ist, Licht und Luft".[210] Bezeichnet ist damit die spezifische Leichtigkeit, die „luftige Beweglichkeit"[211] und übergängliche Flüchtigkeit romantischer Poesie, die im romantischen Drama 'körperlich' werde: als szenische oder szenisch imaginierte Präsenz des „Äthergeist[s]"[212], den Tieck mit seinem *Blaubart*-Stück (1796) durch dramatische Synthesis des 'Entgegengesetzten', die schwebende Verbindung von Bizarrerie, Humor, Tragik, Rührung und Grausamkeit mit dem Dämonisch-Gespenstischen als Darstellungsform der höheren Ironie erlangt sieht.[213]

Durch poetische Verfahrensweisen dieser Art – die szenische Aggregation des Inkommensurablen – verwandeln sich in der späteren Romantik, nach der Jahrhundertwende, auch Dramenformen, die mit Schillers wirkungsmächtiger *Wallenstein*-Trilogie (1800) literaturhistorisch virulent werden: Aus dem figurenpsychologisch konzipierten Geschichtsdrama, das den Protagonisten als Identifikationsfigur innerhalb einer komplexen Konstellation machtpolitischer Interessen und Intrigen im bedeutsamen historischen Augenblick entscheidungs- und daher geschichtsmächtig agieren und tragisch untergehen läßt, wird das den historischen Stoff mit

---

[207] Vgl. die Bestimmung in F. Schlegels *Rede über die Mythologie* (Athenäum III, 102f.).

[208] Schlegel-Vo I, 387f. Der *Kunstlehre* zufolge sind Sprachlichkeit und Phantasie selbst eins: Im Gegensatz zu den anderen Künsten, die über ein je festes Medium der Darstellung verfügen, ist das Medium der Poesie die Sprache, etwas, „wodurch der menschliche Geist überhaupt zur Besinnung gelangt, und seine Vorstellungen zu willkürlicher Verknüpfung und Äußerung in die Gewalt bekömmt [...]. Daher ist sie auch nicht an Gegenstände gebunden, sondern sie schafft sich die ihrigen selbst; sie ist die umfassendste aller Künste, und gleichsam der in ihnen überall gegenwärtige Universal-Geist. Dasjenige in den Darstellungen der übrigen Künste, was uns über die gewöhnliche Wirklichkeit in eine Welt der Phantasie erhebt, nennt man das Poetische in ihnen; Poesie bezeichnet also in diesem Sinne überhaupt die künstlerische Erfindung, den wunderbaren Akt, wodurch dieselbe die Natur bereichert; wie der Name aussagt, eine wahre Schöpfung und Hervorbringung" (387). Sprache ist *das* Medium der Verbindung: „Zeichen und das Bezeichnete" sind in ihr eins, wenn der „Name uns an die Sache erinnert" (394) und „in das Innerste unsers Gemüthes blicken" läßt (395). Zu A.W. Schlegels Sprachauffassung vgl. Becker (1997).

[209] Das Wesen des Dramas besteht laut Eichendorff darin, daß in ihm „das lyrisch Subjektive, ohne sich selbst aufzugeben, in der darzustellenden Handlung wiederum objektiv wird" (Eichendorff-DKV VI, 871).

[210] Schlegel-KS VI, 112, 113.

[211] So Eichendorff zum „eigentliche[n] Wesen des Lustspiels" (Eichendorff-DKV VI, 796).

[212] Tieck-S VI, XXVIII.

[213] Vgl. Tieck-S I, VII; zudem Tiecks Brief an den Schauspieler Philipp Eduard Devrient vom 27. November 1835 (Schweikert I, 115). Von Tiecks Gabe „zu den entgegengesetztesten Verwandlungen" spricht Eichendorff in der *Geschichte des Dramas* (Eichendorff-DKV VI, 765).

legenden- und sagenhaften Elementen überformende panoramatische Schauspiel zur Schaffung einer kulturellen, religiösen und nationalen Identität.[214] Das Drama verwandelt sich in eine geschichtsdeutende „poetische Construction"[215] christlicher Ideen oder nationaler Mythen, die den historiographisch bearbeiteten Stoff gleich dem Geschichtsschreiber als Totalität zur politischen Herbeiführung von Religions- und Nationalbewußtsein inszeniert.[216] Diese Totalität vermittels der szenischen Perspektivierung ausgreifender historischer Ereignisse, durch das produktive Vermögen der Poesie wegen der ihr unterstellten innigsten Einheit mit der Welt als Sinnerfüllung des Allgemeinen dargeboten, erfordert die Veränderung dramatischer Darstellungsprinzipien. Die Episierung des Dramas ist allein daran zu ermessen, daß der Autor als aufscheinende auktoriale Instanz seiner Weltanschauung – sei es allegorisch, sei es in explizit epischen Kommentaren – Geltung verschafft: Er löst damit die Immanenz der situativen Bezüge auf, die kraft einer psychologischen Plausibilisierung der Handlung noch im *Wallenstein* dem Zuschauer die Deutung der szenisch konstruierten und gleichermaßen szenisch perspektivierten Konfliktstruktur überläßt. Zu bemerken ist die Episierung nun aber auch daran, daß nicht mehr der einzelne Held als Agent der Geschichte fungiert. Vielmehr bemächtigt sich die Geschichte, zum totalitären Wirkungsprinzip aufgestiegen, der Figuren zu ihrem Vollzug[217], so daß allein nach

---

[214] Tieck sieht in Schiller den „Dichter der Nation" und im *Wallenstein* das Drama, das die Geschichte des Vaterlands selbst hervorbringt. Der Dichter sei hier „Geschichtsschreiber, und das gelungene Werk ist nur eine That der Geschichte selber, an welcher noch der späte Enkel sich begeistert, seine Gegenwart aus diesem klaren Bilde erkennen und sich und sein Vaterland an ihm lieben lernt" (*Die Piccolomini. Wallenstein's Tod*, 1823; Tieck-KS III, 41).

[215] So Brentano in der Einleitung seines Anmerkungsapparats zur *Gründung Prags.* „Als ich es unternahm, die Aufgabe dieses Gedichtes in dem Tone und der Gesinnung, welche es bezeichnen, zu lösen, ward es nöthig, mir den Weltzustand, in welchem meine Handlung vorgehen sollte, entweder durch historische Erkenntniß, oder durch poetische Construction zugänglich, und reich genug zu erschaffen". Das Gedicht fällt damit „selbst auf seiner historischen Stelle in das Reich der Fantasie", so daß es sich „einer gewissenhaften historisch-wahren Zeichnung und Bekleidung um so mehr" habe entziehen dürfen (Brentano-SW XIV, 483).

[216] Vgl. C. Stockinger (2000a) und Struck (1997) zum Geschichtsdrama der Restaurationszeit.

[217] „Wie'n halbertrunkner, der noch einmal auftaucht. / Im Meer der großen Zeit treib' ich auf Trümmern / Gestrandeter Systeme und Gedanken, / Ich patsche desperat dahin, dorthin – / Umsonst, 's hält nichts! – Ganz windstill ist's – ich sinke – ", schreit „mörd'risch wie ein Trunkener" der dritte Soldat in Eichendorffs *Krieg den Philistern!* von 1824 (Eichendorff-DKV IV, 115f.). Der Überwältigung des Einzelnen durch die Übermacht der Geschichte und dem Erfahrungsdruck der Beschleunigung in der ersten Hälfte des 19. Jahrhunderts – im Drama nicht nur an Büchners *Dantons Tod* (1835) und Grabbes *Napoleon oder die hundert Tage* (1831), sondern auch bereits an Trauerspielen wie Eichendorffs *Ezelin von Romano* (1828) abzulesen – kann sich auch die literarische Produktion der noch lebenden frühromantischen Autoren nicht mehr verschließen. Am deutlichsten geht das Abstraktwerden der Verhältnisse bei Tieck in die Textur seines letzten historischen Romans *Vittoria Accorombona* (1840) ein, vermittelt im zentralen Bild vom „tosenden Strudel" des Lebens, in den der bunte Spielball – „überwältigt und besinnungslos" – hineingerissen wird wie der Mensch (Tieck-DKV XII, 538): „Das Schicksal und die Umstände, die Verhältnisse des Menschen sind immer mächtiger, als der Mensch selber" (574).

diesem Gesichtspunkt, verursacht durch die reißende Dynamik der gesellschaft-lich-politischen Veränderungen in der postidealistischen Umbruchsituation seit Beginn des 19. Jahrhunderts, die psychologisch begründete Identifikation als wir-kungsästhetisches Potential des Dramas an Geltung verliert. Der dem einherge-hende Zerfall von Voraussetzungen der psychologischen Plausibilisierung ver-wandelt die *dramatis personae* in Demonstrationsfiguren zur Darstellung eines je Allgemeinen: der positiven Produktivität von Poesie durch 'poetische Naturen' (A.W. Schlegel) in der Romantik, der Übermacht eines unbeherrschbar und ab-strakt gewordenen Geschichtsprozesses, der in den 'realistischen' Geschichtsdra-men Grabbes und Büchners kein sinnvolles und geordnetes Telos mehr erkennen läßt und selbst strategie- und machtbewußte Figuren welthistorischen Formats wie Napoleon zum Spielball der Ereignisse degradiert.

In der Romantik dagegen ist die sinnstiftende Bestärkung von Religions- und Nationalbewußtsein durch die szenische Vergegenwärtigung von Vergangenheit noch ein poetisches Projekt: Parallel zur aufkommenden Historiographie (als na-tionalen Wissenschaft) konstituiert sich Geschichte durch Poesie nicht nur im Roman. Der ästhetische Vorzug des Dramas besteht darin, daß es im Gegensatz zum Präteritum der nacherzählenden Vergegenwärtigung das Vergangene unmit-telbar, 'vollkommen gegenwärtig' erscheinen läßt. Da Geschichte selbst als *poetisch* auszulegender Zusammenhang gesehen wird[218], ist das historische Drama der hi-storischen Wahrheit nicht notwendig verpflichtet. Das Übernatürliche ist wegen der universalen und inneren Einheit der Dinge vielmehr selbstverständlicher Be-standteil der historischen Überlieferung, ja letztlich erweist erst es deren „höhere, überzeitliche, ewige poetische Wahrheit".[219] Das „historisch-romantische[] Dra-ma"[220], das mit Brentanos *Gründung Prags* (1815) ins christliche 'Mythendrama'[221], bei Eichendorff zuletzt ins christlich-nationale Trauerspiel im sowohl düsteren als auch wehmütigen Bewußtsein des Vorüber transformiert wird, kann deshalb problemlos sagen-[222] und legendenhafte, religiöse und mythische Elemente inte-grieren; bei Arnim darüber hinaus ebenso selbstverständlich vom Realismus an-geeigneter volkstümlicher Stoffe in eine 'phantastische Geschichtlichkeit'[223] und einen „symbolischen Realismus"[224] mit bereits surrealistisch wirkenden Zügen

---

[218] „[...] also wird und muß auch jeder Historiker gern in den Träumen der Geschichte lesen, der Dichter aber wird sie verstehen und auslegen" (*Die Entstehung und der Schluß des romantischen Schau-spiels, Die Gründung Prags, von Clemens Brentano an seine Freunde*; Brentano-SW XIV, 523).

[219] Brentano-SW XIV, 522.

[220] So die signifikante paratextuelle Selbstzuschreibung von Brentanos *Die Gründung Prags*. Der Be-griff des Paratexts im folgenden nach der Terminologie Genettes (1993, 11f.). Zum romantischen Geschichtsdrama Fouqués vgl. ausführlich C. Stockinger (2000a, 101-227).

[221] Storz (1972, 230), Schulz (1989, 583-586, 624), Krogol (1982, 339), Paulin (1970, 175).

[222] Wie die Sage – „Amme" der Geschichte und geschichtsphilosophisches Zwischenstück innerhalb einer Trias nach dem „göttliche[m] Gedicht" – „zur Geschichte wird", erläutert Brentano in der Selbstanzeige zur *Gründung Prags* (Brentano-SW XIV, 522).

[223] Vordtriede (1971, 258).

[224] Ricklefs (1990a, 15).

umschlagen. In übergänglicher Kontamination also von Stoffen und Motiven unterschiedlichster Herkunft – angesiedelt zwischen 'vaterländischer' und lokaler Geschichte, Religion, Mythos, Legende, Sage, Volkspoesie, Alltäglichkeit, Literatur und freier Erfindung – läßt das einheitsstiftende Vermögen der Poesie als Medium und „Zeichen der höheren Ewigkeit"[225] all das, was dem neuzeitlichen Realitätsprinzip zufolge nicht zusammengehört, problemlos ineinander aufgehen. (Unter dieser Voraussetzung entsteht mit Arnims *Kronenwächtern* von 1817, in der 'poetischen Konstruktion' einer Kunst-Sage durch die „geahndete Füllung der Lücken in der Geschichte"[226], das literarhistorische Unikum eines mythopoietischen romantischen Sagen-Romans, der allerdings die Sinnstiftung im Kronenwächter-Teil, vermittelt durch das geldäquivalente Leitmedium Blut, in gegenläufiger Doppelbewegung mittels des pikaresken Anton-Teils sogleich wieder textintern destruiert.)[227] Das spätromantische Geschichtsdrama der poetischen Einbildungskraft betreibt christliche oder nationale Erweckung. In additiv-episodisch wuchernden Anreicherungen, szenischen Ebenenwechseln und der assoziativen Willkür seiner Erfindungen zeigt es sich um die Historizität und Plausibilisierung von Figuren im kausal-genetischen Kontext der Ereignisse (nach dem szenischen Illusionsprinzip der Wahrscheinlichkeit) oft wenig bekümmert.[228] Die neuartige Synthesis des Disparaten ermöglicht dem Dramatiker die szenische Artikulation von Sinn als Aufgabe einer nunmehr religiös und nationalpolitisch umgedeuteten 'Neuen Mythologie'.[229]

---

[225] So Arnims 'Einleitung' *Dichtung und Geschichte* zu den *Kronenwächtern* (Kronenwächter, 8).

[226] Kronenwächter, 11.

[227] In dieser internen Doppelbewegung bzw. Gegenläufigkeit von Sinnstiftung und Zerstreuung des Sinns durch ambivalente Texturen artikuliert sich die ganz analoge, genauer zu entfaltende Komplementarität von romantischem Schauspiel und Komödie.

[228] Gegenüber der gelehrten Pedanterie des Historikers, den „wahren historischen Karten", präsentieren sich die „Bruchstücke" hier wie Gestalten „unter dem Mondregenbogen" im „Traum der Nacht" (Brentano-SW XIV, 522, 523), die resultierenden Mischungen wie die „flüssigen Farben der Marmorpapierfabrikanten" (522) oder die „bunter Glasflüße" (524).

[229] Wirksam wird dabei das vielzitierte und literaturhistorisch eminent erfolgreiche Postulat A.W. Schlegels zum historischen Drama am Ende der 1808 gehaltenen und 1809/11 publizierten Wiener Vorlesungen, das sich zugleich als Reaktion auf die frühromantische Entfunktionalisierung der dramatischen Rede zu erkennen gibt, deren problematische Konsequenzen sich für Schlegel zuletzt in Tiecks *Kaiser Octavianus* (1804) manifestierten: „Man hat sich neuerdings bemüht, die Reste unserer alten Nationalpoesie und Überlieferung auf mancherlei Weise wieder zu beleben. Diese können dem Dichter eine Grundlage für das wundervolle Festspiel geben; die würdigste Gattung des romantischen Schauspiels ist aber die historische. Auf diesem Felde sind die herrlichsten Lorbeern für die dramatischen Dichter zu pflücken, die Goethe und Schiller nacheifern wollen. Aber unser historisches Schauspiel sei denn auch wirklich allgemein national, es hänge sich nicht an Lebensbegebenheiten von einzelnen Rittern und kleinen Fürsten, die auf das Ganze keinen Einfluß hatten; es sei zugleich wahrhaft historisch, aus der Tiefe der Kenntnis geschöpft und versetze uns ganz in die große Vorzeit" (Schlegel-KS VI, 290). Zu Schlegels Auffassung von Sprache, Poesie und „Mythologie als menschliche[m] Erfahrungshorizont", die dieser Funktionszuweisung zugrundeliegt, vgl. resümierend Behler (1992, 61-90, hier 75): Sie geht von der ältesten Sprache als „'Poesie und Musik'" aus, die sich auf „den ursprünglich tönenden, rhythmischen,

Romantische Geschichts- und Mythendramen praktizieren literarische Verfahrensweisen, die Tieck in seinen Märchen- und Literaturkomödien seit dem *Ritter Blaubart* nach dem Vorbild Shakespeares als dramatische Synthetisierung des Heterogenen (und Heteronomen zugleich) erprobt und mit dem Trauerspiel *Leben und Tod der heiligen Genoveva* (1799) durch szenische Transformation eines Legendenstoffs aus der 'altdeutschen Zeit' vorbildstiftend auch auf das ernste Genre appliziert hatte. Die religiöse und nationale Semantik, die dabei ins Spiel kommt,

---

durch und durch metaphorischen Charakter der Sprache als unseres ersten Organs bei der Weltbegegnung" bezieht (75). Sprache ist nach Schlegel „tönendes Gefühl" (76), die von ihr gestaltete Mythologie eine „Bildersprache der Vernunft und der verschwisterten Phantasie" (Schlegel-Vo I, 49). „Der ursprünglichste Akt der Fantasie ist derjenige, wodurch unsre eigne Existenz und die ganze Außenwelt für uns Realität gewinnt"; das entgegengesetzte Extrem sei die „künstlerische Wirksamkeit der Fantasie", die, weil sie als „rein ideell" anzusehen sei, „keine Ansprüche auf Wirklichkeit" mache. Die Mythologie, die aus *beidem* hervorgeht, liege „in der Mitte. Sie giebt folglich ihren Producten eine *ideelle Realität; d.h. für den Geist sind sie wirklich, wiewohl sie in der sinnlichen Erfahrung nicht nachgewiesen werden können*" (441; Hervorhebung von mir, S.S.), was schließlich beweise, „wie mächtig die Fantasie als Organ der Religion" ist (457). Wegen dieser 'ideellen Qualität' stehe die Mythologie A.W. Schlegels der Neuen Mythologie seines Bruders Friedrich entgegen, da es sich um eine „rein artistische Sehweise" handelt, die „im Poetischen" verbleibe (C. Becker 1997, 110, 109). Allerdings trifft dies eher nur auf die von Becker vornehmlich behandelten Berliner Vorlesungen (1801-1804) zu, während das zitierte Postulat der Wiener Vorlesungen tatsächlich eine Reihe politischer bzw. funktionaler Selbstanschlüsse des Poetischen provozierte. Umgekehrt ist auch Friedrich Schlegels Neue Mythologie eher rhetorisch gewitztes Reden über Mythologie, dessen „Kunst der lapidaren Überschwenglichkeit" (Matuschek 1998, 116) sie nicht faktisch erlangen zu können glaubt, weil es die Postulate als „sprachliche Strategien", als „Kunst des Theoretisierens" durchsichtig mache (118). „Dadurch rückt die gemeinte Sache auf Distanz, und in den Vordergrund tritt das Verfahren, wie sie rhetorisch entwickelt werden. Darin liegt die Leistung von Schlegels fiktionaler Inszenierung, d.h. Ästhetisierung theoretischer Texte" (125). Es gibt von daher keine 'Neue Mythologie', „sondern nur die Rede über sie": „als ein sich genießendes und reflektierendes sprachlich-ästhetisches Vermögen theoretischer Selbstbehauptung" (125). Zur europäischen Wirkung der Wiener Vorlesungen vgl. Behler (1992, 140-142), Hoffmeister (1994, 130ff.); zur Wirkung noch in Eichendorffs national-historischen Trauerspielen vgl. Eichendorff-DKV IV, Kommentar, 751, 771ff. Zu Religion, Staat und Geschichte im romantischen Drama vgl. Krogoll (1979; 1982), hier zur Neuen Mythologie (1982, 325) und zur „Geschichte als Kunst: Nationale Poesie" (327ff.); zur Darstellung von Mythos, Religion und Geschichte im dramatischen Werk Fouqués vgl. C. Stockinger (2000a); zu den politischen Wirkungsabsichten des romantischen Dramas mit Bezug auf A.W. Schlegels Postulat vgl. Schmidt (1971, 254, 265-269); zum Festspiel in der Romantik Sprengel (1990), Pross (2001); zu den Dramentheorien in den nun politisch infizierten 'Krisenjahren der Frühromantik' um 1806/07, v.a. Adam Müllers Vorlesungen über dramatische Kunst als die „erste bedeutende Zusammenfassung aller gängigen Dramentheorien der Zeit, von etwa 1796 bis 1806, die neben anderem das Primat des historischen Dramas unter stark politischen Vorzeichen beanspruchen", vgl. Paulin (1993b, hier 142); zu Adam Müller auch Schmidt (1971, 254), Pross (2001, 149-172); bei Paulin (1993b) schließlich Hinweise zu A.W. Schlegels *Comparaison entre la Phèdre de Racine et celle d'Euripide* als „bedeutendste Veröffentlichung des Krisenjahres 1806/07" und als „die Fortsetzung" seiner „Bemühung, noch zu Schillers Lebzeiten eine klassische (*Ion*) oder romantische Alternative zu Schiller (*Alarcos, Genoveva, Kaiser Octavianus*) aufzustellen, wobei vor allem die Tieckschen Großdramen diese Modellfunktion enthalten" (149).

hat Tieck selbst jedoch nie dazu veranlaßt, die neuartigen dramatischen Techniken politischen Sinnstiftungen dienstbar zu machen.[230] Tieck entwickelt Möglichkeiten der dramatischen Form, die sich die Nachfolger mit A.W. Schlegels weithin
wirksamer Forderung nach dem historischen Drama unter ideologischen Vorzeichen aneigneten. Allerdings gilt diese Funktionalisierung vorwiegend nur für die
ernsten Ausprägungen romantischer Dramatik, während sich im Bereich der Komödie die Früh- und Spätromantik „bei aller äußeren Verschiedenheit unter dem
Aspekt des Spiels mit der Fiktion des Spiels typologisch als Einheit fassen" läßt[231]
– mit Ausnahme freilich der Komödien Arnims, die jenseits satirischer Impulse
auch positiv politische Motive zur Geltung bringen.

Das besondere Interesse an der Erprobung neuer Formen szenischer Darstellung
zunächst unabhängig von außerliterarischen Zweckbestimmungen begründet, daß
die romantischen Dramatiker an theaterpraktischen Erwägungen nur in unterschiedlichem Maße interessiert sind.[232] Auch in dieser Frage spielt die differieren-
de Funktionszuweisung von Poesie zwischen der frühen und späteren Romantik
eine Rolle. Während Arnim und Brentano selbst ihre breit ausladenden Großdramen sehr wohl auf die Aufführung kalkulierten[233] und der spätgeborene Eichendorff ein gedrucktes Drama für ein „Schiff auf dem Lande" hielt[234], verhält es
sich im Falle Tiecks ganz unterschiedlich. Bei einigen Dramen, etwa dem *Gestiefel-*

---

[230] Die Reihe der seit der Jahrhundertwende geplanten Geschichtsdramen, u.a. zum 30-jährigen
Krieg (vgl. Schweikert II, 80), ist wohl auch aus diesem Grund nie realisiert worden.

[231] Kluge (1980, 199).

[232] Dies unterscheidet das romantische Drama von den panoramatischen Geschichtsdramen der Restaurationszeit, die trotz ihrer „Nichtrealisierbarkeit" wegen „der konsequenten Überforderung
der zeitgenössischen Bühnentechnik" (Struck 1997, 184) generell für das Theater verfaßt, also
vorab theatralisch konzipiert sind.

[233] Zu Arnims Bühnenintentionen vgl. Streller (1956, 11-17), Falkner (1962, 12f.), Burwick (1972);
den zukunftsorientierten Akzent in der Realisierung volksdidaktischer Ambitionen auf einer neu-
en Bühne äußert er im vielzitierten Brief an Goethe vom 12. Juli 1819 anläßlich der Zusendung
des 'Schauspiels' *Die Gleichen*, in dem von seinem „einsamen Bemühen für ein Theater" gesprochen wird, „das nirgend vorhanden ist" (Goethe und die Romantik II, 157). In seiner Kritik *Über
das moderne Theaterwesen im größten Teile von Europa, vielleicht überall. Bei Gelegenheit des 'Achilles' von Paer*
(1815) betont Brentano, daß ein angemessenes Theater, „wenn es wirklich da wäre, anders da sein
würde" (Brentano-Kemp II, 1136). Die Anerkennung theatralischer Forderungen selbst in der
Gründung Prags (1815) hebt die Selbstanzeige hervor, derzufolge eine theatralische Realisierung
mittels dramaturgischer Bearbeitung sehr wohl möglich sei (vgl. Brentano-SW XIV, 530), weil es
„das allgemeine Gesetz" des Dramas „beobachtet" und „aller für Theaterlokalität unmögliche
Apparat und Scenenwechsel streng vermieden" sei (530). Der Theatralität widerstreitet zwar der
handlungsarme Deklamationsstil bei einem Umfang von mehreren hundert Seiten, das Stück fügt
sich aber tatsächlich der „geschlossenen Form des Dramas, insofern, als es sich auf eine, freilich
mehrgliedrige Handlung beschränkt, welche in die Gründung Prags mündet" (Storz 1972, 230).

[234] Brief Mitte April 1827, vermutlich an Julius Eduard Hitzig anläßlich des *Ezelin von Romano* (zit.
nach Frühwald 1977, 115); vgl. dazu das Bild vom „ungeheure[n] Schiff auf künstlichen Walzen",
das die närrischen „Poeten" eingangs ihres *Kriegs den Philistern* auf eine „große Sandfläche" setzen
(Eichendorff-DKV IV, 29).

ten Kater, habe er durchaus an die Bühne gedacht[235], andere Stücke hingegen seien ohne jede Rücksicht darauf für eine „Bühne der Phantasie" verfaßt worden.[236] Die Notwendigkeit einer Aufführung (nicht ihre prinzipielle Möglichkeit) wird auch in den Wiener Vorlesungen August Wilhelm Schlegels relativiert[237], selbst wenn sich am Ende das Plädoyer für die „drastische Kraft und theatralische Wirkung" des historischen Schauspiels durchsetzt.[238] Die Bühnenferne einiger Dramen Tiecks und dann vor allem Arnims geht nicht zuletzt auf den Sachverhalt zurück, daß die Werke dieser Autoren produktionsästhetisch überhaupt geprägt sind von Sorglosigkeit gegenüber der Eigenlogik der Gattungen.[239] Eine theatralische Umsetzung der noch als Dramen identifizierbaren Werke schließt dies nicht grundsätzlich aus. Nicht selten aber werden Stücke unter geradezu mutwilliger Vernachlässigung entsprechender Rücksichten geschrieben, weil sie nach literarischen Gesichtspunkten entstehen, die mit dem Drama im Sinne einer bühnengerechten Form kaum mehr kompatibel sind: – der witzigen Kombinatorik schnell wechselnder Konstellationen; – der Verselbständigung der Figurenrede in musikalisierte Stimmungslyrik oder ins Wortspiel, bei dem die Sprache um ihrer selbst willen bei teils weitreichender Auflösung ihres semantischen Gehalts mit sich spielt; – schließlich im Sinne romanhaft additiver Expansion als Modus der potentiell unabschließbaren Anreicherung ohne finalen Fluchtpunkt[240], so daß die szenische Darbietung von Mannigfaltigkeit als Welttheater allein umfangsbedingt den von den Anforderungen der Bühne begrenzten Rahmen sprengt.[241]

---

235 Vgl. Tieck-S I, XX.

236 Deren Poetologie wird in den Rahmengesprächen des *Phantasus* entworfen (Tieck-DKV VI, 303). „Ich hatte mich vorsätzlich von allem Theater und dessen Einrichtungen entfernt, um größern Raum zu gewinnen", so Tieck bezeichnenderweise zur *Genoveva* (Tieck-S I, XXIX).

237 Vgl. resümierend Schäfer (1956, 413): „Vom theatralischen Aspekt verlangt diese Fülle der dargestellten Welt eine gesteigerte Einbildungskraft des Zuschauers: 'Die wunderbaren Gemälde der romantischen Schauspieldichter waren unendlich größer als ihre theatralischen Mittel der sichtbaren Aufführung; sie mußten überall auf die willfährige Einbildungskraft der Zuschauer rechnen'. Die Darstellung des Werks ist nicht mehr an die Aufführung auf der Bühne, sondern nur noch an die gesteigerte Einbildungskraft des Einzelnen gebunden".

238 Schlegel-KS VI, 289.

239 Bei Arnim führt die Vermischung von szenischen, epischen und lyrischen Elementen zuweilen so weit, daß der generische Status eines Texts, etwa der *Päpstin-Johanna*-Dichtung, kaum mehr recht zu bestimmen ist, obgleich für Ricklefs (1990a, 156f.) die epische Exposition zu dominieren scheint, wenn er die Fassung B nach dem Gesichtspunkt ihrer 'Erzählweise' beurteilt (vgl. 'Exkurs' vorliegender Arbeit). Auf der anderen Seite gibt es bei Arnim, insbesondere in den kleinen historischen Stücken der *Schaubühne*, sehr wohl bühnenfähige geschlossene Formen.

240 „Und warum muß denn alles eben einen Schluß haben?", lautet die einschlägige Position Florestans in Tiecks *Sternbald*, „und nun gar in der entzückenden Poesie! Fangt Ihr nur an zu spielen, um aufzuhören? Denkt Ihr Euch bei jedem Spaziergange gleich das Zurückgehn? Es ist ja schöner, wenn ein Ton leise nach und nach verhallt, wenn ein Wasserfall immer fortbraust, wenn die Nachtigall nicht verstummt" (Sternbald, 230).

241 Im Gegensatz zu den Geschichtsdramen der Restauration handelt es sich aber nicht allein, wie von Struck (1997, 184) skizziert, um eine Überforderung der Bühnentechnik, sondern um eine andere Darbietungslogik, die über den Begriff der szenischen Arabeske noch zu entfalten ist.

Wichtiger als die technischen (dramaturgisch deshalb prinzipiell lösbaren) Hindernisse aber ist, daß die Akzentverlagerung auf die szenische Darstellung der mannigfaltigen Poesie der Welt ein Kernstück dramatischer Konventionen seit Aristoteles relativiert. Die sinnliche, affektive und rationale Wirkung eines Geschehens auf den Zuschauer, ausgelöst durch die Identifikation mit oder die bewundernde bzw. verlachende Distanz zu den Figuren, verliert ihre Funktion. Leidenschaften, Lächerlichkeiten und dergleichen sind damit im Drama der Romantik zwar nicht ausgeschlossen. Sie ziehen aber nicht mehr das ausschließliche Interesse an, sondern werden wie vieles andere zwischen Ernst und Scherz zum Bestandteil eines alles Mögliche umfassenden Ganzen.[242] So verschiebt sich in Tiecks *Genoveva*, die mit dem durchaus tragischen Leiden Golos an der unerfüllten Liebe zu Genoveva (und einer daraus resultierenden Konfliktstruktur) anhebt, das Geschehen immer stärker auf die wunderbare Legendengeschichte bis zum kosmisch-religiösen Erlösungstod der Heiligen – so von der Psychologie auf die Poesie in der szenischen Vergegenwärtigung von „Erinnerung und Ahnung"[243], von Sehnsucht als Erlösung.[244] Ähnlich fällt die Verlagerung vom Drama der Schuld durch Liebesleidenschaft im zeitaktuellen 'Studentenspiel' *Halle* zum Drama der Erlösung in Arnims „Trauerspiel in zwei Lustspielen" *Halle und Jerusalem* (1811) aus: Die episodische Abfolge eines gleichsam in Szenen verwandelten Pilgerreiseberichts mit wunderbaren Ereignissen im zweiten Stück *Jerusalem* präsentiert eine Art dramatisierter Wegmetaphorik, die sich Szene um Szene der finalen Gnade am Heiligen Grab nähert. Diese Darstellungslogik zugrundegelegt, führt „der Geist der romantischen Poesie, dramatisch gesprochen", dazu, daß die Abweichung von den drei Einheiten „ein wahres Erfordernis wird", so daß sie „mit ihrer Gültigkeit zugleich ihre Bedeutung erhält".[245] Im Gegensatz zur „strenge[n] Sonderung des Ungleichartigen" in der antiken Literatur „gefällt sich" dieser Geist „in unauflöslichen Mischungen; alle Entgegengesetzten, Natur und Poesie, Poesie und Prosa, Ernst und Scherz, Erinnerung und Ahnung, Geistigkeit und

---

[242] Zur „Vermischung komischer und tragischer Bestandteile", von „Ernst und Scherz", vgl. Schlegel-KS VI, 111, 112. Romantische Schauspiele zeichnen sich deshalb schon dadurch aus, daß sie „weder Tragödien, noch Komödien" sind (110), denn das romantische Drama „sondert nicht strenge, wie die alte Tragödie, den Ernst und die Handlung unter den Bestandteilen des Lebens aus; es faßt das ganze Schauspiel desselben mit allen Umgebungen zusammen, und indem es nur das zufällig nebeneinander Befindliche abzubilden scheint, befriedigt es die unbewußten Forderungen der Phantasie, vertieft uns in Betrachtungen über die unaussprechliche Bedeutung des durch Anordnung, Nähe und Ferne, Kolorit und Beleuchtung harmonisch gewordenen Scheines und leiht gleichsam der Aussicht eine Seele" (113).

[243] Schlegel-KS VI, 111.

[244] Ähnlich attestierte Brentano seiner *Gründung Prags* – und er umschreibt damit den Kern der produktions- und wirkungsästhetischen Verschiebung romantischer Dramaturgie –, daß das Drama „durchaus in heftiger Leidenschaft lebendig" sei, auch wenn diese „in räthselhafter verketteter Spannung sich fortschreitend" löse, sich „mit fremdem Pomp durch romantisch beleuchtete Nachtscenen" bewege und „in höherer Haltung der Rede ruhig" werde (Brentano-SW XIV, 530).

[245] Schlegel-KS VI, 111.

Sinnlichkeit, das Irdische und Göttliche, Leben und Tod, verschmilzt sie [die romantische Poesie] auf das innigste miteinander".[246] Eine theatralische Umsetzung ist für diese Form der dramatischen Rede nicht mehr erfordert. In bestimmter Weise wäre sie, wie zu erläutern ist, dem Selbstverständnis der literarischen Romantik zufolge sogar kontraproduktiv.

Dadurch, daß es der theatralischen Verkörperung nicht notwendig bedarf, ist das Drama der Romantik natürlich nicht hinreichend bestimmt, zumal auch von anderen Dramenformen des 18. und frühen 19. Jahrhunderts nicht in jedem Fall behauptet werden kann, daß sie sich erst auf dem Theater erfüllen: schon denjenigen nicht, die noch kurz vor Lessing bei Gottsched Geltung beanspruchten.[247] Selbst ein Drama wie Kleists aktlose Szenenfolge *Penthesilea* (1808) ist wegen der Vorherrschaft narrativer Passagen, der Hypotypose in mehrfachperspektivierten Botenberichten und Mauerschauen, eher untheatralischer Natur.[248] Denn auch bei Kleist dominiert Sprachlichkeit als Prinzip der szenischen Darstellung. Deren kinetische Energie ist freilich so ins Ungeheuerliche gesteigert, daß Penthesilea sich am Ende mit dem allein aus Sprache geschmiedeten Dolch selbst töten kann. Die performative Gewalt artikuliert sich hier ganz buchstäblich, „Wort für Wort"[249], als das 'ächt absolut Reelle', indem sie tödliche Konsequenzen im Realen zeitigt. Trotz bestimmter Gemeinsamkeiten mit dem romantischen Drama, die sich von der Performativität und Intensität der eigenwertigen Sprache herleiten, besteht die Differenz ums Ganze im „Abschied an die erlösende Kraft der poetischen Fiktion".[250] Verweist das romantische Drama zuletzt allegorisch auf die metaphysische Ganzheit der Dinge (zumindest glaubt es an diese), dissoziiert sich Kleists Blankvers ohne jede Instanz der Sicherheit in die delirierende Zerreißung des Geliebten und dessen buchstäbliche Einverleibung hinein. Diese spiegelt sich in einer aufs Äußerste gespannten, eruptiv aufgerissenen antikisierenden Syntax, die sogar Differenzen zwischen hypotaktischer und parataktischer Fügung wie getilgt erscheinen läßt. Küsse und Bisse – unreine, blutverschmierte Reime – schaffen nicht bloß poetische Äquivalenzen wie noch die ausgreifenden Paralle-

---

[246] Schlegel-KS VI, 111f.

[247] Gottscheds aufklärerisch konzipierte Dramenform der sinnlichen Einkleidung einer abstrakten Lehre bedarf keiner Bühnendarbietung, denn wegen der rationalistischen Grundstruktur spielt die kathartische Wirkung keine Rolle: „Ohne daß es einen nennenswerten Unterschied ausmachen würde, ob man Stücke Gottscheds auf der Bühne sieht oder in Buchform nachliest, besteht die Aufgabe des Publikums im wesentlichen darin, das Lehrangebot entgegenzunehmen und die mehr oder weniger explizit formulierten Konsequenzen zu akzeptieren; eine Beteiligung an der Handlung durch sympathetisches Mitempfinden der Leiden der Helden, d.h. das Sich-Einschalten des Publikums in das Bühnengeschehen, bleibt ausgeschlossen" (Meier 1993, 92).

[248] Darauf hat Kleist bekanntlich selbst hingewiesen; vgl. dazu im Kontext der entsprechenden Forschungsdiskussion Brandstetter (1997, 78ff.); zur spezifischen A-Theatralität und Unspielbarkeit der *Penthesilea* vgl. auch Klotz (1996, 86f.).

[249] Kleist I, 426, V.2998

[250] Kleist-DKV II, Kommentar, 776.

lismen in den Großdramen Tiecks, die sich einer assonierenden und reimenden Klanglichkeit, Ausdruck der tönenden Ordnung der Welt, ergeben. In absoluter Diffusion der Instanz des Gefühls kann Penthesiliea, weil sie recht von Herzen liebt, das eine nur für das andere greifen. „Wort für Wort" stellt ihr Versehen mittels Sprache (und deren Gewalt) eine metonymische, also reale Verbindung zwischen Küssen und Bissen her, wenn sie die Zähne in die Leiche Achills schlägt, um sich an ihr zu verzehren, so daß das Blut ihre Lippen im Rot der Liebe aufleuchten läßt.

Noch weniger als für die *Penthesilea*, in der sich Innenverhältnisse der Figuren auf eine Weise artikulieren, die kaum theatralisch zu visualisieren sind, gilt für das romantische Drama, daß es sich auf der Bühne im Sinne der *eloquentia corporis* und der visuellen Präsenz des Geschehens erfüllt. Nicht nur sieht es, wie gesehen, von der affektischen Wirkungsabsicht in der Darstellung von Leidenschaften ab, sondern häufig genug auch von all jenen Merkmalen, die nach Schillers berühmter Gattungslehre in der *Egmont*-Rezension (1788) die dramatische Form nach der Dominanz ihrer Darstellungsabsichten begründen: der Präsentation von Handlungen, Situationen, Charakteren und der daraus je unterschiedlich hervorgehenden (Konflikt-)Struktur.[251] Als Drama der Einbildungskraft inszeniert es vielmehr das produktive Vermögen der Poesie im szenischen 'Abdruck' der menschlichen Phantasie, in dem sich die höhere Ordnung der Welt artikuliert.[252] Die äußerlichen Veränderungen sind mit Schillers Gattungslehre dahingehend zu pointieren, daß Handlungen eher offen, Situationen kontingent und Charaktere psychologisch unausgeführt (bzw. holzschnittartig typisierend angelegt) bleiben.

Eine grundlegende Paradoxie romantischer Dramen ergibt sich folglich allein daraus, daß das Drama eine äußerliche Kunstform ist, während in der Romantik nach Novalis' berühmter Bestimmung des 16. *Blüthenstaub*-Fragments der „geheimnißvolle Weg" nach „Innen" geht.[253] Zwar verfügt auch die dramatische Rede über Techniken zur Darstellung innerer Zustände und Seelenlagen, etwa in spezifischen Gestaltungsweisen der Figurenrede, die sich durch syntaktische Operationen fast schon als innere Monologe präsentieren: affektiv gestaut und eruptiv hervorbrechend in den Monologen Odoardos in Lessings *Emilia Galotti* (V/2, V/4) oder in Dramen des Sturm und Drang, so daß die durch Gedankenstriche markierten Leerstellen die Unterbrechung des Bewußtseinsstroms anzeigen.[254]

---

[251] Vgl. Schiller II, 619.

[252] Über die daraus resultierende Relativierung der theatralischen Wirkung regt sich Schiller bekanntlich anläßlich der Schlußgebung des *Egmont* auf, die das Drama des Interesses (vgl. Schiller II, 625) „durch einen Salto mortale in eine Opernwelt" verwandelt, „um einen Traum – zu *sehen*" und so die beiden in Egmont herrschenden Gefühle – Klärchen und die Freiheit – in seinem „Kopf allegorisch zu verbinden": „Gefalle dieser Gedanke, wem er will – Rez. gesteht, daß er gern einen *witzigen* Einfall entbehrt hätte, um eine *Empfindung* ungestört zu genießen" (626).

[253] Athenäum I, 74.

[254] Zur dramatischen Darstellung psychischer Zustände in der ja bloß äußerlichen Figurenrede vgl. Alt (1994, 257f.) zu Lessing, Klotz (1996, 84ff.) zu Kleist ('Innere Schauplätze und Hergänge').

Daneben erlaubt die Hypotypose das narrative 'Vor-Augen-Stellen' von Träumen und inneren Zuständen, also Erfahrungen, die szenisch kaum oder gar nicht zu visualisieren sind.[255] Nicht zuletzt besteht die Möglichkeit, Musik zu benutzen, kraft derer bereits im Melodrama der 80er und 90er Jahre und in der Oper sich auch in den äußerlichen Darbietungsmodalitäten des Theaters psychische Lagen unmittelbar artikulieren.[256]

In der Romantik aber weitet sich das Interesse auf die hier noch vornehmlich psychologisch begründeten inneren Lagen derart aus, daß sie das 'Weltall' des ganzen Menschen umfassen: die Nachtseiten seiner Natur, seinen „Sinn für das Unbekannte, Geheimnisvolle, zu Offenbarende, der das Undarstellbare darstellt, das Unsichtbare sieht und das Unfühlbare fühlt"; als „innere Welt in ihrer Gesamtheit"[257] also schlechterdings 'alles': Zustände des Wahnsinns, des Halluzinierens und Träumens[258] ebenso wie das visionäre Erinnern nationaler Mythen[259], naturmagische Projektionen und nicht zuletzt das sympoetische Eingehen der Wahrnehmung in die tönende Natur, die sich in der heiteren wie beängstigten Stimmung im Gemüt abbildet.

Angemessen umgesetzt werden diese Bereiche auf jeden Fall kaum in einer Kunstform für die Darbietung zwischenmenschlicher Aktualität. Der äußerlichen Wahrnehmung einer Figur widerstreitet die Vermittlung komplexer Innenverhältnisse, die über die sichtbaren Affektzustände hinausgehen. Von außen ist das Bewußtsein ein unzugängliches, operativ geschlossenes System, das nur über seine Kommunikationen beobachtet werden kann: im Drama vernehmbar gemacht durch Artikulation psychischer Verfaßtheiten in der affizierten Figurenrede oder im Modus des narrativen Berichts, der das Innere vor Augen stellt; nicht zuletzt schließlich in den semiotisch ausdeutbaren körperlichen Zeichen der psychophysischen Erregung, die theatral ausagiert oder vom Nebentext festgehalten werden.

Unmittelbar zur Darstellung zu bringen ist das Innere einer Figur und die gleitende Assoziationslogik ihrer Bewußtseinsvorgänge dagegen in erzählender Literatur. Bereits Blanckenburg erkannte den besonderen Vorzug des Romans

---

[255] Zur Hypotypose „als Affektmittel schlechthin", insofern der mediale „Wechsel vom Sprachlichen zum Optischen" sie zur „Figur der Medientransposition" macht, vgl. Campe (1997, 219f.); im 18. Jahrhundert, in erster Linie aber eben im Roman, ist sie „psychotechnisches Medium" geworden, das den „Erzähltext einen inneren Film sein läßt", der im „redenden Blick [...] anläuft" (221f.).

[256] „Nicht das Sichtbare, sondern das *Wahrnehmbare* scheint die Substanz des Librettos wie der Oper zu sein. Der Zuschauer ist nicht darauf angewiesen, aus vagen Andeutungen im Text oder aus dem Spiel der Darsteller auf die innere Verfassung der Figuren zu schließen: Das Libretto läßt sie aussprechen, was sie empfinden; die Musik deutet den Text aus, bereichert ihn und macht jene Nuancen hörbar, die sich der begrifflichen Fixierung entziehen" (Gier 1998, 14).

[257] So Eichendorff über Novalis in der *Geschichte des Dramas* (Eichendorff-DKV VI, 756).

[258] Zur literarischen Darstellung des Anderen der Vernunft und zur Widersetzlichkeit der Literatur in der Prosa der Romantik vgl. umfassend Denneler (1996).

[259] Vgl. Brentano-SW XIV, 527f.; szenisch entfaltet wird die visionäre *Gründung Prags* als Hypotypose in den Schlußstrophen Libussas, in denen sie „spricht, als sähe sie die Stadt vor ihren Augen entstehen" (476).

darin, daß er die innere Verlaufsgeschichte eines Charakters im Vollzug darstellt.
Bereits der Erzähler des *Agathon* zeichnet deshalb, trotz der von ihm wiederholt
vorgebrachten ironischen Zweifel an ihrer Zugänglichkeit, Träume und Innenlagen seines Helden als „Selbstgespräch" bis an den Rand des inneren Monologs
nach.[260] Problemlos ist ein Erzähler in der Lage, die Perspektive der wahrnehmenden Figur einzunehmen, so daß der Leser die Welt mit deren Augen sieht.[261]
Strikt in der Immanenz der Figurenperspektive verbleibt erst das im 19. Jahrhundert ausdifferenzierte personale Erzählen, weil hier der Leser direkt (also scheinbar nicht durch einen Erzähler vermittelt) in die ebenso naturalistisch nachgebildeten wie stilisierten Bewußtseinsvorgänge hineingezogen wird, indem er deren
prozessuale wie arabeske Assoziativität selbst lesend vollzieht.[262] Das romantische
Drama ist als Versuch zu beschreiben, diese Struktur szenisch zu literarisieren.

Aus der Begrenztheit des dramatischen Modus zur Darstellung von Innenver-
hältnissen, die das romantische Drama in spezifischer Weise aufbricht, erklärt sich
die Rätselhaftigkeit der Dramen Kleists. Jenseits der auch in den Erzählungen
ubiquitär vorgebrachten Sprachfigur des 'als ob', die die verunsicherte und zugleich projizierende Subjektivität der Figurenwahrnehmungen andeutet, verschaffen sie dem Rezipienten keinen Einblick in Inneres. Käthchen oder der Prinz von
Homburg agieren unvermittelt in und aus einem anderen, somnambulen Zustand
heraus, den sie nicht artikulieren können. Nur erschreckte, zerstreute oder körperliche Reaktionen wie das Erröten lassen Rückschlüsse auf die Intensität ihrer
Erfahrungen zu. Auf jeden Fall aber verschafft sich das Geheimnis ihres Innenle-
bens keinen der zwischenmenschlichen Aktualität direkt zugänglichen Ausdruck,
sondern allenfalls vermittelt über den „virtuellen Raum" der Hypotypose.[263]

Nun haben Kleists dramatische Werke, wie häufig bemerkt, ohnehin singulären Status. Die komplexe Energie und psychophysische Intensität der szenisch-

---

[260] Vgl. Wieland (1979, 199).

[261] Bei Wieland muß diese Möglichkeit zur Einsicht in Innenverhältnisse noch dadurch legitimiert
       werden, daß dem Erzähler das durch einen griechischen Autor überlieferte Manuskript von Aga-
       thons „Tagebuch" (Wieland 1979, 33) als historische Quelle bzw. „Urkunde" (34, 204) zur Verfü-
       gung steht.

[262] Zu den ersten literarischen Texten, die die Assoziationslogik von Traum und Bewußtsein in der
       strikten Immanenz der erlebten Rede und des inneren Monologs selbst arabesk vollziehen, gehört
       Beer-Hofmanns Roman *Der Tod Georgs* von 1900 (vgl. Scherer 1993a, 281-290, 309-326).

[263] Vgl. Brandstetter (1997, 89). Die „Präsenz des Absenten, Ungesehenen" wird in der *Penthesilea* „in
       der Rede hergestellt" (89), und zwar allein durch deren performative Energie: „Das Drama erhält
       hier eine Ebene der Darstellung, die nicht aus der theatralen Performativität begründet ist, son-
       dern zuallererst aus der Performanz des Sprechakts: in den narrativen Implementen der Hypoty-
       pose, die das Strukturmuster der Gattung 'Drama' überschreitet" (94). Kleists Dramaturgie ent-
       grenzt damit traditionelle Handlungs-Konstitutionen und überwindet so auch die Grenzen in der
       „Darstellung des Unbewußten", die im Drama der geschlossenen Form deshalb nur selten bzw.
       nur ansatzweise anzutreffen ist (Müller-Seidel 1981, 154). Zu Recht grenzt Brandstetter Kleists
       Verfahren der dramatischen Mehrfachperspektivierung in wechselnden „Konstellation[en] des
       Blicks" von der Episierung des Dramas ab (Brandstetter 1997, 82).

literarischen Durchführung, die Rätselhaftigkeit des Geschehens und seiner dramatischen Motivation überlagert auch in dem Stück, das die größten Affinitäten zum Drama der Romantik aufweist, im 'Großen historischen Ritterschauspiel' *Das Käthchen von Heilbronn oder Die Feuerprobe* (1810), system- und einzeltextreferentielle Anschlüsse zum epochalen Kontext.[264] Ähnliche Schwierigkeiten, wiederum anders gelagert, bereitet daneben Hölderlins Tragödienprojekt *Der Tod des Empedokles*, das man wie die Poetik Hölderlins wegen ihrer metaphysischen Einheitsidee, die sich nur noch partiell von der Antike herleitet und kaum mehr bloß anthropologisch begründet ist, dem Problemhorizont der frühen Romantik und der Poetik szenischer Sprachlichkeit zurechnen sollte.[265] Eine Entfaltung der eminenten Eigenkomplexität, die die inkommensurablen Dramen Kleists und Hölderlins aufbauen, kann aber im Rahmen vorliegender Arbeit nicht vorgesehen sein.

Einen virtuellen Raum aus Sprache produziert das romantische Drama, indem sich in den Formvariationen, im permanenten Verfahrens-, Ebenen-, Figuren-, Themen- und Schauplatzwechsel die Poesie selbst als Ausdruck der menschlichen Phantasie ausagiert. Emanzipiert von der oft nur noch residual erkennbaren Handlung, bildet dieser virtuelle Raum die Übergänglichkeit der poetischen Einbildungskraft nach, um ein dramatisches Analogon der gleitenden und kombinatorischen Logik der Seele darzustellen. Szenisch umgesetzt wird Übergänglichkeit, blickt man auf die beiden grundsätzlichen Varianten mit dem ernsten und komischen Genre, auf dreifache Weise: – durch eine Art assoziativ-synästhetisierender Klang- und Stimmungsdramatik aus variabel wechselnden Figuren(reden) bei den

---

[264] Es schlage „mehr in die romantische Gattung", schreibt Kleist selbst an den Verleger Cotta am 7. Juni 1808 (Kleist-DKV II, Kommentar, 861). Die Affinitäten zur Romantik kann man, vermittelt über die vergleichbaren (vermuteten) Quellen bis hin zu Schuberts Vorlesungen über die Nachtseiten der Naturwissenschaft, u.a. im artifiziellen Mittelalterbild sehen: kombiniert aus Sagen-, Märchen- und Rittermotiven mit parodistischen Elementen (auf die triviale Ritterdramatik der Zeit und als Selbstparodie), gespiegelt in der prothesenhaften Kunstfigur Kunigunde, hinter der sich eine literarische Polemik gegen den aufstrebenden 'romantischen' Dramatiker Zacharias Werner verbirgt (vgl. Reinhardt 1990, 78). Daneben bestehen natürlich Affinitäten in der Thematisierung und Gestaltung des Traums und des Träumens. Die Inkommensurabilität der szenischen Gestaltung bis hinein in die unaufhebbare Indifferenz von Gefühlsdiffusion und Traumsicherheit, von märchenhafter Lösung und Außerkraftsetzung der Maßstäbe zur Erfassung der Wirklichkeit, von Modernität und (ironischem) Mittelalterbezug usw. läßt jedoch weiterreichende Anbindungen eher problematisch erscheinen; in letzter Konsequenz v.a. deshalb, weil Kleist das positive metaphysische Pathos der romantischen Poesie abgeht. Im übrigen äußert sich die berühmte Plus- und Minus-Komplementarität von *Käthchen* und *Penthesilea* nicht zuletzt darin, daß auch im Ritterschauspiel die performative „Macht des Wortes" im „poetischen Vollzug" wirksam wird, hier aber den märchenhaften Schluß herbeiführt (vgl. Kleist-DKV II, Kommentar, 954); zum unikalen Rang Kleists im Bereich der Komödie vgl. Japp (1996).

[265] Dies ist seit den 80er Jahren wiederholt betont worden, vgl. u.a. Schulz (1994, 209), in Akzentuierung der philosophischen Gemeinsamkeiten mit der Frühromantik v.a. Frank (1997a, 42; 1997b, 141f./Anm. 3); als zentraler poetologischer Bezugstext kommt hierbei *Über die Verfahrensweise des poëtischen Geistes* in Betracht.

ernst gelagerten Formen; – durch Verselbständigung der Sprache ins Wortspiel
bei den turbulenten Spiel- und Intrigenkomödien auf der einen Seite, durch witzige und schnell wechselnde Konfigurationen in den satirischen und selbstreflexiven Literatur- und Märchenkomödien, szenischen Korrelaten der kombinatorischen Agilität der Phantasie, auf der anderen Seite.

Trotz solcher Entgrenzung des dramatischen Modus bewahren romantische
Dramen eine generische Konventionalität, weil Minimalbedingungen der Gattung
bestehen bleiben: die szenische Präsentation sprechender und agierender Figuren.
Die Strukturimplikationen einer Form literarischer Fiktionen, die dazu bestimmt
ist, 'angeschaut zu werden', werden allerdings z.T. so mutwillig mißachtet, daß
sich die eingehaltene Konvention aufhebt. Als „'Vollzug des szenischen Darstellens eines Geschehens'" ist das Drama der Romantik kaum mehr charakterisiert[266], weil es sich für das Geschehen nicht in erster Linie interessiert. Es kann
auf verschiedene Weise rezipiert werden, bevorzugt aber, wie zu plausibilisieren
ist, in der stillen Lektüre oder durch Vorgelesenwerden. Das romantische Drama
stellt dabei eine spezifische Überbietung der dekorationsarmen Shakespeare-
Bühne dar, die Tieck während der Dresdner Zeit im Rahmen seiner Unterneh-
mungen zur Bühnenreform wiederherzustellen unternahm. Nicht ohne Grund
polemisiert er gerade in diesem Zusammenhang gegen das „Falsch-Illusorische"
der zeitgenössischen Bühne, das bei Shakespeare „ganz aufgegeben" sei. Denn
„das, was allein illudieren soll", ist das „Geistig-Poetische"[267], während „für vieles
schon der Blick zu ungeistig und körperlich" ist.[268]

Die szenische Vergegenwärtigung der Poesie zielt auf die selbsttätige Imagination des Rezipienten, so daß in der imaginierten theatralischen Umsetzung die
„schaffende Phantasie"[269] gegenüber der reproduzierenden Phantasie des Zuschauers freigesetzt wird. Postuliert hat Tieck dieses Vermögen der dramatischen
Form an einer besonderen Stelle der Rahmengespräche des *Phantasus* noch in der
ersten Abteilung (in der ja ausschließlich Prosatexte vorgetragen werden), wo
Friedrich auf Möglichkeiten der Gattungsmischung zu sprechen kommt: Novellen

---

[266] Darin erkennt Landwehr die Minimalbedingung des Dramas (Landwehr 1996, 9).

[267] So Tieck zur Gestalt der altenglischen Bühne, berichtet in Immermanns *Reisejournal* von 1833 (zit.
in Tieck-DKV XI, Kommentar, 1173; vgl. hier insgesamt zu Tiecks Unbehagen an der Illusionsbühne und zu den Vorstellungen von der wiederherzustellenden Shakespeare-Bühne, 1165-1174);
dazu auch Drach (1909) mit Hinweisen zu den Widersprüchen zwischen dem Dramatiker und
Dramaturgen Tieck (74) in der Nachfolge Kaisers (1885, 43f.). Ähnlich gereizt wie Tieck reagiert
bereits Goethe im Brief an Schiller vom 23. Dezember 1797 auf den phantasietötenden Visualisie-
rungsbedarf seiner Zeit (vgl. Schiller-Goethe, 518f.); siehe auch Tiecks Polemik im *Jungen Tischlermeister* (1836) gegen Romane, die auf die Bühne gebracht werden (Tieck-DKV XI, 234).

[268] Tieck-DKV VI, 27

[269] Der Begriff der „schaffenden" Phantasie bezeichnet die eigenständige Potenz des Schauspieler
(vgl. Tieck-DKV VI, 692, 1129). Bereits in der frühen Abhandlung *Über die Kupferstiche nach der
Shakspearschen Galerie in London* (1795) grenzt Tieck die „schaffende[] und dichtende[] Phantasie"
von der „leere[n] Deklamation" ab, „bei welcher der Verstand wenig und die Imagination noch
weniger Nahrung findet" (Tieck-DKV I, 656).

gingen „oft von selbst in das Drama über", Dramen präsentierten sich entsprechend als „dialogisierte Novellen". „Häufig aber", so fährt Friedrich fort,

> wenn wir vom Dramatischen sprechen, verwechseln wir dieses mit dem Theatralischen, [...] und in dieser Verwirrung verwerfen wir viele Gegenstände und Gedichte als unschicklich, weil sie sich freilich auf unsrer Bühne nicht ausnehmen würden. Sehn wir also ein, daß ein neues Element erst das dramatische Werk als ein solches beurkundet, so ist wohl ohne Zweifel eine Art der Poesie erlaubt, welche auch das beste Theater nicht brauchen kann, sondern in der Phantasie eine Bühne für die Phantasie erbaut, und Kompositionen versucht, die vielleicht zugleich lyrisch, episch und dramatisch sind, die einen Umfang gewinnen, welcher gewissermaßen dem Roman untersagt ist, und sich Kühnheiten aneignen, die keinem andern dramatischen Gedichte ziemen. Diese Bühne der Phantasie eröffnet der romantischen Dichtkunst ein großes Feld, und aus ihr dürfte diese Magelone und manche alte anmutige Tradition sich wohl zu zeigen wagen.[270]

Programmatisch deutet sich hier die nie geschriebene Theorie des romantischen Dramas an, die nach dem Gesichtspunkt der Gattungsmischung und textinternen Variabilität der Formen auf das experimentelle Ausagieren einer dramenförmig organisierten literarischen Rede abzielt, die quantitativ sogar den Umfang des Romans erreichen kann. Dem geht die entsprechende Verschiebung der Rezeptionsformen einher: Dramatische Texte dieser Art müssen mit Talent gelesen werden, mit einer „Phantasie, die das Spiel und Theater vor sich sieht"[271], die sich also unter Voraussetzung vorgängiger Theaterwahrnehmungen ihre Bühne in der produktiven Einbildungskraft selbst erbaut.

Die Realisierung eines dramatischen Texts tritt dadurch grundsätzlich in ein anderes Verhältnis zu jener Begrenzung, die ihr wegen des Realitätscharakters auf der Bühne üblicherweise eignet. Goethe/Schiller zufolge besteht diese Begrenzung darin, daß der Zuschauer wegen der in sich geschlossenen Gegenwart seiner Figuren nur an diesen und ihrer „nächsten Umgebung ausschließlich" teilnimmt.[272] Das romantische Drama dagegen präsentiert szenische Vielfalt als „bunte[s] Schauspiel" des Lebens „mit allen Umgebungen".[273] (In der romanti-

---

[270] Tieck-DKV IV, 302f.

[271] Tieck-DKV IV, 689; „[...] die Bilder der gespielten Komödie umgaukelten mich wunderlich", heißt es anderer Stelle zur Bühne der Phantasie, und „bauten meinen Vorstellungen ein neues, höchst poetisches Theater" (662). „Wir sind schon darauf geübt, beim Lesen dramatischer Werke uns die Aufführung hinzuzudenken", meint A.W. Schlegel, allerdings mit abwertendem Impuls, gegenüber den sog. Lesedramen, weil in „der Form der dramatischen Poesie, d.h. in der Vorstellung einer Handlung durch Gespräche ohne alle Erzählung, die Anforderung des Theaters als ihrer notwendigen Ergänzung schon liegt" (Schlegel-KS V, 30). Die spezifische Nähe zu Figuren, die ein lesend imaginiertes Theater erregt, deutet Dorothea Schlegels Roman *Florentin* (1801) an: „[...] die Geschichte zwang mich ordentlich zur Aufmerksamkeit. Mir war, was wären mir sowohl die Begebenheiten als die Menschen darin nicht fremd; unwillkürlich schob sich mir bei jedem eine bekannte Person unter; so wie man, wenn man ein Schauspiel liest, sich die Schauspieler denken muß, von denen man es einst hat spielen sehen" (Schlegel 1993, 126f.).

[272] *Über epische und dramatische Dichtung*, Schiller-Goethe, 524.

[273] Schlegel-KS VI, 113.

schen Spiel-im-Spiel-Komödie gehört dazu eben der theatralische Apparat.) Die
simultane Präsenz dieser Umgebungen im Vollzug der Darstellung verwandelt es
in ein „Gemälde", das atmosphärisch zum sinnlichen Vorschein 'höherer Belebung' aufgeladen ist:

> Das romantische Drama denke man sich hingegen[274] als ein großes Gemälde, wo außer
> der Gestalt und Bewegung in reicheren Gruppen auch noch die Umgebung der Perso-
> nen mitabgebildet ist, nicht bloß die nächste, sondern ein bedeutender Ausblick in die
> Ferne, und dies alles unter einer magischen Beleuchtung, welche den Eindruck so oder
> anders bestimmen hilft.[275]

Im Gegensatz zum einschließenden Kontur der vollplastischen Figur, die im
Raum fixiert und ins perspektivische Verhältnis zu ihrer Umgebung gesetzt werden kann, entgrenzt das panoramatische Gemälde die Raumtiefe eher in die flächige Simultanpräsenz einer teppichartigen und so bereits ornamentalen Konfiguration von Farben und Umrissen. Von einem fixierbaren Standpunkt, perspektivisch die Sehachsen und Fluchtlinien erschließend, ist diese Simultaneität kaum
mehr mit einem Blick zu bewältigen. Den plastischen 'Charakteren' des antiken
Dramas stehen die holzschnittartig auf den bloßen Umriß abgezogenen und psychologisch entsprechend wenig differenzierten Figuren als Bestandteile eines
bunten Ganzen gegenüber. Ein Gemälde aber ist mortifiziertes Leben[276] und,
wenn es ein Geschehen darstellen will, an die richtige Wahl des fruchtbaren Augenblicks gebunden. Legt man Lessings Perspektivierung des Laokoon-Problems
zugrunde, verwandelt sich das romantische Drama wegen der Sequentialität von
Literatur, die die Darstellung von Ereignissen im Wechsel erlaubt, in ein filmarti-
ges Bewegungsbild: in ein Gemälde als „ausgeschnittenes Bruchstück aus dem
optischen Schauplatze der Welt"[277] in übergänglicher Bewegtheit.

Literarische Selbstorganisation der dramatischen Rede

Präsentiert wird dieses Bruchstück im virtuellen Raum einer szenischen Literatur,
die sich aus den teils traditionellen, teils neuen Möglichkeiten der Selbstorganisation auch der dramatischen Rede ergibt. Verknüpft man die Logik des dramati-

---

[274] Im Gegensatz zur skulpturalen Figurengruppe der „plastisch[en]" antiken Tragödie (Schlegel-KS
V, 22), bei der die Figur dem „Charakter" und die „Gruppierung der Handlung" entspreche
(Schlegel-KS VI, 112).

[275] Schlegel-KS VI, 112; zum Gegensatz zwischen antikem und modernem Theater, der über die
Differenz zwischen Plastik und Panorama reflektiert, vgl. auch Adam Müllers Dresdner Vorlesungen *Über dramatische Kunst* von 1806 (1967, 285-288).

[276] „Frostig" ist es nach Tiecks früher Abhandlung *Über die Kupferstiche nach der Shakespearschen Galerie in
London* (1795), weshalb das Gemälde „nie jene Erschütterung in uns erregen" kann, die dem
Drama eigne; „hier steht ein großer Grenzstein zwischen dem Gebiet des Malers und des Dich-
ters" (Tieck-DKV I, 655).

[277] Schlegel-KS VI, 112.

schen Texts mit den erläuterten Veränderungen des Literatursystems um 1800, läßt sich die Literarisierung des Drama folgendermaßen unterscheiden:

– In besonderer Weise auffällig macht sich Poetizität im Drama in der literarisierten Figurenrede.[278] Die Formen reichen von sämtlichen Varianten metrischer Versatilität bis zur Musikalisierung der Sprache in der Organisation nach primär klanglichen Gesichtspunkten. Dies nähert romantische Dramen dem an, was man 'Wortoper' nennen kann.[279] Inszeniert wird literarische Artistik aber auch in Formen metrifizierter Prosa (Arnim) und in exzellierenden Wortspielen, die sich zum Spiel mit der Sprache bis an die Grenze des kalauernden Unsinns verselbständigen können. Die spezifische Schnelligkeit erhöht die Schwierigkeiten einer angemessenen Bühnenwiedergabe, weil Sprache auf die Trägheit von Publikumsreaktionen keine Rücksicht mehr nimmt.[280] Gegenläufig produziert das autoreflexive Kreisen der Sprache um sich selbst aber auch eine ganz eigene Zeitlichkeit: im Unterschied zu der das Geschehen vorantreibenden Dialogstruktur im kausallinearen Handlungsdrama eine Art Innehalten im eher zeitlosen Verweilen, das sich tableauartig ins Flächige ausbreitet und auch dadurch das Sprechen auf sich selbst aufmerksam macht.[281]

– Nicht nur der Haupttext aber wird im romantischen Drama literarisiert, sondern auch bereits der Nebentext, indem er das dramatische Geschehen episch ausdeutet oder den Verfasser des Stücks in der 1. Person (Singular/Plural) als Urheber des Dargestellten in Erscheinung treten oder gar von sich selbst erzählen läßt.[282]

---

[278] Diese wird von A.W. Schlegels *Über den dramatischen Dialog* (1796) noch entschieden kritisiert: Es sei „höchst fehlerhaft, durch die Art, sie [Verse] herzusagen, die Aufmerksamkeit hauptsächlich auf diese zu lenken" (Schlegel-KS I, 113); wenig später ist von der „dramatische[n] Untauglichkeit des Reims" die Rede, der anzeige, „wie man sowohl das Silbenmaß als die Poesie des Stils im Drama nicht gebrauchen soll" (114).

[279] Vgl. Kluge (1980, 192) zu Tiecks *Genoveva* als „Prototyp des romantischen Dramas schlechthin".

[280] An diesem rezeptionstheoretischen Problem scheitert auch heutzutage noch das Fernsehen, wie man an Friedrich Küppersbuschs Live-Sendung *Privatfernsehen* (bis 1997) studieren konnte, die ihren schnellen Sprachwitz erfolglos an der Trägheit des real anwesenden Publikums vorbeisprühte.

[281] Vgl. Gier (1998, 10) zur ganz eigenen Zeitlichkeit des Librettos in den um sich selbst kreisenden Arien, die den Eindruck erweckten, „die Zeit stehe still".

[282] Vgl. Brentanos *Ponce de Leon* (IV/21): „Ich muß bemerken, daß dieser Act Nachmittag, gegen drey Uhr anfängt, in der vorhergehenden Scene schon Abend wird, und es nun schon ziemlich dämmert" (Brentano-SW XII, 563). In II/3 fixiert und deutet dieses 'Ich', jetzt allerdings nur als implizit aufscheinende epische Instanz, die Voraussetzungen für die theatralische Realisierung des Schauspielers, indem es bemerkenswerterweise den zentralen sprachlichen Mechanismus des Stücks subvertiert und die charakterpsychologisch motivierte Ernsthaftigkeit des Gesagten betont: „Diese Rede muß der Schauspieler gut verstehen, wenn er sie nicht verderben will. Sie ist nicht Wortspiel, sie ist Charakter des Ponce" (426). Im *Gustav Wasa* schließlich wechselt es, mehrere Seiten lang z.T. auch durch Berichte über die Niederschrift und Satzfehler des Stücks vorbereitet, in den Haupttext als auftretende Figur: „ICH. O Kotzebue, Kotzebue, Gott sei der armen Seele gnädig!" (180). Potenziert wird die Literarisierung des Nebentexts schließlich dergestalt, daß eine weitere kommentierende Ebene mittels Fußnote hinzukommt (vgl. 180). Auch indiziert die Verwendung des Präteritums in II/6 und II/18 des *Ponce de Leon* den erzählerischen Gestus einer Regieanweisung: „Er zog den langen Degen am Ende der feyerlichen Rede mit Pathos [...]" (434).

– Der Übergänglichkeit rasch wechselnder Konstellationen korrespondiert das
Aufgreifen verschiedenster Stoffbereiche nicht mehr allein nach dem Kriterium
der Dramenfähigkeit. Ihre Anverwandlung nach dem Gesichtspunkt poetischer
Interessantheit in sowohl positiv-poetischer als auch satirisch-polemischer Absicht
reicht bis zu phantastischen und grotesk-surrealen Kombinationen bei Arnim. Einen literarisierenden Effekt haben ungewöhnliche oder sonderbare szenische
Verbindungen schon dadurch, daß die gattungsbezogene Eigenlogik des überlieferten Stoffs nicht gewürdigt bleibt, wenn beispielsweise Märchenvorlagen mit satirischen Impulsen in Dramen umgestaltet werden.

– Die Episierung literarisiert das Drama, indem mit der Aufhebung von Absolutheit kenntlich wird, daß 'auktoriale' Voraussetzungen die szenische Darbietung
begründen. Am deutlichsten indizieren Erzählerfiguren nach dem Vorbild von
Shakespeares *Pericles* das artifizielle Gemachtsein, denn mit ihnen äußert sich
unmittelbar, was das absolute Drama strikt zu vermeiden sucht: das szenische Geschehen als von einem „Autor herrührend" auszuweisen.[283] Ein Erzähler läßt es
so scheinen, als werde das Stück „in Szene gesetzt oder sei gar in Aufzeichnungen
vorgeformt und ausgangsbestimmt".[284] Der dramatische Text macht sich als ästhetisches Konstrukt erkennbar, das seine Artifizialität nicht, wie das geschlossene
Drama, rezipientenseitig suspendiert, sondern vielmehr präsent hält, von einer wie
auch immer markierten epischen Instanz hergestellt und vermittelt zu sein.

– Zutage tritt die Literarisierung der dramatischen Form nicht zuletzt im szenischen Vollzug der Fiktionsironie und sonstiger komischer Mechanismen in der
Anverwandlung, Potenzierung oder Ironisierung des Metadramas[285], das sich von
den Traditionen der Spiel-im-Spiel-Struktur herleitet. Am Ende der Romantik,
beim übergangszeitlichen Eichendorff, mündet die Selbstreflexivität romantikiro-
nisch in die Dekonstruktion der vom romantischen Drama ausgebildeten Doppe-

---

Weniger ausgeprägt, aber als auktoriale Konstitution des Dramas durch ein 'episches Ich' deutlich
genug markiert, sind die selbständigen Erzähler-Kommentare in den zum Teil sehr ausführlich
geratenen Szenenanweisungen von Arnims *Halle und Jerusalem*, hier v.a. im ersten und dritten Aufzug des *Halle*-Teils (vgl. Arnim-SW V, 8, Schaubühne III, 3, 151; dazu auch Paulin 1968, 105). In
der volksbuchartig mit Kapitelüberschriften versehenen Szenenfolge des *Jerusalem*-Stücks, das wegen seiner dramatisierten Wegmetaphorik ohnedies noch episierender ausgreift, tritt der Erzähler
im Nebentext dann explizit in Erscheinung, indem er die Nacherzählung der Gregorius-Legende
einleitet: „Wüste, wo wir Cardenino und Celinde verließen [...]" (Arnim-SW V, 8, Schaubühne III,
320). Gegen Ende des ganzen Doppeldramas fängt er damit an, im Nebentext eine kleine Geschichte über die erfolglosen Versuche des Reisenden zur Verbreitung des Christentums zu erzählen, verbunden mit einer polemischen Spitze gegen „die neuen poetischen Christen", von denen
sich Arnim unter indirekter Berufung auf seine eigenen Vorstellungen von der tatkräftigen Verbreitung des Christentums mit lehrhaft-didaktischem Impetus abwendet: „ich rede von denen die
es nur in ihren Liedern sind" (396).

[283] Szondi (1963, 15).
[284] Landwehr (1996, 39).
[285] Zur jüngeren Forschungsgeschichte zum Metadrama seit Lionel Abels *Metatheatre* (1969) vgl.
Poschmann (1997, 89ff.); zu Abel vgl. u.a. Schmeling (1977, 9).

lung von Poesie und Polemik: Im 'dramatischen Märchen' *Krieg den Philistern!*
(1824) wird die Bifurkation selbst gesprengt, weil weder den 'Poetischen' noch
den 'Philistern' ein Vorrang zukommt, wenn der Riese Grobianus am Ende des
'5. Abenteuers' beide Parteien „ohne Unterschied nieder" haut, mit den Funken
seines Schwerts den Pulverturm entzündet und so buchstäblich mit dem Stück die
Romantik in die Luft jagt.[286]

Diese Varianten der Selbstorganisation dramatischer Rede durch Literarisierung ihrer Bestandteile indizieren den literarhistorischen Stellenwert romantischer
Dramatik im Prozeß einer evolutionären Dramenstrukturgeschichte. Zwar beschleunigt sich die Ausdifferenzierung der Formen bereits in der zweiten Hälfte
des 18. Jahrhunderts, verstärkt mit der im Sturm und Drang zu beobachtenden
Vervielfältigung dramatischer Verfahrensweisen.[287] Vor dem Hintergrund regelpoetischer Normen wurden diese von der zeitgenössischen Rezeption aber in erster Linie nur als geniale Verwirrung kritisiert. Programmatisch positiviert wird die
Pluralisierung der Formen erst in der Romantik. Demonstriert werden kann die
Ausdifferenzierung des literarischen Spektrums nun gerade an der nach regelpoetischen Kriterien strengsten literarischen Gattung. Im Gegensatz zu den offenen
Bedingungen der Prosa und den noch freieren Möglichkeiten der (weniger fiktionalen und daher auch weniger mimetischen) Lyrik[288] ist das Drama strukturell

---

[286] Vgl. Eichendorff-DKV IV, 127; dazu die Rede des Narren: „Lass' doch! was wünsch'st Du mehr?
– 'ne große Trumm, / Ein Pulverturm der platzt – im Schlachtgewimmel, – / Fünf schwere Akte
samt dem Publikum / Sprengt so ein Turm bis in den dritten Himmel" (126). Die Stelle wird hier
für den vorliegenden Argumentationszusammenhang auch deshalb zitiert, weil in ihr eine Anspielung auf die Zuschauerkommentare in der *Phantasus*-Fassung der *Verkehrten Welt* Tiecks steckt, wo
'Der Andere' beim Blick auf die Konfusionen durch mehrfach verschachtelte Stücke im Stücke
eine Lösung darin erkennt, daß man nur „mit Pulver wieder" in einen „vernünftigen Zustand"
jenseits aller Verwirrung „hinein gesprengt werden" könne (Tieck-DKV VI, 622).

[287] Zur Vielfalt der Dramenformen in der zweiten Hälfte des 18. Jahrhundert vgl. Meier (1993, 370):
Mit der Zersetzung des klassizistischen Kanons habe sich „sehr schnell ein Pluralismus herausgebildet, in dem so gut wie alles möglich war: aktuelle und private Stoffe ebenso wie antike und
heroische, Prosadramen nicht weniger als Blankvers-Stücke und noch komplexere lyrische Formen, nur zur Lektüre gedachte Texte im gleichen Maß wie bühnenfähige Fassungen. Spätestens
durch die Autoren des Sturm und Drang, d.h. unter direkter Einwirkung Shakespeares, war der
einstige Antagonismus von Tragödie und Komödie aufgehoben worden, und episch-dramatische
Mischformen stellten keine Seltenheit dar".

[288] Vgl. Hamburger (1980, 244). „Die fiktionale Dichtung ist [...] Mimesis der Wirklichkeit, weil sie
keine Aussage ist, sondern Gestaltung, 'Nachbildung', deren Material die Sprache ist wie Marmor
oder Farben das der bildenden Kunst. Die fiktionale Dichtung ist Mimesis, weil die Wirklichkeit
des menschlichen Lebens der Stoff ist. Die Umgestaltung, die sie mit diesem Stoffe vornimmt",
ist „kategorial anderer Art als die Verwandlung, die das lyrische Aussagesubjekt am Objekt seiner
Aussage übt. Dieses verwandelt objektive Wirklichkeit in subjektive Erlebniswirklichkeit, weshalb
sie als Wirklichkeit eben bestehen bleibt" (250). Aus diesem Sachverhalt leitet sich die Vielfalt lyrischer Möglichkeiten ab, denn das lyrische Gedicht ist „eine offene Struktur, eine fiktionale Dichtung aber eine geschlossene Struktur" (251, vgl. auch 249). Fiktionstheoretisch stellt sich allerdings die Frage, ob diese Differenz nicht allzusehr sowohl am Paradigma der sog. Erlebnislyrik als
auch an Fiktionsklauseln festgemacht wird, die nur das „Erfundensein von Personen und/oder

und thematisch am stärksten festgelegt.[289] Deshalb kann vor allem an ihm der differentielle Status eines literarischen Texts auch nach dem Gesichtspunkt der provokativen Abweichungspoetik in Szene gesetzt werden. Die bemerkbar gehaltene Künstlichkeit der Konstruktion kehrt den Eigensinn des Poetischen hervor, indem sie literarische Erwartungen und Gewohnheiten irritiert.[290] Stärker als der Roman ist das Drama in der Lage, Selbstreflexivität[291] und Fiktionsironie in der „Zurückbiegung" des Werks auf sich selbst zu demonstrieren.[292] Von der romantischen Komödie wird dies u.a. dadurch bewerkstelligt, daß sie die durch Literarisierung heteronomer Textvorlagen herbeigeführten Turbulenzen als Verwirrung der *dramatis personae* (z.B. der Zuschauer in den Spiel-im-Spiel-Komödien) mitthematisiert. Dies führt z.T. dazu, daß sich die dramatische Form selbst fast zerstört. Weit vorangetrieben ist diese Tendenz in Brentanos 'verwilderter' Komödie *Gustav Wasa* und in Eichendorffs *Krieg den Philistern!*. Hier reicht die experimentelle Transformation der Gattung bis an die Grenze der Selbstauflösung. Eine Pointe der szenisch repräsentierten Ausprägungen der Transzendentalpoesie besteht folglich darin, daß die Selbstthematisierung und ironische Selbstaufhebung der Form weniger im Roman als im Drama kenntlich wird. Der Roman ist ohnehin die am wenigsten bestimmte Gattung, so daß die transzendentalpoetische Konstruktion womöglich gar nicht bemerkt wird. (Das ist das Schicksal des *Wilhelm Meister*, den man unter Absehung seiner mitreflektierten poetischen Selbstbegründung ja offensichtlich ganz ungebrochen als Bildungsroman lesen kann.) Gegen die übliche Einschätzung der mangelnden *literarischen* Möglichkeiten des Dramas – als Unergiebigkeit in sprachlogischer Hinsicht bei Hamburger[293], als Feststellung

---

Ereignissen" betreffen und z.B. das Erfinden von Wörtern und Darstellungsweisen als Möglichkeit der Fiktion ausschließen (vgl. Japp 1995, 56).

[289] Vgl. allein zur Ständeklausel Pfeils programmatische Schrift *Vom bürgerlichen Trauerspiele* (1755) mit der Bemerkung, daß die „handelnden Personen niemals aus dem Pöbel" gewählt werden dürfen, wozu u.a. der Schneider, der Schuster gezählt werden (zit. nach Luserke 1997, 86). In der Nachfolge Shakespeares läßt das romantische Weltdrama dagegen auch Schlächter, Bauern, Schäfer und andere niedere Personen, ja sogar bettelnde „Krüppel" auftreten (vgl. Tieck-S I, 88).

[290] Nach diesem Gesichtspunkt ist selbst Friedrich Schlegels 'drastisches Drama' *Alarcos* ästhetisch zu retten (vgl. Meier 1996).

[291] Zur literarischen Selbstflexivität des Dramas als Selbstdarstellung der Tatsache, daß es sich um „ästhetische Literatur" handelt, so „daß das einzelne Drama seine eigene Theorie der Literatur expliziert oder, anders gesagt, sich selbst als ein Gattungsexempel der ästhetischen Literatur reflektiert", vgl. Homann (1986, 71). Homann beschränkt sich auf Dramen Lessings und Kleists im Zusammenhang der skizzierten Heautonomie von Literatur um 1800.

[292] Vgl. Friedrich Schlegels Definition von 'Reflexion' als „Zurückbiegung der Aufmerksamkeit auf uns selbst" (KFAS XIII, 234).

[293] „[...] daß das Drama in sprachlogischer Hinsicht weit unergiebiger ist als die epische sowohl als die lyrische Dichtung. Es bietet als Sprachkunstwerk betrachtet keine Handhabe, die Gesetze der dichtenden Sprache im Vergleich mit der nicht-dichtenden aus ihm zu erkennen" (Hamburger 1980, 175). Zutreffend ist dieses Urteil allenfalls für das absolute Drama des 18. und 19. Jahrhunderts. In der Romantik hingegen sind die „Gesetze der dichtenden Sprache" eben gerade auch dem Drama eingeschrieben.

der „relativen Dürftigkeit des dramatischen Modus" im Blick auf die intertextuellen und selbstreferentiellen Formen der „Transmodalisierung" bei Genette[294] – ist
das Drama auch jenseits des selbstreferentiellen Potentials aus der Doppelung
von Drama und Theater[295] sogar diejenige literarische Gattung, die gerade wegen
der formalen Unterscheidbarkeit ihrer Bestandteile die vielfältigsten Transformationen erlaubt.[296] „Die dramatische Form läßt sich im höchsten Maße und am
eindrucksvollsten unter allen ironisieren, weil sie das höchste Maß von Illusions-
kraft erhält und dadurch die Ironie in hohem Grade in sich aufnehmen kann, ohne sich völlig aufzulösen."[297]

Selbstorganisation und Selbstreflexion der dramatischen Rede signalisieren die
neuartige Kontingenz literarischer Formationen um 1800, die Eibl aus Schlegels
vielzitierter Bestimmung der Ironie als einer permanenten Parekbase ableitet:
Mittels der Ironie „wird ein Agieren in kontingenten Medien möglich, ohne daß
diese Medien als 'notwendig' dogmatisiert werden müssen".[298] Für das Drama
bedeutet dies, daß mit dem historisch etablierten Bewußtsein ironischer Verfügbarkeit literarischer Mittel auch dramenförmig selbstorganisierte Literatur ihre
normativ begründeten Voraussetzungen, orientiert am Kriterium der Bühnenfähigkeit, nicht mehr anerkennen muß. Allein deshalb tendiert das romantische
Drama zum Roman als *dem* Medium der kontingenten „Totalitätskorrespondenz"
schlechthin[299], indem es die produktiven Möglichkeiten der aufstrebenden Gattung in sich aufnimmt. Wie der Roman wird es tendenziell unabschließbar, weil
sich auch hier die Parataxe, das nebengeordnete Aneinander von Elementen ohne
notwendig funktionale Rückbindung auf eine handlungslogische und dergestalt finalisierende Strukturierung, zum vorherrschenden Verknüpfungsprinzip emanzipiert.[300] Am auffälligsten äußert sich die Parataxe in der Unterbrechung der

---

[294] Genette (1993, 391).

[295] „Das eigentliche dramatische Potential, bei dem die Transpositionstätigkeit mit Vorliebe ansetzt,
ist im Grunde wieder die 'Theatralität' selbst, das heißt der nicht textuelle Anteil an der Aufführung" (Genette 1993, 392).

[296] Sie können, wie gesehen, beim Haupt- und Nebentext ansetzen, aber auch an den diversen Gliederungsprinzipien des dramatischen Texts nach Szenen oder Akten, an der Auflistung der *dramatis
personae*, an den Varianten paratextueller Selbstbestimmungen oder am Parodie- bzw. Travestie-
Potential ständisch gebundener Figurenrede usw.

[297] So Benjamin (1973, 78) zu Tiecks Literaturkomödien.

[298] Eibl (1995, 164f.).

[299] Vgl. Eibl (1995, 165).

[300] Durch die Parataxe wird der „Schein der Kohärenz durchbrochen" (Eibl 1995, 167). Bereits in
Wilhelm Meisters Lehrjahren manifestiere sich die „Willkür eines bis zur Vollendung gebildeten Geistes" (KFuS II, 168; vgl. Eibl 1995, 166); „alle namhaften Bildungsromane sind unabgeschlossen.
Sie verweigern [...] die Finalität der Handlung und ironisieren sie, machen sich selbst zum Fragment und stellen damit gerade die harmonistische Bildungsidee als ungelöstes Problem zur Disposition" (Eibl 1995, 168). Der offene Schluß läßt bereits die erste Fassung von Wielands *Agathon*
(1764/66) Fragment sein, und gerade die dritte Fassung (1794) indiziert die Problematik in der
Gewaltsamkeit des Versuchs, Agathons Lebensstationen mit der aufgeklärten Lebenskunstlehre
des Archytas von Tarent zu versöhnen.

Handlung. Ihr bekanntester Mechanismus ist die von Aristophanes herkommende und von Shakespeare bereits variantenreich durchgespielte Parabase. Ebenso handlungs- und damit formauflösend wirkt die additive Expansion des Geschehens durch hinzukommende Figuren und Episoden. Parataktisch wird so entweder das universale Welttheater sukzessive aufgebaut oder als Theater im Theater bzw. als Masken- und Rollenspiel gleichermaßen stufenweise verwirrt und demontiert.

Chaos, Schweben, Ordnung – szenisch

Aus den bisher aufgeführten Gründen gehört das Drama in der Romantik „einer Ebene" an, „die sich der Unterscheidung eines klassischen und eines realistischen Dramentypus völlig entzieht".[301] Eine negative Bestimmung dieser Art bietet die veritable Basis für die kategoriale Erfassung des *romantischen* Dramas, weil sich seine proteischen Ausformungen wie das Romantische selbst nicht positiv als Struktur- und Wesensbegriff fixieren lassen, sondern eben nur als Verfahren, auf szenische Weise eine wie auch immer begründete sinnerfüllte Einheit durch Poesie zu erlangen. Geistesgeschichtlich gesehen handelt es sich nach Kluge um „eine höchst bemerkenswerte Übergangserscheinung zwischen dem anthropozentrischen Drama der Klassik, vor allem Schillers, und dem Drama des 19. Jahrhunderts bzw. der Moderne".[302] Die Modernität des romantischen Dramas offenbart sich an der formalen Avanciertheit, die neben den einschlägigen Ausnahmen (Grabbe, Büchner, *Faust II*) erst das 20. Jahrhundert überbieten wird. Der postaufklärerische bzw. postanthropologische Übergangscharakter zeigt sich darin, daß es wie die Literatur des 19. Jahrhunderts überhaupt noch einmal das Besondere mit dem Allgemeinen eines (auch religiös) geschlossenen Weltbilds zu versöhnen versucht. Selbst wenn dabei die Figuren „die Autonomie des Willens im Handeln" verlieren, indem sie „von sich selbst nicht mehr sittliche Rechenschaft fordern"[303], geht das romantische Drama im Theozentrismus aber nicht auf, weil es neben religiösen Motiven realistische, geschichtliche, mythische, phantastische und literarische Elemente und Formen in wechselnder Ausprägung und Verbindung gestaltet. In erster Linie kommt es ihm darauf an, die Produktivität szenischer Poesie an verschiedenen Gegenständen und Stoffen zwischen Poetisierung und Komisierung, zwischen zweckfreiem Spiel und funktionalen Sinnstiftungen (in polemischer, nationalpolitischer, religiöser oder lehrhaft-volksdidaktischer Ausrichtung) zu erweisen.

Das kontaminierende Verfahrensprinzip romantischer Dramatik, im Gegensatz zu den „einfachen reinen Formtypen der griechischen" Poesie den „kom-

---

[301] Ziegler (1967, 163).
[302] Kluge (1980, 197).
[303] Kluge (1980, 197).

plexen Formtypen" zugehörig[304], leitet sich ab von der Verschiebung des anthropologischen Interesses an Charakteren, Leidenschaften, Situationen und Handlungen auf die szenische Ausgestaltung sinnerfüllter literarischer Mannigfaltigkeit – fokussiert auf einen metaphysischen Fluchtpunkt, der am allgemeinsten als „Einheit in der Vielfalt" charakterisiert ist.[305] „Jedes Dr[ama] muß nicht bloß nach reinen Principien sondern als bestimmtes Problem und Auflösung eines solchen betrachtet werden", zitiert Kluge Friedrich Schlegels *Literarische Notizen*[306], um anzudeuten, daß die Romantiker vor diesem metaphysischen Hintergrund objektive Gattungsgesetze ersetzt haben durch die „Feststellung, daß jedes Kunstwerk seine *eigene* Gattung bilde".[307] Dies bleibt indes programmatisches Postulat, weil sich in praktischer Hinsicht die Normativität generischer Verfahrensmuster geltend macht, die trotz aller gattungstranszendierenden Tendenzen in gewisser Weise auch typologisch stabil bleiben. Daß „jedes Dr[ama] [...] eine combinatorische und ganz eigene Form haben" muß[308], meint deshalb eher die je eigene Historizität, die nur noch wechselnde Mischformen zuläßt und regelpoetische Typologisierungen aus gleichermaßen systematischen wie historischen Gründen negiert.

„Daß es im Grunde kein romantisches Drama gibt, weder in der Theorie noch in der Praxis"[309], erscheint zumindest auf der praktischen Seite als revisionsbedürftiges Urteil, selbst wenn man nicht mehr von einem spezifischen Dramentypus, der auf bestimmte Weise und in gewisser Eindeutigkeit formal abzugrenzen ist, sprechen kann. Eine dezidierte Theorie des romantischen Dramas im Sinne einer programmatischen Grundlegung dieser Praxis gibt es indes tatsächlich nicht – allenfalls, wie angedeutet, in der Intention auf die 'schöne Freude' in Friedrich Schlegels frühem Komödien-Aufsatz einerseits, auf die dramatische Plausibilisierung des Wunderbaren in Tiecks nahezu gleichzeitig entstandener Shakespeare-Abhandlung andererseits. Später liegen die bereits literaturgeschichtlich orientierten Überblicke in den Vorlesungen der Gebrüder Schlegel vor. Vermittelt über die zentralen Vorbilder Shakespeare und Calderón ergeben sich hier die ideen- und formgeschichtlichen Kategorien der Behandlung aus der Gegenüberstellung von antiker (objektiver) und moderner (interessanter) Kunst, von griechischer Simplizität und postantiker Komplexität – kurzum: von Harmonie und Entzweiung, einem geschichtsphilosophischen Schema, das die philologische Rezeption unter wachsender Geltung hegelianischer Kategorien bestimmen wird. Romantische Dramen, geprägt von der sentimentalischen „Duplizität des Menschen"[310],

---

304 Schäfer (1956, 399).
305 Vgl. Segeberg (1994, 50) zur Ausdifferenzierung komplexer Formen in der späteren Romantik.
306 LN, 97 [807].
307 Kluge (1980, 187).
308 LN, 206 [2040].
309 Schulz (1989, 597).
310 So Kluge zur „Idee der Entzweiung" als „Wesenskern" einer „Theorie des romantischen Dramas" bei F. Schlegel (Kluge, 1980, 188ff.); im Anschluß daran auch Fetzer (1994, 291, 297).

indizieren demnach die zerrissenen Verhältnisse der eigenen Zeit, deren Gegensätze nicht mehr aufgehoben werden können, so daß ihre sentimentalische Sehnsucht auf die Versöhnung in der poetischen Wiederherstellung der verlorenen Ganzheit abzielt.[311]

Die irreversible Abspaltung von dieser Einheit begründet die offenen, prinzipiell wandelbaren und wie im romantischen Roman tendenziell unabschließbaren Formen als komplexe, nicht-organische Synthesen. Diese äußeren sich in den sprunghaften Wechseln und Verschachtelungen szenischer Einheiten, in turbulenten Maskierungen und Verwirrungen der Komödien ebenso wie in den dispersen Mischungen des Schauspiels aus ernsten mit geistreich-witzigen und derb-komischen Szenen. Tendiert die romantische Komödie, bezieht man sie auf ein Kernstück der frühromantischen Theorie, zur alle (auch literarische) Ordnungen subvertierenden Willkür des szenischen Chaos und der szenischen Verwirrung, deren sprühender Witz keine Regel über sich erduldet[312], so schließt sich das ebenso parataktische Universalschauspiel, wie inkohärent und kontingent auch immer es sich ausgestaltet und zu Ende gebracht wird, zur höheren poetischen Einheit zusammen: Szenisches Chaos und szenische Ordnung bilden sich komplementär aufeinander bezogen ab, und zwar so, als bespiegelten sich die beiden Pole in wechselseitiger Verkehrung, zwischen denen die Szenen schweben.[313] Auch „im Unzusammenhange" nimmt Poesie daher eine „Ordnung" wahr, wenn auch auf „wunderliche Weise"[314]: die „hohe harmonische Verwirrung"[315] des 'limited poem unlimited'.[316]

---

[311] „Das griechische Ideal der Menschheit war vollkommene Eintracht und Ebenmaß aller Kräfte, natürliche Harmonie. Die Neueren hingegen sind zum Bewußtsein der inneren Entzweiung gekommen, welche ein solches Ideal unmöglich macht; daher ist das Streben ihrer Poesie, diese beiden Welten, zwischen denen wir uns geteilt fühlen, die geistige und sinnliche, miteinander auszusöhnen und unauflöslich zu verschmelzen. Die sinnlichen Eindrücke sollen durch ihr geheimnisvolles Bündnis mit höheren Gefühlen gleichsam geheiligt werden, der Geist hingegen will seine Ahnungen oder unnennbaren Anschauungen vom Unendlichen in der sinnlichen Erscheinung sinnbildlich niederlegen" (Schlegel-KS V, 26).

[312] Die „'chaotische' Auflösung als eigentliche Komödienintention" kraft „Zerspielen der Wirklichkeit" akzentuiert Kluge (1980, 199).

[313] Vgl. dazu das analoge Korrespondenzverhältnis in der wechselseitig sich auflösenden Entgegensetzung von Natürlichkeit und Künstlichkeit in Tiecks Phantasus, metaphorisiert im shakespearschen „Park" auf der einen und im „regelmäßigen Garten" des „Calderonschen Lustspiel[s]" auf der anderen Seite: „Scheinbare Willkür in jenem, von einem unsichtbaren Geist der Ordnung gelenkt, Künstlichkeit, in anscheinender Natürlichkeit [...]. Im südlichen Garten und Gedicht Regel und Richtschnur, [...] Künstlichkeit und Erhabenheit der Sprache, Entfernung alles dessen, was unmittelbar an Natur erinnert [...]" (Tieck-DKV VI, 110): „Kunst und Natur sind aber beide, richtig verstanden, in der Poesie wie in den Künsten, nur ein und dasselbe" (111).

[314] So das epische Intermedium 'Rondo' in Tiecks Verkehrter Welt (Verkehrte Welt, 73).

[315] So das epische Intermedium 'Allegro' in Tiecks Verkehrter Welt (Verkehrte Welt, 44).

[316] „Wenn man sich die ganze Welt als ein Schauspiel denken soll (wie den viele Schriftsteller diese Forderung getan haben), so ist es schwer zu bestimmen, in welcher Manier das Stück geschrieben ist; am meisten scheint es mir noch an die modernen Opern zu grenzen, an jenes poem unlimited,

Hergestellt wird die komplementäre Ganzheit von Ordnung und Chaos auf einer höheren Ebene durch Integration der Texte und ihrer Elemente als „Theile Einer Poesie", in der sich die „mannichfaltigen verschiedenen Gestalten" zur Literatur der Welt zusammenschließen.[317] In all ihren Bestandteilen und als je spezifische textuelle Einheiten verweisen sie auf das „unzertrennliche[] Ganze"[318], so daß die Werke in ganz unterschiedlicher Perspektive in Splitter zerfallen können, weil Poesie die Einheit garantiert. Die Auflösung der Form mündet daher nicht in das Drama der Zerreißung, 'Zerbröckelung'[319] oder Zerstückelung, das sich bei Kleist, Grabbe und Büchner auf einen höheren Zusammenhang nicht mehr beziehen läßt, so daß sich in der parataktischen Zerrüttung der Segmente bis in die Mikrostruktur der sprachlichen Organisation hinein die Unversöhntheit des Weltzustands selbst artikuliert. In der Romantik wird die szenische Präsentation literarischer Vielfalt im ausdifferenzierten Spektrum von Figuren, Themen, Darbietungsformen und Verfahrensweisen zur Allegorie der schönen Ordnung. In beiden Übergangsformen der 'Einen Poesie' – in der Ordnung und im Chaos, als Poetisierung und Komisierung wechselseitig auseinander hervorgehend und ineinanderfallend[320] – ist das sentimentalische Bewußtsein zumindest temporär, im Ereignis des Texts, aufgehoben.[321]

Wollte man die kaleidoskopische Mosaiktechnik, die das romantische Drama sowohl in den artistischen Spielkomödien als auch in den lyrisierten Großdramen konstituiert, ins Bild setzen, so bietet sich die Rosette, das Rosenfenster einer gotischen Kathedrale an. Seit der frühgriechischen Kunst ikonographisch in Beziehung zu den Bereichen Liebe, Grab und Elysium stehend, präsentiert die Rosette eine symmetrische Harmonie aus den Splittern eines bunten Mosaiks, das sich in

---

welches jetzt alle Welt so sehr entzückt. Tragödie ist es unmöglich, Komödie ebenso wenig" (Verkehrte Welt, 73). Auch die *Verkehrte Welt* wird auf diese Weise zum „Weltspiel" (Storz 1972, 213), allerdings in der eben gattungstranszendierenden Verkehrung der Verhältnisse; zu Tiecks Koppelung von *theatrum mundi* und *verkehrter Welt* in der „konsequenten Gleichsetzung von *mundus* und *theatrum*" zum 'Limited poem unlimited' vgl. Weimar (1995, 158). Die Rede vom „poem unlimited" ist Zitat aus Polonius' berühmter Beschreibung der Schauspieler und verschiedener dramatischer Mischformen in Shakespeares *Hamlet* (II/2, V.390-395).

[317] Tieck: Vorrede (zu den *Minneliedern*); Minnelieder, If.

[318] Minnelieder, II.

[319] Vgl. Napoleons Schlußmonolog in Grabbes *Napoleon oder die hundert Tage*, dessen Ausblick auf die kommende „zerbröckliche" Zeit auch die von Kleist artikulierte Zerbrechlichkeit der Welt konnotiert (Grabbe 1963 II, 457; V/7).

[320] Beobachtbar ist diese Dialektik etwa an der schwebenden Indifferenz zwischen klassizistischer Einhaltung und – traumförmiger – Auflösung der drei Einheiten in Tiecks *Verkehrter Welt* (vgl. Storz 1972, 212f.).

[321] Einen komödienspezifischen Begriff der Poetisierung, der dieser Wechselwirkung entspricht, weil er die Komisierung einschließt, formuliert Kluge: Das Heitere, Lustige, Scherzhafte und die Freude lösen die „geistige Duplizität" auf, indem diese „*über*spielt" wird „durch eine Poetisierung der Lebenswirklichkeit bzw. *zer*spielt durch ihre ironische Aufhebung" (Kluge 1980, 197). Zur Kompatibilität dieser Doppelung mit der frühromantischen Theorie Friedrich Schlegels und Novalis' vgl. Weimar (1995, 158).

der „Kristallkugel im Auge"[322] zum Sinnbild der göttlich durchleuchteten schö-
nen Ordnung der Welt zusammensetzt.[323] Das Bewegungsbild des Dramas ver-
wandelt sie ins übergängliche Kaleidoskop: in eine gleichsam bewegliche Rosette.
Durch das temporäre Chaos hindurch ergeben sich stets neue symmetrische
Konstellationen: Modus der permanenten Hervorbringung schöner und witziger
Gebilde im Wandel, der als Ausdruck des Lebendigen und der Agilität des kom-
binatorischen poetischen Geists durch die Verwirrung und die Ordnung des je
Gegebenen gehen muß.[324] Durch die bunten Splitter hindurch strahlt das äußere
Licht in den dunklen Innenraum des gotischen Chors: in den Geist und in die
Herzen der Gemeinde. Als „heilge[s]" und „wahre[s] Licht", „Bild des inneren
Lebens"[325], macht es die Rosette auf sich selbst und die schöne Ordnung der
Welt hin transparent. Im durchleuchteten Augenblick fallen Signifikant und Si-
gnifikat isomorph zusammen, weil die „Glut" die Herzen selbst erglühen läßt.[326]

In der literarischen Herbeiführung eines solchen Zustands durch performati-
ven Kurzschluß von äußerer Welt und innerer Gemütsbewegungen besteht die
Utopie des romantischen Texts – angesteuert im intensiven, je übergänglichen
Augenblick imaginärer Präsenz einer poetischen Phantasie, die alle literarischen
Gattungen im schwebenden Wechselkontakt hält. Angestrebt hat diesen Zustand
im Wandel Tiecks 'Lustspiel' *Kaiser Octavianus* (1804). Es markiert die literarische
Schaltstelle zwischen Früh- und Spätromantik. Im universalen Parallelismus verschmilzt hier die leitmotivische Rose mit der Lilie synästhetisch in den goldenen
Hintergrund eines zwischen Epik, Schauspiel, Komödie und Lyrik schwebenden
dramatischen Universalgemäldes. Nicht der Roman und nicht die Lyrik sind
demnach als generisches Leitparadigma romantischer Literatur anzusehen, sondern das Drama. Denn hier wird die Synthesis der Gattungen Ereignis, die Verschmelzung des Epischen der Weltdarstellung mit dem Lyrischen der Stimmung
„objektiv": „Die erste jugendlichfrische, fast noch kindliche Anschauung der
Welt", schreibt Eichendorff zum Stellenwert des Dramas in der genealogischen

---

[322] Kronenwächter, 10.

[323] Zum Rosettenbildlichkeit im *Sternbald*, bei F. Schlegel und Runge vgl. Rath (1996, 224-230).

[324] „Arnim ist ein durchaus objektiver Dichter; in der Welt aber geht es nicht um ein Haar ordentli-
cher zu als in seinen Dichtungen, auch die äußere Welt ist nur ein Kaleidoskop, wo sich das Licht
bei jeder Wendung neu und anders bricht", so Eichendorffs *Geschichte des Dramas* zu Arnims
„objektive[r] Beschaulichkeit" (Eichendorff-DKV VI, 761).

[325] So der Guardian am Heiligen Grab in Jerusalem am Ende von Arnims *Halle und Jerusalem* zum
„heilgen Licht", das als das „schönste Zeichen tiefer innerer Bedeutung" erscheint (Arnim-SW V,
8, Schaubühne III, 381).

[326] Dieses – trügerische – Ereignis, in dem die Menschen eins sind mit der Welt, hat Kleist im *Erdbeben in Chili* erzählt: „[...] die große von gefärbtem Glas gearbeitete Rose in der Kirche äußerstem
Hintergrunde glühte, wie die Abendsonne selbst, die sie erleuchtete, und Stille herrschte, da die
Orgel jetzt schwieg, in der ganzen Versammlung, als hätte keiner einen Laut in der Brust. Niemals
schlug aus einem christlichen Dom eine solche Flamme der Inbrunst gen Himmel, wie heute aus
dem Dominikanerdom zu St. Jago; und keine menschliche Brust gab wärmere Glut dazu her, als
Jeronimos und Josephens!" (Kleist III, 155).

Ausdifferenzierung von Poesie in der *Geschichte der poetischen Literatur Deutschlands* mit durchaus hegelianischem Zuschnitt, „erzeugt das Epos", und dieses treibt das Lyrische aus sich hervor:

> Diese Anschauung, je lebendiger sie ist, weckt indes sehr bald eine nach den verschiedenen Individualitäten verschiedenes Interesse und Mitgefühl an dem großen Sagenstoff; die Poesie wird eine mehr innerliche und wesentlich lyrisch. Eine solche bloß experimentale und vorbereitende Trennung der beiden ursprünglichen Grundelemente aller Poesie kann aber nirgends von Dauer sein, und strebt unablässig nach Wiederversöhnung. Und diese Vermittelung ist eben das Wesen des *Drama's*, wo das lyrisch Subjektive, ohne sich selbst aufzugeben, in der darzustellenden Handlung wieder objektiv wird. [...] Daher erscheint auch das Drama gewissermaßen Epos und Lyrik in Ein Ganzes zusammenfassend, überall zuletzt.[327]

Das romantische Drama stellt, insofern es lyrische und epische Elemente in sich aufgenommen hat, die ideale Synthese aller Gattungen dar, weil in ihm die progressive Universalpoesie als „Schwebereligion", die „sich beständig selbst belächelt", 'vollkommen gegenwärtig' wird.[328] „Das Drama soll eine göttlich spielende Ansicht des Lebens und der Menschen geben", notiert Friedrich Schlegel 1798 programmatisch zu dieser Synthesis der Gegensätze, „daß es erscheint wie eine Musik, wie ein Feld voll Blumen, wie ein Gemählde mit architektonischer Kunst. Dann würde es von selbst wieder festlich werden und Shakesp[eare] mit den Alten verbinden".[329] Mit gutem Grund hält bereits Haym – allerdings abwertend – fest, daß Tiecks *Kaiser Octavianus* der repräsentative Ausdruck dieser Universalpoesie, die „poetische Summe der Romantik" darstellt.[330]

Prototypische Merkmale

Die Romantik-Forschung hat Hayms Urteil nicht weiterverfolgt. Mehr oder weniger ausnahmslos rückt sie die Prosa und Lyrik ins Zentrum der Aufmerksamkeit. Auch die avancierte jüngere Romantikforschung kommt im Grunde genommen

---

[327] Eichendorff-DKV VI, 870f. „In der ersten Epoche der romantischen P[oesie] dominirt offenbar Ep[os] und Lyr[ik], in der zweiten Dr[ama], desgl[eichen] Arabeske" (LN, 182 [1787]). Geltend macht sich in Bestimmungen dieser Art die tatsächliche Vorrangstellung des Dramas als idealen „Vereinigung beider Dichtungsarten" in der zeitgenössischen Poetologie (vgl. u.a. Jean Paul: Vorschule der Ästhetik 1987, 101).

[328] Eichendorff-DKV VI, 766; vgl. aber Eichendorffs Vorbehalte gegen die Darstellung des Glaubens im *Kaiser Octavianus* als einer „frostige[n] Allegorie", während die „feinzersetzende Ironie, wo sie ausschließlich gegen das Gemeine gerichtet" ist, „im *Zerbino*, dem *Gestiefelten Kater* und in der *Verkehrten Welt* [...] auf ihrem angeborenen Heimatsboden" stehe und daher „vollkommen berechtigt" sei (766).

[329] LN, 155 [1468].

[330] Haym (1920, XII). Tieck habe hier „die Summe der romantischen Kunst- und Lebensansichten in einem poetischen Werke veranschaulicht, welches man einen *Orbis pictus*, ein Bilderbuch der Romantik nennen möchte" (918).

ohne die Gattung Drama aus. Neben dem Postulat der Gattungsmischung, das den Roman präferiert, hängt dies mit der teils problematischen literarischen Qualität der Texte und ihrer ausufernden Breite zusammen, die sogar August Wilhelm zur Klage veranlaßten, daß sie „manchmal viel zu weit ausgesponnen sind und in's Blaue allegorischer Anspielungen ermüdend verschwimmen".[331] Romantische Dramen sind aber nicht allein wegen ihrer Langeweile weniger beachtet worden, sondern auch, weil sie Konventionen der Gattung sprengen. Die lange von regelpoetischen Kriterien oder solchen aus Hegels *Ästhetik* geleitete Philologie hat dafür kaum ein adäquates produktionslogisches Kategoriensystem der Interpretation entwickelt.

Dessen Grundlegung führt zuerst prototypische Elemente der literarischen Abweichungspoetik aus. Der leitende Gesichtspunkt der Literarisierung des Dramas, der die Episierung[332], Lyrisierung und Selbstreferentialisierung der Gattung einschließt bzw. übergreift, resultiert aus der Aufhebung der Absolutheit. Beobachtet werden die Konsequenzen infolgedessen nach drei Gesichtspunkten: nach der äußeren Form, der Selbstthematisierung der Form (und deren Literarisierung) in einer Transformationsgeschichte, die den epocheninternen Metabolismus der Gattung begründet; der thematischen Umorientierung schließlich, die unter Zugrundelegung der von Tieck reflektierten Plausibilisierung des Wunderbaren auch im Drama die angedeuteten rezeptionstheoretischen Konsequenzen zur Folge hat.

Form(geschichte)

Der äußeren Form nach präsentiert es sich sowohl in der Komödie[333] als auch im Schauspiel episodisch. Die einzelnen Teile werden selbständig[334], indem die Sze-

---

[331] Brief an Fouqué vom 12. März 1806; A.W. Schlegel (1848, 360). „Wahrhaft ausgezeichnete Talente haben sich in das romantische Schauspiel geworfen", heißt es am Ende der Wiener Vorlesungen, „aber es meistens in einer Breite genommen, die nur dem Roman erlaubt ist, unbekümmert um die Zusammendrängung, welche die dramatische Form durchaus erheischt. Oder sie haben auch von den spanischen Schauspielen nur die musikalisch phantasierende und malerisch gaukelnde Seite ergriffen, ohne die feste Haltung, die drastische Kraft und die theatralische Wirkung" (Schlegel KS VI, 289). Aus dieser Fehlentwicklung leitet Schlegel die vielzitierte Forderung nach dem nationalen Geschichtsdrama als 'würdigsten' Gattung des romantischen Schauspiels ab.

[332] Ein knapper Hinweis auf die Episierung des romantischen Dramas mit Bezug auf Szondi und Klotz bei Kluge (1980, 187). Kluge erkennt aber nur eine 'Vorstufe', weil die Romantiker die „Verwandlung dramatischer Strukturen in epische" nicht propagiert hätten und die fünfaktige Form Schillers „unbestrittenes Muster und Vorbild" geblieben sei.

[333] Zur Unterscheidung der romantischen Komödie in einen 'parabatischen' und einen 'illudierenden' Typus, repräsentiert durch die selbstreferentielle Spiel-im-Spiel-Struktur in Tiecks *Gestiefelten Kater* und Brentanos Spiel- und Intrigenkomödie *Ponce de Leon*, vgl. Japp (1999).

[334] Die „Selbständigkeit seiner Teile" ist nach Schiller der „Hauptcharakter des epischen Gedichts", da dessen „Zweck [...] schon in jedem Punkt seiner Bewegung" liegt, so daß es „nicht ungeduldig zu einem Ziele" eilt, sondern „mit Liebe bei jedem Schritte" verweilt (Brief an Goethe, 21. April 1797; Schiller-Goethe, 375).

nen ohne notwendig funktionale Integration eher nebeneinander gestellt als aufeinander bezogen werden. Auch das Aufgreifen, Variieren und Potenzieren variabler Formen der Figurenrede – von der Prosa bis zur (parodistischen) Anverwandlung aller denkbaren Metren in der Nachfolge Calderóns; von der Einfügung von Liedeinlagen in der Nachfolge Shakespeares[335] bis zur lyrischen Entgrenzung der Figurenrede selbst – führt zur Verselbständigung der Elemente im einzelnen und ihrer literarisierenden Amalgamierung als antiklassizistische Synthesis des Disparaten im ganzen. Die Tendenz zur Entsemantisierung der dramatischen Rede, die dabei zutage tritt, geht auch auf das Selbständigwerden der Lyrik zurück. Nach Hamburger eignet Lyrik ein besonderer fiktionaler Status, insofern sie der repräsentierenden Bezugnahme auf die Welt nur bedingt dienstbar ist. Die Lyrisierung verschiebt die Wirkung des Dramas in Richtung Stimmungspoesie. Dies verstärkt den a-mimetischen Effekt in einer Darbietungsform, die sich konventionell der Nachahmung und der affektischen Wirkung eines zusammenhängenden Geschehens der sinnlich wahrnehmbaren äußeren Welt verschreibt.

Mit dem Wechsel der Szenerie, der entweder auseinander liegende Zeiträume und räumliche Distanzen überspringt oder Ebenen- bzw. Perspektivenwechsel innerhalb der Theater-im-Theater-Situation vollzieht, erhebt das romantische Drama einen panoramatischen Totalitätsanspruch.[336] Der quantitativ ganz unterschiedlich expandierende und unterschiedlich gegliederte Dramentext[337] reicht von szenischen Kleinformen (selbständigen Prologen, Farcen, Puppen- und Schattenspielen) bis zur Präsentation des 'ganzen Lebens' von Figuren, ihrer 'Geschichte'[338] (und deren Einbindung in eine mythopoietische Nationalgeschich-

---

[335] Zur tendenziell kontingenten Integration von Liedeinlagen im offenen Drama vgl. Klotz (1972, 194-203), der mit keinem Wort das romantische Drama berührt.

[336] Dieser eignet bereits dem gleichermaßen reihenden barocken Welttheater, wenngleich die Disparatheit der Elemente, deren Sinn vorab metaphysisch verbürgt ist, sich hier noch nicht zum Werk – begründet durch die funktionale Einheit von Autor und Interpret – zusammenschließt..

[337] Entweder vollkommen dispers geregelt (Brentanos *Gustav Wasa*) oder ganz unterschiedlichen Konventionen folgend: als reine Szenenfolge (Tiecks *Genoveva*; das zweite 'Lustspiel' von Arnims Trauerspiel *Halle und Jerusalem*; Tiecks 'Tragödie' *Leben und Tod des kleinen Rotkäppchens*), zweiaktig (F. Schlegels *Alarcos*), dreiaktig (Tiecks *Leben und Taten des kleinen Thomas, genannt Däumchen*), vieraktig (Tiecks *Ritter Blaubart*), fünfaktig (Brentanos *Ponce de Leon*, *Die Gründung Prags*; Eichendorffs *Ezelin von Romano*), nicht zuletzt auch mit mehr als fünf Akten (Tiecks *Zerbino*, Arnims *Die Gleichen* mit jeweils 6 Akten; sechsaktige Dramen gibt es, so Wagners *Die Kindermörderin* von 1776, bereits im Sturm und Drang). Ausgeprägt ist die Tendenz zum Großdrama: als Doppeldrama (Tiecks *Kaiser Octavianus*, *Fortunat*, Arnims *Halle und Jerusalem*) oder als geplante Trilogie (Brentano *Die Gründung Prags*); zur 'Trilogie' in der Romantik vgl. Steinmetz (1968, 92-117, 135-146).

[338] Schillers *Egmont*-Rezension (1788) zufolge hat zuerst Shakespeare „ganze Menschen und Menschenleben auf die Bühne" gebracht (Schiller I, 619). Im deutschsprachigen Drama bringt Goethe den Begriff der 'Geschichte', von Wieland in der *Geschichte des Agathon* (1766/67) nach dem Vorbild Fieldings zur vorgeblich historisch getreuen Darstellung eines Lebensverlaufs folgenreich in die deutsche Literatur eingeführt, im sog. *Urgötz*, der *Geschichte Gottfriedens von Berlichingen mit der eisernen Hand* (1771) auf. Die um 1800 erfolgreiche Semantik der 'Bildungsgeschichte' als Vollzug einer Biographie in ihrer Entwicklung bringt allerdings kein 'Bildungsdrama' zustande, von Ketel-

te[339]) innerhalb eines teils vielzähligen Figurenarsenals auf der einen Seite, zum
potenzierten Zerfall ihrer personalen Identität in komplizierten Rollenwechseln
auf der anderen Seite: sei es mit Hilfe von Maskierungen und Verkleidungen zur
Inszenierung des Intrigenspiels, sei es dadurch, daß die *dramatis personae* von einer
Rolle in die andere fallen, geschieden wiederum nach Personen (Zuschauer) und
Rollen (des Stücks im Stück). In mehrfach verschachtelten parabatischen Komödien wie der *Verkehrten Welt* und in universalen Großdramen wie dem *Kaiser Octavianus*, Arnims *Jerusalem*-Stück oder Tiecks *Fortunat* (1815/16) ist damit praktisch
die ganze Welt Schauplatz: mit Handlungen an weit auseinander liegenden Orten
oder eben auf der einen Bühne des verkehrten Welttheaters, wo die Ortswechsel
(bis zum Parnaß) mit theatralen Mitteln bewerkstelligt werden. 'Gewissermaßen'
eine Zwischenposition nimmt Tiecks universalisierende Großkomödie *Prinz Zerbino* (1799) ein, weil sich die 'Reise nach dem guten Geschmack' als Reise in die
Welt und zum 'Garten der Poesie' mit den fiktionsironischen Verfahren der parabatischen Komödien verbindet (vor allem dort, wo sich der Protagonist mit dem
'Verfasser' des Stücks herumschlägt, um diesen schließlich zu Boden zu werfen.[340]). Eine besondere Variante wiederum präsentiert Brentanos *Die Gründung
Prags*, insofern der Schauplatzwechsel gewissermaßen an gleichbleibender Stelle
im Durchgang durch die genealogischen Stufen der Naturbeherrschung von den
naturmythischen Ursprüngen bis an den Rand der historisch-politischen Zeit
stattfindet. Überbrückt im Schauspiel u.U. eine Erzählerfigur Unwahrscheinlichkeiten bei Ortswechseln oder wunderbaren Ereignissen (um so das Verständnis
durch 'auktoriale' Kommentierung zu gewährleisten), ist es in der Komödie neben
dem ostentativen Inszeniertheitscharakter des Masken- und Rollenspiels das Präsenthalten des Theaterapparats, mit dessen Hilfe Vorgänge, die der *vraisemblance*
widerstreiten, ironisiert oder wie selbstverständlich überspielt werden. Die panoramatische Totalität der Darstellung, die die drei Einheiten aufhebt oder mit der
Einheit des Theaters eben völlig einhält, verbindet das romantische Schauspiel
und die komödienhafte 'Verkehrung' in spiegelbildlicher Komplementarität mit
dem Welttheatergedanken.[341]

---

sen (1998) zurückgeführt auf die Diskrepanz zwischen narrativer Form und szenischer Präsenz
der Figur, die auf den sich selbst darstellenden Augenblick angewiesen bleibt. Abweichend von
diesem Befund gibt es die dramatische Travestie der Bildungsreise bzw. die satirische Darstellung
ihres Mißlingens in Tiecks Literaturkomödie *Prinz Zerbino*, die sich in ihrer additiv-reihenden Abfolge von Episoden während der 'Reise nach dem guten Geschmack' unversehens narrativen
Mustern nähert.

[339] In Brentanos *Gründung Prags* vermittelt sich die dramatische „Entstehung eines Staates"
(Brentano-SW XIV, 529) mit der Lebensgeschichte Libussas durch den dramatischen Konflikt
um die Ablösung des naturmythischen Matriarchats von der Geschichte des christlich-
patriarchalischen Staats der Tschechen: metonymisch kurzgeschlossen in der vom Drama propagierten Verschränkung von „des Staates Leben" mit „dem Leib des Menschen" (461), die sich in
der finalen Hochzeit Libussas mit dem Ackerbauern Primislaus erfüllt.

[340] Tieck-S X, 332ff., 339.

[341] Vgl. Schmeling (1994).

Kraft dieser Doppelung steigern romantische Dramen Tendenzen, die in der europäischen Dramentradition ins späte 16. Jahrhundert zurückgehen und als Bifurkation zuletzt im Drama des Sturm und Drang als nächst zurückliegendem Vorbild (für Tieck und Arnim) zutagetreten: hier in parabatischen Theatersatiren wie Klingers *Prinz Seidenwurm der Reformator oder die Kronkompetenten* (1780) und Hanswurstiaden bzw. 'Farcen' wie Goethes Knittelversspiel *Jahrmarktsfest zu Plundersweilern* (1773)[342] auf der einen[343], in panoramatisch ausgreifenden, dramatisierten Lebens-'Geschichten' wie Goethes *Götz von Berlichingen* auf der anderen Seite.[344] Beide Linien präsentieren das Theater als „schöne[n] Raritätenkasten, in dem die Geschichte der Welt vor unsern Augen an dem unsichtbaren Faden der Zeit vorbeiwallt".[345] Trotz zahlreicher Orts- und Szenenwechsel in „vorüberziehenden Episoden"[346] wahrt *Götz von Berlichingen* im Vergleich zu romantischen Schauspielen aber noch eine gewisse Einheit der Zeit und der Handlung, obwohl sich die Ablösung von der Konfliktstruktur im szenisch ausgemalten Kontext historischer

---

[342] Hier verbindet sich der Jahrmarkt – versammelt sind Bürger, Zigeuner, der Schweinemetzger, der Marktschreier, Hanswurst und andere Personen zum repräsentativen Ausschnitt des *theatrum mundi* – mit der Spiel-im-Spiel-Struktur, indem die eingelagerte Esther-Tragödie ins Schattenspiel der *laterna magica* über die Schöpfung der Welt übergeht (vgl. dazu mit Bezug auf Tiecks *Gestiefelten Kater*, vorbereitet durch Ben Jonsons *Bartholomew Fair* [1614] Landfester 1997, 113-118). „Wie meisterhaft ist das Jahrmarktsfest, ohne in diese Absicht auch nur einzugehen", schreibt Tieck in seiner Abhandlung *Goethe und seine Zeit* (1828): „Hier fügt sich Scene und Episode an Episode, um so ein humoristisches, possenhaftes Wesen durchzuführen, das eben, weil es so menschlich und in der innern Absicht so edel und weder bitter noch gemein ist, durch eine poetische Magie trefflich in eine geistige Einheit zusammentritt" (Tieck-KS II, 208). Tieck benennt hier durchweg Qualitäten, die seine eigene Komödienproduktion bestimmen.

[343] Eine Auflistung der bislang noch wenig systematisch untersuchten literarischen Satiren des Sturm und Drang bei Luserke (1997, 307f.); wichtig ist Arntzens Hinweis auf die spezifische Poetizität bereits der Komödie des Sturm und Drang, indem auch diese sich vom leitenden Kriterium der Theatralität abkoppelt: „Mit dem 'Sturm und Drang' trennen sich in der deutschen Literaturgeschichte endgültig die Komödie als Drama und die Komödie als Theaterstück voneinander" (Arntzen 1968, 102).

[344] Tieck war zeit seines Lebens ein Bewunderer des *Götz*, denn hier sei die Synthese des Dramas mit anderen Formen der Poesie bereits angelegt (*Goethe und seine Zeit*; Tieck-KS II, 194f., 197f.): Der *Götz* ist „meisterhaft als dramatischer Roman oder scenische Novelle, oder man nenne es, wie man will, nur kein Schauspiel für die deutsche oder irgend eine wahre Bühne" (207); siehe dazu auch die Goethes *Wilhelm Meister* nachgestaltete Beschreibung und Kommentierung einer *Götz*-Aufführung im *Jungen Tischlermeister* (1836) mit eingehender Problematisierung der Poetizität und der entsprechend modifizierten Theatralität des *Götz*, die zentrale Aspekte der Dramenauffassung Tiecks resümiert (Tieck-DKV XI, 143ff., 195f., 231-236). Zur Geltung kommt die spezifische Einheit der von der zeitgenössischen Rezeption kritisierten Regellosigkeit des *Götz* nicht zuletzt in einer angemessenen rhapsodischen Darbietung: „Hat er [Elsheim] uns nicht das ganze große ungeheure Stück so in einem Anlauf vorgelesen, daß man erst recht fühlt, wie das Ganze ein einziger Guß, ein mannichfaltiges vielstimmiges Konzert in schönster Harmonie ist?" (150).

[345] Goethe: Zum Shakespeares-Tag; HA XII, 226; zur zeitgenössischen Semantik des 'Raritätenkastens' im Rekurs auf barocke Unordnung und „Wunderwerke" vgl. Wielands *Versuch über das deutsche Singspiel und einige dahin einschlagende Gegenstände* von 1775 (Wieland 1796 XXVI, 276).

[346] Tieck-KS II, 207.

Ereignisse an der frühneuzeitlichen Epochenschwelle deutlich abzeichnet. Nicht zuletzt bahnt sich damit die rezeptionstheoretisch entscheidende Akzentverschiebung vom bloß Theatralischen zur „*dichterische[n] Illusion*" als neuartigen Möglichkeit auch der dramatischen Rede an, die Gerstenberg, vermittelt durch die seit den 60er Jahren intensivierte Auseinandersetzung mit Shakespeare, in seiner die Genie-Zeit vorbereitenden Dramenpoetik kategorial erschließt.[347] Im Falle des *Götz* wurde diese Verschiebung von der zeitgenössischen Rezeption, besonders von Wieland, als 'Lesedrama' verhandelt.[348] Die von Wieland selbst praktizierten Formen der Literarisierung der dramatischen Rede – von den Blankversen der *Lady Johanna Gray* (1758) in der Tradition des postbarocken Märtyrerdramas zu den metrischen Experimenten in einem Singspiel wie *Alceste* (1773) – sind dagegen noch rein theatralisch begründet, dienen also ausschließlich der (melodramatischen) Steigerung rührender Wirkungen durch Lyrisierung auf der Bühne.

Zu den Prototypen des romantischen Dramas nach dem Gesichtspunkt der Episierung und Ironisierung dieser Episierung in Forminnovationen, die aus der Transformation und Überbietung ausgebildeter dramatischer Konventionen hervorgehen, erklärt der literarhistorische Diskurs zwei Stücke Tiecks: das 'Kindermärchen' *Der Gestiefelte Kater* (1797) und das 'Trauerspiel' *Leben und Tod der heiligen Genoveva* (1799) – eine parabatische Literaturkomödie auf der einen Seite, die die Dramatisierung und theatralische Aufführung einer Märchenvorlage Perraults satirisch und selbstreflexiv ineins an den Erwartungshaltungen eines sich aufgeklärt gebenden, tatsächlich aber nur borniert reagierenden bürgerlichen Publikums spiegelt; ein dramatisierter Volksbuchstoff als reine Szenenfolge mit vielfältig wechselnden Formen der Figurenrede auf der anderen Seite, deren generische Verschiebung als „christlicher Gehalt in epischer Form" charakterisiert worden ist.[349]
Berechtigt ist diese Kanonisierung insofern, als tatsächlich eine Reihe nachfolgender Dramen im sowohl ernsten als auch komischen Genre die formalen Neuerungen der beiden Stücke, vermittelt auch über Tiecks eigene experimentelle

---

[347] Vgl. die *Briefe über Merkwürdigkeiten der Literatur* (1766/67), hier v.a. den 20. Brief *Von der Natur des Liedes. – Vom poetischen Genie* (Gerstenberg 1966, 130). Zu Gerstenbergs Stellung als Vorläufer der Romantik, die sich aus der veränderten Auffassung von poetischer Illusion herleitet, vgl. Guthke (1959, 92, 100-108). Von grundlegender Bedeutung ist Gerstenbergs Impuls, die dichterische gegen die theatralische Illusion aufzuwerten: Zwar sei das Trauerspiel kein Gedicht, es könne aber, wie von Shakespeare demonstriert, durch „Einfluß des *dichterischen Genies*" eine neue Stärke" erhalten (Gerstenberg 1966, 130). Denn Shakespeare ziehe den Zuschauer so ins Geschehen hinein, daß er „nicht mehr Zuschauer" bleibt, „sondern Akteur" wird, woran sich zeige, „von wie weit höherer Art die *dichterische Illusion* sei als jene *theatralische*", so daß das „dichterische Genie" sich auch „Gattungen zueignen könne, die der Dichtkunst sonst gar nicht wesentlich sind" (130). In der von Gerstenberg propagierten Vorrangstellung der Poesie (vgl. 114/119) zeigen sich Affinitäten zur Illusionstheorie des frühen Tieck (vgl. Guthke 1959, 96/Anm. 12).
[348] Vgl. Zeller (1988, 51-53).
[349] Kluge (1980, 192).

Fortschreibungen, aufgreifen, überbieten und umgestalten. Die in beiden Hypotexten vorherrschenden Tendenzen bringen die philologische Rezeption aber
auch zu problematischen Vereinseitigungen durch Hypostasierung jeweils der satirischen oder religiösen Aspekte, die sich bis zur Behauptung versteigen, Tieck
habe mit der katholischen Religion die Negativität der Literatursatire überwunden. Die seinem Werk dagegen tatsächlich eignende experimentelle Varianz literarischen Sprechens, die ohne *bestimmte* Entwicklungstendenz zum Teil simultan
prozediert wird, läßt die konstatierte Bifurkation in (religiöse) Stimmungspoesie
und Literatursatire problematisch erscheinen. Beide Tendenzen schlagen sich
gleichermaßen in der Prosa wie in den Dramen nieder, sind aber in der gängigen
Polarisierung sowenig zu verabsolutieren wie der vermeintliche Einschnitt zwischen den (bereits selbstreflexiven) aufklärerischen *Straußfeder*-Satiren und den
romantischen Märchendramen. (*Die Theegesellschaft* entsteht im selben Jahr 1796
wie *Ritter Blaubart* und Teile des *Prinz Zerbino*). Von Tieck werden beide Muster bis
zur *Phantasus*-Zeit, entgrenzt durch Versuche ihrer Verschränkung spätestens seit
dem *Prinzen Zerbino* (1796-98)[350], beständig mit neuen Elementen und Einfällen
angereichert: in einem permanenten Prozeß der literarischen und polemischen
Transformation also stets umgebaut und auf je andere Weise fortgeführt, bis mit
dem *Fortunat* (1815/16) die dramatische Produktion zum Erliegen kommt.

Eine dritte prototypische Variante des romantischen Dramas, die illudierende
Spiel-, Intrigen- und Verwechslungskomödie als szenische Durchführung der
'schönen Freude', fehlt bei Tieck, weil er aus noch genauer zu entfaltenden Gründen zu einer handlungsdramatisch und charakterpsychologisch konstituierten
Form der szenischen Darbietung nicht in der Lage war. Sie entsteht mit Brentanos Lustspiel *Ponce de Leon* (geschrieben 1801, ED 1804), das Shakespearsche
Komödienmuster (vorgeprägt vor allem in *As you like it*) mit den spanischen *comedias* (Lope de Vega, Calderón) und Elementen der *commedia dell'arte* bzw. *Fiabe*
Gozzis (über das Maskenspiel und das Spontaneitätskonzept des Stegreiftheaters)
verbindet – zusammengehalten durch die von Shakespeare entwickelte Literarisierung der Figurenrede im nunmehr aber noch gesteigerten, wenn nicht bereits bis
zum Überdruß traktierten Wortspiel. Die epische Begründung der handlungsdramatisch organisierten Spielkomödie wird in der wundersamen Auflösung aller
Verwirrungen und maskierten Verwechslungen mit finaler Vierfachhochzeit kraft
der geheimen Lenkung des 'Automaten' Sarmiento deutlich. Mit dem Liebes-
schmerz und der Traurigkeit in den Liedern Valerias kommen neben dem melancholischen Nihilismus des Ponce aber bereits bei Brentano bittere oder gar düste-

---

[350] Die additive Abfolge der Episoden während der 'Reise nach dem guten Geschmack', im Gegen-
satz zur *Genoveva* noch aktförmig organisiert, verbindet die literatursatirischen und selbstreflexiven
Elemente der Spiel-im-Spiel-Komödien mit Formen der Stimmungspoesie. Aber auch in den
Theaterkomödien, etwa in der Schäferidylle als Stück im Stück der *Verkehrten Welt* (Verkehrte
Welt, 66f.), werden stimmungspoetische Szenen integriert, wenn man diese bei Tieck nicht gleich
gar auf die frühe *Sommernacht* (1789) zurückgehen lassen will.

re gefühlspsychologische Elemente ins Spiel, die das „Lustige in dem Muthwill schöner Menschen"[351] von einem nicht-satirisch konzipierten Ernst beeindruckt zeigen, so daß sich schon im *Ponce de Leon* die Entwicklung hin zu Büchners *Leonce und Lena* und zum Pessimismus des 19. Jahrhunderts vorzeichnet.

Herausgebildet haben sich alle drei prototypischen Modelle, zwischen denen vor allem bei Arnim ein vielgestaltiges Spektrum szenischer Groß- und Kleinformen angesiedelt ist, aus der originellen Anverwandlung, Umprägung, Rekombination oder Steigerung bestehender dramatischer Konventionen und generisch nicht festgelegter Stoffvorlagen. Im Falle des *Gestiefelten Kater* auf der einen Seite lernt Tieck den Mechanismus, daß die „Bühne mit sich selber Scherz" treibt, „schon früh von Holberg, dessen Melampe und Ulysses mir sehr lieb waren"; „Fletcher und Ben Johnson versuchten in ihrer Art, nur mit mehr Bitterkeit und Pedanterie dasselbe".[352] In der *Genoveva* auf der anderen Seite, inspiriert durch Shakespeare und die spanische Dramatik Lopes und Calderóns[353], operiert die szenische Gestaltung mit ästhetischen Effekten der Musik und der Malerei, deren Literarisierung Tieck in den einschlägigen Kapiteln der *Herzensergießungen eines kunstliebenden Klosterbruders* und *Phantasien über die Kunst* programmatisch begründet hat.[354] Zusammengehalten wird die dramatische Rede in diesem Fall eher durch das „Klima" und den „Ton des Gemäldes"[355]: Die von Tieck gerade im Zusammenhang der *Genoveva* erwähnte Entfernung „von allem Theater und dessen Einrichtungen" dient nämlich dazu,

> größern Raum zu gewinnen, um einige Stellen ganz musikalisch, andere ganz malerisch behandeln zu können. Die Begeisterung des Kriegers, die Leidenschaft des Liebenden, die Vision und das Wunder sollte jedes in einem ihm geziemenden Tone vorgetragen, und das Ganze durch Prolog und Epilog in einem poetischen Rahmen traumähnlich festgehalten und auch wieder verflüchtigt werden, um auf keine andre Wahrheit, als die poetische, durch die Phantasie gerechtfertigte, Anspruch zu machen.[356]

---

[351] Brentano-SW XII, 356.

[352] Tieck-S I, VIII.

[353] Vgl. Tieck-S I, XXVIII.

[354] Dies indiziert die Annäherung des romantischen Dramas an die Oper und den Gesamtkunstwerksgedanken (vgl. Schmidt, 1971, 263; Kluge 1980, 186; Storz 1972, 224; C. Stockinger 2000a, 310-329). Den genuin *literarischen* Impuls *zwischen* Autonomie und Heteronomie im Kunstprogramm Wackenroders und Tiecks akzentuiert J. Schneider (1998).

[355] Tieck an Solger, 30. Januar 1817; Tieck-Solger I, 501f.; an dieser Stelle auch literarhistorische Hinweise darauf, welche späteren – opernaffinen – Dramen durch die *Genoveva* „gewissermaßen" initiiert worden seien, „denn Maria Stuart, die Jungfrau von Orleans, vollends die Wernerschen Thorheiten und das Heer jener katholischen Dichter, die nicht wissen, was sie wollen, sind alle später" (501). Vorbereitende Bedeutung kommt hier jedoch Goethes *Egmont* (1788) zu, der von Autoren wie E.T.A. Hoffmann, Adam Müller und Fouqué v.a. wegen seiner opernhaften Verklärungssequenz im finalen Traum Egmonts geschätzt wurde (vgl. Reinhardt 1997); zur Musikalisierung und opern- wie traumförmigen Selbstorganisation diese Dramas *als* Poesie, durch die sich schon im *Egmont* ästhetische Ganzheit nach konventionell regelpoetischer Auffassung dissoziiert und durch textinterne poetische Verweisungen neuartig restituiert, vgl. Martus (1999).

[356] Tieck-S I, XXIXf.

Das von Tieck initiierte frühromantische Drama ist demzufolge durch zwei elementare Mechanismen gekennzeichnet: – die zerstreuende Flüchtigkeit, die sich in 'musikalisch' und 'malerisch' literarisierender Manier aus der traumähnlichen Assoziativität der poetischen Phantasie ergibt, indem die episodischen Szenen, dem *Götz* als Vorbild abgeschaut, gleitend 'vorüberziehen'; – die autoreferentielle Selbstthematisierung und Selbsttranszendierung im scherzenden Spiel mit der Bühne, das in launiger Weise, d.h. ohne „Bitterkeit und Pendanterie", die Dummheiten des zeitgenössischen Theaterpublikums satirisiert, welches sich ohne kindlichen Sinn für Poesie nur an rührenden Trivialdramen delektieren will. Auch die satirischen Märchenkomödien, denen man als spezifische Variante die nichtparabatische und generisch indifferente szenische Verbindung von Grausamkeit, Komik und Bizarrerie im *Ritter Blaubart* unter Wahrung eines bestimmten Handlungsnukleus (vorgegeben durch den Hypotext Perraults) anschließen kann, verstehen sich aus diesem Grund in erster Linie als Poesie, weshalb der als Vorbild der scherzenden Bühne im Vorbericht der *Schriften* nachgeschobene Aristophanes durchaus abgewertet wird.[357]

Benennt Tieck für die Komödie neben Holberg, Fletcher, Ben Jonson die Märchendramatik Gozzis als Vorbilder[358], ist es im Trauerspiel neben der nie zu unterschätzenden Präsenz Shakespeares[359] die spanische Dramatik, die das neuartige Formexperiment – initiiert von der imaginativen Kraft des Volksbuchstoffs über die Pfalzgräfin Genoveva, in der das Wunderbare ganz selbstverständlich neben dem Alltäglichen steht – veranlaßt haben:

---

[357] Denn bei diesem scheine „mehr Geist der Parthei, als kritische Ueberzeugung, oder reine Polemik für diese, das Wort geführt zu haben". Dem Poesieverständnis Tiecks zufolge ist Aristophanes zu bitter und polemisch; das Poetische verbinde sich hier zu sehr mit dem Politischen (vgl. Tieck-S I, XII.).

[358] Vgl. Tieck-S I, XIII.

[359] Natürlich ist Shakespeare dabei nicht der „immediate impetus of Romantic drama in Germany", weil dessen Rezeption durch den Sturm und Drang hindurchgegangen ist, so daß die Romantiker eine zweite Generation repräsentierten (Furst 1994, 6). Als „vital spark for the formation of Romantic drama" (15) – und dies markiert die entscheidende Aufmerksamkeitsverschiebung – wirken jetzt aber, vorbereitet durch Wielands Rezeption und Übersetzung, Märchendramen wie *Der Sturm* und Komödien wie der *Sommernachtstraum* (vgl. Bauer 1988). Daneben ist das in der Shakespeare-Forschung als 'Romanze' rubrizierte Märchendrama *Pericles, Prince of Tyre* (1606/08) wirksam, das Tieck v.a. wegen seiner Erzählerfigur Gower und der volksbuchnahen Trennungs- und Wiedervereinigungsgeschichte mit wunderbaren Ereignissen in verschiedenen Ländern und Naturräumen über Jahrzehnte hinweg faszinierte. „Es gehört zu meinen Eigenheiten", schreibt Tieck durchaus selbstkritisch an Solger am 30. Januar 1817, „daß ich lange Jahre den Perikles von Shakspeare vielleicht übertrieben verehrt habe; ohne diesen wären Zerbino nicht, noch weniger Genoveva oder Octavian entstanden. Ich hatte mich in diese Form wie vergafft, die so wunderbar Epik und Dramatik verschmelzt; es schien mir möglich, selbst Lyrik hineinzuwerfen, und ich denke mit wahrem Entzücken an jene Stunden zurück, in denen Genoveva und später Octavian in meinem Gemüthe aufgingen: dies Entzücken wollte ich wohl zu körperlich, buchstäblich hineinbringen, und so entstand das Manierirte. – –" (Tieck-Solger I, 502).

Ich war von der reichen Aussicht in diese Poesie hinein entzückt. Diese mir neue Art, künstliche Versmaße, lyrische Ergüsse in das Drama einzuführen, schien mir für gewisse Gegenstände trefflich. Ich glaubte, man könne noch auf andre Art wie die Alten die Erzählung und Lyrik in den Dialog einführen, und wohl auf seltsame Weise Fels und Wald, die einsame Natur, die Gefühle der Andacht, die Wunder der Legende, im Gegensatz mit der bewegten Leidenschaft, und das Unglaubliche in Verbindung mit der nächsten und überzeugendsten Gegenwart vortragen.[360]

Die für Tieck kennzeichnende Verbindung von Phantasie und Verstand, „von naiver Unbedenklichkeit und formaler Experimentierlust"[361], ergibt ein szenisches Mischgebilde, in dem 'bewegte Leidenschaften' mit dem Unglaublichen wunderbarer Ereignisse im Rahmen einer religiös konnotierten Naturpoesie sich zur „überzeugendsten Gegenwart" verbinden: so überzeugend, daß sich Arnims früher Roman *Hollin's Liebeleben* (1802) – und das ist vor allem zur Beurteilung der ästhetischen Verwirrungseffekte romantischer Dramaturgie bemerkenswert – fälschlicherweise daran erinnert, daß die Hirschkuh, die Genovevas Sohn Schmerzenreich im Wald säugt, sogar spreche.[362] Für nachfolgende Autoren der Romantik hat die *Genoveva* zusammen mit dem späteren *Kaiser Octavianus* (1804) eminente Bedeutung: Für Großdramen wie Arnims *Halle und Jerusalem* und *Die Gleichen* (1819) ist sie maßstabsetzend; ihr Einfluß reicht bis zu den historischen Trauerspielen Eichendorffs Ende der 20er Jahre, in gewisser Hinsicht sogar bis zu den panoramatischen Geschichtsdramen Grabbes.[363] Die zeitgenössische Kritik seitens der Romantikfeinde verurteilte die traumförmige Planlosigkeit der reinen Szenenfolge wegen ihrer unmotivierten Verwandlungen als „undramatisch" und „verwirrt"[364]; überliefert ist Goethes höchste Verwunderung über die Irritation seiner Zeitwahrnehmung während Tiecks Vorlesung des Stücks[365]: Effekte ästhetischer Zerstreuung, die romantische Dramen generell anstreben und die das ernste Schauspiel mit der Komödie verbinden.[366]

---

[360] Tieck-S I, XXVIIIf.

[361] Storz (1972, 225).

[362] „Aber was meinen sie zu dem Herrn Tiek, der gegen alle Regel Trauerspiele von sechs Akten macht, worin eine Hirschkuh spricht [...]?" (Arnim-DKV I, 41). Bemerkbar ist obendrein, daß die *Genoveva* mit dem *Zerbino* zusammengeblendet (oder auch nur – polemisch – verwechselt) wird, was die behaupteten Effekte auch hinsichtlich der generischen Entgrenzung von Komödie und Trauerspiel bestätigt.

[363] Vgl. Ribbat (1990, 110-112).

[364] So der als Romantikgegner bekannte Garlieb Helwig Merkel (1800, 25). Die „Hauptpersonen" der *Genoveva* „verwandeln sich unaufhörlich, ohne daß man sieht, warum" (27).

[365] „Nachdem er geendet", berichtet Goethe im Gespräch mit Holtei von der Wirkung dieser Vorlesung im Jahr 1799, „meint ich, wir hätten zehn Uhr; es war aber schon tief in der Nacht, ohne daß ichs gewahr geworden. Das will aber schon etwas sagen, mir so drei Stunden aus meinem Leben weggelesen zu haben" (zit. nach Kasack II, 122f.); hier weitere Quellen zum Ereignis und zum Verhältnis zwischen Tieck und Goethe überhaupt (109-187).

[366] „Je nun, eine gute Verwirrung ist doch mehr wert als eine schlechte Ordnung" (Verkehrte Welt, 100).

Verwirrungseffekte entstehen in der *Genoveva* aber nicht nur durch die traumartige Flüchtigkeit bei parataktischer Zersplitterung ins Episodische, sondern auch durch die intertextuelle Anreicherung von Szenen, die wie die breit ausgebauten Schlachtdarstellungen in der Volksbuchvorlage nur knapp angedeutet sind: Die dissoziierende Integration literarischen Materials, das der Volksbuchvorlage heteronom ist, beruht auf der komplexen Aufladung der dramatischen Rede mit Shakespeare-Reminiszenzen zwischen Zitat, Figurennachahmung, formaler Szenennachbildung und diversen Systemreferenzen im Gattungssystem Drama. Orientiert an der ganzen Spannbreite der Dramatik Shakespeares von den Tragödien über die Historien, Komödien bis zu den Märchendramen[367], geht daraus in der *Genoveva* selbst keine Tragödie hervor. Bei Tieck strebt auch das 'Trauerspiel' der idealen Mischform des Schauspiels zu, in der distinkte Merkmale dramatischer Genres über das tragikomische Kontrastverfahren Shakespeares hinaus mehr oder weniger aufgehoben sind.[368] Intertextualität signalisiert so nicht nur die positive Bezugnahme auf das bewunderte Vorbild, sie erweitert vor allem den Anspielungsraum der von Tieck bezeichneten poetischen Wahrheit im 'Ton' und 'Klima' eines szenischen Gemäldes, das letztlich in eine auf die Weltliteratur als letztem Horizont orientierte Literaturgeschichte im Modus der szenischen Poesie münden soll.[369]

Exkurs zum dramatischen Werk Zacharias Werners

Eine prototypische Variante der Episierung in der Aufhebung der zwischenmenschlichen Aktualität präsentiert das sog. Schicksalsdrama.[370] Dessen Kanonisierung, die eine Reihe dramatischer Satiren wie Platens *Verhängnißvolle Gabel* (1826) und Eichendorffs *Meierbeth's Glück und Ende* (1828) provozierte, verbindet sich literarhistorisch mit dem Namen Zacharias Werners, obwohl das Muster einmal mehr auf Tieck als Vorläufer in vorromantisch-theatralischen Stücken – dem bürgerlichen Trauerspiel *Der Abschied* (1792) und dem Ritter- und Schauerdrama *Karl von Berneck* (1793-1795/96) – zurückverfolgt werden kann.[371] Doch ist Werner nicht nur der Verfasser einer Schicksalstragödie, wie berechtigt die Zu-

---

[367] Die Vielzahl der intertextuellen Shakespeare-Verweise ist von der Tieck-Forschung des 19. Jahrhunderts ausführlich dokumentiert worden; vgl. für die *Genoveva* Ranftl (1899, 84-107), hier auch zur Expansion des Volksbuchs im detaillierten Vergleich mit der Vorlage (31-66).

[368] „Dadurch, daß ich alle Stücke von Shakespeare wie ein einziges ansehen kann, wird manches aus sich selbst erklärt" (Tieck an Solger, 27. April 1818; Tieck-Solger I, 624).

[369] Dies in Anlehnung an Hölters Formel von der 'Literaturgeschichte als Poesie' (1989).

[370] Vgl. dazu generell Kraft (1974).

[371] Deren Fatalitätssemantik geht wiederum auf Karl Philipp Moritz' *Blunt oder der Gast* (1780) zurück, womit bereits die psychologische Plausibilisierung bei Tieck vor dem Hintergrund der Erfahrungsseelenkunde angedeutet ist. Moritz gilt aber auch als „direkter Vorläufer" für Werners *Vierundzwanzigsten Februar* (vgl. Tieck-DKV I, Kommentar, 954).

ordnung des *Vierundzwanzigsten Februar* (Uraufführung 1809) zu diesem Genre überhaupt erscheinen mag.[372] Überblicksdarstellungen zur romantischen Dramatik behandeln seine Stücke auch deshalb gerne mit größerer Aufmerksamkeit[373], weil diese sich z.T. selbst mit der Gattungsbezeichnung 'romantische Tragödie' vorstellen.[374] Einstimmig ist das Urteil über ihre Theatralität[375], die schon deshalb positiviert wird, weil dies von der dramatischen Produktion der kanonisierten romantischen Autoren eben nicht so ohne weiteres gesagt werden kann. Bei Werner markiert die paratextuelle Attribuierung aber eher nur den Anspruch, die Nachfolge Schillers antreten zu wollen, indem er sich selbst nach dem Tod des großen Vorbilds attestiert, „vielleicht Ersatz für Schillers Verlust seyn" zu können.[376]

Literarhistorisch reihenbildend ist zunächst die einaktige 'Tragödie' *Der vierundzwanzigste Februar*[377], wo sich das Schicksal durch die Wirkung eines altes Fluchs kraft des fatalen Requisits (ein Messer an der Wand) am titelbildenden fatalen Jahrestag katastrophisch mit der Ermordung des Sohns geltend macht. Auf diese Weise werden – und dies markiert das episierende Moment in der Aufhebung der zwischenmenschlichen Gegenwärtigkeit trotz aller klassizistischen Geschlossenheit der Form – kontingente externe Faktoren für den Gang des Geschehens verantwortlich erklärt, und sei es dergestalt, daß man, wie Brentano über Schiller spottete, „das Schicksal bloß als das Wort Schicksal fünfzigmal" im Stück erscheinen läßt.[378] Nur über diese externe Macht, bedingungslos schon deshalb über die Familie hereinbrechend, weil sich die ganze psychische Energie auf den fatalen Zusammenhang konzentriert, erschließt sich das Verständnis einer Handlung, die ebenso kontingent mit der tröstenden Perspektive der göttlichen Gnade beschlossen wird.[379] Daß das Schicksalsdrama deshalb wie andere Dramen Werners – gleichermaßen pathetisch aufgeladen, nicht selten in opernhafter Weise

---

[372] Zum *Vierundzwanzigsten Februar* als „Drama gegen das Schicksal" vgl. Krogoll (1967, 78).
[373] Vgl. Paulin (1970, 188f.), Kimberly (1977, 84-101, 152-162), Menhennet (1981, 114-119), Storz (1972, 232-238), Fetzer (1994, 295-297).
[374] *Attila, König der Hunnen. Eine romantische Tragödie in fünf Akten* (1808); *Wanda, Königin der Sarmaten. Eine romantische Tragödie mit Gesang in fünf Akten* (1810); *Cunegunde die Heilige, Römisch-deutsche Kaiserin. Ein romantisches Schauspiel in fünf Akten* (1815).
[375] Den Tenor der Forschung repräsentiert Fetzer (1994, 295).
[376] Zit. nach Paulin (1993b, 150) – „Welcher Posten ist jetzt vakant!" (Brief an J. G. Scheffner, 27. Mai 1805; zit. nach Reinhardt 1990, 77).
[377] Zu dessen Wirkung auf Müllner und Houwald vgl. Kimberly (1977, 163-187), auf Grillparzers *Ahnfrau* (1817) Kraft (1974, 68-83).
[378] Brentano: Der Philister vor, in und nach der Geschichte (Brentano-Kemp II, 1000). Der polemische Impuls gegen das Schicksalsdrama äußert sich auch in der witzigen Idee zu einem Trauerspiel, die Brentano im Brief an Tieck vom 11. Januar 1802 mitteilt: „[...] ich habe die Idee zu einem Trauerspiel mit fünfundzwanzig Helden, die vom Schicksal getötet werden, den letzten aber kanns aus Müdigkeit nicht herunterkriegen und stirbt selbst, er aber wird schicksallos von den Göttern davongeführt und im fünften Akt im Himmel unter den Göttern als weinendes Kind geboren" (Brentano-Kemp IV, 890).
[379] Zu den ungelösten Widersprüchen des Schicksalsdramas, die aus der Diskrepanz zwischen Fatalität und deren Aufhebung im christlichen Glauben resultieren, vgl. Reinhardt (1990, 84, 86).

von Musik und Chorgesang begleitet und mit z.t. sehr ausführlich geratenen Nebentexten[380] versehen – dem romantischen Drama zugehört, muß allerdings bezweifelt werden, legt man die regulative Idee der Poetizität zugrunde.[381] So konstruiert die überschaubare fünfaktige 'romantische Tragödie' *Wanda, Königin der Sarmaten* (1810)[382] einen der *Penthesilea* vergleichbaren unlösbaren Konflikt aus Eid, Ehre und Liebe zwischen Rüdiger, dem Rügen-Fürst, und Wanda, der Sarmaten-Königin: Rüdiger kann die Geliebte nur im Kampf erwerben; diese muß wegen eines Eids die Werbung zunächst abweisen, sieht sich dann aber auch nicht imstande, den Geliebten durch Liebe zu gewinnen.[383] Die deutlich herauspräparierte Konfliktstruktur bei Vorherrschaft weniger handlungstragender Figuren nähert auch diese Tragödie der klassizistischen Form an. Nach der peinlich pathetischen Ermordung Rüdigers am Ende des vierten Akts – veranlaßt durch den Geist Libussas, verklärt sich der Mord zuletzt in den erlösenden Liebestod – endet das Stück mit dem ekstatisch-dionysischen Opferfreitod Wandas: Von Chorgesang in opernhafter Steigerung[384] begleitet und im ausschweifen-

---

[380] Diese überwuchern den Haupttext zuweilen sogar, verbleiben aber in aller Regel bei Regieanweisungen, also im Bereich inszenatorischer Vorgaben (so z.B. in *Wanda, Königin der Sarmaten*; Werner 1840/41 VII, 260); auf Ausnahmen literarisierter Nebentexte verweist Beuth (1979, 61).

[381] Stuckert (1926, 178) weist Werner die Rolle eines Außenseiters der Romantik zu, bei dem bis auf Ausnahmen eines partikularen Tieck- und Calderón-Einflusses im *Kreuz an der Ostsee* (1806) Werke anderer Romantiker keine Rolle gespielt haben. Seine entwicklungsgeschichtliche Nachzeichnung des Gesamtwerks beschreibt die Transformation von ebenso schillerbezüglichen wie tatsächlich romantikaffinen offenen Dramen zu Beginn über das Erreichen der geschlossenen Form bis zur finalen Auflösung ins Mysterium: von komplexen Handlungen also in den am *Wallenstein* orientierten *Söhnen des Thals* (1803-04) über die metrische Varianz im *Kreuz an der Ostsee* (1806) bis zur letzten und einzigen Tragödie nach der Konversion *Die Mutter der Makkabäer* (1820). So steht die geistesgeschichtliche Nähe zur Romantik der bevorzugt geschlossenen Tektonik mit pompöser Figurenrede gegenüber, deren Pathos dem Vorbild Schiller nacheifert (vgl. 179f.) und deshalb auch nirgendwo das witzige Sprechen der interesselosen Laune aufkommen läßt. Werner gehöre damit zwar der 'christlichen Romantik' (Strich) an, stilgeschichtlich aber stehe er allein (189). In Liepes *Das Religionsproblem im neueren Drama von Lessing bis zur Romantik* fällt das Kapitel über Werner bezeichnenderweise am ausführlichsten aus (Liepe 1914, 103-226): „Werner hat alle seine Dramen – den *24. Februar* ausgenommen – bewußt als religiöse Tendenzstücke geschrieben" (131); zur „fast missionarischen Verkündigung des christlichen Glaubens" vgl. Storz (1972, 238). Auch die neuere Forschung (Reinhardt 1990, 75-85) reflektiert das Problem der Romantikzuordnung, kommt jedoch zu einem positiven Ergebnis: „Werners geschichtlicher Ort ist die Romantik, und sein Werk reflektiert die Schwierigkeit, romantische Bestrebungen auf dem Feld des Dramas schlüssig zu realisieren" (85); zur Werner-Forschung vgl. zudem Kimberly (1977, 243-247). Eine diffus mäandrierende Gesamtdarstellung, die dramenstrukturelle Kategorien (Raum, Bewegung, Figuren, Handlung) mit Implikationen des romantischen Dramas (Totalität und Episierung, Opernhaftigkeit) unzulänglich zu verbinden unternimmt, gibt Beuth (1979).

[382] Beuth (1979, 270/Anm. 7) sieht in ihr Werners „gelungenstes Werk", Stuckert (1926, 119f.) darüber hinaus den Endpunkt der Entwicklung hin zur geschlossenen und zugleich opernhaft durchgestalteten dramatischen Form.

[383] Vgl. zur Handlung im einzelnen Kluckhohn (1937, 24f.).

[384] Zur Annäherung der Dramen Werners an die Oper und das Festspiel vgl. Krogoll (1967, 89f.) und Beuth (1979, 311-337) mit Hinweisen zur Tradition des Melodramas (332ff.).

den Nebentext durch eine christliche Verklärungs- und Erlösungssymbolik aufgeladen, stürzt sich Wanda vom Felsen in die Fluten der Weichsel.

Selbst wenn sich die Tragödien des später zum Katholizismus konvertierten
Priesters der metrischen Versatilität romantischer Dramaturgie bedienen[385], ergehen sie sich vor allem in religiöser Erbauung. Ihr deklamatorisches Pathos, das in
einer choralartig begleiteten Form literarischer Gottesdienste Christus als „Stifter
einer neuen romantischen Religion"[386] feiert und dem die neuere Forschung einen Reiz eher nur als unfreiwillige Selbstparodie abgewinnen will, geht ein in die
permanente Aufgipfelung drastischer Effekttheatralik. Mit deren Hilfe verschrei-
ben sich Werners Dramen, „echt katholisch *gedachte*[] Stück[e]"[387], einer „Kunst",
die „dem Glauben angetraut" ist[388] – den sie in penetranter Preisung exekutieren.[389] Wirksam macht sich das große Vorbild Schiller: neben *Wallenstein* in den
Söhnen des Thals (1803-04) und im *Kreuz an der Ostsee* (1806) vor allem *Die Jungfrau
von Orleans*.[390] Von dieser theatralischen Konzeption leitet sich trotz der auch bei
Werner partiell präsenten *Genoveva*[391] der Paratext 'romantische Tragödie' her. Die

---

[385] Vgl. Schulz (1989, 603), Storz (1972, 234, 238); zu ähnlichen Tendenzen im *Vierundzwanzigsten Februar* Krogoll (1967, 91).

[386] Brief an Iffland, 15. Juni 1805; zit. nach Reinhardt (1990, 83).

[387] Brief an Johann George Scheffener, 29. April 1805; zit. nach Reinhardt (1990, 77).

[388] „Die Ohnmacht spotte nicht der Frommen, / Kunst ist dem Glauben angetraut. / Ein jeder geh'
in sich zu Hause, / Und bet' um Kraft und reinen Sinn", heißt es am Ende des 'Trauerspiels' *Das
Kreuz an der Ostsee*, das sich bereits im Prolog durch die „heil'ge Kunst" einführen läßt (Werner
1840/41 VII, 186; zum Prolog vgl. XXI).

[389] „Noch muß ich Euch in Bildern es verkünden; / Doch bald hoff' ich die Bilder zu vertauschen /
Mit dem einfältigsten, schlichten Wahren. / Der Erdenliebe Quellen zu belauschen, / Ward ich
geführt in diesen dunklen Gründen; / Vielleicht hilft mir der Herr herauf zum Klaren! / Euch
wollen offenbaren / Hab ich in diesem Lied [...] / Preis't *Ihn*, der uns verlieh die Sternenkerzen!"
(Zueignung zu *Wanda, Königin der Sarmaten*; Werner 1840/41 VII, 189).

[390] Vgl. Reinhardt (1990, 76).

[391] In den *Söhnen des Thals* habe er „die schöne Wallensteinische Landstraße" aber keineswegs verlassen, um sich „in den reizenden Tieckschen Irrgängen" zu ergehen (Brief an J.E. Hitzig, 28. Oktober 1802; zit. nach Reinhardt 1990, 76); zu Werners Wertschätzung der *Genoveva* und des *Kaiser
Octavianus* vgl. Kluckhohn (1937, 15). Am stärksten verfällt *Das Kreuz an der Ostsee* romantischer
Stimmungspoesie, wo schon der Titel den Calderón-Bezug anzeigt, der sich im Drama der Christianisierung Preußens durch Deutschordensritter vor dem Hintergrund der christlich-slawischen
Welt Polens im Jahr 1226 in einer werner-typischen Märtyrer- und Liebestod-Konstruktion nie-
derschlägt. Die 'Brautnacht' (Titel des 1. Teils) zwischen dem bekehrten preußischen Königssohn
Warmio und der polnischen Prinzessin Malgona überführt diesen in religiös entsagende Karitas
vor dem 'Kreuz' (vgl. Schulz 1989, 602; Sengle 1969, 79; Storz 1972, 238) – in einer literarisch
unbedarften Inszenierung von Poetizität, deren mechanisches Ausagieren von Assonanzen und
Mehrfachreimen sich mit der schwülstigen Imagination nackter Mädchen im Wald verbindet (vgl.
Werner 1840/41 IV, 9f.). Im 3. Akt hat dann ein über dem Haupt des 'Spielmanns' aufleuchten-
des „Flämmchen" das lange angebahnte „Kyrie Eleison" (148, 149, 150) visuell zu beglaubigen
(vgl. 183, 184), bevor der Geist des Bischofs Adalbert, der als erster Apostel der Preußen auftritt,
auf einem Hügel in der aufgehenden Sonne mit gen Himmel erhobenen Armen „wie verklärt"
'glänzend' (185) die zitierte finale Glaubensaufforderung „zu den Zuschauern" (185) hin vorträgt.
Diese sollte sich dann im 2. Teil des 'Trauerspiels' als Sieg des Kreuzes erfüllen.

Religiosität des Verfassers unterscheidet diese aber wiederum entschieden von Schillers Idee der Freiheit im poetischen Zustand des Pathetisch-Erhabenen, die sich trotz aller opernhaften Subvertierung noch in der *Jungfrau* niederschlägt. Schon wegen ihrer offensichtlichen Bühnenerfolge, die die Rezeptionsdokumente bezeugen, nähert die bescheidene literarische Qualität Werners Stücke dem Trivialdrama der Zeit an, das mit der Literarisierung romantischer Dramatik trotz stofflicher und verfahrenstechnischer Affinitäten offenkundig wenig gemein hat.[392] So geht die lehr- und sentenzenhaften Inszenierung von Glaubensgewißheit kunstfern in deren Verkündigung auf.[393] Die spielerischen, komischen und selbstreflexiven Elemente auch in den ernsten Ausprägungen romantischer Dramen gehen Werner dementsprechend völlig ab. Zwar gibt es auch bei den höchstrangigen dramatischen Werken der späteren Romantik (Arnim, Brentano, Eichendorff) lehrhaft-didaktische und religiöse Impulse. Die *literarische* Qualität der szenischen Phantasie ist davon aber weniger berührt, so daß sich der Eigensinn ambivalenter Sprachlichkeit über die zweckgebundene religiöse Tendenz hinaus Geltung verschafft. Dies gilt, kehrt man die Perspektive in Richtung Theaterwirksamkeit um, auch für Brentanos ja tatsächlich nicht untheatralisches Großdrama *Die Gründung Prags*. Dessen Schwellen-Metaphysik – Prag ist hier, etymologisch nicht haltbar, als 'Schwelle' übersetzt – wird von Werners *Wanda*-Tragödie mit Libussa als auftretendem Geist zwar vorgeprägt[394], dort aber eben nicht, wie Brentano urteilen würde, „aus der tieferen Kunstquelle" gestaltet.[395] Der Vergleich mit der ganz ähnlichen Problemstellung in Kleists *Penthesilea* läßt sogar Kluckhohns Pathosbereitschaft erlahmen, wo ihm die „Schwächen des Stücks"

---

[392] Allein deshalb richtet sich, wie in der Verlautbarung Tiecks über die zeitgenössische Wirkung der *Genoveva* bereits angedeutet, der Spott der Romantiker und eben auch Kleists auf sie. Zu Tiecks Ansichten über Werner vgl. Schweikert II, 182; III, 198; polemisch äußert er sich gegen das 'barbarische' und bloß auf „Effekte" abzielende Schicksalsdrama in der *Vogelscheuche*: „Das Absurde und Grausame ist auch hier vorherrschend, die vollkommene Unnatur und Unmöglichkeit machen auch hier die Grundbedingungen der Dramen, und zwar sind diese Grundpfeiler nicht auf poetische oder märchenhafte Weise gelegt, [...] sondern als trockne, prosaische Notwendigkeit [...], damit sie nur ihre Effekte hervorbringen konnten" (DKV XI, 638f.). Mit guten Gründen hat Kluge in seinem Überblicksartikel keines der Dramen Werners behandelt (vgl. Kluge 1980, 186).

[393] Diese ging selbst dem überzeugten Katholiken Eichendorff, dessen weltanschauliche Sicht freilich nur sehr vermittelt in die Poesie eingeht, zu weit, insofern Werners liturgieähnliche Dramenpraxis den wahren Katholizismus letztlich delegitimiert: „Überhaupt wo in diesen Werner'schen Dramen das Religiöse sich vordrängt, und das tut es fast überall, erscheint es willkürlich, grillenhaft, wie ein Gespenst des Christentums" (Zur Geschichte des Dramas; Eichendorff-DKV VI, 769).

[394] Vgl. hier zur Schwellenthematik Werner (1840/41 VII, 227); zu Libussa als Geistererscheinung (243, 256). In Brentanos *Gründung Prags* wird die Schwellenmetaphysik bei der visionären Entstehung der Stadt Prag in den Schlußstrophen Libussas über die klangliche Verschränkung von 'Welle' und 'Helle' leitmotivisch durchdekliniert (vgl. Brentano-SW XIV, 476-478).

[395] Vgl. Brentanos Rezension der Aufführung von *Kabale und Liebe* am 21. Januar 1814 zu „sogenannten patriotischen Schauspiele[n]", die rein auf Theatralität abzielten, insofern es sich nur um „Iffande und Kotzebue mit Landwehr und Landsturm, oder verdünnte oder verdummte Schiller mit marschierendem Militär und sprengenden Kosaken" handele (Brentano-Kemp II, 1111).

„erschreckend deutlich" werden.[396] Die Religiosität der Dramen Werners samt Psychopathologie einer gewaltsam unterdrückten Sinnlichkeit[397] verbleibt daher grundsätzlich auf einer Ebene weltanschaulich gebundener Theatralik in gesinnungsliterarischen Selbstverlautbarungen, deren eigentliches Genre die Liturgie und die Predigt ist.[398]

Selbstdarstellung der Form und ihrer Literarisierung – Intertextualität

Den Formexperimenten romantischer Dramatik gehen – nicht nur in der romantischen Komödie – verschiedene Verfahren der Selbstthematisierung des Dramas und der von der Romantik selbst eingeführten szenischen Neuerungen einher. Die fiktionsironischen und 'metadramatischen Reflexionen'[399] des Transzendentaldramas bezeichnen einen Modus der szenischen Darstellung, der zugleich auf sich selbst und die Bedingungen bzw. Grenzen der Möglichkeit des Dramatischen als Konvention – auch in der Doppelung des Dramas als Text und seiner Umsetzung auf der Bühne – aufmerksam macht. Kenntlich wird die Selbstreferentialisierung der dramatischen Form darüber hinaus im szenischen Ausagieren einer komplexen Intertextualität. Diese sorgt für die oft nur schwer zu entwirrenden Effekte zwischen poetisierender Positivität und komisierender Negativität, die selbst wiederum *zwischen* Parodie, Travestie, Scherz, Satire, (Fiktions-)Ironie und tieferer Bedeutung angesiedelt ist, wenn neben den politischen Verhältnissen der Gegenwart die in der Empfindsamkeit und Spätaufklärung popularisierten Dramenformen wie das bürgerliche Familien- und Rührstück zum Gegenstand des Spotts werden; später dann auch die Weimarer Klassik und schließlich sogar die von der Romantik selbst herbeigeführten Neuerungen.

Beispielhaft für die Möglichkeiten der Selbstreflexion durch intertextuelles Referieren auf die eigenen Forminnovationen sei Tiecks 'Tragödie' *Leben und Tod des kleinen Rotkäppchens* (1800) genannt: eine Folge von fünf Szenen, bei der allein die Diskrepanz von Paratext und Titel den *practical joke* einer systemreferentiellen Kontrafaktur signalisiert, die insgesamt aus dem Kontrast zwischen Gattungszuordnung, Märchengegenstand, Aktlosigkeit und Umfang hervorgeht. Das *Rotkäppchen* ist aber nicht nur „Parodie der Tragödie", sondern sehr wohl auch Realisierung von Antons Idee in den *Phantasus*-Rahmengesprächen, derzufolge diese „mit der Tragödie selbst zusammen fallen könne".[400] Der Wolf, der vom Jäger er-

---

[396] Kluckhohn (1937, 25).
[397] Vgl. Schulz (1989, 604) zum *Wanda*-Drama.
[398] Im Brief an Hitzig vom 17. Oktober 1803 meint Werner, seine Schauspiele könnten ebensogut Predigten heißen (vgl. Liepe 1914, 131/Anm. 7). Konsequent schließen sich die *Predigten* der Bände XII und XIII in der Ausgabe ausgewählter Schriften direkt an die Dramen an. Zu Werners Auffassung vom Dichter als „Priester" mit einschlägigen Briefstellen vgl. Krogoll (1967, 86).
[399] Vgl. Schmeling (1994, 43).
[400] Tieck-DKV VI, 392.

schossen wird, ist tatsächlich eine tragische Figur.[401] Ein systemreferentieller Kontrasteffekt ergibt sich darüber hinaus durch die Titelanspielung auf die ja dezidiert nicht-tragische Lebensgeschichte der Heiligen Genoveva, auf die Tieck noch einmal in der Titelgebung der späteren Komödie *Leben und Taten des kleinen Thomas, genannt Däumchen* (1811) zurückgreift. Bei diesem 'Märchen in drei Akten', dem wohl aberwitzigsten Stück Tiecks überhaupt, wird deshalb neben vielem anderen nicht nur die von Schiller renovierte antike Metrik (der jambische Trimeter in der *Braut von Messina*) verulkt, sondern wie mit dem Titel des *Rotkäppchens* in bestimmter Hinsicht auch die Episierung der *Genoveva*, so daß man geradezu von einer szenischen Verulkung der Episierung im romantischen Drama sprechen kann. Aber auch im Blick auf die Wirkung des forcierten parabatischen Typus' reagiert Tieck parodierend und travestierend zugleich auf die epigonale Nachahmung seiner Werke, die sich früh bei Brentano abzeichnet. Der beanspruchte mit dem *Gustav Wasa*, die Überbietung zum 'Tieck des Tieck' ins Werk zu setzen, weshalb Tieck ihn sogleich mit der Figur des 'Bewunderers' in seinem Stück *Der Autor* (1800) satirisierte.[402]

Auf unterschiedlichen Ebenen und in komplexer Weise werden damit intertextuelle mit selbstreferentiellen Mechanismen in sich verspiegelt, bei Eichendorff in der späten Literatursatire *Krieg den Philistern!* so zersplittert, daß man trotz ihrer durchaus transparenten Handlungsstruktur offenbar sogar die parabatischen Literatursatiren Tiecks als Hypotexte verkennen kann.[403] Verallgemeinert man den Vermittlungszusammenhang von Selbstreflexivität und szenischer Intertextualität[404], so entsteht die dramatische Selbstdarstellung und Selbstkommentierung zwischen Einzeltext- und Systemreferenz allein dadurch, daß sich der szenische Text ostentativ ins Verhältnis zu anderen Texten setzt (auch ohne besondere Würdigung von Gattungslogiken), um vermittels der resultierenden Kontrasteffekte (auch gegenüber dem im Drama üblicherweise Erwarteten) auf sich und seine Form aufmerksam zu machen:
– durch artistisches Referieren etwa auf die poetische Naivität älterer literarischer Modelle wie die sog. Volksbücher;

---

[401] Denn er hat eine – wenn auch stilistisch herabgestufte – „tragische Leidensgeschicht" hinter sich: Der Stilhöhensenkung kommt freilich wiederum eher nur die Aufgabe zu, das Reimwort „nicht" im Knittelvers zu ermöglichen (Tieck-DKV VI, 376).

[402] Vgl. Tieck- Schriften XIII, 312f.: „Nein, nein, ich sterbe an meinen Liedern, / Sie fangen mir an, so zu zuwidern, / Sie sind mir eine so ekle Speis' / Daß ich mich nicht zu lassen weiß", beteuert der 'Autor', nachdem er vom 'Bewunderer' mit der eigenen Stimmungspoesie konfrontiert worden war. Auch im *Zerbino* richtet sich Tiecks Spott auf die eigene Stimmungslyrik, vermittelt durch die Gegenfigur Nestors: „Immer dasselbe! Immer dasselbe! [...] Das ist sehr unverständlich" (Tieck-S X, 261).

[403] So Fetzer (1994, 301).

[404] Genette (1993, 391f.) sieht das „eigentliche dramatische Potential, bei dem die Transpositionstätigkeit mit Vorliebe ansetzt", nur in der „'Theatralität'", also dem „nicht textuelle[n] Anteil an der Aufführung". Die daraus abgeleitete „Dürftigkeit des dramatischen Modus" für intertextuelle Relationen verkennt die produktiven Möglichkeiten, die im romantischen Drama exzellieren.

– durch Formen der Komisierung von der Zitaten-, Allusions- und Wortspielebe-
ne bis in den strukturellen Bereich der metrischen, gliederungstechnischen und
werkorganisierenden Verfahrenstechniken; dargestellt etwa als Parodien auf Ver-
sifikationsmuster der Figurenrede, in denen sich wiederum satirische Reflexe auf
literarische Programme, z.B. die Literarisierung des hohen Dramas der Weimarer
Klassik, verdichten;
– durch Anverwandlung und Überbietung der Spiel-im-Spiel-Tradition, der Intrigenkomödie und des Welttheater-Topos, die zugleich die intertextuell infizierte
Selbstreflexion des Rollenspiels erlaubt, indem sich beispielsweise in Figuren wie
dem Wirt in Tiecks *Verkehrter Welt* das Bewußtsein äußert, eine bestimmte Funktionsstelle eben in der dramatischen Tradition innezuhaben.
Systemreferentielle Kontrasteffekte entstehen durch Dramatisierung von Stoffen
aus dem Märchen- und Volksbuchbereich, insofern diese nach der Logik ihres
Produziertseins konventionell nicht dramenförmig organisiert sind; nicht zuletzt
durch das komplexe Amalgamieren verschiedener Linien der europäischen Literaturgeschichte. Thematisch ergeben sich die Kontrasteffekte aus der Transposition
älterer Stoffvorlagen in die Gegenwart: so im Fall der szenischen Reproduktion
eines barocken Trauerspiels wie Gryphius' *Cardenio und Celinde*, das Arnim im ersten Teil von *Halle und Jerusalem* zunächst durchaus werkgetreu nachzuschreiben
beanspruchte, dann aber durch die zeithistorische Aktualisierung der Studen-
tensphäre samt ihrer erotischen Libertinage mit zahlreichen literarischen Referenzen in ein Gegenwarts- bzw. Gesellschaftsdrama verwandelt. Die mosaikartige
Präsenz einer Vielzahl ganz verschiedener Texte und szenischer Texturen lenkt
die Aufmerksamkeit auf das Verfahren: im romantischen Drama generell dadurch, daß es sich zur szenischen Nachbildung der Poesie durch Figuren und
Strukturen umprogrammiert, die geradezu als 'Poesieallegorien'[405] auf szenische
Intertextualität zu lesen sind.
  Daneben werden selbstbezügliche Strukturen im Drama am deutlichsten erkennbar in Szene gesetzt, indem es die theatralische Umsetzung auf der Bühne
mitthematisiert: in der Romantik vor allem den mangelnden Erfolg seiner poetischen Ideale beim zeitgenössischen Publikum. Die dramatische Selbstdarstellung
des Dramas läßt sich ausagieren, indem diese auf der Bühne gegenwärtig werden,
weil sie sich so in ein direktes Kontrastverhältnis zur *vraisemblance* setzen, die dort
erwartet wird. Die vom absoluten Drama repräsentierte Wirklichkeit als Bedingung seiner Aufführbarkeit, die der traditionellen Wirkungsabsicht Geltung verschafft, begründet seine konventionelle Strukturiertheit: die spezifische Geschlossenheit seiner Form als Konsequenz der Selbstanbindung an das zentrale Prinzip
der Illudierung real möglicher Ereignisse auf der Bühne. Genau daran – im Falle
der Nicht-Einhaltung des üblicherweise Erwarteten – kann die kontrastierende
komische Behandlung der Form als Modus ihrer Selbstthematisierung ansetzen,
indem auf der Bühne sprechende Katzen agieren oder die Theatermaschinerie auf

---

[405] Vgl. Wingertszahn (1990, 176ff.), Kremer (1997, 65).

sich aufmerksam macht. Der ostentative Bruch mit der *vraisemblance* macht die üblicherweise suspendierte institutionelle Voraussetzung der Illudierung, das Theater, und den Vorgang der Illudierung durch seine Apparaturen selbst kenntlich, weil diese, wie die Reaktionen irritierter Zuschauer vor der Bühne anzeigen, eben nur noch bedingt gelingt.

In den parabatischen Stücken Tiecks, die im Sinne der Vorherrschaft des Spiel-im-Spiel-Mechanismus vom *Prolog* (1796) über den *Gestiefelten Kater* (1797) bis zur *Verkehrten Welt* (1798) reichen, wird eine Ebene der absoluten Aktualität deshalb erst gar nicht mehr so recht etabliert, weil Handlungssequenzen stets durch die Umstände der theatralischen Sphäre gestört werden. Eingeführt gleich zu Beginn mit einer Szenenanweisung wie „das Theater stellt ein Theater vor"[406], in das in der *Verkehrten Welt* weitere Bühnen auf der Bühne eingelagert sind, beeinträchtigen sich die verschiedenen Ebenen der Theateraufführung im permanenten Wechselkontakt, so daß die episodischen Szenen zwischen dem Bühnengeschehen (auf verschiedenen Bühnen auf der Bühne), den jeweils dazugehörenden fiktiven Zuschauern und dem agierenden Theaterapparat hin und her gehen. Noch beim *Gestiefelten Kater* dagegen bleibt die Trennung zwischen Bühne und fiktiven Zuschauern gewahrt. Von einer Illusions(zer)störung, als die der Mechanismus zur Darstellung dramatischer Selbstreflexion vielfach beschrieben worden ist[407], kann allenfalls für das Verhältnis der fiktiven Zuschauer zur je geschlossenen 'Aufrichtigkeit' des ästhetischen Scheins innerhalb der jeweiligen theatralischen Illudierung in einem der Stücke im Stück die Rede sein. Die Geschlossenheit der ästhetischen Illusion dagegen, die durch die literarische Werkeinheit des ganzen Stücks entsteht, wird für den 'realen' Rezipienten dagegen nicht beeinträchtigt. Die Öffnung der theatralischen Darbietung hin zu fiktiven Zuschauern, die zum agierenden Bestandteil des dramatischen Textes werden, verbleibt innerhalb derselben fiktionalen Struktur, die als solche, wie auch immer durch Spiel-im-Spiel-Strukturen und den omnipräsenten Theaterapparat intern zersplittert, Gegenstand einer Inszenierung sein kann. Trotz der perspektivischen Brechung der Ebenen durch parabatische Sprünge oder szenische Digressionen[408] mit turbulenten Rollenwechseln der Figuren zwischen Bühne(n) und Zuschauerraum wird die Illusion also gerade nicht aufgehoben. Es entsteht vielmehr eine andere, noch genauer zu

---

[406] Verkehrte Welt, 9.

[407] Vgl. u.a. Nef (1964).

[408] Der Begriff der Digression konnotiert gegenüber dem dramentektonischen Begriff der Parabase das episierende Moment der Abschweifung, vermittelt durch eine wie auch immer exponierte epische Instanz, die das Drama begründet. Daß Friedrich Schlegel den Begriff der 'Parekbase' präferiert, läßt sich vor diesem Hintergrund auch auf die semantischen Verbindungen mit dem rhetorischen Terminus *digressio* zurückführen (vgl. Stockhammer 1994, 581/Anm. 8). Erst wenn man diesen Zusammenhang zugrundelegt, kann die Parekbase 'permanent' werden: Ein zentrales Vorbild romantischer Poesie stellt bekanntlich Sternes *Tristram Shandy* dar, bei dem wie in Tiecks Prosa Mitte der 90er Jahre digressive Verselbständigungen auf eine Weise exzellieren, daß die erzählten Geschichten so recht nicht mehr zustandekommen wollen.

erläuternde Illusion, weil der dramatische Text als Ganzes einen in sich geschlossenen Fiktionsraum darbietet.[409]

Nur *Die Verkehrte Welt* reflektiert dagegen auch die Öffnung dieses Fiktionsraums hin zu einer textexternen Sphäre. Diese erschließt sich daraus, daß die fiktiven Zuschauer darüber räsonieren, Bestandteil eines Stücks zu sein, das sie nicht kennen. Die vielzitierten Passagen der *Verkehrten Welt*[410] bringen den 'realen' Rezipienten des Stücks dazu, sich diejenige Ebene zu imaginieren, in der er selbst der beobachtete Zuschauer des Stücks ist, das er gerade rezipiert. Im Gegensatz zum *Gestiefelten Kater*, bei dem diese Struktur wegen der fiktionalen Geschlossenheit in der Verschränkung 'Märchenspiel – fiktive Zuschauer' noch nicht entsteht, hebt die Spekulation der fiktiven Zuschauer – Zuschauer in einem Stück zu sein, das sie nicht sehen können, weil sie dessen Bestandteil sind[411] – die Immanenz des geschlossenen Fiktionsraums zuletzt also doch auf – hin zu einem nicht-fiktionalen Jenseits des vorliegenden dramatischen Texts:

> DER ANDRE: Nun denkt euch, Leute, wie es möglich ist, daß *wir* wieder Akteurs in irgend einem Stücke wären, und einer sähe nun das Zeug so alles durch einander! Das wäre doch die Konfusion aller Konfusionen. Wir sind noch glücklich, daß wir nicht in dieser bedauernswürdigen Lage sind

– in der sich der reale Leser oder Zuschauer der *Verkehrten Welt* befindet, weil er in die Lage versetzt wird, sich vorzustellen, ebenfalls wiederum von einem anderen Zuschauer beobachtet zu werden.[412] Im Fünf-Ebenen-Modell Weimars ist

---

[409] Zur Geschlossenheit der Fiktion in der fiktionsironischen romantischen Komödie vgl. im einzelnen Heimrich (1968, 94f., 104f., 123f. 127); entsprechend hat Behrmann (1985, 140f.) die geradezu klassische Einhaltung der drei Einheiten in der *Verkehrten Welt* konstatiert, weil die Theateraufführung selbst nicht verlassen wird.

[410] „SCÄVOLA: Es ist gar zu toll. Seht, Leute, wir sitzen hier als Zuschauer und sehn ein Stück; in jenem Stück sitzen wieder Zuschauer und sehn ein Stück, und in jenem dritten Stück wird jenen dritten Akteurs wieder ein Stück vorgespielt" (Phantasus-Fassung; Tieck-DKV VI, 622).

[411] Systemtheoretisch gesehen markiert dies den blinden Fleck der Beobachtung eines Systems, dessen Bestandteil man ist. Die Selbstreflexivität des Dramas wird an diesem Punkt von einem Beobachter 2. Ordnung – figurenintern die fiktive Zuschauer, textextern der 'realen' Rezipienten – beobachtet. Zur Selbstreferenz des Dramas in systemtheoretischer Perspektivierung vgl. Roberts (1993, 37-39); zum Beobachter 2. Ordnung vgl. bereits Friedrich Schlegels Bestimmung der Begriffe 'Begriff' und 'Reflexion' in der philosophischen Vorlesung *Propädeutik und Logik* (1805-06): „Der Begriff also ist eine durch *Freiheit bestimmte und ausgebildete Vorstellung*"; neben der 'Kombination' und der 'Abstraktion' ist eine ihrer „Arten und Weisen" die 'Reflexion', die dann entsteht, „wenn man [...] nicht bloß auf den vorgestellten Gegenstand, sondern auch auf die vorstellende Tätigkeit sieht, wodurch die Vorstellung zu einer höhern Dignität gesteigert wird. Z.B. die Vorstellung eines individuellen Baumes ist eine niedere vom ersten Grade, die Vorstellung des Sehens aber oder unsre besondre Tätigkeit bei jener erwähnten Vorstellung ist eine höhere vom zweiten Grade, es ist eine reflektierte Vorstellung, oder ein Begriff" (KFAS XIII, 234f.).

[412] Tieck-DKV VI, 622. In der Fassung des Erstdrucks wird diese beobachtende Instanz auch benannt: „In diesen Umständen wären wir nun das Erste Stück. Die Engel sehn uns vielleicht so, wenn uns nun ein solcher zuschauender Engel betrachtet, müßte es ihm nicht möglich sein, verrückt zu werden?" (Verkehrte Welt, 72)

dieser Beobachter auf der selbst kaum ursprünglichen Konstitutionsebene 0 angesiedelt[413], von der aus man Ebene I (den 'realen' Rezipienten) beobachten könnte, der die fiktiven Zuschauer im Stück auf Ebene II beobachtet, die ihre Bühne auf Ebene III erblicken[414], in der die Ebenen IV (Familienstück) und V (Schäferspiel)[415] eingelagert sind.

Tieck erprobt solche Formen der Verdopplung bzw. Potenzierung nicht nur dramenintern durch das Aufspalten und Ineinanderschachteln szenischer Einheiten, sondern auch werkübergreifend, indem abgeschlossene Texte ins Verhältnis zueinander gesetzt werden. Wenn Tieck ein ganzes Drama, so den *Gestiefelten Kater*, zum Prolog eines anderen Stücks, des *Prinzen Zerbino*, erklärt[416] (der ja „gewissermaßen" dessen „Fortsetzung" darstellt[417]), so entsteht auf dieser werktranszendierenden Ebene wiederum ein Prolog (derjenige des *Gestiefelten Katers*) im Prolog (zum *Zerbino*): eine Verdoppelung zum „Prologus im Prologus" also, die Tieck vorher in umgekehrter Richtung durch das *re-entry* des Prologs in das Stück *Ein Prolog* (1796) ins Werk gesetzt hatte.[418]

An den Schaltstellen einer Aufspaltung, üblicherweise als 'Aus-der-Rolle-Fallen' der Figuren beschrieben, wird die Selbstreferentialisierung der dramatischen Form allein deshalb deutlich, weil sich gerade hier eine epische Instanz als metadramatische Voraussetzung ihres Produziertseins erkennbar macht – entweder explizit ausgestellt oder implizit zu erschließen: dies etwa über die Mitthematisierung ihres ästhetischen 'Gemachtseins' in der vorliegenden, werkförmig organisierten Einheit, bemerkbar gehalten durch szenische Unwahrscheinlichkeiten im Sinne der *vraisemblance* (als übliche Voraussetzung gelingender Illusionierung), aber auch durch einen Erzähler oder eine Figur, die als Verfasser auftritt, um die eskalierenden Konfusionen der Inszenierung zu besänftigen und somit die ordnungsgemäße Fortführung seines bedrohten Stücks zu erbitten[419]; schließlich generell

---

[413] Vgl. Weimar (1995, 154). Die finale Konstitutionsinstanz stellt diese Ebene 0 wegen der von Tieck imaginär eröffneten Struktur des 'limited poem unlimited' nicht dar. Dies wäre Gott, bei dem sich wiederum die Frage stellt, wer diesen beobachtet. In den von der *Verkehrten Welt* erschlossenen beiden Richtungen des 'limited poem unlimited' – der gestaffelten Rückführung des Beobachteten auf Beobachterpositionen einerseits, der ebenso gestaffelten parabatischem Binnendifferenzierung durch eingelagerte Stücke andererseits – kann sich die Verdopplung von Ebenen *ad infinitum*, also bis zum 'Verrücktwerden' vollziehen.

[414] Weimar (1995, 148).

[415] Weimar (1995, 152).

[416] Vgl. Brief an A.W. Schlegel vom April 1802 (Tieck-Schlegel, 110).

[417] Tieck-S X, 1.

[418] Vgl. Tieck-S XIII, 241. Bemerkenswerterweise richtet hier Scapin seine 'Vorrede' als 'Prolog im Prolog' „an den Leser".

[419] Vgl. u.a. Eichendorffs *Krieg den Philistern!* (Eichendorff-DKV IV, 60f., 125f.); gelegentlich bespricht das epische Ich im Drama sein eigenes Stück (so in Brentanos *Gusta Wasa*; vgl. Brentano-SW XII, 165-180). Zum Autor als Figur des eigenen Stücks vgl. bereits Molières *L'Impromptu de Versailles* (1663), das selbstbezüglich die beeinträchtigte Probensituation mit Molière als Regisseur der vorgesehenen Inszenierung eines Stücks durchspielt, das noch niemand der beteiligten Schauspieler kennt, weil es im Vollzug des vorliegenden Textes erst entsteht. Eine entscheidende Diffe-

über die Selbstthematisierung der (ge- oder mißlingenden) Theatralität durch die
szenische Mitartikulation von Bedingungen und Störungen einer Inszenierung.
Dabei gibt es, wie für Tieck angedeutet, nicht nur Formen des temporären Verlas-
sens der zwischenmenschlichen Aktualität auf der Bühne durch das 'Aus-der-
Rolle-Fallen' und durch die eingeblendeten Reaktionen der Zuschauer (die wie in
Shakespeares *Sommernachtstraum* in einer Rahmenhandlung agieren), sondern auch
solche des fortgesetzten Übergehens auf andere Ebenen, die wie russische Puppen ineinandergelagert sind. Die Variante der vollständigen Verselbständigung des
Spiels im Spiel, die in Shakespeares *Widerspenstiger Zähmung* nicht mehr zum Rahmen zurückkehrt, haben allerdings weder Tieck noch Brentano versucht. Stets
wird das Ende des Stücks als Ende der Inszenierung angezeigt – und sei es, daß
Figuren das Schauspiel verlassen oder – wie Grünhelm in der *Verkehrten Welt* –
davon sprechen, der Gattin zu Hause von ihren Theaterabenteuern zu erzählen.

Zwar kann man analog zu der von Sterne demonstrierten Unmöglichkeit der
Lebensbeschreibung *Tristram Shandys* von der im Drama vorgeführten 'Unmöglichkeit des Dramas' (Szondi) sprechen, insofern das erwartete Stück überhaupt
nicht (*Ein Prolog*) oder nicht so recht stattfindet, weil es sowohl von der als Bestandteil des dramatischen Texts agierenden Theater-Sphäre als auch von seinen
epischen Voraussetzungen beeinträchtigt, unterbrochen oder auf andere Ebenen
verschoben wird. Trotz aller formauflösenden Turbulenzen und externen Faktoren, die auf das Geschehen einwirken, werden aber verloren geglaubte Hand-
lungsfäden wie die Gottlieb-Hinze-Handlung im *Gestiefelten Kater* in der Regel am
Ende wieder zusammengeführt, so daß das Stück zum durchaus ordentlichen,
wenn auch kontingenten 'völligen Schluß'[420] gebracht wird.

Analog zur „Selbstreflexion des ästhetischen Materials und der künstlerischen
Produktion" in der romantischen Prosa Tiecks, Arnims, E.T.A. Hoffmanns[421]
lassen sich die Mechanismen szenischer Selbstreferentialisierung im romantischen
Drama systematisch unterscheiden. Sie begründen sich grundsätzlich daraus, daß
das Drama Elemente integriert, mit denen es sich innerhalb seiner je spezifischen
Werkeinheit selbst entweder 'betrachtet' oder 'spiegelt'.[422]

---

renz zur romantischen Komödie besteht in politischen Aspekten: „Die Apologie des Theaters à la
Molière hat ihren höheren Sinn als Apologie der bestehenden Monarchie" (Schmeling 1977, 69).

[420] Vgl. Kater, 62; Tieck-DKV VI, 564.; „[...] und damit wäre denn das Stück völlig zu Ende", meint
Apollo vor dem allerdings erst tatsächlich finalen 'Prologus' (Verkehrte Welt, 114).

[421] Kremer (1993, 17). Die Selbstreflexion romantischer Prosa besteht darin, „daß sie das vorgegebene Sprachsystem in poetische Schrift transformiert und diesen Vorgang literarischer Transformation immer auch in seinen formalen Bedingungen reflektiert und mitthematisiert. Sie lenkt den
Blick auf das, was ihre Eigenart im Ensemble der Aussagesysteme bestimmt: ihre ästhetische
Form und die ihr zugrundeliegende Technik der Schrift" (13). Das romantische Drama repräsentiert demnach einen Darstellungsmodus, der die Logik szenischer Darbietung in poetische Schrift
transformiert, die sich als solche unter Beibehaltung der szenischen Präsentation selbstreflektiert.

[422] Zur 'Betrachtung' und 'Spiegelung' als den beiden elementaren Formen der Selbstreflexion in erzählender Literatur, die eine Klassifikation ihrer Möglichkeiten aus dem kombinatorischen Spek-

(1) Betrachtung auf der Ebene der 'episierenden' szenischen Darstellung.
Diese Form der Selbstreflexivität vollzieht sich durch szenisch-literarische Einheiten, die in einem kommentierenden und reflexiven Verhältnis zum Geschehen stehen: neben den bereits erwähnten Formen der wie auch immer markierten Aufhebung der Absolutheit etwa durch die Ausbreitung ästhetischer Theorien in epischen Textpassagen[423] oder durch szenische Formen wie den Prolog, die sich zum eigentlichen Drama verselbständigen oder innerhalb der 'Verkehrung' aller Verhältnisse den Schluß eines Stücks bilden können. (Dabei hat Tieck in der *Verkehrten Welt* eine besondere Pointe darin ersonnen, daß der Prolog vor leeren Zuschauerbänken gesprochen wird, weil sich die Zuschauer des Stücks nach dem Ende der Vorstellung mit Ausnahme Grünhelms hinter dem Vorhang mit den Figuren versöhnt haben.) Selbstreflexivität ist hier Konsequenz der Episierung des Dramas, insofern sich der Text durch eine spielexterne Instanz vermittelt zeigt: eine den dramatischen Ereignissen selbst nicht zugehörende Größe also, die die szenische Fiktion gleichermaßen hervorbringt und diese Hervorbringung samt ihrer produktionästhetischen Voraussetzungen mitthematisiert (und gegebenenfalls fiktionsironisch bricht). Daraus geht die ostentative Artifizialität der ästhetischen Konstruktion hervor. Diese macht sich schon deshalb bemerkbar, weil sie gerade

---

trum einer begrenzten Anzahl von Binnendifferenzierungen erlaubt, vgl. Scheffel (1997, 55). Auf das romantische Drama ist Scheffels Systematik gerade unter der Voraussetzung seiner Episierung und metafiktionalen Konstituierung übertragbar, so daß auch hier textuelle Wiederholungsstrukturen als Spiegelungsformen auf der Ebene der dramatischen Handlung von kommentierenden Betrachtungen auf der Ebene der 'episierenden' szenischen Darstellung (seitens eines sozusagen 'dramatischen Ichs') und auf der Ebene der Handlung mittels Figurenrede unterschieden werden können. Wie in erzählenden Texten läßt sich im romantischen Drama die Betrachtung in beiden 'Reflexionsarten' auf verschiedene 'Gegenstands'-Ebenen beziehen, die Scheffel der Terminologie Genettes (*Die Erzählung*) entnimmt: Dem 'Erzählten' entspricht im Drama die 'Handlung', das 'Erzählen' steht analog zu den textuellen/literarisierten (Verfahrens-)Formen der szenischen Rede samt ihrer 'epischen' Konstitution, die 'Erzählung' schließlich analog zum dramatischen Text als Ganzes, der sich wie diese auf ein bestimmtes 'poetologisches Prinzip' bezieht: die aus der Verbindung der drei Elemente entstehende spezifische Einheit als Erfüllung bestimmter Verfahren und Genres.
Eine systematische Auflistung der seit jeher der Komödie zukommenden Formen der „Verfremdung als sich zeigendes Spiel" aus der Doppelung von expliziten und impliziten Fiktionsdurchbrechungen gibt Warning (1976, 311-313). Rechnet Warning zu den expliziten Formen die Kommentierung des Spiels durch den Prolog, den publikumsbezogenen Chor, durch 'epische' Randfiguren wie Harlequin oder das omnipräsente Beiseitesprechen, sind die impliziten Möglichkeiten zwischen Intertextualität (Selbstzitaten, Tragödienparodien) und dem Bloßlegen stereotyper Handlungsschemata bei Variationen durch das Masken- und Verkleidungsspiel sehr viel vielfältiger. Eigener Stellenwert kommt dem Aufgreifen der Theatermetaphorik als fiktionsironisches Ausagieren der 'mise en abyme' zu, die als Modus der strukturellen und thematischen Spiegelung eines Textmerkmals in Mikrostrukturen charakterisiert (vgl. 313/Anm. 71) und auch von Scheffel (1997, 72) den Wiederholungsformen der 'Spiegelung' zugeschlagen wird

[423] So in den Abschnitten *Symphonie* und in den als Intermedien zwischen den Akten fungierenden epischen Passagen der *Verkehrten Welt*, die auf die Kunstprogrammatik der *Herzensergießungen* und der *Phantasien über die Kunst* rekurrieren.

in szenischen Texten als dasjenige Moment, das der Illudierung am stärksten widerstreitet, konventionellerweise suspendiert wird. Durch das Präsenthalten des auktorialen Urhebers ergibt sich eine fiktionsinterne Verdoppelung, mittels derer das von dieser Instanz verantwortete ästhetische Gebilde kommentiert und ironisiert werden kann – ein Verfahren, das im Bereich der deutschsprachigen Prosa erstmals Wielands Roman *Don Sylvio von Rosalva* (1764) nach dem Vorbild des *Don Quijote* mit einer ironischen Herausgeberfiktion durchspielt.[424]

(2) Betrachtung auf der Ebene der Handlung
Das Drama präsentiert Figuren, die über das Bewußtsein verfügen, eine dramatische, d.h. von diesem Urheber (also von einem Autor oder einem fiktiven Verfasser) geschaffene literarische Figur zu sein. Traditionellerweise wird das Verfahren seit den Komödien des Aristophanes als 'Aus-der-Rolle-Fallen' beschrieben. Das ist aber insofern nur partiell zutreffend, als es sich in der Romantik nicht selten auch um Formen der figureninternen Distanzierung von einer Rolle bei gleichzeitiger Aufrechterhaltung im Stück handelt. Szondi spricht vom „'Charakter'" als einer „dramaturgische[n]" Struktur, wenn der Wirt in Tiecks *Verkehrter Welt* aus dem Bewußtsein heraus agiert, eine omnipräsente Figur im Drama des 18. Jahrhunderts zu sein, indem er dieses Wissen gegenüber dem Fremden als einer absoluten Figur, die in der Immanenz ihrer „psychische[n] Struktur" (genauer: ihrer besonderen Rolle im je konkreten Stück) eingeschlossen bleibt, zum Thema seiner Rede macht.[425] Selbstreflexivität des Dramas ist in diesem Fall also Konsequenz des literarisierten Selbstbewußtseins einer Figur, das aus den Selbst- und Fremdbeobachtungen ihrer Funktion in dramatischen Texten der Tradition, die sie als Rolle allererst konstituieren, hervorgeht. Systemtheoretisch gesprochen handelt es sich um einen Mechanismus, der eine dramatische Figur durch interne Selbstverdopplung vermittels Partialdistanzierung von ihrer Rolle zu einem Beobachter ihrer selbst und damit zweiter Ordnung macht. Auf dieser Basis kann die Figur auch als impliziter Stellvertreter des Verfassers im Text fungieren, also zu einer quasi-auktorialen Instanz des Dramas werden, indem sie eine andere Figur an ihre poetische Funktion im Stück zurückzuverpflichten versucht: so der Narr als Substitut des 'Verfassers', der in Eichendorffs *Krieg den Philistern!* Pastinak, der seine „Bravour-Arie" als Parodie auf Opern-Koloraturen zum besten gibt, zurecht-

---

[424] Wielands Roman steht deshalb am Beginn der deutschsprachigen Formen selbstreflexiven Erzählens (vgl. Scheffel 1997, 94-120).

[425] Szondi (1978, 30f.); zur Kritik an Szondis These von der dadurch bewirkten Potenzierung der Rolle vgl. Heimrich (1968, 90-95): Die Reflexionen des Wirts relativierten seine Rolle in der *Verkehrten Welt* keineswegs, „sondern sie gehören zu ihr", weil der Wirt die fiktionale Form 'Rolle', die er im Bürgerlichen Trauerspiel und der Komödie der 18. Jahrhunderts als Rollenstruktur erfüllt, eben nicht durchbricht (vgl. 94, 105). Dies kann man aber genau wegen des figureninternen Bewußtseins von dieser Rollenhaftigkeit auch bestreiten. Ein Forschungsüberblick zur Problematisierung der romantischen Formen des 'Aus-der-Rolle-Fallens' bei Schmeling (1977, 160-168, hier auch zu Heimrich 156f.).

weist, doch gefälligst das „prosaische Prinzip", für das er stehe, zu erfüllen.[426] Das auktoriale Moment ergibt sich in diesem Fall aus der von einer Figur artikulierten Kritik daran, daß andere Figuren des Stücks ihre Absolutheit verlassen. Dadurch, daß das Drama solche Formen des Differenzbewußtseins von Figuren zwischen Rolle und ihrem Heraustreten auch *innerhalb* dieser Rolle inszeniert, tritt ihr Spiel, wie geschlossen die ganze Fiktion selbst auch immer zu beurteilen ist, in ein reflexives Verhältnis zu sich und zur Darstellung. Noch ausgeprägter sind die selbstreferentiellen Effekte nur noch dort, wo die Figuren ihre Rolle komplett wechseln und von da aus wiederum weitere Rollen übernehmen. Diese Struktur des Rollenwechsels verbindet den parabatischen mit dem illudierenden Typus, insofern sich auch hier Figuren durch Maskierungen und Verkleidungen eine andere Identität zulegen, um durch die Rollenübernahme figureninterne Selbstverdopplungen, die nur dem externen Beobachter zweiter Ordnung transparent bleiben, selbstbezüglich auszuagieren.

(3) Spiegelung durch Wiederholungsstrukturen in der Doppelung von Drama und Theater
Das Drama thematisiert sich selbst als Spiel, indem es die Varianten des Rollenspiels auch innerhalb des Welttheatergedankens durch das Präsenthalten des Theaterapparats reflektiert, also dadurch, daß es die dem szenischen Text nachgängige theatralische Umsetzung in die eigene Form einführt. Bereits die englische Dramentradition des ausgehenden 16. und beginnenden 17. Jahrhunderts hat diesen Mechanismus über das Modell des Theaters im Drama in zahllosen Modifikation ausdifferenziert.[427] Allein bei Shakespeare wird es auf vielfältige Weise und mit unterschiedlicher Zielrichtung in Szene gesetzt: instrumental zur Aufklärung eines Mords im *Hamlet*, als Komödie der heiteren Belustigung über und für den zum Lord erklärten Trunkenbold Sly in der *Widerspenstigen Zähmung*, als ironische bzw. satirische Verspottung theatralischer Unzulänglichkeit anläßlich der Aufführung des 'Schauspiels der neun Helden' durch die Bürger von Navarra in *Love's Labour's Lost*, in der sich die Tragödientravestie des *Sommernachtstraums* andeutet. Vor allem in diesem Feenmärchendrama ist der bei Tieck exzellierende parabatische Mechanismus der eingeblendeten Zuschauerreaktionen vorgeprägt, indem Theseus und Hippolyta in permanenten Interventionen die tölpelhafte Handwerkeraufführung von *Pyramus und Thisbe* und ihr partielles Mißlingen mit

---

[426] Eichendorff-DKV IV, 86.
[427] Vgl. Schöpflin (1988) und ihre Typologie der Formen des 'Theaters im Drama' bei den englischen Dramatikern der Shakespeare-Zeit: 'Rahmung durch ein Bühnenpublikum', 'Theater als reine Festveranstaltung', 'Theater als Mittel der tragischen und komischen Intrige', 'Theater als Therapie', 'Rein satirische Theatereinlage', 'Bindung des Theaters an den Schauspieler' (398-404). Die Literatur zum Metadrama ist längst unüberschaubar; vgl. den Forschungsüberblick bei Schöpflin (1988, 3-5), eine Überblicksskizze zur „self-thematization of the play" bei Schmeling (1994, 38-48, hier 39); eine chronologische Auflistung von etwa 70 dramatischen Werken in der Spiel-im-Spiel-Tradition *vor* dem *Gestiefelten Kater* seit Cervantes *Los baños de Argel* (um 1585/95) bei Schmeling (1977, 246f.).

ironischen und die mangelnde Theatralität bespöttelnden Kommentaren begleiten.[428]

(4) Spiegelung durch (komisierende) Wiederholung dramatischer Genres – Intertextualität
Das Drama parodiert und travestiert nicht nur die Trivialdramatik der eigenen
Zeit, sondern auch die historisch veränderten und zugleich bereits literarisierten
dramatischen Formen, die die Klassik von Weimar und romantische Autoren
selbst hervorgebracht haben: In Brentanos *Gustav Wasa* verschränkt sich die Literatursatire (auf Kotzebues satirische *Athenäum*-Zitatencollage *Der Hyperboreische
Esel* und dessen Blankversdrama *Gustav Wasa* als Adaption an Schillers *Wallenstein*,
das wiederum durch Knittelverse travestiert wird) mit der literarischen Reaktion
auf die frühromantische Dichtungstheorie und die Komödien Tiecks ineins zu einer durchgehend intertextuell infizierten Selbst(de)potenzierung des Dramas bis
an die Grenze seiner Formauflösung. Kontrasteffekte zur Darstellung szenischer
Artifizialität aus einzeltext- und systemreferentiellen Bezugnahmen und Kontrafakturen ergeben sich in dieser Selbstreflexionsform auf allen Ebenen des dramatischen Texts: der Ebene paratextueller Signale (Titel, Gattungsbezeichnun-
gen), in Formen der Figurenrede, dramatischer Gliederungstechniken und Konventionen (die etwa als eingelagertes Familienstück zitiert werden), schließlich auf
der Ebene experimenteller Gattungsüberschreitungen in Formen der Märchen-
und Volksbuchdramatik samt Kontamination mit Elementen der Theatersatire,
der Masken- und Intrigenkomödie usw.

Die systematisch zu unterscheidenden *Voraussetzungen* und Mechanismen dramatischer Selbstreflexivität – Literarisierung/Episierung, Theater im Drama, Intertextualität – sind wegen der Doppelung von szenischem Text und theatraler Aufführung nicht auf der gleichen medialen Ebene angesiedelt. Die Selbstreferentialisierung des Dramas wäre demnach noch einmal zu unterscheiden in Formen,
– die sich v.a. in der Immanenz des jeweiligen Dramas ergeben (1)/z.T. (2)
– die durch intertextuelle Relationierung wirksam werden (2)/(3)/(4);
– die durch das Referieren des szenischen Texts auf die theatralische Umsetzung
und deren Umstände entstehen (3), was zwar vom dramatischen Text selbst artikuliert wird, im strikten Sinn aber keine Selbstreflexivität innerhalb des gleichen
Mediums mehr darstellt.

Blickt man bei den Formen szenischer Selbstdarstellung des Dramas auf die europäischen Theatertraditionen seit dem ausgehenden Mittelalter, die das romanti-

---

[428] Landfester (1997, 108-111) modelliert drei prototypische Varianten des Shakespeareschen Spiel-
im-Spiel-Dramas aus *Sommernachtstraum*, *As you like it* und *Hamlet*, verbunden mit dem wichtigen
Hinweis darauf, daß es sowohl bei Shakespeare als auch in Beaumonts und Ben Jonsons Radikali-
sierungen noch nicht zur Subversion der Bühnengrenze kommt, weil diese Dramen noch an die
höfische Repräsentation gebunden seien (vgl. 111, 132).

sche Drama zu aktualisieren, zu überbieten und zu poetisieren unternimmt, ist gegenüber dem von der deutschsprachigen Philologie profilierten Bild der Dramengeschichte ein durchaus abweichender Befund festzuhalten: Tendiert die am Aristotelismus und an Hegels *Ästhetik* orientierte Dramenforschung dazu, die im 18. Jahrhundert sich etablierende Illusionsbühne zu verabsolutieren und das absolute Drama zum eigentlichen Modus bis zur beginnenden Moderne zu erklären (weshalb Büchner, Grabbe und Goethes zweiter *Faust* als Ausnahmen gefeiert werden können), verhält es sich in der Perspektive europäischer Dramen- und Theatertraditionen eher so, daß das Metadrama bzw. Formen der selbstreflexiven Mitthematisierung fast den Normalfall darstellen.[429] Für die Komödie gilt dies ohnedies seit jeher.[430] Das absolute Drama erweist sich demnach fast als eine Art Interregnum der Dramengeschichte[431], dessen Strukturprinzipien selbst im 18. und 19. Jahrhundert kaum durchgehalten werden – nicht einmal, wie gesehen, in der an Gattungsreinheit interessierten Weimarer Klassik.

Die metadramatische Selbstbegründung, Kommentierung und Ironisierung der szenischen Rede kann von daher kaum, wie in der Literaturgeschichte unter Berufung auf den *Gestiefelten Kater* gerne insinuiert, zum besonderen Bestimmungsmerkmal romantischer Dramatik und ihrer Neuartigkeit erklärt werden. Entscheidender ist, behält man darüber hinaus die ja ebenfalls spezifisch metadramatisch organisierten ernsten Ausprägungen im Auge, die szenische Demonstration produktiver Möglichkeiten von Poesie unter der neuen Voraussetzung literarischer Verfügbarkeit, die eben auch Formen der Anverwandlung und Überbietung des überlieferten Metadramas einschließt. Wie im Roman wird jetzt auch im Drama literarische Artifizialität gegenüber der vom absoluten Drama gewahrten Wahrscheinlichkeit inszeniert, so daß die übliche Illudierung von 'Realität' durch Suspendierung der Inszeniertheitssignale mißlingt. Angesteuert wird vielmehr eine andere Form der Illusion, die sich von der Assoziationsstruktur der produktiven Einbildungskraft herleitet. Dadurch verwandelt sich szenische Künstlichkeit in eine neuartig begründete literarische Einheit: eine zweite – poetische und geistige – Natur in szenischer Unmittelbarkeit.

Das *tertium* von Episierung und Selbstreferentialisierung der dramatischen Form[432] besteht in der Literarisierung des Dramas – zur szenischen Poesie der

---

[429] Vgl Hornbys These, „in gewissem Sinne sei jedes Drama (auch) Metadrama", die Poschmann (1997, 90) mit Blick auf die angelsächsische Forschung zum Metatheater (L. Abels u.a.) diskutiert.

[430] „Mehr oder weniger akzentuiert" entfaltet „jede Komödie" die Strukturen des Spiels im Spiel (Greiner 1992, 7, vgl. auch 124).

[431] Vgl. Catholy (1968) zur Entstehung des bürgerlichen Illusionstheaters durch Ablösung des höfischen Repräsentationstheaters, das es eben noch nicht darauf anlegt, daß sich das Publikum einer identifikatorischen Illusion hingibt. Der absolutistische Staat „sollte durch das Theater repräsentiert werden" (96), was u.a. auch durch die Anwesenheit von Zuschauern auf der Bühne sinnfällig gemacht wurde, worauf noch Lessing im 10. Stück der *Hamburgischen Dramaturgie* reagiert.

[432] Zur Vermittlung von Fiktionsironie und Episierung, dadurch bedingt, daß Fiktionsironie als fiktionsinterner Selbstwiderspruch des Fiktiven sich nur über die stückinterne Installation epischer

Poesie. Damit ist die allgemeinste Tendenz bezeichnet, die es erlaubt, das romantische Drama kategorial von den vorgängigen Verfahren auch in der Spiel-im-Spiel-Tradition zu unterscheiden. Denn erst die Literarisierung verschiebt die höfische bzw. gesellschaftliche Repräsentationalität des Theaters ins übergängliche *literarische* Spiel mit der Dialektik von literarischer Fiktion und repräsentierter Realität – ohne festen Standpunkt, der die beiden Ebene üblicherweise zu unterscheiden weiß.[433] Darin vor allem unterscheidet sich Tiecks „Zirkellinie, die zu nichts, als zu sich selber führt"[434], von den aufgegriffenen Dramenmodellen der Tradition, weil sie ihren literarischen Sinn, der auch in der Aufhebung traditioneller Sinnstiftungen im Spiel liegt, aus der Literarisierung von Elementen und Strukturverfahren szenischer Darstellungsformen selbst gewinnt.

Vermittelt ist diese Grenzverwischung von Repräsentation und Fiktion in der szenischen Poesie der Poesie nicht zuletzt durch eine thematische Umorientierung, die neben den strukturellen Transformationen romantischer Dramatik das literarhistorische Urteil begründet, es handele sich um bühnenuntaugliche Lesedramen.

Thematische Umorientierung und rezeptionstheoretische Konsequenzen – Das Wunderbare im Drama

Thematisch gesehen interessieren nicht mehr politisch-mythische Stoffe der griechischen und römischen Antike oder aktuelle Gegenstände der bürgerlichen Familie, sondern neben (phantastischen) Märchen- und *commedia dell'arte*-bzw. *Fiabe*-Vorlagen (Perrault, Gozzi)[435] Stoffe der christlich-romanischen Literatur Eu-

---

Instanzen als Konstitutionsvoraussetzung der szenischen Fiktion einstellen kann, vgl. Heimrich (1968, 98f.). Die Fiktionsironie bleibt Funktion des Fiktionalen durch fiktiven Fiktionsbruch innerhalb der szenischen Fiktion selbst. Sie stellt so eine spezifische Variante der von F. Schlegel postulierten progressiven „transzendentalen Reflexion *innerhalb* des zu Reflektierenden" (138) dar.

433 Zur neuartigen Qualität von Tiecks *Gestiefeltem Kater* gegenüber den Formen höfischer Repräsentation in der Spiel-im-Spiel-Tradition vgl. Landfester (1997, 132): „Die Traditionsvorgaben des *Spiel-im-Spiel*-Dramas suggerieren eine Kontinuität, die Tiecks Komödie permanent unterläuft, indem sie die traditionelle Achsenbildung selbst zum Gegenstand ihres Witzes macht und sämtliche Ebenen ineinander und über sich selbst hinaus in die außertheatralische Realität spiegelt. In der kaum überschaubaren Vielfalt der metaleptischen Sprünge verbürgt sie eine Verwandtschaft zwischen Fiktion und Realität, aufgrund derer der komische Effekt des sich selbst demaskierenden Theaters Medium einer sprachkritischen Betrachtung wird". Allerdings gilt dies mehr noch für die *Verkehrte Welt* als den *Gestiefelten Kater*, bei dem die Trennung der Sphären noch deutlicher erkennbar bleibt.

434 So im Rahmengespräch des *Phantasus* nach Vorlesung des *Gestiefelten Katers* (Tieck-DKV VI, 566).

435 Vgl. Hinck (1965, 386-394) mit wichtigen Hinweisen zur Verselbständigung des literarischen Spiels in der Romantik gegenüber der spezifischen Repräsentationalität auch noch der italienischen Stegreifkomödie (389); zu Gozzis *Fiabe* und ihren Modalitäten als 'Effekttheater', das trotz aller Phantastik und „scheinbaren Willkür eine strenge geistig-sittliche Ordnung des öffentlichen und privaten Lebens" einhält, vgl. Feldmann (1971, 122, 110f.). Daraus resultieren die entschei-

ropas seit dem ausgehenden Mittelalter bei zunehmender Ausrichtung auf die 'vaterländische' Geschichte. Mit dieser Verschiebung emanzipieren sich Mitte der 90er Jahre auch für das Drama die beiden Kategorien, die in der frühen Romantik programmatisch positiviert werden: das Interessante (von Friedrich Schlegel) und das Wunderbare (von Tieck). Beides führt zu Verlagerungen in produktions- und wirkungsästhetischer Perspektive: – zur Auswahl der Stoffe nicht mehr allein nach dem Gesichtspunkt der Dramenfähigkeit, damit zur Leitidee der Gattungsmischung, die Schlegel im *Studium*-Aufsatz (1795-1797) aber noch ablehnt bzw. über das ideale Verhältnis von griechisch-klassischer und romantisch-moderner Poesie verhandelt; – im Zusammenhang der Poetik des Wunderbaren zur Aufwertung der Phantasie, die Tieck in seiner für die Entstehung der Romantik grundlegenden Schrift *Über Shakespeare's Behandlung des Wunderbaren* (1793) erstmals als strukturbildende *dramen*ästhetische Kategorie reflektiert.[436] Die in der Tieck-Forschung vielzitierte Abhandlung ist ein zentrales „Bruchstück zur nie geschriebenen Theorie des romantischen Dramas"[437], ohne daß die produktions- und rezeptionstheoretischen Konsequenzen für die Gattung aber genau genug gezogen worden sind.[438]

---

denden Differenzen sowohl zu F. Schlegels Idee der 'poetischen Poesie' (vgl. 109) als auch zur dramatischen Praxis Tiecks, die seit dem *Ritter Blaubart* in eine deutliche „Absage an die Gozzische Konzeption des Märchenpathos" mündet (vgl. 125f., 122).

[436] Im Drama des 18. Jahrhunderts wird das zuerst von Bodmer/Breitinger akzeptierte, nach dem Vorbild Miltons allerdings noch rein auf christliche Themen beschränkte Wunderbare als Verstoß gegen die *vraisemblance* beurteilt, wobei die Berufung auf eine bekannte Stelle in der *Poetik* des Aristoteles nahe liegt, in der das Wunderbare als der Tragödie zwar grundsätzlich erlaubt, letztlich aber dem Epos angemessenerer Inhalt charakterisiert wird: „Man muß zwar auch in den Tragödien dem Wunderbaren Einlaß gewähren. Indes, das Ungereimte, die Hauptquelle des Wunderbaren, paßt besser zum Epos, weil man den Handelnden nicht vor Augen hat. [...] Im Epos hingegen bemerkt man solche Dinge nicht. Das Wunderbare bereitet Vergnügen; ein Beweis dafür ist, daß jedermann übertreibt, wenn er eine Geschichte erzählt, in der Annahme, dem Zuhörer hiermit einen Gefallen zu erweisen" (Aristoteles 1982, 83). Zur Emanzipation des Wunderbaren im 18. Jahrhundert, praktiziert vor allem von Wieland, der es mit dem Märchen vom Prinzen Biribinker im *Don Sylvio* aber noch der aufklärerischen Didaxe unterstellt, vgl. u.a. Hillmann (1969), Vietta (1986), Bauer (1988). Zellers 'Exkurs zum Wunderbaren' im Drama (1988, 149f.) kennt nur Schillers *Wallenstein*, wo die Einführung ins Auge gefaßt, und die *Jungfrau von Orleans*, wo sie tatsächlich geschehen sei (198, 244). Tieck war jedoch der – berechtigten – Auffassung, daß gerade die *Jungfrau* von der *Genoveva* beeinflußt worden sei (vgl. Tieck-S I, XXXII).

[437] Tieck-DKV I, Kommentar, 1230, mit Bezug auf Schulz (1983, 463).

[438] Vgl. Hölters Forschungsbericht (Tieck-DKV I, 1225-1234), eine Zusammenfassung bei Ribbat (1978, 76f.); für die Effekte der 'Zweideutigkeit des Wirklichen' in Tiecks Prosa wird sie zugrundegelegt bei Klussmann (1976), als poetologische Reflexion auf den textuellen Vollzug von Zeitlichkeit bei Frank (1972/1989), als entsprechende Reflexion auf eine neuartige Illusion bei Burwick: „Tieck was among the first to address the conditions of non-mimetic illusion" (Burwick 1994, 60), vgl. auch Burwick (1991, 63-72); das Verhältnis zu Shakespeare bestimmt Blinn (1988, 47): „So sagt dieser Aufsatz mehr über Tiecks Vorstellungen von seiner zukünftigen Literaturproduktion als über Shakespeare. Und noch in einem weiteren Punkt ist ihm der britische Dramatiker Vorbild und Gewährsmann: Das Wunderbare entlehnte Shakespeare nicht der griechischen oder römischen Mythologie, sondern der 'Tradition seines Volkes'" (Blinn 1988, 47).

Kern des Aufsatzes als Baustein dieser Theorie ist die Begründung einer neuartigen, nicht-repräsentationistischen Illusion im Drama, die aus der Dialektik von
Übergänglichkeit und Zerstreuung als szenischem Verfahren hervorgeht. Auf die
Plausibilisierung dieser nicht-mimetischen Illusion in der theatralischen Darbietung zielen Tiecks Überlegungen auch jenseits der gewürdigten Differenz zwischen Märchendrama und Tragödie ab. In zeittypischer Weise grenzt er dazu zunächst den Dramatiker vom Epiker ab, um die Vorzüge des Erzählers bei der
Vergegenwärtigung des Nicht-Natürlichen zu erweisen:

> Dem erzählenden Dichter wird es ungleich leichter, den Leser in eine übernatürliche
> Welt zu versetzen: Schilderungen, poetische Beschreibungen stehen ihm zu Gebot,
> wodurch er die Seele zum Wunderbaren vorbereitet; man sieht die Erscheinungen erst
> durch das Auge des Dichters, und der Täuschung widersetzen sich nicht so viele
> Schwierigkeiten, da sie auch nie so lebhaft werden kann, als die Täuschung des Drama's
> werden soll. Man glaubt dem epischen Dichter gleichsam auf sein Wort, wenn er nur
> einige Kunst anwendet, seine wunderbare Welt wahrscheinlich zu machen; aber im
> Schauspiele sieht der Zuschauer selbst; der Schleier, der ihn von den Begebenheiten
> trennt, ist niedergefallen, und er verlangt daher hier auch eine größere Wahrscheinlich-
> keit.[439]

Das Wunderbare widerstreitet folglich einer Form der Präsentation, die den Zuschauer mit direkter Anschaulichkeit, gleichsam ohne „Schleier"[440], konfrontiert.
In der gewohnten Bühnenrealität mit Figuren, die als solche auch real denkbar
sind, würden „Geschöpfe, die bloß in der Phantasie existieren", nur als „*übernatür-
lich*" erscheinen.[441] Die Einheit des Wahrscheinlichen wäre durchbrochen. Ein-
richten kann sich das Wunderbare in dieser Sphäre nur dann, wenn es selbst gewissermaßen wahrscheinlich gemacht wird: und zwar indem es im ganzen Stück
gleichmäßig verteilt in Erscheinung tritt, so daß „in die Phantasie keine Unterbrechung" fällt und kein wunderbares Detail „zu isoliert stehen" bleibt.[442] Erst dadurch wird es sowohl den „handelnden Personen" als auch den Zuschauern unmöglich, die „Traumgestalt" der Begebenheiten zu „knüpfen und zu ordnen"[443],
sie also mit dem real Möglichen zu vergleichen, um damit das Gewöhnliche vom
Übernatürlichen zu unterscheiden. So verwandelt sich das „nie unterbrochene
Wunderbare"[444] zum selbstverständlichen Bestandteil der „Einheit des Ganzen"[445], weil „auf diese Art ununterbrochen unsre Phantasie und unser Gefühl

---

[439] Tieck-DKV I, 690.
[440] Zum phantasmatischen Potential des Verschleierten in metapherngeschichtlicher Perspektive vgl.
Konersmann (1994): Der Vorhang, der Sichtbares und Unsichtbares trennt, stiftet „den imaginären Raum des Unsichtbaren als des im Grunde eigentlich Sehenswerten, jedoch den leiblichen
Augen bedachtsam Vorenthaltenen" (10).
[441] Tieck-DKV I, 690.
[442] Tieck-DKV I, 720.
[443] Tieck-DKV I, 720.
[444] Tieck-DKV I, 697.
[445] Tieck-DKV I, 706.

gleich stark beschäftigt" ist.[446] Neben den drei Einheiten des Dramas konstruiert Tieck eine zusätzliche vierte, der er unverkennbar den Vorzug einräumt: die Einheit einer vom Wunderbaren nicht mehr irritierten Illusion. Durch die zwar diskontinuierliche, in der Übergänglichkeit des zeitlichen Vollzugs aber gleichmäßig verteilte Präsenz im Drama erscheint es so fraglos wie jedes andere Element, was Tieck durch wiederholte Hinweise auf die ganz analogen Verhältnisse im Traum – besonders in „heitern Träumen"[447] – auch psychologisch zu plausibilisieren unternimmt: Auch der Traum bildet eine Einheit, weil die Homogenität seines übergänglichen Bilderstroms Differenzen zwischen dem Gewöhnlichen und Außerordentlichen nivelliert, indem die logisch-ordnende Aufmerksamkeit zerstreut wird. Erst das Erwachen setzt das Vermögen zur Unterscheidung durch 'Absonderung' in der Urteilskraft wieder in Kraft: „Träumt man aber weiter, so entsteht die Nicht-Unterbrechung der Illusion jedesmal von der unendlichen Menge neuer magischen Gestalten, die die Phantasie unerschöpflich hervorbringt. Wir sind nun in einer bezauberten Welt festgehalten".[448] Die Form des Wunderbaren im Drama, die Tieck durch die „unaufhörliche[] Verwirrung" der Maßstäbe, nach denen „wir sonst die Wahrheit zu messen pflegen"[449], vorschwebt, entspricht also dem, „was die Phantasie im Traume beobachtet". Die „vorzüglichste Täuschung" entsteht folglich dadurch, „daß wir uns das ganze Stück nicht wieder aus der wundervollen Welt verlieren, in welche wir einmal hineingeführt sind, daß kein Umstand den Bedingungen widerspricht, unter welchen wir uns einmal der Illusion überlassen haben".[450] Wahrscheinlich gemacht wird die neue Form einer nichtmimetischen Illusion demnach insgesamt durch Homogenisierung einer ästhetischen Darbietungsweise, in der das Nicht-Natürliche ganz selbstverständlich mit dem Gewöhnlichen konfundiert, nachdem in reziproker Evokation die vom Realitätsprinzip statuierte Differenz zwischen Fiktion und Wirklichkeit annulliert worden ist.[451]

---

[446] Tieck-DKV I, 699.

[447] Tieck-DKV I, 691.

[448] Tieck-DKV I, 692. Tieck greift diese Argumentation auch in der ohnehin von der Theater-Metaphorik durchzogenen *Straußfeder*-Erzählung *Ulrich, der empfindsame* (1796) auf (vgl. Tieck-S XV, 161).

[449] Tieck-DKV I, 692.

[450] Tieck-DKV I, 692. „'Es kommt nur darauf an', liest man bei August Wilhelm Schlegel, 'daß ein Dichter uns durch den Zauber seiner Darstellung in eine fremde Welt zu versetzen weiß, so kann er als dann in ihr nach seinen eigenen Gesetzen schalten.' Die Referenz auf Realität bleibt in der Schwebe", so Luhmann (1995, 457) zur ästhetischen Außerkraftsetzung des Realitätsprinzips als Voraussetzung für die autopoietische Selbstorganisation des Kunstsystem um 1800 mit Verweis auf Schlegels *Kunstlehre* und die *Nachtstücke* E.T.A. Hoffmanns: „[...] die Einheit der Erzählung beruht darauf, daß man trotzdem an das Wunderbare glaubt. Angesichts solcher bewußt komponierten Ambivalenzen *kommt alles darauf an, wer unter welchen Bedingungen beobachtet, wie beobachtet wird*" (458).

[451] „Das Wunderbare wird uns itzt gewöhnlich und natürlich" (Tieck-DKV I, 692), wie umgekehrt das Gewöhnliche in wunderbarem Licht erscheint: Dies ist der „für Tiecks Denken vielleicht ty-

Um diesen Effekt ästhetisch herbeizuführen, kann sich das Drama über die von Tieck diskutierten Unterschiede zwischen dem Wunderbaren im Märchendrama und in der Tragödie hinaus verschiedener Verfahren bedienen, vor allem auch der Wirkungspotentiale anderer Künste:

– der Musik, durch die „abenteuerliche Ideen und Vorfälle" wahrscheinlich werden, weil mit ihr die Phantasie „schon im voraus bestochen" und der „strengere Verstand" eingeschläfert wird[452];

– des Komischen, mittels dessen das Entsetzliche ganz plötzlich ins Lächerliche umschlägt, so daß sich sogleich alle affektive Bannung zerstreut[453];

– der „Milderung der Affekte"[454], die der permanenten Kippfiguration korrespondiert, insofern auch bei der Darstellung von Leidenschaften der Zuschauer nicht „auf einen Punkt"[455] konzentriert sein dürfe, weil sonst die Aufmerksamkeit zu sehr gebannt wäre und dadurch „die Täuschung des Wunderbaren sogleich aufgehört hätte".[456] Wenn nämlich die „Leiden der Seele unsre Teilnahme so ausschließend an sich gezogen haben, daß durch diesen festgehefteten Blick" ein Gegenstand gefunden sei, „der uns näher interessiert" – und zwar deshalb, weil er das Interesse des Zuschauers an der Selbstwahrnehmung seiner eigenen, *realen* Affektivität bindet –, so würden die „übernatürlichen Wesen" ganz „gleichgültig" und „eben dadurch unwahrscheinlich" werden.[457] Nicht zuletzt unterstützt die Zerstreuung der Aufmerksamkeit in der „*Mannigfaltigkeit* der dargestellten Wesen"[458] die für Tiecks Werk zentrale Kategorie der „unbegreiflich schnellen Beweglichkeit der Imagination"[459], die durch das Wunderbare selbst „in Tätigkeit gesetzt" wird.[460] Die „Täuschung des Wunderbaren" entsteht so insgesamt durch den dispergierenden Effekt in einer ästhetischen Wahrnehmung, die es dem Zuschauer unmöglich macht, „auf irgend einen Gegenstand einen festen und bleibenden Blick" zu heften, weil „der Dichter die Aufmerksamkeit beständig zer-

---

pischste Topos" (Tieck-DKV I, Kommentar, 1240); vgl. auch die Formel von der „totale[n] Diffusion von Banalität und Wunder" bei Hellge (1974, 183); zum Wunderbaren in Tiecks Prosawerk vgl. Wessollek (1984).

[452] Tieck-DKV I, 707f.; vgl. dazu Schillers Bemerkung zum Wunderbaren in der Oper, das wegen der Musik gegen den Stoff gleichgültiger mache (Brief an Goethe, 29. Dezember 1797; Schiller-Goethe, 529); siehe auch Goethes Aufsatz *Über Wahrheit und Wahrscheinlichkeit der Kunstwerke* (1798), der im Dialog zwischen 'Zuschauer' und 'Anwalt des Künstlers' die besondere Form der Täuschung in der Oper bespricht, die „trotz ihrer groben Unwahrscheinlichkeit" das Vergnügen nicht mindere (HA XII, 68f.).

[453] Tieck-DKV I, 703. Erstmals szenisch durchgehalten hat Tieck diese Struktur des permanenten Umschlagens im Wechselkontakt des Entsetzlichen mit dem Komischen im *Ritter Blaubart* (1796).

[454] Tieck-DKV I, 698.

[455] Tieck-DKV I, 709.

[456] Tieck-DKV I, 700.

[457] Tieck-DKV I, 700.

[458] Tieck-DKV I, 699.

[459] Tieck-DKV I, 703.

[460] Tieck-DKV I, 698f.

streut, und die Phantasie in einer gewissen Verwirrung erhält, damit seine Phantome *nicht zu viele körperliche Konsistenz* erhalten, und *dadurch* unwahrscheinlich werden".[461]

> Das oberste Kriterium eines Theaterstücks ist nicht seine Bühnenwirksamkeit sondern seine Worte beim Lesen.[462]
>
> Nein, das Theater im Kopf beim Lesen ist mir wichtiger. Ich höre meine Nathalie oder meinen Poppes reden, und ich glaube, ich würde schrecklich leiden, wenn ein Schauspieler eine Figur von mir sprechen würde. Da wird dann zu konkret, zu festgelegt und in die Realität hinein reduziert, was bei mir eine riesige Palette der Möglichkeiten ist.[463]

4. Lesen/Vorlesen: Szenische Poesie

Einbildungskraft – Schrift – Lektüre

Legt man das Wunderbare, die produktive Phantasie und die Verwirrung des Realitätsprinzips als strukturbildende Leitideen romantischer Literatur zugrunde, ist es wenig verwunderlich, daß Friedrich Schlegel von der „Unangemessenheit" der „dramatischen Form" „für das romantische Kunstwerk" spricht. Dem entspringe die „*Parodie*" der Gattung bei Shakespeare.[464] Das zerstreuende Schweben – Idealzustand im Vollzug permanenten Werdens – widerstreitet der Realpräsenz eines finalisierten Geschehens auf der Bühne. Die kinetische Energie einer extern gesteuerten Realität aus theatralen Bewegungsbildern, die vom Rezipienten selbst nicht kontrolliert werden können, greift in anderer Weise auf den psychophysischen Apparat zu als eine literarische Phantasie, die sich über die potentielle Energie der Schrift im bewegten Geist des Lesers erfüllt. Dieser kann nämlich omnipotent über das von der Schrift Dargestellte verfügen.

Trotz Beibehaltung einer bestimmten dramatischen Konvention in der unvermittelten Präsentation sprechender Figuren wären romantische Dramen, selbst wenn es von den Autoren jeweils vorgesehen gewesen sein mochte, nur schwer zu inszenieren. Der Aufführbarkeit widerstreiten nicht allein die experimentellen Varietäten, die teils ausufernde Extension und bestimmte Überforderungen theatralischer Möglichkeiten, sondern vor allem grundsätzliche rezeptionstheoretische

---

461 Tieck-DKV I, 702 (Hervorhebung von mir, S.S.).
462 Musil (1983, 905).
463 Der Ort der Poesie. Michael Müller im Gespräch mit Paul Wühr. In: Schreibheft 45 (1995), 177.
464 LN, 68 [507].

Erwägungen. Nicht ohne Grund sind romantische Dramen kaum aufgeführt, durchaus häufig aber vorgelesen worden.[465] Schon deshalb können sie auf keine rechte Wirkungsgeschichte – sei es als Theater- bzw. Bühnengeschichte, sei es in der Literaturgeschichte – zurückblicken. In aller Regel ist die gängige Qualifizierung als Lesedramen abwertend konnotiert. Selbst wenn sich die Einsicht in die veränderte Produktionslogik, mit Maßstäben der klassisch-idealistischen Dramaturgie nicht zu bemessen, mittlerweile durchgesetzt hat[466], sieht auch die schmale Spezialforschung von negativen Werturteilen noch immer nicht ab, weil ein dramatischer Text nach wie vor am Kriterium seiner Aufführbarkeit und seiner Wirkung in der Aufführung bemessen wird. Hegel hat in seiner *Ästhetik* die Tatsache, daß die neueren Dramen seiner Zeit nie auf der Bühne zu sehen seien, schlicht darauf zurückgeführt, daß sie „undramatisch sind" – und damit statuiert, daß den „inneren *dramatischen* Wert [...] wesentlich erst eine Behandlung" gebe, „durch welche ein Drama vortrefflich für die Aufführung wird". Der Abschnitt 'Lesen und Vorlesen dramatischer Werke' bestreitet entsprechend die „bei uns Deutschen [...] geläufigen Ansichten, die Organisation eines Dramas für die Aufführung als eine unwesentliche Zugabe zu betrachten".[467] Das scheint direkt auf die Dramen der Romantiker gemünzt[468], wird diesen aber wie Hegels Subjektivitäts-Verdikt und sein Vorwurf mangelnder Wirklichkeitserschließung – die Romantik-Rezeption maßgeblich präjudizierend – kaum gerecht. Gerade als Lesedramen entfalten sie ganz eigene ästhetische Qualitäten.

Selbst wenn Tieck sich in seiner Abhandlung über das Wunderbare erkennbar für die theatralische Plausibilisierung interessiert[469], spricht er wiederholt von der

---

465 Als unermüdlicher Vorleser war Tieck berühmt-berüchtigt. Von Brentano stammt die ebenso berühmte Äußerung im Brief an seine Schwester Bettine vom September 1803, Tieck sei „das größte mimische Talent [...], was jemals die Bühne *nicht* betreten hat" (zit. nach Kasack II, 247).

466 Vgl. Fetzer (1994, 289).

467 Hegel (1971 II, 292).

468 Hegels Abwertung des romantischen Dramas ist darin begründet, daß er im 'lebendigen Menschen' selber, dem 'sprechenden Individuum allein', den 'Träger für die sinnliche Gegenwart und Wirklichkeit' sieht (vgl. Turk 1992, VII).

469 Dies nicht nur in dieser frühen Schrift, sondern auch in der Spätphase, wie der Brief an Immermann als Theaterdirektor in Düsseldorf vom 10. Mai 1835 zeigt, der anläßlich der Erstaufführung des *Blaubart* noch einmal die Überlegungen der frühen Shakespeare-Abhandlung aufgreift, im retrospektiven Blick nun auch auf die Bühne der Weimarer Klassik die entscheidende Akzentverlagerung gegenüber der gängigen dramatischen Praxis seiner Zeit benennt: „Das war eben einer der größten Fehler des ehemaligen Theaters in Weimar, daß im Wallenstein, Maria Stuart usw., *alles* auf *einer* Linie stand: ohne jene dramatische Perspektive, die erraten läßt, beruhigt, zerstreut, um die größten notwendigsten Effekte unendlich kräftiger und greller herauszustoßen" (zit. nach Tieck-DKV VI, Kommentar, 1351); zu Tiecks Dramen- und Theaterauffassung vgl. das lange Rahmengespräch im *Phantasus* zwischen *Verkehrter Welt* und *Däumchen* (Tieck-DKV VI, 660-697; hier auch zu Goethes Theaterreform 694). Dem späteren Tieck ist die Bühnenfähigkeit der eigenen Dramen auch im Sinne der Zuversicht auf die Verbesserung theatraler Bedingungen in der Zukunft durchaus ein Kriterium: „[...] wäre unsre Bühne freier [...] und eher frech [...] (Tieck-S I, XLIII); vgl. auch die *Bemerkungen über einige Schauspiele und deren Darstellung auf der Berliner Hofbühne*

Lektüre, in der offenbar eine angemessene Rezeptionsweise der Dramen Shakespeares gesehen wird.[470] Zur Exemplifizierung einer Wahrnehmungsform, in der das Nicht-Natürliche möglich erscheint, weil es rezipientenseitig gewissermaßen durch Projektionen normalisiert wird, bezieht er sich explizit auch hier auf die Lektüre als Erfahrungsmodell: Don Quijotes Wahnsinn wird „nie aus seinem Glauben an die abenteuerlichsten Rittergeschichten gerissen, weil seine Phantasie sich allenthalben die Personen und die Begebenheiten erschafft, die er sucht. Alle Gegenstände, die er sieht, entsprechen denen, von denen er gelesen hat."[471]

Nimmt man die von Tieck entwickelte und romantische Texte generell organisierende Kategorie einer nicht-mimetischen Illusion, die vermöge der Diffusion des Alltäglichen mit dem Unnormalen entsteht, wirkungsästhetisch ernst, dann liegt die rezeptionstheoretische Konsequenz für das romantische Drama auf der Hand. Wenn die Leistung des Dramas nicht mehr in der Mimesis von Handlungen und Charakteren, sondern in der szenischen Reproduktion dessen besteht, was sich die bewegte Phantastietätigkeit erschafft, dann entfaltet es seine besonderen ästhetischen Qualitäten, die strukturhomolog zur Verfaßtheit des Traums gedacht werden, kaum in der Aufführung. Lektüre ist die angemessene Wahrnehmungsform einer szenischen Illusion, die die 'unbegreiflich schnelle Beweglichkeit der Imagination' vollziehen soll, wohingegen bei Dramen, die auf die Repräsentation gesellschaftlicher Wirklichkeit und die moralische Wirkung vorgestellter Affekte kalkuliert sind, die reale Anschauung auf der Bühne erfordert wird. Dies gilt sowohl für die Verwirrungspoetik romantischer Komödien wie für die traum-

---

zur Aufführung des *Blaubart* auf einem 'besseren' Theater (Tieck-DKV XII, 1035). Tieck dachte, wie andere Autoren der Romantik, sehr wohl daran, seine Dramen durch „Abkürzungen" der Bühne zugänglich zu machen (vgl. Tieck-S I, XLIII), was tatsächlich aber nichts über deren Produktionslogik aussagt. Der Frühromantiker verhält sich trotz der bereits in der Kindheit ausgebildeten Theaterbegeisterung dem Problem einer theatralischen Realisierung gegenüber einigermaßen indifferent bzw. von Fall zu Fall seiner dramatischen Produktion je verschieden. Die Rede von einer 'Bühne für die Phantasie' weist auf jeden Fall in eine nicht-theatralische Ausrichtung, so daß sich die eindeutige Akzentverschiebung hin zur Würdigung der theatralen Möglichkeiten erst beim späteren Theaterpraktiker ergibt. Dies ist für die Beurteilung der Frage nach dem Lesedrama insofern nicht unwichtig, als sich philologische Urteile über die Auffassungen Tiecks auf die späteren Äußerungen seit Erscheinen der *Schriften* nach 1828 beziehen, die wegen der nunmehr verschobenen Maßstäbe so ohne weiteres jedoch nicht zu generalisieren sind.

[470] Vgl. Tieck-DKV I, 686/689. Bekanntlich hatte bereits Wieland in seiner Besprechung des *Götz*, der sich als Shakespeare-Adaption verstand und als solche angesehen wurde, betont, daß es sich um ein intendiertes „Drama zum *Lesen*" handele (zit. nach Zeller 1988, 52; vgl. auch Turk 1992, 264); zum Lesedrama als Kategorie, die sich im Gefolge von Klopstocks *Der Tod Adams* (1757) über die Lyrisierung der dramatischen Rede auf der einen Seite (vgl. Meier 1993, 327), im Gefolge des 'Shakespearisierenden Dramas' im Sturm und Drang nach 1770 auf der anderen Seite herausbildet, vgl. Zeller (1988, 51-53), Inbar (1979): „Man bezeichnet damit Stücke, die nicht für die Bühne geeignet sind, weil sie gegen die Regeln verstoßen, aber doch literarische Qualitäten besitzen, die sie lesenswert machen" (24). Als normativer Maßstab zur Begründung der Unspielbarkeit wird also der regelpoetische Standpunkt des Illusionstheaters zugrundegelegt (vgl. 36).

[471] Tieck-DKV I, 697.

förmige Unübersichtlichkeit der Universaldramen, während die überschaubaren, handlungs- und charakterdramatisch konziseren Trauerspiele Eichendorffs sich wieder stärker an der Bühnenwirksamkeit orientieren. Eichendorff repräsentiert damit wie der spätere Arnim die zeittypische Tendenz in der Rückkehr zur 'realistischen', politischen und teils auch psychologischen Plausibilisierung der Handlung, die trotz der Beibehaltung der parataktisch zersplitterten Form schließlich die Dramen Büchners und Grabbes vom romantischen Drama unterscheidet. Selbst aber bei den ja bis heute auf der Bühne erfolgreichen Stücke Shakespeares ist die Wirkungsintention, die repräsentationistisch auf gesellschaftliche Wirklichkeit abzielt, ambivalent gebrochen, weshalb sogar Goethe in seiner Abhandlung *Shakespeare und kein Ende* (1813) zum Ergebnis kam, die angemessene Form ihrer Rezeption in der Lektüre zu sehen: „Shakespeares Werke sind nicht für die Augen des Leibes", weil sie den „innern Sinn" ansprechen, durch den sich die „Bilderwelt der Einbildungskraft" belebe: Betrachte man „die Shakespeareschen Stücke genau, so enthalten sie viel weniger sinnliche Tat als geistiges Wort. Er läßt geschehen, was sich leicht imaginieren läßt, ja was besser imaginiert als gesehen wird", denn die Elemente der Dramen gehen „beim Lesen leicht und gehörig an uns vorbei", während sie „bei der Vorstellung lasten und stören, ja widerlich erscheinen". Goethe folgert daraus, er kenne „keinen höhern Genuß und keinen reinern, als sich mit geschloßnen Augen durch eine natürlich richtige Stimme ein Shakespearesches Stück nicht deklamieren, sondern rezitieren zu lassen".[472] Die Akzentverlagerung auf die rhapsodische Darbietungsweise gleich dem Epos[473] ändert nichts am grundsätzlichen Einwand gegen das Theatralische: „Shakespeares ganze Verfahrungsart findet an der eigentlichen Bühne etwas Widerstrebendes".[474]

Daß sich die Wirkungsintention auf eine szenische Mimesis der schwebenden Entgrenzung von Realität vornehmlich in der Lektüre und im Vorgelesenwerden erfüllt[475], geht auf wahrnehmungstheoretische Aspekte zurück. Legt man die in

---

[472] HA XII, 288f.

[473] Vgl. Turk (1992, 247) mit Hinweisen auf die Affinitäten und Differenzen zur romantischen Shakespeare-Rezeption Tiecks (245). Im übrigen liegen Goethes *Shakespeare und kein Ende* u.a. auch Tiecks *Briefe über Shakspeare* als Quelle zugrunde (259).

[474] HA XII, 297. Goethe kommt dadurch zu einer modifizierten Bestimmung des Dramatischen in Abgrenzung zum Epos, Dialog und Theaterstück: Während er das Drama als „Gespräch in Handlungen, wenn es auch nur vor der Einbildungskraft geführt würde", charakterisiert, faßt das Theaterstück Dialog und Drama mit der theatralischen Dimension zusammen, „insofern es den Sinn des Auges mit beschäftigt" (HA XII, 296).

[475] Die im Zusammenhang des romantisches Dramas wiederholt geführte Debatte, ob es sich um intendierte Lesedramen handele oder ob nicht doch auch die theatralische Wirkung einkalkuliert sei, reicht forschungsgeschichtlich weit zurück. In Bezug auf die Kategorie der Aufführbarkeit kommt die Philologie zu unterschiedlichen Ergebnissen, mit Schwerpunktbildung auf Seiten der Lesedramen-These. Gegenpositionen, z.B. bei Thalmann (1974) zu den Komödien Tiecks, werden mit dem Argument ins Feld geführt, daß diese sich erst über die „Freude am Theatralischen" erschließen (26) – eine erkennbar kurzschlüssige Argumentation, weil die theatralische Sphäre zu-

der frühromantischen Poetologie prominente Kategorie der produktiven Einbildungskraft[476] zugrunde, sind diese aus den wirkungsästhetischen Differenzquali-
täten im Gattungssystem der Künste erschließen: Leibhaftige Präsenz und poetische Phantasie stehen in einem problematischen Verhältnis zueinander. Nicht in
der Anschauung, die ein sinnlich Gegebenes realisiert, wird die Einbildungskraft
in bewegte Selbsttätigkeit gesetzt, sondern beim Lesen[477], schon weil die Schrift
kraft ihrer supplementären Struktur des unendlichen Aufschubs von Präsenz[478] in
einem gewissermaßen selbst liquiden Zustand verbleibt. Die Schrift entspricht

---

nächst erst einmal Gegenstand eines literarischen Texts ist. Aber auf dieses und das Argument der
autorseitigen Intention kommt es hier in erster Linie an, zumal die grundsätzliche
Aufführbarkeit romantischer Stücke gar nicht zu bestreiten ist und die wichtigsten romantischen
Autoren tatsächlich an das Theater dachten, selbst wenn es sich durch Abkehr von den theatralen
Beschränkungen der eigenen Zeit erst auf einer reformierten Bühne der Zukunft realisieren sollte:
„[...] that all wanted to change, if not transform, the theatre of their way" (Paulin 1970, 183). Es
geht vielmehr darum, aus der Produktionslogik szenischer Darbietungsformen in der Romantik
rezeptionstheoretische Konsequenzen zu ziehen.

[476] Die Differenzen zwischen der transzendental-, subjektphilosophisch und auf Erfahrungswirklichkeit ausgerichteten Reflexion bei Fichte im Gefolge der einschlägigen Bestimmungen in Kants
Kritik der reinen Vernunft (samt Abgrenzung von der 'reproduktiven Einbildungskraft') und der frei
'schwebenden Einbildungskraft' bei Novalis, die „nicht mehr die Leistung eines zugrundeliegenden Ich" darstelle, sind vielfach beschrieben (vgl. u.a. Hühn 1996, hier 591); zur Einbildungskraft
im Wechsel der Diskurse von Adam Bernd über Karl Philipp Moritz zu Jean Paul vgl. Müller
(1992); zum Wechsel von der rezeptiven zur produktiven Einbildungskraft in den *Herzensergießun-*
gen, von 'Raffaels Erscheinung' zum 'Berglinger'-Teil, vgl. Lubkoll (1995, 134); zur Kontextualisierung in Sprachtheorien um 1800, etwa Bernhardis *Sprachlehre* (1801/1803), die den „'schwebenden' Charakter der Sprache zwischen Verstand und Einbildungskraft" hervorhebt, vgl. Zollna
(1990, hier 281); zur *Sprachlehre* als zentralen theoretischen Grundlegung für die Sprachauffassung
der späteren Romantik vgl. C. Stockinger (2000a, 39f.).
[477] Entsprechend häufig anzutreffen ist in der romantischen Poesie die Thematisierung des Lesens:
„Kaum eine romantische Erzählung verzichtet darauf, Schrift oder Schreiben, das Requisit des
Buches oder zumindest den Akt der Imagination zum Thema zu machen" (Kremer 1993, 13f.).
Drei Aspekte seien für die nicht-mimetische romantische Prosa von Bedeutung: Imagination,
Künstlichkeit und Schrift (21), wobei „die griffige Oppositionsformel 'Mimesis vs. Imagination'"
nicht darüber hinwegtäuschen solle, „daß beide ästhetischen Prinzipien vielfach miteinander verknüpft sind" (37); zum halluzinatorischen Akt der Lektüre in romantischer Prosa vgl. Kremer
(1997, 46f.). Gelesen wird auch im romantischen Drama, z.B. Heiligenlegenden als Inzitamente
für die Religiosität Genovevas (vgl. Tieck-S II, 101f.); zum Lesen in Tiecks Dramen vgl. Hölter
(1987, 70f.), zur Lektüre als Modus romantischer Wissensaneignung vgl. Schmitz (1995, 301, 306).
[478] Vgl. Derrida (1983, 249f., 258, 272, 274); dazu Luhmanns (1995) Bemerkung: „Wohl erstmals
wird in der Romantik Kunst voll und ganz als Schrift reflektiert, und Poesie ist der Name, der dafür ein Formprogramm ankündigt" (461) – beispielsweise in den neuen Möglichkeiten des
selbstreflexiven Erzählens bei Sterne: „Jedenfalls: Nur die Schrift gibt dem Erzähler die Freiheit
der Wahl, in der Erzählung aufzutreten oder dies zu vermeiden" (58/Anm. 74). Die Vielzahl an
Beiträgen zur Theorie des Lesens seit Mitte der 80er Jahre, vermittelt durch die von Derrida ausgehende Debatte über die Schrift und deren Materialität, der sich dann auch die Medientheorie
angenommen hat, ist hier nicht aufzuführen; vgl. als Überblick Groß (1994), im Zusammenhang
einer konstruktivistischen Literaturtheorie, die die homologe 'Halluzinatorik von Welt und von
Literatur' im 'Lebensroman' entfaltet, vgl. Scheffer (1992, hier Titel Kap. 2, 63).

damit der gleichermaßen ephemeren Einbildungskraft als dem „poetische[n] Sinn überhaupt".[479] Lektüre ist deren Organisationslogik angemessen, weil der Leser „den *Accent* willkührlich" setzt, indem er aus einem Buch macht, „was er will".[480] Denn die Einbildungskraft ist

> der wunderbare Sinn, der uns alle Sinne *ersetzen* kann – und der so sehr schon in unsrer Willkühr steht. Wenn die äußern Sinne ganz unter mechanischen Gesetzen zu stehn scheinen – so ist die Einbildungskraft offenbar nicht an die Gegenwart und Berührung äußrer Reitze gebunden.[481]

Zwar reflektiert Novalis auch die sinnliche Wirkung der äußerlichen Künste und deren Wechselwirkung mit der Einbildungskraft[482], idealerweise vollziehen sich die Einbildungen aber ohne Sinnes-'Daten' im gewissermaßen sinnlich affizierten Geist:

> Nur der Geist sieht, hört – und fühlt – So lange das Auge, das Ohr und die *Haut* !!! noch *afficirt* sind von den *Medien* ihrer Gegenstände – den Incitamenten – so lange sie noch nicht rein *leiten* – *h e r a u s* und hinein – so lange sieht und hört und fühlt der Geist noch nicht ordentlich. Erst wenn die Erregung vorbey – und das Organ vollkommner Leiter geworden ist – etc.[483]

Die Wahrnehmungsform einer von sinnlichen Erregungen nicht mehr *direkt* affizierten und doch zugleich innervierten, dadurch intensivierten Geistestätigkeit, die *von außen* in selbsttätige Bewegung versetzt wird, ist das Lesen. Unter dem Stichwort „Begriff der Philologie" bestimmt Novalis es als „geistige Reisekunst" und „Divinationskunst"[484], woraus erhellt, weshalb die Formel vom 'Leben, als Buch' den Inbegriff romantischer Sehnsucht ausmacht: „Das Leben soll kein uns gegebener, sondern ein von uns gemachter Roman seyn"[485], der in der freien und doch äußerlich angeregten Phantasietätigkeit in der Lektüre die „intellectuale[] Anschauung" der eigenen Subjektivität erlaubt.[486]

Gewährleistet wird deren spezifische Unbegrenztheit nicht allein durch die Abtrennung von der äußeren Affizierung der Sinne, sondern auch gerade durch die 'Überanschaulichkeit' der Poesie. Die Formel Theodor A. Meyers, die Pro-

---

[479] ²Novalis II, 568.

[480] ²Novalis II, 609.

[481] ²Novalis II, 650.

[482] Vgl. ²Novalis II, 537f.; auch ²Novalis III, 693 [705]: „Alle Darstellung des Dichters muß symbolisch oder rührend sein. Rührend hier für afficierend überhaupt. Das Symbolische afficirt nicht unmittelbar, es veranlaßt Selbstthätigkeit. Dies reizt und erregt, jenes rührt und bewegt. Jenes ist ein Handeln des Geistes, dies ein Leiden der Natur, jenes geht vom Schein auf Sein, dies vom Sein auf den Schein, jenes von der Vorstellung zur Anschauung, dies von der Anschauung zur Vorstellung."

[483] ²Novalis II, 541. „Die wirklich großen körperlichen Erregungen entstehen durch die Einbildungskraft" (Musil 1978, 1590).

[484] ²Novalis II, 598.

[485] ²Novalis II, 563; zur Formel vom 'Leben wie im Roman' bei F. Schlegel vgl. Bräutigam (1986).

[486] ²Novalis II, 561.

blemformulierung Lessings zur Differenzqualität der Künste in der Laokoon-Debatte des 18. Jahrhunderts aufgreifend, unterscheidet die Poesie als „Kunst der überanschaulichen sprachlichen Vorstellung" von der äußeren Anschaulichkeit der bildenden Künste.[487] Im Gegensatz zur sinnlichen Präsenz hat die Poesie „kein Material mehr, sie erzeugt die Bilder allein in unserem Inneren, in unserer Phantasie", sie ist

> die Kunst der innerlich gesetzten Sinnlichkeit und damit zugleich der unbeschränkten: während die anderen Künste, entsprechend der Natur ihres Materials, an eine Seite der Sinnlichkeit gewiesen sind, kann sie alle ins Spiel setzen, Linien und Formen, Farben und Töne, und hat dazu noch vor den bildenden Künsten die Bewegung voraus.[488]

Die rezeptionstheoretisch entscheidende Konsequenz geht dahin, „daß die psychischen Gebilde, die durch die Rede ausgelöst werden, in ihrem Wesen durchaus verschieden sind von den Wahrnehmungsbildern unserer Sinne, deren *Aufhebung und Zerstörung* sie zur Voraussetzung haben".[489] Das Laookon-Problem, das im Zusammenhang des *ut-pictura-poesis*-Postulats von der malenden Nachahmung der Dichtung ins Zentrum der Ästhetik- und Mimesis-Debatte im 18. Jahrhundert führt, betrifft nicht allein die ästhetische Differenz zwischen bildender Kunst und Poesie, sondern auch zwischen dem Drama und den anderen, ausschließlich durch Lektüre rezipierten Ausprägungen der literarischen Darstellung. Deren Wahrnehmungsform unterscheidet sich von der sinnlichen Präsenz der theatralischen Darbietung, weil hier die Sprache nicht nur „Vehikel, sondern das Darstellungsmittel der Poesie" selbst ist.[490]

Tieck zufolge kann die erzählende Dichtung aus diesem Grund, wie zitiert, „nie so lebhaft werden [...], als die Täuschung des Drama's werden soll".[491] Umgekehrt ist genau dies die entscheidende Voraussetzung dafür, daß die produktive Einbildungskraft in *selbsttätige* Bewegung versetzt wird. Die Plastizität eines real angeschauten Bewegungsbilds dagegen überwältigt diese Selbsttätigkeit durch externe Gewalt. Unter Berufung auf die Phantasie diskutiert Tieck die besondere

---

[487] Meyer (1990, 22).

[488] Meyer (1990, 30). Trotz der kritisierten anachronistischen Voraussetzungen an der Schwelle zur Moderne um 1900 – Meyer Polemik gegen Anschaulichkeit und für die Geistigkeit der Literatur sei mitnichten reflexiv gemeint (Klöckner 1997, 305), denn sie verharre bei der sprachlichen Vorstellung als „Gehaltsvermittlung" (302) nach der „Angemessenheit" (301) auf dem Stand des 18. Jahrhunderts (303) – formuliert seine Theorie, die Adorno wiederentdeckte, zentrale Annahmen einer konstruktivistischen Literaturtheorie nach dem Paradigmenwechsel „von der Mimesis zur Performanz" (Iser 1990, 15); zum Problem der literarischen 'Anschaulichkeit', basierend auf der spezifischen Ikonizität auch von sprachlichen Zeichen, vgl. im einzelnen Willems (1989).

[489] Meyer (1990, 22; Hervorhebung von mir, S.S.).

[490] Meyer (1990, 34). Auch Meyer unterscheidet in einem eigenen Kapitel das Drama von den anderen Formen der Poesie (Kap. VI. 'Die Mimik', 134-150), kommt allerdings zur gängigen Ansicht, daß das „echte Drama [...] von Haus aus für die Bühne gearbeitet" sei, weil es zur „vollen Wirklichkeit" erst ergänzt werde durch die „selbsttätige[] Künstlerphantasie" des Schauspielers (143).

[491] Tieck-DKV I, 690.

ästhetische Qualität der Lektüre im Vergleich zur überwältigenden Präsenz der bewegten Empfindung vor der Bühne in der *Straußfeder*-Erzählung *Die gelehrte Gesellschaft* (1796) – an einer Figur, die den sprechenden Namen Wandel trägt:

> [...] weil alle Gemählde mehr auf meine Phantasie wirken und durch sich selbst Empfindungen in mir erregen; wenn ich aber Empfindungen hingestellt sehe, so bleibt meine Phantasie dabei ungerührt und meine ganze Seele müßig. So hat mich schon oft ein Auszug aus einem Trauerspiele, wenn ich las: nun erscheint der und der in höchster Wuth oder Traurigkeit – mehr gerührt als das wirkliche Trauerspiel [...].[492]

Reflektiert wird an dieser Stelle ein für Tiecks Kunstauffassung zentraler Aspekt, der aus den unterschiedlichen Rezeptionsweisen der Künste heraus die Emphatisierung der Poesie jenseits ihrer gattungsförmigen Unterschiede erklärt. Wie keine andere Kunst verfügt Literatur über die Kraft, eine *spezifische* Phantasietätigkeit zu erregen, während die äußeren Künste zu direkt wirken, die Musik dagegen zu flüchtig und semantisch so ungebunden bleibt, daß sie trotz ihrer begrifflichen Momente das Imaginäre jenseits einer Stimmung kaum inhaltlich affiziert.

Auf die soweit konkrete Verlebendigung des Imaginären vermöge der literarischen Plausibilisierung auch des Nicht-Normalen zielt die Poetik der Romantik aber ab. Gerade Tieck präferiert dazu auch in seiner Prosa bis ins Spätwerk hinein dialogische Darbietungsformen; und zwar deshalb, weil sie gleichermaßen ein geeigneter Modus der Perspektivierung wie der sekundären Verlebendigung eines Dargestellten (im Sinne der beim Lesen imaginierten Stimme) sind. Solche Verlebendigung kraft eines literarisierten Dialogs, betrieben bereits in den sokratischen Gesprächen zwischen Agathon und Hippias in Wielands *Agathon*, stellt ein besonderes Projekt in der Literatur zwischen 1775-1790 dar, insofern sich der spätaufklärerische Dialogroman als 'Buchdrama' der literarischen Inszenierung von Mündlichkeit verschreibt.[493] Dem spätaufklärerischen Selbstverständnis zufolge bleibt der Dialogroman aber noch dem Paradigma anthropologischer Problemlösungen in der Spannung von Sinnlichkeit und Vernunft verhaftet. Erst die Romantik weitet das Interesse an derartiger Verlebendigung auf andere Bereiche aus, indem die empfindsam-spätaufklärerischen Techniken sekundärer Oralität nicht allein der diskursiven Verständigung über die Kunst dienstbar gemacht[494], sondern eben auch für Phänomene des Übernatürlichen erprobt werden: In Tiecks

---

[492] Tieck-S XV, 229.

[493] Vgl. Kalmbach (1996, 109-138: „'Buchdramen': Dialog als szenische Schreibform"). Auf der Basis der jüngeren Debatte zur Schriftlichkeit und Mündlichkeit im 18. Jahrhundert beschreibt Kalmbach deren Überschneidung in dialogischen Darbietungsweisen, die dazu beitragen sollen, das längst noch nicht selbstverständliche automatische stille Lesen, das den Buchstaben Klang unterlegt, zu stabilisieren: „Sprechen im Duktus des Schriftlichen, Schreiben im Duktus des Mündlichen – zwischen beiden Kommunikationsarten gibt es zahlreiche Überschneidungen. Schrift integriert mündliche Traditionen und literarisiert sie" (85). Der schriftliche Dialog wird so zum „Simulacrum mündlicher Kommunikation" (78).

[494] Zum Gespräch als vorherrschenden literarischen Form der Romantik, besonders zur Selbstverständigung über die Kunst, vgl. Ziolkowski (1992, 450-471).

Prosa, genannt sei *Der Blonde Eckbert* (1797), sind es nicht selten Figuren, die in einer geselligen Gesprächssituation ihre Geschichte erzählen, so daß der Leser durch die gewissermaßen realpräsentische Suggestivität einer schriftlich inszenierten Stimme[495] in den Bereich des Wunderbaren und Unheimlichen hineingleitet.

Nicht ohne Grund vollzieht sich dieses Erzählen in der Ich-Form. Sie ist ein geeigneter Modus zur literarischen Entfaltung von Nicht-Welt, da sich beim Ich-Erzähler das Fiktionsproblem der Glaubhaftigkeit der Erlebenisse nicht stellt. Das personale Erzählen als radikalisierter Modus der Immanentisierung von Figurenperspektiven steht noch nicht zur Verfügung. Vorstufen zu dieser Technik präsentieren die Traum- und Seelenlandschaften Tiecks in Texten wie dem *Runenberg*.[496] Eine immersive Wirkung, ausgelöst durch die unterstellte Glaubwürdigkeit der versprachlichten und so überhaupt vernehmbaren Innenverhältnisse, hat aber bereits die mündliche Erzählsituation. In der Romantik läßt sich deren performatives Potential dank der verlebendigenden Wirkung redender Personen auch auf das Nicht-Natürliche anwenden, woraus die eben so verlebendigte Präsenz des Imaginären hervorgeht.

Das romantische Drama als Lesedrama stellt in dieser Perspektive eine spezifisch radikalisierte Form dialogischer Prosa und ihrer textuellen Effekte dar. Aller Episierungstendenzen zum Trotz ergibt sich die besondere ästhetische Wirkung der dramatischen Form aus der vermittlungslosen Präsentation sprechender Figuren. Legt man die bisherigen Überlegungen zum Wunderbaren und zur produktiven Einbildungskraft zugrunde, geht aus der Lektüre romantischer Dramen eine neuartige Illusion gerade wegen dieser Unmittelbarkeit hervor. Es kommt darin die eigentümliche Präsenz einer Wirklichkeit, in der das Realitätsprinzip außer Kraft gesetzt ist, kraft einer der Figurenrede unterlegten Stimme zur Geltung. Im Unterschied zur Realpräsenz auf der Bühne besteht die besondere wirkungsästhetische Qualität dieser szenisch-stimmlichen Präsenz des Imaginären im *potentiell* Fiktiven, weil ihr Struktureffekte der Schrift zugrundeliegen.

Für das romantische Drama ist also zunächst festzuhalten: Als real angeschautes Bühnengeschehen kann es nicht romantisch sein, charakterisiert man das Romantische – wie ausgeführt – als Kontamination des Ungewöhnlichen mit dem Alltäglichen in schnellen Grenzübergängen der 'unbegreiflich schnellen' Phantasie zu einer neuartigen ästhetischen Illusion. Vor der Bühne ist der Zuschauer an die „sinnliche Gegenwart gefesselt", so daß die Phantasie „alle Freiheit" verliert.[497]

---

[495] Zur romantischen „Simulation der lebendigen Stimme in der Schrift" vgl. Kremer (1997, 14). Neben den integrierten Binnenerzählungen (15) wird die „Präsenz der lebendigen Stimme in der Erzählung" nicht zuletzt durch die eingefügten Lieder gesichert (14).

[496] 'Die ersten Geschichte vom Bewußtseinsstrom' erkennt Rath im *Runenberg* (1996, 271-281); mit der Formel von der „paysage tieckien" erfaßt bereits Minder (1937, 241) die Besonderheit der vielbeschriebenen Traum- und Seelenlandschaften Tiecks.

[497] Schiller an Goethe, 26. Dezember 1797 (Schiller-Goethe, 525). Präzise ist hier die entscheidende Differenz zwischen den Freiheiten vor der Bühne und in der Lektüre bestimmt: „Die dramatische

Mit anderen Worten: Als angeschautes Geschehen entspricht das romantische Drama kaum der Idee, im Medium der Kunst einen dem Realitätsprinzip enthobenen anderen Zustand herbeizuführen, zumal es sich schon mit den materialen Umständen von Theatralität realen Beschränkungen unterwirft. Auch wenn die Bühne über technische Möglichkeiten der illusionären Außerkraftsetzung des Realitätsprinzips verfügt, bleibt sie doch an die physischen und physikalischen Gesetze gebunden. So besteht die Notwendigkeit einer dramaturgischen Zurichtung bei Anerkennung mechanischer Grenzen der Bühnentechnik, die eine überschaubare Darbietung zur Voraussetzung ihrer physischen Mitvollziehbarkeit macht. So bestehen vor allem aber die Trägheitsgesetze der Mechanik für die Bewegungen des realen Körpers, die der vorschnellen, reflexiv nicht einholbaren Beweglichkeit der Imagination widerstreiten – Bedingungen allesamt, die vom Realitätsprinzip, dem die theatralische Umsetzung notwendig unterworfen bleibt, festgelegt sind.

Das ist die eine Seite. Auf der anderen Seite beeinträchtigt allein die visuelle Präsenz selbst bei maximaler Befreiung von den Begrenzungen der physischen Welt – etwa mit Hilfe der digitalen bzw. multimedialen Möglichkeiten des Films im Gegensatz zum traditionellen Film, der noch ein in welcher (Kulissen-)Form auch immer real Gegebenes abfilmt – die Phantasietätigkeit. Die visuelle Logik des Films, die das Realitätsprinzip als festgefügtes Kontinuum des Wahrscheinlichen außer Kraft setzen kann und zur früh formulierten Behauptung von der Traumförmigkeit des Kinos geführt hat, verdankt sich Formen der Bildmanipulation durch Schnitt-, Montage- und Überblendtechniken. Doch auch der Film läßt der Phantasie einen geringeren Spielraum als die Lektüre, weil er den Zuschauer in den Strom seiner Bilder, dem man initiativ- und alternativlos ausgeliefert ist, hineinreißt. Sowenig wie vor der Bühne kann sich die produktive Einbildungskraft, die an die bewegte Selbsttätigkeit des imaginierenden Subjekts gebunden ist, vor der Leinwand entfalten. Und wie vor der Bühne richtet sich die Aufmerksamkeit stärker auf die Affektivität dargestellter Personen, zumal auch Filmbilder eher eine Phantasie in Gang setzen, die hinter die Figur blicken, durch ihre Haut hindurch ins Innere ihrer Gefühlslagen vordringen will und so in gewisser Weise den

---

Handlung bewegt sich vor mir, um die epische bewege ich mich selbst. [...] Bewegt sich die Begebenheit vor mir, so bin ich streng an die sinnliche Gegenwart gefesselt, meine Phantasie verliert alle Freiheit [...] alles Zurücksehen, alles Nachdenken ist mir versagt, weil ich einer fremden Gewalt folge. Beweg ich mich um die Begebenheit, die mir nicht entlaufen kann, so kann ich einen ungleichen Schritt halten, ich kann nach meinem subjektiven Bedürfnis mich länger oder kürzer verweilen, kann Rückschritte machen oder Vorgriffe tun u.s.f." (Schiller-Goethe, 524f.). Ähnlich formuliert Goethe in der Fassung von *Über epische und dramatische Dichtung*, daß der „zuschauende Hörer [...] von Rechts wegen in einer steten sinnlichen Anstrengung bleiben" muß, „er darf sich nicht zum Nachdenken erheben, er muß leidenschaftlich folgen, seine Phantasie ist ganz zum Schweigen gebracht" (Schiller-Goethe, 524; HA XII, 251). Zur Begrenzung der Phantasie, ja ihrer Zerstörung durch die sinnliche Präsenz siehe zudem Schillers Vorrede zur *Braut von Messina* (Schiller III, 472ff.).

Identifikationsmechanismus im Theater reproduziert.[498] Genau diesen Effekt will Tiecks frühe Dramenpoetik vermeiden. Aber auch noch sein späteres Interesse an einer Revitalisierung der dekorationsarmen elisabethanischen Bühne während der Dramaturgentätigkeit in Dresden ist davon angetrieben, weil im Gegensatz zur visuellen Präsenz der *eloquentia corporis* dem 'geistigen' Potential der szenischen Rede die entscheidende Bedeutung beigemessen wird.[499] Wenn Tieck die Bühnenfähigkeit eines seiner Stücke betont, dann schwebt ihm letztlich eine antiillusionistische Aufführung vor, die auf die imaginative Kraft des gesprochenen Worts baut.[500]

Dem Begriff des romantischen Dramas, nimmt man sowohl das Romantische im diskutierten Selbstverständnis als auch das Drama in seiner Eigengesetzlichkeit als bühnenfähige literarische Form je für sich ernst, inhäriert demnach ein Widerspruch in sich: Ein sinnlich bzw. real Gegebenes in Bewegung zerstört die Phantasie und deren Beweglichkeit. In seiner Begrenztheit, durch physische und visuelle Plastizität konturiert, widerstreitet es dem Flüchtigen, Leichten und Leichtsinnigen, nicht zuletzt dem Unendlichen. Soll die literarische Fiktion Mimesis dieses Volatilen und Leichtfertigen sein, dann darf sie nicht real werden bzw. leibhaftig in Erscheinung treten: Romantische Phantasie und dramatische Präsenz, noch knapper: Phantasie und Präsenz schließen einander aus. Sie stehen so in einem paradoxen Verhältnis zueinander wie die 'unendliche Fülle' zum Begrenztsein distinkter Manifestationsformen.

Nur in der materialen Fixierung in Schrift und ihrer unabschließbar supplementären Bewegung, im permanenten 'Unterschieb' der *différance*, kommt beides zusammen: in den Effekten der Zeichenverarbeitung beim Lesen, die sich aus der Reziprozität der Entstehung von Zeichenbedeutungen *zwischen* den Signifikanten und dem ergeben, was diese als Bezeichnetes *erzeugen*. Eine poststrukturalistische oder dekonstruktivistische Konsequenz des freien Flottierens referenzloser Zei-

---

[498] Dies indes wiederum nur gesetzt den Fall, daß sich das Identifikationspotential – wie im Drama des 18. Jahrhunderts – auch zeitlich entwickeln kann, indem die Darbietung bei der Figur verweilt. Auch Filmbilder regen dabei weniger die Phantasie als eine 'realistische' Spekulation auf psychische Verfaßtheiten über die Selbstwahrnehmung des Rezipienten in den gezeigten Situationen an – so etwa, wie die beiden Fensterbeobachter in E.T.A. Hoffmanns *Des Vetters Eckfenster* (1822) sich Lebensgeschichten zu den physiognomisch gedeuteten Personen des Marktes imaginieren. Nicht ohne Grund hat man diesen späten Text Hoffmanns und die von ihm literarisierten Formen 'filmischen' Wahrnehmens an der Schwelle zum realistischen Erzählen angesiedelt.

[499] Vgl. dazu die bereits zitierte Rede von der „geistige[n] Einheit" in Goethes *Jahrmarktsfest zu Plundersweilern*, die durch „eine poetische Magie" entstehe (Tieck-KS II, 208). Auch Landfester (1997, 132) kommt daher zum Schluß, daß „solche 'Einheit' [...] für den Rezipienten des *Gestiefelten Katers* nur noch als Leser, kaum mehr als Theaterbesucher faßbar ist".

[500] Die Kritik an der zeitgenössischen Dekorationsbühne als Vernachlässigung der dichterischen und schauspielerischen Qualität kehrt wieder in Brentanos *Über das moderne Theaterwesen im größten Teile von Europa, vielleicht überall. Bei Gelegenheit des 'Achilles' von Paer* (1815): „Ohne alle innere Heiligkeit und Lebendigkeit" (Brentano-Kemp II, 1130) liefere das Theater bloß kostbare Dekoration, während auf der Bühne nichts anderes täuschen solle „als *der Dichter* und *der Schauspieler*" (1134), „mit dem Kostüm aber nichts, als nicht beleidigen, und mit der Dekoration nichts, als einen leisen Wink geben" (1139).

chen, die Menninghaus formuliert[501], ist nicht daraus zu ziehen, zumal Sprache in der Romantik grundsätzlich substantialistisch, als Medium der Einheit von Poesie und 'Weltseele' (Novalis) begründet ist und deshalb als wie auch immer symbolisch oder allegorisch interpretierbares Zeichen einer höheren Ordnung fungiert. Doch selbst unabhängig von dieser metaphysischen Voraussetzung funktioniert Schrift im Gefolge der Alphabetisierungsprozesse des 18. Jahrhundert dergestalt, daß sie die Einheit als textuellen Effekt hervorbringt: kraft einer imaginären Intensität, die von der 'Mediologie', einer jüngeren Kritik am Poststrukturalismus in anthropologischer Perspektive, als sekundäre Präsenz, als neuartige imaginäre Körperlichkeit in Texten beschrieben wird. Sprachliche Zeichen, nach dem dreistrahligen Funktionenmodell Bühlers bestimmt durch das Wechselverhältnis von Ausdruck, Referenz und Performanz, emergieren gerade wegen der Differenz zum Bezeichneten (in der Briefkommunikation etwa zur geliebten Person als Abwesenden) eine sekundäre Motivation, indem sie die Arbitrarität auf spezifisch literarische Weise aushebeln und so die Differenz kurzschließen: in der Empfindsamkeit durch die imaginäre Präsenz des Abwesenden vermöge der substitutiven Produktion von Innerlichkeit gerade mittels Schrift.[502] Es ist plötzlich, als läse man die Seele des Begehrten, die Seele die Dinge selbst. Diese Anschließungskapazität der Schrift, indem kraft diskreter Buchstaben im Leser Gefühle, Stimmungen, Phantasmen, profane Erleuchtungen oder was auch immer in psychophysischer Intensität erweckt werden, begründet die Produktivität von Poesie seit der zweiten Hälfte des 18. Jahrhunderts. Literarische Schrift speichert ein Reales und Imaginäres, das im 'toten Buchstaben' zwar mortifiziert ist, als imaginäre Präsenz aber aufersteht, indem sie dem Leser das Abgeschnittene aisthetisch wiedererstattet. Sie erzeugt Wirklichkeiten als textuelle Effekte, bedingt durch die Selbstauslöschung der zeichenhaften Vermitteltheit. Kraft dieser Logik wird in der Romantik auch das Nicht-Normale wirklich. Der immersive Sog von Poetizität – Ef-

---

[501] „Die frühromantische Semontologie als Vorwegnahme Derridas" (Menninghaus 1987, 115-131).

[502] Die Struktur dieser durch die Schrift produzierten „sekundäre[n] Präsenz" in Form einer „imaginären Wiedererstattung" des abgeschnittenen Realen hat Koschorke (1994a, hier 622, 623) vor dem Hintergrund der Alphabetisation im 18. Jahrhundert rekonstruiert: „Literale Kommunikation – um diesen langwierigen Prozeß schlagwortartig abzukürzen – verhält sich zur mündlichen Interaktion nicht mehr subsidiär, sondern substitutiv" (606). Dabei ist entscheidend, daß diese „neue Art von Unmittelbarkeit" (622) Produkt der Schrift als „Gelenkstelle zwischen dem Realen und dem Imaginären" ist. Weil sie unter der Voraussetzung der Arbitrarität der Zeichen „als Prinzip der Differenzerzeugung zugleich im Zeichen eines Versprechens reiner, uneingeschränkter Gegenwart" steht (623), sorgt Lektüre dafür, daß „vor den Augen der Einbildungskraft [...] das real Entzogene neu und in nicht minderer Stärke" entsteht (617). „Phantasie setzt die Stillegung der Sinne voraus" (622), so daß erst die Mortifikation die Zeichenproduktion im Prozeß des Begehrens, das Abwesende anwesend sein zu lassen, auslöst und vorantreibt. Diese Gedankenfigur begründet Koschorkes Kritik an Derridas Primat der Schrift: Schrift funktioniere platonisch, weil sie den „Körper aus dem Spiel" nehme und so die Aufteilung des Menschen in Geist und Körper aktiviere (609); vgl. dazu genauer Koschorke (1997, hier 56f.); zum Begriff der 'imaginären Körperlichkeit' Koschorke (1994b, 264), umfassend Koschorke (1999).

fekt potenzierter Parallelismen – verwandelt die Künstlichkeit der literarischen Inszenierung in eine zweite Naivität bzw. in eine zweite Natur: in das 'ächt absolut
Reelle', eine neue Art von Realität durch die artifizielle Poesie der Poesie hindurch. Diesen Zustand durch Anordnungen der Schrift als erlebbare Wirklichkeit
anzusteuern, ist der Traum des romantischen Buchs – bewerkstelligt durch die
Suspendierung literarischer Inszeniertheit in der Einheit von Denken und Wahrnehmen mit der Welt, die als halluzinativer Effekt im Leser entsteht.

So wird die Schrift wegen ihrer doppelten Leistungsfähigkeit – des unendlichen Aufschubs; der Wiedererstattung einer neuen Art imaginärer Unmittelbarkeit – zum idealen Medium für das Unendliche im Fixierten, mithin zum einzig
angemessenen Medium der progressiven Universalpoesie, die in der Phantasietätigkeit des Lesers zur 'überanschaulichen' und dennoch sinnlichen Präsenz des
Imaginierten verschmilzt.[503] In der Schrift kann die Welt poetisch werden. Lektüre erfüllt so auch eine lebensweltlich begründete Kunstauffassung. Hier kommen
freie Phantasie und konkrete Wirklichkeit, das Unbegrenzte und das Begrenzte
selbst zusammen, weil die in Schrift umgeprägte Wirklichkeit von der Konkretion
abstrahiert hat, ohne daß sie in den Buchstaben endgültig mortifiziert ist. Schrift
löst den romantischen Universalitätsanspruch und die unendliche Agilität des
'Äthergeistes' ein, weil die Diversifizierung des Dargestellten in der gleitenden
Logik äquivalenter Signifikantenketten problemlos ineinsfällt: homogenisiert
durch den Systemcharakter der Sprache, ohne daß damit die differentielle Qualität
von 'Mannigfaltigkeit' selbst annihiliert wäre.

Die Präponderanz der Schrift erklärt die romantische Rede vom Buch als Leben. Im Buch kann sich das Geistige, Seelische und Sinnliche als unabschließbarer
Prozeß (in der unerschöpflichen Lektüre) artikulieren. Im Buch wird die für die
frühe Romantik schlechthin zentrale Doppelung von 'Werden' und 'Reflexion' in
Bewegung versetzt, indem sich Reflexion als Vollzugsform des Geistes mit der
spezifischen Geistigkeit des Lesens berührt. Die in romantischen Texten häufig
dargestellte Lektüre verhandelt diese Verschränkung von Reflexion, Vollzug und
imaginärer Evokation auch thematisch. *Die* romantische Form der Kunst ist das
romantische Buch als Synthesis dessen, was in diesem Vorgang verschriftet werden kann. Und das ist in *literarischer* Grenzüberschreitung zu den anderen Künsten
und zur Welt nach Friedrich Schlegel und Novalis 'alles'.[504]

---

503 Vgl. dagegen Steiners (1994) Einspruch, der darauf abzielt, daß sich die Semiotechnik Einbildungskraft in der Schrift nur sequentiell-linear entfalten, wegen ihrer Zeitlichkeit also nie zu einer
holistischen Totalität zusammenschließen kann. Steiners dekonstruktivistische Argumentation
unterschätzt die phantasmatische Potenz von Literatur im erfüllten Augenblick, wie auch immer
dieser Zustand im zeitlichen Vollzug der Schrift sogleich wieder zerfällt.

504 Auch das frühromantische Enzyklopädie-Projekt als bibelgleiches Buch der Offenbarung lebt in
und von der spezifischen Geistigkeit der Schrift; vgl. Novalis' Brief an F. Schlegel vom 7. November 1798: „Du schreibst von Deinem Bibelproject und ich bin auf meinem Studium der Wissenschaft überhaupt – und ihres Körpers, des *Buchs* – ebenfalls auf die Idee *der Bibel* geraten –
der Bibel – als des *Ideals jedweden* Buchs. Die Theorie der Bibel, entwickelt, giebt die Theorie der

Szenische Sprachlichkeit – Poesie als szenische Arabeske

Überträgt man das performative Vermögen der poetischen Schrift auf die szenische Organisationsform des Dramas, so läßt sich plausibilisieren, daß romantische Dramen als Lesedramen eine wirkungsästhetische Intensivierung der Idee vom Leben als Buch ansteuern. Die eigene ästhetische Qualität des romantischen Buchs, das sich dramenförmig präsentiert, resultiert aus der spezifischen Unmittelbarkeit der szenischen Darstellung. Die ästhetischen Effekte verschränken sich mit der Produktion sekundärer Präsenz durch poetische Schrift, indem diese die imaginäre Präsenz leibhaftig sprechender Figuren auf einer imaginierten Bühne inszeniert. Geltend macht sich damit die gewissermaßen *direkte* Verknüpfung des Entgegengesetzten, insofern sie nicht wie im Roman vermittelt präsentiert wird. Gegenläufig dazu sind romantische Dramen durch epische Voraussetzungen konstituiert, ohne daß davon aber die unvermittelte Präsentation sprechender Figuren selbst berührt wird. So ergibt sich das ästhetische Potential romantischer Dramatik grundsätzlich daraus, daß sie sich als romantische Romane ohne Erzähler (selbst)darstellen.

Der frühromantischen Theorie zufolge kann sich der romantische Roman tatsächlich als Drama präsentieren, weil sich ihre Poesieauffassung nicht von formalen Gattungsaprioris herleitet: „Abgerechnet", daß das Drama dafür „bestimmt ist angeschaut zu werden" und so zum „angewandte[n] Roman" wird, schreibt Friedrich Schlegel im *Gespräch über die Poesie*, „findet sonst so wenig ein Gegensatz zwischen dem Drama und dem Roman statt, daß vielmehr das Drama so gründlich und historisch wie es Shakespeare z.B. nimmt und behandelt, die wahre Grundlage des Romans ist". Nicht der „dramatische Zusammenhang der Geschichte" mache den 'angewandten Roman' „zum Ganzen, zum Werk", sondern – wie eingangs dieser Arbeit zitiert – erst die „Beziehung der ganzen Komponenten auf eine höhere Einheit", die als *„Einheit des Buchstabens"* das Werk zu einem „geistigen Zentralpunkt" verknüpft.[505]

Diese Einheit des Buchstabens bestimmt das Drama zum *Sprach*kunstwerk[506], das als solches schon von der theatralischen Realisierung zu unterscheiden ist,

---

Schriftstellerey oder der Wortbildnerey überhaupt – die zugleich die symbolische, indirecte, Constructionslehre des schaffenden Geistes abgiebt" (²Novalis IV, 262f.). Erst die Indirektheit der symbolischen Konstruktion, gegründet auf der Abstraktionsleistung der Schrift, offenbart die höhere Bedeutung bei größtmöglicher psychischer Intensität – gerade weil sie nicht plastisch vor Augen steht. Formuliert ist hier ein Kernstück protestantischer Religiosität, die über den Pietismus bekanntlich entscheidend zur historischen Entstehung von Innerlichkeit beiträgt.

505 KFuS II, 213 (Hervorhebung von mir, S.S.).
506 Vgl. dazu Arnims frühe Kritik an der Abwertung der Dichtkunst im französischen Theater in den *Erzählungen von Schauspielen* (1803) „[...] daß sich dies Volk mehr zum Darstellen als zum Erfinden hinneigt, also offenbar die Schauspielkunst höher halten wird, als die Dichtkunst. So ist diese eigentlich bloße Nebensache geworden, und war es vielleicht nie mehr als in der besseren Zeit französischer Poesie" (Arnim-DKV VI, 131f.).

weil das Theater die „Profanierung des unmittelbaren dichterischen Gedankens" bedeutet.[507] Im Sprachkunstwerk erschließt sich der dichterische Gedanke durch Lektüre bzw. Vorlesen, weil die 'geistige Einheit' – als Einheit von Innen und Außen am Indifferenzpunkt der Seele (Novalis) und als Einheit des sinnlich Konkreten mit einem begrifflich Abstrakten – selbst erst aus der performativen Kraft von Sprache hervorgeht, das Sinnliche und Intelligible zu verschränken.

Über die bereits erläuterten Verfahren der Sprachlichkeit romantischer Dramen (auch im Reflex der Sprache auf sich selbst) hinaus läßt sich das Prinzip und sein Wirkungsmechanismus, der auf einen Bereich *zwischen* sinnlicher Konkretion und intelligibler Abstraktion abzielt, an einer extremen szenischen Variante in Brentanos Literaturkomödie *Gustav Wasa* klarmachen. Denn in das 'Verzeichnis der hierin spielenden Personen' sind auch literarische *Werke* aufgenommen, die mit den Namen ihrer Autoren (Seneca, Tertullian usw.) vorgestellt werden. So agieren und sprechen im Drama 'Schillers Glocke' oder 'Kotzebues Komödien', indem die realen Hypotexte polemisch zitiert, parodiert oder travestiert und damit kenntlich gemacht werden. Über parodistische und travestierende Effekte in der Figurenrede hinaus können sich Werke als Allegorien dichterischer Praxis, die die Komödie satirisch verhöhnt, aber kaum als theatralische Figur präsentieren – in einer szenischen Selbstdarstellung also, die dem Rezipienten durch visuelle Erscheinung, Verhalten und Sprache aus sich selbst heraus transparent würde: Präsentiert die Szene „Eine Bibliothek" – initiiert durch den Einfall sprechender Gegenstände (Tisch, Stuhl, Spiegel, Braten usw.) in Tiecks *Zerbino* und vermittelt wiederum mit dem traditionellen Motiv der Bücherschlacht – Werke verschiedener Dichter von der Antike bis Kotzebue als Gesellschaft launiger Personen, die in unterschiedlich freund(schaft)lichem Verhältnis zueinander stehen, ist schwer einzusehen, wie deren spezifische Physiognomien, aus denen sich die Pointen ihrer Rede erschließen, auf der Bühne plausibel werden sollen. Als bloße Personifikationen wären 'Kotzebues Stücke', wenn sie davon sprechen, „nur Körper" zu sein und „keinen Geist" zu haben[508], unzulänglich, weil sie als konkrete Figuren die Pointe der Allegorisierung, die auf das Niveau des Trivialstücks abzielt, verfehlten. Wie aber sollte man sich die Eigentümlichkeit bzw. den Charakter eines literarischen Werks *als* Personifikation, physiognomisch und psychologisch kenntlich gemacht, auf der Bühne sonst vorstellen? Seneca, der als *Œuvre* über den Stand der Komödienproduktion um 1800 peroriert, müßte gewissermaßen mit Bucheinband und Namen versehen sein, damit man überhaupt erkennt, wer hier unter welchen Voraussetzungen die allzu lauten bürgerlichen Familienstücke ver-

---

[507] Karl Kraus (1986, 99) hat diese Ansicht sowohl für das klassische als auch das shakespearesche Drama verfochten: „Das dramatische Kunstwerk hat auf der Bühne nichts zu suchen. Die theatralische Wirkung eines Dramas soll bis zu dem Wunsch reichen, es aufgeführt zu sehen: ein Mehr zerstört die künstlerische Wirkung. Die beste Vorstellung ist jene, die sich der Leser von der Welt des Dramas macht" (102).

[508] Brentano-SW XII, 9.

ächtlich macht. Das Vergnügen stellt sich dagegen in der Lektüre ganz unvermittelt ein, weil diese die lästernden Figurenreden der Werke mit ihrer imaginären Physiognomie, gewonnen aus Lektüreerfahrungen mit den Autoren, schnell und problemlos kurzschließt.

Neben der Lektüre erfüllt sich die gattungsindifferente Sprachlichkeit romantischer Literatur im geselligen Vorlesen. Auch das Vorlesen zielt, stärker als das Theater, auf die selbsttätige Phantasie des Rezipienten, wie auch immer die Unterschiede zwischen der ästhetischen Wahrnehmung eines Gelesenen und eines rhapsodisch Dargebotenen sonst zu beurteilen sind.[509] Im *Phantasus*, den Tieck einen „dramatisierten Roman"[510] genannt hat, nimmt die performative Kraft, die dem Vorlesen eignet, selbst literarische Gestalt an: Das Vorlesen literarischer Texte unterschiedlicher Art durch fiktive Dichterfiguren, die sich in den auktorial erzählten Rahmengesprächen gesellig zusammenfinden, entspricht der Figurenrede des Dramas. In der Verknüpfung des Dialogischen mit der Erzählung und der gewissermaßen szenischen Konfiguration sowohl epischer als auch dramatischer Texte als Rollen wird die beschriebene Struktur der imaginären Verlebendigung auf einer 'Bühne der Phantasie' unmittelbar sinnfällig: Als Roman erzählt der *Phantasus*-Komplex in der dialogisch dominierten Rahmenhandlung die Wiedererstattung von Lebendigkeit im Akt des Vorlesens explizit, indem er dessen Intensität und Wirkung an den Reaktionen der Zuhörer, besonders der Frauen als „Rezensenten"[511], spiegelt. Im 'dramatisierten' Moment schließlich wird die Verlebendigung der Figurenrede durch die 'schaffende Phantasie' der Vorleser als Rollen sogar insofern geradezu buchstäblich genommen, als die Dichter ihre eigenen Werke zu Gehör bringen.

Nimmt man das romantische Drama demnach als (Vor-)Lesedrama ernst, insoweit es auf die imaginäre theatralische Vergegenwärtigung kalkuliert ist, dann erweist sich das Eigene und Besondere der szenischen Form gegenüber der romantischen Prosa darin, daß der vermittelnde Charakter des Epischen zurücktritt. Die Lektüre des literarisierten Dramas generiert eine besondere Präsenz aus der Unmittelbarkeit einer szenischen Sprachlichkeit, die sonst nur der Lyrik eignet. Bei Arnim oder in Brentanos wie traumverloren aberwitzigen Wortspielen (selbst in der sonst von pathetischem Ernst getragenen *Gründung Prags*) artikuliert sich entsprechend auch eine phantastische Sprachlichkeit[512] – ein Sprachverfahren also, das man von Brentanos texturmetaphorisierenden Gedichten wie vom lahmen

---

[509] Auf jeden Fall begrenzt auch die äußere Einwirkung des rhetorisch mitreißenden mündlichen Vortrags im Vergleich zur Lektüre die Entfaltung der Einbildungskraft, selbst wenn sie auf diese Weise freier erregt wird als durch die plastische Präsenz der theatralischen Darbietung.

[510] Brief an den Verleger Georg Joachim Goeschen, 16. Juni 1800 (zit. nach Tieck-DKV VI, 1147).

[511] Tieck-DKV VI, 90.

[512] Auf die gleichsam „subjektlose Sprachgebärde" in Arnims Lyrik, in der die Sprache selbst spricht, so daß sich das lyrische Ich seiner unvermittelten Medialität bei „der Welt- und Bewußtseinserkundung" inne wird, hat Ricklefs aufmerksam gemacht (Arnim-DKV V, Kommentar, 1005); bereits bei Arnim seien „Ansätze zu gleitendem Symbolismus" zu erkennen.

Weber her kennt, der so träumt, er webe wie die kranke Lerche, daß sie schwebe. In der szenischen Sprachlichkeit verbindet sich die 'Überanschaulichkeit' der Poesie mit der von der Unmittelbarkeit des Dramas ermöglichten, spezifisch direkten Präsenz, so daß im Vergleich zur Lektüre eines Prosatexts die Einbildungskraft auf gleichsam potenzierte Weise in Tätigkeit gesetzt wird – nicht zuletzt, weil sie die 'schaffende' Phantasie des Schauspielers imaginär integriert.[513] Szenische Phantasie ist die Einheit von 'überanschaulicher' Poesie redender Figuren mit der Imagination einer theatralischen Realisierung, die keiner realen Begrenzung mehr unterworfen ist.

Durch Ausschaltung der Vermittlung inszeniert das romantische Drama den formgewordenen 'Abdruck' dessen, was die Phantasie wie subjektlos *direkt* in Tätigkeit setzt, ohne daß sie wie in der romantischen Prosa durch eine epische Instanz vorstrukturiert erscheint. Schon dadurch wird dort die Wirkung ungewöhnlicher Ereignisse abgemildert, selbst wenn sich im epischen Fortgang das Hineingleiten ins Wunderbare mit dem Ich-Erzähler in derjenigen Selbstverständlichkeit vollzieht, die der traumförmigen Struktur des 'Es denkt' bzw. 'Es erzählt sich' korrespondiert. Das ist in der die Interpretation bis heute irritierenden Prosa des *Blonden Eckbert* zwar der Fall, indem der Leser mit der Bewußtseinsveränderung des Protagonisten in das unauflösbare Diffundieren von Realität und Wahnsinn gerät. Immer schon macht sich dabei aber der diskursivierende und damit rationalisierende Effekt in der erzählerischen Behauptung geltend, dieses und jenes sei grauenvoll oder habe wunderbare Gestalt: Konsequenz der Vermittlung durch den Erzähler und der dem Erzählen selbst eignenden deskriptiven Züge, die auch der *Runenberg* trotz seiner vorausweisenden Tendenzen hin zum Bewußtseinsstrom in der Moderne nicht tilgen kann. Stabilisiert wird die Moderation des Unheimlichen nicht zuletzt durch den 'novellistischen' Rahmen, von dem aus die literarischen Entgrenzungen in die Ordnung des Realitätsprinzips zurückgedeutet werden können. Der *Blonde Eckbert* gibt die den Leser orientierende Rahmung mit seinem offenen Schluß nur teilweise auf. Erst Kleist sieht dann vollends von ihr ab, um – so im *Erdbeben in Chili* – in medias res die sich überstürzenden Ereignisse, die die Weltordnung umstürzen und ebenso gewaltsam wiederherstellen, gewissermaßen selbst bodenlos zu erzählen; ein Verfahren des expositionslosen Texteinsatzes im übrigen, das die Forschung noch als Besonderheit des Erzählens in der Wiener Moderne würdigt. Tatsächlich wie unvermittelt stellt sich die dissoziierende Übergänglichkeit als gleitende Assoziationslogik der Seele erst im personalen Erzählen dar, das sich bei Kleist und Tieck zwar anbahnt, zu dem aber über

---

[513] Vgl. dazu Hamburgers (1980, 174) Überlegungen zum sich selbst darstellenden Diskurs des Dramas als Voraussetzung seiner „mimische[n] Möglichkeit": „[...] die als redend und nur als redend gestalteten Personen können redend sich selbst darstellen. Mir scheint, daß dies nicht nur der dichtungslogische, sondern auch der prädominierende phänomenale Gesichtspunkt ist, unter dem dramatische Dichtung, als gelesene wie als aufgeführte, erlebt wird, nicht aber der häufig hervorgehobene und für das Drama mehr als den Roman in Anspruch genommene der 'Handlung'".

Zwischenstufen in Büchners *Lenz*, Mörikes *Malter Nolten* und in der teils surrealen Phantastik der Prosa Arnims hinweg erst die Bewußtseinstexte der Wiener Moderne vordringen.

Dramatische Werke in der Romantik jedoch erweisen sich in bestimmter Hinsicht bereits als Formen der literarischen Darstellung solcher Innenverhältnisse im Modus der Unmittelbarkeit. Dies deutet sich in Franks Kritik der Tieck-Forschung an: „Ich bin nicht der Ansicht, daß – viele der Märchen und einiges aus der Novellistik ausgenommen – Tiecks Prosa an die Bedeutung seines ziemlich unterschätzten dramatischen und lyrischen Schaffens heranreicht. Das liegt daran, daß sie mehr über die Phänomene redet, als sie darzustellen".[514] In Dramen präsentiert sich folglich eine literarische Fiktion als Textur, in der das Ungewöhnliche gerade wegen der nicht angebahnten Unverhofftheit lebendiger und frischer wirkt als beim hinführenden und deskriptiven Charakter der Erzählung. Die Selbstverständlichkeit des szenischen Vollzugs erhöht das Irritationspotential, weil die ordnende Verstandestätigkeit ohne vermittelnde Erläuterungen auskommen muß[515], so daß sich der Leser erklärungslos mit dem schieren Befund abzufinden hat: In Arnims Puppenspiel *Die Appelmänner* (1813) erhält der geköpfte Vivigenius seinen Kopf zurück, so daß ihn sein Henker selber durch das „Lebensöl" und einen magischen Zauberspruch wieder zum Leben erwecken kann, als handele es sich um die normalste Sache der Welt.[516] Die Tatsache, daß wundersame Ereignisse dieser Art für das Puppenspiel kein Fiktionsproblem darstellen, ändert wenig an der verblüffenden Wirkung, weil die Lektüre von Figurenreden eben durchaus vergißt, es mit Puppen zu tun zu haben.

Vergleichbare Effekte der standpunktlosen Außerkraftsetzung des Realitätsprinzips durch die unvorbereitete und daher nicht-erwartbare Präsentation des Ungewöhnlichen produziert das traumförmig organisierte personale Erzählen. Es kündigt sich bei Tieck in der letzten Novelle *Waldeinsamkeit* (1840) dort an, wo die Gefangenschaft Ferdinand Lindens in der „poetische[n] Waldeinsamkeit"[517] erzählt wird: Mit Linden gleitet der gleichermaßen darin gefangengenommene Leser in labyrinthische Erlebnisse, in einen Raum gleich einem „sonderbaren Käfig"[518], in dem die Unterscheidung zwischen realer Wahrnehmung und subjektiver Projektion auch deshalb nicht mehr möglich ist, weil die Verwirrung durch die dekonstrutive Inszenierung frühromantischer Bilder und Formeln wie eben jener

---

[514] Frank (1972, 243).

[515] Frank (1972, 352) betont die „Schwerelosigkeit vieler dramatischer Szenen, Figuren und Dialoge in Tiecks Dramen", die er gegen die Erzählungen ausspielt, „wo die Deskription vieles notwendig zerstört". Die vermittlungslose szenische Darbietung ermöglicht den direkten Mitvollzug der Temporalitätsstruktur, während die erzählerische Vergegenwärtigung im räsonierenden Modus verbleibt, die Selbstdarstellung des Verfahrens also eher kommentierend nur behauptet.

[516] Vgl. Arnim-SW IV, 7, Schaubühne II, 212.

[517] Tieck-DKV XII, 883. „Bin ich denn die Figur eines bizarren, wunderlichen Märchens? fragte er sich selber" (Tieck-DKV XII, 880).

[518] Tieck-DKV XII, 886.

berühmt-anstößigen Wortschöpfung 'Waldeinsamkeit' aus dem *Blonden Eckbert* entsteht – in einem ebenso ironischen wie komplex verspiegelten und zugleich gegenwartskritischen „Gedächtnistheater".[519] Der Leser verliert sich in den Zitaten und Texturen einer auch selbstparodistisch 'erinnerten Romantik' (Ribbat), die er von seinen Leseerfahrungen frühromantischer Texte, also von einer schon einmal durch Literatur verlebendigten Wahrnehmung her kennt.

Wie die Bewußtseinstexte der Wiener Moderne, die sich in dieser intertextuell aufgeladenen Prosa bis in motivische Details hinein ankündigen[520], präsentiert sich die *Waldeinsamkeit* als hochgradig elaborierter, artifizieller und (früh)romantik-reflexiver Text, der durchweg seine *literarische* Konstruiertheit ausstellt. Wegen ihrer Artistik hatte August Wilhelm Schlegel bereits Tiecks frühe Prosa-Anverwandlungen altdeutscher Texte wie die *Liebesgeschichte der schönen Magelone* (1796) 'mißlich' genannt, eine Dramatisierung jedoch sehr wohl für möglich und sinnvoll gehalten. Die Prosa wirke nämlich zu raffiniert, um den alten Ton gleichmäßig wieder herzustellen, während das Drama die Unentschiedenheit zwischen alter Naivität und der modernen Artifizialität einer komplexen Kunstprosa durch seine Unmittelbarkeit überspielen kann.[521] Eine romantische Prosa, die ihre sprunghaft wechselnde Phantasie in spezifisch naiver, d.h. standpunktloser Unmittelbarkeit nachzubilden unternimmt, reproduziert wegen der „episodische[n] Überkomplexität"[522] extrem stilisierte Formen. Das Drama hingegen läßt Stilisierungseffekte dieser Art in der ungebrochenen Setzung seiner Elemente wie getilgt erscheinen.

Unter Berufung auf Goethes Kategorie des vollkommen Gegenwärtigen im Drama hat Peter Szondi den „Abbau aller ästhetischen Vermittlungen" durch die „unvermittelte Wiedergabe sinnlicher Gegenwart", die „Kassierung der epischen Distanz" (Adorno), mit dem Briefroman und dem *nouveau roman* in Verbindung gebracht.[523] Wenn Novalis, wie zitiert, von der „durchaus dramatische[n]" Qualität in der durch „rasche Sprünge" gekennzeichneten romantischen Prosa spricht[524], dann ist an die intensivierende, weil Vermittlungs- und Stilisierungseffekte suspendierende Qualität szenischen Sprechens zu denken, insofern der rasche Wechsel unverhofft und wie von selbst in der 'Aufrichtigkeit' des szenischen

---

[519] So Brüggemann (1997, 122), der den Projektionsmechanismus als „Veräußerung des Innern" auch auf bestimmte Medien, auf ästhetische Effekte der Laterna magica als „Gegenbild zum Fernrohr der inneren Sinne", zurückführt (120/Anm. 19).

[520] Vgl. etwa die von Brüggemann (1997, 119f.) analysierte Gefängnismetaphorik in dem durch Gitterstäbe gesicherten Fenster, das den Blick auf eine große Linde eröffnet; ein Bildkomplex, der eingangs von Beer-Hofmanns *Der Tod Georgs* (1900) die 'Unentrinnbarkeit' des Traumbewußtseins (Hofmannsthal) symbolisiert (Scherer 1993a, 239-246).

[521] Vgl. die Belegstellen A.W. Schlegels und Franks Kommentar zur *Schönen Magelone* (Tieck-DKV VI, Kommentar, 1309).

[522] Vgl. Kremer (1997, 30) zu den narrativen Verzweigungen in romantischen Romanen wie Arnims *Gräfin Dolores* und *Die Kronenwächter*.

[523] Szondi (1974 II, 55). Zu den „frühen Zeichen" der Kassierung der epischen Distanz rechnet Szondi „die ironische Illusionszerstörung in der Frühromantik" (55).

[524] ²Novalis II, 654.

Scheins geschieht. In bestimmter Hinsicht nimmt deshalb die szenische Präsenz des Imaginären im romantischen Drama das personale Erzählen vorweg, das bis in die Ebene rein immanent nachvollzogener Träume erstmals in Beer-Hofmanns Roman *Der Tod Georgs* (1900) durchgehalten wird. Auch die Bewußtseinstexte der Wiener Moderne generieren labyrinthische Verwirrungseffekte und arabeskenhafte Texturen, weil in der assoziativen Verselbständigung von Sequenzen, die sich wie von selbst zu erzählen scheinen, vermittelnde Instanzen nicht mehr erkennbar sind. Es fehlen damit Hinweise, die den Leser orientieren, indem sie das Dargestellte vom Endpunkt her organisieren und so den Text bereits im lesenden Vollzug als in sich gegliederte Einheit transparent und überschaubar halten.[525] Der Formlosigkeitsverdacht gegenüber den szenischen Labyrinthen romantischer Dramaturgie kehrt entsprechend in der Kritik der Wiener Moderne wieder: Auch deren Prosa wird eine ins Extrem gesteigerte Künstlichkeit und Ornamentalisierung des Sprache attestiert. Für die beiden vergleichbaren Textkonfigurationen an den epochalen Umbruchsituationen um 1800 und 1900 verkennt die undialektische Dichotomisierung von Formlosigkeit und Stilisierung jedoch das produktive Vermögen ambivalenter Schrift, literarische Naivität – in der Wiener Moderne als 'Wunder der Anschauung' semantisiert – in einer assoziativen Sprache mit Hilfe der je elaborierten literarischen Techniken der Zeit zu inszenieren. Bereits die Kritik romantischer Literatur im 19. Jahrhundert zeichnet das moralisierende Beurteilungsschema vor, das gegenüber dem Ästhetizismus zur Entgegensetzung von entsemantisierter Ornamentalisierung und impressionistischer Formauflösung in einer flüchtigen sprachlichen Darstellung verschärft wird. Wie dem Ästhetizismus um 1900 wird romantischen Dramen, so Tiecks *Kaiser Octavianus*, mangelnde Substantialität in der Erschließung von Wirklichkeit bescheinigt, weil sich die szenische Sprachlichkeit – ähnlich der erlebten Rede als Korrelat dissoziierender Psychologen – nach der assoziativen Temporalität von Stimmungen strukturiert. Differenzen aus den unterschiedlichen metaphysischen Voraussetzungen sind natürlich nicht zu unterschlagen, insofern die Romantik der Phantasietätigkeit selbst noch positive Produktivität zuschreibt, während die Einbildungskraft in der Wiener Moderne den Ästheten klaustrophobisch in die 'Unentrinnbarkeit' seines Traumbewußtseins (Hofmannsthal) einschließt.

Das bildkünstlerische Analogon der 'schönen Verwirrung der Phantasie' ist die Arabeske, die als hieroglyphisches Zeichen den tieferen oder geheimen Sinn der 'hohen harmonischen Verwirrung' erahnen läßt. Das von der frühromantischen Theorie programmatisch auf Literatur applizierte Verfahrensprinzip einer artistischen Kombinatorik des Divergenten vergegenwärtigt sich im romantischen

---

[525] Vgl. dazu meine Überlegungen zum labyrinthischen Erzählen im *Tod Georgs* (Scherer 1993a, 309-326); zum Verwirrungsmechanismus der „Standpunktlosigkeit" in den Komödien Tiecks vgl. Kluge (1963, 189, 210). Zu den strukturellen Analogien von erlebter Rede/innerem Monolog und Musikalisierung der dramatischen Rede vgl. Mayers (1995, 167) knappen Hinweis auf die „musikalische[n] Möglichkeiten der Simultaneität" in der Oper.

Drama in der arabeskenhaften Konfiguration der Szenen, die sich in den verschlungenen Handlungs- und Rollenverwirrungen der illudierenden und parabatischen Spielkomödie ebenso wie in den ausgreifenden szenischen Bilderbögen des Universalschauspiels (selbst)darstellt. Als 'witzige Spielgemälde' im Modus einer gleichsam szenisch erlebten Rede[526] prägen romantische Dramen die ebenso kunstvollen wie künstlichen Kontaminationen ihrer vielgestaltigen Szenarien zu dramatischen Arabesken aus.[527]

Im arabesken Vollzug szenischer Sprachlichkeit, aus dem kein figuraler und dramatischer Zusammenhang in anschaulicher Plastizität hervorgeht, entsteht die Einheit von 'überanschaulicher' Gegenwärtigkeit szenisch imaginierter Figuren und schwebender Indifferenz der Darstellung. Szenische Arabesken sind romantische Bücher ohne Erzähler, in denen sich die 'fragmentarische Universalität' der Poesie und deren produktives Vermögen zur Poetisierung der Welt *unmittelbar* (selbst)darstellt: das Phantastische und das Bekannte, das Normale und das Inkommensurable, das Konkrete und das Sprachliche in imaginärer Realpräsenz; die schöne Verwirrung der Weltharmonie in der halluzinatorischen 'Überanschaulichkeit' eines (Vor-)Gelesenen, in der sich das chaotische Zerspielen der Welt und die Homogenisierung ihrer vielgestaltigen Bestandteile durch literarisch inszenierte Äquivalenz von Semantik, Klang und Form szenisch ereignet – und damit, wenn man so will, im Textkörper sprechender Figuren imaginär leibhaftig wird. Fraglos schließt dieser poetische Körper die innere Natur der Dinge mit den äußeren Splittern der Sinnenwelt zusammen, so daß alle Disparatheit direkt und wie natürlich ineinsfällt. Im romantischen Drama wird die „geistige Anschauung des Gegenstandes"[528], als die Friedrich Schlegel die Theorie des romantischen Romans, die selbst ein Roman sein müsse, charakterisiert, unmittelbar – und damit 'objektiv'.

---

526 Legt man die von Szondi (1974 II, 55) bezeichnete Gemeinsamkeit des Dramas mit dem *nouveau roman* zugrunde, so läßt sich das Projektionsverfahren der erlebten Rede mit romantischer Dramatik über die erläuterten Unmittelbarkeitseffekte kurzschließen: Gerade in der erlebten Rede scheint es, als erzählten sich die Dinge, die sich im Bewußtsein der Figur objektivieren, von selbst.

527 Zur Arabeske in der romantischen Komödie vgl. Kluge (1963, 43-49), hier auch zum 'arabeskenhaften Spiel' Arnims (72-89), zu den 'Arabesken' Tiecks in der parabatischen Theaterkomödie (114) und im „Universallustspiel" *Prinz Zerbino* als Zwischenstation auf dem Weg zum *Kaiser Octavianus* (104). Als Arabeske charakterisiert auch Brummack (1982, 283) den von F. Schlegel präferierten *Zerbino*, wie Kluge und die Forschung zum romantischen Drama überhaupt aber ohne genauere Reflexion auf die spezifische Logik und Effektivität der szenische Darbietungsweise. Verfahrenstechnische Gemeinsamkeiten dieser Artistik gibt es zum literarischen Manierismus, den Zymner (1995, 254) in der Romantik als „'Selbstrepräsentation' der Kunst durch das Spiel im Spiel" nur vom Drama und nicht von der romantischen Prosa eingelöst sieht; vgl. zum manieristischen Hintergrund romantischer Poesie generell Kremer (2001, 1).

528 KFuS II, 214.

5. Forschung – Gattungssystem – Korpus – Epochengrenzen

Szenische Sprachlichkeit als Verfahrensprinzip begründet, weshalb gattungsdifferentiellen Gesichtspunkten in der Romantik auch im Drama nur eine untergeordnete Bedeutung zukommt. Die Rekonstruktion des Gattungssystems gelangt daher zu ähnlich paradoxen Befunden[529], die bereits für das Verhältnis von Endlichkeit und Unendlichkeit, Konkretion und übersinnlicher Ordnung, szenischer Präsenz und Phantasie, Artifizialität und Selbstauslöschung der Zeichen, Unmittelbarkeit und Episierung, Wirkungsintention und Selbstorganisation usw. konstatiert wurden. Literarische Mannigfaltigkeit als Form- und Verfahrensprinzip widerstreitet generischen Typologisierungen, selbst wenn sich auch in der romantischen Dramatik über szenische Konventionen hinaus der normative Druck überlieferter Muster und deren spezifisch dramatische Organisation Geltung verschafft. Entsprechend sind die prototypischen Merkmale sehr wohl auf die Tradition zurückzuführen, die aber in bestimmter Weise eben auch transzendiert wird. Auf jeden Fall hat die Permanenz historischen 'Werdens', die Historizität der Texte nach Verabschiedung normativer Vorgaben der Regelpoetik, wechselnde Anreicherungen, Extensionen, Mischungsverhältnisse und Verfahrenstransformationen in experimenteller, provokatorischer oder auch nur launiger Absicht bis an den Rand gattungstheoretischer Unbestimmbarkeit wie in Arnims *Päptin Johanna*-Dichtung in Rechnung zu stellen.

Das Kernstück frühromantischer Projekt-Formulierung, wonach sich das romantische Buch im Roman erfüllt, schlägt sich in der Neigung der Romantik-Forschung nieder, die Aufmerksamkeit auf Formen der Prosa und ihrer lyrischen Einlagen zu fokussieren. Dem Selbstverständnis frühromantischer Poetologie zufolge gibt es dafür jedoch keine Veranlassung: Die Theorie des romantischen Romans zielt auf eine gattungsindifferente (Selbst-)Reflexion von Poesie überhaupt, während die Forschung dazu neigt, diese Poetologie nach Gesichtspunkten der Prosa zu behandeln. Das romantische Buch, so das aus dieser Reduktion resultierende Profil, erfüllt sich in der Amalgamierung von Lyrik, Märchen und romanhafter Prosa im Universalroman. Die Integration dialogischer Passagen wird zwar gesehen. Die dramatische Produktion der romantischen Autoren selbst, die generisch eindeutig genug der szenischen Darstellung zuzuordnen ist[530], bleibt

---

[529] Schmidt (1971) erfaßt die Paradoxie des romantischen Dramas ausschließlich nach dem Verhältnis von Literatur und Politik, wie es von Gebrüdern Schlegel u.a. reflektiert wurde. Die paradoxe Konstitution romantischer Dramatik resultiert demnach aus dem Zerfall eines homogenen Publikums nach der Französischen Revolution, so daß die „Gemischtheit der Poesie" der „Gemischtheit des Publikums" korreliere (253). Das Drama in seiner reinen Form aber brauche – so Adam Müller in den Dresdner Vorlesungen *Über die dramatische Kunst* von 1806 – den Staat bzw. die Nation, die sich aus dem Gemeinsinn konstituiert (vgl. 254), so daß die Rehabilitation der dramatischen Form erst in der Restaurationszeit gelinge (vgl. 269).

[530] Davon auszunehmen sind seltene Extremfälle wie Arnims *Ariel's Offenbarungen* (1804) und die *Päpstin-Johanna*-Dichtung, deren generischer Status tatsächlich kaum mehr zu bestimmen ist.

aber mehr oder weniger unberücksichtigt. Dies gilt nicht zuletzt im Blick auf die Logik eines generischen Konzepts, das über die zumeist je isoliert behandelten Genres (Komödie, ernstes Drama) hinausgeht, insofern die beiden Pole tatsächlich als Komplementärphänomene aufeinander zu beziehen sind.

Untersuchungen, die diese Komplementarität in den Blick bekommen, liegen nur in vereinzelten Überblicksartikeln vor.[531] Vorherrschend ist die Fokussierung auf die romantische Komödie oder auf Fragestellungen, die tatsächlich eher nur partikulare Aspekte (wie die Calderón- und Shakespeare-Rezeption) berühren. Die Rezeptionsgeschichte des romantischen Dramas, beginnend mit den literarhistorisch-formalästhetischen Deskriptionen in den Vorlesungen August Wilhelm Schlegels und Adam Müllers, richtet sich seit dem 19. Jahrhundert an den Verdikten Hegels aus. Präfiguriert wird hier das Aburteilung zur bloßen Subjektivität über Hayms *Romantische Schule* hinweg bis ins 20. Jahrhundert hinein. Überblickt man den aktuellen Stand der Forschung, so fällt ins Auge, daß normativ-klassizistische Werturteile selbst dort vorherrschen, wo die „bewußt getroffene Abweichung vom überlieferten Drama" als „*Bühnen*stück" gesehen wird.[532] Die von der idealen Fünfaktigkeit Schillers hergeleitete und in Hegels *Ästhetik* theoretisch kodifizierte Norm des Dramas bleibt indes subkutan bestehen, wenn hegelianische Kategorien wie Zerrissenheit, Zwiespalt und Entzweiung bemüht werden.[533] Orientiert an der Leitidee von der „Duplizität des Daseins" als Folge des Widerstreits zweier absoluter innerer Forderungen, mit denen „der dramatische Held konfrontiert wird" und die „er mit oder ohne Erfolg in Harmonie aufzulösen sucht"[534], läuft die Theorie des romantischen Dramas auf eine Theorie der Tragödie hinaus, die in der literarischen Praxis der Romantik jedoch gar nicht gibt.

Seit den 80er Jahren erkennt die philologische Romantik-Rezeption die heterogenen, heteronomen und dekonstruktiven Momente romantischer Poesie und die subjektivitätskritischen Impulse ihrer Modellierung von Personalität. In der avancierteren Forschung herrscht dabei aber auch die Tendenz vor, die Modernität der Romantik gegen ihre Verächter zu hypostasieren und so die metaphysischen und z.T. tatsächlich reaktionären, nicht zuletzt konventionellen Züge zu verkennen. Romantische Texte betreiben zwar eine Entgrenzung herrschender ästhetischer Normen, sind aber zugleich auch Reaktion auf die Zersplitterung der Welt und die eminente Komplexitätssteigerung seit der zweiten Hälfte des 18. Jahrhunderts. Nach der Jahrhundertwende reaktivieren sie traditionelle Sinn- und Ordnungsstiftungen bis hin zur nationalen Selbstbauung des ästhetischen Staats, der sich im Festspiel zelebriert. Formgeschichtlich gesehen verfahren aber auch

---

[531] Paulin (1970), Schmidt (1971), Storz (1972), Kluge (1980), Menhennet (1981), Schulz (1983/1989).

[532] Kluge (1980, 187).

[533] Der „Wesenskern" romantischer Dramentheorie liegt Kluge (1980, 190) zufolge in der „Idee der Entzweiung".

[534] So Fetzer (1994, 291) im Gefolge Kluges; zum Dualismus vgl. bereits Ulshöfer (1935, 94).

die fortgeschrittensten Autoren der späteren Romantik kaum restaurativ. Es läßt sich vielmehr sogar begründen, daß gerade die aberwitzige und teils bereits surreale Phantastik von Texten der zweiten Generation – darauf hat bekanntlich Bohrer immer wieder insistiert – die vorausweisende Modernität der Romantik jenseits ihrer ideengeleiteten Selbstbegründung in der idealistischen Frühphase signalisiert.

Beide Momente – Modernität und Restauration – greifen auch in der dramatischen Produktion romantischer Autoren von Beginn an komplex ineinander. Der Blick auf die historische Binnengliederung macht allerdings Verschiebungen deutlich: Geht es in der ersten Phase zwischen 1795/96 bis etwa 1798/99 (nach einer Inkubationszeit von 1789 bis etwa 1796) in erster Linie um die experimentelle, exzeptionelle oder polemische Anverwandlung bzw. Kontrafaktur literarischer Modelle, die zwischen 1795 und 1799 die ersten 'genuin' romantischen Dramen Tiecks hervorbringt, ist um 1799/1800 die Tendenz zur Verschränkung mit der frühromantischen Programmatik Friedrich Schlegels, besonders bei Brentano, festzustellen, die dann im Fortgang in die erläuterten Reaktivierungen literaturexterner Zweckbestimmungen einmünden. Die formale Modernität dramatischer Werke der späteren Romantik besteht in der „Nichtidentität ihrer Impulse"[535], insofern funktionale Selbstanschlüsse der erläuterten Art kaum bruchlos allgemeinen Vorgaben subsumiert werden können.

Romantische Dramen sind deshalb nicht, wie von der Literaturwissenschaft gerne unterstellt und entsprechend auch forschungspraktisch modelliert, nach einer vorgängigen oder von den romantischen Autoren selbst zugrundegelegten Theorie des Dramas zu erfassen. Die romantische Theorie der Tragödie (bei den Gebrüdern Schlegel, Schelling, Solger u.a.)[536] stellt eben keine Folie für die dramatische Praxis der Autoren bereit, insofern es dort in erster Linie um die griechische Tragödie geht.[537] Es handelt sich hierbei eher um eine Theorie der Tragödie seitens romantischer Autoren als eine Theorie des romantischen Dramas. Die daraus abgeleitete Idee der Entzweiung reflektiert Formen der ebenso statischen wie finalen Versöhnung, die dem Progressivitätstheorem erkennbar widerstreiten. Gegen die vorherrschenden Versuche, das romantische Drama aus einer vorgängigen Programmatik herzuleiten, ist seine Genese, Eigenlogik und Eigenwilligkeit aus einer spezifisch *literarischen* Praxis, die sich Anfang der 90er Jahre bei Tieck herauskristallisiert, zu rekonstruieren.

---

[535] Dies formuliert nach Bürger (1988, 382), der nur so die „Identität der Moderne" für (be-)greifbar hält.

[536] Vgl. Fetzer (1994, 292-295); zur Begründung der Philosophie des Tragischen bei den Gebrüdern Schlegel vgl. Behler (1978, 572): Es geht Behler um die Bestimmung des tragischen Konflikts (578f.) und die Theorie der Tragödie, die auf „symbolische[] Veranschaulichungen" des Kampfes der Menschheit mit ihrem Schicksal zurückgeführt wird (579), ohne daß die literarische Praxis des romantischen Dramas selbst in den Blick käme. Ähnlich zieht sich bereits Ulshöfer (1935) auf die theoretischen Äußerungen romantischer Autoren über die Tragödie zurück.

[537] Schlegels „Deutung der griechischen Tragödie bereitet die Theorie des romantischen Dramas vor" (Kluge 1980, 190).

Gestützt auf grundsätzliche Einwände gegen den Begriff des Romantischen, sieht die umfassendste Darstellung romantischer Dramatik von Gerhard Schulz davon ab, das Gattungssystem nach 1800 über die Beschreibung fünf epochen- und autorenübergreifender Dramenformationen des 'Repertoires' hinaus zu differenzieren: Gesellschaftsdramen, Schicksalsdramen, Geschichtsdramen, Mythendramen, Literatur über Literatur. Um 1800 selbst, also noch vor der erläuterten wirkungspolitischen Akzentverschiebung von der postrevolutionären Emphatisierung einer selbständig gewordenen Literatur zur Restauration literaturexterner Zwecke, interessiert im ernsten Genre zunächst die experimentelle Aufhebung der Differenz zwischen antikisierender Nachahmung und Anverwandlung nicht-aristotelischer Modelle von Shakespeare bis zur christlichen Dramatik Calderóns. Im Bereich der Komödie kommt über Aristophanes ein gewissermaßen überzeitliches Muster dramatischer Selbstdarstellung ins Spiel, das beide Linien übergreift und sich von dem der Komödie generell eignenden Mechanismus szenischer Metafiktionalität herschreibt. Ältere typologische Unterscheidungen wie Kaysers *Formtypen des deutschen Dramas um 1800* gehen auf August Wilhelm Schlegels einschlägigen Befund zur dramengeschichtlichen Situation der Zeit in den Wiener Vorlesungen zurück: „Das Repertorium unserer Schaubühne bietet daher in seinem armseligen Reichtum ein buntes Allerlei dar, von Ritterstücken, Familiengemälden und rührenden Dramen, welche nur selten mit Werken in größerem und gebildetem Stil von Shakespeare oder Schiller abwechseln".[538] Bezeichnet ist hier die für das romantische Drama selbst relevante Unterscheidung nach poetischer und theatralischer Konstitution, an die spätere Bestimmungen des sog. Trivialdramas anknüpfen. Nach Krause läßt sich das Drama zwischen 1780 und 1810 demzufolge unterscheiden in:
– das 'hohe' Literaturdrama (Shakespeare, Goethe, Schiller),
– das bürgerliche Schauspiel (als Zusammenfassung von Familiengemälden und rührenden Dramen),
– das Ritterdrama.[539]
Zeichnet sich das Trivialdrama rein durch Bühnenwirksamkeit aus, ist das als 'wahre' und autonome Literatur angesehene Literaturdrama auf den Bühnenerfolg nicht angewiesen, insofern dieser nicht die „Grundlage der eigentlichen literarischen Bewertung" darstellt.[540] Aber auch das klassische Drama kalkuliert die theatralische Wirkung, wie gesehen, produktionsästhetisch in jedem Fall ein, während dieser Aspekt in romantischer Dramatik von Fall zu Fall divergiert. Tatsächlich werden ja gerade die theaterwirksamen Ausprägungen der Zeit (einschließlich der klassischen Dramatik) zum Gegenstand des Spotts gemacht.

Das konventionelle Theatralitätskriterium samt seiner wirkungsästhetischen Implikationen läßt von daher auch die Unterscheidung in präromantische und

---

538 Schlegel-KS VI, 286.
539 Vgl. Krause (1982, 14)
540 Krause (1982, 251).

romantische Dramatik zu, ohne daraus jedoch eine undialektische Entgegensetzung ableiten zu wollen: Noch das trotz seiner Ortswechsel einzig regelmäßig gebaute, abendfüllende Stück Tiecks, das Rittertrauerspiel *Karl von Berneck* (Entstehung 1793-1795/96) mit trivialen Elementen des Schicksals- und Schauerdra-
mas, geht als szenische Gestaltung eines „deutsche[n] Orestes" 'in Ritterzeiten'[541],
„der sich in die Mitte zwischen den griechischen Helden und den englischen
Hamlet" stellt[542], in der handlungsbegründenden Theatralität der Leidenschaften
und des gespensterhaften Grauens einzelner Szenen auf: in den zwischen Raserei
und Liebeswahn eskalierenden Affekten des Melancholikers Karl auf der einen
Seite also, die im extremen Wechsel vom Nihilismus ins Pathos der Rachetat und
in die ebenso hypertrophe Schwärmerei des Liebesglücks mit Adelheid umschlagen; in den spukhaften Erscheinungen der toten Familienmitglieder, den bleichen
Geistern in schauderhaften Szenarien der Nacht auf der anderen Seite. Aller romantisierenden Züge im imaginierten Mittelalterbild und in der szenischen Präsentation des Unwahrscheinlichen zum Trotz ist diese Doppelung in erster Linie
der vom Sturm und Drang herkommenden Affektdarstellung bei psychologischer
Plausibilisierung der Handlung geschuldet.[543] Demgegenüber markiert die mehr
oder weniger gleichzeitig entstehende literarische Ambivalenz im *Ritter Blaubart*
(1796) trotz bestimmter motivischer Kontinuitäten in der Darstellung des Grausamen und dämonischen Grauens insofern eine Differenz ums Ganze, als sie auf
eine neuartige Amalgamierung der Motive und Verfahren abzielt – nicht mehr
auflösbar insofern, als diese weder rational oder psychopathologisch ausgedeutet
noch auf rein theatralische Wirkungsintentionen nach den Gesichtspunkten der
Affektdramaturgie zurückgeführt werden können.

Die gängigen Typologien romantischer Dramatik selbst, die sich nach 1800 aus
den szenischen Innovationen Tiecks ergeben, konturieren im Bereich des ernsten
Genres das christlich-allegorische Drama (auch als Legendendrama) gegenüber
romantischen Geschichts- und Mythendramen[544], nahtlos übergehend ins gattungsindifferente Universalschauspiel, das als unterschiedlich expandierende
Mischform aus ernsten und scherzhaften Elementen wiederum entweder vorwiegend poetisch, historisch (volks-)politisch oder religiös ausgerichtet ist. Im komischen Bereich unterscheiden sich parabatische von illudierenden Komödien mit

---

[541] Tieck-S XI, XXXVII; zum 'Ur-Berneck' mit dem Titel *Orest in Ritterzeiten* vgl. Tieck-DKV I,
Kommentar, 1043f.; zur Präsenz der aischyleischen *Orestie* vgl. Tieck-DKV I, Kommentar, 1071.

[542] Köpke I, 176; zit. in Tieck-DKV I, 1043.

[543] Zur bereits doppelbödigen Darstellung des Wunderbaren im *Berneck*, die aber noch rational, d.h.
v.a. psychologisch aufzuklären ist, vgl. Hölters 'Deutungsaspekte' (Tieck-DKV I, Kommentar,
1083f.).

[544] Diese Gattungsbezeichnung legt einen 'Mythos'-Begriff zugrunde, der sich von F. Schlegels
'Neuer Mythologie' um 1800 zwischen poetischer, religiöser und politischer Sinnstiftung durch
„Konstruktion" (KFuS II, 204) eines idealen „Zentrum[s]", des „geheimen Zusammenhang[s]"
und der „innre[n] Einheit des Zeitalters" (202), herleitet.

gleichermaßen intern differenzierten Filiationen und Verknüpfungen: als Spiel-komödie, als szenisches Spiel mit dem Repräsentationsmodus des Theaters, als (poetische) Literatur- bzw. Theatersatire und (satirische) Märchenkomödie, als ge-fühls- bzw. charakterpsychologisch plausibilisierte Intrigen- , Verwechslungs- und Verkleidungskomödie, als Singspiel oder als 'musikalisches Märchen', nicht zuletzt schließlich als volkspädagogisch konzipierte Schaubühnenstücke (auch in Puppen- und Schattenspielen) mit volkstümlichen bzw. lokalpatriotischen Stoffen in teils derb-komischer Realistik, teils surreal-grotesker Phantastik bei Arnim. Umstands-los wie das Universalschauspiel löst die Komödie am Ende alle Komplikationen auf – auch indem sich die höhere göttliche Ordnung dadurch ironisch reflektiert, daß ein geheimer Lenker, Sarmiento in Brentanos *Ponce de Leon*, die Fäden aller Einzelschicksale verknüpft, worin man wiederum die ironische Kontrafaktur auf die entsprechende Machination in Tiecks *William Lovell* durch Andrea Cosimo se-hen kann, die dort allerdings den Tod des Protagonisten bewirkt.

„The enormous variety of styles which differ greatly from dramatist to drama-tist"[545] in fließenden Übergängen zwischen komischem und ernstem Genre, zwi-schen Satire und universaler Poetisierung bei wechselnden Mischungsverhältnis-sen lassen Gattungszuordnungen der genannten Art eher nur als Tendenzbe-stimmungen vor dem Hintergrund eines typologischen Rasters zu. Die Pluralität des Formenspiels indiziert, daß strukturelle Selbstanbindungen auf Vorgaben erst in zweiter Linie relevant sind. Entsprechend breit gefächert ist die Spannbreite allein in extensionaler Hinsicht von den groß angelegten Universaldramen mit romanhaften Textumfängen über handlungsdramatisch konzisere Stücke wie Brentanos 'Trauerspiel' *Aloys und Imelde* oder Eichendorffs christlich-nationale Stücke bis hinunter zu dramatischen Kleinformen des „Miniaturtheaters"[546]: Puppen- und Schattenspielen in 'tragischen' und kuriosen Varianten auch mit politischen Motivationen (bei Arnim und Eichendorff), daneben Polemiken, Pos-sen, Farcen, Hanswurstiaden in der Tradition der Kleinkunstbühnen des Jahr-markttheaters bis hin zur szenischen Verselbständigung isolierbarer dramatischer Einheiten wie des Prologs.

Das Korpusproblem wird komplexitätsreduzierend dahingehend gelöst, daß die anerkannt vier höchstrangigen Prosaautoren und Lyriker der Romantik, die mit einem umfangreichen dramatischen Werk hervorgetreten sind, zur kanoni-schen Grundlage der kategorialen Beurteilung erklärt werden: Tieck, Brentano, Arnim, Eichendorff. Von den szenischen Texten dieser Autoren leitet sich die Konstruktion dessen her, was nur romantische Dramatik mehr oder weniger aus-schließlich auszeichnet: Literarizität, motiviert aus dem Vertrauen in das produk-tive Vermögen von Poesie, eine wie auch immer geartete sinnerfüllte Einheit als Zeichen der höheren Ordnung ins Werk zu setzen. Auf dieser Basis konnte be-reits der dem romantischen Drama üblicherweise zugerechnete Zacharias Werner

---

[545] Paulin (1970, 182).
[546] Storz (1972, 215).

wegen der rein weltanschaulich fixierten, religiösen Theatralik seiner Stücke aus-
gegliedert werden.

Sichtet man nun das dramatische Werk Tiecks, Brentanos, Arnims und Eichendorffs zuerst vor dem Hintergrund dramatischer Konventionen, die in der
zweiten Hälfte des 18. Jahrhundert nach den je dominierenden Merkmalen
Handlung, Charaktere, Leidenschaften zu unterscheiden sind, so tritt bei Arnim
und Tieck in der eher holzschnittartig bzw. flächig angelegten Figurengestaltung
das figurenpsychologisch begründete Charakterdrama wie die Darstellung von
Leidenschaften über residuale Momente hinweg zurück. Poetische Interessantheit
definiert sich nicht mehr in erster Linie nach dem einfühlenden Interesse an psychologisch komplexen Individuallagen, worin ein zentraler Grund für das geringe
literaturhistorische Interesse an dramatischen Gestaltungen dieser Art komplementär zur wachsenden Faszination etwa Kleists zu sehen ist. Stärker ausgeprägt
sind gefühlspsychologische Akzente zwischen heiterer Laune und melancholischer Verzweiflung bei Brentano, noch markanter dann auch mit handlungsbe-
gründender Konsequenz beim übergangszeitlichen Eichendorff. Beiden Autoren
ist folglich sowohl im komischen als auch im ernsten Bereich eine stärker aus
Konfliktstrukturen hervorgehende Handlungsdramatik, die die Texte organisieren, eigen, während bei Tieck und Arnim die von der Stoffvorlage selbst vorgegebene Handlungsführung vorherrscht. Dramatische Konflikte werden so von der
additiven Anreicherung der Episoden überlagert, obwohl auch die Dramatisierungen odysseeartiger Trennungs- und Wiedervereinigungsgeschichten aus Volksbuchvorlagen ebenso wie die durch parabatische Strukturen zersplitterten Mär-
chenhandlungen in den Komödien dazu neigen, eine bestimmte Geschlossenheit
herbeizuführen. Auf der anderen Seite sind tatsächlich stärker handlungs- und lei-
denschaftsdramatisch konstituierte Stücke wie Brentanos *Die Gründung Prags* oder
Eichendorffs *Ezelin von Romano* derart literarisierend überformt, daß wiederum die
Poetizitätseffekte durchschlagen. Geschlossener präsentieren sich trotz situations-
komischer Grotesken und phantastischer Elemente die kleinen *Schaubühnen*-
Stücke Arnims: sei es, daß die Handlungen durch Dramatisierung volkstümlicher
Lokalgeschichten wie in den *Appelmännern* eine eher historisierend-realistische
Richtung einschlagen; sei es, daß es in Schattenspielen wie *Das Loch* hauptsächlich
skurril und phantastisch mit gleichwohl vorhandenen satirischen und politischen
Motiven zugeht. Herbeigeführt wird die spezifische Geschlossenheit bei Arnim
nicht zuletzt durch Intrigenelemente, die handlungsinitiierende Valenz für den
Verwirrungs- und Verwechslungsmechanismus der illudierenden Komödie haben.
Freilich wird dieser auch bei Brentano und Eichendorff derart in eine labyrinthische Unübersichtlichkeit vorangetrieben, daß der Handlungscharakter selbst verloren geht. Elemente der Typenkomödie in der Tradition der satirischen Verlachkomödie greifen schließlich die parabatischen Theatersatiren im Kenntlichmachen
der borniertem Philister (als Zuschauer von Märchenstücken) auf, im Falle der
Freier Eichendorffs aber auch die illudierende Komödie, wo das romantische Mo-

tiv der Philistersatire in Hofrat Fleder ihren lächerlichen Fall vorfindet. In beiden
Fällen bleibt der Verlachmechanismus tatsächlich aber nur noch rudimentär wirksam, weil eindeutige Wirkungsintentionen der satirischen Kritik im Namen eines
vernünftigen Allgemeinen zerfallen sind.

Formal gesehen am sorglosesten gehen die am stärksten stoffbezogenen bzw.
vorlagenreproduzierenden Stücke Arnims vor, insofern sich ihre kuriosen Einfälle
und Erfindungen nicht selten mit geradezu situationistischer Verve einstellen. Innerhalb dieser Struktur ist bei Arnim, von Fall zu Fall verschieden, die experimentelle Gattungsentgrenzung am weitesten vorangetrieben, während bei Tieck ein
stärker intertextuell motivierter Impetus, bei Brentano schließlich die lyrisierend-
musikalisierende und wortspielerische Verselbständigung der Figurenrede mit einer Todesmelancholie in der Nähe Büchners vorherrscht (und zwar sowohl in der
Komödie *Ponce de Leon* als auch ihrem ernsten Komplement, dem 'Trauerspiel'
Aloys und Imelde). Bei den handlungs- und figurenpsychologisch konziseren Trauerspielen Eichendorffs kommen die Elemente romantischer Stimmungsdramatik
mit komplexen intertextuellen Bezügen zusammen. Zum einen artikuliert sich hier
der aus der Prosa und Lyrik bekannte Eichendorff-Ton – generiert aus der Verschränkung von Tieckscher Natur- und Stimmungspoesie mit der gefühlsatmo-
sphärisch aufgeladenen Sprachartistik Brentanos – in grundsätzlich gedoppelter
Perspektivierung: neben der positiv poetisierenden Variante als ebenso formelhafte Darstellung verzweifelten Irrsinns im Bewußtsein des 'Zu spät', das die irreversible historische Entfernung der Romantik anzeigt. Zum anderen macht sich die
Intertextualität von Eichendorffs Dramen, praktisch gesehen, weniger durch Anverwandlung der christlichen Allegorik Calderóns als der tragikomischen Gattungsmischung Shakespeares strukturbildend geltend: durch Integration burlesker
Szenen und närrisch-melancholischer Figuren, während in der Komödie bei
gleichfalls größerer Transparenz der Darstellung die polemischen Zitate und satirischen Elemente auf Verfahrenselemente der romantischen Komödie selbst und
auf die Lächerlichkeiten des Schicksalsdramas abzielen.

Eine Besonderheit im Bereich des ernsten Dramas repräsentiert Brentanos
Gründung Prags. Trotz seiner variablen Lyrisierung mit chorischen Elementen, seiner moderat wechselnden Metrik und Strophik, trotz der abgedrehten Wortspiele,
satirischen Zitate[547] und Shakespeare-Reminiszenzen, die Brentano wie seine na-
turkundlichen, sagenhaften und historischen Quellen obendrein in einem vom
Barockdrama her bekannten Anmerkungsapparat teilweise auch nur launig wit-
zelnd kommentiert[548], trotz dieser von romantischen Dramen her bekannten dis-

---

[547] Wiederholt wird etwa auf Ifflands *Allzu scharf macht schartig* (1794) angespielt (vgl. Brentano-SW
XIV, 146), konterkariert durch das anschließende Wortspiel Zwratkas: „[...] nennst du mich
Tschartig?" (vgl. auch 431, 449), selbst wiederum durch wiederholte Satirisierung in der romanti-
schen Komödie vermittelt (vgl. Tieck-DKV VI, 561; Arnim-SW IV, 7, Schaubühne II, 292).

[548] Vgl. etwa den Kommentar zu Libussas „Ein Schwert! Ein Schwert! ganz Böheim für ein Schwert"
(Brentano-SW XIV, 290): „Indem ich meine Arbeit durchlese, um diese Noten zu schreiben, sehe
ich, daß Libussa hier den Shakspear zu imitiren scheint [...]" (510).

soziierenden Verfahrensweisen erzeugt der hohe deklamatorische Ton der gereimten fünfhebigen Jamben eine homogenisierende Wirkung im Ganzen. Es
spiegelt sich darin die Geschlossenheit des Großdramas auch in der Einhaltung
der drei Einheiten: hier als überzeitliches Kontinuum der mythisch-historischen
'Schwelle'. Burleske bzw. niedere Figuren kommen innerhalb der dualistischen
Konstruktion von Gut und Böse, Hell und Dunkel (das über die hexenhafte Zauberin Zwratka ins Spiel kommt) nicht vor, so daß die Wortspiele von den hohen
Personen selbst, besonders von Rozhon bei den slawischen Männern, exekutiert
werden müssen.[549]

Überblickt man das ganze Spektrum zwischen komischem und ernstem Genre,
entfällt in der Romantik vor allem die hohe Tragödie. Die Metaphysik der positiv
gesetzten höheren Ordnung, wie auch immer sie begründet sein mag, schließt das
Tragische – bedingt durch einen unlösbaren Konflikt des Individuums mit dem
Allgemeinen in einer Entscheidungssituation, der im gewaltsamen Tod aufgehoben wird – kategorisch aus. Untragisch ist diesem Verständnis zufolge letztlich
sogar das Schicksalsdrama und die religiöse Dramatik Zacharias Werners: Die
überwältigende Determination sowohl durch das Fatum als auch die religiöse
Gewißheit schließt Handlungsalternativen vorab aus, so daß die dramatischen
Konflikte rein zur Bestätigung einer weltanschaulichen Position konstruiert werden. Beim romantischen Drama im engeren Sinn verwandelt der Erlösungs- und
Gnadengedanke, das diesseitige Leben bereits im Modus der Ahnung einneh-
mend, auch das legendenhafte 'Trauerspiel' in ein Schauspiel mit versöhnlicher
Perspektive: Wissend geht Genoveva in der lange erahnten, religiös begründeten
kosmischen Ordnung der Dinge auf; am Heiligen Grab in Jerusalem findet Cardenio, im *Halle*-Teil schuldig geworden, die Erlösung in einem gewaltfreien Tod,
sakralisiert durch die begleitende Paradies-Metaphorik, die als ernstes Komplement der komisch-grotesken 'Wiederfindung des Paradieses' im 'Schattenspiel'
Das Loch gegenübersteht. Im Triumph der visionär aufsteigenden Stadt an der
'Schwelle' zur Geschichte und zum Glauben endet schließlich *Die Gründung Prags*.
Wie die aus Ernst und Scherz gemischten Universaldramen Tiecks und Arnims ist
auch dieses historisch-romantische Drama trotz seines oratoriumhaft hohen Tons
als Schauspiel angemessen bezeichnet.[550] Nur erscheinen die Bruchstellen in der
Verbindungen des Disparaten in Tiecks *Kaiser Octavianus* oder Arnims 'Schauspiel
in sechs Aufzügen' *Die Gleichen* weniger homogenisiert. Im Gegensatz zu Brentanos durchgeführtem Kunst-Mythos in der poetischen 'Entstehung eines Staates'
am Übergang von mythisierter Natur und (Regional-)Sage zur Geschichte ist bei

---

[549] Vgl. Brentano-SW XIV, 273.

[550] Zur Bifurkation des romantischen Dramas in den „gemischten Formtypus des Lustspiels" und
das „romantische Schauspiel", die die Wiener Vorlesungen A.W. Schlegels konstatieren, vgl. Schäfer (1956, 411). Schlegels Differenzierung in das romantische Lust- und Trauerspiel, das historische und das religiöse Schauspiel erfolgt vorwiegend nach stoffbezogenen Kriterien (vgl. 414).

Arnim die variable Kombination wechselnder mythischer bzw. mythopoietischer Komponenten in Rechnung zu stellen[551], die Tieck wiederum – ausgenommen die gewissermaßen mythische Begründung des Künstlertums in der frühen *Sommernacht* (1789) – mehr oder weniger gänzlich abgehen. Auch in der christlichen Legendendramatik Tiecks ist es die Poesie zuerst, der die Versöhnung der Gegensätze anvertraut wird. Die Gemeinsamkeit von Tieck, Arnim und Brentano besteht aber darin, daß ihren Stücken das Tragische, aus einer dramaturgisch konstruierten Konfliktsituationen hervorgehend, durchweg fernsteht.

Einmal mehr sind Eichendorffs historische Trauerspiele davon auszunehmen. Zumindest reicht ihr düsterer Pessimismus trotz aller christlich-nationalen Allegorik, die leitmotivisch im Bild des Kreuzes auch die Dramen durchzieht und als Flammenschrift am blutroten Abendhimmel emblematisch auf den drohenden Zerfall wie die höhere Rettung verweisen soll, an tragische Verhältnisse heran: Ezelin und Heinrich von Plauen, der gottlose Tyrann mit Zügen Napoleons und der letzte Held des deutschen Ordens zu Marienburg, agieren historische Entscheidungskonflikte aus, verfallen aber auch lange Zeit unerlöst ihrer von Bildern des Grauens durchsetzten, resignativen Innerlichkeit, die den Handlungsimpuls selbst lähmt. Das tragische Moment der Konfliktsituation wird dadurch erkennbar zurückgestuft: War Plauen gegen den Willen des Ordens noch zum Krieg mit den Polen bereit, vollzieht sich sein Tod nach der Entmachtung durch den Orden, der den Feind zum Angriff ermutigt, ohne erkennbaren äußeren und inneren Widerstand in der peinlich pathetischen, letztlich nur noch verzweifelt religiös aufgeladenen Beschwörung des Rittertums.

Tragische Züge im romantiknahen Drama um 1800 eignen eher nur den antikisierend-romantisierenden Stücken, die Friedrich Schlegels 'drastische' Demonstrationsdramatik *Alarcos* (1802) als ideale Synthese von aischyleischer Tragödie und 'romantischem' Trauerspiel Calderóns im Gefolge der durch Tieck initiierten Renaissance der christlichen Dramatik Spaniens vorexerziert. Trotz ihres von den Zeitgenossen unisono konstatieren Mißlingens, dem ein Autor wie Brentano das durchaus Komische drastisch gesteigerter Künstlichkeit abzulesen weiß[552], ist diese um Ehre und tragische Leidenschaft zentrierte Dramatik selbst bei Anerkennung ihrer einfühlungskritischen Impulse als polemisch-ästhetische Attacke gegen das Populartheater[553] sehr wohl affekt-theatralischer Natur. Ihre Theatralität entspringt allein der Bezugnahme auf antike Dramenmodelle und Stoffe, die sich entsprechend auch in August Wilhelm Schlegels *Ion* (1803) oder in Wilhelm von Schütz' 'Tragödie' *Niobe* (1807) mit ihrer der *Braut von Messina* entlehnten Integra-

---

[551] Von einer „Historisierung des Mythos" in der „Verknüpfung der uralten Gedanken mit der bestimmten Historie" als „Grundtendenz im Verhältnis von Poesie und Geschichte" spricht Ricklefs (1990a, 34): Arnim unterscheidet „kaum zwischen mythischen und poetischen Hervorbringungen; Mythos, Sage, Märchen sind insgesamt Schöpfungen der einen Kraft der Phantasie".

[552] Vgl. Brentano an Arnim, 8. September 1802 (Arnim-Brentano I, 41).

[553] Vgl. Meier (1996, 202f.).

tion des Chors bei wechselnden Versmaßen innerhalb des vorherrschenden jambischen Trimeters niederschlägt. Romantischer Wirkungsästhetik sehr viel näher steht dagegen in der Gruppe der Dramen im Gefolge des *Alarcos* die ins Flüchtige verschwimmende Reim- und Stimmungspoesie des 'Schauspiels' *Lacrimas* (1803) von Schütz, dessen Vermischung von spanisch-christlicher und orientalischer Welt aller metrischen Fehlgriffe und formalen Unbeholfenheit zum Trotz[554] August Wilhelm Schlegel so geschätzt hat, daß er das Stück als Muster in der Calderón-Nachfolge anonym edierte.

Neben der Tragödie fehlen in der Romantik, folgt man der Typologie von Schulz, in der Romantik, vor allem zeitaktuelle Gesellschaftsdramen, ausgenommen der erste Teil von Arnims Städte- und Pilgerreisendrama *Halle und Jerusalem*[555], will man nicht spätaufklärerische Stücke wie Tiecks *Theegesellschaft* (1796) als Gesellschaftskomödie oder die nachfolgenden Theatersatiren samt ihrer gesellschaftskritischen Impulse, die auf aktuelle Mißstände abzielen, diesem Muster zurechnen. 'Literatur über Literatur' schließlich sind romantische Dramen über die Literaturkomödien im engeren Sinn hinaus grundsätzlich, insofern sie mehr oder weniger allesamt getragen sind von intertextuellen Verweisen in stofflich-motivischer, verfahrenstechnischer und formzitierender Hinsicht.

Resümierend fällt das Fehlen der Tragödie, der bürgerlichen Dramatik und gängiger Muster der Komödie im 18. Jahrhundert ins Gewicht – zurückzuführen auf die Autonomisierung dramatischer Literatur in der interesselosen Spielkomödie auf der einen Seite, in der Rücknahme theatralischer Affektivität, die der Darstellung von Leidenschaften aus unlösbaren Entscheidungssituationen zur Herbeiführung der Katharsis dient, auf der anderen Seite. Ist es im komischen Bereich die Heiterkeit der schönen Freude, die sich trotz der satirischen, politischen oder bitteren Implikationen bevorzugt um des literarischen Spiels selbst willen entfaltet[556], repräsentiert bei den ernst gelagerten Formen das gattungsindifferente

---

[554] Vgl. die Textbeispiele bei Schulz (1983, 567).

[555] Das *Halle*-Lustspiel bezieht sich konkret auf die aktuelle Universitätssituation in Halle nach der Jahrhundertwende im Sinne einer Literarisierung des 'Studenten als Helden' (vgl. Ziolkowski 1992, 355-357).

[556] Kluge (1963, 200) erklärt das Spiel deshalb zu einem einheitsstiftenden Moment der literarischen Romantik überhaupt, das sich nicht nur aus „einer umgestalteten Grundkonzeption von Lustspiel", sondern aus der „individuellen dichterischen Schaffenssituation" ableite und demzufolge auch in den nicht-dramenförmig organisierten Werken der kanonischen Autoren wiederkehrt: Das „arabeskenhafte Metamorphosenspiel mit Gestalten und Motiven" begegnet gleichermaßen in Arnims Prosa wie „die Potenzierung und Vermittlung von Wirklichkeiten" in den Märchen und Erzählungen Tiecks und wie das Wortspiel in Brentanos *Godwi*, ebenso verhält es sich mit dem Spiel- und Verkleidungsmotiv in den Erzählungen und Romanen Eichendorffs. Aus dieser gattungsübergreifenden Wiederkehr vergleichbarer Muster und Motive resultiert ein zentrales Problem der philologischen Beurteilung romantischer Dramatik. Es besteht in der Frage danach, ob es „als eine spezifische Möglichkeit der Gattung" oder als „Begriffsexemplifikationen" des 'Romantischen' anzusehen sei (so Arntzen 1968, 125, 126). Den Ergebnissen der bisherigen Überlegungen zufolge spielen – produktionsästhetisch gesehen – beide Faktoren gleichrangig

Schauspiel als „Abbild des vollen mannigfaltigen Weltlebens"[557] den Allgemein-Begriff, unter dem die Varianten zu subsumieren sind. Paratextuell wird dieses Schauspiel zuweilen als Lustspiel ausgegeben: so in Tiecks *Kaiser Octavianus* als 'Lustspiel in zwei Theilen' und in Arnims 'Trauerspiel in zwei Lustspielen' *Halle und Jerusalem*. Im Gegensatz zur Spielkomödie leitet sich dessen Semantik von der universalisierenden Synthese her.[558] Von Tieck wird der Paratext 'Lustspiel' ohne nähere Angabe von Differenzkriterien gegenüber der *Genoveva* für die 'alles' umfassende Mischung ernster und komischer Elemente im poetischen Welttheater verwendet. Ausschlaggebend für die generische Zuordnung zum Trauerspiel scheint wie bei Arnim nur der Tod der Protagonisten zu sein. Wegen seiner ungebrochen und widerstandslos akzeptierten Erlösungsfunktion hat der Tod aber jede Bedrohlichkeit verloren. Ihm kommt nicht mehr die aufschiebende Funktion zu, die dramatische Spannung, gespeist aus dem Widerstand des *principium individuationis* gegen die Auslöschung bzw. Selbstaufhebung, zu steigern. Vielmehr erfolgt der Tod geradezu beiläufig – kurz und schmerzlos, auf jeden Fall aber im Gnadenstand christlicher Erlösung.

Eine besondere Stellung zwischen Spielkomödie und universalisierendem Schauspiel nimmt Tiecks romanhafte Großkomödie *Prinz Zerbino* ohne eigene Auflistung der *dramatis personae* ein, indem in der sechsaktig gegliederten, letztlich aber nur noch additiv reihenden poetischen Jagd nach dem guten Geschmack – Travestie auf die Bildungsreise und Satire auf die Geschmacks-Topik der Aufklärung – die fiktionsironischen Elemente der parabatischen Komödien eingelagert werden: allerdings nur noch residual und ohne fiktive Zuschauer, so daß sich die illusionsreflexiven Mechanismen wie das bekannte Zurückdrehen des ganzen Stücks nun tatsächlich gegen den 'Verfasser' und an den realen Rezipienten des Stücks richten.

Paratextuellen Selbstpositionierungen im Gattungssystem ist in der Romantik, wie an der generischen Indifferenz des Lustspiel-Begriffs ersichtlich, mit Vorsicht zu begegnen. Unter Umständen führen sie den Leser provokatorisch auf den Leim. Komisierend eingesetzt werden sie etwa bei Tieck. *Die Verkehrte Welt* trägt den freilich nur auf den ersten Blick aberwitzig erscheinenden Untertitel 'Historisches Schauspiel': Tatsächlich werden ja historische Muster und Gegenstände der Literatur- und Dramengeschichte (von der Antike über die *commedia dell'arte* zum Schäferspiel, Familienrührstück usw.) auf das verkehrte Welttheater gebracht. Selbst die komische Gattungsbezeichnung 'Eine Tragödie' für die Szenenfolge *Leben und Tod des kleinen Rotkäppchens* als Märchendrama trifft Aspekte des Stücks

---

hinein, wobei fallweise die Wirkung dramatischer Muster der Tradition vorherrscht, fallweise aber auch die Produktionslogik romantischer Literatur im erläuterten allgemeineren Sinn.

[557] *Schaubühne*, 308.

[558] Zur Unterscheidung zwischen Spielkomödie und universalem 'Lustspiel' (nach der Terminologie Tiecks) vgl. Kluge (1963, 210-213).

ebenso wie der regelpoetisch zunächst kontradiktorisch erscheinende Paratext 'Ein heroisches Lustspiel in drei Aufzügen' für Arnims *Schaubühnen*-Stück *Die Capitulation von Oggersheim*. Doch der Schäfer Warsch rettet Oggersheim tatsächlich heldenhaft patriotisch gegen die Spanier, wie lustspielhaft mit einigem Getöse und kuriosen Verkleidungen um nichts auch immer die Rettung herbeigeführt wird, obgleich im finalen *dénouement* die verwandtschaftlichen Verbindungen mit dem spanischen Besatzer Don Pedro den Konflikt ohnehin in höherer Versöhnung gelöst hätte. Auf die Implikationen der Gattungsmischung in gewählten paratextuellen Bezeichnungen wie 'Caprice', 'Abenteure', 'Bardiet' oder 'Götterspiel' hat bereits Schmidt für die dramatischen Texte der *Harfe* – Friedrich Kinds *Des Dichters Sommernacht*, Fouqués *Der Normann auf Lesbos*, Münchhausens *Die schöne Erscheinung* und Kuhns *Die Suppenanstalt auf dem Deutschen Parnaß* – aufmerksam gemacht.[559]

Perspektiviert man die Korpusfrage schließlich epochal, so wird die vordere literarhistorische Grenze unstrittig durch das literarische Werk Tiecks markiert. An ihm wird die Genese und Entwicklung der literarischen Romantik überhaupt und die neue Produktionslogik romantischer Dramaturgie zu entfalten sein. Die hintere Grenze bildet das Werk Eichendorffs: letzte epochale Übergangsstelle der Romantik, die aber bereits die Verschiebung hin zur vorrevolutionären Literatur zwischen Vormärz, Jungem Deutschland, Biedermeier, Frührealismus und Restauration (oder wie auch immer man die epochale Einheit nach der 'Kunstperiode' bis 1848 bezeichnen will) kaum mehr überblenden kann.

Innerhalb dieser Spanne steht das dramatische Werk Tiecks, Brentanos, Arnims und Eichendorffs im Zentrum folgender Darstellung. Die Schaltstelle von der frühen zur späten Romantik repräsentiert Tiecks *Kaiser Octavianus* (1804). Eine eigene Rolle nimmt die sog. Dresdner 'Pseudoromantik' ein, die trotz der in Grabbes *Scherz, Satire, Ironie und tiefere Bedeutung* verspotteten jämmerlichen Qualität von 'malerischen Schauspielen' wie Friedrich Kinds *Van Dyck's Landleben* (1817) mit dem bemerkenswerten Versuch der szenischen Nachbildung von Gemäldevorlagen, einer szenischen Ekphrasis also, aufwartet. Per Dezision unterbleibt die Würdigung des dramatischen Werks Fouqués, das in einer präzise kontextualisierenden Monographie abgehandelt worden ist.[560] Das vorgeschlagene Korpus und seine Begrenzung auf vier Hauptautoren entspricht, Werner und Kind aus je verschiedenen Gründen ausgenommen, der *communis opinio* der deutschsprachigen Forschung, während die internationale germanistische Literaturwissenschaft dazu neigt, dem romantischen Drama auch Goethe, Schiller, Kotzebue, Werner, Grabbe, Kleist, Grillparzer, Lenau, Büchner u.a. zuzuordnen.[561]

---

[559] Schmidt (1971, 259ff., bes. 263).
[560] C. Stockinger (2000a).
[561] Vgl. Dedeyan (1982).

Dies ist in epochaler und gattungspoetologischer Perspektive jedoch problematisch, bedenkt man die in ganz verschiedene Richtungen gehenden Konfigurationen sowohl des klassischen Dramas als auch der Trivialdramatik der Zeit mit der gewissermaßen reflexiven Zwischenstellung Kleists (auch gegenüber dem romantischen Drama bei allerdings inkommensurabel intensivierter szenischer Energie)[562] einerseits, die formprägenden funktionalen Verschiebungen der literarischen Rede in der postidealistischen Umbruchsituation am Ende der 'Kunstperiode' andererseits. Spätestens an der Wende zu den 30er Jahren treten die veränderten Verhältnisse so unverschleiert zutage, daß sich auch in der dramatischen Literatur die Impulse vom Glauben an die Poesie endgültig auf das zeitaktuell Politische, die Sozial- und Gesellschaftskritik und die *direkte* Satire bis zum aggressiven Witz und bösen Zynismus Grabbes verlagern.

Der folgende Durchgang durch dramatische Werke der Romantik mit Ausblicken auf die Wirkungsgeschichte in der postidealistischen wie postpoetischen Dramatik bis 1848 läßt den Schluß zu, eine epochale Grenze an der zeitgeschichtlich-politischen Zäsur des Jahres 1815 (Wiener Kongreß) bis etwa Anfang der 20er Jahre zu ziehen.[563] In diesem Zeitraum jedenfalls bricht die Dramenproduktion der wichtigsten romantischen Autoren ab (Tieck 1816, Brentano 1814, Arnim 1819).[564] Eine derart generisch perspektivierte Epochenkonstruktion schließt Nachläufer wie die spätzeitlichen Stücke Eichendorffs bis zum 'Puppenspiel' *Das Incognito* (um 1843) oder Fouqués romantische Geschichtsdramatik (bis in die 30er Jahre hinein) nicht aus. Spätestens aber in den 20er Jahren macht sich der Druck der neuen politischen, medialen, sozial-, technik- und industrialisierungsgeschichtlichen Verhältnisse unverdrängbar geltend – in einer Weise auf jeden Fall, die die Versöhnungsidee durch Poesie nur noch als naiven Anachronismus erscheinen läßt.[565]

---

[562] Der singuläre Rang (vgl. zur Komödie Japp 1996) schließt neben dem parodistischen Mittelalterbezug im *Käthchen von Heilbronn* für Kleist v.a. aus, der „spanischen Mode" nachzueifern, der sonst „kaum einer der anderen Dramatiker seiner Zeit auswich" (Schulz 1989, 632).

[563] Vgl. dazu Segebergs (1994, 65) Epochengliederung, die die dritte Phase der Romantik von 1820 bis 1850 als eine Art auslaufender „Dissoziierung" bestimmt, zusammengehalten nur noch von den verschiedenen Strömungen der 'katholischen Romantik' (vgl. 67-76). Sengle stellt die vielfältigen und in sich gegenläufigen Überschneidungen von Spätromantik und Biedermeier zur Diskussion, wonach das Biedermeier als deutsche Sonderform der späten europäischen Romantik anzusehen sei (Sengle 1971, 222), die Romantik folglich weder 1815 noch 1830 ende. Seit Anfang der 70er Jahre distanziert sich die Kritik vom Biedermeierbegriff als Epochensignatur, ohne den 'Vormärz' neben der 'Restauration' allzu stark machen zu können, zumal auch bei den avanciertesten Autoren wie Grabbe, Büchner und Heine idealistische Traditionslinien, nicht allein romantischer Provenienz, fortwirken (dazu Ehrlich/Steinecke/Vogt 1999); zu einer Epochenkonstruktion 'zwischen Goethezeit und Realismus' vgl. die Beiträge in Titzmann (2002). Auf den in diesem Zusammenhang diskutierten Begriff des 'Frührealismus' als Integrationsformel für die Zeit zwischen 1815 und 1848 wird für die späte Dramatik Tiecks zurückzukommen sein.

[564] Vgl. auch Pross (2001, 322, 324) zum Abbruch der politischen 'Festspiel'-Idee nach 1814.

[565] Im Drama sind spätestens in Grabbes *Napoleon oder die hundert Tage* (1831) die Zeitung und der Telegraph die aufstrebenden Medien, um die öffentliche wie die private Rede zur „doppelte[n]

Nicht ohne Grund wechselt Tieck in seiner literarischen Produktion Anfang der
20er Jahre die leitende Gattung, weil der spezifische Realismus der Novelle und
des historischen Romans die insulare Integration romantischer Motive erlaubt:
eben aber nur noch aus der gewissermaßen historistischen Distanz des Erinnerten, also über erzählte Zitate als vermittelt präsent gehaltene und gleichermaßen
vermittelt reflektierte Vergangenheit. So führt eine Erzählung wie *Des Lebens
Überfluß* (1839) sehr präzise die fatalen Konsequenzen einer poetischen Existenz
vor Augen, die entstehen, wenn man sich ohne Anerkennung der kapitalistischen
Voraussetzungen für die Sicherung der Lebensverhältnisse bedingungslos darauf
einläßt, wie wunderbar die Rettung des faktisch vom Armutstod in der Stadt bedrohten Paars Heinrich und Clara dann am Ende auch immer ausfällt. Das Raffinement gerade dieser Prosa, der forschungsgeschichtlich erst spät größere Aufmerksamkeit zuteil wurde, besteht darin, daß der Leser von Beginn an die Katastrophe kommen sieht, ja kommen sehen muß. Denn vorab und wie bedingungslos, ob er will oder nicht, quasi natürlich also legt er in der Beurteilung von Heinrichs Lebensprojekt, Gegenstände wie die Treppe des Hauses zu den oberen
Stockwerken rein nach ihrem Gebrauchswert, zur Erzeugung behaglicher Wärme
durch Verbrennung, zu behandeln[566], die Tauschabstraktionslogik des Kapitalismus zugrunde. Der Verbrauch von Ressourcen, über die Heinrich und Clara nicht
als Eigentum verfügen, führt die kontinuierlich sich verschärfende Selbstabschlie-
ßung des Paars von allen Umweltkontakten nun nicht mehr allein symbolisch
herbei. In der insularen Abgeschiedenheit ermöglicht Poesie nur noch die residuale Partialverklärung beim Blick durch die schönen Eisblumen des Fensters (auf
die nun aber dunkel aufragenden Wände und Ziegeldächer der eng gegenüberliegenden Hinterhofgebäude), ohne daß sie tatsächlich wärmt oder den Hunger ver-
drängt. So macht die Entschiedenheit, mit der Heinrich seinen Gegenentwurf
zum Arbeitsprinzip und Verwertungsmechanismus des aufsteigenden Kapitalismus in den Ruin treibt, auf ganz unzweideutige Weise das Unmögliche von Poesie
als Modus kenntlich, die Welt zu „verschönen".[567] Gegenüber dem Entgren-
zungsprojekt der Frühromantik, das Tiecks Spätwerk in komplex ausdifferenzierter Intertextualität im Rahmen einer Reminiszenzpoetik präsent hält, bleibt wie
gegenüber den völlig anders gelagerten Entgrenzungs- und Verwertungsformen
des Kapitalismus nur noch die selbst gleichsam metaphysisch gewordene Poetik
der 'Schonung'.

Lüge" zu manipulieren (Grabbe 1963 II, 378; III/1); und spätestens bei Nestroy ist es das Geld,
das als Schmiermittel die Vergesellschaftung gewährleistet, auch wenn die Wertabstraktion bereits
in Tiecks letztem Universaldrama *Fortunat* (1816) vor dem dafür ebenso einschlägigen *Faust II*
Goethes (1833) die szenische Textur umorganisiert.

[566] Unter dem Druck der neuen Verhältnisse verheizt das Paar jetzt auch gewissermaßen die Romantik, die vor lauter Wald, in dem man sich einst verlor, den Gebrauchswert seines Holzes nicht
sehen wollte.

[567] Das Schlußwort des *Phantasus* (1816) glossiert ein letztes Mal die Liebe, die in süßen Tönen denkt
und „nur in Tönen [...] alles, was sie will, verschönen" mag (Tieck-DKV VI, 1143).

[...] da ich das Leben selbst immer nur für eine poetische Erscheinung hatte ansehn wollen.[1]

[...] alle echte Kunst, sei sie, welche sie wolle, ist nur Armierung unseres Geistes, ein Fernrohr unserer innern Sinne, durch welches wir neue Sterne am Firmament unseres Gemütes entdecken wollen: das geheimste Wunder in uns, welches wir nicht aussprechen, nicht denken und nicht fühlen können, die innerste Liebe sucht ja eben in wehmütig liebender Ängstlichkeit und zitterndem Entzücken nach den magisch-symbolischen Zeichen der Kunst, stellt sie anders und will sie neu gebrauchen; darum können wir das nicht nennen, was uns antreibt, so oder so zu verfahren, wenn wir wahrhaft etwas Neues wollen – wir sollen es auch nicht, denn der Tiefsinn verleitet uns leicht dahin, daß wir uns selber mißverstehen und uns dadurch der kindliche Leichtsinn fremd wird, durch welchen doch einzig und allein alle Kunst wirken kann.[2]

Entstehung und Etablierung

Literarisierung – Übergänglichkeit – Zerstreuung. Tiecks Experimentaldramatik von der Anverwandlung der Tradition zum frührealistischen Universalschauspiel

1. Hinführung

Literarisierung der Literatur. Zur Logik und Genealogie der literarischen Romantik

Einen „Dichter im eigentlichen Sinne" erkannte August Wilhelm Schlegel in Ludwig Tieck bei seiner ersten Besprechung des *Ritter Blaubart* und des *Gestiefelten Kater* in der *Jenaischen Allgemeinen Litteratur-Zeitung* von 1797[3], noch bevor er persönliche Bekanntschaft mit ihrem Verfasser machte.[4] Die Apposition „ein dichtender Dichter", die er der vielzitierten Charakterisierung anschließt, erscheint zwar nur wie die ohnedies tautologische Verdopplung der vorgebrachten Bestimmung, die in der Besprechung der *Volksmährchen* im *Athenäum* noch einmal als

---

[1] Tieck an Friedrich Schlegel, 13. Dezember 1803 (Tieck-Schlegel, 141).
[2] Tieck an Philipp Otto Runge, 24. Februar 1804 (zit. nach Günzel, 245).
[3] Schlegel-SW XI, 136.
[4] Auf diesen Sachverhalt weist Schlegel in der ersten 'Anmerkung 1801' eigens hin (Schlegel-SW XI, 136).

„sehr einfach gebaute, aber wahrhaft poetisirte Poesie" variiert wird.[5] Mit Formeln dieser Art erschließt Schlegel aber bereits ganz zu Beginn der später als spezifisch romantisch erkannten literarischen Produktion Tiecks[6] ihr basales Merkmal: Es ist, um es (nur auf den ersten Blick) ebenso tautologisch zu formulieren, die Literarisierung der Literatur. Aus ihr gehen die unterschiedlichsten und neuartigen literarischen Formen, die Tiecks Werk bestimmen werden, durch Mimesis, Anverwandlung, Rekombination und Synthetisierung literarischer Modelle samt ihrer (partiellen) Komisierung hervor. Ein durchgehendes Kennzeichen von den ersten Schüler- und Auftragsarbeiten seit 1789 bis zum novellistischen Spätwerk ist die teils gattungstranszendierende, teils gattungsnegierende poetische Reflexion literarischer Muster und Traditionen auf sämtlichen Ebenen und fast allen Stillagen: vom lyrischen *genus grande* über den Mutwillen des witzigen, satirischen oder bloß albernen Schreibens bis zur effektbewußten Trivial- und Unterhaltungsliteratur und zum naiven Ton des Märchens. Das universale Spektrum poetischer Möglichkeiten entspringt einem doppelten Impuls: – der Adaption und Parodie literarischer Modelle der Aufklärung, die um 1790 zur trivialen und modischen Unterhaltungsliteratur abgesunken waren; – der Wiederaneignung vorgängiger Muster. Mit ausgeprägter „Lust am Neuen, Seltsamen, Tiefsinnigen, Mystischen und allem Wunderlichen"[7] und ebenso ausgeprägter 'Unbekümmertheit' gegenüber der schriftlichen Fixierung[8] samt einer behaupteten 'Gleichgültigkeit' gegen die öffentliche Wirkung der Texte[9] greift Tieck interessante Vorlagen, Themen

---

5   Athenäum I, 174.

6   Die sukzessive Herausbildung des 'Romantischen', das sich seit dem *Ritter Blaubart* abzeichnet, läßt sich daran ablesen, daß Schlegel Tiecks Texten das Attribut erst in der *Athenäum*-Fassung zuweist – dies freilich auch aus literaturbetriebsstrategischen Gründen der Gruppenkonsolidierung (dazu Kolk 1997), wobei er nun auch die anderen Werke der *Volksmährchen* von den *Heymons Kindern* über die *Magelone* bis zum *Blonden Eckbert* würdigt: „Es ist der romantische Ausdruck der wahrhaften Innigkeit, schlicht und fantastisch zugleich" (Athenäum I, 176).

7   Tieck an Solger, 1. September 1815 (Tieck-Solger I, 373). Dieser Lust am Neuen steht komplementär die „Lust am Zweifel und der kühlen Gewöhnlichkeit und ein Ekel meines Herzens, mich freiwillig berauschen zu lassen", gegenüber. Beides relativiert die Selbstanbindung an ideologische oder weltanschaulich gebundene Deutungsmodelle; dies habe ihn „von allen Fieberkrankheiten zurückgehalten", er sei „weder an Revolution, Philanthropie, Pestalozzi, Kantianismus, Fichtianismus, noch Naturphilosophie als letztes einziges Wahrheitssystem gläubig" gewesen (373f.). Die völlige Standpunktlosigkeit Tiecks in weltanschaulicher Perspektive hat entscheidende Konsequenzen für die literarische Gestaltung und die daraus resultierenden Probleme ihrer Deutung.

8   Von der „Leichtfertigkeit" und „Unbekümmertheit gegen die schriftliche Form seiner Werke" spricht Frank (1972, 405, 408). Der Flüchtigkeit und Nachlässigkeit, mit der Tieck laut eigener Auskunft seine Texte verfaßt hat (Köpke I, 112), korrespondiert der experimentelle Zugang „eines Menschen" zur Literatur, der „im Sprechen den illusorischen Versuch erkannte, mit Schattenhänden Scheinbilder zu haschen" (Frank 1972, 408). Die 'Unbekümmertheit' als produktives Verfahren schätzte Tieck auch bei den mittelalterlichen Minneliedern (vgl. Minnelieder, XIII).

9   So zumindest in der Reaktion auf Besprechungen des *Lovell* im Brief an A.W. Schlegel vom 23. Dezember 1797: „Ich bin überhaupt zu gleichgültig gegen diesen quasi öffentlichen Ruf" (Tieck-Schlegel, 25).

und Verfahrensweisen sowohl der bewunderten Autoren[10] als auch der ironisch behandelten Textformationen seiner Zeit auf, um sie zu literarisieren oder als „muthwillige Posse" in „fröhlicher Gutmüthigkeit"[11] zu verspotten.

Trotz einer bestimmten Kontinuität von Grundgedanken (wie dem wechselseitigen Diffundieren des Wunderbaren mit dem Gewöhnlichen) und trotz eines formelhaft vorgeprägten Motivarsenals, das nicht selten geradezu stereotyp aufgegriffen wird, geht aus diesem (teils rein kombinatorischen) Verfahren etwas Neues hervor. Dies gilt nicht allein für die Prosa des *Sternbald* oder des *Blonden Eckbert* und die transformierte Dramatik der *Genoveva*, in der sich die aktlose Episierung der szenischen Darbietung mit der potenzierten metrischen Versatilität der Figurenrede verschränkt, sondern auch für die spezifischen Adaptionen tradierter literarischer Modelle: etwa der Spiel-im-Spiel-Struktur, die der *Gestiefelte Kater* als Märchendrama, das die am Geschmackspostulat und an die Erwartung bürgerlicher Rührstücke abgerichteten Zuschauern im Parterre vorgesetzt bekommen, auf eine Weise selbstbezüglich durchspielt, die von der *Verkehrten Welt* mit erneuten Modifikationen ein letztes Mal turbulent gesteigert wird. Literarische Neuerungen bestimmen Tiecks Werk von Beginn seiner öffentlichkeitswirksamen Schriftstellerei an. Zunächst steht die Selbstdemonstration des souveränen Beherrschens literarischer Techniken der bewunderten Vorbilder wie Schillers *Räuber* im Vordergrund. Schon in dieser Zeit aber zeichnen sich prototypisch, wie vor allem die *Sommernacht* (1789) erkennen läßt, szenische und lyrische Verfahrensweisen der romantischen Texte ab.

Nach dem Gesichtspunkt der 'Mannigfaltigkeit der Formen', den Tieck, abgeschaut der literarischen Vielfalt Shakespeares, leitmotivisch zum Ideal der Poesie erklärt – programmatisch einmal mehr in der Vorrede zu den *Minneliedern im schwäbischen Zeitalter*[12] –, fügt sich das Neue dem Vorhandenen additiv als Anrei-

---

[10] Als Katalog positiver Autoritäten mit der allegorischen Tendenz, eine Auflistung der Formen idealer Poesie zu geben, sind diese im 'Garten der Poesie' des *Prinzen Zerbino* versammelt: Dante, Ariost, Gozzi, Petrarca, Tasso, Cervantes, Hans Sachs, Sophokles (Tieck-S X, 271-282).

[11] So deutungssicher A.W. Schlegel zum *Gestiefelten Kater* (Schlegel-SW XI, 141), der bereits zu Beginn von dessen Rezeption die besondere Form der poetischen Satire bzw. *satira ludens* in Abgrenzung von der Zeit- und Literatursatire erkennt: „Wenn die Satire noch methodisch, deklamatorisch, gallicht wäre; aber grade umgekehrt, sie ist durchaus muthwillig und possenhaft, kurz gegen alle rechtliche Ordnung" (Athenäum I, 169).

[12] Minnelieder, XVIII. Von der „unendliche[n] Mannigfaltigkeit des grossen Ganzen" spricht Tieck im wichtigen Brief an Friedrich Schlegel vom 13. Dezember 1803 (Tieck-Schlegel, 140; zur Bedeutung dieses Briefs vgl. Ribbat 1997, 3-6); auch sonst wird diese immer wieder betont, so in *Die Farben* der *Phantasien über die Kunst* (Tieck-Wackenroder I, 189) oder im Phantasus-*Gespräch* über das Drama als „ein großes mannigfaltiges Gewebe" im Anschluß an die *Blaubart*-Vorlesung (Tieck-DKV VI, 484), aber auch bereits in der frühen Shakespeare-Abhandlung über des Wunderbare (Tieck-DKV I, 689, 698). „Das Leben in seinen mannigfaltigen Verhältnissen", heißt es in der dritten Vorrede der *Schriften*, „bietet dem komischen Dichter, wegen seiner vielfachen Verschlingungen, Mißverhältnisse, Widersprüche [...] immerdar Stoff zu seinen Gemälden" (Tieck-S IV, XXXV) – „Wie sich die zeichnende Kunst schon früh von dieser zu treuherzigen Anordnung [„in gerader Linie, um nur klar zu bleiben und die Verwicklung zu vermeiden"] entfernte, so

cherung von Möglichkeiten hinzu. Die „*größte Mannichfaltigkeit*" attestiert Friedrich
Schlegel bereits 1797 der noch im Planungsstadium befindlichen Sammlung *Romantische Dichtungen* (1799-1880) in einem Brief an den Bruder.[13] Er nimmt damit
vorweg, was dieser in der späten 'Anmerkung 1827' zur frühen Besprechung mit
Blick nun auch auf „Tiecks reifere Werke, den Sternbald, die Genoveva, den
Octavian, den Phantasus" und die Novellen als „Unerschöpflichkeit an sinnreichen Erfindungen" resümiert. Ausgezeichnet sei die „Mannichfaltigkeit" durch
„heitre[n] Witz, der meistens nur zwecklos umherzuschwärmen scheint, aber, so
oft er will, seinen Gegenstand richtig trifft", weil er nicht „anders als *alla prima* zu
malen" in der Lage gewesen sei. (Mit dieser Positivierung der Flüchtigkeit als
formprägenden Modus' der einmaligen und nicht mehr korrigierten schriftlichen
Fixierung entschuldigt Schlegel „die vernachläßigten Ansprüche der dramatischen
und der metrischen Technik" auch dort, „wo die Fülle und Leichtigkeit des ersten
Wurfes zu sehr in die Breite geht" – was er zu einem früheren Zeitpunkt vor allem dem *Kaiser Octavianus* ankreidet.) Zu den Vorzügen, „die, bald die einen bald
die andern mehr, in Tiecks Dichtungen glänzen", gehöre „eine zauberische
Phantasie, die bald mit den Farben des Regenbogens bekleidet in ätherischen Regionen gaukelt, bald in das Zwielicht unheimlicher Ahndungen und in das schauerliche Dunkel der Geisterwelt untertaucht; ein hoher Schwung der Betrachtung
neben den leisen Anklängen sehnsuchtsvoller Schwermuth" – all dies stets „ohne
Bitterkeit und ernsthafte Kriegsrüstungen" und mit „Meisterschaft in allen Schat-
tierungen der komischen Mimik, so fern sie schriftlich aufzufaßen sind". Nach
„ihrem wahren Werth und Gehalt" könne man diese Werke nicht würdigen,
„ohne in die innersten Geheimnisse der Poesie einzugehn."[14]

Tieck konnte sich in Schlegels erster Kritik – im Urteil, er sei ein „wahrer Ge-
genfüßler unsrer gewappneten ritterlichen Schriftsteller" und der Charakterisierung der Texte als „luftigen Nichts", durch das man beim Lesen „so leicht fortgezogen" werde, „wie man auf einem gebahnten Weg fährt, dessen Länge man nicht
aus dem häufigen Rütteln abnehmen kann"[15] – ganz richtig erkannt sehen. Daß
er sie als besonderes Lob ansah, zeigt sein impliziter Rekurs auf die Rede vom
'dichtenden Dichter' in der Charakterisierung Shakespeares im frühen Brief vom
23. Dezember 1797: „Er ist der gröste und mannichfaltigste Dichter, den ich kenne, bei alle dem auch der dichterischste: ein *Erzpoet* wie ich ihn nennen möchte,
der durchaus von nichts außer sich abhängt".[16] Unabhängigkeit von außerliterarischen Vorgaben und die Literarisierung als Verfahren kommen demnach bereits

---

mußten die Theaterdichter auch schon seit lange den chronikartigen Styl und die zu steife Sym-
metrie vermeiden, und Vor=, Mittel= und Hintergrund anlegen, um ein vieldeutiges, mannigfaltiges Kunstgebilde zu erzeugen" (Tieck-KS III, 6).

[13] Schweikert I, 218

[14] Schlegel-SW XI, 145f.

[15] Schlegel-SW XI, 136, 139.

[16] Tieck-Schlegel, 25. Die „unbedingte Zustimmung zu der ersten Rezension einer Arbeit Tiecks" in
diesem dritten Brief an A.W. Schlegel erkennt auch Kolk (1997, 71).

bei Shakespeare zusammen. Der mit der Charakteristik formulierte Wunsch, die literarische Mannigfaltigkeit der zeit seines Lebens maßgebenden literarischen Autorität nicht nur philologisch (im später so genannten *Buch über Shakespeare* auch in einem „etwas wilden poetischen Ton"), sondern vor allem im Modus der Poesie selbst zu erfassen – „aber vielleicht läßt sich die Poesie manchmal durch Poesie erklären"[17] –, verweist auf das einheitsstiftende Zentrum von Tiecks Gesamtwerk: Die literarischen und kritisch-philologischen Schriften gehören zusammen, zumal sich die Grenzen zwischen den Genres überhaupt als durchlässig erweisen.[18] Die Formel 'Poesie durch Poesie zu erklären' wird so zur veritablen Charakterisierung dessen, was Tiecks Texte und deren Reproduktion literarischer Mannigfaltigkeit grundsätzlich verbinden wird, denn sie benennt das zentrale Moment zwischen den Polen 'Literaturgeschichte als Poesie' (Hölter) und Poesie als Literaturgeschichte. „Ich verehre die Kunst", schreibt Tieck im selben Brief an August Wilhelm Schlegel vom 23. Dezember 1797, und er bezeichnet damit das Zentrum seiner Auffassung von Kunst und Leben, „ja ich kann sagen, ich bete sie an, es ist die Gottheit, an die ich glaube und darum möchte ich wohl irgend einmahl recht was Gutes hervorbringen."[19] Im Gegensatz zu den bisherigen Bemühungen der Forschung, einheitsstiftende Kriterien für die so irritierende Heterogenität des allein rein quantitativ kaum überschaubaren Gesamtwerks zu finden, ist deren Zentrum kaum thematisch bzw. inhaltlich als Spektrum behandelter Gegenstände oder bevorzugter Motive zu bestimmen[20], sondern mehr oder weniger ausschließlich als Verfahren.

Es ist die Literarisierung als permanenter und unabschließbarer Prozeß der sowohl poetischen als auch 'philologischen' Anverwandlung, Reflexion, Umbildung und Kritik literarischer Modelle der eigenen Zeit und der Literaturgeschich-

---

[17] Tieck-Schlegel, 25.

[18] Eine Trennung zwischen 'poetischen' und 'kritischen' Schriften ist „nur extern möglich" und „für das Verständnis von Tiecks Qualitäten hinderlich" (Hölter 1989, 6).

[19] Tieck-Schlegel, 25.

[20] Die Vorschläge auf der Suche nach solchen Kriterien, die die Forschung gerade wegen der Uneinheitlichkeit innerhalb einer weitgespannten Vielfalt von Themen, Stillagen und Gattungen trotz bestimmter motivischer Kontinuitäten seit jeher angetrieben hat, reichen vom Wunderbaren bis zur Geselligkeitsthematik (so Ziegner 1987); zuletzt hat Hölter das „literaturhistorische Element als einheitsstiftende Struktur" in Tiecks Gesamtwerk, das entsprechend auch die 'kritischen' Schriften genauer berücksichtigt, namhaft gemacht (Hölter 1989, 6): „Insofern für das literarische Werk alle Stufen der Intensität literarhistorischen Darstellens innerhalb verschiedenster Texte zu registrieren sind [...], muß die literarhistorische Aussage als die vielleicht universellste, wirklich nur im Ausnahmefall fehlende Struktur in Tiecks fiktionalen und nicht-fiktionalen Werken gelten" (Hölter 1989, 392). Zum Problem der Einheit von Tiecks Œuvre bzw. Unmöglichkeit seiner inhaltlichen Fixierung vgl. resümierend Schmitz (1997, VIII) und Ribbats Hinweis, daß sich die einzelnen Werke Tiecks „als erstaunlich resistent gegenüber dem Vorhaben einer Einvernahme, gegenüber einer Identifizierung mit gebräuchlichen Kategorien" im Sinne der „jeweils naheliegenden Sinn-Optionen" erweisen (Ribbat 1997, 2). „Die stilistische Vielfalt, ja Heterogenität des Tieckschen Œuvres verhindert eine abschließende Definition dessen, was 'romantische Poesie' in seiner Realisierung eigentlich sei" (Ribbat 1978, 97).

te: gerichtet auf die spezifischen Ausprägungen der Poesie einzelner Autoren, auf Genres, Gattungen und Epochen im weitgespannten Kontext der europäischen Literaturgeschichte. Allerdings macht sich die Literarisierung weniger formprägend auf die Struktur des einzelnen Werks wirksam, weil sich Tieck praktisch nie zur konsequenten Durchbildung eines Texts nach *einem* – sei es thematisch, sei es ästhetisch oder philosophisch, sei es strukturell – bestimmten Gesichtspunkt in der Lage zeigte. Kaum eines seiner Werke weist eine in sich homogenisierte Organisation unterhalb der metaphysischen Ebene der höheren Ganzheit auf, die sich im Drama und der mit der Form ins Spiel kommenden Konfliktstruktur in der Geschlossenheit und Funktionalität der Elemente bei stilistischer Vereinheitlichung der Figurenrede äußerte. Sie sind sprunghaft, oft die Perspektive wechselnd und auf den ersten Blick zusammenhanglos, und nicht selten hat man Schwierigkeiten, überhaupt anzugeben, was in ihnen verhandelt wird. Zumindest gilt dies für die als spezifisch 'romantisch' eingeschätzten Texte, während die frühen *Straußfeder*-Geschichten oder der *Lebrecht*-Roman noch an die didaktischen Impulse zeitgenössischer Aufklärungsliteratur anknüpfen und die späteren Novellen an der Zeit- und Literaturkritik etwa des Jungen Deutschland orientiert sind, so daß diese Texte trotz ihrer teils ausschweifend digressiven Anlage philologisch mehr oder weniger distinkt beurteilt werden können. Nicht ohne Grund aber konstatiert die Forschung selbst bei den auf Mitteilung ausgerichteten Textformen wie den Briefen wegen ihrer mäandrierenden Unbestimmtheit die Schwierigkeit, eine genauere inhaltliche Fixierung des Gesagten vorzunehmen.[21] Am deutlichsten zeigt sich die Entsemantisierung des literarischen Gehalts als Tendenz, die sich aus dem dissoziierenden Perspektiven- und Verfahrenswechsel auch in der mikrostrukturellen Variabilität der Formen ergibt, in der durchmusikalisierten Lyrik.[22] Ihr korrespondieren dazu gegenläufig Formen a-metrischer Regulierung, die bereits an die avancierte Lyrik der späteren Moderne heranreichen.[23] In aller Regel sind die lyrischen Texte in größere Werkzusammenhänge (auch in die Dramen) eingestreut. Sie gehen häufig aber so umstandslos und selbstverständlich in den erzählten Zusammenhang oder die Figurenrede ein, daß die divergenten Darbietungsformen teils nahtlos ineinander diffundieren.[24]

---

[21] „Meine Briefe haben es immer in der Art, daß sie keinen Inhalt haben" (Tieck an Friedrich Schlegel, 13. Dezember 1803, Tieck-Schlegel, 140). Sie sind deshalb auch kaum Ausdruck einer psychischen Verfaßtheit, so daß es schwierig ist, aus ihnen „Individuelles zu erfassen" (Ribbat 1997, 6).

[22] Vgl. deren programmatische Grundlegung in einer einschlägigen Passage aus *Die Farben* der *Phantasien über die Kunst*: Die Beschreibung (eines Gemäldes) ist dann „ächt poetisch", wenn sie „wie Musik wirkt", weil sie erst dann das Innerste der Seele in Schwingung versetzt (Tieck-Wackenroder I, 192); zur frühromantischen Wortmusik vgl. u.a. Gnüg (1983, 94-111), Bormann (1987).

[23] „Bei Tieck beginnt sowohl die Brechung des lyrischen Melos, als auch jene Unbestimmtheit der Sprache, die gelegentlich ans Unverständliche, nicht mehr Übersetzbare streift" (Frank 1972, 400). Der ephemeren Verflüchtigung korrespondiert ein gegenläufiger Zug der schroffen Fügung, der „störend auf Härten aufmerksam" macht (405).

[24] Diese Entgrenzung der Lieder als Einlagen hat A.W. bereits an der *Schönen Magelone* beobachtet (vgl. Tieck-DKV VI, Kommentar, 1315f.)

Ein entscheidender Grund für die Unbestimmtheit als ästhetischer Effekt, der viele Werke Tiecks in der Schwebe hält, liegt in der textinternen Zerstreuung[25] der Darstellung durch die „Permanenz des Wechsels [...] zwischen Alltag und Wunderbarem, Illusion und Erkenntnis, Resignation und Scherz".[26] Hervorgeht daraus eine Textur kaleidoskopischer Übergänglichkeit[27], der schon bei Tieck, beurteilt man die Texte nach ihrer immanenten Selbsttransparenz, eine bestimmte *dissémination* des Sinns korrespondiert. Zerstreuung ist das Komplement der Literarisierung, insofern diese sich im schnellen und permanenten Wechsel je unterschiedlicher intertextueller Bezugnahmen durch das Spektrum der Formen hindurch vollzieht. Nicht zuletzt wegen der formauflösenden Standpunktlosigkeit in weltanschaulicher und poetologischer Hinsicht[28] wird kaum eine der punktuell sich manifestierenden Tendenzen dominant: weder die satirische noch die poetische der Stimmungslyrik (die man Tieck in der romantischen Phase attestiert), weder die nihilistische Weltverachtung (des *Lovell*) noch der bloß alberne Unsinn, der sich wie die Satire nicht zuletzt gegen sich selbst richten kann. Die avanciertesten Werke Tiecks sind eingespannt in der Polarität von Einheit und Dispersion, zwischen der Tendenz zur formalen Homogenisierung durch universalen Parallelismus (wie man die ausdifferenzierte literarische Artistik des *Octavianus* als Demonstration der allumfassenden Ganzheit der Poesie charakterisieren kann) und zur spontanen Verflüchtigung der je gesetzten Form, insofern sich die je eingeschlagene Perspektive in der „permanente[n] Demonstration von Vorläufigkeit" immer wieder ephemer auflöst.[29] So kommen die Texte selten zum Punkt: Die

---

[25] Als poetologische Kategorie wird die Zerstreuung, wie gesehen, zuerst in der frühen Abhandlung *Über Shakspeare's Behandlung des Wunderbaren* entfaltet. Zu Recht spricht Frank von der „glänzendste[n] Selbstanalyse" Tiecks, deren Grundzüge sich in „zahlreichen seiner Dichtungen" aufweisen lasse (Frank 1989, 386).

[26] So Ribbat (1978, 205f.) zum „Strukturprinzip der Tieckschen Romantik". „Die ironische Prozessualität, die Aufhebbarkeit aller Fixierungen durch neue Impulse der Imagination in potentiell jedem Moment – dies allein schien Tieck Garant zu sein für die Rettung freier Poesie" (188).

[27] Hillmann spricht von der Mischung und Assoziation durch „gleitendes Phantasieren" und von „gleitende[n] Übergänge[n]" (Hillmann 1971b, 118, 121), der von der 'vorschnellen Reflexion' im ständigen Wechsel und seines Reflexes im Stil (Frank 1972, u.a. 246). Mit dem Begriff des Kaleidoskops hat Robert Minder unter Berufung auf frühe Kindheitserlebnisse (Köpke I, 10) „die Grundstruktur so gut wie aller" Werke Tiecks zu charakterisieren versucht (Minder 1968, 194, 187) – mit guten Gründen, weil es das Verfahren der Texte ins Bild setzt, aus vorgegebenen Versatzstücken der Tradition, ihren Splittern, selbst durch kleine Drehungen Formen auszubilden, die neu und interessant sind. Vielfalt entsteht aus einer begrenzten Anzahl von Grundelementen, die durch Kombination je neuartig konstelliert werden.

[28] Zu keiner der Formen und literarischen Parteiungen der 90er Jahre zwischen Geniekult und Spätaufklärung wollte Tieck sich selbst bekennen (vgl. Tieck-S VI, XVf.), und auch die sog. späten 'Tendenznovellen' streben eine literarische Positionsbestimmung *zwischen* den „Polen Junges Deutschland auf der einen und Weimarer Klassik auf der anderen Seite" an, insofern diese „modellhaft für verschiedene Konkretisationen des grundlegenden Verhältnisses von Tradition und Erneuerung stehen" (Bunzel 1997, 195).

[29] Ribbat (1978, 202).

Erzählungen und Novellen verlieren sich in digredierenden Filiationen, in den Dramen gibt es – zumindest oberflächlich nach dem äußeren Gang der Ereignisse betrachtet – kaum eine durchgängige und der *vraisemblance* genügende Handlung, daneben kaum psychologisch differenzierte Charaktere, die eine zentrale Voraussetzung der das Drama bis zur Weimarer Klassik bestimmenden Identifikation darstellen.[30] „Hier ist keine Handlung, kein Ideal, nur Schimmer und verworrene Gestalten, die sich wie fast unkenntliche Schatten bewegen", sagt Sternbald im Gespräch mit Bolz über das ideale Gemälde[31] – eine Selbstcharakteristik Tiecks, die auf die eigene literarische Praxis abzielt, weshalb die Zuschauer in den parabatischen Literaturkomödien mit Grund die Unmöglichkeit verhöhnen, in eine 'vernünftige Illusion' zu kommen. Stets gerät man als Leser, sei es durch turbulente Konfusionen, sei es durch die traumhafte Entgrenzung des Festgefügten, in einen schwer bestimmbaren Zustand hinein, und oft ist nicht nur bei der lyrisierten Figurenrede kaum genauer anzugeben, was überhaupt darin verhandelt wird.

Im Vollzug der 'unbegreiflich schnellen Beweglichkeit der Imagination', der „punktuellen Lucidität" des 'Äthergeists'[32], bilden die literarischen Metamorphosen[33] die Struktur der Zeit und das Bewußtsein von Zeitlichkeit selbst nach.[34] (Einer der frühen Protagonisten in der *Straußfeder*-Geschichte *Die Freunde* von 1797, der diesen Wechsel an sich selbst erfährt, heißt bezeichnenderweise Ludwig Wandel.[35]) So erklärt sich die erwähnte Nachlässigkeit gegenüber der schriftlichen Fixierung der Werke auch vor dem Hintergrund der Zeitlichkeitserfahrung, weil

---

[30] Tiecks Stücke sind bis auf Ausnahmen kaum mehr auf bestimmte typologische Muster wie Handlungs-, Charakter- oder Intrigendrama zurückzuführen. Mit guten Gründen forderte ihn Mitte der 90er Jahre sein Verleger Nicolai auf, er solle seine „Kräfte im Darstellen, Entwickeln und Motiviren versuchen" – bekanntlich ohne Erfolg (Tieck-S VI, XXIV).

[31] Sternbald, 341.

[32] Zum Begriff der 'punktuellen Lucidität', der bezeichnet, was sich in der literarischen Hervorbringung spontan äußert, erst aber nachträglich zu reflektieren ist, ohne es vollständig rational durchdringen zu können, vgl. Frank (1972, 332, 395, 396 u.a.); das Wort vom 'Äthergeist', auf das Frank wiederholt zurückgreift, bringt Tieck im Zusammenhang seiner Überlegungen zur 'höheren Ironie' der beiden *Blaubart*-Texte unter Berufung auf Solger vor (vgl. Tieck-S VI, XXVIII).

[33] „Alle Gedanken in uns, alle Gefühle, alles Leben, sind nur eins, das sich immer wieder erhebt, sich von neuem gestaltet und verwandelt" (Tieck an Friedrich Schlegel, 13. Dezember 1803, Tieck-Schlegel, 142). „Die kühnste Verwandlung und die höchste Spitze der Dichtkunst ist das Drama" (*Göthe und seine Zeit*, Tieck-KS II, 192).

[34] Zu dieser literarischen Struktur, in der „die Zeiterfahrung Stil geworden ist", so daß die „Auflösung der Form" bis ins Innerste der Lyrik in Ausprägungen der ungebundenen Regulierung reicht, vgl. unter Zugrundelegung des frühen Shakespeare-Aufsatzes im einzelnen Frank (1972, hier 400); siehe auch Frank (1989, 297-462, insbes. 371ff.).

[35] Dazu Ribbat (1978, 35), der allerdings zu Recht bemerkt, daß in dieser Erzählung der flottierenden Phantasiewelt, die sich in der bei Tieck einschlägigen Metaphorik des Flatterns vermittelt – „so unstet, so flatternd zog alles seiner Seele vorüber" (Tieck-Thalmann I, 63) –, noch keine „Autonomie gewährt" werde, weil der Erzähler sein „psychologisches Erkenntnisinteresse nicht fahren" lasse, sondern im Gegensatz zum gleichzeitig entstandenen *Blonden Eckbert* noch den „Kausalnexus der Assoziationen" fixiere.

eine literarische Struktur, die die Temporalisierung gleichsam internalisiert hat, allen geschlossenen und in sich durchgebildeten Formen, besonders dem konventionell dramatischen Modus, widerstreitet oder grundsätzlich mißtraut.[36] Literarische Durchbildung impliziert, selbst bei zugrundeliegendem poetischem Furor[37], eine bestimmte Rationalität und Intentionalität der Konstruktion, während Tiecks Texte sich der begrifflich nicht einholbaren ('unbegreiflichen') Volatilität ihrer assoziativen Phantasie und dem flüchtigen Strom sinnlicher Eindrücke überantworten, um die „Sache" selbst zu gestalten.[38] Ihre literarische Praxis wird so zu einer Art Empiriokritizismus Machscher Prägung *avant la lettre*, insofern sie sich einerseits dem Strom der Elemente überläßt, insofern sich andererseits bereits bei Tieck das über den Verlauf der Zeit mit sich selbst identische Ich als 'unrettbar' erweist. Aus der Flüchtigkeit im unverhofften Wechsel entsteht, unabhängig von Gattungszugehörigkeiten, der Eindruck des Permeablen und Verdunstenden der Texte. Der Effekt macht sie so schwer greifbar[39], weshalb sie, wie Kierkegaard erkannte, dem Leser keine „Ruhe" lassen.[40]

Bewirkt wird dieser Effekt durch die Spontaneität und Schnelligkeit der schriftlichen Fixierung.[41] Tiecks literarischer Praxis ist deshalb das leichtfertige und in jedem Augenblick mögliche Scheitern ebenso inhärent wie das punktuelle Gelingen. Dieser Umstand erklärt die ausgeprägten Qualitätsunterschiede der Texte sowohl im Ganzen als auch hinsichtlich ihrer textinternen Schwankungen.[42]

---

[36] So die Zentralthese Brechts (1993) zur 'gefährlichen Rede' Tiecks.

[37] Zur Auseinanderfaltung von Enthusiasmus der poetischen Rede und poetischem Wissen der Philologie siehe Schlaffer (1990).

[38] „Ich bin um so mehr ein Individuum, um so mehr ich mich in alles verliehren kann; es ist kein Verliehren, denn wir verstehn, fühlen eine Sache nur, insofern wir die Sache sind" (Tieck an F. Schlegel, 16. Dezember 1803; Tieck-Schlegel, 139); vgl. dazu Tiecks fast schon an Schopenhauer erinnernde Rede von der Musik als „Sache selbst" in den *Phantasien über die Kunst* (Tieck-Wackenroder I, 192). A.W. Schlegel formuliert den Sachverhalt so, daß Tieck den „Ton des Gegenstandes [...] mit der Sicherheit einer unabsichtlichen Richtung" treffe (Athenäum I, 170).

[39] Tiecks Kunstbegriff ist nicht „aus der Struktur, sondern aus der Wirkung der Werke begründet" (Ribbat 1978, 81).

[40] Zit. nach Bohrer (1989, 66); zu Kierkegaards Tieck-Bild siehe genauer Japp (1983, 232-236).

[41] Zur Schnelligkeit der Niederschrift bei Tieck siehe Wackenroders Vorwürfe im Brief an Tieck vom 29. November 1792 (Tieck-Wackenroder II, 94); vgl. auch Friedrich Schlegels Brief an seinen Bruder vom November 1795: „Von grossemVortheil ist es mir gewesen, alle *Plane* sogleich zu *Papier zu bringen*, wenn auch nur mit einigen Worten, was ein Buch werden soll. Ich wende dann rhapsodisch dazu, was mir während der permanenten Arbeit von selbst einfällt, und ich habe gewöhnlich zusammen mehr Plane, als ich bestreiten kann" (KFSA 23, 261). Zum improvisatorischen Moment als wichtigen Voraussetzung der frühromantischen Dichtung, die „den augenblicksentsprungenen künstlerischen Einfall ohne Rücksicht auf übergeordnete, organische Zusammenhänge verabsolutiert", vgl. bereits Hinck (1965, 392). Hinck erkennt die literarische Improvisation, aus der sich die Vorliebe für die italienische Stegreif-Komödie herleitet, in zwei Ausprägungen: Brentanos Wortspielen (392) und Tiecks „völlige[r] Dissoziation der Fabel" (393).

[42] *Die sieben Weiber des Blaubart* betonen freilich sogar deren Notwendigkeit, damit Literatur interessant werde: „Denn einem Buche, wenn es gefallen soll, sind die schlechten Stellen, (wenn man die Sache genau nimmt) eben so nothwendig, wo nicht nothwendiger, als die guten. [...] So oft ich

Einer ambitionierten Demonstrationen literarischer Artistik wie dem *Kaiser Octa-vianus* spürt man daher die für Tiecks Verhältnisse langwierige Entstehung an, während die besseren Texte die schnell Geschriebenen sind (bei denen Tieck ger-ne kolportiert, sie in einer Nacht verfaßt zu haben). Gerade wegen dieser Flüch-tigkeit begibt sich die Sprache Tiecks, wie August Wilhelm Schlegel in der *Athenäum*-Fassung der Besprechung der *Volksmärchen* schreibt, „gleichsam alles Körperlichen". Sie löst sich auf in einen „geistigen Hauch", in ein schwebendes „Helldunkel" und ein „Gefühl, „das nur aus der innersten Seele kommen kann, und doch leicht und lose in der Außenwelt umhergaukelt."[43] Das wie in Luft Gewebte der romantischen Texte Tiecks bewirkt, daß man nicht nur nicht recht sagen kann, was sie thematisieren, sondern auch nicht, was sie mit ihrem Leser anstellen: Trotz ihrer Unruhe (durch allzu 'häufiges Rütteln'[44]) wird dieser in den wechselnden Strom von Bildern und Tönen hineingezogen wie in die gleitenden Assoziationen des Traums – und wie ihr Autor dabei mit der 'Sache' eins. Die Anmut der interesselosen Leichtigkeit, die sich souverän über das 'Entgegenge-setzteste' hinwegbewegt, nähert Frank Adornos Begriff des Nicht-Identischen an.[45] Tieck sei „ein Mozart der Poesie", schreibt Friedrich Schlegel in den Heften *Zur Poesie und Literatur* (1812) zwar in abwertender Absicht. Zielsicher aber trifft er damit ein zentrales Merkmal der Werke[46], von August Wilhelm Schlegel als „Grazie"[47] charakterisiert, die mit Robert Minders Rede von der „grâce tieckien-ne" zur stehenden Wendung der Tieck-Philologie avanciert.

Schlegels Formel vom 'dichtenden Dichter' benennt folglich nicht nur die produktive Instanz der Poesie, sondern auch das prozessuale Moment ihrer lite-rarischen Entfaltung. Die Bedeutung des aus dem Augenblick Hervorgehenden ist nicht mehr als festgefügter und vorgängig in die Texte implantierter Sinn, sondern nur noch im Vorgang seiner textuellen Realisierung jenseits rhetorischer Wir-kungsabsichten und regelpoetischer Konventionen zu rekonstruieren.[48] Angetrie-ben wird die prozeßhaft ausdifferenzierte Mannigfaltigkeit als Leitprinzip der lite-rarischen Gestaltung vom Gedanken der Individualität eines Werks und seiner Bestandteile komplementär zur Vielfalt des Lebendigen: „Es giebt tausend An-sichten der Kunst und der Poesie", so Tieck an Solger zur Charakterisierung sei-ner Kunst- und Weltauffassung, „alle haben Wahrheit, selbst die einseitigsten [...].

über Göthe's Werke urtheilen höre, wird es mir deutlich, ja die Menschen sagen es mir fast mit dürren Worten, wie sie sehr schlecht damit zufrieden sind, daß es durchgängig gut ist" (Tieck-S IX, 176).

[43] Athenäum I, 175.
[44] So die zitierte Charakterisierung ihrer Härten bei A.W. Schlegel (Schlegel-SW XI, 139).
[45] Vgl. Frank (1972, 395f.) mit Verweis auf die *Philosophie der neuen Musik*.
[46] KFuS VI, 40 [122]. „Es ist nicht *Tiefsinn* bey Tieck, was die Fantasie beherrscht, sondern bloß *Scharfsinn*, oder *Spitzfindigkeit*, Willkühr und *Witz*" (40 [125]).
[47] Schlegel-SW XI, 146.
[48] „Wer nach der Bedeutung des Dargestellten in Tiecks Werk sucht, wird in der Regel enttäuscht – er muß sie suchen im Prozeß der Darstellung selbst, im Prozeß des Schreibens" (Ribbat 1997, 2).

Das Individuelle, das Eigne, Originale ist mir am Freunde, an jedem Menschen das Interessanteste."[49] Normativ begründete literarische Darbietungsweisen, als solche anschließbar ans Allgemeine, widerstreiten dieser Sicht und werden transzendiert, weil jedes Werk trotz seiner intertextuellen und gattungsbezogenen Anbindung eine je eigene Form auszubilden hat.[50] Mannigfaltigkeit und Individualität der Werke als 'Einheit in der Vielfalt' und deren Zerstreuung in generischer Permeabilität sind leitende Kriterien der Versprachlichung von Welt, weil sie dem Lebendigen in den Epiphanien des Augenblicks[51] und dessen Transitorik entsprechen. Die höhere Ganzheit kommt den verschiedenen Texten, die daraus hervorgehen, kraft der für Tiecks Dichtungsauffassung grundlegenden metaphysischen Verbindung in der 'Einen Poesie' zu, wo die stets erweiterbaren Möglichkeiten literarischer Mannigfaltigkeit universal vereinigt sind.[52]

Die Ausdifferenzierung sprachlicher Möglichkeiten, organisiert nach dem Gesichtspunkt literarischer Neuerungen[53], bezieht sich demzufolge sowohl auf die äußere, auf die Umwelt-Seite gerichtete je spezifische Einheit des Werks als auch auf das Spektrum textinterner Verfahrensweisen.[54] Unabhängig von den apriori-

---

[49] 1. Februar 1813 (Tieck-Solger I, 270).

[50] „Jeder neue Gegenstand muß dem dramatischen Dichter eine neue Form liefern, und Kleist [im *Käthchen*] ist deshalb nicht zu tadeln, wenn er dieses Gedicht, welches er ganz als Volkssage behandelt, nur locker verknüpft, wenn die Theile nicht ängstlich genau zusammengefügt sind. Diese leichtere Art, welche Episoden zuläßt, Charaktere etwas mehr ausmalt, als es, genau genommen, der Gegenstand erfordern würde, Begebenheiten anreiht, die den Anschein des Zufälligen haben, verstattet eben auch dadurch einen Durchblick in die große, freie Natur, welches Alles zusammen die Lieblichkeit des Inhalts noch heimischer und zauberreicher durch die Contraste macht" (Tieck-KS III, 83). „Weder die Regel des Aristoteles, noch irgend eine bis jetzt bekannt gewordene Regel paßt auf eine Novellen-phantastische Komödie", schreibt Tieck im Epilog zur *Vogelscheuche* von 1834 (Tieck-DKV XI, 731), die er, obwohl in Prosa verfaßt, im „Prolog" als Drama einführt (421).

[51] Mit der von Joyce her bekannten Kategorie als „Offenbarungskonzept eigener Lebendigkeit", in der sich die „Struktur des Lebendigen" als „Vergleichzeitigung von Gegensätzlichem" abbilde, operiert Rath (1996, hier 288, 287). Vgl. auch die Rekonstruktion von Tiecks Sprachauffassung bei Ito (1991), derzufolge das Individuelle und Mannigfaltige dadurch angesteuert wird, daß man eine je eigene Sprache dafür findet: Während Schiller das Individuelle dem Allgemeinen subsumiert, will Tiecks Sprache die „'tausend einzelnen, glatten und bergigten, stürzenden und schäumenden Wellen'" (535) spürbar machen, u.a. durch synästhetische Musikalisierung der Sprache; vgl. dazu die einschlägigen Texte der *Phantasien über die Kunst*, hier *Das eigenthümliche innere Wesen der Tonkunst, und die Seelenlehre der heutigen Instrumentalmusik* (Tieck-Wackenroder I, hier 219f.).

[52] „Die mannichfaltigen verschiedenen Gestalten" sind als „Theile Einer Poesie, Einer Kunst anzuschauen. [...] Denn es giebt doch nur Eine Poesie, die in sich selbst von den frühesten Zeiten bis in die fernste Zukunft, mit den Werken die wir besitzen, und mit den verlohrnen, die unsre Phantasie ergänzen möchte, so wie mit den künftigen, welche sie ahnden will, nur ein unzertrennliches Ganze ausmacht" (Minnelieder, II).

[53] Den Tieck in den *Straußfeder*-Geschichten durch Ironisierung der originellen Hervorbringungen ihrer Protagonisten freilich auch gern verulkt (vgl. etwa *Die gelehrte Gesellschaft* von 1796; Tieck-S XV, 226).

[54] Die mikrostrukturelle Gestaltung von Vielfalt in größtmöglicher metrischen Variabilität (bis in die a-metrische Regulierung hinein) artikuliert sich am deutlichsten in den beiden mittleren Groß-

schen Vorgaben der gewählten Gattung können sich die sprachlichen Formen verselbständigen (so in der teils durchgängigen Lyrisierung der Figurenrede, die den Dialog ins Monologische diffundieren läßt). Tiecks literarische Praxis, die ihre Aufmerksamkeit der „Universalität des Formenspektrums", „*sämtlichen Gattungen*" auch in literaturhistorischer Hinsicht zuwendet[55], ist ungeachtet der erläuterten geschichtsphilosophischen Differenzen zur idealistisch fundierten frühromantischen Dichtungstheorie wegen ihres Prozeßcharakters kompatibel mit Friedrich Schlegels Idee des 'Werdens'. Unendliche Progression widerstreitet geschlossenen und in sich gegliederten Textformationen. Tiecks Texte enden häufig, wenn sie nicht gleich offenkundig fragmentarisch bleiben, durchaus willkürlich, selbst wenn sich die Tendenz niederschlägt, die in der digredierenden Verflüchtigung einer Textsequenz verloren geglaubten Fäden der Handlung am Schluß wieder einzusammeln, dem Text also durch die wie auch immer kontingent scheinende Verknüpfung seiner Perspektivierungen hindurch einen gewissen Abschlußcharakter zu verleihen. (Im *Zerbino* ironisiert Tieck die Kontingenz von Schlußgebungen, die aus der dramatischen Handlung heraus nicht mehr hervorzutreibende Motivation, durch den Einfall, das Stück von den Figuren selbst zurückdrehen zu lassen.) Textübergreifend zeigt sich das unendliche 'Werden' daran, daß in ständiger Produktion der 'Einen Poesie' stets neue Texte hinzugefügt werden. Das Werden als unabschließbarer Prozeß, von der Forschung stets als Zentrum der frühromantischen Theorie Friedrich Schlegels betont, wird bei Tieck in der beweglichen Veränderung und Ausdifferenzierung sprachlicher Gestaltung zum Motor der Hervorbringung je verschiedenartiger Poesie durch Übergänglichkeit in Permanenz.

Das Neue entsteht *in* der Literatur durch die experimentelle Anverwandlung einer als formal beherrscht vorgeführten Tradition. Neuheit ergibt sich demzufolge aus je spezifischen (auch polemischen) Bezugnahmen auf die Tradition selbst.[56] Verfahrenstechnisch äußert sich Tiecks literarische Artistik im Ausagieren von Möglichkeiten der Literatur bereits von den frühesten Texten an, die erst die jüngere Forschung von dem durch Haym vorgeprägten und dann vielfach reproduzierten Substanzlosigkeitsvorwurf des unauthentischen 'Anempfindens' bloß angelesener Vorbilder[57] befreit und als Ausdruck literarischer Avanciertheit positiviert hat.[58]

---

dramen (*Genoveva, Kaiser Octavianus*). Während der Blankvers des klassischen Dramas die vereinheitlichende Zurichtung der literarischen Rede auf das *genus grande* hoher Personen und die geläuterte Versittlichung ihrer Affektivität anzeigt, spiegelt die metrische Versatilität bei Tieck die Welt als tönende Ordnung in der Vielfalt ihrer Formen.

[55]   Hölter (1989, 258). Tiecks Bedeutung beruht laut Ribbat (1978, 9) auf dieser Universalität in der Anverwandlung nahezu aller Gattungen, „die für die neuere Literaturgeschichte von Belang sind" (Ribbat 1997, 14); zur gattungsinternen Heterogenität der Prosa vgl. Neumann (1991, 257).

[56]   Diese Dialektik von 'Tradition und Erneuerung' gilt bis in das Spätwerk hinein, wenn auch dort mit einer Verschiebung hin zum noch stärkeren „Bewahren des Alten [...] im Prozeß fortlaufender Innovation" (Bunzel 1997, 204).

[57]   Vgl. noch Paulin (1988, 20f.).

Artistik ist Konsequenz der Literarisierung, die die Transformationen der Texte sowohl aus der Mimesis und Kombination literarischer Modelle der Tradition als auch aus der Entgrenzung literarischer Normen der Regelpoetik vorantreibt. Das Prinzip der Mannigfaltigkeit zugrundegelegt, werden neben den vorklassizistischen Dramenformen Shakespeares, Calderóns und den Erzählexperimenten von Cervantes bis Sterne die Dramen des Sturm und Drang zum wichtigsten Vorbild (vor allem die zeitlebens geschätzten *Räuber*, der *Götz* und die Dramen von Lenz[59]); daneben all diejenigen literarischen Formen, die auf die Zeit vor der Restitution regelpoetischer Normen zu Beginn des 17. Jahrhunderts zurückgehen, zu denen nicht zuletzt die regelpoetisch weniger kodifizierten Formen des niederen Barockromans zählen.[60] Das leitende Kriterium für Tiecks literarische und literarhistorische Interessen in der Positivierung des Vergangenen bis an die „Zeitgrenze" um 1750 macht Hölter darin aus, daß es „ausschließlich um poetische Qualitäten geht."[61]

Das Spektrum der Literarisierung reicht von der bloßen (wenn auch bereits artistisch demonstrierten) Nachahmung eines Vorbilds, etwa des wegen ihrer Naivität faszinierenden alten Tons der sog. Volksbücher, bis zur Transformation einer Vorlage in einen anderen Emergenzzustand. Dem gehen komplementär dazu verschiedene Verfahren der Komisierung einher. Sie reichen von der interesselosen Albernheit literarischer Scherze über die Parodie bis zur Satire auf die erfolgreiche Trivialliteratur und auf literarische Moden der eigenen Zeit[62] samt ihrer regelpoetischen Normierungen[63], später dann auch auf die von Tiecks Werken inspirierten Nachahmer (wie Brentano im *Autor*) und die eigenen Innovationen. Tieck ironisiert folglich auch Traditionen, deren literarhistorische Etablierung er selbst mitzuverantworten hat.

---

58 Bereits aber Kierkegaard hatte die Artistik als Gegenpol der Polemik erkannt (Bohrer 1989, 66).

59 Vgl. dazu v.a. die Einleitung zu den *Gesammelten Schriften von J.M.R. Lenz*, die in die *Kritischen Schriften* unter dem Titel *Göthe und seine Zeit* erscheint (Tieck-KS II, 171-312).

60 Mit Tiecks letzter und als solcher signifikanter *Straußfeder*-Geschichte *Ein Tagebuch* von 1798 – signifikant sowohl für die noch einmal paradox gesteigerte Form selbstreflexiver Digressionen im Modus einer zentralen Darstellungsform individueller Befindlichkeiten als auch für die Krise seiner Satire um 1798 (dazu Brecht 1993, 73-76) – beginnt auch die positive Bezugnahme auf die 'wilden' Bücher des Barock wie Grimmelshausens *Simplicissimus* oder Moscheroschs *Gesichte Philanders von Sittewald* (vgl. Ribbat 1978, 43).

61 Hölter (1989, 54f.)

62 V.a. auf die bürgerlichen Rührstücke und andere literarische Modelle der Empfindsamkeit und Spätaufklärung; vgl. dazu die schon aus den Titeln der *Straußfeder*-Geschichten ableitbare Typen- und Gattungslehre des späten 18. Jahrhunderts, deren Anverwandlung Tieck bis in die parodistische bzw. satirische Auflösung der mit den Modellen jeweils verbundenen Nützlichkeitssemantik vorantreibt: *Ulrich, der empfindsame; Fermer, der geniale; Der Naturfreund; Die gelehrte Gesellschaft; Der Psycholog; Der Roman in Briefen; Ein Tagebuch* usw.

63 So wird die regelpoetische Kodifikation hoher Personen wie des Königs in den Literaturkomödien allein dadurch verulkt, daß dieser mit der Prosa des bürgerlichen Rühr- bzw. Familienstücks konfrontiert wird und so gewissermaßen zum 'deutschen Hausvater' mutiert (zu von Gemmingens *Der deutsche Hausvater* von 1780 vgl. Krause 1982, 421-424).

Tiecks Werke sind daher in erster Linie Literatur aus und Literatur über Literatur[64]: sei es mit positivem Pathos der Revitalisierung einer ungeregelten älteren
und allein deshalb interessanten Poesie, sei es negativ in der polemischen Kontrafaktur des Geschmacklosen, Lächerlichen oder bloß Zweckorientierten wie
noch die politisch engagierte Literatur des Jungen Deutschland oder solche Ausprägungen, die sich (wie die Literatur der Aufklärung) historisch delegitimiert haben. Die ostentativ hervorgekehrte Intertextualität der Werke, die für die Variabilität des literarischen Ausdrucks sorgt, vollzieht sich innerhalb der weitgespannten Möglichkeiten zwischen einzeltextreferentiellen und systemreferentiellen Bezugnahmen: auf einzelne Hypotexte (bestimmte Volksbuchvorlagen, Dramen
Shakespeares), auf autorenspezifische Verfahrensweisen im Ganzen (Shakespeare,
Gozzi u.a.), auf bestimmte Gattungsspezifikationen (Märchendrama, 'Spiel-im-
Spiel'-Struktur) oder gar auf Konfigurationen oder komplexe stilistische Merkmale, die sich epochenspezifisch äußern (etwa in der zersplitterten Syntax des Sturm
und Drang-Dramas als Form der dramatischen Darbietung von spontan wechselnden Affektzuständen).

In der nicht selten explizit präsent gehaltenen intertextuellen Relationierung –
in späten Novellen wie *Der Wassermensch* oder *Das alte Buch oder die Reise in's Blaue
hinein*[65] ebenso deutlich markiert wie in den Trivialliteraturparodien der *Straußfeder*-Sammlung[66] oder in der 'Geschichte ohne Abenteuerlichkeiten' *Peter Lebrecht*[67]

---

[64]   „Ludwig Tieck, eine lebendig gewordene Bibliothek sozusagen, machte neue Bücher aus alten"
       (Hillmann 1971b, 114).

[65]   Vgl. Bunzel (1997), I. Oesterle (1995).

[66]   Bei denen sich die parodistischen und satirischen Anspielungen auf zeitgenössische Literatur auch
       auf das zeitgenössische Drama beziehen: „Er hielt die ganze Rede Karl Moors, und bemerkte in
       seiner Wut nicht, daß sie nicht ganz auf seinen Zustand passe", heißt z.B. es in *Fermer, der geniale*
       (1796) (Tieck-Thalmann I, 27). Die Bezugnahmen beschränken sich aber nicht nur auf die erzäh-
       lerische Explikation der von Dramen induzierten Gefühlszustände vermittels der Theatermeta-
       phorik – „Fermer aber blieb in seiner tragischen Laune" (33) –, sie äußeren sich bereits hier auch
       dergestalt, daß in den epischen Zusammenhang dialogische Passagen eingeblendet werden (vgl.
       28), die im Falle aufkommender Rührung zeitgenössische Familienstücke als Medium der ge-
       fühlsbezogenen Selbstverständigung zitieren: „Sie kennen ja wohl die schöne Szene in der *Aus-
       steuer* von Iffland?" (29). Nicht zuletzt sind diejenigen metadramatischen Techniken, die Tiecks
       Lustspiele kennzeichnen werden, in Fermers schriftstellerischer Produktion ironisch vorwegge-
       nommen: So u.a. „*Die Eroberung von Teltow*, ein brandenburgisch-vaterländisches Schauspiel, in 6
       Aufzügen" (35), was neben der Anspielung auf die 'vaterländischen' Trivialdramen der Zeit (vgl.
       Krause 1982, 206) auf die komisierende Verwendung dramatischer Paratexte wie 'historisches
       Schauspiel' für *Die Verkehrte Welt* oder ungewöhnlicher Aktzahlen wie im *Zerbino* vorausweist. Ei-
       ne ähnlich parodistische Kontamination des Heterogenen, die gleichfalls auf die ins Epische ge-
       hende Gattungsbezeichnung hindeutet, bringt Tieck mit der finalen Aufführung eines 'historisch-
       vaterländischen Pastoral-Schauspiels' in der *Straußfeder*-Geschichte *Die Rechtsgelehrten* (1795) auf
       (Tieck-S XIV, 95). Zu weiteren Formen der Vorwegnahme dramatischer Selbstreflexivität in den
       Straußfeder-Geschichten – neben den *Rechtsgelehrten* und der *Gelehrten Gesellschaft* ist dabei v.a. *Ulrich,
       der empfindsame* zu nennen, der am Ende während einer Theateraufführung vom Parterre auf die
       Bühne zu seiner geliebten Louise springt (Tieck-S XV, 179) – siehe Gish (1980). Zur epischen
       Thematisierung des Dramatischen als Kritik an den Unwahrscheinlichkeiten und am albernen

– stellen die Werke die Literarisierung selbst aus. Die literarische Inszenierung von Intertextualität in einem „Diskurs der *Darstellung*"[68] praktiziert Techniken der selbstreferentiellen Poesie der Poesie bereits vor ihrer transzendentalpoetischen Reflexion bei Friedrich Schlegel, auch wenn sie von ihrem Theoretiker so recht nicht geschätzt wurden.[69] Gut beobachtbar ist die Literarisierung einer etablierten literarischen Form bei gleichzeitiger Selbstthematisierung des Verfahrens in der *Straußfeder*-Geschichte *Die gelehrte Gesellschaft* (1796), einer Erzählung über die Perspektivierung von Deutungsmöglichkeiten eines literarischen Texts. Prototypisch ist darin bereits eine bis ins Spätwerk reichende Technik Tiecks angelegt, Sinn- und Bedeutungsvarianten von Texten und der in ihnen jeweils verhandelten Thematik durch die dialogische Darbietung zu perspektivieren.[70] Vor dem Hintergrund der je eigenen lebensweltlichen Erfahrungen löst in der *Gelehrten Gesellschaft* die Rezitation eines Wackenroder-Gedichts bei den Zuhörern ganz unterschiedliche Reaktionen aus: „Wandel schüttelte mit dem Kopfe; Birnheim lachte aus vollem Halse; Hüftner weinte. Wildberg wunderte sich über die verschiedenen

---

Unsinn zeitgenössischer Schauspiele (Aufhebung der Einheit der Zeit: ein Jüngling wird plötzlich zum Greis; des Orts: der erste Akt spielt in Europa, der zweite in Asien und der dritte in Afrika usw.) siehe bereits das 48. Kapitel im ersten Teil des *Don Quijote*, das freilich noch nicht an Tiecks epische Selbstreflexion des Theaters heranreicht.

[67] Zu dieser durchliterarisierten Parodie auf die empfindsame Autobiographie vgl. Ribbat (1978, 65-72) und Hillmann (1971b), der ausführt, wie bei Lebrecht als einer „aus Romanen destillierte[n] Gestalt" sich Literatur als Literatur selbst transparent mache, so daß die „Abenteuer des Kopfes und Geistes" (117) die „Selbstironie der Romantik" (117) anbahnen. Auch im *Lebrecht* werden metadramatischen Techniken der späteren Komödien erzählerisch vorweggenommen: „So ein Kerl, der gar keinen eigentlichen Charakter hat, kann sich leicht auf einige Tage irgendeinen machen, der ihm ansteht: er weiß Komödien auswendig, und spielt sich in die erste beste hinein; er ist Akteur und Zuschauer zugleich, und so geht denn das Ding ganz vortrefflich" (Tieck-Thalmann I, 174). „Nach dem gleichen Schema wie der *Leberecht* sind die Lustspiele *Der gestiefelte Kater* (1797), *Prinz Zerbino* (1799) und *Die verkehrte Welt* (1799) konstruiert. Eine dürftige Handlung wird in eine Fülle kaum verbundener Personen, Situationen und Szenen aufgelöst. Kompositionsprinzip ist die Montage möglichst aller im 18. Jahrhundert bereit gestellten literarischen Möglichkeiten, Töne und Themen" (Hillmann 1971b, 118).

[68] Brecht (1993, 254).

[69] Zu F. Schlegels reservierter Beurteilung der Werke Tiecks vgl. Mennemeier (1971, 264-303); anerkannt wird wegen der Entgrenzung des Dramas ins Epische am ehesten noch der *Zerbino* (295f.); vgl. auch LN, Kommentar, 250.

[70] Dies gilt sowohl für die literarische als auch für die eher philologische Prosa: So gestaltet sich das Problem der jungdeutschen Tendenzdichtung im Verhältnis zur Tradition in der Novelle *Der Wassermensch* (1835) ebenso dialogisch wie die Rekonstruktion des literarhistorischen Spektrums wichtiger Autoren um 1800 in *Göthe und seine Zeit* (1828). Die unterschiedliche Bewertung durch den 'Historiker', den 'Paradoxen', den 'Orthodoxen', den 'Vermittelnden' und den 'Frommen' mündet in die finale Abstimmung darüber, „welcher Goethe, ob der jugendliche, reife, ältere und alte" (Tieck-KS II, 221) den Teilnehmern der geselligen Runde, die sich als „Goetheschen Club" (176) bezeichnen, „der liebste sei" (221) – das vom 'Ketzer' ausgezählte Ergebnis entspricht Tiecks Votum: „Der jugendliche Dichter, bevor er nach Italien ging: – ein paar [Stimmen] lauteten: ehe er Frankfurt verließ" (222).

Wirkungen, die seine Phantasie hervorgebracht hatte."[71] Die wirkungsästhetische Differenz derjenigen Effekte, die ein einziger literarischer Text auszulösen imstande ist, höhlt die eindimensionale bzw. auf einen eindeutigen Sinn abzielende Verbindlichkeit der literarischen Rede aus. Gespiegelt wird diese Einsicht in der Delegitimierung der Form des gelehrten Gesprächs: eines der literarischen Medien der Aufklärung, vernünftige und intersubjektiv gültige Einsichten durch die perspektivische Entfaltung hindurch normsetzend zu vermitteln. Übrig bleibt – ähnlich wie im *Roman in Briefen* (1797) und im *Tagebuch* (1798) – ein die Form nur noch zitierender Diskurs über Deutungsperspektiven, der die mit der Form verbundene Semantik entfunktionalisiert und so gewitzt deren ästhetische Verfügbarkeit demonstriert. Als Konsequenz weiß eine solche Literatur am Ende nur noch zu formulieren, daß es konsequent wäre, es mit dem Schreiben gleich ganz bleiben zu lassen: „Man möchte es ja verschwören, Verse zu machen, wenn jeder Mensch etwas anders dabei denkt."[72]

Die Auflösung der pragmatisch motivierten und rhetorisch organisierten Sinnstiftung durch literarische Rede, der Verlust ihrer Eindeutigkeit und Verbindlichkeit, die sich bislang sowohl thematisch als auch über die Semantik der je aufgegriffenen literarischen Gattung vermittelte, wird zur entscheidenden Voraussetzung ihrer Literarisierung im versatilen Spiel mit dem Spektrum formaler Möglichkeiten. Bei Tieck kommen dazu zwei Faktoren zusammen: ein subjekt- und ein gesellschaftsgeschichtliches Moment. Zum einen ist es die Kenntnis der europäischen Literatur, deren Wirkung wegen der vielbeschriebenen 'Lesewut' und Anempfindungsfähigkeit Tieck bis in den halluzinatorischen Wahnsinn *durch* Literatur zu treiben vermochte: Das berühmte Leseerlebnis als Konsequenz eines 'erfahrungsseelenkundlichen' Experiments mit den psychotechnischen Effekten von Literatur nach dem Vorlese-Marathon von Grosses *Genius*, den der Brief an Wackenroder vom 12. Juni 1792 dokumentiert[73], ist von den Biographen immer wieder nacherzählt worden.[74] Zum anderen machen sich um 1790 die postrevolutionären gesellschafts- und literaturgeschichtlichen Veränderungen des Literatursystems als Voraussetzungen für die Selbstorganisation geltend, die als Konsequenz der Historisierung, Dynamisierung und des endgültig zerfallenden Reprä-

---

[71] Tieck-S XV, 231.

[72] Tieck-S XV, 243. Mit den letzten *Straußfeder*-Texten sieht Ribbat deshalb die Krise der literarischen Aufklärung an ihrem Höhepunkt gelangt, insofern Tieck mit den vielfältigen Erzählformen demonstriere, „wie problematisch sie sind in Beziehung zur Realität, welche sie darstellen sollen" (Ribbat 1978, 46).

[73] Vgl. Tieck-Wackenroder II, 48f.

[74] Vgl. u.a. Rath (1996, 71); zum literaturinduzierten Moment der Halluzinationen vgl. bereits Minder (1936, 179). Ihnen korrespondieren Naturwahrnehmungen wie das berühmte 'Harzerlebnis' (vgl. Kern 1977, 15-18; Rath 1996, 360ff.), deren Effektivität Tieck in einem Brief an Varnhagen von Ense von 1793 pointiert: „Das Rauschen eines Waldes, ein Bach, der vom Felsen fließt, eine Klippe, die im Tale aufspringt, – es kann mich in einen Traum versetzen, der fast an Wahnsinn grenzt" (zit. nach Trainer 1964, 49).

sentations-Modus skizziert worden sind. Die voranschreitende Delegitimation regelpoetischer Konstitutionsbedingungen, initiiert durch die zum Zwang gewordene Hervorbringung des Neuen aus der Abweichung vom Bekannten, verstärkt die evolutionäre Ausdifferenzierung formaler Möglichkeiten bei gleichzeitiger Auflösung der jeweils vorherrschenden gattungspoetischen Form-Aprioris. Nicht zuletzt ergeben sich diese Veränderungen aus der Notwendigkeit, als freier Schriftsteller auf dem literarischen Markt bestehen zu müssen.[75] Mit dem Mimesis-Postulat und seiner regelpoetischen Begründung, der Selbstverpflichtung von Literatur auf die als Realität wiedererkennbare Nachahmung (zunächst der literarischen Autoritäten, später der 'Natur') unter normativer Zugrundelegung des *prodesse*-Postulats, zerfallen die anthropologischen Impulse samt ihrer wirkungsästhetischen Implikationen. Diese definieren Literatur noch in der Spätaufklärung und in der Dramatik Schillers als Form der vernünftigen ästhetischen Erziehung durch literarische Selbstvergewisserung darüber, was das Menschliche sei und worin das Ideal des freien Menschen bestehe.

Zwar spielt dieser anthropologische Kern spätaufklärerischer Literatur im Frühwerk Tiecks noch erkennbar hinein.[76] Vollzogen wird dessen Dekonstruktion dann aber im Briefroman *William Lovell* (1795/96), den die Forschung als Dokument des Übergangs von der Spätaufklärung zur Frühromantik entsprechend ausgiebig interpretiert hat.[77] Mit dem Brief greift Tieck das wichtigste Medium der empfindsamen Selbstbeobachtung von Innerlichkeit (und deren Konstituierung) auf, um gerade die Unmöglichkeit der Stabilisierung eines sich selbst bewußten Humanen, das kommunikativ vermittelbar wäre, zu demonstrieren. Sprache erweist sich als ungeeignetes Medium der Mitteilung: Der *Lovell* formuliert die Krise der Sprache vor ihrer expliziten Selbstthematisierung im Gefolge von Nietzsches *Über Wahrheit und Lüge im außermoralischen Sinn* (1873) an der späteren Jahrhundertwende um 1900.[78] Im Modus einer zentralen (Selbst-)Verständigungs-

---

[75] Dieser Faktor wird zur gleichen Zeit auch in anderen Bereichen des Kunstsystems, etwa der bildenden Kunst, wirksam (vgl. Busch 1993, 68, 70). Analog zu den in vorliegender Arbeit formulierten literaturhistorischen Befunden konstatiert Busch die Entgrenzung des bildkünstlerischen Gattungssystems am Ende des 18. Jahrhunderts (vgl. 237f.).

[76] Im Kontext der zeitgenössischen Erfahrungsseelenkunde von Tiecks Lehrer Karl Philipp Moritz umfassend dargestellt bei Rath (1996).

[77] Vgl. v.a. Heilmann (1992); zur literarhistorischen Bedeutung des *Lovell* als Sammlung romantischer Motive vgl. Engel (1993, 121): „Die Romantik verdankt diesem vielgeschmähten Autor fast alle ihrer Zentralmotive" (165).

[78] „Ich will Worte schreiben, William, Worte, – das, was die Menschen sagen und denken, Freundschaft und Haß, Unsterblichkeit und Tod – sind auch nur *Worte*. – Wir leben jeder einsam für sich, und keiner vernimmt den andern, antwortet aber wieder Zeichen aus sich heraus, die der Fragende ebenso wenig versteht" (Lovell, 206). Die Avanciertheit der literarischen Anthropologie Tiecks als Analyse „,bürgerlicher' Charaktere', ihres sozialen Kontexts und ihrer psychischen Struktur" betont Ribbat (1978, 64); sie vollziehe sich „mit solcher Schärfe, [...] daß erst am Ende des 19. Jahrhunderts ein vergleichbares Niveau etwa der Sprachphilosophie erreicht wurde".

form zeitgenössischer Anthropologie, des Briefromans, den der *Lovell* ausweitet zur literarischen Darbietung einer ganzen 'inneren Lebensgeschichte', führen die sprunghaft und ständig wechselnden psychischen Zustände des Protagonisten die Grund- und Haltlosigkeit menschlicher Subjektivität, die proteische Wandelbarkeit individueller Befindlichkeiten, kurzum: die 'Unrettbarkeit des Ich' vor.[79]

Die Verfahrensweisen des *Lovell* spiegeln Tiecks operativen Umgang mit literarischen Modellen gewissermaßen in nuce. Denn er zieht hier sämtliche Register zeitgenössischer Romanformen vom polyperspektivisch dezentrierten Briefroman der Empfindsamkeit über den psychologischen (Entwicklungs-)Roman bis zum Erziehungs-, Schauer- und Geheimbundroman der Spätaufklärung. Das experimentelle Durchspielen literarischer Muster der Selbstverständigung über die Möglichkeiten des Menschlichen bestätigt aber nicht mehr den ihnen traditionell zugewiesenen Nutzen im universalisierbaren Verständnis der Aufklärung. (Genannt seien Trost und Rührung, die das Buch als Freund[80] biete; aber auch die Erziehung bzw. Verbesserung des Menschen durch Erfahrungen, die der Roman ästhetisch mitvollziehbar macht.[81]). Vielmehr greift Tieck die literarischen Muster auf, um sie und die mit ihnen verbundene Nützlichkeitssemantik, die er vor allem in den *Straußfeder*-Texten parodierend verhandelt, ohne jeden positiven Rest zu annihilieren. In ständiger brieflicher Selbstanalyse atomisierte Lovell sein Leben bis an den Punkt der „Auflösung zum sinnreichsten Rätsel", an dem nur noch 'abgeschmackte' Geheimnislosigkeit zu konstatieren ist.[82] Am Ende seiner Versuche, mit dem Durchspielen aller 'Rollen' im Theater der Welt ein praktikables Lebensmodell zu finden[83], bleibt als letzter Rest die sinnlose Leiche mit einer von der Duellkugel zerschossenen Malve auf der Brust übrig.

Noch fehlt im *Lovell* das Pathos positiver Gegeninstanzen, das durch die Zerstörung aller Werte und Gewißheiten (die die ältere Forschung gerne als Nihilis-

---

[79]   „[...] ich bin wandelbarer wie Proteus oder ein Chamäleon" (Lovell, 484), was freilich erst unter derjenigen zentralen Voraussetzung des Romans zum Problem der Selbstvergewisserung wird, daß sich das Ich zum alleinigen Gesetzgeber seiner selbst erhebt: „*Ich selbst* bin das einzige Gesetz in der ganzen Natur, diesem Gesetz gehorcht alles" (Lovell, 169). Gerade wegen dieser Doppelung von Selbstdefinition und permanenter Dekonstruktion bleibt am Ende zwangsläufig die ratlose und im Roman als unbeantwortbar vorgeführte Frage nach dem Identitätskern des Individuums übrig: „Wer ist das seltsame *Ich*, das sich so mit mir selber herumzankt?" (Lovell, 169)

[80]   So im Vorspruch von Goethes *Werther* (HA VI, 7).

[81]   Die Unmöglichkeit von Erfahrungen wird allein durch die Selbstreflexion Lovells begründet, die fiktive Figur eines ihm unbekannten Verfassers zu sein: eines „eingebildete[n] Dummkopfs", der seine „Geschichte, die er stückweise durch die dritte oder vierte Hand erfahren hat, bedächtig" aufgeschrieben habe (Lovell, 542).

[82]   Vgl. Lovell, 18.

[83]   Die Metaphorik der 'Rolle' im Welttheaterspiel des Lebens ist im Roman in fast allen Facetten bis zum Motiv der Marionette, die an den Fäden des Schicksals hängt, ubiquitär präsent (vgl. u.a. Lovell, 81, 286); auch hier wie in den *Straußfeder*-Geschichten als Vorwegnahme metadramatischer Einfälle der späteren Literaturkomödien, wenn etwa das Leben als „ein Schauspiel" charakterisiert wird, „worin die Schauspieler selbst ihre Rolle nicht verstehn, und sie dennoch meisterhaft darstellen" (Lovell, 359).

mus konstatiert) eine Hoffnung, die die Sehnsucht der Figuren bewahrt, durchscheinen läßt. Positive Gegenmodelle werden textbegründend erst im *Sternbald* und im *Zerbino* literarisch verhandelt: mit der bildenden Kunst und der 'handlungs'auslösenden Sehnsucht Sternbalds nach der ersten Liebe in der Kindheit auf der einen, der Versammlung literarischer Vorbilder im 'Garten der Poesie' auf der anderen Seite. Ungeachtet der Entgegensetzung von reiner Negativität und Etablierung positiver Gegeninstanzen aber, die das literarische Werk Tiecks zwischen die Pole Poetisierung der Welt und melancholisch-nihilistische wie satirische Annihilierung als deren 'Umkehrung' einspannt, kennzeichnet auch den *Lovell* jenes für Tieck typische Verfahren, vorgegebene literarische Muster aufzugreifen und Problemlagen in ihnen zu verhandeln, die mit ihrer Form nicht mehr notwendig kompatibel sind, um sie und deren Logik gewissermaßen von innen heraus zu sprengen. Im „Negativ eines Romans"[84] bleibt das Verfahren als solches, d.h. ohne den mit der Form traditionell verbürgten Sinn, übrig: eine Hülle ohne erzählten bzw. erzählbaren Gehalt, ein „Bündel Stroh" ohne „ein einziges Korn"[85], ein „Rahm[en] ohne Gemälde"[86] in einem Packen beschriebenen Briefpapiers – „signifying nothing".[87] Denn der Briefroman zeitigt nicht mehr die humanen und vernünftigen Konsequenzen einer selbstaufgeklärten Innerlichkeit im Prozeß des empfindsamen Bewußtwerdens ihrer Möglichkeiten – Voraussetzung der Verbesserung und Vervollständigung zum 'ganzen Menschen' als Folge der verständigen Einsicht in seinen psychoökonomischen Haushalt im gesellschaftlichen Kontext. Er läßt vielmehr, nach dem permanenten Umschlagen psychophysischer Befindlichkeiten am Ende ihres vollständigen Durchgespieltseins, nur das 'Nichts'[88], die Leerstelle des toten Lovell und seine „Worte [...] – nur *Worte*"[89] zurück. So destruiert der Briefroman das mit der Logik seiner Gattung inszenierte Pathos der Spätaufklärung. Seine Literarisierung bedeutet die Aushöhlung des mit ihm verbundenen anthropologischen Programms, der Selbstaufklärung des Humanen, potenziert durch den dezentriert-mehrfachperspektivierten Diskurs wechselnder Briefschreiber. Am Ende wird dieser durch den geheimbündlerischen Automaten im Hintergrund, Andrea Cosimo, der als Marionettenspieler alle Fäden von Lovells Schicksal in der Hand zu halten vorgibt, ironisch konterkariert: Das selbst schon säkularisierte Inbild einer Ordnung, die sich hinter der sinnlich wahrnehmbaren Welt verbirgt, offenbart sich als zynische Erfüllung von Lovells Metaphysikbedarf. Auf diese Weise, so die *communis opinio* der Forschung, wird der *Lovell* zur radikalsten Negation der literarischen Spätaufklärung.

---

[84] Brecht (1993, 18) zur „'Selbstauflösung' des Gattungsanspruchs" im *Lovell* (16).

[85] Lovell, 14.

[86] Lovell, 10.

[87] Auf die berühmte Stelle des *Macbeth* (V/5) spielt der *Lovell* im Zusammenhang mit dem Leitmotiv des Narren an: „[...] aber so wie unser ganzes Lebens ein unnützes Treiben und Drängen ist, das elendste und verächtlichste Possenspiel, ohne Sinn und Bedeutung [...]" (Lovell, 206f.).

[88] Lovell, 636.

[89] Lovell, 206.

Die Entstehung der romantischen Poesie um 1795/96 ist insofern Konsequenz der 'Lovell-Krise', als sie sich eben auch aus der Enttäuschung über die gängigen zeitgenössischen literarischen Modelle erklären läßt, nachdem sie *in toto* experimentell durchdekliniert worden waren. In einer vielzitierten Passage der Vorrede zum 6. Band der *Schriften* hat Tieck den Umschlag als plötzliche Offenbarung neuer Möglichkeiten beschrieben:

> Alles dasjenige, was ich zu besitzen glaubte, verwandelte sich fast plötzlich in einen anderen, höheren Reichthum, der alles Dürftige, Alltägliche und Unbedeutende, das Leben selbst durch Glanz und Freude erhöhte. Dies war das innigere Gefühl der Poesie, ein Entzücken, das unmittelbar aus den Werken der Kunst die Seele durchdrang und durch ein geistigeres Auffassen, als auf dem Wege der Beobachtung und des Verstandes, dem begeisterten Sinne das Wesen der Poesie aufschloß.[90]

Die analytischen, nur mit dem Verstand beobachtenden frühen Texte vom *Abdallah* bis zum *Lovell*, ihr rationales Vivisezieren wechselnder Affektzustände und psychischer Wirkungen des Schauers, werden nun abgelöst durch poetische Werke, deren Innigkeit ein 'geistigeres' und zugleich inkommensurables Auffassen erfordert: Werke also, die eine ästhetische Wahrnehmung ohne die Möglichkeit ihrer rationalen Bewältigung eröffnen und erfordern. Die Negativität des Befunds nach dem *Lovell*, die nicht nur als weltanschaulicher Nihilismus zu diagnostizieren wäre, sondern eben auch als radikalisierte Konsequenz der ubiquitären Verfügbarkeit einer Literatur, die sich für Tieck durch die Bewährung am literarischen Markt mit ambitionierter Unterhaltungsliteratur unversehens entfunktionalisiert hatte[91], schlägt um in die nun positivierte Produktivität einer neuen 'Poesie'. Waren die Texte bisher vornehmlich noch an den mit den literarischen Mustern der Spätaufklärung verbundenen anthropologischen Problemlösungen interessiert, entsteht über die praktizierte Adaption und Kombination literarischer Modelle hinaus jetzt eine Art von Literatur, die der performativen Herbeiführung einer anderen Bewußtseinsform, der Wiederherstellung kindlicher Unbesorgtheit und Heiterkeit dient: „Was meine Kindheit in der Religion suchte und ahndete[92]", schreibt Tieck zur Transformation seiner Werke um 1795/96,

> glaubte ich jetzt in Poesie und Kunst gefunden zu haben [...]. Hatte ich früher die Schilderung der Leidenschaft, Kenntniß des Herzens und aller menschlichen Verwirrungen und Gebrechen in neugieriger Beobachtung vielleicht zu hoch angeschlagen, so begeisterte jetzt das Totale, die Anmuth und der Scherz, die tiefsinnige Weisheit der Erfindung und jener muthwillige Wahnsinn, der oft die selbst erfundenen Gesetze wieder vernichtet, meinen Sinn und meine Forschung, und das Spiel der Kunst, der edle Sinn der Freude verdunkelte mir wohl auf Momente wieder die Größe der Leidenschaft [...].[93]

---

[90] Tieck-S VI, XVIII.
[91] Bis Mitte der 90er Jahre ist Tieck als Auftragsschreiber für Nicolai im Auge zu behalten.
[92] Zur Präsenz und Semantik von „ahnden" im Frühwerk vgl. Tieck-DKV I, Kommentar, 916.
[93] Tieck-S VI, XX.

Die launige Freude dieser Poesie an Naivität, wie sie im Ton der sog. Volksbücher erkannt wird, ihre Albernheit und teils bizarre Phantastik, hat sich von der *pro-desse*-Verpflichtung und der noch in den *Straußfeder*-Texten dominanten 'Moralität' (wenn auch mit eher satirischem Impuls) endgültig verabschiedet zugunsten der nun leitenden „ästhetische Funktionalität der Motive".[94] Genau dieser rein ästhe-tischen Lust an unerschöpflichen sinnreichen Erfindungen der „erregten Phanta-sie"[95], die das Wunderbaren so fraglos einschließt wie das Gewöhnliche, weist Tieck in der Sammlung der von Peter Lebrecht herausgegebenen *Volksmährchen* (1797) das Attribut des Romantischen zu.[96]

Das erste Werk „jener trunken poetischen Stimmung"[97] ist ein Drama: das 'Ammenmährchen' *Ritter Blaubart* (1796), dem sich in einem enormen Produktivi-tätsschub eine Vielzahl ganz verschiedenartiger Texte anschließt. „Unzählige Gebilde und Erfindungen tauchten aus meiner erregten Phantasie empor", schreibt Tieck, von denen aber „die wenigsten" und „vielleicht nur die schwäche-ren[,] ausgeführt und wirklich geworden sind".[98] *Ritter Blaubart* greift in launiger Manier die moralisierende Märchenvorlage Perraults auf, bestückt deren Drama-tisierung residual mit Gozzi-Elementen bzw. Gozzi-Verfahrensweisen[99] und par-odiert die zeitgenössische Mode der mit Elementen des bürgerlichen Rührstücks kontaminierten Ritterdramatik, um eine ironisch zwischen den Extremen schwe-bende Mischung aus Bizarrerie, tollkomischem 'Humor' (nach Tiecks Begrifflich-keit), anrührender Tragik und dämonischer Grausamkeit zur Geltung zu bringen. Zur gleichen Zeit entstehen neben den ersten parabatischen Experimenten (*Hanswurst als Emigrant*) die neuartigen Volksbuchadaptionen (auf die bereits *Karl von Berneck* anspielt), nur wenig später die *Herzensergießungen eines kunstliebenden Klo-sterbruders* zusammen mit Wackenroder, der *Sternbald* und der episierende *Prinz Zerbino*, der die Reihe der Großdramen von der *Genoveva* bis zum *Fortunat* einleitet. Den neuen Formen der 'Poesie' hinzugerechnet werden von Tieck auch die zu-meist als Literatur- oder Theatersatiren charakterisierten Literaturkomödien vom *Prolog* über den *Gestiefelten Kater* bis zur *Verkehrten Welt*. Auch sie verstehen sich dem – allerdings erkennbar abmildernden – Urteil des späten Tieck der *Schriften*

---

[94] Ribbat (1978, 64).

[95] Tieck-S VI, XX.

[96] Vgl. dazu deren zweite 'scherzhafte Vorrede', wo von den „wunderliche[n] Stimmen" und einer so reichhaltigen Phantasie die Rede ist, „daß alle Kunst diesen seltsamen Brunnen vielleicht nie erschöpfen wird. Millionen verschiedener Phantome ziehn wechselnd durch den Geist", und er, Peter Lebrecht, verstehe sich als Führer in „ein fernes wunderliches Land", wo „Poesie und ro-mantische liebenswürdige Albernheit zusammen wohnen" (zit. nach Schweikert I, 157).

[97] Tieck-S VI, XXIII.

[98] Tieck-S VI, XX; zur Vielzahl an Dramenplänen um 1800 vgl. Tiecks Brief an Cotta vom Mai 1801 (Schweikert II, 80).

[99] Wenn auch bereits sehr viel sparsamer und weniger drastisch eingesetzt als noch in früheren Feenmärchen wie dem *Reh* (1791), so daß die erlangte Transformationsstufe mit Gozzis Phanta-stik nur noch in einem sehr allgemeinen Sinn als Märchendramatik etwas gemein hat, ohne damit aber die Herkunft gänzlich zu verleugnen (vgl. Feldmann 1971, 126).

von 1828 zufolge weniger als 'strafende' Satire denn als freies literarisches Spiel des „heitre[n] Scherz[es]" und der interesselosen Albernheit, die sich der komisch behandelten Gegenstände mit „milder Spaßhaftigkeit" und ganz „ohne Bitterkeit" annehme.[100] Einen bestimmten Zweck – sei es die literarische Einlösung einer regulativen Idee idealistischer oder ästhetischer Provenienz oder gar des 'Romantischen', sei es die Legitimierung der literarischen Rede durch Subsumption unter einen wie auch immer begründeten textexternen pragmatischen Nutzen jenseits der kindischen Heiterkeit: als satirische Demaskierung eines lächerlichen Fehlers oder einer Unvernunft im Sinne der 'einfachen Ironie' –, all dies hat Tieck für die Texte dieser Zeit stets bestritten.[101]

Den Übergang von der noch funktional bestimmten Literatur zu einer literarischen Rede, deren vornehmlicher Zweck im Nachweis der produktiven und zugleich überraschend neuartigen Möglichkeiten der Poesie besteht, hat Tieck als ein plötzliches und unvermittelt hereinbrechendes Ereignis charakterisiert.[102] Hatte er bis Mitte der 90er Jahre die literarischen Formen der Zeit durch die verschiedenen Gattungen hindurch noch mit dem eher intentionalen Kalkül, Virtuosität in der Verfügbarkeit der einzelnen Techniken zu demonstrieren, durchgespielt, so stellen sich jetzt Texte ein, deren 'wahrhaft poetisierte Poesie' bereits von den Zeitgenossen, wie August Wilhelm Schlegels Rezension erkennen läßt, als etwas Außergewöhnliches wahrgenommen wird. Zu synchronisieren ist dieser Befund mit der qualitativen Transformation 'hoher' Literatur samt ihrer ästhetischen Theorie, die sich Mitte der 90er Jahre in der sprunghaften Anhebung des literarischen und theoretischen Niveaus der einschlägigen Schriften (Karl Philipp Moritz, Schiller, F. Schlegel, Hölderlin u.a.) manifestiert.

Erklärt worden ist die Entstehung einer neuartigen Literatur Mitte der 90er Jahre bis in die jüngere Forschung hinein aus der Unfähigkeit des pragmatisch motivierten literarischen Texts, eine dem Erfahrungsdruck der Zeit noch standhaltende anthropologische Selbstbehauptung im Medium der Literatur zu gewährleisten – bedingt durch die skizzierten sozial-, gesellschafts- und mediengeschichtlichen Veränderungen; kurzum: aus der Krise der Spätaufklärung nach dem definitiven Zerfall des Vernunftoptimismus, der nach der 'Rehabilitation der Sinn-

---

[100] Tieck-S VI, XXIf. Ribbat spricht zu Recht davon, daß „die kritische Abrechnung mit der Gegenwartsliteratur in einer Form" vorgestellt werde, „die selbst poetisch genannt werden darf" (Ribbat 1979b, 63). Dem entspricht Brummacks plausibel entwickelte Kategorie der „poetischen Satire" (Brummack 1979, 60).

[101] Zu Tiecks Begriff der 'einfachen Ironie' bzw. 'directen Ironie' vgl. Tieck-S VI, XXVII; Köpke II, 174. Am nächsten kommt ihr noch eine Komödie wie der *Gestiefelte Kater*, was Tieck selbst einräumt (vgl. Köpke II, 174); aber auch der *Kater* gehe darin nicht auf, weil die Kritik „sehr verschiedene[n] Quellen" entsprungen sei (Tieck-S I, IX) und deshalb nicht auf „die Umkehrung der Sache, daß das Schlechte gut, und das Gute schlecht genannt wird", hinauslaufe (Tieck-S VI, XXVII). Satire setzt einen höheren moralischen Standpunkt voraus, über den Tieck nicht verfügt.

[102] Vgl. Tieck-S VI, XIX. Ribbat kommentiert die einschlägigen Passagen als „unvermittelten Entwicklungssprung" (Ribbat 1978, 96).

lichkeit' (Kondylis) in der zweiten Hälfte des 18. Jahrhunderts mit der sich her-ausbildenden Psychologie der zeitgenössischen 'Erfahrungsseelenkunde' noch einmal stabilisiert werden konnte. Gleichzeitig kommt es vor dem Hintergrund dieser Verlagerungen zur ebenso vielbeschriebenen Aufwertung der produktiven Einbildungskraft als eines humanen Vermögens jenseits von Vernunft und Sinn-lichkeit, dessen reflexive Erschließung von der Philosophie des deutschen Idea-lismus über Kant und Fichte bis zur poetologischen Grundlegung durch Novalis reicht. Dem geht die Emanzipation des Wunderbaren als einer selbständig gewor-denen Größe einher, die sich durch Vernunftgründe nicht mehr bändigen, didak-tisieren oder exterritorialisieren läßt: Tieck hat das Wunderbare in seiner frühen Shakespeare-Abhandlung als eine der Verfahrenslogik des Traums homologe ei-gensinnige Kategorie des ästhetischen Gebildes ja auch von aller vernünftigen Legitimation, die im 18. Jahrhundert die Debatten seit Bodmer/Breitingers Vor-stößen prägte, befreit. Allesamt Faktoren, die zur Entpragmatisierung der Dich-tung führen und so wesentliche Voraussetzungen für die in den 90er Jahren sich durchsetzende Literarisierung bilden.

Erklärt ist damit das „ungelöste Problem der Kehrtwendung zur 'roman-tischen' Kunstkritik um 1795" freilich keineswegs.[103] Die „gedrängte Fülle unter-schiedlichster Produktionen in den neunziger Jahren" läßt es nicht zu, „eine kon-tinuierliche Bildungsgeschichte Tiecks in dieser Zeit zu entwerfen"[104], denn gera-de Tieck ist „mechanistisch aus Einflüssen" nicht „abzuleiten".[105] Auch eine allzu unvermittelte sozial-, gesellschafts-, ideen- oder mediengeschichtliche Herleitung – von der bildungsbürgerlichen Sozialisation im urbanen Berlin der Spätaufklä-rung über die kurzschlüssige These von der Autonomie der Werke als Reaktion auf die neugewonnenen literarischen Freiheiten nach der Französischen Revoluti-on bis zur idealistischen und medientheoretischen Begründung literarischer Hal-luzinatorik als einer gesteigerten Psychotechnik zur Produktion medial induzierter Innerlichkeit –, all diese für sich genommen sehr wohl schlüssigen Erklärungen greifen wegen ihres komplexen Ineinander bei Tieck, isoliert gesehen, zu kurz: Tiecks avancierteste Werke sind jeweils nur partikular, in einzelnen ihrer Aspekte, anschließbar ans Allgemeine, nur aber mit größeren Schwierigkeiten, wenn man ihre textuelle Verfaßtheit nach dem Gesichtspunkt ihrer je spezifischen Werkein-heit zu beschreiben unternimmt.[106]

Berührt ist damit das generelle hermeneutische Problem der Konstruktion des Zusammenhangs zwischen dem Ganzen und seinen Teilen, und zwar sowohl auf die textinterne Ebene der spezifischen Einheit eines Werks als auch auf die text-externe Ebene seiner epochalen Repräsentativität bezogen – beides jeweils konsti-

---

[103] Hölter (1989, 395).
[104] Ribbat (1978, 96).
[105] Hölter (1989, 395).
[106] Vgl. Ribbats grundlegende These von der „Absolutierung der Literatur", die epochale Anschlüsse an den zeitgenössischen Kontext mehr oder weniger unmöglich machten (1997, 2, 10, 12).

tuiert durch die intersubjektiv nachvollzieh- und überprüfbare Vermittlung von
'Formalisierung' und 'Interpretation'.[107] Selbst wenn man das Problem für lösbar
hält, etwa indem man einer Hermeneutik der Reduktion das Postulat einer poly-
semen 'Hermeneutik der Entfaltung'[108] entgegenstellt, ergeben sich bei Tieck
Schwierigkeiten ganz eigener Art. Denn die Konstruktion des Zusammenhangs in
der Verbindung des Besonderem mit dem Allgemeinen wird bei ihm weder durch
die Sprache (Gadamer) noch durch den Text selbst gewährleistet (Ricœur).[109] Nur
die innige Einheit der 'Einen Poesie' selbst ist Tieck metaphysischer Garant dafür,
daß das 'Entgegengesetzteste' in sowohl textinterner als auch gattungsförmiger
Dispersion zusammengehört. Wie sich dieser Zusammenhang verfahrenstechnisch konstituiert, ist damit allerdings noch nicht erklärt – falls dies ohne Zugrundelegung der metaphysischen Homogenitätsannahme überhaupt möglich ist. Auf
jeden Fall vollzieht sich bei Tieck die Selbsttransparenz des literarisch dargebotenen Besonderen hin auf das Allgemeine nicht, wie etwa im Drama der Weimarer
Klassik, durch das je aktuale Präsenthalten der symbolischen Dignität des Details
für das Ganze.

So spiegelt sich etwa in Goethes *Natürlicher Tochter* (1803) in fast allen ihrer
Elemente der Kerngedanke des 'Trauerspiels', den man als literarische Reflexion
auf Möglichkeiten der Bewahrung durch die gesellschaftlichen Veränderungen
nach der Französischen Revolution hindurch charakterisieren kann: vom Sturz
zur Entsagung, von der Naturidylle des 1. Aktes zur symbolisch aufgeladenen
Szenerie des Hafens im 5. Aufzug, gespiegelt in der Symbolik des lebendigen
Denkmals, das der Herzog als bildhaften und zugleich kunstvollen Modus des
Eingedenkens der sozial gestürzten Eugenie einzurichten gedenkt. Die artifizielle
Kunstfertigkeit des Dramas verwandelt sich selbst zum lebendigen Denkmal der
entsagenden Bewahrung über den Wandel der Zeiten hinweg, insofern es sich in
jedem Detail seiner Darstellung auf die rettende Idee hin transparent macht. Vorausgesetzt ist dazu ein symbolisches Weltbild, das jedes Element im anderen zu
spiegeln und das je Heterogene so zu integrieren weiß, daß die Zusammenbildung
im Ganzen wie motiviert erscheint. Erst dieses Ganze garantiert die Geschlossenheit des ästhetischen Gebildes durch seine formalen Widersprüche hindurch, die
sich in der *Natürlichen Tochter* allein aufgrund der mangelnden Handlungsmotivation durch Figuren, die zu Allegorien sozialer Stände abstrahiert sind, ergeben.

---

[107] Vgl. als knappes Resümee der Debatte Scherer (2000b, 299).

[108] Japp (1977).

[109] Dies hier, um nur die prominentesten Vorschläge der Konstruktion des Zusammenhangs zu benennen, die die *Texte zur Literaturtheorie der Gegenwart* unter der Rubrik 'Hermeneutik' versammeln
(vgl. Kimmich u.a. 1996). Nach Ricœurs Vorschlag, der Text selbst habe die Verbindung des Besonderen mit dem Allgemeinen herzustellen, vollzieht sich dies dergestalt, daß der Text einerseits
als Ganzes die Wirklichkeit referiert, andererseits sich vom einzelnen Element ausgehend (dem
Wort als Bild) durch kontextuelle Metaphorizität auf das Ganze der spezifischen Texteinheit hin
vernetzt. Dies setzt indes eine bestimmte Selbsttransparenz des einzelnen Elements auf dieses
Ganze, mithin symbolisches Denken, voraus, das gerade die Romantik verweigert.

Nicht nur die jüngere Tieck-Philologie, sondern auch die allgemeinere Romantik-Forschung hat gegen das symbolische Denken der Weimarer Klassik die Allegorie als romantische Denkform geltend gemacht: In der Begrenztheit der literarischen Form kann sich das Absolute der innigsten Einheit, des wie auch immer zu denkenden höheren Zusammenhangs, nicht zur Fülle eines in sich gegliederten und harmonisch geschlossenen Ganzen zusammenschließen. Auf die höhere Einheit, den „geistigen Zentralpunkt"[110], verweist der Text allegorisch, ohne diese selbst im textuellen Verfahren der Hieroglyphenschrift einzulösen und gegenwärtig machen zu können.[111] Nicht alle romantischen Werke Tiecks sind indes in diesem Sinn gleichermaßen allegorisch verfaßt. Weder eignet einem Kunstmärchen wie dem *Blonden Eckbert* der metaphysische Kunstenthusiasmus des *Sternbald*, noch ist der allegorische Zuschnitt in den Literaturkomödien mit Ausnahme des *Zerbino* ohne weiteres erkennbar. Er muß in der komisierenden Variante vielmehr sogar noch vermittelter, indirekter erschlossen werden: gewissermaßen durch die Verkehrung aller Verhältnisse hindurch kraft Einsicht in die 'hohe harmonische Verwirrung' der Welt. Generell kann man aber für Tieck festhalten, daß jedes Werk zur Allegorie auf Möglichkeiten von Literatur überhaupt avanciert. Und diese vollziehen sich – das vollständig historisierte und temporalisierte Bewußtsein spontan erfüllend – in jedem Augenblick in anderer Gestalt.

Das Problem, die plötzliche Entstehung eines Neuen, das sich bei Tieck um 1795/96 mit dem *Ritter Blaubart* einstellt, zu erklären, ist damit freilich noch immer nicht gelöst. Eine auf die spezifischen Verhältnisse Tiecks applizierbare Kategorie zur Begründung der tatsächlich wenig vermittelten Transformation der Texte in einen je anderen Zustand bietet der von Eibl für die 'Entstehung der Poesie' aufgebrachte Begriff der Emergenz, der seit den 90er Jahren für den Bereich kultureller Praktiken und Diskurse und für die aus interdiskursiven Überkreuzungen resultierenden Effekte diskutiert wird.[112] Legt man Emergenz als

---

[110] Friedrich Schlegel: Brief über den Roman, KSuF II, 213.

[111] Zur allegorischen Verfaßtheit der Prosa Tiecks bei einläßlicher Würdigung der Forschung (Geulen 1968 u.a.) siehe v.a. Brecht (1993): Im *Sternbald* werde das vom Roman selbst gesprächsweise erörterte Allegorische zum hermeneutischen Schlüsselbegriff (77). Allegorisch ist der unendliche Verweis auf das Ersehnte einer neuen Kunst durch Zeichen, die wiederum auf andere Zeichen deuten, ohne daß sich die Verbindung von Zeichen und Bedeutung zur präsentischen Transparenz zusammenschließt – allenfalls punktuell im flüchtigen Augenblick. Dem Allegoriker eignet deshalb notwendig der „Modus der *Ahndung*" auf die Möglichkeiten der Kunst (vgl. 85).

[112] Vgl. Isers (1998) *summary* zu *The Emergence of a Cross-Cultural Discourse*: „Die Vorstellung von Emergenz [...] darf nicht als Wandel mißverstanden werden. Emergenz entsteht aus der wechselseitigen Störung von Sachverhalten oder Systemen. Auf die Zweistelligkeit des Mimesiskonzepts bezogen, heißt dies: Diskurs und Gegenstand der Nachahmung wirken wechselseitig aufeinander ein. Daraus entsteht ein Sachverhalt dritter oder [...] höherer Ordnung, die sich aus der Verarbeitung der Störung ergibt. Verarbeitung und Störung ist eine Performanz und hat mit Wandel nichts zu tun. Deshalb ließe sich beispielsweise sagen: Kultur ist Emergenz, denn diese geht – systemtheoretisch gesprochen – aus der unentwegten Verarbeitung von Störungen der miteinander in wechselseitiger Verbindung stehenden Ebenen oder Subsysteme hervor" (99).

plötzliches, nicht notwendig intendiertes Entstehen neuer komplexer Einheiten, die auf ihre einzelnen Elemente nicht restlos zurückgeführt werden können, zugrunde[113], dann ist der neuartige und jeweils nur am besonderen Werk festzumachende Status des romantischen Texts bei Tieck so zu bestimmen, daß er nach der Selbstbefreiung von den alten, nicht zuletzt durch die eigene literarische Praxis delegitimierten Problemlösungskompetenzen von Literatur nunmehr als „von Lösungszwang entlastetes Organon der symbolisch generalisierten Reflexion der jeweils ungelösten Probleme" fungiert.[114] Literatur verfolgt keinen *bestimmten* Zweck mehr, sondern ergibt sich in gewisser Weise aus spontaner Unbesorgtheit um Zwecke jedweder Art: aus der synergetischen Wechselwirkung von Laune, Einfall, Experiment und schöpferischem Impuls zum Anderen. Sie referiert nun auch auf Nichtwelt, ohne diese verfügbar machen und sich selbst durch funktionale Selbstanbindungen ans Allgemeine bannen zu wollen. Gerade deshalb kann sie nun 'alles' machen, soweit es ästhetisch interessant ist und soweit die literarische Artikulation performativ funktioniert. Dieses Funktionieren garantiert Plausibilitäten, an die die professionelle Rezeption nachfolgender Autoren anschließen kann. Geleistet wird all dies aber nicht mehr von einer literarischen Form, die sich einem wie auch immer regelpoetisch kodifizierten und rhetorisch organisierten Sinn oder dem Prinzip literarischer Geschlossenheit unterstellt, repräsentiert von einem bestimmten Stil als Autoren- oder Epochenstil, sondern nur noch vom *einzelnen* Werk als eigenes emergentes System:

> Mit zunehmender Individualisierung und Eigenkomplexität der Werke [...] reicht aber auch der Blick auf das Normensystem nicht aus, weil das Wesentliche sich immer im Kontrast zu diesem System abspielt, die Normen nicht mehr als Regel einfach befolgt werden, sondern nur noch als Stabilisierungsmittel und intertextueller Anspielungshorizont der Einzelwerke dienen. Das Thema der 'Regellosigkeit', wie es im Sturm und Drang aufbricht, ist nur die avantgardistische Extremformulierung eines Individualisierungs-Postulats, dessen wachsender Druck gerade die Entwicklung im 18. Jahrhundert bezeichnet. Werden aber die Werke durch Normen-Interferenzen, Normenbrüche, Verfremdungen konstituiert, oder: Wird es zur literarischen Norm, daß das Werk – maßvoll wie die *Minna von Barnhelm* oder exzessiv wie *Götz von Berlichingen* – die Norm voraussetzt, indem es den Bruch mit ihr mitthematisiert, dann kann das Werk nicht mehr als Besonderes dem Allgemeinen subsumiert werden, sondern das Einzelwerk selbst wird zu einem eigenen emergenten System. Die *Elemente* der literarischen Tradition treten jeweils neu als *Komponenten* zu einem eigenen kohärenten Gebilde zusammen, das durch Aufzählen der Elemente nicht hinreichend zu bestimmen wäre.[115]

---

[113] „In einer modernen Version spricht man von Emergenz, wenn durch mikroskopische Wechselwirkung auf einer makroskopischen Ebene eine neue Qualität entsteht, die nicht aus den Eigenschaften der Komponenten herleitbar (kausal erklärbar, formal ableitbar) ist, die aber dennoch allein in der Wechselwirkung der Komponenten besteht" (W. Krohn, G. Küppers (Hrsg.): Emergenz: Die Entstehung von Organisation und Bedeutung, Frankfurt a. M. 1992, 389, zit. nach Eibl 1995, 284/Anm. 66).

[114] Eibl (1995, 33).

[115] Eibl (1995, 42).

Wegen seiner Problemlösungskompetenz nunmehr unlösbarer Probleme durch Simultanthematisierung von Nichtwelt geht es dem romantischen Text trotz aller Bezüge auf literarische Traditionen um überraschende, also befremdende Neuheit – um Einzigartigkeit, „die freilich im Moment des Entstehens als 'Neuheit' erscheinen muß.“[116] Das ist beim *Götz* und beim *Werther*, wie die Wirkungsgeschichte zeigt, der Fall. Bei Tieck, den Eibl nicht mehr behandelt, ist unter den wiederum veränderten Verhältnissen Mitte der 90er Jahre August Wilhelm Schlegel als Kronzeuge bemüht worden. Die Tatsache, daß es sich beim Werk um ein eigenes emergentes System handelt, insofern das Ganze nicht mehr allein auf das bereits Bekannte zurückgeführt werden kann, begründet die Verpflichtung zur „Einzelwerk-Interpretation mit all ihren Risiken“[117]; zu einer Deutung also ohne vorschnelle Subsumption unter epochale Konstellationen oder vorherrschende stilistische Merkmale der Zeit, zumal sich der Text diesen ja trotz der normativen Festigkeit von Traditionen und operativer Organisationsformen gerade zu entziehen versucht.

Kompatibel ist die These vom Werk als eigenes emergentes System mit Tiecks Begriff des Romantischen, dem je verschiedenartigen Zusammenbringen des 'Entgegengesetztesten', motiviert aus der 'Lust am Neuen'. Diese Lust begründet die Vielfalt der literarischen Produktion von Beginn an. Zwar sind die meisten der Texte mit Ausnahme derjenigen, die Tieck selbst als stoff- und traditionsunabhängige „eigene Erfindung“ ausgegeben hat[118], nicht vollkommen neu, weil sich viele ihrer Merkmale auf literarische Traditionen zurückbeziehen lassen (wenn auch auf jeweils wiederum sehr unterschiedliche Weise). Tieck macht aber aus dem Traditionsbezug selbst etwas Neues. Nötig ist dazu die Erfahrung ironischer und polemischer Distanz zur normativen Geltung dieser Tradition, und in diesem Sinn ist bereits der *Lebrecht*-Roman als Parodie auf traditionelle Muster des Romans eine Vorwegnahme der romantischen Ironie: „Die ironische Selbstreflexion der Poesie in der Frühromantik wird zur Reflexion der Selbstreflexion. Sieht man die Romantik so, stellt sie sich als eine exaltierte Feier der Tradition dar.“[119] Selbstreflexivität, Innovation oder literarische Modernität stehen demnach nicht in einem undialektischen Gegensatz zum Traditionsbezug. Romantische Literatur

---

[116] Eibl (1995, 138).

[117] Eibl (1995, 42).

[118] So v.a. den *Blonden Eckbert* von 1797 (Tieck-DKV VI, 146). Bemerkenswert ist hierbei, daß die ersten Rezipienten des Märchens an die Eigenständigkeit der Erfindung nicht glauben wollten, weshalb Tieck wiederholt mit der Aufforderung konfrontiert wurde, er solle seine Quelle preisgeben (vgl. Tieck-DKV VI, Kommentar, 1266ff.). Dies markiert trotz des theoretisch etablierten Autonomiepostulats den noch ausgeprägten Traditionsbezug in der zeitgenössischen Erwartungshaltung. Antons Rede im *Phantasus* mildert dann entsprechend die eigene Erfindung auf die Gabe der phantasievollen Verbindung des Gelesenen mit dem in der Kindheit Vorgeprägten ab (vgl. Tieck-DKV V, 146); siehe dazu aber auch die daran anknüpfend formulierte Perspektive Claras, die sich besonders für denjenigen Dichter interessiert zeigt, „welcher“ nicht nachahmt, sondern zum erstenmal ein Ding vorträgt, welches unsere Imagination ergreift“ (147).

[119] Hillmann (1971b, 118).

ist ironische und polemische Anverwandlung der Tradition, so daß sich die Ironie selbst als Modus und „Resultat einer Anverwandlung"[120] zu erkennen gibt. Dieser Traditionsbezug indiziert den (prä-)historistischen Zug romantischer Texte komplementär zu ihrer experimentellen Modernität im Verfahren. Es handelt sich aber weniger um ein „Nebeneinander", das sich dichotomisch entgegengesetzten Werkgruppen zuordnen läßt[121], als vielmehr um verschiedenartig ineinandergreifende Interdependenzen, die zwischen beiden Polen nach ihrem je eigenen Mischungsverhältnis zu skalieren sind.[122] Sowohl die historistische Reproduktion älterer Literatur wie der Volksbücher, die sich mit hochgradig ausdifferenzierten artistischen Kunstmitteln vollzieht, als auch die experimentelle Reorganisation oder Negation von Mustern der literarischen Tradition oder der aktuellen Literatur transformieren den Text in eine literarische Einheit, die in beiden Fällen auf Überraschungseffekte durch Fremdheit abzielt.[123] Beiden Verfahrensweisen also liegt der vergleichbare Mechanismus der Abweichung durch Distanzierung zugrunde: nicht nur in der Polemik gegen die Geschmacklosigkeiten des Aktuellen, sondern eben auch in der positiven Bezugnahme auf die noch nicht regelpoetisch

---

[120] Japp (1983, 191), vgl. hier insgesamt 'Ironie als Anverwandlung' (181-238).

[121] Unter dem Aspekt des Nebeneinanders von 'Historismus' und 'Modernismus' hat Schulz (1995) Tiecks geistesgeschichtlichen Standort innerhalb der Querelle zu erfassen versucht. Bestimmt sei dieser einerseits durch die „völlige[] Unabhängigkeit von der Antike wie der einer weitgehenden Unabhängigkeit von den Mustern bzw. der überlieferten Traditionen überhaupt", worin Tieck „einen erstaunlich avancierten Standpunkt" erreicht habe (44): neben dem *Sternbald* erkennbar in einem „kuriose[n]", wenn auch „nicht ganz geglückte[n] Formexperiment" wie dem *Zerbino* (43). Andererseits gebe es Rückgriffe auf die Tradition wie im „historistisch[] romantische[n] Trauerspiel" *Leben und Tod der heiligen Genoveva* (43). Dieses Nebeneinander läßt Schulz „sowohl eine modern-experimentelle wie auch eine an der Vergangenheit orientierte historistische Seite" als einen Zug erkennen, der das Frühwerk Tiecks wie die deutsche Romantik überhaupt prägt: „Ohne dieses gleichzeitige Nebeneinander von Historismus und Modernismus ist Tieck schwerlich zu verstehen" (43). Zwar ist das Verhältnis vor dem Hintergrund der bekannten geistesgeschichtlichen Veränderungen grundsätzlich richtig gesehen, problematisch erscheint aber die Zuordnung auf dichotomisch gegenübergestellte Werkgruppen, zumal sich gerade die *Genoveva* trotz ihrer durchaus historistischen Anverwandlung eines Volksbuchstoffs eben gerade durch den experimentellen Zugriff auf die dramatische Form auszeichnet. Sie läßt sich deshalb auch der von Schulz konstatierten Seite der Modernität anschließen, die darin erkannt wird, „daß Kunst in einem Weiterentwickeln zu immer neuen Formen und Gestaltungsweisen bestehen könne" (44).

[122] Das bei Tieck je eigens zu beobachtende Verhältnis von historistischer Bezugnahme und formaler Innovation prägt all seine Texte bis ins Spätwerk hinein, das zunehmend die Historisierung der von Tieck selbst initiierten Romantik ins literarische Spiel integriert (vgl. dazu Bunzel 1997, 206).

[123] So die leitenden These von Schmitz (1995) zur 'Inszenierung einer Epochenschwelle' durch die Gruppe der 'Romantiker' (v.a. 299). Die für Novalis gültige Projektion dieser Fremdheit auf die Zeitachse, mittels derer der Zweck verfolgt wird, die postulierte 'neue Zeit' als Wiedererlangung des verloren gegangenen goldenen Zeitalters zu etablieren (vgl. 299), trifft aber gerade auf Tieck wegen der Temporalitätsstruktur seiner Werke nicht zu. Im Gegensatz zu den meisten Autoren der Frühromantik verfestigt sich bei ihm der flüchtige Wechsel aller Formen nicht in eine geschichtsphilosophische Konstruktion als Vorschein der 'neue Zeit'. Das utopische Moment seiner Texte, die Simultanthematisierung von Nicht-Welt, bleibt grundsätzlich gebunden an den literarischen Vollzug im Augenblick.

zugerichtete ältere Literatur, weil diese mit den zur Verfügung stehenden literarischen Mitteln der eigenen Zeit realisiert wird. Auch hier handelt es sich um einen ästhetischen Einspruch[124] gegen das Gegebene. In der durchaus anarchischen Opposition[125] liegt der Sinn der literarischen Gestaltung. Wie daraus die Vorstellung der Einheit von Literatur trotz der Vielfalt ihrer Normabweichungen entstehen kann, erklärt Eibl:

> Der Text kommt zu seinem Sinn in der Aufhebung seiner eigenen literal manifesten Bedeutung, ohne daß dieser Sinn anders als im Vorgang dieser Aufhebung verfügbar wäre. Das aber ist zugleich mit einer Verstärkung der selbstreferentiellen Kohärenz des Literatursystems verbunden. Die einzelnen Werke werden als selbständige emergente Systeme stabilisiert, aber indem sie diese Emergenz durch Akte der Distanzierung vom Literatursystem herstellen, heben sie zugleich dieses System ins Licht und machen es als Ganzes zum immer wieder durch Distanzierung aktualisierten Prätext.[126]

So stabilisiert sich ein Literatursystem, das die sich selbstorganisierende Literarisierung von Literatur erlaubt, auch dank Emergenz des Neuen, gerade weil es so auf sich selbst als eigenes System aufmerksam macht. Und dies wird, wie man paradox formulieren muß, auch durch die historistische Bezugnahme auf Bekanntes bewirkt. Dessen Reaktivierung ist aber keine Restauration, weil ihr wegen des vorgängigen Differenzbewußtseins die Distanz zur aufgegriffenen Tradition inhäriert. Traditionen sind eben nicht mehr zu reproduzieren, wie sie gewesen sind. Denn dies setzte den unveränderten Bestand ihrer Bedingungen, die ja als verloren wahrgenommen werden, voraus. So begründet auch die historistische Anverwandlung diejenigen metaliterarischen Züge, für die Tieck vor allem in den satirischen Kontrafakturen seiner Theaterkomödien bekannt geworden ist; und zwar allein deshalb, weil sich der neue Text durch den Bezug auf andere Literatur konstituiert und durch das spielerische Verfügen über intertextuelle Relationierungen ein kontrafaktisches Moment präsent hält: eben gerade auch im Falle der affirmativen Adaption eines älteren literarischen Musters. Die formale Neuigkeit wiederum stabilisiert das funktional ausdifferenzierte System Literatur durch das *re-entry* der nunmehr gewonnenen Möglichkeiten, die aus der Abweichung vom Gegebenen hervorgingen und selbst wiederum neue Abweichungen provozieren können.

In allen Fällen inszeniert sich der Autor als Souverän über die von ihm hergestellten literarischen Bezüge. Denn sowohl die Anverwandlung als auch die polemische Distanzierung basiert auf einem sentimentalischen Verhältnis zu den literarischen Gegenständen, auf die die Gestaltung abzielt. Auch bei der Wieder-

---

[124] Tiecks Konzept des ästhetischen Widerspruchs – „der Motor der Komödie ist die Provokation" – formuliert bereits Thalmann (1974, 28). Die Befremdung als Intention durch überraschende, neuartige Kontextualisierung – Literatur macht ein Gewöhnliches fremd, lautet die einschlägige Bestimmung Tiecks im *Lebrecht* (vgl. Tieck-Thalmann I, 124) – betont auch Schmitz (1995, 299).

[125] Tieck „war immer 'Realist'; er hat immer nervös an Autoritäten gerüttelt" (A. Schmidt 1990, 308).

[126] Eibl (1995, 139).

aneignung der alten Poesie ist dem sentimentalischen Bewußtsein die qualitative und historische Differenz nur allzu bewußt. Genau dies bedingt die Ironie, die die bei Tieck anzutreffenden literarischen Reaktionsformen auf Literatur allererst er- möglicht – ungeachtet der von ihm später unter Solgers Einfluß reflektierten Un- terscheidung zwischen einfacher und höherer Ironie. Denn zunächst ist die Ironie vor allem Ausdruck eines distanzierten Verhältnisses und damit Voraussetzung der ästhetischen Verfügung über das vorliegende Material (bei ebenso erkannter Unverfügbarkeit der Sprache).[127] Genau die unter dieser Voraussetzung gewon- nene Freiheit zur witzigen Reorganisation lenkt die Aufmerksamkeit auf das arti- fizielle Gemachtsein der Texte. Der Autor wird gewissermaßen zum *literarischen* Systemtheoretiker oder Konstruktivisten im Umgang mit der Literatur seiner Welt, mit der er nun machen kann, was er will.

So reproduziert und dekonstruiert das *Blaubart*-Drama die von rührenden Im- pulse des zeitgenössischen Familienstücks infizierte Ritterdramatik der Zeit.[128] Es demonstriert auf diese Weise die Künstlichkeit eines literarischen Genres, indem es selbst höchst artifiziell das Inkompatible kombiniert: z.B. dadurch, daß man ei- nen Ritter 'Fichtisieren' läßt.[129] Die literarischen Mittel werden kenntlich, weil der Text sich von den mit dem Genre 'Ritterdrama' verbundenen *vraisemblance*- und *prodesse*-Anforderungen[130] verabschiedet, indem er sich in eine parataktische Sze- nenfolge launiger Einfälle verwandelt, die interesselos zwischen satirisch-tollkomi- scher Groteske und Grausamkeit, zwischen Dämonie und Albernheit schwe- ben.[131] Witzig ist diese Interesselosigkeit als Spiel mit den literarischen Möglich- keiten jedoch nur im Kontrast zur ironisch distanzierten Form. Allein deshalb wirkt auch das interesselos heitere literarische Spiel satirisch. Zugleich signalisiert dieser Effekt die auch dem interesselosen Witz als *ars combinatoria* des Disparaten eignende intertextuelle Anbindung. Intertextualität wird so zur spezifischen Vor- aussetzung für die Emergenz des Neuen, das als solches erkannt werden will.

Die literarische Kombinatorik, die sich in den verschiedenen Formprinzipien des Komischen und in der Montage als Verfahren manifestiert[132], ist eines der

---

[127] „Ironie ist das Mittel, sich auf die unentbehrlichen Ordnungen einzulassen und zugleich der Dogmatisierung dieser Ordnungen zu entgehen" (Eibl 1995, 163).

[128] Ribbat spricht davon, daß Tieck im *Blaubart* auch das bürgerliche Familienrührstück parodiere (Ribbat 1978, 128), was dahingehend zu präzisieren ist, daß er das Eindringen rührender Elemen- te in die triviale Ritterdramatik der 80er und 90er Jahre parodiert (vgl. Krause 1982, 213f.).

[129] Vgl. Simons parodistisches Perorieren über die Schwierigkeit beim Denken des Denkens (vgl. Blaubart, 29; Tieck-DKV VI, 420).

[130] Die u.a. in der ästhetischen Lust am 'angenehmen Grauen' 'gotischer' Motive, also im Schauer als kathartischen Form von Angstbewältigung beschlossen liegen.

[131] Vgl. dazu Tiecks Selbstcharakterisierung des *Blaubart* anläßlich seiner Überlegungen zur theatrali- schen Aufführbarkeit, die erfordere, „daß das Humoristische und Bizarre, wenn es nicht durchaus geistreich, rasch und mit jener Laune dargestellt würde, die man nicht vorschreiben und von allen Schauspielern nicht fordern kann, nur als matte Albernheit erscheinen möchte" (Tieck-S I, VII).

[132] „Konfusion läßt sich auch auf andere Weise erreichen. In den Stücken wird durch Montage und Kombination, durch bewußtes Nebeneinander, durch Verstand 'Unsinn' erzeugt" (Hillmann

wesentlichsten Kennzeichen, das die Heterogenität der Formen und Darbietungsweisen im Werk Tiecks miteinander verbindet. Stoffe, Verfahrensweisen,
Textvorlagen, Gattungen und einzelne Elemente literarischer Texte werden de-
kontextualisiert, um sie schnell und witzig zu rekombinieren. Experimentell werden so die Gattungssysteme umspielt, transformiert und doch auch zugleich bestätigt. (Die dramatischen Texte bleiben als solche kenntlich). Zugleich macht
Tieck diese Operationen in je nach Gattung verschiedener Weise zum Bestandteil
seines literarischen Diskurses, insofern die jeweilige Logik des Produziertseins die
Grundlage der selbstreflexiven Mitthematisierung der Form darstellt. In den Prosatexten geschieht dies u.a. so, daß die Konstitutionsbedingungen des Erzählens im
Text, der gerade erzählt wird, miterzählt werden. Dies ist gehäuft in den *Straußfeder*-Geschichten und im *Lebrecht* der Fall, etwa dergestalt, daß der Erzähler über
die denkbaren Reaktionen seiner Figuren gesetzt den Fall räsoniert, diese bekä-
men ihre eigene Geschichte (die man gerade liest) zu lesen.[133] Analog dazu werden in den Literaturkomödien die Figuren des Stücks als Schauspieler wie als Figuren mit ihrem Autor konfrontiert (hier ungeachtet der Frage, ob dieser Autor
als Verfasser des vorliegenden Stücks oder eben nur als eine weitere seiner Figuren anzusehen ist). In beiden Fällen sind diese Techniken in der Tradition vorgeprägt: bei Cervantes in der Prosa[134] und bei Molière im Drama.[135] Bei Tieck aber
werden sie potenziert zur vervielfältigten Demonstration von Möglichkeiten metaliterarischen Schreibens.

Den Beginn der literarischen Romantik hat die Forschung immer wieder am
Übergang vom *Lovell* zum *Sternbald* festgemacht. Die philologische Konstruktion
eines temporalen Telos in dieser Entwicklung verkennt freilich die symptomatische Gleichzeitigkeit des Ungleichartigen in Tiecks Werken dieser Zeit: Bis 1798
schreibt er weiterhin aufklärerische Satiren in *Straußfeder*-Geschichten neben den
als spezifisch romantisch erkannten Formen wie dem Kunstenthusiasmus der
Herzensergießungen, der höheren Blödelei der *Blaubart*-Texte und dem rätselhaften
Wahnsinn des *Blonden Eckbert*. Umgekehrt weist auch bereits der *Lovell* neben anderen Werken seit 1789 prototypische Merkmale auf, die man den romantischen
Texten attestiert, auch wenn diese hier nur auf einzelne Gedichte oder eine isolierte Figur wie Balder begrenzt bleiben, so daß sie noch nicht formbildend den
ganzen Text durchwirken. *Prinz Zerbino* wird zur gleichen Zeit 1796 konzipiert wie

---

1971b, 118); zum Witz als *ars combinatoria* bei Friedrich Schlegel (KFSA XVIII, 281) vgl. Menninghaus (1987, 184); zur *ars combinatoria* als „witzige Heuristik" und „poetische Methodik" (bei
Jean Paul und Arno Schmidt) vgl. Eisenhauer (1992, 121-128, hier 121 u. 126).

[133] Vgl. *Peter Lebrecht* (Tieck-Thalmann I, 143).

[134] Daß das selbstreflexive Moment der Tieckschen Texte nicht von Friedrich Schlegel, sondern von
Cervantes herkommt, hat sich mittlerweile zum Topos der Forschung gefestigt (vgl. etwa Neumann 1991, 254).

[135] Erstmals auf der Bühne steht der Autor selbst wohl in Molières *L'Impromptu de Versailles* (1663);
dazu Kiermeier-Debre (1989, 74), Schmeling (1977, 65-67).

die *Theegesellschaft*, eine satirische Gesellschaftskomödie auf den Aberglauben mit durchweg aufklärerischem Impetus. Die *Verkehrte Welt* entsteht kurz vor dem Beginn der *Genoveva*. Ein Stück wie der *Gestiefelte Kater* schließlich, in dem die Forschung die erste markante Ausprägung der romantischen Komödie sieht, nimmt gerade unter dem Gesichtspunkt der positiven Produktivität der Poesie sogar eine gewisse Ausnahmestellung ein.[136] Als Variante der spielerischen Satire in der Selbstreflexion einer Bühne, die mit sich selber Scherz treibt, steht das Stück freilich wiederum in einer Linie, die mit dem *Prolog* beginnt und der *Verkehrten Welt* im engeren Sinn endet. Die letzten satirischen Texte vor dem vermeintlichen Übergang in die romantische Poesie stellen jedoch auch diese nicht dar, denn die Literatur- und Zeitsatire als *ein* Moment neben anderen wird sich bis ins novellistische Spätwerk fortsetzen, obwohl man auch hier wiederum von 'Tendenznovellen', wie häufig geschehen, kaum sprechen kann.[137] Um es pointiert zu generalisieren: Der Kunstenthusiasmus gestaltet sich mehr oder weniger gleichzeitig mit dem Nihilismus und der Zerstörung des Individuums im Wahnsinn aus, die religiösen Affektationen einer poetisierten Legendendramatik entstehen parallel zum launigen Spott und heiteren Unsinn der *Blaubart*-Prosa und zu den selbstreflexiv satirischen Literaturkomödien.

Eine vollständig Synopse der Werke Mitte der 90er Jahre verdeutlichte deshalb, daß Tieck simultan mit disparaten Formen und Modellen experimentierte, die nach regelpoetischen oder auch nur stilistischen Kriterien kaum miteinander kompatibel sind.[138] Vergleicht man die Texte der 90er Jahre zunächst ohne Be-

---

[136] Im Vergleich zu anderen Texten der Zeit ist er „eher untypisch, insofern er kaum einen Verweis auf die im Sinne der romantischen Konzeption positiven Gegen-Autoritäten enthält (Ribbat 1979b, 66); vgl. dazu bereits Beyer (1960, 116-134).

[137] Zur Problematik dieses Befunds vgl. Bunzel (1997) und Schweikerts Kommentar zur späten Gesprächsnovelle *Der Wassermensch* (1835), in der sich die Kritik an der Literatur des Jungen Deutschland explizit wie sonst nie äußert. Die unter der kritisierten Tendenz subkutan eingelagerte „eigentliche Botschaft" der Novelle erkennt Schweikert darin, daß sie das 'Erzählen erzählt' und dieses Erzählen im geselligen Rahmen gegen das Revolutionspathos Florheims ausspielt oder sogar siegen läßt (Tieck-DKV XI, 1320f.). Auch im *Wassermensch* findet Tiecks Positionsbestimmung „auf ästhetischem Gebiet" statt, seine „Referenzinstanzen sind durchweg literarischer Natur" (Bunzel 1997, 198).

[138] Den genauesten Eindruck von dieser simultanen Vielfalt der umfangreichen literarischen Produktion vor allem zwischen 1795 und 1799 erhält man im Werkverzeichnis bei Köpke (II, 289-296), vollständiger als die Zeittafel bei Schweikert (Tieck-DKV XII, 1054f.). Zur extremen Heterogenität der Werke in den 90er Jahren vgl. Paulin (1988, 61f.) und Hillmann (1971b, 128), der Tieck als einen Autor charakterisiert, der bis zum *Octavianus* „alle möglichen Geisteshaltungen und dabei zugleich alle möglichen literarischen Gattungen durchprobiert hatte, vom Schauer- über den Brief-, den Familien- und Entwicklungsroman, von der Idylle über die Unterhaltungsnovelle zur Volksbuchbearbeitung und dem Märchen, vom Schicksalsdrama über das Lustspiel zum Märtyerdrama und Welttheater". Das ist freilich selbst bei Hillmann keine neue Einsicht mehr, wie das Resümee Beyers zur älteren Forschung erweist: „Hans Günther hat mit Recht darauf hingewiesen, daß die überquellende Fülle von Stimmungen und Motiven in Tiecks Jugenddichtungen mit skeptisch hoffnungsloser Melancholie, satirischer Laune und geheimnisvoller Märchenstimmung

rücksichtigung von Gattungszugehörigkeiten nach vorherrschenden Merkmalen, in denen jeweils bestimmte Orientierungen und Organisationsformen zusammengefaßt sind, so lassen sich folgende Großgruppen erkennen:

– Nachahmung zeitgenössischer Literaturmodelle und vorbildlicher Texte und Autoren: u.a. der *Räuber*, des *Götz* und anderer Ausprägungen der Sturm und Drang-Dramatik, daneben Shakespeares, Gozzis und anfangs auch noch die später verpönten Formen des lyrischen Theaters bzw. Monodramas der 80er Jahre und des Bürgerlichen Trauerspiels, schließlich der Räuber- und Schauerliteratur auch in der Verschränkung mit dem Exotismus des späten 18. Jahrhunderts, der sich in der Vorliebe für orientalische Szenarien vor dem Hintergrund der zeitgenössischen Südseebegeisterung niederschlägt; hinzukommen die dramaturgischen Bearbeitungen: *Der Sturm, Ein Schurke über den andern* nach dem *Volpone* von Ben Jonson u.a.

– Verspottung, Satirisierung bzw. scherzhafte Ironisierung vorherrschender literarischer Muster und Gattungen der zweiten Hälfte des 18. Jahrhunderts bis zur Delegitimierung ihres pragmatischen Zwecks bei unterschiedlich ausgeprägter selbstreflexiver Mitthematisierung des Verfahrens: vorgeführt am Briefroman, am Tagebuch, am Genie-Kult, an der Empfindsamkeit usw., schließlich am Familienrührstück und an der Ritterdramatik als Ausprägungen der sog. Trivialdramatik um 1800.

– Reaktivierung und Reliterarisierung älterer literarischer Modelle und Verfahrensweisen vom späten Mittelalter bis zur frühen Neuzeit, vor allem der sog. Volksbücher als Anverwandlung des alten naiven Tons. Dabei macht sich auch die implizite Ikonographie des Holzschnitts, der die Volksbücher illustriert, geltend, insofern die ersehnte Naivität in der Poetizität der groben Umrißzeichnung erkannt wird: Zur gleichen Zeit verhandelt August Wilhelm Schlegel in diesem Sinn das imaginationsfördernde Potential der bloß andeutenden, flächigen Darbietungsweisen in seiner Abhandlung *Ueber Zeichnungen zu Gedichten und John Flaxman's Umrisse* im 2. Band des *Athenäum*.

– Die Revitalisierung von Literatur aus der Zeit vor dem 18. Jahrhundert verbindet sich, vermittelt durch die Wiederkehr des von Gottsched vertriebenen Hanswursts, mit der artistischen Kontamination verschiedener Muster von der *commedia dell'arte* über Märchenvorlagen (Perrault) und die diversen Konfigurationen bei Shakespeare bis zu den Traditionen digressiven bzw. arabeskenhaften Schreibens

---

keine abgrenzbaren Stufen in Tiecks Entwicklung darstellen, sondern nebeneinander her und häufig genug ineinander übergehen" (Beyer 1960, 19); siehe Günthers (1907, 1) zwar materialreiche, aber rein deskriptiv vorgehende Arbeit im Blick auf die von Tieck satirisierten Gegenstände und das Verhältnis zu Literaturformen und Autoren der Zeit. Trotz der Tatsache, daß richtige Einsichten bereits hier formuliert sind, scheint es nötig zu sein, sie stets aufs neue zu wiederholen, weil sich der Blick der allgemeineren Romantikforschung allzu gerne nur auf die einschlägigen Texte zurückzieht und daraus eine einseitige Genealogie der Romantik als Entwicklungsgeschichte konstruiert.

von Cervantes bis Diderot und Sterne.[139] Im Bereich des Dramas werden die Formen der selbstreflexiven Brechung und Potenzierung des Dramas aus den Traditionen des Spiel-im-Spiel-Mechanismus literarisiert: Neben Shakespeare, Ben Jonson und Beaumont/Fletcher spielen dabei u.a. Holberg, Klinger und die frühen Literatursatiren und Hanswurstiaden Goethes als Vorbilder hinein.
 – Mit dem *Zerbino* schließlich bildet sich parallel zur programmatischen Grundlegung einer synästhetischen Verschmelzung aller Künste im Kunstenthusiasmus der *Herzensergießungen*, der *Phantasien über die Kunst* und des *Sternbald* die Tendenz zu weit ausgreifenden Großtexten heraus, die mit dem zur gleichen Zeit in der frühromantischen Theorie reflektierten Universalisierungspostulat nach dem Gesichtspunkt der textinternen Gattungsmischung wie textexternen Annäherung an die anderen Künste (Musik, Oper, Malerei) kompatibel ist, der Universalpoesie aber auch durch kontinuierlich gesteigerte literarische Artistik Rechnung tragen.
 Weil sich aber die hier getrennt aufgeführten Tendenzen in den Werken zum Teil ganz unterschiedlich überlagern, gehen die von der Tieck- und der Romantik-Forschung seit Hayms Unterscheidung zwischen Märchen und Satire vorgeschlagenen Bifurkationen, die auch als genealogisches Argument für die Entstehung romantischer Poesie herhalten müssen, im letzten nicht auf. Genannt seien noch einmal die Doppelungen von 'Polemik und Poesie' (Ribbat), 'Historismus und Modernismus' (Schulz), 'Stimmung und Witz' (Böckmann), Romantik und Spätaufklärung. Weder kann man die eher satirischen Werke von den positiv poetischen Werken, wie der *Zerbino* zeigt, in jeder Hinsicht deutlich voneinander abgrenzen (zumal sich die Satire bei Tieck ohnedies in letzter Konsequenz als Variante der Poesie versteht), noch funktioniert die dichotomische Entgegensetzung von experimentellen und vergangenheitsorientierten bzw. historistischen Werken, weil sich selbst die primär nachahmenden Volksbuchadaptionen (Prosafassungen wie die *Geschichte von den Heymons Kindern*) als artistische Elaborate zu erkennen geben. Nicht zuletzt sind die satirischen Implikationen des *Gestiefelten Katers* kaum so ohne weiteres von den aufklärerischen Satiren der *Straußfeder*-Texte zu unterscheiden. Die verschiedenen Tendenzen schieben sich in wechselndem Verhältnis ineinander, programmatisch synthetisiert dann in Tiecks Einlösung seiner Idee von Poesie, die das 'Lustspiel' *Kaiser Octavianus* als Vereinigung aller literarischen Möglichkeiten anstrebt. Selbst aber der *Octavianus* ist trotz (oder gerade wegen) seiner universalpoetischen Konzeption von jenen satirischen und parabatischen Techniken – wenn auch nur noch in rudimentärer Form – nicht frei, die die früheren Literaturkomödien kennzeichnen.
 Das verbindende Moment der simultan prozedierten Formenvariabilität Mitte der 90er Jahre besteht in der Literarisierung, die komplementär zur Emergenz des

---

[139] Der 9. Band der *Schriften* Tiecks, der u.a. die *Geschichtschronik der Schildbürger* und die *Sieben Weiber des Blaubart* enthält, trägt entsprechend den Titel „Arabesken"; vgl. dazu vor dem Hintergrund der Traditionen digressiven Schreibens Menninghaus (1995, 94-118): „Im *Tristram Shandy* ist zugleich *der* vorromantische Konvergenzpunkt von Arabesken- und Unsinnspoetik gegeben" (112).

überraschend Neuen die Gleichzeitigkeit des nach epochalen und stilistischen Gesichtspunkten Inkompatiblen kategorial erfaßbar macht. Als Verfahrensbegriff ist damit jenseits epochaler Tendenzen der Zeit ein Gesichtspunkt gewonnen, der die Vielfältigkeit der Parallelerscheinungen auf einen gemeinsamen Nenner zurückbindet. Die Produktion eines je Anderen erklärt, weshalb viele der Neuerungen Tiecks innerhalb seines Gesamtwerks selbst durchaus singulär bleiben: so schon die angedeuteten Verfahrensweisen des *Blaubart*-Dramas als einer ganz eigenen Form dramatischer Selbstreflexion, die sich aus der Aushöhlung des Dialogs ins 'Geschwätz'[140], der metadramatischen Ironisierung der ins Drama eingesprengten tiecktypischen Lieder und der ironischen Indifferenz der verschiedenen Figurenreden zwischen wortspielerischer Rhetorik und gewalttätigem Zynismus, zwischen existentiell beglaubigtem (also durchaus tragödienfähigem) Pathos, philosophischem Tiefsinn und komisch verselbständigtem Palavern ergibt. Aufgegriffen werden Elemente einer derart komisierten Ritterdramatik erst sehr viel später wieder im *Däumchen*, das als 'erinnerte Romantik' freilich wiederum unter den veränderten Vorzeichen einer längst etablierten Mittelalteridolatrie entsteht.

Die von der Literaturgeschichte als Gründungsdokument der literarischen Frühromantik geadelten *Herzensergießungen eines kunstliebenden Klosterbruders* und der aus dem dort formulierten Kunstenthusiasmus hervorgehende *Sternbald*-Roman sind aus diesen Gründen nur Spielarten der Poesie zur Demonstration ihrer Möglichkeiten, kaum aber als Entwicklungssprung in ein gänzlich anderes Schreiben zu isolieren, das sich dann durchgängig als romantische 'Sprache der Natur' offenbart. Tieck verfaßt auch später satirisch motivierte Texte, die dem Kriterium der 'einfachen Ironie' genügen (*Anti-Faust* 1801, *Der neue Don Carlos* 1807/08). Und die szenisch erstmals im *Zerbino* positivierte 'Sprache der Natur' wird nur wenig später in der 'Tragödie' *Leben und Tod des kleinen Rotkäppchens* (1800) durch ein altklug-gewitztes Rotkäppchen mit (politischen) Anspielungen auf den Zivilisations-, Natur- und Freiheitsdiskurs vor und nach der Französischen Revolution komisch konterkariert. Problemlos kompatibel ist dieser Befund freilich mit Tiecks eigener Bestimmung des Romantischen. Der Kunstenthusiasmus, die katholisierenden Tendenzen sowohl der *Herzensergießungen* als auch der *Genoveva* und die dort zur Darstellung gebrachte Poesie des Mittelalters, in der die Literaturgeschichte gern ein Zentrum romantischer Literatur sieht, sind nur Variationen des ästhetisch Interessanten, ohne daß man Tieck auf die mit ihnen angeblich ausgestellten weltanschaulichen Positionen tatsächlich festlegen kann.[141]

---

[140] Vgl. Tieck-DKV VI, 437; Blaubart, 50

[141] Dies ist hier noch einmal gegen die etablierte Ansicht formuliert, derzufolge der Katholizismus etwa der *Herzensergießungen* von Tieck herkomme (vgl. Vietta 1997, 95f.). Das mag textgenetisch so sein, läßt aber kaum den Schluß zu, Tieck auf eine entsprechende Haltung festzunageln. Denn jede Position relativiert sich wie alle anderen Sinnoptionen im textuellen Vollzug literarischer Vorläufigkeit: „Der Transgress ins Märchen wie in den universalpoetischen Reflexionsroman relativiert sich in seinen Werken, selbst im *Sternbald* und im *Octavianus*, zu einer Option neben anderen, zu einer ästhetischen Varietät im Spektrum kontrastierender Sprechweisen und Welthaltungen.

Zwar ist die epochale Wirkungsmächtigkeit der *Herzensergießungen* und des *Sternbald* für die Rubrizierung dessen, was die Literaturgeschichte als Initiation romantischer Literatur archiviert, kaum zu bestreiten. Legitim erscheint deren isolierte Würdigung nach dem Gesichtspunkt werk- und epochengenealogischer Signifikanz, vergegenwärtigt man sich die Produktivität Tiecks in den 90er Jahren, jedoch nicht. Diese ist vielmehr in einem allgemeineren Sinn für die literarischen Verhältnisse vor 1800 repräsentativ, insofern sie erkennen läßt, wie verschiedenartig ausdifferenzierten Möglichkeiten nebeneinander koexistieren können, ohne daß einer Variante epochenkonstituierende Dominanz zukommt. Insofern spiegelt sich in Tiecks Werken ein gewisser Stilpluralismus bereits an der Jahrhundertwende um 1800, der nur wenig später durch die Hinwendung auf nationalhistorische Identifikationsmuster und deren historistische Rückbindung in den aufkommenden Formen der frührealistischen Geschichtsdichtung bei gleichzeitiger Revitalisierung religiöser Gehalte tendenziell wieder homogenisiert wird. Daß Tiecks Werke hierfür eine initiierende Rolle spielen, ist zwar nicht zu bestreiten, im Blick auf ihre tatsächliche literarische Verfaßtheit handelt es sich aber eher um Rezeptionsmißverständnisse in der Beurteilung ihres vermeintlich ideologischen Gehalts. Eine Ironie dieser Wirkungsgeschichte besteht deshalb darin, daß zum einen gerade das ideologieträchtige Moment (in dem von Tieck selbst explizit verpönten Sinn) von nachfolgenden Autoren, bei denen das Romantische zur Masche absinkt, wirksam gemacht werden wird, während zum anderen die im 19. Jahrhundert aufkommende philologische Rezeption nur das nichtige und oberflächliche Spiel mit ästhetischen Reizen erkennen will. Zwar kommt diese zweite Einschätzung der literarischen Verfaßtheit von Tiecks Texten entschieden näher, als es die beliebte Kritik an Haym glauben machen will.[142] In der beschränkten Wahrnehmung der produktiven Kapazitäten dieser Verfaßtheit – in ideologiegeschichtlicher Hinsicht einerseits, im Blick auf die artistische Versatilität als Vorschein literarischer Modernität andererseits – bleibt aber auch deren Erklärungspotential auf der Basis einer normativen Gattungsästhetik unzulänglich.

Das Emergenzprinzip als Voraussetzung für die Entstehung neuartiger Literatur, die in pluralistischer Koexistenz bestehen kann, ist ein wesentlicher Grund dafür, daß sich Tiecks Innovationen um 1795/96 nur bedingt historisch bzw. kontextuell erklären lassen. Stets spielen bei ihm, legt man das erwähnte Zeitlichkeitsbewußtsein zugrunde, durchaus kontingente Faktoren eine Rolle. Vermutlich ist sogar die Kontingenz des Einfalls als solche interessanter als die intentionale Zurichtung des literarischen Gebildes nach wie auch immer definierten ästhetischen oder außerästhetischen Zwecken. So ist es auch nur die vom Augenblick erfüllte zufällige Laune, die ein Stück wie den *Blaubart* unvermittelt hervorgehen läßt,

---

Ironie und Resignation als die beiden Modi von Reflexionsfreiheit zugleich und Anspruchsreduktion sind vom Beginn bis zum Ende konstitutiv" (Ribbat 1997, 8).

[142] Vgl. Bohrer (1989, 235-242).

während auf der anderen Seite zur gleichen Zeit noch konventionelle Aufklärungssatiren wie *Die Theegesellschaft* als Auftragsarbeiten (und als einziger dramatischer Text der *Straußfeder*-Sammlung) verfaßt werden. Diese Umstände führen zur schnellen und oft nicht mehr korrigierten schriftlichen Fixierung, deren Unbesorgtheit Garant für den selbst schnellen Witz ist, der feuerwerksartig aufsprüht und ebenso rasch wieder verglüht. Witzigkeit ist von daher mitunter auch nur ein Effekt der Flüchtigkeit in der direkten Niederschrift unverhofft sich einstellender und rasch wechselnder Einfälle. Auch dies erklärt das Ungreifbare viele Texte Tiecks, das sich an den bekannten Deutungskontroversen der als genuin romantisch erkannten Prosatexte ablesen läßt. Die Schwierigkeit, die trotz partieller Möglichkeiten einer Kontextualisierung (sei es intertextueller, geistesgeschichtlicher, sozialgeschichtlicher oder medientheoretischer Art) besteht, hat zur Deutungsindustrie des *Blonden Eckbert* oder des *Sternbald* beigetragen. Denn wie Quecksilber, das Dorothea Schlegel als Metapher für die Unfaßbarkeit ihrer literarischen Fiktionen und zur Charakterisierung der irisierenden schriftlichen Fixierung einer „quecksilbernde[n] Phantasie" für ihren Roman *Florentin* vorgebracht hat, entziehen sich diese Texte dem analytischen Zugriff, weil auch die isolierten Bestandteile eher ungreifbar bleiben und vor allem dazu neigen, sich schnell und unvermittelt zu anderen Agglutinationen zusammenzuschließen.[143] Die rätselhafte Unbestimmtheit der Handlungsmotivation im *Sternbald* oder im *Eckbert* ist deshalb auch der labilen Konsistenz einer literarischen Einheit geschuldet, die sich den beiden von der formalistischen Literaturwissenschaft formulierten Perspektivierungen zur Bestimmung der Kohärenz eines Texts mehr oder weniger entzieht: sowohl ihrer Erschließung aus der ‚Determination von unten', also der strukturalen und prozeduralen Vernetzung der isolierbaren Bestandteile zu komplexen Textverbindungen, als auch der Erfassung der Texteinheit aus der ‚Determination von oben', den wie auch immer begründeten Einheitsvermutungen, die kohärenzstiftend an den Text herangetragen werden – von dem dabei eigentlich anhängigen, nach wie vor aber ungelösten Problem der Vermittlung, das beide Ebenen wechselseitig aufeinander bezieht, ganz zu schweigen.[144] Weder wird der *Sternbald* durch den in kausal-lineare Handlungsverläufe eingespannten Augenblick tatsächlich bestimmt bzw. vorangetrieben, noch kann er als Entwicklungs-,

---

[143] „Immer glaubte ich genau das hinzuschreiben, was ich eben dachte, aber es war Täuschung: vorwärts, vor der Feder schwebte mir das rechte Wort; rückwärts, hinter ihr standen dann ganz andre Worte, die ich nicht wieder erkannte, wie einer, der eine Quecksilberkugel mit den Fingern greifen will – wenn er sie dann zu haschen glaubt, so hat er immer nur kleine Kügelchen davon abgelöst, während ihm die eigentliche grosse Kugel immer wieder entschlüpft, bis sie zu lauter Theilen geworden und er das Ganze nicht wiederfindet" (Dorothea Schlegel: Aufzeichnungen und Entwürfe zum *Florentin*, Schlegel 1993, 194). Bekanntlich schreibt sich der *Florentin* vom *Sternbald* als literarischem Vorbild her.

[144] Zum theoretischen Hintergrund der doppelten Determination zur Kohärenzkonstituierung eines literarischen Texts im Rahmen einer Rekonstruktion der Aktualität formalistischer und strukturalistischer Literaturtheorie vgl. Speck (1997).

Bildungs- oder Künstlerroman *strictu sensu* angesehen werden, weil sich als Movens aller Aktivität vor allem die Suche nach der verlorenen Liebe in der Kindheit herausschält – ganz abgesehen vom vieldiskutierten Problem seiner Fragmentarizität. Weder läßt sich die Dämonie und der 'poetische Wahnsinn' des *Blonden Eckbert*[145] aus der textuellen Relation seiner Elemente innerhalb der perspektivisch aufgefächerten Erzählvorgänge noch nach Gattungskriterien wie denen des Kunstmärchens erklären: Der Wahnsinn Eckberts bleibt so rätselhaft wie das über ein einziges Wort[146] unvermittelt hereinbrechende Andere, das sich allen Beteiligten (Autor, Figuren, Leser) der rationalen Bewältigung entzieht. Wegen ihrer sonderbaren und unauflöslichen Amalgamierungen trotz isolierbarer Einzelbestandteile, die als solche beschreib- und verstehbar sind, üben diese Texte ihre perturbierende und zugleich suggestive Wirkung, die „den Sinn gefangen hält"[147], bis heute auf den Philologen aus.[148]

---

[145] So die von Hillmann (1971b, 118) aus den *Phantasus*-Gesprächen übernommene und treffende Formel für die literarische Verfaßtheit des *Eckbert*: „In diesen Natur-Märchen mischt sich das Liebliche mit dem Schrecklichen, das Seltsame mit dem Kindischen, und verwirrt unsere Phantasie bis zum poetischen Wahnsinn, um diesen selbst nur in unserem Innern zu lösen und frei zu machen" (Tieck-DKV VI, 113). Die auf den *Blonden Eckbert* gemünzte Charakteristik ist problemlos auf den *Blaubart*-Komplex und andere Werke zu übertragen.

[146] Wie im *Blonden Eckbert* läßt Tieck zuweilen ganze Werke aus einem einzigen Wort oder wenigen Versen hervorgehen, in denen ein komplexer Erfahrungs- und Literaturzusammenhang keimhaft eingekapselt ist, der begrifflich nicht eingeholt werden kann. In einem Neologismus wie 'Waldeinsamkeit', das die ersten Hörer und Leser des *Blonden Eckbert* völlig irritierte (vgl. Tieck-DKV VI, Kommentar, 1257), liegt für Tieck die „Quintessenz seines ganzen Wesens" (so in der späten gleichnamigen Novelle; Tieck-DKV XII, 864). Es wird gleichsam zur Allegorie auf sein Werk und dessen Inkommensurabilität selbst. Nach diesem Prinzip funktioniert im *Blonden Eckbert* auch der den Wahnsinn auslösende Name „*Strohmian*" (Tieck-DKV VI, 140): Man kann seine Bedeutung nicht angeben, sondern die Semantik nur als Effekt in seiner Wirkung auf die Beteiligten beschreiben. „Tiecks Dichtungen sind allerdings Ein Wort, aber nicht das Wort des Lebens, sondern ein unverständliches Zauberwort" (Friedrich Schlegel: LN, zit. im Kommentar, 250).

[147] So der zweite Vers der vielzitierten Redondilla aus dem Prolog des *Kaiser Octavianus* (Tieck-S I, 33), die den früh artikulierten Gedanken von der ästhetischen Gefangennahme der Phantasie und der Sinne durch die Außerkraftsetzung ihrer rationalen Regulation aufgreift, wie ihn die Shakespeare-Abhandlung von 1793 formuliert. Auch später noch setzt Tieck das Wunderbare mit dem „Unauflösliche[n]", das als solches 'anziehend' sei, synonym (vgl. *Der Wassermensch*, Tieck-DKV XI, 892): „Diese Gestaltungen der Phantasie, diese wunderbaren Bewegungen des Gemütes, die sich nur in der Dichtung erregen lassen und in süßer Täuschung unsern Sinn gefangen nehmen, daß wir darüber auf kurze Zeit die Wirklichkeit vergessen [...]" (*Das alte Buch oder die Reise in's Blaue hinein*, Tieck-DKV XI, 840).

[148] Zumindest ergibt sich dieser Schluß, blickt man auf die Vielzahl extrem unterschiedlicher Deutungen auch anderer Prosatexte des *Phantasus*, von denen neben dem *Eckbert* vor allem *Der Runenberg* die größte Faszination ausübt (vgl. Lüer 1997). Einen Erklärungsansatz für die Ambivalenz der Prosa Tiecks bieten Begemanns Beobachtungen zum *Getreuen Eckart*. Sie betonen die „strikt textfunktionale Verwendung von Metaphern und Symbolen", die zur Variabilität und flexiblen Relationalität von Bildbedeutungen führt. Daraus ergeben sich „unaufgehobene Opposition[en]", deren Semantik sich jeweils nur *innerhalb* der jeweiligen Texte und Textstrukturen" konstituiert, „also nicht verallgemeinerungsfähig" ist. „Das gilt selbst für zeitlich sehr nahe beieinanderliegende

Die Kontingenz, der Tiecks literarische „Räthselsprache"[149] entspringt, korrespondiert dem Improvisationscharakter der Texte eines Viel- und Schnellschrei-
bers. Die flüchtige Unbekümmertheit der Niederschrift läßt das Imponderable
der Formen auch als Synergieeffekte der schnellen Verarbeitung literarischer Daten entstehen. Ein besonderer Geltungsanspruch über den Überraschungseffekt
hinaus, bedingt durch das „Verfremdungsverfahren des 'Romantisierens'"[150] und
der „Mitteilungsverweigerung"[151], ist damit oft nicht verbunden.[152] Der Befund
zielt nicht auf eine Reproduktion des Substanzlosigkeitsvorwurfs, vielmehr sind
solche Produktionsumstände sogar Voraussetzung für die Entstehung ästhetisch
reizvoller Texte, deren Halluzinatorik und poetische Ambivalenz[153] gerade in der
Unauflösbarkeit des Sinns ihre spezifische Modernität anzeigen.[154] Die „Depräzi-
sierung kommunikativer Anschlußmöglichkeiten in Kontexten der Überinfor-
miertheit", wie man Tiecks poetische Ambivalenz, Syntheseeffekte historistischer
Verfügbarkeit über literarische Traditionen, in systemtheoretischer Perspektivierung auch umschreiben kann[155], schließt die bekannten Qualitätsunterschiede sei-

---

Texte. Das Trauerspiel vom *Leben der Heiligen Genoveva* etwa, das im selben Jahr wie die Eckart-
Tannhäuser-Erzählung entstanden ist, verwendet Motive, die in letzterer zentral sind, in gänzlich
anderer Weise: Die auf Venus bezogenen Entgrenzungs- und Einheitsbilder werden in der *Genoveva* christlich gewendet, ebenso die Metaphorik der Wildnis, in der Genoveva Schutz, religiöse
Erleuchtung und 'Heil der Seele' findet" (Begemann 1990, 94/Anm. 13).

149 ²Novalis II, 485, [1].

150 „Am wachsenden Literaturmarkt erproben die 'Romantiker' seit den neunziger Jahren Erfolgsver-
fahren, die sich seither in einer 'pluralistischen Öffentlichkeit' längst automatisiert haben, sie setzen sich durch, indem sie gut eingeführte Themen [das Wunderbare oder das Mittelalter] überraschend akzentuieren" (Schmitz, 1995, 301).

151 So Schmitz (1995, 305) mit Bezug auf Friedrich Schlegels *Über die Unverständlichkeit.*

152 Siehe dazu Tiecks Betonung des Unbekümmerten bei der Niederschrift des *Blonden Eckbert* gegenüber den irritierten Reaktionen seiner Zeitgenossen (Köpke II, 210f., zit. in Tieck-DKV VI,
Kommentar, 1256).

153 Tiecks poetische Ambivalenz ist spätestens seit Klussmanns (1976) Beobachtungen zur *Zweideutigkeit des Wirklichen* in den berühmten Kunstmärchen zwar erkannt, von der Tieck-Philologie
noch nicht aber systematisch für die Verfaßtheit auch zahlreicher anderer Texte so recht ernst genommen worden. Bei den 'Märchennovellen' wäre auch von einer Zweideutigkeit des Wunderbaren zu sprechen, denn bei Tieck schlägt die gleichsam gedoppelte Ambivalenz des Dargestellten
ständig ineinander um: im *Blonden Eckbert* allein daran zu ersehen, daß Berthas Leben im Wunderbaren der Waldeinsamkeit erneut eine Sehnsucht, und zwar die nach dem gewöhnlichen Leben
in der Stadt, das sie floh, entstehen läßt – ausgelöst im übrigen durch Lektüre (siehe Tieck-DKV
VI, 135). Zur Ambivalenzbildung durch Metonymisierung im Spätwerk vgl. Ottmann (1990).

154 Einen umfassenden Versuch der Begründung hat Rath unternommen, der Tieck zum ersten
„modernen Trance-Dichter" erklärt (Rath 1996, 15). Raths Einsichten bleiben allerdings auf inhaltliche und lebensweltlich psychologische Zusammenhänge ausgewählter Prosawerke beschränkt. Über die literarischen Verfahrensweisen, die die Modernität der poetischen Ambivalenz
erst eigentlich begründen, erhält man kaum Aufschluß.

155 Fuchs (1993, 203); vgl. auch Schmitz (1995, 300f.): „Lebensweltlich gebundenes Wissen wird zur
sprachlichen 'Konstruktion' 'entwirklicht'; diese 'kulturelle Phantasmatik' steigert die Anschließ-
barkeit des Wissens um den Preis von dessen Präzision und Konkretheit. Die Redestrategie des
'Romantisierens' macht somit die institutionellen Bindungen von Diskursen rückgängig; sie proji-

ner Texte nicht aus – vielmehr sogar geradezu zwangsläufig ein, weil sich die literarische Praxis jenseits der Literarisierung des Interessanten nicht mehr auf einen einheitlichen Gesichtspunkt als poetologische Grundlage der Gestaltung zurückziehen kann.

Tiecks Werke sind daher kaum mehr auf einen bestimmten Stil (im geläufigen Sinn eines vorherrschenden Autoren- oder Epochenstils[156]) oder eine bestimmte Verfaßtheit des Schreibens unter Zugrundelegung einer festgefügten Haltung zu ihren Gegenständen zurückzuführen, wenn sie Literatur auf der Klaviatur ihrer Möglichkeiten durchdeklinieren. Die literarische Romantik, die mit seinem Frühwerk entsteht, *ist* die versatile und (leicht)sinnige Anverwandlung und je anders betriebene Dekontextualisierung, Rekombination und Synthetisierung von Stoffen, Verfahrensweisen und Gattungen, die nach thematischen und regelpoetischen Gesichtspunkten voneinander getrennt zu halten wären (und von Goethe und Schiller aus diesem Grund auch noch einmal auf deren Eigenlogik hin beobachtet wurden). Tieck ist ein literarischer Generator ohne Theorie, der ein und denselben Stoff wie den durch Perrault überlieferten *Blaubart*-Komplex umstandslos für verschiedene Zwecke aufgreifen kann, ihn also nicht zuerst etwa nach seiner Dramenfähigkeit prüft, sondern vielmehr gleich in doppelter Ausführung literarisiert[157] – sowohl in der Prosa- als auch in der Dramenfassung in einer eher motivlosen parataktischen Anordnung von Einfällen und Sequenzen, die sich bis zum launigen Unsinn verselbständigen können.

Gleich dem Assoziationsstrom des Traums wird aus Texten ein flüssiges Medium, 'alles' zu machen, indem beispielsweise das 'Lustspiel' *Kaiser Octavianus* das in größtmöglicher Vielfalt ausdifferenzierte Spektrum der Formen und Themen fraglos nebeneinanderstellt. Es führt so den schwebenden Zustand universaler Anverwandlungsfähigkeit gleich dem ganz analogen Vermögen des Traums herbei. Auch der Traum kann sich 'alles' zwischen realer Erfahrung und bloßer Imagination (den beiden Bereichen, aus denen sich seine Bilder speisen) anverwan

---

ziert zum einen Diskurse des akzeptierten gesellschaftlichen Wissens aufeinander [...], und sie eignet sich zum anderen die konkurrierenden Diskurse alternativen Wissens an, um mit ihnen ihren universalen Entwurf zu komplettieren. So bieten möglichst disparate Kontexte den Stoff, um die vereinende Macht der Poesie sich entfalten zu lassen".

[156] Also unabhängig vom generellen Befund, daß jede Äußerung einen Stil habe, so daß der Stil als die „wahrnehmbare Seite des Diskurses" anzusehen ist, „die ihn überall, ohne Unterbrechung oder Fluktuation begleitet" (Genette 1992, 135). Auch Tiecks Texte haben insofern einen Stil, als dieser die Aufmerksamkeit auf das Verfahren lenkt, das sich dadurch überhaupt erst wahrnehmbar macht. Die dagegen konstatierte Stillosigkeit ist verknüpft mit der poetischen Ambivalenz, die sich bei Tieck allein darin manifestiert, daß sprachliche Zeichen über die mit ihnen verknüpften konventionalisierten Konnotationen hinaus ganz verschiedene Bedeutungen annehmen können – abhängig von den jeweiligen syntagmatischen Umgebungen. Auf jeden Fall erweist sich wegen der Relationsabhängigkeit ihrer Semantik der Symbolbegriff als untauglich.

[157] „Tieck hatte eine prinzipiell freie Vorstellung von Dichtertum. [...] Ausgangspunkt des Dichtens ist demnach eine entsprechend veränderte Substanz, Dichter, wer einen *Stoff* auf verschiedene Weisen zu poetisieren versteht" (Hölter 1989, 219).

deln. Auch im Traum gehen die diskreten Zustände umstands- und nahtlos ineinander über. Nicht zuletzt entgrenzt auch er sich zum Unsinn, insofern sich seine Bilder nicht mehr notwendig auf eine Funktionalität in der Traumökonomie oder auf lebenspraktische Bedürfnisse zurückführen lassen. Die kaleidoskopisch wechselnden Formen und Verfahren innerhalb der Texte kehren auf einer höheren Stufe wieder in der gleichermaßen wechselnden Abfolge heterogener Textkonfigurationen, die sich das 'Wunderkind der Sinn- und Sorglosigkeit' aus dem Baukasten der Tradition mit anarchischem Impuls je neu zusammenbastelt.[158]

Aller launigen Entgrenzung der literarischen Rede bis ins zufällige Chaos zum Trotz hat Arno Schmidt ihrem Verfasser den „*verwegensten Realismus* in Lebensführung und Kunst" attestiert. „Die zugrunde liegende Erkenntnis" sei bei Tieck nämlich die, „daß alles Dasein ein lebenslängliches Hakenschlagen ist", so daß der Dichter, „der dies Chaos redlich abzubilden unternimmt, mit *nichten 'verantwortungslos'!*" genannt werden könne. „Denn in Wirklichkeit waren die Romantiker *'gefährlichste Leute'* – vom Gestapo=Standpunkt aus: ausdauernd=labil; peinlich wohlversehen mit der Gabe, den Widersinn von Regierungsmaßnahmen mit dem Widersinn der Kunst zu kontern."[159] Nach dieser eigenwilligen, jedoch nicht unplausiblen Realismus-Bestimmung hat Tiecks literarischer Diskurs also durchaus eine 'lebensweltliche' Seite. Sie wird seit Mitte der 90er Jahre gegen die in den 80er Jahren vorherrschende dekonstruktivistische Positivierung der Werke profiliert[160], die nur noch die Ambivalenzbildung einer ins Vieldeutige gehenden 'gefährlichen Rede' sehen will. Verallgemeinert man die bei Rath allzu vitalistisch gestimmte biographische Perspektivierung, dann kann man die Leistungsfähigkeit einer Literatur der spielerischen und interesselosen Vieldeutigkeit bis zur Unsinnspoesie darin sehen, daß gerade sie es erlaubt, psychische und physische Möglichkeiten bis in Grenzerfahrungen hinein auszuagieren. Ein wesentlicher Grund für dieses Vermögen liegt in der Widerstandslosigkeit von Literatur bei der Versprachlichung von Welt, weil sie, obwohl sie psychische und physische Effekte nachzubilden, auszulösen oder gar hervorzubringen in der Lage ist, nicht *direkt* an reale Bedingungen gekoppelt ist. Unter dieser Voraussetzung konnte Novalis davon sprechen, daß man in Literatur machen kann, 'was man will'.[161] Hypostasiert wird

---

[158] Deshalb hat Arno Schmidt den germanistischen Befund, Tiecks Werke seien ein „sinn*loses*, rein zufälliges Spiel" gegen ihre Interpreten stark gemacht. Sie „beschreiben das Chaos" aber „mit einer solchen Kunst und boshaften Ausführlichkeit, daß – falls das Chaos sich selbst einmal satt kriegen und aufhören sollte – man es immer noch aus ihren Werken rekonstruieren könnte" (Schmidt 1990, 303).

[159] A. Schmidt (1990, 303). Wegen der Vermischung von Novellen- und Komödienelementen schätzte Schmidt besonders die späte Märchen-Novelle *Die Vogelscheuche* von 1835 (vgl. Tieck-DKV XI, Kommentar, 1196)

[160] So umfassend Rath (1996).

[161] „Es ist gewiß, daß mit Erfindungsgeist und Geschick sich jeder Gegenstand artig zu Papier bringen, *zeichnen, coloriren* und *gruppiren* läßt" (²Novalis III, 558 [16]).

damit nicht die Beliebigkeit einer völlig entgrenzten Literatur, vielmehr schreibt
die Anschließungskapazität ans Reale auch einer entfunktionalisierten Literatur
einen bestimmten anthropologischen Zweck zu – nicht mehr aber als realitätsbezogene Lebensbewältigung in der Sinngebung des Sinnlosen.[162] Nur dadurch gewinnt der ästhetische Schein überhaupt an Reiz, daß er den psychophysischen
Apparat des Lesers über das thematische Interesse hinaus real affiziert. Er eröffnet dem wahrnehmenden Subjekt den anderen Zustand als literarische Entfaltung
der Möglichkeiten seiner selbst: die „Paradiese der Phantasie" und die „innere, in
unserem Herzen hängende Geisterwelt", sein „unbekanntes inneres Afrika"[163],
ohne daß die Bedingungen des Realitätsprinzips ihre Beschränkungen geltend machen. Das bei Tieck sich abzeichnende umstandslose Verfügen über ein literarisches Material, das normpoetisch nicht mehr geregelt ist, verwandelt dieses Vermögen der Literatur in den Zustand der ubiquitären Verfügbarkeit der Welt, die
sich an ihrer Anverwandlungsfähigkeit im Medium der Sprache bewährt. Gerade
weil sich diese Versprachlichung in permanenter Beweglichkeit behauptet, ist sie
als substanzlos, oberflächlich und proteisch denunziert worden, obgleich ihre
„lebendige, bizarre, inconsequente, bunte Welt"[164] den literarisch induzierten
Zustand der Freiheit vom Identifizierungszwang eröffnet.[165]

---

[162]   „Mit anderen Worten: die ganze verführerisch=lustige Maschinerie von Genien und Elfen ist *nicht*
bloß aus 'Freude an künstlerischer Gestaltung', oder wie die idiotischen Wendungen alle lauten,
inventiert; sondern als fabulierender Ausdruck der Erkenntnis: daß selbst, *falls* es eine 'Höhere
Welt' plus den dito 'Höheren Wesen' geben *sollte*, unsere Lage dadurch nicht um 1 Deut besser
wird; denn wenn *wir* schon Unfug treiben, so Jenen handgreiflich 'Höhern Unfug'!" (A. Schmidt
1990, 313).

[163]   Jean Paul: Das Kampaner Tal (1986 II, 9, 40, 18).

[164]   ²Novalis III, 558 [16].

[165]   Diesen Befund kann man mit Adornos Reflexion der Parataxis und Zerstreuung durch die Mo-
tivlosigkeit einer sprachlichen Darbietungsweise, die sich der Musik nähert, vermitteln. Ich be-
gnüge mich mit einer Zitatencollage des *Parataxis*-Aufsatzes (1981b), um zentrale Momente von
Tiecks literarischen Werken (mehr auf jeden Fall als die der späten Lyrik Hölderlins) zu resümieren. Adorno benennt die fehlende symbolische Einheit, die sich in den Prozeß auflöst: „Im Hang
zum Gestaltlosen wird das formgebende, losgelöste, im doppelten Sinn absolute Subjekt seiner
selber als Negativität inne, einer Vereinzelung, die doch keine Fiktion positiver Gemeinschaft
tilgt" (468). „Anders als in Musik, kehrt in der Dichtung die begrifflose Synthesis sich wider das
Medium: sie wird zur konstitutiven Dissoziation", zur parataktischen Reihung: „Musik-haft ist die
Verwandlung der Sprache in eine Reihung, deren Elemente anders sich verknüpfen als im Urteil"
(468). (473). Daraus resultiert das 'vorbehaltlose' Sich-Anschmiegen (474), von Adorno als
„Fügsamkeit" charakterisiert: „Die Sublimierung primärer Fügsamkeit aber zur Autonomie ist jene oberste Passivität, die ihr formales Korrelat in der Technik des Reihens fand. Die Instanz, der
Hölderlin nun sich fügt, ist die Sprache. Losgelassen freigesetzt, erscheint sie nach dem Maß subjektiver Intention parataktisch zerrüttet". (475) Sie ist „parataktische Auflehnung wider die Synthesis", so „daß nicht bloß das Mannigfaltige in ihr wiederscheint – [...] – sondern daß die Einheit
selber anzeigt, sie wisse sich als nicht abschlußhaft. Ohne Einheit wäre in der Sprache nichts als
diffuse Natur; absolute Einheit war der Reflex darauf. Demgegenüber zeichnet bei Hölderlin sich
ab, was erst Kultur wäre: empfangene Natur" (476f.). Im „Moment des Zerfallenden" schließlich
identifiziert Adorno das Romantische: „Romantisch ist Hölderlins Aktion, Sprache selbst zum

Mit der ersten Rezension August Wilhelm Schlegels von 1797 und der richtungsweisenden Charakterisierung ihres literarischen Gegenstands ist der rezeptionsgeschichtliche Initiationspunkt der zweiten Linie im doppelten Ursprung der Romantik Mitte der 90er Jahre markiert, die sich in einer bestimmten literarischen Praxis jenseits der bekannten transzendentalpoetischen Spekulationen Friedrich Schlegels und Hardenbergs herausbildet. Ein nicht unbeträchtlicher Teil des Frühwerks Tiecks entsteht zunächst völlig unabhängig davon, bevor es im Herbst 1797 zu brieflichen und persönlichen Kontakten mit den Schlegels kam[166] und Tieck wenig später auch Novalis in Jena kennenlernte. Tiecks Literatur der Literatur, dies ist Topos der Forschung, ist zwar anschlußfähig an die frühromantischen Theoreme, nicht aber von ihnen initiiert, deshalb auch nicht notwendig auf idealistische Kategorien zurückzuführen.[167] Von einer Wiederaufnahme der selbst schon geradezu unendlichen Diskussion darüber, in welchem Verhältnis die Theaterkomödien zur Theorie der romantischen Ironie Schlegels stehen, sei deshalb abgesehen. Die Argumente sind ausgetauscht, das Spektrum der Urteile ist abgesteckt.[168] Sinnvoller scheint es vielmehr, die spezifischen Möglichkeiten innerhalb der Literarisierung des Dramas an den Werken selbst und deren produktive Rezeption durch zeitgenössische und die nachfolgenden romantischen Autoren nachzuzeichnen.

Die größte Annäherung zwischen der utopischen, auf die Zukunft gerichteten frühromantischen Theorie und der von ihr mehr oder weniger unabhängigen, auf den Augenblick bezogenen literarischen Praxis Tiecks findet im *Sternbald* und im *Zerbino* statt. Diese beiden Texte schätzte ihr Cheftheoretiker Friedrich Schlegel, wie angedeutet, am meisten. Erst um 1799 verbinden sich die beiden Stränge, die in der späteren Rezeption trotz des gemeinsamen Rubrums Frühromantik wieder auseinandertreten, durch Intensivierung der persönlichen Kontakte – gespiegelt in der sympoetischen und kritischen Wechselwirkung von Werken und literarischen Konzepten innerhalb der temporären Gruppenbildung in Jena und durch das *Athenäum*, in dem Tieck allerdings nie publizierte. Bereits um 1800 zerfällt der Zusammenhang durch Zerstreuung oder Tod seiner Träger. Am markantesten zeigt sich die Synthese des doppelten Ursprungs, der Wirkung von Werken Tiecks und

---

Sprechen zu bringen, sein Objektivismus" – „Hölderlins intentionslose Sprache" (478). Die Triftigkeit dieser Überlegungen für den späten Hölderlin ist hier nicht zu beurteilen. Gewiß aber treffen sie auf die äußere und innere Verfaßtheit der Werke Tiecks zu.

166 Zu den Spekulationen über das erste Treffen vgl. Lohners Einleitung zum Briefwechsel (Tieck-Schlegel, 9).

167 Vgl. Ribbat (1997, 10).

168 Repräsentiert sind die beide Fraktionen durch Immerwahr und Strohschneider-Kohrs: Gegen die Anbindung und Vergleichbarkeit votiert Immerwahr (1953, 102-112, 166), für eine Applikation Tiecks an Friedrich Schlegel Strohschneider-Kohrs (1977, 129, 288, 315) und Frank (1989, 350); vgl. dazu resümierend den Forschungsbericht Schmelings (1977, 154-160) und Menninghaus (1987, 248). Grundsätzlich läßt sich sagen, daß Tiecks turbulente Tollheiten als Ausdruck einer unbesorgten inneren Freiheit den ernsthaften geschichtsphilosophischen Hintergrund vermissen lassen, die der Theorie der romantischen Ironie inhäriert (vgl. Auerochs 1997, 31; Ribbat 1997, 8).

der theoretischen Spekulationen Friedrich Schlegels zugleich, in den Frühwerken
Brentanos und Arnims. Grundsätzlich aber ist die Entstehung der frühen Romantik keinesfalls die alleinige Konsequenz transzendentalpoetischer Spekulationen aus Reaktionen auf die idealistische Philosophie von Kant über Fichte bis
Schelling – ein Bild, das selbst Franks *Einführung in die frühromantische Ästhetik* profiliert. Bezeichnenderweise klingen die Vorlesungen mit Überlegungen zu Tieck
und zum Gesamtkunstwerk Wagners aus, die vom vorherigen idealistischen Re-
flexionszusammenhang wie abgekoppelt erscheinen.[169]

Zu rekonstruieren ist im folgenden eine literarische Praxis, die mit den einschlägigen Reflexionen zwar kompatibel ist, sich aber ohne deren Rücksichtnah-
me auf vorwiegend literarischem und literarhistorischem Weg vollzieht. Die Werke Tiecks indizieren die *literarische* Genese der Romantik. Eine Vielzahl der hier
eingeführten Motive, Formen und Verfahrensweisen, die vielbeschriebene Stimmungslyrik, ist nicht nur erstmals textkonstituierend durchgehalten worden. Sie
werden durch Tieck auch dergestalt im literarischen Diskurs verankert, daß eine
Reihe nachfolgender Autoren von Brentano, Arnim über Eichendorff bis in den
europäischen und amerikanischen Bereich (etwa Edgar Allan Poe[170]) von ihnen
affiziert sind. Obwohl Tiecks Werke wegen ihrer spezifischen „Auflösung der
Form"[171] kaum *direkt* stilbildend gewesen sind, weil die zerstreuenden Effekte
stets auch stilzersetzende Konsequenzen haben, ist ihnen im Blick auf das Motivarsenal und auf das, was als romantischer Ton eher nur vage umschrieben als begrifflich eingeholt werden kann, traditionsstiftende Bedeutung nicht abzusprechen.[172] Vor allem durch Tiecks Werke der 90er Jahre, die bedeutenden Einfluß
bereits auf Novalis hatten[173], richtet sich das Bild ein, das im literarhistorischen
Diskurs den Namen Romantik trägt.

---

[169] Süffisant kommentiert Behler ein zentrales Problem der Einführung deshalb so: „Noch läßt sich
von Tieck in Berlin sagen, daß er ein scheiterndes Fichte-Studium gepflegt hätte, bevor er zu
dichten anfing" (Behler 1991, 250). Gegen die etablierten Ansichten der Forschung hat Rath detaillierter auf die negative Fichte- und Kant-Folie etwa im *Lovell* aufmerksam gemacht (vgl. Rath
1996, 79ff., 83ff.): Der *Lovell* sei auch das 'Debüt' der „Kantkrise" vor Kleist (85). Ob ihr bei
Tieck allerdings eine ähnlich konstitutive Funktion wie bei Kleist zukommt, bleibe dahingestellt.
[170] Forschungshinweise dazu bei Rath (1996, 489/Anm. 231).
[171] Frank (1972, 400).
[172] Tiecks Selbstbewußtsein von der – auch europäischen – Wirkung seiner Werke äußert sich in der
späten Novelle *Das alte Buch oder die Reise in's Blaue hinein*: „So hat der gewiß nicht vollendete
Hofmann bei den Franzosen eine neue Literatur erregt. Und wären Hofmann, Fouqué und Ähnliche da, ohne den gestiefelten Kater, Zerbino, getreuen Eckart, blonden Eckbert, die verkehrte
Welt und andere frühere Anklänge, die in die Weite, oft unbegriffen, hineintönten, und erst in
nachahmender Übertreibung von den Zeitgenossen verstanden und beantwortet wurden?"
(Tieck-DKV XI, 819).
[173] „'Noch hat mich keiner' – so die berühmte, nie ernst genommene Briefstelle Hardenbergs an
Tieck – 'so leise und doch so überall angeregt wie Du'" (Rath 1996, 207); vgl. Novalis' Brief an
Tieck vom 6. August 1799: „Deine Bekanntschaft hebt ein neues Buch in meinem Leben an –
[...]. Jedes Wort von Dir versteh ich ganz" (²Novalis IV, 294f.).

Forschung – Gattungspoetische Abgrenzungsprobleme – Literarisierung des
Dramas – Das dramatische Gesamtwerk im Überblick

Tiecks Literarisierung der Literatur, bislang ohne Würdigung von Gattungszugehörigkeiten verhandelt, hat besondere Konsequenzen für die Ausprägungen des
dramatischen Werks. Ein bestimmter Vorrang der dramatischen Form begründet
sich allein daraus, daß „das Drama, ja schon die dialogische Form" selbst, „von
jeher [...] etwas Anziehendes" für ihn hatte.[174] Bis in die späte Novellistik hinein
weisen alle Werke Tiecks einen dialogischen Grundzug auf. Greift man vor diesem Hintergrund Manfred Franks Überlegungen zur 'Auflösung der Form' auch
in den dramatischen Texten auf – bedingt durch die „lockere dramatische Motivation"[175], die „Verflüchtigung des Dialogs"[176], das „Spiel mit der Willkür"[177] bei
ausgeprägtem „Mißtrauen gegen die Sprache"[178], so daß sich „Ironie als dramatischer Stil"[179] selbst artikuliert –, dann erklärt sich mehr oder weniger zwanglos,
weshalb die sonst kaum überschaubare (und von daher auch nur ganz unterschiedlich ausgewertete) Tieck-Forschung sich bislang nur in vergleichsweise ge-
ringem Ausmaß bzw. je partikular mit ihnen auseinandergesetzt hat. Neben dem
vielfach konstatierten Mißlingen auf der normativen Folie einer nicht selten geradezu regelpoetisch kodifizierten Gattungstheorie, die die Romantik-Forschung
seit Hegel und Haym selbst bei Anerkennung ihrer Untauglichkeit für das Drama
der Romantik subkutan fortschreibt, besteht ein wesentlicher Grund für diesen
Sachverhalt darin, daß man gerade in der am stärksten formal bestimmten literarischen Gattung die Abweichung von der Norm als Unvermögen zur Gestaltung
anrechnet.

Franks Dissertation dagegen gehört zu den wenigen Forschungsbeiträgen, die
die Eigenlogik der dramatische Werke Tiecks anerkennen, indem sie zu deren Beurteilung die Verfaßtheit des gesamten Œuvres zugrundelegt. Auch wenn die
Dramen nur in Auswahl und fokussiert auf den leitenden Gesichtspunkt des Zeit-
lichkeitsbewußtseins in den Blick genommen werden (einen Schwerpunkt bildet
Ritter Blaubart), zählt das Buch zu den wenigen Arbeiten, die dem eigenwertigen
Rang der szenischen Texte Tiecks Geltung verschaffen, ja diese mit Gründen sogar über die sehr viel bekanntere Prosa stellen.[180] Tatsächlich vielbehandelt sind
die Theaterkomödien, besonders *Der gestiefelte Kater*, dessen ästhetischer Reiz und
literarhistorischer Rezeptionserfolg sich aus der vergleichsweise überdeutlichen
Transparenz in der scherzenden Selbstverulkung und Verspottung der zeitgenössischen Bühne erschließt. In zahlreichen Darstellungen der Literaturgeschichte

---

[174] Köpke II, 177.
[175] Frank (1972, 327).
[176] Frank (1972, 356).
[177] Frank (1972, 354).
[178] Frank (1972, 360).
[179] Frank (1972, 319).
[180] Vgl. Frank (1972, 243).

und zur Romantik im besonderen muß das Stück nicht selten das Drama der Romantik allein repräsentieren, obwohl es – wie erwähnt – im dramatischen Werk Tiecks durchaus eine bestimmte Ausnahmestellung einnimmt.[181] Die Tendenz zahlreicher Beiträge, sich auf die Theaterkomödien zurückzuziehen, vermittelt das unzulängliche Bild, als habe Tieck vor allem Dramen dieser Art geschrieben: Stellte man die mehr oder weniger gleichzeitig entstandene *Genoveva* daneben[182], so entstehe der Eindruck, es mit gänzlich verschiedenen Autoren zu tun zu haben.[183] Die tatsächliche Synchronie von szenischer Stimmungspoesie und poetischer Satire wird so verkannt, vom Versuch einer kontextuellen Plausibilisierung der in je verschiedene Richtungen ausdifferenzierten Verfahren der szenischen Rede, die simultan prozediert werden, ganz zu schweigen.

Gesamtdarstellungen zum dramatischen Werk Tiecks bei unterschiedlicher Gewichtung, Vollständigkeit und Ausführlichkeit in der Einzelwürdigung der Texte liegen in den biographisch ausgerichteten Arbeiten Zeydels, Minders und Paulins vor, mit dem stärksten literaturwissenschaftlichen Impetus bei Lüdeke, Kern und Ribbat.[184] Die „romantische Lustspielkonzeption" des *Phantasus* untersucht Chang[185]; vorherrschend sind Fassungsvergleiche, fokussiert auf die Überarbeitungen des *Gestiefelten Kater* und der *Verkehrten Welt*, behandelt werden darüber hinaus politisch-gesellschaftliche Aspekte einiger Dramen und die Poetologie der Rahmengespräche. Die nach dem Spektrum der erfaßten Dramen breitesten Spezialdarstellungen liefern Benay und Szafarz: mit der Tendenz zur nicht unproblematischen Hypostasierung der Modernität als Vorwegnahme des epischen Theaters Brechts einerseits[186], mit dem zwar einsichtigen, formalästhetisch und gattungspoetologisch aber wenig ausgewiesenen Befund zum leitenden Prinzip der Mannigfaltigkeit andererseits, dem zudem nur ein Teil der tatsächlichen dramatischen Produktion Tiecks in den Blick gelangt.[187]

---

[181] Vgl. bereits Beyer (1960, 126-130), der in der Betonung satirischer Intentionen die theatralische wie komische Effektivität des *Gestiefelten Katers* gegen den *Zerbino* und *Die Verkehrte Welt* abgrenzt.

[182] Vgl. dazu Tiecks Selbstverlautbarung gegenüber Köpke: „Doch aber machten sich bei mir auch andere Stimmungen als Gegengewicht geltend, denn der *Zerbino* [als Fortsetzung des *Katers*] ist fast gleichzeitig [zur *Genoveva*] entstanden" (Köpke II, 172).

[183] So Benay (1980, 550) in Bezug auf Prangs *Geschichte des Lustspiels*: „[...] et en parlant du *Chat Botté*, on ignorait *Genoveva* ou *Fortunat*, comme si ce pièces n'étaient pas du même auteur".

[184] Vgl. Zeydel (1935), Ribbat (1978), Paulin (1988) und die v.a. politische Kontextualisierung bei Kern (1977). Die nach thematischen und formalen Aspekten gegliederte Monographie Minders (1936, 50-83) konzentriert die Darstellung des dramatischen Werks in einem gesonderten Kapitel auf motivische Vergleichbarkeiten mit Tiecks anderen Werken. Werkchronologisch angelegt ist die Behandlung mit besonderem Bezug auf das altenglische Theater bei Lüdeke (1922, 251-308). Ältere Beiträge – Kaiser (1885), Gentges (1923), Dux (1926) – sind als positivistische Materialsammlung brauchbar (vgl. die kommentierte Bibliographie von Klett 1993). Bei Kaiser (1885) ist die von der Philologie fortgeschriebene Beobachtung vorformuliert, daß Tieck die Entgrenzung seiner Dramen ins Bühnenuntaugliche (vgl. 43) später als Dramaturg überwunden habe.

[185] Chang (1993).

[186] Vgl. Benay (1977/1980).

[187] Vgl. Szafarz (1997) mit Forschungsüberblick (9-23).

Ausführlich ist die Forschung den auf die dramatische Produktion applizierbaren sozialgeschichtlichen und psychohistorischen Voraussetzungen der literarischen Werke Tiecks nachgegangen: der Sozialisation als Sohn eines Handwerkers und der Bildungsgeschichte im urbanen Berlin, dem Einfluß der Lehrer (u.a. Karl Philipp Moritz und dessen Erfahrungsseelenkunde), der durch umfassende Lektüre, die sprichwörtlich gewordene 'Lesewut' angeeigneten literarischen Vorbilder bis zu den Auftragstätigkeiten als Unterhaltungsschriftsteller und der zur stehenden Wendung aufgestiegenen 'Theatromanie' bereits des Schülers – den multifaktoriellen Hintergründen insgesamt also für die Entstehung autonomer Literatur.[188] Von Köpke detailliert aufgezeichnet, sind die sozial- und psychohistorischen wie leserpsychologischen Zusammenhänge von zahlreichen Beiträgen immer wieder ausgeschrieben worden.

Tiecks Werk seit 1789 umfaßt neben einer Vielzahl an unausgeführten Plänen an die 50 Dramen bzw. dramatische Fragmente von unterschiedlichem Umfang, wechselnder Originalität und Komplexität. Das letzte Drama ist der zweite Teil des *Fortunat* (1816), paratextuell wie bereits der erste Teil als 'Märchen in fünf Aufzügen' eingeführt, womit sich der Rahmen zum frühromantischen 'Ammenmärchen' *Ritter Blaubart* (1796) schließt. Nach Abschluß des *Phantasus* wandte sich Tieck ausschließlich der Prosa zu.

Eine exakte Quantifizierung des dramatischen Œuvres ist nur bedingt möglich, insofern sich in gattungspoetologischer Hinsicht bestimmte Abgrenzungsprobleme ergeben. Sowohl im Früh- als auch im Spätwerk liegen zahlreiche Texte vor, denen trotz der dominant epischen Exposition dramatische Züge eignen: Die Prosa der *Vogelscheuche* (1834), eine 'Märchen-Novelle in fünf Aufzügen', weist über die paratextuelle Anspielung hinaus bereits durch ihr szenisches Gliederungsprinzip (1. Aufzug, 1. Szene usw.) „einen latent dramatischen Charakter" auf[189], zumal Tieck den Mischcharakter programmatisch bereits im „Prolog" der

---

[188] Vgl. hierzu resümierend Ribbat (1978, 20-23) mit dem für Tieck wichtigen Befund literarhistorischer Ortlosigkeit (23), insofern er sich weder für die „rasche Erhitzung" des „Gemüthes" der Sturm und Drang-Autoren (Tieck-S VI, XIV) noch für den moralisierenden Rationalismus der Spätaufklärung und den wachsenden Bereich der beide Impulse adaptierenden Unterhaltungsliteratur entscheiden konnte: „Zog mich ihre [Autoren, die „das Wort Genie, Kraft, Originalität immer im Munde" führten] höhere Genialität, das Spiel mit der Poesie, die Bewunderung unserer deutschen Genien an, so stieß mich doch, wie gern ich hier meine Freunde gesucht hätte, wieder die Sicherheit ab, der es sogar gelang, die Pedanterie und das Phantastische zu vereinigen. So blieb mir nichts als eine gewisse trübe und nüchterne Resignation übrig [...]" (Tieck-S VI, XV).

[189] Tieck-DKV XI, Kommentar, 1218. Schweikert betont, daß auch andere „dramatische Stilmittel" wie Exposition im Gespräch, Monolog, Beiseitesprechen, ja selbst Regieanweisungen" integriert werden (1218). Der satirische Gestus gegenüber den Verkehrtheiten der eigenen Zeit – von der Dresdner Trivialromantik über Friedrich Schlegels mystischen Ultramontanismus bis zur Literatur der Jungdeutschen u.a. – lasse einiges dafür sprechen, daß Tieck die *Vogelscheuche* als „novellistisches Gegenstück" zum *Gestiefelten Kater* „geschrieben und verstanden" hat (1197).

Novelle als variierende Bestimmung von Gattungszugehörigkeiten verhandelt.[190] Die im Anschluß an die *Vogelscheuche* entstandene Novelle *Der Wassermensch* (1835) präsentiert sich als fast durchgängig dialogisierter Prosatext, dem durch die agonale Struktur in der gesprächsförmigen Perspektivierung seines Themas, des Verhältnisses von 'Tradition und Erneuerung' in der Konfrontation mit literarischen Positionen des Jungen Deutschland[191], ebenfalls szenische Qualitäten zukommen. Ein grundlegendes Kennzeichen fast aller Texte Tiecks einschließlich der literarhistorischen Arbeiten, ihre dialogische Anlage, die der vielbeschriebenen 'dialogischen Natur'[192] ihres Verfassers entspringt, tritt folglich bis ins Spätwerk zutage.

Angebahnt wird die wechselseitige Annäherung der Gattungen, die von dieser Verfaßtheit herrührt, bereits im Frühwerk: so in der 'Rittergeschichte' *Adalbert und Emma* (1793), in der orientalisierenden Großerzählung *Adhallah* oder im *Lebrecht*-Roman[193], indem die narrative Darbietung umstandslos in szenische Passagen übergeht[194]; in der *Straußfeder*-Geschichte *Die Rechtsgelehrten* (1795) sogar mit hinzugefügten Nebentexten, so daß die dialogischen Partien über mehrere Seiten hinweg durchgehalten werden, bis der Text erst ganz zum Schluß wieder zur epischen Präsentation zurückkehrt.[195] Eine weitere Grundform der generischen Entgrenzung führt im initialen 'Gesang eines Minnesängers' *Das Märchen vom Roß-trapp* (1792) von der Prosa-Exposition ins lyrisierende kurze Versepos, das sich, vorbereitet über strophische Darbietungsformen, zeitweise ins Singspiel oder in die Oper mit Elementen chorischer Strophik verwandelt[196] – in lyrische Darstel-

---

[190] „Da diese Novelle zugleich ein Drama ist", bezeichnet er den Text als eine „dramatische Novelle" (Tieck-DKV XI, 421). Dieser Zuordnung schließen sich Überlegungen zum Gliederungsprinzip nach 'Aufzügen' und zur Gattungszugehörigkeit an: Es handele sich um ein „Gedicht, oder Stück, oder Lustspiel" (Tieck-DKV XI, 423). Einmal mehr wird in diesem Zusammenhang der Name Holberg ins Spiel gebracht.

[191] Vgl. Bunzel (1997, 193).

[192] Vgl. Günzel (1981, 5-23).

[193] Vgl. Tieck-Thalmann I, 156f.

[194] In all diesen Texten wird, so in *Adalbert und Emma*, „mit dem Problem experimentiert, auf die fiktive epische Vermittlung durch einen Editor oder Erzähler zu verzichten" (Tieck-DKV I, Kommentar, 920); wie häufig konnte sich Tieck dabei auf entsprechende Vorlagen der Tradition beziehen, bei *Adalbert und Emma* auf die 'programmatische Vorprägung' durch 'dramatische Romane' der Zeit wie Friedrich Traugott Hases *Gustav Aldermann* (1779) (920). Auf den aufklärerischen Dialogroman als 'Buchdrama' wurde mit Kalmbach (1996) bei den Überlegungen zur szenischen Sprachlichkeit hingewiesen. Die dramenförmige Typographie dialogischer Passagen im Frühwerk (Figuren in Kapitälchen, Nebentexte kursiv) gegenüber der prosaaffinen Präsentation in der späteren Novellistik, etwa im *Wassermensch*, ist der zeittypischen Tatsache geschuldet, daß Erzähltexte um 1800 im Druckbild wie Dramen behandelt werden (vgl. Tieck-DKV I, Kommentar 816).

[195] Vgl. Tieck-S XIV, 97-106. Daß die grundsätzlich epische Exposition aber auch in derart ausführlichen Dialogpassagen präsent bleibt, indiziert das Präteritum in einer Regieanweisung: „Der Amtman trat herein" (97).

[196] Vgl. Tieck-DKV I, 189, 203-205. Die Gattungskontamination von Prosa, kurzem Versepos, Chor-Refrain (vergleichbar mit *Figaros Hochzeit*) und idyllischem Schäferspiel erprobt Tieck schon im früheren *Lamm* (1790); zum „Initialeffekt" des *Märchens vom Roßtrapp* „auf Tiecks eigenes Schaffen", etwa für die Harzdarstellung des *Blonden Eckbert*, vgl. Tieck-DKV I, Kommentar, 937.

lungsweisen auf jeden Fall, die wie die frühe *Sommernacht* (1789) die Poesie des *Kaiser Octavianus* ankündigen. Tieck schreibt demzufolge früh eine Prosa, die den Merkmalen der lyrischen und szenischen Rede[197] zustrebt, so daß man es in gattungstheoretischer Hinsicht von Beginn an mit unscharfen, gewissermaßen perforierten Rändern zu tun hat. Eindeutige generische Zuordnungen sind nicht selten schwierig, auch wenn die genannten Texte dem dramatischen Werk nicht zugerechnet werden, insofern die epische Exposition überwiegt.

Umgekehrt sind auch seitens der Dramen formale Gattungsaprioris zuweilen so weitreichend entgrenzt, daß sie an die Verselbständigung ins Epische und Lyrische heranreichen.[198] Teils ist die Figurenrede in einer Weise lyrisiert und musikalisiert, daß sich der Charakter der Liedeinlage verliert, das Drama sich also in eine Art Großgedicht verwandelt. Teils widerstreiten dieser Bewegung wiederum die ins Spiel kommenden epischen Elemente: sei es als explizit namhaft gemachte epische Instanzen wie in den Großdramen, die auch in quantitativer Hinsicht episch ausgreifen, sei es in der Instantiierung implizit epischer Voraussetzungen als Konstitutionsbedingungen des literarisierten Figurenbewußtseins in den Theaterkomödien. Nicht zuletzt gehört die Konzeption des *Phantasus* als 'dramatisierten Romans' zu den von Tieck durchgespielten Experimenten, die szenische Rede anzureichern und generisch zu transformieren. Dieses Attribut, das er auch dem bewunderten *Götz* zuweist[199], bezeichnet den Mischcharakter in der neuartigen Verbindung novellistischer Rahmengespräche mit dem Vorlesen formalästhetisch disparater Texte, die ein dem *Sternbald* vergleichbares „Ganzes bilden" solle.[200] Der dialogische Grundzug der Werke Tiecks wird folglich insofern noch potenziert, als die von der *Phantasus*-Gesellschaft vorgetragenen Einzeltexte die Figurenrede eines Dramas repräsentieren: Auf diese Weise kommen die Gattungen – Märchendramen, Theaterkomödien, Gedichte, (Märchen-)Erzählungen und Volksbuchadaptionen etc. – gleichsam selbst miteinander ins Gespräch, eingeführt und kommentierend begleitet von wiederum episch-dialogisch gemischten Rahmentexten, so daß sich das 'Ganze' in eine Literarisierung der freien Geselligkeit verwandelt, die zwischen dramatischem Roman und romantischem Drama schwebt.

---

[197] Im Falle der frühen Erzählung *Abdallah* (Entstehung um 1792) sogar der Tektonik der Tragödie bzw. des dreiaktigen Trauerspiels (vgl. Tieck-DKV I, Kommentar, 1002).

[198] Immerwahr spricht mit Blick auf den *Zerbino* mit gewissem Recht davon, daß hier „the total impression [...] one of a novel in dialogue form" sei (Immerwahr 1953, 96).

[199] Vgl. Tieck: Göthe und seine Zeit (Tieck-KS II, 207). Wie die Dramen von Lenz seien auch diejenigen Goethes „eigentlich mehr Novellen im Dialog, als ächte Schauspiele" (191). Kompatibel ist dieser Befund mit Schillers Erklärung in der unterdrückten Vorrede des *Räuber*, das 'Schauspiel' als „*dramatischen Roman*" und nicht als „theatralisches Drama" anzusehen, weil es sich nur „den allgemeinen Gesezen der Kunst, nicht aber den besondern des Theatralischen Geschmacks" unterwirft (NA III, 244).

[200] So Tieck im Brief an den Verleger Georg Joachim Goeschen, 16. Juni 1800 (zit. nach Tieck-DKV VI, Kommentar, 1148).

Wie alle Werke Tiecks schmiegen sich also auch die Dramen dispersen generischen Richtungen an, geschuldet der experimentellen Literarisierung poetischer Modelle und ihrer gattungsförmigen Organisation, die zur permanenten Verschiebung und Reintegration ihrer Formelemente und zur Transformation und Rekonstellation ganzer Textformationen im spielerischen Ausagieren von Möglichkeiten auch der szenischen Rede führt. Den folgenden Einzelwerksdarstellungen liegt als regulative Idee der Analyse die Literarisierung des Dramas zugrunde. Dazu ist zunächst die generische Verfahrenslogik der Werke Tiecks nun mit dezidiertem Bezug auf die dramatische Gattung zu rekonstruieren.

Brechts leitender These von der 'gefährlichen Rede' folgend besteht ein zentrales Strukturmerkmal von Tiecks Prosa in der „Reflexion auf die jeweilige Gattung des Erzählens", aus der Darstellungsformen hervorgehen, „in denen sich das Selbstbewußtsein der Literatur artikulieren kann": Der Erzähler Tieck referiert erzählend stets „auf die Möglichkeiten und Grenzen der Darstellung, die eine Gattung ermöglicht".[201] Nicht deren Erfüllung als Einlösung einer Norm sei das Telos der Darstellung. Die jeweiligen Gattungskriterien stellten vielmehr lediglich deren Voraussetzung dar. Die 'gefährliche Rede', konstituiert durch das Bewußtsein von der Sprachlichkeit alles Realen, vollzieht sich in produktiver Distanz zur zeitgenössischen Gattungstheorie, deren normative Geltung von der literarischen Praxis selbst ausgehöhlt wird. Nirgendwo besser als im *William Lovell* sei zu beobachten, wie der Widerspruch zu Regeln und Normen literarischer Artikulation das Erzählen hervortreibe. Radikalisierte Sprachlichkeit und Sprachreflexion unterminieren die Logik der Gattungen, deren Entgrenzung die frühromantische Programmatik in einer Art von Poesie positivieren wird, die sich *zwischen* generischen Gegensätzen bewegt. Brecht spricht deshalb von „*sogenannten* Romanen" und „*sogenannten* Satiren und Novellen", weil die eingeführten Formen des literarischen Ausdrucks Tieck sowenig unmittelbar gewesen seien wie das in den Romanen Erzählte und Besprochene.[202] Die „Reflexion auf die Paradoxien des literarischen Diskurses" könne somit als „Grundmotiv der Tieckschen Dichtung begriffen werden".[203] Die entscheidende Voraussetzung für den produktiven Widerspruch gegen die Vorbildhaftigkeit literarischer Gattungen besteht in einem vollständig literarisierten Bewußtsein.[204] Die Texte Tiecks sind auf eine Weise intertextuell durchdrungen, daß sich durch das „Konzept des universalisierten Fremdtextbezugs" nicht nur die Logik der Gattungen, sondern auch das, was man „Autor-

---

[201] Brecht (1993, 4).

[202] Brecht (1993, 5).

[203] Brecht (1993, 247).

[204] Tieck „referiert auf eine Vielzahl literarischer *Sprachen* oder Kodes, und seine schriftstellerische Biographie wäre als die Transformation dieser Kodes zu beschreiben. Tiecks Kritiker haben sich stets an diesem Fall eines vollständig literarisierten Bewußtseins gerieben, das nicht auf eine theoretische Distanznahme, sondern auf anverwandelnde Identifikation auszugehen schien" (Brecht 1993, 245).

intentionalität" nennen kann, auflöst.[205] Dem korrespondiert Hölters Befund von der literarhistorischen Kontextualisierung des literarisierten Bewußtseins, die sich in der Aufmerksamkeit gegenüber sämtlichen Gattungen niederschlägt. Die daraus resultierenden Schwierigkeiten einer distinkten Charakterisierung und epochalen Rubrizierung lassen Ribbat in Tieck den „einzige[n] Autor von Rang in seiner Epoche" erkennen, „der jederzeit die Absolutheit des Literarischen durchgehalten" habe.[206] Entsprechend gereizt, wenn nicht abwertend, reagiert die philologische Kritik auf literarische Techniken, die sich den gängigen literarhistorischen Kontextualisierungen entziehen, weil ihre poetische Ambivalenz mit philologischen Mitteln nur schwer in den Griff zu nehmen ist. Worin Luhmann die Repräsentativität Picassos für die Malerei des 20. Jahrhunderts erkennt, kann man literaturgeschichtlich zuerst Tieck attestieren.[207] In systemtheoretischer Terminologie formuliert sind also schon die Texte Tiecks, die mit vergleichbarer Vorläufigkeit fast alle um 1800 verfügbaren literarischen Formen und Stile von der frühen Neuzeit bis zur eigenen Gegenwart aufgreifen, dekonstruieren und rekombinieren, 'polykontextural' konstituiert, insofern sie sich souverän eine je eigene Rahmung (Märchendramatik, altdeutsche Modelle, Spiel im Spiel usw.) für ihr interesseloses literarisches Spiel installieren.[208]

Dem generellen Befund der Sprachlichkeit, die die jüngere Tieck-Forschung akzentuiert, unterliegen auch diejenigen Werke Tiecks, die aller gattungsförmigen Entgrenzung zum Trotz noch deutlich genug als Dramen zu unterscheiden sind. Auch in der szenischen Rede Tiecks sind Sprachreflexion und Dramenstruktur Medium der poetischen Reflexion, selbst wenn sich hier wie in der Lyrik das Mißtrauen gegenüber der literarischen Rede im Vergleich zur Prosa „auf je entscheidend andere Weise" vollziehen mag.[209] Mit Brecht gesprochen reflektiert Tieck auch im Drama die Möglichkeiten und Grenzen der Darstellung, die die szenische Rede gestattet, so daß man analog von 'sogenannten Dramen' sprechen kann. Auch in diesem Feld der literarischen Artikulation handelt es sich um eine (dramatische) Reflexion auf die Natur und die Grenzen der (dramatischen) Darstellung, die sich im Vollzug ihrer Möglichkeiten von „poetologischen Limitationen" emanzipiert.[210]

So indiziert der 'Diskurs der *Darstellung*' nach der konsequenten Übersetzung in Sprachlichkeit auch im Bereich des Dramas die 'Unmöglichkeit' (Szondi) der

---

[205] Bunzel (1997, 216, 215).

[206] Ribbat (1997, 12).

[207] „Nicht ohne Grund gilt Picasso als repräsentativer Maler dieses Jahrhunderts; denn die Einheit seines Werkes kann nicht mehr als Form und nicht mehr als Stil begriffen werden, sondern nur noch als Ironie, die er an allen nur denkbaren Formen und Stilen ausprobiert" (Luhmann 1995, 472).

[208] Vgl. Luhmann (1995, 485). 'Polykontextural' bezeichnet den „Wechsel der Leitunterscheidungen, der 'Kontexturen' Gotthard Günthers, der 'frames' des Beobachtens" (495).

[209] So der Einwand Hölters (1995, 229) in der Rezension der Arbeit von Brecht.

[210] In diesem Impuls erkennt Brecht (1993, 245) das „Hauptmoment" der Dichtung Tiecks.

Gattung: *Der gestiefelte Kater* thematisiert sein Mißlingen ja explizit und führt es dadurch vor, daß die neuartige Dramatisierung eines Märchenstoffs, die sich illusionsästhetischen Regeln der Gattung intentional entzieht, vom zeitgenössischen Publikum nicht akzeptiert werden will. Auf diese Weise delegitimiert sich die Literarisierung des Dramas auf der Bühne durch Exekution ihrer Möglichkeiten. „Denn die Ordnung" der dramatischen Darstellung auf dieser Emergenzstufe, so wäre in Abwandlung Brechts zu formulieren, ist „eine der Wörter und niemals des Lebens [der Bühne als Telos der szenischen Darstellung], und diese Differenz wird in Tiecks Prosa [Dramatik] unmißverständlich markiert".[211] Auch die Dramen stehen „für ein System sprachlicher Orientierungen, für Konventionen und Gattungsregeln, denen sich ein neuer Text nicht widerstandslos einfügt" – eben so, wie der *Sternbald* als „romangewordene Enzyklopädie der verschiedenen Medien der Aneignung und Vermittlung von Sinn" figuriert: als „ironische Enzyklopädie freilich und von daher der strikten Negativität des *Lovell*-Romans" ebensowenig „undialektisch konfrontierbar"[212] wie *Der gestiefelte Kater* den *Straußfeder*-Satiren oder der *Ritter Blaubart* dem Ritterstück *Karl von Berneck.*

Neben der von Frank analysierten Zeitlichkeit ist es die extreme intertextuelle Relationierung, die die polykontexturale Variabilität auch in gattungsbezogener Hinsicht begründet. Zwar besteht die Möglichkeit, einzelne Elemente literarhistorisch und generisch auf Modelle zurückzubinden, kaum mehr aber ist dies durchgängig für die je werkförmige Einheit der Fall. August Wilhelm Schlegel schon hatte dem *Gestiefelten Kater* attestiert, daß man diesem „Schauspiel eines Schauspiels" zwar das Muster ablesen könne, verbunden mit der signifikanten Einschränkung, daß dies nicht „zu tiefsinnig" zu nehmen, also auf die metaphysischen und repräsentationistischen Implikationen der Welttheatermetaphorik zurückzuführen sei. Zugleich aber kommt er auch nicht umhin, zu konzedieren, daß „es den Theoretikern viel Noth machen wird, die Gattung zu bestimmen, wohin es eigentlich gehört".[213] Dies läßt sich für zahlreiche Werke Tiecks behaupten.

Vollständig entgrenzt wird der dramatische Modus durch die Literarisierung indes nicht. Noch sind Tiecks Dramen als solche zu identifizieren, so daß sich eine Asymmetrie in der generischen Abgrenzung eher auf Seiten der erwähnten Prosatexte ergibt. Mit Ausnahme solcher Passagen, die sich wie das 'Symphonie'-Vorspiel und die 'Interludien' der *Verkehrten Welt* als in Prosa versprachlichte Musik darbieten, bleiben gewisse dramatische Konventionen gewahrt. Bestimmte Gattungsaprioris als Minimalbedingungen der szenischen Rede (Figurenrede, Nebentext) lassen den dramatischen Modus konservativer erscheinen als die freieren Möglichkeiten der Prosa. Selbst die epischen Instanzen, die als Erzählerfiguren die theatralisch nicht einlösbaren Episoden vergegenwärtigen oder als Prolog die Etablierung der theatralischen Sphäre initiieren, gehören zu diesen Konventionen.

---

[211] Vgl. Brecht (1993, 256).
[212] Brecht (1993, 252).
[213] A.W. Schlegel (1847, 141).

Bis ins Drama des Mittelalters zurückzuverfolgen[214], bleiben sie integriert in die Grundform der szenischen Darbietung: die unvermittelte Figurenrede. Am Drama zuerst übt Tieck seine Fähigkeit „zu proteischer Identifikation"[215] ein. Von Beginn an, also bereits in den gern als unselbständiges Anempfinden des Gelesenen abgeurteilten Schülerarbeiten, sind die Dramen literarische Reflexionen auf die Möglichkeiten der dramatischen Rede, genauer: der dramenförmigen Ausprägungen *literarischer* Rede, zumal der Handlungsaspekt und die handlungskonstituierende Funktionalität der Elemente stets nur eine untergeordnete Rolle spielt. Zeit seines Lebens widerstrebte Tieck, wie er betont, der Gedanke des Zusammenhangs. Bis auf vereinzelte Stücke des Frühwerks um 1792-1795 wie das bürgerliche Trauerspiel *Der Abschied* (1792), das von der an Haym orientierten Forschung entsprechend gern als Ausnahme einer einmal gelungenen dramatischen Durchführung gewürdigt wird, gibt es bei Tieck kaum ein Drama, das sich kausalfinal aus der zwischenmenschlichen Aktualität heraus entfaltet.[216]

Ohne besondere Rücksicht auf gattungsspezifische Vereinheitlichungen und Gliederungsformen[217] organisieren sich auch die Dramen nach dem das Gesamtwerk kennzeichnenden Prinzip der augenblicksbezogenen Spontaneität. In der schnellen Niederschrift kann sich der textinterne Wechsel von Verfahrensweisen bedenkenlos vollziehen, insofern der Literarisierung eben auch das Bewußtsein der Vorläufigkeit literarischer Muster zugrundeliegt. Ohne Anerkennung regel-

---

[214] Vgl. Andreotti (1996, 70f.) mit Hinweisen zur Vergleichbarkeit des mittelalterlichen Mysterienspiels mit dem 'epischen Theater' des 20. Jahrhunderts.

[215] Günzel (1981, 13).

[216] Eben deswegen wird *Der Abschied* von Haym als „das beste" der Dramen Tiecks angesehen (Haym 1920, 40); zum philologischen Erfolg dieses Urteils vgl. etwa Görte (1926, 69).

[217] Auch bei der aktförmigen Organisation der episodischen Szenen verfährt Tieck durchaus unbesorgt. Sie kann ganz unterbleiben (*Genoveva*) oder zur Voraussetzung des systemreferentiellen Spiels mit Gattungskonventionen werden, wie die signifikante Gliederung der 'Tragödie' *Rotkäppchen* in fünf Szenen signalisiert. Sonst experimentiert Tieck mit vieraktigen (*Das Reh*) und sechsaktigen Formen (*Zerbino*, hier auch ohne *dramatis personae*). Bedenkenlos stellt er später vier in fünf Akte wie in der *Phantasus*-Fassung des *Blaubart* um. Zur Semantik der Akteinteilung vgl. die Reflexionen über wirkungsästhetische Differenzen unterschiedlicher Aktzahlen im *Phantasus*-Rahmengespräch nach der Vorlesung des *Blaubart*, das die Vorteile der fünfaktigen Form „aus einer innern verhüllten Notwendigkeit" reflektiert (Tieck-DKV VI, 483) und dabei ironischerweise die Sechsaktigkeit des *Zerbino* verwirft: Sieben Akte dagegen sind „mit Vorteil in Gedichten, die nicht für die Bühne geeignet sind, anzuwenden, um ein großes, mannigfaltiges Gewebe zusammen zu halten, und die Übersicht zu erleichtern, denn die Einteilung in sechs Akte, wie im Zerbino, ist geradezu zu verwerfen, da sich bei dieser das Gedächtnis verwirrt, oder das Ganze wieder in drei Abteilungen auflöst. [...] denn wir wollen Anfang, Mitteil und Ende in allen Dingen" (484). Ist die Ironie in der Anspielung auf die aristotelische Formel für die Einheit der Handlung kaum zu übersehen, indiziert dieser Kommentar doch auch eine Art klassizistischer Bändigung der *Phantasus*-Texte in der Reflexion auf formale Voraussetzungen wirkungsästhetischer Effekte des Dramas (vgl. das ganze Gespräch 483-487). Zu einer entsprechend relativierenden Beurteilung seiner frühromantischen Dramen kommt Tieck deshalb auch in der späten Novelle *Waldeinsamkeit*: „Genoveva und noch mehr der Lovell sind zu weitläufig, nicht weniger der Zerbino, Kater und verkehrte Welt mystisch und unverständlich" (Tieck-DKV XII, 864).

poetischer Normen werden Gattungsvorgaben selbst dort intern zerstreut, wo Tieck sich auf typologische Muster rückbezieht. Allein dadurch öffnet sich der Text auf die Selbstreflexion der experimentellen Anverwandlung. Typologische Unterschiede, etwa zwischen der parabatischen und der universalisierenden Form, ergeben sich nur aus dem spezifischen Stoffbezug: dem *eher* polemischen oder *eher* poetischen Impuls, der intern variieren oder sich auch bloß auf partikulare Momente beschränken kann. Während *Der gestiefelte Kater* seine Märchenvorlage in positiver Absicht poetisiert, um diese Positivität gegen die mangelnde didaktisch-moralische Bühnenpraktikabilität zu kontrastieren, setzen die 'ungebrochen' poetischen Stücke ihre Stoffe ohne ausgeprägte Gegeninstanzen satirischer oder kritischer Natur in Szenen um. Problemlos könnte man kontrastierende Techniken dieser Art auch in die *Genoveva* oder den *Octavianus* einführen. Tatsächlich weist selbst der *Kaiser Octavianus* parabatische Elemente auf, wenn auch nur noch in rudimentärer Form. In Zwischenstufen wie dem *Zerbino* oder dem *Rotkäppchen* wird der Märchenstoff gewissermaßen als Rahmung bewahrt, um die interne Travestie bzw. Parodie zu ermöglichen: die Travestie der Tragödie mit parodistischen Zügen im impliziten Präsenthalten von Fünfaktigkeit auf der einen, die Travestie auf die Bildungsreise zur Ausbildung des guten Geschmacks in einer Art 'verkehrtem' 'Bildungsdrama' auf der anderen Seite. Mit Ausnahme einiger Schüler-Arbeiten bestätigt sich selbst bei den präromantischen, vorrangig theatralisch orientierten frühen Dramen Tiecks der zentrale Befund Franks, daß alle Dichtungen Tiecks „artifiziell gebrochen" sind „durch eine ihrer Textur eingewobene Reflexivität".[218]

Brechts Bestimmung folgend, wonach die „Darstellung selbst – im Verhältnis von *Sprachreflexion* und *Erzählstruktur* – als Medium der Reflexion begriffen wird"[219], ist die autoreferentielle Struktur der Dramen Tiecks dahingehend zu präzisieren, daß die Literarisierung die Textur der dramatischen Rede kenntlich macht.[220] Im Falle Tiecks betrifft dies vor allem die Figurenrede, während der Nebentext im Unterschied zu Arnim und Brentano davon noch unberührt bleibt. Über die bereits ausgewiesenen Grundformen hinaus läßt sich bei Tieck die Literarisierung der dramatischen Rede unterscheiden nach der
– Literarisierung der Figurenperspektive
– Literarisierung der dramatischen Form: (1) textintern; (2) textextern
– Literarisierung des Dramas durch sprachliche Integration anderer Künste:
(1) Musik; (2) Bildende Kunst
– Literarisierung des 'hohen' Literaturdramas

---

[218] Frank (1989, 373).

[219] Brecht (1993, 3).

[220] Dies ergibt sich allein daraus, daß die Literarisierung des Dramas zu einem „Zwiespalt im Formprinzip" führt (Szondi 1963, 77), indem das Gattungsapriori des Dramas, seine zwischenmenschliche Aktualität, von den ihm heteronomen 'Gegenbegriffen' des Epischen und Lyrischen (vgl. 13) ausgehöhlt wird.

Literarisierung der Figurenperspektive

Gemeint ist damit die Literarisierung des Figurenbewußtseins innerhalb der Leit-differenz 'literarisierte vs. absolute' Figuren. Absolut sind solche Figuren, die in der Rollenimmanenz der zwischenmenschlichen Aktualität verbleiben. Ein litera-risiertes Bewußtsein hingegen zeichnet diejenigen Figuren aus, die über ein Diffe-renzbewußtsein gegenüber dieser Aktualität verfügen und diese Distanz zum Be-standteil ihrer Figurenrede machen: Im extremsten Fall führt dies zum Heraustre-ten aus der Rolle und ihrer metadramatischen Kommentierung, dramentektonisch gesehen also zum parabatischen Verfahren, durch das sich eine implizit auktoriale Komponente im Haupttext (im Gegensatz zu den ohnehin gegebenen auktorialen Möglichkeiten des Nebentexts) etabliert.[221] Schon deshalb sind die Figuren keine Charaktere, weil sie nicht als natürliche Personen, die gewissermaßen nur sich selbst repräsentieren, agieren: so also, als ob sie unabhängig vom Autor, von der schöpferischen Bedingung ihres Vorhandenseins, und ohne Rücksicht auf ein Publikum, quasi autonom, existierten. Denn sie verfügen über das Bewußtsein, die Figur eines literarischen Texts zu sein.[222]

Literarisierung der dramatischen Form

(1) textintern

Die Literarisierung als (selbstreflexives) Spiel mit dem Drama als Gattung voll-zieht u.a. durch:

– das szenische Ausagieren der Differenz von dramatischem Text und seiner ge-dachten Inszenierung, die in den Text eingeführt wird;
– die Selbstthematisierung seiner begrenzten Wirkung in der Konfrontation mit Erwartungshaltungen des zeitgenössischen Publikums, das sich am geschmack-voll-vernünftigen bürgerlichen Rühr- und Illusionstheater delektieren will;
– die Aufhebung und Selbstthematisierung der Aufhebung der drei Einheiten, die vom Aristotelismus des 18. Jahrhunderts hypostasiert werden;
– die Darstellung und Entgrenzung von 'Sprachhandlungen' mittels Selbstironisie-rung der Figurenrede und dramatischer Situationen, indem diese sich von der je-weiligen zwischenmenschlichen Aktualität distanziert: z.B. dadurch, daß die Figur sich ironisch ins kommentierende Verhältnis zur eigenen Liedeinlage setzt;

---

[221] Dieses figureninterne auktoriale Moment muß sich, so im *Zerbino*, nicht notwendig ins Verhältnis zum Stück setzen, sondern kann sich auch auf dessen 'Verfasser' beziehen; auf jeden Fall ist darin mit Heimrich zu Recht „ein eigentümlich episches Phänomen" zu sehen (Heimrich 1968, 98). Genette bezeichnet Selbstreflexivität dieser Art als Metalepse: „jede Art der übernatürlichen oder spielerischen Überschreitung einer narrativen oder dramatischen Fiktionsebene, etwa wenn ein Autor vorgibt, in seine eigene Schöpfung hineinzuschlüpfen oder eine seiner Figuren aus ihr her-austreten zu lassen" (Genette 1993, 505/Anm. 2). Scheffels Klassifikation der Formen selbstre-flexiven Erzählens zufolge handelt es sich hier um den Reflexionstyp der inkonsistenten mittelba-ren Betrachtung, die sich auf die Ebene der dramatischen Figur bezieht (vgl. Scheffel 1997, 55).
[222] Dies ist eine beliebte Reflexionsfigur insbesondere des frühen Tieck, die häufig, wie am *Lovell* ge-sehen, auch in der Prosa durchgespielt wird.

– die Lyrisierung des Dramas über die Liedeinlage hinaus, indem sich die Lyrik dergestalt verselbständigt, daß die variierten Formen mehr oder weniger nahtlos ineinandergleiten, so ins Monologische konfundieren und dadurch den Dialog unterminieren;

– die Literarisierung der (komischen) Oper, die Tieck im *Ungeheuer und der verzauberte Wald* (1797/98) vorschwebt, indem im Gegensatz zur Oper als durchinstrumentiertem Musikdrama die reine Figurenrede „einen nicht unbedeutenden Raum" einnehmen solle: „die völlige Unterbrechung der Musik" soll so als „Gegensatz" wirksam werden, um über „das Ausruhen des Ohrs im Redevortrag" ein „poetisches nothwendiges Element gleichsam musikalisch [zu] benutzen"[223];

– die Episierung des Dramas in der romanhaften Ausweitung ins Universalschauspiel mit explizit oder implizit vermittelnden epischen Elementen, die als 'auktoriale' Instanzen die szenische Darstellung ausdeuten, also über Formen textinterner Interpretation die Sinnstiftung gegen die Entgrenzung ins Vieldeutige, der Literarisierung selbst geschuldet, stabilisieren.

(2) textextern

Auf die Umweltseite der Werke bezogen ergibt sich die Literarisierung der dramatischen Form vor allem durch die gattungstransformierende Bezugnahme auf andere Texte. Die komplexen Kontaminationsformen szenischer Intertextualität sind generell zu unterscheiden nach:

– Einzeltextreferenzen (auf Shakespeare, Holberg, Ben Jonson, Calderón etc.);

– Systemreferenzen auf die Märchendramatik Shakespeares und Gozzis, die allegorischen Dramen Calderóns oder den parabatischen Mechanismus der Komödie von Aristophanes bis zu den Varianten der Spiel-im-Spiel-Struktur bei den englischen Dramatikern der Shakespeare-Zeit.

Eine bestimmte Zwischenstufe ergibt sich aus der Literarisierung des Dramas durch Anverwandlung von Stoffen, die nicht notwendig dramenfähig bzw. an die dramatische Form gebunden sind. Gattungstranszendierende Effekte entstehen deshalb auch aus der Verschränkung von Einzeltext- und Systemreferenzen in der Dramatisierung von Modellen der Literaturgeschichte ungeachtet der dramatischen Eignung des Stoffs (nach den Gesichtspunkten der Handlungsdramatik); zu unterscheiden sind dabei zwei Varianten:

(a) Dramatisierung von Stoffen, die nicht dramatisch überliefert sind: Volksbücher, Märchen, Legenden etc. Es handelt sich um das Aufgreifen von Stoffen, die nicht zwangsläufig handlungslogisch organisiert sind, um 'epische' Vorlagen zur Darstellung von Totalität: – im Sinne des Universalitätsgedankens bei den Volksbüchern, – im Sinne der anthropologischen Verallgemeinerbarkeit von Märchenmotiven, denen allerdings die moralisch-didaktischen Impulse ausgetrieben werden. Szenische Totalität wird so zum Gegenmodell des Ausschnitthaften einer überschaubaren Handlungssequenz, das sich im Drama des 18. Jahrhunderts u.a. in

---

[223] Tieck-S XI, LIV.

der Familie als Gesellschaft im Kleinen spiegelt. Schon wegen dieses Umschaltens vom exemplarischen Ausschnitt auf poetische Totalität spielt bei Tieck, bis auf vereinzelte Ausnahmen monodramatischer Experimente im Frühwerk, die Antike bzw. der antike Mythos, den das vorbildhafte antike Drama als geschlossene Handlung nachahmt, keine besondere Rolle. Sowohl die mittelalterlich legenden-haften Volksbücher als auch die Märchendramen Gozzis zeigen die Welt als bunten Schauplatz im teils kuriosen Zusammenbringen von alltäglichen mit hohen Personen und des Gewöhnlichen mit dem Phantastischen. Die szenische Nachbildung dieser Fülle transformiert den Handlungscharakter auch dort, wo ihm mit der Trennungs- und Wiedervereinigungsgeschichte einer Volksbuchvorlage noch eine residuale dramatische Funktion zukommt.

(b) Szenische Kombination von Dramenmodellen ungeachtet der Tatsache, welche Impulse ihnen zwischen Theatralität und Poetizität zugrundeliegen: Bereits früh kompiliert Tieck inkompatible dramatische Vorlagen ineinander, im *Reh* (1790) etwa Shakespearesche Märchendramen mit der *Fiabe* Gozzis. Schon die Kontamination von Dramen-bzw. Theatermodellen, denen ganz verschiedene Voraussetzungen zugrundeliegen[224], bedingt ein modifiziertes Illusionsprinzip, und zwar sogar dann, wenn die Bezugnahme auf Traditionen zurückgeht, die wie im Fall der Märchendramen Gozzis zunächst tatsächlich rein theatralischer Natur sind, weil die Verbindung (z.B. mit Shakespeare) allein ein „geistigeres Auffassen" erfordert.[225]

Literarisierung des Dramas durch sprachliche Integration anderer Künste
(1) Szenische Versprachlichung von Musik
Programmatisch in den *Phantasien über die Kunst* formuliert, macht sich die Literarisierung der Musik zum einen als prosaische Versprachlichung musikalischer Organisationsformen wie in der 'Symphonie' zu Beginn der *Verkehrten Welt* geltend[226], zum anderen dergestalt, daß sich das Drama tatsächlich in eine 'Oper in

---

[224] Vgl. dazu Tiecks scharfe Kritik an Gozzis bloß theatralisch intendierten „dramatischen Mißgeburten" in der frühen Shakespeare-Abhandlung und die im Vergleich zu Shakespeare ausdrücklich betonte Unähnlichkeit in der Behandlung des Wunderbaren, und zwar „sowohl was die Darstellung der Charaktere und Leidenschaften, als auch die ganze Anlage ihrer Stücke betrifft. Gozzi hat keinen andern Plan, als zu unterhalten, und Lachen zu erregen; der größte Teil seiner Schauspiele ist nur Farce, er dramatisiert irgend ein orientalisches Märchen, besetzt einen Teil der Rollen mit komischen Personen, und fügt das Wunderbare hinzu, um seine Komposition noch bizarrer und grotesker zu machen. [...] In der Art, wie Gozzi das Wunderbare in seinen Stücken benutzt, zeigt es sich vorzüglich, wie wenig er neben Shakespeare genannt zu werden verdient, denn bei ihm ist es nur ein Spielwerk für die Augen des Zuschauers, der durch Verwandlungen oft genug überrascht wird" (Tieck-DKV I, 706f.). Bemerkenswert ist an dieser Stelle, daß die 'literarischeren', bürgerlich-verlachkomischen Stücke Goldonis ohne alle wunderbaren Apparat, die Gozzi bekämpfte, für Tieck „in jeder Rücksicht unendlich über den seinigen [Gozzis] stehen" (707).

[225] So die bereits zitierte Passage, in der Tieck an die unvermittelte Entstehung der romantischen Poesie im *Ritter Blaubart* erinnert (Tieck-S VI, XVIII).

[226] Die Versprachlichung von Musik substituiert hier gewissermaßen die ausfallende musikalische Begleitung, indem sie sich gleichsam als Nebentext zur programmatischen Beschreibung ihrer

Worten' verwandelt.[227] Die wirkungsästhetischen Intentionen, die Tieck dabei verfolgt, erläutert er in der frühen Abhandlung über das Wunderbare an Shakespeare, bei dem „Gesang und Musik abenteuerliche Ideen und Vorfälle vorbereiten, und gewissermaßen wahrscheinlich machen".[228] Den gleichen Zweck verfolgen die eingestreuten „Lieder und Gesänge", durch die Shakespeare „die Musik durch das ganze Stück nicht verstummen" läßt, weil er den die Aufmerksamkeit zerstreuenden „Einfluß der Tonkunst auf die Gemüter" nur „zu sehr" gekannt habe.[229]

(2) Szenische Versprachlichung der bildenden Kunst
Neben der Versprachlichung bildkünstlerischer Ikonographien seit den *Herzenser-gießungen* (einschließlich der imaginierten Synästhesie-Effekte aus der Verschmelzung von 'Tönen' und 'Farben' samt der dadurch ermöglichten Formen der Umdeutung, die etwa in Raffaels 'Triumph der Galatea' die Jungfrau Maria identifiziert[230]) spielt bei der Dramatisierung von Volksbuchstoffen die Poetizität des flächigen Holzschnitts als einer anachronistisch-naiven Darbietungsweise aus dem Bereich der bildenden Kunst hinein: Ähnlich wie Sternbald gewissermaßen die Panoramen der von ihm bewunderten und imaginierten Gemälde durchwandert – dem Projektionsverfahren entsprechend wird auf Pygmalion im Roman explizit hingewiesen[231] –, zeigen die Szenen in romantischer Volksbuchdramatik eine Art versprachlichter Holzschnitte, die den 'optischen Schauplatz der Welt' gleich einem bewegten Bilderbogen vorbeiziehen lassen. Die später von Friedrich Kinds 'malerischen Dramen' durchgespielte direkte szenische Nachstellung von Bildvorlagen (Rubens und die holländische Genremalerei) hat Tieck nicht versucht, wenngleich in die Gestaltung der *Genoveva* produktionsästhetisch auch bildnerische Legenden- und Heiligendarstellungen eingehen.[232]

Möglichkeiten verselbständigt: „Wie? Es wäre nicht erlaubt und möglich, in Tönen zu denken und in Worten und Gedanken zu musizieren?" (Tieck-DKV VI, 569); zur prosaischen 'Gedankenmusik' dieser Abschnitte in der *Verkehrten Welt* vgl. Ribbat (1978, 193).

[227] Zu beachten ist dabei aber die auch für das romantische Drama relevante Differenz zwischen Lyrik/Gesang im Drama und in der Oper auf der einen, zwischen Musik der Sprache und Sprache der Musik auf der anderen Seite. „Der Gesang ist thematisch in einem Drama, in dem ein Lied gesungen wird, formal dagegen in der Oper. Deshalb dürfen die dramatis personae der Sängerin Beifall spenden, während den Gestalten der Oper ihr Singen nicht bewußt werden darf" (Szondi 1963, 80).

[228] Tieck-DKV I, 707; vgl. dazu die auf denselben Effekt abzielende Erklärung in der 'Symphonie' der *Verkehrten Welt*, derzufolge die Versprachlichung der Musik einen Modus darstellt, das 'Entgegengesetzteste' so darzubieten, daß unmittelbar einleuchte, wie „das meiste in der Welt [...] weit mehr an einander" grenzt als man „meint" (Tieck-DKV VI, 569).

[229] Tieck-DKV I, 708. In seine Übersetzung und dramaturgische Bearbeitung des *Tempest*, dessen Veroperung zwischen 1781 und 1799 eine „ausgesprochene Modeerscheinung" war (Tieck-DKV I, Kommentar, 1250), fügt Tieck dementsprechend völlig frei erfundene eigene Lieder ein.

[230] Vgl. 'Raphaels Erscheinung' (Tieck-Wackenroder I, 55-58; Kommentar, 312-317).

[231] Vgl. Sternbald, 148; „[...] so war er in manchen Augenblicken ungewiß, ob alles, was ihn umgab, nicht auch vielleicht eine Schöpfung seiner Einbildung sei" (88).

[232] Diesen Schluß läßt die Ekphrasis des Genoveva-Gemäldes im *Sternbald* zu (vgl. Sternbald, 353f.).

Literarisierung des 'hohen' Literaturdramas
In den 90er Jahren differenziert sich das Literaturdrama durch die Aufmerksamkeitsverschiebung auf die Poetizität bzw. besondere literarische Qualität des dramatischen Texts gegen das Trivialdrama aus. In der Klassik von Weimar bleibt diese Veränderung jedoch, wie erläutert, auf die theatralische Wirkung bezogen und Tieck zufolge damit zu sehr auf der 'einen Linie' der Darstellung stehend. An diese Unzulänglichkeit, die sich aus der Aktualisierung der griechischen Tragödie ergibt, knüpft Tieck auf zweifache Weise an: indem er zum einen die Poetisierung selbst vorantreibt, indem er zum anderen die allzu begrenzte Poetisierung des klassischen Dramas – etwa in der *Braut von Messina*[233] mit ihrer auf theatralische Wirkung abzielenden Revitalisierung antiker Metren – satirisiert.

Überleitend zu den Einzelwerkuntersuchungen wird im folgenden ein nach Phasen gegliederter und knapp kommentierter Überblick über das dramatische Gesamtwerk Tiecks (einschließlich der dramatischen Fragmente) mit Entstehungsdaten gegeben[234]:

(1) 1789-1792[235]: Nachahmung dramatischer Vorbilder und Erprobung dramatischer Techniken nahezu aller Ausprägungen des Theaters in der eigenen Zeit[236] als Konsequenz der vielbeschriebenen 'Lesewut' des Schülers.[237] Das experimentelle Erkunden und die (Selbst)-Demonstration szenischer Versiertheit reicht von Nachbildungen des Sturm und Drang und des antikisierenden Mono- bzw. Melodramas[238] über die Erprobung von Mustern der Schauerliteratur, der Komödie, des Bürgerlichen Trauer- und Rührspiels, des Ritterstücks bis zur Aktualisierung der Dramen Shakespeares und der *Fiabe* Gozzis, die zum Teil auch bereits ineinander 'kopiert' werden.[239] Mit Ausnahme des szenisch imaginierten Orientalismus

[233] „[...] die größte Verwirrung des großen Dichters" (Tieck-KS II, 347).
[234] Die im folgenden Kapitel nicht eigens behandelten Dramen aus der ersten Periode zwischen 1789 und 1792 sind in nachstehender Auflistung eckig eingeklammert.
[235] Den vollständigsten kommentierten Überblick über das dramatische Frühwerk Tiecks zwischen 1789 und 1792 einschließlich der unveröffentlichten Nachlaßtexte mit knappen Inhaltsangaben und Hinweisen zu thematisch-motivischen wie strukturell-intertextuellen Hintergründen bietet Zeydel (1935, 15-36).
[236] „Allen Jugenddramen ist aber gemeinsam, daß sie als direkte oder variierende Nachahmung das Repertoire der Berliner Bühne in den späten 1780er Jahren widerspiegeln" (Hölter 1987, 262); vgl. auch Tieck-DKV I, Kommentar, 806-808. Im Unterschied zu den späteren romantischen Dramen zeichnen sich die frühen Stücke als „proving-ground für a young writer, gifted with facile versatility", durch ausgeprägte Theaternähe aus (vgl. Paulin 1975, 110).
[237] Vgl. Hölter (1989, 15-18) mit Nachweisen zur frühen Lektüre von Homer, Plutarch, über Shakespeare, Holberg und Tasso bis zum *Don Quijote*; „initial" schließlich ist die Lektüre „des *Götz*" (15), der *Räuber* (12) und römischer Lustspiele (19/Anm. 54).
[238] Die lyrisierenden Elemente des Genres werden auch in Formen der Nachahmung des pastoralen Singspiels und zeitgenössischer Idyllik aufgegriffen (vgl. Paulin 1975, hier 115-119).
[239] Zum fast wörtlichen 'Kopieren' Shakespeares, Gozzis und der *Räuber* in *König Braddock* (1790) vgl. Hemmer (1910, 259-281, hier 278).

in *Alla-Moddin* und des ersten Versuchs einer differenzierten Großstruktur im hohen Stil, der die dem *Don Karlos* Schillers verpflichtete Tragödie *Anna Boleyn* organisiert, herrschen Miniaturformate vor, so daß es in erster Linie um Selbsterfah-
rungen in der formalen Beherrschung dramatischer Techniken zwischen Komödie, Märchen-, Schau- und Trauerspiel, Melodrama und Tragödie und dem generisch je funktional zugeordneten Spektrum lyrischer Verfahren geht. Das Ineinan-
derblenden der imitierten Modelle führt aber auch bereits zu Experimenten mit
Mischformen. Teils bleiben die Bruch- bzw. Trennungslinien erkennbar, teils aber
wird die Synthetisierung auf eine Weise vorangetrieben, die als prototypisch für
die spätere romantische Gattungsmischung anzusehen ist: 'Präromantisch'[240] ist
die Lyrisierung/Musikalisierung der Figurenrede in metrischer Versatilität und
schwebender Übergänglichkeit bereits in der frühen *Sommernacht*[241], daneben die
gleichfalls bereits erkennbaren Formen selbstreflexiver bzw. metadramatischer
Techniken im 'Feenmärchen' *Das Reh* (1790), das im Paratext die romantischen
Märchendramen anbahnt.

– *Die Räuber. Trauerspiel in fünf Aufzügen* (Fragment 1789)
– *Gotthold. Trauerspiel in fünf Aufzügen* (1789)
– *Siward. Trauerspiel in fünf Aufzügen* (1789)[242]
– *[Der doppelte Vater. Lustspiel in vier Aufzügen* (1789) (unveröffentlicht[243])*]*
– *[Die Entführung. Lustspiel in fünf Aufzügen* (1789) (unveröffentlicht)*]*
– *[Ich war doch am Ende betrogen. Lustspiel in vier Aufzügen* (1789) (unveröffentlicht)*]*
– *[Roxane. Trauerspiel in drei Akten* (1789) (unveröffentlicht)[244]*]*
– *Meiners, ein Kaufmann* (1789/1790) [auch: *Der alte Meiners*]
– *König Braddock. Zauberspiel* (1790)[245]
– *Jason und Medea* (1789)[246]

---

[240] Vgl. Ribbat (1978, 26).

[241] Deren Prosa-Komplement stellen die frühen *Paramythien und Fabeln* (um 1790) im Gefolge der
Nachahmungen Herders dar, indem sich Lyrik ins Prosagedicht entgrenzt und gegenläufig dazu
die Prosa lyrisiert wird (vgl. Tieck-DKV I, 27-36).

[242] Der Nachlaßkatalog versieht das Stück mit dem Paratext 'Lustspiel' (Busch 1999, 29); vgl. dazu
aber die Interpretationsskizze im folgenden Kapitel '2. Mimesis und kombinatorische Anverwandlung'.

[243] Zum handschriftlichen Nachlaß in der Staatsbibliothek Preußischer Kulturbesitz vgl. Paulin
(1987, 5f.), Busch (1999).

[244] Einzelne Verse dieses dem imaginierten Orientalismus in Tiecks Frühwerk um 1790 verpflichteten Dramenfragments (vgl. Tieck-DKV I, Kommentar, 993) sind samt einer Inhaltsangabe veröf-
fentlicht bei Hauffen (1887, 318-320); zum Konnex des Stücks mit anderen orientalisierenden
Werken Tiecks, der sich u.a. in der Übernahme von Namen in *Abdallah* und *Almansur* spiegelt,
vgl. Bosse (1997, 45).

[245] Dieser Titel laut Busch (1999, 33). Bekannt ist das Stück in der Tieck-Forschung unter dem Titel
König Braddeck.

[246] Titel einiger Dramen wie *Jason und Medea* stammen nicht von Tieck, sondern von der späteren
Philologie (hier Regener 1903, 55).

– *Niobe. Versuch eines kleinen Dramas in einem Aufzuge* (1790)
– *Die Sommernacht. Ein dramatisches Fragment* (1789)
– *Das Reh. Feenmärchen in vier Aufzügen* (1790)
– *[Das Lamm. Schäferspiel* (1790-1792) (unveröffentlicht)[247] *]*
– *[Der Gefangene. Eine dramatische Schilderung in zwei Aufzügen* (1790) (unveröffentlicht)[248] *]*
– *Alla-Moddin. Ein Schauspiel in drei Aufzügen* (1790-1793)
Nicht datierte unveröffentlichte Dramen aus den Jahren 1789/90:
– *[Die Heyrath. Posse in einem Aufzuge]*
– *[Die Friedensfeyer. Schauspiel mit Gesang in zwei Aufzügen]*
– *[*Lustspiele ohne Titel (*Der Vorredner, Phillipine, eine reiches Fräulein, Du magst sie nicht?*)*]*[249]
– *[Der letzte Betrug ist ärger als der erste oder der betrogene Bräutigam*[250] *]*
– *[Hans und Ludwig. Lustspiel*[251] *]*
– *[Der Schwärmer. Schauspiel* (Fragment)[252] *]*

Daneben sind nach Zeydel folgende verschollene Stücke um 1789 bekannt: *Agamemnon* (Fragment)[253], ein titelloses 'Ritterstück', ein sechsaktiges 'Schauspiel' *Rudolf von Felseck*, eine fünfaktige Komödie *Der schlechte Ratgeber*, eine einaktige Farce *Der Querschnitt*. Hinweise gibt es zudem auf Dramen zu Orest und Pylades, Kaiser Ludwig, *Der Tod des Königs von Schweden, Geschichte von Katt und Friedrich II.* und *Justin*, eine Komödie nach Plautus[254], eine 'Phantasie' *Der 30. August* und ein Klagegesang *Anton*.[255]

---

[247] Auszüge bei Hölter (Tieck-DKV I, Kommentar zur *Sommernacht*, 829, 831) und Paulin (1975, 118) mit Hinweisen zum zeitgenössischen Kontext der Idylle und zu den Traditionen des pastoralen Singspiels (115-119); sieben Gedichte daraus in Tieck-NS I, 173-184.

[248] Vgl. Busch (1999, 31). Einzelne Lieder (*Trost des Gefangenen, Lied des Gefangenen, Der Befreite*) sind publiziert in Tieck-NS I, 184-188, die Vision von Wallers greisem Vater in Tieck-DKV I, Kommentar zu *Alla-Moddin*, 881; weitere Passagen des Dramas sind nachgedruckt in Hölters Einzelkommentaren zu Tiecks frühen Werken (vgl. 839, 849f., 893, 902, 974f.); vgl. auch Hölters Hinweis darauf, daß sich die dramatische Schilderung „ganz auf die Expression aller Nuancen der Verzweiflung" beschränke und Anlaß und Umstände der Haft fast völlig ausblende (Tieck-DKV I, Der junge Tieck, 811); zu den Ähnlichkeiten mit *Allah-Moddin* vgl. Tieck-DKV I, Kommentar, 871.

[249] Zu den titellosen Lustspielfragmenten um 1789 vgl. Menke (1993).

[250] Satirische Passagen auf die Französische Revolution daraus hat Louis-Gonthier Fink publiziert (vgl. Tieck-DKV I, Kommentar, 883, dazu den Literaturnachweis, 880).

[251] Geschrieben z.T. im Berliner Dialekt (vgl. Zeydel 1935, 17).

[252] Der fragmentarische Monolog ist geschrieben in „classical trimeters", darüber hinaus erkennt Zeydel (1935, 20) neben Shakespeares *Hamlet* und *Macbeth* Einflüsse von Klopstocks Oden und der *Laura*-Gedichte Schillers.

[253] Zu Tiecks früher Aischylos-Rezeption vgl. Nottelmann-Feil (1996, 23-25).

[254] Vgl. Zeydel (1935, 15), Minder (1936, 51/Anm. 1).

[255] Vgl. Zeydel (1935, 20).

(2) 1792-1796: Verstärkt nach 1792 ist neben den als Nachahmungen bzw. kombinatorische Kopien charakterisierbaren Stücken eine unterschiedlich vorangetriebene Selbständigkeit mit Tendenz zur Hinwendung auf die 'Klassizität' einer geschlossenen und psychologisch differenzierten Handlungsdramatik zu beobachten. Der fortgesetzten Erprobung selbstreflexiver und satirischer Techniken durch eigenständige Bearbeitungen Ben Jonsons (seit 1793) korrespondiert im Gefolge der intensivierten Auseinandersetzung mit Shakespeare (seit 1792) vor dem Hintergrund der Übersetzung und dramaturgischen Bearbeitung des *Tempest* die Herausbildung eines zentralen Topos für das Gesamtwerk Tiecks: das ästhetische Wahrscheinlichmachen des Wunderbaren, das in der Doppelung von Thema und Verfahren im konfundierenden Wechselkontakt mit dem Gewöhnlichen gehalten wird. Noch Mitte der 90er Jahre aber schreibt Tieck auch konventionelle dramatische Satiren im Geist der Aufklärung. Einige der zeittypischen Dramen aus dem ersten Drittel der 90er Jahre sind später auch jenseits der texturprägenden Verfahrensweisen romantischer Dramaturgie musterbildend geworden: so das bürgerliche Trauerspiel *Der Abschied* (1792) und das Ritterstück *Karl von Berneck* (1793-1795/96), in denen man Vorläufer der später modischen Schicksalsdramatik sehen kann.[256]

– *Anna Boleyn. Ein Trauerspiel in fünf Aufzügen* (Fragment, wohl um 1792)
– *Der Abschied. Ein Trauerspiel in zwei Aufzügen* (1792)
– *[Philopömen. Schauspiel* (1792-1793) (unveröffentlicht)*]*
– *Karl von Berneck. Trauerspiel in fünf Aufzügen* (1793-1795/96)
– *Ein Schurke über den andern, oder die Fuchsprelle. Ein Lustspiel in drei Aufzügen* (seit 1793/94)[257]
– *Der Sturm. Ein Schauspiel von Shakspear, für das Theater bearbeitet von Ludwig Tieck. Nebst einer Abhandlung über Shakspears Behandlung des Wunderbaren* (1793/94)[258]
– *Die Theegesellschaft. Lustspiel in einem Aufzuge* (1796)

(3) 1795/96-1798: Mitte der 90er Jahre entsteht plötzlich, vermittelt allenfalls durch die Abkehr von der reinen Negativität und Krisensymptomatologie im *William Lovell*, eine Emergenzstufe der szenischen Darstellung, die sich durch das unverfroren ironisierende und indifferente Ineinander des 'Entgegengesetztesten' auszeichnet: durch eine literarische Ambivalenz also, die analytisch weder aufgelöst noch auf zweckgebundene dramatische Intentionen zurückgeführt werden kann. Ausdifferenziert wird diese Stufe der szenischen Poesie in doppelter Filiation: als selbstbezügliches Spiel mit dem Drama einerseits, dies auch in der szenischen Reflexion auf die Aktualisierbarkeit älterer Dramen-Traditionen und auf die

---

[256] Vgl. Tieck-DKV I, Kommentar, 961f., 1077f.
[257] Bearbeitung mit eigenen Szenen von Tieck.
[258] Die Bearbeitung erscheint 1796 als erste der unter eigenen Namen publizierten Arbeiten Tiecks (vgl. Tieck-DKV I, Kommentar, 1216; Drucknachweis 1211).

fehlende Akzeptanz bei einem bürgerlichen Publikum, das auf das zeitgenössische Illusions- und Rührtheater sozialisiert ist; als szenisch-literarisches Amalgamieren des Komischen mit dem Tragischen bzw. des Humoristischen mit dem Grausamen und Bizarren andererseits. Das experimentelle Ineinanderschieben höchst disparater Bezugnahmen wird nun endgültig so weit vorangetrieben, daß die Bruchlinien verschmelzen, was die Konventionalität der dramatischen Form selbst angreift. Ein gemeinsames Merkmal der beiden großen Linien über die Gemeinsamkeiten als Märchendramen hinaus – der Dramaturgie der Dispersion auf der einen, der Dramaturgie der Unterbrechung auf der anderen Seite – besteht im schnellen Themen- und Formenwechsel vom Erhabensten bis zum Unsinn, am deutlichsten ablesbar in fiktionsironischen Possen, die „sich alle Augenblicke selbst zu unterbrechen" und „zu zerstören" scheinen.[259] Zum leitenden Vorbild für die spezifisch dramatisch organisierte Variante der Fiktionsironie in den Theatersatiren, die Parabase, wird in aller Regel Aristophanes erklärt, obwohl in den 90er Jahre entsprechende Rezeptionsspuren bei Tieck nicht vorzufinden sind. Die in Anschlag gebrachten Aristophanes-Bezugnahmen kommen deshalb in erster Linie vermittelt über die Rezeption Ben Jonsons ins Spiel. Vorbereitet werden einzelne Einfälle der fiktionsironischen und metadramatischen Selbstreflexion des Dramas über erste Ansätze im *Reh* und in der *Fuchsprelle* hinaus[260] in den digredierenden Prosaexperimenten der *Straußfeder*-Sammlung, woraus schließlich die variantenreiche Selbstreferentialisierung der literarischen Form nach dem Vorbild des *Don Quijote* hervorgeht.

– *Hanswurst als Emigrant. Puppenspiel in drei Acten* (1795)[261]
– *Ein Prolog* (1796)
– *Ritter Blaubart. Ein Ammenmährchen von Peter Leberecht* (1796)
– *Der gestiefelte Kater. Kindermährchen in drei Akten, mit Zwischenspielen, einem Prologe und Epiloge* (1797)
– *Prinz Zerbino oder die Reise nach dem guten Geschmack. Gewissermaßen eine Fortsetzung des gestiefelten Katers. Ein deutsches Lustspiel in sechs Aufzügen* (1796, 1797, 1798)
– *Die verkehrte Welt. Ein historisches Schauspiel in fünf Aufzügen* (1798)

(4) 1798-1804: Neben den Innovationen der romantischen Komödie bahnt sich ebenfalls bereits Mitte der 90er Jahre eine Tendenz an, die ab 1798 in der Geschmacks- und Bildungsreisen-Persiflage des *Prinz Zerbino* als Episierung der dramatischen Rede zutage tritt, obwohl die Großkomödie als 'Fortsetzung' des *Gestiefelten Katers* thematisch zunächst noch an die implizit episierenden Theater- und Märchenkomödien anschließt. Teile des *Zerbino* sind freilich bereits 1796, also vor

---

[259] A.W. Schlegel (1847, 141).
[260] Wobei diese Adaption Ben Jonsons erstmals auch als literatur- und aufklärungssatirisch motiviert auffällt.
[261] Titel nach Köpke (Tieck-NS I, XII).

dem *Gestiefelten Kater* entstanden, so daß sich die genealogische Abfolge, wie an der präsenten Hof- und Literatursatire ersichtlich, teilweise sogar umkehren läßt.[262] Den neuartigen Typus des ausufernden Großdramas variiert Tieck mit dem Trauerspiel *Genoveva* zunächst im 'ernsten' Bereich, bevor die Möglichkeiten im 'Lustspiel' *Kaiser Octavianus* quantitativ und qualitativ bis an den Grenzwert generischer Unbestimmtheit ausgereizt, synthetisiert und allegorisch ausgedeutet werden. Im Rahmen dieser 'Wortopern' experimentiert Tieck gleichzeitig mit der Annäherung des literarisierten Dramas an das Libretto, indem er die Poetizitätspotentiale der (komischen) Oper zu profilieren unternimmt (*Das Ungeheuer oder der verzauberte Wald*). Insgesamt ist die fortgesetzte Transformation des 'Lustspiel'-Begriffs über die Akzentverschiebung seiner konventionellen Semantik zur 'poetischen Satire' hinweg zu beobachten, indem sich die Idee vom integralen Universalschauspiel durch die wachsende Bedeutung des 'ganzen' Shakespeare im Rahmen der Pläne zum *Buch über Shakespeare*[263] intensiviert. Mit der öffentlichen Geltung der romantischen Gruppenbildung verstärkt sich der satirische Impuls ihrer Gegner, der auch Tieck zu einer Verschärfung der Literatursatire um 1800 in Stücken oder Bearbeitungen wie *Epicoene, Der Autor* oder *Anti-Faust* nötigt, die weniger poetischen als in erster Linie demonstrativen Zwecken dienen.

– *Das Ungeheuer und der verzauberte Wald. Ein musikalisches Märchen in vier Aufzügen* (1797/1798, ED 1800)
– *Leben und Tod der heiligen Genoveva. Ein Trauerspiel* (1799)
– *Leben und Tod des kleinen Rotkäppchens. Eine Tragödie* (1800)
– *Der Autor. Ein Fastnachts-Schwank* (1800) (früherer Titel: *Der neue Hercules am Scheidewege, eine Parodie*)
– *Epicoene oder Das stille Frauenzimmer. Ein Lustspiel in fünf Akten von Ben Jonson.* (1800)
– *Anti-Faust oder Geschichte eines dummen Teufels. Ein Lustspiel in fünf Aufzügen mit einem Prologe und Epiloge.* (Fragment) (1801)
– *Prolog zur Magelone* (1803)
– *Kaiser Octavianus. Ein Lustspiel in zwei Theilen* (1804)

(5) 1804-1811: Die Lebenskrise nach dem *Kaiser Octavianus*, die ein längeres Stocken der literarischen Produktivität bis in die *Phantasus*-Zeit zur Folge hat, leitet die erneute Akzentverlagerung der dramatischen Werke ein. Zunehmend schlägt sich jetzt eine 'frührealistische' Darstellung[264] mit teils grobianisch-skatologischen

---

[262] Zur Entstehungsgeschichte des *Zerbino* vgl. Tieck-S VI, XXXI, Hewett-Thayer (1937, 147), Marelli (1968, 129-131): „[...] chronologisch-historisch gesehen ist der *Gestiefelte Kater* gewissermaßen die Fortsetzung des frühen *Zerbino*, während dieser unter künstlerischen und formalen Gesichtspunkten gesehen eine Weiterentwicklung des *Gestiefelten Katers* darstellt" (130).

[263] Dazu resümierend Paulin (1987, 96-105).

[264] Zur Begriffs des 'Frührealismus' vgl. Kapitel 5.

Elementen und einer teils bereits zur Dramatik des Unbewußten vorangetriebenen Psychologie nieder, die zusehends den Glauben an die Produktivität romantischer Poesie desillusioniert.

– *Der erste Akt des Schauspiels: das Donauweib* (1801-1808)
– *Melusine. Fragment* (1807)
– *Der neue Don Carlos. Eine Posse in drei Akten* (1807/1808)

(6) 1811-1816: Die Konkretisierung der *Phantasus*-Pläne, die bis auf die Jahrhundertwende zurückdatieren, läßt in einem erneuten Produktionsschub zwei letzte Dramen entstehen, die unter dem Rubrum der 'erinnerten' bzw. zitierten Romantik die Doppelung von Literaturkomödie und dramatisierter Volksbuchbearbeitung wiederholen. Zum einen geht die letzte Dramatisierung eines sog. Volksbuchs noch einmal auf die produktive Phase um 1800 mit ihrer Vielzahl an Dramenprojekten[265] zurück, wobei der *Fortunat* die frührealistische Konzeption bei isolierter Einlagerung des Wunderbaren ins Alltägliche nun deutlich zu erkennen gibt; zum anderen entsteht mit dem *Däumchen* eine extrem zersplitterte Literatursatire, die dramatische Selbstreflexivität zur aberwitzigen Parodie und Travestie auf die verschiedenen literarischen Modelle um 1800 einschließlich der Romantik selbst vorantreibt: auf die 'Gräkomanie' des 18. Jahrhunderts ebenso wie auf die von Tieck selbst kanalisierte Mittelalterbegeisterung, auf die Episierung des Dramas, auf Schillers dramatische Antikenrezeption, auf die Unsterblichkeitsmetaphysik und Idee des hohen Menschen bei Jean Paul usw. Mit dem letzten Drama *Fortunat* legt Tieck nach dem *Kaiser Octavianus* ein zweites weltumspannendes Universalschauspiel vor: das „gewagteste" Werk[266], wie er betont, weil sich hier Solgers Theorie der Ironie als Ironie der Wertabstraktion durch Geldvermittlung in szenische Textur verwandelt. Vor Goethes *Faust II* nimmt der *Fortunat* den aufkommenden Kapitalismus der frühen Neuzeit als Transformationskern der postrevolutionären Gesellschaft nach 1800 ins Visier. Er präsentiert so eine Art frührealistisches Dementi des universalpoetischen *Kaiser Octavianus* – unverkennbar jetzt auch als Reminiszenz im Sinne der 'erinnerten Romantik', die Tieck in weiteren Formexperimenten dann nur noch in der gleichermaßen novellistischen wie szenisch-dialogischen Prosa bis ins Spätwerk hinein verfolgen wird.

– *Leben und Taten des kleinen Thomas, genannt Däumchen. Ein Märchen in drei Akten* (1811)
– *Fortunat. Erster Teil. Ein Märchen in fünf Aufzügen.* (1815)
– *Fortunat. Zweiter Teil. Ein Märchen in fünf Aufzügen.* (1816)

---

[265] Geplant hat Tieck hier u.a. auch mehrere Geschichtsdramen: „eine *Folge von Schauspielen* aus *der deutschen Geschichte*, der 30-jährige Krieg, die Reformation, die beiden Hussitenkriege" (Brief an Cotta vom Mai 1801, zit. nach Schweikert II, 80).
[266] Vgl. Tieck-DKV VI, Kommentar, 1483.

Der *Prolog*, der die beiden Teile des *Fortunat* – gleichsam in der Mitte schwebend – verbindet, ist sinnigerweise der letzte dramatische Text im engeren Verständnis, den Tieck überhaupt verfaßt hat.

Aufs Ganze gesehen handelt es sich mit wenigen Ausnahmen insofern um eine stoffbezogene Dramatik, als in der Regel bereits literarisch bearbeitete Stoffe aufgegriffen und dramenförmig literarisiert werden. Die Permanenz des mosaikartigen Zitat- und Anspielungsverfahrens zersplittert und synthetisiert die strukturellen Transformationen allerdings stets in ein generisch Anderes mit je eigenem Historizitätsindex der Form. Exemplarisch benannt seien die jeweils stofforganisierenden Hypotexte der *Phantasus*-Stücke: *Der gestiefelte Kater* (Perrault), *Blaubart* (Perrault); bereits in der *Verkehrten Welt* verkomplizieren sich die Verhältnisse (Christian Weise, Cervantes, Gozzi, Fletcher, *commedia dell'arte*)[267], die sich im *Däumchen* schließlich neben den noch bemerkbaren Perrault- und Artusstoff-Bezugnahmen in eine im einzelnen kaum mehr kontrollierbare intertextuelle Komplexion vervielfältigen. Zu den wenigen Ausnahmen von Dramen ohne direkt handlungsbegründende *Stoff*vorlage (auf der *histoire*-Ebene) gehören neben *Prinz Zerbino* vor allem Stücke Mitte der 90er Jahre: *Der Abschied* (mit motivischen Bezugnahmen allerdings zu Karl Philipp Moritz' *Blunt*), die Aufklärungssatire *Die Theegesellschaft* oder ein parabatisches Experiment wie der *Prolog*, der ein Strukturelement des Dramas, das Tieck in mehreren Stücken Mitte der 90er Jahre mit Vorliebe benutzt[268], isoliert und als solches selbstreferentiell verabsolutiert. Die generelle Stoff- und Vorlagenbezogenheit läßt es angebracht erscheinen, weite Teile auch der dramatischen Werke Tiecks dem von Hölter rekonstruierten Projekt einer universalen Literaturgeschichte als Poesie zuzurechnen.

2. Mimesis und kombinatorische Anverwandlung. Die Vorbereitung des romantischen Dramas aus der Verfügbarkeit der Tradition: Frühe Dramen (1789-1795/96)

Die ersten Schülerarbeiten Tiecks stehen im Zeichen der produktiven Selbstvergewisserung über die Verfügbarkeit literarischer Mittel. Von Beginn an sind sie getragen von einer polaren Grundspannung, die Tiecks Werke zeit seines Lebens durchziehen wird. Komponentiell aufgegliedert sind es die Gegensätze von Intellektualität und Naivität, artistischem Kalkül und Sorglosigkeit, nüchternem Verstand und sentimentalischer Phantasie[1], analytischer Beobachtung und poetischer

---

[267] Vgl. Tieck-DKV VI, Kommentar, 1418f.

[268] Mit einem Prolog, konventionelle Institution zur Etablierung der theatralischen Sphäre, führt sich die szenische Darstellung im *Karl von Berneck, Hanswurst als Emigrant* und im *Ritter Blaubart* ein.

[1] Deren Versöhnung artikuliert bereits die frühe allegorische 'Paramythie' *Der Verstand und die Phantasie* (um 1790): „[...] an der Hand der Phantasie lächelte der Verstand zuerst" (Tieck-DKV I, 28).

Stimmung[2], überlagert durch die Gegenstellung von Ernst und Scherz, Angst und spottender Heiterkeit, 'Chaos' und 'Paradies'[3]: Polaritäten insgesamt, die das „doppelte", wenn nicht dreifach besetzte „Wesen" eines Autors indizieren[4], das in das Feld zwischen Nihilismus/Grauen/Melancholie, Laune/Ironie/Polemik und Freude/Idyllik/Poesie eingespannt ist. Noch aber steht im Frühwerk das Unheimliche, Düstere, Gräßliche und Schauderhafte samt einer krass gesteigerten Affektivität unverbunden neben aller positiven Gegenbildlichkeit in poetisch gestimmten Naturidyllen und vereinzelten Formen launigen Witzes. Erst im *Blaubart* – nach dem Scheitern aller Versuche zur Bewältigung der Frage nach der bewahrenden Konstitution bürgerlicher Ich-Identität und Sozialität, vollzogen im Aufgreifen und Durchspielen der literarischen Verständigungskonzepte einer empfindsam infizierten Spätaufklärung und des Sturm und Drang[5] – werden die Gegensätze so komplex synthetisiert, daß sie ins allegorisch nicht mehr eindeutig ausdeutbare Schweben geraten.[6] Die aus der Verbindung hervorgehende Ambivalenz des Poetischen prägt sowohl den romantischen als auch den 'realistischeren' Text des Spätwerks, ohne daß sich die Elemente der Negativität, wie der Wahnsinn u.a. des *Blonden Eckbert* anzeigt, gänzlich verlieren.

Schon das präromantische Nebeneinander extremer Gegensätze ist Konsequenz der weitgestreuten Lektüre ganz heterogener Werke: Resultiert die Nega-

---

2   Zu diesem für die Entstehung der Romantik zentralen Begriff, der sich – durch Karl Philipp Moritz prominent vermittelt – im Übergang vom psychologisch-musikalischen Stimmungsbegriff der Erfahrungsseelenkunde zu „einem Element der Kunsttechnik" und damit zu einem 'artistischen' Verfahren der literarisch-kompositorischen (Re-)Produktion der Stimmung in „synthetischen Stimmungstableaus" selbst transformiert, vgl. Hubert (1971, 82, 92). In romantischen Texten geht es weniger um das psychologisch aufklärerische Räsonnement *über* die Stimmung, von dem noch der *Lovell* getragen ist, als um ihre performative Herbeiführung *durch* Literatur: Dem Dichter müsse daran gelegen sein, schreibt Tieck in der frühen Abhandlung *Über das Erhabene* (1792), „die zarten Schwingungen zu entdecken, in der unsre Empfindungen zittern, die Stufe aufzufinden, wo Idee und Gefühl sich begegnen"; nur gering sei der Unterschied, „ob der Dichter die Empfindungen, ihr geistiges Band, ihre Verschmelzung und ihre anscheinenden Widersprüche dem Beschauer darstellt, eben die Gefühle in seiner Seele erklingen läßt und sie ihm auf diese Art erklärt, oder ob der Untersucher uns ihre Bestandteile auseinandersetzt, und auf ihren Stoff zurückführt" (Tieck-DKV I, 637f.). Literarisch induziert ist die Stimmung bereits im sog. Harzerlebnis von 1792, dem Tieck zeit seines Lebens zentrale Bedeutung beimaß; entsprechend gern wird das berühmte Ereignis von der Forschung immer wieder nacherzählt (vgl. u.a. Kern 1977, 15-18; Paulin 1988, 29ff.; zuletzt noch einmal ausführlich Rath 1996, 359-374).

3   Vgl. Ribbat (1978, 7), der an die entsprechende Bestimmung Minders anknüpft.

4   Zu Tiecks Selbstbestimmung seines „doppelte[n] Wesen[s]" aus Ernst und Scherz vgl. Köpke II, 170.

5   Die gleichgewichtete Bedeutung von zeitgenössischer Idyllik und empfindsamer Spätaufklärung neben der Trivialliteratur und der Dramatik des Sturm und Drang im Frühwerk Tiecks akzentuiert Paulin (1975, 112).

6   Vorbereitet und damit ermöglicht wird diese Entwicklung durch die wachsende Einsicht in die Ungeschiedenheit vermeintlicher Gegensätze seit Beginn der 90er Jahre: „Das *komische* und das *schreckhafte* gränzen überhaupt vielleicht näher an einander, als man glaubt", schreibt Tieck im Dezember/Januar 1792/93 an Wackenroder (Tieck-Wackenroder II, 103).

tivität und das Grauen aus der Nachahmung der zeitgenössischen Trivial- und Schauerliteratur[7] und der eskalierenden Leidenschaftsdarstellung in Dramen des Sturm und Drang[8], vermittelt wiederum über szenische Vorlagen bei Shakespeare (und der Geistererscheinungen in *Hamlet* und *Macbeth*), macht sich von Beginn an neben der Freude an den Späßen Holbergs und Cervantes"[9] bereits die Lust an literarischer Mannigfaltigkeit geltend: an bunten „Abenteuer[n] in einer fabelhaften und wunderbaren Natur" bei Lektüre der *Odyssee*[10] auf der einen, an der szenischen Vielfalt der englischen Dramatiker auf der anderen Seite.[11] Als gegenbildliches Korrektiv zur Angst, sich in den eigenen düsteren Phantasmagorien zu verlieren, figuriert schon um 1789 die idyllische und literarisch induzierte Stimmung heiterer Poesie, die sich in einer dramatischen Linie von der *Sommernacht* über *Niobe* bis zum *Reh* entfaltet. So verteilt sich die antithetische Spannung der Frühphase zunächst auf zwei Werkgruppen, denen sich zunehmend Formen des Komischen aggregieren: mit einer Atmosphäre des Schaurigen, Melancholischen, Pessimistischen oder gar Nihilistischen bei schnell wechselnden Affektzuständen zwischen Raserei und Rührung auf der einen, einer poetischen Positivität des

---

[7]   Zu den 'gotischen' Elementen und Motiven des Frühwerks und zu Tiecks Kenntnissen populärer Trivial- und Schauerliteratur vgl. Trainer (1964, hier 29f., 38ff.).

[8]   Diese verbindet sich selbst mit dem Grauen- und Schauderhaften; vgl. dazu besonders Köpkes Bericht von der jugendlichen Aufführung von Gerstenbergs *Ugolino*, dessen 'Gräßlichkeit' Tiecks frühe Stücke motivisch wiederholt faszinieren wird (Köpke I, 78f.). Zur Bedeutung des Sturm und Drang aus der rückblickenden Perspektive des älteren Tieck vgl. Lussky (1925, 49-54) mit den einschlägigen Bemerkungen zu Goethes *Götz*, *Werther* und *Ur-Faust* (51f.), zu Lenz, zu Klingers *Zwillingen* und dessen *Faust*-Roman mit Tiecks Hinweisen darauf, daß hier z.T. fast nur noch mit Gedankenstrichen und Ausrufezeichen gedichtet worden sei (52f.; vgl. *Göthe und seine Zeit*, Tieck-KS II, 244); hier auch genauer zu Lenz als dem neben Goethe bedeutendsten Autor des Straßburger Kreises, dessen „ungemeine Kraft im Individuellen" sich auch an den 'rohen' Charakteren erweise, da diese „wahr und lebendig" seien (53; vgl. Köpke II, 200). Im übrigen zielen bereits Lusskys Überlegungen zu *Tieck's Approach to Romanticism*, die das graduelle Moment als Entwicklung akzentuieren (vgl. 40), auch auf die Relativierung der Bedeutung Wackenroders, damit auf die relative Eigenständigkeit der Entstehung der *literarischen* Romantik ab (vgl. 93, 100).

[9]   Vgl. Köpke I, 44; zit. bei Schweikert I, 17. Den *Don Quijote* und die Lustspiele Holbergs liest Tieck erstmals 1785 (Tieck-DKV XII, Kommentar 1052). Die ideale Vorbildhaftigkeit und Wahrheit der literarischen Darstellung bei Cervantes erkennt der spätere Tieck darin, daß der *Don Quijote* „wohl das einzige Buch" sei, „in welchem Laune, Lust, Scherz, Ernst und Parodie, Poesie und Witz, das Abenteuerlichste der Phantasie und das Herbeste des wirklichen Lebens" mit „poetische[r] Notwendigkeit" sich verbinden, weil diese „von dem Mittelpunkte aus alles regiert" und „so elastisch mit verklärter Kraft alle Theile bis zu den den äußersten und kleinsten" durchdringe, wodurch „alles heitere Willkür scheint und Scherz im Scherz" (*Göthe und seine Zeit*, Tieck-KS II, 184).

[10] Der Schüler Tieck übersetzt das Epos, das er wie Homer überhaupt „beinah [...] auswendig wußte" (Tieck-S VI, XII), gleich zweimal: in Prosa und in Hexametern (vgl. Köpke I, 38, zit. bei Schweikert I, 13f.).

[11] „Meine Bewunderung Shakespeares führte mich schon früh zu den Engländern [...]; es war mir wichtig, die Literatur, die die größte Erscheinung hervorgebracht hatte, in ihrem Umfang, und das Drama in seinen mannichfaltigsten Verzweigungen zu studiren" (Tieck-S XI, XVIII).

heiteren Vertrauens in die Kunst auf der anderen Seite[12], das Tieck seit der von ihm szenisch herbeigeführten Initiation Shakespeares zum Dichtergenie in der frühen *Sommernacht* (1789) nicht mehr verlieren wird.[13]

Trotz der Anverwandlung und Erprobung literarischer Techniken, Sujets und Traditionen in nahezu *allen* zeitgenössisch relevanten Formen (Epos, Idylle, Paramythie, Schauerroman, Minnesang, Erzählung mit dialogischen Elementen usw.)[14] fokussiert sich das generische Interesse auf das Drama als die unangefochten höchste literarische Gattung: „Unter allen Formen, in denen er sich versuchte", betont Köpke zu den Schülerarbeiten, „blieb ihm die dramatische die anziehendste und willkommenste".[15] Die Produktivität der lyrischen Rede gerät erst um 1794 mit der neuen Rolle der Musik im Rahmen der *Sturm*-Bearbeitung stärker in den Blick, obwohl bereits die *Sommernacht* über ein differenziertes Spektrum lyrischer Verfahrensweisen verfügt, die das romantische Gedicht präludieren. Die Geltung des Dramas als höchsten Gattung bleibt unbezweifelt, insofern gerade der junge Tieck daran interessiert war, dessen „Primat [...] zu beweisen".[16] Zwar nimmt er viele der frühen Stücke in die spätere Werkausgabe nicht auf. Die Qualitätsvorbehalte reichen aber nicht so weit, diese gänzlich zu verwerfen: Im Brief an den Verleger Georg Ernst Reimer vom 2. Mai 1846 faßt Tieck ins Auge, auch die „kindlichen Jugendarbeiten" in einen Band der *Schriften* zu versammeln, weil sie „jetzt vielleicht neuen Reitz" haben.[17] Der Einsicht folgend, sich selbst historisch zu werden, äußert sich das Selbstbewußtsein von der literaturgeschicht-

---

12 Vgl. Tieck-DKV I, Hölter: Der junge Tieck, 796; zu Tiecks idyllenaffinem und damit durchaus lehrhaft-allegorischem Frühwerk bis 1792, das die rokokohaft-anakreontische Empfindsamkeit mit Traditionen des musikalischen Dramas bzw. theatralischen Singspiels verbindet, vgl. Paulin (1975, bes. 116). Der Tatsache, daß idyllischen Elementen nach 1792 keine „independent existence" mehr zukomme (122), korrespondiere die Tendenz zur Konzentration auf das Tragische und Dämonische, die im dramatischen Werk u.a. im *Abschied* (1792) zur Geltung gelangt.

13 Stärker noch als die an Herder orientierten *Paramythien und Fabeln* ist dieses Dramolett, das auch wegen seiner literarischen Qualität hervorsticht, zentraler „Ausgangspunkt für Tiecks lebenslanges Kreisen um eine mythische Beschreibung der Poesie, ihrer Entstehung und Geschichte" (Tieck-DKV I, Kommentar, 833); zu diesem Lebensprojekt samt der internen Gegenläufigkeit in der Verflüssigung geronnener Mythen durch Komisierung bzw. Satirisierung vgl. Hölter (1997) mit Verweis auf „eine durchgängige Struktur seit der *Sommernacht*" (40).

14 Zusammengehalten durch eine „stilistisch-topische oder gedankliche Kontinuität" in „immer gleichen Aussagemuster[n]" (Tieck-DKV I, Hölter: Der junge Tieck, 812).

15 Köpke I, 111. Ribbat spricht von der mit der Produktion vielfältiger Theatertexte verbundenen Möglichkeit, „Anschluß an das geistige Zentrum seiner gesellschaftlichen Umwelt zu gewinnen" (Ribbat 1978, 17). Vorausgesetzt ist dazu eine „erhebliche stilistische Gewandtheit, eine erstaunliche technische Sicherheit", die es Tieck erlaubte, „manche Texte in kürzester Zeit und ohne Korrekturen niederzuschreiben". „Die Teilhabe Tiecks am Literaturbetrieb durch Erzählungen und Romane, Aufsätze und Theaterstücke gehört zu den für die Entwicklung und Durchsetzung der Romantik folgenreichen Voraussetzungen" (19).

16 Tieck-DKV I, Hölter: Der junge Tieck, 802.

17 Zit. nach Schweikert I, 344; vgl. auch Zeydel (1935, 25). Erschienen ist in den *Schriften* von den frühen Dramen lediglich *Alla-Moddin*, obwohl sich Tieck im Brief an Reimer vom 9. September 1846 ausdrücklich gegen dessen Aufnahme ausspricht (vgl. Tieck-DKV I, Kommentar, 873).

lichen Rolle für die epochale Herausbildung der literarischen Frühromantik, die
nun auch die ihr vorangehenden Arbeiten als Vorstufe interessant erscheinen läßt.

Im Gegensatz zu den szenischen Neuerungen genuin romantischer Dramatik
seit dem *Ritter Blaubart* verbleibt die experimentelle Reproduktion und Kombination dramatischer Modelle – ungeachtet aller spielerischen Varianz und sprunghaft wechselnden Zustände zwischen ästhetischer Lust am 'angenehmen Grauen',
poetischer Stimmung und eskalierender Affektivität – innerhalb einer leitenden
Problemstellung, die auf spezifisch affekttheoretisch und psychologisch rekonstru-
ierbaren Voraussetzungen basiert, als solche also rational auflösbar erscheint: der
Frage nach der Authentizität von Wahrnehmungen und Empfindungen, deren
Realitätsstatus – angesiedelt zwischen realem Ereignis und halluzinativem Wahn –
von den Figuren reflektiert und vom dramatischen Text mimetisch plausibilisiert
wird. So bleibt das Paradigma der primär theatralischen Wirkung als regulative
Idee der szenischen Darstellung gültig. Hierin unterscheidet sich Tiecks vorromantische Dramatik von aller späteren Poetisierung und Satirisierung, selbst wenn
sie prototypisch romantische Elemente und Verfahrensweisen in der „paradoxe[n]
Idee einer jeweils sehr unterschiedlich gehandhabten Synthesis antagonistischer
Textsorten" vorzeichnet.[18] Zwar schließt diese grundlegende Differenz nicht aus,
daß auch früheste dramatische Versuche wie die *Sommernacht* „schon [...] die für
das romantische Drama entscheidende Kunst der reflexiv-produktiven Shake-
speare-Aneignung einüben".[19] Noch aber dominiert die teils grotesk überzeichne-
te Leidenschaftsdarstellung, die sich – wie vom Drama des Sturm und Drang her
bekannt – in der zersplitterten Syntax der Figurenrede als Form der Versprachlichung ungeregelt umschlagender Affekt- und Gemütszustände spiegelt. Diese äußern sich im stereotypen Aufgreifen sprachlicher Partikel wie des berüchtigten
'ha', das mittels formelhaft reihender Wiederholung ('ha! ha! ha!') auch den Versuch einer Versprachlichung von Wahnzuständen unternimmt. Erst um 1795/96
etabliert sich in Tiecks Dramen eine Stufe der amalgamierenden Verschränkung
der disparaten Elemente, der eine Rücknahme der affektdramaturgisch und ge-
fühlspsychologisch orientierten Darstellung von Seelenlagen einhergeht, so daß
nicht mehr vorrangig wirkungsästhetisch-theatralische Intentionen in der szenischen Demonstration des Räderwerks der Leidenschaften interessieren. Die auf
Theatralität abzielende – mimetische – Illusion des Frühwerks dagegen verbleibt
im Rahmen anthropologischer Selbstvergewisserung. Sie verschreibt sich der szenischen Analyse extremer psychischer Lagen zwischen Angst, Rührung und
Schauer „auf dem Wege der Beobachtung und des Verstandes".[20] Das Poetische
bleibt partikulares Moment einzelner Texte oder vereinzelte Ausführung innerhalb bestimmter Werkgruppen ähnlich der noch vergleichbar isolierten Figur
Balders im *Lovell*, auch wenn sich sein produktives Potential bereits ganz zu Be-

---

[18] Segeberg (1994, 46).
[19] Segeberg (1994, 37).
[20] Tieck-S VI, XVIII.

ginn in der *Sommernacht* als Initiation ihres Autors, der sich selbst zum Dichter erweckt, entzündet.

Zu den frühesten dramatischen Versuchen Tiecks zählt die Nachschrift des fünften Akts von Schillers *Räubern*, des zeitlebens bewunderten Seelendramas der Leidenschaften und „geheimsten Bewegungen des Herzens", die in „*eigenen Aeusserungen* der Personen" gegenwärtig werden.[21] Angesiedelt „zwischen Eigendichtung und Adaption"[22], gibt Tieck die Bearbeitung mit seinem Namen als eigenes Werk aus: *Die Räuber. Trauerspiel in fünf Aufzügen von F.L. Tieck. Zweiter Theil* (1789).[23] Den vorliegenden Fragmenten des fünften Akts liegt die 1783 gedruckte und in Berlin verbreitete Bühnenbearbeitung Karl Martin Plümickes zugrunde, die 'Schauspiel' und 'Trauerspiel' kürzend ineinander kompiliert. Die theaterbewußte Fortführung der Handlung über den Schluß Schillers hinaus, in der Karl Moor auf offener Bühne von Schweizer in pathetischer Beschwörung des freien Tods erdolcht wird, stammt daher nicht von Tieck selbst.[24] Fasziniert zeigen sich die Szenen von gesteigerter Affektivität und deklamatorischem Pathos zwischen Raserei und Rührung, die als ein Grundzug der frühen Dramen Tiecks trotz aller variierenden Bezugnahmen auf verschiedene Dramenmodelle gelten darf.

Eine Ansammlung typischer Motive des Ritterdramas[25] mit diversen Shakespeare-Reminiszenzen präsentiert das Prosa-Stück *Gotthold. Trauerspiel in fünf Aufzügen* (1789)[26]: Der in Gram versunkene Vatermörder Gotthold, als

---

21 Vgl. Schillers unterdrückte Vorrede zum 'Schauspiel' (NA III, 243). Zur Bedeutung der *Räuber* als szenischen Demonstration von psychophysischer Komplexität des „*ganze[n]* Menschen" (NA III, 7) für das Frühwerk vgl. Tieck-S VI, VII. Die ungebrochene Begeisterung hält auch der wiederholten Lektüre stand (vgl. Tiecks Brief an Wackenroder vom Dezember/Januar 1792/93; Tieck-Wackenroder II, 104). Zur Beobachtung der Seele „bei ihren geheimsten Operationen" (NA III, 5) vgl. Tiecks Bestimmung des 'Genies' in der frühen Abhandlung *Über das Erhabene* (1792): Der Dichter „muß alle Seelen gleichsam vor uns aufschließen und das ganze verborgene Triebwerk sehen lassen" (Tieck-DKV I, 639).

22 Hölter (1989, 173).

23 Titel und kommentierte Auszüge bei Petersen (1904, 472, 474-482); zu der von Köpke überlieferten Gesamtkonzeption vgl. Zeydel (1935, 15).

24 Vgl. Petersen (1904, 476). Das an den Schluß der *Emilia Galotti* angelehnte Motiv, bei dem sich der Protagonist von einem Vertrauten erdolchen läßt, greift Tieck erneut u.a. im Ritterdrama *Karl von Berneck* auf (vgl. Tieck-DKV I, Kommentar, 1074; hier auch ein Nachdruck der Schlußszene der frühen *Räuber*-Adaption).

25 Liebe zwischen Kindern feindlicher Geschlechter, Turnier, Schwur, Zweikampf, Trinkgelage, Rache für Meuchelmord, Vatermord- und Vaterrache, schauriges Burgverließ, Geistererscheinung etc.; Hölter erkennt in *Gotthold* eine Vorform für das „pseudomittelalterliche Milieu" in der späteren Rittergeschichte *Adalbert und Emma* (vgl. Tieck-DKV I, Kommentar zu *Adalbert und Emma*, 911).

26 Tieck-Halley, 38-83; Inhaltsangabe bei Regener (1903, 71-85) mit Hinweisen zur flüchtigen Unbekümmertheit, die Widersprüche und Unwahrscheinlichkeiten nicht tilgt (85); Motivvergleiche mit Shakespeare-Vorlagen im zeitgenössischen Kontext des Ritterdramas und Hinweise auf die stilistische Dominanz der *Räuber* bei Hemmer (1910, 226-244); Einflüsse von *Romeo und Julia*, *Hamlet*,

„Todtenengel"[27] an den Hof seines späteren Freunds Arthur geflohen, hat Wildung Rache für die Auslöschung seiner Familie und die Entführung seines Sohns geschworen. Rasend exekutiert er diese an Wildungs Tochter Eleonore, obwohl er sie liebt, nachdem er ihre Herkunft erfährt. Von ihrem Geliebten Machdole wurde Eleonore am Hof Arthurs unter neuer Identität versteckt, um sie dem Vater, der die Verbindung aus familiärer Gegnerschaft zu Machdole nicht duldet, zu entziehen. Machdole tötet Gotthold im Zweikampf. Das große Gelage mit eingeblendetem Trinklied, veranstaltet vom irenischen Arthur, kann seine Trauer nicht erlösen. Am fragmentarischen Ende der verwickelten Rache- und Affekthandlung, vorangetrieben durch die kontingente Ansammlung effektbewußter Motive der Ritter- und Schauerliteratur[28], erscheint ein „fremder unbekannter Ritter"[29], der den melancholischen Machdole unheilahnend erbleichen läßt. Der Schluß des Dramas ist verschollen. Neben aller Konventionalität sind Elemente des Rührstücks dort zu bemerken, wo der heldenhafte König Arthur weint, als er vom Schicksal des gebeutelten Gotthold erfährt.

Enger an Shakespeare angelehnt ist das Drama vom Königsmörder *Siward. Ein Trauerspiel in fünf Aufzügen* (1789), wo neben dominierenden Bezügen zu *Macbeth*, *Othello* und *Hamlet* (sowohl in der offenen Ermordung auf der Bühne als auch in leibhaftigen Geistererscheinungen) Anklänge an Schillers *Don Karlos* im Freundschaftsmotiv beobachtbar sind.[30] Durch den Mord an seinem Wohltäter König Eduard gelangt der Bösewicht Siward an die Macht, obwohl er ohnehin für das Amt mit Eduards Tochter Ophelia als Gemahlin vorgesehen war. Die melancholische Angst vor der Flüchtigkeit dieser Gunst – „Ein Windstoß kann ihn [den Thron] mir aus den Augen rücken"[31] – aber erzwingt die Tat. Unruhe und moralische Skrupel werden damit jedoch nicht gebannt. Sie treiben Bilder einer Totenschädelstätte und Geistererscheinungen hervor, die sich einmal mehr als theatrali-

---

Macbeth, As you like it, Leonore, Die Räuber konstatiert Halley unter Verweis auf „Tieck's strong dislike for moralizing" (1959, 180 u. 181). „So sind Tiecks Texte von Beginn an insoweit 'amoralisch' konzipiert, als sie auf eine ästhetische Wirkung und nur auf diese abzielen und sich der Erwartung, praktisch definierbare Verhaltensweisen zu bestätigen oder zu korrigieren, entziehen" (Ribbat 1978, 19).

27 Tieck-Halley, 47
28 Hier v.a. das von Tieck in dieser Zeit wiederholt aufgegriffene Motiv des Sargs, in dem auf der Bühne ein Toter vorbeigetragen wird: Vorgeprägt in Shakespeares *Richard III* (I/2), gelangt es über Gerstenbergs *Ugolino* ins zeitgenössische Ritterdrama (vgl. Hemmer 1910, 234).
29 Tieck-Halley, 83.
30 Tieck-Halley, 84-123; Inhaltsangabe und Stellenvergleiche mit dem *Macbeth* bei Regener (1903, 85-110), Motivnachweise aus dem Bereich des Dämonisch-Schauerlichen und Stilvergleiche mit den erneut maßgebenden *Räubern* bei Hemmer (1910, 244-251). Halley (1959, 183) akzentuiert den stärker gewordenen Shakespeare-Einfluß. Präromantische Züge werden in der „absence of didacticism, the joy in the subject-matter for its own sake, the mediaeval setting, and the adoptation of Shakespearean principles of dramatic composition" gesehen: „Tieck's rejection of rationalism in this drama has been pointed out above" (199f.).
31 Tieck-Halley, 96.

sches Vergnügen an schaurigen Gegenständen zu erkennen geben. Erscheint die Handlung einerseits zuweilen unfreiwillig komisch, ja geradezu grotesk gedehnt – bietet König Eduard zunächst die Brust zur Erdolchung, winselt er dann doch um sein Leben, während Siward ihn wegen seiner Zweifel nur zögernd töten will –, vollzieht sie sich im vorschnellen Wechsel von Stimmungslagen andererseits immer wieder auch unwahrscheinlich überhastet. Aus dieser Diskrepanz ergeben sich die überdeutlichen Motivationsprobleme: etwa dort, wo im Getümmel der Schlacht die erkenntniskritischen Zweifel Siwards am Realitätsgehalt der Begegnung mit seinem Freund Arthur als Gegner („Wach ich? Oder ist's ein Traum?"[32]) unvermittelt in pathetischen Freundschaftskult umschlagen, so daß der eigentlich anhängige Kampf für das Königreich ins Räsonnement über Arthurs Gründe, den feindlichen Truppen zu dienen, übergeht. Längere Monologe Siwards präsentieren sich in der zerstückelten und aufgepeitschten Sprache des Sturm und Drang, die sich vom leitmotivischen „ha!" bis zur formelhaft verfügbaren Mechanik des wahngefärbten „ha! ha! ha!" auskristallisiert, dann aber auch gleich wieder die skrupellose Kälte der eigenen Taten zu besprechen weiß. Siward ist der undankbare und machtgierige Amoralist, der seinen Förderer ermordet und die Gesetze der Natur zerreißt, dabei aber selbst von grüblerischen Zweifeln zerrissen bleibt. Seine Tat erscheint geradezu sinnlos, insofern er ohnehin zum König gekrönt worden wäre, weil der rechtmäßige Thronfolger Arthur verzichtet und Siward aus Freundschaft die Krone schenkt. Argwohn und Verratsverdacht aber beunruhigen den Rastlosen, bis er im Kampf gegen Arthur fällt. Die Befreiung vom Bösewicht feiert das 'Trauerspiel' im finalen „Freudengeschrei"[33], während Arthur in der Vermählung mit Ophelia zum König gekrönt wird.[34]

Exekutiert wird die stakkatohaft eruptive und typographisch zerrüttete Syntax des Sturm-und-Drang-Dramas in zum Teil fast stichomythienartiger Verknappung auch im bürgerlichen Trauerspiel, das Tieck erstmals mit dem kurzen Prosa-Dreiakter *Meiners, ein Kaufmann* (1789/90) als Genre erprobt.[35] Nach dem Tod seiner Frau sieht der malkontente Meiners das Glück des geliebten Sohns

---

[32] Tieck-Halley, 92; zit. auch bei Regener (1903, 88).

[33] Tieck-Halley, 123.

[34] Daß das Stück dem Nachlaßverzeichnis zufolge den Paratext 'Lustspiel' trägt (Busch 1999, 29), leuchtet insoweit ein. Der Shakespeare-Nähe entsprechend charakterisiert die Gattungsbezeichnung Tragikomödie den Text am besten.

[35] Tieck-Halley, 12-37; vgl. Zeydel (1935, 18), auf die Typik der Namen Karl und Sophie in den um 1790 populären Familiengemälden und auf Einflüsse von Diderots *La Père de Famille* über Lessing und Moritz' *Blunt oder der Gast* (1780) verweist Halley (1959, 126); vergleichende Beobachtungen zu dem von Tieck wiederholt eingesetzten Motiv des Vater- und Verwandtenmords bei Hölter (Tieck-DKV I, Kommentar, 998-1000): „Der Vater-Sohn-Konflikt, dessen biographische Wurzeln nur zu erahnen sind, ist ein Stereotyp des frühen Tieck" (999), u.a. auch in *Gotthold* und im *Abdallah*. Verfahrensaffinitäten gibt es zu *Emilia Galotti* bei der szenischen Versprachlichung emotional aufgeladener Innenverhältnisse, die Lessing v.a. in den Monologen Odoardos im 5. Akt inszeniert: „Doch ich verkaufe schon wieder, was ich noch heute eingekauft habe – – ja – – nun – – nur heut Vormittag vergessen – – ich will auch gleich hin.– " (Tieck-Halley, 16).

Karl in der Heirat mit der Kaufmannstochter Müller vor. Der jedoch liebt die
verschuldete Sophie, unterschlägt aus edlen Motiven Geld zu ihrer Rettung, wird
vom Vater dafür verflucht und erdolcht sich am Ende, weil er sich des Vater-
mords bezichtigt: Verraten vom Diener Friedrich, wird Karl vom Vater bei der
Geldübergabe mit Sophie ertappt. Im gesteigerten Affekt wirft der Sohn ihn die
Treppe hinunter, Meiners aber verzeiht und stirbt. Das Familienrührstück reinsten Wassers mit einem Vater-Sohn-Konflikt, den das Drama im Sturm und
Drang typisiert hat, setzt die pathetische Aufgipfelung von Affektzuständen durch
das Rührungspotential wechselseitig verhinderten Glücks in Szene. Meiners sieht
es durch das vermeintlich lasterhafte Fehlgehen Karls gefährdet, obwohl der sich
zwischenzeitlich entschlossen hat, dem Wunsch des Vaters zu genügen und Sophie preiszugeben. Das aus der reziproken Verkennung resultierende Schuldbe-
wußtsein treibt Vater und Sohn in den Tod. Verantwortlich für die Katastrophe
ist der Verrat des Dieners Friedrich, mit dem das Stück im Ausblick auf ein trau-
riges Leben ausklingt. Bei aller Konventionalität mit Effekten unfreiwilliger Komik durch das allzu heftige Ausagieren umschlagender Gefühlszustände fällt das
Fehlen jeglicher fiktionsironischen Brechung bei der Anverwandlung des bürgerlichen Rührstücks ins Auge, zumal sich die Erprobung parabatischer Verfahren
zur gleichen Zeit bereits im unveröffentlichten Lustspiel *Der letzte Betrug ist ärger als
der erste, oder der betrogene Bräutigam* (um 1789/90) andeutet.[36]

Typische Elemente der *Fiabe theatrali* Gozzis (1761-1765) integriert Tieck erstmals
in das kurze fünfaktige Prosa-'Zauberspiel' **König Braddock** (1790)[37], verknüpft
mit den erneut aufgegriffenen Schauermotiven aus Gerstenbergs *Ugolino*, stilistischen und motivischen *Räuber*-Reminiszenzen und dem nun noch forcierten Versuch einer Nachbildung der von Shakespeare herkommenden Technik der Kontrastierung tragischer und komischer Szenen.[38] Freier bedrängen Lidie, die
Tochter König Braddocks, deren Name klanglich mit der dann im *Kaiser Octavianus* leitmotivisch dominierenden Lilie, „Königin der Blumen"[39], kurzgeschlossen
wird. Braddock aber vertreibt den tyrannischen Freier Orosman, da dessen Gattin

---

[36] „O, die Komödie soll gewiss noch einen zweiten Akt haben, und darin will ich ganz gewiss die
Hauptperson spielen"; zit. nach Zeydel (1935, 16), der hier eine „clear anticipation of Tieck's
'Romantic Irony'" erkennt.

[37] Der Paratext 'Zauberspiel' nach Busch (1999, 33).

[38] Tieck-Halley, 124-168; Titel des Stücks von Regener (1903, 110), hier auch eine Inhaltsangabe
(110-121); Motiv- und Parallelstellenvergleiche mit Gozzi, Shakespeare und den *Räubern* bei
Hemmer (1910, 259-281); zur Gozzi-Rezeption des Schülers Tieck vgl. Marelli (1968, 59f.); von
„phantastischen Ländern eines klischeehaften Orients", in denen die *Fiabe* Gozzi spielen, spricht
Feldmann (1971, 47). Affinitäten zu *As you like it* und *Cymbeline* erkennt Halley (1959, 204); die
orientalischen Motive stammten darüber hinaus aus *Die Entführung aus dem Serail* (vgl. Zeydel
1934, 33) und Reichardts Oper *Tamerlan*, Lohensteins *Ibrahim Bassa*, Voltaires *Les Scythes* u.a.; resümierend zu den Quellen von Tiecks imaginiertem Orientalismus in diversen Werken um 1790
vgl. Tieck-DKV I, Kommentar zu *Abdallah*, 992ff.

[39] Tieck-Halley, 161.

Olivie noch lebe, so daß diese, obwohl ohnehin im Sterben liegend, erst getötet werden muß. (Groteskerweise nimmt Olivie ihre Ermordung, die der Tötungsszene des *Othello* und Tiecks eigener *Räuber*-Fassung nachgebildet ist, sogar dankbar an.[40]) Zwischenzeitlich rettet Ritter Arthur den König vor einem Mordanschlag des zweiten Freiers Sicamber. Aus Dank wird ihm die Tochter versprochen, die jedoch nur zu erlangen sei, wenn er die Probe des Orakels in der schaurigen Grotte der bösen Göttinnen besteht. Dieses gebe Auskunft über den vom Schicksal erwählten richtigen Gemahl Lidies: Arthur soll den goldenen Zweig auf einem Weg durch den Wald, einen großen Sumpf über eine Heide und ein Grabmal durch eine Mauer finden.[41] Orosman bestürmt derweil die Stadt Braddocks. Der König muß verwundet fliehen, Lidie wird von der gütigen Göttin im Rosenbett ihres Wolkenwagens, von lieblicher und himmlischer Musik umgeben, ins „Elisium" gerettet.[42] Der zurückkehrende Arthur tötet den Despoten, der sich reumütig als Bösewicht anerkennt.[43] Die verloren geglaubte Lidie sinkt, erneut von sanfter Musik begleitet, wie ein „goldner Regen"[44] im Wolkenwagen der guten Göttin hernieder und vereint sich mit dem Helden im glücklichen Ende.

Im Vergleich zu den bisherigen Dramen präsentiert sich das märchenhafte Schauspiel mit Elementen des dramatisierten Feenmärchens monologischer und verinnerlichter, bedingt nicht zuletzt durch den vom König artikulierten Melancholie-Topos in der Klage über die Unbeständigkeit der Welt, die im dramaturgisch sinnlosen Gespräch mit einem Bettler in IV/1 kulminiert.[45] Hemmers detaillierte Motiv- und Stellenvergleiche mit Gozzi (neben der Phantastik der göttlichen Sphären besonders die Probe in der Erlangung des goldenen Zweigs als typische Motive der *Fiabe*), mit den Hexenszenen des *Macbeth* (die im schaurigen Tanz der bösen Göttinnen in II/2 durchscheinen) und anderen Dramen Shakespeares und des Sturm und Drang konstatieren die Ansammlung von „Reminiszenzen" aus Lektüreeindrücken.[46] Gerade im Fall der Gozzi-Bezugnahmen handelt es sich weniger um die Anverwandlung bestimmter Texte als um das ver-

---

[40]   „Orosmann: Jetzt mußt du sterben! / Olivie: Jetz? O jezt schon? [...] (er ersticht sie) / Olivie: Ich danke dir!" (Tieck-Halley, 142f.); ähnlich äußert sich Karl Moors Dank für die Erdolchung durch Schweizer (vgl. Petersen 1904, 476), Tieck-DKV I, Kommentar, 1074), aber auch bereits Clavigos Dank an seinen Widersacher Beaumarchais am Sarg Maries.

[41]   Eine Gegenüberstellung dieser *Fiabe*-Motive in Gozzis *Frau als Schlange* bei Hemmer (1910, 268f.).

[42]   Tieck-Halley, 154.

[43]   „Orosmann: O! Schon sperrt die Hölle ihren Schlund auf mich zu verschlingen, Empfangt mich, quält mich all ihr Teufel, peinigt mich! Ich verdien es. O wie alle meine Mordthaten mir izt schwer auf meine Seele drücken! O wie dunkel, wie schaudervoll ist die Hölle! O! O! O! (er stirbt)" (Tieck-Halley, 167); zur Bestrafung des Bösen in der *Fiabe* vgl. Marelli (1968, 25).

[44]   Tieck-Halley, 168.

[45]   Nicht ganz unoriginell ist jedoch, daß der vertriebene und verarmte Braddock sich dem Vorwurf konfrontiert sieht, nicht zu arbeiten (Tieck-Halley, 151), während der Bettler, nachdem er mit einem Diamanten beschenkt worden ist, beschließt, „ein nüzliches Mitglied der menschlichen Gesellschaft zu werden" und dem „göttlichen Vergnügen" zu dienen, den Armen wohlzutun (153).

[46]   Hemmer (1910, 280).

satzstückhafte Aufgreifen typischer Motive, ohne daß bereits die sogenannte Gozzische Manier als durchgängig komische Perspektivierung einer erhabenen Handlung durch burleske Masken durchgeführt wäre.[47] Sie dienen eher der shakespearisierenden Nachbildung einer Kontrasttechnik im allgemeineren Sinn, die im Vergleich zu den bisherigen Stücken auf zweierlei Weise ausgeweitet wird: durch eine komische Bürger-Szene in Berliner Dialekt nach dem Vorbild *Richard III.* einerseits[48], durch die Metrifizierung der Figurenrede in der Sphäre der bösen Göttinnen mittels vierhebiger Trochäen andererseits, deren spezifischer Witz aus dem Kontrast von launiger Darbietung, schauriger Atmosphäre und artikulierter Freude über das Unglück der Menschen resultiert.[49] Die parataktisch nebeneinandergestellten Verfahren unterschiedlicher Art und Herkunft zielen so ausschließlich auf die Erzeugung möglichst drastischer Theatereffekte aus Gegensätzen. Erneut eskalieren die Leidenschaften in unbeholfenen Versuchen der Versprachlichung von Liebes- und Racheraserei. Stärker als bisher wirkt ihnen aber auch bereits die zerstreuende Wirkung der kontrastierenden Verbindung des Disparaten entgegen, weil die dramatische Motivation der Handlung noch deutlicher zurücktritt. Die Differenz zum 'Feenmärchen' *Das Reh* (1790), das die Gozzi-Bezugnahmen auch als Strukturverfahren präzisiert, besteht im Fehlen sowohl einer handlungsinitiierenden Intrige als auch der selbstreflexiven Ironisierung der Figurenrede. Zu bemerken ist die melodramatische Musikbegleitung im Bereich der Göttinnen: differenziert wiederum nach einer „wilden Musick", die bei Blitz und Donner erklingt, wenn die bösen Göttinnen um den Sarg eines aufgegabelten Toten einen 'lustigen' „Ringeltanz"[50] aufführen, während sich die schöne Wirkung der gütigen Göttin durch eine „liebliche Musick"[51] theatralisch beglaubigt.

Die Merkmale des Melo- bzw. Monodramas selbst vereinigt die kurze Szenenfolge *Jason und Medea* (1789).[52] Das Prosa-Stück reiht sich damit ein in die dramatische Mode, die im Gefolge von Rousseaus 'scène lyrique' *Pygmalion* (1770),

---

[47] Hemmer verweist auf einzelne *Fiaben* wie *Die Frau als Schlange* (1910, 268-272), betont aber, daß es sich nur um „ganz *allgemeine* Eindrücke" handele (280), die Tieck vergegenwärtige. Daß die Gozzische Manier als Verfahren nicht unmittelbar strukturbildend ist, ersieht man über das Fehlen einer durchgehend burlesken Parallelhandlung hinaus u.a. daran, daß auch hohe Personen Prosa in der Manier des Sturm und Drang sprechen.

[48] „Ich dächte, wir verzögen uns, det könnte da scharf gehn, und wi möchten wat abkriegen" (Tieck-Halley, 149). In Dialektpassagen dieser Art kann man insofern einen Gozzi-Bezug sehen, als auch die Masken dialektal gefärbt sprechen (vgl. Marelli 1968, 59).

[49] „Unglück haben wir gestiftet, / Lasset und daher uns freun, / Haben Morden angerichtet, Laßt uns also lustig sein. / Mord und Tod dies bringt uns Freude, / Uns vergnügt des Schwerdtes Schneide" (Tieck-Halley, 146).

[50] Tieck-Halley, 137.

[51] Tieck-Halley, 154.

[52] Tieck-Halley, 1-10; Titel von Regener (1903, 55); zur Datierung und zu Klingers *Medea in Korinth* (1786) als denkbarem Hypotext vgl. Hemmer (1910, 251- 259); zu Recht bestritten wird die Vorbildfunktion dieses tatsächlich abendfüllenden Volldramas von Halley (1959, 37).

Friedrich Wilhelm Gotters *Medea* und Johann Christian Brandes *Ariadne* (beide 1775) ihre Blütezeit zwischen 1770 und 1785/90 erlebte und der u.a. auch Goethes *Proserpina* (1778) zuzurechnen ist.[53] *Jason und Medea* zählt so zu den frühen Versuchen Tiecks, bereits dramatisierte antike Stoffe dem zeitgenössischen Interesse an affektisch aufgeladenem und gleichwohl psychologisch differenziertem Seelentheater anzuschmiegen, dessen unmittelbar emotionalistische Wirkung durch die begleitende Musik gewährleistet werden soll. Das *tertium* zwischen Melodrama und Affektdarstellung im Drama des Sturm und Drang besteht in der

---

[53] Zu diesen Monodramen als Quellen und Vorbildern für Tieck, insbesondere Gotters *Medea*, vgl. Halley (1959, 12-94); zu den Stücken selbst vgl. Demmer (1982, 21-28, 47-61); zu den gattungskonstituierenden Elemente der innovativen opern- bzw. librettonahen Modeerscheinung mit experimentellem Charakter, 1790 bereits als Anachronismus empfunden, vgl. Demmer (1982), Schimpf (1988), in verstärkt musikwissenschaftlicher Perspektive Küster (1994), im Kontext des populären deutschsprachigen Musiktheaters im späten 18. Jahrhundert Krämer (1999, 293-353). Als Kurztragödie mit Musikbegleitung, die dem unmittelbaren musikalischen 'Ausdruck' von Empfindungen dient (Küster 1996, 6, 33f.), greift das Melo- oder Monodrama, formgeschichtlich angesiedelt zwischen formaler Progressivität des Sturm und Drang und bewahrendem Bühnenstil des gräzisierenden Klassizismus, in erster Linie bereits gestaltete antike Stoffe mit weiblichen Protagonisten bei geringer Figurenzahl auf, um als „Psychodrama" (Schimpf 1988, 185) reine Ergriffenheit darzubieten; zur Bevorzugung des Medea- und Ariadne-Stoffs vor dem Hintergrund der Individualitätsproblematik im Gefolge der *Werther*-Symptomatik, vermittelt mit dem Problem der Normverletzung, vgl. Krämer (1998, 306ff.). Das vorherrschende Thema ist die unglückliche Liebe (Küster 1996, 146), was das Fehlen komischer Sujets erklärt (Schimpf 1988, 153, Krämer 1998, 299). Die dominierenden Strukturprinzipien sind: Kürze zur Konzentration und Verdichtung (Schimpf 1988, 108-111), Armut an äußerer Handlung (116) zur Fokussierung der Aufmerksamkeit auf das Innenleben der Figuren (119), Verzicht auf äußere sprachliche Bindung durch Vers und Reim (159) und eine zersprengte Syntax zur rhetorisch-klimaktischen Steigerung von Gefühlslagen (165ff.), die die Affinitäten zum Drama des Sturm und Drang durch Verwendung affektversprachlichender Partikeln ('ha', 'ach' usw.) indiziert (vgl. Demmer 1982, 52ff., 76f.; Küster 1994, 134f.). Die handlungsarme monologische Struktur (Krämer 1998, 328ff.), die der szenischen Darstellung auch großer Erschütterungen korrespondiert (Demmer 1982, 8; Krämer 1998, 330f.), begründet sich freilich auch daraus, daß der Ursprung des dramatischen Konflikts in der Vergangenheit liegt (Demmer 1982, 47). Die lyrisierenden Effekte bei der naturgetreu 'malenden' Versprachlichung von Seelenzuständen, die durch die begleitende Musik intensiviert werden (62-66), zeigen den experimentellen Mischcharakter des Genres an (45, 3ff.), worin sich die romantische Gattungsentgrenzung ankündige (46); der Experimentalcharakter zielt auf ein ausbalanciertes Gleichgewicht von Sprache und (musikalischer) Empfindung (Küster 1994, 33, 128). Der späte Tieck wird das Monodrama und seine literarhistorischen Folgen heftig attackieren, literarisch v.a. in der Novelle *Der Wassermensch*. Die Kritik der „poetischen Ungeheuerchen" (Tieck-DKV XI, 861) – benannt werden *Medea*, *Pygmalion* und *Ariadne* (862) – geht dahin, daß aus „einer bewußtvollen experimentierenden Nachahmung der Alten [...] noch in keiner Literatur etwas Vortreffliches" hervorgegangen sei (862). Der späte Tieck moniert die Vermischung von Musik und Drama als Vernichtung des Theaters (Tieck-DKV XI, 860), als etwas „wahrhaft Barbarisches, das sich fast mit dem Tutti und Unisono des Chors in der Braut von Messina messen kann" (862); vgl. dazu auch *Das deutsche Drama* (Tieck-KS IV, 152f.) und Tiecks Vorrede zu Schröders *Dramatischen Werken* (Tieck-DKV XI, Kommentar, 1325); weitere Belege zur Kritik der theaterwidrigen Deklamationsdramatik im Geist der Antike, die auch auf Goethes und Schillers Bühnenklassizismus zielt, bei Bunzel (1997, 201f.).

Opernaffinität der Elemente, deren dramatische Versprachlichung in Schillers *Räubern* Michelsen nachgewiesen hat.[54] Bereits die Erstausgabe von Gerstenbergs *Ugolino* (1768) steigert die finale Verklärung im nahenden Tod des Protagonisten durch eine Musik, die während der ganzen Schlußvorbereitung der 'Tragödie' erklingt, um schließlich das mit dem Tod erlangte „Ziel", letztes Wort des Stücks selbst, „erhaben" zu beglaubigen.[55] Tieck hingegen leitet sein Melodrama von der rächenden *Medea* mit „Musick, Freudengeschrei"[56] nur ein. Die elf Kurzszenen, die in deklamatorisch sich steigernder Prosa eine teils antikisierend-rhythmisierte[57], teils aber auch extrem verknappte Figurenrede darbieten, die sich nur noch auf die beschwörende Nennung des Namens verläßt[58], spielen am Tag der Hochzeit Jasons.[59] Medea, die erst jetzt von der neuen Vermählung erfährt, fleht um Jasons Liebe und versucht, diesen mit selbstaffizierendem rhetorischem Pathos umzustimmen. Vom alten Zauber zunächst hin und her gerissen, entzieht Jason sich dem Begehren schließlich doch. Die Gekränkte aktiviert ihre Zauberkräfte und schwört Rache, die Medea unter Anrufung der Eumeniden[60] mit der Tötung ihrer Kinder exekutiert – im Gegensatz zu den bisherigen Ritterdramen nicht auf offener Bühne, so daß griechisch-antike Konventionen gewahrt bleiben.[61] Daraufhin will Jason die mit flatternden Haaren wie eine Wahnsinnige sich gebärdende Medea („Hahaha!"[62]) töten. Er läßt den Dolch aber mutlos sinken, sinkt selbst in sich zusammen und ersticht sich, nachdem die Rächerin ohne allen mythologischen bzw. märchenhaften *deus-ex-machina*-Apparat entflohen ist.

---

[54] Michelsen (1979). Zur Verhältnis von Text und Musik im Sturm und Drang und Melodrama vgl. auch Küster (1994, 117f., 279), skeptischer in der Bestimmung von Differenzen Krämer (1998, 349-351), der die höfische Bindung und die klassizistische Einhaltung der drei Einheiten schon wegen der Kürze der Texte akzentuiert.

[55] Gerstenberg (1966, 66).

[56] Tieck-Halley, 2

[57] Formen metrifizierter Prosa, daktylische Verfüße, will Nottelmann-Feil in Tiecks „frühe[m] Zeugnis der Euripides-Rezeption" erkennen (1996, 28-30). Diese dürften aber eher der formprägenden Wirkung von Attributen und Adverbialangaben geschuldet sind, die sich als Nachahmung zeitgenössischer Hexameter-Dichtung wie Voß' Homer-Übersetzung zu erkennen geben: „des schlangenzüngigen Ungeheuers"; „Welche Unglücksnachricht donnerte mir da fürchterlichbrausend entgegen" (Tieck-Halley, 3).

[58] „Medea!"; „Medea! Grausame!" (Tieck-Halley, 4, 6). Den stakkatoartigen Eruptionen korreliert die Kürze der Auftritte, die wie der 4. und 5. Auftritt nur aus einer einzigen Figurenrede bestehen, ihren nicht-monologischen Charakter aber darin erweisen, daß die Anrede des jeweiligen Gegenüber die zwischenmenschliche Aktualität präsent hält.

[59] Mit dem Hochzeitsmotiv gleich im Eingang des Stücks macht sich die spezifische Abwandlung der dramatischen Handlung durch Senecas *Medea* geltend.

[60] Hölter erkennt im Stück deshalb eine einzige „Anrufung an die Eumeniden, in ihr Rache- und Mordgefühle zu erwecken" (Tieck-DKV I, Kommentar zu *Karl von Berneck*, 1079; vgl. auch 919). Das Rachemotiv selbst geht bei Tieck auf den *Hamlet* zurück (vgl. 1079). Zum Rachemotiv im Melodrama, insbesondere im Zusammenhang des *Medea*-Stoffs, dem auch Schillers *Über das Pathetische* Erhabenheit attestiert, vgl. Küster (1994, 178).

[61] So auch im Rachemord Karl von Bernecks an der Mutter (Tieck-DKV I, 507; Kommentar, 1097).

[62] Tieck-Halley, 9.

Gegenläufig zur formalen Kargheit der Prosa von *Jason und Medea*, mittels derer sich Affektzustände und Gefühlslagen wie unstilisiert äußern können, inszeniert das zweite melodramatisch fundierte Stück Tiecks mit antikem Stoff, ***Niobe***. ***Versuch eines kleinen Dramas in einem Aufzuge*** (1790), ein regelkonformes Experiment mit metrischer Varianz, über die bereits der Schüler souverän verfügt.[63] Die durchlyrisierte szenische Folge aus Gesängen, monologischen Figurenreden und Hypotyposen (zur narrativen Vergegenwärtigung situationsexterner Ereignisse), im Wechsel mehr oder weniger nahtlos ineinandergleitend, stellt Tiecks einzigen dramatischen Versuch dar, eine antike Metamorphose in Szene zu setzen. Im Unterschied zum bekannten Hypotext Ovids verwandelt sich die Göttin innerhalb der szenischen Versprachlichung jedoch nicht in einen Stein, sondern in eine „melankolsche" Trauerweide, die ihre Tränen auf „manchen matten Wandrer weinen" will.[64] Der traditionell undramatischen Anlage des *Niobe*-Mythos[65] korrespondieren die zerstreuenden Effekte divergierender Metrifizierung, sofern diese tableauartig eine ohnedies mehr oder weniger konfliktlose Handlung in den durchmusikalisierten Lyrismus von Natur- und Stimmungsbildern entzeitlicht. Die Musik des Melodramas, von der im Nebentext nicht mehr die Rede ist, dringt so gewissermaßen in die Sprache des Dramas selbst ein: differenziert wiederum nach metrisch variierenden chorischen Passagen[66] und einer gebundenen Figurenrede, die sich zwischen präromantischer Lyrisierung des Glücks und einer hymnisch-pathetischen Aufgipfelung des trotzigen Widerstands

---

[63]   Resümiert sind die funktional eingesetzten Versmaße und die rhetorischen Mittel zur szenischen Darstellung psychischer Befindlichkeiten bei Hölter (1987, 278f.): Der als Basismetrum vorherrschende Blankvers wechselt mit sechshebigen Jamben (die wegen fehlender Mittelzäsur auf den jambischen Trimeter abzielen), aber auch mit Dreihebern, Vierhebern und daktylischen Versmaßen bis zum erzählerischen Hexameter und zum elegischen Distichon; die vierhebigen Trochäen sind noch nicht der Romanze entlehnt, sondern der Sakraldichtung (vgl. 279). „Tieck brilliert früh im Ausmalen von Stimmungen und im Ausspielen mannigfacher Kunstmittel" (280).

[64]   Tieck-Niobe, 276, V.530, V.535; zu dieser überraschenden Metamorphose Tiecks, die statt der „antiken Ortsaitiologie" – vorbereitet durch die leitmotivische Präsenz der Baummetapher – „den Ursprung einer Pflanzenart dichtet", vgl. Hölter (1987, 279f.). Zu den nicht mit Gewißheit nachweisbaren Vorlagen des Dramoletts gehört neben den *Metamorphosen* Ovids (VI, 146-312) v.a. Friedrich Müllers lyrisches Drama *Niobe* von 1778 (Hölter 1987, 263, 277f.), das sich wiederum auf Goethes *Prometheus* beziehen läßt (278). Mit dem Verweis auf Gotters *Medea* vermutet Hölter zu Recht, daß Tieck auch die *Niobe* als Melodrama konzipierte, zumal Rhythmisierung und Musikalisierung der Sprache die gleichnamige Vorlage Maler Müllers selbst „der Oper annähern" (Sauder 1996, 191). Bei Tieck lassen sich daneben zahlreiche Sequenzen auf zeitgenössische Idyllen beziehen, zu beobachten sind sprachliche und motivische Anbindungen u.a. an Klopstocks *Rosenband*, homerische Epitheta, Shakespeares *King Lear* und Goethes *Iphigenie* (vgl. Hölter 1987, 279).

[65]   Vgl. Hölters (1987, 280) Hinweise auf Forschungsbeiträge zum *Niobe*-Stoff. „Nach 1790 ist die *Niobe* ein Jahrzehnt lang kein Thema mehr" (280).

[66]   Präsentiert einmal als kurzzeilig schnelles, in parataktischer Syntax und onomatopoetisch dynamisiertes jambisches Jagdlied der Jünglinge (vgl. insbes. Tieck-Niobe, 265, V.35-50; die lautmalerische Nachbildung des Pfeilflugs im Enjambement in V.48-50), dann als daktylisch lächelnder Naturgesang im „Lied von Aphrodite und Adonis" (V.131) und als vierhebig trochäisches Gebet an Artemis (V.272ff.) schließlich in den Chören der Mädchen.

gegen die Götter bewegt und darin der frühen Hymnik Goethes verpflichtet erscheint, auch wenn Niobes zorniger Trotz am Ende zunehmend ins klagende Leid der Trauer über den Tod der Kinder zerfällt.

Einen gewissen dramatischen Konflikt konstruiert das Drama des prometheischen Trotzes gegen die Demuts- und Opferverpflichtung durch den Widerpart im Seher Pandaros, dessen Name auf Pandora und die Kupplergestalt in Shakespeares *Troilus und Cressida* zurückgeht. Pandaros warnt Niobe als Freund, vernehmen soll sie seine Stimme gegen die Überheblichkeit, die sich im kühnen Wortfrevel beim Spott auf Läto äußert: Wegen ihrer zahlreichen Kinder sei sie würdiger als diese, geehrt zu werden. Antikenfern hebt das Dramolett in tiecktopischer Stimmungslyrik an, wenn sich Niobes Glück der „schönsten reinsten Freuden"[67], während die Söhne zur Jagd aufbrechen, in synästhetischen Naturbildern spiegelt, die das silbrig schwimmende Licht der aufgehenden Sonne in das Rauschen der Haine und in die Glut des im Purpurmeer 'badenden' Morgenrots einschmelzen.[68] Höhnisch lachend schlägt Niobe deshalb Pandaros' Vorwurf aus, die ehrfurchtlose Selbstfeier im Messen mit den Göttern sei „schwere Sünde".[69] Ihr Trotz wird auch nach der Ermordung der Söhne während der Jagd durch die Pfeile von Lätos Sohn Apollon, die der Seher in einer rhetorisch dynamisierten Hypotypose vergegenwärtigt, nicht gebrochen. Der Weigerung, zu weinen und ehrfuchtsvoll, in den Staub gesunken, zu beten, antwortet ein theatralischer Donner, und schon strecken Lätos tödliche Pfeile aus dem Hinterhalt nacheinander auch die Töchter nieder. Erst das Sterben der letzten Tochter Dejanire erweicht Niobes Hochmut in Jammer, der sich in der deklamatorischen Rhetorik fünf- und sechshebiger Jamben aufgipfelt, um schließlich in eine dem Wahnsinn sich nähernde, delirierende Klage zu gleiten, die mit der Artikulation erkenntniskritischer Zweifel an der Faktizität der Ereignisse die tot vor ihr liegenden Kinder für einen Augenblick imaginär zu bloß Schlafenden verklärt. Funktional eingesetzt gibt sich das Sprachverfahren gerade hier darin zu erkennen, daß die dissoziierende Aufgewühltheit Niobes nach ihrer Einsicht in das nunmehr 'zerrissene' Band mit der Natur sich mittels einer wechselnden Zahl von Gedankenstrichen in syntaktisch aufgebrochenen Versen artikuliert.[70] Der in dreihebigen Daktylen und teils freirhythmisch durchorganisierte lyrische „Sterbegesang", der anschließend als

---

[67] Tieck-Niobe, 264, V.11.

[68] Zur Avanciertheit dieser unantiken Exposition siehe Hölters (1987, 280) Hinweis auf den Vergleich mit Schillers *Tell*, der „über das formale Wagnis" belehre.

[69] Tieck-Niobe, 266, V.67.

[70] „Dahin! – In Luft zerfloß der schöne Regenbogen! / Auf einmahl durchgebrochen alle Stäbe! / Zerrissen und in Wind verstreut die Rechnung, / Auf der die Summe meines Glücks geschrieben war! – – / [...] Hinweg du grauses Traumbild! – Nein, ich träume nicht. / Ach Wahrheit, Wahrheit ist's: Es starben meine Kinder ! – – / Wie schwindelt mir mein Haupt! – Rings um mich tanzt die Gegend / In zitternder Bewegung! – – – Wie? – Ihr schlaft noch, Töchter?" (Tieck-Niobe, 273, V.394-397, 402-405).

'Wahnsinnsarie' den „Schwanengesang der todten Dejanire"[71] nachspielt, um im Rausch der poetischen Selbstaffektation das „Rauschen grünender Zweige" und darin den Gesang auch der anderen Töchter zu vernehmen[72], mündet in die verzweifelte Zerreißung der Saiten ihrer Laute. Die untröstliche Todessehnsucht im Oh-Pathos jambischer Fünf- und Sechsheber wird erfüllt, indem Niobe sich mit ihrem Schlußmonolog, abweichend von der mythischen Überlieferung, mit „heiße[m] Dank"[73] an die Götter in eine melancholische Trauerweide verwandelt.

Von Sorglosigkeit nicht jederzeit zu unterscheiden, ist die „Übereinstimmung von intendiertem Stimmungswert und verwendetem Versmaß" tatsächlich bestechend[74], so daß Tieck sich mit der *Niobe* in den Prozeß der Individualisierung lyrischer Verfahrensweisen einschreibt, der von Klopstock bis zur frühen Lyrik Goethes reicht. So benutzt er die Verinnerlichungsleistung des 'flüssigen' Hexameters Klopstocks, der sich als Nachahmung eines antiken Metrums für narrative Passagen dort etwa szenisch ins Spiel bringt, wo die Verwandlung des Adonis in eine Myrthe vor den blauen Augen der klagenden Aphrodite nacherzählt wird, so daß deren Tränen nun als Vergißmeinnicht die Wiesen benetzen.[75] Diente der Alexandriner, den Tieck in der deklamatorischen Aufgipfelung von Niobes Leiden noch residual anklingen läßt, der sprachlichen Repräsentation öffentlicher Angelegenheiten im hohen Stil, transformiert sich der deutsche Hexameter Klopstockscher Provenienz in eine Form empfindsamen Ausdrucks, der Wallungen des subjektiven bzw. privaten Gefühls als Darstellungsform des Menschlichen statt des Heroischen vergegenwärtigt, ohne die Möglichkeit zur Steigerung ins Erhabene preiszugeben. Überführt wird diese Subjektivierung im Bereich der dramatischen Rede bekanntlich dann in den Blankvers als deutschsprachiges Komplement des jambischen Trimeters, bei der Tieck sich an Goethes Versfassung der *Iphigenie* (1787) orientieren konnte. In der *Niobe* dient diese Verinnerlichung kraft einer volatil gewordenen metrischen Variabilität der szenischen Plausibilisierung einer antiken Metamorphose, die sich am Ende über die Figurenrede selbst, also vor allem sprachlich vollzieht.[76] Die um 1801, in zeitlicher Nähe zu den antikisie-

---

71 Tieck-Niobe, 274, V.442; die Zuordnung zum „Typus der 'Wahnsinnsarie' bei Hölter (1987, 279).
72 „Rausche süßer Gesang / Durch die Saiten der Leyer! / Töne Sterbegesang / Meinen Kindern zum Ades! / [...] Stürme! Stürme Gesang! / Rufe – rufe sie wieder – / Her – ins Leben zurück [...] / Süßes Flötengetön – ? / Rauschen grünender Zweige – ? / Horch! Es weht über mir / Der Gesang meiner Töchter! – " (Tieck-Niobe, 274, V.443-446; 275, V.471-482).
73 Tieck-Niobe, 276, V.528.
74 Hölter (1987, 278). „Der rhetorische Aufwand, teils noch redundant bzw. unangemessen, braucht hier kaum nach Kunstgriffen klassifiziert zu werden; Tiecks Versuch, dem Dramolett eine klassische Sprachhülle anzupassen, ist offenkundig" (279).
75 Vgl. Tieck-Niobe, 268, V.187-194. Erkennbar ist an dieser Hypotypose die Konsequenz in der metonymischen Verschränkung von Pflanzenbildlichkeit und psychischer Verfaßtheit, die in diesem Fall bei Ovid motivisch vorgeprägt ist (vgl. *Metamorphosen* X, V.728ff.).
76 „Gießt euer roth Verderben ganz auf mich herab! – – – / Wie langsam schleicht das Blut in meinen Adern? / Ich wurzle fest am Boden; – Zweige werden / Die Arme! – Dank, o heißen Dank euch Göttern!–!– " (Tieck-Niobe, 276, V.525-528).

rend-romantisierenden Dramenprojekten der Brüder Schlegel aufkommenden Pläne Tiecks zur Bearbeitung des frühen Dramoletts bleiben unausgeführt.[77]

Einen melodramatisch affizierten Kunstmythos, nun im Gewand romantischer Feenwelt, inszeniert nicht zuletzt auch die frühe, erst aber 1851 publizierte *Sommernacht* (1789)[78], insofern die Erweckung des Knaben Shakespeare zum „größte[n] Sänger, den die Vorwelt sah"[79], sich als mythopoietische Begründung romantischen Künstlertums zu erkennen gibt. Gleich zu Beginn erklingt im Wald von ferne eine Musik, die Shakespeare nach seiner Verirrung auf dem Weg nach Hause in den Schlummer fallen läßt[80], um im goldenen Mondschein des Traums Figuren seines künftigen *Sommernachtstraums* zu erwecken, die ihn mit Geschenken zum Dichtergenie erwählen. So deutet bereits die eingangs erklingende Musik die aus der Verleihung der Gaben resultierende Fähigkeit des romantischen Dichters an, in der Natur die „Verwandtschaft mit dem Geist des Menschen" und dem Geisterreich zu vernehmen.[81]

Die kurze Szenenfolge, die den Knaben Shakespeare innerhalb des dreiteilig gegliederten Wechsels der Bewußtseinszustände Wachen, Träumen, Erwachen in den wunderbaren Bereich der Feenwelt einschließt, organisiert sich – hierin das strukturelle Vorbild des *Sommernachtstraums* überbietend – als übergänglicher Wechsel der Versmaße. Den Blankvers als Basismetrum in den nicht gesungenen Partien (mit partieller Ausweitung auf sechshebige Jamben) lösen im chorischen Gesang und Tanz der Feen vorherrschend zweihebig schnelle, jambisch, trochäisch und daktylisch wechselnde Kurzverse mit ebenso unregelmäßig wech-

---

77   Vgl. im einzelnen Hölter (1987, 280-285) mit Hinweisen auf F. Schlegels *Alarcos* (282f.) und v.a. Wilhelm Schütz' *Niobe* (1807), die trotz formaler und inhaltlicher Nicht-Übereinstimmung durch die Kenntnis der frühen Arbeit des Schülerfreunds angeregt sein dürfte (283f.).

78   Zur *Sommernacht* als Melodrama vgl. Ribbat (1978, 76); zum Singspielcharakter unter Verweis auf die Anregung Reichardts vgl. Rath (1996, 62), Paulin (1975, 116), Lüdeke (1922, 255).

79   Tieck-DKV I, 21, Z.22.

80   Vgl. die Korrespondenzstelle, wo Titania durch das „Schlaflied" der Feen, ebenfalls „von einer leisen Musik begleitet" (Tieck-DKV I, 16, Z.7), sich in den Schlummer wiegen lassen will (17, Z.13, Z.18ff.), dabei aber gestört wird durch den sterblichen Eindringling (17, Z.31f.). Die einschläfernde Wirkung der Musik, durch die sich in Shakespeares Märchendramen wie dem *Sturm* das Wunderbare als etwas Wahrscheinliches einführt, beschreibt Tieck in der frühen Shakespeare-Abhandlung als Modus zur Plausibilisierung des Ungewöhnlichen (vgl. Tieck-DKV I, 708). Nicht selten stehen in seinen Werken deshalb Töne in direkter Verbindung mit dem Wunderbaren.

81   „Jegliche Frucht und eine jede Blume / Durchweht ein Geist, der minder oder mehr / Verwandtschaft mit dem Geist des Menschen hat" (Tieck-DKV I, 20, Z.20-22), lautet die früh formulierte Quintessenz von Tiecks Auffassung romantischer Poesie, die er Oberon im Bericht über das Auffinden der „rote[n] Blume" (Tieck-DKV I, 21, Z.8) im dunklen Wald während des Streits mit Titania vortragen läßt. Tiecktopisch ist bereits die Topographie des Wegs durch ein Gebirge in den Wald, wo die durch purpurroten Tau gefärbte weiße Blume steht (vgl. 19, Z.31-34), mittels derer sich die „stärkste Glut der Phantasie" entzündet (20, Z.27); zur Umdeutung von Shakespeares 'Love-in-idleness' in ein naturäquivalentes Inspirationsmedium vgl. Tieck-DKV I, Kommentar, 828, 830 (20,1-5).

selnden Kadenzen ab. Ihrer Durchmusikalisierung mittels Anaphern, Alliterationen und Reimen (bis zu Dreier-Reimen) korrespondiert die Klanglichkeit der beherrschenden i- und e-Assonanzen, variierend angereichert durch das Assonieren auf die angrenzenden ä-, ö- und ü-Umlaute. Beendet wird das Dramolett durch einen Monolog des aus seinem Traum erwachenden Shakespeare, dessen Verwirrung sich in vorherrschenden Blankversen Ausdruck verschafft, die durch sturm-und-drang-typische Interjektionen, rhetorische Fragen und Enjambements metrisch und syntaktisch dissoziiert sind. Gestärkt aber bereits durch die poetische Kraft der nunmehr eröffneten Zukunft als Dichter erahnt Shakespeare trotz aller Unklarheit über den Realitätsstatus seiner Erlebnisse im Traum die höhere Ver
· trautheit mit der anderen Welt, die sich schon jetzt darin äußert, daß alle Glieder seines Körpers in jedem Atemzug von „Wonne" und „Gefühl" durchdrungen sind.[82] So fungiert der Wechsel der Versmaße über das Anzeigen von Bewußtseinszuständen hinaus als Zeichen der Shakespeare-Anbindung, die sich darüber hinaus in zahlreichen wörtlichen Anleihen aus Wielands Übertragung *Ein St. Johannis Nachts-Traum* niederschlägt.[83]

Die szenische Vergegenwärtigung von Shakespeares Traumerlebnis samt der Verleihung der Gaben, autorseitige Voraussetzung für die spätere Niederschrift des *Sommernachtstraums*, begründet sich daraus, daß dessen späterer Verfasser als unbeleckter und verängstigter Knabe von der Wiedervereinigung Oberons mit Titania profitiert. Ansonsten wäre er, weil er als Sterblicher in die Feenwelt eingedrungen ist, sogar bestraft worden. Jetzt aber wird ihm im Traum die Gnade gött-

---

[82] „Wo bin ich? – ha! Wo war ich? – Welcher Rausch? / [...] Ha, woher dies fremde, / Dies übermenschliche, dies göttliche / Gefühl? – Mir ist so wohl, ich fühle mich / So stark, so groß, als könnte ich hinauf / Zum Monde reichen! Mich beseelt ein neuer Drang, / Als sollte ich allmächtig die Natur / In meine Armen schließen! Jeder Sinn / Tanzt froh und schwelgt in Freiheit. Gestern ging / Ich hier, und warf mich unter diesen Baum – / Da war ein jeder Sinn mir festgeschmiedet. / Und itzt! Mein vorig Leben gleicht der schwarzen Nacht; / Heut geht zuerst die Sonne auf [...] / Ein jeder Atemzug in mir ist Wonne, / Ein jedes Glied von meinem Körper ist Gefühl. / Woher? – Woher? – Ich kann mich selbst nicht fassen! – " (Tieck-DKV I, 24, Z.16,35-39; 25, Z.1-9,20-23). Zur rahmenbildenden Lichtmetaphorik der aufgehenden Sonne vgl. die mit dem Einschlafen abbrechende Eingangsrede Shakespeares (13, Z.15). Ihr korrespondiert die Leitmetaphorik der Pflanzen und Blumen, die vom Königspaar besorgt werden (Titania: Veilchen, Thymian, Vergißmeinnicht, Lilien; 19, Z.5-10; die „rote Blume" von Oberon) und durch deren Saft der Knabe zum Sänger geweiht wird (19, Z.20f.). Denn auch die Blumen, „die im Mondscheine glänzen" (19, Z.10), haben noch „keine Sonne" gesehn (19., Z.9) und sind „diese Nacht erst aufgebrochen" (19, Z.8; vgl. dazu auch 19, Z.34; 21, Z.5).

[83] Vgl. Tieck-DKV I, Kommentar, 821f., Einzelstellen 829f., auch Bosch (1962, 6f.); im Schlußmonolog wird nicht nur 'Zettels Traum' alludiert (24, Z.25), sondern über den *Sommernachtstraum* hinaus auch die bekannte Vogelbildlichkeit aus *Romeo und Julia*, die zwischen Nachtigall und Lerche das Wonneglück im Grenzbereich der entschwindenden Nacht und des dämmernden Morgens symbolisiert (vgl. 25, Z.18f.). Zur literarhistorischen Bedeutung Wielands für die Entdeckung des 'ganzen' Shakespeare, also einschließlich der generisch so schwer faßbaren und von Zeitgenossen wie Gerstenberg deshalb als opernnahe Pastorale eingestuften Märchendramen vgl. Bauer (1988, hier 145).

licher Offenbarung, einer bislang „unbekannte[n] Gottheit"[84], zuteil; und zwar
allein kraft eines „Zufalls Fehler"[85], indem erst die Versöhnung Titanias mit
Oberon die Schenkung der „schönen Gaben"[86] motiviert, aus der ein 'Jahrtau-
sende' überdauerndes Dichtergenie hervorgeht[87]: im einzelnen 'Kraft', 'Mut',
'Phantasie', 'Begeisterung', 'Gefühl', 'Kühnheit', 'Größe', 'Milde', 'Gedanken',
'Geist' und 'heitre Laune'.[88]

Die virtuose Leichtigkeit allein in der Musikalisierung der gebundenen Sprache
bestimmt die *Sommernacht*, deren spezifische Abgeschlossenheit die paratextuelle
Bezeichnung 'Fragment' in Frage stellt[89], trotz aller naturidyllischen Konventionalität[90] zu den literarisch bemerkenswertesten Texten des Schülers Tieck. Mit
der spielerischen Artistik ihrer Inszenierung von Sprache, gebrochen indes durch
das moralisierende und vor allem allegorisch auflösbare Räsonnement des Kö-
nigspaars über mögliche Strafen und den Edelmut in den zu verleihenden Gaben[91], erweckt sich der gerade 16-jährige Autor gleich seinem Protagonisten

---

[84] So Tiecks Formel für die namenlose Instanz, die den anderen Zustand bewirkt (Tieck-DKV I,
245), die aber, wie hier aus dem Eifersuchtsmonolog Wallers in *Der Abschied* (1792) zitiert, auch
negativ bzw. psychopathologisch konnotiert sein kann.

[85] Tieck-DKV I, 18, Z.32; vgl. auch Z.35.

[86] Tieck-DKV I, 19, Z.6.

[87] „So lebe, von Jahrtausenden gepriesen! / Die Ewigkeiten wird dein Ruhm durchleben" (Tieck-
DKV I, 22, Z.16f.).

[88] Eine zuordnende Verteilung der Gaben auf Oberon und Titania, die Lüdeke (1922, 54f.) vornimmt – verleihe Oberon Fähigkeiten des Sturm-und-Drang-Genies, streben Titanias Geschenke
der romantischen Phantasie zu (vgl. auch Tieck-DKV I, Kommentar, 826) –, ist nur bedingt
möglich. Nur die „heit're Laune" wird unzweideutig von „nied're[n]", doch sehr „schnelle[n]
Geist" Puck verliehen (Tieck-DKV I, 23, Z.35; 24, Z.1; 15, Z.20), während die „stärkste Glut der
Phantasie" nicht allein von der roten Blume stammt, die Oberon Puck besorgen läßt (20, Z.27).
Denn auch Titania entzündet neben 'Kraft' (21, Z.19) und 'Gefühl' (Z.17) die „reinste Flamme"
der „Phantasie" (21, Z.20,19), die wiederum der „flammendste[n] Begeist'rung" und dem alle
Grenzen durchbrechenden freien Gedankenflug Oberons korrespondiert (21, Z.36f.). Der Ver-
söhnungskonzeption des Stücks zufolge wäre es aber auch geradezu widersinnig, die Verteilung
auf ein männliches und weibliches Prinzip hin zu unterscheiden, zumal erst die symbiotische Verschmelzung aller Gaben die Versöhnung der Gegensätze – allegorisiert in der Beilegung des
Ehestreits im Feenreich – und so das romantische Dichtergenie zur Entfaltung bringt.

[89] Der Paratext *Ein dramatisches Fragment* geht auf die Nachlaßedition *Köpkes* zurück, während die
vorangehenden Ersteditionen (1851, 1853) von einer „Jugenddichtung" sprechen (vgl. Tieck-
DKV I, Kommentar, 819). Zwar rekurriert Hölter mit seiner Fassung auf die Handschrift, der
Status der paratextuellen Bestimmung wird aber nicht eigens geklärt. Ein Fragment ist das Dramolett allein deshalb kaum, weil die Erwählung zum Dichter selbst abgeschlossen ist; imaginär
eröffnet wird dagegen – und dies signalisiert die spezifische Offenheit des Schlusses – das Gesamtwerk Shakespeares!

[90] Vgl. Tieck-DKV I, Kommentar, 826f.

[91] „Wie viel schöner, / Um wie viel edler, würd'ger ist es hoher Geister, / Die Macht zu etwas Gutem anzuwenden" (Tieck-DKV I, 18, Z.18-20). Den sprachlichen Bruch innerhalb der Feenwelt
durch die an „Schiller gemahnende moralische Reflexion" bemerkt Bosch (1962, 7): „Enthusiasmus und Reflexion, Einfühlung und kritisches Betrachten [...] fördern und hemmen" sich gegenseitig (7).

selbst zum Dichter. Die *Sommernacht*, die zu den ersten Werken Tiecks überhaupt zählt, ist so auch Allegorie der Selbstinitiation zum Künstler, der sich wie Shakespeare im Stück zeitlebens dankbar der frühen poetischen Erleuchtung erinnern wird.[92]

Szenisch 'objektiviert' sich das Offenbarungserlebnis aus einer alltäglichen Lebenssituation heraus, indem der brombeersuchende Junge durch Puck und die Feenwelt des *Sommernachtstraums* in den traumförmigen Bereich schwebender Bewegungsbilder und damit ins Wunderbare hineingeführt wird. Dazu eröffnet ihm Puck zunächst die Seelenlandschaft des dämmernden Tages, in die er Gold schüttet, um den Träumer durch seine Naturprojektionen[93] hindurch in den anderen Zustand des Feenreichs gleiten zu lassen. So gerät Shakespeare in sein eigenes Stück, das er sehr viel später verfassen wird. Bereits die *Sommernacht* prägt so, ohne den parabatischen Mechanismus zu bemühen, eine Art Vorstufe der späteren Literaturkomödien aus, indem der Autor als Bestandteil seines zukünftigen Stücks, dessen Zitate ihm durch den Kopf gehen, agiert.[94] Mit dem Erwachen als Dichter, bei dem er kaum zu sagen weiß, wie ihm geschah, sind folglich die Voraussetzungen dafür geschaffen, das ganze Stück vom *Sommernachtstraum* samt Hochzeitsrahmen, illudierender Liebesverwicklung der Paare im Wald und parabatischer Handwerkeraufführung zu komplettieren.

Die bezaubernde Wirkung der Nacht, „der Zauberei Geheimnis"[95], die nicht nur dieses Märchendrama Shakespeares affizieren wird, manifestiert sich aber bereits jetzt in durchmusikalisierten Versen, deren literarische Selbstorganisation nicht allein im forcierten Ausagieren ihrer Klanglichkeit erkennbar wird. Sie greift über in die typographische Anordnung der sprachlichen Elemente, indem sich die Musikalität der 'schnellen', 'hellen' und 'schwebenden' Kurzverse durch die gleichsam sternförmig chiastische Positionierung der reimenden Leitwörter „Feen", „Seen", „Felder" und „Wälder" als Isotopie-Ketten über die Zeilen hinweg, in der flächigen Ausbreitung also, geradezu graphisch organisiert.[96] Auf je-

---

[92] Tieck selbst erfüllt damit in seinen zahlreichen shakespeare-bezüglichen Werken den Auftrag Titanias: „Zur Dankbarkeit erinn're dich als Mann / Der heut'gen Nacht, und singe einst bezaubernd, / Was du im Traum geseh'n, der Nachwelt wieder; / Erzähle Oberon's Versöhnung mit / Titania, und ihren Zwist; dies sei dein Dank!" (Tieck-DKV I, 22, Z.31-35). Vgl. dazu, um nur ein Beispiel des Spätwerks zu nennen, die implizite Selbstbezugnahme in der Darstellung des Feenreichs Alfieris in der 'Märchen-Novelle' *Die Vogelscheuche* (Tieck-DKV XI, Kommentar, 1197).

[93] Vgl. Tieck-DKV I, 13, Z.19-34. Auf das „Repertoire der Idyllentradition [...] mit Anspielungen auf die Anakreontik und ihren bacchantisch schönen Götterfunken 'Freude'" verweist Rath (1996, 64) vor dem Hintergrund der topischen Naturbildlichkeit: Shakespeare schläft ein unter einem Baum auf einem offenen Platz im Wald (vgl. 63).

[94] Ähnlichkeiten und Differenzen zum *Gestiefelten Kater* benennt ansatzweise Bosch (1962, 5f.).

[95] Tieck-DKV I, 22, Z.5.

[96] So im ersten Gesang Pucks, der diese Leitwörter auf „schwebt", „schnell", „hellen" assoniert (Tieck-DKV I, 14, Z.1-13). Ihrer isotopischen Vernetzung wird eine Symbolik des Oben und Unten („Höhen", „Berge", „Tal") wiederum auch klanglich zugeordnet, so daß im 'tönenden' (Z.10) Schweben der Feen über „Höhen" und „Seen" „die hellen Sterne" im Achsenkreuzpunkt

den Fall repräsentieren Verse dieser Art den bereits ausdifferenzierten Stand
tiecktypischer Stimmungspoesie. Gleich dem schwebenden Tanz der Elfen gerät
der szenische Text selbst ins Schweben, um „im zitternden Glanze", „im flatternden Kranze" und „hüpfenden Tanze" „beim goldenen Schein" die „flüchtige[n]
Reih'n" seiner poetischen Wörter zu „weben" und „leben".[97] Der metonymische
Kurzschluß beider Tätigkeiten verwandelt Poesie in Textur als Lebensform – in
einen Modus, um die Welt nicht nur idyllisch zu 'verschönen', sondern auch den
aus göttlichen Gaben, Tönen, Düften, Farben und Gewürzen[98] synästhetisierten
anderen Zustand aus ihrer zauberhaft einlullenden Sprachmusik als Textur hervorgehen zu lassen.

Im Unterschied zur *Niobe* setzt Tieck die durchmusikalisierte Figurenrede in
der *Sommernacht* insofern weit weniger funktional ein, als ein aufgegriffenes Versmaß nicht mehr ausschließlich dadurch semantisiert wird, daß es sich der Darstellung einer psychischen Verfaßtheit zuordnet. Gegenläufig zur problemlos gelingenden allegorischen Ausdeutbarkeit der göttlichen Gaben offenbart die semantische Indifferenz der flüssigen Kurzverse vielmehr den durch das Bewußtsein rational nicht mehr einholbaren, übergänglichen Zustand des Anderen, den der bewegte Geist im Traum erlebt. Insofern repräsentieren die letzten Worte Shakespeares, der sich und das Woher seines Erlebnisses kaum fassen kann, nicht nur
den Versuch einer Rationalisierung, sondern auch die grundsätzliche Nichtpara-
phrasierbarkeit des soeben Erfahrenen. Prototypisch für die romantische Poesie
ist die *Sommernacht* deshalb allein darin, daß sich in der spielerisch-artistischen
Wechselbegründung von Poesie und Feenreich durch Literarisierung der Musik
und Musikalisierung der Lyrik der Zauber von Literatur als grenzüberschreitendes
und rational nicht mehr nachvollziehbares Vermögen zur Wiederherstellung eines
versöhnten Zustands darstellt.[99] Mit vergleichbaren literarischen Mitteln wird
Tieck das Verfahren zuletzt im *Kaiser Octavianus* auf eine Weise ausweiten, daß
sich die Form ins szenische Universalgedicht der poetischen Offenbarung ein-
schmilzt. So bahnt sich erstmals im frühen Dramolett die Entpragmatisierung der
literarischen Rede an, die sich als basale Voraussetzung für die einer produktiven
Phantasie notwendige Empfänglichkeit zu erkennen gibt, in den Empfindungen
und Tönen der Natur die Einheit der versöhnten Welt zu vernehmen. Nur durch
die symbiotische Einschmelzung der vom Feenreich verliehenen Gaben in der
Literarisierung kann die Versöhnung selbst – literarisch – beglaubigt werden. Die
anstrengungslose Sicherheit, mit der Tieck diesen Zustand als sprachlichen Effekt
aus der flüssigen Variabilität seiner Verse emergiert, bestätigt ihm erstmals das

---

der typographischen Komposition selbst zu „flimmern" beginnen (Z.7f.). Zur potenzierten poetischen Selbstorganisation dieser literarischen Darstellung vgl. dagegen die Vorlage in Wielands
Übersetzung *Ein St. Johannis Nachts-Traum* (II/1).

[97] Tieck-DKV I, 16, Z.22-34.

[98] Zu den Qualitäten der verschiedenen Sinneseindrücke vgl. Tieck-DKV I, 14f.

[99] Von einer „Allegorie des Paradiesgartens" spricht Rath (1996, 63).

produktive Potential von Literatur. So formuliert und gestaltet *Die Sommernacht* geradezu programmatisch das Projekt einer zukünftigen romantischen Poesie[100], indem sie die Merkmale der späteren Dichtung Tiecks allegorisch versammelt, ausdeutet und bereits poetisch ineinander vereint: gewährleistet durch das Offenhalten für die naive Begeisterung eines entflammbaren und zugleich reflektierenden Geists, der sich in heiterer Laune auch den durch Puck verliehenen Gaben des komischen und schnellen Witzes hingibt. Offen hält sich die so erlangte bewegte Phantasie in letzter Konsequenz vor allem für eines: „für die Gunst eines *Unbekannten* im Augenblick *empfänglich* zu sein".[101] *Die Sommernacht* ist die mythopoietische Urszene für das ahnende Präsentwerden all derjenigen Elemente, die romantische Poesie begründen werden; zugleich aber auch für den solche Poesie stets aufs Neue bestätigenden Impuls zur ebenso kritischen wie poetischen Beschäftigung Tiecks mit dem universalen Spektrum der Dramen Shakespeares als den zeitlebens bewunderten Vorbildern für diese neue Art von Literatur.

Mit wiederum neuen szenischen Elementen angereichert wird die seit der *Sommernacht* erprobte Literarisierung der dramatischen Rede im vieraktigen 'Feenmärchen' **Das Reh** von 1790.[102] Sie gehen über den bis dahin entwickelten Stand des Kontrastverfahrens insofern hinaus, als Tieck nun eingehender mit komischen und metadramatischen Techniken der Figurenrede experimentiert, die über die lustigen Personen Tartaglia, Minister am Hofe Prosperos, und Truffaldin, seinen Diener, ins Spiel kommen. Die bisherige Integration phantastischer, märchenhafter und witziger Elemente im Gefolge der Nachahmung Shakespeares und der theaterbewußten Effektdramatik Gozzis weitet sich dergestalt aus, daß mit den burlesken Masken eine durchgängige komische Parallel- und Intrigenhandlung konstruiert wird.[103] Erstmals im *Reh* ahmt Tieck damit *Struktur*merkmale der *Fiabe theatrali* Gozzis selbst nach, indem er das Feenmärchen in eine ihrer bizarren Phantastik gemäßen Handlung mit den einschlägigen Elementen aus Verwandlung, Probe und Erlösung samt einer daraus abgeleiteten moralisch-didaktischen Lehre einpaßt.[104]

---

[100] Vgl. dazu u.a. Haym (Tieck-DKV I, Kommentar, 823), Hölter (826) und Rath (1996, 64).

[101] Rath (1996, 64).

[102] Das Stück ist allerdings nicht mit letzter Sicherheit Tieck allein zuzuschreiben, weil es Indizien für die Mitverfasserschaft des Schulfreundes Schmohl gibt (vgl. Hauffen 1887, 316-318). Zeydel hat aber plausibel machen können, daß viele Faktoren für Tieck sprechen; vgl. resümierend Hölter (Tieck-DKV I, Kommentar, 806) und Rath (1996, 387/Anm. 116), der Hölters Zurückhaltung der eindeutigen Zuordnung nicht teilen will.

[103] Köpke zählt deshalb *Das Reh* zu den frühen Versuchen Tiecks, bei denen „eine andere Seite von Tieck's Eigenthümlichkeit" hervortritt, indem sich „das Phantastische, Märchenhafte" mit dem „Humoristischen" verbindet (Tieck-NS I, XII).

[104] Zu diesem Elementen in Gozzis *Das Blaue Ungeheuer* (1764), das als handlungskonstituierender Hypotext des *Rehs* gelten darf, vgl. Marelli (1968, 22ff.).

Die Potenzierung der Kontrasttechnik zeigt schon der Mix der *dramatis personae*: Evozieren allein die Namen der höfischen Sphäre (König Prospero, sein Sohn Fernando und dessen Geliebte Amanda) Shakespeares späte 'Romanze' *Der Sturm*, stehen der pathetisch hohen Handlung um väterliches Leid und heroische Tugenden der Bewährung sowohl Gozzische Masken als auch ein phantastischer Bereich entgegen, der im Falle der Elfenkönigin Ullina samt ihrer idyllennahen Stimmungspoesie aus der *Sommernacht* übernommen ist. Ihm kontrastiert die erneut aufgegriffene schauderhafte Sphäre der bösen Zauberin Ephebe, der nun aber wiederum ein komischer alter Zauberer als Orakel gegenübersteht. So kombiniert das Feen- und Märchenstück über die bislang erprobten Modelle pathetischer Affektdramatik bei partieller Wahrung der konventionellen Schaueratmosphäre hinaus nun auch die späte Märchendramatik Shakespeares mit der grellen Phantastik Gozzis, die eine den durchaus regelpoetischen Strukturimplikationen der *Fiabe* entsprechende burleske Situationskomik einschließt.[105] Die Elemente des Stegreiftheaters, die über Gozzi auf die *commedia dell'arte* zurückgehen, werden bei Tartaglia und Truffaldin nun aber bereits durch eine shakespeareaffine Sprachkomik bzw. Wortakrobatik literarisiert.[106] Im Motiv des von Theaterdonner begleiteten Orakels, das unzulänglich gereimte Tautologien absondert und deshalb von Truffaldin, der ebenfalls dichterische Ambitionen verfolgt, launig verspottet wird, macht sich sogar der erste Ansatz zur späteren Unsinnspoesie im späteren *Blaubart*-Komplex geltend.

Die phantastische Intrigen-Handlung, gespiegelt in der Parallelintrige der komischen Figuren, mittels derer die Versöhnung gelingt[107], ist simpel gestrickt: Die auf den Thron begierige zweite Gattin Prosperos, Printane, will mittels eines durch Ephebe vergifteten Pfeil ihren Stiefsohn Fernando töten. Es soll wie ein Jagdunfall aussehen, wenn Fernando an dem von ihm erlegten vergifteten Wild

---

[105] Zu Recht weist Feldmann (1971, 119) gegen Marelli (1968) darauf hin, daß Tieck die Gozzische Manier nur im *Reh* und im daran anknüpfenden *Ungeheuer und der verzauberte Wald* eingelöst habe, während die genuin romantischen Komödien davon entschieden abzuheben seien, weil sie mit der Konstrast-Theatralität der *Fiabe* kaum mehr etwas gemein hätten; zur Abgrenzung des *Ritter Blaubart* von Gozzi vgl. Feldmann (1971, 123, 125), des *Gestiefelten Kater* (103f.). Konstitutiv ist Gozzi für den Aufbau des *Rehs*, insofern die Minister von der Märchensphäre auch sprachlich, in der Unterscheidung zwischen launiger Prosa und pathetisch-empfindsamem Vers, voneinander getrennt sind; entsprechend strikt geschieden ist in der *Fiabe* die scherzhaft übertriebene von der ernsthaft übertriebenen Handlung, so daß der klassizistische hohe Stil der tragischen Figuren im Stegreifspiel der Masken konsequent verkehrt wird. Grundlegend ist demzufolge eine Dreiteilung von „gehobener Versprache, mittlerer Prosa und niederer Improvisation als Träger scharf voneinander getrennter Wertbereiche" (126): „Die Fiabe [...] verstand Gozzi nicht als Alternativtheater zur klassizistischen Komödie oder Tragödie, die für ihn immer verbindliche Normen eines literarischen Theaters blieben, sondern als Volksschauspiel, das aus dem Herrschaftsbereich der Regeln herausfiel" (127).

[106] Zur Verbindung der Gozzischen Manier mit dem Wortwitz und der Narrenphilosophie Shakespeares vgl. Marelli (1968, 61).

[107] Zur dramatischen Funktion der Diener-Intrige für das glückliche Ende vgl. Feldmann (1971, 48).

stirbt. Sein Schuß aber verwandelt das Reh im Elfenhain Ullinas in ein schwarzes Ungeheuer, das dem Königreich Tod und Verderben bringt. Das tautologische Orakel des alten Zauberers, zu dem Tartaglia mit seinem Bedienten geschickt werden – „Weicht jenes Unthier aus dem Hain, / Dann wird der Staat befreit sein"[108] –, trägt wenig zur Rettung bei, da das Ungeheuer sich als einigermaßen widerständig erweist. Tartaglia, von Printane bestochen, lügt es in den Auftrag an Fernando um, heldenhaft den Kampf mit dem Ungeheuer aufzunehmen und notfalls für das Vaterland zu sterben. Der will aber nicht. Erst Printanes Einflüsterung der bevorstehenden Heldenehre veranlaßt ihn zur Selbstopferbereitschaft. Diese wird dadurch bestärkt, daß ihn die Geliebte Amanda als Tochter der Zauberin mit einem Gegengift schützt und so dem sicheren glücklichen Ende vorarbeitet. Vom Theaternebel in IV/9-11 verdeckt, besteht Fernando die Probe fürs Vaterland. Obwohl er sich Printane gegenüber versöhnungsbereit zeigt, verfällt diese dem Wahnsinn. Fliehend verwandelt eine namenlose Stimme als höhere Macht sie in einen giftigen Baum[109], der als „schreckenvolle[s] Denkmal" ihrer „Bosheit" die Moral des Stücks expliziert.[110]

Im *Reh* kehrt die Situation der *Sommernacht* wieder, indem erneut ein Sterblicher in den Bereich der Elfenkönigin eindringt, nun aber den Elfenhain schändlich entweiht und deshalb mit dem schwarzen Ungeheuer, das ihn verfolgt, bestraft wird.[111] Den von der *Sommernacht* her bekannten literarischen Verfahren[112] wird die Prosa[113] der komischen Parallelhandlung entgegengestellt, die mit den

---

108 Tieck-NS I, 54. Andeutungsweise komisiert wird das Delphische Orakel bereits in Shakespeares *Wintermärchen* (so von Cleomenes in III/3); neben der ironischen Antikenbezüglichkeit greift Tieck es möglicherweise auch als komische Mittelalterallusion vor dem Hintergrund des Zauberer-Motivs (Merlin) auf.

109 Tieck kontaminiert damit den Schluß seiner fliehenden *Medea* mit dem – nun aber negativ perspektivierten – Metamorphosen-Schicksal *Niobes*.

110 Tieck-NS I, 75; zum moralisch-didaktischen Impuls der *Fiabe*, der sich im *Reh* auch darin äußert, daß Tartaglia um Verzeihung flehend bereut, sich von Printane bestochen haben zu lassen (66, 68), vgl. Feldmann (1971, 47). Eine ambivalente Brechung der Didaxe kommt allerdings insofern in die Schlußformel hinein, als sie vom alten Zauberer, „der auf einem Wagen aus den Wolken herabschwebt" (Tieck-NS I, 75), formuliert wird. Und bei dem wurde die Unzuständigkeit seiner Orakelsprüche von Truffaldin vorher bereits hinreichend deutlich gemacht.

111 Tieck-NS I, 35; zu den literarischen Anleihen aus der *Sommernacht* vgl. Tieck-NS I, 32.

112 Sie organisieren sich wiederum nach der bereits erprobten Doppelung der Versformen, also nach: – Blankversen, teils Sechshebern in pathetischer Anhebung zum *stilus sublimis* seitens Prosperos zum einen, der sein Leid um Fernando in der bekannten Sturm-und-Drang-Manier auch dadurch verstärkt, daß es sich einer prometheisch gestimmten Sturm-Metaphorik bedient (vgl. Tieck-NS I, 37, 41f.); – musikalisierten Kurzversen wiederum als Chor und Tanz der Elfen zum anderen. Von wechselnden Hebungen gekennzeichnet ist zudem das schauderhafte Lied der Zauberin Ephebe, das beschwörend die Wirkung ihres Gifts herbeiruft (22f.). Im Gegensatz zur *Sommernacht* driften die naturidyllischen Passagen, so Ullinas Beschreibung ihres „Lieblingsreh[s]", unfreiwillig auch in den Kitsch ab (vgl. 31).

113 In mittlerer Prosa sprechen, unregelmäßig mit gebundenen Sequenzen wechselnd, auch die Figuren des höfischen Bereichs, v.a. in handlungsrelevanten Passagen, die im Unterschied zum Pathos des eher monologisierenden Blankverses in den *stilus mediocris* herabgestuft sind.

beiden champagnertrinkenden Gozzi-Masken[114] die phantastische wie erhaben-pathetische und empfindsame Haupthandlung komisch konterkariert.[115] Ihr bur-leskes Stegreifspiel treibt Wortspiele bis an die Grenze des parabatischen Verfah-rens. Ausgelöst durch den tautologischen Leerlauf des Orakels peroriert insbe-sondere Truffaldin, veranlaßt durch die Idealkonkurrenz seiner Dichterambitio-nen[116], über die mangelnde Poetizität und Aussagequalität des Spruchs, um me-tadramatisch auch den unnötigen theatralischen Aufwand für Nichtigkeiten dieser Art ohne Sinn zu verspotten.[117] Selbstbezüglich reagieren beide Komiker aber auch wechselseitig auf das bloß Rhetorische ihrer Figurenreden[118], u.a. indem sie deren Status als Wortspiel selbst thematisieren.[119] Handlungsbestimmend wird auf diese Weise vor allem die Schicksalsemantik des Orakels ironisch relativiert.[120] Dessen tautologische Selbstaushöhlung, die Truffaldin durch parodierende Beru-fung auf Weisheiten eines alten Philosophen – „Alles, was ist – ist"[121] – komisiert,

---

[114] Zeydel (1935, 25) deutet ihre Vergleichbarkeit mit Stephano und Trinculo im *Sturm* an. Im Ge-gensatz zu Shakespeare bleiben sie aber „deutlich von der Märchensphäre abgesetzt", was sie tat-sächlich eher der *Fiabe* verpflichtet erscheinen läßt (Marelli 1968, 62).

[115] So bereits im ersten Auftritt (I/4), wo Truffaldin die Ministerqualen Tartaglias – trotz seiner Mü-digkeit nach der am Spieltisch verbrachten Nacht soll er jetzt schon wieder zur Jagd mit Fernando aufbrechen – komisch perspektiviert: „Nachdem nun dieses gefährliche Geschäft, Rehe und wilde Hasen zu hetzen, vorbei ist, kehrt man zurück, und neue Qualen warten seiner. Da steht der Champagner schon auf dem Tisch und harrt seiner Auflösung. Das Schauspiel geht an. Schon fallen nach und nach ob der vielen Regierungssorgen dem Herrn die Augen etwas öfter zu. [...] Es wird mit Mühe ein Gericht nach dem andern verzehrt, er ißt im Schweiße seines Angesichts. [...] Du mußt izt mit eigenen, hohen Händen noch Karten zum Trisett oder Whist austheilen – – das ewige Anstrengen!" (Tieck-NS I, 28).

[116] Vgl. seine durch rhetorische Schlagworte aufgewertete regelpoetische Kritik der schlechten Verse des Orakels: „[...] aber so ein Ausspruch! Jede Hökerfrau in der Stadt kann ihn ja besser thun! Und die Verse? Mein Gott, sie sind ja wie die eines Schulmeisters, der für zwei Groschen zwei Bogen voll Reime schmiert. Erstlich ist *Hain* und *sein* eigentlich ein unreiner Reim. Doch wenn wir auch dem alten Herrn diese *licentia poetica* erlaubten, wie kann er den schlechten Uebergang durch *dann* entschuldigen?" (Tieck-NS I, 55). Truffaldins eigene Wortspiele bleiben indes selbst ziemlich „armselig[]" (39), weshalb Printane ihn als „langweilige[n] Schwätzer" abqualifiziert (40).

[117] „War diese lumpige Idee wol der Unkosten der beiden Donnerschläge werth, die sich der alte Herr machte, sowie in vielen elenden Stücken noch ein Gewitter vorkommt – " (Tieck-NS I, 56). Für „vernünftig" hält es Truffaldin deshalb, daß sich der Orakelzauberer in der Einsamkeit seiner Felsengefangenschaft aufhält, weil er sonst zu befürchten hätte, daß man „ihn nur in ein Narren-haus" bringt (56).

[118] Vgl. Tieck-NS I, 53

[119] „TARTAGLIA: Meine Ruhe, die ganz und gar zum Henker ist. / TRUFFALDIN: Wahrhaftig, – das schönste Wortspiel, das ich bisjetzt erlebt habe!" (Tieck-NS I, 66).

[120] „Aber ich dächte, wenn wir uns über den alten Schicksalsverwalter lustig machen wollten", meint Truffaldin über das Orakel, „so gingen wir ein wenig weiter von hier weg; denn ohngeachtet sei-ner Verstandlosigkeit wird er doch noch Verstand genug besitzen, daß er hört, wie verständig wir seinen Verstand lächerlich machen" (Tieck-NS I, 57).

[121] „Das scheint jedem gleich einleuchtend; aber es muß doch wol ein großer Kopf dazu gehören, es gehörig zu fassen" (Tieck-NS I, 55).

erlaubt die problemlose Umformulierung[122], so daß durch den Tataufruf an Fernando der Hof- und Staatskonflikt ins versöhnliche Ende überführt werden kann.

So zeichnet das *Reh* insgesamt den Versuch aus, burleske Situationskomik, metadramatischen Sprachwitz und eine sowohl erhabene als auch phantastisch tingierte Konfliktstruktur in drastische Effektdramatik einzubinden. Dem Zwiespalt Fernandos zwischen empfindsamer Furcht und heroischer Angstbewältigung[123] vor dem Hintergrund seiner Liebe zu Amanda ist die subvertierende Parallelhandlung komischer Personen als kontrastive Verzeichnung des Bedrohlichen wie Empfindsamen ins Lustige zugeordnet.[124] Noch aber sind die komischen Partien kaum von dezidierter Literatursatire getragen. Darüber hinaus wird Tieck in seinen romantischen Komödien gerade die Drastik der Effekte aus Gegensätzen zurücknehmen, mittels derer er noch im *Reh* die erheblichen Differenzen zwischen Shakespeares Poesie und Gozzis Theatralik, die seine Abhandlung über das Wunderbare entfalten wird, bedenkenlos überspielt. Greift man die dort begründete Abgrenzung auf, dann ist das *Reh* eben noch „*zu wunderbar*", um dem Rezipienten als vertraut, also illudierend wahrscheinlich gemacht zu erscheinen.[125]

So manifestiert sich im Feen- und Märchendrama zwar die spezifisch romantische „Willkür der Darstellung"[126], die August Wilhelm Schlegels Wiener Vorlesungen der *Fiabe* attestieren. Wie diese aber ist auch das *Reh* ein Stück „auf den Effekt" und „von kecker Anlage, noch mehr phantastisch als romantisch", denn

---

122 Allerdings fällt Tartaglias Umlügen des Orakels in „reimfreien Versen" aus (Tieck-NS I, 57; vgl. 58), woran die dichterischen Ambitionen Truffaldins naturgemäß sofort Anstoß nehmen.

123 Geistesgeschichtlich und biographisch deutet Rath (1996, 38-41) das Stück als literarische Transformation von Selbsterlebtem: als Angstbewältigung des Schülers Tieck im Gewand des Prinzen gegenüber einer schulischen „Prüfungssituation" (38). Die Probe wird zum „Persönlichkeitstest" (41), der Prinz zum Argonautenfahrer, die Minister zur „Parodie auf Schulautorität" (39), so daß sich eine „motivische Kette wie Goldnes Vlies = Gozzis Fiabe *König Hirsch* = Märchenreh = Gedanke = Sinntreffer = Orakelspruch = Seelenwahrheit [ergebe]. So zitiert das Feenmärchen *Das Reh* in Rokoko-Manier das Bild von Artemis mit dem Reh und von Eva mit dem Hirsch vor dem Sündenfall: der Hirsch als Sinnbild für Christus, das lebendige Wort und den Logos – oder als die persönlich erlebte Seelenwahrheit, auf die hin der Prinz geprüft wird" (39f.). Tieck „poetisiert ein gestelltes Thema allegorisch und stattet es mit vorgefundenen Mustern aus, die so zugeschnitten sind, daß sie das Selbsterlebte wiedergeben. [...] Selbstleben aber heißt in diesem Feenmärchen das Ertragen von Angst zur eignen Seelenerläuterung und Selbstwahrheit" (41).

124 Zur Kontrafaktur der Empfindsamkeit vgl. den materialistisch begründeten Spott Tartaglias auf Truffaldins romantisierend poetische Rede von den „goldenen Wolken mit der silbernen Einfassung": „Ach Possen! Wie könnte ich mich über eine goldene Wolke freuen? Gerade als wollte ich über den Schatten einer Weinflasche oder über den Klang von Goldstücken fröhlich sein!" (Tieck-NS I, 29). Als Fernando kurz danach auftritt, reproduziert Tartaglia dagegen sofort opportunistisch seine empfindsame Naturbegeisterung (vgl. 29). Im Gegensatz zu den hohen Personen ist dann auch seine Angst im Wald vor der Finsternis und ihren Gespenstern burlesk gebrochen (vgl. 34f.)

125 Tieck-DKV I, 705.

126 Schlegel-KS V, 248.

„alle Striche der Darstellung sind derb und handfest", so daß „das Gewicht seiner Masken [...] das luftige Gewebe zum Boden herunter" zieht.[127] Auch bei Tieck dient „dem abenteuerlichen Wunderbaren der Feenmärchen [...] die ebenso stark aufgetragene Wunderlichkeit der Maskenrollen vortrefflich zum Gegensatz", so daß in den ernsten wie den scherzhaften Teilen die Darstellung „gleich weit über die natürliche Wahrheit" hinausgeht.[128] Die „prosaischen, meistens aus dem Stegreif spielenden Masken" bilden so „ganz von selbst die Ironie des poetischen Teils" aus.[129] Die Ironie fungiert deshalb als „ein in die Darstellung selbst hineingelegtes mehr oder weniger leise angedeutetes Eingeständnis ihrer übertreibenden Einseitigkeit in dem Anteil der Phantasie und Empfindung".[130] Sie unterscheidet sich darin gerade von der romantischen Ironie, die die gegensätzlichen Bereiche wie selbstverständlich einander zuordnet und bruchlos ineinander aufgehen oder auseinander hervorgehen läßt.

Tiecks Feenstück demonstriert damit zwar eine weitere Entfaltungsstufe der experimentellen Verbindungs- und Kontrastierungstechnik. Noch aber bleiben die je 'stark aufgetragenen' Sphären unterschiedlicher Herkunft erkennbar voneinander getrennt, so daß es von all seinen Dramen der Gozzischen Manier tatsächlich am nächsten kommt: Der Schauer-Bereich beschränkt sich auf Ephebe, die idyllische Sphäre auf die Elfenwelt, die pathetisch-erhabene vorwiegend auf Prospero, die empfindsame (sowohl in gebundener Sprache als auch in Prosa) auf Fernando und Amanda, die listig-intrigante schließlich auf Printane neben der komisch und zugleich versöhnend intrigierenden Handlung der Masken[131], weshalb *Das Reh* insgesamt nur mit sehr eingeschränktem Recht als „Keimzelle des *Gestiefelten Katers*" anzusehen ist.[132] Schon wegen dieser Begrenzung kann Tieck den Gozzi-Stoff vom *Blauen Ungeheuer* später noch einmal aufgreifen, um ihn mit unübersehbaren Handlungsparallelen zum *Reh* im ebenfalls vieraktig episierenden 'musikalischen Märchen' *Das Ungeheuer und der verzauberte Wald* (1797/98) trotz einer sogar noch gesteigerten opernhaften Theatralität als „unverbindliches ästhetisches Spiel" samt der dazugehörenden Stimmungspoesie nun tatsächlich romantischer Dramaturgie anzunähern.[133]

---

[127] Schlegel-KS V, 248.

[128] Schlegel-KS V, 248; vgl. dazu Feldmann (1971, 102f.).

[129] Schlegel-KS V, 248.

[130] Schlegel-KS V, 248f.; vgl. auch Hinck (1965, 390), der das Eingeständnis der Übertreibung durch das Zurückfallen einer Figur wie Truffaldino auf ihre italienische Maske vollzogen sieht: „Die Ironie wird hier wirksam in der Aufhebung der Rolle durch die Maske".

[131] Die Aufzählung der getrennten Bereiche zeigt an, daß im *Reh* die für Gozzi typische Dreiteilung in Geisterwelt, Märchenwelt und Masken (vgl. Marelli 1968, 61f.) bereits in tieckspezifischer Weise angereichert ist.

[132] Marelli (1968, 60).

[133] Feldmann (1971, 138-140, hier 140).

Zunächst aber wird die Fortentwicklung der komischen wie märchenhaft-wunderbaren Elemente nach 1790 unterbrochen, weil die Shakespeare und Gozzi nacheifernde Märchendramatik, kontaminiert bereits von den ihr je heteronomen Elementen einer durchaus ungeregelten Kontrast- und Effektdramaturgie, temporär zurücktritt. Erst mit den Perrault-Dramatisierungen seit dem *Ritter Blaubart* und der damit einhergehenden Verdrängung der Manier Gozzis[134] transformiert sich die Kontrasttechnik vollends in eine launige Dramaturgie der Dispersion, die die Bruchlinien szenischer Gegensätze, die Tiecks Stücke bis dahin mehr oder weniger deutlich markiert hielten, in einer Art quecksilbernden Manier einzuschmelzen unternimmt. Mit der Tendenz zu handlungsorientierten, abendfüllenden Volldramen, der Hinwendung zur hohen Tragödie als einer auch psychologisch differenzierten Großstruktur setzt sich zunächst jedoch eine gewisse Klassizität durch, die zur Einhaltung regelpoetischer Normen neigt. Als einzig tatsächlich regelmäßig gebautes, abendfüllendes Trauerspiel geht in dieser Zeit aber nur das Ritterdrama *Karl von Berneck* hervor, weil die fünfaktige Königstragödie *Anna Boleyn*, generisch Schillers *Don Karlos* als Vorbild nachstrebend, im Fragmentarischen stecken bleibt.

Zuerst jedoch verschieben sich die Elemente des Wunderbaren vor dem Hintergrund einer thematischen Akzentverlagerung ins Exotistische, das sich in einer Reihe von Werken unterschiedlicher Gattungszugehörigkeit als rousseauistisch inspirierter, imaginierter Orientalismus niederschlägt[135], in dessen szenischer Variante nur aber die bekannte Affekt- und Schauerdramaturgie fortlebt. Von orientalischer Motivik durchsetzt war bereits *König Braddock*, ohne daß diese die Szenerie auch in konkreter Topographie bestimmt hätte. Neben dem orientalisierenden Dramenfragment *Roxane* (um 1790) mit überdeutlichen Handlungsparallelen zum *Reh*[136] spielt nun hingegen das dreiaktige 'Schauspiel' *Alla-Moddin* (1790-1793) tatsächlich im fernen Osten: in „Manihla, einer spanischen Besatzung in Ost-Indien".[137] In erster Linie dient der Exotismus des Orts vor dem Hintergrund der

---

[134] „Ohne Gozzi nachahmen zu wollen", schreibt Tieck nachdrücklich zum *Ritter Blaubart* und mit impliziter Bezugnahme auf die in der Shakespeare-Abhandlung entfaltete Differenz zwischen der *Fiabe* und Shakespeares Märchendramatik, „hatte mich die Freude an seinen Fabeln veranlaßt, auf andere Weise und in deutscher Art ein phantastisches Märchen für die Bühne zu bearbeiten" (Tieck-S I, VII); vgl. auch Lothars Kommentar vor seiner Lesung des *Blaubart*, in dem er mit Grund darauf hinweist, daß die dramatische Bearbeitung des Kindermärchens „doch keine Nachahmung seiner [Gozzis] Manier zu nennen ist" (Tieck-DKV VI, 393).

[135] Vgl. Bosse (1997), die den genaueren Vergleich zwischen der lyrisierenden Prosa von *Almansur*, der romanartig ausdifferenzierten Großerzählung *Abdallah* und dem dreiaktigen 'Schauspiel' *Alla-Moddin* mit dem Argument unterläßt, daß das Stück im Vergleich zur komplexeren Prosa „recht eindeutig in der Tradition jener Aufklärungsliteratur im Gefolge v.a. Rousseaus" vornehmlich „vehemente Religions- und Zivilisationskritik" betreibt (45/Anm. 12).

[136] Vgl. Zeydels Zusammenfassung der Handlung, deren Ähnlichkeit mit dem *Reh* bis ins Detail reicht (zit. in Tieck-DKV I, Kommentar, 993); als Vorlage von *Roxane* benennt Zeydel (1935, 24) Christian Felix Weisses *Mustapha und Zeangir* (1763).

[137] Tieck-DKV I, 54.

in der zweiten Hälfte des 18. Jahrhunderts wachsenden Südseebegeisterung und der jüngst sich ereignenden Französischen Revolution aber nur dazu, ein humanitäres und demokratiefreundliches Freiheitspathos[138] zu dramatisieren, dessen orientalisches Gewand den Typus des edlen Wilden im Gefolge der zeitgenössischen Rousseau-Rezeption zivilisations- bzw. europakritisch positiviert.[139]

In Szene gesetzt ist die bereits zwei Jahre während Gefangenschaft des Indianerkönigs Alla-Moddin und seiner Familie[140] durch die spanischen Besatzer in Ost-Indien, die nur deshalb prolongiert wird, weil der sanftmütige und kunstbeflissene Wilde sich durch den Jesuiten Sebastiano, einem naturgemäß hageren Mann mit „glühenden Augen"[141], nicht bekehren lassen will. Zu den „Besitzungen der Europäer" in Manhla war er gereist, „um mehrere Künste und Erfindungen von den klügern Europäern nach Suhlu hinüberzubringen" und „dadurch das Glück und die Sicherheit" seines „Volks zu vermehren", während die Europäer und Jesuiten, verschlagene „Schlangen", nur usurpatorische Interessen verfolgen.[142] Gestaltet der erste Akt die Gefangenschaft der Familie und das zwischen exzessiver Verzweiflung und halluzinierender Verklärung der Lage unentwegt hin und her gehende rührende Pathos in überdeutlicher Anlehnung an Gerstenberg *Ugolino* (der neben motivischen und verfahrenstechnischen Ähnlichkeiten[143] auch in der unkindlich sentimentalischen oder zumindest unangemessen gespreizten Figurenrede von Alla-Moddins Sohn Lini durchscheint[144]), führt die ersehnte Befreiung der Gefangenen durch den französischen Freund Valmont im zweiten Akt die finale Versöhnung zunächst deshalb nicht herbei, weil die Gefolgsleute Alla-Moddins Manhla zu bestürmen unternehmen. Der während Verratsverdacht, den die Spanier gegen den Befreiten hegen, scheint sich damit zu bestätigen. Im Kampf mit einem Indianer fällt der unbelehrbare Sebastiano, während der zwischen Humanität und Gehorsam gegenüber der Inquisition zerrissene

---

[138] Der Eindruck des Demokratischen entsteht indes nur als Effekt aus Tiecks „Literaturbesessenheit, insofern sich „jede politische Äußerung historisch-poetischer Formeln bedient" und so „zitathaft und deshalb unecht wirken muß" (Tieck-DKV I, Kommentar, 882f.).

[139] Vgl. Hölters Exkurs *Tieck, die Französische Revolution und der Rousseauismus* (Tieck-DKV I, Kommentar, 879-886) und seine Südseebegeisterung seit J.F.W. Zachariaes *Tahiti oder die glückselige Insel* von 1777 (886).

[140] Vgl. dazu die von Hölter auszugsweise publizierten Passagen aus der gleichzeitig 1790 entstandenen 'dramatischen Schilderung' *Der Gefangene* (Tieck-DKV I, Kommentar, 893, 902).

[141] Tieck-DKV I, 71; zur ossianischen Herkunft des Motivs vgl. Tieck-DKV I, Kommentar, 889.

[142] Tieck-DKV I, 68.

[143] Vgl. Tieck-DKV I, Kommentar, 889f.; Sebastiano gleicht Ruggieri, und wie im *Ugolino* verklären sich die verzweifelt eruptiv sprechenden Gefangenen halluzinativ ihre Lage in einer naturidyllischen Gegenbildlichkeit; zu weiteren Motivübernahmen aus Ritterstücken, der Barden- und Idyllendichtung, dem *Götz*, *Don Karlos*, Shakespeares *Julius Cäsar*, *Richard III.*, Goethes *Egmont*, *Nathan der Weise* etc. mit Überlegungen zur Bühnenwirksamkeit und Opernnähe des Schauspiels vgl. Lüdeke (1922, 258f.).

[144] „Es ist verdrießlich, Vater, daß ich noch so klein bin, ich glaube, ich kann mich gar nicht so freuen wie du", sagt Lini während der Befreiung der Familie (Tieck-DKV I, 104). Auch das Motiv des gefangenen Kinds, das sich durch Lieder tröstet, geht auf *Ugolino* zurück.

Alonzo sich nach seiner Absetzung als Statthalter von Manihla mit der Versöhnungsbereitschaft Valmonts und Alla-Moddins belohnt sieht. Um dem Rachebegehren seiner Getreuen gegen die spanischen Besatzer zu begegnen, erpreßt Alla-Moddin den Führer Omal, seinen alten Freund, in märtyrerhaftem Edelmut mit der Drohung, sich selbst zu töten. Erschüttert von dieser Selbstopferbereitschaft lassen die Indianer, die sich mit einem metrisch ungeregelten „wilden Schlachtgesang" szenisch einführen[145], von ihrer blutigen Rache. So fügt sich alles zum besten. In den Armen Alla-Moddins erklärt Freund Valmont zivilisationsmüde seinen Wunsch, bei dessen Volk „an dem Busen der gütigen Natur leben, und wieder zum Kinde werden" zu wollen.[146] Der Europäer erfüllt sich seine Sehnsucht nach Erlösung von der europäischen Tyrannei[147], die sich bereits während des ganzen Stücks in einer naturidyllischen Gegenbildlichkeit zur trostlosen Lage der Gefangenen leitmotivisch geltend machte: besonders in den Träumen und Liedern Linis mit ihren Bildern der Sehnsucht nach dem heimatlichen Garten, die stets zur Rührung der gesamten Familie führen.[148] Der Utopie steht wiederum die schwermütige und düstere Negativität Alla-Moddins gegenüber. Seine Verzweiflung, die das Gefängnis ins Grab metaphorisiert[149], spiegelt sich symbolisch verdichtet im Märchen von Runal, dessen nihilistische Trostlosigkeit bis in die kosmische Bildlichkeit hinein das Anti-Märchen der Großmutter in Büchners *Woyzeck* vorwegnimmt.[150]

---

[145] Tieck-DKV I, 120f.

[146] Tieck-DKV I, 127.

[147] „Eine grausame Tyrannei hält mein Vaterland in ehernen, vielleicht unzerbrechlichen Fesseln, ich kann nicht unter Menschen leben, die sich schämen Menschen zu sein, diese Herrscher und Knechte sind mir ein empörender Anblick, ich will unter freien Bürgern ein Bürger, ein Bruder des Bettlers und des König sein, – in Europa darf ich es nicht, ich werde unterjocht, und soll andre unterjochen, ich mag kein Tyrann, aber auch kein Sklave sein" (Tieck-DKV I, 127).

[148] Vgl. Linis Traum (Tieck-DKV I, 56) und die kurzversigen Lieder mit längst etablierter tiecktypischen Topik in stereotypen Formeln und Flimmerbildern wie von den fliehenden Wolken, gleitenden Rädern des Regenbogenwagens, Wonnesängen und blauen Schmetterlingen „in den Blüten der rauschenden Bäume" etc. (58f.); vgl. auch Linis Lied der „Hoffnung" (79), das sich im späteren Lied von der 'bezwungenen Nacht' erfüllt (113f.) und so die romantiktypische Komplementarität von Begehren und Erfüllung anbahnt.

[149] Vgl. Tieck-DKV I, 62.

[150] Vgl. Tieck-DKV I, 94f., Kommentar, 906. Der ungetrösteten Einsamkeit, die der von europäischen Räubern in einen schwarzen Wald entführten Runal beim Blick auf das „blaue[], flimmernde[] Licht" des unendlich entfernten Sterns erfährt (94f.), setzt Amelni, Alla-Moddins Gattin, den verklärenden Blick auf die Goldfäden entgegen, die aus der gestickten schwarzen Leibbinde (92) „ein Bild des menschlichen Lebens emporkeimen" lassen (95). So bewahrt die romantische Gegenbildlichkeit, gleich den Goldfäden halluzinativ aus der schwarzen Fläche aufsteigend, Lebensfreundlichkeit gegenüber der verzweifelten Klage in der Gefangenschaft: konkretisiert in der Hoffnung auf die Rückkehr zur Heimat (also zur Kindheit) einerseits, auf die Sehnsucht nach dem 'Menschen' Valmont andererseits, der aus Sicherheitsgründen erst nur als 'Fremder' im Gefängnis aufscheint. Bemerkenswerterweise metonymisiert Lini die Künstlichkeit des Goldfadenornaments in die Schönheit einer Existenzform: „Es ist doch schön, so künstlich zu sein!" (93).

Strukturell gesehen ist das epigonale Prosa-Drama ein sentimentales Rührstück mit Elementen des Sturm und Drang im exotistischen Gewand, dessen geschlossene Handlungs- und Konfliktstruktur durch die Fetzenszenen im zweiten und die sich zuspitzende Indianer-Belagerung im dritten Aufzug eine gewisse szenische Dynamik gewinnt. Das Gefangenenszenarium des ersten Aufzugs ergeht sich dagegen undramatisch in übertrieben und unvermittelt wechselnden Affektzuständen zwischen hoffnungsgestimmtem Lyrismus und exzessiver Oh-Klage, die bis in motivische und sprachliche Details das Vorbild des *Ugolino* nicht verbergen können. Mit der Befreiung des krass idealisierten Indianerkönigs durch den Europäer Valmont verstärkt sich der empfindsame Freundschaftskult in völkerverständigender, wenn nicht menschheitlicher Perspektive, die sich aber wie die Affektdarstellung eher nur räsonierend zu besprechen als in der sprachlichen Gestaltung selbst transparent zu machen weiß. Für *Alla-Moddin* ist daher einmal sogar das Verdikt Staigers angebracht, der den Jugendwerken Tiecks allesamt den „Kitsch"-Vorwurf nicht ersparen will[151], weil das Stück tatsächlich im Räsonnement über das „göttliche Gefühl der Freundschaft"[152], über Valmont als „Verteidiger der Menschheit"[153] oder eben über das jeweils gerade angesagte Tun verharrt.[154] So wird in *Alla-Moddin* der „Ton", der ins „Herz"[155] dringt und die „innre Stimme" anspricht[156], kaum sprachlich plausibilisiert, sondern eben tatsächlich bloß behauptet.[157]

Es verwundert nicht, daß Tieck es in seiner „Jugend leicht" gewesen sei, „viel dem Aehnliches, in Erzählung, Gedicht, oder Schauspiel hervor zu bringen".[158] Das 'Schauspiel', als solches innerhalb des Gattungssystems Drama begründet durch die finale Umarmung der gerührten Freunde Alla-Moddin und Valmont, versammelt geradezu topisch alle spätaufklärerischen Phantasmen vom versöhnungsbefähigten, empfindsamen und religionstoleranten Wilden.[159] Trotz seiner

---

[151] Staiger (1976, 326).

[152] Tieck-DKV I, 76.

[153] Tieck-DKV I, 85.

[154] „Izt umarmt der *freie* Alla-Moddin die *freie* Gattin, den *freien* Sohn. – Ein neuer Frühling meines Lebens beginnt mit diesem sonnbeglänzten Augenblick, die Blume unsers Glücks ist wieder aufgeblüht – ihr Duft ist Seligkeit" (Tieck-DKV I, 102).

[155] Tieck-DKV I, 86.

[156] Tieck-DKV I, 89.

[157] Die rhetorisch evozierte Metaphysik des 'Tons' – das als 'Mysterium der Grammatik' ins Herz greifende, rational aber nicht mehr kommunizierbare Sprechen „mit einem Ton" (Tieck-DKV I, 86), bei dem man alles versteht, weil man durch ihn das Innerste einer anderen Person ganz unmittelbar begreift – kehrt als beschwörenden Formel in fast allen Dramen Tiecks dieser Zeit wieder, geradezu leitmotivisch artikuliert v.a. im nachfolgenden *Abschied* (1792). Sie geht auf Claudias stotternden Versuch in III/8 der *Emilia Galotti* zurück, die Dämonie der Enthüllung von Appianis Mörder Marinelli zu versprachlichen.

[158] Tieck-S XI, XVIf. Gemeint sind die in der Orient-Motivik thematisch verwandten Werke wie das dreiaktige Prosa-Drama *Roxane* und die Erzählungen *Almansur* und *Abdhalla*.

[159] Witziger und origineller persifliert hatte die zivilisations-, aufklärungs- und europakritischen Ideologeme Lenz im *Neuen Menoza* (1774).

geschlossenen Handlungsstruktur zerfällt es, wie zahlreiche frühe Dramen Tiecks, in die undramatische Abfolge wechselnder Affektzustände zwischen lyrisierender Erlösungssehnsucht, deklamatorischem Pathos und trostloser Niedergeschlagenheit.[160] Schärfer formuliert ergeht sich das sprachlich unbeholfene Stück in Jammern, Klagen und rührseligem Freundschaftskult, einer ebenso übersteigerten Verzweiflung wie Todessehnsucht, deren Larmoyanz sich nur wenig abhebt von den wenige Jahre später attackierten trivialen Familienrührstücken der Zeit.[161]

Trotz seines Mißlingens repräsentiert *Alla-Moddin* den ersten Versuch zur ausgebauten, großen Form des Dramas, die mit dem um 1792 forcierten Projekt der fünfaktigen *Anna Boleyn*[162] in die hohe Tragödie überführt werden sollte. Der literarische Qualitätssprung in Tiecks einzigem Versuch, eine Schillers *Don Karlos* einholende Prosa-Tragödie mit einem historischen Stoff zu schreiben, ist erheblich. Bereits aber 1792 bleibt sie – und das ist gerade hinsichtlich dieser strukturellen Selbstanbindung an eine aktuelle dramaturgische Vorbildhaftigkeit bezeichnend – im Fragmentstadium stecken, so daß die Typoskript-Edition Preuningers bei einem Umfang von 86 Seiten mit dem vierten Auftritt des dritten Aufzugs abbricht.

Den Neuansatz des Dramatikers Tieck, der in einem Brief an Wackenroder vom Dezember 1792 davon berichtet, seine „Art zu denken und schreiben geändert" zu haben[163], begründet die spezifische Akzentverlagerung in der Nachahmung Schillers, die jetzt auf die komplex ausgreifende Form des ersten Königsdramas zielt.[164] Signifikant für das neue Darstellungsinteresse Tiecks ist bereits

---

[160] „Das ganze Drama ist ein halb lyrisches Idyll mit malerischer Dekoration. Alles Gewalttätige, was geschieht, erscheint nur als ausgemalte Situation, und die eigentlichen Beweggründe der Handelnden schwimmen lediglich als dialogisierte Phrasen auf der Oberfläche der Geschichte. Und einen Dramatiker daher [...] wird Deutschland an diesem Dichter, trotz all seiner Shakespeare-Verehrung nicht gewinnen, sondern allenfalls ein Stimmungs-, ein Farbenpoet mag er werden" (Haym, 1920, 26).

[161] Zu den motivischen Affinitäten mit den exotistischen Stücken Kotzebues wie *Die Indianer in England* u.a. vgl. Tieck-DKV I, Kommentar, 887; v.a. die triviale Konventionalität dürfte Tieck später dazu veranlaßt haben, das Stück nicht in die *Schriften* aufnehmen zu wollen; ein Wunsch, der – wie erwähnt – nicht erfüllt werden sollte (vgl. Tieck-DKV I, Kommentar, 873).

[162] In der Rekonstruktion seiner Entstehungsgeschichte plausibilisiert Preuninger (1941, 3) 1792 als Jahr der Niederschrift gegen Äußerungen Köpkes, denenzufolge der Beginn der Arbeit auf 1790 zurückgeht. Dem ersten Versuch einer differenzierten dramatischen Großstruktur im hohen Stil korrespondiert das ähnlich orientierte Vorhaben im Bereich der Prosa mit dem *Abdhalla*-Roman, dem Hölter strukturelle Affinitäten zur Tragödie attestiert (vgl. Tieck-DKV I, Kommentar, 1002). Wie beim *Reh* gibt es auch in *Anna Boleyn* Zeichen der Mitverfasserschaft des Schulfreunds Schmohl, die Preuninger (1941, 43-45) in einer tabellarischen Auflistung unter der Maßgabe nachzeichnet, daß die shakespearisierenden bzw. literarisierende Elemente stilistisch auf die Verfasserschaft Tiecks hindeuten.

[163] Tieck-Wackenroder II, 115.

[164] Tiecks Rezeption sowohl einer Bühnen-Fassung des *Don Karlos* in Prosa, die in Berlin zuerst am 22. November 1788 in voller Länge gegeben wurde, als auch der Versfassung von 1787 ist nach-

die Wahl des „hundertmal erzählte[n]", „frostig[en]" Stoffs[165], insofern die Historie von Anna Boleyn, der zweiten Gattin Heinrichs VIII., als Darstellung einer liebenswert harmlosen bzw. tugendhaft leidenden Unschuld vor dem geschichtlichen Hintergrund um das „in gespaltenen Meinungen ringende Europa"[166] letztlich untragisch ausfällt und auch deshalb in der deutschen Dramengeschichte keine bedeutende Tragödie hervorbringt.[167] Wenngleich in Prosa verfaßt, strebt Tiecks Fassung den wirkungsbewußten und durchgängig hohen Stil der Tragödie an[168], indem sie Shakespeares späte 'Historie' *Heinrich VIII.* (1613) und ihre den Romanzen sich annähernde Episodik in der Darstellung des Leidens mit der differenzierten Psychologie innerhalb einer höfischen Intrigenhandlung ähnlich Schillers seelendramaturgischem Familiengemälde in einem fürstlichen Haus zu verbinden unternimmt.[169] Die tieckspezifische Gegenbildlichkeit zwischen melancholiedurchsetzter Klage und naturidyllischer Utopie der Kindheit beschränkt sich, nimmt man die ganz eigene Zwischenstellung des von der Liebe zu Boleyn

---

gezeichnet bei Preuninger (1941, 12f.). 1807 kommt Tieck auf das Stück in dramatischer Form noch einmal mit der satirischen Posse *Der neue Don Carlos* zurück.

[165] Tieck an Wackenroder, Dezember 1792 (Tieck-Wackenroder II, 115). Als primäre historisch Quelle benutzte Tieck Rapin de Thoyras' *History of England* (1743), ohne daß von einer „historical research seriously" zu sprechen wäre (Preuninger 1941, 18); zum religions- und kirchengeschichtlichen Hintergrund der Liebe Heinrichs VIII. zur einstigen Hofdame seiner Gattin Katharina von Aragon, die im Gefolge der sechs Jahre währenden Scheidungsprozedur von der katholischen wie von der sich konstituierenden anglikanischen Kirche und vom aufkeimenden Protestanismus instrumentalisiert werden konnte, vgl. Tiecks spätere Darstellung in seiner Rezension '*Anna Boleyn', von Eduard Gehe* (Tieck-KS III, 20). Preuninger (1941, 11) spekuliert vor diesem Hintergrund über mögliche Bezugnahmen auf die Französische Revolution im Zusammenhang der in der Tragödie erkennbaren antiklerikalen bzw. protestantismusfreundlichen Tendenzen (vgl. auch Tieck-DKV I, Kommentar zu *Alla-Moddin*, 893).

[166] Tieck-KS III, 23.

[167] Vgl. Sussmann (1916, 3).

[168] „Hier ist alles Alles, wie von selbst, zur Tragödie abgerundet", schreibt Tieck in seiner späteren Rezension zur wirkungsästhetischen bzw. theatralischen Qualität des Stoffs in der bemerkenswert anachronistischen Bezugnahme auf die Trauerspielpoetik Lessings: „die Charaktere sind tragisch, wichtig und interessant, weltberühmte Namen, wie ein Cranmer, mit seiner ungeschminkten Tugend, dürfen auftreten, [...] und in Anna selbst wird uns ein Bild vorgeführt, wie wir es fast täglich noch in so mancher zerrütteten Familie bewundern und bemitleiden dürfen, in ihr auf die höchste tragische Spitze getrieben, um das Tieffste in uns zu erschüttern, und auf dem Wege der Furcht und des Mitleids uns die größten Erscheinungen und die tiefsinnigste Befriedigung im Schmerze zuzuführen" (Tieck-KS III, 23).

[169] Eine tabellarische Gegenüberstellung der „great part of similarities" zwischen *Anna Boleyn* und *Heinrich VIII.* bzw. *Don Karlos* als „imaginative echoing and tonal suggestion" bei Preuninger (1941, 28-38, hier 38); offensichtlich sind die Parallelen in den Eröffnungsszenen. Darüber hinaus benennt Preuninger Anklänge an *Emilia Galotti*, *Richard II.*, den Sturm und Drang und die Anakreontik. Besonders macht sich die strukturprägenden Vorbildfunktion der *Galotti* neben der höfischen Intrigenhandlung am syntaktisch dissoziierten Monolog von Heinrichs Kammernherrn Norris (II/6) geltend, die den Monologen Odoardos nachgebildet sind; in motivischer Hinsicht u.a. an der erneut aufgegriffenen Formel vom 'Ton' eines Sprechens, den man zwar versteht, nicht aber kommunizieren kann.

und Johanna Seymour hin und her gerissenen Königs aus, auf zwei Figuren: die den König unglücklich liebende Anna wie den ebenso unglücklich die Königin liebenden Kammerherrn Norris.[170]

Instrumentalisiert wird die je unmögliche Liebe, den realen historischen Ereignissen entsprechend, von der höfischen Intrigantin Lady Rochford. Aus Rache an Anna, die ihr einst den geliebten Percy entzog, forciert diese mit anonymen Briefen den bereits geweckten Untreueverdacht des eifersüchtigen Königs. Soeben trifft in der Exposition der ersten Szene, am Geburtstag der Königin im fünften Jahre nach der Hochzeit, ein dritter Brief ein, um das beunruhigte Mißtrauen Heinrichs weiter anzustacheln. Tragische Qualität kommt der Intrige zu, weil Rochford die Klaviatur des welthistorischen Religionskonflikts zwischen der Autonomie Englands und seiner Selbstanbindung an die römisch katholische Kirche zu bedienen weiß, so daß erst die Verknüpfung der Rache- und Eifersuchtshandlung mit staatspolitischen Interessen die von Tieck nicht mehr szenisch ausgeführte Hinrichtung der Boleyn in die Wege leitet. Den religiösen Widerstreit macht Rochford sich vor dem Hintergrund des aufkeimenden Protestantismus zunutze, den Norfolk, der sich zur Verteidigung der Familienehre gegen seine Nichte als unkatholische Sünderin veranlaßt sieht, als „Deutschlands Irrlehren" attackiert.[171] Deren Verbreitung drohe durch den antipäpstlichen Cranmer, Erzbischof von Canterbury und erster anglikanischer Primas, so daß sich auch seitens des wichtigsten Vertrauten Heinrichs das Mißtrauen gegenüber dem einstigen Befürworter seiner Hochzeit gegen Rom bestärkt. Unverändert hält Cranmer nämlich zur Königin, indem er sie wahrheitsgemäß gegen den am Hof kursierenden Treulosigkeitsverdacht verteidigt. Verbündet mit dem religiösen Intriganten Gardiner, dem erzkatholischen Bischof von Winchester, der Heinrich die vermeintlichen Aversionen des Volks gegen Boleyn insinuiert, macht Rochford sich das alte Freundschaftsvertrauen zu Anna zunutze, indem sie die Untreue Heinrichs (in der Liebe zu Seymour) ausplaudert, um ihr den Fluchtgedanken zusammen mit Norris nahezulegen. Norris selbst wiederum redet sie die Erfüllbarkeit seines Begehrens auf die Königin ein. So schnürt sich der tragische Knoten, obwohl die passive Anna unverändert nur ihren Gatten liebt, weil zum einen die Nachrichten von der wachsenden Nähe Norris' zu Anna die Rachewut des eifersüchtigen Königs steigern, und weil zum anderen eine Entspannung der staatspolitischen Lage

---

[170] Präromantisch ist seine Sehnsucht nach der Kindheit, die später *Franz Sternbald* zum leitenden Movens seines Suchens erklären wird: „Ach ja, es ist anders. – – – o hätte mein Fuss nie jene glücklichen Gefilde der Kindheit verlassen! Denkt Ihr noch daran, welche holde Träume der Zukunft oft um unsre Schläfe spielten [...] – – ach, jetzt ist es freilich anders" (Tieck-Boleyn, 53). Preuninger (1941, 51, 53) sieht die Romantik-Affinität des „most blurred" Charakters (51) in einer Art Vorläuferschaft Golos, der *Genoveva* begehrt (vgl. auch Minder 1936, 54). Preuningers Auflistung der bekannten formelhaften Elemente aus Stimmungspoesie, naturidyllischer Gegenbildlichkeit und Affektsprache (55-57) bestätigt die literarische Kontinuität sowohl des Sturm und Drang als auch der Anakreontik.

[171] Tieck-Boleyn, 79.

durch die Annullierung der Ehe in Aussicht steht. Das Fragment bricht ab mit der zur Flucht bereiten Boleyn, die sich mit einem gerührten Lebwohl von der vermeintlichen Seelenfreundin Rochford verabschiedet.

Neben aller Ausrichtung hin zur Klassizität der hohen Tragödie[172] – gebrochen indes durch die schon den *Don Karlos* auszeichnende Indifferenz zwischen Intrigendrama und Dramaturgie der Seele, die sich bei Schiller von Shakespeares *Hamlet* herschreibt – schlägt sich in *Anna Boleyn* die für Tieck typische tableauartige Entzeitlichung vor allem in den melancholisch wie stimmungspoetisch affizierten Passagen nieder. Ihrer unkonzentrierten Breite stehen die mitunter von Schmohl verfaßten Szenen der höfischen Intrigenhandlung mehr oder weniger unverbunden gegenüber. Beide Ebenen überkreuzen sich in Anna, während Norris als passiv Liebender nur mittels Rochfords suggestiver Beschwörung der gemeinsam verbrachten glücklichen Kindheit an den höfischen Komplex angeschlossen wird, indem diese ihn auf die Möglichkeit zur Erfüllung seiner Liebe durch die gemeinsame Flucht mit Anna vorbereitet. So verknüpft sich der seelendramaturgische Bereich mit dem psychostrategisch durchorganisierten Intrigendrama.[173] Im Unterschied zu Tiecks bisherigen Stücken sind damit auch die stimmungspoetischen Sequenzen psychologisch sehr viel differenzierter ausgestaltet. Auf der Ebene der Verstellungs- bzw. Täuschungshandlung ist dies an der topischen Rhetorik des „Gewissen[s]" abzulesen, das sich beim König im Zwiespalt zwischen Liebe und staatspolitischer Räson regt.[174] Vor dem Hintergrund eines weltgeschichtlich bedeutsamen Religionskonflikts, mittels dessen sich die

---

[172] Die sich, soweit es die ersten drei Akte erkennen lassen, in der Wahrung der drei Einheiten niederschlägt; alle drei Aufzüge spielen im Königspalast, im Zimmer des Königs (I, III) oder im Vorsaal des Zimmers der Königin (II). Die der Klassizitätstendenz korrespondierende strukturelle Homogenisierung manifestiert sich im Fehlen komischer Elemente ebenso wie der bisherigen Kontrasttechnik; eingeblendet ist nur ein kurzes Lied, in dem sich Annas Hoffnung auf die Liebe hinter dem „schwarzen Wolkenschleier" artikuliert (Tieck-Boleyn, 42).

[173] Dies zeigt sich besonders dort, wo Rochford Norris' sentimentalische Sehnsucht nach der Kindheit mit ihren Intrigenplänen kurzzuschließen weiß, indem die suggestive Rhetorik der ergriffenen Erinnerung an die gemeinsam erlebte Heiterkeit in der Kindheit eine empfindsame Seelenverwandtschaft insinuiert. So ordnet sich poetisch gestimmtes Sprechen, das zudem die Seelenverwandtschaft zwischen Norris und Anna anzeigt, der psychostrategischen Organisation der Intrigenhandlung zu.

[174] Vgl. Tieck-Boleyn, 11. Das verinnerlichte bzw. bereits privatisierte 'Gewissen' Heinrichs – „Ihr wollt auch unter der Krone die Menschheit nicht verleugnen", meint Cranmer in impliziter Anspielung auf die einschlägige Bestimmung Lessings im 14. Stück der *Hamburgischen Dramaturgie*, daß der König nur als Mensch interessiere (Tieck-Boleyn, 45) – ist tragödien- und aufklärungskonform natürlich rückgebunden an das Ethos staatspolitischer Interessenwahrung, das den Religionskonflikt in der Versöhnungsbereitschaft mit der römisch-katholischen Kirche gegen die Ehe mit Anna unter Würdigung von Opportunitäten einer staatlich verordneten Religionspraxis in der Balance halten muß. Immerhin reicht die Internalisierung von Gewissensskrupeln bei Heinrich so weit, daß er es angesichts seiner Liebschaft zu Johanna Seymour nicht ein zweites Mal auf sich nehmen will, das Sakrament der Ehe zu brechen und mit Anna „eine zweite Unglückliche" zu machen, selbst „wenn sie es verdiente" (Tieck-Boleyn, 79).

ordnungspolitisch gefährliche Volksmeinung ebenso wie die Haltung bzw. das Mißtrauen des Königs instrumentalisieren und manipulieren läßt, verbindet sich das Königsdrama der Eifersucht mit den höchsten Gegenständen staatlichen Interesses.

Trotz aller damit verbundenen Tendenz zur psychologisch durchgebildeten Tragödie bleibt *Anna Boleyn* zuletzt doch eher ein tiecktypisches Drama mit den bekannten, teils noch versatzstückartigen Verfahrenselementen aus Sturm und Drang und Anakreontik. Fortentwickelt und damit auf den *Lovell* vorausweisend ist indes die Komplexität der Figurendisposition, die vor allem beim König auf eine Weise zwischen Edel- und Wankelmut, zwischen Gewissen, Mißtrauen, Niedergeschlagenheit und Machtbewußtsein eingespannt ist, daß sie als szenische Darstellung des 'ganzen Menschen' eindeutige charaktertypologische Umrisse verschwimmen läßt. Der Anlage zur hohen Tragödie kommt folglich die Entfaltung gefühlspsychologischer Ambivalenz auf der einen, die ebenso entzeitlichende naturidyllische Gegenbildlichkeit auf der anderen Seite in die Quere. Selbst im vorliegenden Fragmentstatus erscheint beides so überdimensioniert, wie schon das dramatische Gedicht Schillers (zumindest die Erstfassung) das bühnenfähige Maß weit überschritt. Mit Abstand allerdings erreicht Tiecks Tragödie nicht dessen Raffinement der Figurenpsychologie, auch wenn aus der Selbstanbindung an den avanciertesten dramaturgischen Stand der Zeit der in seinem Werk singulär bleibende Versuch zur durchgebildeten, klassisch geschlossenen Form hervorgeht.

Weiter vorangetrieben wird die Versprachlichung des „fürchterliche[n] Ton[s]"[175] im nunmehr überschaubar gehaltenen Rahmen des zweiaktigen Trauerspiels *Der Abschied* (1792). Mehr oder weniger gleichzeitig mit *Anna Boleyn*[176] entstanden, bringt das kleine Stück die in *Alla-Moddin* eingeführte *Galotti*-Formel jetzt geradezu leitmotivisch zur Sprache.[177] In die zur häuslichen Idylle verklärte kleinbürgerliche Sphäre, auf die sich das frisch verheiratete Paar Karl Waller und Louise in einer „kleinen Landstadt"[178] zurückgezogen hat, dringt der Jugendgeliebte Ramstein, um dem durch einen unglücklichen Zufall verloren gegangenen Glück noch einmal, in einem letzten, „ewig[en]" „Abschied"[179] zu begegnen. Den unverhofften Besucher gibt Louise als fernen Verwandten aus. Ihre Annäherung an Waller erfolgte einst nur, da sie nach dem „zärtlichen Abschied"[180] vor einer Reise

---

175 Tieck-Boleyn, 66. Anna zitiert Claudia Galotti, als Heinrich Norris' Namen nennt: „[...] nicht der Name, der fürchterliche Ton, mit welchem du ihn aussprachst, jagte die Röthe von meinen Wangen; o dieser Verdacht schneidet tiefe Wunden in mein Herz. – – Norris? – – Heinrich, wen du liebst, wer kann dann einen Norris lieben?" (Tieck-Boleyn, 66).

176 Preuninger (1941, 50) erkennt im *Abschied* von daher „a nuclear sequel to *Anna Boleyn*".

177 Vgl. Tieck-DKV I, 226, 237, 248.

178 Tieck-DKV I, 218.

179 Tieck-DKV I, 225.

180 Tieck-DKV I, 228; zur sechsmaligen Wiederholung des titelgebenden Schlüsselworts vgl. Tieck-DKV I, Kommentar, 965.

Ramsteins gerüchteweise hört, er habe sich in der Schweiz verheiratet. Im Sterben liegend, so berichtet der nun aber, sei er nicht mehr in der Lage gewesen, Briefe zu schreiben. Die jetzt neu aufkeimende Vertrautheit macht es den beiden Liebenden zusehends schwer, sich dem alten Begehren zu verweigern. In der Nacht werden sie von Waller, vom Namen her schon von ungestümer Natur, beim letzten Kuß vor dem erklärtermaßen endgültigen Abschied voneinander ertappt. In einem rasenden Eifersuchtsanfall tötet er zuerst den Eindringling, anschließend Louise, um mit den letzten Worten „Tod! Tod!" – „wie der Sieger auf dem Schlachtfeld" sitzend – „stumm" auf die vor ihm liegende Leiche zu starren.[181]

Die dramengeschichtliche Bedeutung des kammerspielartigen Eifersuchtsstücks, das im Unterschied zu Goethes *Stella* (1776) das topische Dreiecksverhältnis – hier der Frau zwischen zwei Männern – in die Katastrophe führt[182], besteht weniger in der Vorwegnahme der Schicksalstragödie[183] als in der entwickelten Subjektivierung ins Psychodrama. Neben der Verfeinerung der sprachlichen Mittel vollzieht diese sich mittels einer bemerkenswerten Symbolisierung theatralischer Requisiten bzw. von Gegenständen der Handlung, die dem kleinen Stück bereits präsymbolistische Qualitäten zukommen läßt. Denn es plausibilisiert rein innerdramatisch – episierend gebrochen allenfalls durch Ansätze zum analytischen Drama[184] – die Psychomechanik in der Fetischisierung von Gegenständen der äußeren Welt, die aus der hypertrophen Projektion von Eifersuchts- und Konfliktlagen resultiert. Von Tieck bereits geradezu prä-freudianisch erfaßt, werden die von sexuellen Subtexten symbolisch überformten Leitgegenstände – das Klavier, das Bild des Geliebten und der Apfel – selbst zu den eifersuchtsauslösenden Agenten der katastrophischen Handlung: Mit „Begeisterung"[185] spielt Louise auf dem Klavier das von Ramstein komponierte Lied, das durch die musikalische Evokation des verlorenen Liebesglücks ganz „unwillkürlich"[186] die imaginäre Verschmelzung mit dem von ihr eigentlich geliebten Mann bewirkt.[187] Seitens Ramsteins bestätigt sich die Intensität des Imagos, insofern er sofort der mond-

---

[181] Tieck-DKV I, 251. Hölter kontextualisiert die Schlußworte Wallers unter Bezug auf Beobachtungen I. Oesterles hin zu Büchners *Woyzeck* (vgl. Tieck-DKV I, Kommentar, 961; vgl. auch 970).

[182] Laut Tieck ist es entstanden als eine Art Auftragsarbeit, aus „zwei, höchstens drei Personen" eine Tragödie hervorgehen zu lassen (Tieck-S I, XXXVII).

[183] Vgl. Tieck-DKV I, Kommentar, 961-966. Allerdings kommt auch Hölter zum Schluß, daß Tiecks Ansatz im Vergleich zu *Karl von Berneck* „weniger fatalistisch denn psychologisch" ausfällt (964); vgl. zur früheren Forschung vgl. Corkhill (1978, 269/Anm. 268f.); bei Hölter Hinweise auf Quellen und Vorlagen: K.Ph. Moritz' *Blunt, oder der Gast* (1780), G. Lillos *Fatal curiosity* (1736), Goethes *Stella* und *Werther*, Gellerts *Leben der schwedischen Gräfin von G**** und diverse Shakespeare-Reminiszenzen (*Romeo und Julia*, *Othello*); die einschlägigen Vorbilder des bürgerlichen Trauerspiels steuern selbst „keine Züge zur Handlung" bei (Tieck-DKV I, Kommentar, 953-958, hier 957).

[184] Diese reichen allerdings nicht so weit hin, daß die Schuld ausschließlich auf einen außerdramatischen Zeitpunkt in der Vergangenheit zurückgeht.

[185] So der mißtrauische Befund Wallers gleich zu Beginn des Stücks (Tieck-DKV I, 220).

[186] Tieck-DKV I, 219.

[187] Vgl. Tieck-DKV I, 235f.

beglänzten Nacht und den bezaubernden „Phantasien [s]einer Kindheit" verfällt, als Louise vor den beiden Rivalen das Lied spielt.[188] So löst das „verstimmt[e]" Klavier[189] selbst die Eifersucht des getäuschten Waller ebenso aus wie das Gemälde an der Wand, zu dem sich Louise in stiller Betrachtung immer wieder hingezogen fühlt. Denn im beseelenden Blick verlebendigt sich die Jugendliebe[190], während der Ehemann mit der Auskunft beruhigt wird, es handele sich um den verstorbenen Bruder. Ganz folgerichtig durchsticht und zerfetzt der Rasende zuerst das Bild vor der eigentlichen Ermordung des Rivalen, weil es – der metonymischen Fetischlogik bei der pygmalionischen Verlebendigung entsprechend – sogar noch bedrohlicher erscheint als der real anwesende Geliebte.[191] Ähnlich zum „Heiligtum" fetischisiert hatte der hypochondrische Ramstein die empfindsamen Briefe Louises, während diese die Korrespondenz aus Furcht vor der Eifersucht des Ehemanns verbrennen mußte.[192] Nicht mehr zu übersehen ist schließlich der sexuell-christologische Subtext der Requisiten im Falle des

---

[188] Vgl. I/8. Diese Wirkung der Musik als unmittelbare Evokation der „wunderbar durch das verschlungene Weinlaub" glänzenden Mondnacht bespricht Ramstein allerdings erst beim nächtlichen Treffen mit Louise in II/3 (vgl. Tieck-DKV I, 241). Der vom Melodrama angestrebte ästhetische Effekt wird so nur noch zitiert bzw. als Hypotypose narrativ versprachlicht, ohne daß er vom bürgerlichen Trauerspiel, das den Wirkungsmechanismus der Wiedererlangung von Naivität durch Musik nur vorführt, selbst evoziert werden soll.

[189] Tieck-DKV I, 220. Gleich zu Beginn des Stücks wird damit die Verstimmung der eingerichteten Eheharmonie symbolisiert, die sich hier zudem in Wallers Rede von den durch die „Begeisterung" „gesprungen[en]" Saiten des Klaviers ankündigt und so auch die Metaphorik des Zerreißens bzw. Zerschneidens bis in den rein sprachlichen Bereich der verwendeten Attribute und Adverbialangaben hinein vorbereitet. Dem korrespondiert wiederum gegenläufig dazu Louises Zuversicht, daß im Hafen der Ehe ein „Scheitern an keiner Klippe" zu befürchten sei, weshalb sie die Schiffbruchmetapher in die Aussicht auf das ‚sanfte' Ende mit dem heiteren Rückblick auf ein erfülltes Leben verklärt (vgl. 223).

[190] Die Intensität der Wirkung des Gemäldes beglaubigt sich v.a. dadurch, daß Louise während seiner Entstehung selbst zugegen war, so daß der reale „Blick" des abkonterfeiten Ramstein „sich in ihr Lächeln verwickelte", um die Präsenz Louises gleichsam selbst ins Bild eingehen zu lassen (Tieck-DKV I, 225). Die dergestalt potenzierte imaginäre Verlebendigung des Kunstwerks im beseelenden Blick des Betrachter ist in der zweiten Hälfte des 18. Jahrhundert, im deutschsprachigen Bereich seit Heinses *Über einige Gemälde der Düsseldorfer Galerie* (1776/77), topisches Denkmodell, dessen impliziten Bezugnahmen auf den Pygmalion-Mythos in der psychodynamischen Ekphrasis Pfotenhauer nachgegangen ist (vgl. Pfotenhauer 1991, 39-52; 1995, 698f.; siehe auch Mülder-Bach 1998). Tieck bezieht sich möglicherweise auch auf die einschlägige Szenerie im ersten Akt der *Emilia Galotti* mit dem Maler Conti, während sich seine eigene Ekphrasis der *Kupferstiche nach der Shakespearschen Galerie* (1795) vornehmlich für den Gesichtspunkt des „interessant-scheinenden Moment[s]" interessiert, also die Lessingsche Problemstellung des fruchtbaren Augenblicks zur Darstellung einer Handlung im eingefrorenen Moment des bildkünstlerischen Werks aufgreift (Tieck-DKV I, 657).

[191] Vgl. Tieck-DKV I, 245. Selbst das zerstochene Bild jedoch verlebendigt sich im begehrenden Blick Louises, der sogar den Tod des Geliebten nacherleben läßt: „Was ist das? – Das Bild, – das Bild bewegte sich, – seh' ich nicht sein Blut herabfließen? – Mich dünkt, es seufzt, j e t z t   s t i r b t   e r ! – Er ist t o t!" (246).

[192] Tieck-DKV I, 232.

„erste[n] reife[n] Apfel[s]", den der Gatte gerade aus dem vom bürgerlichen Paar mit der Hochzeit eingerichteten *hortus conclusus* mitbringt: Waller zerteilt ihn mit dem späteren Mordmesser, das er sich von Louise erbittet[193], um ihr die „rote Hälfte" als „Geschenk" zum Verzehr darzubieten.[194] Handlungsinitiierende Qualität erlangen die theatralischen Gegenstände demzufolge, weil sich Affekt- bzw. Gefühlsdispositionen zwischen Liebesleidenschaft und Eifersucht auf sie legen, indem der jeweils bestätigte oder gestörte Narzißmus der voneinander abgetrennten Individuen projizierend in sie hineinströmt, um sich in ihnen gleich einem Spiegel selbst zu erkennen.[195]

Das Messer agiert von daher kaum als fatales Requisit, zumal die Tötung auch gar nicht auf einen Familienfluch zurückgeht. Die Katastrophe ist vielmehr Konsequenz der aus der zwischenmenschlichen Aktualität hervorbrechenden Eifersuchtstat im Affekt, die mit dem handlungsdramatisch gesehen eher zufällig auf dem Klavier noch herumliegenden Instrument exekutiert wird, ohne daß ihm jenseits seiner sexuellen Psychosymbolik eine fatale Rolle zuwächst. So ist der *Abschied* weniger Schicksalsdrama als Drama der Selbstverstrickung des Subjekts in die „unbekannte Gottheit"[196] seiner psychopathologischen Innerlichkeit. Diese

---

[193] „Du willst mich doch nicht gar des Bildes wegen erstechen?", reagiert Louise noch scherzhaft auf die Bitte, womit sie schon geradezu platt symbolisch die finale Katastrophe vorwegnimmt (Tieck-DKV I, 223).

[194] Auch hier schließt Tieck die physiognomischen Zeichen der körperlichen Erregung mit der sexuellen Konnotation der Requisiten wie mit der bevorstehenden nächtlichen Vereinigung metonymisch kurz: „WALLER: Sieh das schöne Rot, – wie vom Abendschein überflogen, oder wie deine Wangen. *Indem er ihn teilt.* Da hast du die rote Hälfte. LOUISE *indem sie sie auf das Klavier legt:* Ich will sie mir zum Abend aufheben" (Tieck-DKV I, 224); vgl. dazu die spätere Korrespondenzstelle in II/4, wo der „wie betäubt" eifersüchtige Waller in der Nacht die unberührte Hälfte des Apfels auf dem Klavier vorfindet, und zwar zusammen mit dem Messer, das ihn „spaltete" (244, 245). Symbolisch vorbereitet ist also nicht nur das ehebrecherische Zerreißen der trauten Idylle, sondern auch Wallers Zerschneiden der neu aufkeimenden Liebe zwischen Louise und Ramstein gleich Zeus' Teilung der göttergleichen idealen Einheit des Menschen im platonischen Kugelmythos, so daß in der Apfelbildlichkeit erotische Glücksvorstellungen der griechischen Antike mit dem biblischen Paradies samt männlich herbeigeführtem Sündenfall enggeführt werden. Der Symbolik des biblischen Gartens korrespondiert die „ländliche Einsamkeit" des bürgerlichen Eheglücks in der „kleinen Landstadt" (Tieck-DKV I, 221, 218), die Waller zum „Paradies" einer „schönen, ununterbrochenen Einförmigkeit" im eigenen „Garten" verklärt (222), während die urbane Louise, die „Freuden der großen Stadt" sehr wohl schätzend (223), gleich zu Beginn sich ihres Glücklichseins erst ausdrücklich rhetorisch versichern muß (vgl. 219). Ganz zutreffend bestimmt Ramstein dieses „Glück" dementsprechend als „patriarchalisch, alles in einer glücklichen Eingeschränktheit" (225).

[195] Zur Metaphorik des „gewaltsamen" 'Zurückströmens' der affektiv aufgeladenen Gegenstände, so daß bei ihrer Wahrnehmung „alle Erinnerungen so schneidend [!] wiederkommen", vgl. Ramsteins Eintrittsmonolog in I/4 samt der dort thematisierten impliziten Spiegelbildlichkeit, die sich schon daraus ergibt, daß sich Louises Blick im Gemälde selbst auf Ramsteins Antlitz spiegelt (Tieck-DKV I, 225).

[196] So die bereits im Zusammenhang der *Sommernacht* zitierte Formel Tiecks aus Wallers Eifersuchtsmonolog in II/4 für die namenlose Instanz, die das Subjekt in einen anderen – hier negativ akzentuierten – Zustand versetzt (Tieck-DKV I, 245).

objektiviert sich in den fetischisierten Gegenständen, die die unentrinnbare Mechanik der Eifersuchtshandlung im Bereich der Außenwelt verdoppeln, um in gleichermaßen äußerer wie innerer Einschnürung das isolierte Individuum in die Enge zu treiben.[197] Die Zerrüttung von Personalität durch die reziproke Verdoppelung des Innern im Äußeren und des Äußeren im Innern spiegelt sich sowohl in der syntaktisch dissoziierten Prosa wie in den bemerkenswert ausführlichen Nebentexten[198]: Häufig genug treten sie – wie später in Büchners *Woyzeck* – auch zwischen die Figurenrede, um diese gewissermaßen selbst durch das Dazwischenkommen der Außenwelt zu zerschneiden. Der Fetischisierung von Requisiten korrespondiert die präzise Fixierung der Blicke und Blickführungen, die sich wiederum in der Symbolik des projizierenden bzw. verlebendigenden Sehens beim begehrenden Blick auf das Gemälde spiegeln.[199]

Das klassizistische Gepräge des kleinen Stücks entsteht aus der Reduktion der *dramatis personae* auf das topische Dreiecksverhältnis der Frau zwischen zwei Männern mit ebenso topischen sprechenden Namen.[200] Die deutlichsten Affinitäten zum bürgerlichen Trauerspiel ergeben sich vor dem Hintergrund der psychologischen Verfeinerung der dramatischen Sprache seit Lessings *Emilia Galotti*, deren spezifische Vorbildhaftigkeit nicht nur in der Rede vom suggestiven 'Ton' durchscheint, sondern auch in der sprachlichen Durchführung der Wahnsinns-Monologe Wallers (II/4) und Louises (II/5); jetzt aber ins Schaurig-Erschauernde verschoben. Tiecks Fortschritt in der Einholung der virtuosen Sprachlichkeit Lessings zur Plausibilisierung psychopathologischer[201] Zustände auch im Vergleich

---

[197] Gleich in der ersten Szene macht sich die „klein[e] und niedlich[e]" Lebenssphäre Wallers bei Louise komplementär zur psychischen „[E]nge" geltend, die das Gemälde an der Wand bewirkt (Tieck-DKV I, 219).

[198] Vgl. dazu bereits den ersten Nebentext mit den beiden zentralen Requisiten Klavier und Bildnis des jungen Mannes und den den 'Enge' des Raums aufbrechenden „mehreren Türen" (Tieck-DKV I, 219). „Ebenso modern" wie der literarische Subjektivismus „wirken die analytische Form, die detaillierten, fast pränaturalistischen Bühnen-, ja Geräuschanweisungen, die aber eine völlig andere, nämlich Symbolik und Atmosphäre stiftende Funktion haben, während zugleich der strengen Forderung der Einheiten von Ort, Zeit und Handlung im Sinne der klassizistischen Dramentheorie fast spielerisch Genüge getan wird" (Kommentar, 966).

[199] Nicht ohne Grund wird die permanente Thematisierung des Blickens deshalb mit der analog funktionierenden Suggestivität des 'Tons' kurzgeschlossen: Den „fürchterlichen Blick" Wallers während des Klavierspiels mit Louise charakterisiert Ramstein folgerichtig als etwas, das er nie vergessen werde: „es lag viel in diesem starren, bedeutungslosen Drehen des Auges, – so kalt, so durchbohrend, so wild, als wollt' er durch mein Auge hindurch auf den Grund meiner Seele schauen. – " (Tieck-DKV I, 242). Zur Verschränkung des Blickens in der pygmalionischen Verlebendigung des Gemäldes mit der ebenso intensiven Suggestivität der Musik vgl. die Nebentextbeschreibung Wallers während Louises Klavierdarbietung in I/8: „*er schlägt den Blick auf, und trifft das Gemälde. Er fährt zurück und wird blaß; – mit forschenden Augen während des Gesangs leise:* [...]" (236).

[200] Zu den sprechenden Namen zwischen Symbolisierung einer affektiven Disposition und generischem Zitat (so etwa Louise aus Schillers *Kabale und Liebe*) vgl. Tieck-DKV I, Kommentar, 957.

[201] Zum Hintergrund von Karl Philipp Moritz' *Magazin zur Erfahrungsseelenkunde* in Tiecks Stücken dieser Zeit vgl. Tieck-DKV I, Kommentar zu *Karl von Berneck*, 1080f.

zu *Anna Boleyn* ist beträchtlich. Bemerkenswert erscheint das auch an den gesellschaftskritischen Gegenwartsdramen von Lenz orientierte Bemühen, individuellen
Zuständen eine eigene Sprache zu unterlegen, so daß die mittels der bereits erläuterten syntaktischen Operationen (Gedankenstriche, Ausrufe, stammelnde, zerrüttete Sätze usw.) erreichte Psychologisierung sich nun tatsächlich als natürliche
Sprache des Gefühls darzustellen versucht. Bereits aber Wackenroder, der sich in
einem Brief an Tieck vom Frühjahr 1793 zum *Abschied* bewundernd äußert und
Tiecks dichterisches Talent deshalb in diese Richtung des Tragischen lenken
will[202], bemerkt, „daß zuweilen der Dichter die Personen noch immer mehr von
ihrer Empfindung sprechen, als sie, ihrer Empfindung gemäß, sich ausdrücken
läßt".[203]

Im Unterschied zum bürgerlichen Trauerspiel ist der soziale Konflikt des Ge-
genwartsdramas vollständig in einen psychointernen Zwiespalt zwischen bürgerliche Ehe und urbaner Lebensform, die sich von künstlerischen Ambitionen affiziert zeigt, umgewandelt. Allerdings geht auch die sozialpsychologisch motivierte
Konfliktlage zwischen ländlich-arkadischer Ruhe (bis in die Konnotation einer
mortifizierten Existenz hinein) und städtischem Leben samt seiner sinnlich-
erotischen Attraktivität, von der sich Louise im Gegensatz zur tugendhaften Bür-
gerlichkeit ihres Gatten berührt zeigt, auf *Emilia Galotti*, genauer auf Claudia Galottis Verhältnis zu Odoardo zurück. Mit der nahenden Mordtat in der Nacht eskalieren im zweiten Akt jedoch erneut die Affekte mit Schauermotiven und Bildern des Grauens, der Leichenblässe, knirschenden Zähnen bis zur rasenden
Bluttat auf offener Bühne, die wiederum tiecktypisch mit dem aus den früheren
Stücken bekannten Räsonnement über das Sterben unwahrscheinlich szenisch gedehnt sind. Das von Louise zum Vortrag gebrachte Lied Ramsteins, eine variierende Übernahme der ersten bzw. (identischen) fünften Strophe aus Höltys fünf-
strophigem Gedicht *Erinnerung* (1776), ist im Gegensatz etwa zu den Liedern Linis
in *Alla-Moddin* kaum präromantisch indexikalisiert, sondern symbolische Verdichtung einer psychischen Verfaßtheit gleich der ganz ähnlichen Präsentation von
Liedern in Dramen des Sturm und Drang.

Wegen seiner Geschlossenheit wurde das Stück, wie erwähnt, selbst von Haym
und in seinem Gefolge von zahlreichen Beiträgen der Tieck-Forschung geschätzt.[204] Das sehr schnell verfaßte[205] und letzte bürgerliche Trauerspiel Tiecks,

---

[202] „Es hat mich gerührt, entzückt! Ganz in dem Goetheschen Geist des Werthers, der Stella, gedichtet! Ganz Gemälde, treuestes Gemälde der erhabenen, ätherischen und schwärmerischen Gefühle, die wir so manchesmal in den Stunden der Seligkeit miteinander wechselten. [...] O laß doch
die Reimerei sein! Hier ist Dein Wirkungskreis, im Feld des Tragischen und der trüben Melancholie" (zit. nach Tieck-DKV I, 951f.).

[203] Zit. nach Tieck-DKV I, Kommentar, 952.

[204] Nach Haym sei es „weitaus das beste" von Tiecks Dramen (Haym 1920, 40); vgl. dazu Görte
(1926, 69) und Lüdeke (1922, 259), der im *Abschied* eine „Kunstvollendung" erlangt sieht, die
Tieck „später nie mehr übertroffen hat".

[205] Vgl. Tiecks briefliche Äußerungen an Wackenroder vom März 1793 (Tieck-Wackenroder II, 132).

trotz aller avancierten Symbolik und Psychologie noch eingespannt zwischen empfindsamem Rührstück, gotischem Schauer und Sturm und Drang-Raserei, erweist die im Vergleich zu *Alla-Moddin* erschriebene Virtuosität in der sprachlichen Gestaltung komplexer Innenlagen. Vollständig überwunden ist das teils peinliche, teils umständlich räsonierende Oh-Pathos in formelhaften Stereotypien allerdings noch nicht. Trotz seiner vergleichsweise zurückgenommenen intertextuellen Anbindung, die stärker im motivischen als im systemreferentiellen bzw. zitierenden Bereich verbleibt, scheint nun aber bereits im *Abschied* eine Form der selbstironischen Brechung des übertriebenen Pathos durch, die die nachfolgenden Literaturkomödien ausdifferenzieren werden. Einen parabatischen Reflex auf die Hypertrophie der eigenen Affektdarstellung kann man nämlich in Wallers Reaktion auf Louises als theatralisch aufgefaßte Ohnmacht nach der Nachricht von der Ermordung Ramsteins sehen: „O Künstlerin! – nur ruhig! – Eine Ohnmacht? – Bei Gott! so natürlich, als ich je eine sah, man möchte sie fast für echt halten. – Steh' auf!"[206] Freilich mündet die szenische Pathographie der Eifersucht tatsächlich ganz unzweideutig negativ in die schaurige Katastrophe, wenn der erstarrte Waller das blutige Messer auf die Leiche der geliebten Frau wirft. Trotz aller fehlenden poetischen Gegeninstanzen besteht eine grundsätzliche Affinität des Stücks zum romantischen Drama darin, daß es die imaginäre Intensität in der Präsenz des Begehrten, im *Abschied* noch rein psychotisch erfaßt, ins positive Vermögen der Poesie zur Herbeiführung des schönen anderen Zustands wendet. So intensiv, wie Louise Ramsteins Sterben beim Anblick des zerfetzten Bildes erlebt[207], wird Genoveva ihr Eingehen in die kosmische Ordnung der Dinge während der Lektüre von Heiligenlegenden bereits im Leben erfahren.

Einmal mehr als „Variator"[208] betätigt sich der junge Tieck im fünfaktigen 'Trauerspiel' *Karl von Berneck* (1793-1795/96)[209], das als mehr oder weniger regelmäßig gebautes, abendfüllendes Ritterdrama[210] in Prosa die gespenstische Geltung eines Familienfluchs gleich dem antiken Fatum[211] mit einer mittelalter-

---

[206] Tieck-DKV I, 249. Corkhill bedenkt die Möglichkeit einer selbstironischen Brechung in der Rückwendung auf die alternative positive Schlußgebung in Moritz' *Blunt*-Drama, die als szenische Variante die rechtzeitige Wiedererkennung des Sohns der Ermordung in der katastrophischen 1. Version gegenüberstellt. Wallers Rede, nach der „noch alles wieder gut werden" könne (Tieck-DKV I, 250), sei jedoch nur ein „grotesque bid to restore the status quo" (Corkhill 1978, 268).

[207] Vgl. Tieck-DKV I, 246; Kommentar, 970/[246,15]. Der Erfahrung des Todes im Leben entspricht wenig vorher die Imagination des Totenreichs, in das sich Louise und Ramstein nach ihrem letzten Kuß als „gräßlich verzerrt[e]" „Schatten" versetzt sehen (243).

[208] Tieck-DKV I, Kommentar, 1084

[209] Zur vergleichsweise langen Entstehungsgeschichte und „Neukonzeption" um 1795 vgl. Tieck-DKV I, Kommentar, 1039-1044, hier 1043.

[210] Zur Einhaltung der drei Einheiten trotz der an Goethes *Götz* angelehnten zahlreichen, aktintern ebenfalls nicht durchnumerierten Szenenwechsel vgl. Tieck-DKV I, Kommentar, 1073, 1079f.

[211] Dies im Vollbewußtsein der historischen Differenz: „Wie sehr dieses Schicksal von jenem der griechischen Tragödie verschieden war, sah ich auch damals schon ein" (Tieck-S XI, XXXIX).

lich-gotischen Schaueratmosphäre und der shakespeareschen Melancholie Hamlets in Kontakt zu bringen versucht.[212] Das von Hölter aus dem Nachlaß edierte Fragment des 'Ur-Berneck' (1793) trägt entsprechend noch den bezeichnenden Titel *Orest in Ritterzeiten*[213], so daß in der titelgebenden Figur der späteren Fassung der tatgierig das Familienfatum exekutierende Rächer mit dem Nihilismus des Melancholikers ineinsfällt: eine Entgegensetzung extremer psychischer Dispositionen, die als plötzliches Umschlagen von Affektlagen zwischen halluzinierendem Wahn und rauschhaftem Liebesglück vor allem durch den wiederholt aufscheinenden Geist der von Karl ermordeten Mutter szenisch vermittelt ist.

Ausgelöst wird das krasse Ausschlagen dieser Zustände durch die Rückkehr Walther von Bernecks aus Palästina, der auf seiner Burg neben den verfeindeten Söhnen Karl und Reinhard eine Gattin Mathilde antrifft, der gerade Leopold von Wildenberg Avancen macht. Erkennt sich der Melancholiker Walther in seinem Sohn Karl, liebt die Mutter den kampfeslustigen Ritter Reinhard, der Heinrich von Olras Schwester Adelheid haben will. Noch bevor Walther auf seiner Burg angelangt, forciert Leopold von Wildenberg während eines Festbanketts die Annäherung an Mathilde (1. Akt). Der ehrverletzte Rückkehrer fällt im Gefecht mit Wildenberg (2. Akt). Sein Sohn Karl erfüllt den Racheschwur durch die Ermordung des Ehebrechers und der Mutter (3. Akt).[214] Unverhofft erkennen Karl und Adelheid ihre Liebe (4. Akt). Der damit sich anbahnende Konflikt mit Reinhard bleibt jedoch unausgetragen, denn die feindlichen Brüder versöhnen sich, als Reinhard von dem im Liebesglück unter dem Mondschein des Gartens von Olra einschlafenden Karl im Traum als Bruder angesprochen wird.[215] Der vom fami-

---

[212] Zur Spannung des „deutsche[n] Orest, der sich in die Mitte zwischen den griechischen Helden und den englischen Hamlet stellte" (Köpke I, 174) vgl. die ersten Hinweise in Kap. 5 der 'Voraussetzungen' dieser Arbeit.

[213] Vgl. die Edition des Fragments (Tieck-DKV I, Kommentar, 1044-1066).

[214] Die Wahrung antiker Konventionen erweist sich darin, daß im Gegensatz zum Gefechtstod Wildenbergs auf offener Bühne die Tötung der Mutter gleich der Abschlachtung Agamemnons „hinter der Szene" vollzogen wird (Tieck-DKV I, 507).

[215] Überdeutlich zitiert Tieck mit dem Szenarium des im Traum der Mondnacht sprechenden Bruders die frühe *Sommernacht* (vgl. Tieck-DKV I, 530-532). Selbst Reinhard, der Karl – die Mutter rächend – gerade töten will, sieht sich dadurch plötzlich in seine Kindheit versetzt, weil die Erinnerung daran aufsteigt, wie er den Bruder einst als schlafenden Knaben im Wald antraf und mit ihm „ewige brüderliche Liebe" schwor (532). Seine Versöhnungsbereitschaft entsteht folglich aus der durch Karls träumerisches Sprechen wiedererlangten Kindheit, die sich in einem „Ton" äußert, der den „menschlichen Sinn gefangen" hält (509): „Er nennt mich im Schlafe? er denkt an mich? – Es war ein seltsamer Ton, mit dem er dies Wort aussprach, – diesen Ton hab ich noch nie von ihm gehört. – Bin ich denn ein Kind geworden?" (531f.). Früh schon artikuliert sich bei Tieck der formelhaft wiederverwendbare romantische Topos vom in der 'glänzenden Mondnacht' 'gefangen gehaltenen Sinn', den die vielzitierte Redondilla im Prolog des *Kaiser Octavianus* dann programmatisch artikuliert. Er geht letztlich bis auf die *Sommernacht* zurück. Schon deshalb ist an dieser Stelle des *Berneck* das romantische Szenarium unter dem Mondschein im paradiesischen *hortus conclusus* – und zwar ganz im Gegensatz zur anschließenden Versöhnungsszene in der Burg – nicht einmal durch den plötzlich aufscheinenden Geist der Mutter zu irritieren: Statt wie später in

liären Wort Gerührte überläßt Karl die Geliebte Adelheid. Wenige Augenblicke vor der Vereinigung des Paars jedoch stellt sich der bleiche Geist der Mutter zwischen die Brüder und löst erneut die früheren Psychopathologien Karls aus. Zusammen mit dem Familienfluch werden sie final erlöst, indem Reinhard ihm auf seinen Wunsch hin den tödlichen Dolch in die Brust treibt.[216]

Im Unterschied zum geradezu symbolistisch durchorganisierten *Abschied*, der das Mordmesser mehr oder weniger rein psychotisch mit der Fatalitätssemantik auflädt, präsentiert das Ritterstück mit seinen düster-schaurigen und von Gewitterdonner begleiteten Theatereffekten des Gespenstischen[217] nun tatsächlich eine Schicksalstragödie. Der für Karl unlösbare Konflikt geht jetzt auf einen alten Familienfluch zurück, der nur durch den aus Liebe vollzogenen Brudermord aufzuheben ist.[218] Wie im vorangehenden bürgerlichen Rührstück wird zwar auch im *Berneck* die fatale Mechanik der Ereignisverkettung und die ihrer Gewalt korrespondierende 'Zerbrechlichkeit' des Menschen[219] psychologisiert. Das Schwert, mit dem Karl seine ehebrecherische Mutter im Racheaffekt tötet, fungiert nun hingegen sehr wohl als fatales Requisit aus der „Rüstkammer" des Familienschlosses[220], weil mit ihm einst in „uralte[n]" Zeiten der erste Bewohner der Burg Berneck, Ulfo, „seinen Bruder meuchlerisch umgebracht" hatte.[221]

Gespensterhaft aufgeladen wird die Szenerie durch das wiederkehrende Aufscheinen der ermordeten Mutter als bleicher Geist. Der rationalistische Kern dieser szenischen Behandlung des Wunderbaren[222] zeigt sich darin, daß die Geisterscheinungen zwar durchaus ambivalent zwischen szenischer Realität und halluzinierender Projektion angesiedelt sind, trotzdem aber, wie die psychophysische Ich-Dissoziation Walthers und Karls als *empirische* Möglichkeit erkennen läßt, eben

---

den rasenden Wahnsinn zurückzufallen, schläft Karl jetzt sanft ein, um „träumend" das versöhnende Wort „Bruder" hervorzubringen (vgl. Tieck-DKV I, 531).

[216] Zur Selbsttötung durch die Hand des Vertrauten, ein von Tieck seit der frühen *Räubern*-Bearbeitung in Anlehnung an die Schlußkonstruktion der *Emilia Galotti* wiederholt aufgegriffenes Motiv, vgl. Lüdeke (1922, 262).

[217] In seiner bemerkenswert ausführlichen Stellungnahme zum *Berneck* im Vorbericht der *Schriften* hebt Tieck sein „vorsätzlich[es]" Interesse daran hervor, „das Gespenstische an die Stelle des Geistigen unter[zu]schieben" (Tieck-S XI, XXXIX). Darin äußert sich die entscheidende poetische Differenz zum „geistigere[n] Auffassen" des gleichzeitig entstandenen *Ritter Blaubart* trotz aller sonstigen Motivkontinuitäten kraft der Gemeinsamkeiten als Ritterdramen (Tieck-S VI, XVIII).

[218] Entsprechend ausführlich wird der Fluch vom Knappen Franz erzählt (vgl. Tieck-DKV I, 475).

[219] „[...] er starb, ohne zu zucken, – ohne eine Bewegung", räsoniert Waller, nachdem er Ramstein ermordet hat: „ein Menschenleben ist doch sehr zerbrechlich!" (Tieck-DKV I, 247).

[220] Vgl. Tieck-DKV I, 500f.

[221] Tieck-DKV I, 475; zur Schicksalssemantik, die sich auf das „Rachwert" legt, vgl. 503f.; nach Karls Mord an der Mutter zerspringt das „verdammte Schwert" (508) in Stücke ähnlich wie später in Zacharias Werners *Vierundzwanzigstem Februar* (vgl. Werner 1840/41 VI, 53).

[222] Erstmals im *Berneck* artikuliert sich einer der zentralen Topoi von Tiecks romantischen Werken, hier allerdings noch unter negativem Vorzeichen: „Aber soll der arme Mensch nicht wahnsinnig werden, wenn ihn das Wundervollste wie das Gewöhnlichste umgibt?" (Tieck-DKV I, 536).

vor allem auf pathogene Verhältnisse zurückgeführt werden können.[223] Gleich Hamlet ist Karl der ungetröstete, wenn nicht bereits nihilistische Melancholiker, dem die Erde ein schwarzes Grauen darstellt und der sich gerade wegen der Maßlosigkeit seiner Verzweiflung eben so maßlos wie wahngefärbt dem unverhofften Liebesglück mit Adelheid hingeben kann. Erst das Dazwischentreten des Geists der toten Mutter läßt ihn wiederum ebenso unvermittelt in den vormaligen Zustand zurückfallen, dessen Rastlosigkeit nur durch Reinhards Erlösungstat zu befrieden ist. So präsentiert sich *Karl von Berneck*, macht man die vom Stück betriebene Experimentalpsychologie stark[224], als eine Art dramatisierter *Lovell*[225], der im Gegensatz aber zum spezifisch psychologischen Realismus des gleichzeitig entstandenen Briefromans gewissermaßen aus einer ins Szenische transponierten *gothic novel* entsteht.

Erstmals in einem dramatischen Werk operiert Tieck mit Elementen eines imaginierten Mittelalters zwischen „Kruzifix" und „Eiche", ohne daß damit aber bereits eine wie auch immer festzuschreibende religiöse Poesie ins Spiel käme, insofern szenische Requisiten dieser Art nur der theatralisch-atmosphärischen Effektuierung des Schaurigen dienen.[226] Zum romantikgeschichtlich traditionsbildenden Komplex gehört darüber hinaus die Geschichte von den *Heymons-Kindern*, die der Knappe Conrad erzählt[227], ein Volksbuchstoff, den Tieck wenig später in den *Volksmärchen* (1796/97) gesondert literarisieren wird; daneben tritt ein Minnesänger auf und behauptet witzigerweise die Neuartigkeit seines Lieds[228], so daß

---

[223]   Dem entsprechen Hölters Beobachtungen zu den Bezügen auf Moritz' *Erfahrungsseelenkunde* und deren Überlegungen zum ererbbaren Wahnsinn (vgl. Tieck-DKV I, Kommentar, 1080f.).

[224]   Vgl. Hölters Befund zu Abdallah, Waller, Lovell und Karl von Berneck als „Experimentalfiguren" in Anschluß an die 'empirische Psychologie' von Karl Philipp Moritz und J.H.v. Jacob (Tieck-DKV I, Kommentar, 1080).

[225]   Die Analogien zwischen *Karl von Berneck* und *William Lovell* reichen vom erkenntniskritischen Räsonnement über die 'Rästelhaftigkeit' der Welt (Tieck-DKV I, 496) und der unmerklich, doch rasend schnell verrinnenden Zeit (498, 500) bis zur Auflösung der Ich-Identität des Protagonisten: „Ich hieß sonst Karl von Berneck, als ich noch den Menschen angehörte, seitdem ist manches anders geworden, und ich weiß nicht, wie mich die Leute jetzt nennen" (515). Selbst das sarkastische Urteil über das Schicksal, das mit dem Menschen zynisch spiele und sich im *Lovell* in der Figur Andrea Cosimos objektiviert, kehrt in Karls Selbstbestimmung seiner Lage wieder: „Und mit uns spielt das Schicksal wieder auf seine Weise. Nicht wahr? Alles ist ein großes Spiel, eine Posse, in der fürchterliche und lächerliche Gestalten seltsam durcheinander gemischt sind, die sich gegenseitig nicht kennen und doch durchkreuzen. So entsteht, so vergeht das Leben des Menschen, man kann es nicht wunderbar nennen und doch ist es seltsam rätselhaft" (516).

[226]   Vgl. die beiden entsprechenden Nebentexte zu den Szenen im Freien vor der Burg Berneck im zweiten und vierten Akt (Tieck-DKV I, 478, 514). Auch in Schillers Prolog zur *Jungfrau von Orleans* ist die ländliche Gegend zwischen dem Heiligenbild in einer Kapelle und einer hohen Eiche, nun aber tatsächlich mit religiösem Akzent, eingespannt.

[227]   Tieck-DKV I, 459.

[228]   „Ich will Euch die Klage und den Trost der Unglücklichen singen, es ist ein neues Lied und eine neuerfundne Weise. Ich dichtete es jüngst, als mir das Elend der Menschen recht sichtbar vor die Augen trat" (Tieck-DKV I, 510).

sich erstmals in Tiecks Werk ironisch die Diskrepanz zwischen rückwärts gewand-
tem Mittelalterbezug und der diesem eigentlich inkompatiblen Originalitätsrheto-
rik artikuliert, zumal das für die literarhistorische Situation Mitte der 90er Jahre
durchaus noch zeitgemäße Lied von der nächtlichen Einsamkeit des Wanders-
manns zwischen nihilistischer Verzweiflung und kosmischem Trost tatsächlich so
gar nichts Minneliedartiges an sich hat.[229] Nicht zuletzt kehrt Walter von Berneck,
um ein letztes Element der Mittelalterbezüglichkeit zu benennen, gerade aus Palästina von den Kreuzzügen zurück, deren szenische Literarisierung Tieck später
im *Kaiser Octavianus* betreiben wird.

Wirkt die Darstellung der eskalierenden Raserei und Melancholie trotz aller
Differenzierung, die die ausgebaute dramatische Form erzwingt, eher wie ein Stagnieren der Tieckschen Produktivität, insofern sie über den bisher erreichten
Stand der szenischen Darstellung extremer Affektlagen kaum hinausführt, ja wegen der längst epigonal gewordenen gotischen Elemente sogar hinter die avancierte Plausibilisierung psychopathologischer Zustände im *Abschied* zurückfällt, erscheint als literaturgeschichtlich vorausweisendes, modernes Element der Mög-
lichkeitserweis einer nunmehr vollzogenen Auflösung von Ich-Identität bis zum
grundsätzlichen Zweifel an der Erkennbarkeit der Welt. Literarhistorisch gesehen
aktuell ist demnach das szenische Variieren des *Lovell*-Problems, während die
Schicksalssemantik, die die spätere Modeerscheinung der Schicksalstragödie von
Werners *Der vierundzwanzigste Februar* bis zu Grillparzers *Die Ahnfrau* vorbereitet,
gerade von Tieck selbst als unpoetischer Anachronismus attackiert werden wird:
in dramatischer Form zuletzt in der Inszenierung des Glücks in seinem zweiten
Universalschauspiel *Fortunat*, in dessen Prolog zwischen dem ersten und zweiten
Teil Fortuna höchstpersönlich in einer szenischen Gerichtsverhandlung von aller
Schuld freigesprochen wird.

Dramengeschichtlich relevant für die weitere Entwicklung von Tiecks szenischen Werken seit Mitte der 90er Jahre ist die erstmalige Integration eines Prologs. Unter Berufung auf „längst vergessner Sitte" und eine „alte Bahn" der dramatischen Rede, die das frühneuzeitliche Theater Shakespeares meint, wirbt das
dramatische Institut zur Etablierung der theatralischen Szenerie im konventionellen Gewand des Bescheidenheitstopos dafür, sich der „Mär" des Stücks „aus fernen Zeiten trüben Inhalts" anzunehmen, indem es den Zuschauer dazu auffor-
dert, sich „durch die magischen Gestalten täuschen" zu lassen, die der Dichter
„wie Schattenwerk vorüberführe".[230] Die zerstreuende Flüchtigkeit, die nun als

---

[229] Vgl. Tieck-DKV I, 511 und Tiecks gesonderte Publikation in einer späteren Ausgabe der Gedichte unter dem Titel *Nacht* (Tieck-DKV VII, Kommentar, 581). Entsprechend abweisend reagiert
Karl auf den Minnesänger: „Genug! – Alles ist doch nur erlogen, Dichtererfindung, indem [sic!]
sein eigner Busen nichts fühlt!" (Tieck-DKV I, 511). Um 1795 hat Tieck noch keine klaren Vorstellungen vom Minnesang bzw. der Literatur des Mittelalters (vgl. Hölter 1989, 43f.).

[230] Tieck-DKV I, 451. In der Schattenbildlichkeit verschmilzt Tieck „die Bedeutungen: schwaches
Abbild einer Sache, etwas Unwirkliches und Schatten- oder Puppenspiel" (Kommentar, 1089).
Goethes 'Zueignung' zum *Faust I* mit ihrer vergleichbaren Schattenmetaphorik entsteht 1797.

Intention der szenischen Darstellung ins Spiel gebracht wird, zitiert erstmals in einem eigenen dramatischen Werk die neue Poetik aus der Abhandlung über das Wunderbare bei Shakespeare: Nicht dem „Inhalt" des Stücks solle die Aufmerksamkeit in erster Linie zugewandt werden, sondern dem „mannichfach" sich brechenden „Strahl der Kunst", der zwar vielleicht „allzurasch die alte Bahn" des shakespeareschen Theaters versuche, gerade deshalb aber ebenso flüchtig „durch das Gedächtnis ziehn" kann.[231] Zwar profiliert Tieck damit zum ersten Mal in praktischer Hinsicht die bewegte Geistigkeit der Einbildungskraft, auf die seine Rede vom „Gedächtnis" abzielt. Dem nachfolgenden Stück selber aber eignet noch vergleichsweise wenig von der dispergierenden Beweglichkeit szenischer Vielfalt, weil die Affekt- und Schauerdarstellung alle theatralische Aufmerksamkeit absorbiert. So formuliert nur der Prolog die Poetologeme der zur gleichen Zeit sich herausbildenden romantischen Dramenpraxis. Diese kündigt sich auch dergestalt an, daß Tieck nun fast alle der um 1795/96 entstandenen Stücke mit einem Prolog als poetologisches und zugleich episch-auktoriales Element im Drama beginnen läßt, um schließlich aus dessen Verselbständigung zu einem Stück, das den Titel *Ein Prolog* (1796) erhält, die parabatische Literaturkomödie (zunächst im Miniaturformat) hervorgehen zu lassen.

Die Differenz des Ritterstücks zur späteren Märchendramatisierung im *Ritter Blaubart* ermißt man trotz aller motivischen Kontinuitäten[232] am unfreiwillig „Lächerlichen" der drastischen „Schauerromantik".[233] Bereits früh hat August Wilhelm Schlegel den Unterschied in seiner berühmten Rezension der *Volksmärchen* benannt, in die *Karl von Berneck* eingangs des dritten Bands neben die bekannten romantischen Komödien gestellt wurde. Er findet dort, so teilt Schlegel im Brief an Tieck vom 11. Dezember 1797 mit, „noch einige Erinnerungen an die frühere Manier. Jener hat mich überhaupt am wenigsten befriedigt"[234], was er in der *Athenäum*-Besprechung als „Kraftlosigkeit des Ganzen" präzisiert: *Karl von Berneck* gehöre noch der „dem ersten Morgennebel"[235] an, während „die reifsten Stücke in der Sammlung", *Ritter Blaubart* und *Der blonde Eckbert*[236], „zu größerer Heiterkeit und Klarheit" der 'poetisierten Poesie' „hindurchgedrungen" seien.[237]

Sind nun aber auch *Karl von Berneck* und *Ritter Blaubart* nicht undialektisch einander entgegenzusetzen – partizipiert die Märchenkomödie einerseits an der Darstellung des Grauens, die die Kontinuität der Schaueratmosphäre anzeigt, integriert die Schicksalstragödie andererseits lyrisierende Passagen der erlösten Ver-

---

[231] Tieck-DKV I, 451.
[232] Vgl. allein die Übernahme der Ritternamen Conrad, Leopold und Heymon.
[233] So Schulz (1983, 530).
[234] Tieck-Schlegel, 23. Zurückzuführen ist dieser Befund v.a. darauf, daß dem Stück jede Ironie abgeht und auch die Ansätze zur Shakespearschen Kontrasttechnik in den Narrenfigurationen der episodischen Diener-Szenen eher verhalten eingesetzt werden (vgl. Tieck-DKV I, 479f.).
[235] Athenäum I, 176.
[236] Athenäum I, 173.
[237] Athenäum I, 176.

söhnung, die bis zur frühen *Sommernacht* zurückdatieren –, so bringt das mittelalterliche Ritterdrama doch noch einmal die wirkungsbewußte Theatralik des Gotischen zur Geltung, damit insgesamt einen dominierenden Zug des ganzen dramatischen Frühwerks zum Abschluß. Insofern markiert das Nebeneinander beider Stücke die Pole der literarischen Produktivität Tiecks um 1795/96 zwischen drastischer Negativität und befreiendem Glauben an die Heiterkeit und Laune der Poesie, die sich im Bereich der Prosa zur gleichen Zeit im simultanen Nebeneinander des *William Lovell* und der Unsinnspoesie der *Sieben Weiber des Blaubart* manifestiert.

Noch während des erkennbaren Einschnitts in der Entwicklung der dramatischen Produktion um 1792, die eine bestimmte Tendenz zur Klassizität der geschlossenen Form erkennen ließ, entfalten sich erste Formen des zeitaktuell Komischen mittels Integration literatursatirischer Passagen und Varianten der Philisterpersiflage. Dezidierte Aufklärungssatire betreibt Tieck zuerst in den hinzugeschriebenen Szenen seiner bearbeitenden Übertragung des *Volpone* Ben Jonsons (seit 1793), Ansätze zur Philistersatire in einem eigenständigen Stück als Parodie auf das empfindsame Familiendrama im dreiaktigen 'Puppenspiel' *Hanswurst als Emigrant* (1795).[238] Hinzu kommt – und damit komplettiert sich die Dreieinigkeit der frühromantischen Komödie aus Polemik, Märchenpoesie und Lyrisierung – die Literarisierung des opernhaften Märchendramas selbst, die Tieck mit der dramaturgischen Bearbeitung von Shakespeares *Sturm* vorantreibt.

Tiecks erste dramatische Satire auf die Literatur und die „Aufklärung des Jahrhunderts"[239] – um 1793 als freie Anpassung des *Volpone* Ben Jonsons (1606) an bürgerliche und deutsche Verhältnisse der eigenen Gegenwart begonnen, erst aber 1798 unter dem Titel *Ein Schurke über den andern, oder die Fuchsprelle. Ein Lustspiel in drei Aufzügen* gedruckt – bildet „eine in ihrer Art schon fertige Keimzelle" für die poetische Satire der nachfolgenden romantischen Komödien.[240] Weniger über die vermeintliche Aktualisierung des aristophanischen Lust-

---

238 Vgl. auch Tieck-DKV I, Kommentar, 883. Tieck satirisiert damit seine eigenen perfektibilistischen Illusionen, die er noch zwischen 1792 und 1795 im Zusammenhang der Französischen Revolution hegt (vgl. 884).

239 Tieck-DKV I, 591.

240 Tieck-DKV I, Kommentar, 1117. „Tiecks Lehrer und Liebling war von 1793-1801 in seiner satirischen Dichtungsweise Ben Jonson" (Stanger 1902, 80). Ein detaillierter Vergleich mit der Vorlage des bis zum 18. Jahrhundert vergessenen und u.a. durch die Rezeption Tiecks wieder bekannt gewordenen zeitgenössischen Theaterrivalen und Freund Shakespeares samt Hinweisen zur Verschiebung der zynisch-aggressiven Typen- und Sittensatire auf Geld- und Habsucht in ein „bedeutend harmloseres Intrigenlustspiel" mit Elementen der „Parodie auf Nicolai" bei Lüdeke (1922, 264-267, hier 266); vergleichende Beobachtungen zur engen, von fünf auf drei Akte kürzenden Anlehnung an die Vorlage auch bei Pache (1983, 330-333). Von einer Verharmlosung zur 'Gesellschaftskomödie', die dem gemäßigteren Molière näher stehe als der kruden Gesellschaftskritik Ben Jonsons und als solche auch auf die spätere *Theegesellschaft* vorausweist, spricht Hölter (vgl. Tieck-DKV I, Kommentar, 1108; 1117). Während Volpones „dämonische Kraft" und sein

spiels als über die Rezeption des englischen *poeta doctus* entfaltet sich auch die Initiation zur parabatischen Komödie, die als Spiel-im-Spiel-Verfahren in Ben Jonsons *Bartholomew Fair* exzelliert.[241] So kommen gerade in der produktiven Anverwandlung Ben Jonsons, die sowohl in einer rein aufklärerischen Gesellschaftskomödie wie der *Theegesellschaft* (1796) als auch der später wieder verschärften Literatursatire des *Anti-Faust*-Fragments (1801) hineinwirkt, mindestens vier Komponenten zusammen, die die romantische Komödie zu einer neuartigen Einheit legieren wird: neben den Varianten der Spiel-im-Spiel-Dramatik und der Lyrisierung dramatischer Rede in höfischen Maskenspielen vor allem die autoreflexive Potenzierung und Ironisierung des Rollenspiels, die der am Ende von seinem Diener Simon selbst geprellte Betrüger Herr von Fuchs bis zur ausweglosen Selbstverstrickung ins eigene Lügennetz vorantreibt, wenn er den Todkranken mimt, um die Erbschleicher auszunehmen.[242] Das täuschende Rollenspiel verbin-

---

„sadistisches Spiel" (Pache 1983, 331, 324) in einer vom Vers in die Prosa umgewandelten und dadurch „geglättete[n] Sprache" 'verkümmert' (331), ist Simon/Fliege – obwohl er vom Diener als 'parasitären Schmeißfliege' zum „Hausfreund" mit Tendenz zur komischen Spiegelfunktion der Dienerfiguren im bürgerlichen Trivialstück mutiert (vgl. Tieck-DKV I, 544) – „erstaunlich zynisch geblieben" (Kommentar, 1116; hier auch Hinweise zur Symptomatik des jüdischen Namens). Trotz aller sonstigen Handlungsähnlichen markiert die Verengung auf einen versöhnenden bürgerlichen Horizont, der die lächerlichen Figuren zur Wohlanständigkeit zurückführt, das gravierendste Moment von Tiecks Eingriff in die Vorlage (vgl. Pache 1983, 332).

[241] Vgl. dazu bereits Lüdeke (1922, 269). Landfester (1997, 116) erkennt in diesem Stück die wichtigste Schaltstelle der Spiel-im-Spiel-Tradition für den *Gestiefelten Kater* (vgl. insges. 112-116). „Ben Jonson", schreibt Tieck selbst in seinen Beiträgen zum *Altenglischen Theater*, „war nun auch der erste, der bisher unschuldige und reine Freude der Dichter wie des Publikums störte, indem er sie zu erhöhen strebte", wobei die „Schärfe und Bitterkeit" der satirischen Theaterkritik, wie aus der einschlägigen Vorrede zum ersten Band der *Schriften* bekannt, von ihm mißbilligt wird (Tieck-KS I, 268f.).

[242] Die Rollenironie ergibt sich dabei wie von selbst, weil die Differenz zwischen inszeniertem Schein und betrügerischem Impuls präsent gehalten bleibt, wenn Volpone mit seiner gespielten Krankheit die Erbschleicher zur Schenkung wertvoller Gaben, die sein Wohlwollen erheischen sollen, ködert. Die stets weitergetriebene Schraube des Betrugs veranlaßt ihn sogar zum prekären Einfall, sich als tatsächlich gestorben auszugeben, womit er faktisch alle rechtmäßigen Ansprüche verliert, als der zum Erben erklärte Simon während der finalen Gerichtsverhandlung plötzlich nichts mehr davon wissen will, daß Herr von Fuchs in Wirklichkeit noch lebe. Aufgelöst werden alle Verstrickungen während des Verfahrens mittels einer auktorialen Moral, die auch den Metabetrüger Simon, der parasitär seinen betrügerischen Freund leimt, nicht ungeschoren davon kommen läßt. Bestraft wird er bei Tieck mit einmonatigem Zuchthaus und Vertreibung aus der Stadt, während Mosca sehr viel brutaler zuerst die Auspeitschung und danach die lebenslängliche Gefangenschaft in einer Galeere zu gewärtigen hat. Gerade im Zusammenhang des Rollenspiels bringt Tiecks Version vor der Gerichtsverhandlung rahmenbildend eine Komödienmetaphorik auf, die sich mit der moralisch-didaktischen Lehre selbst verbindet: Vor ihrer Anklage besprechen die Geprellten ihre Verhandlungsstrategie ausdrücklich als „Rolle" in einem „Lustspiel" (Tieck-DKV I, 601), so daß der dramatische „Knoten" gewissermaßen am Ende wie „durch ein Wunderwerk zerhauen" wird (634). Zwar hält Tieck sich mit dieser *deus-ex-machina*-Lösung eng an die Vorlage (vgl. Ben Jonson 1983, 274/275, V.95), die Strategie der Geprellten selbst aber benennt sich dort sehr viel schärfer als „business", das im lügenhaften „burden" der Geprellten exekutiert wird (190, V.1,4).

det sich mit dem satirischen Verlachimpuls der *comedy of humours*, der von Tieck für die dramatische Aufklärungssatire wie für die Philisterdarstellung der parabatischen Literaturkomödie gleichermaßen genutzt wird.

Literarhistorisch erstmals bei Ben Jonson verschränkt sich das Lachen mit dem *humour*, den Tieck – und damit zeigt er selbst die prinzipielle Verschiebung der eigenen satirischen Dramenpraxis an – in die harmlosere „Laune" zurückübersetzt.[243] Der elisabethanischen *humour*-Theorie zufolge bezeichnet 'a humour' nicht nur eine Schrulle, sondern den wunderlichen Träger dieser Eigenschaft selbst, der als komische Person Gegenstand des moralischen Gelächters wird. Tiecks Version der *Fuchsprelle* geht indes die aggressive wie pessimistische Schärfe des kalt und artistisch kalkulierenden Satirikers Ben Jonson zur Entlarvung gesellschaftlicher Sitten und Verhaltensweisen ab[244], die sich im *Volpone* in einer bestiariumartig kruden Tiermetaphorik äußert, wenn die Figuren wie Geier, Krähen, Raben, Füchse oder parasitäre Schmeißfliegen agieren. Nicht nur nimmt er die böse Satire ins mildernde Licht des launigen Spotts zurück, sondern vor allem verlagert er den satirischen Akzent auf Fehlentwicklungen aufklärerischer Literatur. Im Gegensatz dann aber zur entsprechenden Ausführung in der romantischen Komödie, die das von Ben Jonsons satirischem Realismus verpönte Wunderbare des weicheren und sehr viel populäreren Shakespeare inkorporiert[245], bleibt die moralische Intention der *Fuchsprelle* zuletzt noch in der *Theegesellschaft* bemerkbar. Erst danach tritt der jeder Verlachkomödie inhärente konservative Zug konventioneller Kulturkritik in der Verspottung gesellschaftlicher Mißstände bzw. Verfallserscheinungen zugunsten der progressiven Produktivität von Poesie zurück.

Ihren lächerlichen Fall finden die seltsam wuchernden Blüten aufklärerischer Literatur in der *Fuchsprelle* am deutschen Gelehrten Murner vor, der in den hinzugeschriebenen neuen Szenen als „kleine[n] Rädchen der Mode"[246] während seiner

---

[243] Vgl. Köpke II, 236. Ben Jonson wird dagegen als „bitter und hassend, die Person des Gegners verfolgend", beurteilt (Tieck-S I, XIII).

[244] Dies zumindest nach dem Bild, das sich seit John Drydens *Essay of Dramatic Poesy* (1668) über die Rezeption Tiecks hinweg bis ins spätere literarhistorische Urteil gehalten hat: Die poesiefeindliche Virtuosität Ben Jonsons sei Shakespeare „völlig entgegengesetzt" und „dem kritischen Verstande völlig" ergründbar (Tieck-S XI, XXf.). Zwar bleibe Shakespeare der „Repräsentant der wahren Dichtung als Kunst" (XXII) – „that Shakespeare wanted art", meinte Jonson sarkastisch gegen die Unwahrscheinlichkeiten von *The Winter's Tale* in einem vielzitierten Gespräch mit Drummond of Hawthornden (zit. nach Pache 1983, 309) –, von seinem „Antagonisten" aber könne man, so Tieck zur Ehrenrettung des gelehrten Satirikers, „über ihn und die dramatische Kunst unendlich viel" lernen, „indem die immerdar fortgeführte, im Drama, Charakter, Witz und Handlung spielende Gegenrede [...] den größeren Dichter erläutert und rechtfertigt" (Tieck-S XI, XXII).

[245] Zu Ben Jonsons expliziter Abgrenzung von Shakespeares Verwendung des Wunderbaren, wie sie sich in *Bartholomew Fair* artikuliert, vgl. Landfester (1997, 113).

[246] Tieck-S XI, XXVI; vgl. Hölters Synopse der korrespondierenden literatursatirischen Passagen bei Tieck und Ben Jonson samt der von Tieck neu hinzugeschriebenen Szenen II/12 und III/2 (Tieck-DKV I, Kommentar 1110).

Reise durch England zusammen mit seiner Frau in anspielungsreichen Gesprächen mit dem Engländer Birnam gezeigt wird. Die „vollständige Beschreibung" Englands[247], die Murner zu verfassen beabsichtigt, parodiert in erster Linie Nicolai als Vertreter einer radikalisierten Spätaufklärung, die sich in permanenten Perorationen im Gewand einer Nützlichkeitssemantik lächerlich macht, der schon ein wandernder Schneider Stoff „zu ganzen 300 Seiten" liefert.[248] Die satirische Komik resultiert aus der offensichtlichen Diskrepanz zwischen dem Partikularen und der ausufernden, philosophisch untermauerten Universalerklärung einer vollkommen nützlichen Welteinrichtung, in der jede Kunst unbrauchbar und entsprechend abzuschaffen sei: Theater sollten in Erziehungsanstalten umgewandelt werden, und „wer sich nun gar erfrechte, einen Roman oder eine Komödie zu schreiben, der würde ohne Barmherzigkeit aufgehängt"[249], während Madame Murner vor allem Kotzebue bedenkenlos neben Goethe, Schiller, Meißner, Wieland und Klopstock zu schätzen weiß[250] – was ihr naturgemäß den gehörigen Tadel ihres aufgeklärten Gatten einträgt. Seiner borniertenen und vor dem Hintergrund der Theodizee-Problematik eben zugleich ziemlich widersprüchlichen terroristischen Veränderungsbereitschaft, der selbst die Französische Revolution bislang nur unzulänglich gefolgt sei[251], korrespondiert die Forderung nach Verbrennung aller „Kupferstiche und Gemäldesammlungen". „Man sehe die Bäume und Berge an, wie sie sind", meint die kunstfeindliche und antiaristotelische Affirmation des Bestehenden, „und nicht, wie sie sein könnten; der Mensch muß nicht klüger sein wollen, als sein Schöpfer".[252]

In programmatischen Sprüchen dieser Art, die die Realpräsenz eines „Sinn[s] ohne Worte" gegen poetische „Worte ohne Sinn" ausspielen[253], macht sich erstmals in Tiecks literarischem Werk eine dezidiert aufklärungsskeptische Position geltend: in einer auch für die spätere poetische Satire typischen Form indirekter Artikulation, die die eigenen Ideale defensiv formuliert, indem sie die Kultur in Händen der Bornierten verzeichnet. Bleibt der Spott auf die Dummheiten und Widersprüchlichkeiten einer radikalisierten Spätaufklärung und ihre beschränkten Erziehungsideale harmlos und durchschaubar, kündigen sich mit der szenischen Entlarvung der Verkehrtheiten eines poesiefeindlichen Literaturbetriebs, wie

---

[247] Tieck-DKV I, 564.
[248] Tieck-DKV I, 565. Obwohl Murner erst seit wenigen Wochen in England verweilt, ist seine Reisebeschreibung „schon einige Bände stark" (564). Nicolais *Beschreibung einer Reise durch Deutschland und die Schweiz, im Jahre 1781. Nebst Bemerkungen über Gelehrsamkeit, Industrie, Religion und Sitten* wächst sich zwischen 1783 und 1796 zu zwölf Bänden aus.
[249] Tieck-DKV I, 594.
[250] Vgl. Tieck-DKV I, 580.
[251] „Sehn Sie nur das Frankreich an: schon sieben Jahr eine Revolution, und noch alles beim Alten. [...] und noch sind die gelehrten Folianten und Quartanten, die Gedichte und Romane, nicht ins Meer geworfen; und noch sind die Schnürbrüste, Kopfzeuge, die Kinderwiegen und Wickelbänder nicht verbrannt: heißt das eine Revolution?" (Tieck-DKV I, 592)
[252] Tieck-DKV I, 595.
[253] Tieck-DKV I, 593.

Tieck später selbst betont, „alle Ansichten, Grillen und Überzeugungen an, die im
Zerbino und späteren Schriften mehr oder minder angedeutet oder ausgesprochen sind"[254]: dort jedoch in der nunmehr artistisch vorangetriebenen Verbindung der virtuosen Satire Ben Jonsons mit der mannigfaltigen Poesie Shakespeares, in der das Alltäglich-Realistische neben dem Außerordentlich-Wunder-
baren auf gleichsam selbst wundersame Weise zusammenkommt. Tiecks eigener
Stil, so die relevante literarhistorische Konsequenz aus der Einübung szenischer
Techniken anläßlich der dramaturgischen Bearbeitungen Mitte der 90er Jahre,
entwickelt sich an den Übersetzungen der beiden wichtigsten rivalisierenden englischen Dramatiker der Shakespeare-Zeit, zumal die Grenzen zwischen Übertragung und Bearbeitung bei ihm stets fließend gewesen sind.[255] Die gedoppelte
szenische Anverwandlung bzw. Aktualisierung Ben Jonsons *und* Shakespeares
gleichermaßen erweist sich damit werkgenealogisch als das wichtigste Verbin-
dungsstück im Übergang zur romantischen Komödie.

Der für die romantikspezifische Verschränkung von Polemik und Poesie notwendige zweite Schritt bereitet sich folgerichtig in der gleichen Zeit seit 1792/93
mit der dramaturgischen Bearbeitung von Shakespeares letzter Romanze *The Tempest* vor, die Tieck 1796 – und dies markiert die Geburt des Autors – als erste
Publikation unter eigenem Namen bei Nicolai gedruckt sehen wird: *Der Sturm.*
Ein Schauspiel von Shakspear, für das Theater bearbeitet von Ludwig
Tieck. Nebst einer Abhandlung über Shakspears Behandlung des Wunder-
baren. Waren es in der kürzenden Adaption Ben Jonsons die aktualisierenden li-
teratur- und aufklärungssatirischen Szenen, sind es in der die Handlung samt Akt-
Struktur weitgehend wahrenden Shakespeare-Bearbeitung die eingefügten eigenen
Lieder, die die dramaturgische Abwandlung an das spätere romantische Drama
annähern. In Fortsetzung der bereits melodramatisch konstituierten *Sommernacht*
werden Lyrisierungseffekte nun auch in der dramatischen Großform als Mär-
chenschauspiel „mit Gesang"[256] durchdekliniert: vorzüglich in den erneut teils

---

[254] Tieck-S XI, XXVI.
[255] Vgl. Hölter (1989, 173).
[256] Die Verlagsankündigung des Stücks zu Ostern 1796 unter dem Titel *Sturm, der; e. Schausp. mit Ge-*
sang nach Shakespear von Ludw. Tink [sic], der noch kurz von Drucklegung bestand (Tieck-DKV I,
Kommentar, 1216), signalisiert den melodramatischen Hintergrund der Bearbeitung, der wohl in
erster Linie für Tiecks spätere ironische Selbstdistanzierung im Brief an A.W. Schlegel vom 23.
Dezember 1797 verantwortlich sein dürfte (vgl. 1224). Entsprechend ausführlicher fallen in seiner
Bearbeitung die Nebentexte dort aus, wo die Unmittelbarkeit der Wechselwirkung von Handlung
und Musik explizit wird: Wenn Ariel singt und spielt, folgt Ferdinand sogleich „wie unwillkür-
lich" „Schritt vor Schritt der Musik" (738), während vergleichbare Hinweise in diese Richtung bei
Shakespeare fehlen (vgl. dort den Nebentext in I/2 nach V.376), so daß sich bei diesem nur die
einschläfernde Wirkung der Musik einstellt (vgl. etwa II/1, V.180-194); in beiden Fällen aber sind
Ariels Auftritte von „einer feierlichen Musik" begleitet (vgl. Nebentext nach II/1, V.189; dazu
Tieck-DKV I, 745). Bei Tieck verwandelt die Musik die Welt ins „Paradies[]", in das sich Ferdinand durch den „Schlafgesang" der „holde[n] Liebe" im „Mondschein" – in einer erkennbar
präromantischen Topik also – versetzt sieht (Tieck-DKV I, 774), während Shakespeares

protoromantisch schwebenden, teils aber auch nur noch delirierend-lallenden
Versen Ariels, auf deren Simplizität als „kindisch und unbedeutend" in den poetischen Rahmen eingefügte „Liedchen" Tieck im Anhang zu Schlegels *Sturm*-
Übersetzung eigens hingewiesen hat.[257] Durch lyrische Sequenzen dieser Art, die
vor allem den vierten Akt expandieren, nähert sich das definitionsgemäß kurze
Melodrama der ausgebauten Wortoper an, zumal gerade der *Tempest* zwischen
1781 und 1799 eine beliebte Vorlage für zahlreiche Veroperungen darstellte.[258]
Auch bei Tieck zeichnen sich Formen der Integration anderer Künste vom
„pantomimische[n] Tanz"[259] der Geister bis zur „Symphonie"[260], Tendenzen also
zum Gesamtkunstwerk ab. Sowohl die Schlußgebung einzelner Akte wie des ganzen Stücks mit dem hinzugedichteten Freiheits- und Liebesgesangsfinale, das das
„vom Dienste" befreite Geisterpaar Ariel und Melida in Vorfreude auf die nun
kommende „goldne Zeit" davonflattern läßt[261], operiert mit den für Tieck um
1792 nicht untypischen „Finaleffekt[en] eines Opernakts".[262]

Gegenläufig zur lyrisierenden Entgrenzung sind die von Shakespeare durchgängig verwendeten Blankverse (in denen sogar der monströse Sklave Caliban
spricht) in eine nüchterne und knappere Prosa umgewandelt, die der von Tieck
benutzten Übersetzung Eschenburgs folgt. Die gravierendsten Veränderungen
über die bei Shakespeare strukturell vorgebildeten Formen experimentellen Vari-
ierens szenisch-literarischer Techniken hinaus[263] nimmt der vierte Akt vor. Vor

---

„paradise" der Natur- und Fruchtbarkeitsharmonie in dem von Tieck eliminierten Maskenspiel
von Iris, Juno und Ceres entspringt (vgl. IV/1, V.106-117, 124).

[257] Zit. nach Tieck-DKV I, Kommentar, 1236. Die Spannbreite von Ariels Liedern reicht entsprechend von den bereits im Zusammenhang der *Sommernacht* beschriebenen präromantischen Kurzversen in klanglich durchorganisierter und übergänglich wechselnder Metrik bis zu Formen laut-
malerisch nachgebildeten Deliriums: „"Ei ei!, ha ha! die Narrren da! / La la! zum Lachen! ha ha
ha! / La la la! ha ha ha! zum Lachen! ha ha! / Hi hi hi! ha ha ha! die Narren! ha ha!" (764); vgl. dazu aber auch die Trink- und Befreiungslieder Calibans, Stephanos und Trinkulos, die am Ende
des zweiten Akts in einen gemeinsamen Fröhlichkeitstaumel des wundersamen Trios münden
(756).

[258] Vgl. Tieck-DKV I, Kommentar, 1250: Erst allerdings bei der 1798 uraufgeführten Fassung F.W.
Gotters sei gegenüber Tiecks Version der „Schritt zur Oper durch die Bezeichnung von Arien,
Rezitativen etc. konsequent vollzogen".

[259] Tieck-DKV I, 766, 769.

[260] Tieck-DKV I, 772; gemeint ist der alte Sinn von ital. sinfonia als Ouvertüre.

[261] Tieck-DKV I, 791.

[262] Tieck-DKV I, Kommentar, 1260. Noch einmal macht sich also die hymnische Befreiungsthema-
tik aus *Der Gefangene* (1264) und *Alla-Moddin* geltend. Im *Tempest* hingegen ist das versöhnliche
Ende durch den Epilog Prosperos – Schlußwort des Dramatikers Shakespeare überhaupt, das
Tieck wegfallen läßt – in die schmerzhaft-verzweifelte Erlösungsbedürftigkeit nach dem Zerfall
aller Zauberkräfte gebrochen.

[263] Caliban spricht dialektal angelehnt ans Berlinerische (vgl. Tieck-DKV I, 736). Ariels paargereimtes
Lied von der ihren Lauf nehmenden Verschwörung, das die Schlafenden wecken soll (II/1,
V.295-300), verwandelt Tieck in das Kunststück des Siebenfach-Reims (749); vgl. A.W. Schegels
frühe Kritik der allzu krassen Abweichung von der Vorlage, die dazu führe, daß es „durchaus
nicht mehr" als Shakespeares Lied anzusehen sei (zit. in Tieck-DKV I, Kommentar, 1221). Ande-

allem hier zeichnet sich das aufschwellende Verfahren und die Tendenz zu hymnischer Wiederholung ab – beides für die nachfolgende romantische Dramatik gerade vor dem Hintergrund der Ariel angedichteten Liebessemantik symptomatisch.[264] Für Shakespeare ganz uncharakteristisch und erkennbar präromantisch zugerüstet fällt demnach die empfindsame Artikulation sehnender „Ahndung" aus, die das trostbedürftige Herz eines Naturgeists trotz aller Mutlosigkeit im Vorschein des kommenden Liebesglücks erfüllt.[265] Schon August Wilhelm Schlegel befand, daß Hinzufügungen dieser Art „unnöthig ausgesponnen" seien, weil ihre Verselbständigung der Kürze von Shakespeares Liedern, die „keine unwesentliche Eigenschaft" darstelle, widerstreite.[266] Moniert wird folglich die schwebende Entgrenzung einer bei Shakespeare trotz aller traumartigen Verzauberung noch spezifisch dramatischen Handlung, selbst wenn diese allein durch die weißen Magie des vertriebenen Herzogs von Mailand geleitet und so gewissermaßen episch organisiert wird. Schon die frühe Rezension August Wilhelm Schlegels in der 'Allgemeinen Literatur-Zeitung' vom 10. März 1797 nimmt damit zentrale Einwände seiner späteren Kritik an der ausufernden Expansion romantischer Universaldramatik vorweg. Die texturverändernde Umorganisation in der Verselbständigung des Lyrisch-Musikalischen geht darauf zurück, daß die *Sturm*-Bearbeitung in erster Linie als Demonstrationsobjekt für die Theorie von der szenischen Plausibilisierbarkeit des Wunderbaren durch Musikbegleitung fungiert. So bereitet die dramaturgische Akzentverschiebung in der Bearbeitung einer Vorlage, die als geradezu klassizistisch gebautes Märchendrama trotz allen musikalischen Zaubers und seiner Rede von der traumähnlichen Stofflichkeit des Menschen noch auf dramatische Effektivität abzielt, die poetische Verwandlung des Dramas hin zur szenischen Stimmungspoesie der *Genoveva* und des *Prinzen Zerbino* vor.[267] Die verhaltenen Momente reflexiver Selbstbespiegelung wie in

---

re Formen abwandelnder Expansion ergeben sich im Bereich der Lautmalereien (vgl. 780f.). Im Gegensatz zu Shakespeare spricht Ariel sowohl in Prosa als auch gebunden. Während der Gehalt der nicht hinzuerfundenen Lieder dem Original durchaus nahe zu bleiben bestrebt scheint, werden die Blankverse Shakespeares teils gewahrt, teils aber auch in wechselnde Trochäen und freie Rhythmen umgewandelt. Neben dem frei erfundenen Geisterchor im völlig veränderten, weil ins ungebrochen positive Freiheitspathos umgedeuteten Finale integriert Tieck, auf das ganze Stück verteilt, weitere Chorpassagen und Lieder Ariels als eigene Erfindungen (vgl. 766f. und 746).

[264] Vgl. etwa den tanzenden Chor der Geister, der die frei erfundene Liebesverbindung Ariels mit der Sylphide Melida als Naturversöhnung im präromantischen Erklingen der 'Einen Poesie' feiert: „Laut klingen alle Saiten der Natur! / Und alles tönt in Einem allmächtgen Klang / Der hohen Liebe Lobgesang! – " (Tieck-DKV I, 777).

[265] Vgl. Tieck-DKV I, 774f.

[266] „Weit zweifelhafter möchte es seyn, ob das Stück durch die hier erhaltnen lyrischen Zusätze wirklich bereichert worden ist" (zit. nach Tieck-DKV I, Kommentar, 1220, 1222).

[267] Die *Sturm*-Bearbeitung „illustriert, wie ein rein Tieckscher Shakespeare" im Gegensatz zur sehr viel versgetreueren Übersetzung A.W. Schlegels „hätte aussehen können" (Tieck-DKV I, Kommentar, 1253). Die Affinitäten zum früheren *Reh* in der empfindsamen Liebeshandlung zwischen Ferdinand und Miranda resp. Fernando und Amanda, die Zeydel akzentuiert (vgl. 1217), bleiben aber vergleichsweise partikular.

Prosperos Rede von der gefahrlosen Inszenierung des grausigen Schiffbruchs als „Schauspiel"[268] dagegen bleiben wie die ganze Romanze überhaupt, vergleicht man die Bearbeitung mit den sowohl formalen als auch thematischen Eingriffen in der Übertragung Ben Jonsons, mehr oder weniger wortgetreu nachgeschrieben.[269]

Das einaktige 'Lustspiel' *Die Theegesellschaft* (1796), als Gesellschaftskomödie erneut angelehnt an Ben Jonsons *comedy of humours*[270], aber auch gekennzeichnet durch Affinitäten bereits zur späteren französischen Salon- und Konversationskomödie, ist das letzte Prosa-Drama Tiecks, das in die Linie szenischer Werke der vorromantischen Periode fällt. Der unzweideutig nicht-romantischer Impetus leitet sich allein daraus her, daß es als einziges Drama in die Reihe der satirischen *Straußfeder*-Texte aufgenommen wird.[271] Parodistisch inszeniert wird entsprechend das Wort „romantisch" selbst, das der lächerliche Dichter Rothmann, die Karikatur seiner eigenen Rhetorik vom Originalgenie, zur Charakterisierung der Teegesellschaft vorbringt, als diese sich, durch die Intrige Werners veranlaßt, im Mondschein auf den Weg zu einer Wahrsagerin macht.[272] Zwar erklärt der vorgeblich aufgeklärte, tatsächlich aber bloß prätentiöse Kreis um den titel- und amtsbegierigen Aufsteiger Ahlfeld den melancholischen Ennui und Zivilisationshasser Werner, ein weiterer Bruder *Lovells*, zum wunderlichen Schwärmer und Narren, als dieser sich freimütig zum Aberglauben bekennt. Faktisch aber handelt es sich nur um die List des „Bürgerlichen"[273], die Intrige zur Wiedererlangung der verlorenen

---

[268] Vgl. hierzu I/2, V.26ff.; Tieck-DKV I, 728.

[269] Gegenüber der Umorganisation von Akten und Szenen im Falle Ben Jonsons bleibt die Anzahl der Aufzüge und Auftritte und so das ganze Handlungsschema unverändert.

[270] Vgl. Lüdeke (1922, 267), Zeydel (1935, 58) und Hölter (Tieck-DKV I, Kommentar zu *Ein Schurke über den anderen*, 1117), der Jonsons *The Alchemist* als Vorlage der *Theegesellschaft* benennt.

[271] Die Kompatibilität des Lustspiels mit spätaufklärerischem Selbstverständnis erschließt sich aus Tiecks späterer Charakteristik der Sammlung, wenn er auch sonst auf die „kleine Posse", entstanden aus der Übersättigung „von allen Empfindsamkeiten und der schlechten Sentimentalität des Theaters", kaum mehr zu sprechen kommt (Schweikert I, 88f.). Ihre französischen Stoffe und Vorlagen verwandeln die *Straußfeder*-Texte in „rasch und keck hingeworfene Skizzen des geselligen und literarischen Lebens der Gegenwart, die keinen Anspruch auf bedeutende Tiefe machten", in denen aber „mit steigender humoristischer Laune und offener Satire die Verkehrtheiten" dargestellt seien, über die sich Tieck „schon als Schüler geärgert hatte" (Köpke I, 203, zit. nach Schweikert I, 79): So wollen die Texte im „Ton der direkten Ironie oder des rationalistischen Spottes" (78) rein "unterhaltend und belehrend" sein, indem sie eine „satirisch-moralische Richtung" verfolgen (77). Unterstellt ist die *Theegesellschaft* damit vorab einer der englischen und französischen Typenkomödie entlehnten aufklärerischen Besserungsdramatik, die der Gottschedschen Komödienlehre zufolge den Fehler bzw. Spleen von Figuren oder gar ihren Betrug enttarnen und diese selbst in die vernünftige Ordnung der Welt zurückführen soll. Selbst die parodistischen und irrationalen Elemente des Aberglaubens nehmen der *Theegesellschaft* nichts von ihrer rationalistischen, weil rational nachvollziehbaren Konzeption.

[272] Tieck-S XII, 404.

[273] Tieck-S XII, 419.

Julie einzufädeln, die ihr Oheim Ahlfeld aus purem Eigennutz dem vermeintlichen Baron von Dornberg versprochen hat: Als Wahrsager verkleidet hält Werner die Vernunftgläubigkeit Ahlfelds wie den „Papierverderber" Rothmann[274] selbst zum 'Narren'[275], indem er in Kenntnis der tatsächlichen Hintergründe die Wahrheit spricht, dadurch das Komplott aufdeckt und Dornberg als Heiratsschwindler entlarvt. Gleich Ahlfelds opportunistisch-affektierter Gebrauch des Französischen werden Rothmanns Reden über Poesie grundsätzlich satirisch, zur Demaskierung ihrer Lächerlichkeit eingesetzt; bei Rothmann auch vor dem Hintergrund mangelnder Menschenkenntnis, die zur erheblichen Qualitätseinbuße seiner literarischen Produktion beiträgt. Zwar beschwört Rothmann das 'Neue' und 'Originale', geäußert im topischen Gewand des Bescheidenheitsgestus.[276] Witzigerweise bestätigt sich dieser tatsächlich gerade darin, daß Rothmann im Grunde nur läppische Auftragsdichtungen verfaßt: ein kleines Festspiel zur Hochzeit für Ahlfeld, der sich als Dichter ausgeben will[277], eine Sonettübersetzung für den Baron, der fremder Sprachen entweder nicht mächtig ist oder ebenfalls seine literarische Inkompetenz zu drapieren sucht.

Bei der *Theegesellschaft*, literarisch gesehen von durchaus changierender Qualität zwischen souveräner Beherrschung der Entlarvungstechnik und einer tatsächlichen Unbeholfenheit etwa beim Räsonieren der Figuren über das, was sie gerade zu tun gedenken, handelt es sich um rein satirische Gegenwartsdramatik, die als Konversationskomödie das aufstiegsbegierige Bürgertum im postrevolutionären Berlin der 90er Jahre, das sich zivilisiert und politisch aufgeklärt dünkt, aufs Korn nimmt. Die Diskrepanz zwischen Verhalten und Prätention unter den flexibler gewordenen gesellschaftlichen Verhältnissen spiegelt sich nicht nur im nichtigen *small talk* über das Wetter und Gebäck beim geselligen Tee, sondern auch in der selbst von den Bediensteten mitgetragenen Unangemessenheit gespreizten Sprechens. Ein parodistischer Zug in systemreferentieller Perspektive wächst dem

---

[274] Tieck-S XII, 414.

[275] Zum 'Narren' erklärt Werner den Dichter gleich eingangs des Stücks (Tieck-S XII, 366). Rothmanns bloße Rhetorik des Poetischen wird von Tieck dergestalt satirisiert, daß er ihn selbst das Kartenlegen und den Aberglauben zur Poesie verklären läßt (vgl. Tieck-S XII, 401f.). Die ebenso lächerliche Prätention Ahlfelds, galante Lebensart durch gespreiztes Sprechen mit französischen Fremdwortanleihen zu erweisen, entlarvt sich im daran anknüpfenden unbedarften Räsonnement über das Theater Shakespeares, das Ahlfeld als „Phantome" des „dunklen Mittelalters" zu „Hamlets und Makbeths Zeiten" verurteilt (402). Nicht unwitzig führt Tieck aber auch sonst sein Reden als Geschwätz vor, indem er ihn beispielsweise von der Liebe als „psychologischeste von allen Empfindungen" (376) schwadronieren läßt oder seine Reaktion auf die Selbstbelobigung des Barons, der aufmerksamste aller Liebhaber zu sein, im gleichsam selbst sich überspringenden Unsinn seiner Charakterisierungskunst entlarvt: „Das muß man Ihnen lassen, Ihre Zärtlichkeit überspringt sich selbst" (378).

[276] Vgl. Tieck-S XII, 368, 372.

[277] Tieck-S XII, 380. Die klappernden Dreifachreime, die Ahlfeld der Poetizität des Elaborats versichern sollen (vgl. 387) und dennoch von ihm erst eigens eingeübt werden müssen (386), läßt Tieck im *Hanswurst als Emigrant* den lächerlich Liebenden Leander tatsächlich exekutieren.

Stück dadurch zu, daß mit dem Einakter wie in den anderen *Straußfeder*-Texten ein literarisches Muster – hier eine französisch konnotierte Konversationskomödie – inszeniert wird, um deren Läppischkeit als Genre selbst vorzuführen.[278] Eben so behandelt die Satire auch die politischen Gegenstände des Zeitstücks, wenn sie die Gesellschaft bei der gemeinsamen Zeitungslektüre zeigt. Der seit den 1780er Jahren zur nachgerade grassierenden Mode gewordenen Beschäftigung wird eine halbe Szene gewidmet, um das phrasenförmige Geschwätz des Bürgers über die politische Lage der Welt zu entbinden.[279] Tieck führt so mediale Bedingungen der Selbstverdummung einer vermeintlich kritisch räsonierenden Öffentlichkeit vor: die tatsächlich unaufklärischen Konsequenzen des Strukturwandels der Öffentlichkeit also, die sich am Ende des 18. Jahrhunderts offensichtlich bereits deutlich abzeichnen und so den Menschheitsbildungsoptimismus desavouieren, der sich noch wenige Jahre zuvor in Karl Philipp Moritz' Programmschrift *Ideal einer vollkommnen Zeitung* (1784) äußerte. Denn das aktualitätsbewußte Zeitstück zeigt den Zerfall des Politischen ins Palavern über die postrevolutionären Verhältnisse der eigenen Gegenwart, der sich an der selbstgerechten, faktisch aber nur unbedarften Figurenrede von vermeintlich Gebildeten kenntlich macht.[280]

In diesem Sinne bahnt der Einakter den *Gestiefelten Kater* an, ohne der Satire jedoch die poetische Kindischkeit des Märchenspiels als positive Gegeninstanz entgegenzusetzen. Das Moment des Wunderbaren, das über das Motiv der Wahrsagerin[281] ins Spiel kommt, fungiert rein aufklärerisch als Medium zur Wiederherstellung der bewährten Ordnung, indem der bürgerliche Werner die ihm gemäße Julie kriegt und Ahlfeld auf sein ebenso bürgerliches Maß zurechtgestutzt wird.[282]

---

[278] Zum parodistischen Zug der *Straußfeder*-Erzählungen und ihrer experimentellen Formenvielfalt vgl. Ribbat (1978, 32-46, v.a. 36f., 41f.).

[279] Vgl. den 12. Auftritt (Tieck-S XII, 399f.).

[280] Die Satirisierung des politischen Diskurses kommt neben der Demonstration verdummender Zeitungslektüre u.a. in Ehlerts Prätention auf Freigeisterei mittels eines Stocks in den Farben der Trikolore zur Geltung (Tieck-S XII, 373), v.a. aber in Ahlfelds Perorieren über die Revolution als „Reverberation": Dem Politischen sei ein „Sensorium commune" notwendig, klärt er Rothmann auf (Tieck-S XII, 400). Dabei entlarvt sich die gezierte Unbedarftheit einer Fremdwortaneignung auch an der falschen Anwendung selbst von Sprüchen und Redensarten. Nach Arntzen (1968, 129) habe Tieck in seiner 'Gesellschaftskomödie' den mißlungenen Versuch unternommen, „zum ersten Mal den Zustand der Zeit selbständig in der Komödie zu reflektieren". Er unterschätzt aber die technischen Fähigkeiten Tiecks zur Entblößung von Figuren allein durch ihr Sprechen einerseits, die Hellsichtigkeit in der satirischen Demaskierung des durch die Verbreitung neuer Medien wie der Zeitung zersetzten Räsonnements andererseits. So weist die Gesellschaftskomödie auf das 19. Jahrhundert und die dort nicht mehr zu übersehenden Konsequenzen des medial induzierten Strukturwandels der Öffentlichkeit voraus. Die Qualität von Tiecks Sensorium in der Wahrnehmung der neuartigen Verhältnisse ermißt man am Vergleich mit der szenischen Thematisierung des Journalismus in Goethes *Clavigo* (1774).

[281] Erst in der *Genoveva* greift Tieck das Motiv tatsächlich ohne vernünftige Rückbindung in der Figur der Wahrsagerin Winfreda auf.

[282] Daß Julie im Sinne ihrer empfindsamen Liebe zu Werner „noch zu bürgerlich" sei, betont Ahlfeld ausdrücklich, um die Nichte auf die neuen Verhältnisse des bevorstehenden adeligen Lebens ein-

Die Heilung seines Spleens wird zwar über den Aberglauben in die Wege geleitet, indem Werner den Aufgeklärten auf die für diesen offenkundig unwiderstehliche Leimrute, die das Irrationale reizvoll legt, gehen läßt, nicht aber mittels des Wunderbaren selbst herbeigeführt. Denn Werner kann seine Intrige erfolgreich nur durchführen, weil er durch die ihm überreichten Briefe an Ahlfeld die wahren Zusammenhänge erkennt.[283] Dieses Wissen allein kann Ahlfeld an die Wahrsagung glauben machen, weil sie der faktischen Sachlage entspricht. So wird letzlich nur der Spott Ahlfelds auf den Aberglauben kuriert, dem er gerade wegen seiner Vernünftigkeit verfällt, ohne daß Tieck diesen selbst zum romantischen Äquivalent des Wunderbaren verklärt. Die Trickser und Rationalisten hebeln sich gleichsam rationalistisch selbst aus, indem der Aberglauben der Intrige, einem systemrationalen Mechanismus der Aufklärung also, dienstbar gemacht wird. (Von der Mechanik des Verfahrens her gesehen ganz ähnlich im übrigen, wie Wielands *Don Sylvio* durch das ostentativ unwahrscheinliche Märchen vom Prinzen Biribinker von seiner Schwärmerei geheilt wird, indem er mittels des Wunderbaren zur aufgeklärten Vernunft gelangt; und zwar dadurch, daß man ihm mitteilt, der widersinnigen und ungereimten Wunder-Geschichte, an die Don Sylvio zu glauben sofort bereit ist, mangele es an historischer Wahrheit, weil es keine den Text als Dokument beglaubigende historische Quelle für sie gebe: Die Geschichte, die Don Gabriel erzählt, sei rein erfunden, was sie für Don Sylvio ohne jeden Zweifel sofort der Unwahrheit überführt und ihn ebenso unvermittelt von aller Schwärmerei heilt.)

Als *Straußfeder*-Satire ist die *Theegesellschaft* daher ein durch und durch aufklärerisches Stück, das parodistisch und mit Mitteln der Situationsklamotte[284] die Spleens des aufstiegsbegierigen Bürgertums entlarvt, die als Prätentionen aus einer postrevolutionär verflüssigten Gesellschaftsstruktur resultieren. Der einzig wahrhaft Liebende von moralischer Integrität Werner[285] organisiert sein Glück durch Gewitztheit, indem er sich die vorgeblich aufgeklärte Immunität gegen den Aberglauben zunutze macht: durch „vernünftige Wahrsagungen", wie Geheimrath Wagemann zum Schluß des Stücks formuliert, denen er zuletzt einzig „glauben will".[286] Die literarischen Bezugnahmen und Anspielungen auf Matthisson, Kot-

---

zustimmen, die wahre Liebe wegen der finanziellen und sozialen Zweckbindung der Verheiratung grundsätzlich ausschließen (Tieck-S XII, 377).

[283] Eingeführt wird das Briefmotiv deshalb gleich zu Beginn nach der Exposition von Werners Liebesunglück (vgl. Tieck-S XII, 361), und schon schlägt die Verzweiflung in Hoffnung um, so daß die Briefe selbst den Ursprung zur Idee seiner Intrige markieren, mit der Julie wiederzuerlangen ist (vgl. 362).

[284] Vgl. etwa Tieck-S XII, 393.

[285] „[...] ich konnte Sie unmöglich so hintergehn lassen", äußert er gegenüber Julie (Tieck-S XII, 419). Daß indes auch Werner womöglich bloß eigennützig handelt, deutet sich zu Beginn des Stücks dort an, wo er seine Misanthropie übertrieben inszeniert, weshalb er von Ehlert sogleich als „wunderlicher Mensch" charakterisiert wird (364).

[286] Tieck-S XII, 420.

zebue und Shakespeare[287] zielen dementsprechend nicht auf die Poetisierung der Welt, sondern dienen der Satire auch auf die lächerlichen Konsequenzen empfindsamer Literatur.[288] An keiner Stelle macht sich wie in den gleichzeitig entstehenden romantischen Märchenkomödien die Poesie als positive Gegeninstanz der Satire geltend: sei es eher vermittelt wie im *Ritter Blaubart* kraft durchgehaltener Wahrung poetischer Ambivalenz, sei es unzweideutig positiv wie im 'Garten der Poesie' des ebenfalls zur gleichen Zeit um 1796 begonnenen *Prinzen Zerbino*. Insofern ermißt man an der Gegenüberstellung gerade dieser beiden Stücke zur *Theegesellschaft* das szenische Spektrum, über das Tieck zu Beginn seiner dezidiert romantischen Dramatik verfügt. Erst um 1798 bricht die Produktion von *Straußfeder*-Satiren als Auftragsarbeiten ab, die der avancierende Schriftsteller auch aus Gründen des Lebenserhalts noch zu liefern hatte. Als satirische Kritik menschlicher und gesellschaftlicher Unzulänglichkeiten indiziert *Die Theegesellschaft* die einem Autor wie Tieck offenbar problemlos verfügbare Möglichkeit, konventionell aufklärerische Werke simultan neben einer neuartigen, rational nicht mehr auflösbaren Poesie zu verfassen. Das vom Realitätsprinzip Abweichende funktioniert dort noch als Vollzugsorgan der vernünftigen Wiederherstellung von Ordnung[289] und steht so der poetologischen Konzeptualisierung des Wunderbaren seit dem Shakespeare-Aufsatz diametral entgegen. Die Gemeinsamkeit mit der späteren Polemik besteht indes darin, daß auch die romantische Satire Bomiertheiten des Philisters, die sich im Namen der Vernunft bzw. einer vernünftigen Illusion artikulieren, verspottet wird.

Insgesamt gesehen zeichnet sich im dramatischen Gattungssystem des Frühwerks nach den vielfältig kombinatorischen Nachahmungsexperimenten des Schülers ab 1790 eine Konzentration auf die Trias Schauspiel, Lustspiel und Trauerspiel ab, die Tieck mit der gleichzeitigen Publikation von *Alla-Moddin*, *Ein Schurke über den andern* und *Der Abschied* 1797 bei Langhoff vorzulegen beabsichtigte.[290] Textintern zerstreut werden diese grundsätzlich unterscheidbaren generischen Tendenzen durch Formen der Lyrisierung und Komisierung, die zur Verstärkung des bereits für das Frühwerk auffälligen Befunds beitragen, daß auch die 'Trauerspiele' nicht

---

[287] Vgl. Tieck-S XII, 361, 364, 360; so erklärt etwa Ehlert Werner wegen seiner Misanthropie zum wahren „Timon von Berlin" (359).

[288] Vgl. dazu Werners Spott auf den *Woldemar* und Kotzebuesche Rührstücke, die er vorher allerdings noch sehr wohl zur Selbstaffektation von Verliebtheit gebrauchte (vgl. Tieck-S XII, 364).

[289] Dem entspricht die leitmotivisch vorgebrachte Licht-Metaphorik des Stücks v.a. dort, wo Werner sich mit dem Anzünden der Beleuchtung während seiner Enttarnung selbst ins rechte Licht rückt (418), während er vorher durch Ahlfelds Heiratspläne ins „*Clairobscur*, in ein Dämmerlicht" geriet (363). Bezeichnenderweise wohnt die Wahrsagerin, zu der Ahlfeld pilgert, in der Kirchgasse gegenüber der Sophienkirche (vgl. Tieck-S XII, 407), wo dieser tatsächlich der „Weisheit" (407) teilhaftig wird.

[290] Vgl. Tieck-DKV I, Kommentar zu *Alla-Moddin*, 870; Kommentar zu *Ein Schurke über den andern*, 1105.

zuletzt wegen ihrer dominierend positiven Schlußgebung dem Schauspiel zustreben. Die Minimalbedingung der Tragödie – der in einem unlösbaren Konflikt durch externe Gewalt herbeigeführte unfreiwillige Tod einer Hauptfigur – erfüllt kaum eines der abgeschlossenen Trauerspiele, mit Einschränkungen allenfalls *Der Abschied* und die Schülerarbeit *Meiners*, die sich als bürgerliches Trauerspiel wiederum mit dem späteren Psychodrama verbindet. Zusammen mit der *Theegesellschaft* markieren diese Stücke eine Linie von Gegenwartsdramen in bürgerlicher Sphäre, deren satirische Behandlung, vorbereitet durch die Aktualisierung von Ben Jonsons *Volpone*, erst nach der Gesellschaftskomödie von 1796 auf die romantische Komödie hin geöffnet wird. Angesiedelt ist diese Linie zwischen den Formen pathetischer Schauer-, Affekt- und Schicksalsdramatik auf der einen Seite, lyrisierenden wie phantastischen Märchenszenarien (auch im Gewand eines imaginierten Orients) auf der anderen Seite. Die zuletzt genannte Linie entwickelt sich von der *Sommernacht* über *König Braddock* bis zum *Reh* und integriert gegenläufig zur schaurigen Atmosphäre eine positive Gegenbildlichkeit aus Versatzstücken zeitgenössischer Idyllik. Vereinzelte Experimente einer an der Antike orientierten Melodramatik mit musikalischen Elementen, die an die anakreontische Idyllik teilweise anknüpfen, beschränken sich eng auf die Zeit um 1790. Sie werden von Tieck später entschieden attackiert, obwohl er über die opernhafte *Sturm*-Bearbeitung hinaus mit dem *Ungeheuer und der verzauberte Wald* noch einmal den spezifisch romantischen Versuch unternimmt, die musikalische mit der poetischen Darstellung miteinander szenisch zu verknüpfen. Die präromantische Stimmungsdramatik, die sich im experimentellen Ausagieren metrischer Varianz abzeichnet, begründet sich in den antikisierenden Monodramen großenteils noch aus der theatralischen Funktionalität der Versmaße zur Differenzierung von Gefühlszuständen, zum bedeutenderen Teil aber aus der zunehmend intensivierten Shakespearebezüglichkeit, die vermittels der Rezeption der spanischen Dramatik Calderóns um 1800 in die experimentelle Metrik der progressiven Universaldramatik von der *Genoveva* bis zum *Kaiser Octavianus* überführt wird. Vereinzelte Experimente mit komischen Formen der Figurenrede, etwa durch metadramatisches Räsonieren über Ereignisse und Sachverhalte des eigenen Stücks, verstärken sich nach gozzinahen ersten Versuchen im *Reh* mit der Entdeckung Ben Jonsons. Über das variierende Aufgreifen der bereits vielförmig ausdifferenzierten Modelle englischer Spiel-im-Spiel-Dramatik der Shakespeare-Zeit münden sie nach 1795/96 in die genuin romantische Dramenproduktion: gewissermaßen aus der Verschmelzung von Ben Jonsons Gesellschafts- und Sittensatire mit der poetischen Mannigfaltigkeit Shakespeares, von Gozzis *Fiabe* mit Perraults moralischen Märchenstoffen, um gerade durch die Verschränkung heteronomer Dramenmodelle überraschende und geistig-ambivalente Legierungen komischer wie poetisch gestimmter Rede im Modus des Dramas zu ermitteln.

3. Frühromantik

Komplexität als szenische Textur. Die 'höhere Ironie' des Schwebens
zwischen allen Gegensätzen: *Ritter Blaubart* (1796)

Unverhofft und daher wie unvermittelt – so Tieck in der einschlägigen Vorbemerkung der *Schriften* zur Entstehung der romantischen Poesie – stellt sich gleichzeitig mit der *Theegesellschaft* kurz nach der Überarbeitung des *Karl von Berneck* um
1795/96 eine neuartige Literatur ein, die als 'totale' Poesie[1] jenseits der bislang
durchgespielten Doppelung von pathetischer Affekt-/Stimmungs- und satirischer
Lächerlichkeits- bzw. phantastischer Kontrastdramatik aufscheint. Gekennzeichnet durch „Anmuth", „Scherz" und einen „muthwillige[n] Wahnsinn", macht sich
Ironie jetzt als texturorganisierendes Verfahren geltend, insofern sie all ihre
„selbst erfundenen Gesetze" auf der Ebene der szenischen Struktur immer
„wieder vernichtet".[2] Erst eigentlich dies begründet das Neue romantischer Poesie, das bemerkenswerterweise im dramatischen Genre aufkommt: Das erste und
literarhistorisch eminent bedeutende Produkt der neuen Epoche, das eine der
romantischen Dramaturgie gemeinsame Folie antiklassizistischer Textverfahren
bereitstellt, ist das vieraktige 'Ammenmärchen' *Ritter Blaubart* (1796).[3]

Knüpft es thematisch an die von Tieck mit dem *Karl von Berneck* noch einmal
aufgegriffene, wenngleich psychologisch entschieden nuancierte Ritterdramatik
an, wird das Genre selbst, als szenische Adaption einer epischen Volksmärchen-
vorlage Perraults, der satirischen und teils rein spielerisch-launigen wie skurril-
grotesken Dekonstruktion unterzogen: als Travestie auf zeitgenössische triviale
Ritter- und Rührstücke, auch insofern das Rührtheater seit den 80er Jahren die
Ritterdramatik selbst infizierte.[4] Darüber hinaus schreibt Tieck die eigene Expe-

---

[1] Vgl. Tieck-S VI, XX.

[2] Tieck-S VI, XX.

[3] Die Prosavariante *Die sieben Weiber des Blaubart*, deren Schlußgestaltung unausgeführt bleiben
    kann, indem sie auf das bereits vorliegende 'Ammenmärchen' rekurriert (vgl. Tieck-S IX, 241),
    entsteht im darauffolgenden Jahr (zur Genealogie der beiden Versionen vgl. Menninghaus 1995,
    92). Zur vorbildstiftenden Funktion ironisch-ambivalenter Märchendramaturgie für die romanti-
    sche Geschichtsdramatik nach 1800 vgl. die 'Voraussetzungen' vorliegender Arbeit, für Eichen-
    dorff vgl. vgl. Scherer (2000a, 179/Anm. 11); zur Wirkung des *Blaubart* noch auf Hebbel, Grabbes
    Aschenbrödel und Büchners *Leonce und Lena* vgl. Tieck-DKV VI, Kommentar, 1356. Über Brenta-
    no, Arnim und Eichendorff hinweg habe erst Büchner wieder diejenige Ironie berührt, die den
    Blaubart organisiert (Frank 1989, 378). Direkte Vergleichsmöglichkeiten mit *Leonce und Lena* zeigen
    sich in den aberwitzig-launigen Dialogen zwischen Simon und dem Arzt, der die Heillosigkeit und
    Angst des Melancholikers mit Pillen, Pulvern und Tränken kurieren zu können vermeint (vgl.
    Blaubart, 31); zur Ähnlichkeit des Tons schließlich zwischen Mechthildes Horrormärchen und
    dem Antimärchen der Großmutter in Büchners *Woyzeck* vgl. Tieck-DKV VI, Kommentar, 1367.

[4] Zum Eindringen empfindsamer Elemente des bürgerlichen Rührstücks ins triviale Ritterdrama
    vgl. Krause (1982, 213f.); zu Tiecks Parodie des Familienrührstücks im *Ritter Blaubart* vgl. Ribbat
    (1978, 128, 132).

rimentaldramatik in der Linie variierender Kontaminationen der *Fiabe* Gozzis mit der Märchendramatik Shakespeares samt Lyrismus und Verselbständigung selbstbezüglicher Figurenreden ins Wortspiel fort. Die transformierte Struktur auf der Ebene des Werks verschiebt die dramatische Rede nun aber in eine Form der szenischen Darstellung, die selbst über Shakespeares Mannigfaltigkeit hinausgeht.[5] Angemessen charakterisiert ist sie als durchgehaltene poetische Ambivalenz kraft der Ironie als einer szenischen Textur.

Unterstellte sich noch die Feenmärchendramatik im *Reh* einer drastischtheatralischen Phantastik gleich der *Fiabe* Gozzis, die ihre positiven Heldenfiguren über konfliktbewältigende Bewährungsproben in exotische Länder und Sphären führte, beschränkt sich das Wunderbare im *Blaubart* allein auf jene von allen Beteiligten beargwöhnte Merkwürdigkeit bzw. 'Bizarrerie' des titelgebenden Attributs.[6] Gerade die einzig – nur noch rudimentär – wunderbare Figur verhält sich aber vorwiegend bieder, bürgerlich und grausam, während eher 'realistisch' exponierte Gestalten wie die 'verständig' räsonierenden Ritter Wallenrod sich einer grotesk unangemessenen Kriegsführung überantworten, die alle strategischen Ziele verfehlt und ihren sicheren Untergang bedeutet.[7] Seiner Komik des Unangemessenen verleiht das Stück demnach eine grundsätzlich realistische, weil empirisch sehr wohl denkbare Rahmung[8] vor dem Hintergrund eines erneut imagi-

---

[5] Vgl. bereits Lüdeke (1992, 277f.).

[6] Tiecks einschlägige Rede von der Verbindung des „Humoristische[n]" mit dem Bizarre[n]" im *Blaubart*, die eine Nachahmung Gozzis ausdrücklich bestreitet, zeigt die allenfalls residuale Präsenz der *Fiabe* an. Gerade die 'geistreiche', 'rasche' und 'launige' Darstellung verwandelt die dramatische Form in etwas davon völlig Abweichendes (Tieck-S I, VII).

[7] Vgl. Blaubart, 32. Zwar beschweren sie sich darüber, daß der Narr Claus in ihren „verständigen" Diskurs hineinrede, dann aber beklagen sie auch wiederum, daß der ihnen nicht rechtzeitig den guten Rat zur rechten Kriegsführung gegeben habe, der schlicht und ergreifend darauf hinausläuft, Blaubart eben dann anzugreifen, wenn seine Kampfkraft durch den Krieg mit anderen Parteien gebunden sei.

[8] Nach den „ächtesten Zügen der Natur nachgezeichnet" sei Agnes' Zustand der „höchsten Angst und erhitzten Phantasie", befand bereits die Besprechung A.W. Schlegels in der *Jenaischen Allgemeinen Litteratur-Zeitung* von 1797 (Schlegel-SW XI, 138), die so auch die „überlegte Mäßigung" darin erkennt, daß Tieck „nicht grellere Farben dicker aufträgt" (140). Der „Zug zur realistischen Kleinmalerei" markiert das zentrale Differenzkriterium zur *Fiabe*, weil „übernatürliche Wesen und Zauberkram" nicht vorkommen (Lüdeke 1922, 279, 275). Gegenüber der zurücktretenden Relevanz Gozzis konstatiert Lüdeke die Vorbildhaftigkeit der Lustspiele des 'reifen' Shakespeare (*Wintermärchen, Viel Lärm um Nichts, Maß für Maß* u.a.), ihres „leichte[n], phantastische[n] Realismus", der differenziert durchgearbeitete und real mögliche Figuren präsentiere und bei Tieck von der Prosa des Stücks eingeholt werde (vgl. 275). Zur Korrektur des noch von Marelli (1968, 102-128) prolongierten Fehlurteils der Forschung zum *Blaubart* als gozziaffinem Märchendrama vgl. abschließend Feldmann (1971, 122-126): Ist die *Fiabe* darauf angelegt, Stilebenen und Figuren „schärfstens gegeneinander abzusetzen" (122), gleiten die von Tieck auf unterschiedlichen Ebenen exponierten Kontrasteffekte in gegenläufigem Wechselkontakt ineinander, wodurch nicht zuletzt die moralische Intention der *Fiabe*, die aus der Bewährungsgeschichte des hohen Helden resultiert, zerfällt. Die entscheidende Neuerung des *Blaubart* gegenüber dem *Reh* besteht also darin, daß sich das 'Ammenmärchen' von der Gozzischen Manier und ihrer „scharfen Trennung des

nierten Mittelalters, das im Vergleich zum *Berneck* indes sehr viel weniger konkret ausfällt.[9] Das Absonderliche eklatiert nicht mehr auf der thematischen Ebene wie noch beim Geister- und Feenreich der *Sturm*-Bearbeitung, das durch Musikbegleitung illudierend wahrscheinlich gemacht werden sollte. Die Verfahrenshomologie des *Ritter Blaubart* zur Poetik der Abhandlung vom Wunderbaren besteht vielmehr jetzt darin, daß szenische-literarische Techniken eigener Art die realistische Rahmung des *ganzen* Stücks ins vielbeschriebene Schweben absoluter Indifferenz versetzen, die auch das Merkwürdige wie selbstverständlich und demzufolge real möglich erscheinen läßt. Die zerstreuenden Effekte einer ins Extrem gesteigerten übergänglichen Konstrastmannigfaltigkeit lösen erstmals auf der Ebene des Werks den Kerngedanken der neuen Poetologie ein, der den Text in einer „formalen Struktur der Selbstparadoxierung" nunmehr vollständig durchorganisiert.[10]

Hohen und des Niederen, des Pathetischen und des Komischen" sowohl auf der Figurenebene als auch der ihr komplementären Stillagen „entschieden" absetzt (122). Die ältere Forschung zum *Blaubart* als Märchendrama kommentiert Marelli (1968, 96-99). Symptomatisch für die neuere Kritik des Stücks, die in sozialgeschichtlicher Perspektivierung die fehlende Wirklichkeitserschließung moniert, ist die Deutung Arntzens (1968, 130-132): Erkennbar hegelianisch unterfüttert, schreibt er den berühmt-berüchtigten Verriß Hayms fort, insofern das Nebeneinander von Märchen- und Komödienintention noch „keine ironische Struktur" ergebe (132): Als „Medium kritischer Komödiendarstellung" repräsentiere *Ritter Blaubart* die problematische Doppelantwort nicht nur auf das Postulat der Lustspielintention, „sondern des Dramas überhaupt, insofern Lyrisches und Kritisches unintegriert nebeneinanderstehen" (130). Die tatsächlich beobachtbare doppelte Tendenz des Stücks – die „Hingabe an eine Traum- und Märchenwelt und die kritische Distanzierung von der zeitgenössischen bürgerlichen Wirklichkeit" (132) – kann man freilich als literarhistorisch und dramengeschichtlich eminent bedeutsame Komplexitätssteigerung positivieren, anstatt ihr den Mangel an Wirklichkeitserschließung vorzurechnen.

9   Auf die Kontinuität von Figurennamen wie Heymon, Conrad und Leopold, der den Minnesänger jetzt allerdings nur noch als Rolle mimt (vgl. Blaubart, 41), wurde hingewiesen. Da der *Ritter Blaubart* die genauere Konkretisierung von Umständen vermissen läßt, die noch im *Berneck* über historische Ereignisse wie die Kreuzzüge oder über die Nebentextfixierung einer als mittelalterlich insinuierten düsteren Atmosphäre zumindest ansatzweise eine historische Verortungsmöglichkeit erlaubten, entsteht allein aus der Entzeitlichung der historischen Optik bei Wahrung des allgemeinen Ritterszenariums ein travestierender Effekt auf der systemreferentiellen Ebene 'Historisches Ritterdrama'.

10   Menninghaus (1995, 168). „Darum aber ist Tieck auch so unübertroffen in seinen [...] Spottkomödien, weil eben hier die Ironie selbst die poetische Seele des Ganzen wird, wo alles Ordinäre der Welt unbewußt sich selbst vernichtet, ohne gemeine Satire oder Reflexion, sondern einzig durch die unauslöschliche Lächerlichkeit seines eigenen Pathos" (Eichendorff: Geschichte der romantischen Poesie; Eichendorff-DKV VI, 144). Zur 'Ironie als dramatischem Stil' vgl. Frank (1972, 319-327); sie „enthüllt sich nur indirekt: in der Schwerelosigkeit der Verse, die, indem sie sprechen, manchmal wie mit jenem ätherischen Tuschen gearbeitet scheinen, die sich alsbald nach der Niederschrift in Luft auflösen" (Frank 1989, 371); Frank spricht von der „schwindelerregende[n] Indeterminiertheit" des *Blaubart* und seines 'Äthergeists' komplementär zur vielgerühmten Grazie und 'impassiblité' Tiecks, mittels derer die Ironie „dem Selbstauflösungsprozeß der 'gemeinen Wirklichkeit'" assistiert (386, 375; zur 'impassibilité' 371, 375; insgesamt 370-379). Zurückzuführen ist die szenische Indifferenzierung auf die zur gleichen Zeit auch im *William Lovell* thematisierte und vollzogene frühromantische Zeitlichkeitsstruktur, die im *Blaubart* erstmals als „'Offenheit für die Zukunft'" aufscheint (so einschlägig Frank 1972, 336-354, hier 337).

Das *Blaubart*-Stück verflüssigt die Heterogenität vermittels einer formzersetzenden Beweglichkeit, die sowohl die Figurendisposition als auch die ironische Relativierung *aller* Gegensätze auf der Handlungs- wie der (raumsymbolischen) Strukturebene betrifft.[11] Noch beruht die ironische Textur nicht auf dem Durchspielen literarisch-metrischer Übergänglichkeit und ihrer episierenden Selbstreflexion, die die zur gleichen Zeit entstehenden parabatischen Literaturkomödien und die späteren Universaldramen kennzeichnen werden. Jenseits der wenigen und vor allem deutlich abgrenzbaren Liedeinlagen[12] unterwirft sich das Stück vielmehr sogar einer verfahrenstechnischen Simplifizierung: der formalen Homogenisierung zur Prosa der Figuren, die der 'bürgerlich-realistischen' Begründung des Dramas Rechnung trägt und so gerade die *semantische* Bestimmtheit des dargestellten Details gewährleistet.

Im Gegensatz zu allen anderen Dramen Tiecks beruht das ironische Relativieren in einer Struktur permanenten Umschlagens grundsätzlich auf psychophysischen Dispositionen der Figuren.[13] Die Darstellung der wechselhaften und unkontrollierbar proliferierenden Zustände zielt auf die Erschließung von Komplexität, die als anthropologische Selbstreflexion die Potentialitäten des 'ganzen' Menschen – von Simon im Bild der Zwiebel reflektiert – zu entfalten unternimmt.[14] An der literarhistorischen Übergangsstelle vom psychologischen Rea-

---

[11] Zur Kontrastsymbolik der Handlungsorte auf vier verschiedenen Burgen: der närrisch-kriegerischen Sphäre der Wallenrods, der friedliebend-bürgerlichen der Geschwister von Friedheim, der grausam-dämonischen Berners und der bieder-hausväterlichen Hans von Marlofs, vgl. Ribbat (1978, 126-132).

[12] Neben konventionell persiflierenden Trink-, Bauern- und Jägerliedern (vgl. Tieck-DKV VI, Kommentar, 1362) nun aber auch bereits solche mit komplex variierender Metrik wie bei den beiden Gedichten von Agnes und Anne (vgl. Blaubart, 23f., 25f.), deren Flüchtigkeitseffekte je figurenbezogen einer vergleichsweise distinkten Semantik kontrastiert: Die zukunftsoffene Agnes beklagt die Vergänglichkeit, während die treuliebende Anne alle Flüchtigkeit positiviert (vgl. Frank 1972, 341f.). Selbstironisch mitthematisiert wird dabei bereits die später von F. Schlegel verhandelte Unverständlichkeit romantischer Poesie, insofern es sich um Lieder handelt, „die sich leichter singen, als verstehn lassen" (Blaubart, 26).

[13] Der experimentalpsychologische und sinnesphysiologische Begriff des psychophysischen Parallelismus im 19. Jahrhundert erscheint deshalb legitim, weil Tieck gerade im *Blaubart* die Geistigkeit des Denkens mit der Materialität und Sinnlichkeit des Körpers engführt: wenn auch ironisch-karikierend gebrochen, wo der Arzt die Dialektik von Essen und Denken als Wechselverhältnis von Magentätigkeit und Verstand ventiliert (vgl. Blaubart, 30). Laut Simon ist der Verstand wiederum wie eine Zwiebel organisiert, beim red- und weinseligen wie leichtsinnigen Leopold dagegen wie „der Spargel", der, kaum durchbricht er mit seinen grünen Spitzen die Erde, „abgeschnitten" und zum „vortreffliche[n] Hausvater" mutiert (vgl. Blaubart, 30, 28). Über eine „lustige Philosophie" dieser Art, die den „Magen" zum „Vater" und den „Verstand" zu einer „Zwiebel" erklärt, kann die amüsierte Agnes nur „überlaut" lachen (30).

[14] Im Gegensatz zur einschlägigen Zwiebelbildlichkeit in der 9. *Nachtwache* des Bonaventura, die Strukturverhältnisse und ihre rhizomartigen Proliferationen textsymbolisch spiegelt, schlägt sich im *Ritter Blaubart* noch ein gewisser spätaufklärerischer Optimismus hinsichtlich der Beschreibbarkeit der verschiedenen Hüllen des Ichs und seines authentischen Kerns nieder, wenngleich die Ironisierung des Wechselverhältnisses doch bereits dahin geht, ein Innerstes letztlich zu demen-

lismus dramatischer Affekt- und Gefühlsdarstellung zur traumförmig organisierten und eben so funktionierenden romantischen Poesie um 1795/96 macht sich
residual noch die Folie der Moritzschen Erfahrungsseelenkunde geltend, die
Tieck bekanntlich gut kennt.[15] Die Erschließung nun aber gerade auch der komischen wie grausam-monströsen Seiten im Spektrum menschlicher Möglichkeiten
trägt entschieden zur eminenten Komplexitätssteigerung einer sich selbst bewußten Anthropologie im Modus dramatischer Rede bei.

Der Verselbständigung launiger Dialoge ins palavernde „Geschwätz"[16] bei
den Rittern und ihrem Ratgeber steht entsprechend ein höchster, geradezu exi-
stentieller Ernst selbst bei den Narrenfiguren gegenüber, weil auch diese in bedrängter Lage nichts anderes als Todesangst haben: so der im Vergleich mit dem
Ratgeber tatsächlich pragmatisch und vernünftig ratgebende Narr Claus, als er
sich einem ihn überwältigenden Krieg ausgesetzt sieht, dem er rein kompensato-
risch nur noch kluge „Sentenzen am rechten Orte" entgegenzusetzen weiß.[17]

---

tieren: Der Verstand habe „gewiß [...] eine Menge von Häuten", peroriert Simon, „und der letzte
inwendige Kern ist der eigentliche beste Verstand. Recht verständig sind nun also die Menschen,
die ihren zwiebelartigen Verstand durch lange Übung so abgerichtet haben, daß sie jede Idee
nicht nur mit den äußeren Häuten, sondern auch mit dem inneren Kern denken. Bei den meisten
Leuten aber, wenn sie auch die Hand vor dem Kopf halten, ist nur die oberste Haut in einiger
Bewegung, und sie einmal wissen es gar nicht, daß sie noch mehrere Arten von Verstand haben"
(28f.). Einen authentischen Ich-Kern hat folglich der komplett sozialisierte, durch Selbstanschluß
ans Allgemeine 'abgerichtete' Mensch. Wie russische Puppen ineinandergeschachtelt, faktisch
kernlos, symbolisiert die Zwiebel das potentiell grenzenlose innere Möglichkeitsspektrum der *con-
dition humaine*. Die Konsequenz tatsächlicher Kernlosigkeit – in der kleinsten Schachtel „ist gar
nichts" – formuliert explizit allerdings erst Büchners *Leonce und Lena* (II/1; Büchner 1987, 55),
während die Zwiebel in Wielands *Geschichte der Abderiten* (1781) noch zum Symbol einer „ewige[n]
Reihe von Welten" gebändigt erscheint (Wieland 1796 IXX, 118).

15 Vgl. die einschlägigen Stücke zur Analogie von Traumerfahrung und Poesie im *Magazin für Erfahrungsseelenkunde*, vermittelt durch den Gedanken von der „*ununterbrochne[n]* Würksamkeit der Einbildungskraft", so daß der Träumer „im Schlafe ein würkliches Gedicht, und noch dazu eine
Composition desselben" macht (Moritz 1986, Bd. 9, 1.St., 58; Bd. 5, 1.St., 49; vgl. auch Bd. 7,
1.St.); zur Dynamik der Einbildungskraft zwischen Kontingenz und ästhetischer Verdichtung, die
bei Moritz auf der einen Seite zu Reflexionen über die Homologie von Traum und Poesie, auf der
anderen Seite zur „Pathologisierung der Phantasie" durch die strengen Klassizisten führt, vgl.
Schneider (1998, 233-236, hier 233). Zu Tiecks Kenntnis der Moritzschen Erfahrungsseelenkunde
vgl. eingehend Rath (1996); zu seiner Abkehr von der empirischen Psychologie als ungeeignetem
Mittel für die „Kenntnis des Herzens" vgl. Hubert (1971, 75).

16 Zur Selbstthematisierung der Figurenrede als 'Geschwätz' vgl. Blaubart, 28, 37, 50, 56.

17 „Hu! was das für eine Art ist, miteinander umzugehn! – Ist das nicht lächerlich, daß die Menschen
im gewöhnlichen Leben so viele Umstände miteinander machen, und wenn sie nun einmal die
rauhe Seite herauskehren, daß sie sich mit denselben Händen totschlagen, mit denen sie sonst so
viele Höflichkeitsgebärden veranstalten [...]. Ach! wie sind hier die Sentenzen am rechten Orte, so
lange der Mensch nur noch eine Pfeffernuß zu beißen hat, wird er keine Sentenzen sprechen,
wenn man aber so, wie ich jetzt, an Leib und Seele bankerott ist, so ist das das einzige Labsal"
(Blaubart, 33). „Warum muß es denn gerade Krieg sein?", befragt Claus' skeptischer Vorbehalt
zuvor noch die vermeintlich so vernünftig räsonierenden, faktisch aber nichts anderes als hanebü-
chen agierenden Wallenrod-Brüder: „Krieg ist ein gefährliches Spiel: ich kann schon das bloße

Witzigerweise rettet ihm diese zunächst ganz unangemessen erscheinende Strategie vor Blaubart tatsächlich das Leben, was Tieck allerdings noch einmal ironisch verkehrt: Deutet Claus' Vortrag über die Nichtigkeit seines Lebens den daraus abgeleiteten Wunsch nach Erhängung gegenüber dem Bösewicht zunächst nur rein rhetorisch in eine höhere Gerechtigkeit um[18], muß er nach der (pseudo-)listigen Selbstrettung einräumen, daß sein „Leben", wenn er es „ernsthaft überlege", tatsächlich „nicht viel wert" ist – „Doch, wer wird irgend etwas in der Welt recht ernsthaft überlegen".[19] Zunächst ähnlich unbesorgt, dann aber voller Todesangst präsentiert sich die reise- und abenteuergelaunte Agnes, die gerade wegen ihrer Neugier auf das verbotene siebte Zimmer in einen absolut tragischen Konflikt gerät. Und selbst im Bereich der unzweideutig lächerlichen Kontrastfiguren macht sich figurenintern die typus-auflösende Gegenläufigkeit geltend: Zwar ist der Ratgeber nichts anderes als ein opportunistischer Schwätzer, der in jeder Hinsicht seinen Beruf verfehlt, weil er situationsbezogen nur Tautologien absondert. Unvernünftig sind seine ausweichenden Ratschläge zur Kriegsführung damit aber nicht in jedem Fall, worin er sich der praktischen Lebensklugheit des verkrüppelten Narren Claus annähert. Und selbst dem Ratgeber, einer wegen der offensichtlichen Nichterfüllung seiner Rolle dezidiert komischen, ja grotesken Figur, wird eine gewisse existentielle Dimension dort eingeräumt, wo er von Claus nach seiner Identität befragt wird. Weil er seinen Namen vergessen hat, ist diese fast vollständig ausgelöscht worden: witzigerweise dadurch, daß er die Phrase vom guten Rat, der teuer sei, gleichsam inkorporiert und so über die „Gewohnheit" zur „zweite[n] Natur" gemacht habe.[20] Stärker noch als bei Claus nimmt diese Indifferenzierung ihm nichts von seiner lächerlichen wie sehr wohl zugleich nützlichen Funktion, zumal er als „moralische[] Vogelscheuche" wie dieser zwar aus „Plundern zusammengesetzt" sei, aber in seinem „Wirkungskreise so viel leistet", als er kann.[21] Recht eigentlich funktionieren beide 'Narren'-Figuren deshalb auch nur

---

Wort nicht leiden; glaubt mir, es liest sich besser davon in Büchern, als dort im Felde zu stehen und zu passen, und zu passen – " (22). Claus' reflexiver 'Realismus' verschiebt – trotz aller närrisch-launigen Relativierung – den traditionellen Typus des weisen Narren als Angsthasen auf die existentielle Ebene tatsächlichen Leids, in einen Bereich von Erfahrungen, in dem Frank (1972, 340) einen „Vorspuk" der Leid- und Nichtigkeitsphilosophie Schopenhauers erkennt.

[18] Vgl. Blaubart, 36f.

[19] Blaubart, 38.

[20] Blaubart, 49: „wenn ich jetzt nur von Rat reden höre, oder so ein Sprüchwort: hier ist guter Rat teuer, – guter Rat kömmt hinten nach, – er weiß sich weder zu raten noch zu helfen, – so denk' ich immer dabei an mich". Insofern besteht der Ratgeber aus nichts anderem als aus opportunistischen Phrasen: einer schablonierten Praxis kollektiven Sprechens, deren Widersinn *und* gesellschaftlich-lebenspraktische Fungibilität durch zitierende Mimesis des Redens in 'Sprüchwörtern' komisch kenntlich wird.

[21] Blaubart, 50. Des Ratgebers Rat sei, so Claus, „immer überaus schön gewesen, und das beste ist, er gibt immer zu gleicher Zeit mehrere Sorten aus, so daß, wenn man den einen nicht befolgen will, man immer noch zum zweiten seine Zuflucht nehmen kann, der dem ersten gewöhnlich gradezu entgegensteht" (56).

zusammen, im paarweisen Auftreten: „ohne ihn bin ich nichts", meint Claus ganz richtig zur funktionalen Äquivalenz in der Tateinheit mit seinem komischen Widerpart.[22] So symbolisiert sich gerade an dieser wundersamen Konstellation, die wie Pat und Patachon die Herr-Knecht-Dialektik noch im *Don Quijote* in eine symmetrische Wechselproduktivität und Wechselvernichtung verschiebt (und damit aushebelt), ein zentrales Verfahrensprinzip des ganzen Stücks: die Demonstration der Komplementarität von Gegensätzen als den beiden Seiten einer Medaille, in die das Drama auf praktisch auf allen Ebenen eingespannt ist. Die Pole markieren damit nicht nur Extreme im variantenreich abgestuften Spektrum menschlicher Dispositionen, sondern jede äußerste Grenze definiert sich nicht weniger über die potentielle Identität mit ihrem Gegenteil: in der Darstellung des Tragischen im Launigen und Albernen, des Heiteren im Schwermütigen, des Grausam-Dämonischen im Rhetorisch-Aufgeräumten (Berner) wie Bieder-Dienstbeflissenen (Mechthilde), des Vernünftig-Pragmatischen im Närrisch-Skurrilen usw. – und umgekehrt.[23] Je nach Lenkung der Aufmerksamkeit erkennt der perspektivierende Blick das eine im anderen gleich einer Kippfigur aus der Gestaltpsychologie.

Alle tragikomischen Effekte des Stücks gehen folglich auf anthropologische Verhältnisse zurück. *Ritter Blaubart* präsentiert psychophysische wie lächerlich-humoralpathologische Komplexität für die Darstellung einer Ambivalenz des ʼganzen Menschenʼ, die von den erprobten Selbstverständigungsmodellen der Erfahrungsseelenkunde bislang unerschlossen blieb. Plausibel macht sich Ambiguität durch die Verflüssigung von Dispositionen, die traditionellerweise gerade in den komischen Formen dramatischer Rede noch mehr oder weniger deutlich typologisch unterschieden waren (und erst durch Lessings *Minna von Barnhelm* von 1767 auf eine neue Komplexitätsstufe verschoben wurden). Figurenintern wirkt sich die szenische Erkundung des anthropologisch fundierten Möglichkeitssinns dahingehend aus, daß bestimmte Zustände und Perspektiven bei *einem* Menschen unvorherseh- und noch weniger kontrollierbar umschlagen können: Zwar entkommt die allzu neugierige und gut gelaunte Agnes der Gefahr samt den von ihrer Todesangst produzierten Wahnzuständen, die bis an die Auslöschung ihrer Personalität grenzen. Am Ende aber bleibt sie unverheiratet gerettet[24], während die nach dem Verlust ihres Geliebten Reinhold so heillos resignierte Agnes unverhofft mit der Wiedervereinigung beglückt wird. Auf einer anderen, erkenntnistheoretisch unter-

---

[22]   Blaubart, 33, vgl. auch 56. Nicht ohne Grund spekuliert Claus nach der ʼPensionierungʼ auf die „Stelle" des Ratgebers, der sich allerdings weigert, ihn darin einzuarbeiten (57).

[23]   „Ach, wie ist jede Narrheit immer nur ein Bild meiner eigenen Torheit", bespricht Anne die spezifische Spleenigkeit ihrer ernst-resignierten Liebe zum verloren geglaubten Reinhold (Blaubart, 31). Die potentielle Identität des ʼFürchterlichenʼ mit dem ʼLächerlichenʼ in der v.a. auch zeitlichen Nähe von „Lachen" und „Entsetzen" formuliert Tieck bereits in der Shakespeare-Abhandlung als zentrales Poetologem (Tieck-DKV I, 703).

[24]   Erst die *Phantasus*-Fassung eröffnet über die neu eingeführte Figur des stets unglücklichen wie läppischen Winfried die Aussicht auf Wiederverheiratung (vgl. Tieck-DKV VI, 483).

fütterten Ebene mit Reflexionen über das Ich-Prinzip, die sich als Parodie auf die idealistische Philosophie Fichtes transparent machen[25], schreitet der melancholische Simon[26] unversehens tatkräftig zur Rettung seiner Schwester. Ähnlich mutiert der Narr Claus unter dem Zwang der Verhältnisse zum vernünftigen Pragmatiker gegen die skurrile Hilflosigkeit des an sich ja nicht in jeder Hinsicht unvernünftig ratgebenden Ratgebers.[27] Zur witzigen wie zugleich ernsten Komplementärfigur Simons, der ja gleichfalls dem Spott nicht entkommt, wird er dort, wo im nihilistischen Räsonnement über das Ich und die haltlos verfließende Zeit die Verzweiflung *Lovells* durchscheint[28], mittels derer er sich als Narr jedoch wiederum in der rhetorischen Nichtigkeitserklärung seines Lebens vor der Ermordung

[25] „Siehst du, ich denke und mit dem Zeuge, womit ich denke, soll ich denken, wie dieses Zeug selbst beschaffen sei. Es ist pur unmöglich. Denn das, was denkt, kann nicht durch sich selbst gedacht werden" (Blaubart, 29). Während Agnes über das Denken des Denkens „würklich toll" zu werden glaubt, wird Simon davon „melancholisch" (29), was Lüdeke (1922, 277) an Jacques und Touchstones Philosophenspott in *As you like it* erinnert. Zur parodistischen Mimesis der zeitgenössischen Transzendentalphilosophie Fichtes, die Tieck dadurch potenziert, daß Simon den 'Geist' materialisiert, indem er ihn auf körperliche Vorgänge wie die Nahrungsaufnahme zurückbindet, vgl. Blaubart, 43: „Der Geist ist nur ein Diener eures Körpers, fast eine unnötige Zugabe zu dem Dinge, das da ißt und trinkt, folglich, wenn ihr von euch selbst sprecht, so meint ihr immer jemand anders, im Grunde eure Launen, euren Appetit; diesem tut ihr alles zu Gefallen [...]. Wenn ihr also von eurem Ich sprecht, so meint ihr nur euren Magen, ihr könnt nicht ernsthaft an euch selbst denken, ohne daß ihr sogleich mit einem Seufzer dazwischen rennt, Ach! heute mittag wird mir gewiß das Essen nicht schmecken!" (vgl. in der *Phantasus*-Fassung Tieck-DKV VI, 428).
[26] Zu den jüdischen Konnotationen des Namens, den Tieck zuerst in der Bearbeitung von Ben Jonsons *Volpone* für den Diener Mosca verwendet, vgl. Tieck-DKV I, Kommentar, 1122.
[27] Jenem versagt die Beratungskompetenz bezeichnenderweise erst dort, wo er von Berner in Sachen Kriegsführung auf eine denkbare Ausweglosigkeit vor dem Hintergrund einer unmöglich gewordenen Rückzugsoption hin befragt wird. Die objektive Aporie läßt auch den ansonsten durchaus eloquenten Ratgeber einem hilflosen Stottern verfallen, bis ihm der rettende, weil aufschiebende Einfall kommt, einen Fortsetzungsroman daraus zu machen, so daß man „nächstens mehr davon" in der Zeitung zu „hören" bekomme (vgl. Blaubart, 56f.). Der Fortsetzungsroman als ironischer Aufschub unmöglich gewordener Problemlösungen, die der Literatur in der zweiten Hälfte des 18. Jahrhundert noch selbstverständlich zugetraut wurden: vollzogen durch den Modus additiver Expansion, die der medial induzierten Dauergefräßigkeit einer lesesüchtigen Öffentlichkeit nach Stoff korreliert und einen problembewältigenden Abschluß ähnlich der heutigen *daily soap* erst gar nicht mehr haben will.
[28] Zu Claus' *lovell*-affiner Reflexion der unentrinnbaren Zeitlichkeit und der Dialektik von Todesfurcht und ihrem Vergessen im genußlos leeren Rausch vgl. Blaubart, 37. Sie kehrt wieder in der verbitterten Altersreflexion Mechthildes (vgl. 54), „Hausdrache" Berners (79) und „Symbol der Unentrinnbarkeit vor der Zeit" (Frank 1972, 346). Gerade in die Klage über die verrinnende Zeit, die Mechthild gegen die Zukunftszuversicht von Agnes artikuliert, geht die vertrackte Umschlagstruktur von Leiden und Narrheit ein, potenziert durch die Irrealisierung aller Wahrnehmung zwischen Traum und Realität: „Siebenzig Jahr'" seien „aber doch eine lange Zeit", meint Agnes, worauf Mechthilde resigniert repliziert: „Ja, wenn man sie vor sich hat. In meiner Jugend dacht' ich grade so, und wollt's Ihr wohl glauben, daß mir des Nachts manchmal träumt, ich wär' jung, dann ist, als wäre das Wahre, mir immer Würkliche nur ein Traum gewesen, in dem ich mir närrischerweise eingebildet hätte, ich wäre eine alte, krumme, bucklichte Frau. Ich habe schon oft darüber lachen müssen. – " (55).

durch Berner rettet. Faktisch ist sein Leben aber, wie er trotzdem einsehen muß, nichts anderes „als der große Fettschweif des indianischen Schafs".[29]

Will man die bewegliche Varianz im Spektrum der Möglichkeiten anthropologischer Disposition wenigstens an den beiden Hauptfiguren einigermaßen umfassend benennen, so kann die Charakteristik nur mittels additiver und entsprechend pluralisierender Mehrfachbestimmungen erfolgen – sprachlich repräsentiert durch die Konjunktion 'und' als Gelenkstelle für Möglichkeitsverzweigungen, die parataktische Nebenordnung wie Simultanpräsenz zugleich anzeigt: Blaubart ist grausam *und* charmant im konventionell rhetorischen Sinn seiner Liebeswerbung, dabei rhetorisch unbedarft (wie er selbst einräumt)[30] *und* effektiv in der performativen Durchsetzung seiner Ziele[31], vom Opportunismus der feindlichen Krieger unbeeindruckt *und* durch Regelpoesie[32] bzw. das nihilistische Pathos des Narren rührbar; er ist brutal *und* listig-verschlagen, vernünftelnd *und* ungebildet-dumm[33], marionettenhaft simpel gestrickt *und* psychologisch nuanciert, lächerlich *und* furchterregend, vom eigenen äußeren Erscheinungsbild beschämt[34] *und* wirkungsbewußt beim kalkulierten Einsatz des blauen Barts als Medium der Angst, er ist märchenhaft *und* alltäglich, misogyn *und* verbittert bzw. sehr wohl leidend, als er von Agnes' Bruch des Versprechens erfährt[35], kriegslüstern *und* launig-humorempfänglich[36], ein Unhold *und* ein Biedermann, ein Ritter *und* ein Spießer usw. – kurzum: trotz aller vorherrschend bedrohlichen Züge eine durch und durch zwiespältige Figur, über die man Witze machen kann und die trotz aller Monstrosität

---

[29] Blaubart, 36.

[30] Vgl. Blaubart, 42.

[31] Die Behauptung rhetorischer Unbeholfenheit äußert sich in sehr wohl gesetzten Worten, so daß sein auch sprachlich erfolgreiches Liebesheischen an die Paradoxie von Sprachzweifel und souveräner Beherrschung der sprachlichen Mittel, die den *Brief* des Lord Chandos prägt, heranreicht: „Aber man sollte auf die Worte solcher Leute, die nicht viel zu sprechen verstehn, mehr achten, als auf diejenigen, die täglich mit schöngewandten Phrasen handeln und betrügen. Wenn ich mich nicht schön auszudrücken weiß, so bin ich doch wenigstens in der Kunst der Lügen unerfahren, und das ist nach meiner Meinung schon immer einiges Verdienst. Darum müßt Ihr mir auf mein Wort glauben, wenn ich Euch sage, daß ich Euch recht von Herzen liebe" (Blaubart, 42).

[32] Auf die Frage, nach welchem „Muster" sich der feindliche Ritter Conrad ausgebildet habe (der indes nur sagt, was ihm „ohngefähr in den Kopf kommt"), beteuert Berner, sich „lieber nach Regel rühren lassen" zu wollen (Blaubart, 35). So macht sich die Montrosität von Regelpoetik selbst satirisch kenntlich.

[33] Ausgerechnet die Brüder Wallenrod monieren, daß er „nicht lesen" kann (Blaubart, 18).

[34] Verschämt artikuliert sich der Heilungsbedarf hinsichtlich des blauen Barts gegenüber dem Arzt: „Ich weiß nicht, – ich mag ungern davon sprechen, – und es macht mich böse" (Blaubart, 46).

[35] Zwar reagiert er unvermittelt zornig im misogynen Haßausbruch auf die Frau als Sünderin, den er selbst auf den Sündenfall Evas als Verbotsbruch zurückführt (vgl. Blaubart, 80), weshalb er den Brüdern Wallenrod als „Satan" erscheint (19). Zugleich wirkt die Bitterkeit seiner Klage über den Verlust der siebten Frau, geschuldet ihrer „verfluchte[n] Neugier", aber auch nicht völlig inauthentisch, zumal er jetzt einmal mehr wie schicksalsergeben die Rache exekutieren muß: „O Agnes, ich dachte nicht, dich so schnell wieder zu verlieren" (Blaubart, 80).

[36] Vorbereitet durch die von Todesangst affizierte nihilistische Rede des Narren kann Berner vor allem über die Skurrilität der Verbindung mit dem Ratgeber herzlich lachen (vgl. Blaubart, 57).

sogar zu menschlichen Regungen der Liebe und des herzlichen Lachens über Narrheiten in der Lage ist.[37] Simon, die zweite Hauptfigur und eigentlicher Gegenspieler Berners, ist resigniert und erkenntniskritisch gebrochen bis an den Rand des Nihilismus, ein *alter* Karl von Berneck bzw. William Lovell *und* doch energisch bei der Rettung seiner Schwester zugange, indem er Blaubart wagemutig im Gefecht tötet.[38] Sein Aktivismus vermittelt sich durch die Ahnung der Gefahr in Träumen[39], die nicht nur seine familiäre Umgebung als irrwitzige Tollheit diffamiert.[40] Vom guten Ende her gesehen steckt gerade darin Vernunft. Aus der pragmatischen Perspektive des vernünftigen Hausbruders Anton aber, die alles Auseinanderstrebende des merkwürdigen Geschwisterhaushalts Friedheim zusammenhalten zu können glaubt[41], ist sie pure Idiotie[42], wenngleich sich zuletzt allein durch die Divinatorik des Melancholikers alles zum besten fügt.[43]

Figurenextern bildet sich die dergestalt durchgehaltene Ambivalenz als Gegen- und Ineinander unterschiedlicher Lagen in einer strukturanalogen Konstellierung der Figuren ab: Agnes' Sehnsucht nach dem Neuen, die sich unerwartet im Hor-

---

[37] Zur Komplexität der Blaubart-Figur, ihrer internen wie externen (Rollen-)Filiationen vgl. auch Marelli (1968, 120-122), Feldmann (1971, 123); weitere Hinweise zur typusauflösenden Darstellung der Figuren innerhalb wechselnder Konstellationen in den Einzelcharakteristiken bei Lüdeke (1922, 276), Frank (1972, 337), Ribbat (1978, 126f.). Zu Berner siehe schließlich Tiecks eigene Charakteristik im Brief an Immermann vom 10. Mai 1835, die das „Tückisch-Freundliche" wie „Auffahrende und Seltsam-Burleske" zugleich akzentuiert (zit. nach Schweikert I, 114). „Man muß sich vor diesem Kerl immerdar fürchten müssen, geheimnißvoll, räthselhaft, oft scheinbar gut, muthig, bis die dämonische Bosheit plötzlich herausbricht, oft mit dem Schein von Humor" (Tieck an Philipp Eduard Devrient, 31. Juli 1846, zit. nach Schweikert I, 117). Spätere Zeitgenossen Tiecks greifen den Begriff des Tückischen auf, um ihn mit dem 'Tieckischen' selbst kurzzuschließen (so Karl Eduard von Holteis Erinnerungen anläßlich der irritierten Reaktionen Hegels auf eine *Othello*-Vorlesung Tiecks; zit. in Kasack II, 251).

[38] Während im Falle Karl von Bernecks die vergleichbare Umschlagstruktur noch auf unversöhnliche Rache zurückgeht und mörderische Konsequenzen für die Familie zeitigt, führt die Tat jetzt zur glücklichen Wiedervereinigung.

[39] Vgl. Blaubart, 47f. Die Stichhaltigkeit der Ahnung veräußerlicht sich symbolisch im reflexhaften Griff zum Degen, als der Bösewicht tatsächlich als Brautwerber aufscheint (Blaubart, 48), vorbereitet durch Simons Räsonnement über Möglichkeiten der Umwandlung „dunkle[r] Empfindungen" in Prophetie (30).

[40] „Er hat sich", meint der Arzt auf Berners Befund über Simon als „seltsame[n] Charakter" in Fortführung der Rückbindung aller geistigen Operationen auf materiale Grundlagen, „in dem Hang zum Wunderbaren, den jeder Mensch in sich spürt, übergessen, und dadurch sind in ihm diese Unverdaulichkeiten entstanden." (Blaubart, 46).

[41] „Das ist hier eine wunderliche Haushaltung: Gesang in allen Zimmern, Simon geht und betrachtet die Wände, Leopold will auf Abenteuer ziehn, – wahrlich, wenn ich nicht noch das Ganze etwas zusammenhielte, es flöge alles wie Spreu auseinander" (Blaubart, 26).

[42] Vgl. Blaubart, 47f.

[43] „Die inkonsequenten, die 'seltsamen Charaktere' sind am Ende die allein konsequenten" (Frank 1972, 351). Mit guten Gründen erkennt Tieck selbst in Simon deshalb „gewissermaßen die schwierigste Aufgabe" hinsichtlich einer adäquaten schauspielerischen Umsetzung: „Komisch, träumerisch, rührend, albern, kränklich, tiefsinnig und am Ende fast heroisch" (Brief an Philipp Eduard Devrient vom 27. November 1835, zit. nach Schweikert I, 115).

ror des Blaubart-Schlosses erfüllt[44], kontrastiert der ziellos und doch erfolgreichen Abenteurerlaune ihres Bruders Leopold, der den Minnesänger mimt, weil er
sich weigert, erwachsen und zum Ritter zu werden. Ihm steht die bieder-bornierte
Vernünftigkeit nicht nur seines Bruders Anton, sondern auch die hausväterliche
Besorgtheit seines zukünftigen Schwiegervaters Hans von Marlof gegenüber, der
seine vaterfixiert brave Tochter Brigitte unversehens an den leichtsinnigen Abenteurer verliert.[45] Die anthropologisch begründete Figurenkomplexität überträgt
sich auf die dramatische Struktur, indem sie unvereinbar gegenläufige Handlungs-
perspektiven in der Konstellation der Szenen ironisch ausagiert.

Bleibt das ganze Drama wie sein Hypotext vom Wunderbaren mehr oder weniger
unberührt, eliminiert Tieck doch die moralische Lehrhaftigkeit, mit der Perrault
seine Volksmärchen stets beschließt.[46] Alle Phantastik um das monströse Grauen
im siebten Zimmer und in den mit Namenszetteln versehenen Frauenleichen, denen Agnes als Knochengerippe begegnet[47], wird nicht moralisierend zum warnenden Exempel für verbotene Neugierde gebändigt. Sie verbleibt grundsätzlich
im Rahmen psychologischer Plausibilität und ist darin der Darstellung des Wahnsinns im *Karl von Berneck* zunächst durchaus vergleichbar. Agnes' Halluzinationen
entstehen aus dem Wechselverhältnis von abenteuerlicher Neugier, schlechtem
Gewissen und realer Konfrontation mit dem Blut an den Wänden des geheimnisvollen Raums, symbolisch verdichtet im Horror- und Anti-Märchen der ja selbst
unheimlich-hexenhaften Haushälterin Mechthilde.[48] Kindlich-romantische Neu-

---

[44] Zur divinatorischen Vorwegnahme in der Konvergenz von Begehren und Erfüllung vgl. Blaubart
      25, 70.

[45] Zur Unvereinbarkeit der Handlungsentwürfe bei den Mitgliedern der Familie Friedheim vgl.
      Frank (1972, 344).

[46] Gebrochen allerdings durch die Aufspaltung in eine 'zweite Moral', die den Anachronismus aus
      Mißgunst und Eifersucht, dem kein heutiger Ehemann mehr unterliege, zum „Märchen aus alter
      Zeit" abmildert (Perrault 1986, 81).

[47] Vgl. Blaubart, 70. Im *Sternbald* zeigt Tieck die dergestalt direkt ins Bild gesetzte emblematische
      Struktur der Allegorie in der Beschriftungsbedürftigkeit einer mittelalterlichen Genoveva-Darstel-
      lung (vgl. Sternbald, 354). Sie erwächst daraus, daß die Frauenskelette nicht mehr auf die Indivi-
      dualität der Person schließen lassen, worin sich die Todesaffinität allegorischen Denkens im mor-
      tifizierenden Blick des Allegorikers zeigt.

[48] Zu Recht erkennt Frank in ihr „eine der unheimlichsten Figuren, die Tieck geschaffen hat"
      (Tieck-DKV VI, Kommentar, 1357). Mechthilde erzählt das Märchen zunächst mit einer gewis-
      sen launigen Aufgeräumtheit aus „Kurzweil" (Blaubart, 72), weil sie erkennt, daß die nach dem
      Bruch des Verbots völlig erbleichte Agnes trotz fortgeschrittener Nacht nicht mehr wird schlafen
      können: Die neugierige Försterstochter, der der Vater das Verlassen des Hauses im Wald verbo-
      ten hatte, erblickt in der spiegelnden Fläche des „graue[n] stillstehende[n] See[s]", um den uralte
      verwitterte Weiden" stehen, die Konsequenzen ihres eigenen Begehrens zwischen Neugierde und
      schlechtem Gewissen als Strafe: „[...] und indem sie hineinsieht, ist es ihr, als wenn ihr fremde
      bärtige Gesichter entgegensehn; da fangen die Bäume an zu rauschen, da ist es, als wenn es in der
      Ferne geht, da kocht das Wasser und wird schwarz und schwärzer; – mit einem Male ist es, als
      wenn so Frösche darin umherhüpfen und drei blutige, ganz blutige Hände tauchen sich hervor

gier und schwarzes Grauen gehen beide auf einen narzißtischen Projektionsmechanismus zurück, der sich selbst in der Spiegelbildlichkeit von Mechthildes 'Ammenmärchen' als *mise en abyme* des Stücks spiegelt. Der Horror, den Agnes' Halluzinationen *zwischen* traumhaftem Wahn und *realer* Bedrohung entbinden (und der sich folgerichtig in der Verwandlung Mechthildes *durch* ihre Erzählung abbildet[49]), führt trotz aller psychologischen Begründung im Gegensatz zur rationalen Auflösung (also Vermeidbarkeit) des rasenden Wahnsinns noch im *Berneck* nicht mehr dazu, daß die Indifferenz des 'Dazwischen' selbst aufzuheben wäre.[50]

Gerade in diesem Zusammenhang verfährt Tieck dramenpoetisch äußerst präzise: Die Begehung des siebten Zimmers im hellen Mondschein der Nacht, das Agnes die reale Todesgefahr plastisch vor Augen stellt, führt das Stück szenisch nicht aus. Vielmehr läßt Tieck Agnes das Horrorerlebnis – vorbereitet durch die zwischengeschaltete, selbst geradezu spiegelbildlich organisierte Parallelszene mit dem Narrenpaar, das beim Blick auf die hellen Sterne über die „schauerliche Stunde" und den Glauben an Gespenster räsoniert[51] – in einer langen Hypotypose nachtragen[52], so daß alle Umstände um das am Schlüssel klebende Blut subjektiv perspektiviert bleiben: „O mit welchen Bildern ist seitdem meine Phantasie angefüllt!"[53] Intensiviert durch den Schleier des „grünen Vorhang[s]"[54], der arabeskenhaft vor dem selbst arabeskenüberladenen Zimmer rankt[55], um die Neugier auf das Geheimnis – durch das Verbot selbst unwiderstehlich geworden – noch zu erhöhen, verschiebt und verdichtet sich die Schleiermetaphorik in Agnes'

---

und weisen mit dem roten Zeigefinger nach dem Mädchen hin – " (Blaubart, 72f.). Aufs ganze Drama bezogen kündigt sich die Komplementarität von Begehren und Erfüllung im Motiv des 'Rauschens' der Bäume an, mit dem Agnes' Lied anhebt (vgl. 23). Und bereits der Prolog des Stücks bestimmt die Ambivalenz des Märchens selbst als Dialektik von Kinder- und Alptraum: „Es ist der Kindheit zauberreiche Grotte, / In der der Schreck und liebe Albernheit / Verschlungen sitzen, dem, der näher tritt" (17). Tieck zitiert diese Doppelung von Albernheit und Horror noch im Einleitungsgedicht des *Phantasus* (vgl. Tieck-DKV VI, 121).

49 Vgl. Blaubart, 73; eine Passage, die A.W. Schlegel in der *Athenäum*-Besprechung als „meisterhafte[n] Zug" eigens hervorhob (vgl. Athenäum I, 174).

50 Zwar kann Anne behaupten, bei der Verwandlung Mechthildes handele es sich nur um „lauter Einbildungen" (Blaubart, 73), für Agnes nimmt das aber eben nichts von der *realen* Bedrohung, der sie sich von nun ab in vollbewußter Klarheit ausgeliefert sieht.

51 Vgl. Blaubart, 67: Wie selbstverständlich erfüllt sich das Gespräch über Gespenster sogleich in der erbleicht aus dem siebten Zimmer hereintretenden Agnes.

52 Vgl. Blaubart, 69f.

53 Blaubart, 69.

54 Blaubart, 70; zum phantasmatischen Potential des Verschleierten vgl. Konersmann (1994).

55 Deutlicher entfaltet wird die Strukturhomologie von arabesker Ornamentik und projektiver Phantasietätigkeit in der Prosafassung *Die sieben Weiber des Blaubart*, wenn die grotesken Fratzen aus den zu Bewegungsbildern verlebendigten „wunderbaren Tapeten" plastisch hervortreten, bis Berner plötzlich persönlich in dem „wie mit gräßlichen Spinngeweben umzingelt[en]" Raum vor der neugierigen Frau steht: in einem Textraum der proliferierend vernetzten, ebenso opaken wie plastischen Phantasie also, in den der Leser selbst mit der assoziativen Verlebendigung der flächigen Tapetenornamente eingesponnen wird (Tieck-S IX, 166f.).

Bericht vom Betreten des siebten Zimmers metonymisch zur flirrenden Atmosphäre im „drückende[n] seltsame[n] Dunst" des Raums.[56] Der „Zitterrhythmus von Lösen und Fixieren"[57], der noch die Bildlogik des anderen Zustands in der Prosa Musils (seit den *Vereinigungen*) organisiert, verschränkt sich damit auf ebenso visuell wie atmosphärisch beglaubigte Weise zur Synästhesie von Flimmereffekten, die strukturhomolog zum Traumbewußtsein funktionieren.

Die Figuren des *Blaubart* verwandeln sich folglich allein deshalb in „Vexiermenschen"[58], weil durch den vom Stück thematisierten und in Mechthildes Märchen symbolisch verdichteten Projektionsmechanismus alle Wahrnehmung (auch der anderen Figuren) am Indifferenzpunkt von realer Erfahrung und narzißtischer Projektion angesiedelt ist: „Es ist alles wie ein fremdes Märchen, wenn ich es aus der Ferne ansehe", beschreibt Agnes ihre Eindrücke nach dem Besuch, „ – und dann, – daß ich im Mittelpunkte dieses entsetzlichen Gemäldes stehe! – ".[59] Ferne und Nähe – draußen und mittendrin zugleich[60]: Traumförmig wie ein Film veräußern sich Neugier und schlechtes Gewissen durch den Projektionsmechanismus in einen Raum gleich einem Panorama, das Agnes als gleichsam nach außen gestülpte Innenwelt umgibt, so daß sich das blutige Frevelbewußtsein in der Erfüllung der eigenen Begierde wie unentrinnbar eingeschlossen wahrnimmt.

Das ausdifferenzierte Spektrum anthropologischer Dispositionen zwischen Realitätserfahrung und Traumbewußtsein, im Gegensatz zu allen anderen *romantischen* Dramen Tiecks am stärksten psychologisch begründet, demonstriert die unbeständige Variabilität und Haltlosigkeit des Lebens: Jede Situation kann grundsätzlich und jederzeit umschlagen, auch wenn im Gegensatz zum katastrophischen *Lovell* alle Gefahren wie selbstverständlich und komödiengerecht im glücklichen Ende der Doppelhochzeit überwunden sind. Löst sich im *Lovell* der Nihilismus des Protagonisten nur noch sarkastisch in der schicksalsförmigen Machination[61]

---

[56] Blaubart, 70.

[57] Menninghaus (1995, 190).

[58] Vgl. *Die sieben Weiber des Blaubart* (Tieck-S IX, 173). Den Befund Hayms zum *Ritter Blaubart* als Ansammlung von „Vexierfigur[en]" (1920, 94) muß man nur von seiner normativen Folie abheben und positivieren, um darin eine zutreffende Charakteristik zu sehen.

[59] Blaubart, 71.

[60] „Seht, diese Tür geht nach außen hinaus, wenn man sie aufmacht", beschreibt Simon die Grenzauflösung von Drinnen und Draußen gegenüber dem Arzt, der seine Melancholie kurieren soll, „warum könnte sie nicht ebensogut ins Zimmer hereingehn?" (Blaubart, 31). Die Ambivalenzbildung ist deshalb auch an der von Ribbat (1978, 126-132) untersuchten Symbolik der Handlungsräume zu verfolgen, insofern das Stück auch hier die üblichen Oppositionen – geschlossene vs. offene Räume, 'Wald' vs. 'Feld', oben vs. unten usw. – aushebelt.

[61] Vgl. dazu die komisch-vertrackte Spiegelung der Schicksalssemantik in Claus' Rede über die närrischen Krieger Wallenrod, mit der er darüber Klage führt, daß mit dem Krieg als Narrheit in sein „Handwerk' gepfuscht' werde: „Nun, Schicksal, du Vormund der Verstoßenen, wirst du dich ihrer [der Krieger] so sehr annehmen, als sie fest auf dir vertrauen, so werden sie diesen Feldzug bald geendigt haben" (Blaubart, 23).

Andrea Cosimos ein, hebt die ironische wie humoristische[62] Affirmation aller Wechselhaftigkeit in der Komödie die unrettbar tragische Lage von Agnes schlicht mittels der 'romantischen' Divinatorik ihres Bruders auf. Erstmals artikuliert sich damit die 'Ahndungs'–Rhetorik romantischer Poesie als handlungsbestimmender Faktor, obwohl sie zugleich eben auch komisch konterkariert wird: Perspektiviert im Falle Simons die ja durchaus nachvollziehbare Vernünftigkeit seiner irritierten Umwelt den höheren Sinn, operiert das Stück auf systemreferentieller Ebene gerade im Zusammenhang seiner Rettungstat auf ebenso ironisch relativierende wie parodistische Weise mit dem *deus-ex-machina*-Mechanismus der antiken Tragödie, dem sich die finale Allumarmungsfreude gleich einem rührenden Familiengemälde anschließt. Ostentativ unwahrscheinlich erscheint vorher, ähnlich dem Schluß von Lenz' *Soldaten*, auch die 'drastisch'-theatralische *anagnorisis* von Vater und Kind im Wald, als Hans von Marlof auf der herumirrenden Suche nach seiner Tochter Brigitte unversehens den totgeglaubten Sohn Reinhold wiederfindet.[63] Dieser selbst wiederum verleiht eher seiner Überraschung denn Freude ob der jungfräulichen Treue seiner Geliebten Anne Ausdruck, kennt aber immerhin den Weg aus „den verfluchten Gebüschen", zumal die Landstraße eben „nur drei Schritte von hier" entfernt ist.[64]

Der strukturellen Ambivalenz innerhalb der romantikspezifischen Triade aus Ahnung, Verirrung und Erfüllung – parodistisch gebrochen durch Formzitate der antike Tragödie und der Spiel- und Verwechslungskomödien Shakespeares wie *As you like it* – korrespondiert die ins Flächige gehende Vervielfältigung der schlichten Perrault-Handlung durch eine Reihe paralleler Handlungsstränge auf der einen[65], die Auflösung des Dialogs ins wortspiellose Palavern auf der anderen Seite.[66] Gegen Ende des Stücks jedoch, wo der *Ritter Blaubart* den Hypotext Perraults am stärksten, teils sogar fast wortgetreu nachschreibt, macht sich gegenläu-

---

[62] Hier bereits als Vorschein der mit dem Humor-Begriff des 19. Jahrhunderts ins Spiel kommenden Versöhnungskonzeption: einer vermittelnden Form des Dreinfindens in eine Ordnung der Welt, die trotz aller Einsicht in die Nichtigkeit und Vergänglichkeit des Bedingten als Trost wirkt.

[63] Vgl. Blaubart, 76. Tot ist nicht Reinhold, sondern das Pferd seines Vaters, das während der Suche nach der Tochter an Übermüdung stirbt (vgl. 76, 77).

[64] Blaubart, 77

[65] Nicht zuletzt die ausgebauten Neben- bzw. Parallelhandlungen – um Hans von Marlof (Tiecks erster Karikatur auf den Hausvater des trivialen Familienrührstücks), die Geschwister Friedheim und das absonderliche Narrenpaar Ratgeber/Claus – lösen die kausal-lineare Zeitstruktur des Dramas in einen „Pluralismus der Handlungsstränge" auf (Ribbat 1978, 126), um die von Tieck später als Fehler des Weimarer Theaters kritisierte 'eine Linie' nun endgültig aufzugeben (vgl. Tieck-DKV VI, Kommentar, 1351).

[66] Darin offenbart sich eine bestimmte Affinität zur gleichzeitigen *Theegesellschaft* mit ihrer ganz ähnlich motivierten Satirisierung von Figuren durch die Art und Weise nichtigen Palaverns, dort aber vor dem Hintergrund zeitaktueller politischer Verhältnisse. Im *Blaubart* bewirkt das Geschwätz die Komisierung des Dialogischen selbst, also des Kerns dramatischer Rede überhaupt: Der Dialog wird verulkt, indem das Stück ihn exekutiert, ohne daß er noch der zwischenmenschlichen Aktualität dient. Er erzwingt keine Handlungskonsequenzen mehr, wenn die Figuren mehr oder weniger funktionslos über Gott und die Welt schwatzen.

fig zur Aufhebung der kausal-linearen Handlung durch Simultaneisierung ganz
verschiedener Ereignisse ein handlungsdramatischer Impuls geltend, der im
spektakulären *showdown* zwischen drohender Tötung und aufschiebender Ankunft
der Brüder in den Gefechtstod Berners mündet: Fiebern die beiden Schwestern in
angsterfüllten Teichoskopien, die über den parodistischen Antikenbezug hinaus
die einschlägigen Belagerungsszenen in Goethes *Götz* zitieren, ihrer Rettung entgegen – ironisch aufgeschoben durch die von Schafherden stammenden Staubwol-
ken als trügerischen Zeichen der Hoffnung[67] –, fällt Berner schließlich sehr
schnell im Kampf mit Simon. So siedelt sich das Stück auch auf der dramaturgischen Ebene (in der Motivation der Handlung) am ironischen Indifferenzpunkt
zwischen episodischer Verselbständigung der Szenen[68] und forcierter Handlungsdramatik an.

     Die dramenpoetologische Innovation des *Blaubart* besteht demnach insgesamt
darin, daß Tieck die prozessual erschlossene und eben so ironisierte Komplexität
als Simultanvirulenz äußerst gegenläufiger Dispositionen auf die szenische Textur
überträgt, und zwar dadurch, daß die parataktische Nebenordnung heterogener
Szenen *als* Ironie in die handlungsauflösende Gleichrangigkeit von üblicherweise
Nichtzusammengehörendem eingeht. Systemreferentiell gesehen werden generische Konventionen als Verfahrensmuster traditioneller wie zeitgenössischer Dramenmodelle ironisch verkehrt. Die Verkehrung macht sich selbst als konstrukti-
ver Mechanismus kenntlich[69], ohne daß Tieck im Gegensatz zu den intertextuellen Spielen der späteren Literaturkomödien allzu forciert mit Text- und Formzitaten operiert. Für die Struktur der internen Gegenläufigkeit und Ironisierung alles
Festgefügten ins 'Vieldeutige' hat Tieck das treffende Bild von den „Forellen" gefunden, die „nur im stets erschütterten Wasser am Leben bleiben"[70]: Im pulsie-
rend-gleichförmigen Fließgewässer ruhig und wellenförmig bewegt zugleich stehend, reflektiert und bricht sich deren Oberfläche in der einlullenden Beweglichkeit des Wassers, so daß die Regenbogenhaut in den aufblitzenden und ver-
schwimmenden Lichtreflexen am Oberflächenfilm zu flimmern beginnt: „Vieldeutige poetische Produkte" dieser Art, die selbst durch kleinste Erschütterungen
gleich einem Kaleidoskop je neue Konstellationen und Farbreflexe bilden, sollten
deshalb „mit so wenigen Unterbrechungen als möglich" gespielt werden.[71] Glie-
derungstechnisch schlägt sich dieser Effekt allerdings adäquater in der diffuseren

---

[67] Vgl. Blaubart, 82, der sich mit diesem Motiv direkt an die Vorlage Perraults hält.

[68] Vom „völlige[n] Eigenleben" der Parallelhandlung um Marlof, Leopold und Brigitte spricht Rib-
     bat (1978, 131), dies allerdings nur mit bedingtem Recht, insofern damit die Komplementarität
     der Konstrastmannigfaltigkeit verkannt wird.

[69] Zur genuin romantischen Figur der Verkehrung vgl. Menninghaus (1995, 159), die Tieck in der
     Verkehrten Welt mittels „nochmalige[r] Umkehrung der inversen Figur des Begreifens" in ein
     „radikal konsequentes verkehrtes Welttheater" transformiert (Weimar 1993, 151f.).

[70] So im Brief an den Düsseldorfer Theaterdirektor Immermann vom 3. Mai 1835 (zit. nach Tieck-
     DKV VI, Kommentar, 1349).

[71] ebenda.

Vieraktigkeit des Erstdrucks als in der gewissermaßen klassizistisch gebändigten fünfaktigen Organisation der *Phantasus*-Fassung nieder.[72] Erstmals im *Ritter Blaubart* geht die 'höhere Ironie'[73] vollends ins szenische Verfahren ein, *bevor* Friedrich Schlegel sie als poetologische Kategorie romantischer Literatur kodifizieren sollte.[74] Der Wechseldurchdringung und Wechselrelativierung sämtlicher Differenzen zwischen Scherz und Ernst geht mit der Auflösung einer einsträngigen Handlungsstruktur die Aushöhlung wirkungsästhetischer Konventionen einher, die bis dahin auch Tiecks dramatische Rede noch legitimierten: *Ritter Blaubart* ist als Werk humoristisch *und* grausam, skurril *und* durchsetzt von existentiellem Ernst, realistisch (in der empirischen Möglichkeit) *und* bizarr bzw. grotesk (in der Verselbständigung real möglicher Ereignisse und Situationen ins Unangemessene), „ein albernes Puppenspiel"[75] *und* eine Tragödie, aufklärerisch-vernünftig (im Schluß) *und* shakespearisierend-poetisch (in der Kontrafaktur auf die 'Komödie der Irrungen' mit ihren im Wald sich verirrenden und wiederfindenden Liebespaaren). Alternierend wechseln die Szenen wie von selbst ihre Perspektiven, ohne daß sich bestimmte Dominanzen auskristallisieren. Die Relativierung aller Konkretionen hält so auch auf der szenischen Ebene Komplexität präsent, anstatt sie an überschaubare Handlungssequenzen zurückzubinden, um über affekt- bzw. gefühlstypologische Identifikationsmuster konventionell theatralische Wirkungen zu erzielen. Obwohl „ganz bühnengerecht [...]" für den Theater-Effekt" geschrieben[76], resultiert die Bühnenuntauglichkeit des *Blaubart* weniger aus der grundsätzlichen Unmöglichkeit einer theatralischen Umsetzung (die wegen der realistischen Fundierung nicht in Frage steht). Sie geht viel-

---

[72] Der *Blaubart* ist das am stärksten redigierte Stück der *Phantasus*-Dramen (vgl. Tieck-DKV VI, Kommentar, 1346, 1367). Die klassizistische Perspektivierung hin auf eine gestärkte Theatralität zeigt sich im bereits diskutierten Rahmengespräch über aktförmige Organisationsformen der dramatischen Rede, das sich direkt an die Lesung des *Blaubart* anschließt (vgl. 483f.).

[73] Tieck hat sich Solgers Idee der „reinsten Ironie" gerade anläßlich des *Blaubart* mit dem Begriff der „höheren Ironie" zueigen gemacht (vgl. zum Zusammenhang und Einzelnachweise Tieck-DKV VI, Kommentar, 1355f.). Diese Ironie sei „nicht Spott, Hohn, Persiflage [...], es ist vielmehr der tiefste Ernst, der zugleich mit Scherz und wahrer Heiterkeit verbunden ist. Sie ist nicht blos negativ, sondern etwas durchaus Positives" (Köpke II, 239).

[74] Die in der Romantik-Forschung einläßlich geführte Debatte darüber, inwieweit Schlegels Theorie der romantischen Ironie mit der romantischen Komödienproduktion Tiecks kompatibel ist, läßt sich komplexitätsreduzierend dahingehend beantworten, daß Schlegel sich gelegentlich durchaus auf sie bezog, nicht aber als Einlösung romantischer Ironie, wohl aber als Arabesken anerkannte (vgl. Schmeling 1977, 159). Unabhängig von der frühromantischen Theoriebildung entstanden, erfüllt Tiecks Ironie zwar nicht die transzendentalphilosophische Grundlegung der romantischen Ironie nach dem Verständnis Schlegels, wohl aber den romantischen 'Witz' in der literarischen Inszenierung von Kontrastmannigfaltigkeit als Ähnlichkeit. Im *Blaubart* löst Tieck die romantische Ironie insofern ein, als erst dann von ihrer „Gestaltung [...] im Lustspiel zu sprechen [ist], wenn das lustspielhaft gegebene Thema auch in wirklich dramatischer Durchführung erscheint und wenn diese Gestaltung das Prinzip der Ironie erkennen läßt" (Strohschneider-Kohrs 1977, 288).

[75] So Berners Bestimmung des Lebens (Blaubart, 58).

[76] Tieck-S I, VI.

mehr aus der vom späten Tieck in den Überlegungen zur Aufführung[77] stets mit-
verhandelten *Schwierigkeit* hervor, der anthropologischen wie poetologischen Ambivalenz schauspielerisch gerecht werden zu können: Wiederholt äußert Tieck gerade für den *Blaubart* seine Befürchtung, daß deren Potentialität in der theatralischen Vermittlung auf allzu eindeutige Figurengestaltung und daher unzulänglich
reduziert werde.[78]

Die auf allen Ebenen des Texts zu beobachtende Überblendung von Bereichen, die üblicherweise voneinander getrennt gehalten werden, entsteht, nach
dem Formkalkül des Verfahrens bestimmt, durch das *re-entry* der Unterscheidun-

---

[77] Der *Blaubart* gehört neben den *Gestiefelten Kater* zu den wenigen Dramen Tiecks, die überhaupt auf
die Bühne gelangten (vgl. Tieck-DKV VI, Kommentar, 1349, 1353 und Tiecks Stellungnahmen
zur Aufführung des Stücks, 1349-1353).

[78] Vgl. dazu besonders den Brief an Karl Leberecht Immermann vom 10. Mai 1835, in dem Tieck
die Schwierigkeiten einläßlich bespricht: „Hier reicht beim Phantastischen und Seltsam-Humori-
stischen, bei dieser Mischung von Ernst und Scherz das Angelernte und der gute Wille nicht aus;
der Schauspieler muß die Linien und Zirkel überspringen können, in welchen er sich sonst in Beifall bewegte, und diesen selbst mit Großmuth und Aufopferung auf's Spiel setzen, um ein Un-
gewisses, Zweifelhaftes zu gewinnen". Die „fremde Erzählung" der Mechthilde habe er „immer
gerade für die allergrößte Schwierigkeit in der Aufführung gehalten"; eine „sonderbare und sehr
schwierige Aufgabe" hätten aber auch der Narr und der Ratgeber, und selbst „Heymon und Conrad Wallenrod, obgleich nur Introduction, wollen, sowie der Arzt, mit Kunst und eigenthümli-
chem Humor gespielt sein. Bei einem so kapriciösen Gedicht kommt auch das Tempo sehr in
Betracht" (zit. nach Schweikert I, 113f.). „Das Komische im Blaubart selbst mit dem Gespenstischen und Grausamen zu vereinigen", schreibt Tieck an Philipp Eduard Devrient vom 27. November 1835, „ist auch nicht leicht. Und dann der Narr!" (zit. nach Schweikert I, 115). Die
Schwierigkeiten der theatralischen Umsetzung beziehen sich folglich weniger auf die von Tieck
zur gleichen Zeit aufgestellte Forderung nach einem besseren Theater (vgl. Tieck-DKV VI,
Kommentar, 1353) als auf die schauspielerische Plausibilisierung von Ambivalenz selbst, weil diese nach dem Gesichtspunkt drastischer Effektdramatik Komplexität zugunsten szenisch-
affektiver Wirkungen reduziert. Geeignete Schauspieler erkannte Tieck in seiner Zeit offenbar
kaum, wie seine Äußerungen zur 'Kunst des Schauspielers' erkennen lassen (vgl. Kasack II, 228-
246): „Oft wird man durch zu große Schärfe, durch übertriebenen Akzent verletzt" (228). „Die
Hauptsache aber ist, daß der dramatische Vortrag sich unter keine allgemeine Regel bringen läßt,
weil er noch weit mannigfaltiger, geistiger und vielseitiger ist, als es nur jemals der Ausdruck, der
Ton oder die Zeitmaße der Musik sein können" (243), so daß die eigentliche Schwierigkeit der
„Unendlichkeit dieser unzähligen Nüancen" (245) erwächst. – Auch heutzutage gehört es zu den
eher seltenen Theater-Ereignissen, daß Ambivalenz schauspielerisch tatsächlich präsent gehalten
bleibt. Genannt sei die *Cymbeline*-Aufführung der Münchner Kammerspiele (Spielzeit 1998/99),
die es nicht nur bei den Hauptfiguren Imogen und Posthumus mit Sunnyi Melles und Jens Harzer
vermochte, das extrem gegenläufige Diffundieren beider Rollen als szenisches Spiel mit persona-
ler wie literarischer Ambivalenz selbst evident zu machen: hervorgehend nicht allein aus der vollends widersprüchlichen Figurenkonzeption des Stücks, sondern auch aus der von Shakespeare
metadramatisch stets mitartikulierten Selbstzurücknahme des je aufgebauten Pathos. So gehört
Cymbeline als späte Romanze zu Shakespeares stärksten Dramen szenischer Selbstverulkung. Sowohl in der generischen Heterogenität als auch vor dem Hintergrund einer universalen Verwur-
stung weit auseinanderliegender Stoffe und Motive unterschiedlichster Traditionen wird die dramatische Permanenzrelativierung bereits hier an den Rand der theatralischen Mitvollziehbarkeit
einer *bestimmten* Handlung getrieben.

gen[79] ins Unterschiedene (also in die *beiden* Seiten der Unterscheidung zugleich), um eine paradoxe und folglich unentscheidbare Einheit durch Simultanüberlagerung konventioneller Differenzen zu generieren. Dadurch fällt die absolut tragische Situation der Agnes mit dem Heiteren, Satirischen[80] und Komisch-Skurrilen bis an den Rand des launigen Blödsinns ineins: zu einer Form der dramatischen Darstellung, die als szenische Kippfigur noch die traditionelle Synthesis des Ernsten mit dem Komischen in der Tragikomödie transzendiert.

Die schwebende Bedenkenlosigkeit, mit der Tieck erstmals ein Perrault-Märchen dramatisiert, koppelt die szenische Rede endgültig von allen affektiven wie theatralischen Wirkungsabsichten zur sowohl geistigen wie effektästhetisch ungewissen Ambiguität des Poetischen ab. Es geht daraus eine inkommensurable Legierung hervor, die als ausgehaltene Ambivalenz vermittels der 'höheren Ironie' ein ebenso basales wie wirkungsmächtiges Verfahren für zahlreiche dramatische wie narrative Texte der Romantik bereitstellt. 'Romantisch' ist demzufolge das literarische Präsenthalten von Komplexität als Summe *aller* Möglichkeiten zwischen der anthropologischen Selbstreflexion empirischer Gegebenheiten und der experimentellen Erkundung auch von exzentrischen Varietäten menschlicher Verfassungen, die bis in die traumförmige Sphäre des anderen Zustands hineinreichen. Die Summe selbst beruht jedoch nicht auf der Addition ihrer Bestandteile, sondern resultiert aus der quecksilbernden Amalgamierung zu literarischen Einheiten, deren Emergenzeffekte über die aufsummierten Einzelelemente hinausgehen: Sie entzieht sich der sezierenden Greifbarkeit. Jede Analyse hinterläßt je eigene synthetische Einheiten auf einer Stufe kaum verminderter Komplexität.

Problemlos können neuartige literarische Verbindungen dieser Art von der Phantasie des Lesers mitvollzogen werden[81], während sie der Realpräsenz auf der Bühne allein wegen ihrer Überkomplexität, die jeden Schauspieler mehr oder weniger überfordern muß, praktisch unüberwindbare Schwierigkeiten entgegensetzt. Das *Blaubart*-Stück inszeniert ein Theater des inneren Menschen, eine lesbare Theatralität für die innere 'Bühne der Phantasie', die sich erstmals zum witzigen Spielgemälde der szenischen Arabeske emanzipiert. Endgültig verlagert sich damit

---

[79] Etwa von festgefügter Realität und projektiver Zukunftsoffenheit, realer Erfahrung und subjektiver Phantasmagorie, Lächerlichkeit und Horror usw.

[80] Im *Blaubart* weniger als Literatursatire denn als Typensatire konzipiert, die im Falle des Arztes etwa dadurch entsteht, daß sich Simons somatische Melancholie der Heilkunst, aus richtiger Einsicht in deren Unzuständigkeit und Inkompetenz, nicht anvertrauen will (vgl. Blaubart, 31, 45). Angesichts des blauen Barts fällt dem Arzt konsequenterweise nichts anderes ein, als das sonderbare Attribut in einen Ausdruck von Männlichkeit umzudeuten (vgl. 46). Im Gegensatz zur Typensatire der aufklärerischen Komödie löst sich bei Tieck jedoch jeglicher satirische Impuls als *bestimmte* Intention auf.

[81] „In der That wird man beim Lesen durch die klare besonnene Darstellung so leicht fortgezogen, wie man auf einem gebahnten Wege fährt, dessen Länge man nicht aus dem häufigen Rütteln abnehmen kann", so bereits A.W. Schlegels Besprechung des Stücks (Schlegel-SW XI, 139).

der Akzent von der Psycho(patho)logie der Figurendarstellung und von der theatralischen Drastik grausiger, leidenschaftlicher oder komischer Situationen auf eine Form des geistigen wie geistreichen Zusammenbringens von Ebenen, die nach dem Realitätsprinzip inkompatibel sind, ohne die Darstellung damit selbst jedoch als unwahrscheinlich erscheinen zu lassen. Genau dies ist ein entscheidender Effekt romantischer Poesie: Wie in den *Sieben Weibern des Blaubart* wird im „spezifisch märchenhaft Wunderbaren" das „Verstehen so gründlich distanziert, daß sein Anspruch und Stachel einer gänzlichen Suspension verfallen". Auch in der szenischen Variante gelingt damit zum ersten Mal das „formgewordene Paradox, daß das Wunderbare seinerseits völlig selbstverständlich werden kann."[82] Die vom Realitätsprinzip statuierte Differenz zwischen Verstehen und Nicht-Verstehen kollabiert, indem die Kontiguität des Entgegengesetzten in eine „Poetik reiner Metonymizität" überführt wird: in eine Komposition also, „in der – ohne vorbestimmte Zwecke und Bedeutungen – jedes Wort das nächste lockt" und in der „die syntagmatischen Elemente Effekte ihrer Kontiguitätsbeziehungen sind".[83]

Witzigen Arabesken einer spielerischen Dramaturgie[84] der Dispersion kommt man von daher auch mit einer strukturalistischen 'Analyse' nur schwer bei. Tieck zufolge funktioniert das „Geheimnisvolle" nämlich „in allen Richtungen des Lebens und Gefühls [als] ein Unauflösbares, dessen sich immer wieder die Dichtkunst, wie sie sich auch in Nachahmung und Darstellung zu ersättigen scheint, bemächtigt, um den todten Buchstaben der gewöhnlichen Wahrheit neu zu beleben und zu erklären"[85]: und zwar vermittels der vom „Zauberstab des Dichters"[86] je unterschiedlich emergierten, traumförmig geschlossenen Ganzheit der 'totalen' bzw. 'Einen Poesie', die sich aus den Splittern der unübersehbar vielfältigen Wunder der Welt zusammengesetzt. So artikuliert nicht zuletzt auch der Prolog zum *Ritter Blaubart*[87] erstmals programmatisch die unendliche Verdoppelung romantischer Poesie als Verfahren: Aus der Wechselproduktivität von Weltbezug und Rückprojektion auf das wahrnehmde Ich geht mit der auferstehenden Kindheit der ebenso unendliche wie geschlossene Verweis- und Bedeutungsraum poetischer Phantasie hervor, den der 'Zauberstab' des Dichters je neu erschließt. Das programmatische Kondensat der neuen – romantischen – Poetologie, das der

[82] Menninghaus (1995, 176).
[83] Menninghaus (1995, 189).
[84] So Minder (1936, 58) zu Tiecks Überwindung des 'Chaos' durch das 'Spiel' im *Blaubart*-Drama; vom „ganz unbefangenen Spiele der Phantasie", denen sich vornehmlich Kinder hingeben könnten, spricht bereits A.W. Schlegels Rezension (Schlegel-SW XI, 140).
[85] So Tiecks Befund ganz am Ende des letzten Vorberichts zu den *Schrifen* (Tieck-S XI, LXXXIX).
[86] Blaubart, 17.
[87] Blaubart, 17. Die von Frank als Erstdruck nachgewiesene Fassung in den *Volksmärchen* von 1799 (vgl. Tieck-DKV VI, Kommentar, 1346) hat den Prolog bereits getilgt, während die Edition Kluckhohns auf der von Nicolai verlegten Ausgabe von 1797 basiert (vgl. Drucknachweise Kluckhohn 1936, 318).

Prolog bis in motivische und bildlogische Details auf das nachfolgende Stück
hinein vorbereitet, wird im 'Ammenmärchen' erstmals praktisch eingelöst:

> Der Zauberstab des Dichters schließt uns oft
> Die fernsten, wundervollsten Welten auf,
> Und trunken kehrt der Blick aus Sonnenschein,
> Aus fremden Blumen, schöngeformten Bäumen,
> Und Kriegen, Schlachten zu uns selbst zurück.
> Doch fernab, heimlich im Gebüsch versteckt
> Liegt eine alte Grotte, lange nicht
> Geöffnet, kaum ist noch die Tür zu kennen,
> So dick von Efeu alles überwachsen,
> Und wilde Nelken hängen rot herüber,
> Und drinnen hört man seltsam leise Töne,
> Die manchmal toben und dann musikalisch
> Verhallen, wie gefangne Tiere winseln –
> Es ist der Kindheit zauberreiche Grotte,
> In der der Schreck und liebe Albernheit
> Verschlungen sitzen, dem, der näher tritt,
> Ein altes Lied im leisen Tone sumsen.
> Vergönnt dem Dichter, diese Tür zu öffnen,
> Hört gerne zu dem lispelnden Gesang,
> Der sich in wilden dunklen Blumen wiegt;
> Seht, wie mit Steinen und mit Muschelwerk   ·
> Die Wand ein eigensinn'ger Fleiß geputzt,
> Wie Schatten auf- und abwärts schweben, laßt
> Durch Traumgestalten euch ergötzen, stört
> Mit hartem Ernste nicht die gaukelnden.[88]

Re-entry des Hanswursts und fiktionsironischer Spiele ins Theater auf der Bühne: Literatur- und Theaterkomödien

Der Prolog zum *Ritter Blaubart* versammelt Kernelemente frühromantischer Poetologie, die das 'Ammenmärchen' auf so sonderbare wie ambivalente Weise zwischen Typensatire und Formenparodie, nihilistischer und materialistischer Anthropologie, zwischen idealistischem Räsonnement und launiger Bizarrerie, tragischem Ernst und komischer Subversion des drastischen Grauens in der Schwebe
hält. Zentrale Verfahrenselemente des frühromantischen Mischungs- wie Pro-
gressivitätspostulats samt des Ironie-Theorems, das beide durchdringt und übergreift, werden damit erstmals auf praktischem Wege, noch vor ihrer poetologischen Kodifizierung durch die frühromantische Theoriebildung, erprobt.

Parallel dazu, an der gleichen Zeitstelle um 1795/96, begründet Tieck die
zweite Linie romantischer Dramaturgie, der in der Literaturgeschichtsschreibung

---

[88] Blaubart, 17.

nicht selten die alleinige Aufmerksamkeit zuteil wird, als handele es sich um deren repräsentative Ausprägung: die satirische wie selbstreferentielle Literatur- bzw. Theaterkomödie, die sich in der szenischen Selbstverulkung und Verspottung konventioneller Theatralität erfüllt. Beide Impulse gehen aus der Ausweitung, Literarisierung und sukzessiven Potenzierung der traditionellen Spiel-im-Spiel-Dramatik und zweier szenischer Verfahren hervor: – der poetologischen bzw. dramaturgischen Selbstkommentierung von Figuren als Rollen (zuerst bei dem aus dem Exil zurückkehrenden Hanswurst) auf der einen; – der Verselbständigung eines dramentechnischen Elements wie des Prologs in ein eigenes Stück zur Selbstbeobachtung von Theatralität vor dem Hintergrund des Welttheatergedankens auf der anderen Seite: Erstmals greift die kurze Szene *Ein Prolog* (1796) das theatergeschichtlich weit zurückreichende Modell des Theaters auf der Bühne auf, um es vermittels der szenischen Selbstreflexion von „Vorläufigkeit", die dem Prolog eignet[89], in die witzige Selbstdemontage des bürgerlichen Illusionstheaters wie der Welttheateridee umzufunktionieren. Ein exquisiter experimenteller Einfall dieser Art geht nicht nur aus der beschriebenen Verfügbarkeit der sprachlich-literarischen Mittel hervor, sondern mit einer gewissen Konsequenz auch daraus, daß Tieck das dramatische Institut zur rahmenden Etablierung der theatralischen Sphäre und zur theatralen Selbstreflexion nahezu allen Stücken in der Zeit um 1795/96 voranstellt. Die gleichzeitig einhergehende Reaktivierung des Hanswursts, der von Gottsched vertriebenen derb-komischen Narrenfigur des volkstümlichen Stegreiftheaters, eröffnet mit dem 'Puppenspiel' *Hanswurst als Emigrant* (1795) die bekannte Reihe der parabatischen Literatur- und Theaterkomödien vom *Gestiefelten Kater* über die *Verkehrte Welt* bis zum *Prinzen Zerbino*. Die sechsaktig ausschweifende Großkomödie *Prinz Zerbino* wiederum, ebenfalls bereits um 1796 begonnen, bildet zusammen mit der *Verkehrten Welt* die in sich selbst übergängliche Schaltstelle zwischen parabatischer Literatursatire und literarischer Kontrastmannigfaltigkeit[90], der sich die Linie der integralen Universaldramen von

---

[89] Szondi (1978, 25).

[90] Es ist ein Topos der Forschung, daß erst die *Verkehrte Welt* (1798) Elemente der Schlegelschen Theorie romantischer Literatur, insbesondere in den musikalischen Zwischenspielen, praktisch umsetzt, erst also hier der 'doppelte Ursprung' der Romantik konvergiert (vgl. Beyer 1960, 126; Pestalozzi 1964, 102; abschließend Behrmann 1985, 176, mit polemischer Verve gegen eine Orthodoxie philologischer Urteile, die F. Schlegels Poetologie zur normativen Folie der Vergleichung mit den Werken Tiecks heranziehen). Unabhängig davon, wie man das Verhältnis im einzelnen beurteilen will, ist es auf jeden Fall so, daß die textinterne Akzentverschiebung des *Prinzen Zerbino* während der dreijährigen Entstehungszeit die durch den Wechselkontakt mit der frühromantischen Theoriebildung bedingte Perspektivierung von Polemik und Poesie selbst spiegelt. Die vom *Ritter Blaubart* und *Gestiefelten Kater* begründete und von A.W. Schlegel sogleich diskursivierte neuartige Textur zirkuliert genau in dieser einschlägigen Doppelung – von satirischer wie selbstreferentieller Ironie und witziger Kontamination des Entgegengesetzten – in den Selbstverständigungsdiskurs der Romantik als Kommunikationsstrategie der romantischen Gruppenbildung hinein: Vorbereitet durch die Rezension Schlegels in der *Jenaischen Allgemeinen Litteratur-Zeitung* von 1797, wird diese Textur in der Variante des *Athenäum*, in den *Beyträgen zur Kritik der*

der *Genoveva* über den *Kaiser Octavianus* bis zu dem ins Frührealistische verschobenen *Fortunat* anschließt.

Die Dramaturgie der Unterbrechung, die zuletzt die *Verkehrte Welt* ins virtuose Extrem der potentiell unendlichen Verdopplung von Rollenwechseln und Spiel-im-Spiel-Ebenen zum 'limited poem unlimited'[91] radikalisiert, stellt insofern das Komplementärunternehmen zur Dramaturgie der Zerstreuung dar, als sich die Verfahrenshomologien von der verbindenden Idee der 'Einen Poesie' herleiten. Die von Tieck begründete zweite prototypischen Variante, die über die variierende Anverwandlung in Brentanos *Gustav Wasa*, Eichendorffs *Krieg den Philistern* bis zu Grabbes *Scherz, Satire, Ironie und tiefere Bedeutung* auf die Struktur romantischer, postromantischer oder gar romantiksatirischer Komödien einwirkt[92], geht auf die europäischen Traditionen der Spiel-im-Spiel-Dramatik zurück. In diesem Rahmen gehört sie, obwohl gerade *Der gestiefelte Kater* wegen seiner mehr oder weniger rein theatersatirischen Impulse in der Reihe der parabatischen Komödien Tiecks eine gewisse Ausnahmestellung einnimmt[93], zu den am besten untersuchten Gegenständen im Bereich romantischer Dramatik überhaupt.[94]

---

neuesten Literatur, auf die Formel von der „wahrhaft poetisierte[n] Poesie" gebracht (Athenäum I, 174), die Schlegel nun auch in der Prosa einem Text wie dem *Blonden Eckbert* (1797) abliest, um von dort aus über die Verknüpfung mit F. Schlegels Ironiekonzept die Produktion epochaler Texte der literarischen Romantik anzuleiten: So gesehen begründen Form- und Verfahrenselemente des *Ritter Blaubart* und des *Gestiefelten Katers* zugleich eine basale Folie zahlreicher Werke romantischer Autoren. Sie werden zur Epochensignatur, indem sie als Diskursformationen (in der Doppelung von Textstrategie und begleitender Selbstinterpretation) formkonstituierende Geltung bis zum übergangszeitlichen Eichendorff erlangen.

91 Vgl. Weimar (1995)

92 Die letztgenannte Variante repräsentiert eine triviale Romantik- resp. Tieck-Parodie wie Jens Baggesens *Der vollendete Faust oder Romanien in Jauer* (1808, erschienen 1836), ein Stück, das den parabatischen Typus für eine antiromantische Literatursatire aufgreift, dabei aber über die mechanische Nachahmung der Spiel-im-Spiel-Struktur und anderer Verfahrensweisen Tiecks in verspottender Absicht kaum hinausgelangt (vgl. Kap. 'Wirkung'). Bei allen Form- und Verfahrensübernahmen, die Baggesen antiromantisch ausagiert, bleibt das Stück ohne Witz. Den Techniken wird kaum mehr entbunden als ein langatmiger Spott auf die Romantiker als Tollhäusler, der literarisch unbeholfen bleibt, nichtsdestoweniger die durchschlagende Wirkung der Dramen Tiecks anzeigt.

93 Vgl. Beyer (1960, 60, 116-134), der den Sonderstatus des tatsächlich in erster Linie theatral konstituierten 'Kindermärchens' aus der fehlenden Poesieaffinität ableitet, so daß es in rein negativer Satire aufgehe. Dem steht, gut begründet, das Konzept der 'poetischen Satire' bei Brummack (1979, 46-62) gegenüber (vgl. auch Auerochs 1997, 30), ohne daß der *Gestiefelte Kater* aber die literarische und erkenntniskritische Radikalität der anderen parabatischen Komödien (nicht einmal die des vorgängigen *Prologs*) einholt; zum Satirischen als „Spielelement" des Poetischen auch im *Gestiefelten Kater* vgl. bereits Kluge (1963, 115).

94 Die unübersehbare Forschung zum *Gestiefelten Kater* reicht weit zur Jahrhundertwende zurück (vgl. u.a. Günther 1907, Brodnitz 1912) und reißt bis heute nicht ab; vgl. dazu, um nur ältere und neuere Beiträge zu nennen, die in den Bibliographien von Kreuzer (1984, 64f.) und Auerochs (1997, 37f.) nicht verzeichnet sind: Kluge (1963, 89-96), Schmeling (1977, 149-172), Catholy (1982, 192-241), Kiermeier-Debre (1989, 134-147), Marret-Geitner (1991), Greiner (1992, 262-278), Spielmann (1992), Chang (1993), Stockhammer (1994), Landfester (1997), Japp (1999, 28-35), Petzoldt (2000, 185-204).

Im folgenden interessieren deshalb weniger die einschlägigen Problemstellungen, die mehr an den *Gestiefelten Kater* als an die sehr viel komplexere *Verkehrte Welt* herangetragen wurden: Fragen also
– nach der Zusammengehörigkeit der selbstreflexiven Literaturkomödie mit der frühromantischen Theoriebildung Friedrich Schlegels;
– nach der Herkunft des parabatischen Typus aus der Rezeption der aristophanischen Komödie samt den mehr oder weniger spekulativ bleibenden Überlegungen zu Tiecks Kenntnis der griechischen Komödie Mitte der 90er Jahre[95] wie des frühen Komödienaufsatzes Friedrich Schlegels[96];

---

[95] Zur Aristophanes-Kenntnis Tiecks in den 90er Jahren schreibt Hölter (1989, 27) vorsichtig, daß er im WS 92/93 bei Kulenkamp über ihn gehört haben könnte, während der Name selbst nachweisbar erst nach 1800, zuerst in der Literatursatire *Der Autor* (Tieck-S XIII, 289) und dann in den Vorberichten zu den *Schriften*, fällt. Als dramatische Figur tritt er im Prolog des satirischen *Anti-Faust*-Fragments (1801) auf, nicht aber in der Ahnenreihe poetischer Vorbilder im 'Garten der Poesie' des *Prinzen Zerbino*. Diesen Befunden fügt auch Nottelmann-Feil zur 'romantischen Aristophanes-Rezeption 1789-1819' (1996, 83-90) nichts hinzu. Als einzige Belegstelle für die Zeit vor 1800 kann nur die vielzitierte Erinnerung an die Beschäftigung mit Ben Jonson um 1793 vorgebracht werden, wo Tieck davon spricht, daß sich das „großartig Herbe" Ben Jonsons Aristophanes 'nähere' (Tieck-S XI, XIX). Das ist faktisch kein Beleg für eine Aristophanes-Rezeption in den 90er Jahren. Erkennbar wird vielmehr, daß sich der Einfluß der antiken parabatischen Komödie vor allem über die Anverwandlung Ben Jonsons ergibt, der Tiecks dramatische Satiren seit der *Fuchsprelle* (1793) grundlegend prägt (vgl. Stanger 1902, 80; zu Tiecks Bild von Ben Jonson vgl. 80-84). „Somit ist sich Tieck seiner eigenen Wesensverwandtschaft mit Aristophanes ebensowohl wie mit dem alten englischen Dramatiker *Ben Jonson*, den wir ja unter den Aristophaneskennern seiner Zeit antrafen, bewußt, er glaubt zu wissen, daß seine eigene Zeit, d.h. der ihm nahestehende Kreis, ein echteres und wahreres Verhältnis zu dem Alten gewonnen hat als die vorausliegende Epoche. Nur in dieser Beschränkung wird man von einem Einfluß des Aristophanes auf die eigene Dramatik Tiecks reden dürfen, insofern er nichts dagegen einzuwenden hätte, wenn man einige ihrer Züge als aristophanische Eigentümlichkeiten ansprüche" (Süss 1911, 129); siehe auch Hölter (1989, 195). Süss formuliert folglich ein ebenso zustimmendes wie relativierendes Urteil zu Tieck als „eigentliche[m] Begründer des 'aristophanischen' Lustspiels in Deutschland" (Süss 1911, 128). Tieck selbst hat dem erstmals von A.W. Schlegel in seiner frühen Besprechung von 1797 hergestellten Bezug (1847, 143) „keinerlei Nachdruck verliehen" (Paulin 1987, 35). In den späten Erinnerungen allerdings, die Hermann von Friesen überliefert (Wien 1871), erklärt er auch Aristophanes zum Vorbild für den *Gestiefelten Kater, Die Verkehrte Welt* und den *Prinzen Zerbino* (zit. u.a. in den Materialien zur *Verkehrten Welt* bei Münz 1996, 156). „Mit der Entstehung des Theaters entsteht auch der Scherz über das Theater, wie wir schon im Aristophanes sehn", heißt es im vielzitierten Rahmengespräch im Anschluß an die Vorlesung des *Gestiefelten Katers*, „es kann es kaum unterlassen, sich selbst zu ironisieren, was der übrigen Poesie ferner liegt, und noch mehr der Kunst" (Tieck-DKV VI, 564f.). Die entscheidende Differenz zwischen Aristophanes und Tieck jedoch besteht zwischen dem konservativ präokkupierten politischen Impuls des antiken Satirikers und der radikalen Standpunktlosigkeit des romantischen Komödienautors.

[96] Nicht selten wird Tiecks Kenntnis von F. Schlegels frühem Aufsatz *Vom ästhetischen Werte der griechischen Komödie* (1794), gern als Grundlegung einer Poetik der romantischen Komödie gehandelt, insinuiert (vgl. u.a. Pestalozzi 1964, 102), obwohl man ebensowenig behaupten kann, daß Tieck ihn „wohl nicht gelesen" hatte (Behrmann 1985, 179). Auf jeden Fall aber geht Tiecks Annäherung an das Konzept der 'schönen Freude' aus einer komplexen und ständig abgewandelten literarischen Praxis hervor, die sich in keinem Fall auf einzelne Einflußlinien zurückführen läßt.

– nach den Transformationsformen und wirkungsästhetischen Verschiebungen aus der intertextuellen Selbstrelationierung

– zu den Spiel-im-Spiel-Modellen von Shakespeare[97] über Beaumont/Fletchers *Knight of the Burning Pestle*[98], Ben Jonsons *Bartholomew Fair*[99], Holbergs *Ulysses von Ithakien* (1725)[100] bis in die jüngstvergangene Dramatik des Sturm und Drang hinein: hier von den frühen Farcen und Hanswurstiaden Goethes wie *Das Jahrmarktsfest von Plundersweilern* über Lenz' puppenspielhafte Komödie *Der neue Menoza* (1774) zu Klingers *Prinz Seidenwurm der Reformator oder die Kronkompetenten* (1780)[101]; Stücken, die wie schon die Dramen Ben Jonsons zwischen

---

[97] Hier besonders zum *Sommernachtstraum* schon wegen Theseus' und Hippolytas parabatischen Kommentaren zur Handwerkeraufführung, die bei Tieck im ubiquitären Unsinnsbefund seitens der Zuschauer im Parterre durchklingt: „This is the silliest stuff that ever I heard" (V/1). Zu den für Tieck relevanten drei prototypischen Modellen der Shakespeareschen Spiel-im-Spiel-Dramatik, hergeleitet aus *Sommernachtstraum, Wie es euch gefällt* und *Hamlet*, vgl. Landfester (1997, 108-111).

[98] Vgl. Lüdeke (1922, 269f.), Landfester (1997, 112).

[99] Die von Ben Jonson entwickelte offene Form des Spiels im Spiel ist eines der „wichtigsten Verbindungsglieder zwischen der Tradition und dem *Gestiefelten Kater*" (Landfester 1997, 116). „Das klassische Land der Theatersatire auf dem Theater ist England" (Behrmann 1985, 158/Anm. 24); hier weitere Hinweise auf die berühmtesten Beispiele von George Villiers, Herzog von Buckingham und Fielding/Sheridan.

[100] Dieses Drama der szenisch reflektierten Illusionsdurchbrechung und selbstbezüglich theatralischen Plausibilisierung der Verstöße gegen die drei Einheiten hat Tieck nachweislich 1799 in Jena vorgelesen (vgl. Hölter 1989, 204). Die groteske Parodie auf 'Haupt- und Staatsaktionen' machte auf ihn gerade wegen der Selbstthematisierung von Theatralität großen Eindruck: dort etwa, wo Kilian die einjährige Zwischenzeit seiner Reise als Gefährte des Ulysses dem Zuschauer dadurch verständlich zu machen unternimmt, daß er sich den ein Jahr alten (Theater-)Bart des Ulysses ans Kinn klebt; er selbst habe keine Zeit für das Anwachsen als Zeichen der Zeit gehabt (Holberg 1943, 230; I/14). Schlichte Theaterkonventionen thematisieren sich selbst und machen sich als theatralische Mittel der Illusionierung kenntlich: „Ein Jahr läuft doch mächtig schnell", meint Kilian, „Ich möchte schwören, es hat nicht länger als eine halbe Stunde gedauert" (230). Zu Holbergs 'Radikaldramatik', die im Gegensatz zu den Komödien der Romantik auch in den theatersatirischen Aspekten rein theatralisch konstituiert ist, vgl. Klotz (1996, 19-62; zum *Ulysses* 41-62, knappe Hinweise zur Vorläuferschaft auf die Romantik 58); vgl. dazu auch Beyer (1960, 160-164).

[101] Bei dem in den Kolportageroman *Der neue Orpheus* (1780) eingelagerten, aber auch gesondert publizierten Stück (vgl. Ueding 1987, 299) handelt es sich um eine theaterwirksame Absolutismussatire, die in der Behandlung des Erfolgsproblems nach dem Tod König Caromaskos von Trilinik den Spiel-im-Spiel-Mechanismus mit *commedia dell'arte*- und Gozzi-Elementen für eine witzige Parodie auf Haupt- und Staatsaktionen aufgreift, indem sie wie Shakespeares *Sommernachtstraum* die Aufführung des Stücks vom Prinzen Seidenwurm als Reformator „zum Nutzen und Unterricht des Volks" (Klinger 1978, 4) in den kommentierenden Reaktionen des 'großen Königs' in der Loge spiegelt (vgl. u.a. Ende des 1. Akts, 15f.; die königlichen Reaktionen werden darüber hinaus auch in epischer Form als Fußnoten mitgeteilt; vgl. 21, 62). Trotz des satirischen Spotts auf die phrasenhafte Reformrhetorik Seidenwurms (vgl. 42f., 47, 58), die von Harlekin als Staatsintriganten konterkariert wird, läßt das Stück keine positiv aufklärerische Gegenposition mehr erkennen, wenn mit launigem Sinn für burleske Situationen das Volk auf dem Marktplatz auftritt und wenn neben dem Philosophen der Poet Stumpf über seine öffentliche Funktion in schlechten Versen und Reimen, die er selbst auf „leimen" reimt, peroriert (vgl. 39f.). Der Beginn der Theateraufführung im Stück zeigt den toten Caromasko in der Fürstengruft als Gerippe, das

dramatischer Literatur- bzw. Theatersatire und szenischem Spiel mit sich selbst pendeln;[102]
– zur phantastischen Märchendramatik von Shakespeare über Gozzi zum *théâtre italien* und zu den moralischen Märchen Perraults;
– nach der spielerisch-theatralen Paradoxierung und ironischen Selbstdekonstruktion der auf die Bühne gebrachten Welttheatermetaphorik ins 'verkehrte Welttheater'[103] komplementär zur Wiederherstellung eines traumförmig geschlossenen Verweiszusammenhangs, so daß sich die negativ-satirischen und positiv-poetischen Impulse trotz aller szenischen Dispersionen zur höheren Ganzheit der 'Einen Poesie' zusammenschließen;
– nach der damit zusammenhängenden fiktionsironischen Durchbrechung der theatralischen Illusion, die sich als letztendliche Wahrung der Illusion und der drei Einheiten auf der Ebene der ganzen Komödie vor dem Hintergrund der neuartigen Ganzheitsidee um 1800 erweist;
– nach den Varianten der fiktionsironischen Selbstreflexivierung der dramatischen Rede, die als „Zirkellinie" mit sich selber Scherz treibt, indem sie „zu nichts, als zu sich selber zurück führt"[104];
– nach der Aufklärungssatire in der komischen Behandlung des zeitgenössischen Literaturbetriebs bzw. Trivialtheaters (Iffland, Kotzebue) und der gegenbildlichen

---

in einer Art Totengespräch seine unschöne Lage und die Erbfolgeprobleme des Staats, bedingt durch die Dummheit seines Sohns Seidenwurm, mit der ebenfalls bereits von Verwesungsprozessen gezeichneten Gattin (vgl. 11) und den Gerippen der früheren Königen von Trilinik verhandelt (siehe I/2, 14f.; vgl. dazu den von „Grausen" geschüttelten parabatischen Kommentar des 'großen Königs' zur theatralischen Ausgestaltung dieses Totengesprächs, 16). Einer Lösung zugeführt wird das Problem nach einigen Konfusionen durch die Intrigen Harlekins gegen Seidenwurm dergestalt, daß sich das Volk im 5. Akt auf den Markt einen Wahlkampf bieten läßt (vgl. 59f.), bei dem sich auch der Philosoph, der Poet, der 'lausigte Kerl' Gleba, der abgedankte General Forsak und der Bauer Gräz als Kandidaten für das Königsamt preisen (62). Am Ende, nachdem sich das Volk wegen Uneinigkeit fast totgeschlagen hat (was dem 'großen König' „über alle Maase" gefällt, 62), werden schließlich insgesamt vier der Kandidaten, darunter Harlekin, zum König erklärt. Zum *Prinz Seidenwurm* im Kontext des *Orpheus*-Romans vgl. Hering (1966, 113-119); hier auch Hinweise zu den Ähnlichkeiten und Differenzen zwischen Klingers vorwiegend politisch motivierter Satire und Tiecks spielerisch verselbständigten Literaturkomödien (120). Während bei Tieck das aufgeklärte, aber bornierte Publikum die mangelnde Illudierung beklagt, also in erster Linie wirkungsästhetisch argumentiert, kommentiert der König die ihm genehmen oder mißliebigen Stellen eben politisch nach dem Gesichtspunkt höfischer Repräsentationsfunktionen des Theaters zur Bestätigung seiner Macht. Handelt es sich bei Klinger also tatsächlich um eine durchaus bittere Satire auf politische Zustände des Feudalabsolutismus, die ebenso farcenhaft wie ironisch in die Wahl des Königs durchs Volk mündet, satirisiert Tieck – vornehmlich aber nur im *Gestiefelten Kater* – die ästhetische Dummheit eines Publikums, das die Poesie nicht erkennen will.

[102] Zu Tiecks Vorbildern seiner Spiel-im-Spiel-Dramatik vgl. u.a. Beyer (1960, 150-170), Pestalozzi (1964, 105-115), Landfester (1997).

[103] Vgl. eingehend Weimar (1995), der die konsequente Koppelung von *mundus* und *theatrum* und deren paradoxe Inversion in einem radikal verkehrten Welttheater auf postmoderne Subjekt- und Texttheorien hin kontextualisiert (158f.).

[104] So die Formel im *Phantasus*-Gespräch nach dem *Gestiefelten Kater* (Tieck-DKV VI, 566, vgl. 564).

Propagierung märchenhafter bzw. poetisch-phantastischer Spaß- und Spontanei-
tätsdramatik *zwischen* Polemik und Poesie, zwischen Negativität und Positivierung
der Poesie als Gegeninstanz der spöttischen Satire;
– nach der politischen Satire als Absolutismus- und Revolutionskritik schließlich
und der daraus resultierenden philologischen Einschätzung der Stücke, divergie-
rend zwischen Affirmation und kritischer Erschließung bestehender gesellschaftlicher Verhältnisse[105] usw.

All diesen Fragen ist ausführlich nachgegangen worden. Vor dem Hintergrund
der in den 'Voraussetzungen' vorliegender Arbeit ausgeführten Kategorie der
szenischen Arabeske interessieren vielmehr Aspekte der Ambivalenz- und Para-
doxiebildung der auf die Bühne gebrachten und dort verhandelten (oder 'verkehrten') Welttheater-Metaphorik samt Reflexionen auf den Status von Subjektivität
und Bewußtsein *zwischen* Theater und Text, deren Komplexität nur in der Lektüre
mitzuvollziehen ist. Aus den Rückkopplungseffekten aus der Wechselinfektion
von Fiktion und Präsenz, Rolle und Person resultiert die Unbestimmtheit zwischen ästhetischer Wirkung und autonomer Intentionslosigkeit nach Verabschiedung der Besserungsdramatik. Bei aller je neu erwiesenen Produktivität der Texte
treibt Tieck diese Verschiebung bis in den prekären Bereich der Selbstauslöschung von Kunst voran, geschuldet der Dialektik von Aufhebung tradierter
Regeln und heautonomer Selbstgesetzgebung. Effekte des Lesens, die sich dabei
einstellen, verwandeln das selbstironisch literarisierte und gleichermaßen potenzierte wie depotenzierte Spiel-im-Spiel-Theater in ein Theater der Lektüre: in eine
lesbare innere Theatralität des Subjekts, seiner fiktionalen Selbstbegründungen aus
Rolle und subjektivem Bewußtsein im imaginären Theater der Welt – in eine
Theatralität auf jeden Fall, deren komplexe Paradoxierungsstrategien nur in der
Lektüre erschlossen und *zugleich* beobachtet werden können.[106]
    Grundsätzlich erlauben prototypische Komödienmechanismen, die sich aus
traditionell theatralischen Verdopplungsstrukturen (Aus-der-Rolle-Fallen, Beisei-
te-Sprechen usw.) ergeben, die Selbstbeobachtung auf verschiedenen Ebenen der
dramatischen Rede: der Ebene der Figuren, der Ebene der Szene und der Handlung bis zur Selbstbeobachtung des ganzen Stücks und seines Autors, zuletzt sogar bis zur Selbstbeobachtung der regulativen Idee von Produktionen dieses Au-

---

[105] So die Folie der Kritik bei Arntzen (1968), die die affirmative Qualität der Tieckschen 'Unkomö-
dien' (138) auf die fehlende Wirklichkeitserschließung zurückrechnet: Der Unsinns- und Nichtig-
keitsbefund über die Welt annihiliere die kritische Intention von Literatur mit der Selbstauflösung
der Komödie als Gattung (vgl. 141).

[106] Vgl. dazu Kluges (1963, 113f.) Befund von der spezifischen Rationalität der Tieckschen Spielkomödien, die nicht beabsichtigten, den Zuschauer in einen traumartigen Schwindel zu versetzen,
sondern in einen Zustand „geistige[r] Wachheit und Bewußtheit", in der das „kombinatorische
Spiel des Witzes" überblickt und mitvollzogen werde: „Ihr genießt Euch selbst und die hohe
harmonische Verwirrung", charakterisiert das 'Allegro' in der *Verkehrten Welt* zwischen dem
zweiten und dritten Akt diese Doppelung von Bewußtheit und Taumel (Verkehrte Welt, 42).

tors. Erst als gelesene Theatralität aber sind *alle* Stufen der Selbstbeobachtung ohne weiteres in einer der Phantasie und dem Bewußtsein eignenden Plötzlichkeit
und Geistigkeit mitzuvollziehen, während die konventionell 'theatralische' Komödie auf der Ebene der Selbstbeobachtung der Handlung verharrt (läßt man
vereinzelte Vorläufer mit dem Autor auf der Bühne wie Molières *L'Impromptu de
Versailles* außer Betracht, die aber, wie angedeutet, auch theaterpolitisch anders
gelagert sind).[107] Erst Tieck dringt zu einer Ebene szenischer Selbstreflexion vor,
die die Logik von Theatralität in der Ganzheit einer szenisch-literarischen Form
mitdarstellt, indem die Selbstbeobachtung in allen Teilen an die regulative Idee
der 'hohen harmonischen Verwirrung' in der „ganze[n] Welt als ein Schauspiel"[108]
zurückgebunden wird – vollzogen nicht zuletzt auch in „paradoxen Sätze[n]"[109]
aus der prozeduralen Verschränkung und Relativierung von Dramen- und Literaturmodellen mit dem Theater der Welt zur Wechselperspektivierung von Theater
und Leben, Fiktion und Realität, nicht zuletzt von kindlich-naiver Laune und experimenteller Dekonstruktion des Dramas: seiner konventionellen Verfaßtheiten
samt der je eigenen Theatralität.

Theatralität ist zum ersten, vermittelt über die Welttheater-Idee als Metapher
für Vergemeinschaftungsformen in der je historischen Ordnung der Dinge, Modell für Beobachtbarkeit von Subjektivität und Gesellschaft: spezifiziert nach der
Aufspaltung individueller Handlungsentwürfe zwischen Agieren, Inszenieren und
Selbstbeobachten dieses Agierens und Inszenierens in privaten wie in öffentlichen
Räumen, in denen zugleich das Verhalten der je besonderen wie gesellschaftlichen
Umwelt beobachtet wird. Zum zweiten kann über theatrale Verdopplungsformen[110] diese Beobachtbarkeit selbst beobachtet werden: in der parabatischen Li-

---

[107] In der „Fiktionalisierung des Dichters", seinem Aufscheinen auf der Bühne als „Kreatur des Publikums", erkennt Landfester (1997, 130) die „entscheidende Differenz zwischen Tiecks Adaption
der *Spiel-im-Spiel*-Struktur und deren historischer Tradition" etwa in Shakespeares *Sommernachtstraum*, wo der Dichter noch nicht „individuell präsent" sei.

[108] Verkehrte Welt, 73: Legt man den Gedanken, die ganze Welt als ein Schauspiel aufzufassen, so
radikal zugrunde, wie Tieck es in der *Verkehrten Welt* tut, so ist laut Auskunft des 'Rondos'
(zwischen den 3. und 4. Akt) tatsächlich nur noch „schwer zu bestimmen, in welcher Manier das
Stück geschrieben ist; am meisten scheint es mir noch an die modernen Opern zu grenzen, an jenes poem unlimited, welches jetzt alle Welt so sehr entzückt. Tragödie ist es unmöglich, Komödie
ebenso wenig. Ich will damit nicht behaupten, daß es uns nicht oft zum Mitleid, noch öfter zum
Lachen bewegt. – *Uns! – O liebe Unwissenheit!* sind wir denn nicht *alle närrischerweise hineinverflochten?*
Es ist, als wenn ein einzelner Ton über ein Musikstück urteilen wollte, ein Wort in einer Abhandlung über die vorhergehenden und nachfolgenden" (Hervorhebung von mir, S.S.).

[109] Verkehrte Welt, 9. „Ach, lieben Leute (ich meine meine Zuhörer), das meiste in der Welt grenzt
weit mehr aneinander, als Ihr es meint, darum seid billig, seid nachsichtig, und seid nicht gleich
vor dem Kopf geschlagen, wenn Ihr einmal einen paradoxen Satz antrefft. [...] Die paradoxen
Sätze sind übrigens für verständige Leute weit seltner als man denken sollte. Die verständigen
Leute sind aber noch viel seltner. – " (8f.).

[110] U.a. mittels Rollenwechsel durch Verkleidung/Maskierung oder im Changieren zwischen Schauspieler und Rolle zur Anreicherung von Rollenmöglichkeiten auf der Figurenebene, durch Verdopplung des Spiels im Spiels als *mise en abyme* auf der Ebene des Stücks usw.

teraturkomödie vor allem eben seitens einer bühnenexternen fiktionalen Instanz wie der Zuschauer im Parterre, die in der *Verkehrten Welt* von der Ahnung erfaßt werden, selbst als Zuschauer beobachtet zu werden[111], darüber hinaus zugleich aber auch verschiedene Rollen auf den mehrfach ineinandergeschachtelten Bühnen auf der Bühne übernehmen, um von dort aus die Narrheiten[112] und performativen Selbstwidersprüche ihres Lebens bis in den Grenzbereich des eigenen (Rollen-)Todes hinein zu beobachten.[113]

[111] Vgl. die vielzitierten Selbstreflexionen Scävolas und des 'Anderen' (Verkehrte Welt, 71f.).

[112] Zur Narrheit als wiederkehrende Figur und Struktur der frühen Literaturkomödien Tiecks vgl. Brummack (2000, 45-59).

[113] So im Fall des Zuschauers Grünhelm, der auf den verschiedenen Bühnen die Rollen des Narren übernimmt, deshalb auch im Rührstück, aufgeführt zum Geburtstag von Sacaramuz, den Narren des Grafen Sternheim gibt, am Ende dann über sein Bühnen-Leben: seine Komödienhochzeit und -vaterschaft und über den Selbstmord durch Rücksprung 'ins Parterre' räsoniert (vgl. Verkehrte Welt, 109ff.). In konsequenter Verkehrung der Bühne zur Welt und der Zuschauer im Parterre zum 'Jenseits' dieser Welt (ein „dunkles Land" der „seligen Schatten"; 109) sinnt Grünhelm „am Rande des Grabes" den Narrheiten seiner 'vorgeburtlich' realen (110) wie nachgeburtlich theatralen Rollen nach, bis er mit der Rückkehr ins abgedunkelte Parterre im „Elysium" zu landen vermeint, wo alle Furcht „glücklich" vertrieben ist (111): Der Selbstmord der Rolle eröffnet die szenische Imagination des Todes im Toten- bzw. Himmelreich der Zuschauer. Weimar (1995, 156) deutet den Tod der Rolle als Kollaps des Subjekts, bedenkt damit weniger, wie weit sich Tieck gerade vermittels des Welttheatermotivs in Verbindung mit dem implizit ins Spiel gebrachten Modell des literarischen Totengesprächs in einen imaginären Nachvollzug des Todes vorwagt, den erst die Literatur der Moderne radikalisieren wird. Sehr präzise aber zeichnet er die paradoxe Struktur der Potenzierung und Depotenzierung von Beobachterpositionen bis zur Möglichkeit der imaginären Selbstbeobachtung der Beobachtungsebene I (des realen Rezipienten) durch eine Ebene 0 (die „Engel"; vgl. Verkehrte Welt, 72) an den fünf Ebenen der *Verkehrten Welt* nach: Ebene II (Zuschauer auf der Bühne), Ebene III (Bühne auf der Bühne), darin eingelagert zwei weitere Bühnen auf Ebene IV (Familienstück) und Ebene V (Schäferspiel) (vgl. Weimar 1995, 152-154; im folgenden als Ebenenbezeichnungen bei den Strukturbeobachtungen der parabatischen Komödien Tiecks stets zugrundegelegt). Das 'limited poem unlimited' bricht jeweils in beide Richtungen nur willkürlich ab, denn grundsätzlich könnten sie *ad infinitum* transzendiert werden: im Schäferspiel auf Ebene V durch Ad-hoc-Einlagerung eines, sagen wir, antiken Totengesprächs oder Jahrmarktsfests (mit der Entstehung der Welt als *laterna magica*) in die eine, im Reich der Engel durch den Beobachter eines, sagen wir, 'Marstheaters' (Karl Kraus) in die andere Richtung, der die ganze Schöpfung mit Gott als Produktionsinstanz ins Visier näme. Tatsächlich zieht Tiecks Radikalisierung des Welttheatergedankens diese Konsequenz, die Schöpfung selbst ins schöpferlose Theater der Welt zu immanentisieren, in der ersten parabatischen Komödie *Ein Prolog.* „Daß wenn man's gründlich überlegt", meint der Atheist Anthenor in Selbstreflexion seiner eigenen fiktionalen Konstituierung durch ein Stück, in dem er agiert, „Sich dahinten kein Direktor rührt noch regt, / Daß *hinter* dem Vorhange nichts sich rührt, / Ein Stück wird *vor* dem Theater aufgeführt" (Tieck-S XIII, 247). Der performative Selbstwiderspruch dieser Behauptung resultiert u.a. daraus, daß eine fiktionale Figur die Existenz seiner funktionalen Voraussetzung bestreitet, einer institutionellen Instanz also, die sie *als* Theaterfigur überhaupt erst ermöglicht, weshalb sie konsequenterweise von den anderen Zuschauern des *Prologs* aus dem Theater geworfen werden muß (zur paradoxen Struktur aus der selbstwidersprüchlichen Überschreitung der Grenzen zwischen den Ebenen I, II und III vgl. Weimar 1995, 151f.). In einer realen Inszenierung wären Paradoxien dieser Art, die Tiecks selbstbezügliche Wechselaufhebungen durch Fiktionalisierung von Rolle und Welttheater ineins hervortreiben, entschärft oder gar unkenntlich,

Im Falle Tiecks sind die Beobachtungen auf sämtlichen Ebenen, vermittelt durch die für seine Werke konstitutive Intertextualität, extrem anspielungsreich und allein als Parodie auf szenische Modalitäten hochgradig literarisch in sich verspiegelt – damit so wissensabhängig wie reflexionsbedürftig. Schon deshalb erschließt sich die Beobachtung beobachteter Theatralität weniger in der Realpräsenz beobachteter Agenten der Handlung als über den geistigen Mitvollzug der *literarisch verfaßten* Beobachtungsoperationen selbst. Performative Selbstwidersprüche und paradoxale Strukturen bleiben – mehr oder weniger ausschließlich – nur in der Lektüre so einsehbar wie die komplexe Vermitteltheit literarischer Ambivalenz zwischen Steigerung von Vorbildern der Spiel-im-Spiel-Dramatik und komischer Dekonstruktion theatralischer Konventionen.

Die Lektüre solcher Theatralität vollzieht die Theatralität von Lektüre. Sie setzt die im Prozeß der Affektmodulation des 18. Jahrhunderts zur inneren Ruhe des Gemüts stillgestellten Zustände[114] wieder frei, indem sie eine Art innerer Theatralität imaginierter Identitäts- bzw. Rollenperspektiven ins Leben ruft, wenn sie dem stillen Lesen dramatischer Figuren den Klang ihres Sprechens und Agierens in wechselnden Rollen und Stücken als variierende Rahmung unterlegt. Die Literarisierung transformiert das theatralische Modell der Spiel-im-Spiel-Dramatik in eine Form des imaginären Theaters (als/im Theater der Welt), die sich im Lesevorgang vermittels der selbsttätigen Phantasie gewissermaßen zur Theatralität der Innenwelt dynamisiert. In der lesenden Auferstehung von Theaterfiguren sind turbulente und schnelle Perspektivenwechsel zwischen verschachtelten Spiel-Ebenen ebenso problemlos mitzuvollziehen wie die literarische Selbstaufhebung resp. 'Wiederherstellung der Komödie aus dem Theater'.[115]

Dem dreiaktigen 'Puppenspiel' *Hanswurst als Emigrant* (1795) kommt in der Linie der parabatischen Komödien ein Vorläuferstatus zu.[116] Seit dem Sturm und Drang, in Goethes *Neueröfnetem moralisch-politischen Puppenspiel* (1774) oder in Lenz' Komödie *Der Neue Menoza* (1774) etwa, verstärkt sich das Interesse am Marionettentheater, das wegen der naiven Simplizität einer tatsächlich erst sekundär verlebendigten Darstellung von Rollenhaftigkeit an den Drähten einer höheren Instanz

---

wenn Figuren ihre fiktionalitätsbewußten Einsichten reflektieren: „Anthenors Variante des Zurechtkommens mit der Grenzüberschreitung ist der Verdacht, in einem Stück vor unsichtbaren Zuschauern aufzutreten und also nicht eigentlich zu leben, sondern geschrieben worden zu sein und gelesen zu werden, ein Verdacht übrigens, der, sobald er sich gebildet hat, durch nichts, aber auch gar nichts zu widerlegen und auszuräumen und auch keiner Bestätigung zugänglich ist, weil seine Bestätigung unmittelbar der Tod wäre" (Weimar 1995, 150).

[114] Vgl. Stockinger/Martus (2003).
[115] Vgl. den Titel bei Behrmann (1985).
[116] Datierbar ist das aus dem Nachlaß edierte Stück, dessen Titel vom Herausgeber Köpke stammt, aufgrund der Anspielungen auf die *Horen*. Köpke berichtet von der flüchtigen Eile des Manuskripts und betont den improvisatorischen Charakter eines Werks der „heitersten Laune, ja des Uebermuths" (Tieck-NS I, XII).

gerade in der Romantik bis zu Arnims *Appelmännern*, Justinus Kerners *Reiseschatten* und Eichendorffs spätem *Incognito* besondere Aufmerksamkeit erregt. Tiecks erste selbständige dramatische Satire verbindet in gozzibezüglicher Manier Elemente des *théâtre italien* mit der possenhaften Typenkomödie Lessingscher Provenienz[117], um über die Verspottung empfindsamer Liebesrhetorik mit teils parodistisch, teils selbstreflexiv eingesetzter Figurenrede (auch im Formenwechsel zwischen Prosa und metrischer Varianz) das rührende Familiendrama vom Schlage Ifflands und Kotzebues zu einer 'närrisch-spaßigen' Klamotte herunterzuschrauben.[118]

---

[117] Gozziaffin ist neben den italienischen Typen (Ubaldo, Montano) u.a., daß Hanswurst als hochverdienter adliger Würdenträger agiert. Der Name Leanders rekurriert auf eine gottschednahe frühen Typenkomödie Lessings wie *Der Schatz* (1750) samt deren Bezugnahmen auf das *théâtre italien* (dazu Brummack 2000, 45/Anm. 3); von hier kommt auch Lisette her, deren Name beim frühen Lessing fast alle Dienstmädchen tragen. Noch einmal zitiert Tieck ihre Herkunft aus der *commedia dell'arte* bzw. dem *théâtre italien* in der *Verkehrten Welt* im Zusammenhang der Rollenverdopplung Thalias, die im Rührstück zum Geburtstag des Scaramuz die Lisette spielt, von Grünhelm vorher aber befragt wird, ob sie „sich lieber Colombine" genannt hören wolle: „Das ist mir nun fast ganz einerlei, denn Name ist Name" (Verkehrte Welt, 27); vgl. dazu Behrmann (1985, 148), hier auch Hinweise zur spezifischen Theatralität des *théâtre italien* (160) mit Bezug auf die einschlägige Darstellung bei Hinck (1965, 18f., 133).

[118] „Ist denn das Stück von Iffland", fragt Lisette gleich eingangs der von ihr reflektierten Selbstkonstituierung als Figur durch Rollenaneignung, wobei das anschließend verhandelte postrevolutionäre Freiheits- bzw. Gleichheitspathos bereits an dieser Stelle dadurch ironisch konterkariert wird, daß Puppen ja allesamt aus gleichem Holz geschnitzt sind: „Als Puppen sind wir uns zwar Alle gleich, aber im Stück bist du das Kammermädchen meiner Geliebten" (Tieck-NS I, 80). Der lächerliche Liebhaber Leander verneint die Frage Lisettes, ob Iffland gespielt werde, entschieden (79), wenngleich er sie darum bittet, „die Einleitungsszene" nach dem Vorbild der „französische[n] Tragödie" „ordentlich" zu machen, denn sonst „geht es den Zuschauern wie dem Dichter, daß Beide gar nicht wissen, was aus dem Spaß werden soll" (79). Damit werden gleich zu Beginn über die Selbstreflexion des Rollenbewußtseins von Puppen zwei zentrale Merkmale der parabatischen Komödie eingeführt: die Zuschauer als Beobachterinstanz des Stücks, die freilich erst in den Zwischenkommentaren Hanswursts 'zum Parterre' (115, 125) ins Spiel kommen; der farcenhafte „Spaß" des Ganzen, den zum Schluß Hanswurst als Epilog noch einmal zur eigentlichen Intention des Stücks erklärt. „Was daraus werden soll?" fragt folgerichtig Lisette in textimmanenter Vorabkommentierung dieser Wirkungsabsicht, die auf die Demontage des bürgerlich-nationalen Besserungstheaters hinausläuft: „Ein jämmerliches Puppenspiel soll daraus werden! Aber ich will noch erleben, daß die Zuschauer sich nach einem gesunden Trank Bier umsehen, und sich den Henker um das Nationaltheater hier bekümmern" (79). „Mit Spaß laßt uns den närr'schen Spaß begeh'n", kommentiert und vollzieht deshalb bereits der Prolog die Poetologie der Verdopplung und Simplizität des „Marionettenspiel[s]" ineins, das sich in theatralischer Askese aller höfischen Pracht, aufwendiger Maskerade und des Pulverdampfs der Kanonen, die sonst die Geburt eines Prinzen begleiten, enthalten könne (Tieck-NS I, 76f.). Das Närrische der Stücke Kotzebues wiederum erweist sich darin, daß Hanswurst behauptet, einige von ihnen selber im Wiener Exil beschrieben zu haben; zu den von ihm verfaßten Werken gehörten aber auch, wie er im Epilog über die literarische Situation in Deutschland *ad spectatores* mitteilt, neben einzelnen Stücken von Schillers *Horen* als 'neuestes Produkt' v.a. die *Zauberflöte* (Tieck-NS I, 125), die Tieck im *Gestiefelten Kater* bekanntlich auf höchst ironische Weise zur Beruhigung der philiströsen Zuschauer herbeizitieren wird. Laut Leander sind die *Horen* eine „neue Art zu sprechen, die deswegen da ist, damit man es nicht verstehet" (80).

Leander, der als Puppe die Rolle des empfindsamen Liebhabers übernimmt, begehrt Rosalie. Sein „poetische[r] Wahnsinn"[119] besteht in der unentwegten Exekution mehrfachgereimter Verse am Rande des Schwachsinns[120], der sich gelegentlich zur heroisch klingenden Befreiungsrhetorik siebenfach gereimter Alexandriner (bzw. fünfhebiger Jamben) aufschwingt.[121] Der aus Frankreich zurückgekehrte Hanswurst – Bekämpfer der Jakobiner, „Conventsdeputierter", zehnmalig des Landes verwiesen, sechsmal guillotiniert und mit „Dumouriez zu den Österreichern übergegangen"[122] – gibt inkognito, in französischer „Freiheitsuniform"[123] gekleidet, den kampfbereiten[124], seit kurzem aber pferdlosen[125] Prinzen Artois. Er verliebt sich in Rosalie, verfällt damit selbst der planlosen Liebes-Reimerei Leanders[126] und hält beim Hausvater Ubaldo, Pantoffelheld unter der Fuchtel einer prügelnden Gattin[127], um deren Hand an. Dieser – „gerade nicht bei Kasse"[128] – sieht den Vorteil, während Madame Ubaldo ungehalten wird, weil sie das Komplott ihres Gatten wittert, was Hanswurst auf die schlagende, nichts

---

[119] Tieck-NS I, 93

[120] „Die Sonne scheint, / Mein Auge weint, / Sehnsucht vereint / Uns heut. Es greint / Der Liebende nicht mehr, wenn's die Geliebte meint" (Tieck-NS I, 82). Eingangs des Stücks bringt es Leander sogar auf den neunfachen Reim (78), von der Umwelt wie all seine metrischen Eskalationen stets zum 'Unsinn' erklärt. Später setzt die Serie auch schon mal nach dem sechsten Reim aus (schwöre / bethöre / verstöre / Cythere / Altäre'), weil der „Schlußgedanke" fehle (89). Mit der Hochzeit aber, so die prosaische Zuversicht Lisettes, werde der poetische Wahnsinn „bald verfliegen. Sobald eine Geliebte sich in eine Frau verwandelt, will sich kein einziger Vers mehr auf ihren Namen reimen" (93). Am Ende spricht Leander tatsächlich „vernünftig" in Prosa, so daß sich die prognostizierte „große Kraft" der „Trauung" bestätigt (124).

[121] Tieck-NS I, 120; zum parodistisch eingesetzten Alexandriner in Goethes frühen Komödien und Singspielen vgl. Greiner (1992, 228f.).

[122] Tieck-NS I, 95. In Österreich macht er bekanntlich nach seiner Vertreibung durch Gottsched auch im 18. Jahrhundert unverdrossen seine Späße (vgl. Hanswurstiaden, 1996).

[123] Tieck-NS I, 97.

[124] „Da hab' ich die Jakobiner vollends gestürzt. Nun will ich hin und Polen so recht nach meinem Sinn eine Constitution geben, und im Vorbeigehen reis' ich dann nach Berlin" (Tieck-NS I, 97).

[125] „Mein Pferd! Mein Pferd! Ganz Frankreich für mein Pferd!" (Tieck-NS I, 117); vgl. auch die spätere Selbstzitation der Anspielung auf Shakespeares *Richard III.* durch Scaramuz im Kampf gegen Apollo (Verkehrte Welt, 113). Hanswursts Diener Engelbrecht, als groteske Satire auf die Dienerfiguren des bürgerlichen Trauer- und Lustspiels zum Pferd umfunktioniert, hat nämlich gegen seinen Herrn revoltiert und sich, begleitet von höchst pathetischer Befreiungsrhetorik, aus seiner Knechtschaft erlöst (109), um sogleich in den Dienst Leanders zu geraten und dort Schuhe zu putzen (117). Dies sei aber noch immer besser, als „in freier Luft freien Hunger und Durst und zwanzig Livres Lohn in falschen Assignaten" beim „Emigranten" zu haben (121).

[126] „Ich weiß gar nicht, was ich jetzt sprechen werde; / Doch schwör' ich dir bei unsrer Mutter Erde, / Und hör' mich nur munter ohn' Beschwerde, / Daß ich allein in dieser Welt dich liebe!" (Tieck-NS I, 105).

[127] Vgl. Tieck-NS I, 113. „Ein wenig früh!" im Stück artikuliere Leanders „Liebste Mutter!" die Unterwürfigkeit des zukünftigen Schwiegersohns als Anerkennung des ihm bevorstehenden Familiengesetzes, weil sich gerade eben ja erst der neue Liebhaber Hanswurst dazwischen geschoben hat (Tieck-NS I, 107).

[128] Tieck-NS I, 110.

anderes als topische Idee des Bürgerlichen Trauerspiels bringt, die Tochter des Hauses schlicht zu entführen.[129] Die Parabase zur Selbstthematisierung des Theaters tritt zuerst in einer kommentierenden Zwischenrede Hanswursts „zum Parterre" in Kraft. Auf höchst ironische wie dialektisch vertrackte Weise fordert er die Zuschauer dazu auf, die „Cabinetsordre" aus der Zeitung zu würdigen, indem sie darauf acht geben, daß ihnen das „Stück nicht mißfällt", weil sie sonst „eine schwere Verantwortung davon haben" könnten.[130] „Corriguntur mores" stehe über dem Theater: „nämlich die Sitten der Zuschauer, daß keiner mehr trommeln darf"[131], weshalb Hanswurst allen, denen das Stück nicht gefällt, damit droht, das Theater zu verbieten, was diese unbeabsichtigterweise freilich eher als „Belohnung" denn als Strafe begreifen könnten.[132] Die ironische Zurücknahme der moralischen Besserungsdramatik formuliert die ihr einhergehende Gefahr einer Selbstaufhebung institutionalisierter Kunst in der bürgerlichen Gesellschaft, der weder ein besseres noch ein närrisch-subversives Theater so ohne weiteres bei- oder entkommt.

Unvermittelt kehrt das Stück „zur Sache", zu den Entführungsplänen Hanswursts zurück, die aber mangels Pferd, das gerade die Schuhe Leanders putzt, vereitelt werden. Rosalie willigt, nach Prüfung der ökonomischen Lage[133], bei Leander ein und flieht mit ihm. Der betrogene Hanswurst verlangt Satisfaktion, will zur Not aber „aus Desperation unter die Jakobiner gehn".[134] Montano, Leanders reicher Onkel, enthüllt das Inkognito und heißt den Spaßmacher „auf deutschem Grund und Boden" willkommen.[135]

Im Epilog kommentiert Hanswurst redivivus, den Willkommensgruß aufgreifend, sein poetologisches bzw. theatralisches Schicksal: von Gottsched vertrieben („weil er allein meine Rolle spielen wollte"), hätten alle Gelehrte gegen ihn gemeinsame Sache gemacht, obgleich sich sogar Lessing seiner angenommen habe. Erst einem „ganz neuen Dichter", so die Selbststilisierung Tiecks, habe es „gefallen", ihn aus dem Exil „zurückzurufen".[136] Zwar sei er „leider" nun nicht mehr

---

[129] „Gut, Sie verführen meine Tochter, und damit holla!", meint Ubaldo in komischer Verzerrung der üblichen Sorgen des Hausvaters (Tieck-NS I, 116).

[130] Tieck-NS I, 115

[131] Was dann bekanntlich ständig im Gestiefelten Kater passiert (vgl. etwa Tieck-DKV VI, 517).

[132] Tieck-NS I, 116

[133] Leander soll zeigen, daß er sich auf die Rolle des vermögenden Kaufmanns wie des familiären Besitzstandswahrers versteht, also erst am Ende auf die des „simple[n] Verliebte[n]", so daß mit der Erfüllung ökonomischer Voraussetzungen – Leander ist Neffe des reichen Herrn Montano – der Bund der Ehe mit einem simplen „Ach!" aus dem „Lexikon der Liebe" besiegelt werden kann (Tieck-NS I, 107).

[134] Tieck-NS I, 122.

[135] Tieck-NS I, 124.

[136] Tieck-NS I, 125. Tiecks Selbstbelobigung ist literarhistorisch gesehen natürlich problematisch: zur Revitalisierung des Hanswursts innerhalb der deutschsprachigen Spiel-im-Spiel-Dramatik des 18. Jahrhunderts durch Autoren wie Ulrich von König, Justus Möser, Goethe, Klinger und Philip Hafner vgl. Schmeling (1977, 111-139), Kiermeier-Debre (1989, 59-110).

der „ordentliche Hanswurst", sondern nur noch aus „Holz" gearbeitet. Der Dank
für die Nachsicht, den er gegen die „hochansehnliche Versammlung", nun also
direkt zu den Zuschauern gewendet, ausspricht, zielt deshalb auf die Güte des
Publikums, ihn und die anderen Figuren „für wirkliche Personen gehalten" zu haben. Die damit aufgebrachte und für Tiecks Prologe dieser Zeit überhaupt signifikante Schattenmetaphorik, die den fiktionalen Schein ins Verhältnis zur Realpräsenz auf dem Theater setzt, solle die Zuschauer dazu veranlassen, Verständnis für
den 'neuen Dichter' zu zeigen, indem sie sich schlicht und einfach 'einbilden', sie
hätten sich bei „seinem Possen amusirt": Wirkungsästhetische Kategorien von
Theatralität werden damit der Imagination des Rezipienten überantwortet. Sie erfüllen sich in der imaginären Selbstilludierung, die als *self-fulfilling-prophecy* am besten dadurch performativ bestätigt werde, daß die Zuschauer „noch ein wenig in
die Hände klatschen" wollten.[137] Die vom Stück beanspruchte, auf die Einbildungskraft verlagerte Rezeptionsform, die romantikaffin den Leser zum Autor in
zweiter Potenz erklärt, korrespondiert der imaginären Auferstehung der szenischen Fiktion im Leser, symbolisch gespiegelt in der sekundären Verlebendigung
von Puppen zu Figuren. Die spätere Szene *Ein Prolog* – Tiecks erste parabatische
Komödie, die rahmenbildend die Struktur aus Prolog und Epilog des (nunmehr
knittelnden) Hanswurst wiederholt – knüpft an diese Verschiebung der Rezipien-
tenperspektive direkt an und beginnt folgerichtig mit „Scapin als Vorredner an
den Leser".[138] Und genau dadurch wird der in erster Linie geistig angesprochene
Rezipient dazu aufgerufen, sich „nach der Poesie" des Stücks zu bequemen, Metaphern also „nicht gleich ernstlich [zu] nehmen". Freilich geht dem „Vorredner
der Vorred'" wiederum die Zuversicht ab, daß ein richtiges Lesen überhaupt
möglich ist: Letztlich, so sein skeptischer Befund, sei nämlich niemand dazu in
der Lage, den Sinn im Welttheater des Lebens zu verstehen, weil alle Beteiligten
darin „gleich schlecht zum Lesen, Leben und Sterben" taugen.[139]

Das 'alberne Puppenspiel', an das Peter Berner die Form des Lebens erinnert,
liegt aus der Sicht des ja ebenfalls marionettenhaft organisierten 'Ammenmärchens' *Ritter Blaubart* mit dem launigen „Scherz"[140] *Hanswurst als Emigrant* bereits
vor. Dieser Scherz ist allerdings erheblich intrikater, als es die Harmlosigkeit seiner simplen Handlung und die auf den ersten Blick so transparente Erprobung
parabatischer Verfahren samt der politischen Zeitkritik (mit Anspielungen auf die
Französische Revolution und ihrer revolutionären Rhetorik der Gleichheit) in einer dem Puppenspiel gemäßen schlichten Sprache erscheinen lassen. Dies weniger wegen der literatursatirischen Invektiven zur spöttischen Dekonstruktion des
bürgerlichen Familientheaters in Fortführung einer puppenspielhaften Aufklä-

---

[137] Tieck-NS I, 126.
[138] Tieck-S XIII, 241. Die lustige wie schlaue Person Scapin kommt von der *commedia dell'arte* und
taucht noch in Goethes Singspiel *Scherz, List und Rache* (1784) auf (vgl. Greiner 1992, 72, 230).
[139] Tieck-S XIII, 242.
[140] Tieck-NS I, 77.

rungssatire wie Lenz' *Neuem Menoza*[141] , sondern vor allem wegen der dialektischen Verkehrung seiner Wechselperspektivierung von Marionettenspiel und Leben. Verfügen die ins Leben gerufenen Puppen über ein selbstreflexives Rollenbewußtsein, wird die Auferstehung bereits in *Hanswurst als Emigrant* mittels Komik der Unangemessenheit gleichsam doppelt ironisch verkehrt.[142] Lisette, zur Einsicht in den Unsinn der poetischen Exaltationen Leanders befähigt, weiß darum, daß ihr vom Autor in Form unangemessen literarischer Figurenreden mitgespielt wird: „Mir ist der Kopf geborsten, der Verstand davongelaufen, und mir ist ein Stück aus den Horen statt der Seele hineingerathen".[143] Verdoppelt wird die Verkehrung demnach dergestalt, daß der Puppe als Figur der vorgeblich 'authentische' Ausdruck ihres Rollen-'Gefühls' mißlingt, indem ihr das literarische Zitat als Narrheit untergeschoben wird[144]; und dies ist ihr wiederum als Figur bewußt. Es droht ihre Rollenexistenz dort (wieder) auszulöschen, wo sie, dem schicksalförmigen Willen ihres Autors ausgeliefert, gerade wegen der Unangemessenheit des literarischen Ausdrucks in „Ohnmacht vor Unsinn" zu fallen droht.[145] Das Vertrackte solcher Dialektik, das der Puppensituation entbunden wird (und Tiecks erkenntniskritische Reflexionen zur Determination des Lebens auch im gleichzeitigen *William Lovell* als leitmotivische Rede vom 'Marionettenspiel' beherrscht), überspielt das Stück, indem es sowohl auf der sprachlichen Ebene als auch hinsichtlich der Durchschaubarkeit seiner parodistischen Formen so schlicht, ja geradezu simpel daherkommt (weshalb man Tiecks Werke nicht selten zu unterschätzen geneigt ist). Es entspricht der kindlichen Einfalt des 'Puppenspiels', in dem aber trotz aller Albernheit höchste Fragen um Gleichheit, Freiheit und Selbstbestimmung des Menschen, die Wirkung von Kunst zwischen Sein und Schein vor dem Hintergrund der vom Prolog artikulierten Welttheatermetaphorik[146] in ein Spiel kommen, dessen „Sinn vielleicht nicht Jeder weiß."[147]

---

[141] Nicht nur taucht hier am Ende die selbstreferentielle Rede vom 'Püppelspiel' auf, dessen Amüsement sich der Bürgermeister durch Lehrhaftigkeit nicht verderben lassen will, sondern bereits *Der neue Menoza* vollzieht fast ebenso buchstäblich wie Tiecks Stück die Struktur vom *re-entry* des Anderen in die vermeintliche Vernünftigkeit der aufgeklärten Gesellschaft: bei Lenz vermittels des Motivs vom edlen Wilden, der sich aufgeklärter zeigt als das zivilisierte Europa. Auch im *Neuen Menoza* ist die Tendenz zur literarischen Ambivalenzbildung – gleichfalls bedingt durch Verfahrensübernahmen aus der *commedia dell'arte* und des derb-komischen wie grotesken Marionettentheaters – zu beobachten, insofern auch dieser Komödie kaum mehr so ohne weiteres eine *bestimmte* Darstellungsintention zugesprochen werden kann.
[142] Zur „verdoppelte[n] Ironie" (Köpke I, 209) bzw. „ironisierten Ironie" in der *Verkehrten Welt* vgl. Münz (1996, 180f.).
[143] Tieck-NS I, 80.
[144] Entsprechend ist sie auch wie selbstverständlich dazu in der Lage, Mimesis der schwachsinnigen Reimerei Leanders zu betreiben (vgl. Tieck-NS I, 78).
[145] Tieck-NS I, 80.
[146] „Denn es ist / Das ganze Leben doch nur Marionettenspiel! / Die Hauptpersonen sind die Narren" (Tieck-NS I, 77).
[147] Tieck-NS I, 76.

Auf alle Fälle dürfe man, um diesen Sinn vielleicht doch zu erahnen, nicht gelehrt
sein: „Hinweg, gelehrt Geschmeiß, das nur nach Batteux riecht!" Vorausgesetzt
wird vielmehr, für die Albernheit gestimmt zu sein: „Wer nicht die Laune schon
zu unserm Spiele bringt, / Den wird die schauervolle Langeweil' ergreifen"[148] –
so die zweite zentrale Dimension einer auf den Rezipienten verschobenen Wirkungsästhetik komplementär zur imaginären Selbstaffektation für die Freude an
launigen Späßen.

Das Stück glaubt nicht mehr an die Verbesserbarkeit der Welt durchs Theater,
sondern postuliert einen Kompensationsmechanismus als literarisches Programm,
der ohne jenseitige bzw. geschichtsteleologische Perspektive sich damit begnügt,
das Leben durch Kunst erträglich zu machen. Beider Narrheiten und Lästigkeiten
bleiben zumutbar, stellt man sie sich als launiges Marionettenspiel vor, weil dem
sonderbaren Verhalten der Figuren zumindest vermutungsweise unterstellt werden darf, daß diese „oben dort ein kluger Finger regt". Jede satirische Intention
wird aber relativiert. Als Marionettenspiel verfolgt das neue Theater nur noch einen einzigen Zweck, den Tieck in den nachfolgenden Spiel-im-Spiel-Komödien
auf genuin literarischem Wege weiterverfolgen wird: daß „der Menschenkinder
armes Leben / Einförmig nicht und leer von Späßen sei".[149]

Der Epilog des aus dem Exil zurückgekehrten Hanswurst begründet das Szenarium der selbstreflexiv durchorganisierten Komödien. Deren Prolog ist die kleine
Szene *Ein Prolog* (1796), eingeführt wiederum von einem „Prologus im Prologus"[150], so daß sich die Poetik der Verdopplung, die die *Verkehrte Welt* imaginär
ad infinitum verlängert, gleich zu Beginn auch sprachlich anzeigt. In durchgängige
Paarreime bei metrisch wechselnden Hebungszahlen gekleidet, stilistisch also zum
derb-komisch klappernden und schwerfälligen Knittel im Gefolge der frühen
Verssatiren Goethes heruntergestuft[151], verlagert sich die Perspektive auf die
szenische Beobachtung von Zuschauern, die im Parterre den Beginn eines Stücks
erwarten, das nicht gespielt werden wird. Tieck überträgt die poetologische
Selbstreflexion Hanswurts im Theater, auf das die lustige Person zurückgekehrt
ist, in die konventionelle Beobachterinstanz von Theatralität, um mit der sprachlich simplen, nichtsdestoweniger höchst komplex in sich verspiegelten Szene vor
dem Hintergrund der Welttheatermetaphorik die höchsten Fragen um Fiktionalität und Realität, Einbildung und Identität zwischen Rolle und realer Existenz ineinander aufzulösen. Theatralität als Modus der Vergesellschaftung und Perspektivierung von Ansichten zur Welt spiegelt und bricht sich am teils philosophisch
tingierten Disput von Zuschauern, die vor dem geschlossenen Vorhang der Büh-

---

[148] Tieck-NS I, 77.

[149] Tieck-NS I, 77.

[150] Tieck-S XIII, 241.

[151] Zu den intertextuellen Verweisen des *Prologs* auch im Zusammenhang des dramentechnischen
       Instituts 'Prolog' vgl. Petzoldt (2000, 165-184).

ne ihres Lebens[152] zusammenkommen und dort – symbolisch verfolgt von der
Erleuchtung des Zuschauerraums[153] als Zeichen ihrer wachsenden Einsicht
komplementär zur ebenso wachsenden Irritation – Erwartungen und Funktionszuweisungen an Kunst und Leben artikulieren: Vorgestellt wird ein denkbar brei-
tes Spektrum möglicher Positionen, angesiedelt zwischen optimistischem Glauben
an die Nützlichkeit des Theaters (Peter) und dem Verfallensein ans Sinnlich-Mate-
rielle (Polykarp), zwischen zweifelndem Skeptizismus (Melantus), vergnügtem
Atheismus (Anthenor) und fichtisierendem Idealismus (Rüpel), schließlich zwischen divergierenden Kunstauffassungen, die musikalisch-harmonische Verwirrung (Baal)[154] neben die klassizistische Schönheitsidee (Gottfried)[155], Anspielungen auf den Satiriker Ben Jonson (der reisende Engländer)[156] neben romantische
Unbestimmtheit (August) und die Zuversicht auf Systemphilosophie (Philipp)
stellen, bevor Hanswurst, der bis dahin geschwiegen hatte, eine finale Perspektive
der irenischen Integration des Disparaten formuliert – eine Ebene, die noch „in
jedem Unsinn" eine „Wahrheit" finden und „alles zu einem Ganzen" verbinden
will.[157] Er steigt damit gewissermaßen zur Allegorie der integralen und zugleich

---

152 Explizit formuliert vom Prolog des *Prologs*: „Ich wollt' Euch also nur von Eurem eignen Leben /
Durch mein Bemühn 'ne kleine Zeichnung geben" (Tieck-S XIII, 242).

153 Das Stück beginnt im dunklen Parterre, so daß sich die Licht- als Aufklärungsmetaphorik am
Hellerwerden der Szenerie, durch zwei Lampenputzer bewerkstelligt, anzeigt: ein symbolischer
Vorgang, den Tieck durch Übertragung der Theatermetaphorik auf die Verlebendigung fiktionaler
Schatten zu Figuren/Menschen noch einmal explizierend verdoppelt: „Vorher war alles nur
Schattenreich", erläutert der Lampenputzer, nachdem er einige Lichter angezündet hat, „Jetzt
sieht das Publikum doch Menschen gleich" (Tieck-S XIII, 259). Das Licht des Lampenputzers
verwandelt die Schatten der Fiktion ins plastische Tableau der menschlichen Gesellschaft im
Parterre.

154 „Ihr seid der Harmonie nicht werth. / Hört, wie ein Ton mit dem andern kämpft", meint der
Vater Hanswursts in Vorwegnahme ähnlicher Formulierungen in der *Verkehrten Welt*, „Und jeder
sich doch selber dämpft. / Wer, ach! bei diesem Klang nichts fühlt, / Für den ist nie ein Stück
gespielt. / [...] / Je mehr Schariwari, je besser, / Der Genuß ist darum um so größer" (Tieck-NS
I, 254).

155 Die Tieck allein durch den tautologischen Leerlauf reihender Negativbestimmungen als unleben-
dige Langeweile verspottet: „Vor's Erste ist es nicht zum Lachen, / Vor's Zweite, ist es nichts
zum Spaßen, / Vor's Dritte, schön ist es über die maaßen, / Und Viertens, keine Schlägereien, /
Und Fünftens, keine Zänkereien / Dann Sechstens ist es äußerst schön" (Tieck-S XIII, 258).

156 Dessen satirische Energie scheint allerdings schon soweit desillusioniert, daß er gewillt ist, das
Eintrittsgeld zu verlieren, um den „Narren hier [zu] entkommen" (Tieck-S XIII, 257); zur Anspie-
lung auf Ben Jonson in impliziter Bezugnahme auf die Birnam/Murner-Szenen der *Fuchsprelle* vgl.
Tieck-DKV I, Kommentar, 1110.

157 Tieck-S XIII, 265. Eine Meinung zu haben, so die Irenik Hanswursts, sei „lumpig[]", gut dagegen,
„mit einem kühnen Adlerblick / Durch das ganze mannichfaltige Gebiet zu streifen" (265).
Hanswurst erklärt sich zur produktiven Instanz, die alle partikularen Perspektiven des *Prologs* zum
Stück integriert, indem seine Poetologie das 'Rohe' „glatt" schleift, dazu „ein bischen von Athe-
nor" und gleich vielen Anteilen aller anderen Meinungen ins Stück nimmt, um aller „Einseitigkeit
Schein" zu vermeiden (266): Keine Sicht sei „gänzlich zu verachten", glücken soll das
'Brückelegen' „von einem zum andern", was „auf die wunderlichste Weise" darauf „hoffen" lasse,
daß auch jetziger Unsinn sich zum „beste[n] Schwank" zusammenfüge, um die Langeweile zu

selbstironisch relativierenden romantischen Poesie auf, die an den Zuschauern als Allegorien möglicher Perspektiven im Umgang mit Kunst *und* als Theater der Gesellschaft vor dem *je eigenen* imaginären Theater der Welt reflektiert wird.[158]

Die allegorische Transparenz indiziert den Ernst eines gleichsam philosophischen Disputs über die Erkennbarkeit und Nützlichkeit der Welt[159] trotz aller holprig knittelnden Unbedarftheit der literarischen Darstellung, die auch vor derben Handgreiflichkeiten nicht zurückschreckt: Der Atheist Anthenor, der die Existenz des Direktors bestreitet und rein zum Vergnügen an der Beobachtung von Zuschauern, der Gesellschaft selbst also, verweilt[160], wird aus dem Parterre hinausgeworfen; den zweiten Lampenputzer bewirft man mit Äpfeln (wie später den Dichter im *Gestiefelten Kater*), Polykarp denkt nur ans Essen, und der fichtisierende Idealist Rüpel greift schon mal zum Prügel, was freilich insofern folgenlos bleibt, als Täter und Opfer seiner Sicht zufolge ja nur von ihm imaginiert sind. Perspektivierende Verschiebungen und Brechungen aus der Doppelung von Fiktionalisierung und derb-komischer Herabstufung des Welttheatergedankens generieren eine Reihe performativer Selbstwidersprüche, die auf die Spitze getrieben werden zuletzt durch Rüpels Behauptung, die einzig reale Figur der ganzen Fiktion zu sein. Denkt man der vom Stück betriebenen Produktion solcher Paradoxien

---

vertreiben. Selbst aber die irenische Integration des Heterogenen wird noch einmal ironisch gebrochen durch die final eklatierende Zustimmungsbereitschaft der Zuschauer, die der verbindenden Sicht als einer neuen 'Mode' bedingungslos beipflichten und so in offenen Selbstwiderspruch zu den von ihnen je vorgebrachten eigenen Meinungen treten: „Ja, ja, das ist die beste Methode, / Wir sind schon alle in der Mode" (Tieck-S XIII, 266): Die romantische Synthesis des Disparaten, die *alle* Perspektivierungen relativiert, zeigt sich damit selbst als modische Neuheit an. Dazu zählt eben auch die Position Augusts, die ein filmähnlich bewegtes Gemälde vom Schauplatz der Welt als Phantasmagorie kommender romantischer Poesie skizziert, das der *Kaiser Octavianus* szenisch einlösen wird: „Ich glaube vielmehr, daß wir etwas sehen / Was vor noch nimmermehr geschehen / Gemälde, die doch nicht Gemälde zu nennen, / Maschinen, die sich bewegen können, / Und bunte tausendfarbge Strahlen / Die alles schön und herrlich mahlen, / Daß wir vor Wolken und schimmernden Dunst, / Vor unbegreiflich schöner Kunst, / Am Ende nichts vom Theater werden gewahr" (264f.). Das Verdunsten des szenischen Gemäldes ins schimmernde Schweben löscht zuletzt das Theater selbst aus.

[158] Zum durchgehend allegorischen Gebrauch der Theaterterminologie in einer *allegoria permixta apertis* vgl. Weimar (1995, 148-150, hier 148).

[159] Gestritten wird über die „Möglichkeit eines zukünftigen Jenseits (hinter dem Vorhang vor der Bühne auf der Bühne) und über die Existenz Gottes alias des Direktors" (Weimar 1995, 148). Weder aber gibt es einen Direktor/Gott noch Zuschauer/Akteure in der Fiktion eines Welttheaters, das als Aufführung nicht und als Gesellschaftskomödie im Parterre *doch* stattfindet – *tertium datur:* als szenische Literatur.

[160] Auf die Frage, warum er sich überhaupt hier befinde, wenn er denn schon die Existenz des Direktors samt eines Stücks bestreite, formuliert er *eine* mögliche Deutung des *Prologs* hinsichtlich des (satirischen) Vergnügens an der Gesellschaftskomödie gegen die Option Baals auf ein 'Familienstück' (Tieck-S XIII, 263), das Realität zur Rührung bloß verdoppelt: „Weil's mir draußen noch wen'ger gefällt. Das Sitzen hier macht mir Vergnügen, / Ich betrachte die Menschen um mich her, / Und dieses amüsirt mich mehr / Als würde uns ein Stück angeführt, / Das nur die Leute ennuyiert" (248).

durch Permanenzentkräftung üblicher Gegensätze zwischen Fiktion, Realität und Bewußtsein von Fiktionalität resp. Realität genauer nach, so bleibt am Ende tatsächlich nur wenig mehr übrig, als 'toll' zu werden, wie es dann vor allem die Zuschauer im *Gestiefelten Kater* wiederholt beklagen werden.

Um die Radikalität von Tiecks Derealisierung durch Literarisierung der Welttheateridee zu erkennen, eignet sich die genauere Rekonstruktion der Kleinepisode vom prügelnden Rüpel. Der exponiert sich zunächst als reiner Idealist vom Schlage Fichtes:

> Mir kommen jetzt Ideen nagelneu,
> Und ich sage sie Ihnen ohne Scheu.
> Wenn ich das Ganze überlege,
> So können wir Nachbarn allewege
> Hier gar nicht im Theater sein,
> Es ist nur Lug und Trug und Schein.
> [...]
> Ein Beweis so klar wie der Tag,
> Wer ihn nur begreifen mag.
> Wir bilden uns nämlich ein, wir *sind*,
> Und daraus folgt denn nun geschwind,
> Daß alle Dinge, die wir so erleben,
> In uns nur als Phantome schweben.[161]

„In uns? Es schwebte nur in mir / Das ganze große Theater hier?", fragt folgerichtig der aufgeklärte Optimist Peter.[162] Gibt Rüpel ihm Recht, was er tut („Nicht anders"[163]), wäre er selbst Produkt eines fremden Bewußtseins, so daß er die Autonomie *seiner* Fiktionen nicht mehr behaupten könnte. Stimmte er Peters Frage aber nicht zu, dann hat sein fichtisierender Idealismus als philosophische Position, derzufolge die Welt nichts anderes ist als das Produkt einer Vorstellung, unrecht. Der unauflösbare performative Selbstwiderspruch, der hier entsteht, ist einzig zu reflektieren in der schwebenden Theatralität der Lektüre, die der Prolog an den „Leser" ankündigt und die Peter an dieser Stelle ja geradezu explizit aufgreift, wenn er sich bestätigen läßt, daß der *Prolog* als Stück Produkt *seiner* Imagination ist. Auch sonst hält Tieck die Verschiebung der Rezeptionsform dadurch präsent, daß er die Zuschauer ihre Aktivitäten, die das Stück konstituieren, selbst als dichterische Tätigkeit metaphorisieren läßt: „Wir zahlen, so mein' ich, unsre Gebühren", sagt Anthenor, „Und sitzen dann hier und dichten und trachten; / Und das ist schon für ein Stück zu achten."[164] „Ich glaube, der Mann will uns vexiren", reagiert Peter nicht ganz zu Unrecht, denn „Lug und Trug und Schein"

---

[161] Tieck-S XIII, 261.

[162] Der allerdings vermutlich zum ersten Mal in den heiligen Hallen verweilt und entsprechend leicht zu irritieren ist: „Man muß doch auch 'mal in's Theater gehn. / Man sagt es wär' hier viel zu sehn" (Tieck-S XIII, 243).

[163] Tieck-S XIII, 261.

[164] Tieck-S XIII, 247.

sind die Zuschauer nicht nur in der Lektüre des realen Rezipienten auf Ebene I, sondern offensichtlich auch für die Zuschauer auf Ebene II, insofern *ihr* jeweiliges Stück schon deshalb nicht stattfindet, weil sie dessen fiktionale Figuren *sind*: eines Stücks namens *Ein Prolog*[165], das sich Rüpel als Autor zuschreibt, um seine zwanghaften Imaginationen (die Tieck bekanntlich selbst eigneten) loszuwerden:

> Was gilts, daß ich's mir noch komm oder erfinde?
> Ich bin der einz'ge hier, der existirt,
> Und sich die andern nur imaginirt,
> Dann steht es billig kaum zu begreifen,
> Wie ich so kann Erfindung auf Erfindung häufen,
> Und daß ich hier so eingepresset sitze,
> Und das Gedränge macht, daß ich schwitze,
> Und doch kann ich's verfluchte Imaginiren
> Nicht lassen, ich muß dies alles produciren.[166]

Faktisch, aus der Sicht von Ebene I (soweit diese durch die prozedurale Fiktionalisierung der Darstellung nicht bereits selbst von der Derealisierung angegriffen ist), ist natürlich auch Rüpel nicht das, was er hier von sich behauptet: die einzig tatsächlich existierende Figur; es sei denn, man setzt ihn ineins mit dem Autor des Stücks, Tieck also, der aber nicht *als* Rüpel spricht und auch sonst nicht als Verfasser in Erscheinung tritt. Auf die Spitze getrieben wird das kontradiktorische Verhältnis von Wirklichkeit und Figurenidentität vermittels des platzgreifenden Bewußtseins von der Fiktionalität aller Reden und Ereignisse dort, wo Rüpel und Michel, der sich gegen dessen Idealismus empört, handgreiflich werden und sich gegenseitig eine Ohrfeige verpassen. Michels „Glück" sei es nun, so Rüpel, daß er sich „diese Ohrfeig' nur erdenk'", „sonst bräch ich warlich Ihr Genick", woraufhin Michel, die Logik der Selbstfiktionalisierung konsequent bestätigend, angstlos repliziert: „Wo hab' ich ein Genick? Sie stellen sich's nur vor".[167] Eine Figur reflektiert ihren Status als Produkt eines fremden Bewußtseins: als körperlosen Schein, existent nur in der Fiktion ihres Schöpfers. „Sie haben Recht und drum schlag ich Sie auch ans Ohr", kontert Rüpels realitätsirrelevante Poetik der Imagination – eine Poetik der Selbstaffektation und Stillstellung ihrer Zwanghaftigkeit zugleich:

---

[165] Explizit thematisiert sich der eigene Titel indes noch nicht im Stück selbst. Diesen Einfall wird Tieck erst in den *Gestiefelten Kater* einführen, es dort allerdings wiederum beim blinden Fleck der Beobachtung seitens der Zuschauer belassen, die von einem Stück gleichen Namens eben nichts wissen, weil sie dessen Akteure *sind*: „Es kommt ja kein Publikum in dem Stück vor", meinen Fischer und Müller, „Wir müßten ja doch auch darum wissen" (Tieck-DKV VI, 547; vgl. 546-548). Die Avanciertheit sogar mehr noch des *Prologs* als der *Verkehrten Welt* offenbart sich dazu im Gegensatz also daran, daß alle Beteiligten, wenn auch unterschiedlich entwickelt, zumindest erahnen, die fiktionalen Geschöpfe einer anderen Instanz, des Autors, zu sein. Genau diese erkenntniskritische Ebene, die der *Prolog* kraft Fiktionalitätsbewußtsein der *Zuschauer* als Zuschauer *ihres* Stücks installiert, wird sich das anschließende Märchendrama versagen.

[166] Tieck-S XIII, 262.

[167] Tieck-S XIII, 262.

Es ist nur meine eigne Seele,
Die ich dadurch ein wenig quäle.
[...]
Es ist nichts, meine Herrn, als daß ich ein wenig schwärme.
Wir leben in aller Einigkeit,
Ich fingire mir nur 'ne Streitigkeit,
's ist nur um ein wenig Geduld zu thun,
So wird die Imagination wohl wieder ruhn.[168]

Wenn sich die prozessuale Fiktionalisierung aller Ebenen des Stücks am Ende durch Hanswurst, der die disparaten Perspektiven zu „einem Ganzen" zusammenfügt, produktionslogisch integriert, so erhebt sich die Frage, ob nicht eher ihm als Narrenfigur die Funktion des Autors (im Sinne Foucaults) zuzuweisen wäre. Wie alle 'Realitäts'- oder 'Fiktionalitäts'-Entwürfe des Stücks bleiben auch Fragen dieser Art unentscheidbar, solange man die Perspektiven in der Immanenz ihrer fiktionalen Konstituierung nebeneinanderstellt und diese Ebene selbst nicht verläßt. Genau dies aber, so die radikale, geradezu systemtheoretisch reformulierbare Behauptung des Stücks, ist im säkularisierten Theater der Welt schlechterdings unmöglich geworden, so daß am Ende tatsächlich nichts anderes übrig bleibt, als die je unentscheidbaren Ansichten irenisch anzuerkennen, indem von jeder ein „bischen" in den 'Brückenbau' des Stücks „hinein"genommen wird.[169]

Legt man die vollständige Relativierung *sämtlicher* Perspektiven des *Prologs* zugrunde, so nähert sich das quasi-auktoriale Votum des derart ironisch integrierten Ganzen wiederum dem melancholischen Zweifler Melantus, demzufolge sein eigentlicher Titel „Vielleicht: Irrthum an allen Ecken" zu lauten hätte.[170] Nicht einmal das aber scheint gewiß. Auf jeden Fall handelt es sich um Irrtümer, die im Gewand einer zur Farce stilistisch abgesenkten Gesellschaftskomödie in einen Bereich erkenntnistheoretischer Selbstreflexion vordringen, die die schlechthinnige Unauflösbarkeit konventioneller Widersprüche nicht nur behauptet, sondern im literarischen Vollzug selbst dadurch demonstriert, daß sie den Leser in den Prozeß der Derealisierung bzw. Fiktionalisierung seiner eigenen Rolle im Theater der Welt hineinzieht. Auch der Atheist Anthenor hat hierin sowenig oder soviel Recht wie alle anderen Zuschauer: Wenn er sagt, es gebe kein Stück „*hinter* dem Vor-

---

168 Tieck-S XIII, 262f.
169 Tieck-S XIII, 266.
170 Tieck-S XIII, 244: „Wir sitzen am Ende hier im Dunst, / Mir wird im Kopfe immer dummer, / Und glaube dabei nicht recht an eine Kunst. / Es kann wohl sein, daß wir vergebens harren, / Und, lieber Freund, dann sind wir rechte Narren" (245). So ist es. Der Komödientitel 'Irrthum an allen Ecken', „hinter dem man sich ein Intrigenlustspiel der zeitüblichen Art vorstellen mag, wie es die Zuschauer des *Prolog*stücks hinter dem Vorhang arrangiert sich vorzustellen belieben, ist zum Bühne und Parterre des Tieckschen Stückes gleichermaßen umfassenden heimlichen Titel geworden. Er läßt seiner Logik gemäß die Zuschauer vor dem Vorhang als die Schauspieler eines Stücks identifizieren, das auf seine Art eine Gesellschaftskomödie darstellt, eine Theaterkomödie, wie sie einzig der immanenten Poetik des *Prologs* noch möglich scheint" (Kiermeier-Debre 1989, 132).

hang", weil es „*vor* dem Theater aufgeführt wird" – und zwar „von uns, die wir als wahre Affen / Behaupten, alles sei nur geschaffen / Um zu einem künftigen Zwecke zu nutzen / Und darum verschleudern die Gegenwart"[171] –, so ist dies auf der Ereignisebene und für den realen Beobachter auf Ebene I zweifellos zutreffend, aber auch wiederum insofern falsch, als es sich nicht um das Stück handelt, das nach der Vorrede des *Prologs* zu erwarten wäre: dem Votum Baals, Hanswursts Vater, zufolge ein „Familienstück"[172], das in bestimmter Weise witzigerweise nun eben doch stattfindet.

In zweifacher Hinsicht erfüllt *Ein Prolog* nämlich Prinzipien des vollständig säkularisierten bzw. immanentisierten 'Lebens' überhaupt: Selbstwidersprüchlichkeit und Vorläufigkeit, die jede Sinnoption notwendig perspektivieren und deshalb einem permanenten Interpretationsbedarf unterwerfen.[173] Stückintern besteht die Vorläufigkeit zur Vervielfältigung von Optionen auf Theatralität und Leben darin, daß vom erwarteten Theaterereignis eben nur ein Lampenputzer aufscheint, der in schwäbischem Dialekt (als anspielende Transformation auf den Dialektgebrauch der *commedia dell'arte*) bestreitet, je von einem Direktor samt Stück gehört zu haben[174], so daß selbst den aufgeklärten Zuschauern die Ahnung kommt, „unnütze" und sich „selber" „genug" zu sein.[175] Ein zweiter Lampenputzer hingegen prahlt nur wenig später damit, den Direktor persönlich zu kennen, woraufhin ihn das Publikum, gerade weil ihm diese Möglichkeit zusehends undenkbar erscheint, mit Äpfeln (vom Baum der Erkenntnis?) bewirft.[176] Wieder schließen sich beide Behauptungen (Gott existiere oder existiere nicht) wechselseitig aus, bestätigen damit aber die Möglichkeit eines so heterogenen wie heteronomen Diskurses über den Sinn und Zweck von Theater und Leben. Die Szene verwandelt sich nicht nur zur Gesellschaftskomödie ähnlich der gleichzeitig verfaßten *Theegesellschaft*, sondern auch bereits zum 'selbstgenügsamen', weil satireskeptischen Spiel des Lebens (als Theater) mit sich selbst, indem sie ästhetische und weltanschauliche Positionen zwischen Optimismus und Pessimismus, Materialismus und Idealismus, Religiosität und Atheismus, besserungsdramatischer Theaterbeflissenheit und vergnügungssüchtigem Unterhaltungsbedarf ins Theaterelement 'Prolog' wiedereinführt und durch Wechselrelativierung in reine Vorläufigkeit auflöst.

---

[171] Tieck-S XIII, 248.

[172] Tieck-S XIII, 263.

[173] Mit guten Gründen wird von daher zuweilen sogar der Bezug zu Becketts *Warten auf Godot* hergestellt (vgl. Catholy 1982, 195; Kiermeier-Debre 1989, 127).

[174] Vgl. Tieck-S XIII, 250f.

[175] „Meine Herrn, wir werden von 'nem Kerl geschoren, / Der uns beweist, wir wären hier unnütze, / Der manchen hier mit seinem Witze / In seinem Glauben – irre leitet, / So weit in seinem Irrthum schreitet, / Daß er behauptet, vom ganzen Direktor, / Gucke noch kein Härchen hervor, / Und der zu uns sagt, wir sind nicht gescheidt, / Wenn einer sich auf's Schauspiel freut, / Er sagt, es wäre nur alles Trug, / Wir wären uns selber Komödie genug" (Tieck-S XIII, 252).

[176] Tieck-S XIII, 260.

Erneut versteckt Tieck die Komplexität dieses Vorgangs hinter holprig-knittelnden Paarreimen, die bereits mit dem zweiten Vers die romantische Verdopplungsstruktur zur szenischen Selbstdarstellung von 'Prologhaftigkeit' als Vorläufigkeit überhaupt initiieren: Als „Vorredner der Vorred'" formuliert Scapin, die lustige und schlaue Person der *commedia dell'arte* und *opera buffa*, nicht nur eine Vorrede auf die Vorläufigkeit des nachfolgenden Stücks, sondern eben des Lebens überhaupt im säkularisierten Theater der Welt. Der 'Prolog im Prolog' ist Vorrede an den Leser vor dem geschlossenen Vorhang der eigenen Existenz, die ihm undurchschaut und grundsätzlich undurchschaubar bevorsteht.[177] Wie den Zuschauern im Parterre taugt er deshalb – gleichgültig wie man die Theatermetaphorik auffaßt: „ernstlich" oder eben nur als „Poesie" – „gleich schlecht zum Lesen, Leben und Sterben".[178] In keinem Fall versteht man den Sinn der Zusammenhänge, wofür Scapin als Vorredner, seine Hände in Unschuld waschend, aber keine Verantwortung übernehmen kann.[179] *Nichts* von allem Folgendem, sei es Theater, sei es Leben, könne wirklich ernst genommen werden, so daß sich mit der Vorrede zur Vorrede gewissermaßen vorab der Rahmen zum irenischen Epilog Hanswursts schließt.[180]

Die erkenntnisskeptische Totalrelativierung der Welt, vor dem hintergründigen Verdacht ihrer bloß fiktionalen Konstituiertheit, läßt das erste parabatische Stück Tiecks erheblich radikaler erscheinen als den nachfolgenden *Gestiefelten Kater*, der rein theatersatirisch bei den Borniertheiten von Zuschauern verbleibt, die einem Märchenstück gegenüber aufgeklärt und geschmackssicher zu reagieren vermeinen. In dieser Hinsicht steht das 'Kindermärchen', deutlicher noch als der *Prolog*, in einer Linie mit der *Theegesellschaft*, weil auch hier den satirisierten Figuren ein Bewußtsein ihrer fiktionalen Begründung durch eine Autor-Instanz nicht untergeschoben wird. Von diesem Aspekt her verbindet sich *Ein Prolog* aber auch wiederum insofern mit den *Straußfeder*-Satiren, als sie ihren Figuren genau dies, das Aus-

---

[177] „Und untersucht ihr nur die Sach etwas genauer, / So seht ihr ein, daß auch vom Fürsten bis zum Bauer / Jedweder Vorred' nur zu einer Vorred' macht, / Und weder groß noch klein darüber lacht / Denn der hat's warlich schon im Leben weit gebracht, / Der in dem großen oder kleinen Staat / Sich nur dem wirklichen Prologe naht. / [...] / Ihr seht, ich zwinge mich, moralisch recht zu sein, / Drum müßt Ihr unbesehn 's Aesthetische verzeihn" (Tieck-S XIII, 242). Die von *Hanswurst als Emigrant* vollzogene Verlagerung der Rezeptionsstruktur auf die Imagination des Zuschauers wiederholt sich von daher auch dergestalt, daß das Stück nur deshalb wie ein „Original" erscheint, weil es die „meisten Leute [...] für neu" nehmen, obwohl es doch nur von ihrem „eignen Leben [...] 'ne kleine Zeichnung" gebe (242). Das eigene Leben erscheint dem Individuum, das nur sich selbst kennt, als unverwechselbares Original, obwohl es nur einen vorgeprägten Mechanismus – poetologisch formuliert: Regelpoesie – exekutiert.

[178] Tieck-S XIII, 266.

[179] Vgl. Tieck-S XIII, 242. Der Prolog kann seine Hände in Unschuld waschen, insofern ein „durchgeführtes Stück" (242) eben nicht erwartet werden könne, weil es den Zuschauern – sei es fiktional, sei es real oder beides zugleich – ja erst noch bevorsteht.

[180] Arntzen (1968, 133) kritisiert den radikalen „Perspektivismus" der Theaterkomödien Tiecks, weil er „nicht nur Darstellungsmittel ist, sondern mehr und mehr Darstellungsziel wird".

geliefertsein an die allmächtigen Einfälle ihrer Schöpfers, präsent halten. Im Bereich des Dramas wird erst Zerbino sich dazu genötigt sehen, gegen seinen Verfasser zu rebellieren, indem er gegen die poetisierte Poesie die aufgeklärten Geneninstanzen des Literaturbetriebs (Kritiker, Setzer, Leser) aufhetzt. Die durchgehaltene Fiktionalisierung aller Weltwahrnehmung entlarvt aber bereits im *Prolog* satirische Intentionen selbst als Fiktionen.[181] „Die Rolle ist sich bewußt nicht ihres im Drama dargestellten Seins, sondern ihrer dramatischen Existenz überhaupt. [...] Sie ist keine Aussageform, die ihm [dem romantischen Autor] gleichsam von Natur eigen wäre. Was ihn zur dramatischen Gestaltung verführt, ist der Reiz der dramatischen Welt, absolut *und*, als hervorgebrachte, *doch auch transzendierbar zu sein*".[182] Erst so kommen Satire und poetisierte Poesie, die sich wie alle distinkten Unterscheidungen üblicherweise ausschließen, überein. Romantische Poesie zielt auf deren Annihilation, indem sie beides im Prozeß permanenter Wechselbespiegelung ohne höheren Standpunkt zusammenfallen läßt. Radikale Standpunktlosigkeit als „Freiheit" über den Stoff[183] löst zuletzt auch traditionelle Spiel-im-Spiel-Strukturen mit ihrer Rückbindung an die Repräsentationslogik des Realitätsprinzips auf, indem sie sämtliche Einzelmomente der Darstellung restlos ineinander literarisiert.

Dem Vergleich mit dem *Prolog* hält Tiecks berühmteste Theatersatire **Der gestiefelte Kater** (1797) an erkenntniskritischer Radikalität kaum stand – trotz aller szenischen Anreicherung durch die nun tatsächlich stattfindende Aufführung eines an Perrault angelehnten Märchendramas mit szenisch entfaltetem Bühnenapparat, parabatischen Zuschauerkommentaren und einer durch den Kippmechanismus zwischen Bühne und Parterre so witzig wie turbulent verselbständigten Handlung, die erst vom Besänftiger vermittels Darbietung der *Zauberflöte* beruhigt werden kann. Das Stück verbleibt bei einer vergleichsweise transparenten[184] Theater-, Aufklärungs- und Revolutionssatire.[185] An keiner Stelle reflektieren die Zuschauer

---

181 Vgl. Ribbat (1978, 190).

182 Szondi (1978, 29) (Hervorhebung von mir, S.S.).

183 Frank (1989, 378).

184 „Wesentlich sanftere Varianten" der Paradoxierung durch Ebenenüberschreitung im Vergleich zum *Prolog* bietet das Stück auch nach Weimar (1995, 150), weil die allegorische Definition *theatrum mundi* nicht in den Blick gerate: „Die Grenzüberschreitungen und -verwischungen sind theatertheoretisch interessant, kaum aber für das eigentliche Weltheater", was generell „mit der Limitierung auf eine szenische Analyse des Funktionierens von Theater" zu tun hat (151).

185 *Der gestiefelte Kater* steht der *Theegesellschaft* und der *Fuchsprelle* entschieden näher als allen anderen Stücke Tiecks Mitte der 90er Jahre, weil es sich in erster Linie um die satirische Demaskierung eines Publikums handelt, das gegenüber dem Obskuren aufgeklärt zu reagieren vermeint. Unterschiede ergeben sich aus der Differenz zwischen Aberglauben und dem Wunderbarem der Perraultschen Märchenvorlage: „Ich muß wenigstens gestehn", sagt Fischer zu den noch größeren Unwahrscheinlichkeiten des Märchens, „daß ich nie an Hexen oder Gespenster habe glauben können, viel weniger an den gestiefelten Kater" (Tieck-DKV VI, 493). Zur Nähe zwischen dem *Gestiefeltem Kater* und der *Theegesellschaft* vgl. Beyer (1960, 20); Kreuzer (1963, 76) erkennt im

die realitäts- und identitätsauflösende Fiktionalität ihrer Existenz. Vorgeführt wird allein ihre Borniertheit gegenüber einer die *vraisemblance* sprengenden Märchendramatik, die gewissermaßen die Bühnenprobe der neuen, 'phantasti-schen' wie 'ausschweifenden' Dramaturgie des *Ritter Blaubart* aufs Exempel macht (selbst wenn das 'Ammenmärchen' weit weniger wunderbar ausfällt als der sprechende Kater).[186] Ebenso durchsichtig äußert sich die indirekte Publikumssatire[187] in der Figur des bewundernden Literaturkritikers Bötticher (die Tieck in der *Phantasus*-Fassung am stärksten ausweitet), so daß das Stück nur an wenigen Stellen die poetische Ambivalenz aufbaut, die den *Prolog* und mehr noch die nachfolgende *Verkehrte Welt* durchorganisiert.

Aus genau diesen Gründen ist *Der gestiefelte Kater* von allen romantischen Komödien auch am besten für die Bühne geeignet, bestätigt von Tiecks einschlägigen Äußerungen zur Bühnenfähigkeit des 'Kindermärchens'. Die skizzierten Formen kontradiktorischer Paradoxierung treten kaum in Kraft, so daß das Stück auf allen Ebenen mehr oder weniger transparent, infolgedessen soweit rational einholbar bleibt. Äußerungen, die die Fiktionalität ihrer Voraussetzungen reflektieren, blitzen nur punktuell auf. In jedem Fall aber geht dem *Gestiefelten Kater* die erkenntnisskeptische Dimension im Rahmen des *theatrum-mundi*-Topos ab, insofern seine Selbstbeobachtung auf der Ebene ästhetischer Geschmacksurteile verharrt. Bei

---

'Kindermärchen' die „Parodie vorromantischen Theaters in einem vielfältig satirischen Lustspiel aus dem Geist frühromantischer Kritik in der romantischen Gestalt des 'Spiels mit dem Spiele [...], wo der Leser am Schluß grade eben so weit ist, als am Anfange"' (76; vgl. zum Zitat das Rahmengespräch des *Phantasus* nach der Vorlesung des *Gestiefelten Katers*, Tieck-DKV VI, 564). Die Harmlosigkeit der Satire veranlaßt nicht nur Auerochs (1997, 31f.) dazu, den geschichtsphilosophischen und politischen Ernst der Ironiekonzeption Friedrich Schlegels gegen die „übermütige Freiheit" des Märchenstücks abzuheben, so daß die eigentliche „Fehlrezeption" (32) des *Gestiefelten Katers* in letzter Konsequenz auch bei ihm daraus resultiert, daß er wie viele andere Forschungsbeiträge den spezifischen Ausnahmestatus im romantischen Dramenwerk Tiecks verkennt: Der F. Schlegels Poetologie in nichts nachstehende erkenntniskritische Ernst steckt neben der *Verkehrten Welt* in den stilistisch 'niedriger' gehängten kleinen Stücken, so daß eine bestimmte Ironie der Rezeptionsgeschichte des Stücks darin besteht, daß sich weite Teile der Romantik-Forschung um die romantische Ironie vornehmlich am *Gestiefelten Kater*, dort aber eben mehr oder weniger vergebens, abgemüht haben.

186 „Ich wollte Sie durch gegenwärtiges Stück nur vorerst zu noch ausschweifenderen Geburten der Phantasie vorbereiten", betont der 'Dichter' in Anspielung auf den *Blaubart*, „denn stufenweise nur kann die Ausbildung geschehn, die den Geist das Phantastische und Humoristische lieben lehrt" (Tieck-DKV VI, 541). Den ironischen Selbstbezug auf den *Ritter Blaubart* markiert zudem Fischers gereizte Bemerkung zum Unsinn eines Märchens auf der Bühne: „Eine schöne Abwechslung, – warum nicht auch den Blaubart und Prinz Kobold? – Ei! der vortrefflichen Sujets fürs Drama! (Kater, 6f.). In der *Phantasus*-Fassung ergänzt Tieck die Selbstreferenz auf eigene Dramen durch die Nennung von „Rotkäppchen oder Däumchen" (Tieck-DKV VI, 494).

187 Diese witzigerweise auch dergestalt, daß die finale Zitierung der *Xenien* durch den Dichter („eine neuerfundene Dichtungsart, die sich besser fühlen als beschreiben läßt") gegenläufig zur Verspottung den Impuls der Publikumsbeschimpfung bestätigt: „Publikum, soll mich dein Urteil nur einigermaßen belehren, / Zeig erst, daß du mich nur einigermaßen verstehst" (Tieck-DKV VI, 563).

den Zuschauern kommt Rollenbewußtsein überhaupt nicht vor, bei den Figuren auf der Bühne nur gelegentlich als Aus-der-Rolle-Fallen etwa dort, wo Leander das Stück, in dem er den Hofgelehrten spielt, lobt, weil das „Publikum gut darin gezeichnet" sei.[188] Am stärksten forciert wird der traditionelle Komödienmechanismus[189] bei Figuren, die wie der Dichter (ein „junge[r] Anfänger"[190]) oder Hanswurst auf einer mittleren bzw. sozusagen dritten Ebene zwischen der 'verständigen' Gottlieb-Hinze-Handlung[191] und den Zuschauern im Parterre agieren. Bei den Zuschauern dagegen ist reflexive Rollendistanz allein deshalb ausgeschlossen, weil sie im Vollbewußtsein aufgeklärter Geschmackssicherheit, die Tieck stets als unzulänglich vorführt, sich dem Schein des Spiels hingeben, also bedingungslos illudiert werden wollen. Am besten funktioniert dies eben üblicherweise mittels melodramatischer Rührung[192], „heroisch[en] Ballett[en]"[193], Gesang und 'Klockenspielen' des Besänftigers[194], tanzenden Affen, Bären, Löwen und Elephanten[195] – dem ganzen „Ausstattungszauber" der so poesiefeindlichen wie tugendoptimistisch-aufklärerischen *Zauberflöte* also.[196] Auf Ebene I des realen Rezipienten schließlich funktioniert das Stück, weil es die theatrale Unmöglichkeit abweichender Märchendramatik (zur „Abwechselung"[197] auf die Bühne gebracht) unter den Bedingungen gängiger Dramenformen der Zeit, wo die Illusionierung mittels Tiefsinn und Rührung problemlos gelingt, zum leicht einsehbaren Gegenstand eines Dramas macht: Überall dort, wo die Hinze-Gottlieb-Handlung ins

---

[188] Tieck-DKV VI, 546. Ein Publikum habe aber gar keinen Charakter, repliziert Hanswursts stückinterne Kritik an der Jämmerlichkeit des Stücks, mit der er witzigerweise genau das kritisierte Manko dort bestätigt, wo er mit dem Publikum paktiert (vgl. 547).

[189] Vgl. dazu u.a. die vielzitierten Perorationen Gottliebs darüber, es sei „schon halb acht, und um acht ist die Komödie aus", auf die hin Fischer unfreiwillig das Wortspiel entfällt, man solle „Acht geben, es würde bald aus sein" (Tieck-DKV VI, 542). Ähnlich vollzieht sich das Aus-der-Rolle-Fallen des sprechenden Katers, als Hinze darüber ganz melancholisch wird, daß er mit Hanswurst „dem Narren" dazu „verholfen" habe, „ein Stück herabzusetzen, in welchem" er „die Hauptrolle spiele! – Schicksal! Schicksal!" (548).

[190] Tieck-DKV VI, 495.

[191] Zum Verstand des sprechenden Katers vgl. Tieck-DKV VI, 516.

[192] Zu Tiecks parodistischem Spott auf die einst von ihm selbst praktizierte Modeerscheinung vgl. die parataktisch-eruptive Zersplitterung des 'rezitativischen Monologs' seitens des Dichters und die entsprechende Nebentextcharakterisierung als „eine Art von Melodram" (Tieck-DKV VI, 558f.).

[193] Tieck-DKV VI, 534.

[194] Vgl. Tieck-DKV VI, 559f.

[195] Vgl. Tieck-DKV VI, 533.

[196] Ribbat (1978, 192). Mit Mitteln der spielerischen Unsinnspoesie wird eine aufklärerische Literatur satirisiert, die sich als Märchenoper selbst gegenaufklärerischer Mittel bedient (vgl. Kiermeier-Debre 1989, 144f.); zu der für Tiecks romantische Poetologie zentralen Differenz zwischen Poesie und Dekorationstheater vgl. den allegorischen Kampf zwischen dem Maschinisten und Poeten am Ende der *Verkehrten Welt*: Arbeite der eine nur für den „elendesten Effekt", nötige der andere mit 'Unverschämtheit' dazu, „daß sich die Menschen der Poesie erfreuen sollen" (Verkehrte Welt, 112).

[197] Tieck-DKV VI, 494.

dergestalt parodierte Familiengemälde, ins Ballett oder in die Oper oder gar in das Revolutionsstück umkippt, reagieren die Zuschauer begeistert, damit rein geschmacksästhetisch auf erwartete bzw. mißliebige Theatralität, ohne daß sie über das Bewußtsein verfügen, selbst nur ästhetische Gegenstände einer szenischen Form zu sein, die sie verpönen.

Der spezifische Rezeptionserfolg des *Gestiefelten Kater* in der Literaturgeschichte erklärt sich folglich aus der weitreichenden Selbsttransparenz der Publikums- und Theatersatire im ebenso durchsichtigen Spiel-im-Spiel-Modus, der allenfalls bei epischen 'Mittler'-Figuren wie dem Hanswurst, die *auf* der Bühne *zwischen* dem Märchendrama und den Zuschauern auszugleichen versuchen, eine gewisse szenische Komplexität aufbaut. Dies, insofern diese Ebene von den Zuschauern mit dem Stück selbst verwechselt wird, ohne daß Tieck auch nur annähernd eine dem *Prolog* vergleichbare Radikalität der Selbstbezweiflung durch Fiktionalisierung des ganzen Theaters im Theater ansteuert.[198] Trotz aller witzigen Einfälle und vielerlei Turbulenzen bleibt der *Gestiefelte Kater* als Satire harmlos, weil es um nichts anderes als um den ordnungsgemäßen Abschluß einer Inszenierung geht, die aus dem Ruder zu laufen droht: Weder rebellieren die Figuren tatsächlich gegen ihren Verfasser, wie es Zerbino tun wird, noch vollzieht sich eine der *Verkehrten Welt* vergleichbare Selbstdekonstruktion, die *sämtliche* Instanzen der Darstellung und Selbstbeobachtung angreift – und zwar auf eine Weise, daß auch am Ende, beim Prolog, nicht mehr genauer anzugeben ist, wo sich der einsame Zuschauer Grünhelm, nachdem die anderen Zuschauer sich zu Scaramuz hinter den Vorhang gesellt und der Prolog sich „ehrerbietig gegen die leeren Bänke" verbeugt hat[199], tatsächlich befindet: im Parterre oder eben im Elysium, als das ihm der Zuschauerraum nach seinem Rücksprung von der Bühne ja erschienen war. Der Prolog zur Beendigung der *Verkehrten Welt* schließt damit im Grunde den Rahmen zum

---

[198] Vgl. Tieck-DKV VI, 539-542. Die spezifische Indifferenz von Hanswurst, der nach der Rückkehr auf die Bühne sein „Glück versuchen" will (539), entsteht daraus, daß er als Hofnarr Figur des Märchenstücks ist, zusammen mit den Zuschauern und gegen den Dichter aber der Ebene der theatralen Rahmung zustrebt, wenn er das aus dem Ruder laufende schlechte Stück wieder in ordentliche Bahnen zu lenken versucht: „Gehört denn das zum Stück?" (539), fragt treffend Wiesener: „Nicht zum Stücke?", so Fischer weiter, „Wie kömmt sie [die Szene] denn aber hinein?" (540). Insofern installiert Tieck im *Gestiefelten Kater* eine Ebene *zwischen* Ebene III und Ebene II, die in dieser Form nur hier vorkommt, nichtsdestotrotz durchschaubar bleibt, zumal die Verwechslung durch Hanswurst selbst aufgeklärt wird: „[...] jetzt aber, verstehn Sie mich, jetzt rede ich ja zu Ihnen als bloßer Schauspieler zu den Zuschauern, nicht als Hanswurst, sondern als Mensch, zu einem Publikum, das *nicht in der Illusion* begriffen ist, sondern sich außerhalb derselben befindet, kühl, vernünftig, *bei sich, vom Wahnsinn der Kunst unberührt.* Kapieren Sie mich?" (539f.; Hervorhebung von mir, S.S.). Die „vorige Szene" (der Dichter mit dem Maschinisten auf der Bühne) gehöre nicht zum Stück: „Der Vorhang war zu früh aufgezogen. Es war eine Privatunterredung [...] Sie sind also illudiert gewesen [...]. Sie müssen dann so gütig sein und die Mühe daran setzen, diese Täuschung aus sich wieder auszurotten" (540). Wenig später nur aber bestreitet Hanswurst wiederum, ein Stück namens *Der gestiefelte Kater* überhaupt zu kennen, ohne daß er die Behauptung zurücknimmt, „es sei ein erbärmliches Stück" (548).

[199] Verkehrte Welt, 115.

'Prolog des *Prologs*' „an den Leser": „Nun ist der ganze Prolog an mich gerichtet gewesen", meint Grünhelm folgerichtig, „und doch ist er mich gar nicht gewahr geworden[200], und doch bin ich hier der einzige Mensch! Es ist immer sehr wunderbar, und verdient wohl eine Untersuchung der Philosophen".[201] Auszumachen ist von daher zuletzt auch nicht, in welcher Sphäre er seine „ordentliche[]" bzw. „wirkliche[] Frau"[202], der er von seiner „Komödienheirat" mit Thalia 'erzählen' will, antreffen wird.

Im *Gestiefelten Kater* dagegen bleibt auch die stärkste Form der Selbstreferentialisierung, die Thematisierung des Stücks unter dem eigenen Namen im Stück, insoweit einseh- und verstehbar, als die Zuschauer am blinden Fleck ihrer Klage über die fehlende vernünftige Illusion verharren, weil sie gar nicht wissen wollen, daß sie ein Stück namens *Der gestiefelte Kater* auf der Bühne sehen, dessen Bestandteil sie *sind*.[203] Durchschauten sie den blinden Fleck, gerieten sie in Reflexionsparadoxien, die sie nicht auflösen könnten, da sie in der Textimmanenz, in der sie allein als Fiktionen existieren, nicht auflösbar sind. Sie vollzögen eine Reflexionsspirale ähnlich der Endlosschleife eines Möbius-Bandes, das den Leser durch die *Verkehrte Welt* hindurch bis zum Eingang des *Prologs* führt, während im *Gestiefelten Kater* die bequeme Selbstgerechtigkeit selbstattestierter Geschmackssicherheit Geltung bewahrt.

Bemerkenswert aber bleibt, daß erstmals hier die konventionelle Alternative zwischen offenem und geschlossenen Drama hinfällig wird, indem das Stück alle für den Sturm und Drang typischen Orts- und Zeitwechsel zur Einheit der Handlung auf dem Theater integriert: in einem geschlossenen Illusionsraum der ganzen Komödie, die das disparate Material zu einer anderen Ganzheit zusammenfügt, die witzigerweise der lächerliche Bewunderer Bötticher, wo er den „Gang des ganzen Stücks" belobigt, am genauesten erahnt.[204] . Vorgeführt wird die Unmöglichkeit dieser neuen Ganzheit unter den Bedingungen der zeitgenössischen Bühne. Das geschlossene Drama erschließt sich damit als Konsequenz wahrscheinlichkeitsadäquater Theatralität, während die Zuschauer die neuartige, so kindische wie traumartig verwobene Theatralität der Märchenpoesie zerstören, obgleich die Hinze-Gottlieb-Handlung, die die Vorlage Perraults bis zur Königs-

---

[200] „Doch ich sehe soeben, es ist kein Zuschauer da, der diesen so notwendigen Prologus anhören könnte", sagt der Prolog, nachdem der Vorhang zum Scaramuz-Apoll-Handlung gefallen ist (Verkehrte Welt, 114). Welcher Ebene dieser Vorhang angehört, bleibt insofern unklar, als der Epilogus eingangs der *Verkehrten Welt* erst auftritt, *nachdem* der Vorhang des Theaters, das ein Theater vorstellt, aufgezogen worden ist (vgl. 9).

[201] Verkehrte Welt, 115.

[202] Diese Differenz zwischen Erst- und *Phantasus*-Fassung (vgl. Verkehrte Welt, 114; Tieck-DKV VI, 660).

[203] „Je bewahre! Wir müßten ja doch auch darum wissen" – sie tun es aber nicht! (Tieck-DKV VI, 547); zur Unterscheidung und zum kontradiktorischen Zusammenfall der in sich differenten Ebenen vgl. im einzelnen Weimar (1995, 151).

[204] Tieck-DKV VI, 514.

krönung Gottliebs mehr oder weniger getreu nachschreibt, eben nichts anderes als geschlossen ist – was sich sogar dem buchstäblich mikroskopischen Blick aufs Detail bestätigt.[205] Die Zuschauer indes weigern sich, die Geschlossenheit dieser anderen Illusion, die das vom Realitätsprinzip Abweichende wie selbstverständlich einschließt, zu akzeptieren. Trotz allen Scheiterns auf der Bühne führt das Stück diese Illusion als Ganzes gewissermaßen doch vor: als *literarische* Möglichkeit szenischer Texte. Im Falle des *Gestiefelten Katers* stört dies nicht die durchgängige Selbsttransparenz in der Verulkung der Bühne durch sich selbst, die dem Stück trotz aller von der Forschung im einzelnen nachgewiesenen intertextuellen Komplexität[206] bis heute die stärkste literarhistorische Aufmerksamkeit im Bereich romantischer Dramatik bewahrt hat, obwohl (oder weil?) es zur Radikalität der anderen Spiel-im-Spiel-Komödien Tiecks nicht vordringt.

Einen Endpunkt vervielfältigender Potenzierung und Depotenzierung des parabatischen Typus zugleich mittels Koppelung an das traditionelle Motiv der **Verkehrten Welt**, den zu überbieten keinen weiteren Erkenntnisgewinn mehr bringt, bietet das an den *Gestiefelten Kater* anschließende gleichnamige Stück von 1798.[207] Das 'historische Schauspiel' ohne historischen Stoff[208], eine parabatische Komödie ohne spezielles „Stück" auf der Bühne[209], spielt mehr oder weniger frei mit allen möglichen Traditionen und Techniken des Dramas und Theaters von der antiken Mythologie (Apoll) über das elisabethanische Drama, die *commedia dell'arte* bzw. das *théâtre italien* bis zur eigenen Gegenwart: in einer kombinatorischen Form des Theaters im Theater, die blinde Motive wie eine Seeschlacht einschließt, welche vermutlich auch einfach nur deshalb stattfindet, weil das Meer wie vorher schon das Gewitter als Theaterrequisit zur Verfügung steht[210]: „Der Vorhang

---

205 „Ei! ei! wie höchst wunderbar!", bewundert der König Hinzes Barthaar im Mikroskop, „da ist doch auch kein Riß, keine unebene Stelle, keine Rauhigkeit wahrzunehmen. Ja, das sollen mir einmal die englischen Fabrikanten [Shakespeare] nachahmen!" (Tieck-DKV VI, 529).

206 So u.a. in Parodien auf die Empfindsamkeit und die Erhabenheitsrhetorik der Zeit; vgl. dazu die Episode der 'zwei Liebenden', die bei den Zuschauern sofort anschlägt: „O komm, dieses freie Feld ist meinen Empfindungen zu enge", ruft der Liebende, „wir müssen den höchsten Berg erklettern, um der ganzen Natur zu sagen, wie glücklich wird sind!" (Tieck-DKV VI, 519).

207 *Die Verkehrte Welt* war allerdings bereits 1796 konzipiert, vgl. Pestalozzi (1964, 99-105).

208 Vgl. Tiecks Bemerkungen zum bemerkenswerten Paratext im Rahmengespräch nach Vorlesung der *Verkehrten Welt*, die wegen ihrer „wirklichste[n] Wirklichkeit" kein „Märchen zu nennen" sei, „auf einem gewissen Standpunkte von selbst" aber sich „in ein Märchen verwandelt" (Tieck-DKV VI, 661). Zu Recht führt Behrmann (1985, 159) den Begriff des Historischen auf die vom Stück betriebene Collage von Literatur als Literatur im „Fließen der kaleidoskopisch wechselnden Facetten" zurück. Ribbat (1978, 200) deutet ihn aus der finalen Perspektive Grünhelms, der seiner 'wirklichen' Frau die nun historische Episode seiner Komödienabenteuer erzählen will.

209 Vgl. Ribbat (1978, 194).

210 Neben der Möglichkeit gefahrloser Meer-Untergänge für Scaramuz (vgl. Verkehrte Welt, 87) wird damit die vom 'Anderen' ventilierte „poetische Schwierigkeit" gelöst, eine „Seeschlacht ohne Wasser zu machen": „das wäre doch die eigentliche wahre Kunst", während sonst stets zu tadeln sei, „daß in solchen Szenen immer viel Wasser sein muß" (88). Allerdings wird auch dieses Pro-

geht auf; das Theater stellt ein Theater vor", lautet die vielzitierte erste Regieanweisung.[211] Ähnlich dem Briefroman im *William Lovell* konstruiert sie einen 'Rahmen ohne Gemälde', innerhalb dessen dann alles Mögliche zur Darstellung gebracht werden kann. Erstmals im dramatischen Bereich vollzieht sich der für den romantischen Autor Tieck signifikante und bereits allgemein beschriebene Mechanismus, eine aufgegriffene generische Rahmung textintern durch maximal vielgestaltige Inhalte „muthwillig" und „possenhaft"[212] auszuhöhlen. Dadurch entsteht letztendlich überhaupt kein Stück im konventionellen Sinn mehr, sondern nur noch ein Theater des Theaters als Schema, dessen interne Freiheit über Stoffe und Verfahren keine thematischen und regelpoetischen Grenzen mehr erduldet.

Gesteigert wird die Komplexität eines Dramas ohne eigentliche Handlung[213] durch die auf verschiedenen Ebenen des Stücks vollzogene Inversion:
– von Theater und Welt mit Austauschvorgängen zwischen Bühne und Parterre, die sich als Rollenwechsel und Rollenbinnendifferenzierungen in den Bühnen auf der Bühne wiederholen: Der Zuschauer Grünhelm übernimmt in allen Stücken Narrenrollen, während Pierrot den kommentierenden Zuschauer gibt und Scaramuz zum Vertreter der Aufklärungsvernunft mutiert, der gelegentlich auch als parabatischer Belobiger des für ihn aufgeführten Familienrührstücks anläßlich seines Geburtstags fungiert, in das als weiteres Stück im Stück zum Geburtstag des Hausvaters eine Pastorale eingelagert ist[214];

---

blem, das *Die Verkehrte Welt* löst, komisch verkehrt: „Komisch ist es, wenn das Meer wieder als Meer genommen wird, nachdem der *Maschinist* es als theatralische Veranstaltung erklärt hat" (Pestalozzi 1964, 132).

[211] Verkehrte Welt, 9. Dieser Nebentext unterscheidet sich von der ebenso häufig ersten Regieanweisung des *Gestiefelten Katers* insofern, als die Zuschauer dort eben nicht *explizit* diesem Theater *hinter dem Vorhang* zugeordnet werden: „Die Szene ist im Parterre, die Lichter sind schon angezündet [...]. – Das Schauspiel ist voll, man schwatzt durcheinander, mehr Zuschauer kommen [...]" (Tieck-DKV VI, 492).

[212] Athenäum I, 169 (A.W. Schlegel).

[213] „Es war freilich nicht viel", meint der Epilogus gleich eingangs als Vorabkritik des Stücks (Verkehrte Welt, 9). Entsprechend schlicht fällt die Fabel der *Verkehrten Welt* aus: Scaramuz, Spaßmacher und die niedrigste Figur der *commedia dell'arte*, maßt sich die Rolle Apolls (der Kunst) an, vertreibt diesen, indem er den Theater-Parnaß übernimmt und in Narrenvernunft die bornierte Aufklärung (u.a. in Form des Bierbrauens) ausbrechen läßt, wird bei einem Aufstand von Apoll besiegt, vom Publikum aber wieder eingesetzt und solidarisch bejubelt, nachdem [!] dieser das Ganze zu einem bloßen Theater-Spiel erklärt hat; zur Fabel vgl. auch Behrmann (1985, 142) mit detailliertem Szenarium (140f.) und einem vollständigen Personenverzeichnis samt Angaben zu den Doppel- bzw. Tripelrollen (144-146).

[214] Grünhelm – „leider in allen Positionen ein Narr" (Verkehrte Welt, 63) – agiert zudem auch als alexandrinierender Prolog des Schauspiels zu Ehren von Scaramuz, der das 'zweckmäßige' Herrscherlob und das sich anschließende Familienstück belobigt (vgl. Verkehrte Welt, 56ff.); Graf Sternheim, Geburtstagsgast des Vaters im Rührstück, lobt wiederum parabatisch die eingelagerte Pastorale (67). Die figureninternen Rollen-Vervielfältigungen, bereits von Szondi genauer charakterisiert, lassen sich an der vierfachen Rollenperspektivierung des dafür berühmt gewordenen Wirts beobachten: Er ist Rolle, Schauspieler, Institution Wirt und Stilistikum Wirt, das sich als

– von Gliederungsprinzipien dramatischer Texte, indem sich das Stück bei Wahrung der konventionellen Fünfaktigkeit von der Symphonie über den Epilog zum finalen Prolog verkehrt;

– von Weltverhältnissen in thematischer Perspektive, die Tieck zu witzigen Einfällen wie einer Rebellion der Schafe verleiten, die selbst einmal die Menschen scheren wollen und in dieser Angelegenheit von Scaramuz sogar Recht gesprochen bekommen.[215]

Auf diese Weise wird die mit dem *Gestiefelten Kater* erlangte Verfügbarkeit des Spiel-im-Spiel-Verfahrens in der *Verkehrten Welt* an einen bestimmten Endpunkt ihrer Gestaltbarkeit und Mitvollziehbarkeit geführt. Das Ineinander und die Inversion der Ebenen sind so komplex vorangetrieben, daß über die Übernahme des barocken Topos aus Christian Weises gleichnamigem Stück (und seiner partiellen szenischen Nachbildung)[216] hinaus texturformierende Quellen und Verfahrenszitate keine rechte Signifikanz mehr erlangen[217], insofern alle möglichen Versatzstücke, einem in sich verspiegelten Mosaik gleich, wechselverweisend zur 'Wiederherstellung der Komödie' ineinander geblendet werden.[218] Es böte folglich keinen zusätzlichen Erkenntnisgewinn, das *re-entry* einer szenischen Literatur

---

solches selbst erörtert (vgl. im einzelnen Behrmann 1985, 151). Zu Recht betont Szondi, dies sei „streng genommen gar kein 'Aus-der-Rolle-Fallen'" (Szondi 1978, 31), sondern eine innerhalb der Rolle selbst stattfindende Distanznahme durch vervielfältigende Differenzmarkierungen zwischen der Immanenz 'absoluter' Gegenwärtigkeit und dem Bewußtsein, *darin* eine dramaturgische Funktion zu haben. Es handelt sich also eher um eine Art 'Rollendistanz-Generieren', das witzig nur funktioniert, weil die Rolle selbst formal eingehalten bleibt. Die derart selbstreferentiell agierende Figur verfügt über das Bewußtsein, von einem Autor für bestimmte dramaturgische Zwecke gebraucht zu werden, indem sie auktoriale Überlegungen, Kenntnisse und Intentionen bei der Anverwandlung dramatischer Traditionen in die Figurenrede hineinnimmt. Eine weitere Stufe reflexiver Distanzierung gegen dieses Bewußtsein selbst demonstriert dann der Vater im Familienrührstück, der sich weigert, die seiner Rollenexistenz auferlegte Grausamkeit des väterlichen Gesetzes zu exekutieren: „O Kinder, macht der Komödie ein Ende, der Vater ist gar zu grausam, ich würde gleich meine Einwilligung geben" (Verkehrte Welt, 70).

[215] Vgl. Verkehrte Welt, 81f. Das Motiv stammt aus Christian Weises *Lust Spiel / Von der / Verkehrten Welt* (1683), der initialen Textvorlage für Tiecks Idee der Verkehrung des Welttheaters (vgl. Pestalozzi 1964, 103).

[216] Dies v.a. in den Szenen mit Aulicus und Myrtill; vgl. Tieck-DKV VI, 661; Kommentar, 1418, 1432, 1438.

[217] Vielfältige Aufschlüsse über Quellen, Vorlagen, Zitate, Stil- und Sprachebenen, 'literarische Schablonen', parodierende und travestierende Kontrafakturen, 'italienische Remeduren', arabeske Verfahren und den Sinn des Ganzen liefert Behrmann (1985); vgl. zudem Galaskis (1984) Überlegungen zur Kompatibilität des Stücks mit der romantischen Ironie; daneben Catholy (1982, 212-224), Kiermeier-Debre (1989, 147-162), Krogol (1993), Münz (1996).

[218] „Freilich hängt alles in der Welt zusammen, aber auf eine so wunderliche Weise, daß man im Unzusammenhange mehr Ordnung antreffen könnte. Einer ist der Zuschauer und Beurtheiler des andern und doch sind wird alle nichts als Schauspieler" (Verkehrte Welt, 73). So bilden sich auch die Stücke im Stück aufeinander ab: „Wir wollen ihm durch ein Schauspiel Freude machen", sagt der 'Junge Mensch' zu Emilie im Familienstück zur Rührung des Vaters, „und wir benutzen dieses Schauspiel [die Pastorale, in dem sie Fernando und Laura spielen] dazu, uns und unsre Situation darin darzustellen" (60).

der Stillagen und Verfahren in das parabatische Schema als Rahmung noch weiter zu steigern. Angesiedelt zwischen positiv entsemantisierender Klangpoesie im Schäferbereich[219] und parodierender bzw. travestierender Behandlung metrischer Formen und dramatischer Muster[220], fungieren alle Varianten als „reine Schablone[n]"[221]; parabatisch unterbrochen und kommentiert von einer sozusagen diskursivierten Instrumentalmusik in chorähnlich eingesetzten 'Intermedien' zwischen den Akten, in denen sich musikalische Tempo-, Lautstärken und Formangaben als sprechende Stimmen einer 'Symphonie', ihrer musikalischen Sätze gewissermaßen, äußern.[222] Signifikant für die von Tieck präsent gehaltene Doppelung von Pathos und Ironie ineins ist der berühmte Monolog des schiffbrüchigen Soldaten Seelmann: Für sich genommen präsentiert seine Einsamkeitsklage in Blankversen hochpathetische Stimmungs- und Erlebnislyrik[223], der sogar der Tieck-Verächter Staiger die Anerkennung nicht versagen wollte.[224] Ihre theatrale Episodizität läßt sie aber im nachhinein ebenso hochironisch in robinsonadenhaft rührenden Theaterkitsch umkippen, wenn sich nach Seelmanns Rettung sogleich das wiederkehrende Rollenbewußtsein rührt: „In dieser weiten Ferne konnt ich den Souffleur nicht spüren, / Und doch mußt ich einen großen Monolog rezitieren."[225]

Sehr schnell setzt Tieck mit der *Verkehrten Welt* den Schlußstein einer Entwicklung, die neben dem gleichzeitigen Experiment, die phantastische Märchenoper zu literarisieren (*Das Ungeheuer und der verzauberte Wald*), in ein neues Feld der szenischen Poesie führt.[226] Die Abwendung vom Theater auf der Bühne mündet zunächst in selbstreflexive Formen der Literatursatire, bei denen sich wie im *Prinzen Zerbino* das Fiktionalitätsbewußtsein der Figuren ohne Parterre direkt gegen ihren

---

[219] Dies jedoch eher nur beim Schäfer, bei der Schäferin und Laura, lobend gewürdigt von Sternheim (vgl. Verkehrte Welt, 66f.), während Aulicus und Myrtill eine derartige Poesie aus „Gesang und Klang und Klang und Gesang" zum „abgeschmackten" Unsinn herabwürdigen (vgl. 26).

[220] Beispiele bei Behrmann (1085, 158-164).

[221] Behrmann (1985, 161)

[222] Deren Selbstdarstellung folgt nicht allein dem möglichen Einfluß von F. Schlegels Aristophanes-Deutung (vgl. Pestalozzi 1964, 102), sondern eher der programmatischen Promotion von Instrumentalmusik in den *Herzensergießungen eines kunstliebenden Klosterbruders* und den *Phantasien über die Kunst*. Witzigerweise kann Instrumentalmusik nun eben aber auch „Ideen" ausdrücken (vgl. Verkehrte Welt, 74), weil ihre Versprachlichung abstrakt besprechend bleibt und nicht einmal vor „moralischen Betrachtungen" (7) zurückscheut, in jedem Fall aber sich nicht mit den literarischen Mitteln von Klangpoesie reproduziert: „Nicht die Melodie, die Struktur der musikalischen Sätze wird sprachlich nachgeahmt" (Pestalozzi 1964, 125); zur 'musikalischen Botschaft', die über die Anweisung „Volti Subito" gleich auf der ersten Seite (7) die Intention auf 'Lese-Musik' anzeigt, vgl. Münz (1996, 161-165; hier zur Intention der *Verkehrten Welt* aufs Lesedrama, 162).

[223] Vgl. Verkehrte Welt, 90ff.

[224] Siehe Behrmann (1985, 155); das „geistig-sinnliche[] Potential großer Dichter" attestiert Ribbat (1978, 198f.) diesem „überzeugende[n] Ausdruck verzweifelter Einsamkeit".

[225] Verkehrte Welt, 93.

[226] Zu dieser Verschiebung weg von der Theatralität des *Gestiefelten Katers* hin zur 'reinen Freude' der poetisierten Poesie über die *Verkehrte Welt* zum *Prinzen Zerbino* vgl. Beyer (1960, 130).

Verfasser wendet. Kontrastmannigfaltige szenische Poesie erweist auch hier die epische Freiheit über jeden Stoff und jede Gestalt, die in der *Verkehrten Welt* noch zurückgebunden bleibt an die theatertheoretisch wie theaterpraktisch interessante szenische Beobachtung des Funktionierens von Theatralität. Der parabatische Typus verbindet sich in diesem Fall mit der Zerstreuungsdramaturgie des *Blaubart* samt der Phantastik Gozzis[227] zu einer „phantastischen Spielkomödie"[228]: Disparate Formen – vom bügerlichen Gegenwartstheater über die szenische Empfindsamkeit im Schäfer- und Singspiel[229], die *commedia dell'arte*, das *théâtre italien*, antike Mythen, Theaterparodien/-travestien zwischen Shakespeare und klassizistischer Tragödie[230], das Musiktheater und das lyrische Dramolett[231] u.a. – kommen hier als 'historische' Konstellationen des europäischen Theaters wie selbstverständlich zusammen.

Das Lob der Inkommensurabilität dieser „unwillkürliche[n] Selbstpersiflage, dies[es] fünf und zehnfach reflektierte[n] Spiegelbild[s] der Ironie", in dem gleich einem „Traum auf dem Blocksberg" alles wie „im Schlaf" zu 'wandeln' scheint, hat Mörike in einer fiktiven Aufführung des Stücks in seinem Roman *Maler Nolten* (1832) angestimmt: auf höchst intrikate Weise selbst im übrigen, insofern auch dort die Inszenierung am Publikum, wo neben den Figuren der *Verkehrten Welt* sich sogar ihr Verfasser Tieck aufzuhalten scheint, scheitert bzw. auch in der epischen Deskription sprachlich konfundiert[232]; ganz stückadäquat, denn schließlich mußte Tieck selbst anläßlich der *Verkehrten Welt* – obwohl er einmal mehr an die Bühnentauglichkeit glaubte[233] – die unfreiwillige Erfahrung machen, daß nicht einmal sein Vorlesetalent es vermochte, deren Witz zu entbinden.[234] Der Punkt der völligen Derealisierung und Verwirrung, der die Komödie offenbar selbst als

---

[227] Mit der empfindsamen Liebesepisode zwischen Laura (gespielt von Emilie, gespielt von Melpomene) und Fernando (gespielt vom 'jungen Menschen', gespielt vom 'Fremden') zitiert Tieck indirekt auch das eigene Frühwerk *Das Reh*, dessen gozziaffinen Stoff er eben gerade zur Zeit der *Verkehrten Welt* noch einmal im *Ungeheuer und der verzauberte Wald* aufgreift, um die phantastische Märchenoper selbst zu literarisieren.

[228] Behrmann (1985, 179). Zum Phantastischen gehört u.a., daß Tiere sprechen und zu brauchbaren Staatsbürgern examiniert werden sollen (vgl. Verkehrte Welt, 47f.); den Vorrang des Spiels zeigt an, daß auch die *Verkehrte Welt* „im Moralischen gleichgültig, im Satirischen gutartig" bleibt (Behrmann 1985, 180).

[229] Vgl. Paulin (1975, 116). Tieck parodiert damit seine eigenen musik- und melodramatischen Experimente in den frühen Dramen, so daß sich die Selbstpersiflage bereits als eine erste Form des Sich-selbst-'historisch'-Werdens beschreiben ließe.

[230] Die mit dem heimatlos umherirrenden Königspaar Admet und Alceste ironisch ins Spiel kommt, wenn beide, und zwar in Prosa, sich bei Apoll über ihre Vertreibung beklagen (Verkehrte Welt, 49-52).

[231] Affinitäten zum frühen Hofmannsthal sieht Behrmann (1985, 155, 163).

[232] Die einschlägigen Passagen sind zit. u.a. im Materialienteil bei Münz (1996, 146-149, Zitate hier 146f.); vgl. dazu auch Catholy (1982, 222f.), Behrmann (1985, 168f.).

[233] Vgl. Tieck-S I, XXV.

[234] Vgl. seinen verwunderten Bericht vom „steinharte[n], unbezwingliche[n] Ernst", mit dem die Zuhörer auf die Vorlesung reagiert hätten (Tieck-S I, XXIII).

Hördrama kaum mehr mitvollziehbar macht, scheint demzufolge definitiv erreicht.

Tatsächlich führt das 'limited poem unlimited' und seine „prose run mad"[235] in einen Bereich involutionärer Selbstverschlingung hinein, die erst dem heutigen, paradoxie- und chaostheoriegestählten Leser als Erfahrungsmodell eingeht: Die *Verkehrte Welt* vollzieht ein unendliches Möbius-Band gleich der berühmten Escher-Figur, die sich als Hand, die aus der Zeichnungsfläche in den gezeichneten Raum heraustritt, selbst zeichnet. Leser- und subjekttheoretisch heißt dies, als Leser bzw. Subjekt Bestandteil dessen zu sein, was sich erst im Vollzug bzw. in der Darstellung so aufbaut, wie die dramatischen Figuren Bestandteile des von ihnen konstituierten und dekonstruierten Welttheaters sind: Teil dessen, was sie erst vermittels ihrer Aktionen als Rahmung und Raum umgibt; möglicherweise rein imaginär, auf jeden Fall aber kaum zu denken, ohne in vertrackte Selbstwidersprüche und Paradoxieschleifen zu geraten, wo es keine Beobachtungsinstanz außerhalb der Immanenz solcher Strukturen mehr gibt.[236] (Die räumlich gezeichnete Escher-Hand bleibt flächig, was aber nur der tatsächlich in einem dreidimensionalen Raum situierte Beobachter feststellen kann.)

Herbeigeführt durch das *re-entry* des mit der Rahmung Konstituierten in die Rahmung können Paradoxien nur in jener Endlosschleife ins Bild gesetzt werden, in die man eintritt, um das Innen (Bühne/Theater) als Außen (Parterre/Zuschauer) und das Außen (Subjekt) als Innen (Welt) zu durchlaufen und am Ende des Durchgangs dort wieder anzugelangen, wo man begann: Das Ende der *Verkehrten Welt* ist der Eingang zu einem neuen *Prolog*. So kann das Problembewußtsein, Fiktion/Rolle und Realität/Person zugleich zu sein, fiktional konstruiert und durchgespielt werden. Im realen Lebenszusammenhang dagegen entstünden unauflösbare Selbstwidersprüche, wenn man – wie die Zuschauer des *Gestiefelten Katers* – der eigenen Lebenssphäre begegnete, indem man sie von außen sieht, so daß man plötzlich mit den eigenen Fiktionen als einer autonomen Umwelt konfrontiert wäre.[237] Im Lesen fiktionsironischer szenischer Spiele indes ist diese Struktur zumindest ahnungsweise mitzuvollziehen, selbst wenn man auch dort schnell genug 'toll' werden kann, versucht man ihr nur ein wenig genauer nachzudenken.

Immerhin gelingt Tieck damit in der *Verkehrten Welt* das einmalige Kunststück, Unendlichkeit in einem endlichen literarischen Text – als Verfahren und Repräsentation der 'endlichen Unendlichkeit' von Leben und Geschichte selbst – zu plausibilisieren[238], ohne dies, wie in einigen seiner eigenen romantischen Werke,

---

[235] Verkehrte Welt, 73.

[236] Zu den selbstinvolutiven Zeitstrukturen im deutschsprachigen Roman der Gegenwart vgl. Scherer (2000c).

[237] Erzählerisch vollzogen werden paradoxe Strukturen dieser Art in Brentanos *Godwi*, im Gegenwartsroman vollends immanentisiert etwa in Alban Nikolai Herbsts Roman *Wolpertinger oder das Blau* von 1993 (vgl. Scherer 1997).

[238] „Wie die Geschichte endlich und unendlich zugleich ist, so der Text: begrenzt (*limited*), insofern er von Tieck geschrieben ist, und unbegrenzt (*unlimited*), insofern wir ihn – nach dem Tod der Leser-

bloß allegorisch zu behaupten. Die 'glühenden Räder- und Feuerwerke' seiner Szenen, die 'goldenen Funken', 'sprudelnden Wasserfälle', 'farbigen Flammen', 'tanzenden Sterne' und 'wunderlichen Stickereien'[239] seiner episodischen Einfälle manövrieren das Ganze, aller launige „Freude"[240] zum Trotz, an den prekären Rand der Selbstauslöschung in Sinnlosigkeit hinein: „Das meiste in der Welt dient zu nichts, ja man weiß nicht einmal, wozu die Welt dient".[241] „Ach! was war es", lauten die unbeantworteten rhetorischen Fragen des 'Allegros', „wenn es vorüber ist? oder wenn du es mit kunstrichterlichem Auge siehst? Laß dem magischen Feuer seinen Lauf".[242] Denn „nichts ist durchgeführt, keine Idee hält Stand", auch nicht die des Amüsements, „da wir nicht einmal unterhalten sind".[243] Man könne deshalb eigentlich „alle Zweifel fahren lassen" und es sich in der „leichtbeweglichen Luft" der Fiktionen vergnüglich machen[244], wenn man denn tatsächlich vom Zwang dispensiert wäre, doch auch „das Thema" aus allen „Variationen heraushören" zu wollen.[245] Auf jeden Fall ist darin jeder – sei er Figur, Autor oder Leser – „nur Schauspieler [...], und das Ganze nichts als ein Spiel" ohne eigentlichen Direktor.[246] „Vielleicht ist [es], was euch so behaglich verwundert", so der genuin romantische Wunsch zu den Entgrenzungs- als Befreiungseffekten dieses Spiels in der *Phantasus*-Fassung, „nur das Gefühl, daß ihr dem Magnetberge nahe kommt, der in euch alle eisernen Fugen und Klammern los zieht: das Schiff, welches euch trägt, zerbricht freilich, aber hofft, vertraut, ihr kommt an Land, wo

rolle – fortsetzen in unserem Leben als seinem Jenseits, das sich spätestens dann seinerseits als Text erweist, wenn jemand die Leserrolle, die unsere Person ist, irgendwann beendet und so fort in alle Ewigkeit. Das alles sind Effekte aus der Koppelung von *theatrum mundi* und *verkehrte Welt*, aus der nochmaligen Inversion also der allegorischen Definition *theatrum mundi* als einer inversen Figur des Begreifens und aus der konsequenten Gleichsetzung von *mundus* und *theatrum*. Es sind Rückkopplungseffekte, die in einem rücksichtslosen Experiment spielerisch und insistent erzeugt worden sind und wie beiläufig das vertraute System der abendländischen Weltorientierung lahm legen, ohne als Ersatz anderes zu bieten als eine – gemessen daran – nachhaltige Desorientierung" (Weimar 1995, 158); vgl. an dieser Stelle auch Weimars Hinweise auf das 'dramatische Denken' in Kants Erkenntnistheorie.

239 So eine Kompilation der erkennbar allegorischen Selbstcharakterisierung des Stücks durch das 'Allegro' am Ende des zweiten Akts (Verkehrte Welt, 44).

240 Vgl. Verkehrte Welt, 44.

241 Verkehrte Welt, 73; eine Passage, die Tieck in der *Phantasus*-Fassung zur bloß rhetorischen Frage entschärft (vgl. Tieck-DKV VI, 623).

242 Verkehrte Welt, 44.

243 Verkehrte Welt, 100. Das Stück formuliert damit vorab zugleich ein – rezeptionsgeschichtlich trifftiges – Selbstdementi des Ganzen und seines ersten Satzes überhaupt: „Wenn man sich einmal amüsieren will, so kömmt es nicht so sehr darauf an, auf welche Art es geschieht, als vielmehr darauf, daß man sich wirklich amüsiert" (7).

244 Verkehrte Welt, 45.

245 Verkehrte Welt, 101: „Aber Lesewelt, Zuhörerschaft, wenn Du Dich etwa im Zustande des Nichtverstehens befinden solltest! Wenn der Teufel es ordentlich so veranstaltete, daß Du Dich zu klug fühltest, um klug zu sein! Kannst Du vielleicht gar nicht einmal das Thema aus unsern Variationen heraushören?"

246 Verkehrte Welt, 114.

ihr kein Eisen weiter braucht."[247] Auch deshalb ist das Stück so „leicht zu machen" wie „unverständliche Wasserfälle", falls „dem Komponisten ein ganzes
großes Orchester zu Gebote steht".[248] Es ist ebenso leicht zu verstehen wie nicht
zu verstehen, weil man es als Stück seines Lebens eben nicht kennt bzw. alles tatsächlich erst im nachhinein nach der eigenen Räson beurteilen könnte.[249] Undurchschaut und undurchschaubar steht das ziellos ins Leere laufende und mit
seinen „immer neuen Gestalten"[250] ebenso ziellos wuchernde Theaterspiel des
Lebens jedem einzelnen – strukturoffen, stets aufs Neue – erst bevor.

Musikalische Märchenkomödie und poetische Oper:
Das Ungeheuer und der verzauberte Wald (1797/98)

Das vieraktige 'musikalische Märchen' Das Ungeheuer und der verzauberte Wald,
1797/98 während der Entstehung der Verkehrten Welt und des Prinzen Zerbino als
Opernlibretto[251] konzipiert, greift noch einmal den phantastischen Gozzi-Stoff
vom Blauen Ungeheuer auf, den Tieck im frühen Reh (1790) zum Melodrama mit
komischen Einlagen umfunktionierte.[252] Trotz der mehr oder weniger beibehal-
tenen Handlung vom durch bösen Zauber bedrohten Reich[253] samt aller erneut
aufgebrachten phantastischen Elemente als unverhüllt dargebotene Theaterma-

---

[247] Tieck-DKV VI, 569.

[248] Verkehrte Welt, 8; vgl. dazu Nicolais listigen Brief zur Ablehnung der Verkehrten Welt an Tieck
vom 19. Dezember 1797: „Das Exzentrische ist im Grunde leichte Arbeit!" (zit. nach Münz 1996,
151). Pestalozzi (1964, 134) vermutet, daß der Disput zwischen 'Schriftsteller' und 'Leser' im
Stück eine spöttische Antwort auf Nicolais Einstellung darstellt.

[249] „Ihr seid hoffentlich schon geübt und habt im Urteilen etwas getan", charakterisiert der Epilogus
die Fähigkeit des – 'gebildeten' – Lesers zur Beurteilung seines Stücks ohne eigentliche Kenntnis
des Inhalts, „daß Ihr also unsere Komödie gar nicht zu sehen braucht, um zu wissen, was an ihr
ist" (Verkehrte Welt, 10): „Ihr genießt Euch selbst und die hohe harmonische Verwirrung" (44;
Hervorhebung von mir, S.S).

[250] Verkehrte Welt, 44.

[251] Feldmann (1971, 134); zu Tiecks Verhältnis zur Oper vgl. Ribbat (1978, 16).

[252] Daß diese Wiederholung intentional erfolgt, zeigt Tiecks Hinweis auf die in „manchen Zügen
ähnliche Arbeit unter meinen Papieren" (Tieck-S XI, LIV). Explizit betont er anläßlich des Ungeheuers, daß ihm „bei einigen Figuren [...] die Gebilde Gozzi's [...] vorgeschwebt" hätten (LV). Im
Aufgreifen von Motiven früherer Dramen wie König Braddock und Das Reh synthetisiert das
Opernlibretto Gozzis Lustspiel mit Mozarts Singspiel (Paulin 1987, 48f.).

[253] Die machtgierige Königin Climene, zweite Gattin des Königs, läßt ihren Stiefsohn durch die böse
Zauberin Oriana ins Ungeheuer verzaubern, um ihn durch dessen Bruder Aldrovan, der das Reich
von der Not befreien soll, zu eliminieren. Vermittelnde Funktion kommt wiederum den lustigen
Personen aus der Fiabe zu: den Dienern Rondino und Trappola und den Ministern Sebastiano
und Samieli, die jetzt aber im Namen der Vernunft sprechen und gerade so zu lächerlichen Narren mutieren. Errettet wird der Staat durch den guten Vertreter des Feenreichs Elfino. Zur
Handlung vor dem Hintergrund der erwähnten Vorlage Gozzis vgl. Feldmann (1971, 134-137)
mit Hinweisen zu Tiecks Verzicht auf die Konfrontation des empfindsamen Liebespaars Aldrovan und Angelica und die Ersetzung durch einen nicht minder pathetischen Bruderkampf.

chinationen – vom Elfen- und Feenreich über dunkle Zauberer, geheimnisvolle
Zaubermittel, Orakel, Gewitterdonner und Himmelsblitze bis zu Personen- und
Bühnenverwandlungen auf offener Bühne, tanzenden Tieren, magischen Ballet-
ten, Himmelfahrten auf Wolkenwagen, kolossalen Statuen auf den Wolken und
Kämpfen im Himmel usw. –, trotz dieser deutlichen Bezugnahmen also be-
herrscht die erneute Bearbeitung eine bemerkenswerte Transformation des melo-
dramatischen Affekt- und Effekttheaters in Richtung einer „romantischen"
Operndramaturgie.[254] Zwar wird das gegenläufig gedoppelte Experiment – der
Literarisierung und Dramatisierung der Oper durch Integration prosaischer Figurenrede[255] auf der einen, der Musikalisierung und Theatralisierung der phantastischen Märchenkomödie[256] auf der anderen Seite – von Johann Friedrich
Reichardt, Hofkapellmeister in Berlin und wichtige Bezugsfigur für den frühen
Tieck[257], als Auftragsarbeit initiiert.[258] Tieck aber verfolgt die Idee eines
„musikalische[n] Gedicht[s]" nach eigener „Laune" aus dem „neckende[n] Geist
des Widerspruchs"[259] heraus. Und dieser zielt auf eine „praktische Darstellung
[s]einer Theorie über die komische Oper", anläßlich derer Tieck explizit auf die
Poetologie der autonomen Instrumentalmusik in den *Symphonien* der *Phantasien
über die Kunst* verweist.[260]

Die nochmalige Anverwandlung des phantastischen Gozzi-Stoffs versteht sich
von daher in erster Linie als Versuch, den „schneidende[n] Widerspruch des Ge-
sanges und der Rede" aufzuheben, indem beides zugleich „musikalisch dem Ganzen" dienen solle: in der Darstellung einer „dämmernde[n] Traumwelt von lustigen und phantastischen Gestalten, in Begebenheiten, die sich von selbst auseinan-

---

[254] Von der „romantischen Oper" seit Mozart, die wegen ihrer „Unbeschränktheit" eine der
„romantische[n] Komödie" vergleichbare „Mannigfaltigkeit der Formen" ausdifferenzieren könne
und dementsprechend „schwer zu beschreiben" sei, spricht Tieck anläßlich des *Ungeheuers* im
späteren Vorbericht der *Schriften* (Tieck-S XI, XLIXf.), während er in der gesonderten Vorrede
zum Erstdruck von 1800 vor allem die poetologischen Möglichkeiten der „komischen Oper[]" erörtert (Tieck-S XL, 147).

[255] Vgl. Tieck-S XI, 148. „Mir schien es bei meinem Gedicht nothwendig, daß die prosaische, oder
redende Parthie einen nicht unbedeutenden Raum einnehme, ich glaubte, daß das immer wiederkehrende Rezitativ in einer romantischen Oper ermüden müsse; als Gegensatz wollte ich die völlige Unterbrechung der Musik, das Ausruhen des Ohrs im Redevortrag als poetisches nothwendiges Element gleichsam musikalisch benutzen." Zu diesem Zweck integriert Tieck zwei
„sprechende Charaktere, welche niemals singen, den König und seinen vernünftigen Minister
[Samieli]. In diesen prosaischen Naturen sollte die Unmusik sich den phantastischen, abergläubi-
gen, verliebten gegenüber, als nothwendig rechtfertigen" (Tieck-S XI, LIVf.).

[256] „Eben so war mein Bestreben gewesen, die Handlung während der Musik fortschreiten zu lassen,
im Ernsten wie Komischen die Situation, so wie die Geschichte selbst, musikalisch zu machen,
und vorzüglich zum Schluß die musikalischen Elemente und Effekte zu steigern" (Tieck-S XI,
LV).

[257] Vgl. Rath (1996, 50ff.); siehe auch Tiecks indirekte Selbstcharakterisierung in der Schilderung des
fehlenden 'dramatischen Genies' und fehlenden Sinns für das Phantastische und Poetische bei
Reichardt, dessen Musik „sich nach den Mustern Glucks" gebildet habe (Tieck-S XI, LIII).

[258] Vgl. Tieck-S XI, XLVIII u. LVI.

[259] Tieck-Schrift XI, LIII

[260] Tieck-S XL, 149.

der wickeln".[261] Im Gegensatz zum melo- und affektdramatischen *Reh* gibt sich *Das Ungeheuer und der verzauberte Wald* damit tatsächlich als praktische Umsetzung der Poetologie des Wunderbaren zu erkennen, das durch die Musik wahrscheinlich gemacht wird, indem diese den analytischen Verstand einlullend besticht. Das Opernlibretto steht so in einer Linie fortsetzender Steigerung der musikalisierenden Bearbeitung von Shakespeares *Sturm*. Das Vermeiden „schärfere[r] Charaktere" und das Abmildern der drastischen Handlung zum „Mittelweg" einer „allgemeiner gehaltenen" Darstellung, die „weder an Komödie noch Tragödie streifen" soll und das „Grelle und Phantastische" in „feinere Gesinnungen" und „zartere Verhältnisse" zurücknimmt[262], ermöglicht mit der Musik-Begleitung ein „Schauspiel", „das sich unaufhörlich selber widerspricht, ohne sich zu vernichten."[263] Alle Unwahrscheinlichkeiten und Handlungsinkonsequenzen, alle phantastischen Begebenheiten und grotesk-komischen Situationen wie das aberwitzige Buchstabenwürfelspiel des Orakels und seiner Prophetenschüler – Parodie auf die Schicksalssemantik des Melodramas und Persiflage auf die Aleatorik der frühromantischen *ars combinatoria* von Buchstaben zur Freisetzung von Geist[264] – können sich vermittels Musik und alberner Laune[265] wie selbstverständlich vollziehen.[266] Das

---

[261] Tieck-S XI, 149.

[262] Tieck-S XI, 149f.

[263] Tieck-S XI, 149.

[264] Vgl. Tieck-S XI, 210ff. Die Prophetenschüler singen die Buchstaben des Alphabets als diskrete und dergestalt sinnlose Einheiten (211), 'schütteln' und 'rütteln' sie gehörig in Urnen, um aus der zufälligen Kombination der resultierenden Silben „Schik, Zau, Ge, Kö" (212) das richtige Orakel zur Befreiung des Staats zu generieren: „Nun rüttle / Sie tüchtig! / Und schüttle, / Daß flüchtig / Das Herz sei / Von Schmerz frei" (212), meint der sonst nur in vernünftiger Prosa sprechende Minister Sebastiano, der den befreiten Zustand zusammen mit dem Trinker Trappola so recht erst durch alkoholische Intoxikationen herbeiführen kann. Im Gegenzug zum *Reh* liegt das Orakel mit seiner Prophezeiung nun tatsächlich richtig, wenn es die Befreiung des Staats vom bösen Zauber mit dem Tod der intriganten Königin verknüpft, so daß sich der Unsinn der Szenerie jetzt im Taumel der besoffenen Parallelismen Sebastianos und Trappolas freisetzt, die Schein und Wein und „freun" reimen (vgl. 213f.). Auf die Aleatorik zur Hervorbringung von Sinn durch Buchstabenkombinationen rekurriert Sebastianos spätere Kommentierung des Orakels: „Sie würfelten und legten das Orakel zusammen und so geschieht es eigentlich mit aller Weisheit und Klugheit in der Welt. Will was gescheidtes draus werden, so geschieht es, wenn nicht, so läßt es sich durch Verstand nicht zwingen" (219).

[265] Die Selbstcharakterisierung des Stücks als alberne Unsinnspoesie übernimmt einmal mehr eine im Namen der Vernunft sprechenden Figur, Minister Samieli, um die indirekte Aufklärungssatire zu ermöglichen: „Wenn ich seither von diesen Albernheiten so viel habe schwatzen hören, so kam es mir immer vor, als wenn sich ein Dichter aus Muthwillen dergleichen Erfindungen erlaubt hätte, um ein Theater-Stück mit Zauberei, wilden Bestien und dergleich zu componiren" (192). Samieli weiß nicht, daß er Bestandteil dessen ist, was er negiert, eben weil die Existenz dessen, was im Stück ständig passiert, strikt leugnet: „Recht, macht ein Stück daraus, mein Lieber", meint der König dazu, „um sie alle zu beschämen" (192): „Bewahre mich der Himmel, daß ich muthwillig oder gar witzig sein sollte" (193), antwortet Samieli, der so genau zu dem wird, was er dementiert: zum lächerlichen „Narren" (193) im Namen der Vernunft.

[266] Vgl. dazu eine einschlägige Passage aus den *Symphonien* der *Phantasien über die Kunst*: „Diese Symphonien können ein so buntes, mannigfaltiges, verworrenes und schön entwickeltes Drama dar-

überraschende Opernfinale[267] zur Befreiung des Reichs ganz ohne komödienanzeigende matrimoniale Perspektive – „O herrliches Glück! / O herrliches, wunderherrliches Glück!"[268] – vermeidet jeden moralisch-didaktischen Impetus, den noch das *Reh* als konstitutives Element der *Fiabe* zitierte.

Im Spektrum frühromantischer Dramaturgie markiert die 'musikalische Märchenkomödie' in gewisser Hinsicht den Gegenpol zum *Ritter Blaubart*: Vermeidet dieser das Wunderbare, um Widersprüche und Gegensätze als Möglichkeiten figureninterner Komplexität auszuagieren, verbleibt das *Ungeheuer* in der gleichsam äußerlichen Sphäre des Effekttheaters, um es von da aus in einen poetischen Darstellungsmodus zu transformieren. Das Oszillieren zwischen Musik und Literatur in der Doppelung von realem Erklingen und lyrisierender Sprache hebt die Differenz zwischen Absonderlichem und Gewöhnlichen auf. In gozziaffiner Manier bleibt das Modell phantastischer Effektdramatik samt strikter Trennung der Sphären (in der alternierenden Abfolge von Pathos und Komik) zwar generell gewahrt.[269] Die Verselbständigung musikalisch-literarischer Laune aber verschiebt den noch verbesserungsästhetischen Impuls der *Fiabe* ins intentionslose poetische Spiel.[270] Die systemreferentielle Relationierung auf Gozzi und Tiecks eigene frühe Kontamination der *Fiabe* mit dem ins musikalische Märchendrama verwandelten *Sturm* Shakespeares, der sich in Trappolas lallender Poesie des Trinkens und im Motiv des Wahnsinns im verzauberten Wald niederschlägt[271], macht die ironische Relativierung *sämtlicher* Ebenen kenntlich: der pathetischen Empfindsamkeit wie der gespenstischen Sphäre des bösen Zaubers und schließlich sogar der burlesken Ebene selbst – vollzogen als Parodie auf die melodramatische Affekt- und Stimmungsdramatik auf der einen[272], als Belustigung über die versagende Evokations-

---

stellen, wie es uns der Dichter nimmermehr geben kann; denn sie enthüllen in räthselhafter Sprache das Räthselhafteste, sie hängen von keinen Gesetzen der Wahrscheinlichkeit ab, sie brauchen sich an keine Geschichte und an keine Charakter zu schließen, sie bleiben in ihrer rein-poetischen Welt. Dadurch vermeiden sie alle *Mittel*, uns hinzureißen, uns zu entzücken, die Sache ist vom Anfange bis zum Ende ihr Gegenstand: der Zweck selbst ist in jedem Momente gegenwärtig, und beginnt und endigt das Kunstwerk" (Tieck-Wackenroder I, 244).

[267] Bei dem Tieck an die „kühne[]" „Siegessymphonie" von Goethes *Egmont* gedacht haben mag, mit der alle großen Schauspiele oder Opern enden sollten; vgl. entsprechende Überlegungen im letzten Abschnitt der *Symphonien* in den *Phantasien über die Kunst* zu (vgl. Tieck-Wackenroder I, 246).

[268] Tieck-S XI, 268.

[269] Vgl. Feldmann (1971, 136).

[270] Vgl. Feldmann (1971, 137f.), der die Aufhebung der scharfen Figurenkonturierung Gozzis durch die moralfreie Entgrenzung ins launige Spiel kontextualisiert, dem jegliches Pathos abgehe (139).

[271] Trappola ist ein Trinculo *redivivus*: Wein reimt er auf Hain und Trinken auf versinken (Tieck-S XI, 257); wenig später verführt er die Vögel, verzauberte Menschen, zum Besäufnis, so daß sie zusammen mit „andere[n] seltsame[n] Maske[n]" einen grotesk-fröhlichen Tanz veranstalten, der Trappola in die wahnsinnsnahe Dissoziation seiner Figurenidentität taumeln läßt (259), wie überhaupt der latente und offene Wahnsinn im verzauberten Wald des vierten Akts, wo keiner den anderen mehr erkennt (vgl. 266), auf die von Prospero verzauberte Insel in *Sturm* anspielt.

[272] Die Tieck sowohl bei Aldrovan als auch in den Leidensmonologen des menschenähnlichen Ungeheuers inszeniert (vgl. Tieck-S XI, 198f.). „Seht meine Freunde", meint Aldrovan anläßlich des

kraft von Zaubersprüchen[273] und als Verspottung reiner Aufgeklärtheit bei den lustigen Personen auf der anderen Seite. Dies wird u.a. dergestalt vorgeführt, daß der im Namen der Vernunft sprechende Minister Sebastiano, Feind der Oper und „Feind alles Singens" im aufklärerischen Sprechtheater, das Singverbot unversehens als „Arie" dekretiert[274], während Trappola im Zustand der Volltrunkenheit die gegen allen Wahnsinn resistente Wahrung seiner Ich-Identität behauptet.[275]

Gerade weil das *Ungeheuer* in gozzinaher Trennung der Sphären so erkennbar der Handlung des *Rehs* folgt, läßt sich die ironische Wechselabmilderung der Kontrasttechnik in den schwebenden Äthergeist parallelistischer Klangpoesie und heiterer Albernheit gut beobachten. Trotz aller Wahrung von Theatralität mit Hilfe der ganzen Maschinenkunst bis zur offenen Verwandlung des Theaters „in einen prächtigen, unabsehlichen [!] Feenpallast mit wunderbarer Architektur" im Finale[276], trotz der sogar noch gesteigerten Theatralität also inszeniert Tieck den Bühnenzauber letztlich als Theatralitätsironie, die als solche Affinitäten zur *Verkehrten Welt* aufweist. Operngemäß bleibt den Figuren ein fiktionsironisches Rollenbewußtsein jedoch versagt. Die ironische Inszenierung des Bühnenapparats bis zum pompös wunderbaren Opernschluß betreibt weniger drastische Effektdramatik als ein literarisches Spiel mit ihren theatralen Versatzstücken: u.a. eben aus der von Tieck selbst einst fortgeschriebenen Modeerscheinung des Melodramas. Die Nähe des Stücks zur frühromantischen Poetik begründet sich folglich aus der *poetischen* Komisierung der Oper in eine literarisch wie musikalisch wechselentgrenzte Märchenkomödie, in der das Wunderbare selbst ironisch behandelt wird. Darin besteht der entscheidende Unterschied zur aufklärerischen Musikdramaturgie in der von Tieck verspotteten *Zauberflöte*. So vollzieht sich auch die Erlösung des vom bösen Geist verwandelten Walds auf höchst ironische Weise, indem

---

Auftrags, das Reich im wagemutigen Kampf gegen das Ungeheuer zu befreien, „ich werde Euch sogleich folgen, aber erst muß ich noch meinen entzückten Gedanken nachhängen und die Reize der Natur ein wenig genießen" (229).

[273] Orianas und Climenes Beschwörung des bösen Geists Olallin wird in der Stille ihres Lauschens zunächst nur vom eigenen Echo erhört, bis sich eine tiefe Stimme in schwachsinniger Klangpoesie vernehmen läßt, die sich vom typographisch parallel gedruckten Echo als ebenso leerlaufender literarischer Parallelismus wenig unterscheidet: „Ich zwinge sie / Ja! / Aber bringe sie / Heute nicht nah" – „Wir neigen, wir neigen, / Doch zeigen, uns zeigen / Ist uns nicht vergönnt" (Tieck-S XI, 180-184, hier 184).

[274] Tieck-S XI, 156f. [

[275] „Da bestätigt sich doch der alte Satz, daß gewisse Leute nicht unsinnig werden können, wenn man auch alle Anstalten dazu trifft" (Tieck-S XI, 260).

[276] Tieck-S XI, 268. Bemerkenswert ist hier die von Tiecks Dramen sonst nicht praktizierte Literarisierung des Nebentexts, mittels derer er wiederholt das Bühnengeschehen und den Theaterapparat interpretierend ausdeutet: „Eine wunderbare gräßliche Musik, eine Tanzlust befällt alle, seltsame Masken und Gestalten treten herein, ein großes, ausdrucksvolles, magisches Ballet, das Wahnsinnige in wunderlichen, aber nicht widrigen Gestalten darstellt" (267); „das Theater heitert sich nach und nach" (264); „Bäume und Felsen erfüllen in Gruppen das ganze Theater, doch muß alles so eingerichtet sein, daß sich dem Auge nachher ein verworrenes, aber doch angenehmes Schauspiel darbietet" (204) usw.

der Zauber der schönen Fee Allina unversehens durch einen Bogenschuß Elfinos im Wolkenhimmel auf die an einer gegenüberliegenden Wolke mit Donnerschlag aufscheinende „colossale Figur" Olallins „zerschmettert" wird: als Parodie auf *deus-ex-machina*-Lösungen des Dramas also, so daß sich mit dem von den Wolken herabsteigenden Elfino das Theater in den prächtigen Feenpalast zur finalen Feier des 'wunderherrlichen Glücks' verwandeln kann.[277] Die komische Oper, von der zeitgenössischen Ästhetik wie schon von der Genieästhetik „zurückgewiesen"[278], wird zur Parodie auf das phantastisch-aufklärerische Musiktheater der *Zauberflöte*, ihr theatralischer Vollzug zur intentionslosen Theatralitätsironie.

Völlig konventionalisiert erscheint dagegen mittlerweile die Aufklärungssatire, die den in seiner Aberglaubenkritik rein vernunftorientiert argumentierenden Minister Samieli einen zweiten Nestor sein läßt. Obwohl er die Existenz von Ungeheuern, bloße Imaginationen bzw. Fiktionen verrückter Dichter, beharrlich negiert, wird er von einem solchen in die Flucht geschlagen. Einmal mehr gibt es einen komischen König[279], der zwar an nichts mehr glaubt[280], aber Sorge wegen der rufschädigenden Wirkung von Zeitungsberichten über den ins Ungeheuer verwandelten Sohn Volanti[281] und die dem Fortschritt ungünstige Lage des von Verzauberung bedrohten Staats trägt. Zwar weint er „zur Abwechslung" auch „einmal"[282], wenig später nur aber entlarvt sich die ihm von Lessing und Schiller eingebleute Humanität in der tautologischen Legitimation seiner gesellschaftlichen Funktion als Zynismus.[283] Die präzise Schärfe der Tieckschen Absolutismuskritik, die der so harmlos daherkommenden Figurenrede des Königs entbunden wird, ermißt man am Vergleich mit ähnlich konzipierten Passagen in Büchners *Leonce und Lena*, wo die Absolutheit als ebenso lächerliche wie unangreifbare Gewalt königlicher Macht in der ultimativen Tautologie des fichtisierenden „Ich bin ich"[284] kenntlich wird.

---

[277] Tieck-S XL, 267f.; zur rahmenbildenden Funktion dieses Schlusses vgl. den ersten Nebentext, der die Gartensphäre samt Statuen und Springbrunnen mit einer „Endigung der Symphonie" beginnen läßt (151).

[278] Krämer (1998, 772).

[279] Tieck zufolge ist er wie sein Minister Samieli „allgemeiner gehalten", um „als Masken, [...] die von selbst komisch" werden, an Gozzi zu erinnern (Tieck-Schrifen XI, 150).

[280] Tieck-S XI, 165.

[281] Eine spielextern anzusetzende Rollenironie äußert sich darin, daß sich der König bei seinem Sohn darüber beklagt, daß der ausgerechnet die Rolle des Ungeheuers übernommen habe, wo er doch genauso gut „incognito manche andre angenehme Rolle" hätte spielen können (Tieck-S XI, 246).

[282] Tieck-S XI, 166.

[283] „[...] daß ich, der König, nicht regiere, – ich wollte sagen, daß Ihr meine Unterthanen, nicht darum als Unterthanen da seid, weil ich Euer König bin, – sondern vielmehr umgekehrt, – nun paßt auf die überraschende Wendung! – ich bin nur König, weil Ihr da seid, Euretwegen, weil Ihr meine Unterthanen seid – Ha ha ha! nun, hab' ichs nicht sauber getroffen? Was sagt Ihr dazu? Nicht wahr, diese übermenschliche Humanität in mir hättet Ihr nicht vermuthet" (Tieck-Schriften XI, 167).

[284] Büchner (1987, 34).

So steht die komische Oper in unverkennbarer Nähe zur kritischen Aufklärungssatire des *Gestiefelten Kater* und seiner 'Fortsetzung' im *Prinzen Zerbino*, der
wiederum die eigenen spezifischen Affinitäten zum Musikdrama in die mehr oder
weniger rein literarische Klangpoesie verschiebt. Auch im *Ungeheuer* experimentiert Tieck neben aller metrischen Vielfalt mit komischen Formen des literarischen Parallelismus bis in die Veralberung der Unsinnspoesie selbst hinein.[285]
Dies indiziert die gedoppelte – ernst-pathetische wie komische – Poetizität seines
Opernlibrettos. Gewirkt hat Tiecks – auch im Blick auf die zeitgenössische
Opernästhetik – ungewöhnliches Experiment einer komischen Literarisierung dieses Genres nach einem Gozzi-Stoff auf E.T.A. Hoffmann und Brentanos Singspiel *Die lustigen Musikanten* (1803), woraus die Linie von Veroperungen der *Fiabe*
bis hin zu Wagners *Die Feen* entsteht.[286] Bei Tieck erklärt sich die komische Märchenoper zur theatralischen Plausibilisierungsform von Albernheit: „Sogenannte
poetische Ideen", so Trappola dürfe ein „vernünftiger Mensch wohl singen, aber
niemals sprechen"[287], und gesungen werde, so Sebastiano, „in den sogenannten
Opern, weil dort der Menschenverstand augenscheinlich mangelt".[288] Das An-
schmiegen der Märchenkomödie an die Oper begründet die Legitimität und Möglichkeit einer szenischen Unsinnspoesie – hier in der Variante des nicht-
fiktionsironischen Illusionstheaters.

Von der Polemik zu szenischen Allegorien der 'Einen Poesie':
Episierung – Wortoper – Universaldramatik

Literatursatire und allegorische Komödie der Poesie: 'Prinz Zerbino' (1796-1798)

Das 'deutsche Lustspiel in sechs Aufzügen' *Prinz Zerbino oder die Reise nach dem guten
Geschmack*, in einem für Tiecks Verhältnisse vergleichsweise langen Zeitraum zwischen 1796 und 1798 entstanden[289], ist tatsächlich – wie der Paratext mitteilt –

---

[285] „Ei du tugendhaft Gemüthe! / Wüthe, / Schmerz mit tobend wilder Gluth! / Hüte /
Dich, sonst fließt des Feindes Bluts", parodiert Trappola die empfindsame Echopoesie Rondinos und Camil-
las (Tieck-S XI, 188).

[286] Vgl. Feldmann (1971, 140f.).

[287] Tieck-S XI, 153.

[288] Tieck-S XI, 156.

[289] 1796 waren drei, 1797 fünf Akte fertiggestellt, bis 1798 der sechste Akt das Stück beschließt, mit
dem Tieck 1799 die *Romantischen Dichtungen* eröffnet (Schweikert I, 217). Die lange Entstehung,
die sich in der Zweiteilung (Vorherrschaft des Satirischen in den ersten, des Allegorischen in den
letzten Akten) niederschlägt, thematisiert das Stück in der Selbstbestimmung zur Lesedramatik
v.a. dort, wo der 'Setzer' die faktische Unmöglichkeit der Absicht Zerbinos betont, das ganze
Stück zurückzudrehen, weil „die ersten Bogen" eben „schon abgedruckt" seien (Tieck-S X, 333);
zur Metaphorik des Buchs vgl. den Chor des Jägers am Ende des dritten Akts (153) und Zerbinos
Drucklegungspläne seiner Reiserlebnisse (vgl. 145, 177), die erkennbar auf die Murner-Figur in
der *Volpone*-Bearbeitung anspielen, folgerichtig „ohne allen Witz" auskommen wollen (373).

nur „gewissermaßen eine Fortsetzung des gestiefelten Katers": Zwar setzt es mit den ins Gediegene verschobenen Figuren der vorangehenden Theatersatire (König Gottlieb, Hinze, Nathanael von Malinski und Hanswurst als Hofrat) die Literatur- und Absolutismussatire als Märchenkomödie fort, insofern am Hof mit Ausnahme des exzentrischen alten Königs nun die völlig etablierte Aufklärung als Narrheit regiert. Kuriert werden soll Zerbinos Krankheit, seine aus übermäßiger Lektüre überhitzte Phantasie, entsprechend durch die zuletzt aber erfolglos bleibende Bildungsreise nach dem guten Geschmack, die der rationalistische Zauberer Polykomikus anempfiehlt. Über die szenische Bildungsromanpersiflage hinaus, die mit der Reise im vierten Akt Platz greift[290], führt die Tendenz der ganzen Komödie aber insgesamt weg von den theatralitätsironischen Spielen hin zum ersten Universaldrama der Romantik: zur allegorischen Darstellung und Selbstauslegung von Möglichkeiten und Grenzen einer neuen Poesie, in der nun auch Friedrich Schlegel gegenläufig zu seiner zurückhaltenden Beurteilung des *Gestiefelten Katers* die Einlösung der Idee vom romantischen Buch erkannte.[291] Werkgenealogisch gesehen wie auf die textinterne Organisation bezogen repräsentiert *Prinz Zerbino* damit die zentrale Schaltstelle zwischen (parabatischer) Literatursatire und (episierender) Universalisierung auf der einen, frühromantischer Literaturtheorie und praktischer Demonstration der neuen Poesie auf der anderen Seite – dies eben nun auch im Kontext polemischer Gruppenbildung des Jenaer Kreises gegen die idealistische Kunstprogrammatik der Weimarer Klassik, die sich in Schillers ästhetischen Schriften, den *Xenien* (1796) und dem intensivierten Briefkontakt mit Goethe formiert. Das romantische Universallustspiel schreibt die poetisch-anthropologische Ambivalenz des *Ritter Blaubart* in eine nun auch verfahrenstechnisch versatile und entsprechend auslegungsbedürftige Textur fort. Diese wird zum hermeneutischen Problem, das auch die Revitalisierung idealer Poesie in der allegorischen Versammlung *positiver* literarischer Traditionen jenseits der aktuell diskutierten Literaturkonzepte nicht mehr bändigen kann. Die Satire auf die Literatur der Aufklärung wiederum spaltet sich textintern in die Literatur- und Hofsatire auf der einen, die episierende Persiflage auf zeitgenössische Bildungsideen auf der anderen Seite: mit Affinitäten zur gleichzeitigen *Theegesellschaft* als launigen Konversationskomödie im Gefolge der Adaptation Ben Jonsons einerseits, zu einer dramatischen Travestie auf zeitgenössische Prosaformen andererseits, die als Autobiographie, Reisebeschreibung oder als Bildungsroman den literarischen Markt zu beherrschen beginnen.

Das Projekt der szenischen Universalpoesie, die das Synästhesie-Postulat der *Herzensergießungen* und *Phantasien über die Kunst* dramatisch umzusetzen unternimmt

---

[290] Das Motiv der satirischen Reise, die „bloß veranstaltet" werde, um den Helden „reisen zu lassen" und „auf unnützen Reisen auszubilden", zitiert Tieck im gleichzeitigen *Straußfeder*-Text *Ein Tagebuch* von 1798 (Tieck-S XV, 317, 326); vgl. dazu Brummack (1979, 80f.).
[291] Vgl. Mennemeier (1971, 295f.), Marelli (1968, 158), Catholy (1982, 230-232) und F. Schlegels begeistertes Sonett auf den *Zerbino* im dritten Band des *Athenäum* von 1800 (Athenäum III, 237).

und tatsächlich sich nun auch Friedrich Schlegels frühromantischer Literaturtheorie annähert, verfolgt die Komödie erstmals ohne strukturprägende Stoffvorlage[292] als kaleidoskopisches Mosaik witziger Spielgemälde[293] und literarischer Bezugnahmen: auf vorbildliche Autoritäten der Weltliteratur im 'Garten der Poesie', auf die verspottete Literatur der Aufklärung und schließlich auf Tiecks eigene Werke, die bis in die vorromantische Phase des Schülers zurückdatieren. „Vieles namentlich im Kater, der verkehrten Welt und dem Zerbino", schreibt Tieck im Vorbericht zu den *Schriften*, „ist nur wörtlich wiederholt, was ich zufällig in diesem oder jenem Zirkel vernahm, oder was auch wohl im Streit als scharfe Waffen gelten sollte".[294] Unterlegt wird der disparaten Vielfalt satirischer Zitate und systemreferentieller Anspielungen – teils völlig in sich verspiegelt, teils offen angezeigt – eine basale Folie des Werturteils, die aus der Bifurkation der beiden maßgebenden Vollzugsformen zeitgenössischer Literatur gewonnen ist: der klassizistisch gebändigten und entsprechend als karg attribuierten Maß- und Regelpoesie auf der einen, der verwilderten Mannigfaltigkeit der 'Einen Poesie' auf der anderen Seite. Als „Animationsform des epischen Dichterkatalogs"[295] defiliert diese Poesie von Dante, Petrarca über Ariost, Tasso, Cervantes, Hans Sachs, Sophokles und Shakespeare (außerhalb des Gartens)[296] in einer Art allegorischen Reigens vorbei, um deren Möglichkeit nun auch für die 'deutsche' Literatur auszuweisen: Dabei indiziert die akzentuierende Eindeutschung „Ludwig Ariost"[297] selbst das mittlerweile erlangte Selbstbewußtsein Tiecks, neben Goethe zu dieser neuen Literatur maßgeblich beitragen zu können.[298]

---

[292] Der von der Forschung geltend gemachte Bezug auf Gozzis *Liebe zu den drei Pomeranzen* bleibt partikular, selbst wenn *Prinz Zerbino* die gozziaffine Kontrasttechnik formal beibehält, um sie in ein davon gänzlich verschiedenes Amalgam permanenter Verkehrungen zu transformieren; zu den Gozzi-Bezügen des *Zerbino* vgl. Marelli (1968, 129-159), Catholy (1982, 225f.); im 'Garten der Poesie' darf Gozzi bezeichnenderweise nur einen einzigen Satz äußern, nämlich den, daß etwas eine „gute Maske" darstellte (vgl. Tieck-S X, 276).

[293] Zur szenischen Vollzugsform der Arabeske im *Zerbino* vgl. Kluge (1963, 104-114, hier 114).

[294] Tieck-S VI, XXXIVf.; vgl. dazu auch Tiecks ungewohnt ausführliche Selbstkommentierung von Zitaten und Anspielungen auf die im Publikationsjahr der *Schriften* (1828) unbekannt gewordenen Autoren der Zeit (Tieck-S X, XXXIX-LII). „Ein erschöpfender Commentar zu Zerbino würde in der That eine vollständige Uebersicht der poetischen Literatur am Schlusse des vorigen Jahrhunderts abgeben" (so Henrik Steffens; zit. nach Hölter 1989, 354).

[295] Hölter (1989, 356).

[296] Seinen Sonderstatus außerhalb des 'Gartens der Poesie' in der Kraft zur Vermittlung von Regellosigkeit (der „Sprache der Natur") und „Kunst" zum „schöne[n] Spiel" formuliert Shakespeare selbst gegenüber Zerbino (vgl. Tieck-S X, 296-298; dazu Hölter 1989, 362; Ribbat 1978, 204).

[297] Tieck-S X, 275. Im Vergleich zu Dante, dem Hölter die „wichtigste Rolle" im Garten der Poesie zuweist (1989, 357), sei Ariost „amüsanter wie jener Brummbär", meint Nestor im Zusammenhang dieser indirekten Selbststilisierung Tiecks, „aber verteufelt unmoralisch" und nicht zuletzt v.a. sorglos: „wie habt Ihr [Ariost] so manches beim Durchfeilen können stehn lassen?" (275).

[298] Zur Rolle Goethes, die von Dante, Shakespeare und Cervantes her definiert wird, vgl. Hölter (1989, 358-365, 362) mit Beobachtungen zur indirekten Satirisierung der Aufklärung in der Unbelehrbarkeit Nestors, die auf Nicolai zielt. Im *Zerbino* kommt Goethe neben den noch zu erläu-

Alternierend unterbrochen wird die satirisierte Staatsaktion der 'Prosaischen' zur Heilung des Prinzen[299] vom vielgestaltigen Lyrismus der 'Poetischen' in der Dorus-Lila-Helikanus-Handlung. Über die Parodie empfindsamer Idyllik hinaus treibt auch diese Gegenwelt das „Spiel der Vertauschung von Gegensätzen"[300] konsequent fort, insofern in der freien Natur Verbitterung, Mißmut, Leid und Einsamkeit[301] und der Überdruß an Stimmungspoesie bis zur ostentativen Selbstinszenierung als Kitsch Platz greifen.[302] Bleiben die beiden Sphären im „ungewebt Gewebe"[303] lange Zeit mehr oder weniger unverbunden nebeneinander gesetzt, scheitert die szenische Vermittlung der positiven Poesie mit der satirisierten Politik endgültig im 'Garten der Poesie', indem sich der Gegensatz zwischen Hof und Natur an der Unberührtheit Nestors zur Unversöhnbarkeit verschärft, selbst wenn sogar er sich zwischendurch von der Poesie des Schäfers zu jambischem Sprechen affizieren läßt.[304] Die politische und literarische Satire ver-

---

ternden Bezugnahmen auf den *Triumph der Empfindsamkeit* nur indirekt mit einem Zitat aus dem *Faust*-Fragment (vgl. 358) und über Bürgers Souffierung seines Namens ins Spiel (Tieck-S X, 281); vgl. dazu Tiecks Selbstkommentierung der Stelle (Tieck-S VI, Lf.) und Hölters Kontextualisierung, der im Garten der Poesie das „Elysium" bzw. eine „Jenseitsvision" erkennt (1997, 22).

[299] Darin zeigt sich eine bestimmte thematische Nähe zu Klingers *Prinz Seidenwurm*, auf den im Zusammenhang deutschsprachiger Vorbilder für die parabatische Theatersatire hingewiesen wurde, wobei die Erfolgsprobleme des Staats jetzt aber nicht aus der Dummheit, sondern aus dem durch Lektüre verdorbenen Gemüt resultieren. Die Dummheit selbst bespricht Hanswurst in der witzigen, aber völlig in sich paradoxierten Allegorie zu ihrer Entstehung als Anekdote vom Paradies: Erfunden von den Engeln aus Mitleid mit den Menschen, die seit dem Genuß des 'baumfleckigen' Apfels der Erkenntnis (Tieck-S X, 33) dem permanenten Streben nach einer „unglückselige[n] Vernunft" und dem Bewußtsein des Todes ausgeliefert sind (32f.), werden die Erdenbewohner durch sie erst „liebenswürdig" (33). Die Dummheit selbst ist eine Baumwollpuppe, hergestellt aus Gewächsen abseits des Paradieses, wo eine „Art von Küchengarten hinter dem eigentlichen Park" liege, der „bloß für Thiere angelegt war" (33). Mit Erfolg geben die Engel die Puppe als „wahren Verstand" (33) aus, denn die Menschen verteidigen das Gebilde seitdem gegen all die Anfechtungen, es handele sich um die Dummheit, als Weisheit. Die Dummheit ist folglich fixe Erfindung zur Gewährleistung nützlicher Taten *und* Selbstverblendung als Form wiedererlangter Naivität, die das Leben überhaupt erst ein wenig erträglicher macht.

[300] Ribbat (1978, 202). „Verkehrt ist alles in den süßen Possen" (F. Schlegel: Zerbino; Athenäum III, 237).

[301] V.a. Helikanus artikuliert seine Verzweiflung und das Leiden am „zerstückte[n] Sinn" (Tieck-S X, 226): „Abseits muß ich bei diesem Schauspiel stehn, / Jedwede Freude war mir ungetreu" (360).

[302] Zahlreich sind im *Zerbino* die Passagen der Selbstverspottung aus Überdruß an der stereotyp gewordenen Stimmungspoesie: „Ich sang, weil ich nichts bessres grade wußte", so Lila (Tieck-S X, 81; zur Selbstthematisierung ihres allzu 'lauten' Singens bis zur Selbstpersiflage als empfindsamer Kitsch vgl. 78, 114f.). „Immer dasselbe! Immer dasselbe!" beklagt Nestor den Gesang der Rosen (261), später auch als Spott auf den ständigen Waldhornklang im soeben erschienenen *Sternbald* (292). Explizit wird die ironische Selbstrelativierung des ermüdenden, weil überhaupt viel zu 'langen' Stücks v.a. in den chorischen Kommentaren des Jägers (vgl. u.a. 97, 381).

[303] Tieck-S X, 155.

[304] Tieck-S X, 248ff. Das Riechen an seinem 'Nothanker', Nicolais Roman *Leben und Meinungen des Herrn Magister Sebaldus Nothanker* (1773-1776), der 1799 gerade in vierter Auflage erscheint, führt ihn aber sogleich zur vernünftigen „Prose" zurück (250).

wandelt sich in personale Literatursatire, wo Nestor den positiven weltliterarischen Vorbildern Tiecks seine eigenen Heroen des goldenen Zeitalters, der
'deutschen' Poesie – Hagedorn, Gellert, Geßner, Kleist, Bodmer und Wieland –
entgegenstellt.[305] Auf diese Weise entbindet Tieck der Konfrontation gegensätzlicher Dichtungsprogramme das *indirekte* Projekt einer universalisierenden Anverwandlung mannigfaltiger Literatur als szenischen Poesie[306], die die nachfolgenden
Großdramen als literarisches Spiel mit der Vielfalt ihren Möglichkeiten[307] und als
unabschließbare Jagd aus Einsicht in deren Unerfüllbarkeit betreiben werden.[308]

   Die illusionsironische Theatersatire verschiebt sich damit endgültig hin zur
Darstellung und allegorischen Selbstausdeutung der Produktivität von Poesie.
Auch die szenische Fiktionsironie wird episch, weil sie sich nun nicht mehr gegen
die Mängel der theatralischen Umsetzung, sondern gegen den 'Verfasser' selbst
richtet, indem die Figuren direkt gegen die auktoriale Präokkupation ihrer Existenz rebellieren: sei es, daß sie sich über den Eigensinn der Einfälle, denen sie als
unbeherrschbarem 'Schicksal' ausgeliefert sind, beklagen[309], sei es, daß sie das

---

[305] Tieck-S X, 280. Tiecks Vorbehalte gegenüber Wieland und der aufklärerischen Schwärmersatire
       Don Sylvio von Rosalva (vgl. 277, 279) bestehen mehr oder weniger unverändert noch in der späte-
       ren Kritik an der Sinnlichkeit und einer bloß lehrhaften Ausrichtung der Werke (Tieck-S VI,
       XLVII-L).

[306] Einsichtig erfaßt diese Dialektik von Selbstvernichtung und indirekter Hervorbringung der idea-
       len Poesie Kluge (1963, 111f.): „Die satirische Verspottung der Prosaischen geschieht immer von
       den Voraussetzungen der Poetischen aus, die aber ihrerseits wieder von den anderen angegriffen
       werden und nur relative Überlegenheit besitzen. Beide Positionen relativieren sich gegenseitig und
       drohen sich untereinander in ihren Voraussetzungen und Gültigkeitsansprüchen aufzuheben,
       wenn sich das Wechselspiel nicht immer neu erzeugen würde": in einer „'Taschenspielerei mit
       Standpunkten'". Das Lustspiel endet, „wenn man dieses Bedeutungsgeflecht im Auge" behalte,
       „nicht nur mit der Zurücknahme der Poesie, sondern mit deren gleichzeitiger Rechtfertigung und
       Begründung aus dem Phantastischen, Närrischen im höhere Sinne" (112).

[307] Die Selbstbegründung des *Zerbino* zum 'autonomen', „aus Luft gewebten" „Spielwerk" der
       „Phantasie" ohne Ziel und Zweck, dem der „Verstand so gänzlich fehle", artikuliert der Prolog
       (Tieck-S X, 5); vgl. zudem die chorischen Zwischenstücke des Jägers: „Das bunte Gewimmel von
       Tongemeng, / Was spricht's zu vernünftigen Leuten? / Ist alles nur leider sein selbst willen da, /
       Kräht nach unserm Sinne weder Hund noch Hahn" (152).

[308] Die Unerfüllbarkeit der idealen Poesie in der Unmöglichkeit einer Stillstellung der „Rennbahn
       unsrer herzgeliebten Wünsche", metaphorisiert in der Unendlichkeit des 'Schmachtens' und
       'Sehnens' nach dem „fremde[n] Land" (6) in den rahmenbildenden Kurzversen des Jägers, for-
       muliert der Prolog mit seinen letzten Worten: „Da wir als Sterbliche den schönen Ort / Nicht
       selbst besuchen dürfen" (7). Erfüllung fände diese Poesie nur im Tod, ihr *modus vivendi* ist daher
       notwendig das unendliche Sehnen.

[309] „Daß wir nun vollends gar nicht existieren", beklagt der kindisch gewordene alte König die derart
       über ihn verhängte Selbstdemontage seiner Existenz durch Fiktionalitätsbewußtsein im impliziten
       Vergleich mit ganz ähnlichen Formulierungen des *Prologs*. „Der Idealist ist schon ein elend Wesen,
       / Doch ist er anzunehmen stets genöthigt, / Daß sein Dasein doch etwas Wahres sei; / Doch
       wir, wir sind noch weniger als Luft, / Geburten einer fremden Phantasie, / Die sie nach eigen-
       sinn'ger Willkühr lenkt. / Und freilich kann keiner von uns wissen, / Was jener Federkiel uns
       noch bescheert. / O jammervoll Geschick dramat'scher Rollen! / [...] / Nein, leben, sprechen,
       was ein andrer denkt, / Und abgeschmackt sein, nur weil er es will, / Mit Blei-Soldaten spielen,

Füßhromantik: *Prinz Zerbino* 337

ganze Stück zurückzuschrauben versuchen, oder sei es schließlich, daß sich Helikanus und der Jäger (vormals ein Zuschauer der parabatischen Theaterkomödien)
zu spielexternen Kritikern der ermüdenden Extension eines albernen und unsin-
nigen Stücks verurteilt sehen.[310] Derartige Formen der ultimativen Radikalisierung von Standpunktlosigkeit ziehen schlechterdings alles in Zweifel, sogar den
ästhetischen Wert seiner selbst durch Vorwegnahme der vernichtenden Kritik
seitens des Literaturbetriebs: „Was meinst Du, wird die Welt zu seinem [des Ver-
fassers] Stück, / Das nicht ein Stück von einem Stück' ist, sagen", befragt Hanswurst den alten König in Differenzmarkierung zu den parabatischen Spiel-im-
Spiel-Satiren über den „Aberwitz" dieser „wildesten" Komödie „von allen".
„Schon recht, ich seh' es schon", meint dieser als zur Hilflosigkeit degradierte Figur mit resigniertem Gespür für die gewiß zu erwartende Ratlosigkeit der aufklärerischen Kritik (etwa Nicolais),

> wie würdige
> Gelehrte Männer ihre Achseln zucken.
> Und wenn sie nur an diese Stelle kommen
> (Und, o der Leser kömmt doch endlich hin
> Und wenn er noch so lange warten muß,)[311]
> Was muß er vollends dann zu dieser sagen?
> Wird er nicht meinen, daß es doch zu toll sei,
> Wenn man die Tollheit toll zu machen strebe?
> Indessen ihm geschieht schon recht, er hat's
> An uns verdient, und es gereut mich nur
> Und schmerzt mich innig, daß er meine Rolle
> Benutzt, mir dieses in den Mund zu legen.[312]

---

nur weil er / Es streng befiehlt, – o zeige mir den Sklaven, / Der in der Kette nicht noch freier
ist." (Tieck-S X, 148). Die gebundene Rede signalisiert die Nähe der Exzentrizität des alten Königs zu Zerbino, insofern seine Kindischkeit jede Heilung zur Vernunft verweigert (vgl. 46, 145).

[310] „Ich bin es satt, des eklen leeren Schauspiels", so Helikanus, „Wo nichts zusammenhängt und nur
Geschwätz / Die müß'gen Scenen füllt. Die Eitelkeit, / Der nicht'ge Übermut, Verstellung,
Falschheit, / Und Langeweile, die als Narr im Stück / Belust'gen soll, sind alle mir verhaßt"
(Tieck-S X, 72). Beim Jäger ist es die Strafe der Götter wegen seines früheren Hochmuts, die ihn
zum Kritiker des Stücks verurteilt, obwohl ja eigentlich niemand mehr an Götter glaube: „Ich
war, wie Ihr, in meinen bessern Tagen / Zuschauer einst, bei einem bessern Stücke, / Als dieses
ist: ich saß und schüttelte / oft mit dem Kopf und machte weise Mienen / [...] / So zeigte sich
der Zorn der Götter, (Freunde / Ihr glaubt doch Götter? thut's um Gottes willen!) / Sie legten
mir zur schweren Strafe auf / Als Chorus durch dies lange Stück zu wandeln, / Prologus und
Epilogus zu werden, / Um Euch zum günst'gen Mitleid umzudrehen; / Erbarmt Euch, laßt Euch
doch das Stück gefallen" (Tieck-S X, 96f.). Selbst das erflehte Mitleid verwandelt sich in eine ironische Reminiszenz auf die aufklärerischen Wirkungsintentionen einer überlebten Theaterpraxis.

[311] An dieser Stelle ist ein Endpunkt literarischer Selbstreferentialisierung erreicht, indem der Text
davon spricht, was er gerade vollzieht: an die Stelle angelangt zu sein, die sich soeben konstituiert.

[312] Tieck-S X, 148f. Zur externen – philologischen – Kritik der ästhetischen Schwäche, die das Stück
sich selbst attestiert, von Tieck folglich offensichtlich bewußt in Kauf genommen, wenn nicht gar
bewußt (als Vorab-Kritik am Theorem der progressiven Universalpoesie?) inszeniert worden ist,
vgl. Catholy (1982, 240f.), Ribbat (1978, 205). Einen neuartigen Status literarischer Verfaßtheit

Die Episierung und Selbstironisierung dieser Transformation szenischer Rede vollzieht sich damit insgesamt auf mindestens dreifache Weise: durch die romanartig ausufernde Extension einer mit dem *Zerbino* initiierten Universaldramatik zum ersten, die allegorische Selbstauslegung vermittels einer die Tollheit und Maßlosigkeit nicht mehr entschuldigenden epischen Instanz nach dem strukturellen Vorbild der Gower-Figur aus Shakespeares *Perikles* zum zweiten[313]; schließlich zum dritten durch die spielinterne Selbstreflexion des dramatischen Eigensinns gleich den von Cervantes und Sterne etablierten Formen intradiegetischer Selbstthematisierung narrativer Texte, die Tieck zuerst in den *Straußfeder*-Satiren erprobte. Zu beobachten sind diese im *Zerbino* an einer Literarisierung des Figurenbewußtseins, die nun ganz ohne satirisches Parterre bei der Selbstwahrnehmung, literarische Figur eines dramatischen Texts zu sein, auskommt.[314] Das Fiktionsbewußtsein wird demzufolge jetzt dadurch literarisiert, daß eine dramatische Figur die funktionalen Kalküle ihres 'Verfassers' am eigenen Leib erfährt, ohne ihnen noch einen rollenironischen Vorbehalt als Rebellionspotential innerhalb der Bühnensituation entgegensetzen zu können. Ohne jeden Spiel-Raum muß der alte König das tödliche 'Schicksal' des fünfzehnten Bleisoldaten[315], unsinniger Einfall seines Autors und „witzig-bittere Abbildung der Ironie des Daseins"[316] zugleich, bedingungslos exekutieren.

Sämtliche Transformationsstufen zwischen Fiktionsironie und Episierung entgrenzen den dramatischen Modus in die potentiell unabschließbare Reihung kontrastmannigfaltiger Episoden, die schon die sechsaktige Anlage[317] ohne eigentlich

---

kann man dem *Zerbino* also auch insofern zuschreiben, als er konventionelle Formen literarischer Selbstbewahrung – besonders durch Selbstimmunisierung vermittels der Werk- und Autorfunktion – gegen die erwartbare externe Kritik preisgibt und gleichsam zu einer Form nicht-identischer Literatur vordringt, die als solche sich gegen Kritik immunisiert, indem sie die eigene Unvollkommenheit ausstellt.

[313] Strukturprägend bleibt dieser Bezug in Form einer das dramatische Geschehen kommentierenden spielexternen Instanz von der *Genoveva* bis zum *Kaiser Octavianus*. Auf die Vorbildfunktion des *Perikles* hat Tieck wiederholt hingewiesen; vgl. dazu für den *Zerbino* Catholy (1982, 231).

[314] Selbst das Volk reflektiert seinen Status, *dramatis personae* zu sein (vgl. Tieck-S X, 197); vgl. dazu auch die Marktplatzszene mit Parodie der königlichen „Parole", die auf den unverständigen Bauer ohne Wirkung bleibt, weil diese offenbar nichts zum Essen ist (24-28, hier 27).

[315] Vgl. Tieck-S X, 53.

[316] A. Schmidt (1990, 305).

[317] Im Gefolge der Forschung (u.a. Catholy 1982, 233ff.) erkennt Hölter (1989, 354) darin eine Bezugnahme auf Goethes komisches Singspiel *Triumph der Empfindsamkeit* (1787), das im übrigen nicht nur das Motiv des antiken Orakels, sondern auch bereits Elemente der Illusions- und Theatralitätsironie als Satire auf das empfindsame Monodrama in einer Weise durchspielt, die man gemeinhin erst Tieck zurechnet. Zum „durchgehend[en] Librettocharakter" des *Zerbino* nach dem Vorbild von Goethes komischem Singspiel vgl. Catholy (1982, 229 u. 233). Die Selbstreflexion der Sechsaktigkeit im *Triumph der Empfindsamkeit* äußert sich in Andrasons Perorationen über den allzu verwickelten Stand des Geschehens am Ende des fünften Akts, der einen weiteren Akt notwendig mache, wenngleich nur noch ein Wunder dem Stück eine Entwicklung und ein motiviertes Ende verleihen könne (das aber dann in rein aufklärerischer Didaxe aufgeht).

konfliktlösenden Schluß[318] bei szenenintern aufgegebener Durchnumerierung als Strukturironie selbst anzeigt.[319] Präludiert wird die Unabschließbarkeit der 'Suche' im rahmenbildenden 'Jagd'-Motiv des Jägers, der als Prolog, Epilog und begleitender Chorus das punktelle Erhaschen poetischer Augenblicke zum eigentlichen Zweck des Stücks erklärt. Der unentrinnbaren Zeitlichkeit von Aufscheinen und Vergehen unterworfen, ist diese Jagd zu einer Daueraufgabe geworden, weil sie weder stillgestellt noch zu Ende zu bringen ist. Den werkbegründenden Abschluß einer strukturoffenen und damit konstitutiv fragmentarisch gewordenen Form des Dramas gewährleistet nur noch die ostentative Willkür und Artifizialität eines witziges Einfalls: das Zurückdrehen des Stücks zur Selbstauslöschung des Protagonisten als Erlösung von seinem Rollenleiden[320], das mit dem Einschreiten der 'Poetischen' (Helikanus) und des Verfassers samt der von diesem herbeigerufenen Hilfstruppe aus Setzer, Leser und Kritiker, den bornierten Rezeptionsinstanzen des aufgeklärten Literaturbetriebs also, jedoch auf halber Strecke steckenbleibt – um so den Bestand des Dramas zu gewährleisten.[321] Zwar finden Zerbino und Nestor den guten Geschmack nicht. Die Einkerkerung zur Probe auf die Überwindung der Krankheit macht beide am Schluß samt den Poetischen selbst aber zu nützlichen Mitgliedern der Gesellschaft, ohne daß diese Konsequenz in irgend einer Weise dramatisch motiviert wäre.[322]

---

[318] Weder wird Zerbino tatsächlich geheilt noch gibt es einen matrimonialen Schluß; nur Polykomikus versöhnt sich mit Satan. In der fortherrschenden Aufklärung wird folglich das Narrentum fortleben, zumal sich im finalen „Cirkus" der „ganze[n] Nation" (Tieck-S X, 379) sogar die 'Poetischen' „dem allgemeinen Besten" und Nützlichen verpflichten (Tieck-S X, 380).

[319] Entsprechend relativiert Tieck die finalisierende Funktion des fünften Akts, den man am besten ganz abschaffen solle, weil er die plötzliche Entwicklung des Helden ohnehin nicht motivieren könne (Tieck-S X, 207): „So wird sich auch dies bunte Spiel vollenden", meint der Jäger zur Abschließbarkeit eines Stücks erst im Tod, „Der Vorhang sinkt zuletzt und jeder meint, / Wie er sechsmals sich aufrollt, so könnt' er / Mit gleichem Grund es siebentens versuchen, / Und eben so zum achten, neunten mal, / Und dennoch wird er endlich ruhen bleiben / Und wie ich wette, ohne alle Ursach, / Wenn Willkür nicht hinreichend Ursach ist. / [...] Wer christlich denkt, gewiß die Wahrheit kennt, / Daß Tod und jüngster Tag macht jedem Ding ein End! – " (311f.). Daß Tieck den 'Garten der Poesie' in den 5. Akt verlegt, erhält so eine strukturironische Bedeutung.

[320] „Durchdringen will ich durch alle Scenen dieses Stücks, sie sollen brechen und zerreißen, so daß ich entweder in diesem gegenwärtigen Schauspiele den guten Geschmack antreffe, oder wenigstens mich und das ganze Schauspiel so vernichte, daß auch nicht eine Szene übrig bleibt. [...] damit unsere mühseligen Existenz aufhört, und das Gedicht, das uns elend macht, wie Spreu in die Lüfte verfliege" (Tieck-S X, 329f.).

[321] Tieck-S X, 333ff. Leser und Kritiker erklären sich damit zur Instanz, die neue Poesie in einem marktförmig organisierten Literaturbetrieb allererst zu ermöglichen (vgl. 338). Die neuartige Freiheit ihrer Formen und Einfälle ist folglich an die 'vernünftigen' Gegeninstanzen ihrer selbst gekettet, weil sie sonst in die völlige Annihilierung durch Selbstzurücknahme mündete. Zur paradoxen Bindung 'autonomer' Kunst an das gesellschaftliche und literarische Feld, das sie diskreditiert, vgl. Bourdieus (1999) institutionensoziologische Rekonstruktion der Verabsolutierung der literarischen Form bei Baudelaire und Flaubert.

[322] Zur mehr oder weniger kontingenten Auflösung der Partialkonflikte einzelner Figuren vgl. Ribbat (1978, 204).

Neben der für Tiecks Texte generell signifikanten Zeitlichkeitsstruktur in einem luftigen „Spiel mit der Willkür"[323] ist das Jagd-Motiv auch intertextuell auf die von Tieck bislang erprobten Literaturmodelle hin semiotisiert: Die Suche nach dem guten Geschmack ist Selbstpersiflage auf die eigenen literarischen Jagden im Durchspielen von Dramenmodellen. Am Ende des vierten Akts, an bezeichnender Stelle vor dem 'Garten der Poesie', läßt Jeremias, der tolle Diener des Polykomikus, Tiecks frühe Dramenexperimente als Marionettentheater in der 'Wüste' vorbeiziehen: als „moralisches", „menschheitsschwächenverbesserndes" und entsprechend karg attribuiertes Aufklärungstheater[324], dem Tieck offensichtlich selbst die parabatischen Komödien zurechnet, wie den in die Aufführung eingeblendeten Zuschauerreaktionen abzulesen ist.[325] Vor dem Hintergrund des nunmehr offenbar erlangten Selbstbewußtseins, freiere Möglichkeiten der Poesie durchspielen zu können, reinszeniert Tieck das eigene dramatische Frühwerk – in einer Art szenischen Autobiographie seiner epigonalen Jagden durch die 'Wüste' längst anachronistisch gewordener Dramenmodelle: Dem besserungsdramatisch ausgerichteten Prolog von Jeremias[326] folgt ein Königsdrama in Alexandrinern (mit einer Parodie auf den Botenbericht der antiken Tragödie)[327], unterbrochen von parabatischen Zuschauerkommentaren, die die Unnatürlichkeit gereimten Sprechens bemängeln[328], weshalb Jeremias sich zum bürgerlichen Familienstück bequemt, mit dem Tieck den eigenen *Abschied* alludiert.[329] „Nicht wahr? das ist auch nichts Rechts", meint der epische Organisator, der als Spiegel der epischen Instanz 'Jäger' spielintern hinter dem Vorhang 'hervorguckt': eben „nicht rührend genug"[330], so daß erst die Sturm-und-Drang-Manier des anschließenden Vater-Sohn-Stücks endlich die Tränen der Zuschauer fließen läßt.[331] Abgelöst wird dieses dritte Puppenspiel zuletzt durch „etwas recht Wunderbares", bei dem die Musikbegleitung das Melodrama bzw. die Oper anzeigt (und damit Tiecks präzises Verständnis der Affinitäten zwischen Sturm und Drang und zeitgenössischem Musiktheater).[332] Außerhalb des 'w/Wüsten-Theaters' erfolgt am Ende des fünf-

---

[323] Vgl. Frank (1972, 354-360), der im *Zerbino* die radikalste Ausprägung der ätherischen 'Verflüchtigung des Dialogs' erkennt.

[324] Tieck-S X, 198. Die Dürftigkeit dieser Poesie der Naturgemäßheit ist auf Sand gebaut (vgl. 319) und symbolisiert sich in der Kargheit nützlicher Wüstenpflanzen (vgl. 319-325).

[325] Vgl. Tieck-S X, 198. Die Zuordnung des *Gestiefelten Katers* zum Aufklärungstheater bestätigen die reformpädagogischen Pläne Stallmeisters, die sich den „Kater" zum „Patron" erklären (304f., vgl. auch 219). Beim *Jüngsten Gericht* (1800) wird dem Autor die Verspottung „würdige[r] Schulmänner" und der „Verbesserung der Schulen" vom höchsten „Richter" persönlich um die Ohren gehauen (Tieck-S IX, 358).

[326] Tieck-S X, 199.

[327] Tieck-S X, 200f.

[328] Tieck-S X, 202.

[329] Tieck-S X, 204f.

[330] Tieck-S X, 204.

[331] Tieck-S X, 206.

[332] Tieck-S X, 209f.

ten Akts schließlich noch die Reminiszenz auf die 'Theegesellschaft' mit Anspielungen auf den reisenden Engländer der *Volpone*-Bearbeitung[333], während zahlreiche Nebentexte und weitere Szenarien im allgemeineren Sinn dramatische und literarische Modelle des 18. Jahrhundert ins Spiel bringen: Das Wirtshaus ist Ort zufälliger Begegnungen der Stände im Bürgerlichen Trauerspiel[334], die „allegorische Schmiede" und „Mühle" macht sich über die Maß- und Zerkleinerungsmetaphorik auf die Aufklärung hin transparent[335]; ein Nebentext wie „auf einem Berge"[336] schließlich inszeniert den von Tieck zur gleichen Zeit auch im *Sternbald* und im *Gestiefelten Kater* mehrfach zitierten Erhabenheitsdiskurs um 1800.[337] Zu den Ebenen impliziter Selbstparodie, die hier kaum vollständig aufzulisten sind[338], zählt nicht zuletzt die pastorale Landschaft in der empfindsamen Liebeshandlung, die auf das frühe Singspiel *Das Lamm* zurückverweist, das Tieck wegen seiner lehrhaften Tendenz um 1792 aufgegeben hatte.[339] So besteht *Zerbino* letztlich aus einem zersplitterten Konglomerat aus Parodien und Travestien auf dramatische und literarische Muster des mittleren und späten 18. Jahrhunderts einschließlich der eigenen Theatersatiren, die Tieck als zu Stereotypien abgesunkene Konventionen reinszeniert, um sie zusammen mit den gleichermaßen verulkten 'Poetischen' einer universalisierenden Kontrastmannigfaltigkeit als neuem Projekt der literarischen Romantik einzuverleiben.

Einen fixierten bzw. fixierbaren programmatischen Ort gibt es auch dem Prolog zufolge für diese Poesie nicht mehr. Ihre Affinität zur erinnerten Zukunftsoffenheit des *Ritter Blaubart*, die der *Zerbino* in der Vielfalt seiner literarischen und metrischen Formen, im Hinblick auf Verfahrenskomplexität also, steigert[340], besteht in der radikalisierten Strukturoffenheit hin zu einer unendlichen Jagd nach dem Anderen jenseits aller Konventionen, deren anthropologische Manifestationsform das unbeantwortet bleibende Sehnen und Schmachten ist.[341] So verfügt auch der Epilog am Ende nicht über eine „Beute", die der Leser als Quintessenz oder Lehre der dramatischen Darstellung mit nach Hause nehmen könnte. Ihm bleibt vielmehr nur die Aufforderung übrig, den „durchklungen[en]" „Wald" der Poesie – „im Zimmer" des Dichters, also nur im Modus der künstli-

---

333 Tieck-S X, 306-310, hier 307.

334 Vgl. u.a. Tieck-S X, 187.

335 Tieck-S X, 154ff.; in der 'allegorischen Mühle' werden regellose Dichter wie Shakespeare (183) erst eigentlich „schmackhaft" gemacht (182).

336 Tieck-S X, 160.

337 Vgl. dazu v.a. Zerbinos Räsonnement über das Funktionieren von Illusion durch Ferne beim erhabenen Blick auf die panoramatische Landschaft (Tieck-S X, 161).

338 Hinzuzählen wären etwa noch Jeremias' Verwandlungen in Tiere (Eule, Affe), die auf die phantastische Dramatik in Gozzi-Manier zurückgehen (vgl. Tieck-S X, 108-111).

339 Vgl. Paulin (1975, 116-120).

340 Zur Überbietung des *Ritter Blaubart* vgl. auch Marelli (1968, 137f., 144).

341 „Warum Schmachten? / Warum Sehnen? / Alle Thränen / Ach! sie trachten / Nach der Ferne, / Wo sie wähnen / Schöne Sterne. – – ", lauten die entsprechenden Kurzverse, die das Lustspiel leitmotivisch einrahmen (Tieck-S X, 6; 382).

chen Inszenierung zu erjagen – „öfter" zu 'besuchen'.[342] „In diesem lustigen, aus Luft gewebten / Gedichte" ohne jeden „Verstand"[343] geht es folglich um nicht mehr und nicht weniger, als durch „himmlische Musik mit Wunder, Geberden" und deren „Stimme" im 'erweiterten Busen' das „Herz" zu erregen[344]: den erfüllten Augenblick im poetischen Vollzug performativ aufscheinen zu lassen, bevor er sogleich wieder unaufhaltsam verklingt.

Nimmt man alle Tendenzen zwischen luftiger Performativität und unentwegter (Selbst-)Dekonstruktion in der Dialektik von autoreferentieller Artifizialität und herzergreifendem Melos zusammen, so wäre Romantik als Kontamination und Selbstnegation aller denkbaren poetischen Verfahren zum standpunktlosen Sammelsurium der 'Einen Poesie' zu bestimmen, die *Prinz Zerbino* erstmals szenisch sich ereignen läßt: Zum unendlichen Projekt im permanenten Werden erklärt, reiht der Dichter ihre Varianten und Möglichkeiten aneinander, um sie kaleidoskopisch proliferieren und wieder verflüchtigen zu lassen. Programmatisch ausformuliert hat Tieck das Postulat von der 'Einen Poesie' erst in der Einleitung zu den *Minnelieder aus dem schwäbischen Zeitalter* (1803). Schon aber der 'Garten der Poesie' metaphorisiert sie zur leitenden Idee der Darstellung: vom Schäfer artikuliert als Ideal der synästhetischen Vereinigung der Dinge, dies aber noch vor dem Eingang des paradiesischen Gartens, in dem die „Göttin Phantasie"[345] herrscht. Im Garten selbst trägt die Idee der 'Waldgesang' vor, der das Stück einrahmt[346], um die Vereinigung zur Metaphysik des zusammenklingenden Chors aus der Vielfalt seiner Stimmen auszudeuten.[347]

Im Gegensatz zum *Kaiser Octavianus* verfügt die Mosaiktechnik des ersten Universallustspiels noch nicht über ein poetisches Verweissystem, das die heterogenen Elemente auf allen Ebenen zur traumförmigen Geschlossenheit der poetischen Konstruktion zusammenfügt. Dies hängt nicht zuletzt damit zusammen, daß der Lyrismus des *Zerbino* ähnlich wie im *Sternbald* insofern noch weniger formal geregelt sind, als es Tieck hier noch kaum um die artistische Inszenierung 'künstlicher' Versmaße romanischer Herkunft (Sonette, Stanzen, Terzinen usw.)

---

[342] Tieck-S X, 382.
[343] Tieck-S X, 5.
[344] Tieck-S X, 4.
[345] Vgl. Tieck-S X, 251.
[346] Vgl. Tieck-S X, 3, 382.
[347] „Jeder sein eigen, / Birken, Tannen, Eichen / Stehn wir durchsammen verwirrt, / Doch keiner den andern irrt / [...] / Doch fließt der mannichfalt'ge Klang, / In Einen brüderlichen Chorgesang. / So auch die Menschen mitsammen / Die verschieden von Einem nur stammen, / Jeder rührt sich in seinen Zweigen, / Doch alle streben zum Licht zu steigen, / Wenn sich auch viele gegen die Erde neigen, / Sie alle Brüder sein, / Verschiedenheit ist nur Schein, / Sie rauschen verworren durch einander hinein, / Wird dem Klugen ein einziger Chorgesang sein" (Tieck-S X, 259). Tieck metaphorisiert den leitenden Gedanken der 'Einen Poesie' am blinkenden Zusammenspiel der Farben (264), szenisch ausgeführt an den sprechenden Pflanzen (260ff.), Möbeln (284ff.) und Musikinstrumenten (289ff.); zur neuen Poesie der Blumen im *Zerbino*, die das vielfältige Naturleben selbst zur Sprache kommen läßt, vgl. Ribbat (1978, 203f.).

geht, so daß die Gedichte im *Zerbino* auch verfahrenstechnisch zwischen tönender Homogenisierung und zerstreuender Variabilität wechselnder Hebungen zumeist liedhaft organisiert sind: zwischen den vorherrschend drei- und vierhebigen Versen gelegentlich sogar soweit verkürzt, daß sich das „munter" „hinunter" drehende Lebens-„Fädchen" im Lied der *Spinnerin* bis zum metrischen Experiment des Einhebers dynamisiert.[348]

Die Doppelung von überkommener Dramatik und neuartiger Poesie der Mannigfaltigkeit versammelt Allegorien der literarischen Praxis Tiecks bis 1798, deren Selbstausdeutung im *Zerbino* den ganz ähnlichen Erwägungen und Tendenzen im gleichzeitig entstandenen *Sternbald*-Roman korrespondiert. Drama und Roman bilden so gewissermaßen die Komplementärfarben des einen romantischen Projekts, das – sei es vorherrschend prosaförmig, sei es vorherrschend szenisch – vermittels der lyrischen Wechselannäherung die generische Gegenform ihrer selbst zu integrieren unternimmt.[349] Affinitäten ergeben sich darüber hinaus aus der ironischen Kontrafaktur des Bildungsromans, der Bildungsreisenpersiflage auf Goethes *Wilhelm Meister*.[350] Auch im *Sternbald* führt dies zur konsequenzlosen Fragmentarizität unabschließbaren 'Ahnens' und Wanderns, das wie im *Zerbino* nur noch willkürlich zum Abschluß zu bringen wäre und gerade daher die besondere Vorliebe Tiecks für das von ihm später kaum mehr überarbeitete Stück erklärt.[351]

Eher als das nachfolgende Legendendrama *Leben und Tod der heiligen Genoveva* begründet das 'deutsche Lustspiel' eine prototypische Form romantischer Dramatik, insofern die kontrastmannigfaltige Verbindung von Polemik und Poesie, von 'Verstand' und 'Phantasie'[352] sich mit dem geistvollen Unsinn der albernen

---

[348] Vgl. Tieck-DKV VII, 110.

[349] Im Gegensatz zu den typographisch als dramatische Rede markierten Passagen in späteren romantischen Romanen wie Arnims *Gräfin Dolores* (vgl. den 'Exkurs' vorliegender Arbeit) ergibt sich dies im *Sternbald* allerdings nur vermittels der Verselbständigung dialogischer Sequenzen bei konventionell epischer Integration der Darstellung. Florestans Idee zu einem „Gesprächsstück von mancherlei Tönen" weist aber unzweideutig in Richtung des *Zerbino*: „Ich hatte einmal Lust, aus Lämmern, einigen Vögeln und andern Tieren eine Komödie zu formieren, aus Blumen ein Liebesstück und aus den Tönen der Instrumente ein Trauer- oder, wie ich es lieber nennen möchte, ein Geisterspiel" (Sternbald, 236f.).

[350] Eine rechte Wirkungsgeschichte hat die generische Verbindung von Reisen und Drama bis auf Tiecks Fortentwicklungen in den anschließenden Großdramen und Arnims in Szenen einverwandelte Pilgerreise im zweiten Teil von *Halle und Jerusalem* nicht gefunden; zum Fehlen eines Bildungsdramas um 1800 vgl. Ketelsen (1998). Zu nennen sind noch Justinus Kerners *Reiseschatten* (1811), die sich auf den *Sternbald* rückbeziehen, als romantisches Buch aber auch kaum mehr eindeutig einer bestimmten Gattung zugeordnet werden können (vgl. 'Exkurs' vorliegender Arbeit).

[351] Vgl. Tiecks Brief an Solger vom 1. April 1816 im Kontext der Strukturoffenheit als Vollzugsform des 'Ahnens' und der „Permanenz des Wechsels" (Ribbat 1978, 205). Zur geringen Überarbeitung des *Zerbino* im Vergleich zu den Theatersatiren vgl. Hewett-Thayer (1937, 160); sie wird von Hölter (1989, 354) auf den „differenzierte[n] Bauplan" mit Verweis auf das Strukturschema Thalmanns (1974, 57) zurückgeführt, das offenbar eine bestimmte Plausibilität erheischt.

[352] Vgl. Tieck-S X, 4f.

Komödie zur verkehrenden Wechseldelegitimierung aller möglichen Oppositionen integriert. Trotz der von Frank betonten Leichtigkeit seines willkürlichen Äthergeists ist der ausufernde Text schwerfällig und ermüdend. Größeren Witz entfaltet er bemerkenswerterweise eher in der satirischen Kritik des Verpönten als in der Selbstfeier idealer Poesie.[353] Gleichzeitig mit der Etablierung einer neuartigen Dramenform bahnt sich das Unbehagen an, das die zeitgenössische wie die philologische Kritik der nachfolgenden Universaldramen von Tiecks *Kaiser Octavianus* über Arnims *Halle und Jerusalem*, Brentanos *Gründung Prags* bis zu Fouqués *Parcival* begleiten wird.

Szenische Poesie des Christentums. Trauerspiel in 'altdeutschen' Modellen: 'Leben und Tod der heiligen Genoveva' (1799)

Im Unterschied zur ersten Universalkomödie betreibt das 'Trauerspiel' *Leben und Tod der heiligen Genoveva* (1799) – eine aktlose Folge aus 188 Szenen in 62 Bildern mit Erzählerfigur – bei allen gleichgerichteten Tendenzen die Semantisierung der lyrischen Formen im Drama: von der flexiblen Variabilität des Liedhaften hin zur experimentellen Anverwandlung „künstliche[r] Vermaße"[354] aus der romanischen Literatur, die jetzt nach dem Vorbild Calderóns in die religiös aufgeladene szenische Rede integriert werden. Tiecks Legendendrama gilt der Literaturgeschichte und Romantikforschung nicht allein deshalb gemeinhin als Prototyp des romantischen Dramas, wie gesehen aber nur mit bedingtem Recht, wenn man zum einen den Rahmen werkgeschichtlicher Kontinuitäten und die Simultaneität heterogener Werkereignisse ausblendet (um nicht zuletzt der Erklärungsnot im Blick auf die Gleichzeitigkeit des vermeintlich Inkompatiblen zu entgehen); wenn man zum andern die Entstehung der literarischen Romantik mit dem Projekt der poetischen Religion bzw. religiösen Poesie kurzschließt, die auf die politische Wiederherstellung einer rückwärts gewandten Staatsutopie in einem imaginierten Früh-Mittelalter und der dort verorteten Verschmelzung von Real- und Heilsgeschichte in christlich-katholischer Perspektive abzielt.

Tieck zufolge entstand die neue Form der Dramatisierung und traumähnlichen Verflüchtigung eines alten Legendenstoffs[355], den zuerst der *Sternbald* erwähnt[356],

---

[353] „Die negative Partei ist ästhetisch positiv, die positive Partei ästhetisch negativ", so Catholy (1982, 240) pointiert zum „höchst paradoxen" Problem des Stücks: „Künstlerischer Ausdruck und kulturelle Botschaft fallen auseinander".

[354] Tieck-S I, XXVIIIf.

[355] Die Selbstverlautbarungen zur traumähnlichen Organisation und Verflüchtigung des poetischen Rahmens als Darstellung einer 'poetischen Wahrheit' (Tieck-S I, XXIXf.) sowie zur Gattungsmischung als Modus der Plausibilisierung des „Unglaublichen] in Verbindung mit der nächsten und überzeugendsten Gegenwart", die nun auch der Produktion von „Gefühle[n] der Andacht" dient (Tieck-S I, XXVIIIf.), sind im Kap. 'Voraussetzungen' vorliegender Arbeit zitiert.

[356] Vgl. Sternbald, 30, 353f., 361ff.

in kürzester Zeit: aus einer zufälligen „Imagination"[357] im Zustand delirierender
Entgrenzung heraus[358], so daß das Stück sogleich zusammen mit der Prosafassung der *Melusine* und seiner Kontrafaktur durch das *Rotkäppchen* im zweiten Band
der *Romantischen Dichtungen* 1800 geltungsmächtig publiziert werden konnte.[359] Die
rasche Niederschrift zwischen August und November 1799 folgt dem Impuls, das
Stück aus der Erinnerung an das Motto von Maler Müllers *Golo und Genoveva*
(1775-1781) – genauer: Golos Klagelied „Mein Grab sei unter Weiden" – hervorgehen zu lassen.[360] Neben der shakespearisierenden Kontrastfülle (Räuberepiso-
den, Dialektgebrauch, naive bzw. volkstümliche Charaktere) und neben der für
den Sturm und Drang signifikanten Affektdarstellung im Liebeskonflikt zwischen
Golo und Genoveva samt der Verinnerung ins Seelendramatische durch Liedeinlagen hat das mäandrierende Prosa-Schauspiel in fünf Akten mit versöhnendem
Schluß (einer überlebenden Protagonistin) kaum etwas mit Tiecks psychopoeti-
scher Katholisierung des *Genoveva*-Stoffs zu tun.[361] Die Bezugnahme signalisiert

---

357 Tieck-S I, XXVIII.

358 „[...] die *Genoveva*, die damals meine natürlichste Herzensergießung war in Sprache wie in Darstel-
     lung; sie hat sich, möcht' ich sagen, selbst geschrieben, recht im Gegensatz des Oktavian" (Tieck
     an Solger, 21. März 1814; Tieck-Solger I, 301). Später, am 13. Oktober 1816, bekundet Tieck ge-
     genüber Solger, der offenbar Vorbehalte äußerte, Interesse am kritischen Urteil, „weil dies Ge-
     dicht auch ganz aus dem Gemüth gekommen ist, weil es mich selbst wie überrascht hat, und gar
     nicht gemacht ist, sondern *geworden* ist" (Tieck-Solger I, 453). Der konstruktiven Künstlichkeit der
     Legendendramatik steht die traumartige Selbstverständlichkeit ihrer Hervorbringung gleich einer
     écriture automatique gegenüber, die die im folgenden zu entfaltende Ambivalenz zwischen religiöser
     Intention und poetischer Selbstorganisation kaum entschärft; zur zufallsbedingten Plötzlichkeit
     der Entstehung mit den einschlägigen Stellungnahmen Tiecks vgl. auch Ribbat (1978, 170).

359 Bekannt ist die außerordentliche Wirkung auf Werner, Arnim, Brentano und Schillers *Jungfrau* bis
     zuletzt Eichendorff, daneben auf Maler wie Franz und Johannes von Riepenhausen, die Nazare-
     ner und ihre Nachfolger Führich, Schwind, Richter usw. (vgl. Paulin 1987, 55). Im Brief von Sol-
     ger vom 30. Januar 1817 erinnert Tieck an die Bedeutung der *Genoveva* für „das Heer jener katho-
     lischen Dichter, die nicht wissen, was sie wollen" (Tieck-Solger I, 501).

360 „Mein Grab sei unter Weiden / Am stillen dunkeln Bach! / Wenn Leid und Seele scheiden, /
     Läßt Herz und Kummer nach. / Vollend' bald meine Leiden, / Mein Grab sei unter Weiden /
     Am stillen dunkeln Bach!" (F. Müller 1868 II, 29, auch 100, 121); vgl. dazu Tiecks ins Klaustro-
     phobische abgewandelte Version, die im Unterschied zu Müllers melancholischem Trostlied von
     außen, vom Schäfer Heinrich an Golo herangetragen wird: „Dicht von Felsen eingeschlossen, /
     Wo die stillen Bächlein gehn / Wo die dunklen Weiden sprossen / Wünsch' ich bald mein Grab
     zu sehn. – " (Tieck-S II, 9). Bei Tieck wird Golo von den Todesahnungen im alten Lied eines
     unglücklichen Liebhabers so überwältigt, daß er sich ihm bis ins finale Erlösungsgebet im Ange-
     sicht Gottes als Erfüllung der Todes-Prophezeiung nicht mehr entziehen kann (vgl. 43, 206,
     258f.); ein funktionaler Vergleich der beiden Lied-Versionen bei Ranftl (1899, 68f.). Die unver-
     hoffte Entstehung der *Genoveva* aus der Erinnerung an ein Lied wird damit im Stück selbst gespie-
     gelt, indem Golo das Umschlagen seiner psychophysischen Verfassung vom lebensfrohen
     Künstler in den verstörten Wahnsinn auf das zufällige Hören und 'unbegreifliche' Erfaßtwerden
     von dessen Wirkung zurückführt, die trotz oder gerade auch wegen allen „Widerwillen[s]" nicht
     mehr aus dem „Gedächtnis" zu löschen ist (Tieck-S II, 42).

361 Die thematischen und motivischen Ähnlichkeiten erwachsen der gemeinsamen Stoffvorlage und
     dem seit René de Cerisiers historischer Situierung in die Zeit Karl Martells samt Hinzufügung

damit eher nur die gültige Hochschätzung einer Dramatik im Gefolge des *Götz*
und der *Räuber*, der präromantische Züge nicht abzusprechen sind.[362] Die stärksten Affinitäten bestehen in der Präfiguration des rasenden Golo, den Tieck aber,
nunmehr dem Volksbuch allein verpflichtet, zu einer von der Sünde besessenen
luziferischen Person aus der Linie eigener zerrissener Figuren (von Karl Waller
über Karl von Berneck bis William Lovell) umfunktioniert.

Diese Akzentverlagerung signifiziert die Gegenstellung zweier Darstellungsebenen, die die vorangetriebene Dramatik des Unbewußten[363] kraft der dicho-
tomischen Organisation des Stoffs nach moralisch und politisch konnotierten
Oppositionskomplexen mit der religiös verinnerlichten Legendendramatik interferieren läßt: Das „Wunder der Legende" steht hier „im Gegensatz mit der bewegten Leidenschaft"[364], Gut gegen Böse, die Heilige gegen den Sünder, das Paradies gegen die Hölle, die religiöse Inbrunst kontrastiert und korrespondiert der

---

wunderbarer Elemente für alle Dramatisierungen symptomatischen Wechsel zwischen Schloß
und Wald als Handlungsort des zweiten Teils. Daran knüpfen die deutschen Übersetzungen des
Jesuiten Staudacher (1660) und Martin von Cochems (1687) mit entsprechend gegenreformatori-
scher Tendenz an. Tiecks Verhältnis zu Maler Müllers Schauspiel als Hypotext beschränkt sich
auf die ruminierende Aktualisierung des Lieds als Keimverse der 'privaten' Golo-Genoveva-
Handlung. Insgesamt verschiebt er den psychologisch verinnerlichten Seelenkonflikt der Liebeshandlung auf die im Volksbuch vorgeprägte Religionsthematik, während bei Maler Müller der
Heiligenstatus der überlebenden Genoveva und die christlichen Impulse des Kreuzzugs nur angedeutet bleiben, das Stück entsprechend keine Schlachtdarstellungen und Lagerszenen der Ara-
ber integriert, weil der Krieg nur der äußeren Motivation von Siegfrieds Aufbruch dient; ein Vergleich zwischen Tieck und Maler Müller bei Ranftl (1899, 67-84), Krogoll (1979, 62f.) und Zhang
(1998, 134-149; hier auch zur Stoffgeschichte, 19-39, zu den religiösen Dramatisierungen im 17.
Jahrhundert einschließlich des Jesuitentheaters, 40-60, und zur Stoffbearbeitung Maler Müllers,
der mit seiner shakespearisierenden Sturm-und-Drang-Version v.a. auf die Puppenspiel-Fassung
rekurriert, 73-105); zu den Fassungen der *Genoveva* Maler Müllers und zur 'übertreibenden' Vielfalt
einer sozial differenzierten Sprachgebung zwischen Naivität, Volkstümlichkeit und Brutalismus
(in der Räuberdarstellung) vgl. auch Sauder (1996, 186-190).

[362] Den „Romantiker der Sturm- und Drangperiode" sieht Hettner im Dramatiker Müller (auf den
Tieck möglicherweise bereits in seinem frühen *Niobe*-Melodram reagiert), „aber noch frei von allen krankhaften Verzerrungen und katholisierenden Neigungen" (Hettner 1868, XII). Den von
Müller gegen Tieck erhobenen Plagiatsvorwurf entkräftet der Attackierte später dergestalt, daß er
das bis dahin ungedruckte Drama 1811 im Rahmen einer Werkausgabe publizierte; Tiecks Stellungnahmen zu diesem Fall und zu Maler Müllers Dramatik sind versammelt bei Schweikert I,
204, 210.

[363] Golo erfaßt seine psychische Lage in einer Metaphorik der „unterird'schen Höhlen" (Tieck-S II,
147), die sich dann in der Flucht ins abgründige Gebirge spiegelt (229f.). Die Dialektik von Be-
wußtem und Unbewußtem im „magischen Zwang" (Tieck-S II, 180) seiner Liebe zu Genoveva
umkreist er in trunkenen Versen, die den Schluß von Wagners *Tristan* präludieren: „Die hohe
Gestalt / Reizt mich mit Gewalt: / O dürft sich sie fassen und herzen, / Sie küssen Mund an
Mund von Herzen, / Brust an Brust geschmiegt, / In Armen versunken, / Die Augen trunken, /
In blühender voller Lust / Uns selber hoch bewußt, / Und nicht bewußt, / Daß es endlich, endlich dem schlagenden Herzen genügt! / Daß alle Pulse zu Klängen werden, / Daß alle Gedanken
in Tönen irren, / Gefühl und Wunsch und Wahnsinn durch einander wirren" (Tieck-S II, 114f.).

[364] Tieck-S I, XXIX.

satanischen Besessenheit wie die richtige der falschen (Natur-)Religion vor dem Hintergrund des historischen Konflikts zwischen Christentum und Orient. Die Religionsdarstellung in der positiven wie in der an Golo und der heidnisch-orientialischen Sphäre problematisierten Variante erweist sich damit als ebenso innerseelische wie sentimentalische Konsequenz des 'Dramas als Anthropologie'.[365]

Das Legendendrama – und dies macht seine tatsächliche Unentschiedenheit zwischen Religiosität, Poetizität und szenischer Anthropologie zum hermeneutischen Problem – steht im Konvergenzpunkt verschiedener Entwicklungslinien sowohl im bisherigen Werk Tiecks als auch in der gerade sich institutionalisierenden frühromantischen Poetologie. Wirkt in der religiös umkodierten Affektdarstellung noch der Wahnsinn und die nihilistische Verzweiflung der Dramen und erzählenden Texten bis Mitte der 90er Jahre hinein[366], steht die Legendendramatik formal gesehen in der vom *Prinz Zerbino* eröffneten Linie szenischer Universal-

---

[365] Ribbat (1978, 168ff.) zufolge bezeichnet dies einen Modus der szenischen Rede, bei der die 'Handlung' „keine strukturprägende Relevanz hat", weil sie „elementare Möglichkeiten des menschlichen Daseins" dokumentiere: „Einsamkeit und Andacht, Heiligung und Leidenschaft, Erstaunen und unmittelbare Gewißheit" (170). Angedeutet ist damit die Kontinuität von Bezügen zur komplexen Anthropologie im *Ritter Blaubart*, die die *Genoveva* nun auch in literarische Verfahrenskomplexität überführt. Die psychologisierende Deutung der erwähnten Oppositionen im Rahmen der Figuration des gefallenen Engels Golo komplementär zur Paradieses-Topik in der Sphäre der schönen Heiligen als sinnlich-verführerischen Unschuld, die ebenso topisch der rasenden Wollust des Mannes zum Opfer fällt, entfaltet Ueding (1987, 286-292). Golos Seelendrama als das eines von den eigenen luziferischen Leidenschaften getriebenen *alter* Lovell ist freilich auch genealogisch motiviert durch sein Selbstbild als „Bastard", dessen adelige Herkunft sich erst zum Schluß offenbart (vgl. Tieck-S II, 145, 269). Die politisch-religiösen Implikationen in der dichtotomischen Entgegensetzung von 'wahrer' und 'falscher' Religion, monistischem Katholizismus und dualistischer Naturphilosophie, organischer Einheit und mechanistisch gedeuteter Natur, richtiger Prophetie und falscher Astrologie, Freiheit und Determination, von 'deutschen' Franken und heidnischen Arabern als korrespondierenden Entgegensetzungen, die noch einmal auf die 'private' Handlung um Golo, Siegfried und Genoveva über den Oppositionskomplex Freiheit vs. Sexualität abgebildet werden, erschließt L. Stockinger (2000).

[366] Symptomatisch ist in diesem Zusammenhang die Aufnahme des *Abschieds* direkt im Anschluß an die *Genoveva* in den zweiten Band der *Schriften*, der wiederum ebenso bezeichnend mit dem *Rotkäppchen* beschlossen wird. Zur motivischen Kontinuität szenischer Raserei vgl. die einmal mehr auf *Emilia Galotti* beziehbare 'Gemälde'-Szene, die sowohl im Volksbuch als auch bei Maler Müller (I/5) angelegt ist (Tieck-S II, 102-107): Das von Genoveva in Auftrag gegebene Gemälde – vorgesehen für die Aufbewahrung in einem „Schrein" (102) zum „Angedenken für mein Alter" (103), folglich prophetisches Signal ihres zukünftigen Heiligenstatus – interpretiert Golo nach seiner Qualität zur pygmalionischen Verlebendigung der 'reinen' und 'schönen' Heiligen, die den unmöglichen Realbesitz des begehrten Körpers umso krasser erleiden läßt. Wie im *Abschied* wird der „durch Kunst" gesteigerte, jetzt aber satanisch infizierte Wahnsinn vor der „gebenedeite[n] Jungfrau" auf den Vernichtungswunsch des Gemäldes verschoben (vgl. 104): „O Bild! o trügerisches Bild! o Heuchelbild! / Wie kannst du frech doch ihre Züge borgen? / Noch lächelst du mit Falschheit mir entgegen? / Sieh, wie ich dich zerfleische, dich vernichte, / Zertrümmre, weil du mir so falsch gelogen" (107; vgl. auch 141). Kunst ist Verlebendigung prophetischer Offenbarungen (vgl. 67ff.) und intensitätssteigernder Auslöser des Irrsinns ineins.

poesie, die jetzt im ernsten Genre ohne humoristische und satirische Unterbrechungen durchgespielt wird. Dazu überträgt Tieck den Kunstenthusiasmus der
Herzensergießungen und *Phantasien über die Kunst*, der die „Tonkunst" bekanntlich
zum „letzte[n] Geheimniß des Glaubens", zur „Mystik" und „durchaus geoffen-
barte[n] Religion"[367] erklärt, auf eine dramatische Konkretion, die Realgeschichte
und Heilsgeschichte zur *restitutio in integrum* ästhetisch engführt. Berücksichtigt
man zudem noch die gruppenförmig sich organisierende Frühromantik als polemisches Projekt gegen die Weimarer Klassik, geht die Legendendramatik über den
unmittelbaren Anlaß der plötzlichen Erinnerung an das Lied Maler Müllers hinaus
deshalb aus mindestens vier voneinander zu unterscheidenden Gesichtspunkten
hervor, die sich bei Tieck nur in dieser einzigen szenischen Anverwandlung einer
Heiligenlegende derart verbinden, daß die Darstellung unentscheidbar zwischen
Religiosität und Poetizität schwebt: aus der eigenlogischen Fortentwicklung der
Werke als Entfaltung der mit der *Verkehrten Welt* und dem *Zerbino* modellierten
Literarisierung der dramatischen Form; aus der zunehmend religiös infizierten
frühromantischen Poetologie, die Tieck mit den *Herzensergießungen* und den *Phantasien über die Kunst* mitinitiiert hatte und die sich, drittens, Mitte 1799 nun auch in
den Debatten über Religion und Geschichte im Jenaer Kreis von Novalis' *Europa*-
Rede bis zu Schleiermacher Reden *Über die Religion* verdichtet[368]; nicht zuletzt
schließlich zum vierten aus der von Tieck seit Mitte der 90er Jahre forcierten Rezeption 'altdeutscher' Literaturmodelle[369], die der Literarisierung des sogenannten
Volksbuchs einhergeht. Wirkungsgeschichtlich gesehen markiert deshalb erst die
Genoveva die Schaltstelle in der Überschneidung von progredierender Universalpoesie, Reaktivierung des Mittelalters und religiöser Zweckbindung in Texten der
späteren Romantik, die Friedrich Schlegels *Rede über die Mythologie* (1800) kodifizieren wird. Die religiösen Impulse, die Novalis' *Christenheit oder Europa* in institutio-
nengeschichtlicher und geschichtsphilosophischer Perspektive diskutiert, sind
auch in der *Genoveva* nicht von der Hand zu weisen. Eine mit dieser Rede vergleichbare politische Propaganda zur Wiederherstellung der weltlich-religiösen
Ganzheit des Mittelalters aber betreibt die Legendendramatik nicht. Vor dem
Hintergrund der kaum endgültig zu entscheidenden Frage nach ihrem tatsächlich
religiösen Gehalt zwischen liturgieaffiner Gemeinschaftsbildung und frühromantischer Verselbständigung szenischer Sprachlichkeit bildet das 'Trauerspiel' im Unterschied zum dagegen vergleichsweise säkularisierten 'Lustspiel' *Kaiser Octavianus*
einen erratischen Block im dramatischen Œuvre Tiecks.[370]

---

[367] Tieck-Wackenroder I, 241.

[368] Vgl. dazu im Überblick Schulz (1983, 539), ausführlich L. Stockinger (2000, 92ff.).

[369] Der Begriff des 'Altdeutschen' umfaßt zu Beginn des 19. Jahrhunderts „die gesamte Dichtung des
Mittelalters, der beginnenden Neuzeit und der Volksdichtung" (Brinker-Gabler 1980, 1/Anm. 1).

[370] Die liturgieanaloge Religiosität der *Genoveva*, die vor dem Hintergrund der frühromantische
Poetologie die staatspolitischen Impulse von Novalis' *Europa*-Rede literarisch umzusetzen bean-
spruche, ohne daß sie wegen der ironischen Artifizialität einer szenisch formierten religiösen
Grundlegung von Staat und Gesellschaft aber in der Propaganda für eine Wiederherstellung des

Mittelalters aufgehe, betont L. Stockinger (2000): Die ästhetische Form sei Kompensation der unter den Bedingungen der zerrissenen Moderne tatsächlich nicht mehr institutionell herbeizuführenden politisch-religiösen Ganzheit, so daß sie als romantische Kunst „gleichzeitig die Unmöglichkeit einer harmonischen Einheit von ästhetischer Erfahrung" (118) und geschlossenem Weltbild samt der daraus resultierenden Folgeprobleme für die „Identität des Subjekts und die Bewahrung der sozialen und politischen Ordnung" darstellt (93). Der intentional ironischen Struktur von Lesedramatik als Modus einer bloß „imaginierten theatralischen Aktion" (103) wird so das Potential zugeschrieben, den Text in seiner strukturprägenden Reflexivität von Traditionsaneignung davor zu bewahren, ein Plädoyer für eine naive Sakralisierung der Kunst oder politische Propaganda zu sein. Stockinger ordnet sich damit einer Reihe älterer Forschungsbeiträge (Kern 1977, Krogoll 1979) ein, die die jüngere Kontextualisierung der frühromantischen Werke Tiecks hin auf autonome Sprachlichkeit – von der „nur scheinbar katholisierenden Genoveva" spricht Ribbat (1978, 91), vom „primär ästhetische[n] Interesse am Legendenstoff" Ueding (1987, 287) – revidieren, ohne damit aber die ironische Relativierung der poetischen Beglaubigung einer rückwärtsgewandten Utopie zu verkennen. Geschuldet sind seine Thesen freilich argumentativen Voraussetzungen, die sich für Tieck zum Teil auch bestreiten lassen: – der Unterstellung einer *intendierten* Lesedramatik *als* romantischen Ironiesignals für die Nichteinlösbarkeit einer religiös gebundenen Utopie staatlicher Einheit (die Verbindung von Kaisertum und Kirche) in der Moderne, ohne das liturgische Potential dieser Poesie, das an den realen Vollzug von Ritualität im kirchlichen Gottesdienst gebunden bleibt, preiszugeben; – der Behauptung einer Darstellung religiöser Gehalte, die mit den geschichts- und naturphilosophischen Konzeptualisierungen von Religiosität bei Novalis, Schelling, Schleiermacher oder beim späteren Friedrich Schlegel kompatibel seien. Beiden Voraussetzungen widerstreitet, daß Tieck zum einen auch bei der *Genoveva* die grundsätzliche Bühnenfähigkeit nie bestritt, selbst wenn es ihm entscheidend auf szenische Poetizität ankam, die vom Theater zweifellos wegführt, wobei sich die Ironie grundsätzlich gegen *alle* Momente der literarischen Darstellung wendet; zum anderen verkennt die geschichtsphilosophische Begründung gerade das Zeitlichkeitsbewußtsein Tiecks, dessen nie ausgeräumte Skepsis gegenüber teleologischen Erfüllungsmodellen jenseits der Erfahrungen 'punktueller Lucidität' gerade seinen 'Einspruch' gegen Novalis begründet (Steiner 1994). (Dies ist im übrigen ein anderer Einwand als die von Stockinger zu Recht bestrittene, von der Romantikforschung gern aber wiederholte These, Tieck habe sich an den philosophischen Spekulationen des Jenaer Kreises nicht beteiligt: Es geht nicht darum, wie nah oder fern er den geschichtsphilosophischen Reflexionen steht, sondern wie skeptisch er teleologische Erlösungsmodelle beurteilte). Unbestritten bleibt, daß die religiöse Semantik der *Genoveva* damit rechnet, bei zeitgenössischen Rezipienten, die in religiösen Traditionen sozialisiert sind, aufgrund ihrer nach wie vor bestehenden Geltung anschlagen sollte: Auch wenn Tieck die Geschichtskonzepte frühromantischer Autoren nicht direkt aufgreift, folge die szenische Darbietung ihren „impliziten Regeln" (96). Relativiert wird aber genau diese Geltung, auf die es Stockinger ankommen muß, von Tieck im Brief an August Wilhelm Iffland vom 16. Dezember 1799 ebenso wie die Intention auf Lesedramatik als vorab implementiertes Ironiesignal: „Sie können sich ohngefähr eine Vorstellung davon [vom Stück] machen, wenn Ihnen die alte Legende bekannt ist, an die ich mich im Ganzen sehr angeschlossen habe, weil sie so schön und *ächt poetisch* ist, *dadurch* ist nun in das Stück viel katholisches Gemüt und Wesen gekommen, welches *unseren* Zuschauern *vielleicht etwas fremd seyn dürfte*, oft gehen die Vorstellungen ganz in's Kindliche, weil sie nur *dadurch rühren* und *meinem* Zwecke dienen konnten. Der Vorgrund des Gemähldes ist Krieg und Getümmel, Mosaische und Christliche Helden im Streit, Schlacht und Ausfälle und dgl. Ich möchte fast sagen, daß ich überzeugt bin, daß dieses Schauspiel unter Ihrer Direction, und *wenn Sie* mir die Ehren erzeigen wollten, die *Hauptrolle* darinn zu übernehmen, *eine ganz neue Wirkung* hervorbringen könnte, nur *müßten* die übrigen *Schauspieler ganz in den Sinn eingehen*, in welchem ich geschrieben habe" (Schweikert I, 196; Hervorhebung von mir, S.S.). Religiosität ist demnach *ästhetischer* Effekt der sinnlich aufgeladenen Sprache in einer dramatischen Darstel-

Tieck selbst verstand es in erster Linie als ein poetisches Projekt, dem alle religiösen Implikationen allein durch den Stoff und die Transformation der „ächt
poetisch[en]" Heiligenlegende in „schöne Dekoration" zuwachsen.[371] Die erste
szenische Literarisierung 'altdeutscher' Literaturmodelle fungiert als „Gegengewicht" zum „fast gleichzeitig" entstandenen 'deutschen' Lustspiel Zerbino[372], das
mit dem Getreuen Eckart zusammen im ersten Band der Romantischen Dichtungen erschien. Zielt die Semantik des 'Deutschen' dort noch auf die Satirisierung der
deutschsprachigen Aufklärung im lächerlichen Gewand des Feudalabsolutismus
und auf die Übertragung vorbildlicher europäischer Literaturmodelle in die
deutschsprachige Literatur, wird sie in der Genoveva nun tatsächlich national umkodiert – und zwar nicht nur dort, wo Siegfried seine Frau auf entsprechend
'deutsche' Tugendeigenschaften festlegt.[373] Fortgesetzt wird die vom Zerbino eingeführte metrische Experimentaldramatik im Sinne gesteigerter Poetizität nun
auch als geistiges Rührungspotential für die „Gefühle der Andacht", die mit der
Formalisierung der Figurenrede durch 'künstliche Versmaßen' evoziert werden
sollen. Formgeschichtlich ist die Genoveva das ernste Komplementärereignis zur

---

lung nahe der katholischen Liturgie, die Wackenroder und Tieck in der berühmten Beschreibung
des Heinrichsfests im Bamberger Dom diskursivierten. Erkannt hat die primär poetische Intention, Frömmigkeit und Heiligkeit aus „Form und Manier" hervorgehen zu lassen, der kritische
Blick Caroline Schlegels (vgl. im Kontext Thalmann 1963, 134). Einsichtig wird die Differenz
zwischen Religiosität als Poetizitätseffekt und tatsächlichem Glauben als Kern der intentio operis
am Wandel der Genoveva-Rezeption Friedrich Schlegels: Noch um 1800 würdigt sein begeistertes
Sonett auf das Stück im dritten Band des Athenäum die performative Beglaubigung der „heil'ge[n]
Schrift" durch Kunst gemäß dem Projekt der 'Neuen Mythologie': „Doch als die Kunst entwuchs
den frommen Händen, / Da wollt' sich Schauspiel niemand Gott mehr dienen, / Und stolze Geister mochten sich erkühnen / Spott über jene Wunder auszusenden. // Du, in der Dichterbil-
dung reichste Blüthe, / Bringst uns verwandelt wieder jene Zeiten, / Als Adam auf der Bühn' erschien und Eva" (Athenäum III, 233). In einer späteren Notiz aus den Heften Zur Poesie und Lie-
ratur von 1808 dagegen konstatiert der zum Katholizismus konvertierte Schlegel dann gerade anläßlich der Genoveva nur noch das „durch und durch Immoralische der Tieckschen Ansicht" (KFuS
VI, 21 [148]). Nicht unterschlagen sei demgegenüber wiederum Tiecks später Hinweis auf den
„kirchlichen Rahmen [...], in welchem doch das Gemählde schwebt", weshalb die Nebenfiguren
eben nicht so komisch ausfallen dürften wie im von religiösen Implikationen weitgehend befreiten 'Lustspiel' Kaiser Octavianus (Brief an Solger, 16. Dezember 1816, Tieck-Solger I, 486). Das
Bewußtsein der Verfügbarkeit von Traditionen erlaubt jedoch auch dieses Aufgreifen eines
'Rahmens', ohne daß es notwendig mit einer Anerkennung des entsprechenden weltanschaulichen
Gehalts einhergeht. Zu Tiecks Aufgeschlossenheit gegenüber der positiven Produktivität einer
Poesie des Katholizismus vgl. schließlich Tieck-S XI, LXVIIIf.

[371] Tiecks Brief an Iffland vom 16. Dezember 1799 betont deshalb eben v.a. den Impuls, „die Shakespearesche Form mit der Spanischen zu verbinden, wozu sich der Stoff auch sehr gut eignet. Auf
schöne Dekoration muß auch beim Effekt gerechnet werden" (zit. nach Schweikert I, 196).

[372] Köpke II, 172.

[373] Vgl. Tieck-S II, 15; vgl. auch die Rede von der „deutschen Christenheit" (16) und der 'alten deutschen Zeit' (5). In der „hörbar" archaisierenden Inszenierung aus der Perspektive eines „nachmit-
telalterliche[n] Bewußtseins" erkennt Ribbat (1978, 173) allerdings die für das Stück konstitutive,
reflexiv gebrochene Spannung zwischen „enttäuschender Gegenwart und sehnsüchtig idealisierter
Vergangenheit" (172).

poetischen Universalkomödie, indem das Stück die Episierung der Bildungs-
reisentravestie in die parataktische Szenenfolge[374] eines geschichtlich situierten
Stationendramas verschiebt, das in der korrespondierenden Doppelung von
'privater' Lebens- und weltpolitischer Ereignisgeschichte am Initialpunkt der
frühmittelalterlichen Verbindung von Kirche und Kaisertum angesiedelt wird.[375]

Genau diese Verschränkung wie die dramatische Forminnovation und Religionsthematik selbst wird Tieck mit der direkt an die *Genoveva* anschließenden Märchenkomödie *Leben und Tod des kleinen Rotkäppchens* sogleich verulken. Abgesehen
davon, daß schon der Titel die intertextuelle Relation anzeigt, besteht das ebenso
parodierende wie travestierende Verhältnis des auf fünf Szenen verkleinerten
Kindermärchens zur Legendendramatik neben der Verknüpfung von individueller
Lebens- und politischer Ereignisgeschichte in Anspielungen auf die Französische
Revolution witzigerweise auch darin, daß die fehlende Tragik des christlichen
Trauerspiels in der Tradition Calderóns[376] nun tatsächlich von einer 'Tragödie',
die der Paratext der Märchenkomödie überraschenderweise ankündigt, abgelöst
wird. Die spezifische Ironie der *Genoveva* erschließt sich damit erst eigentlich,
wenn man den Werk-Kontext ihrer Entstehung um 1800 im Auge behält. Vor
dem Hintergrund der für Tieck nach wie vor praxisleitenden Doppelung von Polemik und Poesie entstehen auch jetzt ebenso unterschiedliche wie aufeinander
reagierende Stücke: neben den Märchenkomödien *Zerbino* und *Rotkäppchen* die
beiden Literatursatiren *Der Autor* und *Anti-Faust*, der Dramenplan *Das Donauweib*
seit 1801 und nicht zuletzt die erwähnten Ideen zur Dramatisierung der Geschichte in mehreren Schauspielen zum dreißigjährigen Krieg, zur Reformation und zu
den Hussitenkriegen, so daß Tieck das Spiel der Selbstrelativierung und Verschiebung gewonnener Positionen auch zur Zeit der *Genoveva* nicht preisgibt.

---

[374] Die Avanciertheit dieser Form zeigt der gelegentliche Hinweis auf die Vergleichbarkeit mit Kleists
Penthesilea (Thalmann 1963, 143; Schulz 1983, 542), der sogar thematisch dort weiterführt, wo sich
Golos Liebes-Wahnsinn in der Metaphorik des 'Zerreißens' und Zerfleischens' artikuliert (Tieck-S
II, 107, 141).

[375] Das Stück gestaltet den Religionskampf Karl Martells gegen die Sarazenen in der Schlacht bei
Poitiers (732 n. Chr.) und kontextualisiert die historischen Ereignisse hin auf die dort prophezeite
Verbindung von Kirche und Kaiser im Heiligen Römischen Reich durch Karl den Großen in direkter genealogischer Nachfolge Martells, die der sternenkundige 'Unbekannte' als „Schrift am
Firmament" stehen sieht (Tieck-S II, 67-70, hier 70). Die Legenden- als Geschichtsdramatik folgert daraus das „Idealbild des mittelalterlichen Staates" als „Utopie des Gewesenen" (Krogoll
1979, 66). Zur Verknüpfung der privaten Handlung um Siegfried und Genoveva mit der religiös-
politischen Ebene in vielfältig vernetzten Analogie-Bildungen vgl. L. Stockinger (2000).

[376] Den untragischen Charakter des christlichen Trauerspiels Calderóns bewahrt das romantische Legendendrama bei allen historischen Differenzen insoweit, als es die heilsgeschichtliche Erlösung
nicht „durch eine Wendung des Schicksals, sondern durch die Einsicht des Menschen selber" behauptet (Szondi 1978 I, 224): und zwar durch „Aufgeben des ganzen Willens zum Leben, freudi-
ges Verlassen der Welt" (Schopenhauer 1988 II, 505). Die Freiheit zur Selbsterlösung des reumü-
tigen Sünders ist der Kern des religiösen Gnadendramas, in dem die abenteuerliche Handlung der
Kontrastierung von Schuld und Gnade dient.

Wie der nachfolgende *Kaiser Octavianus* und das späte *Fortunat*-Drama, wie eine
Reihe von Prosawerken seit der *Geschichte von den Heymons Kindern* und der *Wundersamen Liebesgeschichte der schönen Magelone und des Grafen Peter aus der Provence* (beide
1796) ist das 'Trauerspiel' einer Form 'altdeutscher' Prosaliteratur nachgeschrieben, die seit der Romantik den Namen 'Volksbuch' trägt.[377] Poetisch interessant
ist die anachronistische Form dieser Darbietung für Tieck in erster Linie deshalb,
weil sie die artifizielle Inszenierung von Naivität erlaubt.[378] Am *Kaiser Octavianus*
wird dieses Interesse im Rahmen der gleichsam philologischen Rezeption der
Minnelieder aus dem schwäbischen Zeitalter (1803) genauer auszuführen sein. Tieck bewahrt die episodische Handlungsstruktur und alle wichtigen Handlungselemente
der *Schönen, anmuthigen und lesenwerten Historie vor der unschuldig bedrängten heiligen Pfalzgräfin Genovefa*[379], transformiert aber die Dramatisierung auf „seltsame Weise"[380]

---

[377] Das sog. Volksbuch geht aus älteren französischen Prosavorlagen seit dem 13. Jahrhundert hervor
und bezeichnet eine offene Form erzählender Unterhaltungsliteratur des 15. und 16. Jahrhunderts, die von der Romantik auch in Form behutsam modernisierender (also nicht nur transfor-
mierender) Aktualisierungen popularisiert wurde (vgl. Kreutzer 1977). A.W. Schlegel bespricht sie
im zweiten Teil der *Vorlesungen über schöne Literatur* (1802-1803) in der *Allgemeinen Übersicht des gegenwärtigen Zustands der deutschen Literatur* (Schlegel-Vo I, 485f.). Zu Tiecks Prosabearbeitungen von
Volksbuchvorlagen seit den *Heymons Kindern* (1796) vgl. Ribbat (1978, 158-168), Rath (1996, 189-
201) und Steiner (1893), der bereits auf die Diskrepanz zwischen Simplizität der Vorlage und Artifizialität der literarisierenden Anverwandlung am Unterschied zwischen den 'archaisierenden'
Heymons-Kindern und den 'artistischen' *Magelone* hinweist (vgl. 10f.; 58-60). Zu Tiecks Rezeption
mittelalterlicher Volksbuchmotive in den Dramen vgl. Szafarz (1979), zum Volksbuch als
'Projektionsformel' zur Beschwörung kultureller Eigentraditionen Bollenbeck (1979), zu Tiecks
Rezeption 'altdeutscher' Literatur insgesamt vgl. Meves (1979) und Brinker-Gabler (1980). Mit
den Bearbeitungen der unter dem Titel *Volksmärchen* 1797 veröffentlichten Texte zählt Tieck zu
den „Mitbegründern der literarischen Volkskunde" (Hölter 1989, 239); dazu auch Kreutzer (1977,
37, 55f.), der das Neue der Stoffbearbeitung in der innovativen formalen Gestaltung erkennt (36).
Auf die „wahre Erfindung" der „wunderbare[n] und abenteuerliche[n] Geschichten", die auf
schlechtem Papier schlecht gedruckt „ungleich reiner und besser geschrieben" seien als die
„beliebten Modebücher" der eigenen Zeit, geht Tieck an verschiedenen Stellen seines Frühwerks
seit 1795 apologetisch ein (hier *Peter Lebrecht* von 1795; Tieck-Thalmann I, 147). Tiecks Selbstbewußtsein, ein besondere literarhistorische Bedeutung gerade im Bereich der Volksbuch-Rezeption
zu haben, äußert sich im Vorwort zu den *Norwegischen Volksmährchen* von 1847 (Tieck-DKV XII,
1008).

[378] Werkgeschichtlich gesehen verschiebt Tieck die Literarisierung 'altdeutscher' Modelle auch deshalb konzeptionell zunehmend von der Prosa auf die Dramatik, weil erst diese wegen der phan-
tasieträchtigen Auslöschung epischer Vermitteltheit die angestrebte kindliche Naivität und flächige Poetizität durch die Artifizialität der Formen hindurch gewährleistet. Nach 1800 zieht Tieck
deshalb auch eine Dramatisierung der *Schönen Magelone* (1796) in Erwägung, von der jedoch nur
ein 'Prolog' (1803) vorliegt; vgl. zu diesen Komplex Tieck-DKV VI, Kommentar, 1309f., abgedruckt ist hier auch Heines *Genoveva*-Kritik, die die naive 'Treuherzigkeit' der unbeholfenen alten
Vorlage gegen das ästhetische Raffinement Tiecks ausspielt (1309).

[379] Ein ausführlicher Vergleich der Übernahmen und Expansionen des Dramas mit dieser Vorlage
bei Ranftl (1899, 31-66, Zusf. 64): Besonders ausgebaut sind die Schlacht- und Lagerdarstellun-
gen; insgesamt soll im Gegensatz zur linearen Ereignishaftigkeit der Vorlage ein vielgestaltiges
und buntes „Bild mittelalterlichen Lebens" „in epischer Breite" entstehen (65).

[380] Tieck-S I, XXIX.

in generisch verschiedene Richtungen: hin zur Kontrast- und Korrespondenz-
mannigfaltigkeit nach dem Vorbild der Historien Shakespeares als Ge-
schichtspanoramen (mit zahlreichen motivischen Anleihen bei den Tragödien,
Märchenkomödien und Lustspielen) einerseits; zu einer szenischen Darstellung
bedeutender Verweisungen im Modus metrischer Versatilität nach dem Vorbild
der religiösen Dramatik Calderóns andererseits. Fehlt dieser Name im 'Garten der
Poesie' des *Zerbino* bezeichnenderweise noch, spielt Tieck auf die *Andacht zum
Kreuze* erstmals im *Sternbald* mit der Beschreibung eines Gemäldes an, das der so
rätselhaften wie unmittelbaren Gnadenwirkung des Kreuzes allegorischen Ausdruck verleiht.[381] Die *Genoveva* bleibt indes „Vorspiel" auf die Calderón-
Renaissance um 1800[382], weil die spanische Romanzenstrophik, die der *Kaiser
Octavianus* neben anderen komplexen romanischen Vers- und Strophenmaßen ge-
radezu exzessiv durchdeklinieren wird, noch weitgehend fehlt.[383]

Im Gegensatz zum *Octavianus* ereignet sich das allein deshalb noch vergleichsweise 'dramatisch' organisierte Legendenspiel vor realgeschichtlichem Hintergrund, wenn es Heiligenlegende, politische Ereignis- und Heilsgeschichte aufeinander bezieht, um die dramatische Rede zur „religiösen Interpretation von Weltgeschichte" umzufunktionieren.[384] Die Inszenierung von Legendenhaftigkeit ist
eingespannt zwischen rückwärtsgewandter Geschichtsdramatik zur Vermittlung

---

[381] Vgl. Sternbald, 257. Zu Tiecks Calderón-Kenntnis, die sich zur Zeit der *Genoveva* mehr oder weniger ausschließlich auf die *Andacht zum Kreuz* beschränkt, vgl. Kern (1967, 213f., 223/Anm. 213,
247). Auf jeden Fall geht von diesem Stück der stärkste Einfluß im Bereich der Motive aus: „Fels
und Wald, die einsame Natur, die Gefühle der Andacht, die Wunder der Legende" (Tieck-S I,
XXIX) stammen von hier, vermittelt durch die Gnadenwirkung des bei Calderón leitmotivisch
während des ganzen Dramas aufscheinenden Kreuzes.

[382] Vgl. Hardy (1965, 46-49).

[383] Die Romanze als assonierende Gedichtform äußert sich nur einmal in den beiden Redondillen
der vielzitierten 'sommernächtlichen' Balkonszene, deren synästhetischer Einklang die so psycho-
poetische wie naturhomologe Sympathie zwischen Golo und Genoveva spiegelt (vgl. Tieck-S II,
73f.). In der späteren Romantik knüpfen gerade an diese Szene wiederholt v.a. Eichendorffs
christlich-nationale Trauerspiele und sein Lustspiel *Die Freier* an. Bereits Tieck aber betreibt die
für den spätzeitlichen Eichendorff signifikante Reminiszenz- und Kontaminationsdramaturgie,
insofern er szenische Elemente Calderóns mit Shakespeare kompiliert (hier aus *Romeo und Julia*
und dem *Kaufmann von Venedig*, vgl. Ranftl 1899, 95ff.). Die ästhetischen Effekte der metrischen
Vielfalt Calderóns (vgl. Ranftl 1899, 107-115) zwischen Artifizialität und Delirium sind für den
Kaiser Octavianus genauer zu entfalten, zumal dort die Lyrisierung und Musikalisierung des Dramas
durch 'künstliche' Versmaße in Tateinheit mit der Rezeption eigentraditioneller Formen mittelalterlicher Literatur an den Endpunkt rezeptiver Mitvollziehbarkeit, zu einem weitgehend entsemantisierten Klangteppich entgrenzt ist.

[384] Krogll (1979, 62). Die Relativierung der heilsgeschichtlichen Evidenz im glanzlosen Sieg der
Franken über die Sarazenen auf der einen, im Verlust der Verbindlichkeit der pansophischen und
astrologischen Geheimlehren auf der anderen Seite sieht Ribbat (1978, 173f.). Dem entspricht,
daß die „einfältigen Franken" dem launigen Spott der Orientalen nicht entgehen, weil sie „allen
Muth, allen Verstand verlieren, wenn sie Mauern mit Thürmen vor sich sehn; wo es nicht gilt, gerade drein zu schlagen, wissen sie sich nicht zu geberden", meint Ali in der Bürgerszene in
Avignon (Tieck-S II, 108).

einer historischen Utopie des Vergangenen und der formgeschichtlichen Modernität eines szenischen Experiments[385], das bisherige Strukturtendenzen der Dramaturgie Tiecks radikalisiert: Vorangetrieben ist die Auflösung der drei Einheiten[386] in shakespearisierender Kontrast- und Alternationstechnik, die an die frühen Versuche des Schülers anknüpft, die Episierung nun aber tatsächlich zu einer dramatisierten Lebensgeschichte ähnlich dem Roman verselbständigt, insofern jede Spannung auf den Untergang der Protagonistin vermieden wird. Der Wechsel von Prosa und Vers zwischen niederen und hohen Personen (mit übergänglicher Verschiebung von der Prosa ins gebundene Sprechen auch der niederen Figuren in höherer Umgebung) rhythmisiert das Drama mit dem alternierenden Wechsel von Innen- und Außenräumen, von Enge und Weite, Privatsphäre und politischer Ereignisgeschichte, gespiegelt im Hin und Her zwischen Kultur- und Naturräumen (Schloß/Garten/Stadt vs. Wald/Feld/Wüste), nicht zuletzt zwischen orientalischer und christlich-abendländischer Welt (mit je eingelagerter Liebesgeschichte), sich überkreuzend in bemerkenswert ausgebauten Lager-, Schlacht-[387] und Bürgerszenen in Avignon.[388] Die Anordnung des Geschehens nach Oppositionskomplexen, in der sich die Dialektik von Ohnmacht und Macht, Hingabe und Herrschaft, Andacht und Handeln, Natur und Geschichte spiegelt[389], nimmt vom Schloß ihren Ausgang und kehrt dorthin mit der finalen Erlösung Genovevas im heimatlichen Bett – kulturräumliches Komplement ihrer Höhle in der Wüste – zurück. Dem korrespondieren zum einen intertextuell aufgeladene Komplementärszenen in der Schäfersphäre (mit Liebesgeschichte samt Hochzeit): Als Idyllenzitat (auf eigene Dramen und auf Shakespeares Lustspiele wie *As you like it*) geht von ihr einmal mehr die Negativität im traurigen alten Lied eines verstoßenen unglücklichen Liebhabers aus, das die Lebenslust des heiteren 'Springinsfeld' Golo mit dem symbolischen Sturz vom Pferd in den höllischen

---

[385] Zum 'Experiment der Form' vgl. v.a. Thalmann (1963).

[386] Sie reicht nun bis zu einer Formwerdung der „Alogik der Zeit. Spieldauer und Handlungsdauer sind völlig unabhängig voneinander. Das Drama dehnt sich über viele Jahre aus. [...] Die Spielzeit beginnt am frühen Morgen, der noch die Lichter braucht, und endet mit dem ersten Tageslicht, als wären wir nur durch einen schweren Traum hindurchgegangen" (Thalmann 1963, 145). Das geradezu 'entzeitlichte' Stück spielt damit tatsächlich, wie Tieck zu den Lustspielen Shakespeares sagt, eher „nur in poetischem Raum und phantastischer Zeit" (Tieck-KS IV, 14). Handlungsinterne Zeitsprünge, v.a. das siebenjährige Exil im Wald, überbrückt Bonifacius wie das wunderbare Überleben und die Ernährung Schmerzenreichs durch eine Hirschkuh als Erzähler in getragenen Stanzen (vgl. Tieck-S II, 208-216). Ansonsten gibt es nur wenige Andeutungen zum Verlauf der Zeit: schon kurz nachdem Zunge und Augen des Tiers als Zeichen der Ermordung Genovevas begraben sind (195, 96), wachsen blaue Blumen aus den „auferstandnen" blauen Augen (204); der merklich „gealtert[e]" Golo (239) habe „lange schon" das Schloß verlassen (210), so daß der Schäfer Heinrich, der soeben erst heiratete (159), nun bereits großgewordenen Kindern begegnet (239).

[387] Tieck-S II, 52-66, 125-132; vgl. dazu Ranftl (1899, 32-35).

[388] Vgl. Tieck-S II, 107f.; Krogoll (1978, 69) zufolge weise die Rolle der *dramatis personae* 'Volk' auf Büchner voraus.

[389] Ribbat (1978, 174).

Abgrund seines Liebeswahns stürzt. Zum anderen gehören zu den intertextuell kontaminierten Spiegelszenen die Wahrsagereien der Hexe Winfreda in Straßburg, Shakespeare- und Goethe-Allusionen und Zitat auf den falschen Mystizismus in der *Theegesellschaft* (wenn man die Selbstzitierung nicht gleich auf die erinnerte Zukunftsoffenheit des 'Ammenmärchens' Mechthildes im *Ritter Blaubart* zurückführen will). Winfreda offenbart Golo die Herkunft aus „wild entbrannter Lust"[390], und durch die Qualifizierung ihrer pansophischen Geheimlehren als Höllenwerk vor allem gerät der naturmagische Zwang in Opposition zur positiven Freiheit des Christentums.[391]

Die dergestalt ins Spiel kommende Episierung als Selbstauslegung und moralische Bewertung dramatischer Ereignisse zeigt sich darüber hinaus an der im Vergleich zum *Zerbino* expandierten Rolle der Erzählerfigur gleich Gower in Shakespeares *Perikles*, die den Kirchenheiligen Bonifacius zum kommentierenden „Geist" der religiösen Erzählung und missionarischen Faktor der Handlung selbst bestimmt.[392] Der Alternations- und Kreisstruktur im Ganzen entspricht eine Dreiteilung des Stücks, derzufolge die Szenen episch eingerahmt und ein einziges Mal vom epischen Bericht des Heiligen unterbrochen werden: und zwar am religiösen Umschlagpunkt der Handlung, der mit der Wüstenhöhle zugleich den am weitesten entgegengesetzten Pol zum Schloß markiert.

Neben solchen Signalen der artifiziellen Konstruktion annonciert die Verfügbarkeit einer trotz aller flüchtigen Verselbständigung funktional eingesetzten Metrik und Strophik die formgeschichtliche Modernität der dramatischen Rede – Historizitätsindex der Temporalisierung und Komplexitätssteigerung in der *ars combinatoria* der Mittel: Ungeregelten Versen[393] fügt Tieck nun auch romanische Vers- und Strophenformen bei; so die Stanze, Hauptform der italienischen Versepik seit Boccaccio, die wegen ihrer Kompaktheit und ebenso alternierenden wie finalisierenden Reimstruktur repräsentativ-getragenen Passagen dient und damit die Form selbst semantisiert, indem sie in Gebeten, im Prolog und im 'treu-

---

[390] Tieck-S II, 172.

[391] Zu den Elementen des Pansophie- und Astrologie-Komplexes im Rahmen der erwachenden Böhme-Rezeption Tiecks auch in Gegenstellung zum *Wallenstein*, die als Doppelung von deterministischer Naturmagie der Wahrsagerin und frei ahnender religiöser Prophetie des 'Unbekannten' auf den Kampf zwischen Heidentum und Christentum übertragen wird, vgl. im einzelnen L. Stockinger (2000, 103-109).

[392] Tieck-S II, 4. Die gedoppelte historische Perspektivierung des Heiligen, dramatische Figur und apostolischer Verkünder der religiösen Lehre ineins, zeigt sich darin, daß er als spielexterner Erzähler auf der Gegenwartsebene des Zuschauers um 1800 agiert, spielintern aber auch von den *dramatis personae* benannt wird (vgl. 26, 49, 101) und damit auf der Gegenwartsebene des Stücks wirkt. Auf diese Weise verdoppelt sich der Darstellungsraum zur Theaterbühne und Kirche zugleich, aus der Bonifacius mit Schwert und Palmzweigen, Attributen der christlichen Ikonographie, „wie eine sprechend Statue" heraustritt (vgl. L. Stockinger 2000, 97ff.).

[393] Vgl. etwa den *zwischen* trochäischen, jambischen und daktylischen Versen aufgewühlten Liebesmonolog Zulmas in männlicher Kriegskleidung (Tieck-S II, 46); zahlreich sind die Liedeinlagen mit wechselnden Hebungen, teils als Madrigal (vgl. 77), teils freirhythmisch organisiert.

herzigen' epischen Bericht des Bonifacius eingesetzt, zum Teil aber auch in entsprechend feierliche Dialogsequenzen eingebaut wird.[394] In Terzinen, der Gedichtform von Dantes *Göttlicher Komödie*, spricht der 'Unbekannte', um vermittels der Additivität einer strophenübergreifenden Reimbindung die prophetische Vision von der zukünftigen Größe des Reiches anzureichern.[395] Das streng gebaute Sonett als Spezifikum der Dramen Calteróns dagegen dient der eher räsonierenden Selbstreflexion zwischen Liebesgefühl und Gläubigkeit[396] oder ganz direkt der gebetsartigen Didaxe.[397] Bei Tieck können Sonette als Besonderheit in Dialogzusammenhänge integriert sein oder gar den Abschiedsbrief Genovevas formatieren.[398] Die vielbeschriebene Sonetten- und Stanzenschwemme um 1800 nimmt von der *Genoveva* ihren Ausgang. Den Blankvers als mittlere Stillagenanhebung schließlich sprechen auch niedere Figuren in der Nähe der Heiligen oder hoher Personen wie Karl Martell, so daß sich die politisch-religiöse Wirkung der höheren Ganzheit in der szenischen Verwandlung der Sprechens selbst anzeigt.[399] Der Semiotisierung poetischer Formen korrespondiert eine musikalische Durchorganisation, die an die Synästhesie-Postulate der *Herzensergießungen* und *Phantasien über die Kunst* vor allem dort anschließt, wo sich die Seelenlage der Figuren im klingenden Eingehen in die 'Wellen' der 'quellenden' Natur plausibilisiert.[400] Die klangliche Formalisierung 'künstlicher' Versmaße als Vielfalt der Stimmen und Ausdrucksweisen verwandelt das Drama in eine Art „Wortoper"[401] bzw. „symphonische Dichtung mit eigenen kompositorischen Gesetzen, die nicht vom elisabethanischen oder weimarisch-klassischen Drama her verstanden werden können".[402] Denn die Darstellung organisiert sich trotz aller Konfliktlagen

[394] Die Idee einer 'altdeutsch' bzw. naiv konnotierten Semantisierung der Stanze äußert Tieck explizit erst im Zusammenhang der späteren *Melusine*-Bearbeitung in Prosa (1800): „Es reizte mich, die Stanze auch einmal so treuherzig, wie die alte deutsche Prosa erklingen zu lassen, ein Ton, der schon viele Stellen des Morgante so wunderbar anziehend macht, indem das Possierliche und Edle sich in diesem merkwürdigen Gedichte mit dem alterthümlich Ehrbaren so wunderbar verbinden" (Tieck-S XI, LIX).

[395] Zu Tiecks Dante-Rezeption und Verwendung der Terzine zur Evokation einer „Dante-Atmosphäre sowie konkret [von] *Prophetie* und Kontakt mit der *Transzendenz*" vgl. Hölter (1989, 285) mit Verweis auf Stopp (1985). Sonst kommt die Terzine nur noch im ähnlich prophetisch-wunderbaren Dialog Siegfrieds mit dem Pilgrim vor, dem Geist von Golos Vater Otho (Tieck-S II, 267-269).

[396] Vgl. Genovevas Sonett vor den Redondillen der Balkonszene (Tieck-S II, 72).

[397] Vgl. das Sonett des Kapellans und das finale Sonett Bonifacius', beide auch thematisch verbunden durch die Erlangung des 'Paradieses' in der religiösen Andacht (Tieck-S II, 40, 271f.).

[398] Vgl. Tieck-S II, 205.

[399] Vgl. z.B. Tieck-S II, 26f.; umgekehrt zeigt sich Golos Verfallensein an die satanische Wollust, ja seine Vergewaltigungsphantasie im Rückfall zur Prosa (vgl. 150, 151f.). Zu den Vers- und Strophenmaßen der *Genoveva* insgesamt vgl. Ranftl (1899, 222-242).

[400] Vgl. u.a. Tieck-S II, 73, 264.

[401] Kluge (1980, 192). Eine Hördramatik, die sich in der „Verschiebung vom Auge auf das Ohr, von der Geste auf das Wort" zeigt, erkennt Thalmann (1963, 151) in der *Genoveva*.

[402] Minder (1968, 193) mit Verweis auf die ältere Forschung (Richard Benz, H.A. Korff).

weniger nach dramatischen Konstellationen als durch „künstliche Bezüge"[403],
hergestellt durch bedeutungsvolle Verweisungen sowohl auf der Ereignis- wie auf
der Verfahrensebene: in prophetischen Zeichen und Ahnungen als Ankündigung
der Erfüllung profaner oder religiöser Erwartungen von Figuren, die in geheimnisvollen Verbindungen zueinander stehen, auf der einen, in der formalen
Selbstorganisation der szenischen Rede auf der anderen Seite, um die zwischen
den Personen bestehenden Korrespondenzen, besonders die psychostrukturelle
Nähe zwischen Golo und Genoveva, über die inhaltliche Verknüpfung hinaus
auch *sprachlich* zu beglaubigen.

Die traumförmige Geschlossenheit des Legendendramas rührt folglich von
sprachlichen wie motivisch-thematischen Äquivalenzen her, die sämtliche Elemente der dramatischen Darstellung in positiver wie negativer Komplementarität
bedeutungsvoll aufeinander bezieht: Genoveva steht so in konzertierter Konstellation zur unbedingt Liebenden und Selbstmörderin Zulma wie Golo zur Hexe
Winfreda (und ihrer dem Teufel verfallenen Wahrsagerei); Golos Tod spiegelt
sich im Sterben seines Vaters Othos auf dem Schlachtfeld (das ihm Siegfried ja
vorenthält, weil er nicht mit in den Krieg ziehen darf), und Siegfried steht als Liebender und Krieger im komplementären Verhältnis zu Abdorrhaman wie die Liebeshandlung im Schloß zur Liebesgeschichte Heinrichs und Elses in der Schäfersphäre usw. So ist vor allem die positive Religiosität an die Verkehrung ins
Problematische gebunden, das Golo wie die am Ende ebenfalls reumütige Winfreda kurz vor dem Flammentod aber noch rechtzeitig erlöst zum Guten wenden.
Das Verfallensein an die Hölle, das sich Golo attestiert, reagiert spiegelbildlich auf
Genovevas Selbstaffektation in die schöne Heilige, die als treu liebende Ehefrau
sich ihrer erotischen Ausstrahlung nicht bewußt werden will.[404] Golos Liebeswahn äußert sich folglich in genau derjenigen Intensität, die Genoveva in ihrer
Christus-Vision als höchst sinnliche Minne der „Braut" Jesu durchlebt[405] – hervorgegangen aus der Lektüre von Heiligenlegenden. Seine dämonische Besessenheit von der Heiligen, die ja gleichfalls auf die Disposition zu Kunst und Poesie
zurückgeht[406], ist deshalb zunächst nichts anderes als die Kehrseite religiöser Erleuchtung. Das „Erfinden" des Dichtens im „Mondenschimmer", das eben auch
Genoveva dem Irrewerden an den Klängen der Natur nähert[407], sei aber, so die
religiöse Umakzentuierung direkt im Anschluß an den psychopoetischen Einklang
mit dem verstoßenen Liebhaber in der Balkonszene, der „Wahrheit fern".[408]

---

[403] Thalmann (1963, 151).

[404] Tieck-S II, 96.

[405] Tieck-S II, 87.

[406] „Er kann alles: er singt, er musiziert, er kann Gemälde machen und Reimweisen" (Tieck-S II, 10).

[407] Vgl. Tieck-S II, 73; siehe auch Genovevas assonierend-synästhetische Naturlyrik ohne alle religiö-
sen Implikationen direkt im Anschluß an Golos Herbeisehnen des Liebestods, die die im *Kaiser
Octavianus* dann leitmotivisch eingesetzten allegorischen Blumen Lilie und Rose, im rauschenden
Wald vom goldnen Mond beschienen, als „grünes Feuer" der Natur imaginieren (117).

[408] Tieck-S II, 74.

Gleichwohl gehen zentrale Elemente ihrer religiösen Inbrunst gerade aus der Lektüre hervor, um am Ende den Tod als untragisches, weil selbstbestimmtes Eingehen in eine kosmisch-pantheistische Natureinheit zu begehen, die Schopenhauers Todesphilosophie und Wagners *Tristan*-Schlußakkord ankündigt: „Auch meine Seel' muß sich dem Tod' entringen / Und in dem Lebensmeer als Welle klingen".[409]

Den religiösen Konnex gewährleistet hier allein die Tatsache, daß sich Genovevas Selbsterlösung in Freiheit im Zeichen des Kreuzes anbahnt.[410] So wie der im Duell gestorbene Eusebio in Calderóns *Andacht zum Kreuz* noch einmal ins Leben zurückgerufen wird, damit er vor Bischof Alberto der unmittelbaren Gnadenwirkung des Kreuzes teilhaftig werden darf[411], entreißen die Engel auch Genoveva einem personifizierten Tod, um ihr den „Himmelsglanz" des erlösten Reich Gottes zu zeigen.[412] Im Gegensatz zum leitmotivisch das ganze Drama durchdringenden und auf der Handlungsebene eben tatsächlich aufscheinenden Kreuz bei Calderón speist sich die Selbsterlösung Genovevas im freien Tod aus den Visionen in Heiligenlegenden, „die inniglich so Herz wie Geist erregen".[413] Zumindest intensiviert die Mimesis religiöser Inbrunst während der Lektüre Religiosität als Erfahrung, zumal Genoveva bei aller Gläubigkeit von Beginn an gleich Golos 'nachtwandlerischen' Projektionen[414] als furchtsame Geistseherin gezeigt wird.[415] Die mystische Erotik der Christus-Vision als Form „bewußter Nachfolge Christi"[416], geweckt durch die Erinnerung an die Kindheit und die Zeit des Klosterlebens[417] und nicht zuletzt durch die leibhaftige Wiederkehr des „Traumbild[s]" eben in Golo[418], ist daher eher bewußte Nachfolge der Mystik einer literarisierten Legendenschrift:

> Mich ziehet an die Schrift gar wunderbar,
> Und hab' ich eine heilige Legende
> Begonnen, kann mein Herz nicht eher ruhn

---

[409] Tieck-S II, 264; zu den Schopenhauer- und Wagner-Vorwegnahmen dieser Todesvorstellung, die darin gerade Golos Hypostasierung des Liebestods (117) nahe kommt, vgl. Kluge (1980, 194).

[410] Tieck-S II, 252; eingeführt durch Bonifacius' Erzählung von der Gnadenwirkung des Kreuzes im Wüsten-Exil, das die Engel als „schön [G]ebildet" vom Himmel herabtragen (212ff.).

[411] Vgl. Calderon (1925, 75f.).

[412] Tieck-S II, 227f.; noch einmal kurz vor dem Tod memoriert (263f.).

[413] So Drago zur Wirkung der stillen Lektüre im „Buch", die für ein Geschichtsdrama des vorgutenbergianischen Zeitalters bemerkenswert genug erscheint (Tieck-S II, 41).

[414] Tieck-S II, 35.

[415] Vgl. Tieck-S II, 17, 21.

[416] Krogoll (1979, 68).

[417] Tieck-S II, 85-88.

[418] Vgl. Tieck-S II, 88, 84. Gleich im Anschluß daran stellt sich die unausgesprochene Identifikation der Jesus-Vision mit dem „Lächeln" Golos ein, Zeichen der geheimen Sympathie und unbewußten Liebe, die in das Innere des Anderen schauen läßt, weil sie die Welt mit dessen Augen sieht: „Mir war, als leuchteten in ihm die Blicke, / Als lächelte in ihm, was ich geschaut, / Als mir der hohe Traum hernieder kam" (89).

Bis sie geendet ist, ich lebe dann
In jener Welt, die uns geschildert wird,
Mit allen meinen Sinnen wie mit Netzen
Hält mich die süße Vorstellung verstrickt,
Ich muß mich wie ein Wild gefangen geben:
Drum ist es *nicht so die Andacht, die mich treibt*
Wie inn'ge Liebe zu den alten Zeiten,
Die Rührung, die mich fesselt, daß wir jetzt
So wenig jenen großen Gläub'gen gleichen.[419]

Von Tieck erstmals im vielzitierten Harz-Erlebnis als Experimentalanordnung erprobt, wird Religiosität in der *Genoveva* als phantasmagorisches Intensitäts-Modell inszeniert, dessen christlicher Imaginationsraum aus der Lektüre von Heiligenlegenden aufersteht.[420]

Laut Stockinger vollzieht sich die positive Präsenz institutionengesicherter Gläubigkeit im Zeichen des Kreuzes als verweisenden Abbilds einer realpräsentisch nicht zu erfüllenden Erlösung[421], um bei einem darauf eingestellten Publikum für die religiös-politische Verbindung von Kirche und Staat zu „werben", indem die szenische Darstellung an „reaktivierbare kollektive Erinnerungsbestände appelliert".[422] Demgegenüber sieht vorliegende Lesart eher den performativen Effekt von Lektüre, deren Gehalt der Zuhörer *gegen* all seine aufgeklärten Vorbehalte 'erdulden' soll – und zwar solange, wie der im Blick auf den gegenwärtigen Verfallsstand der christlichen Religion ja einigermaßen gereizte Bonifacius durchblicken läßt[423], bis er kraft des delirierenden Einlullens durch Effektpoesie

---

[419] Tieck-S II, 101f. (Hervorhebung von mir, S.S.).

[420] L. Stockinger (2000, 116f.) dagegen akzentuiert die institutionellen Aspekte religiöser Orthodoxie in der ästhetisierten Theologie des Kreuzes, derzufolge das Eingehen in die kosmische Ordnung der Dinge, wie auch immer durch die Christusvision sexuell aufgeladen, am Ende insofern „erlaubt" sei, als „sie durch die tradierten Bilder und Dogmen abgesichert ist gegen monistische Reduktionen und sinnliche Täuschungen": Der „Halt der Institutionen" schütze vor der „Preisgabe der identitätsbewahrenden Diszipln" (117).

[421] Nicht nur revidiere das Kreuz die Klostervision des erscheinenden Christus, sondern es transzendiert Religiosität auch hin zu einem Abbild, das im Kunstwerk als Objekt greifbar, von der Realpräsenz des Göttlichen aber deutlich unterschieden bleibt (L. Stockinger 2000, 116). So hebe die Medialität des Kreuzes die leidvolle Spannung zwischen Immanenz und Transzendenz nicht auf. Erscheinungen werden nicht szenisch beglaubigt, sondern von Bonifacius, dem Hüter der objektivierenden Traditionen, erzählt. Im Unterschied zur Vision habe das Kruzifix als „schön gebildt" Kunstwerk (Tieck-S II, 212) Bestand und bleibe so als Medium religiöser Erfahrung nicht nur in der Einsamkeit des Waldes stets gegenwärtig.

[422] L. Stockinger (2000, 103, 102). Diese Sicht steht Positionen entgegen, die die „Theologie" der *Genoveva* eher in eine allgemeinere Richtung weg von der „Metaphysik" hin zu Schleiermachers undogmatischer bzw. anthropologisch ausgerichteter Gefühlsreligion kontextualisieren und so auch das Traum-Postulat im Text wie in Tiecks poetologischer Selbstbestimmung ernstnehmen, demzufolge der Werk-Gehalt eben bloß ein Traum ist, „der die Realität nicht zu durchdringen vermag" (Ribbat 1978, 176).

[423] „So wend' ich härmend und voll Zorn den Blick / Und geh' in die Verborgenheit zurück" (Tieck-S II, 4).

tatsächlich an die szenische Präsenz der wunderbaren alten Zeit des Glaubens glaubt:

> Jetzt wird ein Spiel euch vor die Augen treten,
> O laßt den harten Sinn sich gern *erweichen*,
> Daß ihr die Kunde aus der alten Zeit,
> Als noch die Tugend *galt*, die Religion,
> Der Eifer für das Höchste, *gerne duldet*.
> Alsbald wird *ein Gedicht* vor euch erscheinen [...].[424]

Es folgt die epische Deixis des Erzählers im Bericht von den Kriegsvorbereitungen Karl Martells in parallelistischer Gleichförmigkeit – „Da schickt er Herold' aus durch seine Staaten / Da schickt er Schreiben in des Reichs Provinzen / [...] Da geht der edle Mann zum Streit gewappnet" usw.[425] –, bis der derart eingestimmte Zuhörer für die ganze eigene Aufmerksamkeitsanforderung der klingenden Legendendramatik geöffnet ist und die wunderbaren Ereignisse akzeptiert: „So seid nun aufmerksam und laßt euch gern / In alte deutsche Zeit zurücke führen."[426] Erst der letzte – lateinische – Gebetsvers des Stücks, der Genoveva um Fürbitte anruft und mit dem Bonifacius aus dem theatralen Rahmen gleichsam in die Nische des Kirchenheiligen zurücktritt, beschwört dann tatsächlich auktorial den Eingang ins „Paradies" durch das Gebet der Frommen[427] – eben aber im artifiziellsten Modus poetischer Kunst, in der geschlossensten Gedichtform überhaupt: im Sonett.

Die Intensität der religiösen Affektation ist daher insgesamt eher poetischer Effekt – aus der parallelistischen Formalisierung einer ins szenische Ereignis umgewandelten Legendenschrift – als Glaubensbekenntnis. Das nachfolgende 'Lustspiel' *Kaiser Octavianus* wird sie zum universalen Parallelismus einer von Tönen beseelten Welt im Tempel der Liebe 'im Walde' entgrenzen. Wie religiös gebunden die 'Gefühle der Andacht' in dieser Schrift zu beurteilen und wie liturgienah die *Genoveva* auch immer organisiert sein mag – die Entscheidung bleibe der je präokkupierten Interpretation überlassen. Auflösen kann keine Deutung mehr das hermeneutische Problem, das darauf zurückgeht, daß die um 1800 nunmehr auslegungsbedürftige, weil vieldeutige literarische Schrift offenbar auch Religiosität als Gefühl kraft der operativen Verfügbarkeit literarischer Verfahren bedient. Dem entspricht das wiederholte Ironisieren im Bestreiten der Gültigkeit und Existenz des Heiligen bereits auf der Gegenwartsebene des Stücks: „Wer weiß, ob alles sich so hat begeben / Das denk' ich auch, es ist wohl lange her", bezweifeln die Köhler den Realitätsstatus von Heiligenlegenden[428], weshalb Wendelin meint, die

---

[424] Tieck-S II, 4f. (Hervorhebung von mir, S.S.).
[425] Tieck-S II, 5.
[426] Tieck-S II, 5.
[427] Tieck-S II, 272.
[428] Tieck-S II, 8.

„Zeit der Wunderwerke" sei nun wohl vorüber.[429] Das dezidiert sentimentalische Bewußtsein Golos selbst wiederum – das „Ferne und das Nahe, / Das Mögliche, was doch unmöglich ist", will es stets zugleich haben[430] – verehrt die angebetete Genoveva während der ersten Begegnung schon als „Reliquie[]".[431] Tiecks Stück verhandelt so letztlich Folgeprobleme der Dialektik von naivem und sentimentalischen Bewußtsein, oder genauer: der Dialektik, die aus dem Wunsch nach Wiedererlangung einer wie auch immer gearteten Naivität durch das sentimentalische Bewußtsein hindurch entsteht. So bleibt die Legendenhaftigkeit des Stücks notwendig doppelt reflexiv gebrochen: historisch im Bewußtsein von der Problematik ihrer ahistorischen Aktualisierung im Geschichtsdrama, ästhetisch durch ihren Status, bloßes Kunstwerk zu sein. Gleich dem „magische[n] Zwang" in Winfredas klanglich durchgeformten Sprechen nahe der Naturmystik Böhmes[432], gleich Winfredas „magische[m] Spiegel" der Zukunft[433], in dem „die Formen […] zersprungen" sind[434], demonstriert die Artifizialität der Legendendramatik die Dialektik von ersehnter Naivität und künstlerischem Zwang in der poetischen Homogenisierung der Welt. Über die Produktion einer künstlichen Ganzheit hinaus entspricht ihr keine reale Aussicht auf Erfüllung mehr, wenn selbst Bonifacius das Ganze zum bloß theatralischem „Spiel" und „Gedicht" desakralisiert.[435] Der „Weltengeist"[436] als „Kern der Dinge" ist bloßes Konstrukt der poetischen „Phantasie"[437]: das durch und durch sentimentalisch gebrochene Ereignis einer Literarisierung von Religion, in der „Kunst" als Medium des Höheren[438] wie des Irrsinns zugleich selbst seitens der naiven Heiligen erscheint.

Die Romantik- und Tieck-Forschung behandelt die *Genoveva* zusammen mit dem nachfolgenden *Kaiser Octavianus* zu Recht als ein auf einander bezogenes Textganzes. Gegenüber dem universalen 'Lustspiel' bleibt das untragische 'Trauerspiel' aber insoweit gleichsam regelpoetisch gebunden, als es ohne Narrenfiguren und derb-komische Szenen auskommt. Die im *Octavianus* zugunsten der noch breiteren Figuren- und Szenenvielfalt zurückgenommenen Schlachtdarstellungen zeigen aber auch an, daß sich die universale Versöhnung von Abendland und Orient dort nicht mehr über den Glaubenskrieg im katholischen Geist definiert, während das fast durchgehend ernst gelagerte Trauerspiel sowohl auf der privaten wie auf der

---

[429] Tieck-S II, 187.
[430] Tieck-S II, 112.
[431] Tieck-S II, 41.
[432] Tieck-S II, 180; vgl. hier neben den anderen tiecktypischen Formen der Klangpoesie etwa das vierfache Assonieren ihrer Naturbeschwörung (175f.).
[433] Tieck-S II, 175,
[434] Tieck-S II, 181.
[435] Tieck-S II, 4.
[436] Tieck-S II, 231.
[437] Tieck-S II, 177,
[438] Tieck-S II, 67ff.

politischen Ereignisebene noch eine Art Konfliktstruktur austrägt. Die *Genoveva*, so die daraus abzuleitende These zu Tiecks Projekt einer szenischen Literarisierung von Volksbuchstoffen als Modus der ästhetischen Inszenierung von Heiterkeit und Naivität, fällt daher insgesamt noch zu 'dramatisch' aus: zu sehr auf leidenschaftliche Handlung und die einhergehende dramatische Identifikation, zu sehr auf die geschichtlich-religiöse Lehre und die heilsgeschichtliche Interpretation hin organisiert, die der Stoff selbst schon erheischt. Erst der *Octavianus* erreicht die ebenso unideologische wie ätherische Kontrastmannigfaltigkeit, indem er die christlichen und politisch-geschichtsphilosophischen Implikationen des Erlösungsspiels zurücknimmt und generische Konventionen der dramatischen Rede noch weitgehender entgrenzt.

Insbesondere hängt diese Verschiebung neben aller Enthistorisierung mit der Preisgabe der Konflikt- und Leidenschaftsdarstellung zusammen, die nur noch partikular in der Eifersucht der intriganten Kaiserin Mutter (und dies auch nur bis zum Ende des ersten Teils) ins Spiel kommt. Eine von 'Geistern' besessene und zerrissene Figur wie Golo, der als Personifikation aktueller Diskussionen um 1800 im sakralen Kontext durchaus Zitatcharakter (als Anspielung auf Tiecks eigene Werke) zukommt, wird es im 'Lustspiel' nicht mehr geben. Ähnlich der ironischen Reinszenierung des eigenen dramatischen Frühwerks im Wüstentheater des *Zerbino*, das die Legendendramatik mit den Visionen der Heiligen in der Wüste gewissermaßen positiviert, verleiht dieser Zitatcharakter der Figur Golos eine bestimmte Ironie über den von Tieck selbst formulierten Aspekt im Zusammenhang mit der Leidenschaftsdarstellung hinaus[439]: eine Indifferenzierung, die bis zur höchst zwiespältigen Einverwandlung seines Todeslieds ins finale Gebet bestehen bleibt.[440] Im *Octavianus* wird die 'Lovell-Dimension' abgelöst von Florens, der geradezu als Gegenfigur zu Golo fungiert, weil seine Liebe, sein Glaube und seine Taten allen Widerstreit überwinden. Bei allen Gemeinsamkeiten kraft der beiden Figuren selbst unbekannten hohen Herkunft (die Golos adeligen Status auch für Genoveva nie relativiert[441]) wird Florens entpsychologisiert und – ins Positive

---

[439] Geäußert im Zusammenhang der von Solger inspirierten Idee der 'höheren Ironie', die Tieck in der sonst ironiefreien *Genoveva* bei der Darstellung von Leidenschaft sieht, in die Golo „immer tiefer sinkt" (vgl. Köpke II, 174; im Kontext Tieck-DKV VI, Kommentar, 1187).

[440] Die Zeilen des prophetischen Natur- als Todeslieds alternieren hier geradezu blasphemisch mit einer Anverwandlung der biblischen Sprache des Gekreuzigten. Von Matthias als verlogenes Ritual abgetan, bitten Golos letzte Worte doch auch sehr eindringlich um Erlösung aus „dieser Quaal – dort im fernen einsam grünen Thal" (vgl. Tieck-S II, 258f.). Auf jeden Fall bewahrt das Gebet gerade in der alternierenden Koppelung von biblischem Sprechen und melancholischer Todes- und Naturverfallenheit – als parataktische Zersprengung der Formen auch durch den jeden Vers offenhaltenden Gedankenstrich angezeigt – seinen höchst ambivalenten Kunstcharakter, der für den sentimentalischen Golo als solcher einen Modus von Erlösung darstellt: *sein* ästhetisches Kreuz, wenn man so sagen darf, das die Liebes- und Todessehnsucht mit dem Leid selbst transzendiert.

[441] „Er kann nicht fehlen, er ist adelich / An Sinn und Sitten, wenn nicht von Geburt; / Der Himmel hat ihm Schönheit auch verliehen, / Und eine Art, die alle zu ihm neigt" (Tieck-S II, 83). So

gewendet – „ganz legendenhaft gedeutet": Die Erziehung durch den einfachen
Pflegevater Clemens in Paris berührt die kaiserliche Natur nicht, so daß er am
Ende als „Retter, Erlöser und Weltkaiser eines utopischen regnum humanum"
wirken kann; als „Lichtgestalt, die nicht, wie Golo, aus dem Paradies gefallen ist
und zum Untergang verurteilt, sondern auserwählt, das Paradies zu verwirkli-
chen."[442] Im *Octavianus* ist es jedoch das Paradies der Poesie, das die christliche
Religion einschließt, ohne die Erlösung daraus abzuleiten, zumal deren Institutionalisierung im Zeichen von Kirche und Kreuz keine Rolle mehr spielt. Mehr noch
als Bonifacius übernimmt hier die Romanze die Rolle eines *funktionalen* Äquiva-
lents zum Kreuz bei Calderón, indem sie als vermittelnde Instanz die Verbindung
von Diesseits und höherer Ganzheit im Modus einer nunmehr rein poetisch
durchorganisierten Verweisung gewährleistet. Als Synthese der Synthese gewissermaßen kann das Lustspiel problemlos komische Szenen und Figuren fast ohne
Selbstzitations- und Religionsironie[443] integrieren, so daß sich die universale Literarisierung frei von allem satirisch, politisch oder geschichtsphilosophisch gebundenen Wirklichkeitsinteresse im Tempel der Liebe 'im Walde' szenisch ereignen
kann: als Weltschauspiel der Versöhnung von Antike, Orient und christlichem
Abendland, ja von Natur und Kunst überhaupt.

*Universaler Parallelismus. Literarisierung des Welttheaters ins Universallustspiel: 'Kaiser
Octavianus' (1804)*

„O du Dichter!" ruft Franz Sternbald auf Florestans Rede vom Wunderbaren und
Seltsamen in Traumbildern, die „höchst sonderbare Fortsetzung unsers gewöhnlichen Lebenslaufs", bei deren Erscheinungen, „die an uns mit bunten Zauberge-
wändern vorübergehn sollen", es einem sei, „als würde den Bäumen die Zunge
gelöst, damit ihr Rauschen in verständlichern Gesang dahinrinne". Die Liebe

---

spiegelt sich die höhere Abkunft eben auch in edlen Taten, dort etwa, wo Golo Heinrich und Else
durch ein Geldgeschenk von der Leibeigenschaft befreit und ihnen damit erst die Hochzeit ermöglicht (153f).

[442] Ueding (1987, 293).

[443] Zu fragen ist, ob Tieck damit auf die entsprechende Ironie des in weltanschaulich-religiöser Hinsicht ja völlig dogmatischen Calderón anspielt, wie sie sich im Schluß der *Andacht zum Kreuz* manifestiert: „Da Curcio sie [Julia] erstechen will, umarmt sie das Kreuz, welches am Grabe des Eusebio steht, und fliegt damit in die Höhe" (Calderon 1925, 78), lautet der Nebentext, der daraufhin doppelt kontextualisiert wird: religiös von Alberto als „Großes Wunder!", ironisch als bloßes
Produkt des Dichters dagegen von Curcio: „Und mit solches / Hohen Staunens Aufgebot, /
Schließt die Andacht zu dem Kreuz / Glücklich hier der Dichter so" (78). Brüggemann (1964,
224f.) faßt Calderóns Ironie in der *comedia* als „künstlerische Bedingung der höheren Einheit der
Mischung des Heterogenen, der sinnreichen Vertauschung des Tragischen und Komischen, der
Überkreuzung des monologischen Ernstes und des dialogischen Scherzes, der Identität von Stoff
und Form und der an die innere Einheit der poetischen und prosaischen Grundkräfte des Daseins zurückgebundenen Freiheit des Künstlers".

schreite auf „fernen Flötentönen" heran, „ein Zirkel von Wohllaut hält uns mit magischen Kräften eingeschlossen, und eine neue verklärtere Existenz schimmert wie rätselhaftes Mondlicht in unser wirkliches Leben hinein". Erfüllt hat Tieck Sternbalds Wunsch, Florestan solle „ein großes Wundergedicht erschaffen, voll von gaukelndem Glanz und irrenden Klängen, voll Irrlichter und Mondschimmer"[444], mit dem 'Lustspiel' *Kaiser Octavianus* (1804), das den traditionellen Welttheatertopos zum szenischen Komplement des frühromantischen Universalromans verschiebt.

Wie die *Genoveva* und der spätere *Fortunat* ist das Großdrama einer Form 'altdeutscher' Prosaliteratur nachgeschrieben, die die Romantik zum 'Volksbuch' als Projektionsformel für die Beschwörung kulturräumlicher Eigentraditionen jenseits der kanonisierten antiken und christlichen Autoritäten popularisiert: Auf einem altfranzösischen Roman des 13. Jahrhunderts basierend, der in die indische Literatur zurückreicht, liegt die *Schöne vnd kurzweilige Hystori von dem Keyser Octaviano*[445] seit 1535 in deutschsprachigen Übersetzungen vor.[446] „Ganz der alten Legende" folgend[447], übernimmt Tieck Handlung und Personen der Vorlage, die ihm durch Zufall in die Hände geraten sei und ihn wegen ihrer 'Neuheit' sofort zur Dramatisierung ermuntert habe.[448] Der Vergleich mit dem Hypotext läßt das Bemühen erkennen, „den Stoff in seiner ursprünglichen Gestalt und seinem poetischen Inhalt oft bis in textliche Einzelheiten zu erhalten".[449] Tatsächlich trifft dies einmal mehr nur für die Plot-Ebene zu, insofern die episodische Struktur der eifersuchts- und intrigengesteuerten Trennungs-, Prüfungs- und Wiedervereinigungsgeschichte vom römischen Kaiser Octavianus und seiner Frau Felicitas die szenische Anordnung des Stoffs bestimmt.[450] Nicht die Zurichtung der additiv

---

[444] Sternbald, 221.

[445] Bibliothek Tiecks, 40 [1020]. Bei der in Tiecks Besitz befindlichen Ausgabe handelt es sich um einen Nachdruck des 18. Jahrhunderts. Zum Volksbuch und zur Überlieferungsgeschichte des Octavianusstoffs mit den Kernmotiven der verleumdeten und unschuldig vertriebenen Frau, den verlorenen und wiedergefundenen Kindern, dem Feldzug der Heiden gegen die Christen und dem Diebstahl des berühmten Pferdes vgl. Lüdtke (1925, 9-57), Bodensohn (1937, 11-17). Der Stoffkomplex steht in Verbindung mit dem ähnlich organisierten Genoveva-Stoff; neu ist die Poetisierung des Orients, „Wunderland des Morgens" (Tieck-S I, 273), so daß Tieck auch für die „Wiederbelebung des Orientinteresses in der deutschen Literatur um 1800 bis zum *West-östlichen Divan*" eine Rolle spielt (Schulz 1983, 544).

[446] Ein Vergleich der religiösen und z.T. erheblich ausgeweiteten Übersetzung Wilhelm Salzmanns mit der französischen Prosaversion *Florent et Lyon, Fils de l'empereur de Rome* bei Keßler (1930).

[447] So Tieck zum Projekt einer Dramatisierung der *Magelone* kurz nach der Entstehung des *Octavianus* (1801-1803), die „als Allegorie zwischen Octavian und Genoveva eintreten sollte" (Tieck-S XI, LXXXVIII) und „wie in dem Octavian die romantische Poesie, in ihr die Liebe allegorisch und poetisch ausmalen wollte" (Tieck-S I, XL).

[448] Vgl. Köpke I, 267.

[449] Lüdtke (1925, 43); vgl. Lüdtkes Zusammenfassung der Handlung (47-51).

[450] Die Trennung und Wiedervereinigung kraft Vermittlung des Wunderbaren ist basales Merkmal der Handlungsstruktur zahlreicher Volksbücher und organisiert neben der *Genoveva* auch die *Schöne Magelone* (vgl. Tieck-DKV VI, Kommentar, 1311).

reihenden Narration der Vorlage aufs überschaubare Maß dramatischer Situationen, die funktional nach handlungsbestimmenden Konflikten verdichtet und finalisiert werden, ist erwünscht, sondern deren Transformation in eine szenische Vergegenwärtigung, die der anachronistischen Überlieferung trotz aller hervorgekehrten Artifizialität in der Durchführung ihr Recht bewahrt. Der ästhetische Reiz des Volksbuchs besteht für Tieck in erster Linie darin, daß es einen historischen Stand deutschsprachiger Literatur vor ihrer regelpoetischen Kodifizierung seit Opitz repräsentiert.[451] Initiiert wird die dramatische Anverwandlung folglich durch die stoffliche wie formale Interessantheit einer literarischen Darbietungsform, deren strukturelle Offenheit eine größtmögliche Vielzahl disparater – teils wunderbarer und teils bloß kurioser – Ereignisse mit Figuren aller Stände und praktisch der ganzen Welt als Schauplatz zuläßt: „Wohl sind in diesen unscheinbaren schlecht gedruckten Schriften", bemerkt Manfred im *Phantasus*-Gespräch nach der *Magelone*-Vorlesung mit explizitem Verweis auf den *Oktavian*, „fast alle Elemente der Poesie, vom Heroischen bis zum Zärtlichen und hinab zum kräftig Komischen, ausgesprochen".[452] Die *Hystori von dem Keyser Octaviano* stellt dabei eines der umfangreichsten (im Vergleich zur *Genoveva* zugleich aber auch geschlosseneren) Volksbücher überhaupt dar.[453] Sie steht damit ein für Tiecks Vorliebe, den poetischen Reiz eines Werks von seiner regelabweichenden Besonderheit abzuleiten. Programmatisch formuliert er dieses Ideal von der absoluten Individualität der Werke als selbstverständlichen Bestandteile des Ganzen zur Zeit der Entstehung des *Octavianus* in der Vorrede zu den *Minneliedern aus dem schwäbischen*

---

[451] „Gerade die Ablehnung der Trivialromane seiner Zeit und ihrer barocken 'Modelle' impliziert die Aufwertung der Volksbücher, die Tieck noch *vor* seinen Bearbeitungen [...] programmatisch formuliert" (Hölter 1989, 51).

[452] Tieck-DKV VI, 303. Bezeichnenderweise fällt diese Äußerung direkt im Anschluß an die vielzitierte Rede Friedrichs zur „Bühne der Phantasie", die der „romantischen Dichtkunst ein großes Feld" eröffne. Auf den Reiz des Wunderbaren alter Geschichten, das die Lektüre wie selbstverständlich imaginiert, verweist das Lustspiel selbst am Schluß in Hornvillas Bemerkung über das Lesen alter Märchen (Tieck-S I, 415).

[453] Bodenssohn (1937, 13); ein genauerer Vergleich zwischen Vorlage und Dramatisierung bei Lüdtke (1925, 17-47, Zusf. 43-47): Die einzige selbständige, d.h. neu erfundene Figur ist Biren. Als Instrument der Intrige durch die Kaiserin Mutter gehört er, obwohl er auch Sänger ist, wie diese zu den 'unpoetischen' Figuren; entsprechend früh fällt er aus der Darstellung heraus (die Kaiserin Mutter am Ende des ersten Teils durch Selbstmord, in Wortspielen witzig kommentiert vom Hofnarren Pasquin; vgl. Tieck-S I, 164; vgl. 161-163). Tieck weitet besonders die Präsentation von Nebenfiguren der niederen Stände aus, die in der Quelle nur flüchtig erwähnt werden, hier v.a. den bäurischen Narren Hornvilla. Neu sind vereinzelte Motive wie die wallensteinbezügliche Astrologie des Kaisers (vgl. Lüdtke 1925, 133f.), Felicitas' wunderbare Rettung vor dem Scheiterhaufen durch plötzlich einsetzenden Regen (die Octavianus dazu bringt, sie gehen zu lassen) und alle Expositionsteile, die in die wiederholt memorierte Vorgeschichte der Ehe des Kaisers mit Felicitas zurückverweisen. Abweichend von der Volksbuchvorlage vollzieht sich schließlich das Wiederfinden und die Versöhnung der Familie im Wald (statt in Paris), während das Volksbuch Florens noch zum König von England krönt.

Zeitalter (1803). Als „Theile Einer Poesie"[454] zeichnen sich die 'altdeutschen' Werke durch „größte Mannigfaltigkeit" und „größte Verschiedenheit" aus, die bei den mittelalterlichen Dichtern aus der Suche nach 'neuen Formen' zwischen „Künstlichkeit" und „Simplizität" resultiert:

> Es ist kein Dichter, selbst bis auf die spätern, der nicht, wie er seinen eigenen Ausdruck, seine eigene Sprache hat, auch eine neue Form suchte, in welcher er sich ausdrückt. Keine Auktorität, keine Regel hatte hierüber etwas Bestimmtes festgesetzt, sondern jeder Sinn folgte seinem Antriebe, nachdem er sich zur Künstlichkeit oder Simplizität neigte, und also seinen Gegenstand prächtig und auffallend für das Ohr machen, oder sich zierlich und gewandt zeigen, und die Zärtlichkeit und Sehnsucht auch durch den Fall der Reime lieblich und seufzend zu erkennen geben wollte.[455]

Literarisch interessant ist für Tieck jetzt alles, worin die „tausend Ansichten der Kunst und der Poesie"[456] sich manifestieren, um Möglichkeiten der Literatur – auf der Ebene ihrer isolierbaren Elemente wie der ihrer formalen Verknüpfung – in einem restlos geschlossenen poetischen Verweissystem ineinander zu spiegeln: „Einer der widerstrebendsten Gedanken ist für mich der des Zusammenhanges"[457], so daß das besondere Interesse an einer szenischen Vergegenwärtigung des *Octavianus*-Stoffes auf die strukturelle Offenheit der Vorlage und die *dadurch* ermöglichten experimentellen Formen der poetischen Homogenisierung zurückgeht. Der „Reichthum dieser Erfindung", das „ganze buntgeflochtene Gewebe" und „die vielen heitern und seltsamen Gestalten" des Hypotexts hätten die Phantasie so 'ergötzt', daß der stoffliche Reiz der merkwürdigen Mischung (als 'schöner Raritätenkasten') wie ihre naive Überlieferung ganz unvermittelt den Impuls zu einer Dramatisierung auf „neue Weise" ausgelöst hätten.[458]

Vorläufer hat diese neuartige dramatische Textur nur in Tiecks eigener Dramatik vom *Zerbino* bis zur *Genoveva*. Während bei der Legendendramatik das Formexperiment aber noch auf die Verknüpfung eines realgeschichtlichen Stoffs mit staatsutopischer wie heilsgeschichtlicher Perspektive zurückgeht, spielt die Historizität des Stoffs und die ihr einhergehende ideologische Vereinnahmbarkeit im *Kaiser Octavianus* kaum mehr eine Rolle. Selbst die speziellere Tieck-Forschung[459] erkennt in den drei Großdramen einen „Fremdkörper in der deutschen

---

[454] Minnelieder, I.

[455] Minnelieder, XII; zum poetologischen Konzept der *Minnelieder*-Vorrede vgl. Meves (1979).

[456] Tieck an Solger, 1. Februar 1813 (Tieck-Solger I, 270).

[457] Köpke II, 250; zu Tiecks Projekt des 'individuellen Allgemeinen' vgl. Ito (1991, 532f.); zum verabsolutierten Individualitätspostulat der Werke im Bereich der dramatischen Produktion vgl. Benay (1980, 550f.).

[458] Tieck-S I, XXXVIII.

[459] Das literarhistorische Urteil reicht von der Würdigung der Avanciertheit der Gestaltung (im Sinne der Ausdifferenzierung formaler Möglichkeiten und der Neuartigkeit des experimentellen Zugriffs) bis zur entschiedenen Kritik am inhaltsleeren Nichts einer ins sprachliche Ornament gleich einem „buntgestickte[n] Teppich" verselbständigten dramatischen Rede: eine Kritik, die Rudolf Haym – vorbereitet durch August Wilhelm Schlegels Urteil über das 'ermüdende Verschwimmen'

Dramengeschichte", weil es zur Entwicklung des Trauerspiels von Gottsched über Lessing, Goethe, Schiller und Kleist hin zu Büchner und Hebbel kaum Berührungspunkte gebe.[460] In der jüngeren Romantik-Forschung kommt der *Kaiser Octavianus* praktisch nicht mehr vor.[461] Diese Mißachtung verkennt die literarhistorische Bedeutung der romantischen Universaldramatik Tiecks für die epochale Ausprägung dramatischer Großformen in der ersten Hälfte des 19. Jahrhunderts.[462] *Kaiser Octavianus* ist aber nicht nur einer der wirkungsmächtigsten literarischen Texte der mittleren Romantik überhaupt, abzulesen an der maßstabsetzenden Vorbildfunktion für die szenischen 'Weltpanoramen'[463] Arnims[464], Fouqués[465] oder Chamissos *Fortunatus*-Fragment (1806)[466], seiner Wirkung auf die Opern-Dramatik Zacharias Werners[467], auf das Prosa- und Dramenwerk Eichendorffs[468], auf Oehlenschlägers dramatisches Märchen *Aladdin oder die Wunderlampe*

„in's Blaue allegorischer Anspielungen" (Brief an Fouqué, 12. März 1806; A.W. Schlegel 1848, 360) – wirkungsmächtig in den literarhistorischen Diskurs eingeführt hatte (Haym 1920, 919-921, hier 919). Eine Zusammenfassung der älteren Forschung und ihrer Kritik an der wirren Oberflächlichkeit und flüchtigen Schemenhaftigkeit der Gestaltung bei Kern (1967, 75/Anm. 434). Die „epochemachende" Bedeutung Tiecks für die Herausbildung eines „neuen Dramentypus" akzentuiert Hardy (1965, 46-49, hier 49, 46; zum initiatorischen Charakter des *Octavianus* hinsichtlich der Anverwandlung der spanischen Metrik und Dramatik Calderóns vgl. 58). Storz (1972, 228) zufolge ist der *Kaiser Octavianus* „repräsentativ für das romantische Drama", für Haym (1920, 918) ist er die poetische „Summe" der Romantik überhaupt. Die „Progressivität" seiner Lyrik in Richtung Auflösung jeder metrischen Bindung und bis zur „Brechung des lyrischen Melos" betont Frank (1972, 392, 400; 1989, 388f.); bei Naumann (1990, 113) daran anknüpfend Thesen zur Vorbereitung des 'vers libre' Mallarmés; selbst A.W. Schlegel ging „die Regellosigkeit des Sylbenmasses" bereits in den Gedichten des *Sternbald* „zu weit" (Brief an Tieck, 7. Dezember 1798, Tieck-Schlegel, 36).

460 Ribbat (1978, 168).

461 Von Ausnahmen abgesehen, findet die Auseinandersetzung nicht einmal mehr in der Tieck-Forschung statt. Die speziellere *Octavianus*-Forschung beklagt bereits früh, daß das Drama in der literaturhistorischen Betrachtung trotz seiner größeren Bedeutung im Vergleich zur *Genoveva* „fast ganz zurücktreten mußte" (Bodensohn 1937, 90). Im werkgeschichtlichen Kontext der Dramen Tiecks wird der *Octavianus* in jüngerer Zeit von Storz (1972, 223-228), Kern (1978, 54-64), Benay (1980, 556-558), Schulz (1983, 543-545) und Japp (1999, 35-39) gewürdigt.

462 Vgl. Steinmetz (1968, 50f., 77-91, bes. 80f.). Die Entstehung dramatischer Großformen seit der Genie-Zeit wiederum geht auf die Historien Shakespeares zurück, deren loses Verknüpfungsprinzip parataktischer Szenenreihungen die panoramatische Vergegenwärtigung von Welttotalität im Modus des Dramas, das die Geschichtsdramatik des 19. Jahrhunderts modellbildend anstrebt, vorbereitet. Die Wirkung der Tieckschen Innovationen reicht von daher bis zu den variablen Mischformen des Geschichtsdramas um 1830 (vgl. Sengle 1972, 364-397).

463 Storz (1972, 224).

464 Hier v.a. die *Päpstin-Johanna*-Dichtung (vgl. Japp 2000, 173), *Die Gleichen* und das Großdrama *Halle und Jerusalem*, das ohne „den Vorgang des Octavianus nicht denkbar" ist (Storz 1972, 228).

465 Vorbild ist der *Kaiser Octavianus* für Fouqués *Historie vom Ritter Galmy und einer schönen Herzogin aus Bretagne* von 1806 (vgl. C. Stockinger 2000a, 59-77).

466 Vgl. dazu den Exkurs im Kapitel zu Tiecks *Fortunat*.

467 Vgl. den Exkurs in den 'Voraussetzungen' vorliegender Arbeit; zudem Fetzer (1994, 303), Ribbat (1978, 168).

468 Vgl. Scherer (2000a, 194); zur Wirkung auf die *Zauberei im Herbste* vgl. Eichendorff-DKV II, 602.

(1809)[469] oder die Romanzendichtungen Brentanos.[470] Vielmehr demonstriert das 'Lustspiel' auf prototypische Weise die praktischen Konsequenzen der frühromantischen Dichtungstheorie[471] – mit all den Folgen, die Arnim[472] und August Wilhelm Schlegel früh als ermüdendes Allegorisieren ins Blaue hinein kritisierten, obwohl es die in den *Berliner Vorlesungen* (1798-1803) postulierte „absolute Synthesis der beiden andern entgegengesetzten Hauptgattungen, der epischen und lyrischen" im Drama, tatsächlich einlöst.[473] Noch in der jüngeren Tieck- und Romantik-Forschung macht sich aber die Normativität einer Dramenauffassung geltend, die kanonische Bedeutung nach Kategorien der Ästhetik Hegels fortzuschreiben, bestimmend noch für die reflektierteste Kritik, die die fehlende „geschichtliche Substanz" bzw. Abstraktion „von der Geschichtlichkeit der Vorlage" einklagt.[474] Der normativen Erwartung auf eine Art heilsgeschichtlich aufgeladenen Geschichtsdramas entspricht der *Octavianus*, trotz der politisch-religiösen Implikationen seiner alle Gegensätze zwischen Nord und Süd, Abend- und Morgenland versöhnenden Schlußkonstruktion[475], jedoch vorab nicht. Denn er organisiert den Volksbuchstoff eben nicht nach dem Gesichtspunkt, eine literarisierte Form der Historiographie – wie noch die *Genoveva* der normbildenden *Wallenstein*-Trilogie Schillers vergleichbar – samt der von dieser getragenen ideologischen Zweckbindung zu betreiben. Insofern zielt die Kritik an der artistischen Verselbständigung formaler Mittel in eine „Poesie der Stimmungsevozierung"[476], die „angesichts einer unbegriffenen Wirklichkeit" ins „leere Postulat" von den Mög-

---

[469] Heller (1912).

[470] Vgl. Staub (1970, 54ff., 93ff.); siehe aber auch Brentanos entnervten Brief an Arnim vom 23. August 1803, der seiner Langeweile während der Lektüre des Stücks Ausdruck verschafft und die moralische Problematik vor dem Hintergrund der literaturpolitischen Vertretung von 'Romantik' in der Öffentlichkeit beklagt: „In dem Octavian ist das merkwürdige, daß der Muthwill und die bäurische Zote darinn über das Rührende durchaus dominiren, und daß kein unschuldiges Gesittetes Mädchen ihn lesen kann, er hat dadurch seinen Feinden zum erstenmale eine gerechte Waffe in die Hände gegeben" (Arnim-Brentano I, 163); „[...] er ist ein langweiliges gereimtes Volksbuch, ein recht schlechtes Produkt eheu. – " (25. Oktober 1804; 244).

[471] „Die Poesie wird als Stimmungsgehalt des Lebens selbst und weniger als Werk des Künstlers verstanden. Mit dieser Entdeckung hat Tieck der romantischen Dichtung einen neuen und eigenen Bereich erobert, der umso bedeutungsvoller wird, je mehr er sich mit Schlegels Formabsichten verbindet und in Allegorien und Arabesken sich eine Gestalt gibt" (Böckmann 1934/35, 86f.; vgl. auch 111).

[472] „Tieks Octavian steigt mir nicht in der alten Pracht, sondern in die alte Breite" auf (an Brentano, 3. Oktober 1804; Arnim-Brentano I, 242).

[473] Schlegel-Vo I, 83.

[474] Ribbat (1978, 177, 179).

[475] Die Kompatibilität des *Kaiser Octavianus* mit den politischen Programmen der Frühromantik, die sich im Schlußbild vom christlich-mittelalterlich geeinigten Europa (und einem zum Christentum konvertierten Sultan) als Einlösung der 'rückwärtsgewandten' Utopie Hardenbergs realisiert, sieht C. Stockinger (2000a, 64).

[476] Arntzen (1968, 153).

lichkeiten der Poesie münde[477], selbst ins Leere. Arntzens vom Veränderungspathos seiner Zeit um 1968 getragenes Urteil, das mit der Verabsolutierung der Poesie (durchaus im Sinne einer Eröffnung der „Geschichte der absoluten Dichtung") das 'Nichts' der „Un-Dramen" Tiecks als „Abschaffung des Dramas" ins Visier nimmt[478], ist einer Dichtungsauffassung geschuldet, die Literatur der zweckorientierten Realitätserschließung unterstellt.[479] Tiecks Lustspiel habe sich „dem Anspruch der geschichtlichen Epoche um 1800 – nämlich mit den Mitteln der Kunst erkannt zu werden – am meisten verweigert".[480] Genau darin kann man umgekehrt eben seinen besonderen literarhistorischen Stellenwert sehen. Urteile der genannten Art, die den Tenor der Forschung im Gefolge der vernichtenden Kritik Rudolf Hayms resümieren, verkennen unter selbst ideologischer Perspektive den historischen Stand des Literatursystems im Prozeß seiner Ausdifferenzierung um 1800 einerseits, das Pathos des romantischen Texts zur Hervorbringung eines neuen Sinns kraft einer anderen Sprache unter genau diesen – irreversibel sentimentalischen – Bedingungen der Moderne (nach dem Verständnis der *Querelle*) andererseits.

Der *Kaiser Octavianus* markiert dabei die „Nahtstelle zweier Auffassungen des Romantischen", insofern er stärker noch als die *Genoveva* das Verfahrenspostulat der frühromantischen Theorie mit dem primär stofflichen Interesse am Mittelalter und an christlicher Gläubigkeit verbindet.[481] Im Prozeß der *Genoveva*- und *Octavianus*-Rezeption aber verschiebt sich das ästhetische Interesse Tiecks an poetischen in das nationalromantische Interesse an christlich-mittelalterlichen Stoffen, dem zunehmend allein das Attribut des Romantischen zugewiesen wird. Gegen diese Entwicklung richtet sich Tiecks Kritik an der Konjunktur und religiösen Instrumentalisierung des Worts, die er durch die zweibändige Sammmlung seiner *Romantischen Dichtungen* (1799-1800) selbst ausgelöst hatte.[482] Gemeint war damit zunächst eher der noch in den 90er Jahren des 18. Jahrhunderts geläufige Sinn, der das Pittoreske, Launenhaft-Phantastische wie romanförmig Märchenhafte und Exotische alter Geschichten betraf, wofür ein 'romantisches Heldengedicht' wie Wielands *Oberon* (1780) steht, das Tieck trotz bestimmter Ähnlichkeiten mit seinem Universallustspiel aber ebenso entschieden ablehnte wie eine festlegende

---

[477] Ribbat (1978, 179).
[478] Arntzen (1968, 154).
[479] „Das Lustspiel ist zum riesenhaften romantischen Poem geworden, das Theater objektiviert nichts, sondern wird subjektiviert, es ist wie in den romantischen Komödien nur Anlaß, das poetische Vermögen Tiecks zu erweisen", so daß sich Literatur „nicht mehr als eigentümliche Weltvermittlung versteht, sondern als eigene Wirklichkeit" (Arntzen 1968, 153). „Allen Wirklichkeitsgehalt einer Gattung zu entziehen, die sich einzig durch ihn zu konstituieren vermag, destilliert nicht die reine Form heraus, als welche das romantische Spiel sich versteht, sondern das Nichts" (154).
[480] Ribbat (1978, 179).
[481] Schulz (1983, 543f.).
[482] „Ich habe überhaupt keine Freude an allen den Sachen, die wir veranlaßt haben", schreibt er an Friedrich Schlegel am 26. August 1813 im Hinblick auf einen scharf kritisierten Fouqué (Tieck-Schlegel, 175).

Semantik des Romantischen überhaupt.[483] Obwohl es sich also auch beim *Kaiser Octavianus* wie bei der vorangehenden Legendendramatik in erster Linie um eine Demonstration poetischer Möglichkeiten handelt, verstärken die beiden Universaldramen die auf den Stoff bezogene geschichtsphilosophisch-politische Semantik des Begriffs, die sich über Novalis' *Europa*-Rede und Friedrich Schlegels *Neuer Mythologie* nach 1805/06/07 zur politisch-religiösen Ideologie auskristallisiert. Das letzte frühromantische Universaldrama repräsentiert von daher die Schaltstelle im Übergang von der frühen zur späteren Romantik. Die ins Extrem vorangetriebene Formalisierung der literarischen Mittel indiziert die ästhetischen Konsequenzen der frühromantischen Poetologie. Interesselose Zweckfreiheit schlägt daraufhin um in den Bedarf nach geschichtsphilosophisch geleiteter politischer Sinnstiftung, die erst eigentlich rezeptionsgeschichtlich aus dem durch die *Genoveva* ausgelösten primären Stoffinteresse am christlichen Mittelalter entsteht. Die besondere Hochschätzung, die Tieck seinem 'Lustspiel in zwei Theilen' zeitlebens zuteil werden ließ, weil es seine poetischen Absichten am deutlichsten ausspreche, zeigt sich an der für seine Verhältnisse langwierigen und krisenhaften 18-monatigen Entstehungszeit (1801-1803). Ihr folgte eine mehrjährige Pause in der literarischen Produktion auch als Konsequenz der mit dem *Octavianus* erschöpften Verbindung von literarischer Artistik und poetischer Interessantheit eines totalisierten Literaturmodells.[484]

Die kritischen Urteile der Literaturgeschichte und literaturwissenschaftlichen Forschung formulieren widerstreitende, wenn nicht gegensätzliche Befunde. Sie kon-

---

[483] Wenn sich der „schöne Vers" vom „Ritt in's alte romantische Land" eingangs des *Oberon* doch „nur erfüllt hätte!", so der bedauernde Befund, der schon die Wieland-Verspottung im *Zerbino* begründete (Tieck-S VI, XLIX). Die Ähnlichkeiten des *Octavianus* mit dem *Oberon* vor dem Hintergrund der vergleichbaren Stoffvorlage reichen von der Faszination am Exotismus der orientalischen Welt zu Struktur- und Motivanalogien in der Entzweiungsgeschichte (Märchenmotive, das Verschlagenwerden auf eine Insel, der Raub durch Piraten, die Bewährungsproben für die Treue der Liebenden usw.). Diese Vergleichbarkeit (vgl. Japp 1999, 36) sollte jedoch nicht über den völlig konträr gelagerten aufklärerisch-didaktischen Impuls der Tugenddarstellung im komisch-humoristischen Versepos hinwegtäuschen, der Tiecks Wieland-Kritik neben der Inakzeptanz erotischer Freizügigkeiten hauptsächlich begründet.

[484] „Am konsequentesten ist Tiecks letztes frühromantisches Werk, *Kaiser Octavianus* (1804), als Totalität aller Töne, Weltgegenden, Stände, Religionen komponiert: Könige und Narren, Ritter und Bürger, Helden und Liebende, Schmerz und Seligkeit, Unsinn und Erhabenheit, Burleskes und Zartes, Entsagung und Erfüllung, Trennung und Vereinigung, Christentum wie Heidentum verschlingen sich zu einem großen Geschehen, das in der Schlußapotheose ebenfalls in einer alles verbindenden Familienvereinigung endet. Was sollte ein Autor noch schaffen, der etwa ein Jahrzehnt lang alle möglichen Geisteshaltungen und dabei zugleich alle möglichen literarischen Gattungen durchprobiert hatte [...]?" (Hillmann 1971b, 128). Zu dieser zweiten Krisenerfahrung nach dem *Lovell*-Kollaps vgl. Rath (1996, 292-301), Ribbat (1978, 207). Nach dem *Octavianus* versiegte die literarische Produktion allerdings auch wegen der ausgreifenden philologischer Aktivitäten im Zusammenhang der Mittelalterstudien und des *Shakespeare*-Buchs (Hillmann 1971b, 128); dazu insgesamt Hölter (1989).

statieren die Abstraktion von der Geschichtlichkeit der Vorlage *und* die ideologische Funktionalisierung einer kulturgeschichtlichen Epoche für national- bzw. kulturpolitische Zwecke: eine ins ornamentale Sprachspiel vorangetriebene Verselbständigung der Mittel und die politische Instrumentalisierung dieser entsemantisierten Sprache zugleich. Wie geht das zusammen? Schwerlich, ohne daß man die Richtigkeit des jeweils entgegengesetzten Befunds zu bestreiten hätte. Und dennoch läßt sich eine vermittelnde Ebene als Telos der Tieckschen Darstellung konstruieren, die die Verabsolutierung der Sprache neben der geschichtsphilosophischen Vereinnahmbarkeit (als Möglichkeit) zugleich nicht als Widerspruch erscheinen läßt.

Der romantische Text Tiecks steuert einen vom 'Wirklichkeitssinn' abweichenden 'Möglichkeitssinn', den anderen Zustand (sehr wohl in der von Musil unter den Bedingungen der Moderne auf literarischem Weg erschlossenen Semantik) an. Er reagiert auf den wirkungsästhetischen Funktionsverlust von Literatur mit dem Projekt einer auf Produktionsästhetik umgestellten Heautonomisierung der Werke, ihrer Umformatierung in ein selbstorganisiertes und in sich selbstverweisendes Gefüge. Die andere Sprache soll die Welt poetisch machen, indem sie die vom Differenzbewußtsein als Verlusterfahrung reflektierte Einheit mit der Natur ästhetisch wiedererstattet: auf mediologische bzw. poesiologische Weise[485], also dadurch, daß das „Wissen von den Möglichkeiten und Mitteln der Dichtung" verfahrenstechnisch so intensiviert wird, daß „dieses Wissen wieder magisch wird."[486] Auf die Formel gebracht bewegt sich der *Octavianus* innerhalb der Spannung zwischen regelpoetischer Unbesorgtheit, experimentell vorangetriebener Artifizialität und Musikalisierung des literarischen Ausdrucks[487], die eine sekundäre Naivität emergiert, in der die poesiologisch erzeugte 'Eine Welt' im Augenblick ihres Vollzugs gleich den Wahrnehmungsformen im Traum poetisch

---

[485] Die Struktur der Wiedererstattung und Intensivierung einer durch Medialität selbst abgeschnittenen realen zu einer gleichsam unsinnlichen Sinnlichkeit, einer poetisch erzeugten unmittelbaren Sinnlichkeit auf zweiter Stufe, Grundfigur der Mediologie als einer 'anthropologisierten' Medien- und Diskursanalyse, ermittelt Koschorke (1999) für das 18. Jahrhundert.

[486] So in der älteren Formulierung Henkels (1967, 299) mit Bezug auf A.W. Schlegels einschlägige Charakteristik der Poesie als „künstliche[n] Herstellung jenes mythischen Zustandes", die ein „freywilliges und waches Träumen" sei (Schlegel-Vo I, 441). Dichtung wird aufgefaßt „als willentlicher Traum, als künstlicher Rausch, als künstliches Paradies einer wiedergewonnenen Unschuld der Sprache" aus der Spannung von „Imagination und Montage, Traum und Kalkül" vermittels einer Sprache, die durch „ihre operative Handhabung" „von sich aus einen Sinn" ergibt (Henkel 1967, 299f.). Die raffinierte Schlichtheit als Verbindung von Abgefeimtheit und Naivität, in einer „Simplizität durch Reflexion" (307), gehe gerade im *Octavianus* „eine sehr romantische Verbindung" ein (302).

[487] „Dem reimenden Dichter verschwindet das Maaß der Längen und Kürzen gänzlich, er fügt nach seinem Bestreben, welches den Wohllaut im gleichförmigen Zusammenklang der Wörter sucht, die einzelnen Laute zusammen, unbekümmert um die Prosodie der Alten, er vermischt Längen und Kürzen um so lieber willkührlich, damit er sich um so mehr dem Ideal einer rein musikalischen Zusammensetzung annähert" (Minnelieder, XIIIf.).

372 Entstehung und Etablierung: Tiecks Experimentaldramatik

ist.[488] Als literarisch inszenierte Naivität muß sie notwendig Referenzen auf *konkrete* geschichtlich-politische und psychostrukturelle Verhältnisse zurückdrängen, weil deren semantische Identifikation ja gerade die Struktur des sentimentalischen Bewußtseins selbst reproduzierte.

Diesem Projekt korrespondiert das Ideal der 'schönen Freude', die dem von Karl Philipp Moritz ableitbaren Heautonomiepostulat und Friedrich Schlegels früher Abhandlung zur griechischen Komödie (1794) zufolge den „höchste[n] Gegenstand der schönen Kunst" ausmacht.[489] Deren Heiterkeit – vom „edle[n] Leichtsinn der Freude", vom „Spiel der Kunst", von der Anmut, vom Scherz, und vom „muthwilligen Wahnsinn" ist im *Octavianus* wie in den Vorreden der *Schriften* wiederholt die Rede[490] – ist Konsequenz der ästhetisch wiedererstatteten Naivität und bezeichnet das Telos romantischer Poesie, die „frei von allem *realen* und *idealen Interesse* auf den Flügeln der poetischen Reflexion in der Mitte" schwebt.[491] Ästhetische Erfahrung kann dieser Zustand nur dann werden, wenn der literarische Text von Zweckbindungen des Realitätsprinzips und der Reflexion auf die Geschichtlichkeit seines Stoffs eben gerade nicht mehr affiziert wird.

Auf der anderen Seite ist die ersehnte Naivität vom sentimentalischen Bewußtsein kaum ohne weiteres intentional herbeizuführen: Intentionalität und Naivität widerstreiten sich, zumindest ist deren ästhetische Inszenierung unter den Bedingungen des irreversibel verzeitlichten historischen Bewußtseins nicht auf Dauer zu stellen. Im Sich-selbst-Überlassen einer verselbständigten, geradezu automatisierten Sprachbewegung, die eines aus dem anderen fraglos hervorgehen läßt, kann sie aber temporär aufleuchten: als ästhetische Erfahrung im Augenblick, die die flüchtig wie in Luft gewebten Texturen als Momente synästhetischer

---

[488] Es handelt sich folglich nicht um einen Widerspruch zwischen angestrebter Naivität und ausdifferenzierter Künstlichkeit der Mittel (vgl. Brinker-Gabler 1980, 138; dazu bereits Steiner 1893, 58ff.), vielmehr um eine Wiedererstattung von Naivität durch die höchste Artifizialität hindurch, indem gerade die formale Produktion von Äquivalenzen wie die Assoziationslogik des Traums problemlos alles mit allem zu vermitteln erlaubt. Genau dieses Verhältnis von individueller 'Künstlichkeit' und kindlicher 'Simplizität' reflektiert Tieck poetologisch als Vorzug der *Minnelieder* (Minnelieder, XII): „Die Poesie war ein allgemeines Bedürfnis des Lebens, und von diesem ungetrennt, daher erscheint sie so gesund und frei, und so viel Kunst und strenge Schule auch so manche Gedichte dieser Zeit verrathen, so möchte man diese Poesie nicht Kunst nennen; sie ist gelernt, aber nicht um gelehrt zu erscheinen, die Meisterschaft verbirgt sich in der Unschuld und Liebe, der Poet ist unbesorgt um das Interesse, daher bleibt er in aller Künstlichkeit so einfältig und naiv, er sucht seinen Gegenstand lieber durch eine neue Anordnung der Reime, als durch neue und auffallende Gedanken hervorzuheben [...]. So ist in diesen Gedichten alle Darstellung ein gemeinsames Gut, welches jeder nur auf seine Weise gebraucht und mit denselben Tönen stets auf neue Weise zu phantasiren sucht" (XIX). „Es wird daher vielleicht nicht ohne Nutzen sein, an eine Zeit zu erinnern, in welcher Natürlichkeit und Künstlichkeit sich gleich unbefangen und reizend zeigten" (XXIVf.).

[489] KFuS I, 10.

[490] Tieck-S VI, XX; zur 'Freude' im *Kaiser Octavianus* vgl. u.a. Tieck-S I, 18, 97, 414, 418.

[491] KFuS II, 114 (116. *Athenäum*-Fragment; Hervorhebung von mir, S.S.)

Innigkeit mit der Welt *erfahrbare* Form werden lassen.[492] Dem Differenzbewußtsein, das sich der temporären Außerkraftsetzung seiner selbst nicht überantworten
will, erscheint das literarische Wiedererlangen des Naiven dagegen als Kitsch, insofern der Text diesen Zustand im ästhetischen Genuß als vollzogen behauptet.[493] Das Werk bleibe Prätention, deren virtuoses Ausagieren verfahrenstechnischer Möglichkeiten zur ubiquitär sich ausbreitenden Effektpoesie herabsinkt. Die
ersehnte Sprache der paradiesischen Kindheit ist tatsächlich nichts anderes als ein
poesiologischer Effekt. In der ästhetischen Erfahrung wird sie real, zum 'ächt absolut Reellen' im transitorischen Moment.[494] In der endgültigen, auf Dauer gestellten Erfüllung würde diese Sprache sich selbst als Medium kontrafaktisch aufheben.[495] Trotz der unendlich aufgeschobenen Präsenz im differentiellen Spiel
der Zeichen partizipiert sie im lesenden Vollzug an dem, was sie bezeichnet, ausführt und anstrebt, indem sie den Zustand naiver Differenzlosigkeit im Augenblick performative Wirklichkeit sein läßt.

Diejenige ästhetische Form, die diesen halb bewußtlosen, halb reflexiv innervierten Zustand am geltungsmächtigsten erfahrbar macht, ist die Instrumentalmusik: von der frühromantischen Kunsttheorie bekanntlich zur höchsten der
Künste promoviert, weil sie sich am stärksten unabhängig von aller Referentialität
ereignet. Ästhetisch interessant ist sie in erster Linie deshalb, weil hier eine weitgehend entsemantisierte, aber eben vernehmbare künstlerische Form der interesselosen Freude das Erklingen der Welt zur höchsten Effektivität psychophysischer Erregung steigert.[496] Die frühromantischen Hauptwerke Tiecks – von der

---

[492] Zur punktuellen Außerkraftsetzung des Differenzbewußtseins in den Epiphanieerlebnissen romantischer Prosa vgl. Rath (1996, 239-247, hier 241). „In autonom gesetzter Stimmung konver-
gieren Subjekt und Natur, so daß der Zufall im Einzelnen am Ganzen wieder aufgehoben werden
kann. [...] So ist freilich die Einheit von Zeichen und Bezeichnetem im stimmungshaften Moment
immer nur vorläufig hergestellt. Sie endgültig – in dann symbolischer Präsenz – zu verbürgen, das
wäre das Telos allegorischen Erzählens" (Brecht 1993, 80).

[493] Die Konsumierbarkeit ihrer automatisierten Sprachbewegung nähere Tiecks mittlere Dramen, so
der Vorwurf, den verpönten Modeautoren der Zeit, Iffland und Kotzebue, an: „Der Effekt ist
kulinarischer Genuß dargestellter Ideologie dort, absoluter Poesie hier. Es ist nicht zufällig, daß in
der Perspektive beider der Kitsch auftaucht" (Arntzen 1968, 154).

[494] „Es liegt eine Art Kettenreaktion vor, bei der die Bilder, indem sie realisiert werden, sozusagen wieder zur Sache werden, die wiederum zur Grundlage für neue Bilder dient" (Hillmann 1971a, 25).
„Das aber heißt: Was in der Tradition ein sprachliches Spiel mit den Ähnlichkeiten zwischen den
Dingen ist, das nehmen die Romantiker für eine durch Sprache offenbarte wirkliche Verwandtschaft der Dinge selbst. Sie nehmen die Bilder beim Wort" (49).

[495] Auf diesen sprachlosen Zustand absoluter Präsenz – uneinlösbar, weil er im Vollzug der Sprache
überhaupt erst aufleuchtet – deutet der *Octavianus*, am Schluß nach 400 Seiten Textgewebe, selbst
hin: „So reiche Ströme sind herabgeregnet, / Daß sich der Himmel selbst zur Erde nieder / Ge-
beugt und rings ein Paradies entsprossen. / Hier ist ein jedes Wort zu viel [...]" (Tieck-S I, 415).

[496] „Rühr uns mit verwandtem Geiste / Körperlich uns Körper an", beschwört die 'Harfe' diese
musikinduzierte Selbstaffektation aus interesseloser Stimmung im Erklingen ihrer selbst in Tiecks
Gedicht *Musik* aus dem *Prinzen Zerbino* (Tieck-S X, 290; Tieck-DKV VII, 111); zur 'Körperlichkeit der Bilder' in frühromantischer Lyrik vgl. Bormann (1987, 206, 202).

Magelone über *Sternbald, Zerbino, Die Verkehrte Welt* ('Symphonien') und *Genoveva* bis zum *Octavianus* – unternehmen von daher den Versuch, ästhetischen Effekten der Instrumentalmusik, dem 'Incoerciblen' ihrer Inhalte[497], durch Musikalisierung der generisch je spezifizierten literarischen Rede nachzueifern, um das wahrnehmende Ich in den Tönen der Welt aufgehen und mit dieser ästhetischen Aufhebung seines Differenzbewußtseins selbst eins werden zu lassen.[498] Genau diese ästhetische Befreiung vom Realitätsprinzip begründet Tiecks Abkehr von der polemischen Literatursatire, die die 'schöne' Heiterkeit eben zu stark von Referenzinfektionen beeinträchtigt sein läßt. Dieser Umstand bedingt die Umstellung von der 'einfachen' zur 'höheren' Ironie, von der Polemik zur Poesie, die mit dem *Sternbald* und *Zerbino* seit 1798 die satirische Negativität der Literaturkomödien und den anthropologischen Skeptizismus bzw. Nihilismus des *Lovell* in „etwas durchaus Positives" verschiebt.[499]

Werkgeschichtlich geht diese 'Positivierung', die mit der Revitalisierung der sog. Volksbücher als Spiegel eines naiven und damit poetischen Bewußtseins vergangener Zeiten einhergeht, auf die Zeit um 1795/96 zurück.[500] Schon die 'Kurze Vorerinnerung' an den Leser der *Heymons-Kinder* (1796) benennt diejenigen ikonologischen als poesieträchtigen Merkmale, die noch die literarische Ausführung des Universallustspiels anleiten: Das 'Volksbuch' versetze in die „Zeit" der „Kindheit" und gewähre den ganz „eignen sonderbaren Genuß", das eigene Jahrhundert und die „Gegenstände" um den Leser „aus dem Gedächtnisse zu verlieren." Das Vergnügen „an alten wunderlichen Zeichnungen oder Holzstichen" entstehe daraus, daß sie „ein unzusammenhängendes und fast unverständiges Bild" geben, weil es seine Gegenstände „ohne alle perspektivische Kunst" darbiete, wenn „vorn eine Ratsversammlung im königlichen Palast sitzt und man hinten das Meer mit Schiffen und Wolken" sehe.[501] Die Poetizität der literarischen Reinszenierung des Holzschnitts[502] entsteht folglich durch „das Zufällige, Entstellte, die Abkürzungen, die oft die Sache dunkel und unverständlich machen, die Ungeschicklichkeit der Abschreiber und Umarbeitungen" – kurz: durch die Mängel der nicht

---

[497] So Franks (1972, 369) Charakterisierung des *Octavianus*-Gedichts *Liebe und Treue* (vgl. 364-369).

[498] Zur vielbeschriebenen Musikalisierung der Sprache in Tiecks 'Stimmungslyrik' zwischen klanglicher Homogenisierung und a-metrischer Deregulierung bzw. Entrhythmisierung ins Dissonantische als Ausdrucksform spontaner Subjektivität vgl. Frank (1972, 363-409), Kluge (1976), Gnüg (1983, 94-111), Bormann (1987, 199-207). Werkgenealogisch geht diese Transformation der gebundenen Sprache bis auf die variantenreichen Experimente lyrischer Entgrenzung in der *Sommernacht* zurück. Eine „Erfüllung der Jugendvision" der *Sommernacht* sieht deshalb Paulin (1988, 131) im *Kaiser Octavianus*.

[499] Köpke II, 239.

[500] Besondere Bedeutung kommt hier der *Magelone*-Erzählung (1796) wegen ihrer Liedeinlagen zu, deren innovatives Potential zuerst A.W. Schlegel in seiner *Athenäum*-Besprechung erläuterte (vgl. Tieck-DKV VI, Kommentar, 1315f.).

[501] Tieck-Thalmann I, 193.

[502] Von „poetischen Holzschnitt[en]" spricht A.W. Schlegel (Athenäum I, 170); vgl. dazu im Kontext Tieck-Thalmann I, Nachwort, 1001.

notwendig realitätsgetreuen Darstellung und Überlieferung, die der Phantasie Spielräume zur produktiven Aufhebung der Widersprüche und zur Ergänzung des Fehlenden eröffnet. So ist gerade das Ungereimte und regelpoetisch noch nicht Zugerichtete als naturnahe Manifestation des Mannigfaltigen poetisch: „Ein solches altes Poem wird durch die Überlieferung, die es bald roh, bald unverständlich macht, bald Widersprüche hineinbringt, *gleichsam in ein Natur-Produkt verwandelt*, an dem unsere ahnende Kraft eben recht viele Arbeit findet, um diese Unebenheiten zu erklären, oder wegzuschaffen."[503]

Im *Kaiser Octavianus* darf sich die schöne Freude dieser naturhomologen Poesie nach Maßgabe der Instrumentalmusik szenisch entfalten, soweit es im Rahmen der grundsätzlich semantisch gebundenen Sprache überhaupt möglich ist. Die Verfahrensweisen, Naivität als sekundäre Einheit mit der Natur in der 'schwebenden' Stimmung, Effekt literarischer Volatilität, wie unvermittelt ins Werk zu setzen, sind hier an den Indifferenzpunkt ästhetischer Mitvollzieh- und verstandesfähiger Einholbarkeit vorangetrieben. Das Lustspiel ist das am weitreichendsten literarisierte Werk Tiecks überhaupt hinsichtlich der von Frank an der Lyrik erschlossenen Paradoxie einer „geformte[n] Formlosigkeit": Konsequenz der texturprägenden Dialektik von 'Auflösung der Form' und absoluter Form, die 'alles' darstellt und integriert.[504]

---

[503] Tieck-S XI, XLIIf. (Hervorhebung von mir, S.S.). Mit vergleichbarem Impuls macht zur gleichen Zeit A.W. Schlegels Abhandlung *Ueber Zeichnungen zu Gedichten und John Flaxman's Umrisse* (1799) auf der ideellen Grundlage einer antiklassizistischen Wechselannäherung der Künste die phantasieevozierende Poesieaffinität der Umrißzeichnung gegen die Visualisierungsmanie der Zeit stark: „Der wesentliche Vortheil ist aber der, daß die bildende Kunst, je mehr sie bey den ersten leichten Andeutungen stehen bleibt, auf eine der Poesie desto analogere Weise wirkt. Ihre Zeichen werden fast Hieroglyphen, wie die des Dichters; die Phantasie wird aufgefodert zu ergänzen, und nach der empfangenen Anregung selbständig fortzubilden [...]. So wie die Worte des Dichters eigentlich Beschwörungsformeln für Leben und Schönheit sind, denen man nach ihren Bestandtheilen ihre geheime Gewalt nicht anmerkt, so kommt es einem bey dem gelungenen Umriß wie eine wahre Zauberey vor, daß in so wenigen und zarten Strichen so viel Seele wohnen kann" (Athenäum II, 205). Die Position Schlegels im kunst- und wahrnehmungshistorischen Diskurs um Aufwertung des Umrisses zwischen 'plastischer' Klassizität des detailkünstlerischen Kupferstichs und 'flächiger' Transitorik der bloß andeutenden und deshalb poetischen Umrißzeichnung als 'Graphemen des Gedankens' (Winckelmann) entfaltet Oesterle (1999, bes. 43-48), dies auch vor dem Hintergrund der Fraktionenbildung zwischen einer Theorie der Gattungsreinheit auf der einen, der wechselentgrenzenden Gattungsannäherung auf der anderen Seite. In eine ähnliche Zielrichtung geht im übrigen bereits die Ekphrasis eines mittelalterlichen Genoveva-Bildes im *Sternbald* (vgl. Sternbald, 353f.). „Jene feinern, saubern Kupferstiche mit ihren modernen Gesichtern und ihrer, bis zum kleinsten Strauche, ausgeführten und festbegrenzten Umgebung verderben und beengen alle Einbildung", heißt es noch in Eichendorffs *Ahnung und Gegenwart* zur Differenz zwischen Detailgenauigkeit und 'Ungeschicktheit' des bloß Angedeuteten, „anstatt daß diese Holzstiche mit ihren verworrenen Strichen und unkenntlichen Gesichtern der Phantasie, ohne die niemand lesen sollte, einen frischen, unendlichen Spielraum eröffnen, ja, sie gleichsam herausfordern" (Eichendorff-DKV II, 107); erwähnt werden an dieser Stelle die von Tieck literarisierten 'Volksbücher': „die Magelone, Genovefa, die Heymonskinder" (106).

[504] Frank (1972, 400-408, hier 404).

Die szenische Parataxe als Formprinzip stellt das Heterogene zwar asyndetisch nebeneinander, nicht aber so, daß sie wie in den Geschichtsdramen Büchners und Grabbes die panoramatische Präsentation des Mannigfaltigen zersplittert, um die Brüche, den 'Riß der Welt' in der Zerstückelung des Menschen durch die gesellschaftlichen Verhältnisse umso deutlicher hervortreten zu lassen. Es handelt sich vielmehr um eine parataktische Organisation, die das synchron wie auf der diachronen Zeitachse (zwischen aktualisierter Vergangenheit und erahnter Zukunft) Individualisierte auf eine metaphysische Einheit zurückbindet, in der Vielfalt in den zahllosen Bestandteilen des „unzertrennliche[n] Ganze[n]" präsent gehalten bleibt.[505] Reproduziert wird diese Ganzheit vermöge der kaleidoskopischen Abfolge episodischer Szenen, die 'ohne alle perspektivische Kunst' auf poetische Weise integriert sind. Die parataktische Vielfalt ist literarisierend so überformt und durch poetische Korrespondenzen homogenisiert, daß jeder Splitter im schönen Weltmosaik aufgeht. In einem der Phantasie und der Assoziationslogik des Traums homologen Verfahren entsteht ein geschlossener Illusionsraum, der die Ganzheit der 'Einen Poesie' kraft ihrer Durchorganisation nach formalen und thematischen Äquivalenzen im poetischen Effekt plausibilisiert.

Der literarischen Integration disparater Gegenstände und Verfahren in der verschmelzenden Eigenbewegung des sprachlichen Materials korrespondiert das wie selbstverständliche Ineinander eines thematisch weitgespannten Spektrums innerhalb des rahmenbildenden Zusammenhangs der Prüfungsreise, der die beiden Lustspiele zusammenhält: vom Alltäglichen über das Kuriose und Wunderbare bis zum Pathos höchster Gegenstände, von der derb-komischen Prosa bis zum lyrisierten *stilus sublimis*, wechselbespiegelt vom poetischen Verweissystem. Die wie in Musik und dergestalt gleichsam wie automatisch sich einstellende Verknüpfung der Motive, Themen und Formen reproduziert das kindliche Bewußtsein im Vermögen, in den projektiv anverwandelten Gegenständen der Welt magische Korrespondenzen vernehmen zu können. Der vom Realitätsprinzip her definierte differentielle Status erscheint in einer literarisch beglaubigten Ordnung der Dinge wie aufgehoben, wo alle Teile nach sich erhellenden 'Ähnlichkeiten' organisiert sind[506]: durch synästhetische Homogenisierung *und* traumförmige Verflüchtigung in einem Zustand, in dem sich der szenische „Bau der Welt"[507] 'fühlend' erkennt.[508]

---

[505] Minnelieder, II; ausführlich zitiert in den 'Hinführung' des Tieck-Teils vorliegender Arbeit; zum Begriff der 'Einen Poesie' vgl. bereits F. Schlegels *Gespräch über Poesie* (KFuS II, 213).

[506] Vgl. KFuS II, 115 (116. *Athenäum*-Fragment).

[507] „Also nur ist Erd' und Wasser, / Sang er, Luft, Licht und Gestirne / Aus der Sehnsucht hergequollen, / Ein Geheimnis aufzufinden: / Wie im Golde funkelt Sehnsucht, / Süß Ermatten glänzt im Silber; / Wollte sich doch deine Thräne / Auch gestalten als Erinn'rung! / Ward ja aus der Fluth Geheimniß / Doch der Bau der Welt gebildet. / Süße Geister, regt euch alle, / Daß ein Sein der Thrän' entquille" (Tieck-S I, 278f.).

[508] „Erfreulich ist es zu bemerken, wie dies Gefühl des Ganzen schon jezt in der Liebe zur Poesie wird" (Minnelieder, III). Zur metaphysische Ganzheit dieser synästhetisch 'gefühlten' Ordnung

Die vielzitierte Schlußstrophe des *Octavianus*-Prologs von der 'mondbeglänzten Zaubernacht', die – aufgestiegen 'in der alten Pracht' – als 'wundervolle Märchenwelt' den 'Sinn' wie im Traum magisch 'gefangen' hält, artikuliert neben Tiecks Gedicht *Glosse*, das den *Phantasus* beschließt und bereits in den *Phantasien über die Kunst* stand, den Kern der literarischen Frühromantik.[509] Das 'Lustspiel' läßt den Vorgang sich ereignen und 'real' werden, indem es die Entgrenzung und magische Einschließung in die 'wundervolle Märchenwelt' szenisch vollzieht: Der dramatische Konventionalismus, der noch den ersten Teil mit dem von der Kaiserin Mutter intrigant gesteuerten Affekt- und Eifersuchtskonflikt zwischen dem Kaiserpaar beherrscht, tritt im zweiten Teil bis zur finalen Versöhnung im *hortus conclusus* des Waldes völlig in den Hintergrund. Erst die Wiedervereinigung der Familie krümmt das Geschehen zum Ausgang zurück und konstituiert Finalität als Vollendung des Kreises.[510]

Freilich trägt das Stück auch dort wie bereits in den satirisch infizierten Hofszenen um den Narren Pasquin und seinem derb-komischen Komplement, dem Bauern Hornvilla als Hanswurstfigur, 'realistische' Züge, die sich vor allem in den geradezu „naturalistischen Genrebildern" frühbürgerlichen Lebens in Paris niederschlagen.[511] Der mit den satirischen und derb-komischen Implikationen eröff-

---

nach Ähnlichkeiten vgl. Tiecks *Die Farben* in den *Phantasien über die Kunst*: „Es ist der Weltgeist, der sich daran freut, sich auf tausend Wegen zu verstehn zu geben und doch zugleich zu verbergen; die abgesonderten Farben *sind* seine einzelnen Laute, wir horchen aufmerksam darauf hin, wir merken wohl, daß wir etwas vernehmen, doch können wir keinem andern, uns selbst nicht Kunde davon bringen; aber eine geheime magische Freude durchströmt uns, wir glauben, uns selbst zu erkennen und uns einer alten, unendlich seligen Geisterfreundschaft zu erinnern" (Tieck-Wackenroder I, 192; Hervorhebung von mir S.S.).

[509] „Liebe denkt in süßen Tönen, / Denn Gedanken stehn zu fern, / Nur in Tönen mag sie gern / *Alles, was sie will,* verschönen" (Tieck-DKV VI, 1141; Tieck-Wackenroder I, 238; Hervorhebung von mir, S.S.); dazu im einzelnen Klussmann (1984).

[510] Der handlungsdramatisch geschlossenere erste Teil (die Felicitas-Tragödie) vollzieht sich wie die *Genoveva* als aktlose Szenenfolge, während der metrisch offenere zweite Teil (das Florens-Lustspiel) sich der klassischen Fünfaktigkeit bedient, so daß die äußere Organisation wie eine ironische Kontrafaktur auf die tatsächliche innere Verfaßtheit erscheint. Dem korrespondiert die Verschiebung dominanter Versmaße von bevorzugt fünfhebigen Jamben (teils Blankversen), dem Knittel und der derb-komischen Prosa im christlichen Bereich zu den vierhebigen Trochäen in der heidnisch-orientalischen Sphäre des zweiten Teils, bevor am Ende beide metrischen Komplexe zunächst alternierend aufscheinen, bis das Finale die Welt in komplexen romanischen Versmaßen vereinigt.

[511] Halter (1967, 139); vgl. etwa Tieck-S I, 153, hier auch die grotesken Szenen mit dem Schlachter Cajus (156-158) und den mißlingenden Erziehungsversuchen des Kaisersohns Florens zum Metzger (178f.). Tatsächlich 'frührealistisch' wird romantische Geschichtsdramatik, vorbereitet durch Schillers *Wilhelm Tell*, erst nach dem einschlägigen Diktum A.W. Schlegels am Ende der Wiener Vorlesungen (1809-1811), demzufolge die eigentliche Aufgabe romantisches Dramaturgie im historisch-nationalen Schauspiel liegt, insofern das Poetische und Wunderbare die Historizität des Geschichtsdramas eben nicht konterkariert, sondern beglaubigt (vgl. C. Stockinger 2000a). Der *Octavianus* indes erhebt keinen Anspruch, ein Geschichtsdrama zu sein, weil es ihm nicht um die historiographisch zu bestätigende Inszenierung eines bedeutsamen *geschichtlichen* Augenblicks geht,

nete Realitätsbezug ist aber nicht mehr konstitutiv für das dramatische Geschehen wie noch in den Literaturkomödien. Er bleibt partikulares Moment eines 'synthetischen Universalpoems'[512], das Satire und komischen Situationenrealismus wie alles Andere zum selbstverständlichen Bestandteil eines übergeordneten Ganzen einschließt. Eine bloß gegenwartsorientierte und realitätsbezogene Kunst reproduzierte die dem ausdifferenzierten modernen Bewußtsein komplementäre Perspektive in der plastischen (psychologischen) wie räumlichen (gesellschaftlichen) Verortung der isolierten Elemente, deren funktionaler Stellenwert die regelpoetisch hierarchisierte Ordnung des Allgemeinen begründet. Der a-perspektivischen Bildlogik des Holzschnitts folgend, die das Unterschiedene demgegenüber gleichrangig nebeneinanderstellt, ist der *Octavianus* ein szenischer Bilderbogen im übergänglichen Wechsel – eine in Bewegung versetzte Arabeske. Kaum mehr ist er nach einer primär zeitlichen Ablauflogik organisiert, wie handlungsdramatisch geschlossen das Stück auch immer ausfällt.[513] Die Linearität des handlungskausal motivierten aristotelischen Dramas entgrenzt sich – analog zu A. W. Schlegels Bestimmung des romantischen Schauspiels als 'Gemählde' – in die flächige Simultanpräsenz szenisch bewegter Umrisse.[514]

Die aus der graphischen Flächigkeit wie aus der Doppelbewegung von Artistik und sich selbst überlassender Sprache heraus inspirierte dramatische Textur ist demnach weitgehend offen wie völlig geschlossen zugleich, indem sie die geläufige Unterscheidung des Dramas auf das metaphysische Telos in der *literarischen*

---

sondern um ein poetisches Konzept zur Versöhnung der Welt. Realistische Züge und Elemente schließt dieses Projekt damit nicht aus. Zum spezifischen Realismus des *Octavianus* (v.a. in der satirischen Figur Hornvillas) als 'Entzauberung' des Poetischen (und als dialektische Gegenwendigkeit zum Idealismus im Sinne von F. Schlegels *Gespräch über Poesie*) vgl. Halter (1967, 111-127): „einem auf Höchste gesteigerten enthusiastischen Zustand [steht] ein ebenso extrem realistischer Zustand gegenüber" (127) – in gespannter Ironie zwischen dem idealistischen und dem realistischen Pol, dessen Extreme im Drama von Marcebille und Hornvilla figuriert werden (126).

[512] Lüdtke (1925, 233).

[513] Zur bis ins Detail restlos geschlossenen Handlung vgl. C. Stockinger (2000a, 62f.).

[514] Vom Gemälde spricht Tieck zur Charakterisierung seiner Großdramen im Brief an Solger vom 30. Januar 1817, um die Logik ihrer Einheit, deren Ton „alles zusammenhält", „deutlich zu machen" (Tieck-Solger I, 502). Shakespeare ist hier, wie *Aus den Briefen über Shakespeare* (1800) zu entnehmen, einmal mehr das zentrale Vorbild: „Ich kann mich immer wieder von neuem über die unendliche Mannigfaltigkeit der Gewächse verwundern, und wie sie alle einem hohen Gesetze gehorchen", indem sie „sich zu Einem bunten Gemälde vereinigen" (zit. nach Kasack II, 17); „ich fühle, wie sich alle Widersprüche lösen und keine Trennung, kein Unterschied mehr in der hohen göttlichen Einheit waltet. – [...] ich finde nirgend Absonderung, sondern es ist ein jedes Ding ein und alles, ich kann es mir nur im Zusammenhange mit dem Universum denken" (18); hier auch Tiecks Begriff vom „großen Universalschauspiel" (19). Zum 'Allgemeinen' der englischen Schauspiele vgl. zudem Tiecks Beobachtungen zur Genealogie aus den „Moralities", in „welchen Laster und Tugend ohne sonderlichen Scharfsinn verworfen und gelehrt wurde, kleine Geschichten mit allegorischen Personen, oft auch gar keine Verwicklung, sondern nur ein Aufführen von mancherlei Personalien" (26), in einer dekorationslosen und „kindlichen Art, die Sachen darzustellen", bei der „die Kunst notwendig gewonnen haben muß" (29).

Beglaubigung des 'einen' poetischen Sinns hin transzendiert: vermittels parallelistischer Verfahren, die kraft der Dialektik von zerstreuender Heterogenität und
wechselverweisender Formintegration die frühromantische Poetologie der 'unendlichen Verdopplung' im gleichsam universalen szenischen Parallelismus der
'Einen Poesie' erfüllt.

Poetologisch zurückgeführt hat Tieck die 'neue Weise' der Gestaltung, die seine
ambitionierteste Demonstration von Poetizität hervorbringt, auf die Entdeckung
des ganzen Calderón[515], der in der *Genoveva* noch eine untergeordnete bzw. auf
die *Andacht zum Kreuz* beschränkte Rolle spielt.[516] Geltend macht sich das Drama
Calderóns kraft der gedoppelten Verweisstruktur des szenisch Dargebotenen zwischen sinnlicher Präsenz und übersinnlicher Bedeutung, die sich mit der Doppelung von allegorischer Selbstauslegung und metrischer Versatilität/Musikalität
verschränkt. Deren Übertragung auf die literarischen Modelle der eigentraditionel-
len, deutschsprachigen Literatur des Mittelalters und der frühen Neuzeit führt zur
Erschließung dessen, worin Tieck programmatisch die Quintessenz seiner Idee
romantischer Poesie erkannte:

> Mir waren seitdem die poetischen Werke des Mittelalters bekannter geworden; es war
> in Deutschland vom Charakter des Romantischen so viel die Rede gewesen, und vom
> Calderon für die allegorische Poesie begeistert, versuchte ich es in diesem wundersa-
> men Mährchen zugleich meine Ansicht der romantischen Poesie allegorisch, lyrisch und
> dramatisch niederzulegen. Der Prolog war bestimmt, diese Absicht deutlich anzukündi-
> gen, und die Romanze hier und im ersten Theil des Gedichts, so wie Felicitas und die
> schöne Türkin in der zweiten Hälfte, sollten in Poesie und als lebende Personen, um-
> geben von andern poetischen Charakteren, außer ihren Schicksalen zugleich die dichte-
> rische Ansicht der Poesie und Liebe aussprechen. Ebenso zieht sich die Allegorie und
> das Bild der Rose und Lilie durch das Gedicht.[517]

---

515 Die Bedeutung Calderóns seit dem *Sternbald* ist in der Tieck-Forschung nach Köpkes Bemerkung
     (Köpke I, 241) und Tiecks eigenen Hinweisen (Tieck-S I, XXVIII, XXXVIII) eingehend abge-
     handelt und dabei auch überbewertet worden; vgl. Bertrand (1914) und die ausgreifenden Arbei-
     ten von Kern (1967/1968; hier zum *Octavianus* 1967, 261-270; 1968, 377), die etwa auf Analogien
     zwischen *Andacht zum Kreuze* und *Genoveva/Octavianus* im Motiv des Waldes hinweisen, das sich
     über Tiecks Shakespeare-Rezeption aber eben bis zur *Sommernacht* zurückverfolgen läßt. Das für
     Calderón zentrale Kreuz schließlich kommt eben nur in der *Genoveva* – und selbst dort im Ver-
     gleich zur leitmotivischen Präsenz bei Calderón völlig anders – vor. Zum überschätzten Einfluß
     Calderóns vor dem Hintergrund der Differenzen zwischen Calderóns Katholizismus und Tiecks
     indifferent-säkularer Haltung in konfessionell-religiösen Fragen vgl. Ribbat (1978, 259/Anm. 2),
     Paulin (1987, 55); daneben Brüggemann (1964, bes. 173-176); resümierend u.a. Strosetzki (1997,
     247-251), Fetzer (1994, 306-308) und Hölter (1989, 56f.) mit knapp kommentierten weiteren Lite-
     raturhinweisen; zur Bedeutung Calderóns für den *Octavianus* vgl. Lüdtke (1925, 122-132).
516 Indizien für Tiecks intensivierte Auseinandersetzung mit Calderón erst nach 1800 liefert das von
     Brinker-Gabler (1980, 253) publizierte Verzeichnis der Buchausleihen aus der Königlichen Biblio-
     thek in Dresden vom Herbst 1801 bis Herbst 1803, wo die *Comedias 1-3* (Madrid 1685) und *La vi-
     da e sueno* (o.J.) um die Jahreswende 1801/1802 als von Tieck entliehen markiert sind.
517 Tieck-S I, XXXVIIIf..

Die allegorische Exposition der 'dichterischen Ansicht' im Prolog – poetische Selbstreflexion und poetologische Auslegung von Ursprung, Impuls und Möglichkeiten der Poesie – objektiviert sich in der szenischen Entfaltung der beiden Lustspiel-Teile, die den Doppelcharakter der dramatischen Figuren als Allegorien und leibhaftige Figuren präsent halten.

Basales Organisationsprinzip zur Homogenisierung der maximal ausdifferenzierten Mannigfaltigkeit in stofflich-thematischer wie verfahrenstechnischer Hinsicht ist die Assonanz. Wie die anderen Formen des Parallelismus wird sie zur Zeit der Entstehung des *Kaiser Octavianus* in der für die literarische Praxis der Romantik einschlägigen *Sprachlehre* August Ferdinand Bernhardis (1801/1803) besprochen.[518] Als „spanische Tonart" erzeugt die Assonanz den „seltsame[n] Zauber" des Klanges, mittels dessen das Disparate in der sprachlichen Inszenierung von Äquivalenzen wie „ahnungsreich schwebt"[519]: nicht bloß als „Klangäquivalenz", sondern eben als Sinnhomologie.[520] Zusammen mit den anderen Ausprägungen des Parallelismus – der traditionellen Reimbindung[521], Binnenreimen, Alliterationen und Wortspielen[522] – garantiert die Assonanz das Progedieren der Universalpoesie[523], indem sie das sprachliche Material über semantische Differenzen hinweg nach vokalischen Ähnlichkeiten, dem ähnlichen Atem der Dinge gleichsam[524], integriert, ohne den homogenisierenden Effekt so dominant werden

---

[518] Dazu genauer im Kontext der frühen Dramatik Fouqués, die an Tiecks literarisierende Universalisierung der dramatischen Rede direkt anknüpft, C. Stockinger (2000a, 39f.).

[519] Tieck-S I, XXXIX.

[520] Entgegen Meves (1979, 118).

[521] Auf die musikalische Funktionalität des Reims hatte Tieck bereits in seiner Shakespeare-Abhandlung verwiesen: Gerade im *Sturm* seien diese „nicht so zwecklos" wie noch in *Love's labour lost*, denn „in den Feenszenen vorzüglich hatte der Dichter die sehr natürliche Absicht, für die Wirkung des Ganzen sein Stück durch den Reim noch romantischer und musikalischer zu machen" (Tieck-DKV I, 688/Anm.). Zeitgenössischen Sprachtheorien wie Bernhardis *Sprachlehre* folgend, schreibt Tieck dem Reim die Funktion zu, ein „Gefühl" zu erzeugen, „daß die ähnlichlautenden Worte in deutliche oder geheimnißvollere Verwandtschaft stehn müssen" (Minnelieder, XIII), so daß man unversehens glaubt, was man liest. Dergestalt regt sich in den „zarten Reimgedichten" der orientalischen Poesie „der liebliche Geist des Orients und Persien und Indien [...], die Begebenheiten ziehn sich dorthin, das Wunderbare ist nicht mehr so abentheuerlich aber magischer" (Minnelieder, VIII).

[522] Im Gegensatz zu Reim und Assonanz agiert das Wortspiel, das auch in zahlreichen ernsten romantischen Dramen (etwa bei Brentano und Eichendorff) exzelliert, die klangliche Ähnlichkeit von Wörtern mit dem Ziel aus, die semantische Differenz umso deutlicher hervortreten zu lassen. Gelegentlich wird das Wortspiel auch im *Octavianus* selbstreflexiv auf die formale Gestaltung der Figurenrede appliziert, wenn etwa Hornvilla in Knittelversen über den „Knittel" peroriert, der als Stock zum Ehestand gehöre (Tieck-S I, 105); weitere Beispiele bei Lüdtke (1925, 229f.).

[523] Zu F. Schlegels Reflexionen auf die 'spanischen' Formen als Parallelismus vgl. Menninghaus (1987, 167); hier auch zum Reim (172f.) und zur Musikalisierung durch parallelistische Symmetrisierung (174-176) – allesamt Verfahrenseffekte „von Differenzialität statt positiv-substantielle Anwesenheiten" (177).

[524] Vgl. F. Schlegels *Geschichte der alten und neuen Literatur* von 1812 (KFSA VI, 113f.), zit. im Kap. 'Voraussetzungen' (Anm. 13); zur Lyriktheorie des späteren Schlegel vgl. Mennemeier (1996, 39).

zu lassen, daß der Eindruck des Mannigfaltigen zerstört würde. Tiecks Poesie-Ideal in der Phase seiner letzten frühromantischen Werke objektiviert sich in der Dialektik von assonierender Verschmelzung und entrhythmisierender Zerstreuung in die formenreiche Variabilität literarischen Sprechens.

Den gegenläufigen Effekt zur vergleichförmigenden Mächtigkeit der Assonanz erzielt das digressive Nebeneinander literarischer Formen, die das Spektrum zeitgenössischer Techniken von höchster metrischer Komplexität bis zur a-metrischen Deregulierung, vom hohen Lyrismus bis zur derb-komischen Prosa, von der Stimmung bis zum Unsinn von Situationsgrotesken[525] individualisieren:

> Es schien mit gut, fast alle Versmaaße, die ich kannte, ertönen zu lassen, bis zu der Mundart und dem Humor des Hans Sachs hinab, so wie mir auch die Prosa unerlaßlich schien, um den ganzen Umkreis des Lebens und die mannichfaltigsten Gesinnungen anzudeuten.[526]

Die fließenden Spektralfarben der Sprache differenzieren die Welt zur Totalität ihrer Ausdrucksformen. Der 'ganze Umkreis des Lebens' reicht – über die Figurenabstufung nach sozialen Ständen[527] hinweg bis in den figureninternen Wechsel zwischen gebundener Sprache und Prosa hinein – von Sonetten, Terzinen und Stanzen in fünfhebigen Jamben über den Blankvers, die ausdifferenzierte Variation der Romanzenstrophik in vierhebigen Trochäen bis zum Knittel und zur Nachbildung mittelalterlicher Versformen wie der Nibelungenstrophe.[528] Bleiben die jambischen Fünfheber, der Knittel und die Prosa der christlich-abendländischen Welt zugeordnet, dringen mit zunehmender Präsenz der orientalischen Sphäre in der Marcebille-Florens-Handlung im zweiten Teil die teils äußerst komplizierten romanischen Vers- und Strophenformen wie die spanische Silva vor.[529]

---

[525] Zu deren Darstellung, die ebenfalls einer „Selbstaufhebung des Verstandesdenkens" zuarbeitet, vgl. Halter (1967, 191-193, hier 193).

[526] Tieck-S I, XXXIX. Im Unterschied zur *Genoveva* integriert Tiecks Forminszenierung neben dem ausgeweiteten Spektrum romanischer Vers- und Strophenmaße jetzt auch die gebundenen Formen 'altdeutscher' Literatur vom Mittelalter bis zur frühen Neuzeit.

[527] Vom Kaiser über seinen Hofstaat, namhafte europäische Könige, den Klerus und das Rittertum (samt komplementärem 'heidnisch'-orientalischen Bereich) über das städtische Bürgertum, den Bereich der Handwerker bis zur Ebene der Bauern, Schäfer und Räuber hinunter, ja sogar die städtischen Lahmen und Bettler haben ihren Auftritt (Tieck-S I, 88f.).

[528] Gesprochen von König Edward (Tieck-S I, 248).

[529] Zur komplexen Metrik des *Octavianus* vgl. Halter (1967, 146-159); hier zu den Dezimen (die 'Espinelas und 'Letras'), den 'Quintillas' und der 'Redondilla' bis zum anspruchsvollsten Maß der spanischen 'Silva' (155-158). Die metrische Dominanzverteilung zwischen erstem und zweiten Teil, christlich-abendländischer und orientalischer Sphäre, Shakespeare und Calderón, beobachtet Lüdtke (1925, 124f.). Auch im *Octavianus* inszeniert Tieck gebundene Organisationsformen parodistisch, am markantesten wohl in der aberwitzigen metrischen Deregulierung im Wahnsinns-Sonett des Riesen Golimbra (Tieck-S I, 218f.); zu diesem „ausgesprochenen Artistenstück" als Ausdrucksform des „'wahnsinnigen Idealisten'" vgl. Halter (1967, 87-90, hier 87/Anm. 39, 89/Anm. 41).

Die szenische Exposition sprachlicher Vielfalt in einem durchpoetisierten Weltgedicht als „Lebens-Schauspiel"[530] totalisiert Verfahrensweisen der Gattungen. Sie greift rhizomartig nach verschiedenen generischen Richtungen aus, um mit dem Universaldrama eine „phantastische Bühne" zu installieren, „die alles zuläßt", weil auf ihr die „Natur selbst erscheinen soll."[531] Weniger noch als beim *Sternbald* oder bei der *Magelone* kann man von Lied*einlagen* sprechen, wenn sich die Figurenrede in ein variables Kontinuum vielgestaltigen Sprechens ineinanderfügt, das die Grenzen zwischen den Formen auch typographisch aufhebt.[532]

Der Ausbreitung literarischer Verfahren, denen in der dramatischen Darstellung sonst nur partikulare Bedeutung zukommt, korrespondiert die Episierung im Selbständigwerden der Teile. Vorstrukturiert durch die episodische Organisation der Volksbuchvorlage, wechseln die Szenen über einen Zeitraum von zwanzig Jahren hinweg[533] zwischen Handlungsorten auf der ganzen Welt: von Rom nach Paris über das Meer, entlegene Inseln bis nach Jerusalem und in den Orient. Die Romanze figuriert als epische Instanz, um außergewöhnliche Ereignisse zu vergegenwärtigen und auktorial – ebenso lesersteuernd wie ordnungstiftend – auszudeuten. Lehnten sich Erzählerfiguren wie der 'Jäger' im *Zerbino* oder der Heilige Bonifacius noch an Shakespeares Chorus in *Heinrich V.*, die epische Funktion Gower in *Perikles* oder die Allegorie der 'Zeit' im *Wintermärchen* (Ende III/3) an, insofern sie den Zuschauer dazu bringen sollen, vor allem die Lücken der szenischen Darbietung und die Grenzen der theatralischen Umsetzbarkeit (in der Überbrückung größerer Zeiträume und räumlicher Distanzen) imaginär zu schließen, so übernimmt es die Romanze im ersten Teil des *Octavianus* vor allem dort „als erzählnder Chor"[534] tätig zu werden, wo es um die Vergegenwärtigung der besonders merkwürdigen Ereignisse aus der Volksbuchvorlage wie den Raub der Kinder durch Tiere geht[535]: „Vieles Wunder trägt sich besser / In Gesang und

---

[530] Tieck-S I, 341.

[531] Tieck-S I, XL.

[532] „Ich bitte Sie überhaupt", schreibt Tieck an seinen Verleger Frommann am 30. Januar 1801, „alles aus denselben Lettern zu drucken, nicht mit verschiedenen, wie die Genoveva, auch keine Zwischenrücken zwischen den Strofen der Lieder-silbenmaaße und den Romanzen, zwischen den Stanzen und den Gliedern des Sonetts und der Terzine, sondern alles ununterbrochen fort, wie die übrigen Verse, und es bloß durch Ein- und Ausrücken anzudeuten" (zit. nach Schweikert I, 239). Der Wunsch bekräftigt das Bestreben nach übergänglicher Homogenisierung unter Präsenthalten des Vielfältigen im Drama: „und da es ein Drama ist, müssen durchaus zwischen den einzelnen Stanzen und den Quartetts der Sonette keine Zwischenräume statt finden", so Tieck an Frommann im Frühjahr 1802 (zit. nach Schweikert I, 242).

[533] Zu den Zeitverhältnissen vgl. Tieck-S I, 347, 103.

[534] Tieck-S I, 39.

[535] In beiden Fällen handelt es sich um eine bizarre Verkettung sonderbarer Geschehnisse: Florens wird von einem Affen der schlafenden Mutter entraubt, dem ein Ritter das Kind entreißt, dem es wiederum die Straßenräuber abjagen, die den Knaben dem aus dem Heiligen Land nach Paris zurückkehrenden Pilger Clemens, der sich einer Anwandlung von Herzensgüte hingibt, verkaufen; Leo dagegen, von einer Löwin wohl zum Fraß geraubt, wird von einem Riesengreif gerettet, der ihn durch die Luft über Länder, Berge und Meer auf eine wüste Insel verschleppt, wo die Löwin

Dichtung vor".[536] (Sogar theatertechnisch ist dies insofern berechtigt, als Tiere sich wegen der Unverfügbarkeit ihrer Natur der Bühnenfähigkeit tatsächlich entziehen; aufführbar ist nur die automatisierte Beherrschung in der Dressur.) Die epische Vermittlung herrscht also dort vor, wo das Wunderbare als vom Realitätsprinzip abweichendes Ereignis plausibilisiert und als wie selbstverständlich möglicher Bestandteil integriert werden soll.[537]

Nicht zuletzt spielen für die generische Entgrenzung der dramatischen Rede ins Gesamtkunstwerk die anderen Künste über die bereits skizzierten Formen ihrer Versprachlichung hinaus eine Rolle. Ist das ganze Festspiel pantomimisch eingerahmt, ergeben sich die bildkünstlerischen Parallelen nicht nur aus der Anordnung der Szenen gleich einem Bilderbogen aus poetischen Holzschnitten, sondern auch daraus, daß sie – wie noch zu zeigen ist – Verfahrenselemente mittelalterlicher Bildikonographie zitieren.[538] Benannt sind damit die wichtigsten Gründe, die Tieck dazu brachten, im *Octavianus* neben dem Legendendrama von der *Heiligen Genoveva* und dem Künstlerroman *Franz Sternbalds Wanderungen* zeit seines Lebens einen Höhepunkt seiner literarischen Produktion zu erkennen – die literarische Gestaltung dessen, was ihm Inbegriff seiner Vorstellung von den Möglichkeiten von Poesie gewesen ist: „Ich stelle dieses Gedicht darum an die Spitze der ganzen Sammlung [der *Schriften*], weil es meine Absicht in der Poesie am deutlichsten ausspricht".[539]

---

den Greif im Kampf tötet und Leo zur zweiten Mutter wird, bis Felicitas ihren Sohn wiederfindet. Zur epischen Vermittlung ausschließlich im ersten Teil, der noch der nötigen Wirkung der Romanze untersteht, vgl. Tieck-S I, 114-118 (vorbereitet durch die Allegorie des 'Schlafs' in selbstbezüglich einlullenden vierhebigen Trochäen, 113f.), 136-139, 143-146, 168. Die letzten Worte der Romanze am Ende des ersten Lustspiels kündigen das „neue[] Leben" (168) an, das im zweiten Teil dann ganz ohne epische Vermittlung szenisch Ereignis wird.

536 Tieck-S I, 39.

537 Die wesentliche Differenz zwischen dem 'erzählenden Chor' der Romanze und den entsprechend epischen Funktionen in *Heinrich V.*, im *Perikles* oder im *Wintermärchen* besteht also darin, daß die dort überbrückten Ereignisse „ohne weiteres geschehen könnten", während im *Octavianus* die Romanze wie Bonifacius in der *Genoveva* „poetisch über die Risse hinweg" entschuldige, „die an der Stelle, wo psychologisches Drama und Legendenspiel zusammengekittet worden sind, den Bestand des Ganzen zu bedrohen beginnen" (Halter 1967, 190f.). Als übergeordnete Mittlerinstanz entspricht sie deshalb *funktional* dem Kreuz in Calderóns *Andacht zum Kreuze*, indem sie als Poesie über allem schwebt und dadurch die Verbindung von empirischer Realität und transempirischer Ganzheit herstellt; zur Ersetzung der himmlischen Macht bei Calderón durch die 'göttlichpoetische' Macht der Romanze vgl. Kern (1967, 262, 264, 270). Experimentell variiert wird die epische Vermittlung im Sinne einer geradezu mikrostrukturellen Gattungsmischung zudem dadurch, daß der Erzählerbericht wiederum in dialogische und monologische Figurenrede einmündet (vgl. Tieck-S I, 143-146).

538 Zu den Verbindungen des Dramas mit zeitgenössischer Malerei, der Rokokomalerei und den allegorischen Darstellungen Runges vgl. Lüdtke (1925, 172-185).

539 Tieck-S I, XLI. Hermann von Friesen berichtet auch später (1825-1842) noch „von Tiecks wiederholten Andeutungen der Meinung, daß Sternbald, Genoveva und Octavian ihm als die geliebtesten Kinder seiner poetischen Produktionskraft gelten dürften" (zit. nach Schweikert I, 246).

Am deutlichsten expliziert ist diese Absicht im *Prolog* mit dem 'Aufzug der Romanze'. Als „romantische Volkspoesie"[540] vereinigt die Romanze die Allegorien Glaube, Liebe, Tapferkeit und Scherz, die der auftretende 'Dichter' bei ihrem Anblick als Leitideen seiner Poetik 'empfindet'. Sich selbst erklärt sie genealogisch zur Tochter ihres Vaters Glauben (mit dessen Magd Tapferkeit) und ihrer Mutter Liebe (mit deren Diener Scherz).[541] Das 'Empfinden' ihres lächelnden 'Blicks' ist Ermöglichungsbedingung einer Wunscherfüllung durch Poesie, die 'alles verstehen' läßt: „Du bist Liebe, du bist Glauben, / Du bist Tapferkeit und Scherzen, / Wenn ich deinen Blick empfinde, / Kann ich alles leicht verstehen. / Jeder hat, was er gewünschet, / Nach dem Herzen sich erwählet", redet der Dichter die Romanze – bereits in 'spanische Trochäen' verwandelt[542] – an, bevor diese erstmals die berühmte Redondilla von der mondbeglänzten Zaubernacht aufbietet, die seinen Sinn gefangen nimmt.[543]. Wiederholt wird die Redondilla im opernhaften Finale schon des Prologs[544] : Von einem mit Musik begleiteten längeren Ne-

---

[540] „*Romantische Volkspoesie. Romanze, Ballade.* Romanze ist die passendste Benennung, weil sie in romantischer Sprache, das ist Volkssprache, abgefaßt ist" (Schlegel-Vo I, 117).

[541] Zu den Allegorien des Prologs unter Einschluß der 'unromantischen Außenseiter' – die von früheren Tieck-Dramen her bekannten bürgerlich-empfindsamen 'Reisenden' (als ernüchtert Zurückkehrende) und 'Der Küster' als „Schlüsselfigur" zur Selbstthematisierung von mechanischer Zeit und Arbeit des Bürgers – vgl. Halter (1967, 17-48). Hölter akzentuiert das Verschmelzen von Gegenwart und Handlungszeit, „so daß der 'Dichter' ohne historisierende Verbrämung seine Inspiration durch die Natur mitteilen und die Existenzweise der Poesie verkünden kann". Mit dem Aufzug der Romanze sei „die Einswerdung von zeitgenössischer und historischer Poesie wie auch die seines auktorialen Ich mit allen fiktiven Dichtergestalten" signalisiert, die im 'Garten der Poesie' des *Zerbino* noch getrennt auftreten (Hölter 1989, 308f.).

[542] Tieck-S I, 32. Zuvor spricht er in fünfhebigen Versen (8, 10f., 16f., 18). Der seit Herder eingebürgerte Begriff der 'spanischen Trochäen' (Staub 1970, 44-47) geht auf den rein silbenzählenden spanischen Romanzenvers zurück, der aus zwei Achtsilbern ohne Reimbindung mit assonierender Integration besteht. Er wird im deutschen Vers, der nach dem Prinzip der Alternation sich konstituiert, als vierhebiger Trochäus realisiert und ist eben nicht spanischen Ursprungs (Brüggemann 1964, 182/Anm. 25; Staub 1970, 49-53). Zu den Mißverständnissen einer Metriktheorie des Deutschen, die das Alternationsprinzip ahistorisch hypostasiert und demzufolge auch in rein silbenzählenden Versen identifiziert, vgl. grundsätzlich Bockelmann (1991). Gerade weil der Romanzenvers nicht akzentuierend ist, kann Tieck ihn mit den ebenso rein silbenzählenden Versen der deutschsprachigen mittelalterlichen Literatur problemlos in Kontakt bringen und ihnen ganz analoge Möglichkeiten von Formmannigfaltigkeit ablesen: mit großen Recht, insofern die Beobachtungen zur Individualität der „Sylbenmaasse" in der mittelalterlichen Lyrik, deren „größte Verschiedenheit" sich keiner „Auktorität" und keiner „Regel" unterwerfe (Minnelieder, XII), nach neueren Einsichten der Metriktheorie eben historisch zutreffend sind.

[543] Tieck-S I, 33. Der 'gefangene Sinn' ist eine seit der *Sommernacht* leitmotivische Vorstellung Tiecks, die positiv wie negativ konnotiert ist: Er steht für Begeisterung, aber auch für „Bedrohung und Beneblung der Vernunft" (Tieck-DKV I, Kommentar, 1097/831).

[544] Zu den Opernaffinitäten des Prologs wie des gesamten 'Lustspiels', das mit dem Nebentext „Musik; Tanz" (Tieck-S I, 421) ausklingt, vgl. Halter (1967, 44: 'Der Prolog als Ouvertüre und Oper zugleich'), zudem Bodensohn (1937, 78f.) mit vergleichenden Hinweisen auf das *Ungeheuer und der verzauberte Wald* (1800); siehe auch Tiecks Überlegungen zum Poetisierungspotential der romantischen Oper aus den Erfahrungen mit dem romantischen Drama (Tieck-S XI, L).

bentext eingeführt, versammelt es alle Allegorien gemäß ihrer poetischen Relevanz und von daher vergleichbar der Anordnung nach dem Bedeutungsmaßstab mittelalterlicher Malerei.[545] Liebe, Tapferkeit, Scherz und Glaube greifen je eine Zeile der 'Zaubernacht'-Strophe glossierend in ihren Dezimen auf, bevor die finale Wiederholung der Redondilla durch den 'Allgemeinen Chor' ihre Verschmelzung auch sprachlich sich ereignen läßt.[546] Rahmenbildend beschließen die magischen Beschwörungsverse[547], die in Tateinheit mit der performativen Schöpfungsformel 'Es sei'[548] das Weltpanorama ins szenische Kaleidoskop von Sinneseindrücken, Bildern, Episoden und Sprachformen aufgehen lassen, dann zum Schluß auch das ganze Lustspiel, so daß der Weltkreis der poetischen Entgrenzung erneut zu singen anheben kann.

Das Wiederholen der Redondilla durch die Hauptfiguren am Ende der beiden Lustspiel-Teile indiziert, daß die Allegorien des Prologs in die dramatischen Figuren eingegangen und in ihnen, paarweise verbunden, lebendig geworden sind[549]: Die 'Zaubernacht'-Strophe glossierend treten Florens und Marcebille an die Stelle der Liebe, Leo und Lealia an die des Glaubens, Octavianus und Felicitas an die von Tapferkeit und Treue, Roxane und Hornvilla schließlich rücken in die Rolle des Scherzes ein.[550] Das letzte Wort hat Hornvilla, der als nunmehr 'poetisierter'

---

[545] In zentraler Position in der Mitte hinten zwischen Tapferkeit und Scherz stehen Glaube und Liebe, eingerahmt vom Krieger und vom Schäfer, während im Vordergrund die Romanze achsensymmetrisch dem Dichter beigesellt wird (Tieck-S I, Nebentext, 34); vgl. auch die graphische Anordnung mit einer alternativen Variante bei Halter (1967, 19, 42).

[546] Die besondere Bedeutung der Glosse für Tieck als Selbstdarstellung einer Lyrik der Lyrik – das Gedicht aus vier Dezimen wiederholt eine als Motto vorangestellte vierzeilige Strophe jeweils in den Schlußversen – signalisiert das erwähnte gleichnamige Gedicht, das diese Verschmelzung ebenfalls thematisiert und zugleich selbstreferentiell vollzieht; zur Aufnahme der *Octavianus*-Glosse in späteren Gedicht-Ausgaben vgl. Tieck-DKV VII, 145f.

[547] Wie das Lied Golos in der *Genoveva* handelt es sich um „Keimverse" der 'magischen Evokation' (Halter 1967, 62, 60), aus denen sich das ganze Drama ausspinnt. „Am Anfang also steht die Bezauberung der Sinne, der Wunderglanz, aus dem sich erst die einzelnen, kaleidoskopisch wechselnden Bilder emporheben" (63). Für Tiecks Arbeitsweise ist es nicht untypisch, daß kleine sprachliche Einheiten, ja ein Wort allein wie das berühmte 'Waldeinsamkeit' die gesamte literarische Konstruktion heraufbeschwören.

[548] „Der Liebe Tempel sei / Im Walde" (u.a. Tieck-S I, 7, 8, 418, 419).

[549] Die Allegorien fungieren als „Code zum ausgeführten Text", von dem aus die Entschlüsselung des Dramas möglich wird (vgl. Ribbat 1978, 178f.). Dies gilt auch für die Ebene struktureller Selbstreflexion, insofern der Küster vom Standpunkt des ordnungsliebenden Bürgers die falschen Zeitangaben der nachlaufenden bzw. stillstehenden Uhren, zu deren Reparatur er sich auf die Suche nach einem Mechaniker aufmacht, mit kritischem Vorbehalt auf ein Werk appliziert, das „gegen alle Regel" laufe: „Die Einheit fehlt dem ganzen Werke / [...] / Die Ordnung ist nun auch begraben / Und alles schwimmt in Anarchie" (Tieck-S I, 15).

[550] Auf die Inkonsequenz im letzten Paar – Roxane spielt im Stück kaum eine Rolle – ist wiederholt hingewiesen worden (vgl. Kern 1977, 64). In Rechnung zu stellen ist eine denkbare intertextuelle Anspielung auf Tiecks unpubliziertes frühes *Roxane*-Stück von 1790; zur 'Rosenromanze' Roxanes (Tieck-S I, 273-276) als „das bedeutendste Beispiel synästhetischer Stimmung" vgl. Halter (1967, 64-67, hier 67).

Scherz noch einmal das Vermögen der Poesie beschwört, die 'alte Pracht' aufsteigen zu lassen, selbst wenn dem Gedicht die „Kraft" 'gebrechen' sollte.[551] Der finale Gedankenstrich, der dem Ausrufezeichen seiner Aufforderung folgt, öffnet den Raum des Unbestimmten, in den die poetische Evokation der 'wundervollen Märchenwelt' – getragen von 'Musik' und 'Tanz' – erneut eintreten kann, um sie imaginär ins Unendliche zukünftiger literarischer Wieder-Holbarkeit zu verlängern.

Vermittelt ist der Imperativ mit der Naturwahrnehmung „im Walde": Leitmotiv für den ersehnten Raum der Liebe als „Tempel", in dem die finale Versöhnung als Wiedererlangung der vom Kind einst erfahrenen Einheit mit der Welt stattfindet. Die von der Mondnacht illudierten Sinne lassen das Bewußtsein delirieren. Im „fliehnde[n] Schimmer"[552] und 'Rauschen' der Bäume[553] gleiten die allegorischen Gestalten des Prologs als bewegliche Imaginationen wie 'ziehende' Wolken „vorüber".[554] Die Flüchtigkeit der Eindrücke verwandelt die Welt in eine synästhetische Phantasmagorie aus Farben, Lichtern und Tönen, die das 'Herz aufgehen' lassen[555], weil die Dynamik von Bewegungsverben des Funkelns, Glänzens, Fliehns und Verschwimmens das wahrnehmende Subjekt in die bewegte Natur gleich einen Film hineinzieht, der im „schnell Entzücken"[556] seine Seele aufschließt.[557] Die bewegte Natur im Zwielicht des Walds hält die Phantasie in schwebender Tätigkeit zwischen identifizierender Wahrnehmung und Zerstreuung. Sie vollzieht die Assoziations- als Wunscherfüllungslogik des Traums, die

---

[551] Tieck-S I, 421.

[552] Tieck-S I, 11

[553] Vgl. u.a. Tieck-S I, 9, 14. Tieck bereits bringt das 'Rauschen' der Wälder mit dem 'Rausch' der Natur zusammen (u.a. 11, 114, 274, 276). In dieser semantischen Verdopplung durchzieht das Wortfeld das ganze Drama. Wie bei Eichendorff markiert es als Wiedererlangung der Kindheit das Zentrum von Tiecks Poesieauffassung: Die konnotative Verknüpfung mit der ersehnten Geliebten, der Sternbald zum ersten Mal als Kind im Wald begegnete (vgl. Sternbald, 45), verwandelt diesen Raum ins ersehnte Paradies, der das Rauschen der Kindheit selbst erklingen läßt. Diesen „heiligen Tempel" wiederzufinden, ist der basale Impuls für Sternbalds Sehnsucht seiner Wanderungen in die Welt (vgl. 42-46, hier 42). Die Kontinuität des so begründeten Imaginationskomplexes 'Wald' in Tiecks Werken geht bis zur *Sommernacht* zurück.

[554] Als Nebentextformel wird das „ziehn vorüber" gleich eingangs dem Leitmotiv „im Walde" zugeordnet, das die ersten Strophen von Chor, Ritter, Schäfer und Schäferin beschließt (Tieck-S I, 5,7). „Das Vorbeiziehen wird zur paradoxen Form des Zusammenhangs, den das Zusammenhanglose gewinnt, das Vorbeigleiten verleiht überdies dem gesprochenen und gesungenen Wort die erregende Resonanz im Betrachter" und „bildet das Gleiten der Zeit ab" (Storz 1972, 225).

[555] „Das Herz geht uns auf / Im Walde" (Tieck-S I, 5, 8).

[556] Tieck-S I, 11.

[557] Zur Dynamisierung der Landschaftsdarstellung in den filmartigen 'Bewegungsbildern' (Deleuze) romantischer Prosa mit Verweis auf die einschlägigen Arbeiten August Langens vgl. Hillmann (1971a), resümierend auf die Fernflucht der Horizonterfahrung bezogen Koschorke (1990, 184-217); hier auch zur musikalischen Dissoziation im „flüchtigen Moment ihrer poetischen Erzeugung" als Form und „Agens der gesuchten poetischen Übergänglichkeit" zwischen Empirie und idealisierender bzw. religiöser Vergeistigung (188).

Tieck der poetischen Phantasie gleichsetzt, indem der Leser das Gleiten und Flirren der Bilder und Töne in einer geradezu impressionistischen Sprache des Paradieses 'im Walde' als halluzinogene Gefangennahme seiner Sinne und als Freisetzung des Unbewußten erfährt.[558] Der romantische Text bildet den Entgrenzungsvorgang weniger mimetisch nach, sondern stellt ihn vermittels der dynamisierten Versprachlichung von Naturwahrnehmungen und ihrer suggestiven Intensivierung im potenzierten literarischen Parallelismus performativ allererst her.[559]

Der *Kaiser Octavianus* überträgt damit die 'unendliche' Bewegungslandschaft romantischer Prosa ins Drama. Die „bemerkenswerte Unsinnlichkeit", die man den Gedichten Tiecks attestiert hat[560], entgrenzt auch hier die Raumperspektive ins arabesk Flächenhafte: Die nicht allein wegen ihrer allegorischen Herkunft zur Abstraktion neigenden Eindrücke, eher Sinnesreize als plastische Gebilde, erschließen keinen Raum wie beim sukzessiven Abschreiten von Haltepunkten des Blickens bis zur Fluchtgrenze am Horizont. Ihr punktuelles Aufblitzen entzieht sich vielmehr der fixierenden Aufmerksamkeit und erzeugt den impressionistischen Effekt von Flächigkeit, der der a-perspektivischen Logik der Volksbücher korrespondiert: Wie die bloß andeutenden Umrißzeichnungen, mit denen seit der ersten deutschsprachigen Übertragung die Ausgaben des Octavianus-Volksbuchs illustriert sind[561], veranlassen die synästhetischen Sinnesreize die Einbildungskraft zur produktiven Selbsttätigkeit. Phantasiefördernd ist demzufolge die Doppelung von Andeutung und flüchtigem Entzug, die das Gitter der schwarzen Buchstaben beim schnellen Lesen ins Flimmern gleich der glänzend bewegten Natur versetzt, so daß sich die aufgerufene imaginäre Landschaft in ein ebenso flüchtiges wie flächiges Vorbeiziehen sprachlicher Reize verwandelt.

Hervorgebracht hat dies der Dichter als Medium der Evokation. Er ist Offenbarer der Wahrheit, der die Poesie betreibt, um gegen das flüchtige Verrinnen der Dinge, ja gegen ihren Tod die Beständigkeit der Welt zu garantieren, indem er dem transitorischen 'Schimmer' der Natur Bedeutung einschreibt:

---

[558] „Es ist alles wie ein fremdes Märchen, wenn ich es aus der Ferne ansehe – und dann – daß ich im Mittelpunkte dieses entsetzlichen Gemäldes stehe!", lautet die bereits kommentierte einschlägige Stelle aus dem *Ritter Blaubart* (Blaubart, 71, Tieck-S V, 127), an die Koschorke (1990, 171) mit Verweis auf Kreuzer (1983, 17) im Zusammenhang der Logik des Unbewußten in romantischen Landschaftsdarstellungen erinnert, bei denen man draußen und drinnen zugleich zu sein scheint.

[559] Zum 'operativen' Charakter romantischer Bildsprache mit Bezug auf die einschlägige Forschung (Hillmann, Sørensen) vgl. resümierend Koschorke (1990, 372f./Anm. 102). „Desgleichen ist die lyrische Poesie nicht bloß Leben und Lebenserzeugung darstellend", schreibt F. Schlegel in den Heften *Zur Poesie und Literatur* (1811), „sondern selbst Leben erzeugend; der *Saame* und erste Aufgang der Poesie (daher Poesie der Poesie)" (KSuF VI, 34 [27]). Die performative Aufhebung der Arbitrarität zwischen Signifikat und Signifikant kraft sekundärer Motivation im Vollzug der Texte erzeugt eine, wenn man so will, Resubstantiierung der Sprache, die heute noch das mediologische Erzählen als besonderes Projekt in der Gegenwartsliteratur antreibt (vgl. Scherer 2002).

[560] Vgl. Klussmann (1984, 349).

[561] Keßler (1930, 85).

So oftmals Helden, große Thaten blühen,
Aufsteigend aus der Zeiten goldnen Schaalen,
Doch wie sie noch die Welt am schönsten schmücken,
Fliehn sie wie Wolken und ein schnell Entzücken.
Was dieser fliehnde Schimmer will bedeuten,
Die Bildniß, die sich durch einander jagen,
Die Glanzgestalten, die so furchtbar schreiten,
Kann nur der Dichter offenbarend sagen;
Es wechseln die Gestalten wie die Zeiten,
Sind sie euch Räthsel, müßt ihr ihn nur fragen,
Ewig bleibt stehn in seinem Lied gedichtet,
Was die Natur schafft und im Rausch vernichtet.
Es wohnt in ihr nur dieser ewge Wille,
Zu wechseln mit Gebären und Erzeugen,
Vom Chaos zieht sie ab die dunkle Hülle,
Die Tön' erweckt sie aus dem todten Schweigen
Ein Lebensquell regt sich die alte Stille,
In dem Gebilde auf und nieder steigen,
Nur Phantasie schaut in das ewge Weben,
Wie stets dem Tod erblüht verjüngtes Leben.[562]

Der Sinn der Welt und ihre Ganzheit ist Produkt des Dichters. Erst die Versprachlichung der Töne und Bilder des Waldes bringt die flüchtige (Un-)Sinnlichkeit der Natur zur Bedeutung. Der Dichter verwandelt sie in eine „neue Sprache"[563], die Ewigkeit garantiert, weil Raum und Zeit ineinander aufgehen, wenn ein „altes Lied" das 'Bild' der Romanze – sinnlich reizende Natur als „schönes Frauenbild"[564] und lächelnde Allegorie der Poesie ineins – in den zeitlosen Imaginationsraum seiner Wunschprojektionen ruft.[565] Die Poesie – Echo und Spiegel

---

[562] Tieck-S I, 11. Paulin (1988, 132) zufolge steht diese Bildersprache und ihre „Spiegelung der organischen Naturvorgänge, wo die Elemente und Leidenschaften, Himmelskörper und Erdenstimmungen, Makrokosmos und Mikrokosmos in ständiger Wechselwirkung miteinander sich in einem unendlichen Prozeß befinden", nahe der Naturmystik Jakob Böhmes – einer säkularisierten Auffassung Böhmes allerdings, insofern Liebe und Phantasie vor allem, indem sie in 'süßen Tönen denken', das Einssein mit dem 'schönen Bau' der Welt fühlen.

[563] Tieck-S I, 20: „Neue Liebe, neues Leben / Schuf den Menschen neue Sprache, / Liebesglut war stets der Glaube, / Glauben nur ein Liebsgedanke."

[564] Tieck-S I, 17

[565] „Es klingt ein altes Lied mir in mein Ohr, / [...] / Ich fühle schon bezaubert meine Sinnen, / Im Wunderglanze steigt das Bild empor" (Tieck-S I, 16). „Scheiden kann nicht Raum und Zeit, die / Sich in Glaub' und Lieb' erkennen" (26), beschwören daraufhin der Liebende und die Pilgerin in gemeinsamer Figurenrede. Der Verschmelzung von Glaube und Liebe korrespondiert die Transformation der linearen Zeichenkette des Texts in die Simultanpräsenz eines Raums der ersehnten Wunscherfüllung, in den der Dichter durch die Sprache wie in einen Traum eingeschlossen wird: „Zum Raum wird hier die Zeit" lautet Gurnemanz' berühmtes Wort vom Gral zu Parsifal, während sich die Umgebung selbst in die Gralsburg verwandelt (Wagner 1978, 834). Zur Verräumlichung der Zeit im romantischen Text und die daraus resultierenden Paradoxien, wenn nicht Aporien, die darin bestehen, daß diese Räumlichkeit nach wie vor an Linearität und damit an die Zeitlichkeit der Schrift gebunden bleibt, vgl. Steiner (1994).

der Natur, an der sie sich entzündet[566] – läßt die wiedererlangte „alte Zeit" lebendig werden, indem die literarische Reinszenierung des Nachhalls, symbolische Verdopplung aller Parallelismen selbst, mit der Naturwahrnehmung zusammenklingt:

> Es greift der Dichter nach der goldnen Leier,
> Die Wonne, die sein Herz bewegt, zu singen.
> Hör' Echo du im Thale drunten – unten –
> [...]
> Die alte Zeit kömmt mir in meine Sinnen, – innen –
> Gefühle wundersel'ger Stunden – stunden
> Im Herzen auf und mich bezwangen – Wangen
> Und süße Lippen, Busen, Locken – locken
> Der Sehnsucht reizende Gefühle – fühle![567]

Verfahren und Bedeutung der Verse spiegeln sich im 'Echo' und fallen ineins, indem ihre Form die Herbeiführung des poetischen Zustands als Nachhall der äußeren Welt im Inneren mitdarstellt. Folgerichtig verwandelt die leibhaftige Begegnung mit der Romanze das bisher fünfhebige Sprechen des Dichters sogleich in romanische Dezimen.[568] Farblich verschmilzt das Weiß der Lilie mit dem Rot der Rose[569], die himmlische und die sinnliche Liebe repräsentierend[570], im Licht der monddurchleuchteten Zaubernacht in die „goldnen Augenlieder" der Poesie[571] und ihre „goldne Freiheit"[572]: in die synästhetische Farbe der Vereinigung schlechthin, „wonach alle Farben zielen".[573] Im 'holden' Lächeln der Romanze

---

566 „Und Flöten, Horn und Wald in eins erklungen. / Drein gießt sich Duft von Baum und Blumenblüthe, / Es brennt der Wald im hellen grünen Feuer, / Und Geister spielend im Gezweige springen, / Da regt die Poesie sich im Gemüthe" (Tieck-S I, 8).

567 Tieck-S I, 8.

568 Vgl. Tieck-S I, 21.

569 Die allegorischen Blumen und Farben fielen schon bei des Grafen Peter Anblick der schönen Magelone zusammen (vgl. Tieck-DKV VI, 269). In der *Sommernacht* war die rote Blume, die Puck besorgen soll, eine durch Tau eingefärbte weiße Blume (Tieck-DKV I, 20), mythologisch rückführbar auf den erröten machenden Kuß. Lilien und Rosen im Wald gibt es dann auch im 'Garten der Poesie' des *Zerbino* als sprechende Personen, um von Nestor als „sehr unverständlich" sich artikulierende Natur diffamiert zu werden (Tieck-S X, 260-262, hier 261).

570 Vgl. Tieck-S I, 23f.

571 Tieck-S I, 24

572 Tieck-S I, 32.

573 Tieck-S I, 24. Gold ist die Farbe des „schönen Sehnen[s]" aus der Vereinigung von Kolorit mit dem Glänzen der Welt: „Alle Farben müssen fließen, / Wenn ein Licht sich soll ergießen. / Aus dem goldnen Brand der Kerzen. – " (Tieck-S I, 279f.). Nicht zuletzt ist es Bildhintergrund für den schönen „Bau der Welt" (279), also ikonographisches Zitat mittelalterlicher Malerei als ort- wie zeitloser Bereich des Göttlichen und „'Spender des außerirdischen Lichts' in den Bildern", das „das Dargestellte in einen transzendierenden Glanz" hebt (Koschorke 1990, 53; vgl. insgesamt 51ff., 55). Bei Tieck geht die Aufbietung der himmlischen Farbe dahin, diese Transzendenz als immanente Erfahrung, als vom Mondlicht überflutete Landschaftswahrnehmung zu beglaubigen. Die symbolische Verwendung von Farben seit dem Frühwerk Tiecks ist kaum vollzählig zu belegen (ein Überblick bei Steinert 1907): Schon in *Almansur* (1790) visualisiert und anthropo-

mit den „goldnen Haaren"[574] glänzt diese als Vereinigung von Maria und Venus, Religion und Sinnlichkeit, von Christentum und Antike.[575] Auch die farbsymbolische Verschmelzung in den idealen Raum der Poesie, ausgedeutet als transzendierender Ausgleich sämtlicher Gegensätze der Welt, wird getragen von der klanglichen Homogenisierung der Farbwörter durch Assonanz: Die Vokalgruppe o/e dominiert das leitmotivische Rot wie dessen Verschiebung ins Gold[576], so daß das o zum mächtigsten Vokal aufsteigt, um sich am Ende des Lustspiels im variierenden Formen- und Assonanzenwechsel des finalen Chors, der die Elemente der poetischen Synästhesie in die komplexeste metrische Form der spanischen Silva einverwandelt, tönend auszuagieren:

> Hinter den Bergesgipfeln
> Steigt auf der Mond mit seinem goldnen Glanze
> Er schwebt in den Wipfeln
> Der Bäume, rauschend stehn sie dem Kranze
> Der goldnen Sterne, balde
> Deckt sich die Flur mit Wellen
> Von Schimmern und der Himmel lacht so frei,
> Die Sterne in dem hellen
> Und tiefen blauen Kreise
> Beginnen froh die liebevolle Weise,
> Es tönt der Nachtigallen und aller Waldvöglein Geschrei,
> Der Liebe Tempel sei
>   Im Walde.[577]

Die formale Integration des sprachlichen Materials mittels aller verfügbaren Verfahren der Zeit innerhalb der Polarität von Klang und Bild, in deren Mitte die Sprache im „Zaudern zwischen Laut und Bedeutung" schwebt[578], inszeniert die

---

morphisiert das Empfinden der Leitfarben Rot, Blau und Gold das Naturgefühl; als Blumenfarben begleiten sie in den frühen Märchen „leitmotivisch das Auftreten des Wunderbaren" (Neumann 1991, 238), im *Getreuen Eckart* schließlich lösen sie sich „beim Nahen des Venusbergs von ihrem gegenständlichen Bezug [...] und werden gewissermaßen zu absoluten Farben" (239/Anm. 67). Insgesamt ist Rot die Leitfarbe Tiecks (vgl. Minder 1968, 189; Steinert 1907, 89f., 92ff.); das Gold als Farbe der Phantasie und des Morgenrots geht bis in die *Sommernacht* zurück (Tieck-DKV I, 21, 25) und überflutet später z.B. die *Magelone* (Tieck-DKV VI, 276); im *Sternbald* schließlich ergötzt sich Rudolf an den „grellen Farben ohne Zusammenhang, an diesen mit Gold ausgelegten Luftbildern" (Sternbald, 280).

574 Tieck-S I, 17

575 Vgl. Tieck-S I, 23. „Die griechische Mythe sollte hier mit dem Glauben des Christen durch Gegenstellung verbunden werden" (Tieck-S I, XL). Zu denken ist in diesem Zusammenhang an die als goldene Zeit erinnerte Vereinigung von Antike und Christentum etwa auch bei Hölderlin.

576 Vgl. Halter (1967, 68-70).

577 Tieck-S I, 418f. Die spanische Silva baut auf den Wechsel von elf- und siebensilbigen Versen auf und ist dem Alternationsprinzip des deutschen Verses zufolge als Wechsel von fünf- und dreihebigen Jamben geregelt.

578 So die berühmte Formel Valérys, an die seit Jakobsons Würdigung (*Linguistik und Poetik*; 1979, 106) in Untersuchungen zur Aktualität formalistischer Literaturtheorie gern erinnert wird, zumal

Einheit der Welt als Harmonie des Unterschiedenen: als *concordia discors* den Idealzustand des romantischen Texts, in dem durch Wechselanziehung der Farben und
Töne[579] die Seele der Dinge, die „Sache selbst" aufgeht: Wie in Musik offenbart
sich in der musikalisierten Poesie synästhetischer Bilder

> der letzte Geisterhauch, das feinste Element, aus dem die verborgensten Seelenträume,
> wie aus einem unsichtbaren Bache ihre Nahrung ziehn; sie spielt um den Menschen,
> will nichts und alles, sie ist ein Organ, feiner als die Sprache, vielleicht zarter als seine
> Gedanken, der Geist kann sie nicht mehr als Mittel, als Organ brauchen, sondern sie ist
> Sache selbst, darum lebt sie und schwingt sich in ihren eignen Zauberkreisen.[580]

Der resultierende ästhetische Zustand ist

> zum Lächeln, zum Beweinen wehmüthig, und zur Anbetung erhaben, – daß unser Herz
> sich aus seiner irdischen Sphäre hebt, daß alle unsre Gedanken in ein feineres, edleres
> Element gerathen, daß aller Kummer, alle Freude wie ein Schatten schwindet, – und
> Jammer und Glück, Entzücken und Thränen, alles in eins verwandelt und durch gegen-
> seitigen Abglanz verschönt wird, so daß man in den Momenten dieses Genusses nichts
> mehr zu sagen weiß, nicht mehr trennt und sondert, wie unser Geist sonst immer nur
> zu gern thut, sondern wie von einem Meerstrudel immer tiefer und tiefer hinunterge-
> führt, immer mehr der obern Welt entrückt wird. Und was ist es, das uns so glücklich
> macht? – Ein Zusammenklingen von Holz und Metall[581]

bzw. von Stimme und Schrift, Buchstabe und Artikulation. Der Prolog des Lustspiels ist szenische Exposition und allegorische Selbstauslegung des in den *Her-*
zensergießungen und *Phantasien über die Kunst* entfalteten Projekts einer synästhetischen Vereinigung aller Künste ins opernaffine Universalkunstwerk, das in den
nachfolgenden beiden Lustspiel-Teilen sprachlich Ereignis werden soll.[582]

Die Semantik des 'Lustspiels', die Tieck ohne nähere Erläuterung paratextuell ins
Spiel bringt[583], führt im Universaldrama weg vom satirischen Impuls nicht nur

---

> damit elementare Operationen romantischer Literatur als verfahrensäquivalentes Ausagieren seeli-
> scher Eindrücke in Sprache mithilfe von Valérys Überlegungen zur Selbstorganisation *und* psy-
> chophysischen Effektivität der literarischen Form klarwerden; vgl. dazu u.a. die Notizen zum
> Vortrag *Poésie Pure* (Valéry 1962, 80-89, hier v.a. 84); zum 'Zaudern' zwischen Klang und Sinn vgl.
> das Bild des Pendels zwischen Form und Inhalt (u.a. in *Dichtkunst und abstraktes Denken*, 136-168,
> hier 158-160). Von zentraler Bedeutung ist in diesem Zusammenhang, daß „nicht der Klang zum
> Echo des Sinns, sondern der Sinn zum Echo des Klangs wird, also das Gedicht zu einer themati-
> schen Selbstfeier seines (lautlichen) Gelingens" (Speck 1997, 109).

[579] Vom 'unzertrennlichen' Wechselkontakt der Farben und Töne, kraft dessen eines „das andre ma-
gnetisch und unwiderstehlich" an sich zieht, spricht Tieck in *Die Farben* der *Phantasien über die
Kunst* (Tieck-Wackenroder I, 191).

[580] Tieck-Wackenroder I, 191f.

[581] Tieck-Wackenroder I, 236 (*Die Töne*).

[582] Schon deshalb ist der *Octavianus* keine bloß spielerische Wortmalerei, sondern „bewußte Erfüllung
des synästhetischen Postulats der *Herzensergießungen*" (Minder 1968, 189).

[583] Dieser Paratext benennt nur allgemein den „Gegensatz" zur *Genoveva* (Tieck-S I, XL): „man muß
in keinem Augenblicke vergessen, daß ich es ein Lustspiel nenne", schreibt Tieck an den Verleger

der eigenen Literaturkomödien, sondern der Komödientradition überhaupt. Das Universallustspiel verlagert sich in eine szenische Darstellung der Welt, die den Gegensatz von Komik und positiver Poesie selbst aufhebt. Die wenigen selbstreflexiven bzw. parabatischen Elemente, die der *Kaiser Octavianus* aufweist[584], sind nur noch partikularer Bestandteil eines übergeordneten Ganzen. Der Begriff des 'Lustspiels' steht damit synonym für eine Form der szenischen Poesie als einer totalen Darstellung, die alles Mögliche und so auch das Lustig- und Derb-Komische, jetzt allerdings ohne satirisch-annihilierende Absichten, integriert. Genau dieser verschobenen Semantik gemäß ist der *Kaiser Octavianus* als szenisch organisierte, das heißt wie unvermittelt inszenierte „Selbstdarstellung des Dichtens"[585] *die* Allegorie von Tiecks Idee von Poesie schlechthin.[586] Die neuartige szenische Textur transformiert das generische Schema in eine andere Form des Welttheaters: in „eine eigene Gattung von Stück", wie Tieck zum *Wintermärchen* im nie vollendeten *Buch über Shakespeare* schreibt, woraus sich die Idee zur Ausführung des eigenen Lustspiels herleitet: „weder ein Intriguenstück, Charakterstück, Tragödie, Lustspiel, Pastorale, von allem etwas darinn".[587]

Die Aufhebung regelpoetischer Differenzfunktionen läßt das totale Drama, das alle Genres integriert, thematisch und formal unbestimmt werden. Das Universallustspiel ist Erfüllung szenischer Indifferenz, sein „Wesen", so Tieck im *Buch über Shakespeare* zu *Viel Lärmens um Nichts*, „Leichtigkeit".[588] Vorausgesetzt ist allein die poetische Interessantheit des Stoffs, den die von Liebe beseelte Poesie ertönen läßt, um die motivierte Verbindung von Signifikant und Signifkat zu stiften: nicht mehr als adamitische Einheit der Sprache Gottes, sondern kraft der sekundären Koppelung, die der Text vollbringt. Erst mit der völligen Literarisierung

---

Friedrich Frommann im Dezember 1801 (Schweikert I, 239). Nähere Erläuterungen werden aber nur, wie gesehen, zur typographischen Gestaltung gegeben.

[584] Vgl. etwa Clemens Anspielung auf das Aus-der-Rolle-Fallen (Tieck-S I, 348) und die ironische Selbstreflexivierung des „schwülst'ge[n] Stil[s]" seiner Rede (352).

[585] Ribbat (1978, 176).

[586] Dies auch demjenigen Verständnis zufolge, das im Allegorie-Begriff nicht allein die sinnliche Einkleidung einer Abstraktion sieht, sondern zugleich die Denkform der 'Ahndung', die auf das Ersehnte nur verweisen und es eben nicht als Totalität präsentisch machen kann – allenfalls in 'punktueller Lucidität' im Augenblick, die im Vollzug literarischer Zeitlichkeit sogleich wieder vergeht wie alle Sinneseindrücke: „Leben, löse dich in Sehnen" (Tieck-S I, 10). Die Allegorie ist demnach „nicht Medium der Einheit, sondern Reflexionsform der Differenz" (Brecht 1993, 105), die sich bei Tieck auch im *Sternbald* als „Organisationsform erzählter Zeitlichkeit" entfaltet (80).

[587] BüS, 394. So weist gerade das *Wintermärchen* Ähnlichkeiten zum 'Lustspiel' Tiecks auf, basierend auf der ähnlichen Struktur der Eifersuchtstrennungsgeschichte (durch fingierte Flucht der Ehefrau) und des wunderbaren Wiederfindens der Familie Jahre später, erneut vermittelt durch einen epischen 'Chorus': vorgetragen von der Allegorie der 'Zeit' selbst (vgl. Ende des 3. Akts), die einen nur noch mit *Perikles* vergleichbar langen Zeitraum von 16 Jahren episch zu überbrücken hat. Noch drastischer gesteigert ist die Kontaminationsdramaturgie Shakespeares nur in *Cymbeline*, das die Shakespeare-Forschung aufgrund der weiterentwickelten 'kunstlosen Künstlichkeit' entstehungsgeschichtlich zwischen *Perikles* und dem *Wintermärchen* ansetzt (vgl. Schabert 1992, 526).

[588] BüS, 390.

setzt sich derjenige wirkungsästhetische Konventionalismus der dramatischen Rede außer Kraft, der sich vom Identifikationsprinzip in der szenischen Präsentation von Leidenschaften her definiert. Das Vorkommen einer „ernsthafte[n] Handlung" erinnert zwar noch an die identifikatorische Überwältigung des Trauerspiels. Sie wird aber, um „das leichte, frohe Spiel der Imaginationen zu unterhalten", sofort durch „*ächtkomische* Personen" unterbrochen, weil man sonst wegen der vom ernsten Thema absorbierten Aufmerksamkeit auf die Handlung den Ausgang errate. So „zerstreuen" die komischen Personen die Handlung, „stören aber nicht die Einheit des Ganzen."[589]

Das Lustspiel als Mischgattung schlechthin nähert sich damit, insofern Tieck für Shakespeare eine „scharfe Linie zwischen Schauspiel und Trauerspiel" zieht[590], dem 'Schauspiel' als Name für das dezidiert untragische Theater. Gegenläufig zur Tragödie entwickelt es die Handlung nicht aus der Individualität und spezifisch widerspruchsfreien Identität der Figuren: „Hier darf die Leidenschaft keinen grossen Platz einnehmen [...]. Im Schauspiel müssen daher die Charaktere *allgemeiner* sein, sie sind mit den Begebenheiten nicht so innig vereint, als in der Tragödie"[591], in der die Figuren die Handlung determinieren.[592] Erst diese 'Allgemeinheit' – an *Wie es Euch gefällt* als „wunderlichste und vielseitigste Welt" mit „alle[n] Arten von Narren" charakterisiert, die ausgreifende „Naturschilderungen, mahlende, reizende Phantasie, Lieder und Gesänge" einschließt – macht es möglich, im „Stück die *ganze* Welt" aufscheinen zu lassen.[593] Die ungewöhnliche Verbindung dieser Elemente läßt bereits *Wie es euch gefällt* „mehr poetisch" als ein „reines Lustspiel" sein, weil die „Begebenheiten" und „die Verwickelung eigentlich Nebensache" sind.[594] 'Allgemeinheit' ist daher nicht nur Voraussetzung, sondern auch Konsequenz der zerstreuenden Wirkung vermöge des zwanglosen Wechsels der Ebenen, der die identifikatorische Aufmerksamkeit durch Inhalte

---

[589] BüS, 391.
[590] BüS, 391.
[591] BüS, 388.
[592] Figuren sollen hier „gleichsam mehr ein Leben erstreben und andeuten als wirklich leben" (Sternbald, 264). Für eine derartige Figurenkonzeption orientiert einmal mehr die grobe Umrißzeichnung des Holzschnitts als bildhaftes Analogon des 'allgemeinen', also psychologisch wenig differenzierten Charakters. Kaum ausgeführt ist demnach die Eifersuchtsdarstellung zu Beginn des *Octavianus*, denn es geht eher um humoralpathologisch verallgemeinerbare Affekte als um individualisierte Gefühle. Auch von daher ist der titelgebende Kaiser kaum mehr, wie noch die *Heilige Genoveva*, eine Hauptfigur des Stücks, im Unterschied zum figurenpsychologisch ausdifferenzierten Drama um 1800 deshalb auch kaum als Charakter anzusehen, selbst wenn sein Verhalten wie das der anderen Figuren im Vergleich zur noch größeren 'Allgemeinheit' des Volksbuchs durchaus psychologisch plausibilisiert erscheint.
[593] BüS, 387: „Die Bosheit vertreibt den Herzog und Orlando in die Wildniß. – [Flucht] aus der Welt, Schilderung der Einsamkeit, alle Arten von Laune, Entstehung und Fortsetzung der Liebe neben ganz verschiedenen Personen, schönes Gedicht und Parodie darauf vom Dichter selbst in den Personen des Jacques und 'Clown'; alles zur schönsten Befriedigung geschlossen [...]."
[594] BüS, 386.

und Figuren nicht mehr bindet.[595] Tiecks 'Lustspiel'-Begriff im *Octavianus* bezeichnet demnach ein 'allgemeines' Schauspiel, in dem wie im *Wintermärchen* 'von allem etwas' ist, nur nichts Bestimmtes: ein poetisches Lustspiel „im „höheren Sinne des Wortes"[596], das nicht mehr auf *bestimmte* Konventionen des Genres zurückgeführt werden kann.[597]

Es kontaminiert die divergenten Traditionslinien, die Tiecks Werke bis 1800 je eigen literarisieren, mit dem Universalisierungspostulat der frühromantischen Literaturtheorie und dem Projekt der Neuen Mythologie: die artistische Kombinatorik regelpoetisch inkompatibler Literaturmodelle mit der operativen Wiederherstellung einer Ganzheit, die sich verfahrenstechnisch von der religiösen Dramatik Calderóns herleitet, um die Welt wieder von einem gleichsam mythischen Zentralpunkt her zu verstehen. Und dieser Zentralpunkt ist, wenn man so sagen darf, Emergenzeffekt einer Synthese der Synthese: der Homologisierung sämtlicher Widersprüche und Gegensätze im universalisierten Parallelismus der Welt als Sprachgesamtkunstwerk.

Die Modernität der rückwärtsgewandten Utopie offenbart sich im Verfahren. Erst eigentlich der *Kaiser Octavinaus* löst das von Menninghaus explizierte frühromantische Projekt der 'unendlichen Verdopplung' ein. Er demonstriert die Konsequenzen des von Friedrich Schlegel und August Ferdinand Bernhardi reflektierten Parallelismus als Kern romantischer Poetologie, indem die dramatische Rede die poetische Ganzheit der Welt durch Projektion literarischer Äquivalenzen in der paradigmatischen Achse der Selektion auf die syntagmatische Achse der Kontiguität *erzeugt*. Die Metaphysik der 'Einen Ganzheit', sich selbst darstellend in der sozusagen motivierten Allegorie, ist metonymischer Effekt des Parallelismus: der „irrationale Simultaneffekt sich gegenseitig bestrahlender Worte"[598] zur performativen Wiedererstattung der Homologie von Sprache und Welt vermöge der

---

[595] Vgl. zu dieser 'Allgemeinheit' bereits sehr präzise Böckmann (1934/35, 109f.). Die Unwahrscheinlichkeiten der wunderbaren Ereignisse nach dem *vraisemblance*-Postulat werden auch durch sie gemildert. Nicht zuletzt ist 'Allgemeinheit' zugleich Voraussetzung dafür, daß die Differenz zwischen Naivität und Künstlichkeit der Gestaltung nicht als Widerspruch erscheint.

[596] So F. Schlegel im Brief an Georg Andreas Reimer vom Januar 1802: „Es heißt *Oktavianus*, eine alte romantische Geschichte, Lustspiel aber durchaus im höheren Sinne des Worts, der Gegensatz zur Genoveva" (Schweikert I, 240).

[597] Weder auf die derb-komischen Lustspiel-Varianten vor dem 18. Jahrhundert noch auf die satirische Verlachkomödie und das rührende Lustspiel der Aufklärung, aber auch nicht mehr auf die seit dem Sturm- und Drang exzellierende Literatursatire und die illudierende Spiel- und Intrigenkomödie, die Brentanos *Ponce de Leon* als größte Annäherung an die 'schöne Komödie' Friedrich Schlegels prototypisch etabliert. Das 'neue' 'Lustspiel' Tiecks hat deshalb auch kaum mehr etwas mit der romantischen Komödie im geläufigen Sinn zu tun. Kluge (1963, 23) betont daher zu Recht, daß die „Romantisierung Shakespeares" sich weniger im Bereich der romantischen Komödie als im „Monumentalschauspiel Tiecks" vollziehe.

[598] So Musil zur Produktivität der Sprache homolog zur Logik der Verschiebung und Verdichtung im Film, die er den Reflexionen auf Möglichkeiten der Funktionsintegration anderer Medien zur Intensitätssteigerung von Literatur im Aufsatz *Ansätze zu neuer Ästhetik. Bemerkungen über eine Dramaturgie des Films* (1925) abliest (Musil 1983, 1147).

literarischen Koppelung von Elementen, die weder umwelt- noch systemreferentiell miteinander notwendig in Kontakt zueinander stehen.

Als formales Verfahren macht sich die gleichsam universale Metonymizität der
Dinge (insofern jedes Element das Ganze hervorbringen hilft)[599] unabhängig davon geltend, ob man an die höhere Ganzheit glaubt oder nicht. Tiecks literarisches Projekt funktioniert unter beiden Voraussetzungen: auf den religiösen wie
säkularisierten Rezipienten gleichermaßen. Es ist deshalb auch mehr oder weniger
unerheblich, wie man das ohnedies kaum definitiv zu lösende Problem der Religiosität Tiecks um 1800 (und der ihr einhergehenden Verbindlichkeit etwa seiner
Böhme-Rezeption) tatsächlich beurteilt: als Ausdruck des Glaubens oder im Sinne
einer weitgehend profanierten Mystik. (Der Wunsch des Bischofs Arnulphus, die
Vermählung von Florens und Marcebille in Paris kirchlich zu feiern, wird auf jeden Fall von König Dagobert mit dem Argument abgewehrt, daß in der „Liebe
Tempel" „im Walde" „alles vollendet" werde, was eben dort zwischen Octavianus
und Felicitas begann.[600]) Der Text wirkt auf beiden Rezeptionsebenen, indem das
parallelistische Durchdeklinieren der Sprache *reale* Verbindungen zwischen den
miteinander in Berührung gebrachten Elementen, die Kontiguität der Welt gewissermaßen, herstellt; und zwar so unentrinnbar, wie die im Traum oder in der
Halluzination gebannten Sinne psychotisch affiziert bleiben, ganz unabhängig davon, ob der Effekt artifizielles Produkt, Konsequenz des Glaubens oder Naturer-
eignis ist. Der Text emergiert die Einheit des Subjekts mit der Welt kraft der Performativität eines Verfahrens, das durch die Projektion des Äquivalenzprinzips
auf die Ebene der Kombination 'alles' mit allem zu verbinden erlaubt: eben wie
Musik, indem es sprachliche Ausdrücke verwandtschaftlich ineinander verschlingt.[601] Die assoziative Kombinatorik vollzieht die Verfahrenslogik des Trau-
mes oder des Rausches[602], die auch der säkularisierte Mystiker, wenn er sich der

---

[599] Eine resümierende Skizze zu den seit Jakobson einschlägigen Differenzbestimmungen zwischen
Metonymie und Metapher, zwischen ('real' motivierter) Kontiguität und (arbiträr-ikonischer)
Similarität, bei Ort (1998, 7f.) für das System des literarischen Realismus.

[600] Tieck-S I, 418. Im Unterschied zur *Genoveva* wird damit die religiöse Begründung des Christentums gegenüber einer anders gelagerten 'Poetisierung des Orients' (Schulz 1983, 544) deutlich zu-
rückgedrängt; vgl. dazu Kerns (1977) Hinweise zum Fehlen konkreter geschichtlicher Bezugnahmen (57) wie zum unerwähnt bleibenden Papsttum (60); nicht einmal das Wort 'Gott' tauche auf
(62), so daß das ganze Stück geprägt sei von der antiklerikalen und antidogmatischen Ausrichtung
(62) eines so allgemein verstandenen Christentums, daß es „für alle Platz" habe (63) und folglich
den heidnischen Bereich nicht mehr nach dem Gesichtspunkt der Glaubensfeindschaft definiert.
Die fehlende Verbindung der „Poesie als Sprache Gottes" im *Octavianus* zu „den Auffassungen
der katholischen Kirche, die die göttliche Offenbarung in der theologischen Definition verbindlich faßt", betont auch Kern (1968, 377).

[601] Musik höre man wie „abgebrochene Laute aus einer ehemaligen verlornen Welt, die ganz und
durchaus nur Musik war, die nicht Theile, Abgesondertheit hatte, sondern wie ein einziger Wohllaut, lauter Biegsamkeit und Glück dahinschwebte und", so Rustici, „meinen Geist auf ihren wei-
chen Schwanenfedern trug" (Sternbald, 387).

[602] Die völlige Geschlossenheit der halluzinatorischen Erfahrung aus willkürlich kombinierten Elementen ist in Robert Menasses Roman *Sinnliche Gewißheit* (1988) witzig literarisiert und reflektiert,

eigendynamischen Sprachbewegung überläßt, in Texten des ersten „modernen Trance-Dichter[s]"[603] als profane Erleuchtung erfahren kann.

Szenisches Ereignis wird dieser psychotische Effekt während Felicitas' Märchen-Lektüre an zentraler Stelle des *Octavianus*, kurz bevor der durch die Kaiserin Mutter intrigierte Liebhaber Biren das Schlafzimmer betritt. Im goldenen Licht der Kerzen tritt aus den schwarzen Buchstaben das erstes Liebeserlebnis 'im Walde' leibhaftig hervor, und zwar in 'verjüngter' Frische und in der Unmittelbarkeit einer dionysischen Einheitserfahrung von nicht minderer Intensität als das ursprüngliche Erlebnis selbst:

So wie die Kerze golden angefacht
Am Dochte brennet, der sie dunkel macht. –
Es macht mich, wenn ich alles denke, müde,
O komm auf mich, du stiller heitrer Friede,
[...]
Ob wohl die Lampe hell genug, daß bei
Dem Schimmer ich das angefangne Mährchen
Zu Ende lesen mag? *Sie nimmt ein Buch.* Wie doch die Liebe
Der Mittelpunkt von jeglicher Erfindung,
Von allem ist, was künstlich wird ersonnen!
Das ist es doch, was alle Mensch wollen!
– Ja, mir verjüngt sich alles, – wie ich einst
Mit ihm mich auf der Jagd verlor vom Haufen,
Wir von den Pferden stiegen, in der Mitte
Des Waldes, wo die rothen Blumen standen,
Ein Bächlein rauschte, sammt den hohen Wipfeln,
Wie dort sein erstes Liebeswort erwachte,
Wie da sein erster Kuß mich überraschte,
Wie da Geständniß sich mit dem Geständniß
Vertauschte, jeder lauschte, und es rauschte
Der Wald, wir hörten nichts und fuhren auf
Wenn sich die Büsche neigten [...]
[...]
Der Lampe Strahl ist ungewiß und dämmernd,
Das Buch ermüdet mich, und Schläfrigkeit
Ergreift und wiegt die Sinnen ein, ich weiß nicht
Ob ich es wagen darf, dem Schlafe mich
Ergeben; – doch, ich wache ja, so wie
Die Kleinen sich bewegen. – Wunderbar –
Wie still die Nacht – [604]

---

indem Judith Katz der Einheit radikal digressiven Erzählens, wie es *Tristram Shandy* generiert, im Kokainrausch innewird, so daß sich Sternes Roman als geschlossenes System vergleichbar Hegels *Phänomenologie des Geistes* präsentiert (vgl. Menasse 1996, 226ff.).

[603] Rath (1996, 15).

[604] Tieck-S I, 64f. Das Imaginäre haust zwischen der Lampe und dem Buch, lautet die berühmte Formel Foucaults im Nachwort zu Flauberts *Tentation* als Bibliotheksphänomen, die bereits Tiecks Halluzinatorik als Lektüreeffekt sich ereignen läßt. Felicitas' Märchenlektüre erlangt inso-

Die Intensität solcher Augenblicke ist mediologischer Effekt einer hochgradigen Formalisierung der Sprache: einer Verabsolutierung der Form, die erst die *poesie pure* und die Epiphaniemodelle der literarischen Moderne überbieten sollten.[605] Der vorangetriebene Parallelismus lenkt die Aufmerksamkeit auf die Literarizität als Verfahren. Der artifizielle dramatische Text demonstriert sein literarisches Gemachtsein, die Präferenz der Konstruktion vor dem Stoff. Er driftet zum A-mimetischen reiner Transitorik, insofern er das sprachliche Material ohne Rücksicht auf die Eigentümlichkeiten des Stoffes in erster Linie ästhetisch, als sich selbst organisierende Sprache einsetzt. Im metonymischen Gleiten der sprachlichen Elemente, in dem 'alles' mit allem sich verbindet, erscheint die Integration des je Besonderen im schönen 'Bau der Welt' ästhetisch etabliert. Die Poesie der Stimmungsevozierung aus der Dialektik von regelpoetischer Unbesorgtheit und potenzierter Artifizialität, von Homogenisierung und Zerstreuung zur sekundären Naivität im Augenblick korrespondiert der Spontaneität des Lebendigen, die das Lustspiel als Organisationsform szenischer Zeitlichkeit reproduziert und als künstliches Gebilde im dramatischen 'Universalbuch' allererst wahrnehmbar macht.

Die integrative Vielfalt der Formen und Sprachverfahren ist in der Literatur um 1800 einzigartig. Ein *Faust II* avant la lettre, mit dem man das Lustspiel zuweilen vergleicht[606], geht aus den „bunten Bildern wenig Klarheit"[607] und „des Geklim-

---

fern zentralen Stellenwert, als sie praktisch alle Tieckschen Topoi, die die skizzierten Unbestimmtheits- und Intensitätseindrücke erzeugen, versammelt und ausführt: Bei den roten Blumen des rauschenden Walds haben sich Felicitas und Octavianus ihre Liebe erklärt; diese ersteht nun auf in der Lektüre von Büchern, die die Sprache der Natur selbst reproduziert, nicht zuletzt auch deshalb, weil sie die Sinne ermüden läßt; später erinnert sich der gefangene Octavianus genau an dieses ersten Treffen im Wald, und schon tritt Felicitas als Traumbild wie leibhaftig in das Gefängnis herein (401). Zur Thematisierung der Negativwirkungen von Lektüre vgl. Octavianus' Studium astrologischer Bücher, die seine Eifersucht verwirren: „Die schadenfrohen Geister, die das Leben / Den Menschen wild verwirren, die Kobolde, / Die ihre Lust boshaft in Kränkung suchen" (Tieck-S I, 51). Die Narrheit des Lesens gegenüber dem pragmatischen Gesichtspunkt des Lebensunterhalts durch Erwerbstätigkeit zeigt sich laut Susanne in den „Hirngespinsten" ihres Ziehsohns Florens (264).

[605] Zur 'Intensität als Kategorie ästhetischer Erfahrung', eines reflexiv gebrochenen und gerade dadurch gesteigerten „Schwebezustands", vgl. Heidbrink (1999, hier 6) mit Hinweisen auf entsprechende Überlegungen Schopenhauers, Heideggers, Adornos u.a. „In solchen Augenblicken", heißt es in Musils Entwürfen zur 'Reise ins Paradies' im *Mann ohne Eigenschaften*, „wird die Erregung, in der uns ein Anblick bereichert und beschenkt, dann so stark, daß nichts wirklich zu sein scheint als ein schwebender Zustand, der sich jenseits der Augen zu Dingen, diesseits zu Gedanken und Gefühlen verdichtete, ohne daß diese zwei Seiten von einander zu trennen waren. Was die Seele beschenkt, trat hervor; was die Kraft dazu verliert, löste sich vor den Augen auf" (Musil 1978, 1664).

[606] Zum Einfluß des *Octavianus* auf den *Faust* vgl. bereits Minor (1889); zur Vergleichsmöglichkeit mit *Faust II* bei Markierung aller Differenzen zur sich selbst genügenden Tieckschen Poesie vgl. Paulin (1987, 62; 1988, 133); dazu auch Kerns (1997, 54) Befund zu den Strukturparallelen aus Prolog, reiner Szenenfolge im ersten und fünfaktiger Organisation im zweiten Teil.

pers vielverworrner Töne Rausch"[608] jedoch genau wegen der Absicht, die delirierende Effektpoesie in schwebender Indifferenz zu halten, eben nicht hervor.[609] „Die Tiecksche Poesie ist ganz die der *Fantasie* – wie Goethe's Poesie ein *künstlerischer Empirismus*", schreibt Friedrich Schlegel in den Heften *Zur Poesie und Literatur* (1808) zur Zwischenstellung der *Genoveva* als „Poesie der *Liebe*", die noch den „Octavianus" als „Kampf zwischen der Goetheschen und Tieckschen Poesie" bestimme.[610]

Den hohen Anspruch, den Tieck mit dem *Octavianus*-Projekt verband, zeigt die ungewöhnliche lange Entstehungszeit. Die Mühen der Niederschrift sind dem ausufernden Text deutlich anzumerken.[611] Daß diese Wirkung nicht auf eine werkgenetische Verschiebung, also einen bestimmten Stilwandel innerhalb der Werkgeschichte zurückgeht, sondern auf die angestrebte 'Absicht', eine poetische Summe zu präsentieren, ermißt man daran, daß zur gleichen Zeit zwischen dem ersten und zweiten Teil der *Runenberg* entsteht. Im Gegensatz zum sprühenden Witz und zur Laune der ungleich schnelleren Literaturkomödien, im Gegensatz auch zur schwebenden Leichtigkeit der lyrischen Einlagen noch in der *Sommernacht* verstärkt sich im *Octavianus* eine mit dem *Zerbino* angebahnte Tendenz, die der Herbeiführung des befreiten Zustands spürbar zuwiderläuft: die Schwerfälligkeit und Langatmigkeit einer teils irritierend regelwidrig eingesetzten Sprache[612], die ihren allegorische Zweck nur allzudeutlich durchscheinen läßt. Die besondere Qualität, die Tieck dem Lustspiel zeit seines Lebens zuschrieb, überrascht trotz der teils ermüdenden Extension und durchaus problematischen Sprachentgleisungen aber nur dann, wenn man verkennt, daß beide Momente zu den Ermöglichungsbedingung der poetischen Evokation gehören. Auch die nachlassende Aufmerksamkeit trägt neben den Schwierigkeiten einer rationalen Einholung des-

---

[607] HA III, 13 (V.170).

[608] HA III, 301 (V.9964).

[609] Zur Vergleichbarkeit der metrischen Vielfalt des *Kaiser Octavianus* mit *Faust II* vgl. Ciupke (1994, 19), der allerdings die Funktionalität metrischer Variabilität unterschätzt, wenn er das bloß Spielerische Tiecks gegen Goethes präzise Funktionszuordnung akzentuiert; hier zum dritten Akt von *Faust II* als Gesamtkunstwerk in der metrischen Synthese von Klassik und Romantik (147f.); zur Gestaltung der klassisch-romantischen Dialektik im *Faust II*, die Tiecks Verbindung von griechischer Antike und Christentum präfiguriert, siehe Zabka (1993).

[610] KFuS VI, 19 [95].

[611] Auf die Mühe und Absichtlichkeit, die der sonst üblichen Raschheit und Unbesorgtheit der Niederschrift entgegensteht, verweist Tieck selbst im Unterschied zur Entstehung der *Genoveva*, die sich als „natürlichste Herzensergießung" von „selbst geschrieben" habe, „recht im Gegensatz des Octavian" (Brief an Solger, 21. März 1814, Tieck-Solger I, 301); ähnlich auch der Brief an Solger vom 16. Dezember 1816, in dem Tieck betont, daß im Oktavian „die Absicht überwiegt" (485f.).

[612] Die grammatikalischen und satzlogischen Fehler, das Fehlen obligatorischer Satzglieder und Satzgliedteile, Regelverstöße dieser und anderer Art sind jedoch bereits früh als „bewußte Anwendung" bemerkt worden (Lüdtke 1925, 152/Anm. 2); sie korrespondieren der sich selbst überlassenden „romantische[n] Sprachverfallenheit" (Halter 1967, 100) zur Erzeugung von Unbestimmtheitseffekten, die sich eben auch in der „Objektlosigkeit des Fühlens und Ahnens" (85) durch „Aufweichung der Sprache" (140f.) manifestieren.

sen, was dem Leser durch widersprüchliche bzw. defizitäre Verknüpfungen der sprachlichen Elemente widerfährt[613], dazu bei, das Delirieren der Sprachbewegung als Befreiung vom Realitäts- und Identitätsprinzip zu gewährleisten.[614]

'Schöne Artifizialität' ist die integrative Leitformel einer Darstellung, deren 'mondbeglänzte' Zerstreuung die geistigen Sinne gefangen hält: im 'goldenen' Rausch einer flottierenden Halluzinatorik, von der assoziativen Phantasie ohne fixierende Bindung auf Inhalte und Formen in ätherischer Bewegtheit gehalten. Das ist der Kern der Idee des Romantischen mehr noch als die Synthesis der vier typologischen Hauptklassen des romantischen Dramas, die August Wilhelm Schlegels *Über das spanische Theater* (1803) aus den Dramen Calderóns destilliert: „Darstellung heiliger Geschichten aus der Schrift und Legende; historische; mythische oder aus andern fantastischen Stoffen gebildete, endlich bürgerliche, oder ich möchte lieber sagen: ritterliche".[615] Möglich wird die Verschränkung der Muster nicht allein kraft der dramatischen Inszenierung einer liquiden Phantasie, die alle verfügbaren Formen medialisiert und ineinander verschlingt. Der Zerstreuung in der Dialektik von metrischer Bindung und gebundener Demetrifizierung korrespondiert zuletzt eine Poetik des Unverhofften, die die Permanenz von Regelabweichungen zum Prinzip macht. Die rasche Abfolge der Elemente zwischen Regel und Regellosigkeit bedingt die Verflüchtigung der Aufmerksamkeit eben auch durch das Inkalkulable von Erwartbarkeit als Modus szenischer Zeitlichkeit, der im Tönen der Natur das Innere der Dinge vernehmen läßt.

Wie hoch der 'idealistische' Hintergrund dieser Welteinheit zu veranschlagen ist, insofern sie als Effekt auf vorgängige Erfahrungen der Seele zurückgeht, bleibt trotz entsprechender Verlautbarungen Tiecks zu der seit dem *Octavianus* erlangten Harmonie eines (religiösen) Weltverhältnisses schwer zu entscheiden.[616]

---

[613] „Die Phantasie läßt endlich ermüdet von dem Versuch ab, einen den Verstand behutsam leitenden Fortschritt zu suchen, vollzieht die Epoché der Setzung eines realen Gehaltes, nicht länger verwundert zu lesen, daß 'die Blumen roth und gold / Sich bespiegeln'. Sie resigniert auch in dem Versuch, die allein richtigen Relationen herstellen zu können" (Frank 1972, 368).

[614] „So konnten mir nur dunkle Erinnerungen vom Ganzen, und klare von einzelnen Stellen zurück bleiben", schreibt Tieck in diesem Sinn zum Lied Golos in Maler Müllers *Genoveva*, das den Wunsch zur Dramatisierung des Stoffs auslöst, um die intensitätssteigernde Wirkung von Ermüdung selbst zu thematisieren: „In dieser Zerstreuung und Ermüdung machte der Gedanke den tiefsten Eindruck auf mich, daß Golo ein Lied singen hört, dessen Melodie bei seinem Tode in der Ferne wieder gespielt wird" (Tieck-S I, XXVII). Im Stück wird der Gedanke, wie gesehen, explizit thematisiert in der Lektüreszene mit Felicitas.

[615] Europa I/2, 81; vgl. Hölter (1989, 261/Anm. 587), der betont, daß Tieck Schlegels Vierergruppe in einer Nachlaßliste bestätigt hat.

[616] Vgl. Tiecks Brief an Friedrich Schlegel vom 16. Dezember 1803: „Ich glaube immer mehr, daß der Orient und der Norden sehr genau zusammenhängen und sich gegenseitig erklären, auch die ganze alte und neue Zeit erläutern. Nur glaube ich giebt es zum Verständniß für das Herz nur Einen Mittelpunkt, welchen du bis jezt wohl noch nicht anerkennen willst, und dieses sind die Offenbarungen des Christenthums. [...] Dieses Gefühl war sonst mehr poetischer Glaube, ein Verständniß mancher Dinge durch die Phantasie, doch umgab mich der undurchdringliche Glaube nicht so wie ein Element, wie Luft und Licht, allenthalben in allen Gegenden meines Gemüths, er

Zwar ist die Seele in den Tönen der Natur, die sich in der literarischen Reproduktion wiedererkennt, geborgen. Das wäre die von Frank, Rath und anderen bezeichnete 'ontologische' Basis als spezifisch lebensweltlich bzw. lebensphilosophisch begründetes Moment der Einheitserfahrung mit je unterschiedlich akzentuierten religiösen Implikationen. Im permanenten Entzug der Erfahrung wird diese Basis von Tiecks Texten aber zugleich auch stets dementiert.[617] So korrespondiert das leitende Prinzip von Mannigfaltigkeit und Zerstreuung im literarischen Vollzug der spontan sich erzeugenden Vielfältigkeit des Lebendigen, die das Drama als Organisationsform dramatischer Zeitlichkeit nachschreibt. Die Ordnung als Sinn der Welt im Zeichen eines künstlichen Gebildes, der im kaleidoskopischen Mosaik ihrer wechselnden Ausdrucksformen durchscheint, bleibt fragiler Effekt einer Lektüre, der mit dem Vollzug sogleich wieder vergeht.

4. Übergänge.
Selbsthistorisierung und szenische Literaturkritik um 1800

Das frühromantische Universallustspiel erschöpft das experimentelle Erkunden szenischer Artistik in einem gleichsam weltliterarisch totalisierten Dramenmodell (ohne daß die von Goethe später prominent gemachte Kategorie der Weltliteratur bereits die ideelle Konzeption bindet). Gesteigert werden kann *dieses* Paradigma nur durch die Anverwandlung weiterer – orientalischer oder anderer außereuropäischer – Vers- und Strophenmaße, die im nicht-dramatischen Bereich Platen oder Rückert betreiben werden. Nicht also allein die privatgeschichtliche Krisenerfahrung nach dem *Kaiser Octavianus*, die die im Brief an Friedrich Schlegel vom 16. Dezember 1803 behauptete metaphysische Einsicht sogleich wieder verflüchtigt, sondern der mit dem frühromantischen Universalschauspiel erreichte Endpunkt einer poetologischen Konzeption initiiert neben aller Historizität literarischer Verfaßtheiten Suchbewegungen nach einer „neuen Manier".[1] Diese trägt – wie erkennbar zuerst die von der Forschung zwischen 'Impressionismus' und 'Realismus' angesiedelten freirhythmischen bzw. prosanahen *Reisegedichte eines*

---

war mir nicht so unentbehrlich, mein ganzes Bewußtsein ruhte so in ihm, alle Wunder und Geheimniße wurden mir dadurch nicht so deutlich, und alle Gewöhnlichkeiten wurden mir nicht so zu Wundern, ich fühlte nicht die Allgegenwart der unendlichen Liebe mir ewig so nahe im Glauben als jezt" (Tieck-Schlegel, 144f.).

[617] „Tieck hat sich aber vom Rollenspiel der Lovellschen Briefe (oder seiner Komödien) nicht verabschieden können, weil er hinter der Rolle die eigentliche Wirklichkeit und das eigentliche Selbst nicht aufzufinden wußte" (Brecht 1993, 255).

[1] So Tiecks einschlägige Charakteristik der neuen *Phantasus*-Erzählungen *Die Elfen, Der Pokal* und *Liebeszauber* im Brief an den Bruder Friedrich Tieck vom 9. April 1818 (Schweikert I, 268); vgl. dazu auch den Brief an Friedrich Ende Oktober 1822, der die Neuartigkeit der „Novelle" *Die Reisenden* (1822) darin erkennt, daß „das Wunderbare immer in die sonst alltäglichen Umstände und Verhältnisse" gelegt sei (Schweikert I, 304).

Kranken (1805/06) anzeigen[2] – zunehmend 'frührealistische' Züge[3] , die bis auf den spezifischen Realismus 'bürgerlichen' Lebens im Paris des *Kaiser Octavianus* zurückdatieren. Gemeint hat Tieck mit der veränderten 'Manier' die neue 'Novellen-Poetik', derzufolge eine dem Leser vertraute alltägliche Welt ins Wunderbare – in die nun aber erkennbar zitierte Einlagerung romantischer Motive – überführt wird, woraus das für Tiecks spätere Prosawerk symptomatische Spiel mit der doppelten Wirklichkeit erwächst. Dieser Akzentverlagerung korrespondiert die durch die Etablierung von 'Romantik' als vom Literaturbetrieb identifizierte Autorengruppe in Gang gesetzte Selbsthistorisierung, die bei Tieck um 1800 mit dem *Rotkäppchen* und den Literatursatiren *Anti-Faust* und *Der Autor* einsetzt. Die Erfahrung, den Höhepunkt eines poetologischen Projekts spätestens mit dem *Kaiser Octavianus* programmatisch wie praktisch erreicht zu haben, mündet in das an der Jahrhundertwende aufkeimende Projekt der 'erinnerten' Romantik: der Reminiszenz als Modus der poetischen Wahrung einer im Zeichen veränderter Zeitverhältnisse sich selbst problematisch werdenden Literatur, eingelöst zuerst im großangelegten *Phantasus*, mit dem Tiecks Dramenproduktion überhaupt erlischt. Vorangetrieben wird der Prozeß der Selbsthistorisierung nicht zuletzt durch die drängende Notwendigkeit, sich der zunehmend verschärften Attacken seitens der 'antiromantischen Bewegung'[4] zu erwehren. Angestachelt wird diese nicht nur von der 'Unverständlichkeit' der *Lucinde* und den *Athenäum*-Fragmenten, sondern eben auch vom dramatisch 'verwirrten' Katholizismus der *Genoveva*[5] , dem Friedrich Schlegels *Über die Unverständlichkeit* ironisch vorhersagt, von jedem Leser des 19. Jahrhunderts einmal als „protestantisch" genommen zu werden.[6] Die Provokations- und Legitimationsdiskurse zur polemischen Positionierung im Literaturbetrieb haben auch bei Tieck die Verschärfung der Literatursatire nun tatsächlich in Richtung der 'einfachen' Ironie zur Folge.

---

[2] Die Modernität des lyrisch gefaßten Reiseberichts besteht in der Doppelung von Empirie und Sinnesdatum, die besonders auf Heine ausstrahlt (Wimmer 1995, 569; vgl. auch Tieck-DKV VII, Kommentar, 647). Beide Merkmale gehen aber auch darauf zurück, daß Tieck die „auf der Stelle" niedergeschriebenen Gedichte als eine Art poetisches Tagebuch ansah und später nicht mehr überarbeiten wollte, um genau den Spontaneitätseffekt in der „treue[n] Wiederholung des wirklich Erlebten" zu wahren (Karl Förster: Tagebuch, 3. Oktober 1824, zit. nach Schweikert I, 259).

[3] Zum Begriff des 'Frührealismus' vgl. Kap. 5. zum *Fortunat*.

[4] Vgl. die Anthologie und Dokumentation zu der durch Goethe/Schillers *Xenien* (1796) ausgelösten und zwischen 1799 (in der Zeit des *Athenäum* und der Jenaer Gruppenbildung) bis etwa 1803 sich hinziehenden *Ästhetischen Prügeley* (Schmitz 1992): einem Satirenkrieg, der sich in Polemiken und Parodien wie Kotzebues *Der hyperboreische Esel* (auf den wiederum Brentanos *Gustav Wasa* reagiert), A.W. Schlegels Sonettenulk *Ehrenpforte und Triumphbogen* als Satire auf Kotzebue, Johann Daniel Falks *Der Jahrmarkt zu Plunderweilern* austobt, und zwar nicht selten in szenischer Form, die Merkmale der romantischen Poesie als Verfahren parodiert oder romantische Autoren wie Tieck, Friedrich und A.W Schlegel als 'unverständliche' Spinner und Obskurantisten mit einigermaßen ungewitzter und durchschaubarer Stoßrichtung auftreten lassen.

[5] Der in den 'Voraussetzungen' zitierte Verriß Merkels (1800, 17-32) erklärt die Sammlung der *Romantischen Dichtungen* zu einer aus „Lappen" zusammengeflickten „Vogelscheuche" (32).

[6] KFuS II, 241.

Albernheit als Tragödie. Selbstparodie und -travestie auf das christliche
Trauerspiel: *Leben und Tod des kleinen Rotkäppchens* (1800)

Die erneute Dramatisierung eines bekannten Perrault-Märchens, die die Dramen-
Abteilung des *Phantasus* einleitet, entsteht im Frühjahr 1800 kurz nach Abschluß
der *Genoveva*. Sie zielt, wie schon der Titel anzeigt, auf die ebenso selbstparodie-
rende wie selbsttravestierende Kontrafaktur des christlich-poetischen Trauerspiels
in mehrfachen Spiegelungen:

– thematisch in der generischen Herabstufung der dramatischen Verbindung von
privater Lebensgeschichte und politischer Ereignisgeschichte auf die Ebene des
Kindermärchens, verknüpft mit Elementen einer Art dramatisierten Tierfabel, in
der sich die Dialektik von Zivilisierung und amoralischem Außenseitertum als Rache der Natur am Mißlingen von Sozialisation allegorisch an der auseinanderge-
henden Vergesellschaftung von Hund und Wolf seit der gemeinsamen „Un-
schuldszeit"[7] in der Kindheit reflektiert;

– formal in der systemreferentiellen Kontrafaktur auf die Verfahrenskomplexität
und Episierung der metrifizierten Legendendramatik und die darin entbundene
Dialektik von Künstlichkeit und sekundärer Naivität, aus der im *Rotkäppchen* eine
Art Kontrast-Dramaturgie der Unangemessenheit von Form und Gehalt hervorgeht, die nicht zuletzt auf die fehlende Tragik des christlichen Erlösungsspiels
reagiert.

Textintern funktioniert das gegenläufige Ausagieren dieser Inkongruenz-
Dramaturgie so, daß sich die herabstufende Verkleinerung zu fünf Szenen als generische Transformation hinauf zur „Tragödie" behauptet, die überraschenderweise sowohl die einleitenden Bemerkungen Antons als auch der Paratext des
'albernen' Kindermärchens ankündigen.[8] Das *Rotkäppchen*-Stück ist aber tatsächlich auch eine Tragödie. Und zwar nicht nur die Tragödie des kleinen Mädchens,
sondern auch die des Wolfs, die sich kraft der Symbolik der roten Mütze mit politischen Konnotationen der Französischen Revolution auflädt. Die „Parodie der
Tragödie" fällt also tatsächlich „mit der Tragödie selbst zusammen", wie das anschließende Rahmengespräch den Gegensatz zu den ebensowenig erhabenen,
aber 'pathetischer genommenen' und dennoch eben völlig untragisch endenden
Märchendramen Gozzis ganz zu Recht betont.[9] Gewahrt bleibt die gegenwendige
Doppelung bis in strukturelle Details: zum Schluß im Formzitat auf die Klage-
und Jammerrede des Chors in der griechischen Tragödie, die von den beiden
Rotkehlchen übernommen wird, um Nemesis, personifiziert im Jäger, auf die be-
strafungswürdigen Taten des bösen Wolfs aufmerksam zu machen. Die Verkleinerung auf fünf Szenen bei Einhaltung von Ort und Zeit zwischen rahmenbil-

---

[7]   Tieck-DKV VI, 375.
[8]   Tieck-DKV VI, 361, 362; zur 'Albernheit mit Hintersinn' bei Tieck vgl. Petzoldt (2000; zu den
       intertextuellen Spielen im *Rotkäppchen*, 205-224).
[9]   Tieck-DKV VI, 392.

dender Stube und Wald signalisiert den travestierenden Zug (im Hinblick auf den
tödlichen Ernst der Handlung) zusammen mit der Stilhöhensenkung der – eher
parodistisch eingesetzten – gebundenen Sprache zum vorherrschenden Knittel,
der nur von der Artifizialität der beiden vierhebigen Sonette Rotkäppchens als
Formzitate auf die *Genoveva* gebrochen wird.

Wie im Fall der *Verkehrten Welt* erscheint der Paratext also nur auf den ersten
Blick wie die ironische Fehllenkung des Rezipienten, wenn die „tragische Leidensgeschicht"[10] des Wolfs die für ein Kindermärchen so kontraindizierte Gattungsbezeichnung tatsächlich erfüllt. Aus „Erfahrung" mit der Welt sei er vom
enttäuschten Idealisten zum materialistischen Misanthropen und Bösewicht mutiert, erzählt der Wolf – Fabel- und Märchen-Tier für die ebenso gierig verschlin-
gende wie unverfügbare Natur – in der zentralen dritten Szene mit zahlreichen
Anspielungen auf Positionen im philosophischen Diskurs der Zeit, weil die Menschen einst sein idyllisches Liebes- und Lebensglück mit der Wölfin zerstörten.[11]
Seitdem will er „alles Glück ruinieren, / Dem Bräutigam seine Braut massakrie-
ren".[12] Gerade dieser Vernichtungswille als Lebensprojekt bringt ihm tragisch
den Tod, der ihn als „Strafe" seiner „Verbrechen"[13] durch den Jäger ereilt. Tragisch ist die Leidensgeschichte des amoralischen Außenseiters, weil er sich im
Gegensatz zu dem auf französisierendes Sprechen abgerichteten Hund der brot-
erwerbsdienlichen höfischen „Künste" 'Heuchelei' und 'Schmeichelei' nicht an-
bequemen will.[14] Die Willfährigkeit im Aufgeben aller „wilde[n] Gesinnung",
vom Hund als angeeignete 'Humanität' verklärt[15], gewährleistet ein Auskommen,
das der Wolf als freiheitswidrige Kollaboration mit dem „Tyrannen" denunziert.[16]
Die atheistische Position des Ungezähmten, die keine höhere Instanz über sich
anerkennen will, steht den konformistischen Handlangern absolutistischer Politik
entgegen[17], die wie der Kantor oder Rotkäppchens Vater, bei dem der Hund „in
Dienst"[18] steht, auch noch der Trunksucht verfallen sind. Über den gewaltsamen
Tod hinaus – neben dem kraft Eigeninitiative herbeigeführten unlösbaren Kon-
flikt Minimalbestimmung des Tragischen – ist das *Rotkäppchen* im Gegensatz zur
Genoveva also auch deshalb eine Tragödie, weil der freigeistige Wolf alle 'religiösen'
Aussichten auf Unsterblichkeit wie die Warnung vor „Bestrafung nach dieser
Zeitlichkeit" durch das jüngste Gericht in den Wind schlägt[19]; eben wie Rotkäpp-
chen, das sich von der furchteinflößenden Wirkungsabsicht der Religion, gespie-

10   Tieck-DKV VI, 376.
11   Tieck-DKV VI, 375f.
12   Tieck-DKV VI, 378.
13   Tieck-DKV VI, 384.
14   Tieck-DKV VI, 373f.
15   Tieck-DKV VI, 375f.
16   Tieck-DKV VI, 373.
17   Vgl. Jäger (1974, 172f.); zu den politischen Implikationen vgl. auch Chang (1993, 38f.).
18   Tieck-DKV VI, 374.
19   Tieck-DKV VI, 378.

gelt in einer theologischen Anekdote der Großmutter über die Genealogie der Angst aus den eigenwilligen Mucken der Natur zur Warnung vor der Entfernung frommer Demut, ebenfalls herzlich unbeeindruckt zeigt.[20] Rotkäppchen ist also eine tragische Figur, weil seine Intellektualität und Katechismus-Kennerschaft die vor einer tatsächlichen Bedrohung warnenden Reden der altbackenen Großmutter mißachtet: Es hat keine Furcht und kein Mißtrauen und gerät genau dadurch in die Fänge des Wolfs. „Kraft und Selbständigkeit" stehen so der behaglichen 'Dummheit' und 'Seichtigkeit' der zivilisierten Welt entgegen: der durch bürgerliche Sozialisation als „Furcht und Beklemmung" verinnerlichten Gewalt.[21] Am Ende aber holen gerade auch den Wolf als Allegorie des revolutionären Genies die Destruktionsphantasien, die den Hund wie alle Zivilisiertheit „lieber in Stücke zerrissen" hätten[22], selbst ein. Nachdem er wie bei Perrault das Rotkäppchen unwiederbringlich – im Unterschied also zur erkennbar verharmlosenden Fassung der Gebrüder Grimm – gefressen hat, wird er vom Jäger, der gesellschaftlichen Kontrollinstanz gegen Verwilderung[23], aus der sicheren Distanz von außen in das Fenster hinein erschossen.

Die darstellungsleitende Dialektik von Zivilisation und Natur manifestiert sich in der vielfältigen Facettierung von Gewalt: als Gewalt der Zivilisation gegen die Natur und als Gewalt der Natur selbst. Das 'alberne' Kindermärchen spart krude Barbarismen keineswegs aus. Dem „freundliche[n] Blut"[24], das Rotkehlchens Sympathie für Rotkäppchen besingt und die rote Kappe positiv als Naturnähe signifiziert, steht das Blut als Zeichen der Zerstörung wie der aufbrechenden Sexualität gegenüber: bemerkbar in wiederholten Hinweisen auf das präpubertierende Erwachsenwerden Rotkäppchens[25] und in den zahlreichen Gewalttaten[26], die

---

[20] Gleich der Genealogie der Dummheit im *Zerbino* wird die Entstehung der Furcht im *Rotkäppchen* als theologische Grille erzählt, deren pädagogischer Impuls im Sinne von 'Wer nicht hören will, der fühle' das katechismuskompetente Rotkäppchen 'kühl' ignoriert (vgl. Tieck-DKV VI, 368). Die „frühe Lust der Kinder an der Furcht", dialektisch-didaktisches Leitmotiv einer Wirkungs- als Schreckensästhetik des Märchens (384), spiegelt sich hier in der gleichsam naturmythologischen Entstehung von Angst im Zittern der Espe, die es einst verweigerte, sich wie die anderen Bäume vor dem zur Bekehrung herumreisenden Christus zu verneigen (367f.). Jesus' Fluch, die Espe solle selbst bei „allerstillste[m]" Wetter beständig rauschen müssen, läßt sie seitdem aus Furcht vor diesem Dauerauftrag „fort bis an den jüngsten Tag" zittern (368). Der Angst entgeht selbst die Natur nicht, weil sogar diese der Erbsünde unterworfen wird.

[21] Tieck-DKV VI, 378.

[22] Tieck-DKV VI, 378.

[23] Jäger und Hund (als Komplize) spielen nur bei Tieck eine größere Rolle (so Jäger 1974, 166, 171).

[24] Tieck-DKV VI, 372.

[25] Dies zuerst in der Rede der Großmutter (Tieck-DKV VI, 369), später dann im Zusammenhang der Braut-Metaphorik im Kindergespräch (379f.), die sich in der Farbsymbolik von weißem Kleid und roter Mütze spiegelt (vgl. 364f.) und deren sexueller Subtext sich v.a. im ersten Sonett Rotkäppchens als Gier aufs Rot (der 'Lippen' und schöner 'Naschereien') artikuliert (371). Den vergewaltigenden Kuß, den der Jäger sogleich haben will, weiß Rotkäppchen mit Hinweis auf den Ekel des Tabaksgestanks abzuwehren, weil es sich auch von der vom Jäger daraufhin ausgestoßenen Drohung, mit derartigem Trotz nie einen Ehemann zu kriegen, emanzipiert zeigt (371f.).

über die impliziten Bezugnahmen auf die phrygische Mütze der Jakobiner nicht zuletzt die *terreur* der Französische Revolution ins Spiel bringen, innerhalb derer der Wolf als Anhänger der blutigen revolutionären Sache erscheint.[27] „Wer sich – in modischer Weise und jugendlicher Unbekümmertheit – zu sehr mit dem Gedanken des Umsturzes gemein macht", so die von Jäger daraus abgeleitete politische Lesart, „den packt und zerstört dieser Umsturz schließlich selbst".[28]

Neben allen systemreferentiellen Aspekten des intertextuellen Spiels mit eigenen oder regelpoetisch kodifizierten Dramenmodellen ist das *Rotkäppchen* demzufolge vor allem eine szenische Allegorie auf die Dialektik der Aufklärung als Tragödie, generisch subvertiert von der 'albernen' Komödienrede in allegorischen Rollen, die die postrevolutionäre Komplementarität von Angst und vorgeblich aufgeklärter „Toleranz"[29] in den Modus launiger Märchendramatik indifferenzieren. Der revolutionäre und intellektuelle Eigensinn der – sei es bestialischen, sei es sinnlich affizierten – Natur ist tragisch, weil grundsätzlich zum Scheitern verurteilt: Die Aufrechterhaltung führt in den Tod, die Preisgabe dagegen produziert Furcht und Beklemmung, das Zittern des Bürgers vor gesellschaftlichen Sanktionen, die auch die Religion als Kirche betreffen, wie nicht nur die theologische Grille von der gegen Christus aufmuckenden und deshalb zum Dauerzittern als Perfidie der Erbsünde verdammten Espe zeigt. Psychointern lagert sich die Drohung, wie am Hund oder an der biederen Großmutter demonstriert, als Zivilisierungsgewalt gegen die eigene (Trieb-)Natur ein. Ebensowenig wie Hund und Großmutter entgeht aber auch die freigeistige Seite ihrem Zwang, wo Kontrollinstanzen die Ordnung der Dinge gewährleisten, selbst wenn diese durch den von ihren Garanten (wie dem Jäger) selbst artikulierten Überdruß am unendlichen Erjagen des 'Wilden' in Frage gestellt wird.[30] Die Ambivalenz der Dialektik von zivilisierter Ordnung und 'wilder' Natur artikuliert sich im Leitbegriff des 'Vexierens', vom Stück auf die Verführungskünste des Hunds[31], des Kantors zum Saufen und nicht zuletzt Rotkäppchens selbst bezogen, das Hanne sofort den Bräutigam Peter ausspannen könnte.[32] Vexierend ist nicht nur die hintertriebene Altklugheit des Mädchens, bei der Schlichtheit ins Abgefeimte und Intellektualität in naive Naturfreundlichkeit umschlägt, sondern eben auch das generische

---

[26] Im Lied Rotkäppchens fällt das Kätzchen auf Taubenraub qualvoll der Marder-Falle zum Opfer (Tieck-DKV VI, 368f.), die Wölfin wird von den Menschen verprügelt, der menschlich gewordene Hund unterdrückt seine bestialische Natur, der selbst schließlich wiederum Rotkäppchen zum Opfer fällt, obwohl es ja sympathetischen Kontakt zur 'freundlichen' Natur der Rotkehlchen hat. Zivilisationsintern zeigt sich die Gewalt an gesellschaftlichen Institutionen (Erziehung, Familie, Kirche, Recht), als psychointerne Konsequenz in der zänkischen Trunksucht des Vaters.

[27] Vgl. Jäger (1974, 171).

[28] Jäger (1974, 175).

[29] Tieck-DKV VI, 373.

[30] Vgl. die Klagerede des Jägers über die Ödnis bloßer Erfüllung der Funktion, „immer und ewig ein Jäger zu sein" (Tieck-DKV VI, 369f.).

[31] Tieck-DKV VI, 374.

[32] Tieck-DKV VI, 379f.

Schwanken des kleinen Stücks zwischen Albernheit und Tragödie, nicht zuletzt Tiecks standpunktloses Verhältnis zur Dialektik von Freiheit und Gewalt im Blick auf die Französische Revolution selbst.[33]

Thematisch äußert sich das Gegenspiel zur dramatisierten 'Lebensgeschichte' (*Genoveva*), die als Sozialisationsmechanismus neben der Erwähnung des Erwachsenwerdens auf Hinweise wie die Trunksucht des Vaters mit Anspielungen auf aufgeklärte Erziehungs- und Geschlechtsrollen-Traktakte[34] reduziert bleibt, in der Ironisierung von Religiosität an der naiven Gläubigkeit der Großmutter. Rotkäppchen betreibt diese über die Katechismuskritik hinaus als *formgewordenen* Spott auf die zum Dilettantismus abgesunkene Praxis des kirchlichen Gottesdiensts, den es nicht besucht und stattdessen mit dem absichtsvoll falschen bzw. anachronistisch klingenden Flektieren starken Verben verulkt.[35] Reimt sich die 'schwer' erarbeitete Frömmigkeit der Großmutter, nach ihren Worten ungeeignet für den mangelnden Verstand des Kindes[36], mehr schlecht als recht in unbedarften Knitteln[37], ist Rotkäppchen imstande, die 'wilde' Selbstreflexion ihrer Gier auf das Rot in den jambischen Vierhebern zweier unbesorgter Sonette als Travestie auf die Metaphysik der *Farben* in den *Phantasien über die Kunst* zu exekutieren.[38] Dem naiven Knittel steht so geradezu diffamatorisch die formbewußte Intellektualität Rotkäppchens entgegen, das als „wildes Ding"[39] komplementär zur Natur des Wolfs die strenge Bindung seines Sprechens sonett-intern wiederum – ebenso paradox – in gute Laune auflöst. Galt die szenische Integration des Sonetts in der *Genoveva* als Reverenz auf Calderón, fungiert es bei Rotkäppchen nicht mehr allein als Zeichen reflexiver Artistik, sondern als impliziter Spott auf die religiöse Poesie des Legendendramas, die in zahlreichen Spiegelungen von der Gottesehrfurcht der Großmutter bis zu den nicht erhörten Todesprophezeiungen der in onomatopoetischen Naturlauten befangenen Tiere (Kuckuck, Hund) durchscheint.[40]

---

33 Vgl. Jäger (1974, 175).

34 Vgl. Tieck-DKV VI, Kommentar, 1341f.

35 „Sie [die Eltern] werden jetzt in der Kirche sein, / Ich ging vorbei die Orgel klung / Recht lustig, der Kanter mächtig sung / Mit der Kirch ist es heut besonders bewendt, / Es predigt drin der Superdent, / Der Pastor ist noch krank, deswegen / Ists heut drin recht dick voll Leut; / Sie meinen, der könnte recht den Text auslegen" (Tieck-DKV VI, 364).

36 „Wer da will in sein Himmelreich eingehen, / Muß sich wohl zu schwereren Dingen verstehen" (Tieck-DKV VI, 365).

37 „Doch ich bin alt, dazu krank gewesen, / Da tu ich im lieben Gesangbuch lesen, / Der Herr muß damit zufrieden sich geben, / Eine arme Frau kann nicht mehr tun eben. –" (Tieck-DKV VI, 363). Einmal mehr demonstriert Tieck ein präzises Verständnis des voropitzschen deutschen Verses, der den Knittel eben nicht vierhebig, sondern rein silbenzählend paargereimt regelt und so gerade füllungsfreie Holprigkeiten, die sich dem Alternationsprinzip auch durch 'Tonbeugungen' nicht fügen lassen, in Kauf nimmt.

38 Tieck-DKV VI, 371, Z.21-34; 372, Z.21-34.

39 Tieck-DKV VI, 366.

40 Rotkäppchen denunziert das onomatopoetische Sprechen von Kuckuck und Hund als unverständige Sprachunfähigkeit, obwohl diesem eben die Warnung vor dem Untergang zu entnehmen wäre: „Kuck, kuck, kuck um dich mehr!" (Tieck-DKV VI, 382). Nur Rotkehlchen und die Nach-

Im szenischen Gewand der „höchsten Albernheit"[41], die das *Phantasus*-Rahmengespräch ankündigt, betreibt das Kindermärchen also sehr ernste Scherze. Das sentimentalische Bewußtsein, das sich zwischen Formbewußtsein und alberner Dekonstruktion der Form verspielt, offenbart sich im Erwachsenenwissen Rotkäppchens um das Altern und dessen Regression, wenn die gelben Butterblumen „greis" werden „wie ein kindischer Mann, der von sich nicht weiß".[42] Es verschiebt sich ins Launige kraft der altklugen Abgefeimtheit eines Kindes, das alle Todesankündigungen der sprechenden Natur 'hochmütig' in den Wind schlägt, wenngleich es trotz allen Spotts über die mangelnde Artikulationsfähigkeit eben gerade einen Sinn für deren Tönen hat. Gleich im Anschluß an das christliche Legendendrama im Frühjahr 1800 verfaßt, erscheint das kleine Stück zusammen mit der *Genoveva* im zweiten Band der *Romantischen Dichtungen*. Auf den Punkt gebracht ist damit, wenn man so will, das Möglichkeitsspektrum romantischer Poesie in der Simultaneität von 'rührender' Religiosität und ironischer Selbstverulkung als generisches Spiel auch mit den höchsten Fragen um Freiheit und Idealität in der postrevolutionären Umbruchssituation um 1800.[43] Die Dialektik von Künstlichkeit (der Form) und sekundärer Naivität (als Darstellungsmodus und Darstellungsziel von 'Albernheit') verwandelt sich hier in den Aberwitz einer Sonette exekuierenden Märchenfigur zwischen Kindlichkeit und Intellektualität. Das Rotkäppchen steigt so zur Allegorie romantischer Poesie überhaupt auf, deren Existenz von zwei Seiten, den Kontrollinstanzen der bürgerlichen Gesellschaft und von der puren Natur bedroht wird. Das Vexieren zwischen Artistik und Schlichtheit ist Kontrafaktur auf die von der *Genoveva* erschlossene positive Poetizität durch Verfahren, die jetzt als Tragödie und 'Parodie auf die Tragödie' zugleich bis an den Rand des Unsinns die 'witzige' Produktivität romantischer Inkongruenz-Dramaturgie demonstriert.[44] Der in „heiterer Laune" schnell geschriebene „poetische Scherz" ist ein starkes Stück auf die Tragödie der postrevolutionär 'erwachsen' werdenden Zivilisation: auf die unerlöste Dialektik der Aufklärung wie der Romantik ineins, beobachtbar gemacht an den allegorischen Rollen eines „thörichte[n] Märchen[s]", um im Modus der 'Albernheit' wenigstens 'anzudeuten', „was unmöglich mit ganzer Wahrheit dargestellt werden kann."[45]

---

tigall sprechen gozzibezüglich die Sprache des Menschen, die Nachtigall zudem aus dem Stolz heraus, als einziger Vogel es zu vermögen, den Menschen „zu gefallen": Der „Hochmut", den ihm der Kuckuck deshalb attestiert, korrespondiert so der Altklugheit Rotkäppchens (382).

41　Tieck-DKV VI, 361.

42　Tieck-DKV VI, 381.

43　Zur dieser Lage im Zusammenhang der romantischen Gruppenbildung, der Freundschaft mit Novalis und der Hoffnung auf die epochale Zeitenwende, die sich in den Terzinen des Programmgedichts *Die neue Zeit* (1800) offenbart, vgl. Ribbat (1978, 90-92).

44　Dies auch im Rahmen einer launigen Selbstverspottung der eigenen Böhme-Begeisterung; vgl. dazu etwa die Rede des Jägers auf das „Feuer im Stein" zum „Nutzen" für den Menschen (Tieck-DKV VI, 370).

45　Tieck-S I, XXXVII.

Literatursatiren um 1800

Expliziter noch als im *Rotkäppchen* macht sich die Selbstrelativierung und Selbsthistorisierung romantischer Poesie in zwei gleichzeitig entstandenen dramatischen Literatursatiren kenntlich: – in der formal ausdifferenzierten Parodie auf die literarhistorisch perspektivierte Semantisierung gebundenen Sprechens im ambitionierten Lustspiel-Projekt *Anti-Faust oder Geschichte eines dummen Teufels* (1801), das als Aufklärungs- und Humanitätsideesatire die Linie des *Gestiefelten Katers* fortschreibt; – in der poetologischen Selbsterklärung Tiecks gegenüber dem in allegorischen Rollen repräsentierten zeitgenössischen Literaturbetrieb im 'Fastnachts-Schwank' *Der Autor* (1800), dem die Traum-'Vision' *Das jüngste Gericht* (1800) in Prosa korrespondiert. Beide Literaturkomödien, tatsächlich nun eher 'direkte' Satiren im Sinne der 'ganz einfachen' Ironie als „Umkehrung" der üblichen Verhältnisse[46], entstehen in engem Kontakt mit der polemischen Standortbestimmung in der Streitschrift *Bemerkungen über Parteilichkeit, Dummheit und Bosheit bei Gelegenheit der Herren Falk, Merkel und des Lustspiels 'Camäleon'* (1800), so daß sie wie die szenische Umschrift der hier gerittenen Attacke erscheinen. Tieck rechnet dort mit den Borniertheiten und Dummheiten der antiromantischen Fraktion, namentlich der allzu aufgeklärt korrekten Witzresistenz Falks[47] wie der kleinmütigen Tieck-Satire *Camäleon* Heinrich Becks[48] ab, wobei er sich erstmals explizit zu den Rezeptionsmißverständnissen seiner vermeintlich aristophanischen Literaturkomödien äußert. Dem Vorwurf des bloß Satirischen begegnet der Hinweis auf das vorwiegende Interesse am launigen 'Muthwillen' der „reinen Scherze ohne politische und moralische Beziehungen": Aus der „reinsten Lust" seien, „ohne Feindschaft gegen irgend wen zu fühlen oder mittheilen zu wollen, einige phantastische

---

[46] Zu dem von Solger inspirierten Begriff der 'höheren' gegenüber der 'direkten' Ironie im Kontext vgl. Tieck-DKV VI, Kommentar, 1187f.; zudem die bereits verschiedentlich, u.a. im Kapitel zum *Ritter Blaubart*, gegebenen Hinweise; differenzierter auch die Vorrede zum sechsten Band der *Schriften*: „Dasjenige, was meine Jugend bedrängte, die Widerwärtigkeiten der Zeit, die mich gestört hatten, die Bitterkeit und Verfolgung, die ich früher gern gegen Albernheit, Irrtum und Abgeschmacktheit in den Kampf geführt hätte, trat jetzt in Gestalt parodierender, aber notwendiger Nebenpersonen in dem magischen Zaubergemälde der Poesie auf. Der heitre Scherz mußte sich dieser Gebilde mit milder Spaßhaftigkeit bemächtigen, und indem mir selbst ein Wohlwollen gegen Dinge, Lehren, Bücher und Menschen, die meinem eigensten Wesen feindlich waren, möglich und notwendig wurde, begriff ich erst, weshalb Swift, Juvenal und ähnliche Satiriker mir widerwärtig und die Absicht, durch scharfen Spott Laster des Tages zu geißeln, und dergleichen ähnliche Ansprüche und Anmaßungen mir unverständlich gewesen waren" (Tieck-S VI, XXI). Den Haß auf die „sogenannten Satyriker" betont der Brief an Solger vom 6. Januar 1815, der sich gegen die zielorientierte Polemik und für das „Unabsichtliche, Arglose, Leichtsinnige, ja Alberne" ausspricht (Tieck-Solger I, 331): „Schon sehr früh schwebte mir die Ahndung vor, daß es Lust, Scherz, Witz geben müsse, die nur um sich selbst daseyen" (332).

[47] Vgl. Tieck-NS II, 48

[48] Dazu die Dokumentation bei Schweikert I, 220-225; zu Beck 220/Anm. 1; vgl. dazu wie zu den *Bemerkungen* insgesamt Stanger (1902, 38-46, 62-65).

Geburten" entstanden, die als 'bedingte' Satire eben mißverstanden seien.[49] Schon der *Gestiefelte Kater* war weniger als politische Zeit- oder vernichtende Personalsatire denn als heiterer Spott auf generelle Beschränktheiten eines Literaturbetriebs konzipiert, der wahre Poesie nicht (an-)erkennen wolle.[50] Die Unterscheidung zwischen dem „bedingten" und dem „unbedingten Satiriker" gilt freilich nicht als Einwand gegen Aristophanes[51], der nun erstmals explizit erwähnt wird (*Der Autor*) und im 'Prolog' des *Anti-Faust* als dramatische Figur in der Unterwelt aufscheint, um die Höllenqualen in der Berichterstattung von Wielands Promovierung Falks zum 'neuen Aristophanes' zu erleiden.

Gleich Faust sitzt der allseits attackierte und geneckte *Autor* (1800)[52] mißvergnügt in seiner Stube, bei der Korrektur von „Druck"- und „Schöpfungsfehler[n]" vom Wunsch beseelt, „die ganze Welt zu rektifizieren" und „umdrucken" zu lassen.[53] Unterbrochen von den Aufmunterungen seiner Muse, die seine Welt- und Publikumsabgewandtheit unterstützen, wird er in einem allegorischen Reigen

---

[49] Tieck-NS II, 39; 49. Den Begriff der „bedingten Kunstwerke[]" reserviert Tieck für solche Texte, die danach streben, „den griechischen Geist darzustellen" (BüS, 366). „Ich wußte voraus, daß man den *Zerbino*, wie meine meisten poetischen Versuche nicht verstehen würde, und es hat sich nur bewährt. Denn sonst wäre diese Schrift [die *Bemerkungen*] völlig überflüssig, weil ich namentlich im *Zerbino*, der *Verkehrten Welt* und darauf in den *Briefen über Shakespeare* sowie in dem *Neuen Hercules* ernsthaft und scherzhaft meine Ansichten deutlich niedergelegt habe; meine Verachtung der Gemeinheit, meine Bekanntschaft mit allen Absurditäten meiner vermeintlichen Beurtheiler, und nebenher meinen Spott über die Zeit und den Raum, in welchem sich dergleichen bewegen kann" (Tieck-NS II, 46f.).

[50] „Tieck kämpft hauptsächlich gegen allgemeine Ideen, wie 'Aufklärung', 'Humanität', und spielt deshalb solche Schlagwörter aus, welche nicht immer mit absoluter Gewißheit auf eine bestimmte Person bezogen werden können. Für eine Figur nimmt Tieck oft verschiedene Personen herüber und bringt durch Einmischung der romantischen Ironie vollends alles in Verwirrung" (Stanger 1902, 62). Die kritisierten Namen im *Zerbino* und der *Verkehrten Welt*, so die *Bemerkungen über Parteilichkeit und Dummheit*, „existieren insgesammt nur zum Schein und Scherz" (Tieck-NS II, 87), sie repräsentieren die ewig alten Dummheiten und verspotten nicht 'pasquillantisch' bestimmte Personen (92): „Ich habe es nicht so schlimm gemeint", beteuert der Autor dann auch vor dem höchsten „Richter" im *Jüngten Gericht*, „hoffe ich doch auch nicht jener Autor zu seyn, der dort [im *Zerbino*] geschildert sey. [...] ich habe gedacht, Du hieltest vom Spaße was" – „Das ist Deine ewige Ausrede", so die selbstreflexive Volte in der Antwort Gottes, „wenn Du nicht weiter kannst", wenngleich das Reich der von den Toten auferstandenen Schriftsteller im Text, in dem Gott gerade richtet, eben tatsächlich „lächerlich gemacht" wird (Tieck-S IX, 358f.). Hölter (1989, 274) betont, daß die frühromantischen Satiren Tiecks zwischen 1797/98 und 1801 zwar schärfer werden, sich aber grundsätzlich „weniger durch Strenge als durch immer generellere (und hermetisch formulierte) Zielbenennungen entkräften"; auch der spätere Tieck verliere nicht den Sinn für seine Satire-Techniken, im *Don Carlos* oder im *Däumchen* aber seien diese nur noch auf „die bloß rhetorische Ironie" beschränkt (274).

[51] Tieck-NS II, 49

[52] Verfaßt zunächst unter dem nicht weniger bezeichnenden topischen Titel *Der neue Hercules am Scheidewege. Eine Parodie in Versen*; zur Entstehung, zum literaturgeschichtlichen Kontext und zum intertextuellen Anspielungsraum dieser Literatursatire vgl. Petzoldt (2000, 135-164).

[53] Tieck-S XIII, 269.

von Besuchern heimgesucht, die als „Masken-Figuren" der Anfechtung schriftstellerische Positionen um 1800 repräsentieren, „in deren Kleide manche bekannte Gestalten verhüllt sind".[54] Der katalogartig reihende 'Fastnacht-Schwank' in
wenig geglätteten Knittelversen ist daher vor allem poetologisch-polemische
Selbstreflexion zum Stand romantischer Poesie „gegen jene Stimmung der Aufge-
regten"[55] im zeitgenössischen Literaturbetrieb.

Dem 'Fremden', der bereits mehrfach satirisierten Figur des aufklärerischen
Reisebeschreibers, der die desorientierende Unzulänglichkeit mangelnder Form-
harmonie moniert[56], folgt der theaterpraktisch besetzte 'Schauspieler', der mit
konventionell wirkungsästhetischen Argumenten das dramatische Funktionieren
der 'höheren Ganzheit' bei einer geldvermittelten Unterhaltungsöffentlichkeit bestreitet.[57] Dem in seiner Kritik der 'Unverständlichkeit' ebenso befangenen Rezensenten[58] schließt sich der 'Alte Mann' – Nicolai[59] – an, vom Gestiefelten Kater
bis zum Jüngsten Gericht bekanntlich wiederholter Gegenstand der Tieckschen Satire: Dessen phantasiekritische Beschwörung einer verstandesgemäßen Literatur[60]
erfüllt den Wunsch nach der Wiederkehr Lessings als Vorbild sogleich dergestalt,
daß dieser gleichsam als deus ex machina persönlich von seiner Wolke herabsteigt,
um den spätaufklärerischen Nacheiferer zurechtzuweisen. Gleich Tiecks Verhältnis zu seinem 'Bewunderer', der ihn mit der eigenen Klangpoesie traktiert, attak-
kiert Lessing die epigonale Borniertheit einer Literatur, die sich mit „jedem

---

[54] Tieck-S XI, LXIV.

[55] Tieck-S XI, LXII.

[56] „Halten Sie denn ihren Spaß für Spaß? / Ihre Reime / Und Träume, / Dazwischen die Blumen
      und Bäume, / Und alles, man weiß nicht geht man, / Fällt, oder steht man, / Kein Silbenmaas, /
      Rhythmus durchaus nicht, / Daß alles so bunt und kraus herausbricht" (Tieck-NS II, 274).

[57] „Ich wollte gerne, daß das Ganze rührte", meint der 'Autor' dazu in Stellvertretung der neuen
      Universaldramaturgie Tiecks, „Nichts Einzelnes die Gemüther irre führte, / Daß Neubegier nicht
      unnütz spannte / Und so das höhere Interesse verbannte, / Es war mein Zweck, verschönert zu
      geben / Ein Bild von dem großen verworrenen Leben" (Tieck-S XIII, 284). Der daraus abgeleite-
      ten Diskrepanz zwischen neuer Poetologie und pragmatischer Zweckbindung einer Kunst, die
      nur noch auf den aktuellen Stand rein geldvermittelter Weltverhältnisse reagiert – „Geld" reimt
      jetzt die „Welt" (286) –, attestiert selbst Arntzen (1968, 148f.), daß Tieck hier mit wenigen Versen
      „ins Zentrum der geschichtlichen Situation" vordringe (149). Erst aber im späteren Fortunat-
      Drama wird der neue Zusammenklang – „Welt ist nichts als eine falsche Aussprache" (Tieck-S
      XIII, 286) – in szenische Textur verwandelt.

[58] Tieck-S XIII, 287. Daraufhin attackiert der 'Autor' seinerseits die vom Literaturbetrieb eingeklag-
      te 'nützliche' „Lächerlichkeit" und verbindet dies mit der Bemerkung über die faktische Unmög-
      lichkeit der aristophanischen Satire um 1800, weil deren eben gar nicht 'erbaulicher' Witz die
      „feine Sitte" verletzte (289). „Du sollst nicht recensieren" befiehlt der höchste Richter mit bibli-
      schem Ton im Jüngsten Gericht (Tieck-S IX, 356).

[59] Vgl. Tieck-S XI, LXV.

[60] Weil er im Jüngsten Gericht „alles für Phantasma und übertriebene Einbildungskraft erklärt", wird
      Nicolai zu 2000 Jahren Strafe verurteilt, die er dadurch zu überstehen gedenkt, daß er sich mit
      Blutegeln „alles Excentrische" aussaugen läßt – naturgemäß ohne jeden Erfolg (Tieck-S IX,
      350f.).

Quark" auf seinen Namen beruft[61], um neben der Verteidigung des Selberden-
kens einen „größre[n]" Autor als tatsächlich legitimen Nachfolger – Goethe – zu
feiern.[62] Bei aller entgegengesetzten Literaturauffassung, die Lessings Verdienst
um die deutsche Literatur eben nicht bestreitet[63], zeichnet sich der gleichgerichtete Impuls der satirischen Kritik ab: Beide – Lessing wie Tieck – diffamieren Beschränktheit im kraftlosen Nachahmen eines bereits Bestehenden, das sich seitens
der romantischen Poesie im Auftritt des 'Bewunderers', der auf Brentano abzielt[64], wiederholt. Tieck inszeniert die Verspottung seiner selbst, indem er den
'Bewunderer' die eigene parallelistische Klangpoesie – nur um ein Weniges über-
dreht – exekutieren läßt[65]: und zwar mit so großem, wenn auch kaum in dieser
Richtung beabsichtigten Erfolg, daß dem 'Autor' selbst dabei schwindelig wird.[66]
('Hofmannsthal hält sich die Ohren zu' lautet die bekannte Regieanweisung einer
vergleichbaren Szene in den *Letzten Tagen der Menschheit* von Karl Kraus, die den
nervösen Dichter im Kaffeehaus mit der eigenen Kriegspanegyrik konfrontiert,
um ihm deren Unerträglichkeit im behüteten Raum als geradezu körperliche Pein
spürbar zu machen.)

Nach dem Reigen der verpönten Anfechtungen seitens der pragmatisch definierten Kunstauffassungen, der mit dem politisch tätigen 'Weltmann' und seiner
aktivistischen Beschwörung von Humanität als abstraktestem Gegenposition zum
'eremitisch' zurückgezogenen Dichter schließt, präsentiert Tieck mit der Figur des
'Altfrank' die eigene unzeitgemäße Knittel-Poetologie zur Aktualisierung der
„alten Welt" gegen die „neue Zeit".[67] Bei aller Einsicht in die historische Differenz wird der Autor durch ihn mit der bildenden Kraft des Leitworts 'Grobheit'
vertraut gemacht, die der Selbstversicherung nationaler Literaturtraditionen gegen
die vom französischen Klassizismus verdorbene Aufklärung dienen soll. Zahlreich
sind hier wie schon eingangs des poetologischen Langszenariums die positiven

---

[61]   Tieck-S XIII, 300.

[62]   Tieck-S XIII, 303; zur Bedeutung Goethes für Tieck um 1800 im Rahmen der gemeinsamen Aktualisierung der Poetik von Hans Sachs im *Faust* vgl. Tieck-S XI, LXIIff.; resümierend Tieck-
DKV VII, Kommentar, 731, zu Goethe im *Autor* vgl. Ribbat (1978, 93).

[63]   Auch in den *Bemerkungen über Parteilichkeit, Dummheit und Bosheit* polemisiert Tieck nicht gegen
Lessing. Dessen Dramen seien nur eben keine Kunstwerke, wie er – vergleichbar F. Schlegels
Lessing-Aufsatz (1797/1801) – betont, da ihnen das Poetische abgehe (Tieck-NS II, 55).

[64]   Der 'Bewunderer' gehöre zu jenem jungen „Geschlecht, das ohne Ernst und Fleiß, ohne Begeisterung und Talent, die ausgesprochenen Worte und Gesinnungen nur so oben abschöpfte, mit
ihnen prunkte, das nicht verstandene noch übertrieb und zu überbieten suchte" (Tieck-S XI,
LXVI).

[65]   Vgl. Tieck-S XIII, 310f.

[66]   „Ich muß Sie bitten, hier inne zu halten, / Mir schwindelt vor den vielen Gestalten, / Die sich so
ungeniert entfalten", gibt der Autor klein bei: „Ich bitte Sie, ich sinke um, / Mir wird im Kopfe
gar zu dumm" (Tieck-S XIII, 311, 312). „Nicht wahr, es geht recht kraus durch einander?", meint
der 'Bewunderer' in adäquater Beschreibung der Effekte, die Tiecks Lyrik tatsächlich hervorbringt: „Man sieht gleichsam nur lauter Lichter wandern" (311).

[67]   Vgl. Tieck-S XIII, 327.

Hinweise auf Goethes *Faust*-Fragment[68], die Anspielungen auf die eigenen Ge-
schichtsdramen-Pläne zur Darstellung des Dreißigjährigen Kriegs[69] und die katholisierende Poesie der *Genoveva*. Form- und literaturgeschichtlich wird das Programm auf Autoren des 16. Jahrhunderts, auf Hans Sachs, Jakob Böhme[70], Phi-
lander von Sittewald[71] und die „Witzesart" des „verteufelt groben Fischart"[72] zurückgeführt, bis zuletzt der 'wahre Ruhm' in Stanzen das „schöne Morgenroth"
der „heilge[n] Kunst" gegen den 'falschen Ruhm' stilhebend vorbereitet, das der
'Autor' dann mit den finalen Terzinen in seinem „Innern" 'erblühen' sieht.[73] Die
'alte' Poesie soll *Die neue Zeit* – so die Zuversicht analog zum ebenfalls im Stro-
phenmaß der prophetischen Erwartung verfaßten Programmgedicht von 1800 –
kraft einer von allen heteronomen Interessen befreiten Kunst (ohne „fremdes
Bild"[74]) herbeiführen helfen.[75] Im Unterschied zum Glauben an das endgültige
Eingehen der Kunst ins Leben bei Novalis bezeugt der 'Autor' jedoch nur seinen
Schwur, den erhöhten Augenblick in der Offenbarung der alten neuen Poesie gegen alle Anfechtungen „nie vergessen" zu wollen: eher Eid, für die 'heilge Kunst'
zu „glühen", als idealistisches Bekenntnis, das ihr die Kraft zur endgültigen Herbeiführung des befreiten Zustands tatsächlich zutraut. Zumindest wird mit dem
letzten Vers – trotz aller Reimbindung isoliert, weil er als wie auch immer konventionell eingeführte vierte Zeile der finalen Strophe die Terzine selbst sprengt –
der Schwur sogleich wieder denunziert: „Dann bitt ich noch: nicht Spaß für Ernst
zu halten".[76]

---

[68] Tieck-S XIII, 323.

[69] Tieck-S XIII, 328; dazu auch Tieck-S XI, LXXVII.

[70] Zur „Verehrung" Böhmes im *Autor*, die „nur in der Poesie" die „Mystik und das Heilige" anerkennt und eben nur dort die „Sehnsucht zum Religiösen" erfüllt sieht, vgl. Tieck-S XI, LXXIII.

[71] Vgl. Tieck-S XI, LXXff; der Hinweis auf Moscherosch auch im *Jüngsten Gericht* (Tieck-S IX, 343).
Zu Tiecks Rezeption Moscheroschs, der gleichsam noch aus dem Mittelalter ins Barock herein-
ragt, selbst also im 17. Jahrhundert eine Art regressiv-oppositioneller Position gegen die modischen Entwicklungen der eigenen Zeit einnimmt, vgl. Martin (2000, 291-300; zum *Autor* 295-300;
zur Figur des 'Altfrank' 299).

[72] Tieck-S XIII, 329. Die Fischart-Bezüglichkeiten werden sich nachfolgend am stärksten in der
Posse *Der neue Don Carlos* geltend machen. Elemente und Verfahren grobianischen Sprechens
bleiben aber bis zu den letzten Dramen bestehen. Noch 1817 rühmt Tieck Fischarts „Genialität"
und „Virtuosität, die Sprache nach allen Seiten zu beugen, und ungeahndete Schätze in ihr zu
entdecken [...]. Man muß über den Reichthum der Formen, über die kühnen Zuammensetzungen,
über die Gewandtheit und die Unerschöpflichkeit der Wortspiele und des Witzes der Sprache erstaunen" (Tieck-KS I, 362).

[73] Tieck-S XIII, 334.

[74] Tieck-S XIII, 334.

[75] Zur Komplementarität diese Gedichts mit dem poetologischen Langszenarium vgl. Ribbat (1978,
92-94). Die Terzinen, die dort der 'alten Zeit' als Witwe in den Mund gelegt werden, veröffent-
licht Tieck zuerst im *Poetischen Journal* (1800), wo auch der 'Fastnachtschwank' erschien, direkt im
Anschluß an die 'Vorrede': Der 'Enthusiasmus' als wahrhaft poetische Kraft schwängert die 'alte
Zeit', um die neue Welt zu gebären (vgl. Tieck-DKV VII, 408-414; dazu Kommentar, 730-733).

[76] Tieck-S XIII, 334.

Der Satire auf den Literaturbetrieb steht dennoch die Hoffnung auf Möglichkeiten einer autonomen Literatur gegenüber, die das Programmstück gegen jede Zweckbindung von Kunst um 1800 vorträgt. Die Autorkonstruktion, die das standpunktlose Ideal einer selbstorganisierten höheren Poesie anstrebt, resultiert aus der Negation alles dessen, was nicht der ebenso eigensinnigen wie eigenwertigen 'heilgen Kunst' aus dem 'Innern' erwächst: der Ratschläge von Vertretern zeitgenössischer Ideologien, die Kunst und Welt zum Feld von Konventionen, bloßer Nützlichkeit oder epigonaler Nachahmung eines Bestehenden degradieren. Die neue Literatur dagegen kann nur bestehen, wenn sie sich auf ihr eigenes inneres Verweissystem verläßt, obgleich das Stück genau dies als bloß subjektivistischen und weltabgewandten Solipsismus problematisiert. Darin besteht die aporetische Lage romantischer Poesie zwischen gesellschaftlichem Unverständnis, (selbst-)attestierter Nutzlosigkeit und Kritik pragmatischer Konventionalität. Ordnen die attackierten Positionen Literatur allesamt kunstexternen Interessen unter, begreift sich der isolierte romantische 'Autor' deshalb auch eher als Archivar einer Kunst ohne fremde Autoritäten, die er im Gedächtnis seiner Werke als Form und Gehalt zu bewahren (be)schwört. Auf jeden Fall aber formuliert er die Aufkündigung des Einverständnisses mit einem Publikum, auf das er als freier Schriftsteller am Markt angewiesen ist. Der Zuversicht der neuen Poesie zur Herbeiführung der 'neuen Zeit', polemisches Projekt zur Versöhnung der zerrissenen Moderne, inhäriert die Verzweiflung über die Aussichtslosigkeit in einer marktförmig und dumm gewordenen Welt, die nur noch erbaut und unterhaltsam bestätigt sein will.

Eng in Kontakt mit der poetologischen Selbstpositionierung im allegorischen Szenarium, das den „freie[n] Sinn" Goethes in der „verwunderswürdigsten" *Faust*-Dramatisierung[77] mit der Morgenröte aus der Aktualisierung frühneuhochdeutscher Literatur, namentlich die Poesie des Hans Sachs, zusammenklingen läßt[78], steht das Lustspiel-Fragment **Anti-Faust oder Geschichte eines dummen Teufels** (1801). Neben dem 'Prolog' als in sich abgeschlossenem Totengespräch in dramatischer Form, das Aristophanes und Merkur den neu ankommenden Schatten der verbildeten Welt in einer ebendahin veränderten Unterwelt begegnen läßt, liegt nur der erste Akt des insofern literarisch ambitionierten Lustspiels vor, als es die im *Rotkäppchen* angebahnte Parodie auf die Semantisierung metrischer Formen im Drama ausdifferenziert. Die ebenso satirische wie parodistische Ko-

---

77 Tieck-S XI, LXIIf. Die rühmenden Attribute zum *Faust*-Fragment – der „tiefe[] Ton", die volle Kraft des deutschen Lautes" und die „unendliche Fülle dieser Komposition", deren „Mannigfaltigkeit Zier, Schalkheit, Witz, Leichtigkeit, neben dem Ehrbaren, Wundervollen, Klangreichen, Geheimnisvollen und Kindlichen in so unnachahmlichen Wendungen zuläßt" – feiern indirekt die angestrebten Eigenschaften der eigenen Poesie.
78 Vgl. Tieck-S XIII, 323. In der späten *Vogelscheuche* wird Ledebrinna, gegen die „Musterkarte von Unsinn" im *Faust* polemisierend, eben gerade über das ubiquitäre Reimen 'Goethe auf Morgenröte' herziehen (Tieck-DKV XI, 570).

mödie schließt 'direkte' Satire und Poetisierung durch die vorangetriebene *formale* Verulkung romantischer und antiromantischer Verfahren ineins zusammen. Wie sehr Tieck das Lustspiel-Projekt schätzte, ersieht man daran, daß er den *Anti-Faust* für den *Phantasus* in der Linie der Theatersatiren vorsah.[79] Der Fragmentstatus, in dem es verbleibt, ist keine Selbstdarstellung romantischer Poetologie, zumal dieser Sachverhalt vom kleinen Teufel Dümmling, dem Bewunderer der *Lucinde* und der Dramen des namentlich benannten Ludwig Tieck, im Falle des *Faust*-Fragments von Goethe ausdrücklich beklagt wird.[80] Daß das Stück, das in den späteren Akten „noch schlimmer als der Anfang" (noch drastischer also) ausfallen sollte[81], nicht zu Ende geschrieben wurde, ist vielmehr der Feigheit eines Literaturbetriebs geschuldet, der die literarisierte Polemik im Geiste Aristophanes' nicht zu drucken wagte.[82]

Das auf fünf Akte mit Prolog und Epilog konzipierte 'Lustspiel' adaptiert die Fabel vom dummen Teufel, der die „bankrott und creditlos" gewordene Hölle[83] vor dem Untergang gegen die durch Aufklärung überlegen gewordenen Menschen retten möchte, nach Ben Jonsons Zeit- und Gesellschaftssatire *The devil is an ass* (1616).[84] Ähnlich der frühen *Volpone*-Bearbeitung sind diesem der deutschen Faust-Tradition verwandten derb-komischen Stoff kaum verhüllt satirische Figuren des zeitgenössischen Literaturbetriebs hinzugefügt, die als Teufel die Hölle noch weiter ruinieren: Gallsüchtig ist Merkel, der Humanitätspathetiker Auerhahn zielt auf Herder (und die explizit aufgeführten *Briefe zu Beförderung der Humanität*), in der Figur Nickels wird einmal mehr der nun aber gar nicht so unwitzige Nicolai satirisiert, insofern er Satans Klagerede über die Zersetzung der Hölle ganz zu Recht als Idealismus gleich den Hoffnungen auf einen jüngsten Tag denunziert: Statt zu jammern, solle Satan gefälligst Vernunft annehmen[85], zumal er ja als „moderner Beschützer und Freund", wie Merkur im 'Prolog' die christlichen Verhältnisse charakterisiert, die „antike Unterwelt" abgelöst habe.[86] Der analog zu Wielands *Anti-Ovid* (1752) konzipierte Titel, den A.W. Schlegel aufbringt[87], kehrt

---

[79] Dazu im Kontext Tieck-DKV VI, Kommentar, 1152. Die Kühnheit des Stücks betont Köpke (Tieck-NS II, XIII). Arntzen (1968, 150f.) erkennt in ihm neben dem *Rotkäppchen* die erste Tendenz weg von den 'Un-Komödien' in der substanzlosen (Theater-)Welt als bloßem Schein hin zur „echte[n] Komödie" als „komisch-enthüllenden Darstellung der verschiedenen Formen falscher Herrschaft und der sie garantierenden Dummheit der Beherrschten", von der „ironische[n] Negation von Welt als substantieller überhaupt" also zur „satirische[n] Negation eines Weltzustandes" (150).

[80] Vgl. Tieck-NS I, 152f.

[81] Tieck an A.W. Schlegel, September 1801 (Tieck-Schlegel, 93).

[82] Siehe Köpke I, 284f.

[83] Tieck-NS I, 131.

[84] Vgl. Stanger (1902, 52f.) mit genauerem Vergleich zwischen Tiecks Literatur- und Ben Jonsons Gesellschaftssatire (54-57, 67f.), bei der es noch keinen lächerlichen Satan gibt (54).

[85] Tieck-NS I, 146.

[86] Tieck-NS I, 141, 129.

[87] A.W. Schlegel an Tieck, 10. Oktober 1801 (Tieck-Schlegel, 94).

Goethes *Faust*-Fragment (1790) samt Teufelsversucheridee in eine Persiflage auf die zeitgenössische Dummheit um, die nun sogar die durch übermäßige Bildung altersschwach gewordene Hölle in ihrer Existenz bedroht. Wie bei Wieland signalisiert der Titel, insofern ihm nach dem vorliegenden Fragmentstatus keine auftretende Faust-Figur entspricht, die gemeinsame Struktur der Satire aus der dem Vorbild entgegengesetzten Behandlung eines verwandten Stoffs: zu beobachten vor allem dort, wo die kleinen Teufelszöglinge in der von Auerhahn zur Beförderung der Humanität eingerichteten Lesebibliothek, bestückt mit fast fünfzig Bearbeitungen des Faust-Stoffs, Klingers *Faust* lesen, um zu lernen, „wie man ein hoffnungsvoller Teufel wird".[88] Mephistopheles zufolge ist aber Goethes *Faust* der einzig „wirkliche" unter den längst inflationär gewordenen Behandlungen. Satan rät indes davon ab, dieses „wahre[] Gedicht über den Teufel" nachzuahmen, weil das „erst recht erbärmlich" wäre.[89] Unverstanden von den anderen schwört Mephisto, der humanitätsbeflissenen Lesesucht und Satans Jammerei überdrüssig, dem Umgang mit dem Höllenfürsten ab und ergreift die Flucht. Der Goethe-Verehrung Tiecks begegnet so die Ironisierung der Vorlage gleich Ben Jonsons Verhältnis zu Shakespeare zwischen Bewunderung und Verspottung[90], die das intertextuelle Spiel Tiecks noch dadurch verdoppelt, daß es mit Dümmling Ben Jonsons Pug aus *The devil is an ass* zitiert, der eben vom *Sommernachtstraum* herkommt: Puck, dort noch 'drolliger' Helfer, ist bei Ben Jonson zum bösen und schadenfrohen Geist mutiert, der freiwillig auf die Oberwelt will, während Dümmling sich erst durch die Klage Satans dazu berufen sieht, als neuer „starker Geist" die Stelle Mephistos zur Rettung der Hölle einzunehmen.[91] Vorher schmuggelt er die von ihm bewunderten Dramen Tiecks in die Höllenbibliothek ein, um „Papa" mit dem Hinweis zu ärgern, im *Zerbino* höchstpersönlich vorzukommen: „aber etwas anders geschildert, als man dich gewöhnlich entwirft; verdrießlich, langweilig und fast etwas einfältig" – eben wie hier im *Anti-Faust*.[92] Inwieweit Tieck damit für sich in Anspruch nimmt, Teil von jener Kraft zu sein, die stets verneint und stets das Gute schafft, muß beim vorliegenden Fragmentstatus offen bleiben. Auf jeden Fall bleibt die Tatsache, daß Satan in Dümmlings Rettungsversuch der Hölle einwilligt, einzig der Rache daran geschuldet, von Tieck in einem „gedruckt Pasquill" lächerlich gemacht worden zu sein. Wenigstens das hat die „Contrebande" (Auerhahn)[93] in einer durch Humanität „trivial"[94] gewordenen Hölle bewirkt.

War das Totengespräch als literarische Darstellungs- und Selbstreflexionsform auf die Aktualität antiker Autoren in der jeweiligen Gegenwart – als Imaginati-

---

88 Tieck-NS I, 150.
89 Tieck-NS I, 151f.
90 Siehe dazu Stanger (1902, 51f.).
91 Tieck-NS I, 158.
92 Tieck-NS I, 153.
93 Tieck-NS I, 153.
94 Tieck-NS I, 145.

onsmodell also für Ewigkeit und Kanonizität vor dem Hintergrund der *Querelle* – bereits in der *Verkehrten Welt* mehr als subkutan präsent, zumal es seit Wielands Lukian-Rezeption trotz Tiecks gegenteiliger Behauptung im *Peter Lebrecht* gegen Ende des 18. Jahrhunderts eine Renaissance erfuhr[95], präsentiert der 'Prolog' des *Anti-Faust* eine dramatische Revitalisierung des Genres im Gefolge von Goethes Literaturfarce *Götter, Helden und Wieland*.[96] Von den „Liebhaber[n] des Scherzes", so eine der zahlreichen Anspielungen auf Falks *Taschenbuch* als erster Hinweis auf die durchgängige Struktur der Verkehrung bereits im ersten (eingeklammerten) Nebentext, sollte der Prolog „besser überschlagen" werden.[97] Wird bei Goethe Euripides mit seinem Nacheiferer Wieland (und der *Alceste*) satirisch konfrontiert, begegnet der athenische Komödienautor im Gespräch mit dem soeben aus tiefem Schlaf erwachten Merkur einer zu Sittsamkeit und „Modernitat"[98] aktualisierten Unterwelt[99]: einem „moderne[n] Reich"[100], wo man liest und betet[101] und wo gerade berichtet wird, daß ebendieser Wieland einen gewissen Falk zum 'neuen Aristophanes' promoviert habe.[102] Tiecks Personalsatire richtet sich aber nicht allein gegen die Konkurrenz Falks um die legitime Nachfolge Aristophanes'. Sie aktualisiert neben aller Kritik an der 'direkt' aufklärerischen Satire die Abneigung gegen Wieland und dessen Aristophanes-Übersetzung, die verfälschend alle zotigen Passagen abmildert, um zu insinuieren, daß der athenische Komödienautor „nicht unmoralisch" sei.[103] Indem Tieck Aristophanes als literaturgeschichtliches Urbild wahrhaft komischer Poesie gegen dessen Rezeption empört sein läßt, polemisiert er selbst dagegen, die „ohnmächt'ge Gallsucht" eines „kränklichen Gesellen" als Satire gelten zu lassen.[104] Zuletzt erscheint Bötticher, Mitherausgeber des *Neuen deutschen Merkur*, um die Stelle des ebenfalls flüchtigen Merkur als 'neuen Psycho-

---

[95] Die Gespräche „im Reiche der Todten", meint der Ich-Erzähler des *Peter Lebrecht* (1795) in impliziter Verspottung Wielands, „sind jetzt aus der Mode gekommen" (Tieck-S XIV, 237).

[96] Zum Totengespräch in gattungsgeschichtlicher Perspektive mit einschlägiger Literatur und Hinweisen auch auf Goethes Stück vgl. Japp (1997, 164-167); zu den sprachlich-stilistischen Ähnlichkeiten des *Anti-Faust* mit der Literatursatire Goethes vgl. Stanger (1902, 58f.).

[97] Tieck-NS I, 127.

[98] Tieck-NS I, 138

[99] Zur Selbstreflexion dieser 'Veränderung' vgl. Tieck-NS I, 133, 142.

[100] Tieck-NS I, 129.

[101] „Nun geht ein Glauben / Oben und unten, auf allen Seiten im Schwange / Ein' Andacht, ein Beten, ein Wimmern und Winseln / Daß unsereins davon möchte die Krätze kriegen" (Tieck-NS I, 131), meint Aristophanes gegen die von allen „Zoten und Schwänken" entwöhnte „cultivirteste Nation" (130).

[102] „Ein großes Genie! Hat sieben Geister im Leibe, und den Aristophanes obenein", rühmt ihn der erste Schatten (Tieck-NS I, 137). Wielands Belobigung Falks im *Neuen deutschen Merkur* (1796), der von den satirischen Geistern Aristophanes, Horaz, Lukian, Juvenal, Swift, Hogarth zusammen geweiht sei, wird vom gegen all seine satirischen Nachfolger empörten Aristophanes selbst paraphrasiert (Tieck-NS I, 138f.); vgl. dazu Stanger (1902, 44, 62).

[103] Darin bestehe nach den Worten des Angelus die eigentliche Dreistigkeit von Wielands Übersetzung (Tieck-NS I, 140).

[104] Tieck-NS I, 132.

pompos' einzunehmen, indem sein Lied in geradezu dada-naher Unsinnskombinatorik sprachlichen Materials, das den „Druck" von Büchern dem „Dreck" ihrer Inhalte angleicht, die neu ankommenden Schatten literarischer und publizistischer Verbildung zu sich ins Faß treibt.[105]

Wie in Goethes Literatursatire geht es in der allegorischen Jenseitsvision, die einen historischen Autor im überzeitlichen Raum zeigt, um die Präsenz und Legitimität antiker Vorbilder samt ihrer Nachfolger im weltliterarischen Kanon. Die Identifikation Tiecks mit Aristophanes erklärt sich eher nur daher, daß August Wilhelm Schlegels Rezension der *Volksmärchen* von 1797 den Bezug hergestellt hatte. Tieck präsentiert im derart poetologisch begründeten Prolog seine Version des Urbilds derb-komischer Poesie nahe Hans Sachs[106], indem er Aristophanes gegen die prätendierten Nachfolger wie vorher bereits Lessing im *Autor* oder die anderen mißverstandenen Dichter im *Zerbino* reden läßt. Das Original sieht sich durch Umbildung verstellt, mißverstanden oder entwertet. Dagegen wendet sich im Kern der Protest von Tiecks Satire. Das Höllenszenarium, in dem antike Unterweltsvorstellungen mit der ins 'moderne' Fegefeuer verschobenen Sphäre kontaminiert sind[107], greift auf den Hades-Agon zwischen Euripides und Aischylos in den *Fröschen* ebenso zurück wie auf die Idee, Literatursatire mit Götterpersonal burlesk zu verbinden. Übernommen wird das Konzept neben anderen Aristophanes-Komödien über Lukian hinweg von Ben Jonsons in *The Poetaster* (1601), wo die Verspottung der Hauptschreier beim Maskenspiel göttlicher Rollen so vor sich geht, daß der Autor im Augusteischen Rom sich in der Rolle des Horaz versteckt, um seine beiden Hauptgegner (Marston und Dekker) zu bestrafen, die ihre Thorheiten durch Nieswurz herausniesen müssen. An die Stelle der alten Dichter und Götter haben sich auch bei Tieck Dummköpfe gesetzt, die selbst Aristophanes beim Anhören der Rezeptionsgeschichte seiner Komödien fassungslos machen und wie Mephistopheles in die Flucht schlagen. Nicht einmal die Hoffnung auf eine Wiederkunft Merkurs als diensthabenden Schattenführers, in der er das „erste Stückchen von Mythologie" sehen will, „die die Schlegels wieder einführen möchten", reicht hin, das Vorbild aller Komödienproduktion im verbildeten Raum einer zivilisierten Unterwelt zu halten.[108] Die Absetzung der göttlichen wie positiv poetischen Sphäre wiederholt eine generelle Struktur der Tieckschen Satire: Eine überlieferte Funktionsstelle wird, so bereits in der *Verkehrten Welt*, durch die neue Herrschaft ausgewechselt, die sich dort selbst lächerlich macht.

---

[105] „Der Bötticher, der Bötticher, bum ‚bum, bum, / Der nimmt gern auf, was noch so dumm. / [...] / Begebt euch zu mir! Und dick, dack, duck, / Kommt ihr in Druck; / In Dreck, Drack, Druck, Dreck, Drack, Druck" (Tieck-NS I, 142); zum literaturgeschichtlichen Kontext der Bötticher-Satire vgl. Stanger (1902, 65f.).

[106] Vgl. dazu Aristophanes' Hinweis auf die „Gedankenfülle", die „in einem reifen, gutgewachs'nen Knüttel steckt" (Tieck-NS I, 136.).

[107] Schwitzend beklagt Aristophanes die Hitze im „höllische[n] Feuer", in das man ihn zur Strafe für seine unmoralischen Satiren gesteckt habe (Tieck-NS I, 130f.).

[108] Tieck-NS I, 135.

Das eigentliche Lustspiel sollte dann die Geschichte des dummen Teufels behandeln, der sich vermißt, der trivialen Hölle die allzu klug gewordene Welt wiederzugewinnen. Niemand hat mehr Angst vor ihr, wo sie mit Oberwelt und Himmel verwechselbar erscheint. Satan führt den Zerfall auf fehlenden Fleiß bei der eigentlichen Pflichterfüllung in einer Sphäre zurück, die sich irrsinnigerweise der Humanität verschrieben hat. Statt sie durch Lesen von Klingers *Faust*-Roman oder Maler Müllers *Faust*-Fragment, die im Sturm und Drang das Motiv menschlicher Banalität als Problem für die Hölle anbahnen, weiter zu ruinieren, hätten die Teufel sich wieder praktisch geltend zu machen. Dafür will Dümmling sich einsetzen, der besonders die so „hübsch" und „niedlich" dargestellte „katholische Religion" in der *Genoveva* schätzt.[109] Der Bestand der Hölle ist eben an den ebenso gefährdeten christlichen Glauben gebunden. Innerhalb eines Monats soll ihr Dümmling, so unter Androhung härtester Strafen bei Fehlschlag, wieder „Ruhm und Glanz"[110] verschaffen. Schwer zu beurteilen ist, welche Rolle sein alter ego Tieck sich dabei zuschreibt. Immerhin ist Satan klug genug zu wissen, daß man diesem Autor durch die satirische Kritik in der Manier Nicolais[111] nicht beikommt, sondern allenfalls – wie tatsächlich geschehen – durch die lobende Aufnahme des *Zerbino* in die 'Jenaische Literaturzeitung', weil ihn dies zumindest „überraschen" werde.[112] Satan gedenkt also, Tieck durch falsches Lob zu „versuchen, daß er selber Lust bekommt, ein Taschenbuch für Freunde des Scherzes und der Satire herauszugeben" und damit die 'bedingte' Satire der Antiromantiker zu reproduzieren. „Fällt er wirklich darauf" herein, so die Zuversicht auf eine Blamierung durch Bekehrung zur 'nützlichen' Funktionserfüllung im Literaturbetrieb, „will ich ihm sein Vergeh'n gegen mich vergeben".[113] Wie sich die Rettung der Hölle durch Dümmlings Respektverschaffung bei der Oberwelt gestalten sollte und in welchem Verhältnis dies zu Tiecks Katholisierungsprojekt der Legendendramatik steht, muß bei Sachlage des vorliegenden Fragments ungeklärt bleiben. Immerhin signalisiert Dümmlings Bewunderung der Dramen Tiecks gerade die isolierte Stellung und den mangelnden Erfolg der katholischen Poesie an einer irreversibel harmlos gewordenen Hölle[114], die seither Gegenstand einer nur

---

[109] Tieck-NS I, 152f.

[110] Tieck-NS I, 159.

[111] „Ich will mich hinter meinen Namensvetter in Berlin stecken", so Nickels Plan in Parodie (anti)-romantischer Wortspiele, „der soll [...] Kritiken oder Antitiecken über diesen Tieck machen, gleichsam Kriegtieck. [...] Er soll ihm den *Gestiefelten Kater* vorwerfen [...] und behaupten, der Verfasser habe sich eingebildet, dieser Kater sei Shakespearisch" (Tieck-NS I, 155).

[112] Tieck-NS I, 156.

[113] Tieck-NS I, 157. „Um es ganz zu verstehen", schreibt Tieck zu diesem Einfall als weitere selbstreflexive Volte an A.W. Schlegel im Sep. 1801, „mußt du wissen, daß ich das Lustspiel erst ganz als Taschenbuch herausgeben wollte, für Freunde des Scherzes und der Satire, gerade wie Falk, indessen, wie ich vorhersah, war es dem Buchhändler [...] nicht recht" (Tieck-Schlegel, 93).

[114] Die diskursgeschichtliche Entwicklung bis zur „Abschaffung der Hölle" als Strafinstanz spätestens Ende des 18. Jahrhunderts im Zusammenhang mit der 'Entstehung des modernen Gewissens' rekonstruiert Kittsteiner (1991, 101-156).

noch komischen Behandlung ist, wie sich wenig später mit dem ins Zynische verschobenen Witz in Grabbes *Scherz, Satire, Ironie und tiefere Bedeutung* und seinem wegen Putztag aus der wärmenden Hölle vertriebenen Teufel erweist.

Verspottet wird die katholisierende Poesie aber nicht nur durch die ihr implizit
attestierte Harmlosigkeit, sondern auch durch Parodie genau derjenigen Strophen-
und Gedichtformen, die Tieck den religiösen Sequenzen der *Genoveva* vorbehalten
hatte: Die Terzinen des satanischen Eingangsmonologs, das „aufgebraucht[e] [...]
Oel" im „eingeschrumpft[en]" 'Geist' der Hölle beklagend, verkehren die prophetische Zuversicht der *Neuen Zeit* und des 'Unbekannten' im Legendendrama
samt ihrer Formreferenz auf die *Göttliche Komödie* in eine Jammerei über den Zerfall jeglicher Hoffnung auf Bestand der strafenden Sphäre.[115] Die daran anknüpfenden Paarverse der „höchst erbärmlichen" Teufel komplettieren sich von daher
nicht ohne Konsequenz zur ebenso ins Lächerliche gekippten Stanze[116], mittels
derer sich Satans Klagen über die zahnlos gewordene Hölle mit Lesebibliothek
fortsetzen, bis er zum Schluß den eigenen tiefen Fall in der ins Drastische hinab-
gestuften Sprache eines Sonetts bespricht.[117] Der stilhöhenverkehrenden Parodie
roman(t)ischer Strophen- und Gedichtformen korrespondieren die gleichermaßen
literarhistorisch aufgeladenen Wortspiele wie das von Mephistos Bestimmung
Dümmlings zum neuen „abandonnirten Abadonna", das eine intertextuelle Referenz auf die ebenso rührende wie blasphemische Ebene in Klopstocks *Messias* erkennen läßt.[118]

Insgesamt verbindet sich im *Anti-Faust* die Literatursatire in der Nachfolge
Ben Jonsons, die die Angriffe der Gegner Tiecks als Anstiftungen zu Dummheit
und Plattheit vorführt, mit der Parodie eigener romantischer Verfahren als Modus
der Bewahrung von Poetizität, Satire und romantischer Ironie ineins. Insofern ist
das Lustspiel tatsächlich kühn geplant, wie Köpke betont, als es formale Errun-
genschaften der *Genoveva* in die satirische Literaturkomödie integriert. Die Verspottung der Romantik-Gegner erfolgt eben auch dergestalt, daß das Stück die
von aufgeklärter Humanität durchsetzte Sphäre selbst das Verfahrensspektrum
romantischer Poesie als Formzitat exekutieren läßt, um im Kontrast zum kraftlosen Gehalt nicht zuletzt die Beschränktheit *dieser* Parodien auf die romantische
Poesie ins rechte Licht zu setzen – damit zugleich aber die Veränderung auch dieser Sphäre durch Poesie zumindest als Möglichkeit nicht auszuschließen.

'Bedingter' noch als die beiden eigenständigen Literatursatiren fällt die Ben-
Jonson-Bearbeitung ***Epicoene oder Das stille Frauenzimmer*** (1800) aus, insofern sie die spezifische, aber eben eingeschränkte Leistungsfähigkeit einer 'direkt'
satirischen Dramatik demonstriert. Tieck reinszeniert die so turbulente wie kla-

---

[115] Vgl. Tieck-NS I, 142-144, hier 144.
[116] Tieck-NS I, 144f.
[117] Tieck-NS I, 145f., 154.
[118] Tieck-NS I, 152.

maukige Entlarvungskomödie um den lärmempfindlichen Misanthropen Morose, der mit der vorgeblichen Schweigsamkeit eines zur Ehefrau Epicoene verkleideten Knaben betrogen wird, in Gegenstellung zur literarischen Kontrastmannigfaltigkeit Shakespeares. Angesiedelt ist die Bearbeitung demnach als strategisches Demonstrationsstück auf der Seite der eigenen Verschärfung satirischer Dramatik um 1800 gegenüber einer Poetisierung, die sich wenig später im *Kaiser Octavianus* vollends entfalten darf. Im Unterschied zur frühen *Volpone*-Bearbeitung, die noch selbständige satirische Szenen auf die deutsche Aufklärung hinzufügt, ist *Epicoene* völlig textgetreu, also ohne eigene Einlagen und zeitgenössische Anspielungen nach einer „frühen Bearbeitung" übersetzt.[119] Das Stück markiert so den einen idealtypischen Pol im Spannungsverhältnis von Poesie und Polemik, das sich in der Gegenstellung Ben Jonsons und Shakespeares noch einmal auch dramengeschichtlich reflektiert: „Im Jahr 1800 übersetzte ich ein andres Lustspiel desselben Autors fast ganz wörtlich", schreibt Tieck zur Intention, „den Freunden Shakespeares diesen Gegensatz, die ganz verschiedene Absicht der dramatischen Poesie nahe zu bringen, und dadurch ein helleres Licht auf Shakespear zu werfen". Bei Ben Jonson seien „Witz, Laune, scharfe Satire, Beobachtung und Charakterzeichnung" wie die Bezugnahmen auf „Juvenal und Ovid" leicht erkenn- und durchschaubar. Gerade die „völlige Erschöpfung des Stoffes im Witz" aber errege „im Beschauer Ermüdung und Sehnsucht nach dem Leben der wirklichen Poesie".[120] Die dergestalt demonstrierte Beschränktheit der 'bedingten' Satire, von der man freilich technisch viel lernen könne, erzeugt daher gleichsam wie von selbst den Wunsch nach hermeneutisch proliferierender Vieldeutigkeit, den nur die unbedingte romantische Poesie erfüllt.

Dramenprojekte 1801-1808

In formaler Ähnlichkeit zu den für Tieck nicht untypischen Dichter- und Funktionskatalogen (vom *Zerbino* bis zum *Autor*) präsentiert der **Prolog zur Magelone** (1803) – das dem *Kaiser Octavianus* nachfolgende Projekt zur Dramatisierung des bereits 1796 in Prosa bearbeiteten Volksbuchstoffs von der Trennung- und Wiedervereinigung des Grafen Peter mit der schönen Magelone – einen spannungslosen Reigen allegorischer Rollen; jetzt aber nicht mehr in satirischen Figuren der Anfechtung, sondern in positiven Personifikationen der lyrisierten Natur: 'Nacht', 'Träume', 'Wolken', 'Sonne', 'Wasser', 'Blumen' und 'Wald' erwecken den 'Jüngling' – so in Reminiszenz an die *Sommernacht* – aus der Gefangenschaft von Furcht

---

[119] Tieck-S XI, XXIX; der Text der Bearbeitung in Tieck-S XII, 155-354. Auch in diesem Band der *Schriften* ist die Versammlung und Anordnung der Stücke bezeichnend: Den rein aufklärerischen Impuls der *Theegesellschaft* bestätigt die Einreihung neben die Bearbeitungen Ben Jonsons.

[120] Tieck-S XI, XXVIIf. Paulin (1988, 116) spekuliert über den mit der *Epicoene*-Bearbeitung verbundenen Versuch, Goethes Interesse an der elisabethanischen Literatur wachzuhalten.

und Trübsal, um ihn kraft des gemeinsamen Gesangs mit der 'Jungfrau' in die 'schmerzende Seligkeit'[121] einer konsubstantialistischen Sprache der Dinge, bei der Zeichen und Bezeichnetes gleichsam aus demselben Naturstoff bestehen, hineingleiten zu lassen. Im größeren Werkzusammenhang sollte die Volksbuchdramatisierung „als Allegorie zwischen Octavian und Genoveva eintreten"[122] und wie im Lustspiel „die romantische Poesie [...] allegorisch und poetisch ausmalen". So besteht der ganze Prolog aus den von der *Genoveva* ins Drama eingeführten Strophen- und Gedichtformen, mit denen jetzt auch dergestalt experimentiert wird, daß sich die Ganzheit eines Sonetts aus den auf 'Sonne', 'Wasser', 'Blumen' und 'Wald' dialogisch verteilten Strophen der Natur synästhetisiert.[123]

Die Idee zum Dramenprojekt *Das Donauweib*, das neben seiner stofflichen Nähe zur *Wunderbaren Historie von der Melusina* (1800) Affinitäten vor allem zum *Runenberg* in der Darstellung des Wahnsinns aufweist, kommt um 1801 auf. In den 'Krisenjahren' der Romantik bleibt das 'Schauspiel' 1808 mit dem ersten Akt im Fragmentstadium stecken. Der Entstehungsimpuls während eines Dresden-Aufenthalts geht auf den Überdruß am zeitgenössischen Theater zurück, dessen „Monotonie" Tieck zu „jener heitern, unbefangenen, oft auch albernen und zuweilen rohen Bühne" des „Sommertheater[s] auf dem Linkischen Bade" habe 'wallfahrten' lassen, wo unter anderen „Wiener Produktionen" Stücke wie *Donaunymphe* (F.J. Kurz) oder *Das Donauweibchen* (K.F. Hensler) gegeben werden: so „kindisch und unbewußt, so blos auf die gemeinste Wirkung hingeführt, daß sie fast wieder wie ein Natur-Produkt wird, und man kaum noch den ordnenden und schaffenden Menschengeist gewahr wird."[124]

Bezeichnet ist damit aber nur die poetologische und verfahrenstechnische Nähe der Ausgangskonzeption zur *Magelone* und zum *Kaiser Octavianus*, die im Unterschied zur *Genoveva* die völlige Entfernung christlicher Motive hin zu einer naturhomologen als mystikaffinen Sprache der Dinge erkennen läßt. Die grundsätzliche Differenz zur mehr oder weniger ungebrochenen Positivität des *Kaiser Octavianus* wiederum besteht darin, daß sich die Darstellung während der Beendigung des ersten Akts um 1807/08 zu einer Dramaturgie des Unbewußten entwickelt: des ebenso faszinierenden wie abschreckenden Dämons in den Tiefen des Ich und seiner Lebens- und Familiengeschichte[125], der die Anthropologie des 'ganzen'

121　Vgl. das oxymorale und dennoch rational nicht einzuholende Zusammenzwingen der Pole Glück /Lust und Tränen/Schmerz in den zweihebig jambischen Schlußversen des gemeinsamen Gesangs (Tieck-DKV VII, 162f.).

122　Tieck-S XI, LXXVIII.

123　Vgl. Tieck-DKV VII, 161; zur Bestimmung der Sonette und Stanzen vgl. Tieck-DKV VII, Kommentar, 644. Publiziert worden ist der durchgängig lyrisierte allegorische Reigen bemerkenswerterweise zuerst in der Sammlung der Gedichte (vgl. 643).

124　Tieck-S XI, LXXXIIf.; die Autoren der Wiener Stücke nach Schweikert I, 251.

125　Das „Fieber", dem Albrecht verfällt, geht genealogisch auch auf eine „alte Krankheit" des Vaters zurück, die sich als misanthropische Melancholie konkretisiert (Tieck-S XIII, 224-226, 228).

Menschen ausmacht, den personalen Kern aber auch zugleich zu zerstören droht. Das Unbewußte und seine triebpsychologischen Hintergründe werden jetzt zum Produktivitätsfaktor einer gleichsam naturidentischen Poesie erklärt, die sich in den Liedern Albrechts als „schwacher Widerhall" der tönenden Natur auch poetologisch reflektiert.[126] Als Allegorie des Dichters verfällt Albrecht der weiblichen Erotik in der amorphen Tiefe der Elemente und unterbricht durch das unheimliche Kind, das er mit der Wasserfrau zeugt, die dynastische Kontinuität, schon bevor er in den Krieg zieht.[127] Der erotische Zwang nach Vereinigung mit der Natur – wollüstiger „Rausch des Wahnsinns"[128] und „Chaos, das in uns ruht"[129] – ist seither im sehnsuchtsvollen „Wellenklang"[130] als „Zaubersang" des Wassers virulent, der Albrecht, zur Figur personifiziert, direkt anspricht.[131] Die Dissoziation des Realitätsprinzips im gestaltauflösenden Element, wo es keinen „Neid" und keinen „Argwohn" gibt, läßt die jetzt tatsächlich szenisch präsentierte Phantasmagorie vom Donauweib mit dem Kind auf dem Arm aufsteigen[132], um als Zeichen von Schuld und Begehren zugleich halluzinativ fortzuwuchern und Albrecht von der vergesellschafteten Ordnung der Dinge zusehends zu entfernen. Wie im *Runenberg* wird das Tiecksche Motiv des gefangenen Sinns als männliches Phantasma psychologisiert, dem die sozial sanktionierte Ebene in der vorgesehenen Konvenienz-Ehe mit Hedwig – seit der Begegnung mit dem Donauweib nur noch ein fremdes, lästiges und kaltes „Gefängnis"[133] – widerstreitet.

Die burleske Ebene um den Trinker Herzbold dagegen läßt sich, allen Vorbehalten gegen orientalische Vielweiberei zum Trotz, nur im alkoholisch intoxikierten Zustand von der Erotik der Natur erfassen, wo seine taumelnde Prosa den Fluß voller Mädchen sieht, die ihm „nackt und wiegend und tanzend" als „Hirngespinste aufsteigen".[134] Auch die Prosanähe von Herzbolds Blankversen beim Umgang mit hohen Personen deutet die gleichsam materialistisch zurückgebundene Begründungsebene der 'neuen Manier' an, insofern die Trennung von Alltäglichem und Phantastischem nun auch als formale Differenz zu den zwischen lyrisiertem Blankvers und Gesang variierten poetischen Formen hervortreten soll. Herrisch stellt sich die Prosa des dreijährigen Kinds dazwischen, das Albrecht mit

---

[126] Vgl. Tieck-S XIII, 201.

[127] „Die *Genoveva* hatte die Anfänge der abendländischen Kultur dargestellt, der *Kaiser Octavian* führte sie als ein Bestehendes vor; das *Donauweib* bildet ihren Untergang nach" (Kern 1977, 75). Kerns rein politische Deutung (72-75) sieht die Doppelung von Ich-Verlust und aufscheinendem Kind als „Sinnbild für die neue politische Ordnung Europas", die sich in die Gemächer Hedwigs als der rechten Braut kurz vor der Hochzeit einschleicht. Dies entziehe dem Dichter den „Boden seiner Existenz und den der abendländischen Kultur" (73).

[128] Tieck-S XIII, 212.

[129] Tieck-S XIII, 209.

[130] Tieck-S XIII, 214.

[131] Tieck-S XIII, 206.

[132] Tieck-S XIII, 207f.

[133] Tieck-S XIII, 213.

[134] Tieck-S XIII, 215.

der Natur gezeugt hat, indem es gleich Rotkäppchen wie ein Erwachsener altklug 'räsoniert'[135], Herzbold zur Mitnahme ins Schloß nötigt und Einlaß in die Gemächer der neuen „Mutter" Hedwig begehrt.[136] Die Allegorie einer sentimentalischen Psycho-Poesie aus der Tiefe des Innen, die sich im metaphorischen Feld von Wasser, Strömen, Rausch, Versinken und Ertrinken, unbewußt, in der höchsten Lust materialisiert, will als Produkt der Vereinigung mit der Natur von der gesellschaftlichen (Familien)-Ordnung anerkannt sein.

Neben den noch weniger ausgearbeiteten Fragmenten der *Melusine*-Dramatisierung kann das *Donauweib* als Tiecks einziger Versuch gelten, die vom *Blonden Eckbert* bis zum *Runenberg* entwickelte Darstellung des Betörenden und Unheilvollen einer sexuell konnotierten Natur, die den Menschen verführt und ohne Seele zurückläßt, ins Drama zu fassen; auf eine Weise, die als szenische Reflexion auf das Unbewußte der eigenen Natur dramengeschichtlich erst von Kleist[137] und den christlich-nationalen Trauerspielen Eichendorffs eingeholt wird. Ist es im *Runenberg* die mineralische und metallische Welt der unterirdischen Venussphäre, die Herz gegen Gold und Stein eintauscht, zieht hier das formauflösende Wasser das männliche Begehren aus der festgefügten Ordnung der sozialen Welt in die so anziehende wie unheimliche Tiefe. Im unbezwingbaren Ausgeliefertsein an den erotisch aufgeladenen Naturraum macht sich neben den naturphilosophischen Konzepten der Zeit (etwa Steffens) – und das ist singulär im dramatischen Werk Tiecks – nun auch die Poetologie des Freunds Novalis geltend.[138] Allegorisiert wird dabei gerade das Scheitern des Dichters gegenüber der Gewalt der Natur, seine Asozialität als Gefährdung der Ordnung durch die im „Grauen" der „gebrochne[n] Töne" in seinen Liedern gespiegelte Dissoziation des Subjekts.[139] Das Stück bleibt wohl auch deshalb Fragment, weil der Untergang Albrechts die Faszination der Gefährdung selbst hypostasierte. Im Unterschied zum *Runenberg* machte sich die Kraft einer Gattung wirksam, der die erheblich stärkere Eindringlichkeit gegenüber der vermittelten Erzählung unterstellt wird.

Soweit der erste Akt ein Urteil zuläßt, handelt es sich bei diesem 'Schauspiel' um ein eher ernst gelagertes 'phantastisch-dramatisches' Stück[140] mit burlesken Elementen. Vor dem Hintergrund stofflicher Reminiszenzen an Zauber- bzw.

---

135 Tieck-S XIII, 218.
136 Tieck-S XIII, 217; vgl. auch 227.
137 Eine Bemerkung Tiecks zum Hinüberspielen ins Märchenhafte in einer geplante Szene im *Käthchen von Heilbronn*, die Käthchen nach der belauschten Häßlichkeit der badenden Kunigunde von einer singenden Wassernixe so ergriffen zeigt, daß es sich in die Fluten stürzen will, veranlaßte Kleist zu deren Streichung – im Gegensatz zur unterstellten Kritik aber zum späteren Bedauern Tiecks, wie der berichtet, weil die Szene „die karikierte Häßlichkeit Kunigundens weit besser motiviert und sie in ein besseres Licht gerückt habe" (Kleist 1977, 226). Paulin (1987, 68) vermutet von daher eine Ähnlichkeit mit dem *Donauweib*.
138 Vgl. vor dem Hintergrund der Nähe zum *Runenberg* Paulin (1987, 61).
139 Tieck-S XIII, 207.
140 Vgl. Köpke I, 340.

Feenmärchen wahrt es, hierin dem frühen *Reh* samt dem erneuerten Rekurs auf Shakespeares Trinkerfiguren vergleichbar, die strikte Trennung von Gewöhnlichem und Wunderbaren nun aber in der Differenz von gesellschaftlicher Konvention und Abweichung, Normalität und Wahnsinn. Im Unterschied also zur frühen Märchendramatik in der Manier Gozzis deutet es, ähnlich der späteren *Phantasus*-Erzählung *Die Elfen* (1811), den insular abgesonderten und traumförmig erlebten Bereich des Phantastischen sozial-anthropologisch aus. Die Schuld des Menschen im doppelten Verrat – an der so anheimelnd schönen wie bedrohlichen und dabei selbst bedrohten Natur einerseits, an der gesellschaftlichen Ordnung andererseits – gefährdet nun nicht nur die physische Existenz, sondern eben auch den Bereich der Imaginationsfähigkeit. Eine Sonderstellung kommt dem Dramenfragment deshalb im Zusammenhang der um 1800 einsetzenden Erotisierung des romantischen Diskurses und der dadurch ausgelösten anthropologischen Selbstreflexion auf die gesellschaftliche wie sozialpsychologische Gefährdung des 'ganzen Menschen' nun auch im Modus der szenischen Rede zu.

Dieser Tendenz kommt zur gleichen Zeit auch das Fragment einer Dramatisierung der *Melusine* (1807) nahe, des von Thüring von Ringoltingen 1456 zum ersten deutschsprachigen Prosaroman bearbeiteten Stoffs von der an das sonnabendliche Besuchsverbot gebundenen Heirat des Grafen Reymund mit einer Meerfrau. Auch diese szenische Umsetzung eines bereits frühneuzeitlich umorganisierten Volksbuchs signalisiert die Anbahnung der 'neuen Manier': motivisch gesehen in der von der Stoffvorlage her erneut zu vermutenden Nähe zu den späteren *Elfen*, wo das schöne Reich der Naturgeister durch den Verrat des Menschen zerstört wird. Vor dem Hintergrund des zur Darstellung der frühbürgerlichen Welt sich wandelnden Prosaromans, der mit der ökonomisierten neuartigen Erzählform das Wunderbare zugunsten des Wahrscheinlichen als faktisch Möglichen zurückdrängt, halten auch die vorliegenden wenigen Szenen den Bereich der Naturgeister vom Alltäglichen – gleichsam nur noch als Reservat – erkennbar getrennt.[141]

Der Reiz des „formlosesten" aller 'uralten französischen Märchen'[142] veranlaßt Tieck zunächst zu einer Literarisierung in Prosa (1800), deren altertümlicher Ton nun gerade auch von den dort erstmals in die Erzählung eingearbeiteten romanischen Gedichtformen (Sonetten, Stanzen) getragen wird, um so eine Art Chantefable im alternierenden Wechsel von anachronistisch rezitierender Prosa und ebendieserart gesungenen Versabschnitten zu reinszenieren. Die dramatische Ausführung mehr als ein halbes Jahrzehnt später führt dagegen erkennbar weg von den frühromantischen Formexperimenten, insofern die Sphären nun auch sprachlich geschieden werden: Die fast zur Prosa entmetrifizierte, also kaum mehr

---

[141] Köpke zufolge deuten die wenigen Szenen „auf den späteren dramatischen Stil hin, wie man ihn etwa im *Fortunat* findet" (Tieck-NS I, XV).
[142] Tieck-S XI, LVIII.

als nur noch residual gebundene Sprache des Schulmeisters (mit gewissen formalen Ähnlichkeiten zu den *Reisegedichten eines Kranken*) steht den poetischen Blankversen Raymunds und den Liedern Melusines gegenüber. Im „irren Geist"[143] des
Schülers Schwindel artikuliert sich die dazugehörige Poetologie, in der der Schulmeister weder „Kunst noch Handwerk" erkennen kann.[144] Schwindels Schwänke,
Märchen und Ideen von der „Entstehung der Welt, feuerspeienden Bergen, Dra-
chen und Feen" samt den naturphilosophischen Spekulationen darüber, „wie die
Sonne zusammengesetzt ist", alludieren die von der Naturmystik Böhmes begeisterte Poetik Tiecks.[145] Erhard vertreibt ihn dafür vom Hof, weil er die Gefahr
für seinen Bruder Raymund sieht. Dennoch ergreift der 'Schwindel' dieser
„Windbeutelei"[146] zwischen Betrug und Sinnestäuschung, folgt man der Stoffvorlage, dann wohl auch Mitglieder der Familie. In den vorliegenden Szenen offenbart er sich in den Liedern Melusines, beim Wasser am Spinnrad sitzend und von
der erzürnten Mutter ob der vernachläßigten häuslichen Verpflichtungen belangt,
insofern sich in ihnen die parallelistische Klangpoesie der frühen Romantik bewahrt: erzeugt aus dem am rasenden Drehrad (der Zeit) 'entzündeten' goldenen
Faden der fließenden Natur, der sich in die Textur für das unvergängliche Kleid
der Poesie einwebt. Genau dieses Gespinst wird wie die goldenen Locken Melusines – so die wenigen Andeutungen, als ein „sterblich Menschenbild" am Fluß
aufscheint – die Sinne der Welt „verblende[n]"[147] und Geister- und Menschen-
reich am Ende zusammen ins Unglück stürzen.

Groteske Schillerparodie im Puppenspiel im Puppenspiel.
Ein Kindergeburtstag: *Der neue Don Carlos* (1807/08)

Die als Gelegenheitsstück wohl für den Geburtstag der Tochter Agnes verfaßte,
von Tieck selbst nicht publizierte Farce *Der neue Carlos* (1807/08)[148] greift mit der
eingelagerten Schillerparodie ein letztes Mal das Spiel-im-Spiel-Verfahren auf, um
die Literatursatire nun aus dem Kontrasteffekt von idealistischer Freiheitsrhetorik
und alltäglichem Grobianismus bis an den Rand einer skatologischen Ästhetik des

---

[143] Tieck-NS I, 160.

[144] Tieck-NS I, 162.

[145] „Wahr ist's, ich denke über solche Sachen, / Und mein Gemüth schaut in den Kern der Dinge. /
Ich liebe nicht der Menschen Alltagsleben, / Der Schöpfung Wunder, der Magneten Kraft, / Die
argen, unterird'schen Feuerquellen, / Der Wasser Element, mit jenen eines [...]" (Tieck-NS I,
164).

[146] Tieck-NS I, 160.

[147] Tieck-NS I, 168.

[148] Agnes, geb. 1802, war 1807 fünf Jahre alt und noch nicht lesefähig (Puhan 1935, 34): Mit dem
Epilog Agneschens verleiht das Geburtstagsstück deshalb auch seinem Wunsch Ausdruck, daß
die angesprochene Tochter bald werde lesen können, um dem in der Farce gezeigten flegelhaften
Kunstbanausentum zu entgehen. Die Lesefähigkeit allein wirkt, so die abzuleitende Unterstellung,
als Erziehungsprogramm.

Ekels freizusetzen. In der komischen Behandlung der rhetorisierten Stillage von Schillers Dramatik an der Übergangsstelle vom Sturm und Drang zur Weimarer Klassik macht sich ein antiganzheitlicher Impuls als Reaktion auf ein Kernelement der goethezeitlichen Ästhetik geltend, der ein Zentrum der frühromantischen Poetologie Tiecks selbst angreift. Sprachlich äußert er sich in einer teils sehr drastischen Umgangssprache[149], die neben aller grobianischen Wortwahl aus dem Fäkalbereich auch formal an die monströsen Wortkaskaden in Fischarts *Geschichtklitterung* (1590) als Signatur einer manieristischen Ästhetik des Grotesken anknüpft.[150] Die Literatursatire, dezidiert nun gegen das klassische Drama gerichtet, deutet nicht nur im Blick auf die drastische Sprache auf das spätere *Däumchen* voraus, während die Schillerbezüglichkeit selbst bis auf die eigene *Don Carlos*-Adaption im frühen Tragödienversuch *Anna Boleyn* zurückverweist.

Die dreiaktige Farce als Kasperltheater für den Kindergeburtstag mit komischen Implikationen für den literarisch versierten Leser, auf den das Stück aber ostentativ nicht mehr baut, setzt sich aus zwei Handlungssträngen zusammen: der Familie um Einfalt, einer ins Groteske verzerrten Typenfigur des Bürgers als Edelmann mit Villa in den Bergen samt dem von ihm mißbilligten unstandesgemäßen Umgang seines Sohns Absalom mit den Jugendlichen aus dem Dorf; dem heruntergekommenen Theaterdirektor Kraftmann, mit Büchern „voll Könige[n], Helden, Spitzbuben, Tyrannen, Liebhaber[n] und Geliebten, polnische[n] Jüdinnen und englische[n] Mamelucken" im Arm[151], aber von seiner Truppe verlassen, weil er selbst beim Wirt jeden „Credit" verloren hat. Aus Sorge um die öffentliche Ordnung erteilt Einfalt dem verzweifelten Prinzipal keine Aufführungsgenehmigung in der Stadt. Trotz aller besserungsdramatisch wie nationaltheatralisch unterfütterten Rhetorik wittert der beschränkte Amtmann, der eher um die Verbesserung der Steuereinnahmen von den Bauern besorgt ist, nur Aufruhr und Chaos:

---

[149] „Halt nur endlich einmal das Maul, mein Engel, das wäre am besten für dich", so Lila, Christines Schwester zum dummen Alfons, mit dem sie unglücklich verheiratet ist (Tieck-Don Carlos, 105); ansonsten sind Wörter wie 'Karbatsche', 'abschmieren' und 'abschaben' usw. keine Seltenheit.

[150] Das wortspielerische Variieren und grammatikalische Durchdeklinieren parataktisch angehäufter Einzelwörter, basales Sprachgenerierungsprinzip der *Geschichtklitterung* zur monströs wuchernden Erschließung einer vielgestaltigen Welt durch Namengeben, reinszeniert die Posse bereits eingangs in den komparativisch heißlaufenden Wortkaskaden Hanswursts als Prolog, die sich wohlgemerkt an die Adressaten eines Kindergeburtstags richten: „Einen schönen guten Abend, Hochgeehrteste und Wertgeschätzteste, und intimst Geachtetste, und insonders Venerirteste, ingleichen nichts weniger als gering Geschätzte, oder gleichsam übersehene, sondern im Gegentheil recht verstanden, von der Verehrung selbst, himmelhoch köstlich angesehene, / und wie man sagen möchte, wie aus dem Ei geschälte, subtil und sublim genannte und anerkannte Zuhörerschaft; vorzüglich aber das kleine, reine, feine, geputzte, gestuzte, aufgemuzte, nie beschmutzte [!] Agneschen!" (Tieck-Don Carlos, 89). Bereits der Prolog exponiert damit – neben der Erziehung zur Reinheit durch Abschreckung vor dem Schmutz in der Farce – die das Stück tragende Inkongruenz zwischen adressatenbezogenem *aptum* und semantisch-grammatischer Exklusivität von Worten, die der Ruhigstellung der Kinder auf ihren Stühlchen dienen sollen: „auf dass weder Agnes noch Mariechen so hin und her rutschen" (89).

[151] Tieck-Don Carlos, 94.

bei *Kabale und Liebe* „Kabalen", in der *Iphigenie* „Vieh-Genie"[152], und bei *Verbrechen und Ehrsucht* liegt die Gefahr auf der Hand; *Leben und Tod des grossen Schinderhannes* oder der *Wilhelm Tell* seien schließlich rebellische Stücke, wo ein „Bauerntölpel den würdigen Amtmann todtschiesst".[153] Dem Ordnungsfanatismus des um Bildung ja insoweit durchaus bemühten Staatsorgans widerstreitet der exzentrische Sohn Absalom, der gleich Karl Moor dem Rasen und Brüllen verfällt und die arme Christine aus dem Dorf natürlich nicht heiraten darf: Ein Schinderhannes oder Rinaldo Rinaldini zu werden, sei nur dadurch zu vermeiden, daß er Philosophen lese und vom „Pyrmonter Brunnen" trinke, damit sein „ganzes Geblüt" „geläutert und gleichsam Spirituosität" und sein Gehirn „destillirt, krystallisirt und legitimirt" werde.[154] Die existenzbedrohende Lage Kraftmanns erhält eine positive Wendung, als es der rhetorischen Versiertheit seiner Gattin gelingt, durch einschmeichelnde Rühmung Einfalts als edlen Beschützer der Künste die Genehmigung zur Aufführung des als 'moralisch-philosophisch' korrekt ausgegebenen *Don Carlos* zu erwirken. Ermöglicht wird die Inszenierung freilich nur dadurch, daß sämtliche Figuren der dörflichen Sphäre eine Rolle übernehmen, so daß zuletzt Einfalt als alleiniger Zuschauer übrig bleibt.

Das Spiel im Spiel, von der rasch zusammengewürfelten Freiwilligen-Truppen in einer völlig zurückgestutzten Minimalversion gegeben und von Anklängen einer Musik introiert, die man vermutungsweise einer Symphonie Hadyns zuschreibt, nimmt den ganzen dritten Akt ein. Den Prolog gibt Einfalt als „Dreckthor" eines Theaters, das den Zuschauer in die „heilige[n] Eingeweide der Kunst" führt. Mit Mist werden die edlen Gewächse gedüngt und fruchtbar gemacht, damit sich die Zuschauer wie die sittlich-moralische Welt überhaupt in „Eingeweide" verwandeln.[155] Die Aufführung bricht aber vorzeitig mit der ganzen Posse selbst ab, weil Kraftmann aus der Königsrolle tritt und sogleich von der Bühne hinabsteigt, als er von seiner Gattin erfährt, wegen einer Erbschaft aller materiellen Sorgen ledig zu sein. Theater ist selbst dem Theaterdirektor unnütz geworden. Immerhin deutet bei aller konsequenzlosen Offenheit dieses Endes die neue Liberalität Einfalts in Hochzeitsfragen, die den konventionell matrimonialen

---

[152] Tieck-Don Carlos, 110f. Die Beschränktheit der ungebildeten Sphäre macht sich an der stilistischen Verkehrung von Dramentiteln oder Funktionsstellen des Theaterbetriebs ins Derb-Alltägliche als das für den geringen Verstand allein Nachvollziehbare kenntlich, und zwar auf jene platte Weise, die dem Bewußtseinsstand der naiven Rezipienten selbst Rechnung trägt: „Bräute von Messing", „Marie von Stuttgard"; aus den Talenten wird die „Tal-ente" (122), den Prinzipal kennt man nur als „Prinz-Fahl" (108) oder „Prinz-Metall" (121), den Direktor als „Dreckthor" (135) und die Philosophie als „Vieh, loses Vieh" (99). „Ja, den hohen Stil habe ich bis jetzt noch gar nicht begriffen", meint das besonders beschränkte Röschen, das die Eboli spielen soll. Umgekehrt zeigt sich die Unbedarftheit naturgemäß auch an den fehlgehenden Versuchen, exklusiv zu sprechen, wo der „Enthusiasmus" als „Enthu-Si-Asmus" erklingt (94), während der in der Stadt verweilende Komödienspieler als ein „Mann von ausserordentlicher Extraction" gilt (95).

[153] Tieck-Don Carlos, 110.

[154] Tieck-Don Carlos, 97.

[155] Tieck-Don Carlos, 135.

Schluß der Komödie ins Plädoyer für standesunbesorgtes Heiraten aufweicht, doch einen bestimmten Nutzen der Aufführung an: Als Witwer denke er daran, vom Blick auf die Erbschaftsperspektive Kraftmanns angeregt, die Königin aus dem *Don Carlos* zur Gemahlin zu nehmen, „und meine Kinder mögen heiraten, wen sie wollen!"[156]

So verdoppelt das Spiel im Spiel die der Komödie selbst bereits angenäherte Kontamination von bürgerlichem Familienrührstück (samt Anspielungen auf das Melodram) und Staatsaktion (Einfalts) auf dem Jahrmarkttheater zu einer ins Groteske gesteigerten Dramatik der Inkongruenz zwischen hohem Gegenstand und derb-dilettantischer Ausführung. Im Rekurs auf romantische Texte Tiecks, u.a. in einer Persiflage auf die *Runenberg*-Sphäre[157], rühmt der einst expatriierte Hanswurst seine Rollenversatilität, weil er jetzt sogar rührend sein kann und – „wenns sein muß" – sogar die Eboli spielt: „je mehr Sau, je mehr Eboli!"[158] Der Witz der Posse resultiert folglich daraus, den *Don Carlos* von Spaßmachern und Tölpeln ähnlich der Handwerkeraufführung des *Sommernachtstraums* spielen lassen, wobei sogar Einfalt sich darüber amüsieren kann, daß ein Dummkopf wie Alfons den Domingo spielt oder Röschen die Eboli gibt. Die Bezugnahme auf Schiller als „Dichter der Nation"[159] und den laut Tieck so 'unmöglichen' wie generisch selbst in sich widersprüchlichen *Don Carlos*[160] bleibt insofern formal motiviert, als dieses Übergangsstück ja ebenfalls die Staatsaktion mit dem Familiengemälde in einem fürstlichen Haus zusammenzwingt.[161] Komisch gesteigert wird genau diese Ver-

---

[156] Tieck-Don Carlos, 144.

[157] Integriert wird diese in einer völlig dysfunktionalen Episode, bei der Theodor, Caspar und Einfalt auf der Suche nach Schätzen „aus dem innersten Magen" der Berge unterwegs sind (Tieck-Don Carlos, 124). Der Geist der Gattin Einfalts befiehlt hier die Zustimmung zur Hochzeit mit Caspars Tochter, macht sich dann aber unversehens mit „schrecklichem Gestank" (132) aus dem Staub. „Meine wohlgesetzten Reden", meint Einfalt in einer unwissentlich anspielenden Rückbindung der Böhme-Implikationen im *Runenberg* ans Essen, „gehn alle immer auf den Mittelpunkt der Dinge" (130).

[158] Tieck-Don Carlos, 120f.

[159] Tieck-KS III, 40.

[160] Vgl. dazu Tiecks geradezu klassizistische Bemerkungen in der späteren Schrift *Das deutsche Drama*: „[...] der aufgeklärte, freiheitsschwärmende Posa, so unmöglich wie Franz Moor, läßt, so oft er erscheint, das Stück stillstehen, die berühmteste Scene der Tragödie, die den meisten Enthusiasmus erregte, und noch wol jetzt die größte Teilnahme erweckt, ist die, wo ohne Möglichkeit und Wahrheit, ohne alle Nothwendigkeit der eigenwilligste Tyrann in die Schule genommen wird, und halb bekehrt von dannen geht. Intrigue [die das Trauerspiel nicht vertrage] sieht man, zu viele Bewegung, aber wenig Handlung, großen Schönheiten, aber wenig Wahrscheinlichkeit [...] Gesinnungen, in welchen die Scenen still stehen, Meinungen, Reflexionen, Untersuchungen und Seelenzustände ersetzen die eigentliche Handlung" (Tieck-KS IV, 204f.).

[161] Auf den Übergang von der Prosa- zur Blankversfassung spielt Tieck auch verfahrenstechnisch an, indem er Absalom in einer Eifersuchtsszene mit seinem Rivalen Peter noch vor der Aufführung in Blankversen reden läßt (Tieck-Don Carlos, 126). Die sprachlichen Reste des pompös inszenierten Hinabstürzens vom Felsen der beiden Liebenden – „Bauz! Bauz!"/„Plump! Plump!" – wird von der verlassenen Geliebten Christine zur Sprache der Natur im „Chorgesang des Waldgeflügels", veralltäglichende Persiflage auf einen Kerngedanken romantischer Poesie, verklärt (129).

schränkung zur weit auseinandergetriebenen Diskrepanz von Thema und Durchführung nicht zuletzt durch die Kommentare des Zuschauers Einfalt, die geradezu stichomythisch intervenierend[162] kleinbürgerliche *family values* zum besten geben: Carlos' Liebe zur Mutter scheint ihm moralisch ebenso fragwürdig wie daß
sich sein Sohn in der Rolle Albas beschimpfen lassen muß, obgleich er doch auch
wiederum recht stolz darauf ist, daß dieser es zum Herzog gebracht hat. Witzig
ausagiert wird demnach – und zwar im erkennbaren Gegensatz zum *Gestiefelten
Kater* – das trotz aller Unzuständigkeit gelingende Funktionieren der Illusion, weil
ihr Zuschauer die theatralischen Rollen mit der alltäglichen Existenz ihrer Träger
gleichsetzt. Bespricht Carlos in durchaus korrekten Blankversen den Verzehr von
Butterbroten als Knabe, bricht Einfalt ob der 'herrlichen' „Menschenkenntnis"
sofort in Begeisterung aus[163], auch wenn er die Rede sonst nicht versteht und den
Verdacht aufrührerisch-amoralischer Intentionen auch weiterhin nicht los wird.
Die Identifikation selbst jedoch ist dem Banausen nirgends beeinträchtigt, zumal
kein Verfasser mehr auf der Bühne in Spiel eingreift und allenfalls der Wirt als
Regisseur einmal für den ordnungsgemäßen Ablauf sorgen muß.

Die von daher vergleichsweise harmlose Farce entbindet das Groteske nun
aber nicht mehr allein aus dem Kontrast von idealistischer Stilhöhe und Parodie
der Schillerschen Blankverse[164], sondern – mit der Herabstufung ins Materielle
verbunden – auch im ganz handfesten und darin sehr traditionsbewußten Sinn
des grotesken Leibs. In der durchgängigen Metaphorik von Körperfunktionen
wird die sprachliche Indifferenz romantischer Poesie geradezu wörtlich genommen: Das Synästhesie-Postulat der Frühromantik verkehrt sich in eine Poetik der
gefräßigen Inkorporation, Verdauung und Kompostierung. Insofern nimmt die
skatologische Sprache im Rahmen der drastischen Einverleibungs- und Ausschei-
dungsmetaphorik samt olfaktorischen Konsequenzen ('Fressen', 'Saufen', „Verdauung", „Dickbauch", 'Kot', 'Mist', 'Düngung', 'schrecklicher Gestank') das romantische Vermischungspoetologem gleichsam konkret körperlich, als es die in
die Bühne eingeführte Kulturnahrung als Dünger für derb-komische Theatralität
verbraucht. Die Poesie geht durch die 'Eingeweide der Kunst'. Das „romantisch[e] [U]marbeiten" der „plastischen Natur" produziert „Mantsch", der eine
„Spur von Figur" ebensowenig wie geregelte Metrik erkennen läßt: „Philosophisch will ich dich vernichten, / In Trimetern dich dichten, / In Chorgesang
dich kneten, / Dich stark mit Füssen treten", bringt Absalom das dergestalt metonymisch gefaßte Einverleibungs- und Vermischungsverfahren romantischer Literatur gleichsam auf den Zentralpunkt des grotesken Leibs, „Dich lyrisch unter-

---

[162] Nicht selten reagiert er auf jeden Vers mit einer ebenso einzeiligen Ansichtsbekundung in Prosa.
Die formal komisierenden Antikenbezüglichkeiten kehrt Tieck später noch sehr viel stärker im
Däumchen hervor.

[163] Tieck-Don Carlos, 140.

[164] „Die schönen Tage in Charlottenburg / Sind nun vorbei; und wir sind umsonst hier gewesen"
(Tieck-Don Carlos, 135).

tummeln, / Episch zusammen rummeln, / Satirisch, römisch überziehn, du Vieh, / Dass du ein Wesen bist, du weisst nicht wie".[165] Was hinten rauskommt, ist Scheiße, die nicht zuletzt auf die Realität des um 1805/06 völlig heruntergekommen Theaters abzielt.

Aufgebracht wird all dies in einem kleinen „Puppenspiel" mit Prolog und Epilog zum Kindergeburtstag, mit dem Tieck an das Marionettentheater in der Wüste des *Zerbino* erinnert, obgleich Kraftmann gegen die entsprechende Anfrage Einfalts ausdrücklich versichert, daß „alles höchst kunstmässig von wirklichen Personen ausgeführt" werde.[166] Die Inszenierung des *Don Carlos* ist ein Puppenspiel im Puppenspiel mit eigenem Prolog Einfalts als Theater-'Dreckster'. Die kurzen Szenen der ganzen Farce, gespiegelt in der ziemlich gekürzten Fassung des Schiller-Stücks auf der Bühne, bedürfen im Kasperltheater keiner konzisen Plot-Logik, um die konsequenzlos sprunghafte Ästhetik des Grotesken in der parodistischen Veralltäglichung gerade derjenigen Szenen des *Don Carlos* fortzusetzen, in denen Schiller höchst idealistisch ist. Die daraus abgeleitete Hauptthese Puhans von der 'realistischen' Umschrift des Puppentheaters, die sich in der Satire auf Klassik und Romantik zugleich als Hinwendung zur 'neuen Manier' geltend mache, ist aber insofern zu relativieren, als doch eher das intertextuelle Spiel in der manieristischen Herabstufung zeitgenössischer Dramatik überwiegt. Die Darstellung des Absurden erreicht eben noch nicht jene im späteren *Däumchen* vordringende gesellschaftlich-politische Ebene, etwa in der Thematisierung der von einem zynischen Staat ausgebeuteten Landbevölkerung, die bei allem Aberwitz gerade dieser letzten Literatursatire tatsächlich auch die sozialgeschichtlichen Konsequenzen der einsetzenden Industrialisierung referiert. Darstellungsgeschichtlich geht die Farce über Goethes frühe Hanswurstiaden hinweg deshalb eher auf Fischart zurück, den Tieck im *Autor* von den gerühmten Autoren des 16. Jahrhunderts wohl gerade wegen der vielgestaltigen Sprachmächtigkeit der manieristischen Satire für 'verteufelt grob' erklärte.

Die von dort herkommende Bildlichkeit aus dem Bereich der Körperfunktionen reflektiert den aufsteigenden Historismus im Historischwerden romantischer Literatur und des Humanisierungsprojekts der national-moralischen Schaubühne als Kompost einer ungewissen Zukunft der Literatur. Die höhere Kunstmetaphysik bindet sich an die alltäglichen Umstände von Theatralität zurück, wo man vor allem ans Essen denkt und die elaborierte Sprache des Humanitäts-, Bildungs- und Literaturtheaters weder spricht noch versteht. Das idealistische Pathos Schillers ist für ein kognitiv dazu gar nicht ausgestattetes Publikum ebenso untauglich wie die gleichermaßen voraussetzungsreiche romantische Ironie, die Tieck in den anspielungsintensiven früheren Theatersatiren ansteuert. Das unbedarfte Laienspiel im Spiel kommt jetzt ganz ohne fiktionsironische Einfälle aus: Zeichen der Hinwendung Tiecks zu einer Theatralität, die allen selbstreflexiven Witz in ein-

---

[165] Tieck-Don Carlos, 127.
[166] Tieck-Don Carlos, 108

gängige, wenn nicht geradezu ostentativ hervorgekehrte Verständlichkeit zurücknimmt, um der intellektuellen Kompetenz seiner Rezipienten Rechnung zu tragen. Die Vermeidung aller literarisierenden Formen der dramatischen Rede basiert auf der simplen Antiklimax gehobenen Sprechens in eine Ebene hinab, die auch der literarisch unbedarfte Zuschauer nach seinen Voraussetzungen versteht. So würdigt der antiintellektuelle Impuls der literarisch wenig spektakulären Farce, der möglicherweise auf den fehlenden Erfolg der eigenen romantischen Dramaturgie reagiert, adressatenbezogen das *aptum* – ironisiert allenfalls nur noch durch die Überdeutlichkeit der Komik selbst. Markiert ist damit auf jeden Fall die Revision frühromantischer Poetologie als bildungsexklusives Abenteuer des ironiefähigen Geistes, für das zu Beginn des 19. Jahrhunderts ein kompetentes Publikum nicht mehr angenommen wird. Die Glückwünsche für Agneschen vor dem Gute-Nacht-Gruß zielen auch von daher nicht zuletzt auf eins: daß es kein Flegel wie Absalom und kein Gänschen wie Röschen werde, indem der Wunsch, bald lesen zu können, ganz schnell in Erfüllung geht.

5. Erinnerte und zitierte Romantik

Die beiden letzten Dramen Tiecks – *Fortunat* (1815/16) und *Leben und Taten des kleinen Thomas, genannt Däumchen* (1811) – entstehen im Rahmen des *Phantasus*-Projekts. Sie greifen die für das szenische Werk um 1800 signifikante Doppelung von Literaturkomödie und Volksbuchdramatisierung auf[1], um als nun durchaus theatralisch angelegte Reminiszenzdramaturgie die Erinnerung an das Drama der Romantik wachzuhalten.[2] Die komplex in sich verspiegelte Intertextualität des *Däumchen* in überzähligen und teils äußerst diversifizierten system- und einzeltextreferentiellen Bezugnahmen auf den literarischen und philosophischen Diskurs

---

[1]   Beide Stücke gehen konzeptionell auf die Jahrhundertwende zurück. Daß die „alten und ältesten Plane im Fortgange meines Lebens so wenige Revolutionen erleiden", wie Tieck dazu im Brief an Solger vom 24. März 1817 betont, insofern sie ein Jahrzehnt später „mit geringen Abänderungen eben so niedergeschrieben" worden seien, wie sie um 1800 „innerlich ausgearbeitet" waren (Tieck-Solger I, 536), wird freilich von der den letzten *Phantasus*-Erzählungen nur wenig später attestierten 'neue Manier' revidiert. So schreiben sich in die späten Dramen tatsächlich strukturelle Verschiebungen ein, die erkennbar auf die gesellschaftsgeschichtlichen Veränderungen seit Beginn des 19. Jahrhunderts reagieren. Trotz aller von Tieck behaupteten Kontinuität unterliegt auch das dramatische Werk, insofern es sich eben nicht einem vorab fixierten, abstrakten Formparadigma unterwirft, der Historizität literarischer Verfaßtheit, die aus der historischen Transformation der Logik ihres Produziertseins resultiert.

[2]   Zur Anerkennung von Theatralität in beiden Stücken, die nun darauf hinausläuft, Handlungen tatsächlich eher aus Situationen ohne vorgängig allegorische Begründung selbst zu entbinden, vgl. Tieck-S I, XLIIIf. Diese Verschiebung zeichnet sich, wie gesehen, zuerst im *Neuen Don Carlos* ab. Zur Reminiszenz als Schlüsselkategorie einer spätzeitlich-epigonalen Poetologie, deren komplexe Intertextualität gegen die Abwertung zum unorganischen Stückwerk seitens der älteren Forschung positiviert wird, vgl. Fauser (1999, 48–56).

um 1800 verschreibt sich wie der ganze *Phantasus* und die ausgreifende Editions-
tätigkeit (etwa der Werke von Novalis) der kritischen Bestandsaufnahme und Archivierung einer Poetologie, die mit den beschleunigten gesellschaftlichen und
politischen Veränderungen seit Beginn des 19. Jahrhunderts zusehends obsolet
erscheint. Die Bewahrung und Erneuerung des Poetisch-Wunderbaren als einer
ebenso punktuellen wie letztlich haltlosen Valenz im Alltäglichen ist weniger
'Abkehr von der Romantik'[3] als neuartige, gleichsam insulare Einlagerung reali-
tätsinkompatibler Elemente in eine zunehmend 'frührealistisch' verfaßte Darstellung.

Komische Reminiszenzdramaturgie auf den ästhetischen Diskurs um 1800: *Leben und Taten des kleinen Thomas, genannt Däumchen* (1811)

Die „genialste Parodie der Klassiker" erkannte Arno Schmidt[4] in der von literarischen, philosophischen und sonstwie gelehrten Anspielungen völlig durchsetzten,
ja von diesen geradezu konstituierten letzten Literaturkomödie Tiecks, die als
dreiaktiges 'Märchen' 1811 nach der einschlägigen Perrault-Vorlage eigens für den
Phantasus geschrieben wird und mit dem Titel bereits den doppelt persiflierenden
Bezug auf die religiöse Poesie der Legendendramatik[5] wie deren Dekonstruktion

---

[3] Vgl. Paulin (1987, 73) zur Diskussion um Lieskes Buch *Tiecks Abkehr von der Romantik* (1933) und
dessen These vom Wechsel von der Märchensphäre zur Darstellung der 'bürgerlichen Welt' auch
im Rahmen der Selbstreflexionen Tiecks im Briefwechsel mit Solger, die um das Problem der
„Zuwendung zu einer Art 'Realismus'" ab etwa 1810 kreisen (Paulin 1988, 168).

[4] „[...] die genialste Parodie der Klassiker, à la Goethes 'Helena' oder Schillers 'Braut': schlechthin
unvergleichlich nach Witz und kunstvollstem Ton; eine Widerlegung der Klassik mit ihren eigenen Mitteln; eine ad=absurdum=Führung von deren Themen= und Formen=Pathetik, einzig in
ihrer Art" (A. Schmidt 1990, 320). Schmidt unterschlägt oder verkennt die gegen die Romantik
selbst gleichermaßen gerichtete Literatursatire.

[5] Kern (1977, 112f.) deutet die komische Reminiszenz auf die *Genoveva* in der mittelalterlichen Welt
des *Däumchen* rein politisch als Demonstration des Zerfalls einer religiös gebundenen nationalen
Zuversicht auf ein einiges Reich: In dem Maße, wie niemand mehr auf die Beschwörungen des
Bonifacius achtet, weil es keinen Karl Martell mehr gebe, „der Skaramuz die Stirn bieten kann",
bleibe nur noch ein „verbissener Spaß" als „Antwort auf die Frage nach dem Nationalhelden"
(112). Die Sorgen des Artus-Hofs gruppieren sich um Egoismus und Uneinigkeit, Kay rede wie
Blücher, und alle Helden sind solange unterwegs, bis der Staat zugrundegerichtet sei (womit Tieck
übrigens Tankred Dorsts *Merlin oder Das wüste Land* vorwegnimmt): „Man spielt eben Mittelalter"
(113), wo Staatsaktionen Wand an Wand mit den kleinen Leuten stattfinden und die Königssze-
nen unauffällig neben den anderen stehen. Die Rettung zielt auf einen Anachronismus, der Retter
Thomas sei nur ein Witz, ein gequälter Scherz, der weniger einen Bruch in Tiecks Werk als den in
seiner Zeit indiziere, worauf der *Phantasus* als Bestandsaufnahme reagiert (113). In Däumchens
Vermögen, kraft der wunderbaren Siebenmeilenstiefel weitläufige staatspolitische Maßnahmen in
Sekundenschnelle zu bewältigen, kann man sogar eine Art ironischer 'Materialisierung' des ubiquitär über das Ganze verfügenden auktorialen Narrators im Universaldrama, eine Art Kontrafaktur
auf Bonifacius also, sehen, die sich auch in der abschließenden Kavalierstour Kays durch die ganze Welt als Persiflage auf zeitgenössische Bildungsreisen spiegelt (vgl. Tieck-DKV VI, 774).

im gleichermaßen 'albernen' *Rotkäppchen*[6] anzeigt. Thematisch spiegelt sich die Reminiszenz samt Rückbindung an die Märchendramatik Tiecks seit dem frühen *Reh* im Orakel des nunmehr derart verzauberten Merlin, daß ihn selbst in der mittelalterlichen Welt „kein Mensch [mehr] sieht".[7] Sowohl dem Artus-Hof als auch Wahrmund und Else prophezeit der Zauberer zukünftiges Glück durch die staatstragenden Heldentaten eines Zwergs mit Stiefeln. Hat die heruntergekommene, so ratlos wie zynisch gewordene und in Zwietracht zerfallene Artus-Runde[8] damit aber vor allem ein hermeneutisches Problem, weil sie den Sinn der prophezeiten Vollzugsorgane nicht versteht[9], kann das verarmte Tagelöhnerpaar, kaum mehr überhaupt sich an den Namen des Zauberers erinnernd, über derartige Verheißungen nur noch ungläubig ablästern.[10] Am Ende tritt die Errettung von Staat und Familie durch den nur däumchengroß schwächlichen, freilich sehr klugen Thomas kraft der wunderbaren Siebenmeilenstiefel (samt ironisch eingesetzter Christus-Allusionen)[11] überraschenderweise tatsächlich ein. Komisch konterkariert wird der schöne Komödienschluß, der sich mit Alfreds Hochzeitsantrag bei Malwina aber nur noch andeutungsweise generisch stabilisiert, durch Persiweins Preisgesang auf Herkunft und Leben eines Helden, der sich bescheiden für die Stelle des Hofkochs interessiert. Die Romanzen als „Kinderlieder" aus dem „Alt-Englischen"[12] – vorgetragen von einem bürgerlicher Literaten, der es durch das Wunder nationaler Rettung noch einmal zum Hofdichter bringt – kontrastieren die Staatsaktionen des Helden mit den denkwürdigen Einzelschicksalen seines Lebens: Fraß einst eine Kuh den allzu kleinen Däumling auf der Wiese, um

---

[6] Vgl. die Attribute des 'Albernen' und 'Kindischen', die das *Phantaus*-Rahmengespräch auch dem *Däumchen* zuweist (Tieck-DKV VI, 703, 776).

[7] Tieck-DKV VI, 707.

[8] Tieck führt den Verfallszustand im Funktionsverlust genau derjenigen mittelalterlichen Ideale, die die höfische Literatur tradiert, an einem nur noch von puren Partikularinteressen getragenen Staat vor (vgl. Tieck-DKV VI, 730).

[9] Tieck-DKV VI, 731.

[10] „[...] wie heißt er doch? WAHRMUND: Laß gut sein, – Schmerl oder Merl, – die Alfanzerei läuft auf eins hinaus. ELSE: Ja, ja, leere Worte, – was bracht' ich in meiner Angst zur Welt? den kleinen armseligen Thomas, einen Zwerg, einen unnützen Brotfresser, aus dem zeitlebens nichts werden kann" (Tieck-DKV VI, 707). Die Indifferenz der Prophezeiung gegenüber der kontingenten Zukunftsoffenheit der neuen Welt bestätigt sich später in Thomas' Befund vom „seltsam märchenhafte[n] Zufall", der ihm „wundervolle Zauberstiefel gab" (756): Schon die mittelalterliche Welt glaubt nicht mehr an die „Zeit der Wunder", in der sie anerkanntermaßen ja lebe, selbst wenn davon „in Chronik und Gedicht" zu lesen sei (757).

[11] Diese zeichnen sich sowohl auf der Thematisierungs- als auch der Versprachlichungsebene ab: in der Prophezeiung etwa, „daß ein Knabe von mir geboren werden sollte", an die Else sich erinnert (Tieck-DKV VI, 707), aber auch in der brüderlichen Beschwörung Däumchens als Retter aus dem Wald: „Sprich noch ein Wort" (732), nicht zuletzt schließlich in der Fähigkeit zur rettenden Vorausschau: „Ich sehe Licht!" (735).

[12] So die witzige Rehistorisierung ihrer Verschiebung ins Derb-Komische im *Phantasus*-Rahmengespräch (Tieck-DKV VI, 776), zumal der Artus-Komplex ja tatsächlich in „Brittannien" spielt (773); vgl. auch Tieck-DKV VII, Kommentar 733f.

ihn dorthin wieder auszuscheiden, muß er sodann aus einer Blutwurst befreit werden, in die er aus Versehen eingenäht worden war, bevor er endlich zur Rettung von Staat und Familie schreiten kann.[13]

Auf der Handlungsebene spalten die komischen Reminiszenzen auf den literarischen Diskurs um 1800 das noch einmal zugrundegelegte Perrault-Märchen in drei Parallelaktionen, die lange Zeit in ihrer eigenen Sphäre befangen bleiben, bis sie im höfischen Fest am Ende wundersam zusammenkommen: in die Märchenhandlung um Thomas nach der Vorlage Perraults, die Gegenwartssatire um Hofrat Semmelziege, schließlich in das sehr ironisch behandelte Mittelalter um den in Zwietracht zerfallenden Artus-Hof. Zersplittert werden die nebengeordneten Szenarien durch die im einzelnen kaum mehr kontrollierbare Überfülle an zeitsatirischen, philosophischen, naturwissenschaftlichen, literarischen und poetologischen Anspielungen und persiflierenden Formzitaten. Ihr tragendes Strukturprinzip ist die im *Neuen Don Carlos* erprobte drastische Inkongruenz von literarisierend überformtem hohen Anspruch und materiell-alltäglicher Motivation bei vergleichbar derbem Wortgebrauch vor allem im Bereich der Tagelöhnerfamilie, jetzt aber vor dem Hintergrund der gesellschafts- und zeitgeschichtlich konkretisierten Ausbeutungsverhältnisse zwischen der ausgebluteten Landbevölkerung und einem nur noch zynisch am schieren Machterhalt interessierten Staat.[14] Die weit auseinandergetriebenen Gegensätze auf der politischen wie kulturellen Ebene entladen sich in einer ebenso bizarren wie teils bereits slapstickartig gesteigerten Komik des Grotesken. Auf den ästhetischen Diskurs um 1800 bezogen ist es die Komik des umgekehrt Erhabenen im Gefolge der einschlägigen Definition humoristischer Totalität, die Jean Paul in § 32 der *Vorschule der Ästhetik* gegeben hat.

Darin wird bezeichnenderweise vor allem der die Unendlichkeit und die Himmlischkeit der Frauen umschwärmende Idealist Hofrat Semmelziege, Per-

---

[13]   Persiweins Blutwurst-Romanze ist eine direkte Adaption des englischen Poems *The Life and Death of Tom Thumbe*, das Joseph Ritson in der Sammlung *Pieces of Ancient Popular Poetry* (London 1791) in einer Fassung von 1630 edierte und das eben in der Zeit König Arthurs und Merlin handelt; vgl. dazu im einzelnen Blamires (1996, 407f.) und die Synopse der Verse Persiweins mit dem altenglischen Orginal (408-413).

[14]   Die ständig hungernde Tagelöhnerfamilie wird durch steigende Ausgaben 'geschröpft' (vgl. Tieck-DKV VI, 706, 724), so daß sie wie Hänsel und Gretel ihre Kinder im Wald aussetzen muß, sogleich aber vom schlechten Gewissen eingeholt wird, als zwischenzeitlich der völlig unvorhergesehene Ausgleich offener Zahlungen durch den selbst verarmten Gutsbesitzer Kay erfolgt: „Ja, recht unverdient, ohne unser Zutun" kommt der kleine Geldsegen aus einer reinen Laune heraus (725), der so schnell, wie er kam, nach einer Woche schon aufgebraucht ist, so daß die Kinder aus schierer Not aufs Neue ausgesetzt werden müssen (732). Staatlicherseits wird die Lage fast nur noch nach dem Gesichtspunkt behandelt, steuerliche Einkommensspielräume zu ermitteln, also weiter „kühnlich" zu „schneiden" (731). Tieck präsentiert eine ebenso kontingente wie zukunftsoffene Welt, die allenfalls temporär ein kleines Glück der Gegenwart zu genießen erlaubt: „Doch wer weiß, was sein wird morgen, / Welche Leiden, welche Sorgen, / Ob euch einer möchte borgen, / Freut euch heut noch, gute Leute", singt der vereinigte Chor einer ausnahmsweise einmal entlasteten Tagelöhnerfamilie zusammen mit dem 'verirrten' Dichter Persiwein, dem man bereitwillig Unterkunft gewährt (728).

siflage auf den hohen Menschen Jean Pauls im Pierrot-Kostüm[15], vom menschenfressenden Unhold Leidgast, bildungsbeflissener Kriegsdeserteur und Allegorie des Schicksals in der griechischen Tragödie, als 'Bratenwender' (wie bei Johann Beer?) gefangen gehalten.[16] Das eigentliche „Verhängnis"[17] und „Schicksal"[18], das ihn faktisch vor dem Gefressenwerden verschont, besteht für Semmelziege indes darin, in den „Erholungsstunden" des Riesen auf einer Wippe höchst symbolisch als ästhetischer Spielball „himmelhohe[n] Schwung[s]" wie ein fliegender „Eremit" in die Luft geschleudert zu werden[19], wenn der Riese es nicht gerade vorzieht, sich der „Empfindung des Herzens" in der „Imagination" auf das Fressen des Freunds oder der Geliebten als der höchsten ästhetischen Erfüllung seiner „Sehnsucht" hinzugeben.[20] Semmelziege peroriert über sein Leiden am schmerzenden Hintern wie seine Ehe-Eklogen auf die „mulier dolorosa" als Beklagung allzu unerotisch häuslicher Strickfertigkeiten der verlustig gegangenen Gattin in jambischen Trimetern[21], dem Versmaß der griechischen Tragödie, das Tieck zuerst in der frühen *Niobe* aktualisierte und im zeitgenössischen Drama nicht nur in der *Braut von Messina*, sondern als Antikenbezüglichkeit eben auch in Schütz' *Niobe* (samt ihrer Tieck-Anlehnung) oder Goethes *Pandora* Verwendung fand. Aber auch der Barbar verschafft seiner Raserei kurz vor dem heroischen Selbstmord in klassischen Metren Ausdruck, zunächst in Blankversen[22], um von

---

[15] Literarisch verulkt wird Jean Paul als prüder Nacheiferer reiner Seelen von Tieck zuerst im *Jüngsten Gericht* (vgl. Tieck-S IX, 354); zu Tiecks beständiger Jean-Paul-Kritik vgl. Tieck-DKV VI, Kommentar 1467f., 1469f., 1476f.

[16] „Gibt es wohl etwas Bizarreres und Abgeschmackteres", fragt Leidgasts gleichermaßen bildungsbürgerlich sozialisierte Gattin Malwina zu dieser „wunderliche[n] Situation", als daß „edle, große Seele[n]" von einem Riesen gefangen werden (Tieck-DKV VI, 736).

[17] Tieck-DKV VI, 736.

[18] Tieck-DKV VI, 718.

[19] Tieck-DKV VI, 716. Wegen der bunten Tracht vermuten die Freunde im unfreiwilligen Narrenflug zunächst einen übergroßen Schmetterling, sodann ein fliegendes „Stück Wäsche, mit welchem der Wind spielt" (713), bis Persiwein, noch von der „schönen romantischen Wildnis" beeindruckt, in ihm einen fliegenden 'Eremiten' identifiziert (714).

[20] Tieck-DKV VI, 742.

[21] „[...] / Da zaspelnd, haspelnd, heftig rauschend, nimmer still, / Ellbogen fliegend, schlagend Seiten und Geripp, / Sie immerdar den Strickstrumpf eifrig handgehabt" (Tieck-DKV VI, 718). Parodiert wird der Trimeter, über die onomatopoetische Reinszenierung der thematisierten Tätigkeit hinaus, einmal mehr durch die fischartaffine Reproduktion parataktischer Wortkaskaden, die Persiflage auf eine grobianisch perspektivierte insistierende Nennung also, die Franks Kommentar stilistisch an Aristophanes' *Frösche* zurückbindet (vgl. Tieck-DKV VI, Kommentar, 1468): „So hört, vernehmt, erstaunt, erstarrt, versteint, / Und zittert, klagt, schluchzt, knirscht, schreit, heult und weint!" (715). „Er ist ärger geworden als er war", meint Alfred zum manieristischen Verfall des Freunds durch forciert antikisierendes Formbewußtsein. Seinen Höhepunkt findet die Diskrepanz zwischen „schöne[r] Simpliziät" (739) und aufgespreizt metrifiziertem Sprechen samt mythologischem Appart bis an den Rand des Schwachsinns, den selbst die Sympathie der ebenfalls zuweilen in Trimetern sprechenden Malwina nicht mehr versteht, in Semmelziege Klagerede über den Menschenfresser vor den gefangenen Kindern (739f.).

[22] Tieck-DKV VI, 747.

hier aus in den ursprünglicheren Trimeter zurückzufallen, mit dem er sich höchst pathetisch, getragen von tiefstem Schuld- und Sündenbewußtsein, der Fallhöhe vom Taubenschlag in den Ententeich (des *Godwi*?) zur Tilgung seines Namens in der „Flut tief unter mir" überantwortet, als er von der Befreiung des Hofrats samt Entwendung der Siebenmeilenstiefel durch Thomas erfährt.[23] Die Verulkung zeitgenössischer 'Gräkomanie' setzt sich in Hofschuster Zahn fort, der schnörkellos klassizistische Schuhe nach Maßgabe der edlen Einfalt und stillen Größe Winkelmanns anfertigt, Lederarbeiten also nach dem griechischen Simplizitätsideal gegen gotische Ornamentik, romantische Verwilderung und mystischen Aberglauben bei den 'Modernen' modelliert, mit denen nichtsdestotrotz der Spaziergang nach Syrakus zu bewältigen ist.[24] Dem steht Persiweins Rühmung der „schöne[n] romantische[n] Natur" von einer Anhöhe aus gegenüber. Zwischen dem „Rauch von den Schornsteinen" und der „Not", dem „Leiden" und der desillusionierten „Armut" „unten" in „der Städte Zahl" ist dieser Raum aber erkennbar zur fixen Idee einer anachronistischen und sozial völlig ungesicherten Poesie verkommen.[25]

Der derart weit auseinandergetriebene Kontrast von Darstellung und Dargestelltem – teils als Formpersiflage, sonst als Diskrepanz zwischen hohem Gegenstand und niederer Motivation inszeniert – produziert eine Dramaturgie der inszenierten Episodizität. Das Stück zerfällt in mehr oder weniger isolierte literatur- und zeitsatirische Einfälle, wie auch immer man in den Figurengruppen noch „eigenständig bestimmte Weltausschnitte" ausmachen mag[26]: Die Verarmten (die Tagelöhnerfamilie, der Dorfbarbier, der prätentiöse Gutsherr Kay) stehen neben der Bürgerkultur (die Freunde Alfred, Persiwein, Semmelziege samt Ehefrau Ida und Malwina, durchweg geprägt vom Mißverhältnis zwischen idealem Anspruch und realem Verhalten), beide Bereiche wiederum abgesondert vom degenerierten Artus-Hof, der an die mythische Begründung durch Merlin nicht mehr glaubt. Als Sonderrolle, in der Funktion einer gleichermaßen dramaturgischen wie poetologischen Gelenkstelle dazwischengelagert ist Leidgast. Als Allegorie der Tragödie nimmt er das bürgerlich-idealistische Schauspiel gleichsam in die Beugehaft der Barbarei und tötet sich selbst, als mit Thomas' Befreiung des Schwärmers die

---

[23] Tieck-DKV VI, 755. Vorher wird diese Flut als „Lebermeer" auf das Leid des Prometheus im „Caucasus" hin derb-komisch verschoben (753). Die denkbare *Godwi*-Persiflage bezöge sich auf die wohl berühmteste Stelle literarischer Selbstreflexion in Brentanos Roman, die auf die Seiten der Textpassage zurückverweist, bei der der Erzähler einst in den Teich gefallen sei.

[24] Tieck-DKV VI, 764f.

[25] Tieck-DKV VI, 710f. „Die Zeiten sind aber nicht darnach", befindet Alfred gegen die Idee des „Phantast[en]", Poesie unter dem „Schutz eines großen Herrn, wo möglich des Königes", zu veranstalten, wo jetzt „allenthalben" „Druck, Armut, Not" herrsche, „das pure Elend in der Hütte wie in den Palästen, wer jetzt nicht auf etwas Sicheres und Notwendiges fußt, ist in höchst bedrängter Lage" (712). Doch auch der bürgerliche Dichter Persiwein wird am Ende gerettet, indem er die Anstellung zum Hofsänger tatsächlich erreicht.

[26] Ribbat (1978, 138).

Macht des Schicksals in der Tragödie gebrochen ist, weil er mit den Siebenmei-
lenstiefeln der mythischen Bedingung seiner Gewalt entkleidet wird: Die Schrek-
kensgestalt von Mythos und Märchen erliegt der kindlichen List und wird zum
komischen Tölpel, der so das Schicksal der Gattung selbst besiegelt. Deren Zerfall
spiegelt das Episodische der Komödie. Wie beim klassizistischen Schuster als
Verulkung der Griechenbegeisterung um 1800, der als Hans Sachs *redivivus* in der
völlig für sich stehenden Szene III/7 besser in Knitteln spräche[27], folgt aller Witz
eher dem Prinzip des isolierten Einfalls als einer wie auch immer begründbaren
einheitsstiftenden Dramaturgie: beim gelehrten Metaphysiker der Pilze Alfred (als
Verulkung der zeitgenössischen Naturphilosophie)[28] genauso zu ersehen wie
beim 'Blutwurst'-Romanzen-Sänger Persiwein, in dessen 'romantische' Poesie sich
die alltägliche Not und Armut eben auch durch das Blut der Napoleonischen
Kriege eingeschlichen hat, das wiederum der kryptomedizinische Diskurs des Ba-
ders Kirmes stillen soll.[29] Nicht zuletzt zeigt sich das bloß Episodische beim Ar-
tus- und Merlin-Komplex mit seinen zahllosen zeitsatirischen, literarischen und
philosophischen Anspielungen[30] in der gleichermaßen ironischen wie bitteren Inszenierung eines zerfallenden Mittelalters samt national umkodierter Reichsidee,
zu deren ideologischer Hypostasierung ja Tieck einmal selbst beitrug.

Die komischen Reminiszenzen dieser Kontrastdramaturgie, die wie eben die
Siebenmeilenstiefel nur noch zur „Kunstausstellung" taugen, damit das sonst
durch weitere Abnutzung gefährdete Leder des Wunderbaren wenigstens sechs
Meilen pro Schritt trägt, dekonstruieren und musealisieren[31] zentrale Themen-
kreise von Tiecks romantischem Dramenwerk überhaupt: das Mittelalter, die zeit-

---

[27] Mit der poetologischen Rückversicherung bei der edlen Einfalt Winkelmanns bleibt er eben nicht
bei seinem Leisten, wie ihm die bekannte Apelles-Anekdote aus Plinius' *Naturalis Historiae* nahelegt. Zu Tiecks Vorstellung von der Verbindung des Schuhmachers mit der Poesie, die besonders
im 'alten englischen Theater' profiliert werde (und die der Schusterszene des *Gestiefelter Kater* aktualisiert), vgl. das Rahmengespräch im *Phantasus* Tieck-DKV VI, 940.

[28] Im „dritte[n] Freund" des „alte[n] liebe[n] Kleeblatt[s]" liegt eine denkbare Anspielung auf Schelling nahe, der ja zusammen mit Hegel und Hölderlin das *Älteste Systemprogramm des deutschen Idealismus* (1795/96) verfaßte (Tieck-DKV VI, 712).

[29] Vgl. Tieck-DKV VI, 722f. Von „zwanzig Millionen" Gefallenen der letzten Schlacht spricht Kirmes, die Tieck noch als groteske Übertreibung realgeschichtlicher Kriegsfolgen gedacht haben
mag (Tieck-DKV VI, 724); zu den militärgeschichtlichen Bezügen auf den Massentot in zeitgenössischen Kriegen vor dem Hintergrund der Regierungszeit des politisch ohnmächtigen Friedrich Wilhelm III. vgl. ausführlich Tieck-DKV VI, Kommentar, 1463, 1470ff.

[30] U.a. in einer Persiflage auf Kants *Kritik der reinen Vernunft* durch Kay und den Arzt mit dem be-
zeichnenden Namen Kirmes, in der sich wiederum die fichtisierenden Ritter der *Blaubart*-
Dramatisierung als eine Art Selbstzitat spiegeln (zum Kant-Bezug vgl. Tieck-DKV VI, 750; dazu
Kommentar, 1474).

[31] Tieck-DKV VI, 765. Alfred denkt daran, das im Museum ausgestellte Wunderbare „in einem öffentlichen Blatte" zu rezensieren (766). Zum frühen Kraftverlust der Stiefel durch Gebrauch
schon während der Verbreitung von „Christentum und Bildung", „bis zuletzt ganz ordinäre Stiefeln" daraus werden, siehe Leidgasts Räsonnement über die (erkennbar abwegige) Herkunft der
Siebenmeilenstiefel von Merlin (751f.); dazu Tieck-DKV VI, Kommentar, 1475.

genössische Gegenwart (in der Bifurkation in Literatur-, Wissenschafts- und Zeitsatire auf der einen, die Darstellung der gesellschaftlichen Lage eines auf- oder
absteigenden bürgerlichen 'Mittelstandes' auf der anderen Seite), nicht zuletzt
natürlich das dramatisierte Märchen mit dem vom Wunderbaren bewerkstelligten
Aufstieg Däumchens zum Nationalhelden, der sich zum Schluß in einem kolossalen Reiterstandbild, groteskes Denkmal des aufstrebenden Historismus und seiner
Monumentalisierung auch des unscheinbar Kleinen, verewigt sieht.

Nur noch lose zusammengehalten wird die durch das ausdifferenzierte historische Bewußtsein eben selbst zersplitterte Dramaturgie des *Däumchen* von einem
Handlungsrahmen, den die Überwindung von sozialem und ästhetischem Elend
durch die wunderbaren Heldentaten eines schwächlichen Jungen herstellt: Der
Pauper, sozialgeschichtliches Produkt der durch Krieg und Industrialisierung bedingten Verelendung der Massen, rettet mit Hilfe des märchenhaften Attributs
den zu eigenständigen Aktionen nicht mehr befähigten privaten und öffentlichen
Raum. Ob man daraus, im Kontrast zum raschen Wechsel der heterogenen Szenen und zu den zahlreichen Modernitätssignalen auch in der Romantikverspot-
tung[32], eine positive Konsequenz aus der Vermittlung von praktischer Lebensklugheit der Armen und Geringen mit der idealen Festlichkeit der Poesie und des
Geists nationaler Volksdichtung ableiten kann, ist zu bezweifeln.[33] Die Diskrepanz zwischen dem einstigen Poetisierungs-Projekt und der tatsächlich eingetre-
tenen 'Neuen Zeit' äußert sich doch zu sehr als krasse Desillusionierung, der allenfalls temporär mit dem völlig zufällig eintretenden Wunder beizukommen ist.
Zu unauflösbar ist zudem die mehrsinnige Verkehrung von Mythos und Vernunft, von idealisierender Literatur und veränderter Gegenwart, als daß aus der
„Bilanz der romantischen Dichtung"[34] eine unzweideutige Positivität herauszu-
destillieren wäre. Zwar dienen die komisierenden Verfahrenszitate, eben auch auf
die längst anachronistisch gewordenen Formen romantischer Poesie, in Tateinheit
mit den literatur- und zeitsatirischen Impulsen der Wahrung romantischer Dramaturgie. Nicht ohne Grund aber wird das 'Märchen' im *Phantasus* von Willibald
vorgetragen – vom verständigen Skeptiker im Freundeskreis der enthusiastischen
Kunstliebhaber also gleichsam komplementär zum Heiligen Thomas, dem Un-
gläubigen und 'Zweifler'. Zwar bleibt auch die für den *Neuen Don Carlos* beobachtete neue Faßbarkeit der Konfigurationen im Unterschied zur Exklusivität der

---

[32] Die Ribbat (1978, 139) u.a. in der „moderne[n] Empfindlichkeit" Däumchens „gegen jene Dich-
    tungen sieht, denen er seine poetische Existenz verdankt", dort etwa, wo Thomas sich über die
    Darstellung seiner Herkunft in der 'Blutwurst'-Romanze Persiweins als bloß „persönlich" vorge-
    hender „Pasquille" eben in dem Maße aufregt wie einst Tieck gegen die antiromantischen Veräch-
    ter (Tieck-DKV VI, 772). Modernität zeigt sich darüber hinaus im ausgeprägt schlechten Gewis-
    sen der Tagelöhnerfamilie, die ihre Kinder im Wald aussetzen müssen, selbst wenn das Hänsel-
    und-Gretel-Motiv natürlich auch auf das Märchen zurückgeht (vgl. 726).

[33] Ein „Stück der Parteinahme: für das Nationale und Volkstümliche, gegen die Isolation des Äs-
    thetischen" sieht Ribbat (1978, 139) im *Däumchen*.

[34] Ribbat (1978, 138).

mittleren Literaturkomödien in der grellen Kontrastkomik gewahrt, insofern sie mehr oder weniger durchgängig vermittels der 'direkten' Ironie als klassischem Stilmittel der einfachen Verkehrung funktioniert: Überall herrscht jetzt die Prosa der Verhältnisse vor, während die Poesie des Herzens durchweg parodistisch eingesetzt wird, wenn neben den 'altenglischen' Romanzen Persiweins die Artus-Sphäre in Blankversen spricht, in die sogar der auf Rettung verständige Thomas einmal verfällt. Schon aber die unmögliche vollständige Auflösung intertextueller und zeitsatirischer Bezüge produziert eine spekulative Vielsinnigkeit[35], die auch der 'direkten' Ironie zum hermeneutischen Problem wird, wo sich „Wunden und Scherze", wie Willibald sagt, eben nicht genau „abmessen" lassen.[36] Bei aller Dekonstruktion der ihr einst unterstellten Produktivität bleibt so auch im *Däumchen* die poetische Ambivalenz als Spezifikum romantischer Dramaturgie bestehen.

Die adäquate Beschreibungsform einer derart perturbierenden Dramatik[37], die das Unvereinbare mutwillig und im einzelnen kaum restlos auflösbar zusammenzwingt, ist der Einzelstellenkommentar. Dieser hätte die Formzitate und die kontrastiv inszenierten Brechungen formaler und thematischer Bezugnahmen von Stelle zu Stelle zu erschließen.[38] Vergleicht man die episodisch inszenierten Bezüge der mehr oder weniger durchweg intertextuell konstituierten Reminiszenzdramaturgie auf die literarischen Verhältnisse um 1800 – komische Summe und komisches Denkmal der romantischen Komödien Tiecks überhaupt – mit den Vorgängern, so fällt resümierend neben dem Wegfall des theatersatirischen bzw. parabatischen Verfahrens eines ins Gewicht: Das *Däumchen* ist drastischer in der Erfassung von Elend, Armut, Not, zeitgeschichtlich konkreter kontextualisiert und hierbei auch expliziter in der Erwähnung von Kriegsgewalt, hinsichtlich der Formverulkung vergleichbar dem *Anti-Faust*, transparenter in der Satirisierung der Figuren, weniger transparent indes mit Blick auf die allegorische Begründung, skeptischer und resignativer schließlich insgesamt im Vergleich zur einst noch geglaubten Produktivität romantischer Poesie.

Ob diese Verschiebung seit den *Romantischen Dichtungen* (im Vergleich etwa zur scherzenden Kritik des *Zerbino*) auf das dem Wunderbaren beigesellte „Korrektiv situationsgerechter Lebenstüchtigkeit" zurückgeführt werden kann, das sich im Protagonisten ausweist, bleibe dahingestellt: Daß die Komödie „ein biedermeierliches Sich-Einrichten in einer vorgegebenen, nicht revolutionierbaren Wirklich-

---

[35] Franks Kommentierung einzelner Stellen verbleibt nicht selten im Modus der Vermutung, worin sie bei diesem Stück aber auch geradezu zwangsläufig verharren muß, weil die intertextuellen Bezugnahmen, die zu unterstellen im Falle Tiecks nie unberechtigt sind, nicht mehr eindeutig genug verankert werden können: „vielleicht eine Ironisierung der berühmten Einleitung zur 2. Auflage von Kants *Kritik der reinen Vernunft*"; „das könnte die ent-erotisierte Kontrafaktur zur fünften von Goethes *Römischen Elegien* sein" (Tieck-DKV VI, Kommentar, 1474, 1469).

[36] Tieck-DKV VI, 775.

[37] So die typologische Bestimmung nach Japp (1999, 14, 44).

[38] Vgl. Petzoldt (2000, 225–245); in Franks *Phantasus*-Kommentar herrscht die Entschlüsselung der ebenso zahlreichen zeitsatirischen Anspielungen vor.

keit" ankündige[39], scheint aber im Blick auf die satirische Schärfe wie den inspirierten Opportunismus einer slapstickartig überdrehten Komik, die den Einzelnen den Launen und Tücken einer eben verschärften gesellschaftlichen Lage unterwirft, doch zu versöhnlich konnotiert. Es ist eher die ins Pessimistische und Zynische ziehende Resignation eines Büchner, Grabbe und des späteren Realismus aus der Erfahrung der von übermächtigem Wissen, unkontrollierbarer Ereignisdynamik (im Zerfall von Traditionen und der Heraufkunft eines ungewissen Neuen) und von kapitalistischer Wertabstraktion überwältigten Welt, deren ausdifferenzierte Funktionssysteme sich nun ja tatsächlich zu institutionalisieren beginnen. Der um 1800 noch nicht völlig unglaubwürdigen Positivität – sei es als utopisches Ideal des befreiten poetischen Zustands, sei es als zu erlangender Wert im Blick auf Humanität und 'Persönlichkeits'-Bildung' – kommt hier bestenfalls Relevanz als selbst nur noch eher funktionales Kalkül in der bloß formalen Zuversicht auf die Operativität von Sprache zu.

Ein resignatives Dreinfinden bedeutet dies laut Auskunft Manfreds aber gerade nicht. Die literarische Darstellung versteht sich vielmehr nach wie vor als poetische Reflexion auf residuale Möglichkeiten einer Sprengung der versteinerten Verhältnisse durch Grenzüberschreitung: „So muß man zu diesen Waren auch kein zu zartes Gewissen mitbringen; sollen ja doch eben die Grenzen umgeworfen werden, die uns im gewöhnlichen Leben mit Recht befangen umgeben". Die Logik der grotesken Überbietung und Übertreibung ins umgekehrt Erhabene zielt auch im *Däumchen* auf ein karnevalistisches Aufbegehren gegen die generell nicht fixierbaren letzten Grenzen dessen, was „erlaubt und nicht erlaubt sei":

> Immer stellt diese Lust [des „Humoristen"] alles auf den Kopf, oder ergötzt sich an der tierischen Natur [!] des Menschen; ist dies letzte nur nicht des Dichters Gemeinheit selbst, oder treibt ihn eine moralische Beängstigung, so kann wohl nach Umständen alles gewagt werden, doch ist es freilich eben so oft das letztere, was den feineren Sinnen, als das erste, was allen Gemütern mißfallen muß.[40]

Der Autor, der 'alles wagt', verwahrt sich dagegen, die Mißstände zugerechnet zu bekommen, die er 'humoristisch' kenntlich macht. Gerade weil sie im Gegensatz zum späteren *Fortunat* „etwas" „übereilt worden" ist[41], setzt die Komödie noch einmal Energien frei, die das Realitätsprinzip kraft einer anarchischen Entnormativierung durch 'überschnappenden' Aberwitz[42] zumindest punktuell, im Augenblick des ästhetischen Vollzugs, außer Kraft setzen. Bei allem Klamauk und trotz aller formal ja durchaus transparenten Verulkung des Hohen demonstriert so auch die Dramaturgie des „Vorüber"[43] die Produktivität romantischer Satire,

---

[39] Ribbat (1978, 139).
[40] Tieck-DKV VI, 776.
[41] Tieck an seinen Bruder Friedrich, 9. April 1818 (zit. nach Schweikert I, 268).
[42] Vgl. Tieck-DKV VI, 722.
[43] „Vorüber ist die Zeit der Abenteuer, / Jetzt ist verstummt der süßen Minne Lied", beklagt Ginevra die nur noch auf „Krieg und Wut" gestellte Welt (Tieck-DKV VI, 729).

ohne diese aber durch eine wie auch immer begründete Poetizität noch positiv beglaubigen zu können.[44]

Herbeigeführt werden Effekte dieser Art in einer jetzt erkennbar vom Historismus infizierten Dramatik, die, was die als „erlogen"[45] diffamierten Romanzen Persiweins für „strenge Wahrheit" über Däumchens Leben ausgeben, erst durch 'Quellen'-Arbeit den „Archive[n]" entbunden werden muß.[46] Poesie ist in der letzten Komödie Tiecks die Bezeichnung für die literarische Erschließung, Dekonstruktion und Musealisierung solcher (von der Romantik entdeckten) Quellen: für das poetische Denkmal der residualen Möglichkeit, einer prosaisch gewordenen Welt das von der ästhetischen Lüge selbst freigesetzte Erlösungsmoment im ebenso unverhofften wie zufälligen Wirksamwerden einer „wunderbaren Geschichte"[47] einzuschreiben.

Wertabstraktion als szenische Textur und beschädigtes Leben als groteske
Inszenierung im frührealistischen Universalschauspiel: *Fortunat* (1815/16)
(mit einem Exkurs zu Chamissos Dramenfragment
Fortunati Glückseckel von 1806)

Das „gewagteste, was ich bisher gemacht habe, das grellste Bild", „die keckste Aufgabe, die ich mir in dieser Gattung gesetzt", „eins meiner besten Werke" – so die bemerkenswerten und nicht wenig aufschlußreichen (also aufschließungsbedürftigen) Selbsteinschätzungen Tiecks[48] zu seinem letzten dramatischen Werk: dem zwischen 1815 und 1816 eigens für den *Phantasus* verfaßten „Lustspiel-Märchen"[49] *Fortunat*, das die Sammlung divergierender Texte zur Erinnerung an

---

[44]　Laut Arntzen (1968) kulminiert im *Däumchen* die positive Entwicklung seit dem *Rotkäppchen* und *Anti-Faust*, weil es erkennen lasse, daß Tieck „mit phantastisch-ironischen Mitteln durchaus echte Komödien hätte schreiben können" (150f.). Die Illusionszerstörung könne sehr wohl den Komödienzweck befördern, „denn das Ineinander von märchenhafter und Gegenwartssphäre dient" der Entlarvung von Falschheit wie einer „Veranschaulichung der 'List der Vernunft', die sich im däumchenhaft Kleinen bewährt" (151). Im Gegensatz zum *Gestiefelten Kater* und zum *Blaubart* bleibe das Märchen „Modus der Komödie" und nicht „der eines ironisch sich aufhebenden Spiels", ohne daß das Märchen darin zum „Modell stilisiert" wird (151).

[45]　Tieck-DKV VI, 771.

[46]　Tieck-DKV VI, 769. Genau dies hat Tieck mit der Übernahme der altenglischen Geschichte *The Life and Death of Tom Thumbe* in die deutsche Literatur selbst praktiziert, so daß Else ironischerweise nur deshalb von „verfluchte[n] Lügen" sprechen kann (772), weil diese Geschichten in der Perrault-Vorlage nicht vorkommen. Der Lügen-Befund resultiert folglich aus der mangelnden Kenntnis der altenglischen Literatur, die Tieck so zugleich dem zeitgenössischen Publikum unterstellt. Die Dramaturgie des *Däumchen* erfordert den kenntnisreichen Leser, der Weltliteratur durch launige Aktualisierung im kollektiven Gedächtnis revitalisiert und bewahrt.

[47]　Tieck-DKV VI, 762.

[48]　Briefe an Solger vom 16. Dezember 1816 (Tieck-Solger I, 481), an Solger vom 2. Januar 1817 (Tieck-Solger I, 490), an Georg Ernst Reimer vom 19. Juni 1845 (Schweikert I, 288).

[49]　Tieck-DKV VI, 780.

romantische Poesie beschließt und dessen Konzeption auf die Zeit um 1800, den Höhepunkt frühromantischer Volksbuch- und Märchen-Dramaturgie mit zahlreichen Plänen auch zu den nie realisierten Geschichtsdramen aus dem 16. Jahrhundert zurückgeht. Die mit Ausnahme der burlesken Diener- und satirischen Arztszenen ereignisgetreue szenische Nachschrift, ja die geradezu „bruchlose Umsetzung"[50] des durch situative Details angereicherten ersten deutschsprachigen bürgerlichen Prosaromans von 1509 – im Gegensatz zum 'Volksbuch' des *Octavianus* und zu den Überlieferungen des Legendenstoffs der *Genoveva* auf der Gegenwartsebene des frühneuzeitlichen Epochenbruchs selbst angesiedelt – führt jetzt aber erkennbar weg von den (selbstironischen) Verfahrensexperimenten und intertextuellen Reminiszenzen. Statt einer szenischen Reflexion auf die Produktivität der alten Poesie in rückwärtsgewandter Prophetie interessiert sich das „Gegenstück" zum *Kaiser Octavianus* für die dramatische Bearbeitung *gesellschaftlicher* und *politischer* Verhältnisse der eigenen Gegenwart im Spiegel einer nahen Vergangenheit.[51] Verfahrenstechnisch zieht sich die 'frührealistische'[52] Universaldramatik mit residual

---

50 Ribbat (1978, 180). Ausgeblendet wird v.a. die von der Vorlage überlieferte zweite Reise Fortunats samt Orientabenteuer und Raub des Zauberhuts im ersten Teil, so daß der Besitz des Flughütleins in der Geschichte der Söhne wie selbstverständlich vorausgesetzt wird.

51 Vgl. Kern (1977, 114): Der Abschluß der Volksbuch-Rezeption auch als Aufgeben des Vergangenheitsbezugs wird zum „Abgesang" auf die frühromantische Universaldramatik in „spiegelbildlicher Verkehrung": zum „Anfangspunkt einer neuen Epoche" (115) als Groteske (121). „Nicht mehr die göttliche Poesie regiert die Welt, sondern Glück und Zufall" (116), so die „bittere Antwort" Tiecks auf die neue Zeit (119), die „die Formen der erhabenen mit denen der satirischen Dramen" verschmilzt. Das *Fortunat*-Stück „hat neben der Funktion des Ausblicks auf die Zukunft auch die der Bestandsaufnahme der Gegenwart und dessen, was in ihr aus der Vergangenheit noch übriggeblieben ist – und welch klägliche Rolle es spielt" (121).

52 Der Begriff des 'Frührealismus', bereits im Zusammenhang mit A.W. Schlegels Postulat zu den wirkungspolitischen Impulsen nationaler Geschichtsdramatik diskutiert, versteht sich als heuristische Kategorie, zumal Tiecks Texte ihre eminent konstruktivistische Dimension nie aufgeben. Sie zielen auch später nicht primär auf die Abbildung von 'Wirklichkeit' im geläufigen Verständnis von 'Realismus', sondern begründen ihre fiktionalen Welten als erkennbar ästhetisch konstituierten fiktionalen Raum. Der Begriff des 'Frührealistischen' hebt daher v.a. darauf ab, daß sich der Akzent der Darstellung auf solche Elemente verschiebt, die in der sog. Realität als Variable einer je historischen Konstruktion von Wirklichkeit tatsächlich anzutreffen sind. 'Realismus' definiert sich demzufolge nach der Realitätskompatibilität der Elemente eines Texts im Hinblick auf den je historischen Stand des kulturellen Wissens darüber, was faktisch als möglich gilt. Mit diesen Elementen generiert der 'realistische' Text eine als real möglich beglaubigte Darstellung, die dem Stand dieses Wissens nicht widerspricht, ohne sie damit notwendig einer wie auch immer gearteten höheren Wertigkeit wie im sog. Poetischen Realismus zu subsumieren. Zur Konstruktion eines solcherart historisierten Realitäts- und Realismus-Begriffs vgl. den struktural entwickelten Kriterienkatalog in Gegenstellung zur phantastischen Literatur in der frühen Moderne bei Wünsch (1991, 25-42); eine kategoriale Entfaltung des spät*romantischen* Frührealismus-Begriffs für die Geschichtsdramatik Fouqués, die das Wunderbare nicht ausschließt, weil es wie alles Andere die höhere Ganzheit gerade beglaubigt, bei C. Stockinger (2000a); zur Begriffsgeschichte der polemischen Integrationsformel Fülleborns gegen Epochennamen wie 'Biedermeier', 'Vormärz', 'Restauration' usw., die die anti-kunstidealistischen bzw. anti-ganzheitlichen Impulse zwischen 1815 und 1848 in Reaktion auf die 'Kunstperiode' der Goethezeit zu verbinden beansprucht, oh-

wunderbaren Elementen zurück auf den schlichten Wechsel von Prosa und Blankvers bei nur noch beiläufig und erkennbar persiflierend eingestreuten Liedeinlagen.[53] Es geht ihr nicht mehr um die Selbstbehauptung und Selbstrelativierung von Poetizität in weltliterarischer Absicht, sondern um die szenische Plausibilisierung der veränderten Vergesellschaftungsmodalitäten, die sich an den beiden epochalen Umbruchzeiten der neueren Geschichte um 1600 und 1800 abzeichnen: an der Übergangsstelle von überkommenen Wertbegriffen einer spätmittelalterlichen Ritter- und Adelskultur zum frühneuzeitlichen Handelskapitalismus; von der Geltung tradierter Sinnstiftungsinstanzen einer 'poetischen Kultur' um 1800 (Mythos, Religion, Märchen, Geschichte) zu den Funktionskalkülen geldvermittelter Wertabstraktion samt Verhaltenskonsequenzen einer ins Instrumentelle verschobenen pragmatischen Vernunft.[54]

Verfahrenstechnisch stellt sich die veränderte gesellschaftliche Lage in rasch wechselnden, ostentativ episodisch angelegten Weltausschnitten eines Städtedramas[55] dar, das sämtliche sozialen Ebenen im Modus einer vielfigurig offenen Szenenreihung mit weit verstreuten Handlungsorten in einer mehrjährigen Handlungszeit berührt: vom aufstrebenden Handelsstand zum städtischen Volk (mit den Institutionen lokaler Selbstverwaltung wie dem Bürgermeister) über das Wirtshaus (als dramenkonventioneller Schnittstelle sozialer Sphären) bis zur verelendeten Landbevölkerung hinab, vom (verarmten) Land-Adel über die degenerierte höfische Sphäre bis zum König samt karikiertem Hofstaat hinauf, vorgeführt in Zypern, den Handelszentren Venedig, London und Konstantinopel bis zu entlegenen Wüsten und Klöstern als kaum mehr idyllischen Lokalitäten des außergesellschaftlichen Bereichs. Die exemplarische Episodizität der alternierenden Szenen, die ausschnitthaft eher zukunftsoffene Situationen[56] als zielgerichtete

---

ne die divergierenden Zielrichtungen auszublenden, vgl. Blamberger/Engel/Ritzer (1991, 9ff.), im Kontext des komplex-experimentellen 'Romans des Nebeneinander' seit den 30er und 40er Jahren als Krisenreaktion auf goethezeitliche Paradigmen v.a. Frank (1998, zum Begriff 'Frührealismus' 8f.). Tieck kommt auch in diesem Rahmen das Verdienst zu, Vorreiter in der Auflösung der goethezeitlichen Ganzheitsästhetik zu sein. Die 'neue Manier', die die Entfernung der Romantik anzeigt, äußert sich thematisch und sprachlich bei ihm auch in der Romanprosa, v.a. im *Jungen Tischlermeister* als einer frührealistischen Umschrift des romantischen Künstlerromans *(Sternbald)* in die sozial präzisierte Sphäre des Handwerks, die Tieck um 1811 auszuarbeiten beginnt.

53 Zum Zitatcharakter der Lieder vgl. die camouflierte Calderón-Anspielung auf Mantel und Degen, die sich im 'Narren- und Galgenlied' Daniels als Persiflage auch auf literarische Singspiele (Brentanos?) ausweist (Tieck-DKV VI, 903).

54 Im sich abzeichnenden „eher ernste[n] Ton" des *Fortunat*, der dem selbst bereits ernst gestimmten *Fortunatus*-Prosaroman korrespondiert, erkennt Paulin (1987, 76) den Vorschein der späten Dresdner Romane.

55 Die Großstadt ist Schauplatz auch in den beiden 1811 für den *Phantasus* verfaßten Erzählungen *Liebeszauber* und *Der Pokal.* Tieck führt die Großstadt in die deutsche Literatur ein; und damit verschiebt sich die Darstellung in den Novellen-'Realismus' (vgl. Tieck-DKV VI, Kommentar, 1297).

56 Zu beobachten allein am spektakulären Wechsel der sozialen Lage Fortunats: Armut, Aufstieg (beim Grafen), Verlust (Würfelspiel), Gefängnis, Fortuna-Glück, Reichtum, Gefängnis (Neid), Pracht, Klosterhorror (Höhlenepisode), Wohltaten, Heimkehr, Hochzeit.

Handlungen zeigen und nur noch durch perspektivierende Rekurrenzen auf eingeführte Dramenelemente (Figuren, Ereignisse) an neuem Ort vernetzt sind[57],
kontrastiert ironisch der klassischen Fünfaktigkeit der beiden Teile eines Doppeldramas, das einmal versöhnlich als Komödie, einmal unerlöst tödlich als Tragödie
ohne transzendierende Perspektive endet.[58] Bewerkstelligt im ersten Teil ein märchenhaftes Wunder bis zur finalen Umarmung Fortunats mit dem König von Zypern während des Hochzeitsfests noch einmal die schöne Harmonie[59], geht den
völlig sinnlos, so plötzlich wie beiläufig zu Tode kommenden Brüdern im zweiten
Teil eine metaphysische Zuversicht ab. Wegen mangelnder „weißhait unnd ver-
nunfft"[60] im Umgang mit den Glücksgütern ruinieren beide die Familie und deren Fortexistenz in der Nachkommenschaft (auch die bedächtige „Blödheit" Ampedos[61] geht ja unbesorgt mit dem Flughütlein um, insofern dieses dem rettungs-
bedürftigen Draufgänger Andalosia bei Bedarf sogleich überlassen wird). In jedem
Augenblick, so die Konsequenz einer in unauffällig gleitenden Blankversen und
ebenso beiläufig asyndetischer Prosa auch sprachlich verflüssigten szenischen
Textur[62], kann Glück in Unglück und Unglück in Glück umschlagen[63]: und zwar

---

[57]   Das spezifische Undramatische dieser Organisationsform zeigt sich jetzt auch darin, daß die
schwer überschaubare Vielzahl an Figuren nicht mehr in einer eigenen Liste der *dramatis personae*
exponiert wird. Eine Figur hat sich aus der jeweiligen Szene selbst heraus erst zu profilieren. Die
Situation allein definiert Personenkennzeichen und Verhaltensweisen, nicht mehr eine der Figur
auktorial zugewiesene Funktionsbestimmung. Die Vernetzungsstruktur, die der perspektivischen
Spiegelung bereits dargestellter Ereignissen dient (z.B. die Ermordung Oldfields durch Abel oder
das leitmotivisch wiederkehrende Motiv der Einkerkerung), vollzieht sich nicht selten durch erinnernde Vergegenwärtigung bei unverhofftem Wiedertreffen der Figuren an einem anderen Ort.
Auf jeden Fall sind die weitgereisten Figuren durch alle gesellschaftlichen Ebenen hindurch wenig
ortsansässig, so daß sie sich fast zwangsläufig in neuer Situation einer veränderten Bestimmung
unterwerfen müssen, die erst aus der Situation selbst heraus zu ermitteln ist: Konsequenz einer
radikalen Immanentisierung der dramatischen Darstellung zur situativ je erst zu erschließenden
Aktualität ohne eine wie auch immer geartete höhere Lenkung.

[58]   Als Doppeldrama erinnert der *Fortunat* nicht nur an den *Kaiser Octavianus* (dem die generische Gegenläufigkeit allerdings nicht eignet), er legt auch – wie beabsichtigt auch immer – den Vergleich
mit Arnims Städte- und Pilgerreisedrama *Halle und Jerusalem* (1811) nahe (so Paulin 1987, 76f.).
Die entscheidende Differenz zu Tieck besteht in der religiösen Erlösung aus der vorherigen
Schuld des Protagonisten. Wird die Tat- und Poesie-Metaphysik Arnims am Heiligen Grab in Jerusalem ordo-christlich abgesichert, hat sich Tiecks letztes Universalschauspiel von Ganzheitsper-
spektiven dieser Art bzw. geistlichen Wendungen der Weltabkehr völlig entfernt.

[59]   „Die traumhafte Überhöhung der Realität" folgt einer nur noch zitierten „Märchenlogik", mittels
derer allein die „Antagonismen der Realität" im gleichsam musikalischen Augenblick idealer Festlichkeit aufgelöst werden können (Ribbat 1978, 183); vgl. dazu die beiden für Tiecks Dramatik
außergewöhnlich langen Nebentexte am Ende des ersten Teils: Die Aufhebung der Gegensätze
zwischen Adel und Bürgertum kann, von 'fröhlicher' Musik begleitet, nur noch rein gestisch behauptet werden (Tieck-DKV VI, 926).

[60]   So noch die explizite Lehre, die der frühneuzeitliche Prosaroman aus dem schlechten Ende als
Verhaltenskodex für das reiche Bürgertum ableitet (Fortunatus 1981, 194f.).

[61]   Tieck-DKV VI, 961.

[62]   Das Stück vermittelt diese Variabilität in der „Beiläufigkeit in Situationen" kraft einer Vieles unausgeführt lassenden Figurenrede, „die jeden Wechsel in einer je anders rhythmisierten Sprache

durch ein und dasselbe Medium (Geld), so daß zuletzt die eindeutige generische Zuordnung der gleichsam zu einem 'Roman in Szenen' im 'Drama des Nebeneinander'[64] transformierten Darstellung trotz der von Solger attestierten klassischen Tendenzen tatsächlich zerfällt.

Jenseits der den frühen Universaldramen noch vergleichbar „ausschweifenden" Darstellung mit nurmehr insular eingelagerten „bizarren" Elementen[65] äußert sich die Episierung nicht mehr in narrativen Instanzen zur auktorialen Steuerung und Ausdeutung von Poetizität, sondern in der eben auch strukturellen Annäherung der dramatischen Durchführung an den frühneuzeitlichen Roman als sozusagen frühbürgerlichen Epopöe. An die Stelle der Romanze tritt Fortuna in Tateinheit mit ihrem Diener Zufall: die unbeherrschbar eigensinnige und nur noch rasch zu ergreifende kontingente Situation des Glücks also, nach der sich Erfahrungen von Welt nun ohne anderweitige höhere Lenkung einstellen.[66] Ohne Eigeninitiative des Subjekts kann jetzt Unglück in Glück (erster Teil) und Glück in Unglück (zweiter Teil) umschlagen, was indes wiederum nicht von der jedem Einzelnen nunmehr abverlangten Anforderung suspendiert, sich selbst als Funktion im öffentlichen Raum zu verkaufen. Im Unterschied zu den (früh-)christlich historisierten Legenden- oder Sagenstoffen der frühromantischen Großdramen greift Tieck das 'modernste' und rezeptionsgeschichtlich entsprechend erfolgreiche 'Volksbuch' an der „Nahtstelle[]" vom höfisch-mittelalterlichen Epos zum frühneuzeitlichen Prosaroman auf.[67] Bürgerliche Leistungs- als Erwerbskalküle, Voraussetzung für den gesellschaftlichen Aufstieg im Zusammenhang mit dem

---

spiegelt, die Tieck differenziert handhabt und die ihm zu jedem Umschlag gebötig scheint": Es ist die seit dem *Lovell* entwickelte, verknappt informierende, aber konjunktionslos flüchtige Sprache der „vorschnellen, unwahrhaftigen Reflexion", „die über der Gegenwart das Fließen der Zeit vergißt" und eine „so wenig bestimmte Zukunft wie nur möglich" eröffnet. Die Figuren „leben mit einem in ihrer Sprache niedergeschlagenen Wissen um die Vorläufigkeit jeder festen Bindung" (Frank 1972, 331-333).

[63]   „So schnell erstirbt des Lebens Lust und Glück", so die letzten Worte des Dramas, die der „zu spät" zur Rettung Andalosias herbeieilende und selbst finanziell verlorene König spricht (Tieck-DKV VI, 1123).

[64]   Diese Formel analog zu Gutzkows 'Roman des Nebeneinander' (dazu im einzelnen Frank 1998).

[65]   So Tieck in der Widmung des *Fortunat*-Bands der *Schriften* an August Wilhelm Rehberg (Tieck-S III, o.S.). Zu den in die alltäglichen Szenen eingelagerten 'bizarren' Elementen gehören neben den wunderbaren Äpfeln, die tief einwurzelnde Hörner wachsen lassen, das auch von der *Fortunatus*-Forschung als Problem gesehene Wunschhütlein: ein wunderbares Relikt, das im Gegensatz zum Geldsäckel als mythischem Korrelat des aufkommenden Kapitalismus weniger plausibel mit der frühneuzeitlichen Verhaltenssemantik *zwischen* 'Geld und Ehre' vermittelbar ist (vgl. Kremer /Wegmann 1985, 175).

[66]   Vgl. dazu Fortunas Selbstcharakterisierung ihres 'Eigensinns', 'Wankelmuts' und ihrer 'Unvernunft' in der Notwendigkeit zum raschen Entschluß (Tieck-DKV VI, 851f.).

[67]   Scheuer (1974, 108). Zur Heterogenität des Prosaromans, die sich aus dem übergängigen Ausbalancieren von spätmittelalterlicher und frühneuzeitlicher Verhaltenssemantik zwischen Geld und Ehre, Leistung und Qualität, Verfügung und Repräsentation, ererbter Identität und Selbstbehauptung durch individuelle Leistungsbilanzen ergibt, vgl. Kremer/Wegmann (1985, 162-166).

sozialgeschichtlich neuartigen *kollektiven* Phänomen des „Parvenues"[68], „der jetzt die Zeitungen mit seinen Affären fühlt"[69], greifen als Gier in die Sphäre überlieferter Privilegien des Adels selbst ein: nicht nur beim stets von der Verarmung bedrohten und entsprechend zynisch, ja direkt gewalttätig gewordenen Landadel (Graf Nimian und sein Sohn Limosin), sondern sogar beim König. Ebensowenig konkurrenzfähig muß der Hof bei Andalosia einen Kredit aufnehmen (so der König von Zypern), wenn er nicht direkt der Habgier verfällt wie der König von England, der sich durch Alchemie unendlich zu bereichern versucht: der Lächerlichkeit anheimfallendes naturmagisches bzw. abergläubisches Relikt vorkapitalistischer Subsistenzsicherung, das den neuen Erwerbs- und Akkumulationsformen schon deshalb nicht standhält, weil es nicht funktioniert. Völlig zu Recht begreift der König den wunderbaren Reichtum Andalosias als größte Bedrohung seiner Macht: Das erlassene Verbot über den Verkauf von Holz, das die Vorbereitung einer prunkvollen Festbanketts in Idealkonkurrenz mit dem eben bislang nur dem Hof zukommenden Vermögen zu hoher Festlichkeit verhindern soll, wird von Andalosia schlicht dadurch ausgehebelt, daß er als neuer „Herr der Welt" das Feuer für die Zubereitung der edlen Speisen einfach mit Hilfe der eigentlich ja unbezahlbaren Gewürze entfacht.[70]

Am frühneuzeitlichen Epochenumbruch des 16. Jahrhunderts, den der frühbürgerliche Prosaroman in seiner gewandelten Form reflektiert – seinem „heitern modernen Anstrich", wie Ernst im Rahmengespräch des *Phantasus* sagt[71] –, stehen Adelsprivilegien und Erwerbsbiographie in einem gespannten Verhältnis. Schon deshalb geht es nicht mehr ums romantische Sehnen nach einem unerfüllbarerfüllten Anderen, sondern schlicht um die Verbesserung der eigenen Lage. Das an der Tausch- als Begriffsabstraktion in der Synthesis am Geld[72] geschärfte Funktionalitätskalkül neuzeitlichen Verhaltens demonstriert Tieck gleich in den ersten Szenen am verarmten Theodor. Als Bürger brachte es Fortunats Vater einst zu Reichtum und gesellschaftlicher Anerkennung selbst in Adelskreisen, bis er den Wohlstand durch die Nachahmung adeliger Lebensführung schnell wieder verliert. Sehr präzise leitet Tieck die Schärfe seiner Einsicht in die veränderten Modalitäten der Vergesellschaftung aus genau dieser Differenzerfahrung in der je unterschiedlichen Behandlung (einmal als Reicher, jetzt als Verarmter) ab: Den Vergleich der Reaktionen einer Umwelt, die geldvermittelte Wertabstraktion so-

---

[68]   Tieck-DKV VI, 1007; bereits A.W. Schlegel benutzt in der *Geschichte der romantischen Literatur* (1803) den im 18. Jahrhundert aus dem Französischen entlehnten Begriff zur Charakterisierung der verschobenen sozialen Verhältnisse im *Fortunatus*-Roman (zit. in Tieck-DKV VI, Kommentar, 1487f., hier 1488).

[69]   Kern (1977, 123).

[70]   Tieck-DKV VI, 983.

[71]   Tieck-DKV VI, 929.

[72]   Vgl. Sohn-Rethel (1978); in genauester Durchführung wird dieser Vermittlungszusammenhang rekonstruiert in einer in Kürze erscheinenden, größeren interdisziplinären Arbeit von Eske Bokkelmann.

gleich in Verhalten ummünzt, reflektiert Theodor an der je verschiedenen Selbstwahrnehmung des vom Geldprinzip affizierten Leibs, indem er den instrumentellen Opportunismus funktionaler Wertschätzung gleichsam renaturalisiert und
metonymisch in die Erfahrung des von Krankheit infizierten Körpers zurück-
buchstabiert.[73] „So geht die Mode hin und her", charakterisiert Hieronymus auf
dem Marktplatz die forcierte Variabilität der neuen Erwerbsverhältnisse, „und der
Kaufmann muß von ihrer Wandelbarkeit Gewinn ziehn", wenn er sich nicht
gleich gar die noch einträglichere Tendenz zunutze macht, daß der zinsträchtige
„Geldumsatz" selbst „immer der sicherste Gewinn" ist.[74] Vor dem sozialgeschichtlich markierten Hintergrund einer von Adelsprivilegien nicht mehr einholbaren Kapitalakkumulation dringt der gesellschaftstrukturelle Wandel in den
Kaufmannsstand selbst ein, wie das „junge Kaufmannsvolk" demonstriert, das
sich den höfischen Habitus als Inszenierung eines Lebensstils aneignet: „lauter
Putz, Flitterstaat, den Vornehmen wollen sie's gleich tun, wollen junge Edelleute
spielen, verachten Geld und Gewinst, und setzen eine Ehre darin, wer am meisten
verschwenden kann".[75] Die dergestalt auf ganz andere Weise 'umgekehrte' Welt
nimmt das Schicksal Andalosias vorweg. Vor allem im zweiten Teil resultiert der
fortschreitende Zerfall traditioneller Wertbegriffe aus der Verschwendungssucht
des Adels wie des aufgestiegenen Bürgers gleichermaßen, während im ersten Teil
dem in die Welt aufbrechenden klugen Fortunat noch der zunächst seßhafte Felix, Sohn des Kaufmanns Valerio, gegenübergestellt wird, der „beim Rechenbuch
und verrufenen Münzen" zurückbleiben muß.[76] Unter den flexibel gewordenen

---

[73] „Wieder nichts / Wohin ich komme, will man mich nicht kennen. / Armut wird mehr als An-
steckung vermieden: / Dieselben, die mich sonst geherzt, geküßt, / Die mir Vermögen, Blut und
Leben boten, / Sind jetzt mit: geht's Euch wohl? – es tut mir leid, / Ein andermal – und solche
Reden fertig. / Noch andre tun, als kennen sie mich nicht" (Tieck-DKV VI, 782). Das Geldprinzip hat sich in den innersten Fasern des Körpers eingenistet, wenn jede Lebensregung und Sin-
neswahrnehmung sich nach Maßgabe seiner Wertorganisation definiert: „Den Blick, den so ein
reicher Kaufmann hat, / Wenn er verarmte Borger wittert! jedes Zwinkeln / Des Auges schüttet
wie Dukaten hin, / Jedwede Mien' ist schwer wie Beutel Golds, / Der Atem klingt nach Münze,
und man fühlt / Daß die Gedanken drin Mark Silber sind: / Nein! tausendmal die schlimmer, als
der Adel! / Da liegen bei dem Schwager Haufen Golds / [...] / Und hundert mir, und funfzig,
zwanzig, zehn, / Verweigert er mit dürftgem Achselzucken. / Das sind die Deinen [zu Gratiana],
deine Blutsfreundschaft!" (783). Die Vereinzelung durch das Geld, das nun auch die Familien-
bande auflöst, verspürt sich an den vom monetären Code infizierten Körperfunktionen gewissermaßen als Metonymien der Tauschabstraktion. Im zweiten Teil wird Tieck diese Verschiebung
in eine kurze, aber ebenso präzise Reflexion auf die Strukturhomologie von „Gold" in „Kot" auf
der Dienerebene überführen: „Ich hörte pred'gen einst, auch Gold sei Kot", meint Dietrich zu
seiner Erhebung in den „Kotstand", der die der Geldfunktion homologe Verwertungslogik des
Nahrungsverbrauchs bezeichnet (990).

[74] Tieck-DKV VI, 785f.

[75] Tieck-DKV VI, 789.

[76] Tieck-DKV VI, 789. Wenig später nur aber trifft Fortunat auch ihn, aus Vergnügungssucht dem
finanziellen Ruin nahe, in London an (826); vgl. auch die Korrespondenzstelle im Wirtshaus, die
die aufgegebene Kaufmannssicherheit gegen Lust und Genuß ausspielt (818).

Verhältnissen verliert auch der Adel, den Theodor noch gegen kaufmännischen Egoismus auszuspielen geneigt ist, das spezifisch Gentile, das die höfische Semantik um Ehre und ideale Personalität bislang stabilisierte. Schon sein Sohn Fortunat erwartet vom Umgang mit dem Grafen Nimian und dessen Sohn Limosin „weder Gewinn noch Ehre".[77] Den definitiven Zusammenbruch von Wertbegriffen der höfischen Welt zeigt Tieck zuletzt an der brutalen Fiesheit und Gewalttätigkeit Limosins, der mit dem mißgebürtigen Adelsproß Theodor zusammen den hilflos gefangengehaltenen Andalosia am Ende aus reiner Habgier umbringt. Der kaltblütig und gerade deshalb übereilt vollzogene Mord ist jedoch, wie sich herausstellt, auf doppelte Weise sinnlos: insofern Limosin sich damit zum einen der Zugriffsmöglichkeit auf die geldspendende Qualität des mythischen Säkkels beraubt, der nur in der Verfügung durch Mitglieder der engeren (biologischen) Familie Fortunats funktioniert, so daß er als Neffe Andalosias sich nur vor der Verarmung hätte bewahren können, indem er dessen Überleben garantiert; zum andern verscherzt Limosin sich damit obendrein den Schutz des zu spät herbeieilenden Königs von Zypern, der auf den wunderbaren Reichtum der Fortunat-Familie eben selbst angewiesen ist.[78] Der nicht mehr heilsgeschichtlich oder sonstwie durch höhere Zeichen des Bewahrung gebändigte Tod ist selbst auf der ganz materiellen Ebene des Eigennutzes völlig sinnlos geworden.[79]

Verfahrenstechnisch spiegelt sich die gesellschaftsgeschichtliche Übergängigkeit in der Aufspaltung der szenischen Darstellung in zwei Teile: Leitet sich das märchenhaft versöhnliche Ende der Fortunat-Geschichte aus dem noch vernehmbar „hohe[n] Geist" ihres Protagonisten ab[80], der ihn freilich genau deshalb

---

[77] Tieck-DKV VI, 786. Die gewandelten gesellschaftlichen Umstände bestätigen sich am Ende des ersten Teils darin, daß Theodor Graf Nimian ins Gesicht mitteilen kann, dessen Güter gekauft zu haben (vgl. 924). Nimian mußte diese wegen „Kriegsschäden", Handelsverlusten und des „Sohnes wilde[m] Leichtsinn", das ihm die Gläubiger auf den Hals setzt, verkaufen (909). Im zweiten Teil wird Fortunat deshalb die Söhne mit gutem Grund (aber erfolglos) vor dem Grafen warnen, und zwar trotz aller mittlerweile erteilten Wohltaten in der Befreiung von „Verbannung, Armut, Schande" (962), weil der Adel die Demütigung nie verkraften wird.

[78] Vgl. Andalosias Hinweis auf das „große Darlehn" an den König (Tieck-DKV VI, 1091).

[79] Die vom Stück reflektierte Einsicht in die Nichtigkeit des Daseins geht über die psychologische Modernität im trostlosem Gefängnismonolog Andalosias hinaus, der Ribbat (1978, 181) bis in den Wortlaut hinein an Hofmannsthals *Der Thor und der Tod* (auch in *Faust*-Allusionen) denken läßt: „Wo bin ich? Wie bin ich hieher gekommen", versucht Andalosia als „wesenlos Gespenst", von jedem „Windhauch" umhergetrieben, sich über eine Lage Klarheit zu verschaffen, die nur noch als wertlos gewordene Reminiszenz an die Gefangennahme Sigismunds in Calderóns *Das Leben ein Traum* erinnert (der aus dem Turm zur Einsicht in den differentiellen Status von Traum und Realität ja tatsächlich befreit wird): „Ich seh' mich zwischen diesen feuchten Wänden / Und finde mich und das Verständnis nicht. / Wer ists, der mich verfolgt? Und, wenn ein Feind, / Warum nicht Tod, wie meinem Diener, dort? / Ein Irrtum? Oder Plan? Wozu? Ich finde / Aus diesem Labyrinth den Ausgang nicht [...]" (Tieck-DKV VI, 1111f.).

[80] Tieck-DKV VI, 784. In dieser Anlage bewahrt sich eine Erinnerung an die hohe Herkunft der Figuren der frühromantischen Universaldramen, die jetzt freilich völlig wertlos geworden ist, weil sie eben nicht mehr, wie noch im Falle Florens', die Versöhnung der Welt herbeiführt.

auch zum „outcast"[81] *zwischen* zynisch degeneriertem Adel und egoistischer Handelssphäre macht, besiegeln im sehr viel greller und satirischer angelegten zweiten Teil prassende Großmannssucht (Andalosia) und bornierte Behäbigkeit (Ampedo) als Verfallserscheinungen dieser Abkunft das traurige Ende der Familie. Mehr als die Trägheit führt die Verschwendung in den Untergang, weil sie eigenverantwortliche Sorgsamkeit und Lebensklugheit aus Erfahrung, die Fortunat noch in sein Verhalten zu integrieren weiß, vermissen läßt und daher auch stets aufs Neue den Neid und die Habsucht der Umwelt anstachelt. Das rein augenblicksbezogene Agieren der beiden Brüder ist erinnerungs- und erfahrungslos, wie neben Ampedos wiederholtem Überlassen beider Glücksgüter vor allem Andalosias beständiges Verfallensein an Agrippina zeigt, als hätte die ihn nicht schon mehrfach aus reiner Habgier betrogen.

Die bloße Augenblickshaftigkeit ist jedoch nicht allein Reaktion auf den Erinnerungs- und Erfahrungsverlust im Zerfall der Qualität von 'Person' als einem qua Geburt fraglos Gegebenen, sondern nun eben auch dem gesellschaftlichem Zwang zur situativen Ermittlung angemessen Verhaltens geschuldet. Die Fungibilität des Reagierens löst hierarchische Standesformationen in flexible Sequenzen von Gruppenzugehörigkeit auf. Stets aufs Neue muß diese durch Inszenierung erst bestätigt werden, ohne daß man sich noch auf eine wie auch immer fixierte Positionen der Selbstverfügung zurückziehen könnte und dürfte. Den Habitus in der Inszenierung eines Lebensstils hat sich nun der Adel selbst anzueignen. Gesellschaftliche Macht erweist sich nur noch in der Fähigkeit zur diskursiven Durchsetzung von Verhaltensnormen, wie Tieck im grotesken Versuch einer Umkodierung von Normalität am Hoffest des Königs von England vorführt: Weil die Hörner Agrippinas und Theodors, Zeichen des vom Wunderbaren selbst beschädigten Lebens, nicht zu entfernen sind, wird das Tragen absurd hoher Perüken und Mützen zur modischen Pflicht der „Normaldame" erklärt.[82] Am deutlichsten kenntlich macht sich der nunmehr notwendig gewordene Zwang zum inspirierten Opportunismus, der wortspielerische und slapstickartige Situationskomik in dem Maße freisetzt, wie er die Stabilisierung gefährdeter Lagen partiell noch ermöglicht, naturgemäß in der flexiblen Virtuosität der Dienerschaft zwischen launigem Gehorsam und permanentem Austarieren zukünftiger Möglichkeiten bei einem potentiell potenterem neuen Herrn.

Vor dem Hintergrund der gesellschaftsgeschichtlichen Transformationen des 16. Jahrhunderts betreibt bereits das *Fortunatus*-Volksbuch literarische Grenzoperationen an der Schnittfläche zwischen höfisch hierarchisierter Welt und pragmatisch definierter Funktionalität in flexibel gewordenen Standesformationen. Verfahrenstechnisch schlägt sich der frühneuzeitliche Wandel in der prosaischen

---

[81] Ribbat (1978, 182).
[82] Tieck-DKV VI, 1055, 1056.

'Verwilderung des Romans als Ursprung seiner Möglichkeiten' (Stierle) nieder.[83] Die Ökonomisierung und Funktionalisierung der Welt zeigt sich in der Verknappung der literarischen Darstellung zur Reihe exemplarischer Stationen, aus der die moraldidaktische Zurüstung einer mannigfaltig diversifizierten Welt in repräsentativen Ausschnitten hervorgehen soll, die sich als unausgewogenes Ausbalancieren der literarischen Form zwischen höfischer Idealität und Zweckbindung als Verhaltensanweisung für das neureiche Bürgertum zu erkennen gibt.

Zu dieser generischen Übergängigkeit an der Schwelle zum bürgerlichen Roman konstruiert Tieck unter den verschärften Bedingungen nach 1800 ein szenisches Analogon: vermittels einer ganz eigenen dramatischen Rede zwischen episierender Distanz, beiläufiger Variabilität und leidenschaftsloser Ökonomie in der Darstellung flüchtiger Situationen, die sich als Verfahren in der leitmotivischen Bildlichkeit aus der ökonomischen Sphäre selbst reflektiert.[84] Die szenische Form betreibt Mimesis einer von der bewegten Kontingenz getriebenen Welt: Weil die leidenschaftliche Sympathie, sich bei den Figuren aufzuhalten, fehlt, ist eine Orientierung an ihren Gefühlen kaum möglich. Das Unausgeführte ihrer Worte verweht wie der wiederholt aufgebrachte Wind, der die Szenen gleich luftigen Wolken vorüberziehen läßt. Die Historien Shakespeares als Folie zugrundegelegt, unternimmt es diese Form nun auch, die Zeichen literarischer Vermitteltheit zu tilgen, die die frühromantische Dramatik als Fiktionsironie noch genüßlich zelebrierte. So zeigen die rasch umschlagenden Lagen eine sozialgeschichtlich präzisierte Welt ergebnisoffener Situationen, 'wie sie ist'. Tiecks *Fortunat* habe „etwas Klassisches darin", schreibt der begeisterte Solger am 2. Februar 1817,

> daß er durchaus kein zu spezielles Interesse erweckt und daß seine ganze Schönheit in der freien und anmutigen Verknüpfung der Teile und in der höchst liebevollen und lebensreichen Ausführung besteht. [...] Es ist eine wahre, hohe Unschuld in den Ganzen; diesen Eindruck befördert die gänzliche Abwesenheit aller gekünstelten Anlage und aller scharfen, dramatischen Effekte.[85]

Die „Reinheit", die Solger der szenischen Darstellung attestiert, ist die einer wie unvermittelt in Form gebrachten Kontingenz der Welt bei „Verzicht auf jede Motivation aus idealen Beweggründen" bis in die „Sinnlosigkeit" hinein.[86] Der

---

[83] „Es bleibt bei einer für den spätmittelalterlichen Roman typischen 'bricolage' (K.H. Stierle), die weitgehend frei, ohne an eine feste literarische Norm gebunden zu sein, aus dem überlieferten Bestand an Textformen und Handlungsdramaturgie zitiert und kombiniert, ohne daß sich eine deutlich abgrenzbare Gattungsform auskristallisierte" (Kremer/Wegmann 1985, 167).

[84] Zur 'kargen Bitterkeit' und „strengste[n] Ökonomie" einer Sprache der 'epischen Distanz', die alles Dargestellte gleich weit entfernt präsentiert und in ihren wie beiläufig wirkenden Dialogen die Ironie der Absichtslosigkeit einer kontingent wechselnden Welt szenisch einholt, vgl. Frank (1972, 327-336, hier 329). Sehr deutlich erkennbar wird diese Struktur leidenschaftslos distanzierter Beobachtung der Szenen in der Unauffälligkeit des Sterbens: im unvermittelt eintretenden Infarkt Ampedos (Tieck-DKV VI, 1118) und in der fast überlesbaren Ermordung Andalosias (1121).

[85] Zit. nach Tieck-DKV VI, Kommentar, 1484.

[86] Tieck-DKV VI, Kommentar, 1489.

Realismuseffekt, den das wie unmotiviert wirkende Ausbalancieren von heiterem
Glück und existenzbedrohendem Unglück, von „Narrheit" und „Unsinn der
Welt" erzeugt, präsentiert im Modus 'klassischer Reinheit', so Solger, ein „wahres,
großes Bild des Lebens" in „shakespearische[r] Schärfe".[87]
Dem Epochenumbruch nach 1800 setzt es den frühneuzeitlichen Spiegel vor:
die Zeitstelle, an der sich aller historischen Differenzen ungeachtet die Funktionalisierung und Formalisierung der Welt, verschärft jetzt durch den aufstrebenden
Industriekapitalismus, durchzusetzen beginnt. „Welt" klingt wie „Geld", beteuert
der Schauspieler bereits im *Autor* (1800) gegen den Irrtum des Dichters, Kunst
ohne Rücksicht auf die Bedingungen ihrer marktförmigen Vermittlung zu betreiben.[88] Im *Runenberg* inszeniert Tieck den blendenden Geldfetisch im Tausch von
Herz gegen glänzendes Metall in der unterirdischen Sphäre der Schönen vom
Berge. Höchst konkret ist hier die Abstraktionslogik des Gelds im Vermögen zur
Vermittlung von Allem mit Allem, von Totem und Lebendigen als Schmiermittel
moderner Vergesellschaftung, ins Bild gesetzt. Im Unterschied aber zu den An-
sätzen figurenpsychologischer Ausdifferenzierung im frühneuzeitlichen Roman
(etwa bei Wickram), im Unterschied auch zur Psychologisierung der szenischen
Darstellung im *Donauweib* bewahrt das frührealistische Universaldrama die holz-
schnittartige Flächigkeit einer Figurengestaltung, die einmal die Poetizität des *Kaiser Octavianus* begründete. Selbstbezüglich erinnert im *Fortunat* der König von
England noch daran.[89] Die zurückgestufte Figurenpsychologie in der *Charakter*-
darstellung bildet hier aber im Gegensatz zur vorherigen Holzschnittdramatik die
Konsequenzlosigkeit von Erfahrung und Verhalten in einer der neuzeitlichen
Kontingenz unterworfenen Welt nach. Sie bleibt gesellschaftsgeschichtlich vermittelt, insofern sich gerade in der flächigen Variabilität der Figuren ein strukturelles
Komplement der Tauschabstraktion in der Synthese am Geld geltend macht. Der
Wert einer Person definiert sich nicht mehr über positiv gegebene, also autonome
und damit vollkörperlich bzw. 'plastisch' repräsentierbare Charaktereigenschaften
als einer raumgreifenden Qualität – einstmals begründet durch Herkunft und
„Ehre".[90] Er wandelt sich vielmehr funktional nach den pragmatisch kalkulierenden Wertzuschreibungen mit den in schillernden Oberflächen der Selbstinszenierung erkennbaren Interessen selbst. Im ersten Teil, beispielsweise im Zusammenhang der Liaison Fortunats mit Betty, wiederholen sich die Szenen, die vorführen,

---

[87] Zit. nach Tieck-DKV VI, Kommentar, 1485.
[88] „Da sind Sie ganz in die Irre gekommen / Die jetzige Welt ist immer das Geld, / Jemehr Geld
man hat, jemehr auch Welt, / Welt ist nichts als eine falsche Aussprache, / Das andre aber bezeichnet die Sache" (Tieck-S XIII, 286).
[89] „In unserer Familie!", bejammert er den Hörnerbefall seiner Tochter, „daß das soll in die Chronik
kommen! Abgebildet für die Nachwelt im Holzschnitt!" (Tieck-DKV VI, 1032). Überall wird im
Drama „eine epische Distanz ausgebreitet, die uns die ganze Szene wie aus der Ferne und wie in
die Oberfläche (alter Stiche) projiziert sehen macht" (Frank 1972, 329).
[90] Vgl. noch den Schwur Andalosias vor seinem Vater, immer der „Ehre" zu folgen (Tieck-DKV
VI, 962).

wie Geldbesitz bzw. dessen Unterstellung allein die Wert-Schätzung einer Person produziert. Verfällt die Zuschreibung, schlägt diese sogleich in Gewalt bis zur völligen Ächtung oder gar Todesdrohung um, und zwar ohne jeden *handlungs*genetischen Zusammenhang mit der soeben noch erwiesenen Hochachtung[91] : „Man ist nur das, wofür die Welt uns hält, / Sieht keiner, daß ich reich bin, bin ichs nicht", bringt Andalosia die neue Ordnung oberflächlichen Scheinens auf den Punkt, ohne daß er damit freilich zu ertragen gewillt wäre, tatsächlich nur allein wegen seines Gelds geliebt zu werden.[92] Genau diese von der Logik des Geldprinzips organisierte Wandelbarkeit, die in die zwischenmenschliche Aktualität so direkt eingreift, als wäre sie unvermittelt, verwandelt Tiecks letztes Drama in Form: in der Ironie aus einer radikalisierten Einsicht in die *gesellschaftliche* Relativität und Relationalität interessengeleiteter Werte und Ideale, die die flüchtige Unbestimmtheit der szenischen Textur selbst kenntlich macht.

Gleichermaßen gemildert und verschärft wird die in dramatische Form verwandelte gesellschaftliche Abstraktion[93], die jeden Einzelnen zum Spielball zufälliger Situationen macht, durch die erkennbar abgesonderten und schon deshalb völlig eigensinnig gewordenen Elemente des Wunderbaren. Zum einen bleiben sie wie Fortuna und ihr Diener Zufall als Personifikation noch an überlieferte Darstellungsformen (u.a. des Märchens) zurückgebunden. Zum anderen dient das Wunderbare nun aber auch der gesellschaftskritischen Reflexion auf Konsequenzen des Abnormen in einem von instrumentellen Kalkülen bestimmten gesellschaftlichen Raum, indem Tieck die Kompensationsstrategien und Bewältigungsspielräume mit dem Bizarren an den sozialen Ebenen durchdekliniert. Drei Figuren werden durch Andalosias wunderbare Äpfel (die er auf dem Markt verkauft, um die an Agrippina verlorenen Glücksgüter zurückzuerobern) von den tiefwurzelnden Hörnern befallen: der Diener Dietrich, der pöbelhaft stotternde Adelssproß Theodor und die Königstochter Agrippina. Im Falle Dietrichs bedient die eigene Familie den gierigen Voyeurismus einer auf den grotesken Leib in Schadenfreude erpichten Öffentlichkeit, indem sie das beschädigte Leben für Geld auf dem Jahrmarkt als „echten alten heidnischen Waldgott" ausstellt[94], also der allgemeinen Belustigung preisgibt: Tiecks Demonstration der zynischen

---

[91] Betty hört Fortunats Beichte von der Verarmung und wendet sich sofort von ihm ab; schlagartig kippt ihre Gier nach Diamanten in pure Verachtung um (vgl. Tieck-DKV VI, 829, 819).

[92] „Doch sie [Agrippina], die Herrliche, sie liebt mich selbst, / Sie würde auch den Bettler in mir lieben" – so die trotz aller Erfahrungen sich haltende Selbstverblendung, die aus dem nach wie vor bestehenden Wunsch resultiert, als Person geliebt zu werden (Tieck-DKV VI, 981f.).

[93] Dies setzt eher den *Fortunat* als Allegorie des 19. Jahrhunderts ins Verhältnis zu Goethes zweitem *Faust*, während sich die Vergleichbarkeit mit dem *Kaiser Octavianus* auf die Verfahrensäquivalenzen im Bereich der metrischen Variation beschränkt; zum Verhältnis von 'Abstraktion, Allegorie und Realismus' im *Faust II* vgl. Schlaffer (1989, 175-185).

[94] Tieck-DKV VI, 1060; siehe auch 1044; vgl. dazu die perspektivierenden Spiegelungen des Verkaufs durch andere Figuren (1071, 1065) und durch Dietrich selbst (1099): „es ist Blutgeld, Papa, aus meiner Seele herausgepreßt" (1100).

Schaulust am „schreckliche[n] Spektakel"[95], die sich zudem als Persiflage über den Ausverkauf zeitgenössischer Gräkomanie auf dem Jahrmarkt zu erkennen gibt, reicht hier an die Entlarvungstechnik vergleichbarer Szenen bei Büchner und Grabbe heran.[96] Für den höfischen Bereich dagegen wird das vom Hypotext überlieferte Motiv der auswachsenden Hörner zu einer grotesken Satire auf adelige Selbstinszenierungsformen genutzt, gespiegelt in der Parodie des wie Riccaut de la Marlinière französisierenden Andalosia, der sich mit übergroßer Nase und roten Haaren als Arzt und Gelehrter zur Heilung Agrippinas ausgibt, um an die verlorenen Glücksgüter heranzukommen. Die Öffentlichkeit stigmatisiert den „rote[n], langgenas'te[n] Mensch[en]", der auf wundersame Weise die tiefwurzelnden Hörner heilen kann, reflexhaft sogleich zum (ewigen) Juden.[97] Die verzerrte Maske höfischen Sprechens, das den Opportunismus adeliger Rituale durch Übertreibung kenntlich macht, ist der bösen List der Vernunft zur Wiedererlangung der machtgarantierenden magischen Güter geschuldet.

Bei den Geringen symbolisiert die Verstümmelung die Not der Selbstauslieferung an die voyeuristische Verfügung einer Öffentlichkeit, für die Dietrich von Andalosia unfreiwillig dann sogar zum Hanswurst degradiert wird, bis er den Selbstmord nicht mehr ausschließt, „wenn sich das für einen Harlekin irgend schickte".[98] Die Umdeutung des grotesken Leibs zum Normalfall vermittels der kaum weniger grotesken Camouflage der Beschädigung – angesiedelt zwischen kosmetischer Bearbeitung (in den Szenen um den Barbier Flint[99]) und der nur noch bedingt gelingenden Neukodierung von 'Normalismus' im höfischen Zeremoniell – demonstriert dagegen die hilflose und lächerlich gewordene Verfügung des Adels darüber, was als Norm zu gelten hat.[100] Das Tragen hoher Perücken und hoher Mützen erklärt sich zum modischen Zeichen „hohen Stil[s]", der beim Hoffest indes nur die Kristalleuchter ruiniert.[101] Auf jeden Fall handelt es sich um

---

95 Tieck-DKV VI, 1062.
96 Vgl. dazu die ganze Szene IV/2 im zweiten Teil (Tieck-DKV VI, 1060ff.).
97 Tieck-DKV VI, 1071; 1063. Das vom Antisemitismus als Bedrohung Stigmatisierte – „Sah aus wie Teufelsbannerei und Hölle" (1071) – schafft der Beschädigung Abhilfe. Schwer zu beurteilen ist, wie die von Tieck zu antisemitischen Bezügen ausgebauten Elemente der Verkleidung Andalosias autorseitig gemeint sind: als Bemerkung zur alleinigen Heilung des beschädigten Lebens durch den jüdischen Kapitalismus, dem neuen „Wunderdoktor" der Zeit (1064), oder eben als Diffamierung der Juden als Urheber allen Übels, die ja auch in Arnims *Halle und Jerusalem* nicht von der Hand zu weisen ist. Zur reflexhaft hergestellten Verknüpfung von Kapitalismus und Judentum, die den politischen Antisemitismus des 19. Jahrhunderts bestimmen wird, vgl. eine Szene mit dem Kaufmann Hieronymus (816).
98 Tieck-DKV VI, 1075.
99 Samt Verulkung des Nachahmungstheorems, indem die hohen Perücke der Gattin Flints auf dem Marktplatz als „Muster" der allgemeinen Nachahmung anempfohlen wird (Tieck-DKV VI, 1056f). Die 'Normaldame' ist Parodie auf eine Literatur, die das Mimesis-Gebot des „Ober-Geheimen-Staats-Haupt-Regulateurs" (Goethe?) zur Pflicht erklärt (1056).
100 Zum ungläubig verblüfften „Schauer" ob der 'widerlichen' „Kunstformierung" vgl. die Reaktionen Limosins und Olivarez' beim Hoffest (Tieck-DKV VI, 1067ff., 1073).
101 Tieck-DKV VI, 1067, 1072.

Bearbeitungen des oberflächlichen Scheins, weil der bizarren Entstellung durch die 'tiefwurzelnden' Hörner mit der Kunst der Ärzte nicht mehr beizukommen ist.[102] Die Hilflosigkeit der medizinischen Wissenschaft zeigt Tieck in einer eigenen Szene (III/7, 2. Teil) an den so sinn- wie wirkungslos bleibenden gelehrten Perorationen der Ärzte. Über die vergleichbaren Passagen im *Ritter Blaubart* und *Däumchen* geht die Medizinersatire insofern hinaus, als zeitaktuelle Persiflagen auf die romantische Faszination am künstlichen Menschen bzw. Automatenmythos[103] mit Reflexionen auf den Menschen als tiergleiche „Mißgeburt" (in gewisser Vorwegnahme der Evolutionstheorie) verbunden werden[104], um das nur noch durch das Wunder selbst heilbare beschädigte Leben auch in der höchsten gesellschaftlichen Sphäre zu karikieren. Die Hörner Agrippinas, von Andalosia moralisierend als Auswuchs ihrer „Bosheit, Tücke und Schadenfreude" interpretiert[105], werden gewissermaßen auch dem König von den Ärzten im Spott auf dessen alchemistische Experimente aufgesetzt: Die physiognomische Deutung läßt das genealogische Wuchern seines 'Wunderglaubens' am Kopf der Tochter[106] als komisches Relikt vorkapitalistisch magischer Praktiken erscheinen, so daß dem familiären Schaden in einer vom inszenierten Schein verstellten Welt auch durch Sternenkunde nicht mehr beizukommen ist.[107]

Dergestalt demonstrieren auch das ästhetische Vergnügen der Unterhaltungsöffentlichkeit am beschädigten Leben und der lächerliche Camouflage-Versuch eines von antiquierten Praktiken befallenen Hofs die neue Zeit. Auf sämtlichen gesellschaftlichen Ebenen wird jetzt das gleiche Prinzip wirksam. Die gemeinsame Struktur in den sonst soweit noch voneinander getrennten sozialen Sphären[108] besteht darin, daß aller Wert sich im künstlichen Scheinen zu beglaubigen hat. *Je-*

---

[102] „Ists tief gewurzelt, hart verwachsen, kann / Freilich der Kopf dabei in Trümmern gehn", befindet der „2. Doktor" in bezeichnender Charakteristik des beschädigten Lebens auch in der höfischen Sphäre (Tieck-DKV VI, 1047).

[103] Vgl. Tieck-DKV VI, 1046.

[104] Vgl. Tieck-DKV VI, 1047.

[105] Tieck-DKV VI, 1083.

[106] „Betrachten sie genau Herrn Reymunds Kopf, / Den spitzen Schädel, der Theosophie / Und Schwärmerei verrät, besitzt er nicht, / Doch ist der Mann von Schwärmerei durchdrungen: / Das Haupt der Majestät ist oben flach, / Und doch ist sie zur Schwärmerei verleitet; / Was ihm entgeht, hat an der Tochter Kopf / Sich hoch erst und dann höher stets gebildet, / Des Vaters Wunderglaub' im Übermaß, / Im Wachsen endlich sich als Horn gestaltet" (Tieck-DKV VI, 1049).

[107] Statt astrologischer Ratschläge durch Reymund bedarf der König jetzt der Perückenkunst des „Windbeutel[s]" Flint (1050f.). Das derart ironisierte Sternenmotiv, das die Thematisierung in den frühromantischen Universaldramen im Rekurs auf den *Wallenstein* dekonstruiert, taucht als Metapher des Unverfügbaren entsprechend auch in der Fortuna-Sphäre auf (vgl. 850).

[108] „Kommt von den Hörnern was ins Publikum", droht der König den Ärzten, „So seht Euch nur nach neuen Köpfen um" (Tieck-DKV VI, 1050). Er dichtet damit ein Stigma vor der (Theater)-Öffentlichkeit ab, das sonst der ästhetischen Schadenfreude auf dem Jahrmarkt dient: Versucht der Adel das groteske Mal zum Normalfall umzukodieren, dient dessen öffentliche Zurschaustellung dem Bürger zur Selbstvergewisserung seiner eigenen Normalität.

der Person kann ein Wert nun nach Interessenlage zu- und ebenso rasch wieder abgesprochen werden.

Sämtliche sozialstrukturellen Differenzen überwölbend, oder genauer: diese durchdringend, kleidet sich die solcherart auf ein gemeinsames Moment hin reflektierte 'moderne' Vergesellschaftung in eine szenische Form, die sich generisch in der 'höheren' Ironie des frührealistischen 'Lustspiel-Märchens' mit sehr ernstem Ausgang darstellt. Zwischen Komischem und Tragischem, Lächerlich-Bizarrem und tatsächlichem Leid kann diese Dramatik nicht mehr unterscheiden, wo eines aus dem anderen hervorgehen oder beides sich wechselseitig annihilieren kann: Die komödienhaft leichte Durchführung des ersten Teils kippt über die groteske Satire „zum wirklich Tragischen" im so unvermittelt eintretenden wie nüchtern dargestellten Tod der beiden Brüder am Ende des zweiten Teils. Das Tragische soll dabei laut Tieck aus dem 'Lachen' selbst hervorgehen, so daß es paradoxerweise an das Lächerliche gekoppelt bleibt.[109] Paradoxien sind widersprüchliche Konsequenzen aus unauflösbaren Gegensätzen, die sich nach den Polen hin allenfalls perspektivieren lassen: Der 'tragische' Schluß löst demzufolge entweder das Verschulden der beiden Söhne an der von Fortunat auferlegten familiären Sorgsamkeit mit den Glücksgütern und versöhnt so mit dem Unglück bei aller zufallsbedingten Unverhofftheit[110]; oder er entlädt sich im ebensowenig tröstlichen Lachen über die Unvermeidbarkeit der permanenten Umschlagstruktur in einer ziellos von reiner Bewegung getriebenen Welt.[111]

---

[109] „Wenn Sie beim zweiten Theil nicht mehr als beim ersten gelacht haben", schreibt Tieck zu dieser Paradoxie an Solger am 30. Januar 1817, „wenn nicht gerade durch dies widersinnig scheinende Mittel der Schluß sich zum wirklich Tragischen gesteigert hat; so habe ich mein Öl und und meine Arbeit verloren" (Tieck-Solger I, 500).

[110] Dieser Versöhnlichkeit entspräche das nur schwer einzuschätzende Schuld- bzw. Sündenbewußtsein der Brüder im Augenblick des Todes: „Und darf ich klagen? Sah ich wohl, geblendet, / Die Not der Millionen, meiner Brüder, / Die ohne Schuld im härtsten Elend büßen?", bereut Andalosia seinen Egoismus kurz vor der Ermordung: „Ich sah nur mich, der Eitelkeit Gespenster" (Tieck-DKV VI, 1120; vgl. auch 1112). „Empfange Himmel, nun die müde Seele", meint der von der „Weisheit" zum 'Melancholiker' gewandelte Ampedo, dem das Leben nur noch als „schaler Traum" erscheint, im Augenblick des Infarkts (1118, 1093, 1094). Die himmlische Perspektive, im Kontext der Darstellung kaum mehr als ein Zitat, wird aber auch hier von den Umständen sogleich dementiert: „Er ist starr tot, / Dem hilft nichts mehr als nur der Totengräber", befinden die Diener, während sie sogleich die Leiche plündern (1118); vgl. dazu bereits Fortunats Räsonnement über das völlig verlassene, einsame Sterben im Gefängnis (862). Mit Grund sprach Solger vom „fruchtlose[n] Insichgehen des Andalosia" im Augenblick seines Todes (zit. nach Tieck-DKV VI, Kommentar, 1485).

[111] Tieck hat diese Ambivalenz sehr wohl beabsichtigt, wie sein Brief an Solger vom 24. März 1817 erkennen läßt: „Meine Absicht haben sie gantz bei diesen Schauspielen gefunden, nur berühren Sie nicht, wie die Prinzeß, Andalosia und Ampedo sich gleichsam läutern und erhöhen, und Theodor und Limosin verschlechtern: es schien mir nicht übel, daß Andalosia so wie vor Thorschluß im Begriff ist gut zu werden, und durch Agrippina und ihn selbst seine erste Liebe gleichsam gerechtfertigt wird, *und doch einen Durchblick auf neue mögliche Menschenschwachheiten gestattet*, wodurch mir die Nothwendigkeit des plötzlichen und ernsten Schlusses auch noch mehr motivirt wurde" (Tieck-Solger I, 536; Hervorhebung von mir, S.S.).

Diesen generischen Indifferenzpunkt berührt auch das *Phantasus*-Rahmengespräch in der poetologischen Selbstreflexion auf die gegenläufige Struktur und Gattungszugehörigkeit der beiden Teile im Verhältnis zur episodischen Darstellung im 'novellistischen' Hypotext. Schon die Überlänge auf dem „neuen Gebiete" des Dramas entgehe nicht leicht der Gefahr, „die leichtfüßige Grazie der alten Erzählung" verloren zu haben[112]: Konsequenz des zum Teil tatsächlich langatmigen Anschwellens der szenischen Rede besonders im ersten Teil. „Ich glaube nicht", meint Lothar jedoch in Zuversicht auf die generischen Eigenwertigkeit der ganzen szenischen Anverwandlung,

> daß ein neuer Erzähler die alte liebe Geschichte besser und unschuldiger vortragen könne, im Schauspiel muß die Lustigkeit von selber herber, die Figuren müssen schärfer gefaßt werden, vorzüglich aber müssen die beiden Teile, in welche die Geschichte zerfällt, greller gegeneinander kontrastieren; die erste wird immer noch etwas vom epischen Charakter behalten, wenn der zweite sich ganz in das Phantastische und Ausschweifende neigt, welches das Tragische nicht ausschließt.[113]

Insofern er den Prosaroman als Vorlage erfüllt, fällt der erste Teil laut Manfred unvermeidbar „ganz undramatisch" aus. „Durch einige Veränderungen des Gegenstandes" habe der Verfasser des Dramas aber „der Schwierigkeit einigermaßen abgeholfen", denn „genau genommen" wird „in jedem Akt eine eigene fast für sich bestehende Geschichte vorgetragen, und das Band, welches sich verknüpfend durch alle zieht, ist nur schwach: die Unbestimmtheit und Übereilung der Hauptperson, und die Verlegenheiten, in welche diese sich stürzt".[114] Vermittels dieses ganz eigenen Verknüpfungsprinzips, das die episodische Verselbständigung ins Romanhafte auf dramentechnisch neuartige Weise zurückbindet, tritt man „stets in eine neue Welt und Umgebung", so Clara: „die Einfalt des Helden ist liebenswürdig", weshalb ihr vor der fehlenden „Gelindigkeit" des zweiten Teil mit seinen komisch-grotesken und grell-phantastischen Szenen bereits ein wenig bange ist. Friedrich, der von Leidenschaften bewegte Müßiggänger gegenüber Ernst, dem Bewunderer altdeutscher Kunst, begründet als Vorleser des zweiten Teils die mimetische Logik dieser anderen Gestaltung mit dem „sonderbare[n] Wechsel des Lebens", durch den das, „was wir für unser Inneres, für das Wesen unsers Selbst halten, nach Jahren oder Monaten als das Fremdeste entgegentreten kann".[115]

Angespielt wird im Zusammenhang der Stoffbezugnahme zwar auch auf frühere dramatischen Bearbeitungen des *Fortunat*-Stoffs in der Shakespeare-Zeit.[116]

---

[112] Tieck-DKV VI, 926.

[113] Tieck-DKV VI, 927.

[114] Tieck-DKV VI, 927.

[115] Tieck-DKV VI, 928. Er formuliert damit eine spezifisch moderne Erfahrung, die an der folgenden Jahrhundertwende Hofmannsthals Lyrik im erschreckten Innewerden der Entfremdung vom eigenen vergangenen Ich etwa in den Terzinen *Über Vergänglichkeit* artikuliert.

[116] Tieck-DKV VI, 929. Zu den drei englischen Bearbeitungen um 1600, die auf ein deutsches Fortunatus-Drama von 1620 wirken (*Comödia von Fortunato und seinem Seckel und Wunschhütlein, darinnen erstlich drei verstorbenen Seelen als Geister, darnach die Tugend und Schande eingeführet werden*), vgl. Harms

Geltend macht sich aber gerade in der szenischen Mimesis der flüchtigen Wandelbarkeit die Verfahrensdifferenz der modernen Bearbeitung, die gleich „einem musikalischen Stücke mit seinen Variationen" gebaut sei: „Derselbe Satz, dieselbe Aufgabe kehrt wieder, und wird am Ende ziemlich willkürlich aufgelöst." Die musikalische Behandlung trägt zur generischen Indifferenz bei, indem sie der variablen Flächigkeit der Figurengestaltung korrespondiert: „Darum sehen sich die komischen Figuren ähnlich, und wenn nicht zuletzt die Eltern wieder aufträten, und [rahmenbildend] den Schluß mit dem Anfang verknüpften, so bestände das Stück [1. Teil] fast nur aus sechs oder sieben dialogierten Anekdoten", obgleich das Ganze trotzdem sehr viel weniger 'willkürlich' ausfalle als noch das kurz zuvor vorgelesene „Kindermärchen".[117] Die spezifische Bezugnahme auf die frühromantischen Märchendramen, die sich in den beiden Teilen zugewiesenen Paratexten ('Ein Märchen in fünf Aufzügen') anzeigt, ist tatsächlich, wie gesehen, zu einer völlig anderen Motivation von 'Willkür' gelockert worden.

Am Ende der Vorlesung des ganzen Doppeldramas herrscht betroffene Stille: ausgelöst durch die „bittre und schneidende Empfindung" des Schlusses, wo „das Schreckliche so plötzlich hereinbricht".[118] Erst der grellere zweite Teil aber komplettiere das Ganze, denn der „wildere Scherz wie das Schreckliche" müssen sich genauso „vereinigen", wie der Tod der Hauptperson „unerlaßlich" sei, „um die Geschichte ernsthaft zu endigen, die sonst einen albernen Charakter erhalten würde".[119] Die Satire auf den Hof und die Ärzteschaft, auf die Gräkomanie und die an den Jahrmarkt verkauften Wissenschaften muß in den Ernst einer traurigen Verfaßtheit der Welt überführt werden, ohne daß sich das Stück damit zur Tragödie im strikten Sinn verwandelt. Auch wenn der zweite Teil „dramatischer", weil ortsgebundener bei überschaubarem Personal ausfällt, gerät der Autor gerade durch die Einführung neuer Wunder, die mit den bereits bekannten wunderbaren Elementen „kämpfen", in Schwierigkeiten, wo er den tödlichen Schluß motivieren soll. Genau diese Schwierigkeit, die tatsächlich darauf zurückgeht, daß sich der Tod im metaphysischen Sinn nicht mehr tragisch motivieren läßt, öffnet den Schluß hin zur kontingent sich fortschreibenden Welt: „[...] und der Autor mag den Knoten knüpfen und lösen, wie er will, so wird er gezwungen sein, am Schluß, oder mit dem fünften Akt gleichsam ein neues Stück zu beginnen, wel-

---

(1892). Siehe auch Tiecks Nachlaßnotiz zu Thomas Dekkers *The pleasant comedie of old Fortunatus* (nachweisbare Aufführung 1599), die v.a. die Outriertheit der moralischen Figuren bemängelt (abgedruckt bei Hölter 1989, 434). Dennoch markiert gerade dieser Bezug die Nähe der eigenen Dramatisierung zu Ben Jonsons *comedy of manners*. Eine Überblicksskizze zu den romantischen *Fortunatus*-Bearbeitungen mit Hinweisen auf Gründe für die Renaissance des Stoffs und seiner Elemente (süddeutsche Handelszentren: Nürnberg, Fugger usw.) in romantischen Texten nach 1800 vor dem Hintergrund der vordrängenden Thematisierung des Geldes bis zu Arnims *Kronenwächtern* bei Hörisch (1995, 16ff.).

[117] Tieck-DKV VI, 929f.
[118] Tieck-DKV VI, 1123.
[119] Tieck-DKV VI, 1124.

ches hier mehr, als beim ersten Theile auffällt, da uns der Dichter nicht so wie dort an das neue Anheben gewöhnt hat."[120] Wie auch immer Tieck ein Moment von deren Möglichkeit bewahren will: Die Unverhofftheit der kaltblütigen Ermordung zerstört die Tragödie als Gattung, die an den durch kausal motivierte Handlungsvollzüge herbeigeführten unlösbaren Konflikt zweier gleichmächtig widerstreitender Prinzipien, dem Kampf des Besonderen mit dem Allgemeinen, gebunden bleibt.

Die paradoxe Gegenläufigkeit der beiden Teile samt ihrer textinternen Umschlagstruktur relativiert damit zuletzt auch die von Tieck betonte Theatralität. Tatsächlich sehr viel stärker als Handlungs- und Ereignisdramatik konstituiert, beeinträchtigt nicht allein die episierende Langatmigkeit (trotz aller Szenenwechsel mit überraschenden Wendungen[121] und episodischer Situationskomik) und die fehlende Leidenschaftsbindung die wirkungsästhetischen Voraussetzungen von Theatralität. Mit Ausnahme der Leidenschaftsdarstellung in den Gefängnisszenen, die bei Tieck motivisch bis auf die frühen Dramen der 90er Jahre zurückdatieren, sind eher nur die drastischen Hof-, Jahrmarkts- und Wirtshausepisoden theatralischer Natur, ohne daß diese Qualität für die Rezeption des Stücks irgendwelche Folgen gehabt hätte: Nicht nur theatergeschichtlich spielt der *Fortunat* keine Rolle, sondern auch nicht für eine praktisch nicht existente literaturwissenschaftliche Forschung, die einmal mehr das konventionelle Verdikt langatmig ausufernder Lesedramatik fällt. Bei aller situationsdramatischen Zurüstung zerfällt die angestrebte Theatralität des frührealistischen Weltschauspiels jetzt aber – im Gegensatz also zu den entsprechenden Befunden über die frühromantische Dramatik – mit der in szenische Rede verwandelten Struktur neuzeitlicher Kontingenz.[122]

In keinem seiner punktuell aufscheinenden generischen Möglichkeiten geht das Schauspiel mit komischen und tragischen Elementen auf. Die höhere Ironie als Textur zielt nicht mehr auf die proteische Wechselrelativierung literarischer Verfahren, sondern auf die Unbestimmbarkeit von Situationen, die an keiner Stelle mehr rein komisch, rein tragisch, rein satirisch oder rein grotesk ausfallen: 'weder noch' bzw. „halb" komisch und „halb" tragisch, wie der Sekretär im *Prolog* die Personifikation der Fortuna, der er soeben begegnete, mit implizitem Rekurs auf deren Ikonographie treffend attribuiert: „Ich komme hinaus, und sehe, – was? halb schwebend, halb wandelnd, halb bekleidet, halb nackt, halb freundlich, halb ernst, auf einer rollenden Kugel, fliegend den Schleier [...]".[123] Unbestimmbar wie

---

[120] Tieck-DKV VI, 1124.

[121] Man kann darin den szenischen Vorschein der sich anbahnenden Novellentheorie sehen.

[122] „Die scheinbare Nachläßigkeit im *Fortunat*", sollte Tieck daher mit großer Berechtigung behaupten können, „geht wohl aus dem Gegenstand hervor, er ist mit Bedacht geschrieben" (Tieck an Friedrich Tieck, 9. April 1818, Schweikert I, 268).

[123] Tieck-DKV VI, 947. „Lieber, es wird die fremde Schauspielerin sein, die um Konzession anhält", präzisiert der „2. Rat" sogleich die Beobachtung des Sekretärs in wörtlicher Wiederholung, womit Tieck auf engstem Raum die strukturbildende Doppelung des *Fortunat* in der Abbildung der allegorischen auf die alltägliche Sphäre des für Geld öffentlich inszenierten Scheins zusammenbringt.

die Wechselfälle des Lebens ist solche Erscheinung, so daß mit der variablen Charakterlosigkeit von Verhalten und mit der Konsequenzlosigkeit von Erfahrung die generische Verfaßtheit eines 'Lustspiel-Märchens' als Tragikomödie selbst unklärbar bleibt. Die Ironie der Textur als Ironie des Geldes, die alles mit allem vermittelt, läßt das Komische im tragischen und das 'halb' Tragische im 'halb' komischen Licht erscheinen, wo jeder Augenblick das Gegenteil seiner selbst freisetzen und sogleich wieder verflüchtigen kann. Das höchst Ambivalente der höheren Ironie ist ihre absolute Indifferenz zwischen Leichtigkeit und Gewalt, die das Stück in seinen „halb schwebend, halb wandelnd" vollzogenen Situationen ohne jede 'Beschönigung'[124] sich ereignen läßt.

Das Eigentümliche der 'neuen Manier' Tiecks auch im universalen Schauspiel ermißt der Vergleich mit **Chamissos** Fragment *Fortunati Glückseckel und Wunschhütlein. Ein Spiel* (1806). Die Experimentaldramatik im Gefolge der Dramenpoetik August Wilhelm Schlegels, die mit dem wunderbaren Geldsäckel ein romantisches Märchenelement des *Peter Schlemihl* vorwegnimmt, orientiert sich verfahrenstechnisch am *Kaiser Octavianus*. Das zugehörige poetologische Konzept erarbeitet Chamisso in Gesprächen mit Fouqué vor dem Hintergrund der Wickram-Dramatisierung *Historie vom Ritter Galmy und einer schönen Herzogin aus Bretagne* (1806), die selbst dem frühromantischen Hauptwerk Tiecks verpflichtet ist.[125] Nicht zuletzt wohl unter dem Eindruck des Tieckschen *Fortunat* sah Chamisso, trotz aller Ermunterungen Fouqués und Uhlands, vom Abschluß des schon zur Entstehungszeit epigonalen Dramenprojekts ab, das im Gegensatz zur Bearbeitung Tiecks bezeichnenderweise nur den drastischeren zweiten Teil des frühneuzeitlichen Prosaromans dramatisiert.[126]

Der formale Rekurs auf den Höhepunkt frühromantischer Dramaturgie hält die dem Stoff inhärente Behandlung der Geldabstraktion in antithetischer Spannung zur verschwenderischen Poetizität einer metrisch diversifizierten dramatischen Rede, die sich wie ihr Vorbild an der assonierenden Artistik vierhebiger Trochäen, liedhafter Jamben und Anapäste, am variierenden Wechsel von Terzinen, Stanzen, Sonetten, Alexandrinern (für die melodramatisch bzw. barockaffinen Leidenschaftsdarstellungen) und Trimetern (in Reaktion auf Friedrich Schle-

---

[124] Vgl. Tieck-DKV VI, Kommentar, 1490; hier zum Ironie-Begriffs Solgers und seiner Reflexion auf den Gedanken vom 'positiven Nichts' vgl. im einzelnen 1181, 1174-1199.

[125] Zum Entstehungskontext des Fragments vgl. die entsprechenden Briefstellennachweise in Chamisso (1976, Kommentar, 787); zur Auseinandersetzung Fouqués und Chamissos mit A.W. Schlegel und Tieck siehe Walzel (1897, 132f.). Zu Fouqués *Galmy*, der selbst ohne den *Kaiser Octavianus* nicht zu denken ist, vgl. C. Stockinger (2000a, 65-77).

[126] Walzel (1897, 137ff.) zufolge geht dies auf die Konzeption als Ideendrama zurück, das den dramatischen Konflikt aus der stoizistischen Lehre Epiktets, gegen die Andolosia verstoße und die von Ampedo als Ideal realisiert werde, abzuleiten unternimmt. Dieser stoizistische Hintergrund spiegelt sich auch in den Stanzen des Eremiten und in *Adelberts Fabel* (vgl. Chamisso 1976, Kommentar, 790).

gels *Alarcos*) delektiert.[127] Herrscht in den ersten Szenen mit dem gleichmäßigen Blankvers noch die durchaus dramatische Exposition des brüderlicher Widerstreits vor, der das romantische „Sehnen" und „Ahnden" Andolosias (bis in „Extreme") der ruhigen „Mittelbahn" Ampedos gegenüberstellt[128], folgt die szenische Durchführung mit der Ausfahrt des abenteuerlustigen Bruders ins Meer dem epigonalen *aemulatio*-Modell, das sich in der Überbietung noch der metrischen Variabilität des *Kaiser Octavianus* anzeigt. Dramenstrukturell bildet dabei das erste Artistenstück – der antithetisch organisierte und im Parallelismus der Verse sich zugleich entdifferenzierende „Wechselgesang" der vierhebig trochäischen Vierzeiler 'Auf dem Wasser' und 'Auf dem Festen' während der Ausfahrt vom Hafen, die beiden widerstreitenden weltanschaulichen Positionen vor dem Hintergrund der einschlägigen Schiffbruchmetaphorik symbolisierend – die Gelenkbzw. Übergangsstelle vom 'dramatischen' „Vorspiel" in Blankversen zu den poetischen Verfahrensexperimenten.[129] Diese gehen über den *Kaiser Octavianus* insofern hinaus, als neben Alexandrinern und jambischen Trimetern für Passagen melodramatisch pathetisierten Sprechens[130] eben auch die fiktionsironischen Verfahren der parabatischen Theatersatiren Tiecks Eingang finden: So wird das finale Terzett, das Andolosias Sonett im Schock des Sturzes vom Apfelbaum vergißt, weil sich Agrippina mit dem Flughütlein davonmacht, vom Souffleur – mit dem „Kopf aus dem Kasten" „gegen die Zuschauer" gewendet – komplettiert.[131] Selbstironisch ausgespannt wird das Auseinandertreten von romantischer Poetizität und pragmatischer Kommunikation in der Hofrede des Kanzlers über das Verhältnis von politischem Wort (des Königs) und höfischer Tat (in Ritterspielen) samt „Deutung" dieses Verhältnisses mittels völlig dysfunktionaler Terzinen. Denn diese verlieren sich in einem selbstläuferischen Umkreisen der performativen Geltung des Scheins der Worte als Taten, dessen Sinn und Zweck nicht einmal der auf Unvernunft spezialisierte Narr versteht.[132] „Noch besser", also noch

---

[127] Vgl. Walzel (1897, 143f.).

[128] Chamisso (1982 I, 606, 605).

[129] Vgl. Chamisso (1982 I, 611). „Mit der Abfahrt endet eine Art Vorspiel" (Chamisso an Varnhagen, 28. September 1806; zit. nach Chamisso 1976, Kommentar, 788). Im 'Gesang auf dem Schiffe', der diese Gelenk-Szene beschließt, verdichtet sich das den Abenteurer Andolosia leitende „Begehren" nach dem fernen „Schatz" im „geheimen Schreine", indem die vierhebigen Trochäen die Andolosia-Agrippina-Handlung in der Dialektik von 'Erscheinen' und 'Verschwinden', Präsenz und Entzug (von Liebe und Geld) anbahnen: „Fernher, aus geheimem Schreine, / Winkt ein Schatz so wunderbar. / Weiß allein selbst wen er meine, / Und den Ort, wo er bewahrt. / Und wir streben, und wir meinen, / Streben, meinen immerdar, / Schweifen durch des Lebens Weite, / Und verachten die Gefahr. / Wir begehren nur das *eine*, / Wir begehren immerdar, / Immerdar auch wills erscheinen, / Ach! verschwinden immerdar" (Chamisso 1982 I, 612).

[130] Vgl. die barockaffine Schicksalsrhetorik Andolosias, als er nach dem Sturz vom Apfelbaum von Agrippina verlassen ist (Chamisso 1982 I, 641).

[131] Chamisso (1982 I, 640).

[132] „Hör mal Papa, ich habe ihn zwar eben sowenig verstanden wie du, aber er spricht doch gut, dein Kanzler, und mich dünkt, daß er in vielen Worten gesagt hat, was ohne die vielen Wort ganz klar

abstruser erscheint dem Narren die Inkongruenz von Wort und Tat im anschließenden Sonett Andolosias: im tautologischen Leerlauf eines verselbständigten
Parallelismus, der einen 'kämpfenden Kampf' mit der „Spendung" der „Sendung"
zur „Erlegung" „freudger Regung" in der „Entfaltung" und „Forterhaltung" der
„Weltverwaltung" führt. Dem formvollendeten Anschwellen parallelistischer
Wortkaskaden in einem abstrakten Nominalstil korrespondiert kein ableitbarer
semantischer Gehalt mehr, so daß mit dem Vollzug sich zugleich die Satire auf die
ornamentale Verselbständigung frühromantischen Sprechens in einen Klangteppich geltend macht: „machtvoll", „prachtvoll", „bedachtvoll" und „achtvoll"
verulkt sich die „hohe Sendung" der schönen Poesie mit den eigenen Verfahren.[133] Poetizität, als bloße Mechanik artistischen Formvermögens durch dezidiert
unpoetische, mehrsilbig abstrahierende Verbalableitungen kenntlich gemacht,
wird durch die verschwenderische Entfunktionalisierung in den regelgerechten
Unsinn denunziert – und eben bewahrt.

Das experimentelle Spiel der Formen spiegelt dennoch auch basale Elemente
der dramatischen Handlung, wie besonders das vom französischen Chanson be-
eindruckte, später vertonte und entsprechend berühmte Lied *Katzennatur* erkennen
läßt, das Chamisso als einzigen Text in die Sammlung seiner Gedichte unverändert aufnahm. Das refrainartig wiederkehrende „Ja ja!" rhythmisiert das launige
Spiel der Katzen-Königin mit der Maus: die Dialektik des ästhetischen Scheins im
Begehren und Entzug von Geld und Liebe, die der 'Gesang auf dem Schiffe' mit
dem Motiv des Schatzes im Schrein vorbereitete – formgewordenes Zeichen für
das Katz- und Mausspiel Agrippinas mit Andolosia, des unwiderstehlichen Kar-
funkelglanzes ihrer Augen mit der vom Schlaflied selbst eingelullten Aufmerksamkeit auf die tödlich Gefahr für die naive Maus, die sich vom verblendeten
Schein vertilgen läßt. Die launige Formalisierung dieser Dialektik im kabarettarti-
gen Lied symbolisiert und organisiert ein Element der dramatischen Handlung,
indem es Andolosia tatsächlich in den Schlaf wiegt, damit Agrippina den Säckel
stehlen kann.

Insgesamt stehen den formverspielten Funktionalisierungen und Ironisierun-
gen romantischer Poesie Varianten ihrer ungebrochenen Erfüllung gegenüber,
etwa im feierlichen Pathos der Stanzen Andolosias über das Grauen des Seh-
nens[134], so daß sich das ganze Drama zusehends im Nacheifern und Verulken
Tieckscher Techniken bis in den Bereich parodistischer Wortneuschöpfungen wie

---

geblieben wäre" (Chamisso 1982 I, 617). Chamisso ironisiert die mangelnde Erfüllung kommunikativer Zwecks in der ebenso überdeterminierten wie verschwenderischen romantischen Poesie:
durch die unökonomische Redundanz nicht-funktionalen Kommunzierens also, das mit der
Funktionalität des geld-heckenden Wunschsäckels konkurrieren muß (vgl. auch Hörisch 1995, 14-
16). Wer schön dichtet, wer romantisch grübelt, wer umständlich erzählt, der verstellt den Weg
zum neuzeitlichen Quell der Dinge: zur Funktionalität des Gelds komplementär zur Funktionalität des Kommunizierens im Klartext.

[133] Chamisso (1982 I, 617).

[134] Vgl. Chamisso (1982 I, 625).

„Klostereinsamkeit" verliert.[135] Das Fragment bricht ab mit Agrippinas Rede „Zur Tiefe hinab", wohin nach Chamissos Plänen, nun ganz im Gegensatz zu Tiecks finaler Erlösungsfreude, nicht nur die Familie gezogen werden sollte, sondern im Unterschied auch zum Volksbuch in einem „völligen Untergang" sogar Agrippina und der König von Zypern, den diese nach der Befreiung aus dem Kloster heiraten sollte.[136]

Findet Tiecks Dramatisierung des *Fortunatus*-Stoffs kraft ihrer asyndetisch geschmeidigen Blankverse und ihrer ökonomisierten Prosa ein formales Korrelat zur Abstraktionslogik des Geldprinzips, das der Darstellung des Hypotexts selbst korrespondiert, kommt dieser Kongruenz bei Chamisso die romantische Poesie in der Doppelung von pathetisch-lyrisiertem Sprechen und fiktionsironischer Demontage des entsemantisierenden Wortschwalls in die Quere. Stärker als der *Kaiser Octavianus* wiederum bewahrt das Fragment einen affektdramatischen Kern zur szenischen Plausibilisierung des Ideenkonflikts zwischen Begehren und resignativstoizistischer Kalmierung der Sehnsucht nach dem Anderen.[137] Erst die Prosa des *Peter Schlemihl* (1814) wird zur Suprematie des monetären vor dem poetischen Code ein dem Tieckschen *Fortunat* vergleichbaren Ausdruck finden. Das Beobachtungsexperiment über die gesellschaftlichen Reaktionen auf einen wunderbaren Makel, die Einführung der Schattenlosigkeit als Reflexionsform auf die sozialen Konsequenzen der Abweichung vom Realitätsprinzip, vollzieht sich jetzt in einer der Tieckschen Dramatik affinen Selbstverständlichkeit bzw. Absichtslosigkeit des Erzählens, auf die schon Hitzigs Vorrede zum *Schlemihl* verwies. Chamisso gelingt jetzt die Demonstration des Gesellschaftlichen im vorgeblich Natürlichen an der reflexhaften Unmittelbarkeit von Reaktionen auf das Abweichende, so daß die märchenhafte Begründungslosigkeit im erzählenden Vollzug die normative Gewalt des Realitätsprinzips bzw. der öffentlichen Meinung um so deutlicher hervortreten läßt. Ähnlich wie bei Tieck zeigt dies eine literarische Experimentalanordnung als Denkspiel kraft einer Konstruktion von Situationen, die romantische Märchenmotive recht unromantisch in die bürgerliche Sphäre einführt, um mit großer Beobachtungsgenauigkeit die höchst realistischen Konsequenzen in den gesellschaftlichen Reaktionen auf das Wunderbare als Stigma vorzuführen.

Die epische Distanz als gleich-gültige, ja geradezu gleichmütige Perspektivierung von 'Person' und 'Welt' führt auch bei Tieck zur ausbleibenden Verwunderung der Figuren und ihrer Umwelt im Wechsel der Lagen. Die beiläufige Selbstverständlichkeit, mit der sich der extreme Umschlag von Lebenssituationen ohne Erstaunen vollzieht, führt dazu, daß es trotz des starken sozialen Gefälles keine

---

[135] Chamisso (1982 I, 655).

[136] Mitgeteilt im Brief an Varnhagen, 28. September 1806 (zit. nach Chamisso 1976, Kommentar, 791). Der erste Herausgeber des 1895 edierten Fragments, Koßmann, vermutet darüber hinaus, daß Andolosia vor seiner Ermordung in geistige Umnachtung fallen sollte (ebd.).

[137] Auf den resignativen Zug bei Chamisso verweist Walzel (1897, 145).

gesellschaftlichen Konfliktlagen gibt. Bei aller sozialpsychologischen Begründung der Darstellung, dem geradezu „soziologischen Realismus"[138] in der szenischen Mimesis der Funktionalisierungslogik des Geldes und in der Verarmung, ergibt sich tatsächlich daraus keine sozialkritische Dramatik, weil den Akteuren bestimmte Veränderungskonsequenzen aus Erfahrung gar nicht denkbar erscheinen. Alles Handeln bleibt „geschickhaft, nicht eigentlich geschichtlich"[139], weil jeder „Lebenslauf" nur das ist, wovor Fortunat Andalosia noch warnt: ein traumbzw. märchenhaftes „Verstricken und Entstricken".[140] Die szenische Form repräsentiert die rein funktionale Logik von 'Handlung' in der selbstverständlichen Additivität nebengeordneter Ereignisse, als wenn es ein Vorher und Nachher nicht gäbe, in das sie kausalgenetisch eingespannt wären. Das ökonomische Kalkül definiert so nicht nur Wert oder Unwert einer Person, sondern den je unbestritten bleibenden Normalfall einer Welt, wie sie ist: einer vom Wunderbaren noch tangierten realistischen Welt, die Märchenmotive höchst unmärchenhaft aufgreift, aber entscheidungsmächtiges Handeln und die Idee ihrer Veränderung wie eben im Märchen nicht (mehr oder noch nicht) aufkommen läßt.

Die Erfahrung einer vom Bann der Abstraktion bemächtigten Welt läßt zuletzt die dramatische Form selbst unmöglich werden. Nach dem *Fortunat* kommt sie für Tieck als Gattung offenbar nicht mehr in Frage. Das Abstraktwerden der Verhältnisse zerstört jede zwischenmenschliche Aktualität. Übrig bleibt ein Plädoyer für Selbstsorge und Eigenverantwortlichkeit. Diese Konsequenz, die über den Protest gegen die fatalistische Resignation des Schicksalsdramas hinausgeht[141], reflektiert Tiecks letzter szenischer Text überhaupt, der bezeichnenderweise als *Prolog* die beiden Teile des Universalschauspiels verbinden soll: ein kurzer szenischer Scherz durchweg in Prosa, der besser „vielleicht dem ersten Teile vorhergehen" sollte, meint ihr Vorleser Friedrich, der „vielleicht" aber „auch ganz fehlen könnte".[142]

Im „Gerichtssaal", wo die Räte über das besondere „Glück" ihres absenten Vorgesetzten räsonieren, eine angenehme Dienstreise bei schönem Wetter, ausgebesserten Chausseen und 'unvergleichlichen' Wirtshäusern machen zu dürfen, scheint die von sechs Anklägern verfolgte Fortuna mit ihrem Diener Zufall auf: „[...] – ich dachte erst, es wäre ein Komödienspiel, oder ein allegorischer Aufzug", traut der Sekretär in doppelsinniger Formulierung, die auf die Struktur des ganzen Schauspiels verweist, seinen Augen nicht, „aber es ist die Wirklichkeit".[143] Die

---

[138] Tieck-DKV VI, Kommentar, 1490.

[139] Frank (1972, 332).

[140] Tieck-DKV VI, 962.

[141] Vgl. Ribbat (1978, 180).

[142] Tieck-DKV VI, 944. Das 'Zwischenstück', das den ersten mit dem zweiten Teil verbindet, hat im Hypotext kein Vorbild und läßt sich als Gerichtsszenerie allenfalls auf dramatische Vorbilder bei Ben Jonson zurückbeziehen.

[143] Tieck-DKV VI, 946.

Ankläger verfolgen und beschuldigen Fortuna, aufgrund der (wie üblich) begehrten Erfüllung von Macht, Erkenntnis, Reichtum, Ehre, Altern und Schönheit um ihr Glück betrogen worden zu sein: Der „Herrscher des Volks" scheitert an seiner hochmütigen Tyrannis und wird, weil er sich voller Genuß darin ergeht, Monarch zu sein, vom Volk gestürzt und verlacht.[144] Der größte Philosoph verwandelt sich in einen Narren, weil er aus „Eigendünkel" und „Hochmut [...] selbst die Spiegel in seinem Innern zerschlagen" hat, „in denen er das Verhältnis der Welt und sich selbst betrachten konnte": „vor zu gespannter Elastizität" sind die „inwendigen Springfedern und Ressorts" überanstrengt.[145] Der Reiche, der nichts fürs Vaterland tat, leidet an seiner Besessenheit vom Geld. Der Soldat ist nun Krüppel, weil seine lange Zeit unversehrt gebliebene Tapferkeit im Militarismus eskaliert. Der Greis langweilt sich über das Geschenk des Alters zu Tode. Und der 'schöne Mann' schließlich entwickelt sich zum Misanthropen, weil ihn alle Welt bedrängt und beneidet. Fortuna bestreitet jegliche Verantwortung und delegiert alles Unglück an die Kläger zurück, um derart begründungslos legitimiert einfach davonzuschweben. Übrig bleiben allein kleine Schäden: Ihr Diener Zufall verschüttet das Tintenfaß und ertränkt im schwarzen Meer „alle Buchstaben, alle Beweise, alle Protokolle".[146] Zum Schluß scheint der Gerichtspräsident mit einer leichten Armverletzung auf, verursacht durch einem Kutschenunfall beim Anblick Fortunas, der er soeben begegnete, ohne sie aber, weil er vom 'schönen weiblichen Gebilde' so gebannt blieb, beim Schopf packen zu können. Daraus resultiert die finale Moral der 'höchst sonderbaren' Ereignisse: Statt über Fortuna weiter verfügen zu wollen, solle man „von der ganzen Geschichte", um Gerüchte und „albernes Geschwätz in der Stadt" zu vermeiden, „schweigen".[147] Die Göttin des Glücks ist nicht für schuldig zu befinden, wo es um Eigenverantwortung und Sorge für das Allgemeine gehe. Dies signalisiert die bestimmte Nähe des *Fortunat*, dessen Figuren besonders im zweiten Teil diese 'Lehre' mißachten, zu den altenglischen *moralities*, einer lehrhaft-didaktischen Theatralität also, die im Zeichen der neuen Verschwendungsverhältnisse in einem global sich ausweitenden Handel jedoch ihre normative Geltung zu verlieren scheint.

Tiecks dramatisches Schlußwort stellt nämlich die Entfernung romantischer Dramatik zwischen bewahrender Reminiszenz und Verabschiedung durch einen novellistischen Realismus (in der Doppelung von literarischem Verfahren und pragmatischer Weltbeurteilung) zur Disposition. Der Enthusiasmus der frühromantischen Poetik, der mit den größten Tendenzen des Zeitalters (der Französischen Revolution, Fichtes Wissenschaftslehre und Goethes *Wilhelm Meister*) alle Hoffnung darauf setzte, daß die Bücher bald lebendig werden (Hölderlin), ist, auch wenn Tieck diesen Enthusiasmus stets nur bedingt teilte, einer gründlichen

---

[144] Tieck-DKV VI, 948f.
[145] Tieck-DKV VI, 950.
[146] Tieck-DKV VI, 955.
[147] Tieck-DKV VI, 957.

Desillusionierung gewichen. Die zerschlagenen „Spiegel" im Inneren des Ich, die „das Verhältnis der Welt und sich selbst betrachten" ließen, sind nicht wieder ins kaleidoskopisch bewegte Mosaik einer poetisch durchleuchteten Rosette zusammenzufügen, so daß sich als utopischer Rest humaner Bewahrung mit dem letzten dramatischen Wort Tiecks überhaupt die Poetik der Eigenverantwortlichkeit ankündigt: Angesichts der Dialektik von Glück und Zufall, so der Gerichtspräsident, dessen schöne Dienstreise durch die Begegnung mit Fortuna in einen Unfall mündete, könne man „nicht behutsam genug verfahren".[148] Das allerletzte dramatische Wort Tiecks leitet hinüber zur neuen Novellen-Poetik der 'Schonung'.

Der 'dramatisierte Roman' als romantisiertes Drama.
Revisionen und Integration erinnerter Romantik: *Phantasus*

Der „feiner[e] Geist der Unterhaltung"[149] verschiedener Werke im *Phantasus* – textgewordener Spiegel der so anmutigen wie heiteren ästhetischen Idealgesellschaft in der Frühromantik, den Tieck seit 1800 konzipiert und dessen fertiggestellten Bände 1812 und 1816 erschienen[150] – integriert die Verfahrenskomplexität romantischer Poesie zu einer Textganzheit in „Erinnerung" an eine historische poetische Praxis und deren Institutionalisierung im Jenaer und Ziebinger Kreis.[151] Aus der 'spielenden' Versammlung bereits publizierter und eigens für den *Phantasus* verfaßter Werke entsteht eine Textformation, deren generische Affinität zur

---

148 Vgl. Tieck-DKV VI, 957.

149 Tieck-DKV VI, 45.

150 Zur Entstehung und Poetik der geselligen Perspektivierung von Dimensionen in Person, Leben und Werk Tiecks aus der Rekonstruktion der Poetologie der Rahmengespräche vgl. Ribbat (1978, 209-216), Neumann (1991, 431-451); zur Entstehungsgeschichte im Zusammenhang auch der politischen Implikationen in der frühromantischen Lustspielkonzeption vgl. Chang (1993, 21-41, hier 38f.), schließlich Petzoldt (2000, 115-134) zu den geselligen Spielen im intertextuellen Raum der Weltliteratur. Die geplanten Fortsetzungen zunächst mit „lauter alte[n] Sachen" sollten sich zu insgesamt fünfzig Texten (aus der Multiplikation von je sieben Texten der sieben Vorleser einschließlich des einleitenden *Phantasus*-Gedichts) auswachsen, von denen die Hälfte neu zu verfassen geplant war (vgl. Tieck-DKV VI, Kommentar, 1150-1155, hier 1150, 1152). Zu den Umgestaltungen der bereits publizierten Texte, in der Regel Glättungen mit klassizistischer Tendenz, die der milden Klassizität des Ganzen mit entsprechenden Bewertungen in den Rahmengesprächen (wie gesehen etwa nach der Vorlesung des *Blaubart*) korrespondiert, vgl. Hewett-Thayer (1937): Konstatiert wird die Stilhöhenanhebung im Ton und eine Verbesserung metrischer Unregelmäßigkeiten insbesondere zur Erleichterung der hörenden Mitvollziehbarkeit beim Vorlesen der Dramen (164). Zur Verbindung von Klassizität und Kanonizität, epochales Signum einer sich selbst historisch werdenden Romantik, vgl. die resümierenden Beobachtungen Ribbats (1978, 215) über den Aktualitätsverlust bei Tendenz zu „Wertungen", die die „Verletzungen von Ordnung, Mäßigung oder Ganzheit rügen".

151 Vgl. die Zueignung an A.W. Schlegel „anstatt einer Vorrede" (Tieck-DKV VI, 9). „Dadurch können verlebte Tage von solchem poetischen Glanz bestrahlt werden, daß wir das ganze Leben hindurch mit Freuden an sie denken, da sie uns außerdem ziemlich trivial und langweilig verflossen wären" (45).

romantischen Dramaturgie für das Interesse vorliegender Arbeit bemerkenswert erscheint. Bereits im frühen Brief an Georg Joachim Goeschen vom 16. Juni 1800 kennzeichnet Tieck die „Gartenwochen" (nach Cervantes) als einen „dramatisirten Roman", der eine „Sammlung verschiedener eigener Mährchen und Novellen enthalten" und „zusammen wieder ein Ganzes bilden" sollte.[152] „Die alten Geschichten und romantischen Dichtungen, welche Du nicht so entfalten kannst oder willst, wie *Genoveva* oder *Octavian*", befindet Friedrich Schlegel im Brief vom 25. September 1802, „würden sich gegenseitig heben, wenn sie in einem Dekameron, Gartenwochen oder dergleichen zu einem Kranze geordnet wären".[153] Das „romantische Gebirge", als das sich der *Phantasus* mit seinem ersten Satz einführt[154], ist folglich Metonymie für einen Kernimpuls romantischer Poesie: die naturidentische Komplexion vielgestaltig zerklüfteter literarischer Rede zu einem homogenen – ebenso schönen wie anmutig-erhabenen – Ganzen.[155] Die auf mehrere Teile geplante und auf insgesamt fünfzig Werke anzureichernde Sammlung präsentiert die Textur dieser Idee, indem Verfahrensprinzipien und intertextuelle Komplexitäten der einzelnen Werke, die sich als solche bereits auf die poetische Weltliteratur hin vernetzen, im korrespondierenden Widerspiel der Gattungen derart vereinigt werden, daß sich die Gesamtheit der textinternen Varianten auf der höheren Ebene eines Sprachgesamtkunstwerks verdoppelt. Der *Phantasus* offenbart die Ganzheit der 'Einen Poesie' in der proteischen Variabilität von Werken, die als Textkonstellationen dialogisch in Kontakt zueinander treten. Er ist die Allegorie des romantisches Universalbuchs zwischen dramatisiertem Roman und romantisiertem Drama, das von epischen, dialogischen und lyrischen Passagen gleichsam als kommentierenden Nebentexten und entsprechend kohärenzstiftenden Verbindungs- und Gelenkstellen der dramenartig konstellierten Einzeltexte zusammengehalten wird.

In der literaturwissenschaftlichen Diskussion werden die Rahmengespräche als eigenständiger Roman, der die romantische Poetologie in einer der 'romantischen Landschaft' korrespondierenden Naturbildlichkeit der getrennten und doch vereinten Gärten Shakespeares und Calderóns reflektiert[156], erst in jüngerer Zeit ge-

---

152 Zit. nach Schweikert I, 260.
153 Zit. nach Tieck-DKV VI, Kommentar, 1149; hier auch ausführlich zu den intertextuellen Vorbildern einer aggregierenden Synthese von Texten mit erzähltem Rahmen im Gefolge von Boccaccios *Decamerone* bei eingehender Rekonstruktion der institutionellen und historisch-poetologischen Zusammenhänge um 1800 nun auch vor dem Hintergrund des Ironie-Begriffs Solgers (1156–1199).
154 Tieck-DKV VI, 13.
155 Zur Homologie von erhabener Gebirgsnatur in einer „anmutigen Landschaft" mit dem „schönen romantische Gedichte" vgl. Tieck-DKV VI, 21f.
156 Aus der Verbindung von scheinbarer Willkür Shakespeares und anscheinender Natürlichkeit des künstlich-regelmäßigen, ordo-barocken Parks Calderóns resultiert die ideale Verschränkung von „Kunst und Natur", die „beide, richtig verstanden, in der Poesie wie in den Künsten, nur ein und dasselbe" sind, sich also nicht wie nach der klassizistischen Kunstlehre zu fliehn scheinen (Tieck-DKV VI, 111).

würdigt. Zuvor dienten sie in erster Linie nur der Interpretation der Einzeltexte (mit teils durchaus irreführenden Konsequenzen im übrigen, wo z.b. der tatsächlich vorliegenden Dramaturgie des *Blaubart* klassizistische Überlegungen zur idealen Fünfaktigkeit kontrastieren). Nach wie vor wenig ernst genommen ist indes der von Tieck dem Ganzen zugewiesene Paratext vom 'dramatisierten Roman', der sich in den Rahmengesprächen als Rede vom Schauspiel der Natur und des Lebens niederschlägt.[157] Er ist im folgenden auf die generische Eigenlogik des *Phantasus* als Verfahrenseinheit unterhalb der metaphysisch-dialogischen 'Sympoesie' im spielenden Vollzug freier poetischer Geselligkeit (und damit als Kontrafaktur und Korrektur der Wirklichkeit im Jenaer Kreise) zu reflektieren.[158]

Den romantischen Roman begründen die episch mitgeteilten Unterredungen und Aktivitäten der Landgesellschaft, während eine „Art von dramatischer Einrichtung" des Ganzen daraus entsteht, daß jeder Teilnehmer „der Reihe nach Anführer und Herrscher" ist, indem er „bestimme und gebiete, welcherlei Poesien vorgetragen werden sollten" – verbunden mit der Hoffnung, daß von den einzelnen „Poesien" sich wie von selbst diejenigen „vereinigen werden, die durch eine gewisse Ähnlichkeit freundschaftlich zusammen gehören."[159] Erkennt man demnach in der gesamten Anordnung das generische Experiment einer szenischen Aggregation heterogener Erzählungen und Dramen, deren Vorgelesenwerden der Figurenrede entspricht, so leuchtet ein, im ganzen *Phantasus* eine 'Art' romantisches Drama zu erkennen: Von den begleitenden poetologischen Gesprächen gleichsam als Nebentexten episierend ausgedeutet und in den gleichermaßen poetologischen Gedichten allegorisch verdichtet, werden die textinternen Bestandteile und Verfahrensmuster romantischer Poesie parallelistisch auf der nächsthöheren Ebene der Werkkonstellation nach den Organisationsprinzipien romantischer Dramaturgie selbst verdoppelt.

Dieser Verfaßtheit korrespondiert eine den ganzen *Phantasus* gliedernde Verlaufsform. Die Historizität der Werke als Stufen einer verfahrenstechnischen Transformation zeigt sich in der zunehmend prosaischen Tendenz der mehr oder weniger chronologisch angeordneten Erzählungen: von den frühen „Märchen der einfachsten Komposition" zur 'neuen Manier' der späteren Novellen; vom „Gefühl" und der „Phantasie" der Kinder mit ihren „Spiele[n] und Puppen"[160] zum gleichsam erwachsenen Ton novellistischer Urbanität – einer Textbewegung,

---

[157] Vgl. Tieck-DKV VI, 61, 66.

[158] Neumann (1990, 431) erkennt in diesem Paratext lediglich den „Roman in Dialog-Form, eine Gattung, die man heute eher als Lesedrama bezeichnet". Chang (1993, 80) beobachtet die Doppelung von Rahmen und Lustspiel im Spiegel textinterner Verhältnisse, insofern die Lustspiele die Binnenbühne der *Phantasus*-Rahmenhandlung darstellen, womit sich die komödieninterne Aufspaltung von Zuschauern und Theater auf der Bühne bei den Theatersatiren in der *Phantasus*-Einheit selbst wiederhole; dies verweise auf den episierenden Charakter des *Gestiefelten Katers* und der *Verkehrten Welt* (104), der sich in der „Übertragungsart 'Vorlesen'" bestätigt (91).

[159] Tieck-DKV VI, 91.

[160] Tieck-DKV VI, 98.

die sich in der zweiten 'Abteilung' der Dramen vom 'albernen' *Rotkäppchen* (das „den allerfrühesten Forderung des Herzens" genügen soll[161]) zur Gesellschaftsdramatik des *Fortunat* wiederholt.[162] Liebliches und Schreckliches sind indes von Beginn an in allen Werken, vom *Blonden Eckbert* wie vom *Rotkäppchen* an, als Wechselverhältnis vereint. Als Signum für Albernheit und Grausamkeit zugleich in der Mitte des Ganzen schwebend, die beiden Abteilungen damit fast als eine Art Gelenkstelle verbindend, steht die *Rotkäppchen*-Tragödie, die mit Titel und Paratext den Bezug auf die wegen Überlänge dezidiert ausgesparten Dramen wie die *Genoveva* aufspannt.[163] Die dialogische Prosa der zuletzt verfaßten dramatischen Szene schließlich, des *Prologs* zum *Fortunat*, leitet in die gleichermaßen gattungsmischende und intertextuell aufgeladene späte Novellistik über, die wie die *Vogelscheuche* (1834) als *Märchen-Novelle in fünf Aufzügen* das neue Gattungsapriori mit den älteren Formen der Gattungsentgrenzung im Märchendrama kontaminiert. Ebenso rahmenbildend wie zerstreuend eingelagert sind die vielfältigen Formen der von Tieck entwickelten romantischer Lyrik: Programmatisch eingeleitet von den Knitteln des Langgedichts *Phantasus* und dem dort formulierten Ausgang des Autors aus „Betrübnis", „Not" und „Jammer" in seiner „Kammer", den der Knabe 'Phantasus' mit den vom „Vater" Pan aufgerufenen Allegorien romantischer Poesie (Schreck, Albernheit, Scherz, Ernst und Liebe) herbeiführt[164], unterbrochen dann von Sonetten über die performative Kraft des uranfänglichen Worts zur Evokation von „Lust" und „Liebe" am Ende der ersten Abteilung, münden die lyrischen Abschnitte mit der berühmten Glosse *Liebe denkt in süßen Tönen* ins programmatische Grundwort romantischer Poesie „verschönen", das den ganzen Plan zukunftsoffen und insoweit zuversichtlich beschließt.

Die generische Diversifikation präsentiert demzufolge Rollen des Literarischen, die sich kraft des proteischen Anverwandlungsvermögens ihres Autors Tiecks insofern als szenische Konfiguration epischer, lyrischer und dramatischer Texte erfüllen, als diese von „redende[n] Personen"[165] aktiviert werden. Das 'Dramatische' dieser Verknüpfung besteht im Vorlesen der Texte als Figurenrede: und zwar von Dichterfiguren, die ihre *eigenen* Werke als Hypotypose vor das imaginäre Auge stellen, diese im Vortrag verlebendigen und in der unmittelbaren zwischenmenschlichen Aktualität sogleich der kommentierenden Kritik aussetzen – besonders durch die anwesenden Frauen als „Rezensenten", die vor Beginn der Lesungen ankündigen, sich „über alles lustig [zu] machen, was wir nicht verstan-

---

161 Tieck-DKV VI, 361.

162 Begründet werden die Märchendramen als experimentelle Variation der erzählten Kunstmärchen, um „diesen durch ihre Darstellung ein neues Interesse zu geben" (vgl. Tieck-DKV VI, 346).

163 Einbezogen wird in diesen Begründungszusammenhang explizit auch der *Zerbino* in der Widmung an A.W. Schlegel (Tieck-DKV VI, 9); darüber hinaus war auch *Kaiser Octavianus* nicht für den *Phantasus* vorgesehen.

164 Tieck-DKV VI, 114-125.

165 Tieck-S I, XLI.

den, oder was uns nicht gefallen hat".[166] Der Modus einer wie unvermittelt sich
ereignenden Perspektivierung von Ansichten und Taten, der der dramatischen
Darstellung eignet, inszeniert die prismatische Brechung von Person und Werkgeschichte Tiecks durch Aufspaltung in Dichterfigurationen und deren Kritiker, um
diese auf höherer Ebene in eine Textkonfiguration zu reintegrieren, die sich auch
in *gender*-spezifischer Vertauschung von Urteilsinstanzen der Poesie selbst bespricht und relativiert.[167] So erfüllt das gleichsam dramatische Verfahren des
Phantasus in der Doppelung von perspektivierender Figurenrede (die Werke) und
ebenso pluralisierender Kunstkritik (Rahmengespräche als poetische Reflexionsform auf die Performanz romantischer Literatur in einer ästhetischen Gesellschaft
wechselnder Rollen) die sich selbst-darstellende und selbst-kritisierende romantische Poesie der Poesie.[168] Die höhere Sympathie der nach „Lust und Laune" vorgetragenen Werke[169], die in den wie von selbst sich ereignenden „Spiele[n] der

---

[166] Tieck-DKV VI, 90. Die Frauen sind „die eigentlichen Kunstrichter des *Phantasus*. Meist behalten
sie das letzte Wort in Dingen des Geschmacks, ungewiß freilich bleibt, ob sie in der Folge auch
zu Produzentinnen hätten aufrücken dürfen" (Kommentar, 1159), so daß Tieck das goethezeit-
lich klassische Produktionsmodell männlicher Autorschaft aufrechterhält: konstituiert kraft Doppelung von Inspiration durch den Muttermund (Kittler) und Adressierung des Evozierten an die
weibliche Zuhörerschaft, ohne daß allerdings die Rolle passiver Rezeption eindeutig geschlechts-
spezifisch zugeordnet bleibt: Clara belobigt die Originalität des von Anton vorgelesen *Blonden
Eckbert*, während die Frauen beim von Manfred zum Vortrag gebrachten *Runenberg* wegen des
schrecklichen Schlusses erblassen; auch der *Liebeszauber* gehe „zu schneidend durch Mark und
Bein" (240), wohingegen sich bei der lieblichen *Magelone* Friedrichs eher nur das Problem der
künstlichen Simplizität stellt; bei den *Elfen* hingegen wiederum zeigt sich die weibliche Rezensen-
tenschaft zufrieden. Zum Schluß gibt man dem *Eckbert* den Vorzug, so daß der *Runenberg* und
Liebeszauber aller Einrede des Männer mit der Verteidigung des spezifischen Realismus in der
Darstellung des Grauens zum Trotz (vgl. 242) verworfen bleiben. Von den Dramen erlangt der
Gestiefelte Kater den Lorbeerkranz (1140f.), womit die Rezeptionsgeschichte romantischer Dramatik präjudiziert wird, insofern der *Kater* nicht nur der erfolgreichste, sondern eben auch
'theatralischste' und darin am stärksten selbsttransparente dramatische Text des *Phantasus* ist.

[167] Tieck macht „sich selbst zum Gegenstand der Erzählung", „indem er sein Dasein prismatisch
zerlegt in mehrere kommentierende Figuren und diese dann wieder zusammentreten läßt zu einem ästhetischen Zirkel" (Ribbat 1978, 209); zur „vielstimmigen Selbstzerlegung der eigenen
poetischen Persönlichkeit" in die Pluralität der Formen als Zeichen der Vielgestalt des 'inneren
Wesens' (Novalis) vgl. auch Tieck-DKV VI, Kommentar, 1164.

[168] Vgl. die Selbstreflexion dieser Perspektivierung hin auf das Rollenspiel in der Welt und im Theater als Modus anthropologischer Selbstvergewisserung in der Dialektik von Identitätsstiftung und
Selbstvergessen: „Da unser ganzes Leben aus dem doppelten Bestreben besteht, uns in uns zu
vertiefen, und uns selbst zu vergessen und aus uns heraus zu gehn, und dieser Wechsel den Reiz
unseres Daseins ausmacht, so hat es mir immer geschienen, daß die geistigste und witzigste Entwicklung unserer Kräfte und unsers Individuums diejenige sei, uns selbst ganz in ein anderes Wesen hinein verloren zu geben, indem wir es mit aller Anstrengung unsrer geistigen Stimmung darzustellen suchen: mit einem Wort, wenn wir in einem guten Schauspiel die Rolle übernehmen und
uns bestreben, die Erscheinung des Einzelnen wie des Ganzen mit der höchsten Wahrheit und in
der vollkommensten Harmonie hervor zu bringen" (Tieck-DKV VI, 88).

[169] Tieck-DKV VI, 90.

Phantasie"[170] offenbar wird, begründet eine „romantische Komposition" gleich einem Mahl aus „abwechselnden Gerichte[n] und Gänge[n]", die „sich mit Akten und Szenen sehr gut vergleichen lassen". Dem „denkenden und höheren Esser" führen sie – „unbedingte Gedanken- und Eßfreiheit" vorausgesetzt[171] – wechselnde Genüsse der Poesie als Nahrung zu: im je eigenen „Geschmack [...] verschiedenartige[r] Gerichte[]", der „unterhält, befriedigt und ergötzt" wie ein langwährendes sympoesiologisches „Gastmahl".[172]

---

170 Tieck-DKV VI, 10.

171 Tieck-DKV VI, 57

172 Tieck-DKV VI, 66, 61

Exkurs:

Radikalisierte Gattungsentgrenzung, szenische Integration und dramatische Elemente im romantischen Universalroman

Die Metaphorik der Speise im *Phantasus* leitet hinüber zur Metaphysik der Poesie als 'Nahrung', in der Ludwig Achim von Arnim das „Wesen des Lustspiels" erkennt. Der Zweck der Komödie bestehe nicht eigentlich in seiner pragmatischen Wirkung als „Arzney", wie der vielzitierte Brief an Brentano vom 20. September 1804 anläßlich des *Ponce de Leon* mitteilt, sondern darin, daß sie „als Speise und Trank uns nähren wachsen lieben und wirken lassen" soll. Poesie ist Lebensmittel im geradezu buchstäblichen Sinn, als solches bedeutender als gattungsförmig konventionalisierte Wirkungsabsichten von Tragödien oder Possen.[1] Nähren soll dieses Lebensmittel in grundsätzlich gedoppelter Adressierung: das Individuum wie das gemeinschaftlich Allgemeine. Solche Voraussetzungen, die auf die Metaphysik der idealen Verbindung jedes Einzelnen mit einem höheren Ganzen, des idealen Charakters mit Volk und Religion, von körperlicher Existenz und ätherischer Geistigkeit als basalen Modi der Gemeinschaftsbildung abzielen, motivieren die gattungsbezogen sorglosen Textstrategien sämtlicher Werke Arnims: 'universelle Entwürfe'[2] in lebenspraktischer Hinsicht bei höchst vielgestaltig zerlegten und kaleidoskopisch wechselnden literarischen Verfahren innerhalb der Texte wie in der Variation von Werktypen.

Vor allem in Arnims Frühwerk führt die verfahrenstechnische Unbesorgtheit dazu, daß die Texte gattungspoetologisch kaum mehr kategorisiert werden können, wie schon Titel wie *Erzählungen von Schauspielen* (1803) auf die Wechselbespiegelung der Gattungen anspielen. (Das Konfundieren wird hier auch formal inszeniert durch Verwandlung der 'Erzählung' über die zeitgenössische französische Theaterpraxis in einen kulturkritisch-poetologischen Kommentar in Dialogform.) Selbst das späte, geradezu klassizistisch gebändigte und sehr wohl 'konfliktdramatisch' organisierte Geschichtsdrama *Marino Caboga* (1816) wird in der Sammlung *Landhausleben* als 'dramatische Erzählung' ausgegeben (und lange Zeit rezeptionsgeschichtlich auch tatsächlich als Erzählung genommen). Das radikalste Experiment generischer Entgrenzung im Gefolge der frühromantischen Poetologie betreibt Arnim im genialisch-expressiven frühen Text *Ariel's Offenbarungen*

---

[1] Arnim-Brentano I, 237.
[2] Vgl. Ricklefs (2000a).

(1804), ursprünglich *Ariel Wunderkind's Offenbarungen*[3] : ein universelles Sprachgesamtkunstwerk mit Integration von Tanz, Musik und bildender Kunst, das insofern den *Erzählungen von Schauspielen* nahesteht, als der „reisende[] Tänzer" Ariel[4] –
mediale Gestalt aller poetischen Offenbarung der „innere[n] Sprache der Natur"[5]
– bereits dort in der zum Ende hin formulierten Metaphysik des Tanzes zumindest implizit aufscheint.[6] Die poetologische Leitidee einer Körper und Geist in
schwebender Bewegtheit vereinigenden Kunst erkennt hier im Tanz die „höchste
aller Erscheinungen": eine *„lebende Kunst"*, die geeignet ist, „Mittelpunkt aller übrigen" Künste zu sein, weil hier „mit dem ganzen Körper", durch die „allgemeine
durchgeführte individuell schöne Stellung" hindurch, „ein Kunstganzes" entsteht.[7]

Angeleitet vom Projekt des romantischen Buchs, poetologischer Kern
frühromantischer Literaturtheorie, beobachtet die literaturwissenschaftliche Forschung bevorzugt die einschlägigen romantischen Romane als Objektivation der
postulierten Universalpoesie. Ist es bereits für Friedrich Schlegels *Lucinde* (1799)
wegen der unvermittelten, gleichsam erzählerlosen Anordnung unterschiedlicher
Textformationen samt dialogischer Passagen nicht abwegig, szenische Organisationsprinzipien zu erkennen (die ihr ja auch bereits Schleiermachers berühmte Rezension attestierte), sind die nachfolgenden romantischen Romane des Kanons –
Brentanos *Godwi* und Arnims *Gräfin Dolores* – tatsächlich mit typographisch markierten szenischen Einlagen versehen. Diese bleiben aber kaum mehr als das:
Einlagen. Insofern verhalten sich diese Texte soweit konventionell als Roman
nach Maßgabe epischen Vermitteltseins, obwohl das projektierte romantische
Buch keine Gattung präferiert, sich vielmehr auch als Drama oder als Gedichtfol-
ge manifestieren kann. Diese Konsequenz, die Einlösung der frühromantischen

---

3   Arnim an Brentano, 9. Juli 1802 (Arnim-Brentano I, 17).

4   Ariel, 204.

5   Arnim an Brentano, 9. Juli 1802 (Arnim-Brentano I, 22).

6   Solche Verknüpfungen indizieren die textübergreifende Verwobenheit der isoliert publizierten
    Werke, die sich im Rahmen der Ariel-Figuration bis zur Novellen-Sammlung *Der Wintergarten* von
    1809 fortsetzt (vgl. Ricklefs 1990b, 93). Dem Brief an Brentano vom 5. Mai 1803 aus Paris ist zu
    entnehmen, daß die *Erzählungen von Schauspielen* für den nicht eigentlich mehr begonnenen
    'zweiten Theil' von *Ariel's Offenbarungen* vorgesehen waren (Arnim-Brentano I, 131).

7   Arnim-DKV VI, 157, 161. Als „Hauptäußerung der dehnenden treibenden Kräfte im Menschen"
    (157) ist auch der Tanz physiologisch begründet. Er verweist auf eine basale Folie der Poesieauf-
    fassung Arnims, die in der Verbindung mit dem „Ganzen eines Volks" lebendig werde (157). Die
    Rekonstruktion der utopischen Einheit von Kunst und Leben im Tanz in den *Erzählungen von
    Schauspielen*, die Arnim als dialogische „Nachtwachen" eines 'Erzählers' im Gespräch mit allegori-
    schen Figuren ('Der Kranke', 'Der Gesunde', 'Der Weltfreund' u.a.) in F. Schlegels *Europa* publi-
    zierte, unternimmt Ricklefs (1990b, 71-80): Arnim verfolgt die „Idee einer geradezu göttlichen
    Vollendung des menschlichen Körpers", die „Bildung des Menschengeschlechts" durch geistig-
    körperliche Erscheinungen (75). Der 'reisende Tänzer' Ariel ist daher „Integrationsfigur für das
    gesamte Frühwerk", insofern der Tanz „Ernst und Leichtigkeit" verbindet. Wo Arnim den Tanz
    reflektiert, geht es um „letzte Dinge": „als gesellschaftliches Phänomen und als Integral der Kün-
    ste" zur universalen Ganzheit von Kunst und Leben (69).

Poetologie im generisch wechselentgrenzten romantischen Buch ziehen – unabhängig von vergleichbaren Tendenzen in Tiecks *Kaiser Octavianus* und dem bereits klassizistisch gebändigten Textamalgam des *Phantasus* – vor allem zwei Texte Arnims: *Ariel's Offenbarungen* (1804), ein Werkkonglomerat, das hinsichtlich der Komplexität seiner poetischen Verfahren und Zeitstrukturen sogar das Entgrenzungsexperiment der späteren *Päpstin-Johanna*-Dichtung (1812/13) überbietet, die wiederum einer dramatischen Einlage im *Dolores*-Romans erwächst.

Eingespannt sind die Offenbarungen des tanzenden Luftgeists aus Shakespeares *Tempest* – als Modus des Sich-selbst-Darstellens der ganzen Welt auf Friedrich Schlegels *Ideen* (1800) rückbeziehbar[8] – in einen Werkkomplex, der den Übergang von der frühromantischen Hypostasierung der 'Kunstthematik' (Ricklefs) zu einer Universalkunst mit politisch-religiöser Zweckbindung markiert. Verbleibt der erste Briefroman *Hollin's Liebeleben* (1802) zunächst noch bei vereinzelten szenischen Einlagen[9], steht die bereits von politischem Ernst getragene Dialog-Erzählung *Aloys und Rose* (1803)[10] formal den *Erzählungen von Schauspielen* nahe. Mit der *Gräfin Dolores* (1810), dem Städte- und Erlösungsdrama *Halle und Jerusalem* (1811) und den Stücken der *Schaubühne* (1813) verfestigt sich bei aller bestehenden Experimentierfreude in der manieristischen Gattungskombinatorik und Variabilität der Werk-Formationen die dem pragmatischen Zweck einhergehende Tendenz generischer Zurechenbarkeit. Im Ehe-Roman nimmt sich die Gattungsmischung, wie auch immer die formale Progressivität sonst gewahrt bleibt, zur „Einlagetechnik" lyrischer, szenischer oder anderer literarischer Verfahren in

---

8 „Das Universum kann man weder erklären noch begreifen, nur anschauen und offenbaren. Höret nur auf das System der Empirie Universum zu nennen, und lernt die wahre religiöse Idee desselben, wenn ihr den Spinosa nicht schon verstanden habt, vor der Hand in den Reden über Religion zu lesen" (KFuS II, 234 [150]); zur Dialektik von „Vermitteln und Vermitteltwerden" eines „ganze[n] höhere[n] Leben[s]" des Menschen" durch den „Künstler" als „Mittler" vgl. 226 [44].

9 Neben einer Fülle anderer frühromantischer Verfahren (Herausgeberfiktionen, Gedichteinlagen usw.) kommen die dramatischen Elemente dadurch in den Roman hinein, daß wie im *Wilhelm Meister* Theater gespielt wird: v.a. Szenen aus Schillers *Maria Stuart*; eine 'Walpurgis-Nacht in der Waldhütte' erinnert an den *Faust* in einem Roman, der dem zentralen Spinoza-Zitat „Alles in Eins und Eins in Allem" (Arnim-DKV I, 47) als Leitmotiv folgen will (vgl. Riley 1979, 28; Ricklefs 1990b, 18-20, 220/Anm. 78). Die ursprüngliche Idee ist allerdings tatsächlich sehr viel stärker dramatischer Natur gewesen: „[N]ach meiner ersten Meinung sollte es eine Art von Trauerspiel werden", bekräftigt Arnim im Brief an Brentano vom 18. November 1802 die generische Sorglosigkeit der Konzeption, „mit Erzählung und Briefen durchschnitten" (Arnim-Brentano I, 69), die sich dann aber doch eben zu einem soweit gattungsförmig stabilisierten, bis in den realen Selbstmord auf dem Theater hinein *werther*-bezüglichen Briefroman auskristallisiert; zur „Allidee und Kunstthematik im *Hollin*" vgl. Ricklefs (1990b, 13-25).

10 Die räsonierend dialogische Schreibart in *Aloys und Rose* gibt die neue Tendenz in Richtung eines psychologisch-realistischen Lakonismus bei wachsendem 'vaterländischen' Ernst vor, der auf die Interventionen Napoleons in der Schweiz um 1802 reagiert, was dazu führt, daß sich die Kunst vom Selbstzweck zur „Opposition oder Medium für eine ethisch-politische Wirklichkeit" verschiebt (vgl. Ricklefs 1990b, 81-87, hier 87).

einem auf jeden Fall episch konstituierten Text zurück[11], während in *Ariel's Offenbarungen* die gattungsspezifische Verfaßtheit tatsächlich unentscheidbar bleibt – nicht nur, weil hier Lyrik und Schauspiel sich ineinanderverschlingen, sondern weil eben gerade die konstituierende Instanz seines Produziertseins selbst zum Deutungsproblem wird.[12] Weitere radikal entgrenzte und quantitativ weit ausgreifende episch-szenische Mischgebilde wie die aus einer dramatischen Einlage der *Dolores* in mehreren Entstehungsstufen heraus ruminierte *Päpstin-Johanna*-Dichtung (1812/13), deren Vertauschungsgeschichte eines weiblichen Papsts sich entlang des Zeitstrahls jedoch durchaus linear organisiert, schließt die generelle Rückentwicklung hin zur eher gebändigten Formenvielfalt freilich auch später nicht aus.[13]

Der „Roman" *Ariel's Offenbarungen* besteht insgesamt aus vier isolierbaren Teilen bei textinterner Diversifizierung und Umkodierung paratextueller Vorgaben in einem Textganzen, das mit dem 'Ende des ersten Theils' fragmentarisch abbricht:

1. *Das Heldenlied von Herrmann und seinen Kindern in zwey Gesängen*, weniger Epos denn universalmythisches und historisches 'Trauerspiel' in vier Teilen, das die *dramatis personae* als 'Sänger' exponiert;

2. *Heymar's Dichterschule. Erster Gesang. Unterricht nach Gemählden und Erzählungen* / *Heymar's Dichterschule. Zweyter Gesang. Anwendung zu Gemählden und Erzählungen von seinen Schülern*, eine Sammlung von Gemälde- und Dichtergedichten, unterteilt in Lehrgedicht ('Unterricht' durch lyrische Ekphrasis in Sonetten) und praktische „Uebung"[14]; in beiden Teilen gleichermaßen aber vor allem poetologische Selbstreflexionen der in die Extreme menschlichen Lebens – zwischen Lust und Schmerz, Glück und Trauer, Liebe und Wahn – eingespannten Ausnahmeexistenz des Dichters;

3. die 'eigentliche' Handlung als struktureller Kern des 'Romans' mit episodischen

---

[11] Ehrlich (1970, 86). Die *Dolores* signalisiert die Abkehr von den „hypotrophen Gestaltungsmethoden der Frühromantik, wie sie in *Ariel's Offenbarungen* noch kennzeichnend waren" (78).

[12] Arnim selbst spricht davon, „ganz frei wirtschaften" zu wollen: „kein Braten soll fehlen, und das Feuer soll mit Butter angemacht werden. Der verdammte Werther und meine falsche Verehrung der Göthischen Formen hat mich damals verführt, das Beste aus dem Hollin wegzuschneiden. [...] ein denkender Künstler ist ein Narr!" (Arnim an August Winkelmann, 8. November 1802, Steig I, 51f.).

[13] Zum Experiment generischer und motivischer Vertauschungen in der selbständigen *Päpstin Johanna*-Dichtung als 'Märchen in fünf Episoden' vgl. Japp (2000), zu den einzelnen Textstufen der Entstehung um 1812/1813 mit der Verschiebungstendenz vom reinen Versdrama zum gemischten Universalpoem Ricklefs (1990a, 59-91), zur Wissenschaftssatire und Gelehrtenburleske im entstehungsgeschichtlichen Kontext Barth (2000). Ursprünglich war die *Päpstin Johanna* für die 'Volksstück'-Sammlung der *Schaubühne* vorgesehen. Wegen Überlänge als Gefährdung der politischen Intention durch Zerstreuung („aber die Zeiten wurden inzwischen so ernst") blieb sie jedoch ausgelagert und als „Hauptarbeit" (Brief an Perthes, 3. Februar 1813, zit. in Ricklefs 1990a, 62) „unabhängig" ausgeführt, so daß in die *Schaubühne* nur die durchlyrisierte *Frühlingsfeier* als „Zwischenspiel aus meiner Päpstin *Johanna*" und als „Nachspiel" zum *Auerhahn* einging (Arnim-SW IV, 7, Schaubühne II, 350f.).

[14] Ariel, 177.

Bemerkungen zur Ariel-Figur, mitgeteilt von der unbedarften Malerin Kyroline in einem poetologischen, von Gedicht- und Prosaeinlagen mit Gelehrtenkommentaren des multimedialen Künstlers unterbrochenen Brief an die Musikerin Kyane vom Kahlenberg; als längere Zitate aus Ariels Zettelkasten sind hier eingebaut u.a. eine Passage aus den Offenbarungen des Johannes, sehr ironisch eingesetzte Spekulationen zur altdeutschen Herkunft des Trauerspielstoffs mit staatsrechtlichen Reflexionen und launigen Nachweisen zu den verwendeten historischen Quellen[15], die von der Gelehrten- und Wissenschaftssatire schließlich in die poetologische Selbstreflexion des Dramas als Oper münden: von den „Freunde[n] des französischen Theaters", so das Räsonnement Ariels in der Maske des Gelehrten, vermutlich dahingehend getadelt, daß „es weder rein komisch, noch rein tragisch sey", „dem Dichter der Vorwelt" aber verzeihbar, „weil er nur das Leben und nicht ihre Regeln kannte, und das Leben hat diese unbequeme Einrichtung".[16] Über den ganzen „Haufen" „beyliegende[r] Blätter" mit den Elaboraten Ariels, teils „von mehreren Händen geschrieben"[17], verfügt Kryoline deshalb, weil sie die Zech-Schulden des verarmten Tänzers bei der Gastwirtin, die mit Poesie abgespeist werden mußte, in rechter Währung (also zu deren Freude) tilgt.[18] Insofern aber auch ihr der längst weitergereiste Tänzer vor allem „ganz Idee und wunderschön" ist, also in erster Linie bereits Produkt ihrer künstlerischen Imagination[19], rückt Kyroline ganz in die Nähe der Herausgeberfiktion, für die Arnim auf dem Titelblatt der gleichsam autorlosen 'Offenbarungen' seinen Namen hergibt.[20]

---

[15] Ariel spekuliert hier über das vermeintliche Alter des Texts *Heymar, der Sänger* (205ff.); die Volkstümlichkeit zeige sich an den Ähnlichkeiten mit bayerischen Dialektgedichten, die im Kommentar in einer witzigen Parallelstellen-Collage eines re-zitierten Gedichts mit seiner 'altdeutschen' Vorlage aus einer Sammlung 'Bayerischer Alpenlieder' kulminiert (vgl. Ariel, 206f.). Der juristische Diskurs zielt auf die Möglichkeiten zur Rekonstruktion des deutschen Staats- und Eigentumsrechts anhand dieser Poesie als Quelle, wobei die historische Alterität wunderbar tautologisch mit dem Verweis auf die eben anderen Zeit-Verhältnisse erklärt wird: „Es ist aber in der Stelle von einer anderen Zeit und von einer andern Gegend die Rede, die Geschichte muß also sich selbst nachgeahmt haben, wie sie das wohl zuweilen thut" (209).

[16] Ariel, 207f. Diese Passagen indizieren die Nähe zur Kritik des französischen Theaters in den *Erzählungen von Schauspielen*, wobei die poetologische Selbstreflexion eines opernhaften Mischgebildes als „Heldenlied für die musikalische Begleitung" (dessen „Eintheilung in Aufzüge", so Ariels Vermutung, „von einer späteren Hand" stamme) bereits die Barockbezüglichkeit Arnimscher Dramaturgie andeutet; vgl. für diesen literarhistorischen Hintergrund der finalen Opernhaftigkeit im 'Trauerspiel' die *Asiatische Banise* (1689) des Anshelm von Zigler und Kliphausen, die mit einer szenisch in den Roman eingelagerten italienischen Oper schließt.

[17] Vgl. Ariel, 205.

[18] Ariel, 204f.

[19] „Du hast ihn also doch gesehen? Nein, Liebe er ist ganz Idee und wunderschön, [...] er scheint nicht leichtsinnig, er scheint ein leichter Geist, der über das Schicksal des Menschen zweifelnd besorgt ist. Wenn er anders aussähe, als ich ihn gemahlt, könnte ich ihn nicht lieben, aber er sieht sicher eben so aus" (Ariel, 200).

[20] Mit dem „Ich" der weiblichen Briefeschreiberin in Männerkleidern als epischer Konstitutionsebene des 'Romans', die alle mißliebigen Urteile Ariels über ihre Person aus der Zettelsammlung eskamotiert, kommt die biographische „Realebene", Arnims Aufenthalt am Wiener Kahlenberg

4. Den Abschluß des 'Ersten Teils' bildet *Das Sängerfest auf Wartburg. Der lustigen Vögel Nachspiel zur ersten Aufführung von Herrmann und seinen Kindern am Weihnachtsabend. Schlußgedicht zu Heymar's Dichterschule,* von Kryoline den Leserinnen einer „Mädchenschule" mit „Gewalt" entrissen[21]: eine Literaturkomödie aus intertextuell völlig in sich verspiegelten Bezugnahmen, u.a. auf den Literaturstreit um Kotzebue (mit Brentanos *Gustav Wasa* neben A.W. Schlegels *Ehrenpforte und Triumphbogen für den Theaterpräsidenten von Kotzebue* von 1801 im Hintergrund) und auf die *Vögel* des Aristophanes. 'Lustige' Vögel in menschlichen „Greismasken"[22] treten zum Sängerwettstreit (wie in mittelalterlichen Sängerkriegen, kontaminiert aber mit protestantischen Implikationen[23]) an, um das launige Spiel der 'Sänger' als 'Masken' „nach Art der alten" Komödiendichter, jetzt aber mit den 'verstellten Stimmen'[24] der neueren, gleichermaßen gozzi- wie tieckaffinen modernen Lustspieltechniken[25] in eine prosaische Theatersatire auf Kotzebues *Menschenhaß und Reue* bei finaler Hochzeit der Nachtigall mit dem alten Schwan zu verselbständigen – auf eine Weise übrigens, die selbst Brentano „beinah ganz unverständlich" blieb.[26] Der Schlußtext im 'Ersten Theil' der ganzen *Offenbarungen* bringt damit nahezu sämtliche Motive, Verfahren und satirischen Ziele frühromantischer Literatur- und Theatersatiren (einschließlich der von den Gebrüdern Schlegel ermittelten poetologischen Rückversicherung bei Aristophanes) als Wunder- und Schatzkammer[27] auf die Bühne: in einem weihnachtlichen Festspiel ebenso bur-

---

im Frühjahr 1802, ins Spiel (vgl. Ricklefs 1990b, 27-29, hier 28). „Der Ariel", schreibt Arnim dazu allerdings an Winkelmann am 8. November 1802, „ist ein ganz wunderbarer Kerl, weder Tänzer noch Dichter allein, er treibt kuriöse Künste, er wird manche edle Seele anpacken, wie Du aus der flachen Kryoline nicht errathen kannst" (Steig I, 51).

21 Ariel, 217.

22 Ariel, 218.

23 „Luther nennt seine Wartburg die Vögelburg, so lebe auch ich hier unter den erwachenden Gesängen der Vögel", schreibt Arnim vom Kahlenberg am 17. April 1802 (Arnim-Brentano I, 10).

24 Ariel, 218.

25 Neben dem Grundelement sprechender Tiere auf der Bühne greifen hier v.a. die von Tieck eingeführten parabatischen Verfahren Platz: Die Vögel monieren die zu langen Reden des Dichters, klatschen dann aber wie die besinnungslosen Zuschauer Tiecks Beifall (Ariel, 233f.); der 'Notarius' Rabe reflektiert sein Singen in Prosa (Ariel, 248), der Dichter (in der Kuckucksmaske) beklagt die Zerstörung seines Stücks, insofern durch die vom 'bürgerlichen' Raben notariell beglaubigte, dann aber scheiternde Verheiratung von Adler (Tat) und Nachtigall (Poesie) der dramatische „Knoten durchgehauen" werde (253); es folgt die Verulkung der *Zauberflöte*, eine Taube trägt poetische Exaltationen vor, die sie selbst nicht versteht, und wird dafür vom Raben als Vogelfänger Papageno verspottet (255f.); zuletzt betont der Dichter bei aller „allgemeinen Verwirrung" (267) den „bloße[n] Spaß" des Ganzen, der doch wohl „keinen Menschenhaß und keine Reue einflößen" solle (264). Arnim integriert damit nicht nur ernsthafte Literatur- und Kunstkritik ins Universalkunstwerk, sondern auch die frühromantischen Techniken der Literatur- und Wissenschaftssatire nach dem Vorbild des *Gestiefelten Kater* (vgl. auch die Hinweise Ricklefs im Kontext entsprechender Briefäußerungen Arnims, 1990b, 77f.).

26 Brentano an Arnim, 23. Mai 1804 (Arnim-Brentano I, 233).

27 Dafür hatte Arnims intertextuelle Bastelei bekanntlich zeit seines literarischen Lebens ein Faible (vgl. Kremer 2000, 139-146), worauf schon der erste Nebentext im *Sängerfest* mit der gedoppelten

lesker wie poetischer Masken, deren ständige Verwandlungen den komödianti-
schen Gegenentwurf zur Todesschwermut des Trauerspiels markieren, ohne
damit aber die ernste Trauer auch seitens der Dichterfigur in der Lustspielauffüh-
rung völlig auszublenden.[28]
   Gleich der geselligen Aggregation disparater Werke in Tiecks *Phantasus* betreiben auch *Ariel's Offenbarungen* ein generisches Spiel von Textkonstellationen nach
gleichsam szenischen Organisationsprinzipien. Zunächst aber kommt diese Anordnung ganz ohne rahmende Voraussetzung ihrer Inszenierung aus: Unvermittelt hebt das expositorische Trauerspiel an, ebenso rahmenlos endet das abschließende Lustspiel. Und doch gibt es auch hier eine Instanz der Vermittlung. Im
Unterschied zum *Phantasus* organisieren sich die poetischen Selbstoffenbarungen
der inneren Welt, „eines Gemüthes"[29] in „naher Bedeutsamkeit"[30] durch die
'mediale' Figur Ariel hindurch von der Mitte der ganzen Anlage aus, insofern mit
den Briefen der Malerin Kyroline die epische Konstitutionsebene zwischen der
Lyriksammlung des Trauerspiels samt Lehrgedicht und den gelehrten- und literaturkritischen Satiren bis zum abschließenden Vogellustspiel aufscheint.[31] Von dieser Gegenwartsebene aus werden die Texte nach hinten (in die mythische wie

---

Anspielung auf Antike und Christentum verweist, die auch hier die zentrale Wiederauferstehungs-
thematik nach dem Untergang der alten Mythologie präludiert: „Das Theater stellt dar einen
Platz, mit alten Mauern umgeben, im Vorgrunde Tische mit Weihnachtsgeschenken, mit Puppen,
Buchsbaumpyramiden u. dergl. bedeckt" (Ariel, 218).

[28] „Die Trauer sucht die gold'ne Ferne, / Die Freude sieht bey Tage Sterne, / Und darum zeig' ich
euch dieß Vögelspiel so gerne. / So lasset euch denn willig auch betrügen, / Allegorisch vergan-
gene Zeiten lügen, / Die schöne Zeit, wo jeder Dichter verstand / Der muntern Vögel lieben
Unverstand. / Ihr meint, das ist die Fabelzeit, wo sie geredet haben, / Sie reden noch, nur zum
Verstehen fehlt es jetzt an Gaben" – so der Schluß einer Rede des Dichters in der Kuckucks-
Maske (des 'getäuschten Täuschers'), auf deren Überlänge die Vögel sogleich parabatisch mit
Hohn reagieren (Ariel, 233). Auf die 'getäuschte Täuschung' als Zentralformel der Poetik Arnims
wird zurückzukommen sein (vgl. Ricklefs 199a, 48-58; 1990b, 64).

[29] Brentano an Arnim, 25. Oktober 1804 (Arnim-Brentano I, 244).

[30] Zu dieser direkten, d.h. v.a. ganz konkreten Bedeutsamkeit, die sich im Leser durch die performative Kraft der Poesie objektiviert, vgl. die von Brentano gerühmte 'Zueignung an die Sänger
der Nacht' eingangs von *Heymar's Dichterschule*: „auch die Knospe des Gesangs erschließt sich in
eurem Herzen und die weite Welt tritt in naher Bedeutsamkeit zu euch hin und aus euch hervor;
wie der Schnee schmilzt und in den kleinen Bächen das frische Grün sich abspiegelt, so spiegelt
sich dann in eurem Gemüthe eine neue Welt, sie spiegelt sich darin um bald aus dem befruchte-
ten Boden in reicher Ernte hervorzutreten" (Ariel, 147).

[31] Ein Vergleich der beiden 'Konzepte eines romantischen Universalromans' bei Ricklefs (1990b,
61-64): Ariel ist „Autorpseudonym, Integrationsfigur und Leitidee entsprechend der Phantasus-
gestalt bei Tieck" (59), er ist Tänzer, Künstler, Kritiker, Autor, Schüler aus der Dichterschule des
Sängers Heymar und zugleich dessen alter ego, aber auch hypochondrischer Reisender, Luftgeist
und Naturenthusiast, Phantasieallegorie und autobiographische Figur (im angedeuteten Kryp-
tonym) (62f.), also „mediale" Gestalt, „die durch Macht und Befehl eines anderen [...] wirksam"
wird (64) und so als „Klammer" für die Sammlung sehr divergierender Texte und Gattungen
fungiert. Demgegenüber betont Ricklefs die vergleichsweise 'milde Ausprägung' einer perspekti-
visch-reflexiven Universalpoesie im *Phantasus*, insofern es „sich um feste Gattungsblöcke" handelt, die in einen Gesprächsrahmen gezwungen werden (vgl. 62-64, hier 62).

universalhistorische Vergangenheit) und nach vorn (einer zukünftigen, ebenso artifiziellen wie christo-semiotisch aufgeladenen Naturpoesie[32]) hin ausgespannt.

Wie Kryolines Abkauf der 'Haufen Blätter' aus den Händen der Gastwirtin aber erkennen läßt, ist das Verschmelzen von „Luft" und „Papier", das die 'Offenbarungen' der medialen Instanz allererst objektiviert, finanziell unergiebig und vergänglich, wo sich die Elaborate sogleich in alle Welt (oder Mädchenschulen) zerstreuen: „Die Luft und das Papier sind meine Vertrauten, und meine Vertrauten sollen nun untergehen", schreibt Ariel im Gelehrten-Kommentar über die zum Trauerspiel angehäuften Blätter.[33] Die flüchtige Verschränkung von Atem und Medium, vorbereitet im Motto des Romans von Lukrez[34], signifiziert die materiale Ebene der Selbstreflexion im 'Roman': die erst auf dem Papier sich manifestierende 'Seele' der Welt aus dem „Urgesang der Luft"[35], homogenisiert im erstarrten Tintenfluß der Schrift. Die metrische Sorglosigkeit des 'Naturmetrikers'[36] verschafft so dem inneren Atem der Welt, medialisiert in der Dialektik von Einatmen der Dinge und Ausatmen auf das Papier, gewissermaßen direkten, wie unvermittelt wirkenden literarischen Ausdruck.[37] Der Autor, inspiriert von den Imaginationen seiner fiktionalen Figur Ariel, ist Vollzugsorgan dieser

---

[32] „Ich habe es hier ganz gefühlt welch ein freundschaftliches Sylbenmaaß in aller Natur ist mit mannigfaltigen Reimen durchflochten", schreibt Arnim im Anschluß an die bereits erwähnten Luther- und Wartburg-Anspielung seiner 'Vögelburg' im Brief an Brentano am 17. April 1802 vom Kahlenberg, „die nothwendigen Pole aller Sprache erkannte ich, ohne die sie eben so nothwendig sich in das unendlich Unbestimmte verlaufen muß" (Arnim-Brentano I, 10).

[33] Ariel, 214.

[34] „Unaufhörlich daher ist der Wechsel der Luft von den Dingen / Und zu den Dingen von ihr, denn gewiß strömt alles beständig" (Übersetzung zit. nach Minors Kommentar, Ariel, 302).

[35] Ariel, 65.

[36] Vgl. Minors Nachwort zur Ausgabe des 'Romans' (Ariel, 297). „In Rücksicht der Form richtete ich gleich die Bitte an mich", schreibt Ariel dazu, „nicht eher etwas gegen diese abwechselnde Versmaße und Reime zu sagen, bis sich gefunden, daß nichts dafür zu sagen sey. Jetzt ist es mir gewiß geworden, daß jedes Einzelne sich für den einzelnen Punkt der Empfindung rechtfertigen läßt. Redet nicht jeder natürliche Mensch, der keinen gesellschaftlichen regelmäßigen Mißbrauch mit der Sprache getrieben, in seinen Empfindungen durch solche Formen?" (Ariel, 210)

[37] Arnims Schrift *Über deutsches Silbenmass und griechische Deklamation* (1805) verallgemeinert diesen Vorgang der Objektivation eines 'Gemüths' auf Fragen der Metrik, die die Sorglosigkeit der gebundenen Formen in *Ariel's Offenbarungen* begründen: „Ich habe früher gereimt, als ich das mindestes vom Silbenmaß wußte und fast nie gefehlt" (Arnim-DKV VI, 178), denn „Silben sind Worte der Ursprache" (179), damit „notwendig nur Verse" (179), die den Lebenspuls des Atems wiedergeben: „Das Einatmen ist die erste und höchste Bedingung des Lebens, die Sprache ist das Entgegengesetzte des Atmens, sie treibt die Luft heraus" (179), was allerdings nicht zu lehren, sondern angemessen nur als naturgleiches Atmen der in Sprache verwandelten Dinge, und zwar gegen die „elenden gefühllos verfertigten Verse der Franzosen", zu fassen sei (179). Der Gesang der Natur zeige so „unendliche Abstufungen", „worin Tag und Nacht zugleich, oder wo keins von beiden" ist (180). Die „Richtigkeit [s]einer Verse" nach diesen Voraussetzungen betont Arnim im Brief an Winkelmann vom 8. November 1802: „Sie sind freilich großentheils gemacht, ehe ich ein Wort wußte von Rhythmus und von Jamben ec., aber jetzt wo ich mir diese Kenntniß beim Anblicke des Kaminfeuers erworben, da habe ich mit Blei und Richtschnur alles durchgemessen" (Steig I, 51).

Doppelbewegung als Produktionsform einer gewissermaßen naturhomologen Universalpoesie.[38]

Leicht einzusehen ist daher, daß in dem einer solchen Produktionsweise einhergehenden Sich-Selbst-Überlassen der Sprache entstehungsgeschichtlich spät erst sich die Trias von 'Trauerspiel, Lustspiel und Lehrgedicht' verfestigt[39], die textintern wiederum in die dispersen Organisationsformen zwischen Prosa (in den Briefen und den Prosapartien im Lustspiel) und vielgestaltigen Versen zerfällt: direkter Ausdruck eines inneren Gemüts, das sich in sangbarer und balladesker Lyrik ebenso wie in Kanzonen, Sonetten und teils gnadenlos parallelistischen Exerzitien verlustiert[40], um sie als variable Hervorbringungen der durch das Dichtermedium hindurch sich artikulierenden Natur in den anschließenden Dichter- und Gemäldegedichten poetologisch auszudeuten. Ausgegeben als lyrische Ekphrasis der Zeichnungen Kryolines in Sonettform, die an August Wilhelm Schlegels Vorbilder im *Athenäum* anknüpft, bleibt auch in den allegorischen Lehr- und Dichter-Gedichten der für das gesamte Frühwerk Arnims symptomatische Wechsel von resignativer Müdigkeit und Enthusiasmus, Wahnsinn und Tod bestimmend.[41] Die Flüchtigkeit als Wahrnehmungs- bzw. Vollzugsform des Lebens wie der dichterischen Tätigkeit, Konsequenz der unentrinnbaren Plötzlichkeits- und Umschlagstruktur luftig-illusionärer Erscheinungen in beiden Sphären, deutet sich materiell auf die Metaphorik des Webens und Spinnens aus: Modus der permanenten Vertextung der Dinge als Lebensform der wahnhaften Dichterexistenz und Leitvorstellung für die Arnims gesamte Poesie durchdringende Dialektik von „Zeitlichkeit" und „Ewigkeit".[42]

---

[38] „*Du* sprichst dich nie aus, das ganze Leben um dich spricht dich aus, deine Verse sprechen sich nie aus", sondern „das Ganze Leben" (Brentano an Arnim, August 1802, Arnim-Brentano I, 24).

[39] Dem Sprachautomatismus korrespondiert die „ganz allmäliche Erfindung während des Schreibens", wie Arnim zu *Ariel's Offenbarungen* im Brief an Brentano vom 27. Dezember 1803 mitteilt (Arnim-Brentano I, 185); zur Trias vgl. Arnim an Brentano, 5. Mai 1803 (Arnim-Brentano I, 131); dazu auch Ricklefs (1990b, 61).

[40] „Ein Herzog sinnt beym Wasserfall / Gestützt auf seine Hand; / Er hatte schon lange besonnen, gesonnen am Bronnen, / Er hatte Gedanken gesponnen, zersponnen am Bronnen. / Die Wasser sind bang' in der Sonne zerronnen im Bronnen [...]", so der wahnsinnige Odin (Ariel, 76; vgl. insgesamt 76ff., 34).

[41] Zu den Gedichten in *Ariel's Offenbarungen* und den entsprechenden motivischen Komplexen vgl. im einzelnen Arnim-DKV V, Kommentar, 1011, 1050-1075; hier auch grundsätzliche poetologische Überlegungen zur Lyrik Arnims (1005-1036).

[42] Vgl. das poetologische Gemäldesonett *Dichterleben* aus dem 'Ersten Gesang' von *Heymar's Dichterschule*, das als lyrische Ekphrasis eines Gemäldes von Domenico Zampieri mit dem spinnenden Herakles, den die Frauen auslachen, exponiert wird: „Der hohe Geist in trüben, schweren Erdenlüften / Fühlt oft des Druckes Angst, wo's andern mag behagen, / Er fühlet schwere Weh'n und weiß es nicht zu sagen, / Er webt um sich ein Sternenkleid aus Schöpfungsdüften. / [...] / Du spinnst des Lebens Faden aus im goldnen Liede, / Die Parze weilt und horcht dem Orphischen Gesang, / Damit kein Tod uns mehr vom Leben schiede. / Der Strom erfreut im eig'nen hellen Wellenklang, / Damit er glühender im neuen Feuer siede, / Durcheilt die Zeitlichkeit, die Ewigkeit ist lang" (Ariel, 156); vgl. zu diesem Gedicht Arnim-DKV V, Kommentar, 1060.

Vor dem Hintergrund dieser Dialektik von Historizität und eschatologischer Erwartung blickt das erste 'Trauerspiel' weltgenealogisch, also in geradezu universalgeschichtsphilosophischer Perspektive zurück auf den Übergang von mythischer Natur zur Geschichte. Dramenintern zeigt sich der Vorgang in der vierteiligen Anlage des zweiaktigen Spiels: Dem 'Vorspiel' der Naturallegorien 'Bergwind' und 'Abendwind' folgt das eigentliche geschichtsmythologische 'Spiel', unterbrochen vom 'Zwischenspiel' der Tageszeiten ('Morgen' und 'Abend'), beschlossen dann vom mehr oder weniger historischen 'Nachspiel' mit „Stammvater Herrmann", „Befreyer der Deutschen". Trotz des triadischen Schemas, demzufolge der ursprünglichen Götter- und Heldenzeit die Mittelzeit mit Wahn und Inzest folgt, überwunden am Ende von der neuen Versöhnung durch Kunst und Geist, trotz aller romantikeinschlägigen Geschichtsphilosophie also vexiert das Trauerspiel auf sämtlichen Ebenen zwischen Enthusiasmus, Naturmystik und Todesverfallenheit, zwischen Lebenswahn und mythologisch-geschichtlichen Untergangsvisionen, wenn auf einer welthistorisch höchsten Ebene das Drama vom Tod der alten Mythologie (als Götterdämmerung) und von der Wiederauferstehung der Toten in einer neuen, christlich geprägten historischen Zeit inszeniert wird.

Zwar bewegt sich die opernhafte Phantasmagorie des Trauerspiels – ein „ewig wechselndes Liederspiel"[43] zwischen Naturlyrik, geschichtsphilosophischer Lyrik und ebenso präsymbolistisch-esoterischer wie artistischer Kunstlyrik – am Rande reflexiver Mitvollziehbarkeit. Den Kern der Handlung in diesem geschichtsmythologischen Gesamtkonzept, soviel läßt sich aber zumindest angeben, bildet die Einsetzung des Kindes Aslauga, Tochter Sigurds und Brünhilds, zur Fürstin über das Reich der ehemals verfeindeten Stämme Herrmanns und Inkars.[44] Endzeitliche Götterfiguren stehen als Menschen am Übergang einer Weltepoche, wonach das Zeitalter der Kunst auf die mißlungene Begründung eines realen paradiesischen Reichs der All-Liebe (personifiziert in Freya) folgt. Dargestellt wird die Götterdämmerung am Untergang des alters- und weltverwirrten Odin, in der Mythologie der höchste Gott der Germanen: „Odin, ein alter Hirte", heißt es aber bereits in der Liste der *dramatis personae*, die zugleich den Bezug auf die historische Dimension aufspannt, „sonst Herrmann als Herzog genannt".[45] Das zentrale 'Spiel' gibt damit die mythischen Implikationen (auch bei den anderen Götter-Gestalten Heymdal und Freya, den Kindern Odins) als historische aus, um die germanisch-nordische Götterdämmerung mit der auferstehenden christlich-historischen Welt an der Zeitenwende zum frühen Mittelalter zu kontaminieren, wenn nicht zu vertauschen, insofern sich das Ende der alten Mythologie im Zeichen des bereits etablierten Christentums ereignet.[46]

---

[43]   Arnim an Brentano, 23. September 1802 (Arnim-Brentano I, 55).
[44]   Zu den Einzelheiten der 'mythologischen Tradition' vgl. Ricklefs (1990b, 37-40).
[45]   Ariel, 4.
[46]   Vgl. dazu u.a. Odins Gebet als Kanzone vor dem Kreuz (Ariel, 16f.). Zur 'Vermenschlichung' und 'Christianisierung' der höchsten germanischen Götter vgl. die dem Trauerspiel angefügte

Der am Rand des Wahnsinns lebenden Greis Odin, Pseudonym für Herzog Herrmann, Nachkomme des Helden der Teutoburger Schlacht, war von Inkar gewaltsam vertrieben worden. Die Flucht führt ihn unter die Hirten, wo er zwei Kinder – Heymdal und Freya – zeugt. Initiiert wird die dramatische Handlung, Einbruch der Geschichte in die Naturidylle, durch Rückkunft von Odins drittem Sohn Herrmann, der den Vater am Geschlecht des Herzogs Inkar blutig gerächt hat. Die Liebe zu Freya ist so unmöglich wie Freyas idyllische, von jedem Sündenbewußtsein freie Liebe zu ihrem Bruder Heymdal. Odin ist es vom göttlichen Gesetz aufgetragen, seine Söhne und die Tochter zu töten bzw. zum Selbstmord zu bringen, damit die Blutschuld des Inzests gesühnt werde. Den Tod Freyas, die im 'Nachspiel' als „Schatten" aus der Odin-Höhle mit einem neugeborenen Kind im Arm aufscheint[47], überwindet zuletzt das Kind Aslauga, das der Hofsänger des Fürsten Inkar, Heymar, vor dem Untergang des Volks in seiner Laute rettet. Nach dem Tod des Odingeschlechts führt es das neue Zeitalter der Kunst (und damit die Trennung von Kunst und Leben) herauf, weshalb im zweiten Teil des 'Romans', *Heymar's Dichterschule*, die moderne Existenzproblematik des Künstlers verhandelt wird.

Aus den szenischen Allegorien geht so ein kunstmythologisches Konzept hervor, wonach dem Widerstreit und Niedergang des ursprünglich vollen Lebens das Zeitalter der Kunst folgt, in der Heymar und Ariel als Synonyme einer möglichen Kunstpraxis um 1800 fungieren. Die Inszenierung einer 'nordischen' Stimmung in lyrischer Unmittelbarkeit verwandelt das „Heldenlied", als das sich das 'Trauerspiel' paratextuell einführt, in einen düsteren, todessüchtigen Sog fließender Lyrik – in einem lyrischen Drama, das, wie Arnim eingangs der späteren *Päpstin Johanna* formuliert, das „geistige Paradies der Wissenschaften und Künste" aus der „von der Welt" durch Gewalt und Erschöpfung in blutigen Kriegen „zurückgetriebenen Sinnenkraft und Frömmigkeit" wiederherstellt.[48] Die alten Götter erscheinen als ins Geistige, Phantastische, Unbewußte und Wahnhaft-Ideale gedrängte Herrscher im Exil der 'Höhle' Odins, dem Todessymbol „alter Trauer"[49] : christlich konnotiert als Heiliges Grab, körperlich als Mutterschoß.[50] Der Versuch einer neuen Gründung der Einheit von Geist und Leben in der topischen Hochzeit von Himmel und Erde, die das 'Vorspiel' zwischen 'Bergwind' und 'Thalwind' allegorisch andeutet, bleibt damit selbst wahn- und traumhaft: an die Nacht gebun-

---

„Bemerkung über die wahrscheinliche Bedeutung des Gedichts", die hermeneutische Unsicherheit in der Deutung eines vorgeblich 'altdeutschen' Poems als ironische Selbstrelativierung der eschatologischen Perspektive inszeniert: „Das neugeborene Kind würde dann die neugeborene Menschheit, die neue Periode ihrer Entwicklung bezeichnen" (Ariel, 142).

[47] Ariel, 136.
[48] Arnim-SW X, 20, 5.
[49] Ariel, 18.
[50] Vgl. Ricklefs (1990b, 32); zur Mutterfiguration bei Arnim noch in Arnims *Halle und Jerusalem*, rückbeziehbar auch auf das 'steinerne Bild der Mutter' in Brentanos *Godwi*, vgl. Kremer (2000, 144, 153ff.).

den wie der Tod.[51] Die Versöhnung ist illusionär wie alle Erscheinungen der Kunst, so fragwürdig wie menschliche Götter oder göttliche Menschen. Der Ernst der Lieder Heymars – „kein Sänger für die Freude / Mein erster Ton war Klage über Frost"[52] – zeigt die Wahnhaftigkeit allen transzendierenden Begehrens an; zum Scheitern verurteilt wie die wegen Inzests verbotene Hochzeit Freyas mit Herrmann im realen Leben.[53] Nur das durch Kunst vermittelte Leben ist imstande, die Versöhnung des Unversöhnbaren zumindest performativ aufscheinen zu lassen, allegorisiert in Freya, der Göttin der All-Liebe und Vorbild des Zeitalters der Poesie mit dem neugeborenen Kind im Arm. Ihre Selbstverbrennung am Ende symbolisiert das Eingehen in die Elemente: „wie eine brennende Quelle dehnt sie sich, auf und nieder flammend, über die Erde aus und ihre Gestalt schimmert nur leicht hindurch", um sich auf diese Weise im opernhaften Finale des 'Nachspiels' in der verglühenden Harfe vernehmen zu lassen.[54]

Die komplexe Figuration des ganzen Trauerspiels, seine äußerst vielgestaltigen Ausformungen zwischen parallelistisch entgrenzter und geschichtsphilosophisch-eschatologischer Lyrik vor dem Hintergrund der durch Herder, Klopstock und die Ossian-Euphorie ausgelösten Herausbildung einer die National-Idee des 19. Jahrhunderts durchdringenden nordischen Mythologie, kann hier im einzelnen nicht ausgeführt werden.[55] Aller melancholischen Resignation zum Trotz, die die 'geistige Physiognomie' des Arnimschen Frühwerks als 'Ästhetik des Elegischen' zwischen 'Trauer und Schwermut', 'Ungeduld des Veränderungswillens' und „'Uebergreifen des Idealen'" einspannt[56], kündigt sich mit der Hinwendung zu nordisch-germanischen Mythen, synkretistisch mit christlich-historischen Erlösungsmotiven verschränkt, die nationale Umkodierung der 'Neuen Mythologie' Friedrich Schlegels auf eigenkulturelle Traditionen (*Nibelungenlied* usw.) an: die Anverwandlung mythologischer Stoffe beispielsweise in der romantischen Geschichtsdramatik Fouqués.[57]

---

[51] „Blitze aus den engen Wiegen / Der ewig leeren Kinderträume! / Schau Heymdal, Freya Leben lügen, / Todt im Keime. // [...] Schlaf und Träume wecken Keime, / Die Alles auf zur Sonne heben, / Doch nie vertragen schwache Keime / Sonnenleben" (Ariel, 7).

[52] Ariel, 92.

[53] Zum Motiv des Geschwisterinzests und zur scheiternden Ehe in Vorausschau der „Todeslust" in der späteren *Frühlingsfeier* vgl. Ricklefs (1990b, 34, 35-37).

[54] Ariel, 137, 141. „durch die Welten strahlt mein Licht, / Scheint in jedem Auge wieder, / Und ihr fühlt und seht mich nicht, / Ewig flammend auf und nieder" (137f.).

[55] „Der Interpretationsaufwand bei genauer Analyse des dichten poetischen Geflechts" ist tatsächlich so groß, daß selbst Ricklefs präzise historisierenden Motivrekonstruktionen „nur Umrisse und Grundlinien" bieten können (Ricklefs 1990b, 45).

[56] Vgl. die Kommentare Ricklefs zu diesem Katalog basaler Koordinaten (199b, 1-11).

[57] Hinweise auf Arnims Beschäftigung mit der nordischen Mythologie im Zusammenhang seiner Mitbeteiligung an Wilhelm Grimms Rezension von Fouqués *Sigurd der Schlangentöter* (1808), dem ersten Teil der Trilogie *Der Held des Nordens*, gibt Ehrlich (1970, 76); zur Rezeption nordischer Stoffe im romantischen Drama Fouqués seit etwa 1808 vgl. C. Stockinger (2000a, 78-100).

In Arnims Frühwerk aber wird eher der Kunst allein die punktuelle Produktion eines befreiten Zustands zugetraut, wo Imagination und Leben sich zur 'vollen' Ganzheit runden. Die prekäre Aktualität und faktische Unmöglichkeit dieses Telos um 1800 zeigt indes wiederum *Heymar's Dichterschule* mit seinen zwischen Resignation und Enthusiasmus changierenden Lehr-Gedichten (*Dichterglück und Unglück, Dichterwahn, Dichterruhe, Dichterschmerz* usw.). Sie gehen in die lyrische Ekphrasis der Gemälde-Sonette über, wo sich die Ausnahmeexistenz des Dichters in den allegorischen Masken von Rollengedichten artikuliert ('Der Jude Rabuni', 'Treubold', 'Der Grieche Iliades', 'Ariel'). Aufgegriffen werden dazu unter anderem auch mythologische Metamorphosen nach dem Vorbild von Herders Paramythien, wo beispielsweise Jo und Ganymed die Vereinigung mit dem Göttlichen bezeichnen. Durchweg aber kreisen die Gedichte um das Problem der praktischen Realisierung poetischer Ideale: „Es ist viel leichter Thaten singen, als vollbringen, / Das Sterben will dem Menschen einmahl nur gelingen", so das vom Juden Rabuni unterzeichnete Gedicht *Dichterleben*.[58] Stets geht es um – vergebliche – Vereinigungsphantasmagorien zwischen Natursprache und Kunst, deren Versöhnungsidee das lyrische und später 'lustige' Maskenspiel von der vielförmig vermehrbaren und wie die Natur frei wählenden Poesie trotz aller Trauer präsent hält: „Es liegt der Würfel auf dem Tische", schreibt das poetologische Gedicht *Das Schicksal des Dichters* des Juden Rabuni, das Arnims manieristische Kunstauffassung in konkreten Bildern reflektiert,

> Für Lust und Trauer gleich gestellt;
> Ein jeder wähle, wie die Fische
> Das Meer, den Bach, wie's ihm gefällt.
>
> Die Vögel schweben in den Lüften,
> Der Seidenwurm am Maulbeerbaum,
> Der Dichter mit dem Wurm in Grüften,
> Doch ist für viele hier noch Raum.
>
> Der Sparter liebte schwarze Suppe,
> Ein Literatus braucht gar viel,
> Und wie die Kleider einer Puppe,
> So wechselt der Geschmack den Styl.[59]

Die hybride Kreuzung wechselnder Masken, Stile und Verfahren in ständigen Metamorphosen, die allererst Lebendigkeit erzeugen[60], setzt sich fort im trotz aller satirischen Kritik an Kotzebues *Menschenhaß und Reue* primär poetischen Vogel-als Maskenspiel. Es zeigt die Verwandlung der Vögel in Menschen, dazu Bilder paarweiser Trauung und Domestizierung der Philistervögel in Vogelkäfigen. Die das Pathos des Trauerspiels konterkarierende Ästhetik der Groteske – mehr oder

---

58 Ariel, 190.
59 Ariel, 187.
60 Vgl. Ariel, 244 (Nebentext).

weniger alle Werke Arnims hält diese Doppelung in irisierender Spannung[61] –
manifestiert sich so ganz konkret: szenisch 'objektiv'. Bei aller lustspielhaften
Laune geht es aber auch in der Komödie der Vögel (die in Arnims Tierwelt eine
besondere Rolle spielen) um die transzendentale Rolle der Phantasie in Leben und
Dichtung: um die Verbindung von Geist und Natur, in deren Zentrum die symbolische Vereinigung von Nachtigall und Schwan (Dichtung und Tod) steht,
nachdem die utopische Vermählung von Nachtigall und Adler (Poesie und Tat)
gescheitert war.

Die vielgestaltig maskierten Figurationen und Verwandlungen in *Ariel's Offenbarungen* präfigurieren folglich einen das ganze Werk Arnims durchziehenden
Leitgedanken. Sie machen sich allesamt als Allegorien eines basalen Grundkon-
flikts – der ersehnten und als unmöglich eingesehenen Verbindung von Praxis
und Ideal, Körper und Geist, Diesseits und Jenseits – transparent, ohne damit
aber die außerordentliche Komplexität in den Partialreferenzen, den mythologischen, historischen und kunsttheoretischen Reminiszenzen, auflösbar erscheinen
zu lassen. Den allegorischen Impetus aller poetischen Konstruktionen, der in
weitgespannter Sinnlichkeit das Abstrakte verkörperlicht (und metaphysische
Kategorien als lebendige Form nahebringt), überlagert ein verfahrenstechnisch
und intertextuell hybrider Synkretismus, der ein dickichtartig verschlungenes
Ganzes produziert, das nun nicht mehr nur der Bühnenfähigkeit, sondern eben
auch der lesenden Mitvollziehbarkeit widerstreitet. Andererseits erlaubt die manieristische Grundkonzeption wiederum, daß völlig heterogene Motivebenen und
Traditionen problemlos ineinander verspiegelt werden können, weil es dieser ästhetischen Ganzheit gar nicht um die bruchlose Harmonisierung der universalen
Korrespondenzen geht.

Dergestalt verdoppeln sich sämtliche Motiv- und Systemreferenzen im ganzen
'Roman' zur dispersen Ganzheit eines Manuskriptkonvoluts, das aus höchst unterschiedlichen Quellen und Referenzen nicht allein literarischer Natur zusam-
mengebastelt wird. Die 'Offenbarungen' sind das übergängliche Sammelsurium
aus geschichtsmythologisch-christlicher Dramatik, frühromantischen Roman-
techniken[62] und literatur- und gelehrtensatirischer Lust- und Maskenspiellaune:
ein 'Polterabend' der Poesie im vorhochzeitlich täuschenden Anschein einer im
Höheren versöhnten Welt.[63] Für den Literaturbetrieb sind manieristische Schatz-
und Wunderkammern dieser Art jedoch völlig unbrauchbar, unverkäuflich, darüber hinaus der windigen Gefahr unvorhersehbarer Zerstreuung in aller Herren

---

[61] Zur manieristischen Ästhetik Arnims im Zweiklang von Pathos und Groteske, die sich in der
Vermischung menschlicher und tierischer Züge mit der charakteristischen Neigung zu Monstrosi-
täten und Chimären nicht nur in *Halle und Jerusalem* äußert, vgl. Kremer (2000, 148f.)

[62] Briefroman, Herausgeberfiktion, Herausgeber- und Gelehrtenkommentare, ironische Historisierung durch satirische Quellennachweise etc.

[63] So formuliert in Anlehnung an Arnims Projekt *Polterabend der Mythen* im Weihnachts- und Hoch-
zeitsbrief an Brentano, geschrieben in der 'Christnacht 1803' (vgl. Arnim-DKV V, 111; dazu
Nachweise und Kontext in: Kommentar, 1094).

Länder ausgeliefert, so daß erst das „Ich" des Autors vermittels seiner Fiktion Kyroline aus dem Packen Papier ein 'verwildertes' Buch zusammenleimt. Mit dem witzigen Nebentext „Der Vorhang will fallen und bleibt hängen" versackt die Sammlung am Ende des ersten Teils irgendwo auf ihrer Strecke hin zu einer allenfalls imaginär zu erahnenden Ganzheit im Fragmentstatus.[64]

Eichendorffs berühmte Formel über die *Gräfin Dolores* als „Geschichte mit den tausend Geschichten"[65] ist in *Ariel's Offenbarungen* zum ätherischen Universalpoem mit den tausend Möglichkeiten poetischer Verfahren potenziert, wo „unter dem Dach der Kunstthematik" bei hohem „reflexiven Niveau" und einer „allseitigen theoretischen und symbolischen Bezüglichkeit sämtliche Genera und Diskursarten vom Mythos bis zur Farce, vom subjektiven Bekenntnis bis zur Restauration altdeutscher Poesie, vom Gedicht bis zur Kunstkritik versammelt sein konnten".[66] Selbst im Vergleich zur dagegen geradezu geregelten Alternation epischer, szenischer und lyrischer Abschnitte in der *Päpstin-Johanna* ist der Text radikal, weil die Hybridbildung tatsächlich in eine Form generischer Unbestimmbarkeit zwischen 'Roman', Dramensammlung, monumentaler Lyriksammlung und literaturkritischen, satirischen und possenhaften Texten vordringt. Nur insofern überwiegt noch die szenische Darbietung, als die automatisierte Sprachbewegung in der Selbstoffenbarung aneinandergereihter Werke wie unvermittelt sich selbst überläßt[67], wenngleich diese basale Organisationsform wiederum von einer ebenso automatisch sich fortschreibenden Lyrik überwuchert wird.[68]

Aufs Ganze gesehen ereignen sich die Offenbarungen des Luftgeists damit geradezu als Kontamination von Brentanos *Godwi*[69] mit der ja gleichfalls 'verwilder-

---

[64] Ariel, 276. Von den Plänen zum nie publizierten 'Zweiten Theil' berichtet Arnim im Brief an Brentano vom 5. Mai 1803: „ferner [neben den *Erzählungen zu Schauspielen*] habe ich zum zweyten Theile ein Trauerspiel Faust nach allen Hauptheilen geschrieben, es ist das Gymnasium des Tänzers, das Trauerspiel ist durchweg mit gereimten Chören aber nicht im Style der Alten, sondern wie im Liederstyle, der Teufel allein redet wie die griechischen Chöre" (Arnim-Brentano I, 131). Erkennbar wird folglich u.a. auch ein formaler Rekurs auf Schillers *Braut Messina*.

[65] *Ahnung und Gegenwart*, Eichendorff-DKV II, 203.

[66] Ricklefs (1990b, 62).

[67] „Alles geschieht in der Welt der Poesie wegen, die Geschichte ist der allgemeinste Ausdruck dafür, das Schicksal führt das grosse Schauspiel auf" (Arnim an Brentano, 9. Juli 1802, Arnim-Brentano I, 21).

[68] Zum autor- als subjektlosen Sprechen gleich einer *écriture automatique* in Arnims Lyrik vgl. Ricklefs (Arnim-DKV V, Kommentar, 1029ff.): Arnims Sprachphantasie ist gekennzeichnet durch Leichtigkeit und Unwillkürlichkeit, Spontaneität und Formenreichtum (1032) bei Rückbindung ans Dunkle, ohne daß sie sich wie zur beherrschenden und beherrschten Subjektivität verfestigt. Zentral ist die „*Phantasie für die Worte*", in einer Sprachbewegung als Vollzugsform des bewegten Geists zwischen gleitendem Symbolismus und Realitätsnähe, zwischen kühler Wortkontur und Dingschärfe, die auch ikonographisch von Traditionen gesättigt ist. Worte sind „poetische Spielmarken", deren „Angewiesensein und Ausgeliefertsein an Sprache" (1033) im Aufgreifen der Formen vieler Jahrhunderte stets eine Bewegung nach dem Höheren initiiert (1035).

[69] Auch in diesem Roman gibt es dialogische Sequenzen zwischen dem 'Ich' des Briefschreibers bzw. Erzählers und seinen Figuren. Die szenischen Einlagen des *Godwi* (vgl. Brentano-Kemp II,

ten' Literatursatire *Gustav Wasa* (samt Attacke gegen Kotzebue). Arnims Autorschaft pfropft sich gewissermaßen auf die von Brentano angesteuerte literarische
Synthesis des 'doppelten Ursprungs' der Romantik in der Verschränkung von
frühromantischer Poetologie (F. Schlegel, Novalis) und poetischer Praxis (Tieck)
auf: Die intertextuelle Bastelei der *Offenbarungen* gipfelt folglich darin, gleichsam
den 'Brentano des Brentano' zu geben, legt man Brentanos Überbietungsprojekt
zugrunde, mit dem *Gustav Wasa* der 'Tieck des Tieck' zu sein.[70]

Im Vergleich zur späteren Dramaturgie Arnims fehlt *Ariel's Offenbarungen* die
politisch-soziale und unzweideutig religiöse Perspektive. Die gleichermaßen weltanschauliche wie gattungspoetologische Indifferenz signalisiert deshalb gerade
eher die tatsächlichen praktischen Konsequenzen der frühromantischen Poetologie, als daß sie diese in „Mißkredit" bringt: Daß „die von A.W. Schlegel geforderte
Suprematie *einer* Gattung" fehlt[71], ist insofern kein Einwand, als dieses Postulat
selbst eben bereits Reaktion auf den Zerfall wirkungspolitischer Effektivität in
generisch entgrenzten dramatischen Werken ist: Konsequenz aus den praktischen
Erfahrungen mit der eigenen Poetologie. Dem Sich-Überlassen der automatisierten Sprachbewegung im Idealzustand einer medialen Ästhetik des Empfangens
entspringt das Unikat eines ebenso ernsten wie grotesken Mischgebildes, das keine eigene literaturgeschichtliche Tradition ausbildet. Und zwar bemerkenswerterweise deshalb, weil im potenzierten Manierismus aus dem Geist des Traums – im
Überspielen der Bewußtseinsgrenze zwischen Traum und Wachen[72], in der Verbindung von Modernität und Traditionsbezug, Intellektualität und Irrsinn, in der
äußersten Gespanntheit von Geistigkeit, Realismus und Surrealismus bis an der
Rand des Gespenstischen –, weil in der extremen Verschränkung solcher Gegensätze eben das beobachtbar wird, was Friedrich Schlegel als progressive Universalpoesie vorgeschwebt haben mag.[73] Poesie überantwortet sich damit einer

---

192f., 202f., 236, 424f.) verselbständigen sich aber noch nicht zu vollständigen Dramen wie dann
in der *Gräfin Dolores*. Flamettas Komödie *Vertumnus und Pomona* mit Hanswurst als Nebenbuhler
des Vertumnus und viel 'großem Geschrei' etwa, eine grotesk übertreibende Abwandlung des
derben barocken Lustspiels, bleibt auf die Vorlesung der ersten monologischen Szene in Knitteln
begrenzt (408f.); zum selbständigen Plan dieser Komödie vgl. Brentano-Kemp IV, Kommentar,
894; ein Abdruck der vorhandenen Textpassagen in Brentano-SW XII, 341-343. Im Rahmen des
Godwi-Komplexes entstehen schließlich auch die selbständig konzipierten Dramenfragmente
Godwi und Godwine und *Cecile. Szenen aus einem italienischen Handelshaus*, 'bürgerliche' Prosastücke mit
erkennbar zurückgenommenen Gedichteinlagen bei Tendenz zur Darstellung einer verinnerlichten Melancholie (Brentano-SW XII, 181-225; 227-338).
[70] Vgl. dazu Kap. 'Sympoesie: Tieck-Rezeption und frühromantische Programmatik'.
[71] So Ehrlichs (1970, 75f.) Kritik an der 'unreifen' „*formale[n]* Übersteigerung der universalpoetischen
Konzeption" und der Verwirrung durch „zahlreiche lyrische Spielereien" (62f.).
[72] „Er sieht sich um und findet sich / An jenem Weidenbaume", räsoniert der Dichter im Lustspiel
zum einschlägigen Doppelgängermotiv als Spiegelung der 'unendlichen Verdopplung', „Erschöpft, ermattet, außer sich, / Träumt er, er sey im Traume" (Ariel, 223) – aber „wer in der Welt
kann einen Traum fest machen!" (Arnim an Bettina Brentano, Juli 1802, Steig II, 3).
[73] Im Mehrklang von Ernst und Laune, Pathos und Ironie, Trauer und Groteske folgen *Ariel's Offenbarungen* F. Schlegels Propagierung des 'mythologischen Dramas' aus dem „Geist der Physik"

praktischen Unlesbarkeit, geschuldet der völligen Zerstreuung ästhetischer Aufmerksamkeit im Integral einer Verschwisterung aller Künste: im Tanz der Texte als Feste eines Gesamtkunstwerks, das zuletzt freilich eher Überdruß als poetisches Interesse erregt. Die spezifische Leistung des *Dramatikers* Arnim, die selbst das wohlwollende Urteil Ehrlichs den *Offenbarungen* abspricht[74], sollte sich erst in der Übergangszeit bis 1811 mit zahlreichen, aber nicht ausgeführten Dramenplänen herausbilden[75] – mit kaum größerem Rezeptionserfolg allerdings trotz wachsender Anerkennung apriorischer Strukturgesetze als Wirkungsvoraussetzung der dramatischen Rede.

Diese Entwicklung zeigt zuerst die Struktur und Funktion szenischer Einlagen in Arnims christlich-katholisch rückversichertem Universalroman ***Armut, Reichtum, Schuld und Buße der Gräfin Dolores*** (1810). Als moralischer Eheroman in Idealkonkurrenz zu Goethes *Wahlverwandtschaften* entstanden, handelt es sich um eine den *Offenbarungen* formal vergleichbar radikale Roman-Arabeske im Gemisch aus Roman, Novelle, Sage, Mythos, Legende, Fabel, Anekdote, Predigt, Drama, Singspiel, Essay, Brief, Elegie, Ballade, Romanze, Gedicht, Lied, Reflexion und Aphorismus mit zahlreichen Anleihen aus Vorbildern der europäischen Literaturgeschichte. Neben kleineren szenisch-dialogischen Einlagen[76] wird der Roman von insgesamt drei größeren, geschlossenen dramatischen Texten unterbrochen: vom 'Volksstück' *Päpstin Johanna*, von der „Tragikomödie" *Hylas* und vom „Gedankenspiel" *Der Ring*.[77] Funktional spiegeln auch die dramatischen Einlagen als kommentierende Parallelhandlungen mit beispielhaftem Modellcharakter die universelle Bezüglichkeit der zentralen Thematik von Schuld und Sühne im Verhältnis von Individuum und Gesellschaft, die die Geschichte des gräflichen Ehepaars Dolores und Karl in Überkreuzbeziehung zu Gräfin Klelie und Marchese D. organisiert. Im Gegensatz zu den anderen Einlagen fällt aber die theatralische Wirkung der szenischen Darbietung ins Gewicht: Das 'Volksschauspiel' von der *Päpstin Johanna*[78] zeigt die Erziehungsfehler des gräflichen Paars beim Sohn

---

am Ende des *Gesprächs über die Poesie*, wonach es möglich sei, „Tragödien zu dichten, in denen alles antik, und die dennoch gewiß wären durch die Bedeutung den Sinn des Zeitalters zu fesseln. Es wäre dabei ein größerer Umfang und eine größere Mannigfaltigkeit der äußeren Formen erlaubt ja sogar ratsam" (KFuS II, 222).

74 Ehrlich (1970, 86).

75 Im einzelnen ein Lustspiel *Porcius Proculanius Porcellaniunoulus* (1801; vgl. Arnim-Brentano I, 2), eine Bearbeitung von Brentanos *Ponce de Leon* (Spätherbst 1804), das fragmentarisch gebliebene Trauerspiel *Johann von Leiden* mit 'Volksszenen aus der Geschichte der Wiedertäufer in Leyden' (1805) (dazu Schaible 2000 mit Szenenabdrucken), ein historisches Schauspiel *Friedrich der Einzige* (1805), schließlich eine Bearbeitung von 'Hans Sachs Tod' (1808) (Überblick nach Ehrlich 1970, 86f.).

76 Vgl. Arnim-DKV I, 393-395, 411f., 427f., 582-584.

77 Vgl. Arnim-DKV VI, 491-503; 592-615; 623-644; dazu auch Ehrlich (1970, 77-86).

78 Statt eine „neueres gutes italiänisches Stück des Metastasio zu spielen", heißt es zu dieser Zuordnung, habe das „Volk nach alter Gewohnheit durchaus die *Päpstin Johanna* verlangt", was auch dem Graf „viel lieber" sei (Arnim-DKV I, 491).

Johannes, der dem disharmonisch destruktiven Ritter Brülar, einem apolitisch-
asozialen Solipsismus also, überlassen wird; dieser verleidet den Menschen alle
Künste. Formal angesiedelt zwischen metrischer Versatilität einer Sprache der
Natur, metrifizierter (binnengereimter) Prosa[79] und Erzählerbericht – ein Verfah-
rensspiegel der universal expandierten Geschichte von der weiblichen Päpstin im
späteren Universalroman im Kleinen also –, bewirkt die szenische Einlage die
Läuterung der Eltern: die Rettung des kleinen Johannes vor seinem teuflischen
Verführer (in Spiegelglanz entlarvt sich Brülar) zur Wiederherstellung der harmonischen Familieneinheit. Das Stück ist erfolgreich mahnendes Exempel für
Schuld, insofern Johannas Verführung zu „Eitelkeit, Neid, Habsucht" bei Johannes ganz unmittelbar Übelkeit auslöst.[80] Graf und Gräfin – „sehr gerührt"[81] –
ziehen die pädagogische Konsequenz, wonach die *„beste Privaterziehung [...] nicht ersetzen"* kann, was *„Kinder durch den Mangel einer öffentlichen Schule verlieren".*[82] Arnim
zeigt die Gefährdung der gemeinschaftlichen Existenz im vergesellschafteten
Raum der Familie und propagiert vor der Hintergrund der handlungsleitenden
idealen Harmonie von Individuum und Gemeinschaft die notwendige Korrektur
einer durch Schuld zerstörten Einheit.[83] In der später vorgelesenen „Tragikomödie" *Hylas* ist es die Vernachlässigung politischer Aufgaben und künstlerischer
Bildung bei einer regierenden älteren Fürstin, die sich in den griechischen Jüngling Hylas verliebt hat. Die allegorischen Künstlerfiguren am Hof ('Der Musiker',
'Der Maler', 'Der Dichter') beklagen die mangelnde Resonanz, werden wegen ihrer Autonomiepostulate aber zugleich auch der Arnimschen Künstlersatire ausgeliefert.[84] Entscheidend ist jedoch das schuldhafte Aufgeben einer ethisch ver-
bindlichen idealen Herrschaft, das die Fürstin nach dem empedoklesartigen
Selbstmord Hylas' (er stürzt sich ins Meer und geht in die Elemente ein) einsieht,
um mit der aufgehenden Sonne zu den politischen Pflichten in schöner Einigkeit
mit ihrem Kanzler zurückzukehren – ironisch konterkariert wiederum von den
um ihre Einkünfte besorgten Künstlern, die aber mit dem Auftrag für ein Denkmal des Hylas beglückt werden. Das „Gedankenspiel" *Der Ring* schließlich reflek-

---

[79] Vgl. Arnim-DKV VI, 499. Für diese Formen der Metrifizierung von Prosa ist Arnim bekannt ge-
      worden.
[80] Arnim-DKV I, 502f.
[81] Arnim-DKV I, 505.
[82] Arnim-DKV I, 505. Arnims Kursivierung markiert den Sentenzcharakter der resultierenden Lehre
      aus dem Schauspiel für den Roman.
[83] „Der Akzent liegt sowohl in der ausgeführten Szene wie auch hinsichtlich der Wirkung des Stük-
      kes auf dem Gegensatz eines idealistischen Kindheitslebens und der Verführung zur Lebensferne
      und zu allem Bösen durch die Gestalt des Lehrers und Gelehrten Spiegelglanz, dessen symbol-
      trächtiger Name von einem der Unterteufel in Scherenbergs Stück [der hypotextuellen Vorlage
      Arnims] entlehnt wurde" (Ricklefs 1990a, 80).
[84] „Die Kunst, ja, sehn sie, die Kunst ist nun eben die Kunst", meint der 'Maler' in Verhöhnung der
      Zweckbindung, die Arnim durch tautologische Selbstbegründung der unverantwortlichen Selbst-
      bezogenheit überführt, während er den 'Dichter' im ebenso problematischen Leerlauf wohlklinger
      Verse demontiert (Arnim-DKV I, 593, 597).

tiert auf die Ehe als gesellschaftliche Institution und Voraussetzung gemeinschaftsbildenden Lebens, die die allegorischen Rollen 'Vater', 'Mutter' und 'Kind'
in gleichmäßigen Blankversen, symbolisch vermittelt kraft der überdeutlichen
Ring-Bildlichkeit, wiederherstellen. Die ideale Versöhnung der staatspolitischen
Ebene der Tat, die sich beim 'Vater' vereinseitigte[85], mit der familiären Gemeinschaft wirkt auf der Roman-Ebene kraft der vom Stück ausgelösten Nachdenk-
lichkeit des Ministers, der sich durch die Vorlesung des allegorischen 'Gedanken-
spiels' im „Innern" angesprochen fühlt.[86]

Über ihre lehrhafte Funktion zur Korrektur des jeweiligen Fehlgehens hinaus
dienen die dramatischen Einlagen insgesamt der Anreicherung und sukzessiven
poetischen Aufladung thematischer Leitkomplexe: Der Gattungswechsel betreibt
ein Weiterdichten im Sinn konzentrischer Aneinanderreihung durch Einverweben
episodischer Sequenzen mit zahlreichen Einflechtungen, Reprisen und Exkursen
zu teppichartig ornamentierten Spiegel- und Reflexbildern: Alle Digressionen,
auch die szenischen, variieren das Hauptmotiv von der Schuld zur Buße, die sich
im Roman als Synthese von autonomer und heteronomer Ethik, von individueller
und allgemeinverbindlicher Perspektive über den zentralen Begriff des Volks und
dessen Moralität ausweist. Auf der Handlungsebene um Dolores gibt sich dieser
Hintergrund an der Bedeutung volkstümlicher Religiosität und ihrer Gebräuche
(Wallfahrten, Kirchmeß) zu erkennen. Die dramatischen Einlagen fungieren als
anreichernde Beispielhandlungen im Modus von Volksschauspielen, die Roman-
ereignisse oder Äußerungen von Romanfiguren verdeutlichen und ihnen eine Art
poetischer Tiefendimension – durch die Variabilität der poetischen Formen – ein-
schreiben: „Meinen Lesern", betont der Erzähler programmatisch gleich im Anschluß an die „Vorlesung" des *Rings*,

> mit denen ich mich auf der gemeinschaftlichen Reise durch diese Geschichte allmählig
> auch verständigt habe, wird es nicht entgangen sein, wie das Dichten, insbesondre aber
> das dramatische in das Leben der einzelnen Menschen eingreife. Wir sahen dies in der
> Geschichte Hollins [eine Reprise auf den ersten Roman], des kleinen Johannes, und in
> den beiden eben mitgeteilten Schauspielen; möge uns dies ein Bild werden, wie ein
> echtes Volksspiel auf das ganze Leben eines Volkes einwirken *könnte*; nur darum, weil
> unser Schauspiel unserm Volke, seinem Streben und Glauben meist so entfernt ist, geht
> es der Menge so gleichgültig vorüber, und wird mit dem Augenblick vergessen; wer
> sich dem Volke anschließt, empfängt dessen Geist und Erfindung.[87]

Die Poetologie des *Dolores*-Romans nimmt damit das poetisch-politische wie poe-
tisch-religiöse Projekt der *Schaubühne* (1813) vorweg. Die 'Johanna'-Einlage zeigt
die teuflische Verführung durch Spiegelglanz, *Hylas* den Abfall von politischer
Verantwortung und der *Ring* den mangelnden Ausgleich von Staatspolitik und
Ehe: Jeder Mensch ist wie das Kollektiv durch den Abfall von der harmonischen,

---

[85] Arnim-DKV I, 635.
[86] Arnim-DKV I, 644.
[87] Arnim-DKV I, 644f.

nicht-entfremdeten Existenz gefährdet, soll sich folglich in seiner Stellung zur Gesellschaft und seiner transzendenten Funktion für das Ganze erkennen, Schuld und Disharmonien entsprechend korrigieren, so daß sich in jeder Episode nicht nur die gesamten *Dolores*-Problematik, sondern die der Arnimschen Poesie überhaupt je anders akzentuiert bespiegelt.

Im Hinblick auf Verfahrenskomplexität und generische Hybridbildung aus der Anverwandlung des *gesamten* Spektrums romantischer Poesie vergleichbar sind Arnims früher Universalpoesie zuletzt **Kerners *Reiseschatten*** (1811) – allerdings tatsächlich nur auf einer rein formalen Ebene: Die manieristische Sammlung aus zwölf 'Schattenreihen' mit dramatischen, lyrischen und epischen Einlagen (Kleindramen, Balladen, Liedern, Sagen und Märchen) vollzieht einen permanenten Wandel von Bildern und Motiven als Sammelsurium der kompletten Romantik einschließlich präromantisch-empfindsamer und nicht-romantischer, skurill-kauziger Figurationen im Gefolge Jean Pauls. Die ständigen Metamorphosen im Vorübergleiten aneinandergereihter Bilder stocken nur in Sequenzen 'verknoteter Verwirrung', wo bereits eingeführte Figuren wie ein Barbiergeselle proteusartig gewandelt wiederkehren.[88] Angesiedelt zwischen Frohsinn und Traurigkeit, schalkhaftem Humor und naivem Schabernack wird das überwiegend episch verfahrende Ganze zusammengehalten vom Erzähler-'Ich' des reisenden und beobachtenden Schattenspielers als Dichter, der am Ende aus seinen farbig glänzenden Träumen mit unzähligen Episoden, Figuren, Tieren und Pflanzen im ständigen Wandel erwacht.[89]

In die nach 'Vorstellungen' untergliederten zwölf 'Schattenreihen' eingefügt sind drei Dramen, die im Titel bereits ins Verhältnis zur übergeordneten Gliederungseinheit gesetzt werden: – *Das Nachspiel der ersten Schattenreihe oder König Eginhard / ein chinesisches Schattenspiel*, – *Das Nachspiel der zweiten Schattenreihe oder der Totengräber von Feldberg* (ein Totengräberspiel mit Reminszenzen an Shakespeare und das antike Totengespräch, wo auf dem mitternächtlichen Kirchhof zwei Gerippe ins Liebesgespräch kommen, bis neben zahlreichen romantischen Sehnsuchts-Motiven samt Gärtner mit dem Dichter im Blumentopf der Tod persönlich aufscheint und sogleich wieder verschwindet); – zuletzt *Das Zwischenspiel der zwölften Schattenreihe oder das Krippenspiel aus Nürnberg*, das bei einem Gesamtumfang von sechs Seiten zu insgesamt vierzehn 'Aufzügen' expandiert, die sich indes nur als parataktische Reihung epischer Berichte des 'Knaben' als Erzählerfigur zu erkennen geben; das Stück besteht damit aus einem gewissermaßen in vierzehn Teile

---

88 Zu diesem 'Kompositionsprinzip' der *Reiseschatten* vgl. Storz (1967, 51 f.).

89 Zum Ich als Schattenspieler und Dichter vgl. Kerner (1996, 18, Reihe I/8; 166 f., Reihe VIII/7); am Ende verwandeln sich „Mönche, Herolde, Ritter, Könige, lustige Springer, Nonnen, Meerfrauen, Heiligenbilder" in „eine Menge Blumen, als da sind, Rosen, Lilien, Tulpen, Narzissen, Anemonen, Sterne" usw. (216). Die praktisch unendliche Reihung von Kollektivfigurationen tendiert, wie man sieht, eher zur abstrakten Behauptung von Vielfalt, als daß diese sich im Text tatsächlich individualisiert.

gespaltenen Prolog, der mit dem je einleitend deiktischen 'Hier' auf das altdeutsche Nürnberg, bedeutende Abschnitte seiner Geschichte, seiner Kunst und Handwerkstraditionen verweist: also eine Sammlung der seit Wackenroder/Tieck für die Romantik einschlägigen 'altdeutschen' Motive exponiert.

Über die allegorische Transparenz der sich wandelnden Figuren hinaus weisen die Stücke kaum eine bestimmte Handlungsstruktur auf. Schon die wenigen Hinweise auf Motiv- und Verfahrenszitate deuten vielmehr an, daß der ganze Text letztlich aus nichts weniger als einem überdimensionierten Sammelsurium von Reminiszenzen nicht nur auf romantische Literatur besteht: neben Anspielungen auf Goethes *Werther*, Millers *Sigwart*, Wackenroders *Klosterbruder*, Tiecks *Lovell* (der wahnsinnig Dichter Holder) und *Sternbald*, Jean Pauls *Flegeljahren* gibt es die Standard-Signale zum Schicksalsdrama, Verulkungen der zeitgenössischen Mode von 'Preisfragen', Motive der Wissenschafts- und Gelehrtensatire mit all ihren kauzigen Figuren u.v.a.m. Das Motiv des reisenden Schattendichters knüpft an Sterne an, womit zuletzt auch die Doppelung von 'Empfindsamer Reise' und Digression als Verfahren kontextualisiert ist. Als Gesamttendenz aller zwölf Schattenreihen zeichnet sich die Verschiebung vom 'Satirisch-Burlesken' und 'Grotesken' über das 'Spätromantisch-Sentimentale' hin zum 'gläubig Altdeutsch-Romantischen' ab[90] – eine Literaturgeschichte der Romantik gleichsam im kleinen. Signifikant ist im Zusammenhang des Mischungspostulats gerade vor dem Hintergrund der für die Romantik relevanten zeitgenössischen Naturwissenschaften die Liste 'altdeutscher' Volksbücher, die als „Fluida" in einem Faß des Mediziners Dr. Siebbein neben den Schriften Jakob Böhmes, Hans Sachs', dem Nibelungenlied und der Sammlung des Knaben Wunderhorn u.a. eingelagert sind (und eben fast allesamt von Tieck literarisiert worden waren): Bei der „Ausklopfung des Fasses" zerfallen sie zu Staub, der, mit den Exkrementen von Spinnen und Mäusen vermischt, „zu einer weiteren chemischen Untersuchung in verschiedene Gläser verteilt" wird.[91] Die Epigonalität der *Reiseschatten* besteht folglich auch darin, daß es nur noch um die Rekombination des bereits Vermischten geht, ohne daraus aber noch explosives Pulver zur Sprengung der Verhältnisse gewinnen zu wollen.

Potenziert wird die Anhäufung und, wie man sieht, materiell gedachte Verwandlung solcher Reminiszenzen im 'chinesischen Schattenspiel' von König

---

90 Vgl. dazu Grimms (1996, 252f.) Attributliste aus der Kombination basaler Merkmale romantischer Poesie (satirisch/kritisch, burlesk/grotesk, romantisch/sentimental, gläubig/altdeutsch), die einen Katalog differentieller Zuordnungen erlaubt: Die zwölf Schattenreihen spannen sich folglich vom 'satirisch-burlesk/grotesken' Typus über 'satirisch-grotesk/sentimentalische' und 'romantisch-lyrische' bis zu je anders gemischten Typen mit Tendenz zum 'Altdeutsch-Romantischen' aus, denen wiederum bestimmte allegorische Figuren und Motive zwischen Philistern und romantischen Figuren, zwischen Käuzen, Naivlingen und Sentimentalen zugeordnet werden: 'Plattisten', gelehrte Professoren, Scholastiker, Naturwissenschaftler, Pfarrer, Perückenmacher, Pferdeliebhaber, Handwerksburschen, Zigeuner, eine blinde Harfnerin usw. usf. (vgl. 249ff.).

91 Kerner (1996, 172ff.).

Eginhard[92] mit sprechenden Tischen, Sesseln, Tieren und parabatischen Effekten
im Gefolge der Tieckschen Theaterkomödien: Der Kaiser findet sich nicht auf
der vor ihm liegenden Landkarte verzeichnet vor; die Nonne verwandelt sich in
einen Zwerg, der Zwerg zerteilt sich in drei Stücke, wird zum Becher, verwandelt
sich wieder zurück; die Nonne verwandelt sich in den Teufel, der zerteilt sich in
mehrere Teufel; der Zwerg verwandelt sich in König Eginhard, Kaiser Otto wird
zum Zwerg, der Professor zur Zigeunerin, der alte Kaiser zum Pudel und so weiter und so fort.[93] Kerner übertreibt romantische Lustspielverfahren zur – wenn
man so will – reinen, nun tatsächlich fast referenzlosen Form im bloßen Zitat und
im Verwandeln ohne erkennbaren Sinn über die für sich gesehen völlig transparenten Allegorien hinaus. Das Formprinzip des additiven Aneinander von
Kurzszenen und kleinen 'Vorstellungen' in ständigen Metamorphosen begründet
den Text als Wunder- und Schatzkammer von Motiven und Verfahren romantischer Literatur – unlesbar geworden nun wegen der gewissermaßen ort- bzw.
kontextlosen Leere von Oberflächenreizen eines kaleidoskopischen Zitatpuzzles,
das über die Verfahrensreminiszenzen hinaus kaum mehr ein bestimmtes Darstellungsinteresse bindet.[94]

In Briefen an Arnim vom Juli und November 1811 kritisieren Jacob und Wilhelm Grimm, aus der Perspektive der Gelehrten, die *Reiseschatten* wegen Miß-
brauchs der Volkspoesie und einer 'grundlosen' Verselbständigung des Experiments.[95] Der Vorbehalt ist bezeichnend, weil er auf das Problem des Texts im
Mangel an Poetizität und Ernst hinweist. Gleich einer *Laterna magica* ziehen die
Bilder vorbei, aber eben als bloßes Sammelsurium ohne eigenständige Valenz, die
auf die Produktivität der Sprache setzte. Wenn Uhland in seinem Brief an Kerner
vom 24. bis 27. September 1809 die „optischen Spiele für das innere Auge" belobigt[96], so trifft dies eine richtige Tendenz, insofern sich die Darstellung tatsächlich hin zum vorwiegend optischen Wunder einer Welt der traumartig wechseln-

---

[92] Es stellt als Schattenspiel im übrigen kaum ein *literarische* Novum in der deutschen Literatur dar
(vgl. Kluge 1968, 75), sondern repräsentiert eher nur eine Radikalisierung von Formenvariabilität;
zur Praxis des Schattenspiels sei nur an Brentanos 'Schattenspiel zum Geburtstag von Claudine
Piautaz am 19. März 1803' in Knitteln erinnert (Brentano-SW XII, 879-908), zur Semantik des
'Schattenspiels' synonym zu den flüchtig-bunten 'Phantasiespielen' vgl. Kluge (1968, 83f.),
Grimm (1996, 242f.).

[93] Vgl. auch den letzten längeren Nebentext mit seiner abstrakten Reihe von Tierköpfen, die aus der
Verwandlung von vierzig Menschenköpfen im Bett des Kaisers hervorgehen. Das karnevalistische
Formprinzip der Groteske bis zum finalen Zungenausstrecken und Schwanzwedeln des Pudels
„gegen das Parterre" wird aber nur behauptet und nicht in szenischer Darstellung plausibilisiert
(Kerner 1996, 39).

[94] Grimm (1996, 239) führt diesen Effekt auf einen „Trend zum Allgemeinen" durch „Entindivi-
dualisierung" der konkreten zeitpolitischen und literarischen Anspielungen zurück.

[95] Vgl. Steig III, 142, 168. Arnim hat also die *Reiseschatten* gekannt, wenn die Form des 'Schattenspiels' im *Schaubühnen*-Stück *Das Loch* fortwirkt, ohne daß diese aber von Kerners Vorlage tatsächlich beeindruckt gewesen ist (vgl. Kluge 1968, 75f.).

[96] Vgl. die ausführliche Wiedergabe des Briefs bei Grimm (1996, 244).

den Bilder verschiebt. Zwar reflektiert sich die Form über den paratextuellen Leitbegriff „Vorstellung" poetologisch auf die doppelte Semantik von optisch-szenischer Präsenz (auf dem Theater) und Imagination (im Kopf). Im Unterschied aber zu Arnims realistisch-surrealistischer Konkretheit *und* Geistigkeit in-eins bei grundlegendem Ernst der Darstellung handelt es sich bei Kerner um ein anderes Darstellungsprinzip, weil die offenen Verwandlungen auf der Bühne samt Reflexbildern (in den selbst sich verwandelnden Spiegeln) doch vorwiegend visuell, also weniger *sprachlich* gedacht bleiben: eben gleich den im Panopticum des Jahrmarktheaters ausgestellten Kuriositäten. Auch im Unterschied zu Tieck, der bei aller Albernheit an metaphysische Fragen und konkrete gesellschaftspolitische wie literarische Verhältnisse rührt, ja im Vergleich zu Kerner sich daran geradezu abarbeitet, ziehen die Reiseschatten wie unbeeindruckt von aller affektiven Bindung als flimmernde Reize vorüber – auf eine Weise jedenfalls, die die Oberflächen nicht mehr auf einen Sinn jenseits der sinnlichen Erscheinung hin durchdringen will. Technische Medien sind auf die Sinne, Poesie ist auf den Sinn bezogen. Ein Kampf des Kaisers mit dem Professor, der siegreich in den Kaiser übergeht und in dessen Hülle höhnisch lacht, ist eine blutleere allegorische Abstraktion ohne besonderen, keinesfalls aber imaginationsfördernden Witz. So verbleiben die übergeschnappten Metamorphosen auf der Ebene eines abstrakt behaupteten Formprinzips, ohne daß die endlose Bewegtheit von Allegorien bzw. Kollektivsingularen über die überdeutliche Transparenz hinaus noch durch irgendeine zuweisbare literarische Bedeutung stabilisiert würde: Alles verwandelt sich in etwas anderes „ganz ohne Sinn und Verstand, Arabesken und Produkte eines verfinsterten Mittelalters"[97], lautet eine typische Formulierung des Professors (fast schon als Tieck-Zitat) in einem erkennbar bemühten Werk, das das vexierende Irrlichtern der arabesken Spielgemälde nur noch postulieren statt tatsächlich als Form plausibilisieren kann. Aller Affinitäten mit den poetischen Techniken Tiecks und Friedrich Schlegels Postulaten im 'Wechsel der Töne' (Hölderlin)[98] zum Trotz bleibt die leere Aufsummierung von Einzeltext- und Systemreferenzen epigonal: eine bloße Überbietung ohne Sinn für die Produktivität einer transzendentalpoetisch reflektierten Sprachlichkeit, ein zerstreutes Formspiel, das als solches jedes rezeptive Interesse verliert, weil die parataktische Reihung von Namen, Motiven und Verfahren in Abstraktion umschlägt.

Eine radikale Aufhebung von Gattungsgrenzen zu hybriden Geweben universaler Bezüge und Traditionslinien vollziehen, so ist zu resümieren, nur vergleichsweise wenige Texte der mittleren Romantik von etwa 1804 bis etwa 1812/13, während in der späteren Romantik trotz aller bestehenden Variabilität der Formen eine Art *backlash* in Richtung Einhaltung generischer Konventionen – selbst bei Eichen-

---

[97] Kerner (1996, 34).
[98] Vgl. Grimm (1996, 249).

dorff[99] – zu verzeichnen ist. Szenisch-dialogische Monumentaldramen/-romane wie Fouqués *Parcival* (1831/32)[100] an der Schwelle zu den monströsen historischen Totalromanen des 'Nebeneinander' (Gutzkow) im 'frührealistischen' Vor- und Nachmärz schließt diese Tendenz einer gleichsam klassizistischen Bändigung natürlich auch später nicht aus. Radikal im Sinne einer manieristischen Totalindifferenzierung, hervorgehend aus dem kaleidoskopischen Wechsel aller verfügbaren poetischen Verfahren und Textsorten, sind indes nur vergleichsweise wenige Texte Arnims wie *Ariel's Offenbarungen* und die spätere *Päpstin Johanna*. Denn über das Selbstverständnis hinaus, romantische Bücher zu sein, ist ihr generischer Status tatsächlich kaum mehr zweifelsfrei zu bestimmen.

---

[99] Die kurze dialogische Einlage im späten Roman *Dichter und ihre Gesellen* (1834) bleibt einmalig. Als solche ist sie eher nur noch typographisch gekennzeichnete Reminiszenz an den romantischen Universalroman, die im Grunde genommen sogar nur eine Druckkonvention des Dialogromans in der Aufklärung reproduziert (vgl. Eichendorff-DKV II, 230). Nicht ganz ausgeschlossen ist es allerdings, daß Eichendorff eine szenische Parodie auf das Schicksalsdrama, aufgeführt von der Schauspieltruppe, in den Roman einfügen wollte: Die dramatische Satire *Meierbeth's Glück und Ende* (1827) wurde dann aber doch nur gesondert publiziert (vgl. Eichendorff-DKV II, Kommentar, 709, IV, Kommentar, 869).

[100] Fouqué (1997); vgl. die Gattungsdiskussion bei C. Stockinger (2000a, 244).

Stationen der Geschichte

Romantische Dramatik um 1800

Der literarhistorische Durchgang durch das dramatische Werk Tiecks beobachtete die Transformationsgeschichte einer epochalen Gattungsspezifikation von den Anfängen bis zu ihrem Endpunkt um 1815 entlang der kategorialen Leitunterscheidung Literarisierung (Sprachlichkeit) vs. Theatralität (Bühnenwirksamkeit) der szenischen Darstellung: in der Spannung zwischen unvermittelter Plausibilisierung szenischer Präsenz *und* nicht-präsentischer Darstellungs- und Selbstreflexionsformen szenischer Poesie. Die nachfolgenden Überblicksartikel zu den Dramen kanonischer Autoren der Romantik legen die romantische Dramaturgie Tiecks als Vergleichsfolie, gleichsam als basalen systemreferentiellen Hypotext, zugrunde. Sie setzen noch einmal um 1800 ein, um in einem zweiten Durchlauf die differentiellen Möglichkeiten einer epochalen Gattungsvariante, das je Eigene und Eigenwillige der Dramatik Brentanos, Arnims, Eichendorffs und anderer Autoren der Romantik in den Überblick zu nehmen.

1. Sympoesie: Tieck-Rezeption, frühromantische Poetologie und lyrisches 'Kunstfeuer' in Brentanos frühen Dramen

Vergleichsweise schnell nach der frühromantischen Selbstbegründung einer anderen Poesie bildet sich mit Arnims *Ariel's Offenbarungen* ein Grenzwert universalpoetischer Gattungsmischung aus, der den Umschlagpunkt zur historiographisch wie christlich-nationalpoetisch orientierten Dramatik der späteren Romantik markiert. Avanciert ist Arnims Text, weil er sich als Synthesis einer kunstmetaphysischen Dreifachkonzeption, als Verbindung von geschichtsmythologischem Drama, romantischem Universalroman und tieck-aristophanischer Literaturkomödie zu erkennen gibt. Arnims Universalpoem inszeniert damit die Überbietung von Brentanos Doppelprojekt *Godwi* und *Gustav Wasa*, der seinerseits die polemische Potenzierung der von Tieck etablierten parabatischen Verfahren samt einer szenischen Selbstbegründung romantischer Poesie im Gefolge der *Phantasien über die Kunst* unternahm: zur vielzitierten Formel in der zumeist aber nur auf die Theatersatiren bezogenen Bemerkung Dorothea Veits im Brief an Schleiermacher vom 16. Juni 1800 verdichtet, mit dem *Gustav Wasa* den „Tieck des Tiecks" geben zu wollen.

Nachholend sind deshalb die Dramenmodelle zu rekonstruieren, die Brentano aus der Verknüpfung des 'doppelten Ursprungs' der Romantik, der Verschränkung Tieckscher Verfahren mit der Literarisierung transzendentalpoetischer Leitideen Friedrich Schlegels um 1800 gewinnt: – die Potenzierung der parabatischen Komödie samt einer in ihrer Mitte sich freisetzenden Schöpfungsgeschichte romantischer Poesie im Erstling *Gustav Wasa* (1800), – die Neubegründung der illudierenden Spielkomödie in *Ponce de Leon* (entstanden 1801, publiziert 1804), – das poetisierte Singspiel schließlich in den *Lustigen Musikanten* (1803). Gibt Brentano das (bei aller formalen Virtuosität) epigonale Modell der ungezügelten Theater- und Literatursatire sogleich preis, überträgt er den mehr oder weniger unabhängig von Tieck entwickelten Typus der literarisierten Intrigenkomödie Jahre später auf den ernsten Bereich im Trauerspiel *Aloys und Imelde* (1811/12), bevor er nach der szenischen Poiesis eines Staats in der *Gründung Prags* (1813) die Schwelle zur dezidierten Religiosität überschreitet und die Produktion von Dramen überhaupt einstellt.[1]

Bedingt nicht zuletzt durch die persönlichen Begegnungen im Jenaer Kreis, markieren die frühen Werke Brentanos die literarhistorische Schaltstelle zwischen der frühen und späteren Romantik auch im dramatischen Genre.[2] Dabei fällt die Freundschaft mit Arnim seit 1801 und das gemeinsame Projekt der Sammlung von 'Volksliedern' im *Wunderhorn* ins Gewicht, deren Poetologie Arnim selbst wiederum im Bereich des Dramas fortsetzen wird. Zwei basale Strukturmerkmale unterscheiden trotz aller sonstigen Affinitäten die Stücke Brentanos von den durch Tieck begründeten Vorgaben:

– eine klanglich durchorganisierte Lyrisierung, die auch bei den Dramen das wie traumverloren sicher zwischen inszenierter Einfachheit und suggestivem Raffinement agierende lyrische Genie erkennen läßt; dies vor allem in den motivischen wie formalen Korrespondenzen der Liedeinlagen, die bei aller vorgeblichen

---

[1] Zu den wenigen, unveröffentlichen Dramenprojekten nach 1813 und ihrer Verschiebungstendenz zur Oper bzw. zum Festspiel vgl. den Überblick in Brentano-Kemp IV, 900-902; zum 'klingenden Spiel' *Viktoria und ihre Geschwister* (1813/1817) als Festspiel vgl. Pross (2001, 245-286); zu den patriotischen Stücken um 1813 auch Riley (1985, 127f.)

[2] So gesehen bereits von Böckmann (1934/35, 112ff.), der Brentano zum „Bindeglied zwischen der älteren und der jüngeren Generation" erklärt, seine Beobachtungen bei allen Belegen von Brentanos Kenntnis Tiecks, Schlegels und der Dramen Gozzis, Holbergs u.a. (112-169) aber vorwiegend auf den *Godwi* beschränkt. Die sehr viel stärker ausgeprägten Tieck-Bezüge auch jenseits der parabatischen Verfahren nach dem Vorbild des *Prinzen Zerbino* akzentuiert Schultz (1980, 302ff., 309ff.): Noch im Brief vom 11. Januar 1802 an Tieck betont Brentano, „treuster, liebendster Schüler, und Diener" zu sein (dazu im Kontext 326). Brentanos Vorbilder selbst hatten bekanntlich ein weniger günstiges Bild von ihrem Nacheiferer: Tiecks Verspottung im *Autor* ist einschlägig. Brentano jedoch scheint diese bei seinem Hinweis auf den *Herkules am Scheideweg* im *Godwi*, wo die Satire dem sterbenden Maria in Zuversicht auf die zitierte „Ewigkeit" vorgelesen wird, nicht recht wahrhaben zu wollen (vgl. Brentano-Kemp II, 454); zu Friedrich Schlegels Verachtung 'Angebrentanos' vgl. im Kontext Schultz (1980, 327/Anm. 39), siehe hierzu Schlegels Brief an Tieck vom 22. August 1800.

Schlichtheit Konsequenz parallelistischer Artistik sind. Im Vergleich zu Tiecks tendenziell 'chaotischem' lyrischen Sprechen fällt Brentanos Lyrik sehr viel geschlossener und sangbarer aus. Sie ist stärker metrisch geregelt, durch Reim, Wortspiel und andere Formäquivalenzen klanglich homogenisiert und in der Behandlung anthropologischer Motive zwischen zerrissener Melancholie und schöner Freude nicht zuletzt auch psychosemantisch distinkter motiviert;
– die mit Ausnahme des *Gustav Wasa* erkennbar handlungsdramatisch organisierte Form der szenischen Rede, so daß die Verwirrungs- und Konfundierungseffekte neben den überbordenden Sprachspielen eher aus den Masken- bzw. Rollenwechseln als Täuschungen der zwischenmenschlichen Aktualität resultieren, wobei die Kostümierungen auch in die Figurenreden, ins gleichsam verkleidete Sprechen im „Maskenball von Worten und Gedanken"[3] durch Anverwandlung intertextueller Rollen eingehen.

In der Dramatik Brentanos setzt sich folglich vor allem der Sprachartist und der Lyriker durch: zur ebenso wortspielerischen wie lyrisierenden Verselbständigung der Sprache im Kontrast- bzw. Spannungsverhältnis zur sonst üblichen Prosa der handlungstragenden Figurenreden. Die Liedeinlagen spiegeln dabei auch die gewissermaßen lyrisch gedachte Selbstorganisation und Konstellation der Szenen: ihre parallelistisch zusammengehaltene Überfülle an Worten im selbstläuferischen Umkreisen, Wiederholen und Abwandeln von Wortfeldern bei vergleichsweise schmaler Varianz der anthropologischen Motive.

Als eine Variante 'bürgerlicher' Handlungsdramatik, poetisiert nur durch die kammerspielartige Verinnerlichung melancholischer Dispositionen, erscheinen vor dem Hintergrund dieser Entwicklung dagegen noch die beiden frühen Prosa-Dramenfragmente im Rahmen des *Godwi*-Komplexes um 1800: das 'Lustspiel' *Godwi und Godwine* (eine biographisch motivierte szenische Darstellung romantischer Medizin im zeitgenössischen Zusammenhang des 'Brownianismus') und das 'italienische' Schauspiel *Cecile. Szenen aus einem italienischen Handelshaus* – zwei Prosastücke mit teils einzeilig schnellen Dialogsequenzen, die selten nur von vergleichsweise moderaten Wortspielen und Gesangspassagen aufgehalten werden: am stärksten noch in den ohnedies diffundierenden Szenen des fragmentarischen dritten Akts von *Cecile*, das als Familien- und Künstlerdrama vor allem die biographische Konfliktlage Brentanos als Künstler (in der Figur Franzeschos) gegen die lebenspraktischen Forderungen der Kaufmannsfamilie italienischer Abkunft thematisiert.[4]

---

[3]   So einschlägig Heine (1971, 447) in der *Romantischen Schule* zum *Ponce de Leon*.
[4]   Den biographischen Hintergrund des Stücks rekonstruiert Schultz (1999, 156-159; vgl. die dazugehörenden biographischen Daten 11-15). Das Diffundieren der bürgerlichen Familienszenerie verstärkt sich im fragmentarischen dritten Akt, hier v.a. in den lyrischen Passagen zwischen dem Künstler Franzescho und Cecile, Pflegetochter der verstorbenen Frau des kaufmännischen Hausherrn, die aus dem Kloster entführt werden soll (vgl. Brentano-SW XII, 337f.; zur Handlung Brentano-Kemp IV, Kommentar, 888). Vorher zeigt sich die poetisierende Verinnerlichung auch in einer büchneraffinen melancholischen Prosa, wo Franzescho das von Celile imaginierte Ge-

Bei Brentano auf jeden Fall wird in den nachfolgenden, vom *Godwi*-Komplex unabhängigen Dramen die Poetisierung der szenische Rede – sei es in Prosa, sei es
in Liedeinlagen oder in gebundener Figurenrede – im Vergleich zu allen anderen
romantischen Dramatikern am stärksten zur autonomen Eigenbewegung von
Sprachlichkeit verselbständigt; zum Teil sogar soweit, daß Poesie sich gleichsam
selbst als dramatische Figur ausagiert. Gerade im *Gustav Wasa* ist dies aller vorherrschenden Perturbationen der dramatischen Einheit im Gefolge der parabatischen Theatersatiren Tiecks zum Trotz der Fall: von allem in der 'Simphonie' als
einer Art poetischen Ouvertüre zur Aufführung von Kotzebues *Gustav Wasa* im
Stück, zu der sich eingangs der Satire die *Figuren* von Kotzebues *Hypberboreischem
Esel*[5] auf einer Wurst aufmachen. Schon mit diesem Requisit, das später noch
einmal mitten „durch das Gespräch" fährt[6], deutet sich der subvertierende Gestus in der karnevalistischen Umschrift konventioneller Trivialdramatik gewissermaßen auf dem Reisegefährt des Hanswurst an.[7]

Die Deregulierung in eine reine Szenenfolge[8] läßt den tatsächlich vorhandenen Handlungskern nur noch schwer erkennen: Erst nach einer komisch sich
selbst dementierenden Vorrede, einer parodierend überlangen Liste der *dramatis
personae* (mit über 100 Figuren aus den beiden Kotzebue-Stücken und zahllos zitierten Kontexten aus Weltliteratur und Theatersphäre) und zuletzt einem ironischen Druckfehlerverzeichnis setzt die Satire mit dem unverändert zitierten

---

mälde aus seiner eigenen Phantasie heraus auszuführen verspricht – Zeichen der medialen Verschmelzung zweier Seelen in der Imagination der Kunst bei aller melancholieverdüsterten Unmöglichkeit: „Ich werde es zustande bringen und du sollst sehen wie ich dein Bild in der Seele
trage, ohne das du mir sizzt sollst du in dem Traumgemälde dir gleichen, – Um unsere Füße werde ich dichte Wolken mahlen alles muß schwarz und Finster sein – " (Brentano-SW XII, 276).
Die weiteren Dramenprojekte Brentanos um 1800 – u.a. ein Marionettenspiel (1801); ein
„Trauerspiel mit fünfundzwanzig Helden, die vom Schicksal getötet werden"; eine kleine Oper
und ein rührendes Drama *Die Schauspielerin und der Liebende* (1803), schließlich ein 'Almanach-Spiel'
(1803) – sind aufgelistet und knapp erläutert in Brentano-Kemp IV, Kommentar, 889-894.

5   Mit dieser 'drastisch' antiromantischen Satire, die polemisch dekontexualisierte Zitate aus dem
    Athenäum in ein moralfestes Familiengemälde einbaut, den parodistischen Effekt also durch direk-
    tes Zitieren der transzendentalpoetischen Spekulationen F. Schlegels als sichtlich konfuses Gerede
    freisetzt, beginnt die engere 'Ästhetische Prügeley', auf die, wie erwähnt, u.a. A.W. Schlegels *Eh-
    renpforte* reagiert; zum intertextuellen Horizont dieser Texte für Brentanos *Kotzebue*-Satire vgl. Japp
    (1999, 47f.).

6   Brentano-SW XII, 49.

7   Vgl. Brummack (2000, 46f./Anm. 5).

8   Nur der stückintern aufgeführte *Gustav Wasa* Kotzebues wird paratextuell 'ordentlich', also nach
    Aufzügen und Auftritten gegliedert präsentiert, während die Szenen, die die ganze Satire konstitu-
    ieren, sich als parataktische Abfolge gleichsam emblematischer Schauplätze ('Bibliothek',
    'Gasthaus', 'Schauspielhaus', 'Loge' usw.) organisieren. Die durch Großdruck typographisch her-
    vorgehobenen Nebentexte 'Zweiter Aufzug', 'Dritter Aufzug' (Brentano-SW XII, 128, 159) fügen
    sich dem ein, haben also *keine* Gliederungsfunktion für den Gesamttext (wie noch die Kopfzeilen
    der Ausgabe Kemps insinuieren, derzufolge der *Wasa* ein dreiaktiges Drama darstellt). Sie reprä-
    sentieren vielmehr allein den Stand des Kotzebueschen *Wasa* als aufgeführtes Stück im Stück.

Nachdruck von „Pagina 58 des *Hyperboreischen Esels*" ein.[9] Ohne weitere Markierung einer Zitatgrenze geht der Text auf der folgenden Seite in die von Brentano gedichtete Figurenrede des 'Fürsten' über, derzufolge man sich jetzt aus Anlaß der nunmehr herbeigeführten Vermählung Hans und Malchens zum Besuch der 'Komödie' *Gustav Wasa*[10] in die Residenz aufmachen wolle.[11] Nahtlos gehen also *zitierte* Figuren (im Nachdruck des Hypotexts) in *agierende* Figuren in Brentanos Stück über, so daß sich auf den ersten beiden Seiten bereits das zentrale Verfahrensprinzip des *Gustav Wasa* anzeigt: Das Zitat wird dramatische Figur.

Folgerichtig schließen sich auf dem Weg dieser intertextuellen Figuren zum Theater, bevor die eigentliche Aufführung des *Gustav Wasa* als Stück im Stück beginnt, eine Reihe ebenso intertextueller Schauplätze – das allegorische Panorama zeitgenössischer Literaturverhältnisse – an, durch das die Reisenden überhaupt erst ins Schauspielhaus gelangen: eingeleitet von der 'Bibliothek' als Versammlungsort der Weltliteratur *zwischen* den 'Familienstücken' Kotzebues, Ifflands und den verpönten Texten anderer Zeitgenossen (von Schillers *Glocke* zu Woldemar als „Wolltemehr"[12] u.a.); in einer Szene also, die über den Topos der Bücherschlacht modische Werke als streitsüchtige Zeitgenossen agieren läßt, während Shakespeare und die Griechen „keine Miene" verziehen.[13] Als weitere Schauplätze (im geradezu buchstäblichen Sinn 'geschauter' Topoi der Literatur) folgen: der

---

[9] Brentano-SW XII, 1.

[10] Brentano-SW XII, 4. Kotzebues pathetisches 'Gemälde' *Gustav Wasa*, eine 'historisch-dramatische' 'Bilderreihe' ('Vorbericht') vom Befreiungskampf des Schwedenkönigs Gustav Wasa auf der Flucht gegen die Dänen, greift poetologisch auf das Postulat der poetischen Wahrheit historischer Schauspiele in der Nachfolge von Schillers Blankversdramatik im *Wallenstein* zurück, auf die Brentano wiederholt anspielt (vgl. Brentano-SW XII, 11). Zur 'Komödie' heruntergeschraubt wird das Stück in der Aufführung durch travestierende Transformation der Blankverse in ostentativ klappernde Knittel bei weitgehender Wahrung der *Wasa*-Handlung; dies aber nur bis knapp an den Anfang des drittes Akts (von dem letztlich nur noch ein kurzer Nebentext übrig bleibt, vgl. 159), so daß die nationale Befreiungstat bei Brentano nicht mehr stattfinden kann, weil die gelangweilten Zuschauer – „es ist schon zwölf in der Nacht" (172) – vorzeitig das Theater verlassen. Pointiert wird die komische Wirkung auch durch den forcierenden Effekt von Auslassungen im breit 'ausmalenden' Hypotext Kotzebues bei aller sonst gewahrten, ständisch gemischten Figurenvielfalt, was für die Satire *Gustav Wasa* selbst insgesamt aber gar nicht weiter von Belang ist, weil die Aufführung der Komödie vor dem 'Präsidenten' Kotzebue in der 'Loge' zunehmend von Szenen mit ständig sich vermehrenden Personen im 'Parterre' unterbrochen wird. Seinem Namen macht Kotzebue im übrigen im Zusammenhang der Travestie nicht nur als 'vomitorian', als „größte[r] Schauspieldichter in England" (175), alle Ehre, sondern auch in dem Sinn, daß ihm von der auf die Bühne gleichsam erbrochenen Aufführung seines *Gustav Wasa* tatsächlich schlecht zu werden scheint: „Ufl" (107).

[11] Markiert ist die Grenze zwischen wörtlichem Zitat (im textidentischen Nachruck der 'Letzten Szene' des *Hyperboreischen Esels*) und Brentanos eigenem Text in direkter Fortsetzung der Figurenrede des 'Fürsten' allein durch die Anführungszeichen auf der ersten Seite, die auch im Erstdruck nur etwa knapp zur Hälfte mit dem Nachdruck von 'Pagina 58' gefüllt ist (entsprechend die Präsentation in der historisch-kritischen Ausgabe, Brentano-GW XII, 3).

[12] So allerdings nur in Brentano-Kemp IV, 33.

[13] Brentano-SW XII, 7.

'öffentliche Garten', der vor dem Hintergrund zeitgenössischer Gartendiskurse (Pückler-Muskau) und Erziehungslehren (Knigge) den Abonnenten und Lakaien als Agenten der borniertn, aber zahlenden bürgerlichen Öffentlichkeit in Unkenntnis von Tiecks 'Garten der Poesie' und als Bespötter der „Wissenschaftsleere"[14] präsentiert; die 'Mooshütte' leitet kraft ihrer Anspielungen auf romantische Verfahren (Echo-Poesie, Synästhesien) dann langsam in die romantische Poesie hinein, die über das 'Gasthaus' (der *Verkehrten Welt*) zum äußeren und schließlich zum 'inneren Schauspielhaus' (gleich dem *Gestiefelten Kater*) führt, wo mit den sprechenden Theaterrequisiten und 'Theatergeistern' als dramatischen Figuren sich immer stärker Brentanos Klangpoesie ausbreitet.

Dergestalt führt das Stück über vielfältige Bezüge auf Tiecks Literaturkomödien (besonders *Prinz Zerbino*) und die *Phantasien über die Kunst*[15] ins Innere romantischer Poesie, um mit der 'Simphonie' als Ouvertüre der *Wasa*-Aufführung, im Zentrum der ganzen Satire selbst, deren „Schöpfungsgeschichte"[16] zu reinszenieren. Zitate, Verfahren und frühromantische Poetologeme („Arabesken und andre Verzierungen"[17]) agieren hier als dramatische Figuren das parallelistische Erklingen der Welt aus. Die 'Simphonie' (nach dem Vorbild versprachlichter Musik in der *Verkehrten Welt*) setzt den poetologischen Kern romantischer Poesie ins Verhältnis zum Theater, insofern das aus vielgestaltigem Tönen zusammenklingende höheren 'Ganze' sich in den *Gestalten* auf *dieser* Bühne artikuliert:

Alles in einem verschlungen,
Jeder im eigenen Klang,
Mächtig durchs Ganze geschwungen,
Eilet der Geister Gesang
Gestaltet die Bühne entlang.[18]

Im Zentrum der Satire auf Kotzebue steht die Geburt der romantischen Poesie aus dem musikalischen Geist des Theaters: aus den sprechenden Instrumenten seines Symphonieorchesters, das die erklingende Vielfalt in den Tönen der Theaterwelt als Einheit 'befreiter' Entfaltung freisetzt. „Will und That wird einerlei",

---

[14] Brentano-SW XII, 36.
[15] Einen Schwerpunkt bildet der *Zerbino*, insofern neben der Kontrafaktur auf den 'Garten der Poesie' im 'öffentlichen Garten' v.a. die sprechenden Stühle und Tische in den agierenden Musikinstrumenten wiederkehren, die sich bei Brentano nun als Allegorien auf romantische Autoren transparent machen: das Waldhorn repräsentiert den 'Eremiten' Tieck, die Oboe den 'Phantasten' Wackenroder (vgl. Schultz 1980, 315ff.).
[16] Zu dieser „Schöpfungsgeschichte der romantischen Poesie" mit Nachweisen von Parallelstellen aus den poetologischen Passagen der *Phantasien über die Kunst* vgl. Schultz (1980, 309ff.).
[17] Brentano-SW XII, 63.
[18] Brentano-SW XII, 69. Auf Friedrich Schlegel zurückbezogen wird die romantische Idee des 'Einen Ganzen' vom Naturwissenschaftler Green in der Bibliotheksszene: „Es bricht das Ganze in Fragmente, / Und diese werden Elemente, / Aus denen, rein und unversehrt, / Ein schöneres Ganze wiederkehrt" (33); vgl. dazu auch die vorangestellte Druckfehlerliste mit Korrektur ins gesperrte „F r a g m e n t e", die ironisch das polemische Zitat-Verfahren Kotzebues reinszeniert (VI).

besingt der Flügel als „Quell" diese Poetik, „in dem sich das Ganze reflektirt", „Und das Ganze glaubt sich frei."[19]

Von literarisierter Musik gleichsam eingerahmt, lagert sich um diesen poetischen Kern in konzentrischen Kreisen die Kotzebue-Satire samt ihrer kontrastierenden intertextuellen Horizonte (der Weltliteratur) an: „Ein wirbelndes Spiel / Erring ich, / Erzwing ich, / Kein Ziel!", beschwört der 'Phantast' als Oboe dieses Zentrum kurz vor seinem Tod.[20] Poesie hebt das Satirische in selbstreferentielle Klangpoesie auf, um von dieser Ebene der Selbstdarstellung und Selbstvernichtung romantischer Poetologie dann wieder zur Satirisierung trivialer Literatur zurückzukehren. Unter den zeitgenössischen Verhältnissen der Literatur muß der poetische Idealzustand sterben. Die Resignation zeigt das vordringende Todesmotiv, umstellt von 'Kälte', „Kampf" und „Krampf" und „Wuth"[21]: „Nimmer, nimmer / Soll ich ruhen. / Ach vergebens, / Und kein Schimmer / Von dem Glücke / Dieses Lebens / Kann mich finden, / Kann mich binden".[22] Im Zentrum des anderen poetischen Zustands äußert sich zugleich eine am täuschenden Schein der Welt irre gewordene Todespoesie, die sich solipsistisch nur noch in die aufblitzenden und sogleich wieder verglühenden Sprachklänge einspinnen kann:

Wehe! wehe
Ich sehe
Das Bild
Im Wolkengewühle
Eingehüllt.
Ich fühle
Im tobenden Herzen,
Mit glühenden Schmerzen,
Des Bildes Kühle,
Sein mildes Scherzen.
Das ist der Tod!
Alles, von innen und außen zugleich,
Kehrt die Natur ins alte Reich.
Herz, zerreiß'!
Des Todes Gleiß
Zieht die Furch'
Zu neuer Saat
Durch mich hindurch,
Und meine That
Ist alle,
Verhalle!
Der Bund zerreißt,
Der Geist wird Geist.[23]

---

19 Brentano-SW XII, 70f.
20 Brentano-SW XII, 77f.
21 Brentano-SW XII, 81.
22 Brentano-SW XII, 76.
23 Brentano-SW XII, 82f.

Sogleich erschlägt der Blitz den Phantasten. Übrig bleibt nur der in Schrift verwandelte Geist der Fiktionen. Im Regenschleier des Unwetters verschwimmt dem aufscheinenden „Ich" das „ganze Schauspiel" vor den Augen, bis sich die „spiegelnden Wellen" (der aus den Tränen entstehenden Quelle) im Bild des 'Eremiten', der den 'Phantasten' begräbt, „wieder" zum Ganzen „gesellen".[24] Erst nach diesem Ende vom Traum der Poesie im Kreislauf der Natur – hinübergeleitet durch vier „himmelwärts" aufblickende Stanzen des „Ich" (als implizite *Genoveva*-Zitate)[25] – rollt inmitten der ganzen Satire der Vorhang zur Aufführung der 'Komödie' Kotzebues auf: mit ihrer turbulent gesteigerten Vielzahl all derjenigen parabatischen Mechanismen, die Tiecks Theatersatire entwickelt hat (ohne daß Brentano allerdings die Zuschauer auf der Bühne mitspielen läßt), motivisch gespiegelt in zahllosen Figurenzitaten aus dem *Gestiefelten Kater* – von der Katze, dem Souffleur über den 'Autor' im Theater bis zur Figur des Excerpino samt seiner bekannt „sonderbare[n] Antipathie vor Katern"[26] als Böttiger-Zitat usw. usf..[27]

Aller satirischen Impulse gegen die zeitgenössisch erfolgreiche Trivialliteratur ungeachtet ist diese Provokationsdramatik (Thalmann) in erster Linie eine Komödie der Literatur: ihrer *Sprachen* und *Töne*. Angesiedelt zwischen Satire auf die Popularität des Trivialen und Propagierung wahrer Poesie, auf prosaische Zweckbindung und Vollzug lyrisierender Verselbständigung, spielt das Stück mit der Sprache auf der Klaviatur all ihrer Segmentierungsebenen bis hinunter zum rein typographisch inszenierten Zitat.[28] *Gustav Wasa* ist eine Komödie der Wörter, Zitate und Werke; eine Komödie der

---

[24] Brentano-SW XII, 84. Zum biographischen Hintergrund der beiden Allegorien, die auf den Tod Wackenroders und Tiecks Fortführung des Projekts anspielen, vgl. Schultz (1980, 320, 322-325).

[25] Brentano-SW XII, 88.

[26] Brentano-SW XII, 133.

[27] „In dieser Hälfte ist der parabatische Mechanismus gewissermaßen zu sich selbst gekommen" (Japp 1999, 50). Die Dispersion des Verfahrens zeigt sich an der anschwellenden Verselbständigung der 'Parterre'-Einlagen, die u.v.a. den „Autor des Wasa's", also Kotzebue, ins Spiel bringen (Brentano-SW XII, 152), konterkariert vom „'Verfasser' dieser Posse" (159), der in seiner Stube die eingangs aufgelisteten Druckfehler mit Anspielung auf Kotzebues Satire-Verfahren tilgt (163f.), im epischen Bericht über der Niederschrift seiner Einfälle aber einschläft wie die Theaterbesucher „über den Wasa" (169). Der erzählte Traum dieses „Ich" als Kommentar zur Poetologie szenischer Digressionen (vgl. 165) bricht jedoch schnell ab, weil der 'Verfasser' sogleich aus seinen Träumen ins Realitätsprinzip des Gegenwartstheaters zurückgerufen wird (166). Die Satire auf Kotzebue selbst ist damit freilich nicht gescheitert: Am Ende zwingt der „Bratendampf" verbrennender Kotzebue-Figuren alle Beteiligten zum Verlassen des Schauspielhauses (178). Das „Leichenbegängniß" zieht die „Personen aus Pagina 58 des Hyperboreischen Esels" aus dem Theater, weil die Schauspielerin der Figur Blankas, aufgebläht wohl von den zahlreichen Rollen des Vielschreibers Kotzebue, zerplatzt war. Damit zerfällt das Kotzebuesche Theater zu „Staub" (179): in den Staub einer längst vergessenen Trivialdramatik, die Brentano bereits auf der zeitgenössischen Bühne verenden läßt.

[28] Wie gesehen, geht Brentano sogar soweit, den Sperrdruck, den Kotzebue im *Hyperboreischen Esel* als Signalement für die *Athenäums*-Zitate einsetzt, zu satirisieren; vgl. dazu die Druckfehlerliste zum Wort „Fragmente" (Brentano-SW XII, VI).

– Sprachspiele in sämtlichen Varianten zwischen *puns*, komisch verzerrt sprechenden Namen, Orten und Philosophemen („Jena" – „Gähna", „Jenisch" usw.)[29];
– der Bücher und poetischen Konzepte als Figuren in zahllosen Einzeltext- und Systemreferenzen, die das Spektrum zwischen poetisierendem Parallelismus und satirisierender Travestie/Parodie als basale Modi poetischer Verfahrensweisen des witzigen Geists durchspielen.

Es macht sich damit der Lyriker und Sprachvirtuose Brentano geltend, der sich zwischen Parodie (auf Schillers *Glocke*, die zeitgenössische Hexameter-Mode u.v.m.) und Travestie (auf Kotzebues *Gustav Wasa*) auf eine Weise verlustieren kann, wie er sich zugleich der praktischen Umsetzung frühromantischer Programmschriften (Wackenroder/Tieck) verschreibt. Sämtliche Figuren sind weniger leibhaftige Personen als (rhetorische) Figuren der Literatur. In einer Dramatik reiner Intertextualität lassen sie sich auf ermittelbare Referenz-Texte und deren Darstellungsformen rückbeziehen, wie auch immer sich Brentanos Stück zwischen Gestimmtheit und Satire sonst im literarischen Tönen individualisiert: Wie jedem Musikinstrument ein Klang entspricht, kommt den Figuren ein eigener Ton zu, der bestimmte literarische Konzepte allegorisiert (im Fall der 'Humanität' etwa beziehbar auf Herder, beim 'Supplementen'-Verfasser auf den Biertrinker Jean Paul usw.). Einmal mehr wäre das angemessene Analyseverfahren einer solchen Literatur-Literatur der Einzelstellenkommentar, der an jeder Schaltstelle die komplexen Verzweigungen in der Doppelung von motivischen und intertextuellen Bezugnahmen auf autorpoetische Konzepte, Werkkomplexe und Epochenspezifika im öffentlichen Raum des zeitgenössischen Literaturbetriebs auseinanderfaltet.[30] Jenseits der unternommenen generellen Plausibilisierung der spezifischen Eigenlogik, die einer derartigen Dramaturgie der Intertextualität eignet, kann dies an dieser Stelle naturgemäß nicht geleistet werden.

Durch den komplexen Kosmos der Zitate und Sytemreferenzen hindurch betreibt Brentanos Satire eine poetologische Positionsbestimmung seitens der romantischen Fraktion: für Tieck gegen Schiller und Kotzebue (als Schiller-Epigone). Selbst wenn sich das Schlußwort explizit auf die Jenaer Romantik Friedrich Schlegels hin kontextualisiert[31], zielt das Stück eher auf eine szenische Bekräftigung Tiecks.[32] Sehr viel entschiedener als Tieck aber ersetzt Brentano

---

29 Zu den Wortspielen vgl. Thalmann (1974, 75f.).
30 Eine Ahnung von der außerordentlichen Extension solcher Zitatkomplexionen vermitteln die Parallelstellenvergleiche bei Schultz (1980), die sich indes vorwiegend auf *Prinz Zerbino* und die *Phantasien über die Kunst* – also auf einen zwar zentralen, vom Gesamtumfang her gesehen aber wiederum durchaus partikularen Bereich – beschränken.
31 „Die euch nun bekannte Farce ist durch und durch Jenisch" – „Gott sei Dank topographisch gemeint" (Brentano-SW XII, 180).
32 Darauf, daß F. Schlegel im Unterschied zur üblichen Forschungsmeinung keine besondere Rolle spielt, hebt insbesondere Schultz (1980, 324) ab; zum Spott auf die Philosophie vgl. die Szene 'Zwei Jünger der Transzendentalität', die im Grunde genommen Kotzebues polemisches Zitieren zur Demonstration von unsinnigem Gerede reproduziert (Brentano-SW XII, 125).

„Sprechkonventionen durch Klangmechanismen" zu einer „Klang-Bouffonerie",
die den Hörspielcharakter dieser Dramaturgie anzeigt[33], Theatralität damit auf
andere Weise ruiniert als Tiecks ätherische Indifferenzierung durch semantische
Unbestimmtheit.

Bei aller Entgrenzung theatralischer Konventionen bleibt *Gustav Wasa* aber im
Unterschied etwa zu *Ariel's Offenbarungen* eine Komödie, wie auch immer sich das
Stück in der szenischen Intertextualität von Zitaten- und Bücherschlachten samt
szenischer Autopoiesis einer poetischen Welt verliert. Es fehlt die geschichtsmythologische wie eine 'altdeutsche' Begründungsebene, insofern beispielsweise die
Genoveva jenseits der erwähnten Stanzen ausgespart bleibt. Als Gegeninstanzen des
Trivialen fungieren die Kunstreligion Wackenroder/Tiecks, ein literarisiertes Musiktheater als alternativer 'Garten der Poesie' und die anarchische Steigerung des
parabatischen Mutwillens. Allen sonst vergleichbaren Impulsen zum Trotz ist
Arnims Universalität unbestimmter, während Brentano die komplexe Intertextualität polemisch zur Parteinahme exekutiert. Um 1800 aber ist dieses Projekt bereits anachronistisch bzw. epigonal, wenngleich sich im 'Zentrum' des satirischen
Wirbels der auch für Arnim bezeichnende Irrsinn und die Verzweiflung einlagert,
die Brentanos Weg hin zur schönen Freude in der nachfolgenden Spielkomödie
Ponce de Leon begleiten sollten.

Die typologische Doppelung in Brentanos Dramatik um 1800 geht auf die Überbietung zweier getrennter Traditionslinien zurück: der Grundlegung romantischer
Dramatik Tiecks (in der Doppelung von parabatischer Theatersatire und poetischer Ideenmusik) im Erstling *Gustav Wasa* einerseits; der von Tieck nur in den
frühesten Gozzi-Adaption Anfang der 90er Jahre praktizierten Intrigenkomödie
andererseits, mit der Brentano auf die von Schiller verfaßte 'Dramatische Preisaufgabe' in den Propyläen vom November 1800 und ihrer Aufforderung zu einem 'Intrigenstück' als „reine[n] Komödie" bzw. „lustige[n] Lustspiel" reagiert.[34]
Laboriert Brentanos dramatischer Erstling – kraft Verfahrensähnlichkeit in der
'Verwilderung' eine Art szenisches Komplementärunternehmen zum *Godwi*[35] –

---

[33] Thalmann (1974, 76f.; zum Hörspielcharakter vgl. 72).

[34] NA XXII, 326. Zur Nähe von Schillers Komödienideal und schöner Freude in der Romantik vgl.
die 'Voraussetzungen' vorliegender Arbeit. Die Entstehungshintergründe der 'Dramatischen
Preisaufgabe' werden immer wieder erinnert (vgl. zuletzt Schultz 1999, 160-163). Die spezifische
Nähe des *Ponce* zur Komödientheorie der Weimarer Klassik, die wegen der Theaterferne eine
Preisverleihung dennoch verunmöglichte, konstatiert Japp (1999, 56f.) mit Verweis auf Goethes
Absagebrief vom 16. Oktober 1802.

[35] Der Roman benennt sogar die biographischen und produktionsästhetischen Hintergründe der
Satire und das die Polemik begründende Verhältnis zur Poesie: „Entzündet von der Nähe jener
großen Männer, erheitert durch den Umgang dieser und der andern Freunde, ward er gesunder,
heitrer wie je vorher. In wenigen fröhlichen Stunden schrieb er [Maria] das mutwillige Spiel: *Gustav Wasa*. Wer es beurteilen wollte, müßte den Witz und die Laune kennen, mit der es geschrieben wurde, und die Erbitterung, mit der er den verderbten nichtswürdigen Geschmack um so
mehr haßte, je mehr ihn der Geist der Poesie durchdrang" (Brentano-Kemp II, 451).

noch erkennbar am Selbstanschluß an die Jenaer Romantik und an der damit verbundenen polemischen Selbstpositionierung, begründet er mit dem *Ponce de Leon*
bei neu akzentuierter Nähe zum Roman[36] den dritten Prototypen romantischer
Dramatik: die illudierende Spielkomödie, generiert aus der literarisierenden Verschränkung europäischer Dramenmodelle – den 'italienischen' Verwechslungs-
und Verwirrkomödien Shakespeares (besonders *As you like it*)[37], systemreferentiell
vervielfältigt durch Kontamination der spanischen *comedias* Lope de Vegas und
Calderóns (in zahlreichen parodistischen Anspielungen auf die spanische Mantel-
und Degenkomödie)[38] mit den Stehgreif- und Maskenmotiven der *commedia
dell'arte* und der *Fiabe* Gozzis.[39] Der programmatischen 'Vorerinnerung' zufolge
dient die komplexe Verschränkung der Dramenmodelle dazu, das Ganze zu einer
ebenso 'fröhlichen' wie 'unabhängigen' dramatischen Rede[40] zu verselbständigen,
die das „Lustige in dem Muthwill schöner Menschen"[41] freisetzt. Düstere, wenn
nicht melancholisch verzweifelte Züge bis an den Rand des Nihilismus im Zuschnitt eines Büchner *avant la lettre* bleiben aber auch im *Ponce de Leon* nicht ausgespart.[42]

Auch die Prosa der fünfaktig geschlossenen Intrigenkomödie ohne parabatische Illusionsstörungen, die auf eine dem *Wasa* durchaus vergleichbare Kontami-

---

[36] Dazu in vergleichender Perspektive Reifenberg (1990).

[37] Zu den 'italienischen' Verwechslungs- und Intrigenkomödien Shakespeares als Vorbild der romantischen Spielkomödie bis zu Eichendorffs *Die Freier* vgl. Kluge (1963, 19-24).

[38] Zu Lope de Vegas Helden-Schauspielen (*comedias heróicas*) und Mantel- und Degenstücken
(*comedias de capa y espada*) vgl. Eichendorff-DKV VI, 665 (siehe dazu Brentanos Anspielungen in
I/3 und II/6 des *Ponce de Leon*); zu Calderóns Intrigenstücken um Liebe und Ehre vgl. Eichendorff-DKV VI, 668 (das wortspielerische Umkreisen von 'Liebe' und 'Ehre' etwa in II/3 des *Ponce*). In der späteren romantischen Dramatik setzt sich die Intrigenkomödie – Calderóns *Die Schärpe
und die Blume* als Sing- und Verwirrspiel mit Verkleidungen, Verwechslungen und Eifersucht, als
„Allegorie der zeitlichen Verwirrung, des irdischen Spielwerks" (Brüggemann 1964, 224) – im
dramatischen Frühwerk Fouqués fort (vgl. C. Stockinger 2000a, 53-56).

[39] Akzentuiert wird diese Traditionslinie von Kluge (1990, 358f.): Über Gozzi komme die Kombination von Melancholie und Lustspiel (359) und zuletzt „die Heilbarkeit der Melancholie" ins
Spiel (375). Das Besondere des *Ponce* bestehe demzufolge in der Verbindung von Gozzi und
Shakespeare (359), die freilich bereits Tiecks frühe Dramen Anfang der 90er Jahre, wenn auch auf
völlig andere Weise, praktiziert haben.

[40] Vgl. Brentano-SW XII, 353.

[41] Brentano-SW XII, 356.

[42] In der vergleichsweise umfangreichen Forschung zu diesem Stück ergibt sich aus diesem Befund
eine Bifurkation der Positionen: Akzentuiert Catholys (1982, 241-268) Interpretation der Intrigen-
und Charakterkomödie den heiteren Frohsinn bis zur 'schönen Freude', betonen Kluge (1990)
und Simon (2000, 267/Anm. 23) die düster-zerrissenen Züge *sämtlicher* Figuren (jenseits der besonders markierten Disposition des Ponce), und zwar in Spannung zur ebenso ausgeprägten
„Lust aus der Verzweiflung" (Kluge 1990, 357). Diese Doppelung zeigt sich besonders in Porporino, dem aus dem Krieg zurückgekehrten und von Valeria nicht geliebten Buffo: Er ist „die ver-
zweifeltste und zugleich die lustigste Person des Stücks" (369). Kluge sieht eine paradoxe
„Verbindung von Melancholie und Heiterkeit", aus der „ein reines Lustspiel" entsteht, „dessen
Zugehörigkeit zu dieser Gattung nicht eo ipso selbstverständlich ist" (357f.).

nation von Dramenmodellen baut, bleibt von exzellierenden Wortspielen über-wuchert.[43] Getragen wird das illudierende Spiel um künstlich drapierten Schein und wahre Liebe aber von einem anders gelagerten Darstellungsprinzip, insofern sich die „schöne[] Ordnung" der Welt, die ihr Feuer „in die Planeten entzün-det[]"[44], in einer *Handlungs*dramatik ins Werk setzt[45]: in Bewegung gebracht durch die unverzüglich eingefädelte Hauptintrige Sarmientos zum Zwecke der finalen Verheiratung seiner beiden Töchter und Söhne[46] neben zahlreichen Partialintri-gen[47], ohne das allseitige 'Glücklichsein' in der wunderbaren Vierfachhochzeit aber durch *dieses* Intrigenspiel tatsächlich herbeizuführen (es vielmehr durch An-erkennung seitens der väterlichen Familienordnung nur zu bestätigen). Alle täu-schenden Kostümierungen und Verwicklungen sind vor allem das Mittel, den vom Melancholiker Ponce am entschiedensten abgewehrten Liebesdiskurs freizu-setzen und so den Protagonisten vom kalten Selbstbeobachter in einen Liebenden zu verwandeln.

Mit der Aktualisierung dieser Liebe, zunächst vorzüglich im permanenten Be-sprechen, entsteht die schöne Harmonie letztlich erst kraft der Verschränkung zweier unterschiedlicher Konzepte: der Aufklärung des Intrigenspiels in Verbin-dung mit einer kaum noch als komödienkonform zu beurteilenden Wirkung ro-mantischer Poesie. Verweist der Fadenzieher Sarmiento als positiviertes Schick-sals-Zitat (in impliziter Verkehrung von *Lovells* Ende) auf die epische Konstitution der höheren Ganzheit, gestiftet letztlich durch den über *seine* „Comödie" verfü-genden Autor[48], wird die wundersame Verwandlung der innerdramatischen Welt

---

[43] Im *Ponce* sollte die „Sprache durchaus frey und mit sich selbst in jeder Hinsicht spielend gehalten" sein ('Vorerinnerung'; Brentano-SW XII, 353). Das Problem der theatralischen Realisierbarkeit einer permanent sich selbst beobachtenden Sprache ist in der Forschung vielfältig diskutiert; we-niger gesehen wird das Geschwindigkeitsproblem, demzufolge nur der Leser den schnellen Witz exklusiver Sprachspiele aus multisemantischen Diskrepanzen zwischen der Signifikat- und Signifi-kantenseite (u.a. zwischen Polysemie, Homonymie, Antonymie und Synonymie oder anderweiti-gen formalen Ähnlichkeiten) mitvollziehen kann. Zur sprachlichen Phantasie Brentanos und zum Problem der theatralischen Nicht-Darstellbarkeit von Wortspielen vgl. Catholy (1982, 253-255).; zur Vervielfältigung von Sinn durch Wortspiele in *As you like it* vgl. Greiner (1992, 62f.).

[44] Brentano-SW XII, 497.

[45] Den konstitutiven Wert von Handlung im *Ponce de Leon* hebt Simon (2000, 267) gegen die For-schung mit Rekurs auf Reifenberg (1990, 19ff., 77) hervor – bei einem allerdings allzu dramenun-spezifisch konstruierten 'Parekbase'-Begriff, der faktisch einer Generalformel für Selbstreflexion gleichkommt.

[46] „Heute noch?", fragt Valerio einigermaßen ungläubig zu den unverhofft schnellen Plänen des Obristen bei der Armee in den Niederlanden, der gerade erst seinen Dienst quittiert hat, um mit „den Meinen lustig" zu sein (Brentano-SW XII, 443, 382).

[47] Dazu und zum Verhältnis von Intrige und Spiel vgl. Japp (1999, 55f.).

[48] „PORPORIONO: Comödie? freylich, es ist nur Comödie" (Brentano-SW XII, 568). Die Komödie als autorseitige Konstruktion der 'schönen Ordnung' spiegelt sich in der Selbstreflexion der Figu-ren auf ihre materiale Konstitution aus Tinte: „SARMIENTO: [...] Aber wir wollen anfangen – Pon-ce soll weg. VALERIO: Habt Ihr aus Flandern ein Mittel mitgebracht, Tintenflecke weg zu brin-gen?" (441).

vor allem durch Valeria alias Flammetta ins Werk gesetzt: durch die Allegorie der Poesie selbst also[49]; und hierbei wiederum dadurch, daß die flammende Metaphorik im bloß artifiziellen Feuer innerweltlicher *Fern*liebe (ausgelöst vom „schöne[n] Kunstfeuer" im Bildnis Isidoras[50]) durch die traurigen Lieder Valerias – Flammen mit 'christlichen Augen' – in die höhere Liebe des Himmels umkodiert wird.[51] Die Metaphysik der Poesie und das ironisch verkehrende Zitat eines nunmehr versöhnenden Schicksals transzendieren die Intrigenkomödie folglich auf kaum mehr dramenspezifische Weise in den befreiten Zustand allumfassenden 'Glücklichseins': kraft Aufhebung der zwischenmenschlichen Aktualität in der gleichsam gedoppelten Episierung, getrennt nach ironischer Intrigenauflösung

---

[49]   Daß Valeria trotz oder gerade wegen des in ihren Liedern artikulierten Leids (auch vor dem Hintergrund ihrer Bezüge zu Mignon) die Poesie selbst repräsentiert, weil sie als wissendes „Wunderkind" (Brentano-SW XII, 494) die schöne Ordnung am Ende des Lustspiels „zustandebringen hilft", ist von der Forschung wiederholt bemerkt worden (Reifenberg 1990, 81; vgl. den Forschungsbericht 81/Anm. 13). Der abschließenden 'Zugabe' zufolge, dem *nach* Goethes Rücksendung verfaßten Epilog Valerias, verdankt diese Allegorie der Poesie wiederum einem „fernen Freunde" „das Leben": Damit kommt zuletzt die biographische Realebene in der Freundschaft zu Arnim als Konstituens aller poetischen Produktivität ins Spiel; zur besonderen poetologischen Relevanz dieses Epilogs gegenüber der üblicherweise hervorgehobenen 'Widmung' und der 'Vorerinnerung' vgl. Kluge (1990, 372f.).

[50]   Brentano-SW XII, 497. Der gesamte Bildbereich von der 'künstlichen Kunst' ist konnotativ verschränkt mit dem Motivkomplex der Kälte eines durch mediale Abspaltung Fragmentierten, symbolisiert etwa im 'zertrümmerten Gesicht' des zerschlagenen Spiegels, so daß in den tränentrüben Augen alle Gestalt zerfließt (I/1; 363f.): „Masken können ja nicht weinen", positiviert Ponce die Erstarrung des Lebendigen im kostümierten Schein; „aber ihre Kälte kann weinen machen – ", repliziert Valeria, die als wahre Poesie der Liebe mit der Wärme lebendigen Feuers alle Spaltung aufhebt (362). Die Filiationen der Isotopie-Ebenen kalt vs. warm (Glas, Spiegel, Maske, Marmorstatue vs. Tränen des Lebendigen, Augen, Tanz, Flamme usw.) organisieren das zentrale Problemfeld des Stücks nach der Leitunterscheidung Trennung/Fragmentierung – Wiederherstellung von Ganzheit.

[51]   „PORPORINO (*Umfaßt sie*): Deine Augen sind Flammen und christlich" (Brentano-SW XII, 517). Zu den Konnotationen der weltlichen Flammen- und Feuermetaphorik (Wunde, Spaltung, Feuerwerk als diesseitig schönes Kunstfeuer) und ihrer christlichen Umkodierung zur wahren Liebe der 'Himmelfahrt' kraft Valeria als Personifikation von Poesie und so erst eigentlich konfliktlösenden Instanz vgl. Simon (2000, 269f.). Auch sonst ist das Stück durchsetzt mit biblischen Anspielungen (Sündenfall, Pilgerverkleidung): Schon beim besprechenden Anblick des schönen Gemäldes entbrennt in Aquilar der Wunsch, das „Wort" möge „Fleisch werden" (Brentano-SW XII, 409), gespiegelt in der späteren Szene, als der Maler und Schneider Porporino Isidora nach dem Diktat von Ponce malen soll: die Verwandlung von Sprache ins schöne Bild, die Aufhebung aller 'Spaltungen' und 'Dualitäten' durch Schere und Pinsel kraft der spezifischen Ganzheit einer selbst fragmentierten Sprache – „dictirt in die Schere" (465; vgl. dazu die parataktische Reihung der Körperattribute in Ponce' Beschreibung des geliebten Gemäldes, 466). Der Vorgang der Projektion auf die Leinwand vollzieht sich dann im impliziten Rekurs auf den einschlägigen Pygmalion-Mythos, insofern Ponce' Beschreibung Isidoras durch den Pinsel Porporinos eben Valeria 'herausbringt' bzw. 'herauswäscht' (189f.). Die Szene allegorisiert so den für das ganze Stück konstitutiven Zusammenhang von „bewegliche[m] Kunstwerk" (189), lebendigem Körper und poetischer Sprache, den die Spielkomödie vermöge ihres kunstvollen Sprachkörpers durch alle Trennungen und Spaltungen hindurch am Ende selbst in schöne Harmonie verwandelt.

(seitens des Autors) und wunderbarer Wirkung der Poesie (seitens der medialen Figur Valeria).[52] Darüber hinaus wird die Episierung sozusagen in die Komödie hinein verdoppelt, indem Flammetta (in der schwarzen Mohrenmaske) das traurige Liebesschicksal Valerias gegenüber Isidora in der dritten Person *erzählt*[53] : Valeria wäre glücklich, so die anrührende Wirkung der dunklen Geschichte, wenn Ponce von Isidora geliebte werde. „Wer bist du Mohrenkind? es ist, als wärst du eine Zauberinn, als wär' ich dort in der Fontäne eingeschlummert, und eine Nymphe sag' mir wundersamen Traum ins Ohr", bringt Isidora die vom Erzähl(t)en ausstrahlende performative Wirkung des 'Wunderkinds' auf den Punkt: „vor wenig Stunden war ich noch allein – und nun bewegt sich eine fremde Welt um mich".[54] Die Geburt der Poesie aus dem epischen Geist der Traumerzählung in einer Spielkomödie![55]

Strukturbildende Funktion kommt dabei natürlich auch den quantitativ vergleichsweise wenigen Liedeinlagen Valerias zu, ohne daß sich die Komödie im Unterschied dann zu den *Lustigen Musikanten*, wie von der Forschung zuweilen behauptet, der poetischen Oper annähert. Die volksliedhaft sangbaren Gedichte mit ihrem beschränktem Motivarsenal anthropologischer Befindlichkeiten (Trauer, Schmerz, Liebe, Freude) kontrastieren nicht nur formal der mit Wortspielen kostümierten Prosa der Handlung. Sie verwandeln gerade als unverstellt 'naive' Äußerungen des Lebendigen den kalten Schein der maskierten Worte in Wahrheit: kraft des beklagten Schmerzes und Alleinseins in der Trauer über die unerwiderte Liebe zu Ponce. Faktisch eine Entsagung, zeigt sich das Gütige der menschlichen Liebe als Prinzip bei Valeria darin, daß sie zuallererst das liebt, was der Geliebte liebt.[56] Erst das Duett mit Ponce zur 'Entbindung' vom Liebesgebot, also die Freilassung für Isidora, hebt „der frühen Liebe Wunden" in eine „neue, schön're Liebe" auf, die „bald erblühet".[57] Es ist die nur auf den ersten Blick paradoxe Wiederherstellung von Ganzheit durch Trennung der nicht zusammengehörenden Elemente, die das Duett hier wie bei der Wiederholung seiner beiden Schlußstrophen zum Ende der Komödie auch formal vollzieht, indem sich die Lieder gleichsam selbst im Kuß vereinigen, den ihre Abschiedssemantik bespricht.[58]

---

[52] Zu den die Episierung ebenfalls anzeigenden narrativen Nebentexten im *Ponce de Leon* (Präteritum, Autoranweisungen zur theatralischen Ausführung usw.) vgl. die 'Voraussetzungen' vorliegender Arbeit. Wie in den Wortspielen als bloßem „Spiel des Autors mit der Sprache" erkennt Arntzen (1968, hier 166) in den charakterisierenden Nebentexten einen Mangel dramatischer Notwendigkeit, die „allein aus der Willkür des Autors sich herschreibt" (167).

[53] Vgl. Brentano-SW XII, 493.

[54] Brentano-SW XII, 498.

[55] Vgl. dazu die Korrespondenzstelle, wo Ponce seinen Traum von Liebe erzählt (Brentano-SW XII, 542).

[56] Brentano-SW XII, 470.

[57] Brentano-SW XII, 539, 631.

[58] Küßte vorher Ponce Valeria, wird jetzt der Abschied mit dem Kuß Valerias besiegelt.

Aller Verselbständigung der Wortspiele und aller Formalisierung in den szenisch ausgestellten Selbstreflexionsformen romantischer Poesie *vor* diesem schönen Ende zum Trotz agieren die Figuren im Unterschied zum *Wasa* tatsächlich als leibhaftig konzipierte Figuren: als Personen mit Gefühlen der Freude und des Schmerzes, selbst wenn ihre Innerlichkeit allererst durch Beredtwerden hervorgebracht sein mag. Natürlich wird alle Komödiensemantik der Verkleidungen und Täuschungen nicht allein szenisch durchgeführt, sondern auch sprachlich ausgestellt und reflektiert. Insoweit kommen der Komödie tatsächlich die Merkmale der progressiven Universalpoesie zu. Wenn über die Differenz von Maskierungen und realem Gefühl geredet wird, vollzieht die wortspielerische Selbstreferenz dieser Reden das, was sie beredet: die Trennung von Sprache und Gefühl. Reimen und Wortverhexungen sind wichtiger als Aussagen, Innerlichkeiten sind Zeichenspiele, so daß das Sprechen selbst das Spiel der Maskierungen beobachtet, poetologische Gehalte romantischer Poesie sich folglich in der Form selbst darstellen.[59]

Solche sprachliche Verfaßtheit *eingangs* der Komödie erhellt das in der Forschung vieldiskutierte Problem der Wandlung des Protagonisten Ponce zwischen Typus und Charakter. Als souveräner Zeremonienmeister seiner sprachlichen Selbststilisierungen gerät Ponce – durch Langeweile, Nihilismus und Melancholie gegen die Liebe immunisiert – gerade wegen des bloß artistischen Sprechens in die eigenen Machinationen hinein, bis ihn keiner mehr „versteht".[60] Erst durch diesen Kommunikationsabbruch wandelt er sich zur liebenden Person.[61] Die selbstreflexive Handlungsführung und permanente Selbstbeobachtung von Sprache zerbricht die Geschlossenheit einer *poetologischen* Figurenkonstruktion. Der im Abbruch der kommunikativen Verbindung zu einer ebenso poetologisch konstituierten Umwelt entstehende Solipsismus löst die Umkehr des Ponce vom Ennui zur Liebe aus – folglich weniger aus einer psychologischen Einsicht des Charakters heraus als vielmehr kraft der menschlichen Wirkung *lebendig* verkörperter Poesie, die Valeria/Flammetta als sprechende *Person* wie unvermittelt, also ganz ohne die sonst stets auf ihre Medialität hin reflektierte sprachliche Form beglaubigt. Geradezu unhintergehbar, so der Optimismus zur performativen Kraft solcherart 'natürlichen' Figurationen der Kunst, setzt diese Lebendigkeit im

---

[59] Vgl. Simon (2000, 266-268).

[60] Brentano-SW XII, 525; dazu Simon (2000, 268f.).

[61] Die Kontroverse entzündet sich an der differentiellen Beurteilung zwischen figurenpsychologischer Begründung der Handlung (Kluge 1990, 357) und literarischer Selbstbeobachtung eines poetologischen Formalismus, der „jede Referenzgeste zurück verwindet in die reine Form" (Simon 2000, 267). Im Unterschied zu den üblichen Forschungsansichten (vgl. auch Marks 1988) vertritt Simon zu Recht den poetologisch motivierten Handlungskonnex des Stücks. Das läßt sich u.a. an derjenigen signifikanten Stelle ausweisen, wo der Autor im Nebentext ausdrücklich betont, nachfolgende Rede sei „nicht Wortspiel, sie ist Charakter des Ponce": Es folgt, wie gehabt, eine sich selbstverschlingende Variation von Schlaf – Ehre – Liebe – Spiel, beendet von einer ironischen Vermutung des Autors in epischem Bericht: „die ganze Rede scheint [!] er nur für sich allein gesagt zu haben" (Brentano-SW XII, 426f.).

„Gespräch" „ein geheimes drittes Leben" frei, das die „Seelen wunderbar" in die schöne Ordnung der Dinge „empor" trägt.[62]

Komplementär zu *Ponce de Leon* experimentiert das 'Singspiel' *Die lustigen Musikanten* (1803), das seinen Titel von dem in den *Godwi* eingefügten gleichnamigen Lied hernimmt, mit einer Poetisierung des Librettos.[63] Als *opera buffa* ist es motivisch einmal mehr von Figurationen der *commedia dell'arte*, italienischen Masken in einer phantastischen Landschaft durchsetzt[64], wenngleich die Selbstreflexion der Personen auf ihren Rollenstatus mit einer gewissen Dankbarkeit zur (nun eben opernaffinen) Ansicht vordringt, tatsächlich „keine italienischen Theaterfiguren" sein.[65] Auf „das Ganze" der operntypisch schematisierten (also einigermaßen hanebüchenen) Handlung hat Brentano laut 'Vorerinnerung' aber ohnehin „keinen Werth" gelegt.[66] Beendet wird die sonderbare Wiedervereinigungsgeschichte einer fürstlichen Familie[67] mit dem chorartigen „Heil" des Volks auf die 'schicksalhafte' Fügung der neu gewonnenen Einheit; in einem barockartigen Fürstenlob also samt Selbstanpreisung eines Volks, das die Künste ehrt. Der opernhaften Dramaturgie in Sprache, Form und Handlung (unter Absehung dramatischer Wahrscheinlichkeit im Vertrauen auf die höhere Fügung) sowie in den Unterbrechungen der gleichsam rezitativisch eingesetzten Prosa durch einen zu Arien, Duetten und Terzetten verselbständigten Gesang ist abzulesen, daß Brentano das Projekt der poetisierten Oper fortsetzt, das Tieck mit dem *Ungeheuer und*

---

[62] Brentano-SW XII, 498. Zur Ethik des lebendigen Gesprächs im „Vertrauen" zwischen Freunden, das gleich dem „Wesen des Lustspiels" wie „Speise und Trank" wirken soll, vgl. die eingangs des 'Exkurses' zu Formen radikaler Gattungsentgrenzung anzitierte Charakteristik des *Ponce de Leon*, die Arnim im Brief an Brentano vom 20. September 1804 gibt (Arnim-Brentano I, 237). Die Angemessenheit der poetologischen Reflexion Arnims auf das 'Wesen' dieses Lustspiels liest Kluge (1990, 372) Brentanos 'Zugabe' ab, am Epilog Valerias für den 'fernen Freund', der so zum Mitverfasser, zum zweiten Autor der schönen Ordnung erklärt wird: „Wenn ich [Valeria], die alle heut beglückte, auch / Noch einem fernen Freunde Freude mache, / Der unter euch, ihr lieben Leser, uns / Der Liebste ist, weil er sich unsichtbar / In uns'rer Abenteuer Schicksal mischte [...]" (Brentano-SW XII, 634).

[63] Vgl. die angepaßte Einfügung des Lieds ins Libretto (Brentano-SW XII, 829ff.).

[64] Zum genealogischen Begründungszusammenhang der *opera buffa* mit der *commedia dell'arte* vgl. Gier (1998, 90).

[65] Brentano-SW XII, 814.

[66] Brentano-SW XII, 802.

[67] Im Handlungsrahmen der italienischen Masken (Pantalon als Bürgermeister von Famagusta; Tartaglia als Minister von Samarkand; Truffaldin als Nachtwächter) zeigt die Szenenfolge, wie Ramiro, Herzog von Samarkand, inkognito den drei Musikanten folgt, weil er Fabiola, die Tochter des blinden Alten Piast liebt. Ramiros Schwester Azelle ist ebenfalls verschwunden; von unerfüllter Liebe vergrämt, reist sie dem ehemaligen Regenten Rinaldo nach. In der Silvesternacht klären sich alle merkwürdigen Trennungen: Rinaldo und Fabiola sind die gesuchten fürstlichen Geschwister, die von ihrem Vater ausgesetzt worden waren und jetzt am Neujahrstag zusammen mit dem lahmen Knaben (als drittem Musikanten) unter dem schützenden Familienschild einem beglückten Volk präsentiert werden. Signifikant ist Nähe der Handlungsversatzstücke zum Schematismus deutscher Singspiele um 1800 (vgl. Gier 1998, 138).

der verzauberte Wald in den dramatischen Diskurs einführte. Im Unterschied zu *Ponce de Leon* bleibt die poetische Singkomödie bei allen Ähnlichkeiten der Verbergungs- und Enthüllungsdramatik mit burlesken *commedia dell'arte*-Elementen und ebenso lustigen Liedeinlagen tatsächlich ein Libretto.[68] Die reine Szenenfolge versucht aber, die musikalische Laune und den verinnerlicht grazilen Ernst der Spielopern Mozarts bereits in der Sprache freizusetzen.

Brentanos Sinn für Musikalität, die der Sprache selbst entbunden wird, zeigt sich hier in erster Linie sprachrhythmisch: an der syntaktischen Organisation der gebundenen Figurenreden nach Formen der Wiederholung kurzhebiger Verse in Reminiszenz an die entsprechende Stimmführung in Arien und Duetten, insofern sämtliche (motivische, syntaktische) Parallelismen im Zeichen der Redundanzerzeugung einer Figurenrede stehen, die sich musikalischen Phrasierungen zu unterwerfen hat.[69] Einen ähnlichen Effekt erzielen Refrainstrophen als ebenso insistierende wie semantikauflösende Reprisen zur Rahmung des Gesangs gerade im Lied *Die Lustigen Musikanten*[70] – allesamt Verfahren, die das gleichermaßen Burleske wie Ernste, die verinnerlichte Leichtigkeit, den schlanken Ernst und Witz der Opern Mozarts zwischen 'Autonomie und Gnade'[71] in Sprache zu reproduzieren unternehmen. Die derart versprachlichte Musik ist lustig und lebendig. Die Musikanten sind es nicht, wenn die im erkannten Schicksal von Gram befallenen Figuren im Leid erstarren wie Azelle vor der Statue Rinaldos: Fabiola im Leid der Trennung von ihrem Bruder, Piast im Leid der Blindheit und der lahme Knabe im Leid seiner Verkrüppelung. Überkreuzt mit den burlesken Gestalten der *commedia dell'arte*, hebt das gütige Schicksal aber allen Schmerz im Opernfinale der wiederhergestellen Ganzheit von Fürstenfamilie und Volk auf.

Im Unterschied zu den volksliedhaften Gedichten Valerias, die als solche noch in den berühmten Synästhesien von *Hör, es klagt die Flöte wieder*, einem Duett des Blinden Piast mit seiner Tochter Fabiola, bewahrt bleiben, stellen sich die Lieder bei aller vergleichbaren Performativität zum Teil als höchst artistische Virtuosenstücke aus – so vor allem Ramiros *Die Liebe lehrt*: eine Selbstinszenierung der Liebe als Form. Deren Umarmungen spiegeln sich zunächst in der motivischen Ein-

---

68 Zu den Strukturmerkmalen des Librettos als Variante des epischen Dramas – diskontinuierliche Episoden- und Zeitstruktur (Drama der offenen Form), tableauartige Stillstellung der Zeit in Arien, Duetten etc., paradigmatische Organisation (Aufhebung der Linearität durch Verknüpfung simultanpräsenter Elemente), Kontrasttechnik –, vgl. Gier (1998, 3-14).

69 Vgl. dazu z.B. den 7. Auftritt (Brentano-SW XII, 835-840, bes. 839). Storz (1972, 218) betont, daß Brentano die „musikgerechte Wortgestalt mit eindrucksvoller Sicherheit" finde. E.T.A. Hoffmann erkennt eine „äußerst geniale Oper", die er im Dezember 1804 in Musik setzt (218); siehe auch Brentano-Kemp IV, Kommentar, 926.

70 Semantisch verdoppelt im Parallelismus einer onomatopoetisch-synästhetischen Wortmusik: „Es brauset und sauset / Das Tamburin. / Es rasseln und prasseln / Die Schellen darinn, / Die Becken hell flimmern, / Von tönenden Schimmern, / Um Sing' und um Sang, / Um Kling und um Klang / Schweifen die Pfeifen und greifen ans Herz / Mit Freud' und mit Schmerz" (Brentano-SW XII, 829f.).

71 Vgl. Nagel (1988).

rahmung des Gedichts durch das Wort 'Liebe', das die erste und letzte Strophe durchdringt und zusammenhält: Das sprachspielerisch-parallelistische Umkreisen des Wortfelds ('Liebe – lieblich – Lieblichkeit – lieben lehren') setzt die zweite Strophe an der Reihe 'arm sein – in den Armen – umarmen – süße Armut' fort, durchgespielt daraufhin an der gegensinnigen Semantik des Konnotationsfelds 'reich sein – im Reich der Liebe – der Liebe Reichtum – von der Liebe gereicht', bis die Schlußstrophe den Rahmen zum Eingang der 'Liebe' wiederfindet; angereichert jetzt aber durch die von ihr gleichsam selbst umarmten (und mit der 'reichen Armut' oxymoral zusammengezwungenen) Motive der Mittelstrophen, indem der Vierzeiler den Übergang von der Nebenordnung ins Ineinander durch den Wechsel vom syntaktischen Parallelismus in den finalen Chiasmus auch formal darstellt:

> O Lieblichkeit!
> O reiche Armuth!
> Umarme mich
> In Liebes-Armen![72]

Die Schlußstrophe vollzieht, was die klanglich homogenisierten Wortvariationen benennen und einkreisen, bis sich jede Strophe vom ganzen Gedicht und der Lieblichkeit seiner 'reichen Armut' gewissermaßen selbst umarmt fühlt.

Parallelistische Kabinettstückchen dieser Art erfüllen die romantische Artisten-Metaphysik eines gleichsam sekundär 'natürlichen' Gesangs, der den Stimmen, so Fabiola, 'Freundlichkeit' einträgt: „Ich muß singen", antwortet Ramiro, „um mit Dir zu reden, denn Deine Rede ist Gesang".[73] Das ist die poetologische Quintessenz eines poetisierten Singspiels, bei dem man in der Lektüre bereits die Figuren förmlich singen hört, weil die Sprache die aus realen Hörerfahrungen in die Imagination eingetragenen musikalischen Vorlagen in der szenischen Form wiedererstattet.

2. Zwischen Romantisierung und Antikisierung

Die Stücke der Gebrüder Schlegel und nachfolgend von Wilhelm von Schütz sind Synthese-Projekte in der Verbindung von romantischer und antikisierender Dramatik[74], die zur gleichen Zeit auch seitens der Weimarer Klassik durchgespielt werden: Dazu zählt, wie gesehen, vor allem Schillers *Braut von Messina*, die als synkretistische Chordramatik am Schauplatz Messina Antike, Christentum und Ori-

---

[72] Brentano-SW XII, 843.

[73] Brentano-SW XII, 843.

[74] „Der Zweck des *Alarkos*", schreibt Friedrich Schlegel in einer vielzitierten Stelle aus *Literatur* (1803), die diese Verbindung programmatisch formuliert, „kann niemanden undeutlich sein; es soll ein Trauerspiel sein, im antiken Sinn des Worts <vorzüglich nach dem Ideale des Aeschylus>, aber in romantischem Stoff und Costum." (KFuS III, 27).

ent zu verschmelzen versucht; formal gespiegelt in einer Experimentaldramatik vielgestaltiger literarischer Verfahren als Signum von Poetizität. Wie in den 'Voraussetzungen' vorliegender Arbeit in poetologischer, literar- und rezeptionsgeschichtlicher sowie gruppen- und institutionensoziologischer Perspektive ausgeführt, handelt es sich um Reaktionen auf die *nach* 1800 einsetzende Bifurkation zwischen 'klassischer' und 'romantischer' Literatur. Tiecks Revitalisierung des spanischen Welttheaters seit der *Genoveva*, auf die der Literaturbetrieb im Rahmen der sich abzeichnenden Gruppenkonstituierung einer Jenaer Romantik polemisch reagiert, initiiert Versuche einer Synthesis mit der 'klassischen' Ästhetik, die sich seit den mittleren Dramen Schillers und Goethes und den ästhetischen Reflexionen auf die gesellschaftskulturellen Leistungen eines auf Autonomie hin konzipierten Literarischen in den späten 90er Jahren herauskristallisiert (wie wenig 'klassisch' die Stücke nach 1800 – von der *Braut von Messina* über *Die Jungfrau von Orleans*, die *Natürliche Tochter* bis zu *Wilhelm Tell* und zur *Pandora* – im Hinblick auf die Verfahrensweisen des dramatischen Geists dann auch immer ausfallen[75]).

Friedrich Schlegels *Alarcos* und August Wilhelm Schlegels *Ion* sind Kontaminationsprojekte als polemische Resynthetisierungsversuche der entstandenen Spaltung, indem sie Calderón und die griechischen Tragiker, Goethes *Iphigenie* und Tiecks *Genoveva* im ernsten Bereich dramatischer Rede auf eine Weise miteinander in Kontakt zu bringen unternehmen, die sie Tiecks Komödien als literarisierende Verbindung von Shakespeare mit der 'schönen Freude' des Aristophanes unterstellen. Es geht um Definitionsvorherrschaft und praktische Durchsetzung einer Schlichtungskompetenz im Literaturbetrieb, und zwar durch die überbietende Aufhebung der von der romantischen Gruppenbildung selbst herbeigeführten Bifurkation poetologischer Konzepte. Das Projekt scheitert sogleich mit den ersten dramatischen Objektivationen um 1802/1803, als *Alarcos*, *Ion* und *Lacrimas* erscheinen. Und zwar nicht nur, weil sich die Texte wie im Falle des *Alarcos* der öffentlichen Lächerlichkeit preisgegeben sehen, sondern eben auch, weil die romantische Universaldramaturgie selbst bereits den wirkungsästhetischen Geltungsverlust der Gattung indiziert. Gerade die angestrebte Doppelkonzeption in der Freisetzung von wiederhergestellter Wirkung (als 'Drastik') und bewahrter Poetizität wird zum Verfahrensproblem. August Wilhelm Schlegel propagiert daraufhin das eine nationale Identität stiftende historische Schauspiel, so daß schließlich nur noch Schütz' 'Tragödie' *Niobe* (1807) als eine Art letzter epigonaler Stoßseufzer übrigbleibt, das längst als problematisch erkannte Modell fortzusetzen; es sei denn, man ordnet auch ein nordisch-mythologisches Drama wie Fouqués *Der Held des Nordens* der paradigmatischen Dramenform aus der Verbindung von antiker Tragödie und modernem, romantischen Trauerspiel zu.[76]

---

[75] Die strukturellen Affinitäten der späten Dramaturgie Schillers mit dem romantischen Drama kontextualisiert C. Stockinger (2000b); vgl. auch die Einzelbeobachtungen zur Dramatik Schillers und Goethes in den 'Voraussetzungen' vorliegender Arbeit.

[76] Vgl. C Stockinger (2000a, 88).

Reflektiert man das Projekt zunächst auf seine wirkungsästhetischen Konsequenzen – und daraus ergibt sich ein entscheidender Grund für die Aporien des Konzepts –, dann definiert es sich letztlich als Versuch einer Synthese von Poetizität und Theatralität. Es werden damit zwei sich ausschließende wirkungsästhetische Modalitäten zusammengezwungen: Ist die theatralische Wirkung auf die Komplexitätsreduktion literarischer Versatilität angewiesen, um die Aufmerksamkeit auf die Wirkung des leibhaftig sprechenden Körpers zu gewährleisten, kann Poetizität (in der Doppelung von Verfahrensartistik und Pluralisierung des Sinns) eher nur im Modus der kontrollierbaren Rezeption in der Schrift eingeholt werden. Romantische Dramen sind Schriftphänomene, und mit der Idee der Literarisierung unterstellen sie sich einer Sprachlichkeit, die erst eigentlich im lesenden (allenfalls hörenden) Vollzug zu erschließen ist. Das die verschiedenen Sinne *direkt* ansteuernde Zeichensystem des theatralischen Apparats hingegen zieht die geistige Aufmerksamkeit von dem in der Imagination geschlossenen Raum literarischer Artistik ab. Und der entsteht in der *sprachlichen* Vernetzung formaler und thematischer Verweise. Um es noch einmal zu betonten: Dies schließt Bühnenfähigkeit bzw. Aufführbarkeit in keinem Fall aus. Nur widerstreitet die leibhaftig-visuelle Realisierung der *indirekten* Produktivität szenischer Sprachlichkeit kraft der symbolischen Kodierung über abstrakte Buchstaben.

Entsprechend zwiespältig fallen die praktischen Ergebnisse der Synthesis von Poetizität und Theatralität aus. „Gute Dramen müssen drastisch sein"[77], lautet die berühmte Sentenz Friedrich Schlegels, die als solche schon erschließen läßt, in welchem Maße der theatralische Überwältigungs-Effekt (als 'Drastik'[78]) einer Entfaltung literarischer Ambivalenz (durch Poetizität und Sprachlichkeit) entgegensteht. Beides zugleich anzusteuern ist schlecht möglich. Die lächerliche Wirkung, die die zeitgenössische Rezeptionszeugnisse des *Alarcos* dokumentieren[79], ist ein Inkongruenzeffekt aus der Diskrepanz von direkter Attacke und indirektem poetischem Anspruch. Semantisiert Tieck die variablen metrischen Verhältnisse in schwebender Indifferenz bei völliger Unbesorgtheit gegenüber denkbaren Bühnenwirkungen, unterstellt Friedrich Schlegel den Formenreichtum – vom jambischen Trimeter über die vierhebigen Trochäen zu Sonetten, Stanzen, Terzinen und anderen romantischen Formen – einer durchrhetorisierten und pathosgesättigten Dramatik in der Darstellung eines hypertrophierten Ehr-Begriffs.

---

[77] KFSA II, 171 (42. Athenäums-Fragment). Die Sentenz leitet Meiers (1996) insoweit plausiblen Rettungsversuch des *Alarcos* als provokativen Demonstrationsstücks gegen die Trivialdramatik der Zeit ein, als er auf die m.E. entscheidende Aporie aus der Bifurkation von Theatralität und Poetizität nicht eingeht.

[78] Drastisch steht synonym für 'durchgreifend' und wird im 18. Jahrhundert entlehnt aus gr. *drastikós*: handeln, wirken, tun, woraus sich die etymologische Verwandtschaft mit 'Drama' herleitet. Zunächst wurde das Wort nur verwendet für stark wirkende Medizin. Und in diesem Sinne führte sich bereits Kotzebues *Hyperboreischer Esel*s paratextuell als 'drastisches Drama' ein.

[79] Nachgezeichnet bei Meier (1996, 194f.).

Auf politischem Druck des Königs hin begeht der auf seine Ehre bedachte Alarcos den Mord an der geliebten eigenen Frau mit sprechendem Namen Donna Clara, begleitet vom rhetorisch sich aufgipfelnden Räsonnement über den Wahnsinn solcher Tat. Nach einer Ansammlung dramengeschichtlich semiotisierter Zeichen (höfische Intriganten, Tote als Gespenster, Fluch einer Jugendsünde usw.) in einem sonst kaum motivierten Ereigniszusammenhang, der alle Figuren in kürzester Zeit umkommen läßt, sieht Alarcos sich in höchster Verzweiflung zum Selbstmord gezwungen. Übrig bleibt der Diener Dagobert, der in der einigermaßen überraschenden Wendung zum Schluß, mit dem Rosenkranz in den Händen, die klösterliche Zukunft der gräflichen Burg beschwört.

Das Pathos einer derartigen Darstellung der Ehre, wie ostentativ ausgestellt die Rhetorik und Artifizialität einer Konstruktion aus dramengeschichtlichen Reminiszenzen auch immer sein mag[80], verschiebt die Aufmerksamkeit vom sprachlichen Eigensinn samt der im Formenreichtum reflektierten Historizität der Darbietung tatsächlich auf eine anachronistische Affektdramaturgie. Als Wirkungsdramatik allein (allem inszenierten Anachronismus und aller ausgestellten Unwahrscheinlichkeit zum Trotz)[81] widerstreitet das Projekt der praktizierten Formenversatilität. Neben der von Schlegel ja sonst stets erkannten Historizität einer Gattung[82] trägt die Artistik der dramatischen Rede ein spielerisches Moment ein, das gerade das Pathos der strengen Tragödie irritieren muß (ganz abgesehen davon, daß die kontaminierende Formenvielfalt der überzeitlichen Klassizi-

---

[80] In der ausgestellten Inszenierung von Künstlichkeit sieht Meier (1996, 198, 201ff.) das Telos der Provokation konventioneller Theatergewohnheiten zum Aufweis einer ambitionierten Alternative gegenüber der erfolgreichen Trivialdramatik der Zeit, und zwar in zweifacher Frontstellung gegenüber zeitgenössischen Theaterkonventionen: einer einfühlungskritischen, indem die widerspruchsfreie Geschlossenheit eines moralfesten Protagonisten dekonstruiert wird; einer dramaturgischen, indem die extreme Forciertheit auf *allen* Ebenen eine alternative Dramatik freisetzen soll, die „das Bewußtsein für die Eigenart des Ästhetischen" schärft (203). Dazu gehörte allerdings tatsächlich auch ein bestimmtes Qualitätsgefühl für diese Eigenart: „Der Alarkos ist wirklich das schlechteste, waß ich kenne", meinte Brentano an Arnim am 8. September 1802 mit sicherem Gespür, „und eigentlich gründlich komisch, mit solcher Künstlichkeit schlecht zu sein" (Arnim-Brentano I, 41).

[81] „In seinen scheinbaren Fehlern verletzt der *Alarcos* konsequent den Lebensnerv des spätaufklärerischen Populartheaters, das keine altspanischen Ehrkonflikte auf die Bühne brachte, sondern rührende Familiengemälde und Historiendramen" (Meier 1996, 203). „Alarcos ist fast übertrieben drastisch", schreibt August Wilhelm Schlegel am 12. März 1806 an Fouqué in Bestätigung der Provokationsabsicht, „und hat daher auch seine Wirkung auf der Scene nicht verfehlt" (A.W. Schlegel 1848, 359).

[82] Vgl. dazu etwa gerade die Beobachtungen zum *Ion* seines Bruders August Wilhelm direkt vor der oben zitierten Charakteristik des *Alarcos*, denenzufolge der *Ion* geradezu eine Art dramatisches Gegenmodell zum eigenen Stück repräsentiert. Der *Ion* sei „ein durchaus antikes Trauerspiel, sowohl dem Stoff, dem Geiste, als auch der strengsten Form nach", das aber unter den von der Antike gänzlich „verschiedenen" Bedingungen der Gegenwart zum Problem wird: entweder zu „flach und allgemein" für das psychologische Raffinement der eigenen Zeit oder aber, wenn es „tief und wahr ist", unverständlich, gleichwohl dies für die „mythische" Poesie insgesamt „kein geringer Gewinn" sei (*Literatur*, 1803; KFuS 3, 27).

tät der Antiken entgegensteht). Lächerlich (im verpönten Sinn) ist das Stück, weil
es auf allen Ebenen Inkongruenzeffekte zwischen Darstellungsinteresse und auf-
gegriffener Formensprache freisetzt: Die Provokation mißlingt unter der zentralen Voraussetzung, eben keine triviale Wirkdramatik, sondern Kunst in der gedoppelten Plausibilisierung von mythischer Gewalt der Antike *und* verfahren-
stechnischem Raffinement der Moderne zu sein.

Wird der Theatereffekt bei allem Provokationscharakter, der das Stück als polemisches Projekt einer literarhistorisch begründeten Dramaturgie (in seiner „Stellung innerhalb der Dramengeschichte") retten mag[83], durch hyperbolische Künstlichkeit ruiniert, funktioniert das ja doch soweit handlungsdramatisch organisierte,
zweiaktig kurze 'Trauerspiel' auf der anderen Seite eben auch kaum nach dem
Gesichtspunkt szenischer Sprachlichkeit. Infolgedessen wäre der resultierende Inkongruenzeffekt auf der Ebene theatralischer Wirkung von der Ambivalenz aus
dem angestrebtem Emergenzeffekt kraft Formenreichtum der Sprache zu unterscheiden. Ähnlich wie in der *Lucinde* demonstriert das reflexive Genie Friedrich
Schlegels in der literarischen Praxis eine fast schon groteske Verkennung der generischen Eigenlogik, die auch eine artifiziell selbstorganisierte Literatur (im Sinne
frühromantischer Gattungsmischung) nach je eigenen wirkungsästhetischen Gesichtspunkten zu modellieren hat.[84]

Im Unterschied zur Experimental- als drastischen Provokationsdramatik Friedrich
Schlegels verbleibt der *Ion* des Bruders August Wilhelm innerhalb des Paradigmas melodramatischer Rührtheatralität. Die experimentelle Metrik, die der Über-
setzer Calderóns im *Spanischen Theater* (1803-1809) an den Originaltexten erarbeitet, verselbständigt sich also nicht zur szenischen Sprachlichkeit, weil sie an die
theatralische Wirksamkeit des gleichsam musikalisch leidenden Körpers im Melodram zurückgebunden bleibt. Die freie, vor allem chorlose Nachbildung von Euripides' *Ion* in streng geschlossener fünfaktiger Form steuert Theatereffektivität
durch die rührende Qualität der Humanität an, wo die *anagnorisis* und Wiedervereinigung des Waisen Ion mit seiner Familie am Ende vom „heitre[n] Gott" Apollon[85], dem eigentlichen Vater, im Zeichen der universal versöhnenden „Liebe"
höchstpersönlich unter Zuhilfenahme von Blitz und Donner beglaubigt wird.[86]
Ist der Humanitätsgedanke, der auch den Mordversuch an Ion durch Kreusas
Vertrauten Phorbas verzeiht, erkennbar Goethes *Iphigenie* geschuldet, wird die
empfindsame Verinnerlichung der Gefühlslagen, gespiegelt in der Verfeinerung

---

[83] Meier (1996, 204).
[84] Es wäre also eine entscheidende Frage, ob Schlegels „alternative Dramaturgie" gegen die tri-
vialdramatische 'Natürlichkeit' tatsächlich in der Lage ist, „das Bewußtsein für die Eigenart des
Ästhetischen zu schärfen" (Meier 1996, 203), wenn man ihr doch eher eine Verfehlung der Eigenlogik dramatischer Rede vorwerfen muß, insoweit man die intendierte Provokation durch Künstlichkeit eben einem konventionell *theatralischen* Wirkungspostulat unterstellt.
[85] A.W. Schlegel (1803, 3).
[86] A.W. Schlegel (1803, 160f.).

metrischen Formenreichtums, von Schlegel selbst auf Wielands *Alceste* zurückgeführt (die wiederum die *Iphigenie* vorbereitet). Darin bestätigt sich trotz aller Augenblicke des Wunderbaren im theatralischen Aufscheinen des Gottes, der die
versöhnende Wirkung seines „milde[n] Licht[s]"[87] weniger als *deus ex machina*
denn als liebender Familienvater ausübt, die beabsichtigte Theaterwirksamkeit als
Telos der rührenden Humanität selbst. Die im Verhältnis zu Goethes *Iphigenie*
noch gesteigerte Verinnerlichung verweist auf die Subjektivierung des im Vergleich mit den anderen antiken Tragikern (vor allem Aischylos) ohnedies bereits
psychologisierenden Hypotexts durch Einlaß von Verfahrenseffekten, die auf das
melodramatisch affizierte Singspiel zurückgehen. Die Nachdichtung des Euripides
schmiegt sich der psychologischen Ausdifferenzierung drastischer Techniken um
1800 an. Im Kontext bestehender romantischer Dramaturgie kann man darin bestenfalls eine reaktive Demonstration der mangelnden Theatralität etwa der *Genoveva* sehen, unterstellt man die Anerkennung des Mischungspostulats in der
'modernen' Form als einer je historischen Synthesis von Traditionen, die A.W.
Schlegel poetologisch stets postuliert hat. Differenzkriterien der Gattung nach
wirkungsästhetischen Gesichtspunkten sollten damit eben nicht preisgegeben
werden, zumal sie im Bereich des Dramas als gemeinschaftsbildender Rede, geltungsmächtig gemacht durch die Präsenz der menschlichen Stimme im öffentlichen Raum, eben auch politische Funktionen zu übernehmen hat. Szenische Indifferenzierung durch virtuose Sprachlichkeit führt, so die Erfahrung Schlegels
mit den romantischen Universaldramen, gerade zum Verlust dieser Funktion. Als
geschlossenes Drama verfährt *Ion* verfahrenstechnisch deshalb vergleichsweise
konventionell, so daß sich die Modernität der Nachdichtung nur auf der Ebene
einer ins Rührende ausdifferenzierten Figurenpsychologie anzeigt. Wielands Hi-
storizitätsbewußtsein kontert das Projekt folgerichtig sogleich damit, daß er
Schlegels *Ion* eine *Übersetzung* des euripideischen Originals als Probe auf die Vergleichbarkeit gegenwärtiger Dramatik mit der Antike entgegensetzt.

Romantischer Wirkungsästhetik am nächsten steht in der Reihe der antikisierend-
romantisierenden Dramen die ins Unbestimmte zerfließende Reim- und Stimmungspoesie der lyrischen Dramen von **Wilhelm von Schütz**: *Lacrimas* (1803),
Niobe, Der Graf und die Gräfin von Gleichen (beide 1807), *Der Raub der Proserpina*
(1816); spätere Stücke wie *Carl der Kühne* (1821), poetologisch abgesichert von einer beigefügten 'Abhandlung über das vaterländisch=historische Drama', sind vor
allem historischen Charakters. August Wilhelm Schlegel schätzt die willkürliche
Vermischung der spanisch-christlichen mit der orientalischen Welt im vieraktigen
'Schauspiel' *Lacrimas* (1803) aller formalisierenden Abstraktionen und sprachlichen Künstlichkeit zum Trotz[88] so sehr, daß er das Stück als Muster in der

---

[87] A.W. Schlegel (1803, 3).
[88] Vgl. Hiebel (1928, 46-55) zum ungeregelten Ortswechsel, zur Verwendung romantischer Formen
      (Sonette, Terzinen, Stanzen usw.) nach dem Vorbild von Tiecks *Genoveva* (51) und zu einer

Calderón-Nachfolge anonym ediert.[89] Das ist insofern bemerkenswert, als Schlegel wenig später auch anläßlich des *Lacrimas* den Effektivitätsverlust der dramatischen Rede im flüchtigen Verschwimmen der Konturen und Figuren bei gleichzeitiger Tendenz zur sprachlichen Abstraktheit moniert.[90] Der willkürlichen Mischung gebundener Formen korrespondiert das geographisch und historisch Ortlose dieser arabisch-maurischen Märchendramatik als Appell an die freie Phantasie. Zum guten Ende wird das getrennte Liebespaar Lacrimas und Ismene durch schicksalsdramenhafte Auflösung aller Hindernisse an den verschiedensten Schauplätzen zusammengeführt: Lacrimas, so stellt sich heraus, ist kein afrikanischer Heide, sondern Europäer und Christ, den es als Kind in den Orient verschlagen hat. Kaum weniger forciert erscheint die Künstlichkeit einer gewollten Antikisierung in der einaktig strengen 'Tragödie' *Niobe* (1807), die den von der *Braut von Messina* revitalisierten Chor bei wechselnden metrischen Verhältnissen unter einem vorherrschenden jambische Trimeter[91] aufgreift: getrennt nach

---

„durchwegs romantische[n]", ebenso metaphernseligen wie motivisch redundanten Sprache. Der romantisierende Stimmungseffekt wird konterkariert durch sprachliche Abstraktheit in der Häufung von Partizipialkonstruktionen, Verbsubstantivierungen und anderen Komposita („Sehnsuchtswogen", „Wollustranken") mit ausgeprägter Tendenz zum nachgestellten Verb am Versende einer Genitivkonstruktion; zur Qualität der Verse vgl. die Textbeispiele bei Schulz (1983, 567).

[89] Das Widmungssonett *An den Dichter des Lacrimas* benennt die Verschränkung von Antike und Orient: „In jugendlicher Frühlingspracht verborgen / Hegt sie [die Dichtung] des fernen Himmelstrichs Arome. / Hier duft'ges Abendland, dort glühender Morgen" (Schütz 1803, o.S.). Zur Calderón-Nachfolge des Stücks vgl. Hardy (1965, 52f./Anm. 46); zeitgenössische Urteile und Quellen bei Sembdner (1974, 16f., 19f., 22f., 30). Nach Schlegels Publikation des *Lacrimas* wurde Schütz „viel kritisiert, wenig bewundert, aber überall sogleich bekannt" (Hiebel 1928, 10). Größere literarhistorische Beachtung fand er insgesamt nur mit diesem Drama, dem von der philologischen Rezeption das Attribut des Romantischen einhellig zugewiesen wird (vgl. 55): so auch vom späteren Reichs-Propagandaminister Joseph Goebbels in seiner Dissertation *Wilhelm von Schütz als Dramatiker. Ein Beitrag zur Geschichte des Dramas der romantischen Schule*, phil. Diss. Heidelberg 1921.

[90] „Das merkwürdigste Beispiel aber von den Usurpationen der Phantasie über das Gefühl finde ich und fand ich immer im Lacrimas, wo unter blendender Farbenpracht die Herzenskälte sich nicht verbergen kann und alle Ausdrücke der Liebe, Sehnsucht, Wehmuth u.s.w. in eine bloße Bilderleerheit übergegangen sind" (A.W. Schlegel an Fouqué, 12. März 1806; A.W. Schlegel 1848, 360). Aller Kritik zum Trotz betont der als vertraulich ausgegebene Brief die strategische Intention, die zur anonymen Edition des Stücks führte, insofern die romantischen Calderón-Adaptionen (wie der an dieser Stelle ebenfalls benannte *Kaiser Octavianus*) zunächst einmal überhaupt durchzusetzen seien: Eine öffentliche Kritik unterbleibt, „so lange das Vortreffliche an ihnen nur so unvollkommen anerkannt wird" (361).

[91] Falls man dieses Versmaß in den sechshebigen Jamben tatsächlich erkennen will: „Mag auch den Helios-Tempel Nachthauch hüllen ein, / Des Gottes Kunst durchdringet und verscheuchet sie [die Weisheit]" (Schütz 1807, 20); zu Aufbau, Metrik und Sprache der *Niobe* vgl. Hiebel (1928, 56-63): Erneut steht einer Abstraktion im Formalen als Signatur des Antiken das romantisierende Verschwimmen im Semantischen gegenüber, beides geschuldet der Häufung von metaphernüberladenen Komposita mit Vorliebe für nachgestellte Verben auf der syntaktischen Ebene und für Partizipialkonstruktionen im Bereich der Wortbildung (rauschempfangend, fruchtbestaudet, schönbeblumt; Vielschönster, Wachstums-Förderer, Fruchtverleiher usw.).

'Halb-Chor' und 'Gegen-Strophe' des zweiten Halb-Chors in Daktylen bzw. Versen wechselnder Länge zur gleichsam dionysischen Perspektivierung der Fruchtbarkeitssemantik. Die Antikennähe kommt in der *Niobe* allein thematisch ins Spiel: in einem allerdings mangels Konfliktstruktur traditionell untragischen Stoff aus den *Metamorphosen* des Ovid, der bereits Tiecks *Niobe* ins Lyrisch-Melodramatische diffundieren ließ.[92] Über alle Motivationsprobleme hinweg zeichnen sich Schütz' Stücke vor allem durch sprachlichen Dilettantismus aus. Sie markieren damit eine Diskrepanz *sowohl* zu den Kunstansprüchen in Dramen der Romantik *als auch* zur trivialen Rührdramatik der Zeit: die doppelte Ortlosigkeit eines Modephänomens, das die Literaturgeschichte bei aller erreichten Synthesis von Griechentum und Romania, Antike und Moderne nicht zu Unrecht mit Vergessen bestraft.

Spätere Romantik

1. Dramaturgie des Kaleidoskops. Achim von Arnim

Die radikalsten romantischen Dramen im Hinblick auf Variabilität und Indifferenzierung der Formensprache auch unterhalb der im Exkurs vorliegender Arbeit ausgeführten Grenzauflösungen schreibt Achim von Arnim: derjenige Autor der späteren Romantik, dem aufgrund seiner Ausbildung und enzyklopädischen Belesenheit, als Freund 'freier Untersuchungen' auch im Feld der Naturwissenschaften[93], Systematisierungen und disziplinäre Grenzziehungen grundsätzlich suspekt waren. Die experimentelle Formen- und Genrevielfalt seines dramatischen Werks, gespiegelt in der textinternen Dispersion der Verfahren, ereignet sich auf der Basis eines mehr oder weniger stabil bleibenden weltanschaulichen und lebenspraktischen Ethos'. Bei aller Varianz erneuert diese Voraussetzung zuletzt stets das eine Ideal von der Einheit aller Gegensätze: zwischen Individuum und Gemeinschaft, Körper und Geist, Herz und Vernunft, zwischen subjektiver Weltwahrnehmung und objektiver Gegebenheit der Dinge. Seit ihrer Umprogrammierung von der 'Kunstthematik' auf den politisch-religiösen Ernst praktischer Lebensgestaltung, der sich als angestrebter Ausgleich des Besonderen mit dem Allgemeinen in *Aloys*

---

[92] Das trotz aller bereits vollausgebildeten metrischen Versatilität noch präromantisch konzipierte, weil melodramatische Dramolett *Niobe* Tiecks von 1790 stellt insofern eine mögliche Vorlage für Schütz dar, als es ja ebenfalls bereits den jambischen Trimeter erprobt, während die vierhebigen Trochäen noch nicht auf die Romanze zurückgehen; siehe dazu mit Hinweisen auf Schütz' möglicher Kenntnis der Arbeit des Schülerfreunds Tieck Hölter (1987, 279); hier auch zeitgenössische Stellungnahmen zum Mißlingen der „zwanghafte[n] Frostsprache" (Friedrich an Ludwig Tieck) (283-285, hier 284).

[93] Zu Beginn des Studiums 1798 gründen Arnim und Raumer den wissenschaftlichen Kreis 'Freunde freier Untersuchung', der sich mit Fragen der Physik, Chemie, Mathematik, Jurisprudenz und Philosophie beschäftigte (Riley 1979, 19).

und Rose (1803) ankündigt, durchziehen Arnims Werke geradezu leitmotivisch den einen Gedanken vom tatkräftigen Charakter als Erfüllungsinstanz und Medium idealer Gemeinschaftlichkeit. Religiös artikuliert sich dieses Telos in der Überwindung weltlicher 'Schuld' durch 'Buße' zur Wiedererlangung einer höheren Ganzheit:

> Kopf und Herz gehört zusammen,
> Beide aus einander stammen,
> Kopf ist Vater, Herz ist Sohn,
> Daß der Geist in beiden wohn',
> Und der Geist ist Fleisch geworden,
> Niemand kann den Geist ermorden,
> Und auf Erden kann geschehen,
> Daß das Fleisch muß auferstehn,
> Wenn ich wie am jüngsten Tage
> Habera Kadabra sage,
> Grüßt Euch wieder, Doppelquellen,
> Blitzt im Aug' wie Meereswellen.[94]

Der Zauberspruch des Henkers Hämmerling, der im *Schaubühnen*-Puppenspiel *Die Appelmänner* den geköpften Vivigenius mit dem „Lebensöl" wieder zusammenklebt und auferstehen läßt, versammelt die Kernelemente dieser Versöhnungskonzeption vor dem Hintergrund christ-theologischer Auferstehungsmodelle bei erkennbar gut gelaunter Verulkung der wiederhergestellten Trinität von Vernunft (Kopf), Hingabe (Herz) und Heiligem Geist der Tat durch rhetorische Zauberei. Die Verfahrenskomplexität der Dramen Arnims, die wie in der Lyrik und Prosa auf eine teils höchst konkretistische, teils phantastische, ja bereits surrealistisch erscheinende Geschichtlichkeit zurückgeht, bleibt so stets zurückgebunden an die politisch-religiöse Zweckbindung in der Überredung zur idealen Verbindung des Besonderen mit dem Allgemeinen. Alle formale und motivische 'Unordnung'[95], die auch die szenischen Welten in ständigem Themen- und Perspektivenwechsel bewegt hält (sprachlich in der Variation von gebundener Rede, einer 'normalen' und einer metrifizierten Prosa), hebt sich von daher stets auf in der allegorischen Transparenz der höheren Ordnung. Selbst in den präsurrealistischen Zügen, die Arnims Werken von André Breton attestiert wurden, artikuliert sich die geschichtsphilosophisch-religiöse Zuversicht auf die einheitsstiftende Qualität der Poesie: ihre Fähigkeit zur Plausibilisierung der Ganzheit der Welt. „Alles geschieht in der Welt der Poesie wegen", schreibt Arnim im bereits zitierten Brief an Brentano vom 9. Juli 1802, „die Geschichte ist der allgemeinste Ausdruck dafür, das Schicksal führt das grosse Schauspiel auf". „Dichtkunst und Musick" sind dabei die „beyden allgemeinsten, genau auf einander gepfropften Reiser des Poeti-

---

[94] Arnim-SW IV, 7, Schaubühne II, 212f.

[95] Vgl. Brentanos Brief an die Brüder Grimm vom November 1810 anläßlich der *Gräfin Dolores* (Steig III, 87); zur gleichsam mimetischen Unordnung in Arnims Werken, insofern sie den ungeregelten Weltverhältnisse entspricht, vgl. auch Eichendorff-DKV VI, 761.

schen Baumes", so daß mit der „Sprache der Worte" und der „Sprache der Noten" „die innere Sprache der Natur verständliger und hörbarer" gemacht werden
soll, um sie in einer „Druckerey für das Volk" allgemeingültig zu verbreiten.[96]
Von zentraler Bedeutung – sowohl für den Rezipienten als auch für die poetische Organisation der Werke – ist dabei stets der Einzelne in seinem fraglosen, je
besonderen Wert für das Ganze: „Was ist uns denn in einer Geschichte wichtig,
doch wohl nicht, wie sie auf einer wunderlichen Bahn Menschen aus der Wiege
ins Grab zieht", lautet der entsprechende Kommentar des Erzählers im 'Buße'-
Teil der *Gräfin Dolores* in impliziter Kritik der bloß diesseitigen Poetik des Bildungsromans, „nein die ewige Berührung in allem, wodurch *jede Begebenheit* zu unserer *eigenen* wird, *in uns* fortlebt, ein ewiges Zeugnis daß alles Leben aus Einem
stamme und zu Einem wiederkehre".[97] Zur poetischen Beglaubigung dieser Wirkung atmen Arnims Werke in der Gespanntheit von Didaxe, religiöser Erwartung
und vielgestaltiger Anverwandlung älterer literarischer Modelle bei ausdifferenzierter Artistik im gleichermaßen spontanen wie kalkulierten Wechsel von Einfällen und Verfahrensweisen. Auch die dramatischen Texte formiert deshalb die
fundamentale Doppelung von Eindeutigkeit und Polysemie: als Allegorien einer
persuasiven Plausibilisierung der höheren Ordnung auf der thematischen Ebene
zum einen; im realistischen, grotesken und phantastischen, mit einem Wort: manieristischen Vollzug auf der komplementären Verfahrensebene zum anderen.
Verstand und Intention stehen einem launigen Sich-Überlassen der Sprachbewegung als Manifestationsform des bewegten Geists gegenüber. Im fraglosen Vertrauen auf die Erfüllung ihrer Bestimmung sind Arnims Texte deshalb fast von
Beginn an eingespannt in die Dialektik von restaurativer Zweckbindung (Politik,
Moral, Religiosität) und revolutionärer Form. Erst gegen Ende des dramatischen
Werks, besonders im Geschichtsdrama *Marino Cagoba* (1816), verschiebt sich dieses Verhältnis auf bemerkenswerte Weise in gewissermaßen gegenläufiger Verkehrung: hin zu einer schillernahen, nun also tatsächlich eher klassizistischen
Form bei sozialrevolutionärem Gehalt im politischen Postulat einer freiheitlich
gewaltenteilenden Verfassung. Zum Schluß der Arnimschen Dramatik macht sich
so eine Art szenischer Vorschein des Vormärz bei gegensinniger Formentwick-
lung im Rückblick auf die bisherigen Varianten einer höchst vielgestaltigen Expe-
rimental- und Volksdramatik geltend.
Aller gutgelaunten Zerstreuung und aller skurrilen Irritationen durch absurde
Einfälle zum Trotz meint es Arnims Hypostasierung des Zusammenhangs von
rechter „That" und idealem „Charakter"[98], der die Werke im Innersten zusammenhält, in einer bestimmten Hinsicht absolut ernst.[99] „Ernst verwandelt sich in

---

96 Arnim-Brentano I, 21f.
97 Arnim-DKV I, 575 (Hervorhebung von mir, S.S.).
98 Brief an die Brüder Grimm vom 8. September 1812 (Steig III, 210); dazu Streller (1956, 6).
99 Vgl. Brentanos Bemerkung zur *Dolores* im Brief an die Brüder Grimm vom November 1810:
    „Wenn ich Arnim rezensirte, würde ich sein Talent an die Sterne erheben, ich würde alle Ansprü-

Spiel, / Dieses ist der Worte Ziel, / Doch des Lebens Ziel ist Handeln", lauten
die entsprechend vielzitierten und in der Tat zentralen Schlußverse von *Halle und
Jerusalem*.[100] Wollte man die Verfahrenslogik dieser sehr ernsten szenischen Spiele
ins Bild setzen, so liegt besonders bei Arnim das Kaleidoskop auf der Hand: Eine
gegebene, also endliche Menge an Elementen, integriert von einem geschlossenen
Raum, wird von der Bewegtheit des schöpferischen Geistes so geschüttelt und
gedreht, daß unentwegt neue Konfigurationen[101] zwischen beweglicher Unordnung und Ordnung im Übergang entstehen.[102] Den Kern der Arnimschen Mosaiktechnik, motiviert durch die ihr zugrundeliegenden Formkraft des Witzes, erkennt Wilhelm Grimms Brief an Arnim vom 14. Juni 1822:

> Ich habe Dir schon gesagt, es kann Mangel und Schwäche meiner Augen sein, daß ich
> den Zusammenhang nicht so lebendig einsehe, wie Du, aber es kommt mir vor als wäre
> aus einzelnen für sich bestehenden Miniaturbildern, die ich schön, geistreich, sorgfältig
> ausgeführt finde, auf eine gewisse sinnvolle Art ein Bild zusammengesetzt, was aber
> mehr der kühne Witz, als die organische Nothwendigkeit zu einem Ganzen macht.[103]

Das Formprinzip des Witzes, der die additive Ansammlung isolierter Miniaturen
als Bruchstücke neben anderen Bruchstücken nur im Innersten zusammenhält,
begründet die arabeske Textur, die die ausgestellten Bruchlinien eben nicht 'organisch' verschmilzt.[104] Erst die weltanschauliche Einsinnigkeit überformt die prismatische Zersplitterung in wechselnde Textkonstellationen als schöne 'Miniaturen' zur höheren Ordnung.

Diese Organisationslogik der Texte begründet die Komplementarität von
Drama und Roman bzw. Erzählung, die im Falle Arnims aus der generellen Unbesorgtheit gegenüber gattungspoetischen Distinktionen resultiert. Es gibt keine
besonderen produktionsästhetischen Differenzen zwischen erzählerischen und
dramatischen Werken, so daß die Kategorien der Forschung zur Interpretation

---

che, die man machen kann, an ihn machen, und würde ihn bitter und scharf strafen, daß er nicht
klassisch ist, daß er nur theilweise ehrlich arbeitet, daß er es ungemein ernst meint, und eben so
leichtsinnig arbeitet. Dies scharf und ernst ausgesprochen, ist die einzige Art, die ihn gewiß zum
höchsten Ernst bringt, und zu jener leichten Bemühung, die Sachen nicht zusammen zu flicken"
(Steig III, 87).
[100] Arnim-SW V, 8, Schaubühne III, 400.
[101] Zum konfigurativen Strukturprinzip vgl. Riley (1977).
[102] Die „objektive Beschaulichkeit Arnim's" im Zeichen des 'Kaleidoskops' konstatiert bereits Eichendorff (Eichendorff-DKV VI, 761).
[103] Steig III, 519.
[104] „Da ich weiß, wie er arbeitet", schreibt Brentano zu Arnims 'Zusammenknittelungswesen' an die
Brüder Grimm im November 1810, „da ich das einzelne als schön und vollendet kenne, so finde
ich es weder rührend noch recht, sondern unbillig, wenn es ihn kränkt, daß die Leser es zusam-
mengeflickt finden, wo er es zusammenklebt, und daß sie das empfinden, ist ja grade nur dadurch
möglich, daß das einzelne für sich so vortrefflich war" (Steig III, 88). Aus dieser Charakteristik
läßt sich im übrigen das gegenläufige Verfahren Brentanos herausdestillieren, das alle Heterogenität durch *sprachlichen* Parallelismus homogenisiert (vgl. Kap. 2. Szenische Sprachlichkeit. Brentanos
späte Dramen).

der Prosa (Naturpoesie, Kunstpoesie, Phantastik, Überfülle spannungsvoller Motive usw.) auch für die Dramen greifen: Die Assoziativität der Einfälle, stets abgesichert durch das Vertrauen auf die göttliche Lenkung, überläßt sich einer vergleichbar spontanen Organisation der szenischen Darstellung. Zentrale dramatische Modalitäten verlieren darin strukturbildende Bedeutung: Der Text organisiert sich in erster Linie nach den Ideen des epischen Ichs. Nicht also die zwischenmenschliche Aktualität treibt die Handlung voran, so daß die performative Funktion des Dialogs zerfällt.[105] Wie in der Prosa entsteht eine ebenso parataktische wie übergängliche Phantastik im realistischen Kontext. Wie die Prosa sind auch die Stücke vollgestopft mit lebendigen Wissenszusammenhängen in perspektivischer Brechung: Alles lebenspraktisch Wissenswerte wird aus den historisch zugänglichen Archiven abgerufen, um ein lebendiges Ganzes hervorzubringen, das in einfallsbedingt willkürlicher Kombinatorik sich zum Roman oder eben zum Dramenförmigen verfestigen kann.

Zwar sind damit sämtliche Werke Arnims Kaleidoskope des 'Einen' Allgemeinen, die sich gattungstechnisch variabel organisieren können. Die angestrebte *Unmittelbarkeit* in der lebendigen Wirkung auf ein Volksganzes, die dieser Intention notwendige Nicht-Exklusivität im Hinblick auf Bildungsvoraussetzungen, führt aber tendenziell doch zu einer bestimmten Präferenz der Schauspielkunst (in welcher Konsequenz auch immer gerade die Dramen Arnims zuletzt an die Schrift gebunden bleiben). Sämtliche Manifestationen des „mannigfaltigen Weltlebens" artikulieren sich gerade hier wie unvermittelt und objektiv im schönen Schein unendlicher Reflexionen gleich dem farbig schillernden Ornament eines Pfauenrads: so naturhaft unregelmäßig wie kunstvoll geometrisch geordnet. Für Arnim ist der Pfau deshalb das Wappentier der *Schaubühne*, das „Sinnbild der Schauspielkunst" als schönes „Abbild" der Welt, denn

> wie er in seinen kleinen Federspiegeln die ganze Farbenwelt im Kleinen darstellt, so wünscht auch sie [die Schauspielkunst] in ihren Darstellungen ein Abbild des vollen mannigfaltigen Weltlebens zu geben, kein Kreis ist ihr zu hoch oder zu niedrig, sie macht einen Kreis dem andern deutlich und erfreulich [...].[106]

In der doppelten Funktionserfüllung von nützlicher 'Deutlichkeit' und 'erfreuendem' Farbenglanz zeigt sich die Welt in den Prismen der Kunst gleich einem Regenbogen in beweglicher Schönheit. Kraft dieser ätherischen Bewegtheit kommen in der lebenspraktischen Ausrichtung der Schauspielkunst völlig disperse Elemente fraglos zusammen: Ein religiöser Mystizismus, der sich zum Glauben an Ge-

---

[105] Vgl. die entsprechenden Beobachtungen Falkners (1962) vor dem Hintergrund der produktionsästhetischen Unentschiedenheit zwischen Epik und Drama, begründet durch die phantasiehomologe Assoziativität einer einfallsästhetisch konstituierten und entsprechend automatisierten Sprachbewegung (132-136, 168-198). Die formgeschichtliche Modernität der Dramen Arnims kann Falkner daher im Rekurs auf Szondis *Theorie des modernen Dramas* plausibilisieren (168f.).

[106] Schaubühne, 308. Dieser wichtige poetologische Textabschnitt fehlt im Anhang der Ausgabe *Sämmtlicher Werke* von 1857.

spenstisches versteigen kann, artikuliert sich in skurrilen Bizarrerien und der teils grotesken Irrationalität einer geschichtsphilosophischen Phantastik – in Elementen auf jeden Fall, die in der Verschränkung mit höchst konkreten Realien einander wechselseitig legitimieren. Insofern ist Arnim realistisch (im Blick auf den konkreten Objektstatus der Dinge), naturmagisch, kabbalistisch, religiös, naturwissenschaftlich und surrealistisch ineins; oder allgemeiner: pathetisch und manieristisch zugleich. Die Kontamination der verschiedenen Ebenen dient aber weder einem artistischen Selbstzweck noch der Abwendung des Lesers von der Wirklichkeit, sondern eben gerade dem Ziel, durch die Vorstellung eines sinnerfüllten Weltganzen die praktischen Aufgaben des gegenwärtigen Lebens ins Blickfeld zu rücken. Der Glaube fungiert als „Religion des Lebens"[107], wenn das Schauspiel auf die Gemeinschaft durch den 'poetischen' Zustand freier Volkstätigkeit einwirken soll, und zwar ohne eine nationalistische Färbung erkennen zu lassen, weil es Arnim nicht um den Haß gegen den ausländischen Feind zu tun war.

Arnims Ansichten zur „Natur- und Kunstpoesie" im Brief an Jakob Grimm vom 14. Juli 1811, die alle 'ursprüngliche' Gemeinschaftlichkeit strikt historisch und medial reflektiert[108], kontert ihr Adressat mit einem Argwohn, dessen Kritik der künstlichen Kombinatorik gerade das Spezifische dieser Poesie bei aller sonst gemeinsamen Anerkennung ihres göttlichen Ursprungs kenntlich macht:

> Deine Ansicht von alter Volkspoesie halte ich hauptsächlich deshalb für unrichtig, weil Du mir sie eben zu äußerlich zusammensetzen willst. Glaubst Du mit mir, daß die Religion von einer göttlichen Offenbarung ausgegangen ist, daß die Sprache einen eben so wundervollen Ursprung hat und nicht durch Menschenerfindung zuwege gebracht worden ist, so mußt Du schon darum glauben und fühlen, daß die alte Poesie und ihre Formen, die Quelle des Reims und der Alliteration ebenso in einem Ganzen ausgegangen ist, und gar keine Werkstätten oder Ueberlegungen einzelner Dichter in Betracht kommen können.[109]

Genau diese 'Überlegtheit', ihr Handwerkscharakter ist trotz aller medialen Ästhetik des Empfangens für Arnims Ästhetik konstitutiv. Der Kern dieser Poesieauffassung reflektiert sich daher in der Idee von der 'getäuschten Täuschung', Leitformel für die Dialektik der Kunst zwischen technischer Verfügung und medialer Unverfügbarkeit von Schein und Wahrheit, die Arnim in der 'Theoretischen Untersuchung' als Beilage zum Brief an die Brüder Grimm vom 25. November 1812 erläutert:

> Meine Theorie poetischer Erfindungen, die ich euch letztlich aufstellte, wie die Phantasie nur dann wahr sei, wenn sie *täuschend sich selbst täuscht*, wie der Verstand nur dann *Überzeugung fühlt*, wenn er *von der Wahrheit*, die er sucht, *selbst wahr gemacht wird*, so z.B. auf Zeichnung angewendet, so ist da erst eine Schönheit und das ist Wahrheit der

---

[107] Arnim-DKV I, 652.
[108] Vgl. Steig III, 134f.
[109] Steig III, 139.

Phantasie vorhanden, wenn das Angeschaute im Kopfe, das ich darstellen möchte, womit ich die Leute täuschen möchte *mich selbst so ergreift*, daß ich es zuletzt nicht mehr von den Angeschauten unterscheiden kann, ja sogar dieses Angeschaute gänzlich verliere, oder erst wieder durch das erschaffene Bild hervorbringen kann. Wo sich Wahrheit der Phantasie und Wahrheit des Verstandes begegnet, da ist das höchste menschliche Gefühl, wir nennen das Religion [...]. Die Tugend liegt nur in der Vereinigung des religiösen innern Menschen mit der äußeren Welt, bloße Verstandes-, bloße Phantasietugend ist leer.[110]

Verstand und Phantasie kommen im künstlichen Schein der ästhetisch erlangten Wahrheit zusammen – und bleiben doch eine Täuschung, der mit allem Vorbehalt gegen das bloß Artifizielle begegnet wird. Erst die Religion garantiert die Verbindung von Vernunft und ihrem Anderen, von Intention und Empfangen, weil sie den inneren Menschen mit der äußeren Welt im Ernst des poetisch täuschenden Spiels kurzschließt. Erst sie läßt die sekundäre Verbindung von Innen und Außen als Ganzheit erscheinen, denn hier betrifft die Täuschung der Poesie den inneren Menschen persönlich und unmittelbar. Im Brief an Wilhelm Grimm vom 25. November 1812 schreibt Arnim dazu mit Bezug auf die 'Theoretische Untersuchung':

Wenn ich nämlich von Täuschung als dem Anfang aller Dichtung rede, so ist es nicht jener Betrug, den Menschen etwas aufbürden zu wollen, was sie nicht gemeint, geglaubt haben – Täuschung ist Spiel, Betrug ist Ernst – vielmehr trifft hier die von mir entwickkelte Berührung zwischen Verstand und Phantasie bei allem religiösen Glauben ein, in der selbst jene Täuschung der bloßen Phantasie nicht stattfinden darf. [...] Ein heiliger Sinn möchte zur Beruhigung und Ausgleichung seiner Seelenkräfte etwas erdichten, täuschen, aber in dieser Erhebung strahlt ihm die Wahrheit, er meint sich nur zu täuschen und ist getäuscht, indem er wirklich die Wahrheit empfangen, die sein ganzes Wesen nachher erfüllt und berichtigt.[111]

Die innere Sprache der Welt auf dem artifiziellen Weg der Poesie verständlicher und hörbarer zu machen, die Ganzheit der Dinge in der technischen Willkür der Kunst in Evidenz zu überführen, um den Einzelnen zur Wahrheit hin zu 'berichtigen' – das ist die absolute Intention der Poesie Arnims. Notwendigerweise hat diese Poesie sich der 'getäuschten Täuschung', Leitformel einer Poetik der Wahrheit durch medial inszenierten Schein, zu unterwerfen.[112] Das Mißtrauen gegen die Fiktion als verantwortungslos leere Illusion und als unfreiwillige Überwältigung gegen den inneren Eigensinn des Einzelnen bleibt damit grundsätzlich bestehen. Arnims Werke sind daher stets idealistisch und idealismuskritisch ineins. So macht das dialektische Denkbild zugleich einsehbar, in welcher Weise unzweideutige Intention und poetische Vieldeutigkeit sich ineinander verschlingen – und dadurch einander begründen.

---

[110] Arnim-DKV VI, 401f. (Hervorhebungen von mir, S.S.).

[111] Steig III, 244.

[112] Zur Poetik der 'getäuschten Täuschung' vgl. Ricklefs (1990b, 64, 213f; 1990a, 48-58).

„Alles Doppelte entzückt Arnim", schreibt Vordtriede im impliziten Resümee älterer Forschungsbeiträge, die Arnims Dramatik eine 'doppelte Motivierung' attestieren.[113] Diese bedingt ein ständiges Vexieren der Elemente, insofern alle Figuren und Gegenstände nie isoliert erscheinen, sondern als Bestandteile eines rhizomartigen Geflechts: sowohl in der horizontalen Ebene der sinnlichen Erscheinungen wie in der vertikalen Ausrichtung des Menschlichen, Politischen und Moralischen hin zu einem höheren, helleren und in einen unteren, dunklen Bereich hinein, der als gespenstische Dämonologie heraufscheint. Alles ist hier mit allem verbunden und aufeinander bezogen: in einer unübersichtlichen Welt, in der auch der Autor steht, weshalb er unterhalb seiner ethisch-metaphysischen Festigkeit und der erkannten universalen Bezüglichkeit keinen vorgefertigten Standpunkt einnehmen kann. Allein die religiöse Motivierung (im erläuterten Sinn der inneren Verbindung jedes Einzelnen mit der äußeren Welt) verleiht den Entscheidungen der Figuren ein über ihre bloße Subjektivität hinausreichendes Gewicht. Sie lenkt die Aufmerksamkeit des Zuschauers auf die allgemeine Bedeutsamkeit jedes Handelns. Poesie suggeriert damit die Vorstellung, daß alles, was in der realen Welt sich ereignet, in geheimnisvoller Weise mit dem selbstverständlichen Gang der Dinge verschränkt bleibt. Die Motivketten, die auch Arnims Schauspiele durchziehen, leisten folglich weniger eine Motivation der Handlung. Sie erscheinen vielmehr als Zeichen für ein das Leben durchwirkendes Gesetz.[114] Geheimnisvoll lenkt es die Figuren und macht den Zuschauer auf sein eigenes Tun aufmerksam: Ansatzpunkte für Reflexionen, die der Autor als offene Deutungsperspektiven anbietet, als Sinnstiftung aber nur bedingt selbst herstellt. Dies markiert die spezifische Nähe zu den szenischen Denkspielen Büchners und Grabbes, wie auch immer sich die Lehre am Ende auch explizit äußert. Auf jeden Fall ist Arnims Theater auf ein soziales Ethos hin funktionalisiert, das auf die beobachtbaren Phänomene der Welt bei aller Affirmation kritisch reagiert. Jede Weltveränderung muß eine von äußeren Erziehungsvorschriften und Systemen unabhängige innere Beziehung haben, denn sonst ziehen die Dinge nur vorüber wie eine flüchtige Phantasmagorie.[115]

---

[113] Vordtriede (1971, 261); zur 'doppelten Motivierung' aus überweltlicher und diesseitig realer Begründung vgl. bereits Schreyer (1929, 59-61) und Streller (1956, 54): Im Ereigniszusammenhang werden die Figuren in immer neue und andere Geschehensreihen gestellt, so daß sie zwischen verschiedenen Ebenen stehen, die sich wechselseitig aufheben – und so wechselseitig legitimieren.

[114] Auch aus dieser Grundkonzeption resultiert die 'Episierung' des Dramas im Gefolge der einschlägigen Bestimmungen Szondis in der *Theorie des modernen Dramas*, die man mit Falkner (1962, 168-198) an der fehlenden Autonomie der Figuren und dem damit einhergehenden Zerfall der zwischenmenschlichen Aktualität ablesen kann: Die handlungsexterne Begründung, an der die Absolutheit zerfällt, geht hier im Gegensatz zur Moderne natürlich von metaphysischen Voraussetzungen aus.

[115] „So wahr ists, daß etwas Dauerndes nur durch Erziehung begründet ist, und daß jede Weltänderung, die keine *innere* Beziehung (was von äußeren Erziehungsvorschriften und Systemen ganz verschieden) zur Erziehung hat, wie ein Wolkenschatten vorübergeht" (*Die drei liebreichen Schwestern und der glückliche Färber. Ein Sittengemälde*, 1812; Arnim-DKV 3, 827).

Im Ganzen tritt in den dramatischen Werken Arnims seit dem expressiv-
verwilderten Frühwerk eine Entwicklungstendenz zutage, die sich in der Bändigung des Formenspiels bei Vereindeutigung der politisch-religiösen Intention niederschlägt (im 'Exkurs' vorliegender Arbeit bereits als Bewegung weg von der radikalen Entgrenzung in *Ariel's Offenbarungen* zur Einlagetechnik bei gewahrter
Funktionalität auch der szenischen Formationen angedeutet).[116] Die anthropologischen Zentralmotive des Frühwerks – Trauer und Schwermut, Ästhetik des
Elegischen, Ungeduld des Veränderungswillens: der stets grundierenden religiösen
Zuversicht dialektisch gegenübergestellt – bleiben aber auch in den Hauptwerken
um 1810 bestehen, wie sich am Weltekel Cardenios (geradezu eine Post-
Figuration Lovells) gegen Ende des *Halle*-Dramas zeigt.[117] Ihren Höhepunkt findet die entwickelte Form 'universeller Entwürfe', die sich nach der Übergangs-
phase mit den im 'Exkurs' aufgeführten Dramenprojekten zwischen 1801 und
1808 herauskristallisiert, in der Berliner Zeit (1809-1814) als 'Integration' sämtlicher Impulse. Hier entstehen die wichtigsten Dramen, bis mit dem Verlassen Ber-
lins 1814 der resignative 'Rückzug'[118] nach Schloß Wiepersdorf einsetzt.

Sämtliche Aspekte Arnimscher Dramatik sind zu dieser Zeit versammelt in
Halle und Jerusalem (1811), das sich in der signifikanten Doppelstruktur von
zeitaktuellem Städte- bzw. Gesellschaftsdrama und religiösem Erlösungs- bzw.
Gnadendrama vorstellt: Paratextuell schon als Gattungsexperiment in der Doppelung von 'Trauerspiel in zwei Lustspielen' ('Studentenspiel' und 'Pilgerabenteuer')
gekennzeichnet[119], vernetzt sich das ausgreifende szenische Universalprojekt mit
den beiden anderen, mehr oder weniger parallel entstehenden poetischen Gro-
ßereignissen dieser Zeit, die dergestalt werkübergreifend die verschiedenen Varianten universalpoetischer Gattungsmischung ausloten: mit dem Weltbuch *Päpstin*

---

[116] Die Tendenz nach 1810, Stücke in Prosa zu verfassen, erkennt Storz (1972, 229): Gerade in der
Schaubühne hängt der „Stilwandel [...] mit der immer stärker sich ausprägenden Absicht Arnims
zusammen, auf seine Zeitgenossen erzieherisch und politisch einzuwirken", während mit dem
Scheitern des Projekts und der sich breitmachenden Resignation nach 1815 die Wendung zum
„Historiendrama" (*Markgraf Carl Philipp von Brandenburg*) beobachtbar ist.

[117] Arnim-SW V, 8, Schaubühne III, 178f.

[118] Zu diesen Leitbegriffen für Arnims Werk der Berliner Zeit vgl. Titel und Überblick bei Ricklefs
(2000a, Xf.).

[119] Bemerkenswert ist der ursprüngliche Paratext „zwei Trauerspiele für Juden", an den die Interpretation der „Doppeltragödie für Juden" von Ricklefs (2000b, 145f.) als ebenso phantastisches wie
politisch-kulturelles Konzept einer vaterländisch-christlichen Integration der jüdischen Religion
ansetzt (zur 'Lehre' des Doppeldramas kraft des politischen-religiösen Motivs einer christlich-
maurischen Ordensgründung zur politischen Erneuerung einer europäischen Elite vgl. 163f.,
195ff.); siehe dazu auch die aus dem Nachlaß von Ricklefs publizierte „Zueignung an die Juden"
(168). In dem Maße aber, in dem das Stück eine 'christliche Unterweisung' für Vertreter einer
fremden Religion (169) sein will, geht es von deren Veränderungsbedürftigkeit aus, anerkennt
folglich eben nicht deren Eigensinn. Ob damit der zuletzt von Kremer (2000, 145) konstatierte
Antisemitismus des Stücks (auch im ideologischen Zusammenhang mit der 'Christlich-deutschen
Tischgesellschaft') aus der Welt geschafft ist, bleibt daher nach wie vor fraglich.

Johanna (1812/13), zu dem *Halle und Jerusalem* zahllose Analogien[120] genauso aufbaut wie zum romantischen Ehebruch-Roman *Gräfin Dolores* kraft der auch hier
strukturbildenden Doppelung von weltlicher 'Schuld' und 'Buße' bei finaler Erlösung im Religiösen.[121]

Verfahrenstechnisch spiegelt sich dieser fundamentale Dualismus in der Aufspaltung des Stücks in zwei divergierende Teil-Dramen: – in das Unikat eines romantischen Gegenwarts- und Städteschauspiels[122] als dreiaktig geschlossenen
Darstellung libertinären Studentenlebens im *Halle*-Teil auf der einen Seite[123], initiiert zunächst durch den ursprünglichen Plan einer aktualisierenden Bearbeitung
von Gryphius' Trauerspiel *Cardenio und Celinde* im Rahmen der seit 1804/05 virulenten Revitalisierung der 'Alten deutschen Bühne'[124]; – in die reine Szenenfolge
im *Jerusalem*-Stück auf der anderen Seite, eine Art dramatisierter Pilgerreisebericht[125], der den Protagonisten zur Erlösung von aller Schuld ans Heilige Grab in
Jerusalem als „Mittelpunkt" der Welt[126] führt. Verbleibt das *Halle*-Schauspiel aller
Offenheit der stets funktional eingesetzten episodischen Unterbrechungen[127] und

---

[120] Vgl. Ricklefs (2000b, 191); hier auch u.a. zur Vergleichbarkeit Ahasvers mit der 'Melancholia' in
der *Päpstin Johanna* (151) und zu den analogen Strukturgegebenheiten als Lesedramatik (157), insofern das Universalpoem zunächst ja tatsächlich rein dialogisch konzipiert war.

[121] Zur gleichzeitigen Entstehung von Roman und Universalschauspiel vgl. Ricklefs (2000b, 145).

[122] Zur Einzigartigkeit dieser Form vgl. Ehrlichs (1970, 111) Kontextualisierung auf die Dramenpoetik A.W. Schlegels, derzufolge Gegenwartsprobleme nur im romantischen Lustspiel (satirisch oder
komisch) zu behandeln seien. Auch die literarische Darstellung der Stadt bildet sich seit Tiecks
Lovell selbst im epischen Bereich erst langsam heraus, etwa in einer Linie von Tiecks späten *Phantasus*-Erzählungen bis zum späten E.T.A. Hoffmann; mit dem *Fortunat* legt Tieck – allerdings nach
Halle und Jerusalem – auch ein Städtedrama vor.

[123] Vgl. Ziolkowski (1992, 355-357).

[124] Zur Entstehungsgeschichte von *Halle und Jerusalem* vor dem Hintergrund der um 1804/05 noch
vorgesehenen bloßen Bearbeitung von Gryphius' Hypotext vgl. Paulin (1968, 5-12), Ehrlich
(1970, 88-90), Ricklefs (2000b, 143-154); ein eingehender Vergleich mit dem regelpoetisch gesehen ja selbst avancierten barocken Schauspiel, das sich bei Arnim zusehends ins Gegenwartsdra-
ma vom Universitätsleben in Halle verselbständigt, bei Paulin (1968).

[125] Der *Jerusalem*-Teil läßt spätmittelalterliche und frühneuzeitliche Pilgerberichte als benutzte Hypotexte durchscheinen: und zwar hinsichtlich der Reisestruktur (Schiffsreise über den Weg durch die
Wüste zum Heiligen Grab) wie der aufgeführten Reiseumstände ('Herberge', 'Ritterschlag' und
Lokalitäten in Jerusalem); zum Pilgerreisebericht als Gattung vgl. Scherer/Bausewein/Herz/Hu-
schenbett/Scezsny/Wagner (1993b). Die 'Stationenfolge' des zweiten Stücks (Paulin 1968, 113ff.)
ist also in erster Linie der szenischen Nachschrift einer epischen Form (auch in Verbindung mit
der Kreuzzugsmotivik) geschuldet, kontaminiert wiederum mit Gliederungs- und Verfahrenstechniken des frühneuzeitlichen Prosaromans (Kapitelüberschriften, epische Einführung als An-
und Ausdeutung von Handlungselementen usw.).

[126] Zur (rahmenbildenden) Vernetzung dieses Motivs vgl. Arnim-SW V, 8, Schaubühne III, 27, 224,
227, 400.

[127] Neben den zahlreichen, teils musikbegleiteten Liedern und Tanzelementen bestehen die Episoden
im einzelnen: aus der Judensatire um Ahasverus vor dem Hintergrund des der Cardenio-
Handlung hinzugefügten Legendenstoffs vom ewigen Juden, einer Philosophen- und Goethe-
Einlage, schließlich zweier karnevalesker Maskenspiele samt parabatischer Anspielungen auf den
Spiel-im-Spiel-Mechanismus (vgl. Arnim-SW V, 8, Schaubühne III, 46-50; 124-130; zur Anspie-

aller (vergleichsweise zurückgenommenen) Integration phantastischer Elemente (so etwa der Geist Olympies in der gespenstischen Gräberszene) zum Trotz ein mehr oder weniger realistisches und geschlossenes Gesellschaftsdrama[128], verschiebt der religiöse *Jerusalem*-Teil[129] die Darstellung zusehends in den ebenso phantasmagorischen wie allegorischen Raum eines geistlichen Spiels. Die Metamorphose der Form plausibilisiert sich kraft der Wahrnehmungsveränderungen an den neuen Lokalitäten: Über den halluzinativen Weg 'durch die Wüste' (Kremer) hinweg, eingebunden in andere topische Orte wie Meer, Brunnen und Nonnenkloster, entgrenzt sich die Pilgerschaft zur Stadt des Heils zusehends in höhere Unbestimmtheit. Die Tendenz zu Verallgemeinerung der vorherigen Zeitaktualität mit Figuren ohne psychologische Plastizität verzichtet freilich auch im Heiligen Land nicht auf groteske Elemente, wenn beispielsweise die englischen Soldaten im Belagerungskrieg die einschlagende Bombe sogleich jubelnd in den „Punschnapf" werfen, um diese zu löschen.[130] Zuletzt münden aber auch solche digressiven Absurditäten mit der erkannten Familiengenealogie[131] in die pathetische Quelle allen Heils: den erlösenden Auferstehungstod aus dem Mittelpunkt der Welt am heiligen Grab.[132]

---

lung des Aus-der-Rolle-Fallens vgl. 129) – allesamt funktional auf das leitende Darstellungsinteresse des ganzen Stücks eingesetzt: So spiegelt sich die Schuld Ahasverus', der einst die Mutter Cardenios in Jerusalem vergewaltigte, in gespenstischen Erscheinungen (Olympies Geists, überlagert vom Geist der toten Mutter) ebenso wie in den antikapitalistischen und antisemitischen Anspielungen auf das Gespenstische des Gelds und des Judentums (Arnim-SW V, 8, Schaubühne III, 113). Die poetologische Selbstzurückbindung des Stücks an die Dramatik des Sturm und Drang reflektiert sich in den Szenen um Kümmermann und Stürmer als Goetheverteidiger, hinter dem man Arnim selbst vermuten darf (165ff.). Die philosophische Perspektivierung äußert sich im Gespräch Cardenios mit dem aufgeklärt rationalistischen Wagner einmal mehr als Gelehrten- und Wissenschaftssatire, woraufhin die Studenten die Leiche Wagners nicht nur symbolisch abtransportieren (I/4; 22ff., 29). In den Maskenspielen schließlich zeigt sich die Zusammengehörigkeit von Liebe, Treue und Beständigkeit, dies auch vor dem Hintergrund des Brunnenmotivs und der hier ausgetragenen Symbolik von Jungfräulichkeit und Weiblichkeit, insofern sich in der Schlußapotheose von *Jerusalem* dessen „gleichermaßen erotische und spirituelle Implikation erweist" (Kremer 2000, 147); nicht zuletzt spiegelt die Konstellation 'Mohrenprinz' vs. 'Weißprinz' die Halb-und-Halb-Figuration des Ahasverus. Zur Funktionalität der Einlagen insgesamt vgl. Ehrlichs (1970, 88-111) detaillierte Rekonstruktion der ganzen Handlung.

[128] Vgl. Ehrlich (1970, 110f.).

[129] Im *Jerusalem*-Teil sind die episodischen Digressionen wegen der epischen Stationentechnik weniger auffällig; vgl. hier aber *Der Harem des Pascha von Jerusalem*, das als 'türkisches Familiengemälde' mit 'pantomimischem Tanz' auf eine implizite Kotzebue-Verulkung hinausläuft (Arnim-SW V, 8, Schaubühne III, 346-354, zum auch hier poetologisch wichtigen Tanz vgl. 351).

[130] Arnim-SW V, 8, Schaubühne III, 303.

[131] Ahasverus ist der Vater Cardenios, Olympie Cardenios Schwester, die mit der in der Wüste als Geist aufscheinenden Mutter verschmilzt.

[132] Die geistesgeschichtlich-weltanschaulichen und zeitaktuell-politischen Koordinaten dieser christlichen Dramatik erhellt ausführlich der Kommentar von Ricklefs (2000b), der für die Historisch-Kritische Ausgabe vorgesehen ist; in eher psychoanalytischer Perspektivierung der Doppelkonzeption einer Wiederherstellung von Ganzheit in 'Stimme und Schrift' durch die wiedergefundene 'Mutter in der Wüste' und den Tod am heiligen Grab Kremer (2000, 153-157).

Das zeitaktuelle Gesellschafts- und Städtedrama, mythisch vertieft kraft der Perspektivierung von Schuld durch die legendarische Figuration des ewigen Juden neben der sündigen Libertinage Cardenios, steht also insgesamt in ebenso verkehrender wie komplementärer Antithese zum religiösen Erlösungsdrama.[133] Die durch die Aufteilung vorgegebene, dialektisch auf einander bezogene Doppelstruktur spiegelt sich mikrostrukturell in der durchgängigen Verschränkung von Pathos und Groteske[134] bei stilistischer Vielfalt bzw. parataktischer Mehrschichtigkeit auch im Sprachlichen: vollzogen im Wechsel zwischen Prosa, metrischen Formen samt der von Arnim erfundenen 'unbestimmten Jambenzeile' als Modus gleichsam verflüssigter Bindung.[135] Unterbrochen werden die übergänglichen Formen von teils blasphemischen Wortspielen ('Halle'/'Halleluja', 'panis'/'penis')[136], die das Zusammenzwingen äußerster Gegensätze (von Realismus und Heil, Abendmahl und Sexualität, Geistigkeit und Materialität) als den basalen Polen einer manieristischen Ästhetik auf den Punkt bringen. Der halluzinatorischen Entgrenzung in der Wüste als Übergangssphäre zur höheren Ordnung korrespondiert aber nicht nur die Auflösung des mehr oder weniger geschlossenen Halle-Teils in die episch konstituierte Szenenfolge komplementär zur wachsender Geltung wunderbarer Ereignisse auf dem Weg ins Heilige Land (nicht zuletzt die 'Erscheinungen' des Gekreuzigten auf der Wegstrecke[137] und das finale Erklingen seiner Stimme in der Grabeskirche). Der generischen Transformation geht auch die zunehmende Dominanz von leserlenkenden epischen Elementen einher: Die vergleichsweise ausführlichen Nebentexte, die im Halle-Teil eher noch der interpretierenden Präzisierung der lokalen Umstände dienten, deuten die Ereignisse jetzt immer stärker nach Maßgabe eines epischen Ichs aus.[138] Gegenläufig zur Tendenz formaler Entgrenzung gibt sich damit in der Bewegung zum Heil die wachsende Geltung einer expliziten Lehre zu erkennen, die in der allerletzten Strophe vom Ernst des Spiels im Lebensziel des Handelns dem Dichter direkt in den Mund gelegt wird. Der frühneuzeitliche Referenzrahmen, angesiedelt zwi-

---

[133] Akzentuiert Ehrlich (1970, 137f.) die synthetisierend-antithetische Doppelstruktur von geschlossener und episierend offener Dramaturgie, von 'realistischem' Gegenwarts- und mythischem Religionsdrama bei wachsender Verselbständigung wunderbarer Elemente und einer spät erst offenbarten Familienordnung, so sieht Ricklefs (2000b, 233) eher die Inkommensurabilität beider Teil-Dramen. Betont Ehrlich die grundsätzliche Bühnenfähigkeit, gleichwohl sich das Jerusalem-Stück vermittels der epischen Stationenfolge einer höheren Sphäre annähert, die als „romantisches Gesamtkunstwerk" der Bühnenrealisierung aber ebenfalls keine Schwierigkeiten bereitet (133), hält Arnim selbst an der Qualität des 'dramatischen Stadtgedichts' als Lesedrama fest (vgl. Ricklefs 2000b, 155).

[134] Vgl. Paulin (1968, 140), Kremer (2000, 138, 148).

[135] Vgl. zu jambischen Fünf- und Vierhebern in Prosa u.a. Arnim-SW V, 8, Schaubühne III, 143; siehe dazu Paulin (168, 144f.), hier genauer zu Arnims Stilvielfalt, zum Pathos und zum Sprachrealismus (139-153; Zusf. 172f.).

[136] Arnim-SW V, 8, Schaubühne III, 376, 28.

[137] Arnim-SW V, 8, Schaubühne III, 249f., 332.

[138] Vgl. Arnim-SW 8, Schaubühne III, u.a. 320, 329, 332, 388f., 396.

schen realistischer Aktualisierung und topischer Generalisierung, spannt das ganze Doppeldrama insgesamt zwischen religiösem Schauspiel des Barock und spätmittelalterlich-frühneuzeitlichem Pilgerreisebericht ein, der durch paratextuelle Signale darüber hinaus Beziehungen zum frühbürgerlichen Prosaroman unterhält. Wie die späteren Stücke der *Schaubühne* dient auch *Halle und Jerusalem* grundsätzlich der zweckgebundenen Reaktivierung voraufklärerischer Literatur- und Theatermodelle.

Eine entscheidende Differenzqualität zu den in der *Schaubühne* verfolgten wirkungspolitischen Zielen ist jedoch nicht zu verkennen: *Halle und Jerusalem* ist weder ein Geschichtsdrama noch ein national-mythisches Schauspiel (wie etwa Brentanos *Die Gründung Prags*), noch weniger aber ein Volksschauspiel, insofern die Reaktivierung eines barocken Kunstdramas eben auch dessen Artifizialität reproduziert. Das Stück verfolgt die protestantischen Perspektiven (mit gewissermaßen katholischen Elementen vermittels des Gesamtkunstwerkscharakters) in einer manieristischen Ästhetik der *bricolage* bzw. 'intertextuellen Bastelei': Auf basale Hypotexte bzw. systemreferentiell gewählte Textvorlagen werden vielfältige Bezüge zwischen zeitaktueller Kritik und Wissenschaftssatire, zwischen poetologischen und systemreferentiellen, legendarischen, mythischen und christlichen Motiven mit teils ebenso wunderbarem wie groteskem Effekt aufgepfropft.[139] Formgeschichtlich steht das Stück – gerade hinsichtlich der *inszenierten* Intertextualität – in einer Linie der Tieckschen Großdramen samt Reminiszenzen an die Wüstenphantasmagorie in der *Genoveva* und an die von Tieck eingeführte Doppelstruktur des *Kaiser Octavianus* (bei eher implizitem Rekurs auf Calderón); eine poetologische Rückbindung, die Arnim noch einmal in seinem letzten Drama *Die Gleichen* (1819) aktiviert.[140] Im Unterschied zu den verfahrenstechnisch eher simplifizierenden Stücken der *Schaubühne* ist *Halle und Jerusalem* getragen von einer komplexen intertextuellen Motivation und Motivverästelung. Ihr im einzelnen nachzugehen, hieße, eine der Arnimschen Produktionsästhetik „analoge Präzision bei der Lektüre" anzusteuern. Und dies bedeutete zuerst „ein unideologisches, nicht pauschalierendes, 'unrhetorisches' Ernstnehmen der Worte"[141], das die Arnimsche Wortmetaphysik, derzufolge jedes einzelne sprachliche Element „frisch und flammend" lebt, konkret nimmt und je individuell einholt: „keine Silbe ist mir zum leeren Mechanismus geworden".[142] Leisten kann dies nur der Einzelstellen-Kommentar in stetiger Perspektivierung auf das Ganze. In jedem Fall aber handelt es sich bei aller geglaubten Evidenz um ein exklusives literarisches Projekt. Legt man zudem

---

[139] Zur intertextuellen Bastelei und zur Ästhetik der 'Pfropfung' vgl. Kremer (2000, 139-146; hier 140, 142).

[140] Vergessen scheint damit offenbar die alte Kritik am *Kaiser Octavianus*, der „nicht in der alten Pracht, sondern in die alte Breite" aufsteige (Arnim an Brentano, 3. Oktober 1804, Arnim-Brentano I, 242), insofern Arnims Schauspiel eine „noch größere Breite" als dem Universaldrama Tiecks „zu eigen ist" (Storz 1972, 229).

[141] Ricklefs (2000b, 244).

[142] Goethe- und Schiller-Archiv Weimar 03/226,8; zit. nach Ricklefs (2000b, 244).

die 'Lehre' einer maurisch unterfütterten 'Einweisung' der Juden in ein christliches Europa zugrunde, so resultiert daraus eine ideengeschichtlich versierte intertextuelle Dramatik, die schon wegen ihrer besonderen Kenntnisvoraussetzungen, aller expliziten Didaxe zum Trotz, kaum als 'Volksschauspiel' zur Gemeinschaftsbildung taugt.

Genau dies wird vor dem politischen Hintergrund der Befreiungskriege um 1813 zum wirkungsästhetischen Problem. Dramatische Volkstümlichkeit schließt intertextuelle Komplexität aus. Komplementär zum vernetzten Werkkomplex der drei ausgeführten Großtexte, die das verfahrenstechnisch anspruchsvolle Projekt der Universalpoesie im dreifach variierten Gattungsexperiment (Roman, Großdrama, Weltbuch) durchspielen, verlagert Arnim unter dem Eindruck der zeitgeschichtlichen Ereignisse seine Aufmerksamkeit auf die alte *Schaubühnen*-Idee. Die wirkungsästhetische Effektivität der dramatischen Rede soll jetzt der Finanzierung von Kanonen für das siebte Berliner Landsturmbataillon dienen.[143] Erzwungen wird damit die Umfunktionierung des Dramas von poetischer Exklusivität in Gemeinverständlichkeit, insofern es bei aller 'Lustigkeit' der Stücke um den „ernste[n] Zweck" der Überredung zur patriotischen Tat geht.[144] Die *Schaubühne* ist das regional- und nationalpatriotisch orientierte Projekt einer insoweit voraussetzungslosen Poetisierung der vaterländischen Gemeinschaft, als sie das altdeutsche und altenglische Volkstheater reaktiviert: voraufklärerische Theatermodelle also in tatsächlich europäischer Perspektive.[145] Die teils sehr freie Bearbeitung von Stücken, deren Bühnenfähigkeit sich erwiesen hat, versteht sich als Modus der Vergegenwärtigung für eine unmittelbar politische Volksdramatik. Konzipiert ist *Alte deutsche Bühne* analog zur Sammlung der *Wunderhorn*-Lieder, wenngleich sie bei aller vergleichbaren Ambitioniertheit geradezu gegenläufig erfolglos geblieben ist – wohl nicht zuletzt auch deshalb, weil sie die für Arnim symptomatische Ambivalenz der Durchführung im einzelnen eben nicht entschieden genug eskamotiert. (Darin bestätigen sich spezifische wirkungsästhetische Differenzen zwischen den Gattungen, die romantische Poesie gerade transzendieren will). Erreicht werden soll eine alle Standesgrenzen überschreitende ästhetische Bildung: die gesamtkulturelle Erziehung des preußischen Staats und der deutschen Nation durch Volkspoesie als Volkstheater. Die soziologischen und historischen Voraussetzungen dieser ständeübergreifenden Bühne reflektiert Arnim bereits früh in

---

[143] Zu der bis zum 21. Juni 1813 mehrfach veröffentlichten Anzeige im *Preußischen Correspondenten* (Steig I, 312) vgl. im ereignisgeschichtlich-politischen Zusammenhang Ehrlich (2000, 101), Spoglianti (2000, 189). Geplant war die Ausgabe der *Alten Deutschen Bühne* (so der ursprüngliche Titel der Sammlung) seit 1808; sie wurde immer wieder verschoben, bis im Frühjahr 1813 die Befreiungskriege das Erscheinen des ersten Bandes beförderten; vgl. dazu auch Pross (2001, 214).

[144] So die Anzeige im *Preußischen Correspondenten* (Steig I, 312).

[145] Die Anknüpfung an das europäische Volkstheater reicht von Shakespeare und seinen Vorläufern bei Marlowe bis zurück zur altenglischen Komödie und italienischen Stegreifkomödie als Varianten einer antiklassizistischen und synthetisch romanischen Volkskultur (vgl. Ehrlich 2000, 103).

den *Erzählungen von Schauspielen* (1803). Legt man die dort erkannte aktuelle Lage des zeitgenössischen 'Volkstheaters' zugrunde, so siedelt sich die *Schaubühne* genau zwischen den vorhandenen Theaterformen an: *zwischen* dem 'Wiener Volkstheater' „im Stile der unteren Volksklasse" *und* der Weimarer klassischen Bühne „im Geiste der Gebildetsten", zumal diese „alle Kraft erst im Altertum zusammenziehen" wolle, es folglich eben an politischer Aktualität fehlen läßt.[146]

Der Überlieferung der 'alten Bühne' folgend, fällt die Anverwandlung der Vorlagen äußerst vielgestaltig aus: Possen, Farcen, Pickelheringspiele, historisierende Lustspiele und Geschichtsstücke variablen Umfangs und variabler Verfahrenskomplexität signalisieren die differentiellen Spielmöglichkeiten dramatischer (Klein-)Formen, die auf Wander-, Marionetten- und Schattenbühnen gegeben werden. Dabei generiert Arnim auch neuartige Genrevarianten wie das historisierende Lustspiel bzw. die politische Komödie, die ihre regionalpatriotische Zweckbindung kraft der in historischen Stoffen erkannten komischen Potenz verfolgt.[147] Singulär ist Arnims Projekt, insofern die beabsichtigte politisch-religiöse Bühne die Ambivalenz der Verfahren eben nicht aushebelt, weil auch hier lehrhafte Wirkungen mit den poetischen Mitteln einer manieristischen Ästhetik angestrebt werden. (Darin besteht wohl ein entscheidender Grund für die Erfolglosigkeit auf dem Theater.) So lesen sich die diversen Stücktypen der auf mehrere Bände konzipierten *Schaubühne* wie das Möglichkeitsspektrum romantischer Universalpoesie: die multiperspektivische Palette szenischer Genres, ausgefaltet nach unterschiedlichen Textstrategien in komischer, ironischer und grotesker, in tragischer, historischer und mythischer Brechung bei grundsätzlich allegorisch entschlüsselbaren Darstellungsimpulsen.

Im Unterschied zu den universalpoetischen Großprojekten präsentieren sich die volkstümlich-lehrhaften Stücke trotz aller teils absurden, teils bereits surrealen Einfälle schon wegen der traditionell beglaubigten Bühnenfähigkeit mehr oder weniger durchweg geschlossen. In aller Regel handlungsdramatisch konstituiert durch Versatzstücke der Intrigendramatik, werden sämtliche Zersprengungen am Ende aufgelöst von der wiedergefundenen Harmonie: kraft Propaganda für die richtige Tat bzw. richtige Tugend oder in heilsgeschichtlicher oder gar explizit paradiesischer Perspektive. Mit der konkreten Wirkungsabsicht unterstellt sich die gewahrte Theatralität der unmittelbaren Persuasion zum richtigen Leben: eingelöst in der Beglaubigung traditionell überlieferter Bindungen, garantiert durch die höhere Einheit von Familie, regionaler, nationaler und religiöser Gemeinschaft. Arnims vielzitiertes Wort im Brief an Goethe vom 12. Juli 1819 anläßlich seines letzten Dramas *Die Gleichen*, er schreibe für ein Theater, „das nirgend vorhanden

---

146 Arnim-DKV VI, 141; vgl. dazu natürlich auch die einschlägige Schrift *Von Volksliedern* (1805), auf die hin Pross (2001, 207-215) das *Schaubühnen*-Konzept kontextualisiert.

147 Zur gattungspoetologischen Stellung und zum Neuigkeitswert des historisierenden Lustspiels im Zusammenhang der den historischen Stoffen entbundenen komischen Möglichkeiten vgl. Sengle (1969, 182f.), Ehrlich (1970, 197), Fauser (1999, 186-189).

ist"[148], läßt sich von daher über den Befund zu den desolaten Theaterverhältnissen der eigenen Zeit hinaus eben auch auf das Postulat einer noch nicht vorhandenen Bühne der Gemeinschaftsbildung perspektivieren. Mit Blick auf die im Gegensatz zu den Großdramen ja erst gar nicht zu bestreitende Theaterfähigkeit der *Schaubühnen*-Stücke[149] zielt die bekannte Äußerung deshalb auch auf ein Volk ab, das auf eine solcherart verfaßte Poesie überhaupt erst wahrnehmungsfähig zu machen sei. Wohl auch weil *diese* Gemeinschaft unter den Bedingungen der funktional ausdifferenzierten modernen Vergesellschaftung immer weniger vorhanden ist, sind die Stücke auf der Bühne erfolglos geblieben.[150]

Das Spektrum der Formen markieren die Paratexte in den beiden ersten Bänden der *Schaubühne*, die jedem Stück eine Genrebezeichnung zuweisen:

– *Jann's erster Dienst. (Eine Posse)*
– *Der Auerhahn. (Eine Geschichte in vier Handlungen)*
– *Das Frühlingsfest. (Ein Nachspiel)*
– *Mißverständnisse. (Ein Lustspiel)*
– *Die Vertreibung der Spanier aus Wesel im Jahre 1629. (Schauspiel in drei Handlungen)*
– *Das Loch, oder das wiedergefundene Paradies. (Ein Schattenspiel)*
– *Herr Hanrei und Maria vom langen Markte. (Ein Pickelheringsspiel) (Frei bearbeitet nach dem Altdeutschen)*
– *Der wunderthätige Stein. (Ein Hanswurstspiel) (Nach dem Altdeutschen)*
– *Jemand und Niemand. (Ein Trauerspiel) (Frei nach dem Altdeutschen)*
– *Die Appelmänner. (Ein Puppenspiel)*
– *Die Capitulation von Oggersheim. (Heroisches Lustspiel in drei Aufzügen)*

Neben den gewissermaßen klassischen Paratexten 'Lustspiel' und 'Trauerspiel', die freilich nicht notwendig die tatsächlichen Textverhältnisse treffen müssen – wird die zunächst kontradiktorisch erscheinende Gattungsbezeichnung 'hero-

---

[148] Goethe und die Romantik II, 157.

[149] Zur Bühnenfähigkeit und zu Arnims Absicht, tatsächlich theaterwirksame Stücke besonders in der *Schaubühne* zu schreiben, vgl. Kayser (1914, 52); zu den völlig erfolglos gebliebenen Theaterintentionen vgl. insgesamt Streller (1956, 11-37), Falkner (1962, 12-16), grundsätzlich Burwick (1972).

[150] Entsprechend groß ist die Verbitterung Arnims gerade im Blick auf die einstige Zuversicht bei Dramen, die wie die *Vertreibung der Spanier aus Wesel im Jahre 1629* tatsächlich „für die Bühne geschrieben" waren (Goethe und die Romantik II, 148) und in diesem Ausnahmefall dort sogar einmal realisiert wurden: „Und wenn ich da von Dir höre, wie meine Befreiung von Wesel, die auf so manches Zeitinteresse anspielt, in Breslau so gleichgültig aufgenommen ist", schreibt er ernüchtert an Brentano am 3. August 1815, „so machts mir wenig Lust, mich einem Schauspielpublico anzuvertrauen mit Arbeiten, die noch weniger von Theatergewohnheiten an sich tragen. Vielleicht kommt eine bessre Zeit, die einem die Lust wiederbringt, für sie thätig zu seyn, in diesem Augenblicke scheint die ganze Welt abgerichtet, ein grosses politisches Resultat hervorzubringen, und was darin zerstreuen könnte bringt keinen sonderlichen Segen" (Arnim-Brentano II, 719).

isches Lustspiel' in der *Capitulation von Oggersheim* tatsächlich eingelöst, handelt es sich beim allegorischen Spiel *Jemand und Niemand* gewiß nicht um ein 'Trauerspiel' –, spielt die Sammlung erkennbar ältere Subgenres und Kleinformen durch. Eine distinkte generische Zuordnung zu Komödie oder Schauspiel macht über die teils ironisch eingesetzten Kontradiktionen hinaus bei fast allen Stücken Schwierigkeiten, insofern sie stets infiziert sind von je gattungsfremden Elementen zwischen tödlichem Ernst und phantastisch-absurder Komik.[151] In fast jedem Fall aber wird die Lehre nach Irritationen und Zersprengungen aller Art – durch Intrigen, Mißverständnisse, Verwechslungen, Verkleidungen, Zerstückelungen oder sonstwie episodischen Verselbständigungen – beglaubigt im bewährten Aufscheinen der höheren Fügung.

Historische Genauigkeit, beachtet durch Quellenarbeit und die gewahrte Historizität der Darstellung, spielt in den teils sehr freien Bearbeitungen meist nur eine untergeordnete Rolle. Entsprechend launig fallen die begleitenden Kommentare Arnims zu den aufgegriffenen Stoffvorlagen in Anhang der Sammlung aus, die sich unter Umständen auch mit dem Hinweis begnügen, den Namen der Quelle vergessen zu haben. Im letzten kommt es auf die Historizität eben nicht an, so daß die Stücke auch nicht als eine Art poetische Historiographie funktionieren.[152] Eine präzisierende Einzelinterpretation, die auf die Historisierung der stofflichen und intertextuellen Verhältnisse hinausliefe, kann daher unterbleiben. Ohnedies zählen die *Schaubühnen*-Stücke zu den am häufigsten interpretierten Dramen Arnims.[153] Abzulesen ist den Deutungen, daß bei dieser deutlich vorlagengebundenen und stofflich insoweit unspektakulären Dramatik weniger die

---

[151] Japp (1999, 62) rechnet insgesamt sieben Stücke (einschließlich der *Appelmänner*) dem komischen Fach zu; als „eigentliche Lustspiele" bestehen neben den Possen *Der Straulauer Fischzug* (aus dem Nachlaß), *Mißverständnisse* und *Die Capitulation von Oggersheim*, während *Das Loch* und *Die Appelmänner* vom Phantastischen tingiert seien. Zu den typologischen Schwierigkeiten vgl. bereits Ehrlich (1970), der über den allgemeinen Befund einer offenen Dramaturgie in der Linie vom Sturm und Drang zu Grabbe und Büchner hinaus generellen Unterscheidungen bei Arnim mit Skepsis begegnet: so auch der von Streller (1956, 55) postulierten Dopplung in 'phantastische' und 'historische' Stücke (vgl. Ehrlich 1970, 9).

[152] „In dieser Geschichte ist wenig Geschichtliches", schreibt Arnim entsprechend zum *Auerhahn*, „man wird daher verzeihen, daß ich mir ein Stück: Otto der Schütz, dessen ich mich aus Catalogen wohl erinnere, nicht verschafft habe, um zu sehen, in wie fern meine Tragödie dadurch etwa überflüssig gemacht wäre; [...] ich habe die Überzeugung, daß meine Arbeit nicht weniger frei und nothwendig in mir entstanden ist als irgend eine andere. Alles in der Welt gelesen zu haben, ist eine Prätension, die weder Gott noch ein Recensent machen kann" (Arnim-SW IV, 7, Schaubühne II, 350).

[153] *Die Capitulation von Oggersheim* (Kluge 1963, 58-72; Japp 2000, 63-66); *Das Loch* (Kluge 1963, 74-81; Kluge 1968; Japp 1999, 66-71; Ehrlich 2000, 112f.); *Die Appelmänner* (Krogoll 1979, 78-86; Krogoll 1982, 332-335; Kluge 1980, 195f.); *Die Vertreibung der Spanier aus Wesel* (Krogoll 1979, 72-78; Krogoll 1982, 330-332; Ehrlich 2000, 108-111; Pross 2001, 215-243); *Herr Hanrei und Maria vom langen Markt* (Kluge 1963, 81-83); *Niemand und Jemand* (Kluge 1963, 83-85); umfassend Ehrlich (1970, 112-242; 2000), Spoglianti (1994/95; 2000).

(banalen) Inhalte[154] interessieren als die Genrevariationen im Rahmen eines romantischen Gesamtkonzepts im Spiel mit Dramentypen. Der nachfolgende Überblick begnügt sich deshalb mit knappen Kurzcharakteristiken bei fallweise ausgeführten Einzelbeobachtungen.

Nach der Stoffbehandlung beurteilt, lassen sich historische Schauspiele variablen Umfangs (*Die Vertreibung der Spanier aus Wesel, Die Appelmänner, Glinde, Bürgermeister von Stettin, Der echte und der falsche Waldemar, Markgraf Carl Philipp von Brandenburg*) von historisierenden Lustspielen (*Capitulation von Oggersheim, Stralauer Fischzug*) und Bearbeitungen altenglischer, altdeutscher oder altfranzösischer Vorlagen unterscheiden (*Jann, Hanrei, Der wundertätige Stein, Jemand und Niemand, Das Loch, Mißverständnisse*). Eine besondere Stellung nimmt **Der Auerhahn** ein, insofern das handlungsdramatisch geschlossene Stück nach dem Sagen-Stoff von 'Otto, dem Schützen' nicht allein gegen politisch-religiöse Unfreiheit, sondern auch gegen zeitgenössische Theaterverhältnisse polemisiert, weil es das Schicksalsdrama und den Fatalismus mystisch-romantischer Geschichtsauffassungen vors Gericht stellt: Die Nicht-Respektierung des väterlichen Willens läßt den Sohn des Grafen vom Glauben und von den familiären 'Weissagungen' abfallen. Der ritterliche Zweikampf endet zugunsten Ottnits und damit der Anerkennung eines „andere[n] Geschlecht[s]"[155], das sich den Traditionen und dem geahndeten Willen der Vorfahren verpflichtet weiß. Einmal mehr präsentiert das Stück die Kritik am bloß subjektiven Egoismus gegenüber der Selbsteinbindung ins Überindividuelle. Der 'gute' Fluch des alten Landgrafen führt zur Überwindung der 'teuflischen' Verfehlungen seines Sohnes Heinrich, woraus sich die auch ständisch konzipierte 'Umwertung' des Schicksalsdramas erklärt: Auf der Grundlage intakter Familienbeziehungen garantiert die höfisch-adelige Welt die Gestaltung einer humanen Weltordnung.[156]

Im Unterschied zu derart langfristigen Perspektiven einer Erneuerung der menschlichen Lebensverhältnisse zeigt das historische Schauspiel **Die Befreiung von Wesel** und die dazu komplementäre Komödie *Die Capitulation von Oggersheim* die gegenwartsbezogene Notwendigkeit zur patriotischen Tat: Die Stücke präsentieren vorbildhafte Exempel historischer Einzeltaten in konkreten Entscheidungssituationen. Im Gegensatz zur Lustspielbehandlung bleibt das Schauspiel tatsächlich insoweit historisch, als Arnim eine Befreiung von 1629 aufgreift, die er im zweiten Teil des *Theatrum Europaeum* von 1646 vorfand, um daraus ein vaterländisch-patriotisches Geschichtsdrama zu machen: Der Weseler Holzhändler Peter Mülder agiert mit geschichtlichem Bewußtsein in nationaler Verteidigungspflicht wie eben der Schäfer Warsch in der *Capitulation von Oggersheim*, wenn er mit einem gewaltigen Hammer den niederländischen Befreiern das Stadttor zur Überwindung der spanischen Besatzer öffnet; vermittelt durch einen im Traum

---

[154] So Kluge (1963, 73).
[155] Arnim-SW IV, 6, Schaubühne I, 207.
[156] Vgl. Ehrlich (2000, 106-108).

mitgeteilten göttlichen Auftrag. Dafür wird er am Ende zum Bürgermeister, dem inneren Repräsentanten des Volks, gewählt. Die leitmotivisch präsent gehaltenen Bibelbezüge, die das Problem der protestantischen Glaubensfreiheit gegen die katholischen Unterdrücker spiegeln, kulminieren im Schlußchoral als Kontrafaktur auf Luthers *Eine feste Burg ist unser Gott*, die Arnim als 'Kriegslied' bereits 1806 verbreiten ließ.[157] Insofern artikuliert das Stück seine agitatorische Leitidee von der preußischen Erhebung gegen Napoleon ganz unverblümt.

Die Lustspielvariante in der ***Capitulation von Oggersheim*** präsentiert die gleiche Grundkonzeption erheblich intrikater; und zwar allein wegen der diversifizierenden Effekte teils hanebüchener Einfälle (wie den beiden Bürgermeistern in der Waagschale), aneinandergereiht in einer aberwitzigen Folge von Maßnahmen zur Befreiung der Stadt in politisch bedrängter Lage: Ein Schäfer, dessen Frau (wie sich herausstellt) die Schwester des spanischen Besatzers Don Pedro von Corduba ist, verteidigt Oggersheim mit inszenierter Wehrhaftigkeit durch zufällige Kanonenschüsse und mit sonderbaren, zuletzt aber erfolgreichen Maßnahmen, obwohl er in erster Linie um seine Schafe besorgt ist. Als Wöchnerin verkleidet legt Warsch sich samt Schaf als Säugling ins Kindbett, weil Frauen mit Kindern von den Spaniern nicht getötet werden; er handelt die Vorzugsbehandlung für seine Schafe aus, so daß die Besatzer glauben, es handele sich um heilige Tiere. Der glückliche Schluß zeigt die Wiederherstellung einer zersprengten Familie: Don Pedro von Corduba ist Warschs Schwiegervater. Den unerfüllbaren Wunsch des Schäfers, zum spanischen General befördert zu werden, beantwortet der vormalige Besatzer unversehens damit, selbst Schäfer werden zu wollen, um die wiedergewonnene Familieneinheit (als Symbol der höheren politisch-religiösen Einheit) nicht mehr zu gefährden. Witzig ist das groteske Stück allein wegen der Grundidee des Schäfers als Held. Völlig zu Recht legitimiert diese den zunächst einigermaßen überraschenden Paratext 'heroisches Lustspiel'. Dem korrespondiert die ironische Stilhöhenanhebung kraft einer metrifizierten und teils gereimten Prosa etwa in der Liebesrhetorik des Schäfers Franz im Kontrast zum derbpragmatischen Gehalt. Heroisch ist das Lustspiel, weil es tatsächlich um soldatische Tugenden der Verteidigungsbereitschaft geht, die sich Warsch in dem Maße attestiert, in dem er sie unerwarteterweise tatsächlich erfüllt, selbst wenn sich am Ende auf wundersame Weise die Verwandtschaftsverhältnisse ähnlich der höheren Familienganzheit in Brentanos *Ponce de Leon* geltend machen. Der Zwang zu den Verteidigungs- als Täuschungsmaßnahmen verleiht dem Stück einen roten Faden. Dennoch lebt die Handlung in erster Linie von grotesker Situationskomik

---

157 Dazu und zur geplanten, aber eben auch aus realpolitischen Gründen scheiternden Aufführung, die dem 'Volkswillen' gegenüber obrigkeitsstaatlichen Vorgaben des preußischen Staats Geltung zu verschaffen suchte, vgl. Ehrlich (2000, 109f.); hier auch zur Kritik Goethes an der bloßen Tagesaktualität des Stücks: an den politischen Intentionen und dem formlosen 'Transcendieren' „nach allen Seiten" (111); zur Verbindung des berühmten Kirchenlieds mit der *Volkslied*-Idee vgl. Pross (2001, 224).

und (teils systemreferentiell eingesetzten) Kontrasteffekten aus niederen Figuren als Helden, die dramengeschichtlich üblicherweise der ländlichen bzw. idyllischen Sphäre zugewiesenen bleiben. Insofern inszeniert Arnim mit dem Stück auch eine politische Kontrafaktur auf – romantische – Schäferfiguren von Shakespeares *As you like it* bis Tiecks *Zerbino* und *Genoveva*.[158]

Verwickelter noch präsentieren sich von den Stücken mit chronikalischem Stoff zuletzt **Die Appelmänner**[159], ein historisierendes Schauspiel in fast durchweg metrisch angehobener Prosa, das im szenischen Gewand des 'Puppenspiels' – unbesorgt daher um den Bruch mit der *vraisemblance* – den zerstückelten Körper des Vivigenius auf offener Bühne wieder zusammenleimt. Ohnedies geht es auch hier nicht um eine widerspruchsfreie Darstellung des Vater-Sohn-Konflikts nach der alten Stettiner Chronik: des Stoffs vom ungehorsamen und wegen Waffenkaufs finanziell verschuldeten, aber freiheitlich lebendigen Sohn (mit entsprechendem Namen), den sein Vater (Bürgermeister Appelmann) köpfen läßt, um die alte Prophezeiung eines unnatürlichen Todes abzuwenden, derzufolge im Falle fehlender Unterstützung zur Begleichung der Schulden sogar der familiäre Hof abgefackelt wird. Denn für sich gesehen repräsentieren beide Figuren ja gerade wertvolle Tugenden: Steht der unbesonnen tollköpfige und doch stets ehrliche Sohn im Kampf auf Seiten der Niederländer gegen die Spanier für die Freiheit (das Neue), repräsentiert die Vernunft des Vaters das Gesetz (den Bestand). Der zentrale Konflikt zwischen öffentlicher Gerechtigkeit und privater Bindung wird stets überlagert von einer dezidiert widersprüchlichen Gestaltung der Handlung und Figurenkonstellationen zwischen Appelmann, Vivigenius, Pfarrer Remel und Henker Hämmerling. Ist Appelmann vernünftig und umsichtig, voller Liebe und mild, verhält er sich gegenüber seinem von Remel zum potentiellen Brandstifter erklärten, aber eben unschuldigen Sohn streng und hart, wenngleich ihn das Todesurteil sofort reut. Sein Ziel der Gerechtigkeit bleibt ungerecht, obwohl der aus Kriegsbegeisterung verschuldete Junge in den niederländischen Freiheitskrieg ziehen, also für die richtige, protestantische Sache kämpfen will, die wiederum Pfarrer Remel, religiöser Geisterseher und falscher Prophet, attackiert. Scharfrichter Hämmerling nicht zuletzt ist kaltblütig und zart: Sein Amt, zu töten, kontrastiert dem Wunsch, zu heilen. Auch sonst stehen dem leitenden Motiv der Kriegsbegeisterung ironische Verweise auf körperliche Gebrechen bzw. bloße „Zipperlein" gegenüber.[160] Das ganze Stück ist so auf verquere Weise eingespannt zwischen höchsten Zielen und niederer Behinderung durch menschliche Schwächen – rahmenbildend gespiegelt im Leitmotiv der Gänse zwischen dem Hinweis auf deren

---

[158] Zum intertextuellen Horizont auf die romantische Komödie Tiecks, vermittelt durch das Iffland-Zitat *Allzu scharf macht schartig*, vgl. Japp (1999, 66).

[159] Zur „thematischen Parallelität" mit der *Vertreibung der Spanier aus Wesel* vgl. Ehrlich (1970, 154), geboten als „vertrackte" „Gegenstück zur Agitatorik" im Geschichtsschauspiel (Krogoll 1979, 78ff.).

[160] Arnim-SW IV, 7, Schaubühne 179.

schiere Todesangst am Schlachttag eingangs des Stücks und dem Verzehr am Tag des Sieges und des Friedens: der Tag des Heiligen Martin, der die zum Schluß im Lied besungenen Gänse „bescheeret" hat.[161] (Die heilende Wirkung von Hämmerlings Schwert als „Spielzeug"[162] spiegelt sich vor diesem eschatologischen Hintergrund auch in der sexuell konnotierten Dialektik der Berührung durch das Schlachtmesser, die in der Begegnung des Henkers mit Vivigenius' Schwester Apollonia durchscheint: Beider Figurenrede spielt erkennbar mit dieser Implikation des Eindringens in den fremden Körper, die nach erlangter 'Ehrlichkeit' des Henkers im Fall der Verbindung mit der gänseschlachtenden „Scharfrichterin" Apollonia eben ins Heil der „Ehe" führen kann.[163]) Ist es all dem zufolge grundsätzlich nicht leicht, „an seine rechte Stell zu kommen"[164], greift zum guten Ende doch wie von selbst die richtige Ordnung der Dinge Platz. Auf figurenpsychologische Kohärenz und eine widerspruchsfreie Motivation der Handlung kann es im 'Abbild des vollen Weltlebens' gar nicht ankommen, so daß die für den Gang des Geschehens mehr oder weniger irrelevanten Einzeleinfälle, die zur ebenso anreichernden wie verweisenden Mannigfaltigkeit jetzt auch im Sinne von Widersprüchlichkeit als Normalfall beitragen, ganz unbesorgt eingebaut werden können. Und zwar schon deshalb, weil die Präsenz der am Martinstag sich ankündigenden Endzeit, verschränkt mit den poetisch-religiösen Verweisungen der Leitmotive Feuer und Blut, die finale Rettung ohnedies garantiert. Das Todesurteil wird vollstreckt und aufgehoben durch die wunderbare Kopfanleimung mit Hilfe des 'Lebensöls', das die Trinität von Vater (Gesetz), Sohn (das Neue) und heiligem Geist (Freiheit) wiederherstellt, so daß zum guten Ende die errungene politische Freiheit samt der versöhnten Familienverhältnisse als Vorschein endgültiger Erlösung beim Gänsebraten gefeiert werden kann. Der Bruch mit der *vraisemblance* in der Verselbständigung irrealer Motive legitimiert sich dabei nur bedingt durch das Modell des Puppenspiels, bemerkbar an der figurenpsychologisch wenig ausgeführten Plastizität der Darstellung, die freilich immerhin so weit reicht, den paratextuellen Hinweis gleichsam zu vergessen und die Figuren doch als leibhaftige Personen zu nehmen. Arnim selbst spricht davon, daß es ihm gerade um die Darstellung des Widersinnigen im Menschlichen gehe, das die höhere Einheit letztlich aber gar nicht tangiert: „[...] gegenwärtig lag mir aber mehr am Herzen, ich wünschte manchen scheinbaren Widerspruch in dem Gemüthe des Menschen zu einer wohlthuenden befriedigenden Einheit zu bringen."[165] So werden alle möglichen Ungereimtheiten aus Krieg, Empörung, Not, Teuerung und Trübsal, durch falsche Propheten und Verführer, durch Glaubensverfolgung, Erkalten der

---

161 Arnim SW IV, 7, Schaubühne 223f.

162 Womit das Instrument des Scharfrichters und Heilers zugleich als Schauspielmetapher eingesetzt wird (Arnim-SW IV, 7, Schaubühne, 157).

163 Vgl. Arnim SW IV, 7, Schaubühne 162.

164 Arnim-SW IV, 7, Schaubühne 181.

165 Arnim-SW IV, 7, Schaubühne 353. Von einer gegenläufig „inneren Beziehung der Figuren aufeinander zu, welche von ihnen ausgehende Handlungsimpulse ersetzt", spricht Kluge (1980, 195).

Liebe, Ungerechtigkeit, Überantwortung und Tötung von Familienmitgliedern in einer latent unheimlichen Atmosphäre dargestellt, verdichtet im Zentralkonflikt um den unschuldig hingerichteten Sohn, gelöst schließlich von einem 'gerechten' Henker als Garanten für die Endzeit. Eschatologische und chiliastische Vorstellungen sind im turbulenten Modus des Puppenspiels auf die politische Situation der Gegenwart übertragbar und können so nicht zuletzt auch auf nationale Legitimationen hin zu überhöht werden.[166]

Die Stücke mit historischen Stoff, angesiedelt zwischen primärem Agitationsstück im Schauspiel und manieristischer Perspektivierung der höheren Harmonie in den Komödien, präsentieren eine grundsätzlich nicht-mythische Geschichts- und Genredramatik zur Beglaubigung der patriotischen Tat. Religiöse Impulse bleiben zwar stets latent vorhanden, faktisch aber nur im Hintergrund des Geschehens. Sie haben deshalb auch kaum handlungsbegründende Funktion wie noch in *Halle und Jerusalem*. Insgesamt unterlassen die *Schaubühnen*-Stücke die phantasmagorische Präsenz christlicher Erscheinungen, obwohl diese als Erwartungshorizont die höhere Ganzheit gewährleisten. Entscheidend ist in erster Linie die gemeinschaftsstabilisierende Ethik der richtigen Tat.

Krasse Zeit- und Staatskritik im Modus der vielgestaltig romantischen Komödie betreibt Arnim im 'Schattenspiel' *Das Loch, oder das wiedergefundene Paradies*[167] : Parabatische Verfahren, illudierende Intrigen, sprechende Tiere, Knittel und Verse wechselnder Hebungen und Reimstruktur kontrastieren der Mechanik eines Staatsapparats, die sich überdeutlich in der 'Regierungsmaschine' ausstellt. Gegen den Willen des Volks und der unterdrückten Tiere ist der Kaiser so sehr mit ihr beschäftigt, daß er nicht einmal zur Heirat und damit zu einer ordentlichen Dynastie kommt. Die politische Kritik an Unterdrückung, Willkür und feh-

---

[166] Zu den eschatologischen Bezügen im Spiegel des Politischen vgl. genauer Krogoll (1979, 83f.).

[167] Zur Poetologie des 'Schattenspiels' vgl. 'Exkurs' vorliegender Arbeit und Kluge (1968, 76-86). Der Vorteil liegt in der ortsungebundenen Verfügbarkeit zur Erfüllung der „neue[n] Bahn" einer Kunst mit „Personen *hinter* Dekorationen" (Arnim-SW IV, 7, Schaubühne II, 5). Als typisierende Umrisse ermöglichen Schatten die ebenso flüchtige wie distanzierte (und deshalb auch kritische) Darstellung eines nicht-identifikatorischen Theaters. Der Schattenriß präsentiert ein leeres Innen, die schwarze, undifferenzierte Binnenform als Projektionsfläche für den Betrachter, dem die äußere Grenzlinie alleiniger Informationsträger ist. Daraus erwächst die Spannung von unbestimmtem Inneren und klar definiertem Umriß, die die besondere Wirkung des Ausdrucks durch die abstrahierende Linie begründet: Unsichtbares wird so nach außen gekehrt, so daß sich die Faszination am Eigenleben des Nichwahrnehmbaren erfreut. Gerade das „Schattenreich" (5) öffnet, wie der „Prolog des Schattendichters" durchblicken läßt, die Dialektik von phantasieträchtiger Andeutung und sprachmagischer Evokation „beseelte[r] Bilder": von einer externen Lichtquelle aufgerufen, füllen diese Bilder im Geisterreich der 'Nacht' (4) die Dunkelheit. Der Schattendichter, selber ein bloßer Schatten (6), ist als episches Ich souveräner Organisator eines flüchtig vorbeiziehenden Spiels im Dunkel, das durch das 'Loch' als „körperlicher Schatten" (6) hindurch – „Ein Nichts, das durch die Grenze nur gemessen, / Im Lichte ganz und gar vielleicht vergessen" – zuletzt den Weg ins Paradies weist (6); zur multimedialen 'Uraufführung' des Schattenspiels am 14. September 1999 während der Internationalen Tagung zum romantischen Drama (Universität Karlsruhe – Japp/Scherer/Stockinger 2000) siehe Japp (2002) mit Bildteil.

lender Staatsfürsorge zielt auf eine mit dem Fett der Untertanen geschmierten Staatsmaschinerie, konnotiert als Hölle und bedient vom Würfelspiel des Regierens[168], gespiegelt nicht zuletzt in kruden Bildern der Zerstückelung, die einmal mehr abstrakte Zusammenhänge ganz materiell bzw. körperlich vorstellen: Der vom liebenden Ritter zerhauene 'Hofrath' Kasper (in Reminiszenz an *Prinz Zerbino*), von der Kaiserin aus Ekel zur Verspeisung verschmäht, wird falsch wieder zusammengesetzt, weil eine weitere Vervielfältigung durch das streitsüchtige Selbständigwerden der Körperteile zu befürchten steht. Der allegorischen Zerstückelung korrespondiert die episodische Reihung typisierter Szenen in einem zweiteilig organisierten Schattenspiel: von der Flucht der Liebenden zur Herrschaft des Teufels, der Kaiser und Volk in die Regierungsmaschine hineinlockt, aufgehoben schließlich durch Wiedererlangung des Paradieses, indem das von den Tieren gekrönte neue Herrscherpaar mit der Regierungsmaschine die unnützen Gesetze im Meer versenkt. So nutzt das kleine Stück seine Genre-Möglichkeiten zu einer ebenso krassen wie direkten Staatskritik im gutgelaunten Modus der romantischen Komödie.[169] Fraglos kann es am Ende das 'wiedergefundene Paradies' samt den in die Ordnung der Dinge zurückgestellten Tieren – der durch den Teufel ermöglichten Diktatur über die Menschen überdrüssig geworden – behaupten: und zwar mithilfe der Engel, die das gute neue Staatsschiff „gegen den Wind"[170] der aktuellen Zeitverhältnisse ziehen. Noch also können die Engel der Geschichte – zur Vergangenheit rückwärtsgewandt auch hier – dem Sturmwind in die Zukunft trotzen. *Das Loch* repräsentiert damit den spezifischen Eigensinn Arnimscher Dramaturgie zwischen thematischer Durchsichtigkeit und poetischer Vieldeutigkeit (samt metadramatischer Selbstreflexion des Ganzen als „Spiel") gleichsam in nuce: Folgerichtig endet das kleine Stück mit dem parabatischen Hinweis der Tiere auf den Spielcharakter einer Theateraufführung, die sich als kleine szenische Arabeske zur Wiedererlangung des Paradieses vorstellt.

Machen die Bearbeitungen historischer Stoffe die aktuelle Geschichtsproblematik im ereignisgeschichtlichen Zusammenhang der Befreiungskriege transparent, betreiben die direkten Anverwandlungen der älteren Theatermodelle Volksdidaktik durch Allegorisierung menschlicher Schwächen: des betrogenen Betrügers im Pickelheringspiel *Herr Hanrei* oder im kaum bearbeiteten 'Hans-Kartoffel-Spiel' *Der wunderthätige Stein* auf der einen Seite[171]; im Rahmen des Topos von der verkehrten Welt im 'Trauerspiel' **Jemand und Niemand** auf der anderen Seite. Die Umkehrung von Staatsaktion und Volksschauspiel bleibt freilich selbst als Tragikomödie unzureichend charakterisiert, wenn das im Mittelalter durch umherziehende Schauspielertruppen weitverbreitete allegorische Spiel zum Schluß

168　Zu den konkreten politischen Anspielungen vgl. im einzelnen Kluge (1968, 86-95).
169　Vgl. Japp (1999, 66-70).
170　Arnim-SW IV, 7, Schaubühne II, 48.
171　So nach Arnims Verweis auf die Kartoffel als „Lieblingsspeise des Volks" (Arnim SW IV, 7, Schaubühne II, 352).

eben 'Niemand' auf den Thron bringt; ironisiertes Ideal einer unregierten Volksgemeinschaft, herbeigeführt nicht zuletzt durch einen sprachlichen Effekt, insofern 'Niemand' eben als Person agiert: „Das Scepter ist in Niemand's Hand, be-
glücktes Volk, das Niemand wird regieren, laßt die Trommeten schallen, ruft den
Frieden aus, Gar nichts sollt Ihr bezahlen", rühmt sich der neue Herrscher und
meint mit der eingeforderten Abgabe höchst eigennützig seinen Sohn 'Gar
nichts'.[172] Verwiesen wird damit zugleich auf die Verfaßtheit des kleinen Dramas:
ein Stück um Nichts und Alles in der Verschränkung von Staatsaktion und Spiel
vom gemeinen Mann – im Königsspiel auf der einen Seite, das den guten
Thronanwärter Ellidor abdanken läßt, nachdem seine Brüder sich gegenseitig er-
schlagen haben; im Spiel vom Normalmenschen ('Jemand', 'Niemand') zum anderen, bis sich die beiden Ebenen im sprachlichen Spiel mit der Semantik der allegorischen Rollen verbinden. Kann Kluge darin nur das Diffundieren der Polarität
von Gut und Böse ins Chaos einer irrealen Spielwelt ähnlich dem Schattenspiel
konstatieren, kondensiert in der Formel von der „Entwirklichung des Wirklichen"[173], so bezeugt sich der Witz der extrem gekürzten Bearbeitung der altdeutschen Vorlage in vier Akten doch eher darin, daß sie allegorische Rollen als
Sprachzeichen nimmt, um das Ideal einer unregierten Gemeinschaftlichkeit wenigstens im Wortspiel aufleuchten zu lassen. Die von Kluge auch für das
schwankhafte Hanrei-Stück konstatierte Konsequenzlosigkeit in der Additivität
von Motiven und Einfällen läßt gerade im Diffundieren konventioneller Polaritäten, hier durch Selbstaufhebung mehrfach gebrochener Intrigenelemente[174], das
Moment der Befreiung aus solcher Folgenlosigkeit aufscheinen. Die Verselbständigung des Chaotischen und Gestaltlosen im Sieg der „irreale[n] Spielwelt" über
die „reale Spielwelt des Königsgeschehens" demonstriert das performative Potential von Sprachlichkeit im Modus der dramatischen Rede. Das Verlassen der
„realen Voraussetzungen und Grundlagen, aus denen das Spiel erwuchs"[175], wäre
folglich gerade zu positivieren, anstatt es zur mangelnden Wirklichkeitsbewälti-
gung herabzuwürdigen. Das Ineinander der drei Ebenen setzt einen vom Identifizierungszwang entlasteten Raum frei: aus der Verschränkung des allegorischen
Spiels von der Tragödie des Königtums mit der Komödie des gemeinen Manns.
Kraft der als Sprache genommenen allegorischen Rollen wird das Spiel zur Allegorie auf romantische Dramaturgie für 'Jemand und Niemand' selbst: ein poetischer Scherz um die höchsten und gewöhnlichsten Dinge, der gattungspoetisch
weder dem Trauerspiel noch der Komödie zugehört.

---

[172] Arnim-SW IV, 7, Schaubühne II, 138.

[173] Kluge (1963, 84f.).

[174] Auf die vierfache Intrige des Pickelheringspiels folgt ein dritter Akt mit erneutem Geleimtwerden
Hanreis (der vorher freilich selbst als Intrigant agierte), als wenn es all dies vorher nicht gegeben
hätte. Auch dieses Stück verbleibt bei einer revueartigen Reihung von Schwankmotiven „ohne innere Logik, Folgerichtigkeit und Motivierung" und „ohne psychologische Wahrscheinlichkeit"
(Kluge 1963, 82).

[175] Kluge (1963, 84).

Die Bearbeitungen der „englische[n] Comödien und Tragödien"[176] bewahren ihren ursprünglichen moralischen Gehalt und volkstümlich schwankhaften Charakter, insofern sie von Arnim eher nur sprachlich modernisiert werden. Gegenwartskritik an der Geldgier und den davon verursachten sozialgeschichtlichen Verschiebungen zwischen Adel und Bürgertum betreiben dagegen die *Mißverständnisse* nach einer Anekdote aus einem altfranzösischen Roman, dessen Name Arnim aber sogleich vergißt: eine bürgerliche Intrigenkomödie mit einer Reihe komischer Situationen aus Mißverständnissen und bösen Absichten ohne poetische Verfahrenselemente aus dem Bereich romantischer Dramaturgie. Erfolglos versucht Bankier Goldmann, seine Tochter gegen deren Willen mit den Grafen Pergament verheiraten. Der verschuldete Adel, ausgestattet nur noch mit der wertlosen Beurkundung von Grundbesitz, will vom Reichtum des Großbürgers profitieren. Der Sohn des Grafen spielt aber einen Krüppel, um die Heirat mit der Bürgerlichen zu vermeiden, und zwar auch deshalb, weil er mit einer vom alten Grafen selbst begehrten adeligen schönen Witwe vermählt ist, so daß die finale Wiedererstattung angestammter Besitzverhältnisse vorab garantiert ist. Nachdem auch der durch seinem Konkurrenten Wetz gemoppte Comptoirsbediente Freyer vom Betrugsverdacht (wegen unterstellter Unterschriftsfälschung) entlastet wird, findet sich alles zur richtigen Hochzeitsordnung aus wahrhaft liebenden Bürgerlichen und einem finanziell geretteten Adel. Wenn Ehrlich anläßlich dieses Stücks, in der Nähe zur Moralität der altenglischen Schauspiele samt der ihr einhergehenden Simplizität, eine Garantie für die Wirkung des volkstümlichen Gehalts im Gegensatz zur motivisch-strukturellen Komplexität der romantikaffinen Komödien sieht[177], dann ist daran vor allem das Wirkungsproblem romantischer Dramaturgie zu ermessen. Poetische Ambivalenz relativiert die volkspädagogische Wirkung, die im Falle der *Mißverständnisse* durch dramaturgische Konventionalität gewährleistet bleibt. Erfüllt wird die eigentliche Wirkungsabsicht Arnims demnach eher nur bei unveränderter, allenfalls kürzender Aktualisierung der Vorlagen, weniger aber in Stücken, die von der Poetizität romantischer Dramaturgie überformt sind.

Hierzu zählt nicht zuletzt das durchlyrisierte Dramolett *Das Frühlingsfest*, das einen poetischen Todesrausch anstelle der hier zunächst vorgesehenen *Päpstin Johanna* inszeniert. Die Figuren sind Allegorien der Oper im symbolischen Raum einer im Tod erblühenden Natur: Der 'Frühling' gibt den 'Tenor', Beata singt als 'Diskant' und Siegfried den 'Bariton'. Die oratorienhafte Sprache zeigt Arnim als dionysischen Dichter, wenn der Frühlingsgott naht, der zu Raserei und zum Liebestod führt; vollzogen in einer schon präsymbolistischen Dialektik von Tod und Leben, deren Grenzaufhebung von Agens und Patiens sich in der für Arnim symptomatischen „Mischung von Rauschhaftigkeit und Genauigkeit"[178] artikuliert:

---

[176] Arnim-SW IV, 7, Schaubühne II, 352.
[177] Ehrlich (1970, 218).
[178] Vordtriede (1971, 273).

> Wie Schwäne ziehn den Gott des Lebens,
> Uns treibt geheime Todeslust,
> Es widerstrebt die Fluth vergebens,
> Und rauscht an unsrer weichen Brust,
> Die Wasserlilien uns umschlingen
> Mit ihrer holden Lieblichkeit,
> Nichts kann die dunkle Sehnsucht zwingen,
> Wo Frühling wohnt in Ewigkeit.[179]

Das Aufgehen im Rauschen der erblühenden Natur erfüllt sich als höchst zweideutige Einheit der Gegensätze aus befreiender Todeslust und klaustrophobischem Zwang des Herzens.[180] „Hart und schrecklich ist das Leben", besingt der finale Chor diese Dialektik der Erlösung mit den letzten Worten einer berauschten kleinen Wortoper, „Untergang sein innres Streben, / Seligkeit ist nur im Tode".[181]

Das Formenspektrum der ganzen *Schaubühne* spannt sich demnach selbst in formale und generische Extreme ein: zwischen durchlyrisierten Wortoratorien über ebenso formvariable wie einfallsreiche Historienstücke bis zu rein prosaischen kleinen Possen als Reihung von Schwankmotiven in wechselnder Gruppierung von Betrügern und Betrogenen. Gleich eingangs der Sammlung, in *Jann's erster Dienst,* verbinden diese das pointiert Sprachkomische mit dem Moralisch-Parabolischen, indem sie den szenischen Witz aus Wortspielen im gezielten Mißverstehen der Dieneraufträge hin aufs Essen und Trinken entbinden.[182] Unbeabsichtigt indizieren gerade die dergestalt wirkungsvollsten Stücke das Problem mangelnder Funktionalität bei den intrikateren Varianten. Bestimmte Kenntnisvoraussetzungen sind selbst zur Beurteilung der simplen Knittel im *Loch* nicht ganz unnötig, will man die selbstreflexive Logik der Form (in den systemreferentiellen Bezügen auf die romantischen Komödien Tiecks) jenseits der völlig durchsichtigen Staatskritik mitvollziehen. Es gibt folglich strukturelle Gründe dafür,

---

[179] Arnim-SW IV, 6, Schaubühne I, 229f.

[180] „Wunderbare Zauberklänge, / Leben in der Übermacht, / Freier Athem, Herzensenge, / Sonnentag in Mondennacht", lauten die entsprechenden Romanzenverse, die sich als Kontrafaktur der 'mondbeglänzten Zaubernacht' Tiecks aus dem *Kaiser Octavianus* zu erkennen geben (Arnim-SW IV, 6, Schaubühne I, 231).

[181] Arnim-SW IV, 6, Schaubühne I, 242.

[182] Der Taugenichts Jann, der seine Eltern, grobe Bauern, verläßt, um beim Herrn des Dorfs, Herr von Emmerich auf Krücken, Dienst zu tun, verfehlt alle Aufträge durch nicht verständiges oder eben mutwilliges Mißverstehen: statt Papier hört er 'Bier', im 'Dintfaß' das 'Trinkfaß'. Bestraft wird der Übermut, als Jann in die „Obstruction" (Arnim-SW IV, 6, Schaubühne I, 26), die ihm Herr Brandeis verfaßt, unverhofft Prügel eintragen läßt, weil er eben nicht lesen kann, während er glaubt, fürs Birnenessen belohnt zu werden. Zum guten Schluß erkennt Vater Erdwurm aber sogar elf Kinder an, die Jann nach der Schnellverheiratung mit Grethe unversehens zeugt, so daß der Held im Epilog sein „erstes Probestück" als bestanden ausgeben und nun auf ein „andres Glück" warten kann (Arnim-SW IV, 6, 34). Aller Uneindeutigkeit der Lehre zum Trotz: Auf Übermut und mangelnde Folgsamkeit folgt Strafe, wenngleich „Gottes Wunder" (32) auch beim Taugenichts für elf Kinder (statt zwölf bei Jakob, vgl. 33) und einen guten Ausgang sorgen.

daß einige Stücke der *Schaubühne* als Volksdramatik nur bedingt funktionieren: auch hier aufgrund einer manieristischen Ästhetik, die noch die allergrößten Gegensätze etwa im Herunterschrauben des endgültig befreiten Zustands auf eine ganz materielle Ebene zusammenbringt, wenn sich das Paradies eben auch auf den Wunsch nach ein „Paar Radies" reimt.[183]

Insgesamt zeichnen sich die Stücke der *Schaubühne*, dramaturgisch geschlossen und transparent in der Explikation der Lehre, durch eine Variabilität der Formen und skurril-phantastischen Einfälle aus, die auch hier der für Arnim typischen Plötzlichkeitsstruktur geschuldet sind. Fraglos bringen sie Realistisches, Historisches oder bloß Erfundenes mit dem Phantastischen und Religiösen zusammen, um gerade in der Unmittelbarkeit der szenischen Darstellung unverhoffte Überraschungseffekte wie die leibhaftige Auferstehung eines Toten freizusetzen. Angezeigt wird so das jederzeit mögliche Eintreten der Erlösung. Die Vermischung von Themen, Genres und Gestaltungselementen begründet mit der *Schaubühne* als Ganzes eine Art universeller Tragikomödie im höheren Sinn: zurückgebunden an den protestantischen Glauben, der Arnims Weltanschauung von der harmonischen Interaktion von Geschichte, Heilsgeschichte, Mythos, Patriotismus und sozialer Gerechtigkeit im Innersten zusammenhält. Das lebenspraktisch motivierte Mischgenre zeigt Exempel des menschlichen Strebens nach dem Göttlichen. Die optimistische Lebenseinstellung zielt auf die Verherrlichung des Lebendigen in all seinen widersprüchlichen und bizarren Aspekten. Der Aufforderung zur Tat korrespondiert eine Art Verdecken des Ernsts im Wirklichen, der in den politischen Hintergründen der historischen Stücke durchscheint. Eine bedeutende Wirkung dieser Dramatik besteht deshalb nicht zuletzt darin, gute Laune zu verbreiten und zu einer optimistischen Lebensauffassung in Zuversicht auf die Zukunft aufzumuntern.

Am Ende der Dramatik Arnims stehen zwei nur noch bedingt miteinander kompatible Stücke: Greift die panoramatische Verfahrens-, Genre- und Schauplatzvielfalt des Schauspiels *Die Gleichen* noch einmal auf das epigonale Modell romantischer Universaldramatik zurück, zeigt der andere – thematisch avanciertere – Pol *Marino Caboga* bei formaler Rückwendung zu einer schillernahen Konfliktdramaturgie einen Vorschein sozialer Dramatik, dem man die attestierte Nähe zum Vormärz tatsächlich nicht absprechen kann. Der letztmaligen „romantischen Episierung des Dramas" kontrastieren aber auch die geschlossenen Formen der anderen historischen Stücke dieser Zeit[184], die allerdings nur noch die von der *Schaubühne* vorgeprägte Linie fortschreiben.[185] *Marino Caboga* hingegen zielt auf ei-

---

[183] Arnim-SW V, 10, Schaubühne V, 295 (*Die Gleichen*).

[184] Storz (1972, 229).

[185] Zu den späten, aus dem Nachlaß edierten Dramen gehören neben dem konventionellen Lustspiel *Der Stralauer Fischzug* das Doppeldrama *Der echte und der falsche Waldemar* (1. Teil: 1805; 2. Teil: 1813/14), das einaktige historische Schauspiel *Glinde, Bürgermeister von Stettin* (wohl um 1817) und

ne verfassungsrechtlich begründete Gewaltenteilung: die szenische Reflexion einer staatspolitischen Idee, des Konstitutionalismus in einer restaurativen, klassizistisch gebändigten Konfliktdramatik.

Die Gleichen, das letzte von Arnim publizierte Universalschauspiel in sechs Akten (1819), greift mit dem Stoff des Grafen von Gleichen die Ehe- und Treue-Problematik der *Gräfin Dolores* auf, in der die Sage vom Mann zwischen zwei Frauen unterschiedlicher Religionszugehörigkeit (Christentum, Orient) erstmals unkommentiert erwähnt wird.[186] Neu ist die Liebe der frommen Gräfin zu Plesse, „Lehnvetter" der beiden Gleichen-Familien, überraschend die Lösung am Schluß, wenn von Gleichen beiden Frauen entsagt, eine Kirche zu Ehren der wiederhergestellten Familie aus Alt- und Neugleichen mit dem neuen Stammvater Joseph baut und sich in christliche Demut zurückzieht. Dem psychologisch-ethischen Ehe- und Liebeskonflikt wird im Drama demzufolge der alte Familienstreit zwischen Alt- und Neugleichen angegliedert. Faktisch überantwortet sich damit das ausufernde Stück mit verwickelten Nebenhandlungen einem thematisch-strukturellen Dualismus, der gleichberechtigt auf die höhere Einheit von Liebesproblematik und sagenhaft-historischer Burgenthematik (mit Elementen der Ritter-, Schauer- und Schicksalsdramatik) perspektiviert werden sollte.

Dramenpoetologisch ergibt sich die Uneinheitlichkeit aus der langen Entstehungsgeschichte des umfangreichen Schauspiels, das zwischen 1815 und 1819 in verschiedenen Bearbeitungsstufen vorliegt: War noch die erste Fassung tragisch konzipiert, organisiert sich die zweite Version vorherrschend komisch, so daß die von Bettina von Arnim aus dem Nachlaß besorgte Druckversion für die *Sämmtlichen Werke* in der Verschränkung beider Dispositionen samt einer Fülle verselbständigter Einzelmotive eher die tatsächlichen Stoffbewältigungsprobleme[187] eines Zwischenstadiums zwischen Trauerspiel- und Schauspielfassung als eine poe-

---

das historische Trauerspiel *Markgraf Carl Philipp von Brandenburg* in drei Akten. Ergeht sich die Doppelung zweier disparater Teile im *Waldemar* bei aller Entfernung romantischer Poetizität der „*reine[n]* Formlosigkeit" (Ehrlich 1970, 254), eröffnet auch das historische Trauerspiel im Konflikt zwischen Staatsdisziplin und Subjektivität keine neuen Perspektiven, zumal der strengen Geschlossenheit (257) keine konsequente Gestaltung historischer Tragik entspricht (260 mit Verweis auf Sengle 1952, 71). *Glinde* zuletzt steht in der Darstellung des bürgermeisterlichen Kampfs zur Verteidigung der Handelsinteressen einer aufstrebenden Hanse-Stadt gegen den inkognito erscheinenden Kurfürsten in Nähe der *Appelmänner* und *Der Vertreibung der Spanier aus Wesel*, insofern der Tod des Bürgermeisters im direkten Zweikampf mit dem Repräsentanten staatlicher Gewalt die Stadt rettet, dargestellt in einem regelgerecht geschlossenen Einakter (das kürzeste historische Schauspiel Arnims überhaupt) mit typisierten Figuren und unzweideutiger Programmatik (vgl. dazu Ehrlich 1970, 165-173).

186 Vgl. Arnim-DKV I, 512.

187 Eine „unpractische oder unnatürliche Ueberladung und Verwickelung" samt historischer Fehler und Ungereimtheit kritisiert Jakob Grimm an den *Gleichen* im Brief an Arnim vom 1. Dezember 1819 (Steig III, 457); zur labyrinthische Anlage des Stücks vgl. den auch für andere Zusammenhänge gern zitierten Antwortbrief Arnims an Wilhelm Grimm vom Dezember 1819 (Steig III, 459; siehe etwa Kremer 2000, 145).

tisch geschlossene Konzeption anzeigt.[188] Der Rückbindung an die romantische Universaldramatik – besonders an die schon stoffbedingt naheliegende *Genoveva* Tiecks, die sich in der stimmungspoetischen Lyrik Plesses (eine Art zweiter Golo) niederschlägt[189] – korrespondiert die Verallgemeinerung durch Enthistorisierung in der Verselbständigung der sagenhaft-mythologischen wie religiösen Akzente. Die im Schauplatz- und Genrewechsel (samt groteskhumoristischer Motive) sich überkreuzenden Handlungslinien werden aber kaum noch durch poetische Verweisungen verklammert. Ehrlich zufolge, der dem Stück nun tatsächlich die Arnim sonst ja generell zugeschriebenen 'Formlosigkeit' gerade im Vergleich zu *Halle und Jerusalem* attestiert[190], polemisiert das Universalschauspiel mit seiner religiös verklärenden Schlußapotheose gegen die Sagenüberlieferung[191], ohne aus der Verschränkung des genealogischen Problems mit der Ehefrage aber noch eine wie auch immer geartete Geschlossenheit zu gewinnen. Die Entsagung des Grafen als Ablösung der „Schuld"[192] erscheint nur als abstrakte Setzung; ebenso, daß die beiden im „Schwesternbund" sich solidarisierenden Frauen[193] den geliebten Männern (Plesse und Bernhard, dem Bruder der Gräfin) folgen dürfen. Die Kritik an der 'Künstlichkeit' der vom Papst angeblich befohlenen Doppelehe[194] – eine Lüge des Intriganten Hartmann – bleibt dramaturgisch unausgewiesen, wie der Fremdheitsblick Amras auf das christliche Abendland ebenso vage nur die „Lüge" christlicher Moralvorstellungen sehen will, während sie in der Gräfin die „Bewohnerin der andern höhern Welt" feiert.[195] Im Unterschied zur sonstigen Kon-

---

[188] Zur Entstehungsgeschichte vor dem Hintergrund der dramenpoetologisch geschiedenen Phasen vgl. Wolff (1936, 89-92), Ehrlich (1970, 262f.).

[189] Vgl. dazu die Stimmungspoesie in der Mondscheinszene (Arnim-SW V, 10, Schaubühne V, 168), aber auch die vierhebigen Trochäen bei der Begegnung mit der Gräfin (239ff.). Die Genoveva-Problematik, die Liebe des christlichen Ritters zu einer Orientalin, verschärft sich in den *Gleichen*, weil diese nun in den christlichen Bereich hineingeführt wird.

[190] Die Liebes- und Religionsproblematik werde nicht, wie noch in *Halle und Jerusalem*, in Verbindung mit zeitaktuellen Epochenfragen behandelt, sondern in metaphysisch-ahistorische Bereiche mit mystisch-esoterischen Zügen verlagert. Der Mensch ist nicht mehr als umfassend ausgebildete Persönlichkeit gedacht, sondern „weitgehend als auf religiöse Fragestellungen reduziertes, fast wirklichkeitsfremdes Wesen" (Ehrlich 1970, 286); zur Verselbständigung der Tendenz einer bloß religiösen Verklärung vgl. insgesamt Ehrlich (1970, 262-288); Wolff (1936, 89-110).

[191] Ehrlich (1970, 262).

[192] Sie bahnt sich bei der Begegnung mit Amra als schlechtes Gewissen an, indem sich bei deren Anblick das Bild der Gräfin überblendend in die Vorstellung „drängt" (Arnim-SW V, 10, Schaubühne V, 158): „noch bin ich schuldlos", beschwichtigt sich der Graf dabei selbst, weshalb die „Schuld" sich erst dadurch ergibt, daß er „doppelt liebte" (354).

[193] Arnim-SW V, 10, Schaubühne V, 324.

[194] „Dies künstliche Verhältnis löst sich selbst, / Und diese Einheit, die nur Liebe giebt, / Die nur in zweien Wesen kann beginnen, / Ich suchte sie in dreien zu begründen", so in schuldlos-schuldiger Selbstbezichtigung die in Frömmigkeit stets gefestigte Gräfin (Arnim-SW V, 10, Schaubühne V, 319).

[195] „Du Unbegreifliche in diesem Abendland, / Du Fremdlingin auf heimathlicher Erde" (Arnim-SW V, 10, Schaubühne V, 317). „Sie ist Wahrheit, du bist Lüge", meint Amra ebenso allgemein bereits vorher gegenüber dem Grafen (256).

kretion Arnims wird die Polemik gegen das „Gräuel" der unchristlichen „Geister-hochzeit"[196] so unterbestimmt artikuliert wie die unvermittelte Ablösung aller gräflichen Schuld aus dem Doppelkonflikt durch Rückzug in christliche Enthalt-samkeit – wenig motiviert in einem ohnedies wie angehängt wirkenden kurzen sechsten Akt.

Das uferlose Schauspiel, unausgeführt hinsichtlich der sonst integrierenden poetischen Verweisungen und abstrakt in der verklärenden Schlußgebung, mar-kiert einen Gegenpol zur generellen Historisierungstendenz der Stücke Arnims in der zweiten Hälfte der 1810er Jahre. Die in den *Gleichen* vermiedene Historizität verschiebt die Darstellung zu ethisch-religiösen Reflexionen auf das Liebes- und Ehe-Problem (in der Spannung von geistiger und sinnlicher Liebe) und die Frage nach dynastischer Kontinuität, generalisierend aufgelöst durch religiöse Entsa-gung als Setzung. Formgeschichtlich zeichnet sich trotz aller Revitalisierung ro-mantischer Universaldramatik eine Art Blankvers-Klassizität ab, insofern die weit-gehend homogene Stillage der hohen Figuren weniger häufig unterbrochen wird von variierenden metrischen Formen wie einer ungeregelten Stimmungspoesie oder den Trochäen Plesses, schließlich von feierlichen Stanzen allein für den ver-klärenden Schluß. Vergleichsweise breit bestehen dagegen die Kontrast-Szenen zwischen Realismus und Groteskhumor in Venedig und beim Pferdehirten Gott-schalk mit Sohn Gottschälkchen, die mit den Wortspielen ('Paradies' – 'Paar Ra-dies') ihrem Namen alle Ehre machen. Kontrastierende Funktion haben nicht zu-letzt die Szenen um die Alt-Gleichen mit Schauermotiven und Geistererscheinun-gen um die Söhne der Gräfin Gisela, von denen allein Joseph als Nicht-Bastard und damit einzig legitimer Erbe übrig bleibt. Die doppelte Intention der Darstel-lung aus idealisierender Religiosität (inkarniert in der reinen Frömmigkeit der Gräfin von Gleichen) und kontrastierenden Elementen zwischen Schauer und Groteske läßt das Stück in einen unvermittelten Dualismus bis zur ebenso un-vermittelten Erlösung durch Religion zerfallen. Dem im Vergleich zu *Halle und Je-rusalem* tatsächlich gebändigten Manierismus des Stücks hätte gerade in diesem Fall auch eine Theateraufführung wenig gedient.

Einen avancierten Stand dramatischer Fertigkeiten Arnims repräsentiert dagegen *Marino Caboga*. Die 'dramatische Erzählung in drei Handlungen', als 'Donners-tags-Erzählung des Theater-Dichters' in die Novellen-Sammlung *Landhausleben* aufgenommen[197], ist Arnims geschlossenstes Drama (mit abendfüllendem Um-fang) überhaupt: Geschrieben in den Jahren 1814 und 1816, publiziert erst aber

---

[196] Arnim-SW V, 10, Schaubühne V, 346, 344.

[197] Im Kontext der Sammlung wurde das Drama von Arnim wohl auch aus Zensurgründen als Er-zählung ausgegeben und bemerkenswerterweise sogar tatsächlich als solche genommen (vgl. Ar-nim-DKV IV, Kommentar, 1307). Die vom Frühwerk an sich abzeichnende Gattungsindifferenz wird dadurch insofern auf die paradoxe Spitze getrieben, als die nun ganz anders begründete theatralische Wirkungslosigkeit sich selbst bei einer weitgehend klassizistischen Dramaturgie ein-stellt.

1826 in der Sammlung von Erzählungen zum 'geselligen Vergnügen', greift das republikanische Stück mit klassizistischer Formtendenz einen jetzt tatsächlich historiographisch vermittelten Stoff[198] auf, um an der Gründung der 'Republik Ragusa' nach dem Erdbeben im Jahre 1667 ein verfassungspolitisch virulentes Gegenwartsproblem in szenischer Form zu reflektieren.

Die Forderung nach einer gewaltenteilenden „Verfassung"[199] entfaltet das dreiaktige Drama aus dem Konflikt zweier *politischer* Prinzipien, die sich in Cabogas Kampf gegen seinen machtgierig-skrupellosen Neffen Procoli in einem jetzt machtpolitisch reflektierten öffentlichen Raum der Stadt darstellt, durchsetzt von Willkür, Intrigen, Bestechung und dem von Caboga moralisch abqualifizierten Reichtum des Adels. Noch basiert das Stück auf einer tendenziell ahistorischen Sozialanthropologie (die vor allem die Bettler-Szenen repräsentieren), wenn es den politischen Reaktionsbedarf auf die Pauperisierung des Volks durch illegitime Bereicherung des Adels artikuliert, ohne daraus freilich bereits ein sozialpolitisches Programm der Umverteilung abzuleiten.[200] Die Notwendigkeit einer Abschaffung sozialer Ungleichheit, die das „ganze Volk" betrifft und als solches „empor" „bringen" soll[201], reflektiert sich vielmehr verfassungspolitisch vermittels der Begründung einer konstitutionalistischen Staatsform in der 'Republik Ragusa'. Der vom Herzog durch Gefangennahme und Todesurteil in Schach gehaltene Caboga kann die Reform allerdings nur deshalb angehen, weil ihn das Erdbeben, göttliches Zeichen der höheren Gerechtigkeit, aus dem Gefängnis befreit. Insofern entspricht die Schlußapotheose der gewonnenen Zuversicht auf die Möglichkeit einer Veränderung im „Ehrenkampf" – „Zur Arbeit frisch. [...] Die Erde steht fest, die Erde ist frei, / Laßt dem Himmel uns danken"[202] – den religiös fundierten Ordnungsvorstellungen Arnims.

Mit Ausnahme einer impliziten Bezugnahme im 'Prolog' und der Integration von Liedern – als Gesangseinlagen des Bettlers am kirchlichen Schauplatz (I, III) und als Lektüre Cabogas im Gefängnis (II) szenisch motiviert – vermeidet das Prosa-Stück Verfahrenselemente romantischer Dramaturgie. Zwar spielt der

[198] Zu den verwendeten historiographischen Quellen (Johannes Müller, Anton Friedrich Büsching) vgl. Moering (1986) und Arnim-DKV IV, Kommentar, 1229-1234, mit Hinweisen zum Aktualitätsbezug auf die Befreiungskriege, der zum Zeitpunkt der Publikation nicht mehr gegeben war (1232).

[199] „Ihr werten Herrn des neuen Rats, verkündet allen, die euch mir gesandt, daß ich so viele Macht, wie ihr mir anvertrauen wollt, in keiner Hand, auch in der meinen nicht, je dulden werde, der Mißbrauch liegt in dem Gebrauch, ein Heilger könnte nur die Grenze halten" (Arnim-DKV IV, 711). Die 'Verfassungs'-Frage behandelt vorher der Gefängnis-Disput zwischen Caboga und Herzog, der einen Staatsstreich plant (696).

[200] „[...] die Armen flüchten in die Fremde, nur wir, die kleine Zahl, sind reich", kritisiert Caboga seinen eigenen Stand (Arnim-DKV IV, 684). Arnims Stellungnahme zum Pauperismus zielt auf ein ethisches Problem und auf die Kritik am Wirtschaftsliberalismus Hardenbergs in Preußen (vgl. Arnim-DKV IV, Kommentar, 1317).

[201] Arnim-DKV IV, 670.

[202] Arnim-DKV IV, 717.

'Prolog' im 'Büchersaal', er läßt aber nicht mehr Bücher (wie noch im *Gustav Wasa*), sondern die Verfasser der benutzten historiographischen Quellen (Johannes Müller, Büsching) als Figuren auftreten und vorab das Geschehen um die Gründung der Republik Ragusa aus den umgestürzten Verhältnissen, aus dem unter den Trümmern der zerstörten Institutionen 'begrabenen' „ganzen Adel"[203] resümieren. Die szenische Exposition wird so zu einer Art *inscriptio* der von der Handlung ausgefüllten *pictura* durch direktes Zitieren des verwendeten historiographischen Materials.[204] Die ungeachtet solcher emblematischen Episierung (in der Nähe des Barockdramas) insgesamt klassizistische Anlage verweist auf die frührealistische Tendenz dieser sozialpolitischen Dramatik, der man sogar eine bestimmte Affinität zum Vormärz attestiert hat.[205] Tatsächlich thematisiert das geschlossene Stück soziale Verhältnisse im Hinblick auf die Notwendigkeit ihrer Veränderung: der Abschaffung von Armut. Dies begründet Cabogas Programmatik und die Aufforderung zu politischem Handeln, das als solches eben nicht mehr notwendig vermittelt ist mit einer religiösen Begründung, wie auch immer sich das ganze Drama noch auf eine religiös konstituierte höhere Harmonie und die entsprechende Rolle des idealen Staatsmanns hin perspektiviert. *Marino Caboga* geht aber auch insofern über die historischen Dramen der *Schaubühne* hinaus, als es ein zeitgeschichtlich relevantes Problem des Verfassungsrechts (und nicht das allgemein menschliche einer überhistorischen Volksgemeinschaft) reflektiert. Die Tendenz zum realistischen Drama ist hier am stärksten ausgeprägt, weil „bestimmte kausale Zusammenhänge des Funktionierens der gesellschaftlichen Prozesse wenigstens angedeutet werden"[206], und zwar in einer klar disponierten und übersichtlich strukturierten Handlung. Der Protagonist ist das strukturelle Zentrum, der Bettler repräsentiert das Unrecht der Ausbeutung bei angedeuteter Entfremdungsproblematik, die Caboga dazu zwingt, „die Quelle des Verderbens zu finden, das sich mit steigender Gewalt über die ärmeren, arbeitenden, frommen Leute verbreitet, während der steigende Reichtum der Unsern in allen Teilen der Welt sich Niederlassungen und Besitz erwirbt".[207] Die Einsicht in die soziale Frage und in die gesellschaftsbildende Funktion des Geldes zielt auf Formen der

---

[203] Arnim-DKV IV, 665.

[204] Zur szenischen Verlebendigung der mit Arnim befreundeten Historiker vgl. Arnim-DKV IV, Kommentar, 1308f.

[205] Ehrlich (1970, 297f.) gelangt zu diesem – wohl überzogenen – Befund wegen der Reflexion des Stücks auf die soziale Funktion des Volks als einer geschichtsbildenden Kraft, ohne daß dieses deshalb aber an einer sozialpolitischen Konzeption der Staatsidee beteiligt werden soll. Der Bettler ist für Caboga ein nur menschlich befreundetes Wesen. Gott selbst stürzt mit dem Erdbeben „den Palast", während „die Hütte" neben einer 'halben' Kirche stehen bleibt (Arnim-DKV IV, 717; vgl. die „halbzerstörte Marienkirche" im ersten Nebentexte der 'dritten Handlung', 707) – Hinweise allesamt auf die „im Schlußchoral sich manifestierende soziale Tendenz" und Zeichen für „das Umschlagen des tiefen Humanismus der Arnimschen Religiosität in eine produktive menschliche Haltung" (Ehrlich 1970, 297).

[206] Ehrlich (1970, 289).

[207] Arnim-DKV IV, 682.

kollektiven Mitwirkung an einer Regierung im Sinne des 'ganzen Volks', die wie
stets bei Arnim auf eine ideale Synthese hinausläuft. Nur insofern liegt also ein
Vorschein auf die Dramatik des Vormärz vor, als die soziale Situation des Einzelnen sich in einer kritischen Analyse der gesellschaftlichen Wirklichkeit darstellt,
die zum Bewußtsein der Veränderungsbedürftigkeit realistisch gesehener Verhältnisse führt. Ahnt der Bettler den Umsturz zunächst noch in religiöser Zuversicht auf „Gottes Willen" – „Wie quälen und treiben sich die reichen Leute so
vergeblich! In meinem Fuße da fühl' ich, es reißt sich ein mit scharfem Griffel,
alles wird heut noch anders, von Grund auf anders"[208] –, so liegt nach dem
Schwanken der Lebensfundamente „die Welt" tatsächlich zur aktiven Umgestaltung „offen": „[D]as Alte ist gestürzt, daß ich das Neue baue", beteuert Caboga in
erkennbar aktivistischer Perspektivierung der politischen Zukunft einer gewaltenteilenden Regierung[209], die kurz vor dem Tod durch das Erdbeben sogar den
zwielichtigen Herzog zur veränderten Einsicht in die „Verkehrtheit [s]einer Wünsche" bringt.[210] Erst aber die 'Umdrehung' der Weltverhältnisse durch ein Natur-
ereignis bewirkt, daß eine „andre Macht, die Freiheit" erscheinen „will".[211] Bemerkbar ist folglich, daß die Verbesserung der Welt – „durch unsren Sieg ist eine
neue Welt und Stadt geschaffen, ein anderes Gesetz ist neu begründet"[212] – nur
deshalb erfolgen kann, weil die alte Ordnung dem „Himmel nicht gefällt".[213] So
bleibt zuletzt auch diese Veränderung religiös fundiert.[214] Dennoch hat die Transzendenz keine handlungsbegründende Funktion mehr. Das Politisch-Soziale erscheint befreit von religiösen und mythischen Impulsen, auch wenn erst das Erdbeben als Zeichen der göttlichen Macht die Veränderung der Verhältnisse eröffnet. Die tatsächliche Grenze zur Vormärzdramatik besteht freilich darin, daß es
nicht um die revolutionäre Umwälzung der unerträglichen sozialen Umstände
geht, sondern um die Bewahrung einer staatlichen Einheit jetzt allerdings im Rahmen einer konstitutionalistischen 'Verfassung', die Arnim in der Schrift *Betrachtung
über die Verfassung des vormaligen Königsreiches Westphalen* (1817) postuliert.[215]

---

208 Arnim-DKV IV, 688.
209 „Nicht herrschen will ich, keiner soll hier künftig herrschen, als die Weisheit aller, das Göttliche, das Recht, die Gnade, des Geistes schaffend Leben, wie es gedeiht, wenn es sich frei darf offenbaren. Nicht herrschen, dienen soll ich mit dem Schwert, denn die Gewalt soll dienstbar sein, sonst frevelt sie in Übermut" (Arnim-DKV IV, 705).
210 Arnim-DKV IV, 706.
211 Arnim-DKV IV, 706.
212 Arnim-DKV IV, 716.
213 „Ein seltsam Haus ist diese Welt. / Es ist nicht fest gegründet, / Und wenn's dem Himmel nicht gefällt, / So wird es angezündet" (Arnim-DKV IV, 708).
214 „Wacht auf mit innern Sinnen, / Erhebt die Augenlieder, / Von denen Tränen rinnen", singt der Bettler entsprechend im ersten Lied, „Von Innen strahlt's hernieder: / In tiefe Kerkernacht / Unsichtbar Lauernden, / Strahlt frei des Herren Macht, / Unschuldig Trauernden" (Arnim-DKV IV, 689).
215 Vgl. Arnim-DKV VI, 512-532. Es geht um eine Gewaltenteilung „im Geist des Volks" gegenüber dem „Barbarismus des Mittelalters", und zwar nach dem Prinzip der „Gleichheit" in einer „durch

Gewissermaßen eine politische Korrektur des 'Renaissancismus', der sich später in einer Linie von Eichendorffs *Ezelin von Romano* über Tiecks *Vittoria Accorombona* bis zu den Novellen Conrad Ferdinand Meyers ausformt, zeigt das Stück eine figurenpsychologische Präzisierung, die die generelle Tendenz Arnims zur allegorischen Typisierung in Richtung einer schillernahen Figurengestaltung verschiebt. Caboga, zur höchsten Herrschaft bestimmt, stürzt durch Leidenschaftlichkeit für das Gesetz: motiviert in einer Konfliktdramatik im politischen Feld, die aber die Figuren nach wie vor eben auch als Allegorien politischer Prinzipien präsentiert. Dennoch handeln sie jetzt stärker als Menschen aus Fleisch und Blut mit psychologisch plausibilisierten Interessen, die sie in rhetorisch durchorganisierter Rede im öffentlichen und privaten Raum artikulieren. Darin gibt sich etwas Neues in Arnims Figurengestaltung im Unterschied zur typisierten Widersprüchlichkeit anthropologischer Verfaßtheiten wie noch in den *Appelmännern* zu erkennen. Der folglich auch sprachlich, in der Struktur der Figurenrede, präzisierten Staatsaktion um Liebe, Geld, Macht und Ehre entspricht die geschlossene dreiaktige Struktur. Der ideale Staatsmann Caboga, der die Macht teilen will, wird verhindert durch Lüge, Intrige, List. Der korrupte Adel verurteilt ihn zu Tode, so daß nur das naturhafte Schicksal des Erdbebens die Rettung ermöglicht. Erst dadurch kann sich der Freiheitssinn gegen die Oligarchie ins Werk setzen. Das Erwirken der neuen Freiheit durch das Gnadenglück des Himmels zeigt an, daß der konfliktdramatisch exponierte Machtkampf einmal mehr durch höhere Fügung gelöst wird. Darin bewahrt sich eine Kontinuität Arnimscher Erlösungsdramatik. Und darin erweist sich die zuletzt doch verhaltene Modernität auch dieser Dramatik im Vergleich etwa zur ähnlichen Problematisierung der Weltordnung in Kleists *Erdbeben in Chili*.[216] (In ähnlicher Richtung wäre die Differenz für die vergleichbare Konstellation im Verhältnis des fraglos 'wiedergefunden Paradieses' im Schattenspiel *Das Loch* zu den entsprechenden Spekulationen im *Marionettentheater* zu bestimmen.) Nicht nur in dieser Hinsicht ist die Erlösungsdramatik *Marino Caboga* weit weniger dialektisch als Kleists unaufgelöstes Umschlagen der Gewalt in eine paradiesische Idylle *und* in die Hölle der von Menschen verantworteten gesellschaftlichen Institutionen. Modernitätsperspektiven zeichnen sich bei Arnim daher eher nur auf der staats- und verfassungpolitischen Ebene ab, die dramengeschichtlich freilich wiederum auf längst durchgespieltes Terrain wie in Schillers 'republikanischem Trauerspiel' *Fiesco* zurückgeht.

Demokratie beschränkte[n] Monarchie" (513). Auch später vertritt Arnim die Restauration der konstitutionellen Monarchie. Die preußische Erhebung wird aber in ihren staatsrechtlichen Konsequenzen als Verfassungsproblem begriffen, woraus sich Arnims Sonderstellung erklärt. Mehr und mehr zeigen sich dabei aber ständestaatliche Vorstellungen, die unverhohlen die Sicherstellung von Reichtum und Bildung für den Adel als den dem Monarchen am engsten verbundenen Stand propagieren (vgl. Krogoll 1979, 86).

[216] Der Kommentar Moerings kann die Bezugnahme auf Kleist nur vermuten (Arnim-DKV IV, Kommentar, 1324).

Zusammenfassend zeigt sich in allen Dramen Arnims das Postulat vom idealen Charakter mit geschichtsphilosophischer Zuversicht auf eine bessere Welt durch das Ethos der Tat, religiös gebunden durch den handlungsleitenden Bezug auf den inneren Menschen. Als 'Abbilder des Weltlebens' changieren die Stücke *zwischen* asymmetrisch-offenen und symmetrisch-geschlossenen Formationen[217] mit Tendenz zu wachsender Geschlossenheit. Alle Disparatheit wird durch die einheitliche ideologische Ausrichtung bzw. allegorische Transparenz der *intentio operis* sowohl integriert als auch legitimiert. Dies erlaubt die mehr oder weniger ungeregelten Mischungsverhältnisse zwischen realistischen, phantastischen, historischen und mythisch-religiösen Elementen bei zunehmend realistischer Begründung der szenischen Darstellung. (Das Erdbeben in *Marino Caboga* ist zwar göttliches Geschick, aber kein wunderbares Ereignis mehr, soweit also problemlos vereinbar mit einer realistischen *vraisemblance*.) Eine zentrale Differenz zur vorbildhaften Dramatik Tiecks besteht in Arnims Sinn für das Konkrete, Materielle und Körperliche. Die Stücke präsentieren eine konkrete 'Altertümlichkeit' bei jederzeit möglicher Verzerrung ins Groteske, das mit dem Rückgang intertextueller Begründungen der Stücke jedoch zurücktritt. Im Unterschied zu Tieck bleibt die phantastische Geschichtlichkeit Arnims stets auf gemeinschaftlich-religiöse Zwecke zurückgebunden, die bei Tieck nirgendwo eine Rolle spielen (und schon gar nicht im Ereignisraum der Befreiungskriege). Radikaler noch fällt hingegen bei Arnim das Zeitlichkeitsbewußtsein aus, insofern die Plötzlichkeitsstruktur in die Binnenorganisation sogar der Sätze eindringt. Bleibt Tieck der solipsistische Erzpoet, der intertextuelle Poesie um der Poesie und ihrer literaturgeschichtlichen Archivierung willen betreibt (weshalb ihm der Volks- oder Gemeinschaftsgedanke mehr oder weniger fremd blieb), bezeichnet die entsprechend verschobene Ausrichtung Arnims eine nicht zuletzt auch generationenspezifische Sozialisationsdifferenz zwischen Autoren der frühen und späteren Romantik. Bei Arnim reicht die Entwicklung vom radikal romantischen Buch *Ariel's Offenbarungen* (im Bann der frühromantischen Poetik) über die *Päpstin Johanna*, das teils geschlossene *Halle und Jerusalem*-Schauspiel bei finaler Entgrenzung ins offen Religiöse zum vielfältigen Genre-Spiel in der *Schaubühne* bis zu einer frührealistischen Geschichtsdramatik. Arnims dramatische Werke indizieren das Ende romantischer Dramaturgie nach 1815, die zuletzt nur noch vom spätzeitlich-epigonalen Eichendorff fortgesetzt wird. Ihr Gemeinsames besteht in der Vielstimmigkeit der Konfigurationen und Elemente. Darin lagert sich die Unübersichtlichkeit und Offenheit einer geschichtlichen Welt ein, die stets gerettet bleibt durch die höhere Harmonie: eine bei Arnim bis 1819 sich bewahrende vertrauenerweckende Ordnung der Dinge im Drama.

---

[217] Vgl. Ehrlich (1970, 314).

Mich bringt das ew'ge Weben, Näh'n und Spinnen,
Das Bohnenzählen gänzlich noch von Sinnen.[218]

2. Dramaturgie der Sprachlichkeit. Der späte Brentano

Präsentieren sich Arnims manieristische Dramen als szenische Kaleidoskope des
'Weltlebens' kraft der bewegten Dialektik von Unordnung und Ordnung, die die
Bruchstellen des Ineinander nicht verdecken, ist Brentano im Vergleich dazu der
kühle Sprachartist, der das Heterogene sprachlich verschleift. Konventionen dramatischer Rede im Sinne einer Handlungs- bzw. Konfliktdramaturgie bleiben dabei eher gewahrt. Der gattungsentgrenzende Effekt basiert demnach auf einem
anderen Textgenerierungsprinzip. Der Eindruck übergänglicher Wechselinfektion
von ernstem und komischen Genre geht auf eine Produktionsästhetik zurück, die
man im Gegensatz auch zu Tieck und Eichendorff als Dramaturgie der Sprachlichkeit zu greifen bekommt: In erster Linie erscheint die Sprache selbst als Agens
und Medium des szenischen Vollzugs, wie auch immer sie von der äußeren
Handlung oder von sonstigen stofflichen Impulsen erregt wird. Brentano, Sohn
reicher Kaufleute und praxisuntauglicher wie unglücklicher Schmetterling der
Poesie, betreibt das für ihn symptomatische Ausagieren sprachlicher Äquivalenzen samt wortspielerischem Umkreisen anthropologischer Leitmotive auch in den
späten Dramen. Noch dort reicht dieserart Organisationslogik an den Wahnwitz
eines schon verselbständigten Parallelismuszwangs heran, der stets den genuinen
Lyriker durchblicken läßt.

Aller sonstigen dramaturgischen Differenzen ungeachtet verbindet dieser pro-
duktionsästhetische Kern auch die beiden zuletzt beendeten Stücke *Aloys und
Imelde* und *Die Gründung Prags*: das 'illudierende Trauerspiel' und die szenisch-
poietische Begründung eines Staats. Ist es im einen Fall die Schwelle von Mythos
und Sage zur Geschichte, an der sich die Entstehung eines Staats kraft der szenischen Sprachlichkeit ins Werk setzt, greift Brentano im anderen Fall das von
Shakespeare herkommende Modell der Spielkomödie auf, um im Rahmen der Bearbeitung der *Mémoires du Comte de Comminges* (1735) von Madame de Tencins die
Dramaturgie des *Ponce de Leon* ins religiöse Trauerspiel nach dem Handlungsvor-
bild von *Romeo und Julia* zu verschieben. Die Autonomisierung und Automatisie-
rung der Sprachbewegung, umstellt von den ubiquitären Wortspielen, affiziert das
ernste dramatische Genre im Inneren der Sprache selbst mit gegenläufigen Elementen: nicht allein also durch komische Motive und Figuren, sondern eben auch
durch die stetige Gelauntheit zur 'Formalisierung' ungeachtet des hohen Ernsts
der Darstellung. Generische Distinktionen zwischen dem tragischem und komischen Drama diffundieren weniger durch das 'Zusammenknittelungswesen'[219],

---

[218] Hodka in *Die Gründung Prags* (Brentano-SW XIV, 194).

[219] Vgl. den bereits zitierten Brief Brentanos an die Brüder Grimm vom November 1810 im Besprechen einer imaginierten *Dolores*-Rezension (Steig III, 87f.).

wenngleich es natürlich auch Brentanos 'Kontaminationsstil'[220] auszeichnet, disperse Stoffarsenale und Motive zu neuer Ganzheit zu verbinden. Dem Begleittext zur *Entstehung* der *Gründung Prags* zufolge sind es aber die „durcheinander gezogenen flüssigen Farben der Marmorpapierfabrikanten", die das andere, sozusagen verschlierende Mischungsprinzip ins Bild setzen.[221] Gegensätze im Gattungssystem werden kraft einer verselbständigten Sprachlichkeit zwischen parallelistischen Exerzitien und Wortspielerei subvertiert, wenn im Trauerspiel und im 'historisch-romantischen Drama' sogar hohe Figuren plötzlich zu kalauern oder mit intertextuellem Hintersinn zu blödeln beginnen. Gleich der inszenierten Naivität in den Gedichten entbindet die Schlichtheit in Syntax und Leitmotivik eine ebenso suggestive wie zum Teil aberwitzige Sprachmusikalität durch formalisierte Artistik. Es ist bei Brentano ein bereits manischer, dem klaustrophobischen Irrsinn naher Homogenisierungszwang in der Versprachlichung der Welt, der Unterschiede im Gattungssystem porös werden läßt, weniger also die 'äußerliche' Aufhebung von Gattungskonventionen, die selbst noch die anschwellende *Gründung Prags* bei mehr oder weniger klassizistischer Einhaltung von Ort, Zeit und Handlung und gleichermaßen klassizistisch homogenisierter Sprache (im fast durchgängigen *stilus sublimis* gereimter Jamben) wahrt.

Von den unveröffentlichten und unvollendeten späten Dramenprojekten Brentanos, die insgesamt zu etwa zwanzig Versuchen anwachsen, erscheinen erwähnenswert: – das 'Scherzspiel' *Juanna* (1809), das „Feste des Witzes und der Laune", ein „prasselndes Feuerwerk" der „kombinatorische[n] Phantasie" in einer bis zum „höheren Blödsinn" freigesetzten Sprache inszeniert[222]; – das politische Schauspiel *Geheimrat Schmalz* (nach 1814), das in der Linie der Philistersatire auf eine weitschweifige Fortsetzung von Goethes *Bürgergeneral* (1793) hinausläuft[223]; – die Schicksalsdramenpolemik *Blutschuld. Totenbraut* (1811) schließlich, von der nur wenige Szenen vorliegen und in der sich die späte Formtendenz in Brentanos Dramatik hin zum hohen Ernst jambisch gebundener Prosa in Nähe der ersten Fassung von *Aloys und Imelde* durchsetzt.[224] Daneben verfaßt Brentano, bekannt als scharfer Kritiker der vaterländischen Theaterpraxis[225], um 1813 eine Reihe patriotischer Gelegenheitsdramen – teils als Singspiele ausgeführt,[226] zu denen

---

[220] Riley (1985, 20f.).

[221] Brentano-SW XIV, 522.

[222] Brentano-Kemp IV, Kommentar, 894f.

[223] Vgl. Brentano-Kemp IV, Kommentar, 901.

[224] Vgl. Brentano-Kemp IV, Kommentar, 896.

[225] Vgl. die Rezension des Trauerspiels *Toni* von Körner und der generelle Einwand fehlender Poetizität aus der „tieferen Kunstquelle" heraus in der patriotischen Theaterpraxis der Zeit (Brentano-Kemp II, 1055, 1110f.).

[226] Überblick bei Schultz (1999, 183-185); zum Festspiel *Viktoria und ihre Geschwister* (1813/1817) vgl. Pross (2001, 245-286).

nicht zuletzt die „oberflächliche Politisierung"[227] des *Ponce de Leon* in der Bühnen-
fassung unter dem Titel *Valeria oder Vaterlist* (1814) mit Liedern Valerias auf Wel-
lingtons Sieg bei Vittoria gehört.[228]

Zu Ende gebracht hat Brentano das umfangreiche Prosa-Trauerspiel *Aloys und
Imelde* (1812) in fünf Akten, das die Spielkomödie mittels Dramatisierung eines
historischen Stoffs ins gleichsam 'illudierende Trauerspiel' transformiert. Das
Stück repräsentiert die ernste Variante des *Ponce de Leon* bei residualer Wahrung
des poetischen Spielcharakters: das tödlich endende Komplement der shakespea-
risierenden Verwirr- und Intrigenkomödie[229], transzendiert zuletzt durch die religiöse Erlösung des erst im Tod vereinten Liebespaars. Implizit zielt der Titel auf
Arnims *Aloys und Rose* und den politischen Hintergrund des Schweizerkriegs gegen
Napoleon, den Brentano auf den historischen Stoff vom Glaubenskampf im
'Cevennenkrieg' überträgt. In erster Linie aber interessiert der durch die politischen Motive allenfalls verschärfte Konflikt der verfeindeten Väter nach dem
Vorbild von *Romeo und Julia*, überlagert von zahlreichen Episoden, Komödienmo-
tiven und Lustspielverfahren: neben burlesken Figuren, Wortspielen, Intrigen und
Verkleidungen besonders das Schäferspiel von der 'neuen schönen Magelone', das
als Knittel-Spiel im Spiel in Anlehnung an die Handwerkeraufführung im *Sommernachtstraum* bzw. die derb-komische Verselbständigung zu einem eigenen Stück in
Gryphius' *Peter Squentz* den überlangen dritten Akt einnimmt. In mehreren Szenen
diskursiv vorbereitet, wird die eigentliche Theatereinlage angezeigt durch den
rahmenden Prolog und Epilog des Schäfers Peter.[230] Der ironische Kontrasteffekt im idyllischen Spiegel der ernsten Haupthandlung (mit vergleichbarer Funktion der Spieleinlage wie im *Hamlet*) entsteht daraus, daß der starrsinnige Comingo
als Zuschauer weiterhin nur seine Verheiratungspläne über den Kopf des Sohns
hinweg verhandelt. Im Gegensatz zu den kommentierenden Zuschauern bei Tieck
zeigt sich Aloys' Vater von der Theateraufführung mehr oder weniger unbeeindruckt. Wo er überhaupt auf das „Spiel" reagiert, verflucht er den „gottlose[n]

---

[227] Schultz (1999, 165).

[228] Vgl. hier v.a. den propagandistisch umkodierten Schluß: „SARMIENTO: Jetzt wißt ihr Alles, Alles
ist jetzt gut. Heut noch ein frohes Fest, und morgen zur Armee" – „PORPORINO: Erst geliebet
und gerungen, / Dann die Fahne hoch geschwungen, / Frisch dann nach dem Kranz gesprungen,
/ Alles ist uns heut gelungen" (Brentano-SW XII, 796).

[229] „Denn dieses Trauerspiel ist auch eine Komödie. [...] Man kann geradezu sagen: Motive des Intri-
genlustspiels sind hier ins Tragische gewandt, aber der tragische Ausgang ist nicht zwingend motiviert", so Kluckhohn (1937, 14), der betont, daß *Aloys und Imelde* zu Brentanos liebsten Stücken
gehört habe. Ein Trauerspiel, das aus Lustspielmotiven zusammengefügt ist, erkennt bereits
Agnes Harnack im Vorwort zur Ausgabe der *Sämtlichen Werke* (Bd. 9,2, München 1912). Die Tragik sei nirgends zwingend, nirgends vom Zufälligen losgelöst und stehe so auch zur Komik in
keinem inneren Verhältnis; zur eigenartigen Kombination von Trauer- und Lustspiel vgl. zuletzt
Kimberly (1977, 126-151, hier 148).

[230] Vgl. Brentano-Kemp IV, 426-444; hier etwa auch die Anspielung auf Zettels Traum in der Rede
der aus ihrem Traum erwachenden Marie Annette als Magelone (430).

Reimer" des Prologs, der „all seine Reden paarweis treibt, wie das Vieh in die Arche, um seinen Gedanken vor der Wasserflut zu erretten".[231] Die „gemeine Volksposse" der „untersten Volksklasse"[232] in Knitteln läßt ihm folglich vor allem sexuelle Motive samt verdrängtem Sündenbewußtsein durchblicken, die der gestrenge Vater dem Sohn im Verhältnis zu Imelde unterstellt. Die ernste Trauerspielebene und die Aufführung schöner Naturpoesie in Knitteln mit Anspielungen auf die parabatische Komödie (einschließlich Selbstthematisierung des Aus-der-Rollen-Fallens) bleiben damit tatsächlich voneinander getrennt, ohne Wechselkontakt, wenngleich gerade der dritte Akt insgesamt die Scheidewand zwischen den Sphären nicht zuletzt durch die derb-komischen Wortspiele (von Schul- und Hausmeister) am stärksten porös werden läßt: Zeichen für das Diffundieren von ernstem und komischem Drama gerade im Zentrum des Trauerspiels, das zuletzt aber in Aloys' Gefangennahme im Hungerturm mündet, die der Vater befiehlt. Der reale Problemdruck des Familienkonflikts verhindert, daß der starrsinnige Comingo sich von der naturpoetischen „Maskerade"[233] der 'Verkehrten Welt'[234] inmitten des Trauerspiels affizieren und dadurch zur Anerkennung der Liebe seines Sohns durch die humanisierende Wirkung der Poesie überzeugen läßt.

Neben der im Verlauf des Stücks zunehmend religiös geprägten Darstellung, die sich aus der von Brentano um 1810 entdeckten Dramatik Calderóns nach den aktuellen Übersetzungen A.W. Schlegels (v.a. *Der standhafte Prinz, Die Andacht zum Kreuz*) herleitet[235], zeichnen sich in systemreferentieller Perspektive vor allem Reminiszenzen auf die Dramatik Shakespeares ab: auf die illudierenden Spielkomödien zwischen *Was ihr wollt* und *Wie es Euch gefällt* (auch im merkwürdigen Motiv des Ringkämpfer Forcas) und auf die Tragödie von *Romeo und Julia*, auf diese Liebestragödie zudem in Form einer sozusagen figuralen Ekphrasis, die ähnlich schon die frühen Dramen Brentanos (*Cecile*) praktizierten. Denn als Maler eines Bilds von Romeo und Julia bespiegelt Aloys seine Liebe in der Kunst, worin Imelde sich als Geliebte erkennt.[236] Mit der Zigeunerin Zinga schließlich, zurückzubinden an Viola, kehrt eine zweite Valeria und damit eine weitere Allegorie der Poesie wieder. Als Jüngling verkleidet, taumelt das eltern- und heimatlose Kind unglücklich durch die Verwirrungen des Stücks, nicht zuletzt weil es Aloys unerwidert liebt. Gleich eingangs im Wald beklagt Zinga die „treulos wandelbare Welt".[237] Für Aloys selbst wiederum ist sie „Goldherz", das mit dem „Bleiwitz"[238] ihrer schönen Rede die bittere Welt des Melancholikers verzau-

---

[231] Brentano-Kemp IV, 426f.
[232] So der Schulmeister (Brentano-Kemp IV, 415).
[233] Brentano-Kemp IV, 425.
[234] Brentano-Kemp IV, 409.
[235] Vgl. Schultz (1999, 180).
[236] Vgl. Brentano-Kemp IV, 462, 465, 479-483.
[237] Brentano-Kemp IV, 321.
[238] Brentano-Kemp IV, 389.

bert.[239] Die von ihrer Person ausgehende Ahnung einer höheren Ganzheit – im „wunderbaren Ernst" 'übt' sie ins „tragisch Spiel" ein[240] – offenbart sich im Diesseits an der Enthüllung umfassender Verwandtschaftsverhältnisse: Die Zigeunerin ist Aloys' verloren geglaubte Schwester Johanna. So erfüllt sich die Sehnsucht nach der Heimat in der Familie kurz vor dem Ende, bevor der Tod des Bruders die gewonnene Ordnung erneut zerstört und in die höhere Sphäre des Religiösen transzendiert.

Sprachlichkeit exzelliert in diesem ausufernden und – aller konflikt- und intrigendramatischen Organisation zum Trotz – durchaus langatmigen Stück weniger durch eine metrifizierte Prosa[241] als durch das in überlangen Monologen durchgespielte Umkreisen der anthropologisch-religiösen Zentralmotive Liebe und Zorn, das sich nicht selten in einem affektdramaturgischen Oh-Pathos entlädt. Werden die Motive auf der ernsten Ebene in der wiederkehrenden Bildlichkeit von 'Rose' und 'Rosenkranz' symbolisch verdichtet, später vor allem im Opferblut der Wunden und in der Asche des verbrennenden Lebens, steht der solcherart musikalisierenden Variation der Leitmotive auf der heiteren Seite der komplementäre Gegenpol aus (teils selbstreflexiven, teils derb-komischen) Wortspielen gegenüber. Ernst und Scherz übergreifend wird die handlungsdramatische Begründung der Konfliktlagen damit konterkariert von einer wenig variierten Wiederholung von Leitworten in überlangen Akten und Szenen (wie III/1 oder III/2), teils uferlos gedehnt von ebenso überdimensionierten Monologen. Die im Vergleich zur redundanten Überfülle der Figurenrede quantitativ überschaubaren Liedeinlagen expandieren vornehmlich im ohnedies diffundierenden dritten Akt, der als Gelenkstelle mit aufleuchtender Aussicht auf Versöhnung *durch* die Spiel-im-Spiel-Einlage[242] von der lustspielhaften in die katastrophische Haupthandlung hinüberführt: in die Gefangennahme Aloys' im Hungerturm mit Reminiszenzen an Calderón und Gerstenbergs *Ugolino* (samt damit implizit erinnerter Melo-Dramaturgie). Überleitende Funktion zum religiösen Schluß kommt im Zusammenhang der lyrischen Einlagen den vordringenden Chor-Sequenzen mit getragenem Pathos der Klage über den „Schleier der Nacht" und den 'blutigen Mond' in IV/13 zu, die kraft der hier aufkommenden Wundenmetaphorik die erlösende Perspektive durch das Opferblut der Taube vorbereitet.[243] In den anderen Akten hinge-

---

239 „Mehr folg ich deinem schönen Drang zu helfen" / „Du redest schön, und ich verstehe dich, und so verstanden, bin ich deines Glaubens auch" (Brentano-Kemp IV, 335, 339).

240 Brentano-Kemp IV, 323.

241 Vgl. Schulz (1989, 621); zur – eher partikularen – Lyrisierung monologischer Prosa durch Binnenreime vgl. Brentano-Kemp IV, 384.

242 „Schöne Geschichten! Gut, alles gut; ihr Leute seid lustig, alles ist komplett, die Kinder finden Vater und Mutter, und der Vater findet den Sohn und die Tochter! Ihr Leute, Generalpardon, und Lust an allen Ecken! Geht, tanzt und springt, plündert die Küche aus, Schlaraffenland ist erobert, denn wißt, hier, der ist mein Sohn, und das meine Tochter, die ich seit achtzehn Jahren nicht gesehen" – so der Hausmeister kurz vor Ende der Spiel-Einlage (Brentano-Kemp IV, 444).

243 Vgl. Brentano-Kemp IV, 488-491.

gen bleiben die lyrischen Sequenzen zumeist auf die leitmotivische Repetition des rahmenden „O Zorn, du Abgrund des Verderbens" / „Wo ist, o Liebe, deine Tiefe" beschränkt: ein Lied, das die Kinder im pietistischen Gesangbuch der verlorenen Mutter finden, Zinga und Aloys damit an ihre familiäre und religiöse Heimat erinnern. Darüber hinaus benennt es die handlungsleitenden Affekte des Stücks zwischen 'Unbarmherzigkeit' der väterlichen 'Tyrannis' und „Urgrund" aller „Wunderkraft" in der Liebe. Im Verlauf des ganzen Dramas leitmotivisch aufscheinend – sei es vollständig rezitiert, sei es in die Figurenrede fast schon als eine Art Reinszenierung antiker Stichomythien integriert[244] –, vernetzt das Lied die von den beiden Zentralaffekten in Gang gesetzte Handlung gleichsam partitural, um sowohl die Erinnerung an die verlorene Heimat als auch den Vorschein der Erlösung wachzuhalten. Insofern verweist die arienhafte Wiederholung (durchaus im Sinne einer barockaffinen Opernsprachlichkeit gleich den *Lustigen Musikanten*) auf die göttliche Lenkung und Gnade, die sich im opernhaften Chor-Finale erfüllt. So hält in erster Linie eine gleichermaßen musikalisierte wie sprachspielerisch verselbständigte Sprache das Liebesdrama vor dem Hintergrund des historischen Stoffs vom Cevennenkrieg zusammen.

Der Stoff vom hugenottischen Cevennenbauern Cavalier, Anführer der Camisarden gegen Ludwig XIV., über den sich der Gegensatz von alten Katholiken und neuem, vom Calvinismus beeinflußten Adel entfaltet, bleibt jedoch nur historisierendes Kolorit. Freilich erst von Cavalier veranlaßt, findet die Versöhnung der politisch verfeindeten Väter über den Leichen der Kinder statt. Ein Geschichtsdrama ist das Stück nicht, weil es auf die Historizität des Stoffs keinen Wert legt. Es will keine poetisierte Historiographie sein, sondern zielt in erster Linie auf die Unversöhntheit von Haß und Liebe im politisch genährten Familienkonflikt. Das Stück verfolgt nicht das Ziel der Mahnung zur sozialen Harmonie oder zu einer Verteidigung der neuen christlichen Kirche, sondern es präsentiert vielmehr die Verklärung des christlichen Glaubens über den Streit und die diesseitige Liebe hinweg durch das Opfer: Das Blut des 'Schmerzensreichen' Aloys, der sich die vom tückischen Ehemann Imeldes verursachten Wunden aufreißt[245], verweist auf das Opferblut des Gekreuzigten, weshalb Imelde sich am Ende ins Sünderschwert stürzt, um dem Sterbenden nachzufolgen. Der handlungsorganisierende Konflikt – verallgemeinert aus den anthropologischen Motiven Liebe und Haß, gespiegelt in der christlichen Wundenmetaphorik – mündet deshalb nicht in einen wagnerianischen Liebestod, den das Stück in Aloys Rühmung des „herrliche[n] Gedicht[s] von Tristant und Isalde", das er „einst gelesen", durchaus präludiert.[246] Die Vereinigung im Grab, im langen Nebentext von V/6 mit dem liebenden Paar in den „Kutten" der „Elendsbrüder" vor den auszumessenden

---

[244] Vgl. Brentano-Kemp IV, 341 (I/13), 346 (I/16), 369 (II/13), 375 (II/18), 383 (II/25), 400f. (II/30), 440 (III/18), 477 (variiert als Wechselrede gleich Stichomythien; IV/8), 523 (V/8).

[245] Brentano-Kemp IV, 517.

[246] Brentano-Kemp IV, 337.

Särgen vorbereitet[247], symbolisiert vielmehr das gemeinschaftliche Eingehen in Gott nach dem Märtyrertum für die Liebe. Ähnlich läßt Brentano wenig später *Die Geschichte vom braven Kasperl und dem schönen Annerl* (1817) in der Allegorie des erst im Grab vereinten Paars enden: im Bild der Getrennten und doch (im Jenseits) Vereinten, allegorisiert im Denkmal der falschen und wahren Ehre. In *Aloys und Imelde* zeigt die finale Wiederholung der beiden Leitstrophen vom Zorn und von der Liebe die höhere Verbindung trotz ebendieser Getrenntheit im Diesseits an.

Das religiöse Telos der Handlung ist demnach grundsätzlich weniger auf die Geschichte als auf das Gewahrwerden der göttlichen Präsenz hinter den Dingen gerichtet. Es ist eine Heimkehr, die sich während des ganzen Stücks an der Heimatsehnsucht der Kinder in einer vater- und mutterlosen, vom Krieg zerspaltenen Welt ankündigt: die Erlösung vom „Irren durch erinnrungsvolles Feld", das die Hauptfiguren auf der Suche nach ihrer Herkunft umtreibt[248], ein autobiographisches Motiv, das Brentanos gesamtes Werk durchzieht. Im Trauerspiel zeigt sich der autobiographische Hintergrund nicht zuletzt in der Selbstbezeichnung Aloys' als „Benone", der 'sehr Gute' und 'Schmerzensreiche'[249]: eine Selbstverklärung in der Imitatio Christi, die auch Brentano unter diesem Namen betrieb. Im religiösen Umfeld zunehmender Bibelanspielungen und der leitmotivisch vordringenden Wundenmetaphorik – die Wunde ist 'Quell' des neuen Lebens im „bittern See des Schmerzes"[250] – scheint die ersehnte Ganzheit durch alle politischen und psychophysischen Spaltungen hindurch erst im Tod auf. Werden die Wunden in *Ponce de Leon* aller christlichen Anspielungen ungeachtet vor allem durch die schöne Familie geheilt, ist es jetzt erkennbar die Stellvertretung durch den Erlöser am Kreuz. Die höhere Familie entsteht erst durch Gott-Vater. Darin zeichnet sich der Einfluß der religiösen Dramatik Calderóns nach 1810 ab, besonders des *Standhaften Prinzen* und der *Andacht zum Kreuz*, insofern der „Abgrund des Verderbens" und der Riß durch die Schöpfung nun im Zeichen des Kreuzes überwunden sind.

Jenseits der generell vergleichbaren Mischung von Ernst und Scherz begründet dieser systemreferentielle Hintergrund auch eine Gemeinsamkeit mit Arnims *Halle und Jerusalem*, die sich im Telos der freiheitlich irenischen Überwindung allen religiösen Zwiespalts abzeichnet. Auch in *Aloys und Imelde* deutet sich dieses Ziel – bei ähnlich ausgeprägten antisemitischen Reflexen in der sprachlich verzerrten Darstellung der Juden[251] – im Friedenstempel in des „Felsens Schoß" an, der 'Mohren', Christen und Juden gleich der freimaurerisch unterfütterten Überre-

---

[247] Brentano-Kemp IV, 513.
[248] Brentano-Kemp IV, 324f.; hier auch das Motiv der Glaubensspaltung durch den Krieg.
[249] Brentano-Kemp IV, 514.
[250] Vgl. Brentano-Kemp IV, 521; zum Wundenblut als „Quell" des neuen Lebens vgl. 517.
[251] Brentano-Kemp IV, 358f., 373.

dung bei Arnim vereint.[252] Kraft der Integrationsfigur Cavalier, die sämtliche Leitmotive und -verfahren des Stücks in der religiösen Mediologie einer vom fleischgewordenen Wort erlösten Welt versöhnt[253], entwirft auch Brentano einen Orden, der ohne Bekenntniszwang Katholiken, Reformierte, Juden und Muslime gleich-gültig aufnimmt und der auf katholisch-mönchische Ideale mit freimaurerischen Toleranzvorstellungen abzielt.[254] An diesem Tempel in der Felsengruft finden Aloys und Imelde sich sterbend als Pilger ein, wo ihnen das „Grab" des 'versöhnten Herzens' ausgemessen wird.[255]

Auf der komischen Ebene kontrastiert diesem religiösen Kontext eine intrikate Dialektik von Lachen und Weinen: Das Lied „Freude, schöner Götterfunken", so Othon, sei ihm „zu lang und zu ernsthaft", „sonst sänge ich es dir [Zinga], aber ich hätte jetzt eher Lust, mich über das Traurige zu Tode zu lachen, als mich über die Freude ins Leben zu weinen. – Was hast du dann verbrannt?"[256] Zingas Antwort, die Reaktion der Poesie selbst, spielt die Erlösung im Verbrennen des 'Bleiwitzes' und der beurkundeten Rechtsansprüche Comingos durch, die überhaupt erst den Haß erzeugten:

> Nicht Liebesschriften, arme Schmetterlinge, eines kurzen Frühlings Tagtierchen, die der Tod zu Taufe hält; sie tragen ihre eigne Flamme schon in sich, denn alles Leben ist ja ein Verbrennen; nein, Schriften, bittren Hasses hat die Liebe hier verbrannt, das grimme Leben alten bösen Todes, den Toten, der, die Lebenden zu quälen, ewig kehrt, den Grund des Hasses zwischen den Comingos und den Lussans. Er liegt in Asche hier, ach, möge jetzt aus dieser Asche ein schönrer Phönix steigen, und mögen beide Feinde in den Kindern sich die Hände reichen![257]

Die Dialektik von Leben und Verbrennen komplettiert eine religiöse Dramatik, die aus der Asche der Poesie die Erlösung der Liebe wiederauferstehen läßt.

In der Gesamtstruktur des Stücks zeigt sich die Verschiebung von lustspielhafter Exposition über das heitere Schäferspiel in Akt III (mit Andeutung einer versöhnlichen Perspektive als 'getäuschten Täuschung') zur wachsenden Gewalt und Zersprengung bis zum erlösenden Trauerspieltod der Protagonisten. Wiederholt der erste Teil neben Shakespeares Verwirr- und Intrigenkomödien die spanischen

---

[252] Vgl. die Rede Cavaliers (Brentano-Kemp IV, 451).

[253] „Und spricht ein Geist, so spricht er in Natur, die selbst das Wort nur eines Geistes ist; und Wort wird Fleisch, und Fleisch wird wieder Wort, und so, mein Wort, bist du des Geistes Wort; der aber spricht: Gedenke deines Todes; der Asche war, der soll zur Asche werden, und Asche ward, der Asche ist gewesen; und aus dem Zorn geht wild ein Feuer aus und frißt sich selbst und weht in alle Welt; deß sühnt ein Teil im Opferrauch den Himmel, deß sühnt ein Teil in Opferblut das Leben, deß sühnt ein Teil in Asche diese Erde; und wo der Feind beim Feinde friedlich ruht, da bricht der Zorn, da stockt die wilde Glut, und heilig, heilig, heilig ist der Ort – es spricht aus mir ein guter Geist das Wort – wo bei Baville ruht friedlich Cavalier, da wird es still, da heilet sich das Weh" (Brentano-Kemp IV, 451).

[254] Vgl. Schultz (1999, 173) mit Verweis auf die ältere Forschung (Agnes Harnack).

[255] Brentano-Kemp IV, 452.

[256] Brentano-Kemp IV, 389.

[257] Brentano-Kemp IV, 390.

comedias und die Figurationen des *Ponce de Leon*, verwandeln sich die Szenen nach dem dritten Akt mehr und mehr in die Tragödie der entzweiten Liebenden komplementär zu den vordringenden religiösen Motiven. Das Drama vollzieht folglich die Verwandlung der Spielkomödie ins illudierende Trauerspiel bei gewahrtem opernhaften Schluß in der Binnenstruktur selbst, um die religiöse Perspektive als poetisch motiviert erscheinen zu lassen.[258] Es zeichnet damit aber bereits auch den endgültigen Umschlag ins bloß Religiöse nach der Generalbeichte Brentanos (1817) vor. In letzter Konsequenz zeigt es die finale Erlösung selbst als wahnhaft bzw. imaginär an, so daß die höhere Vereinigung im Tod nur noch geglaubt werden kann.

In bestimmter Hinsicht besteht die Verbindung von heiteren und wahnhaftdüsteren Elementen von Beginn des Stücks an, insofern sich vor allem in Aloys eine seit dem Frühwerk Brentanos beobachtbare Todesmelancholie im Zuschnitt eines Büchner *avant la lettre* artikuliert.[259] Die Reminiszenzen auf verschiedene Dramenmodelle, die in der Kontrast-Vereinigung von 'wunderbarem Ernst' und 'tragischem Spiel' zusammenkommen, stellen sich aber nicht, wie bei Arnim, als anhäufende Ansammlung disparater Einzelmotive dar, sondern ergeben sich eher aus der Übernahme ganzer Handlungsversatzstücke der Vorlagen. Die Motivwiederholung (in den teils überlangen Monologen) hält die Bruchstellen nicht präsent, sondern schleift diese im sprachspielerischen Umkreisen der anthropologischen Problemlagen ein. Dies ist die Brentano eignende Vereinigung von komischen, tragischen, düsteren und grotesken Motiven, ohne daß die generelle Gemeinsamkeit mit den anderen romantischen Dramatikern (kraft des Vermischungspostulats) davon tangiert wäre. Die spezifische Motivbehandlung trägt zum anschwellenden Sprechen der Figuren bei, das in der Dialektik von insistierender Nennung und Entzug (durch die Redundanz in der Wiederholung) die Darstellung verschwimmen läßt, zumal sie wenig dazu beiträgt, psychische Lagen zu individualisieren. Infolgedessen handelt es sich auch bei *Aloys und Imelde* weniger um eine figurenpsychologisch präzisierte Dramatik. Vielmehr stellt es die Affekte im umkreisenden Wiederholen tableauhaft still – verbunden mit der Zuversicht auf die jenseitige Befreiung von ihrem diesseitigen Bann.

Das 'historisch-romantische' Großdrama *Die Gründung Prags* (1815) in gereimten Jamben, ursprünglich als Oper in Prosa und als erster Teil einer unausgeführ-

---

[258] Kimberly (1977, 144) zufolge bestätigt die religiöse Lösung des Konflikts die Bedeutung der lyrischen Elemente für die Kohärenz des Stücks. Einerseits handelt es sich um eine klassische Konfliktsituation zwischen zwei Familien (Akt I), andererseits delektiert sich der Autor am Spiel mit Worten, Ideen und Identitäten (II und III): „Ultimately he manipulates symbols to embrace past, present, and future action (Act IV) so that the final act should be the dramatic resolution of what has already been resolved symbolically" (148).

[259] Vgl. Aloys' 'abgründigen' Liebesmonolog in II/12, der mit dem „Grab" noch ohne religiöse Aussichten schließt (Brentano-Kemp IV, 367).

ten Trilogie (zusammen mit *Der Mägdekrieg* und *Ludmilla*) konzipiert[260], greift die
von Zacharias Werner (1810) und später von Grillparzer dramatisierte Libussa-
Sage auf[261], um mit erneut autobiographischen Bezügen[262] die Selbstbegründung
eines Staats durch romantische Poesie zu inszenieren: in einem trotz seines
ausufernden Umfangs tatsächlich geschlossenen Drama in fünf Akten als poetische „Summe" Brentanos ähnlich dem *Kaiser Octavianus* für Tieck.[263] In einer dem
Frühwerk Arnims vergleichbaren Ästhetik des Empfangens ist der Dichter Medium und Dolmetsch einer visionären Sprache.[264] Bei aller dem barocken Trauerspiel nahen Bearbeitung der sagenhaften und historischen Quellen – nachgewiesen in einem Anmerkungsapparat in formgeschichtlicher Nähe zu den Dramen
Lohensteins – gibt diese sich als eine Art überdimensionierter Hypotypose zur
szenischen Schau einer „überzeitliche[n], ewige[n] poetische[n] Wahrheit" zu erkennen.[265] Die meisten Motive und Handlungsstränge in den zum Teil von langen epischen Berichten getragenen Figurenreden, textinterne Spiegel des visionären Vor-Augen-Stellens, sind in den Quellen vorzufinden. Neu hinzugefügt ist
nur der Übergang vom slawischen Mythos ins Christentum.

Das performative Selbsthervorbringungsvermögen einer Textformation zwischen szenischer Lyrik und durchlyrisierten Szenen versteht sich als die eigentliche Vermittlungsebene der Romantisierung, diskursiv umstellt von erläuternden

---

[260] Vgl. Brentano-SW XIV, 529; Schultz (1999, 179). Brentano arbeitet sich an der *Gründung Prags* in
fünf Fassungen ab: zuerst eine 'romantische Tragödie mit Gesang' in Prosa (deren Opernhaftigkeit Werners *Wanda*-Tragödie nahesteht); die zweite Fassung integriert jambische Partien in die
Prosa, die dritte wird in „gerechten Jamben" (Arnim-Brentano II, 674) verfaßt, die vierte in gereimte fünfhebige Jamben umgeschrieben, die in der fünften Fassung noch einmal überarbeitet
werden (vgl. Brentano-Kemp IV, Kommentar, 949). Zur Entstehungsgeschichte und zur
Kontamination von autobiographischem Material und philologischem Quellenstudium mittels
„Einschub-und Entlehnungstechnik", die diverse Sagen- und Geschichtsstoffe (neben der Libussa-Sage mit der Gründung Prags um 740 etwa die Alraunensage) in rein Erfundenes (wie der Ankunft des Christentums in Böhmen) zu einer „Poetisierung der Geschichte" integriert, vgl. Riley
(1985, 135f.).
[261] Zum Stoff vgl. Riley (1985, 134f.). Den Vergleich zwischen romantischer Renaturalisierung von
Sage, Mythos, Geschichte und klassizistischer Desillusionierung ins Halt-, Ziel- und Heillose bei
Grillparzer ziehen Seidlin (1979) und Ricklefs (1983).
[262] Eingeflossen ist nicht nur der Aufenthalt in Prag und auf dem böhmischen Familiengut Bukowan
(Brentano-Kemp IV, Kommentar, 948f.), sondern vor allem auch das Erlebnis der Kindheit in
der Heimatstadt Frankfurt, die der Prolog in der ersten Stanzengruppe unter der Überschrift
'Biographie' thematisiert. In der Abhandlung über die *Entstehung* des 'romantischen Schauspiels'
schreibt Brentano: Mit der Rückkehr in die eigene Kindheit eben auch als Rückkehr in die Kindheit der Menschheit „habe ich gewissermaßen erlebt, was ich gedichtet" (528).
[263] Ricklefs (1983, 242).
[264] Vgl. Ricklefs (1983, 245-250).
[265] Liest der Historiker in den „Träumen der Geschichte", soll der Dichter deren Sehnsucht
„verstehen und auslegen" (Brentano-SW XIV, 523). Wo die „historische Urkunde verstummt",
erschaut die Kunst die „höhere, überzeitliche, ewige poetische Wahrheit" (522). Zum Verhältnis
von Geschichte als „Seherin", „Dichterin" und „Künstlerin" (522) und Poesie als 'Wahrheit' vgl.
Ricklefs (1983, 247).

Begleittexten: so vor allem *Die Entstehung und der Schluss des romantischen Schauspiels 'Die Gründung Prags'* und die nachträglichen *Anmerkungen.* Die integrale Produktivität eines literarischen Gesamtkunstwerks – Pantomime, das „volle Orchester"[266] und (Chor-)Gesang sind in die Szenen hineingenommen – ist Vermittlungsinstanz für die höhere Wahrheit von Sage und Geschichte, indem sie den Übergang vom slawischen Mythos zum Christentum und zur Geschichte in „Naturdichtung zurück" 'auflöst', um dem „Leser symbolische Figuren der Rede" so zu präsentieren, als seien ihm diese die „eigenen Götter".[267] Ähnlich dem frühen Arnim ist der Dichter weniger verfügender Autor als Medium bzw. „Werkzeug" wie seine Figur Libussa[268], das die Quellen philologisch sammelt, literarisierend bearbeitet und in sprachmagischer Bewegtheit wie von selbst produktiv macht[269]: in einer Ästhetik der 'Schwelle'[270], die den Übergang von der mythischen Welt ohne Glauben zur Religion und Geschichte gleitend vollbringt. Die poetisierende Anverwandlung der überlieferten Objektivität in den Quellen, unbesorgt um die wissenschaftliche Wahrheit der Stoffe, bewegt sich dadurch selbst an der Grenzfläche von Naturmagie und dezidierter Religiosität. *Die Gründung Prags* ist das letzte primär noch poetisch begründete Werk Brentanos vor der direkt religiösen Phase nach 1817. Die Generalbeichte machte ihren Autor, Heines Spott zufolge, zum korrespondierenden Mitglied der katholischen Propaganda am Krankenbett der stigmatisierten Nonne Anna Katharina Emmerick. Der Abbruch der dramatischen Produktion an der Schnittstelle zur unvermittelten Religiosität bestätigt den epochalen Einschnitt romantischer Dramaturgie um 1815.[271]

Die Sonderstellung dieser Dramatik in der Romantik wird markiert durch eine Geschlossenheit ganz eigener Art[272]: Aller Vielfalt der Vers- und Reimformen

---

[266] Brentano-SW XIV, 111.

[267] Brentano-SW XIV, 483.

[268] „Ich bin ein Werkzeug, göttlich ist der Grund" (Brentano-SW XIV, 107).

[269] Das dramaturgische Kernproblem in der Verselbständigung des Sprachlichen benennt der Brief Arnims an die Brüder Grimm vom 8. September 1812: Dem Stücke mangele es an „Zusammenhang durch That und Charakter", es gebe „schöne einzelne Gruppen, wunderliche Begebenheiten, so daß es mir leid thut, daß er seinen ersten Plan nicht ausgeführt hat, sie ganz als Oper zu bearbeiten, worauf der erste Akt [...] eingerichtet ist. Sein Talent, mit Leichtigkeit zu reimen und mit Gefälligkeit das Gewöhnliche zu schmücken, selbst seine Art Sprachkoketterie, würde die Ausführung begünstigen, jetzt scheint sehr häufig zwischen ernsten Scenen das blos Gefällige wie Geschwätz und das Ganze, trotz eines ungemeinen Aufwandes, scheint doch zuweilen arm an Interesse" (Steig III, 210f.).

[270] Vgl. Fetzer (2000).

[271] Die *Gründung Prags* ist damit „Schwellenwerk" zum primär religiösen Spätwerk (Riley 1985, 134-140, hier 134). Ricklefs (1983, 250) zufolge ist der Übergangscharakter des Dramas von der „Kunstautonomie über die geschichtlich autorisierte Poesie der Sage und Mythologie bis zur göttlich autorisierten heiligen Poesie der Offenbarung in den Visionsberichten am Bett der stigmatisierten Anna Katharina Emmerick" begründet aus „innerer Konsequenz".

[272] Vgl. Storz (1972, 232). „Das romantische Ausladen ins Breite greift in Brentanos Stück nicht aus in den Raum – zu der einen Handlung fügt sich der eine Schauplatz, das slawische Waldland –, sondern in die Zeit, die sich rückwärts auftut, bis zum mythischen Beginn".

zum Trotz – neben jambischen Zeilen gibt es längere trochäische Figurenreden, volksliedhafte Strophen, Zaubersprüche, Litaneien, Chorlieder – macht sich vor allem die gleitende Homogenität der „gereimte[n] jambischen Silbenmaße"[273] geltend. Nicht nur verbietet sich das Stück größere metrische Variabilität, es fehlen auch romanische Strophen- bzw. Gedichtformen wie Sonett und Terzine, weil der Text Zäsuren für lyrischen Einlagen tendenziell vermeidet. (Der 'Prolog' dagegen, der in den Kapitelüberschriften die Struktur des ganzen Stücks von der „Biographie" über die Stationen „Allegorie", „Vision", „Traum" und „Sibyllische Worte" zur „Geschichte" überblicken läßt[274], präsentiert sich in der Blockhaftigkeit von Stanzen.) Ohnedies interessiert sich das Schauspiel weniger für Formexperimente. Es betreibt vielmehr die Übergänglichkeit der Schwellenerfahrung in gleitender Wahrung der Dreieinheiten: der Einheit des Orts wie einer mythisch-historischen Zeit und Handlung. Die „wunderliche Mytho- und Dämonologie" ereignet sich von der Mitternacht zum Abend des folgenden Tages am gleichen Schauplatz, wobei der visionäre Aufbruch des Neuen jahreszeitlich am beginnenden Frühling (Ende April) gespiegelt wird.[275] Szenenintern jedoch wird die äußerliche Geschlossenheit, die der Dichter als Medium der religiösen Vision poietisch gewährleistet, zerstreut durch den anschwellenden Umfang in der Literarisierung des disparaten sagenhaften und historischen Materials, kontaminiert mit intertextuellen Reminiszenzen, die Brentano im Anmerkungsapparat teils geradezu philologisch, teils aber auch nur launig versponnen (wie im Falle der blödelnden Shakespeare-Zitate) nachweist. Die zuweilen nur noch aberwitzige Sprachlichkeit bis an den Rand des Unsinns betreiben die Szenen selbst bei den höchsten Gegenständen hoher Figuren; beispielsweise dort, wo sich Primislaus' „ernsthaft Ritterwort" zur idealen organischen Staatlichkeit zusehends in einen heißlaufenden juristischen Nominalismus und parataktischen Parallelismus verselbständigt:

Dem Leib des Menschen gleicht des Staates Leben;
Daß nicht ein Glied das andere verletze,
Muß nur ein Geist in allen Gliedern weben,
Der Geist des Rechts, die Einheit der Gesetze.
[...]
Des Staates Kraft ist der Familien Einheit,
Die Einheit aber gründet sich auf Reinheit,
Und Reinheit ist entgegen der Gemeinheit.
[...]
Vor allem heilig sei die Sicherheit,
Wer nur den Werth des Weidenstranges stiehlt,

---

[273] Brentano-SW XIV, 528
[274] Schon dies indiziert den Übergang vom Eigenen ins Allgemeine, vom Selbsterlebten im Aufgelesenen und Erinnerten zur neuen Zukunft durch Öffnung nach hinten in die individuelle und menschheitliche Vergangenheit: den Weg von der Biographie über „eine verinnerlichte, unbewußte 'Wirklichkeit' [...] in die erlebte Gegenwart", die als 'Geschichte' aufscheint (Riley 1985, 137).
[275] Seidlin (1979, 97).

Der ihn erwürge, hänge jederzeit,
Und wer mit List der Einfalt Gut erzielt,
Durch Rechtsumgehung und durch Rechtsverdrehung,
Durch Rechtszertretung, und durch Rechtszerknetung,
Durch Rechtsverrenkung, Kränkung, Lenkung, Schenkung,
Durch Wucher, Lüge und Fürsprecherei,
Durch welche nied're Schuftenkunst es sei,
Den will ich drehen, treten, kneten, kränken
Und den geschmeid'gen Rücken ihm verrenken
[...].[276]

„Er pflüget scharf am Rande des Geschicks", meint Chobol über Primislaus in Variation des wiederholt parodierten Iffland-Titels 'Allzu scharf macht schartig'.[277] Vor allem wegen solcherart Figurenrede, die eine dysfunktionale Sprachbewegung bis ins Kalauern oder in einen erst in der späten Lyrik Brentanos wiederkehrenden Aberwitz selbst im *stilus sublimis* durchspielt[278], steht *Die Gründung Prags* innerhalb des romantischen Dramas allein. Das Stück hat darin weder mit Tiecks legendarischer Dramatik noch mit Arnims oder Werners Historien- und Operndramaturgie etwas gemein.[279] Getragen vom durchgängigen Ernst der hohen Stillage ergibt sich die generische Indifferenz nicht aus komischen Motiven und Figuren. Der Ausnahmestatus des Stücks begründet Brentanos Selbstbewußtsein, eine Arbeit vorgelegt zu haben, die weder Tieck noch Schiller aufweisen können[280] – die aber auch nicht einmal Arnim akzeptieren wollte.[281]

Nicht zuletzt zeigt sich das Eigene dieser Dramatik thematisch: im slawischen Sagenstoff um Libussa und ihren beiden Schwestern Tetka und Kascha, den Drillingen des Königs Krokus und einer Baumnymphe, die als heilige Jungfrauen (in heiliger Dreizahl) den verschiedenen Sphären, verbunden von einer komplex verzweigten Symbolik, gebieten: Tetka, die Zauberkundige, strebt dem Himmel und den Göttern zu; Kascha, die Kräuterkundige, der Erde, während Libussa, die Seherin beiden Bereichen angehört. Die slawischen Hirten und Bauern leben nahe der Natur. Die „selige Zeit" der Ureinheit läßt die „Flüsse[] und Teiche[]" spre-

---

276 Brentano-SW XIV, 461-463. vgl. dazu auch das einigermaßen abgedrehte Durchspielen von Problemen von Staatlichkeit und Gesetzgebung am Motiv der 'Frösche' (274f.), bei der mir auch die Anspielung auf die *Batrachomyomachia* nicht ausgeschlossen scheint.

277 Brentano-SW XIV, 388; zur sprachverspielten Wiederholung des in der romantischen Komödie seit Tieck immer wieder verulkten Iffland-Titels vgl. v.a. die Figur Lapack (431, 449).

278 Vgl. dazu eine Rede des Werschowetz, die fast schon den berühmten *Lahmen Weber* (1838) präludiert: „Ja, was für eines Blinden Aug' die Leuchte, / Der enge Krughals für des Fuchses List, / Was für den Schnabelstorch des Tellers Seichte, / Was für ein hungernd Huhn die Perle ist, / Das ist des Apfels Räthsel uns gewesen; / In zwei ihn spaltend, war es nicht zu lösen, / So gaben wir des Zwiespalts Apfel hin. / Und nochmals Apfel nenne ich die Erde, / Verheiße nochmals hier mit diesem Schwerte, / Willst du, treib' ich zu deinen Füßen ihn" (Brentano-SW XIV, 346).

279 Vgl. Storz (1972, 230).

280 Vgl. Schulz (1989, 624).

281 Vgl. dazu den vielzitierten Brief an W. Grimm vom 10. Februar 1815 (Steig III, 320).

chen, und in solchem „Spiegel" der „Seele" verbinden sich „liebende Geister und Menschen"[282] zu einer nicht-staatlichen Gemeinschaft, die sich als Sippenverband durch Feindschaft gegen das Böse definiert, repräsentiert von der teuflischen Zauberin Zwratka, die im Drama das erste Wort hat und blutrünstig dem schwarzen Gott dient. Die Duplizität von Tages- und Nachtgottheiten bestimmt die Parteiungen der Menschen. Naturmagie, Ursprünglichkeit und Unmittelbarkeit begründen ein Matriarchat, das im Frauenkrieg verteidigt, durch das Drängen des Volks aber gefährdet wird, weil es die Erwählung des Ackerbauern Primislaus zum Ehemann und Herzog erzwingt: und damit den Übergang zum Patriarchat, den das Mysterienspiel (Schulz) mit christlichen Erlösungserwartungen in Verbindung bringt. Libussa, als Seherin über ihren beiden Schwestern stehend, soll die Herrschaft durch Heirat mit Primislaus abgeben. Ihr Widerstand dagegen und der Kampf der Freier stellt die Haupthandlung des Dramas dar, verknüpft mit dem Motiv des tschechischen Werkmanns Pachta, der in Byzanz Häuserbau und Metallgießerei erlernt hat und zum Christentum konvertiert ist. Seine Werkstatt befindet sich nahe dem heiligen Hain des Krokus, wohin sich Libussa und die Schwestern bei Nacht aufmachen, um die höhere Weisung im Schlaf zu empfangen. Trinitas, Pachtas Begleiterin im 'himmelblauen' Mantel Marias, entfernt von den Szeptern der Schlafenden die animistischen Zeichen (Spinne, Schlange, Frosch) und ersetzt sie durch die christlichen Abbilder Kelch, Lamm, Taube, die Pachta gegossen hat. Im Traum werden die Krokustöchter für Trinitas und die christliche Botschaft gewonnen. Ein Pfeil der teuflischen Priesterin Zwartka tötet die androgyne Christin byzantinischer Herkunft. Die Erlöserfigur stirbt den Märtyrertod, um die Trennung in schwarze böse und gute weiße Götter der Frühzeit aufzuheben und mit dem christlichen Glauben einen idealen Staat vorzubereiten, der kraft der organologischen Metaphorik als Einheit gleich dem Leib des Menschen verklärt wird. Die Verbindung von Elementen des Märchens und der Sage mit Psychologie leistet zuletzt ein drittes Handlungsmotiv: die doppelte Eifersucht der Freundin und ersten Kriegerin Libussas, Wlasta, die der Mittlerin zwischen Mythos und Geschichte, Himmel und Erde[283] beim Eindringen der feindlichen Männer einst das Leben rettete. Verwirrt ist Wlasta wegen ihrer Liebe zum redlichen Primislaus, weil Libussas Auge ebenfalls auf den einstigen Ackerbauern fällt: Er ist der Erwählte, der im freien Bund das Ende aller Fehden und die Begründung des Staats im slawischen Waldland samt Christianisierung der Tschechen herbeiführt.

---

[282] Brentano-SW XIV, 59-61.

[283] Libussa, die Mittlere und Vermittelnde ist dem Oben und Unten gleichermaßen zugewandt und steht so in einer symbolischen Topologie sowohl an der Schwelle der Zeiten als auch zwischen Himmel und Erde (vgl. Seidlin 1979, 99f.). Sie berührt das Getrennte und Entfernte, auseinandergetrieben durch die Gegenbilder der Spaltung in den Konflikten um den Mägdekrieg und den zahlreichen Zeichen wachsenden Zerfalls. *Zwischen* Himmel und Erde befindet sich folglich der kosmische und psychophysische Ort, den Libussa personifiziert und der schließlich durch den christlichen Erlöser versöhnt wird.

Konventionell dramatische Züge erlangt das Stück demnach durch die Konfliktstruktur im Kampf der Männer gegen die Frauen, die jungfräulich bleiben wollen, während Wlasta (auf durchaus intrigante Weise) den Thron mit einem Mann anstrebt. Der fruchtbare Moment der Zeitenwende, der sich in Verbindung mit der komplizierten Vertauschung des Zauberrings im dritten Akt strukturell verdichtet, dient wie alle Figurenkonstellationen also durchaus dramaturgischen Zwecken, bevor Libussa in ihren Schlußstanzen die Stadtgründung von 'Prag' als (etymologisch falscher) Name für 'Schwelle' prophetisch erschaut. Die goldene Stadt präfiguriert die Gottesstadt, die den Menschen verheißen ist.

Und diese Verheißung durch Belebung des Prähistorischen als Vorschein des Zukünftigen leistet der Dichter kraft seiner Mittlerfigur – die „Abgrundergründende" und „Sehende, / Vorwelterwägende / Mitweltverstehende / Nachweltbewegende"[284] – in der Phantasie. Die imaginäre Rückkehr in die Ureinheit samt nachfolgender Trennung der Sphären inszeniert die poetische Wiedererstattung verlorener Ganzheit nach dem triadischen Geschichtsmodell der Frühromantik. Der Abhandlung über die *Entstehung* des 'historisch-romantischen Schauspiels' zufolge steuert die Wiederherstellung des „verlorenen Paradies[es]"[285] nicht nur die 'ewige poetische Wahrheit' des Überlieferten an, sondern eben zugleich auch die Wahrheit kindlichen Wahrnehmens homolog zur „beinah organisch" wahrgenommenen „Kindheit der Geschichte".[286] Die Entstehung der slawischen Nation, der Übergang zum Patriarchat und die Etablierung von Recht, staatlicher Gewalt und der Herrschaft des Geldes strebt folglich keine universalgeschichtliche Deutung des Wesens der Geschichte an. Der geschichtliche Prozeß wird vielmehr durch die 'Fantasie' des historischen Materials in einer Arnims *Kronenwächtern* nahen Weise freigesetzt, indem die Einbildungskraft die „Lücken in der Geschichte" durch 'Ahnung' füllt.[287]

Brentano zeigt kein ideologisches Interesse am Christentum, das systematisierbar wäre, weil das Schauspiel alle entsprechend ausdeutbaren Sinnelemente wechselseitig relativiert. Die „poetologische statt sinnkombinierend ideologische Apperzeption"[288] transzendiert die erwähnte Formanalogie mit dem barocken Trauerspiel kraft einer literarisch homogenisierten Figurenrede in das Sprachgesamt-

---

[284] Brentano-SW XIV, 86.

[285] Brentano-SW XIV, 523.

[286] Brentano-SW XIV, 522. Es ist folglich auch die Wiederkehr kindlicher Lektüre der Libussa-Sage in den Volksmärchen von Musäus, worin sich der autobiographische Impuls bestätigt: „und alles Böhmische empfing mir von ihr einen magischen Glanz in meiner innern Welt", denn „früh gefaßte Jugendbilder werden wie Gespensterfurcht, und Idiosinkrasie beinah organisch, und sind bei bester Ueberzeugung und dem stärksten Willen kaum abzulegen" (525).

[287] Kronenwächter, 11.

[288] Ricklefs (1983, 241): „Er läßt die eklatanten Widersprüche zwischen Kulturpessimismus und Unheilsprophetie auf der einen, optimistischer Geschichtszuversicht angesichts des nahenden Christentums und vorbehaltloser Verherrlichung der Stadtgründung auf der anderen Seite ohne einen Versuch der Vermittlung bestehen".

kunstwerk eines „Weltnaturforschers" der Mythen[289], der mit der „Fantasie" religiöse Wahrheit erschafft: durch die im Vollzug freier Sprachlichkeit *geglaubte* „poetische Construction".[290] Der Autor schreibt nicht, was er erfindet, sondern was er findet und als Gefundenes in sich verlebendigt. Er ist Philologe bzw. Medium einer gewissermaßen philologischen Wahrnehmung, die textuelles Wissen (zwischen Textsicherung, Mythographie und Historiographie) einliest und in der sekundären Unmittelbarkeit der Lektüre wiederauferstehen läßt[291], um dieses Wissen dem Leser in ebendieser Intensität als (ästhetische) Erfahrung nahezubringen. Darin besteht die poetologische Nähe zu *Ariel's Offenbarungen*, wenngleich sich Arnim noch in genialischer Expressivität gerierte, während Brentano das Material durch Literaturforschung erschließt. Der Leser erschaut demzufolge die Poetisierung des philologisch Erforschten gewissermaßen in einer einzigen gigantischen Hypotypose: im performativen Vor-Augen-Stellen einer szenischen Vision *zwischen* Sage, Geschichte und 'Construction', die im Lesevorgang selbst zu einer geradezu unendlich gedehnten Schwelle auswächst. Die Unkontrollierbarkeit dieses Vorgangs im Sinne der Nicht-Wiederholbarkeit der literarischen Produktion hat Brentano explizit betont.[292]

Das national-mythologische Schauspiel tendiert zur oratorischen Wortoper, die die ins Extrem gedehnte Schwellenerfahrung von der Naturmagie ins Historisch-Politische des christlichen Staats gleichsam als unendlichen Aufschub inszeniert. Es geht Brentano um eine „Bewegung" als „Eindruck des Lebendigen" im „Zustande", wo „dem Ausdruck einer unbestimmten Sehnsucht" im „Aufstreben der drey Schwestern ein Entgegenkommen" des Christentums (durch Trinitas) 'entgegenarbeitet'.[293] Das mit einer solcherart 'bewegten Tableauhaftigkeit' in überdimensionierten Szenen zusammenhängende Problem der Unauf-

---

[289] „Die Hexen, die Zauberey, der Aberglaube stehen im Garten des Weltnaturforschers, wie verdorrte, nicht perennierende Pflanzen und Stauden; sind sie von seltenen Geschlechtern, so verdienen sie eine so ernsthafte Würdigung und Untersuchung, als irgend Conchylien auf Berggipfeln, ausgegrabene Mammuthgerippe, oder sonst Fußstapfen der Urwelt, die längst vorüber gewandelt ist" (Brentano-SW XIV, 485).

[290] Brentano-SW XIV, 483. Zum Dichter als Medium „religiös geglaubter Poesie", der die erneuerte „Naturpoesie" als Offenbarung der Urzeit am fruchtbaren Moment der Zeitenwende zum Organ der Restitution verlorener Wirklichkeit funktionalisiert, vgl. Ricklefs (1983, 242). Der objektive Charakter einer Dichtung aus mythisch-poetischem Bewußtsein erweist sich an der „Ersetzung der subjektiven Phantasie durch die Objektivität geschichtlich autorisierter Naturpoesie": die „Realpoesie einer mythischen Zeit" (247). Mit der Einsicht in die Grundlosigkeit aller Phantasie im Abgrund „zwischen Faktizität und Entwurf" kündigen sich aber auch bereits „Tendenzen des Frührealismus" an (246).

[291] Zur 'Auferstehung' dieses philologisch versierten 'Autors aus dem Architext' vgl. Stockinger (2002).

[292] „Ich selbst bin nicht im Stande, diese Arbeit nochmals zu unternehmen, die ich nun dreimahl ganz von neuem zu Ende gebracht [...]. Ich würde toll werden, wenn ich das Alles wieder auflösen sollte, und es muß wohl so bleiben, wenn mir kein andrer hilft" (an Arnim im Februar 1813; Arnim-Brentano II, 674).

[293] Brentano-SW XIV, 484f.

führbarkeit[294] kontert er mit dem triftigen Hinweis, daß das Stück „gewiß theatralischer" sei als die „meisten" anderen Schauspiele.[295] Das Problem stellt sich
aber letztlich schon deshalb nicht, weil der neue Staat in den Schlußstanzen Libussas mit dem Licht in der mitternächtlichen Finsternis rein aus Sehnsucht und
Sprache aufsteigt: Libussa „spricht, als sähe sie die Stadt vor ihren Augen entstehen".[296] Insofern ist die Performanz solcher szenischen Rede der rein sprachlichen Hervorbringung des Selbstmord-Dolchs in Kleists *Penthesilea* auch über die
thematische Affinitäten des Amazonenstaats hinaus vergleichbar.[297]

3. Überblick und Dresdner 'Pseudoromantik': Friedrich Kinds 'malerisches Schauspiel' als szenische Ekphrasis

Auch die fünf dramatischen Texte in der von Friedrich Kind herausgegebenen
Halbjahresschrift *Die Harfe* signalisieren das Auslaufen des romantischen Dramas
als einer epochal spezifizierten Gattung zwischen 1815 und 1819. Neben den episierenden und lyrisierenden Zügen, die die generelle Tendenz zum Gesamtkunstwerk bestätigen, ist die ostentative Originalität der Paratexte kennzeichnend: vom
'Abenteure' *Der Norman auf Lesbos* Fouqués über das 'Bardiet' *Die schöne Erscheinung*
von Münchhausen, Friedrich Kinds 'Caprice' *Des Dichters Sommernacht*, Kuhns *Die
Suppenanstalt auf dem deutschen Parnaß* als 'Götterspiel' bis zu Arthur von Nordsterns
Das Schwert, das unter 'vier Szenen' firmiert.[298] Als besondere Variante romantik-
affiner Dramaturgie sind Stücke des Dresdner 'Pseudoromantikers'[299] Friedrich
Kind nach dem Gesichtspunkt der szenischen Ekphrasis bemerkenswert: der ikonographischen Organisation der Szenen nach bestimmten Gemäldevorlagen vor
dem Hintergrund der für den Handlungskonflikt relevanten Unterscheidung zwischen idealisierender Renaissance- und niederländischer Genre-Malerei. Diesem
Projekt, das den frühromantischen Enthusiasmus für die nicht-italienische Kunst
seit Wackenroder und Tieck in dramatische Verfahren einträgt, gelten abschließende Überlegungen im Anschluß an marginale Hinweise auf dramatische Werke
kanonisierter Autor/inn/en in oder im Umkreis der Romantik. Weniger bekannte
Dramatiker wie Boehlendorff, Oehlenschläger oder Klingemann und postromantische Übergangsformationen bei Rückert, Körner u.a. bleiben ungewürdigt.

---

[294] Vgl. Sprengel (1990, 8).
[295] Brentano-SW XIV, 530.
[296] Brentano-SW XIV, 476.
[297] Vgl. dazu Brentanos Hinweis auf die Lektüre der *Penthesilea* während der Arbeit an der *Gründung Prags* im Brief an Arnim vom Mai 1812 (Arnim-Brentano II, 657f.).
[298] Vgl. Schmidt (1971, 258-263).
[299] Begriff nach Krüger (1904).

Als einzige dramatische Arbeit, die E.T.A. Hoffmann neben den Opern- bzw. Singspiellibretti *Undine*[300] und *Liebe und Eifersucht – Die Schärpe und die Blume* nach Calderón (Ms. 1807/08) verfaßt, figuriert das dreiaktige Märchenspiel *Prinzessin Blandina* (1814), entstanden im Rahmen der *Fantasiestücke*. Vorgelesen wird von diesem 'romantischen Spiel', das nichts anderes zu sein beansprucht als „etwas rein Lustiges, Luftiges" und deshalb „keine weiteren Ansprüche macht", allerdings nur der erste Akt. Abzulesen ist diesem Fragmentstatus zunächst, daß E.T.A. Hoffmann neben Jean Paul als einer der ersten konsequenten Prosa-Autoren der deutschen Literatur auftritt, der sich im Drama und in der Lyrik nur noch beiläufig versucht. Eine spezifischere Konsequenz dieses Sachverhalts besteht darin, daß *Prinzessin Blandina* nur wie die formale „Imitation" Tiecks erscheint: Die Erfolglosigkeit des Fragments geht demzufolge auch darauf zurück, daß es die polemischen Impulse der Tieckschen Literatursatire nicht aktualisiert. Entsprechend leicht trennt sich Hoffmann von seinem, wie er sagt, 'schwächsten Produkt' für die zweite Auflage der *Fantasiestücke* von 1819.[301] Es bestätigt sich damit Cyprians Wort in den *Serapionsbrüdern*, wonach „Schriftsteller, die lebendig erzählen, die Charakter und Situation gut zu halten wissen, oft an dem Dramatischen gänzlich scheitern", weshalb auch der „Versuch, den Stoff einer Erzählung zu einem Drama zu verarbeiten, oft mißlingt und mißlingen muß".[302] Um 1820 wird so gerade seitens eines primären Prosa-Autors wie E.T.A. Hoffmann die Problematik der Volksbuchdramatisierungen und das Mischungspostulat im Bereich des Dramas benannt, insofern die „eigentliche[] Erzählung" das „Novellenartige" und folglich auch das Dramatische ausschließt.[303] Die Epigonalität der *Blandina* zeigt sich in der Wiederholung des parabatischen Typs im Rahmen einer Märchendramatisierung in der Manier Gozzis bei Übernahme Tieckscher Einfälle (Souffleur, Regisseur) neben eingelagerten Tieck-Parodien. Mit der Gozzi-Anverwandlung reagiert das Stück aber auch auf Schillers klassizistische Bearbeitung, insofern die *Prinzessin Blandina*, wie es im Drama heißt, „eine modifizierte Turandot" darstelle.[304] Der gedoppelten Modifikation entsprechen die zahllosen Reminiszenzen auf Verfahrensweisen romantischer Dramaturgie: in einer Parodie des Tragödien- und Opern-Pathos (in Blankversen) zum einen, in der launigen Verulkung etwa der Naturpoesie des *Kaiser Octavianus* zum anderen, wenngleich insgesamt der parabatische Mechanismus in der Nachfolge Tiecks vorherrscht. Dergestalt bietet E.T.A. Hoffmanns Märchenstück tatsächlich wenig Neues. Das dem vorliegenden 1. Akt sich anschließende Gespräch kann deshalb die Wortspiele für schwach und unnötig erklären. Witzig konterkariert wird die hier zugleich

---

[300] Dazu C. Stockinger (2000, 313-323).
[301] C. Stockinger (2000, 37).
[302] Hoffmann (1963, 711).
[303] Hoffmann (1963, 711).
[304] Hoffmann (1960, 717); zum Verhältnis der *Prinzessin Blandina* zu Schillers *Turandot* vgl. Feldmann (141ff., 149f.).

vorgebrachte Rühmung der nicht ausgeführten beiden anderen Akte durch ironische Anspielung auf das Unendlichkeitspostulat, indem Kreisler die Vortrefflichkeit des zweiten und dritten Akts schlicht dadurch bekräftigt, daß er sie „nicht aufgeschrieben habe und auch niemals aufschreiben werde".[305] Das Nicht-Realisierte verweist auf das Unendliche als das nunmehr rein Imaginäre, das in szenischer Konkretion der schalen Epigonalität verfiele, wie das Stück über die romantikaffine Selbstverulkung hinaus selbst eingesteht: „Muß ich Sie denn erst darauf aufmerksam machen", meint Sempiternus zu Adolar,

> daß das ganze Stück höchst erbärmlich ist! – Elende Nachahmerei – nichts weiter. Die Prinzessin Blandina ist eine modifizierte Turandot, der Mohrenkönig Kilian ein zweiter Fierabras. – Kurz, man müßte nicht so viel gelesen haben, man müßte nicht in der Bildung so weit vorgeschritten sein, wenn man nicht augenblicklich alle Muster, die der Dichter vor Augen gehabt, wiedererkennen sollte. Überhaupt bin ich der Meinung, daß mir dem vielseitig Gebildeten gar nichts mehr auf der Welt neu und anziehend sein wird.[306]

So erscheint *Prinzessin Blandina* fast wie inszenierte Epigonalität, die den kraftlosen Verfallszustand der eigenen, postromantischen Dramaturgie zur Kenntlichkeit bringt, weil im Bereich dramatischer Literatur etwas Neues offenbar nicht mehr zu erwarten steht. Ungleich virtuoser agiert Hoffmann die theatersatirischen Mechanismen daher in der Prosa seiner *Prinzessin Brambilla* aus, die sich schon durch die Titelnähe als episches Komplementärunternehmen zum wenig inspirierten Dramenexperiment ausweist.[307]

In die Nähe der Romantik gerückt werden üblicherweise die kleinen lyrisierenden Dramen der **Karoline von Günderrode**, die freilich tatsächlich eher eine ins Dialogische ausgeweitete spätaufklärerische Ideenlyrik denn szenische Arabesken präsentieren. Die Individualität von Texten wie *Udohla*, *Nikator* oder *Mahomed* sei, so die Polemik Hannelore Schlaffers, ihre „Unindividualität": Günderrode versifiziert, dramatisiert, deklamiert und kompiliert Mythen aus allen Kulturen, die soeben von der Philologie und Historiographie erforscht werden – umgesetzt in überschaubaren Szenen, die eine tragische Welt im durchgängigen *genus grande* präsentieren, das die Einheit von Heldentod und Liebe in erhabenen Motiven wie Freundesopfer und Freundesverrat umkreist.[308] Den durchweg hohen Figuren (Seher, Weise, königliche und heroische Liebende) fehlt jede nicht-tragische Bre-

---

[305] Hoffmann (1960, 747).
[306] Hoffmann (1960, 717).
[307] Auch hier exzelliert die Verspottung des tragischen Pathos durch theatersatirische Anspielungen, selbstreflexive Erzählerkommentare und Leseranreden nach dem Vorbild der parabatischen Komödie bei vergleichbarer Gozzi-Bezugnahme in der Verulkung des bloßen Insdzeniertseins von Theatertoden mit Holzschwertern, Masken und Pappdeckeln usw. Nicht zuletzt räsonieren Figuren über die Geschichte von *Prinzessin Brambilla*, in der sie selbst als Figuren vorkommen (vgl. Hoffmann 1965, 305-317).
[308] Schlaffer (1998, 134ff.).

chung. Die Handlung wird im „weiblichen Eremitenblick" der Ausgegrenzten[309] zum lyrisch-erhabenen Tableau stillgestellt, weil alles Ereignishafte aus den Stükken herausgetrieben wird und sich zu pathetisch aufgeladenen Momentaufnahmen entzeitlicht.[310] Wie auch immer die lyrischen Tableaus in Dialogform sonst zu beurteilen sind: Keinesfalls spielen sie das Feld szenischer Sprachlichkeit als experimentelles Erkunden der Variabilität poetischen Sprechens durch, weil sie in erster Linie von psychophysischen Problemlagen in der Dialektik von Ergebung und Erlösung im Tod gebannt bleiben.

Auch ob der sogenannte Dresdner 'Pseudoromantiker' **Friedrich Kind**, wie schon die abwertende Attribuierung nahelegt, einer Variante romantischer Literatur zugehört, kann man getrost in Frage stellen.[311] Eine bestimmte Entwicklungstendenz im zeitgenössischen Künstlerdrama, dem u.a. Castellis *Rafael* (1810) oder Oehlenschlägers wenig romantischer *Correggio* (1816) angehören, organisiert aber gerade bei Kind ein bemerkenswertes dramaturgisches Experiment, das auf die frühromantische Feier der nicht-italienischen bildenden Kunst bei Wackenroder und Tieck zurückgeht.[312] Die in den *Herzensergießungen* und den *Phantasien über*

---

[309] Von Hoff (1989, 76).

[310] „Die Dramatikerinnen", so Dagmar von Hoff resümierend zur Dramatik von Frauen um 1800, „kreieren mit ihrer Heldenkonzeption, deren Kennzeichen die Zentralperspektive, die Verräumlichung und die Monologketten sind, pathetisch aufgeladene Momentaufnahmen eines unerhörten Handlungsanspruchs, auf den sich die weiblichen Helden hin einfrieren, wenn sie die Permanenz der Krise beschwören. Dafür verzichten die Autorinnen auf den schichtenweisen Aufbau der Heldinnen, d.h. diese werden nicht über Konstellationen erschlossen, sondern die Heldinnen erklären sich in Monologen selber zu zentralen dramatischen Figuren. Es ist eine paradoxe Struktur, in der die weiblichen Helden befangen sind: Zum einen von der Handlung besessen, können sie sie auf der anderen Seite nicht ausführen, müssen jedoch Katastrophe und Tat geradezu zwanghaft ausphantasieren" (von Hoff 1989, 86f.).

[311] Krüger (1904, 43-126) würdigt den Dresdner Wasserpoeten zum Unterhaltungs- und 'Modeschriftsteller' herab, der als solcher noch in Tiecks *Vogelscheuche* den Spott auf sich zieht (vgl. Tieck-DKV XI, Kommentar, 1098). Kind sei nicht als Künstler interessant, sondern als zeittypische Berühmtheit im Bereich der Trivialliteratur. Die Unterscheidung Romantiker vs. 'Pseudoromantiker' ergibt sich aus der qualitativen Differenz zwischen dem Dichter als „Führer des Volks" und bloßem „*Unterhalter*" der „*Menge*" (Krüger 1904, 123). Noch in der post-romantischen Komödie zieht Grabbes *Scherz, List, Satire und tiefere Bedeutung* (1822) Kinds 'malerische Schauspiele' als jämmerliche Gegenwartsliteratur auf eine Weise durch den Kakao, die den zeitgenössischen Erfolg bestätigt: „Die Malerschauspiele sind etwas Neues, Herr Baron. Ein Kind, welches gern mit Farben und Bilderchen spielt, freut sich, sie erfunden zu haben; ihr Charakter besteht darin, daß alles, was in ihnen vorkommt, malerisch ist; so z.B. sind die auftretenden Personen immer einfältige *Pinsel*, wie unter andern der Ritter Nanni, Van Dyk [...] u.s.w." (Grabbe 1960 I, 228).

[312] Zur Rezeptionsgeschichte der frühromantischen Kunsttheorie vgl. Vietta (1994). Dem „halbfiktionale[n] Genre" der *Herzensergießungen*, „in dem Quellenmaterial aus den Künstlerviten der Renaissance phantasievoll literarisch umgearbeitet wird" (157) und die A.W. Schlegel als „Vermischung historischer Wahrheit mit Erdichtung" kritisiert, folgt im 19. Jahrhundert eine Vielzahl von Texten als Subgenre 'Literarische Künstler-Legende der Renaissance'. Kinds Dramatik steht also in einer zeittypischen Linie der Literarisierungen von Künstlerlegenden, deren historische Faktizität dann von der kunsthistorischen Forschung widerlegt wird.

die Kunst begründete romantische Ekphrasis will Kind, der Verfasser des Librettos für Carl Maria von Webers 'romantische Oper' *Der Freischütz* (1820), in der Form der Szenen selbst reproduzieren. Die Akte verwandeln sich zu einer Art szenischen Ekphrasis[313], indem sich die Handlung nach der Ikonographie historischer Gemäldetypen organisiert, die wiederum die in die Szenen integrierten historistischen Kupferstiche, stilspezifisch variiert, visuell umsetzen. In Verbindung mit der Übernahme eingeführter Verfahrensweisen romantischer Dramaturgie (mehrteiliger Aufbau, metrische Varianz, Lieder, Pantomimen, eine eigens hinzukomponierte Musik[314] usw.) präsentiert Kinds Projekt demzufolge den Versuch, die romantische Rezeption bildender Kunst in den Gesamtkunstwerksgedanken zu integrieren. Hatte vorher etwa Kleists dramolettförmige 'Idylle' *Der Schrecken im Bade* die Nicht-Vermittelbarkeit von Ikonographie und Text in einer Art szenischen Dekonstruktion der Wechselbezüge vorgeführt, unternimmt Kind den – soweit ich sehe – singulären Versuch, in einer Reihe von 'malerischen Schauspielen' Bildvorlagen nach der zeitgenössischen Praxis der *tableaux vivants* in dramatischer Form zu reinszenieren. Publiziert wurde davon allerdings nur *Van Dycks's Landleben* (1817). In der zweiten Auflage des Stücks von 1821 kommentiert Kind die Poetologie des Projekts in der vorgeschalteten Abhandlung *Andeutungen über malerische Schauspiele und damit verwandte Gegenstände*.[315] Eine vergleichbare Ekphrasis

---

[313] Die seit Anfang der 90er Jahre prosperierende Forschung zum Wechselverhältnis von Text und bildender Kunst, dessen Reflexion auf die Begründung der Kunstgeschichtsschreibung Mitte des 18. Jahrhunderts (v.a. durch Winckelmann) zurückgeht und sich im Bereich der Literaturwissenschaft mit Namen wie Pfotenhauer, N. Miller, Osterkamp u.a. verbindet, kann hier im einzelnen nicht nachgewiesen werden; als neuerer Beitrag mit umfassenden Literaturangaben deshalb nur der summarische Hinweis auf Greif (1998), spezifisch auf das Wechselverhältnis in der Romantik bezogen die Beiträge in Neumann/Oesterle (1999). Zur Wirkung der bildenden Kunst im romantischen Drama vgl. auch Schmidt (1971, 263f.), der sich jedoch nur auf den Kontext der lebenden Bilder, der inszenierten Nachstellungen von Motiven der bildenden Kunst im geselligen Raum beschränkt.

[314] Auf die für das Stück komponierte Musik von Christian Theodor Weinlig weist Kind im Anmerkungsapparat hin (Kind 1817, 190).

[315] Das 'malerische Schauspiel' geht auf die romantische Vereinigungsidee der Künste zurück: „Lassen sich aber Dicht- und Tonkunst, Ton- und Tanzkunst auf das genaueste vereinigen, warum sollte nicht das Nämliche zwischen Dicht- und Malerkunst statt finden?" – und zwar in der „dritten" Kunst: der „Schauspielkunst" (Kind 1821, 4, 6). Inspiriert zeigt sich Kind von den „durch lebende Personen dargestellten Gemälde[n]" (7), die er bei Lady Hamilton und Henriette Hendel-Schütz kennenlernt. Aus der geselligen Praxis leitet er die Möglichkeit ab, „ein zusammenhängendes, den ganzen Abend ausfüllendes Kunst=Schauspiel zu geben, beweglich, dramatisch fortschreitend, bald allgemeine Kunst=Ideen aussprechend, bald das Gefühl und Wirken eines Künstlers, bald das einer *ganzen Schule*, versinnlichend, bald auch wirkliche Gemälde vors Augen führend" (10). Der „Zyklus solcher Theaterstücke" sollte sich jeweils „mit einer Malerschule" beschäftigen (10f.), und zwar im universalen Sinn, insofern „selbst die Chinesische Kunst und ähnliche Spielarten [...] in einem Nachspiele, einer Operette, einer Posse oder dergleichen vor das Auge treten" sollten (11). Zunächst interessiert „die Niederländische Kunst, im leichten Gegensatze mit einem Theile der Italienischen" (11). Ein zweites Stück wird unter dem Titel *Rafael* geplant, „mit leichter Einmischung einiger damals in Rom lebender Niederländer" (12), während

in der literarischen Versprachlichung von Bildvorlagen liegt bei den 'malerischen' Sonetten in *Ariel's Offenbarungen* nach dem Vorbild der Gemälde-Gedichte August Wilhelm Schlegels im *Athenäum* vor, die allerdings eben nicht in der Organisation der Szenen selbst wirksam werden. Kinds 'malerische Dramen' dagegen nehmen August Wilhelm Schlegels einschlägige Charakterisierung des romantischen Dramas als 'Gemälde' gewissermaßen wörtlich.

Van Dyck's Landleben, ein zweiteiliges Drama mit dem 'Anhang' *Der Kirchhof zu Savelthem*, thematisiert die endgültige Erweckung des Protagonisten zum Künstler an derjenigen kunsthistorischen Schaltstelle, an der die naturalisierende Genre-Malerei der Niederländer die idealisierende Malerei der Renaissance ablöst. Folgerichtig führt das Stück, das eine ländliche Liebesepisode Van Dycks im Jahre 1620 thematisiert, vom Schauplatz Antwerpen im 'Vorspiel' zur dörflichen Sphäre in Savelthem. Nach einer zum Teil pantomimischen Darstellung der Maltätigkeit des zu Ruhm, Ehre und Reichtum gelangten Rubens exponiert das 'Vorspiel' (in Blankversen und vierhebigen Trochäen) den Konflikt des Stücks: Der Brief des römischen Ritters Nanni berichtet, daß der als Schüler des Rubens bereits zu Ruhm gelangte van Dyck auf seiner Reise nach Italien wegen einer Liebesaffäre mit einem Dorfmädchen in Savelthem nahe Brüssel hängengeblieben sei. Im

beim vorliegenden Versuch der ursprüngliche Titel eben nicht *Van Dyck* lauten sollte, weil nicht der Maler allein, „sondern die Niederländische Schule" den eigentlichen „Gegenstand" bilde (13). Zwischen 1814/15 geschrieben, nennt Kind das Stück in der Handschrift deshalb eine „*Ausstellung für Kunstfreunde*" (16). Die Gattungsbezeichnung 'malerische Schauspiele' zielt folglich auf „Schauspiele für Kenner und Freunde der Malerkunst" ab (16). Im Unterschied zum bloßen Auftritt eines Künstlers etwa in der *Galotti* geht es Kind also nicht primär um das Sprechen über die Kunst, weil es eben „vorzugsweise die Kenner derselben in Anspruch" nehme (17). Unter dieser Voraussetzung entwirft Kind eine Typologie des Subgenres nach der Leitunterscheidung „Gemälde-Schauspiele" vs. „Maler-Schauspiele" (18). Werden im ersten Fall die Gemälde selbst geistig reproduziert (18), und zwar analog zu den Bühnenerscheinungen des Inneren (Geister, Visionen) in der Theaterpraxis von Shakespeare bis Goethes *Egmont* und Schillers *Jungfrau von Orleans* (20f.), handelt es sich beim zweiten Typus um die Darstellung der Verbindung des Malers mit „seinen Schöpfungen" samt Umgebung, weshalb auch „Stücke dieser Art malerisch im engeren Sinne des Wortes werden" können (23). Als Beispiele der Gattung nennt Kind Castellis *Rafael*, Treitschkes Singspiel *Adrian von Ostade*, Oehlenschlägers *Correggio*, Georg Christian Brauns *Rafael Canzio von Urbino* und A. W. Griesels *Albrecht von Dürer*, bevor er auf den eigenen *Van Dyck* zu sprechen kommt. Kind betont, daß er Van Dyck „wirklich in die heimische Kunstwelt versetzt habe, und daß in diesem Stücke, *auch wo es in den Anmerkungen nicht angegeben ist*, (mit beiläufiger leichter Berührung der Italienischen Schule) die Gattungen der Niederländischen vom Stillleben bis zum Bauerntanze, von Frucht-, Blumen- und Feuerstücken bis zu den Nymphen, Heroen und Heiligen, bald durch wirkliches Bild, bald durch Costum, bald durch die Requisiten, bald durch sich von selbst gestaltende Gruppierung, bald durch beschreibendes Gespräch, vors Auge gestellt sind" (35). Es gehe „nirgends" um „ein einzelnes wirkliches Bild" als Vorlage mit Ausnahme des bekannten Gemäldes von Rubens und seinen Söhnen (36). Die „artistische Haupt-Idee" sei die „Darstellung der Niederländischen Kunst im leichten Gegensatze der Italienischen, schöne Wirklichkeit im Gegensatze zum Ideal, Reiz und Fröhlichkeit im Gegensatze mit Schönheit und Geist" (37), gespiegelt in der dramatischen Hauptidee des Konflikts zwischen Leidenschaft (für die Kunst) und Liebe (zu einer Dorfschönheit).

nachfolgenden Schauspiel, einem geschlossenen Drama in fünf Akten, bereitet die
Gemeinde gerade van Dycks Ehrung vor. Als Schüler des Rubens, den selbst die
einfachen Leute vom Lande kennen, hatte er unbezahlt zwei Altarbilder angefer-
tigt. Die Ereignisse des folgenden Tags zentrieren sich um den Versuch Nannis,
van Dyck zu seiner eigentlichen Bestimmung in der Kunst zu veranlassen. Rubens
sei nur deshalb zu „Flanderns Raphael"[316] aufgestiegen, weil er in Rom war; nur
die italienische Kunst hebe „die Menschheit zu den Göttern".[317] Van Dyck aber
hatte Rubens nicht wegen Veronese, Tizian und Raphael verlassen, sondern vor
der Liebe zu dessen Frau Helena Forman, die er nun in Lenchen wiedererkennt,
die Flucht ergriffen. Zum Schluß entsagt auch Lenchen ihrer Liebe und willigt in
die Hochzeit mit dem Bauern Niclas ein. Sie erlangt damit selbst Nachruhm als
Ermöglicherin der Künstlerschaft van Dycks, deren Vollendung sich bereits in
den Altarbildern ankündigt: In berauschter Verzückung erkennen Nanni und
Paola, also die römische Kunstkennerschaft, in den Gemälden der Dorfkirche
„Rubens' Glut".[318] Die Apotheose des Künstlers, begleitet von Orgelmusik, vollendet sich in der Verwandlung Lenchens zur Heiligen, der – vor van Dyck kniend
– der Hochzeitskranz aufgesetzt wird. Rubens, bis zur letzten Szene im Hintergrund verharrend, entläßt seinen Schüler, der sich endgültig dem „innern Trieb
zur Kunst"[319] ergeben will, nach Italien. Mit wehendem Mantel reitet van Dyck
als St. Martin, den er auf dem Altarbild gemalt hatte, auf Rubens' Pferd in den
Süden. Paolas Schlußworte feiern die Versöhnung verklärender Malerei mit der
innigen ländlichen Altarkunst, die in der Dorfkirche von Savelthem ihr Denkmal
findet. Der aus einer Szene bestehende 'Anhang' kehrt Jahre später zu diesem Ort
der Initiation zurück. Lenchen sei, wie die Todessymbolik am Schluß des Dramas
bereits ankündigt, kurz nach ihrer Hochzeit gestorben. Im erlangten Selbstbewußtsein van Dycks, ein berühmter Maler geworden zu sein, scheint in den letzten Worten vom 'hohen Preis' des Ruhms der resignative Ton des Verlusts durch.
     Neben der Künstlerproblematik präsentiert das Drama Tableaus dörflichen
Lebens mit einer wenig kunstaffinen Bevölkerung, die sich lieber von den anwesenden Schaustellern unterhalten als von der Kunst van Dycks beeindrucken läßt.
Aus der Doppelung von 'Vorspiel' und Drama ergibt sich der zweite Akzent der
Darstellung: die Polarität von städtischer Pracht und dörflicher Schlichtheit, die
Konsequenzen für die kunsthistorische Entwicklung hat. Die Wahl von Ort und
Zeit der Handlung indiziert die zu Beginn des 17. Jahrhunderts sich herauskristal-
lisierende Bedeutung der flämischen Genremalerei gegenüber den höfischen Por-
träts und der prächtigen mythologischen Malerei des Rubens.[320] Folgerichtig be-

---

[316] Kind (1817, 96).
[317] Kind (1817, 98).
[318] Kind (1817, 164).
[319] Kind (1817, 168).
[320] Die kunsthistorische Motivation des Stücks unterscheidet sich damit von der Gestaltung des
     'Niederländischen' etwa in Goethes *Bürgergeneral* oder Kleists *Zerbrochenem Krug* (vgl. Japp 1996,
     115); zur zeitgenössischen Diskussion des 'Niederländischen' in Abgrenzung vom 'poetischen

ginnt das Stück nach dem 'Vorspiel' mit einer ausführlichen Genre-Szene in der Darstellung der Vorbereitungen des Schaustellers und Zahnarztes Cyriax samt Trinkgelage der Bauern. Der ikonographischen Unterscheidung der Bild-Gattungen entspricht die Trennung in hohe und niedere Figuren nach dem zweiten Akt, der mit der Entfaltung der Nanni- und Paola-Handlung die Intrige in Gang setzt.

Auch die ausführlichen Nebentexte legen mit Vorliebe für Details in der Kostüm- und Raumausstattung teils explizit genannte Bildvorlagen zugrunde. Bereits die erste Szenenanweisung benennt bekannte Bilder, die den Säulensaal im Hause des Rubens in Antwerpen schmücken. Der Nebentext fixiert die dergestalt erschlossene Raumsymbolik zur szenischen Reinszenierung von Ikonographien, an denen entlang sich die Handlung selbst organisiert. Zum Schluß vermittelt er die hinzutretende Musik und – ebenfalls mit ikonographischer Verweisfunktion – die Apotheose Lenchens zum Gegenstand eines Kunstwerks samt verklärender Todessymbolik der Lilienzweige. Die Figurenrede des linearen Handlungsdramas unterscheidet zwischen Prosa der Landbevölkerung und Blankvers der hohen bzw. italienischen Personen, während van Dyck adressatenbezogen auf beiden Ebenen agiert (u.a. auch in Volksliedstrophen in der Liebeshandlung, auf die Lenchen selbst in lyrischer Form reagiert). Die Formdifferenzierung spiegelt so van Dycks Zwischenstellung in der Vermittlung der auseinandertretenden Kunststile.

Das Landleben erscheint dabei als für den spezifischen 'Realismus' seiner Kunst zwar temporäre, aber notwendige Episode ohne tatsächliches Konfliktpotential. Die dramatische Entwicklung eines figureninternen Künstlerkonflikts bleibt aus, zumal sich van Dyck seines Könnens als Schüler des Rubens vorab gewiß ist. Es handelt sich eher um die historisierende Rekonstruktion einer biographisch belanglosen Episode, die die Kunstgeschichte als Fabel entlarvt hat. Eine kunsthistorische Konsequenz zeitigt der ländliche Aufenthalt, wie die beiden Altarbilder der Kirche von Savelthem bereits zu erkennen geben, allerdings doch: als Voraussetzung für die van Dyck später nachgerühmte Porträtkunst. Der Mischung hoher und niederer Darstellungsebenen korrespondiert die Unterscheidung zwischen höfisch idealisierender Porträtmalerei und Genre in der niederländisch-flämischen Kunst des 17. Jahrhunderts. An beidem partizipiert van Dyck, der mit Stifterporträts, Altar-, Historien- und Andachtsbildern begann, nach seiner Zeit in Italien dann hauptsächlich Porträts malte. Das Künstlerdrama versteht sich folglich nicht nur als „Weihbild" der Malerei (Vorrede) mit Tendenzen zum Gesamtkunstwerk, die der Dresdner 'Pseudoromantik' eignen, sondern auch als eine Art Historiendrama zur gleichsam 'realistischen' Beglaubigung idealisierender Malerei.[321] Die systemreferentielle Relation zum romantischen Drama

---

Geist' der deutschen und italienischen 'Schule der Romanmaterie' vgl. § 72 der *Vorschule der Ästhetik*, derzufolge die deutsche Schule „gleichsam in der Mitte und als Mittler zweier Stände" angesiedelt ist (Jean Paul 1987, 255).

[321] Die Historizität der Darstellung wird von Kind ausdrücklich betont (Kind 1817, 187/Anm. 17).

zeigt der Formenwechsel in der Figurenrede, der mehrteilige Aufbau und die hinzukomponierte Musik für den fünften Akt. Statt literarischer Hypotexte prägen
nun aber intermediale Vorlagen sowohl die Figuren- als auch die Szenengestal-
tung. Sie müssen zum Teil erschlossen werden (wie die der Figurengestaltung zugrundeliegende implizite Ikonographie nach zwei erwähnten Gemälden van
Dycks: *Die Anbetung der Hirten* und *Sankt Martin, seinen Mantel teilend*), zum anderen
Teil werden sie von Kind im Anmerkungsapparat[322], in den Szenenanweisungen
oder auch in der Figurenrede selbst benannt.

In einer doppelten Bewegungsrichtung zwischen Bild und szenischem Text –
von den Bildvorlagen zum Drama, das wiederum in den eingeblendete Kupfersti-
chen bildhaft reproduziert wird[323] – verbinden sich romantische Verfahrenselemente mit der historisierenden Rekonstruktion einer biographischen Episode zu
einer Art ikonographischem Szenarium. Die zentrale Künstlerfigur tritt insofern

---

[322] In historisierender Manier beglaubigen die Anmerkungen den Paratext 'malerisches Schauspiel',
indem Kind selbst die bildkünstlerischen Vorlagen von niederländischen bzw. flämischen Malern
und deren Rezeption unter Bezugnahme auf kunsthistorische und geschichtliche Quellen
(Anekdoten oder Bilder, die Rubens bzw. van Dyck gemalt haben) nachweist: Ostade, Teniers,
Brouwer, Peter van Laar, Wouwermann (186/Anm. 11); Balthasar Denner [18. Jh., von den Niederländern beeinflußte Genremalerei im Rokoko-Stil]; Franz Snyders (187/Anm. 14); Schalken
(187/Anm. 15); Carracci (188/Anm. 20); de Heem, Mignon, Huysum, Daniel Seegers (189/Anm.
22); Terburgs *Väterlicher Rath*, gestochen von Wille (189/Anm. 23); Denner, Gerard Douw
(189/Anm. 24); die Engel Raphaels und eine Amor-Gestalt von Mengs (189/Anm. 25).

[323] Die sechs Kupfer, die einzelne Szenen der Akte illustrieren, orientieren sich bei der Kostümge-
staltung in historisierender Manier am Stil der flämischen und niederländischen Maler der Zeit
van Dycks:
1. Kupfer im 'Vorspiel': Rubens mit seiner Familie, stilistisch an die idealisierten und eleganten
Familienporträts van Dycks und Jacob Jordaens angelehnt; die Darstellung der Söhne des Rubens
ist bis ins Detail an Rubens' Bild *Albert und Nikolaus Rubens* (um 1626/27) orientiert;
2. Kupfer in I/V: Auftritt Nannis und Paolas in Savelthem, eine historisierende Darstellung in der
Verbindung von idealisierender Porträtmalerei mit einer ländlichen Genre-Szene; dazu Kinds
Anmerkung zu Beginn des ersten Aufzuges: „Daß hier allenthalben dem Dichter Bilder von *Ostade, Teniers, Brouwer, Peter van Laar, Wouwermann* und andern Niederländern vorschwebten, bedarf
wohl keiner Erinnerung" (Kind 1817, 186/Anm. 11). „,Im Ostadischen Geschmack' ist ein Prä-
dikat, mit dem Wieland gern Shakespeares niedrig-komische Szenen bedenkt" (Inbar 1979, 16).
Die Genredarstellung im 3. Kupfer in II/3, die Küche im Haus Humbrechts, verbildlicht die ausführliche Szenenanweisung des Aktes (vgl. Kind 1817, 59), zu der in den Anmerkungen ein Kü-
chenstück Franz Snyders, Mitarbeiter von Rubens und später van Dycks, benannt wird
(187/Anm. 14);
4. Kupfer in III/3: Van Dyck und Lenchen im Baum; zeitgenössische Natur- bzw. Idyllendarstel-
lung mit historisierenden Kostümen;
5. Kupfer in IV/4: Nanni bei Humprecht mit Lenchens Überreichung von Früchten geht auf die
„Blumen- und Fruchtstücke der *de Heem, Mignon, Huysum, Daniel Seegers* u.s.w." zurück (189/Anm.
22) und präsentiert als historistische Verbindung von Porträt- und Genre-Malerei mit einem
bürgerlichem Interieur des 19. Jahrhunderts;
6. Kupfer für den 'letzten Auftritt' (V/8): der mit dem Pferd des Rubens nach Italien reitende
van Dyck; historisierende Kostüme und Abbildung der flämischen Gotik in zeitgenössischer Na-
turlandschaft.

in den Hintergrund, als es eher auf die szenische Reflexion der historisch sich gerade herausbildenden Genre- und Porträtmalerei und deren Verhältnis zur italienischen Kunst ankommt. *Van Dyck's Landleben* präsentiert so ein durch bildnerische Vorlagen inspiriertes kunsthistorisches Tableau in dramatischen Szenen, das weniger einen Künstlerkonflikt als ein historisch-romantisches Kunstwerk in der Apotheose der künstlerischen Tätigkeit zum 'Weihbild' als Dienst an der Ewigkeit (mit christlichen Konnotationen in der Verklärung van Dycks zu St. Martin) präsentiert. Zugleich werden die realistischen Entstehungsvoraussetzungen der neuen 'göttlichen' Kunst gezeigt, indem dörfliche Figuren die Heiligendarstellung inspirieren. Dabei verwandeln sich die Figuren auf der Handlungsebene selbst in die von den Bildern van Dycks ausgeprägte Ikonographie hinein.[324] Die 'realistische' Motivation begründet den gewählten Zeitpunkt, der das aufkommende Selbstbewußtsein der niederländischen Kunst gegenüber der italienischen Vorbildhaftigkeit markiert – und zwar ähnlich der in romantischen Romanen wie Tiecks *Sternbalds* artikulierten Gleichrangigkeit der deutsche Eigentradition in der bildenden Kunst Dürers. Zuletzt ist Kinds szenische Ekphrasis der poetischen Kunstbeschreibung des *Sternbald* insofern vergleichbar, als auch Tieck seinen Protagonisten in gewisser Weise durch das Panorama der von der aufstrebenden Künstlerschaft bewunderten Gemälde wandern läßt. In diesem Sinn anerkennt Tieck das Projekt in der Rezension von Oehlenschlägers *Corregio*, neben dem *Van Dyck's Landleben* „wol das bekannteste" der zeitgenössischen „Malerdramen" sei. Tieck würdigt den „sinnreiche[n] Gedanke[n]" Kinds, daß die Szenen „Bilder darstellen, welche Rubens gemalt hat, und uns so gleichsam die niederländische Schule in Gruppen von Soldaten, Bauern und lieblichen Mädchen aufführt"; ein „Gedanke, der um so mehr Beifall verdiente, wenn der Dichter sich in den Grenzen der Idyllenmalerei beschränkt hätte. Dadurch, daß er das Didaktische, Elegische und fast Tragische in seinen Gegenstand hineinzieht, schwächt er die Wirkung und Wahrheit seiner Malerei."[325] Insofern entfernt sich auch das 'malerische Schauspiel' zuletzt doch von seiner poetischen Konzeption und verfällt dem bloß konventionellen Trivialdrama.

---

[324] Dies ist etwa dort der Fall, wo Lenchen sich auf dem Altarbild plötzlich als Heilige erblickt: „[...] nun auf einmal unter Gesang und Orgelspiel die Bilder sich aufthaten, Keiner recht wußte, wohin zuerst sehen? dann Aller Blicke bald auf Van Dyck, bald auf mich fielen, und ich zitternd, dort den Maler in Gestalt des Heiligen, hier mich selbst, ein Lämmchen darbringend, vor der Heilandsmutter erblickte" (Kind 1917, 62).

[325] Tieck-KS IV, 275.

Dekonstruktion

Verwirrte Lust und dissoziierte Trauer.
Kraft und Fragwürdigkeit romantischen Spielsinns in Eichendorffs spätzeitlicher Dramaturgie der Doppelbilder

Eichendorffs Werk annonciert den Zerfall leitender Paradigmen romantischer Poetologie bei Wahrung der poetischen Valenz. Geprägt ist seine übergangszeitliche Stellung am Ende der 'Kunstperiode' vom irreversibel sentimentalischen Bewußtsein des 'Zu spät', das auch die dramatischen Texte seit Mitte der 1820er Jahre angreift. Spätzeitlichkeit sieht sich gesellschaftlichen, sozialgeschichtlichen, medialen und technisch-industriellen Beschleunigungserfahrungen ausgesetzt, die seit den 20er Jahren so offenkundig zutagetreten, daß der Glaube an das Vermögen von Literatur zur Poetisierung der Welt kraft des 'getroffenen Zauberworts' zusehends derealisiert wird: zu einer schon dem Irrsinn nahen Indifferenz zwischen gewahrter Zuversicht und erkannter Lüge. Gegenläufig zu dieser Entwicklung offenbart sich bei Eichendorff erst aber in den spätesten Trauerspiel-Versuchen der 40er Jahre, angebahnt in der Verschiebungstendenz von *Ezelin von Romano* (1828) zu *Der Letzte Held von Marienburg* (1830), die ideologische Erstarrung im National-Religiösen komplementär zu den literaturgeschichtlichen Arbeiten als Vollzugsorganen der katholischen Propaganda.[1] Das Schwellenbewußtsein an der Grenzfläche zum desillusionierten Frührealismus sieht die Fragwürdigkeit des Poetisierungspostulats, so daß die endgültig sich selbst historisch werdende Romantik, die bis in die 50er Jahre hinein im reaktionären Katholizismus ausläuft, nur noch im Modus der Dekonstruktion zu bewahren ist: in der Kritik ihrer falschen Entwicklungen, die als erstarrte literarische Technik vom philiströsen Bürgertum nicht mehr zu unterscheiden sei. Es ist ein Krieg den Philistern[2] *und* den falschen romantischen Poeten, die in selbstgerechter Aneignung romantische Ver-

---

[1] Dem entspricht die späte Selbstzitierung des 'Zauberworts' zur Auferstehung der verlorenen Kindheit (*Wünschelrute*) in der *Geschichte des Dramas*, wo das Vermögen, die Welt damit singen zu lassen, nun den Dramen Calderóns attestiert wird (Eichendorff-DKV VI, 678). Zur Poetik des religiösen Trauerspiels und dessen Verhärtung in bloße Ideologie, die sich formal in der zunehmenden Geschlossenheit bereits des *Letzten Helden von Marienburg* im Vergleich zu *Ezelin von Romano* ankündigt, vgl. Scherer (2000a, 179-182).

[2] Zum 'Philister als Dilettanten' in den satirischen Texten Eichendorffs, angelehnt an Brentanos Basistext *Der Philister vor, in und nach der Geschichte* (1811), vgl. Frühwald (1976) mit Beobachtungen zum bezeichnenden Übergewicht dramatischer Texte im Bereich der Philisterkritik (19f.).

fahren hypostasieren und eine unwahre, das heißt vor allem mechanische und nicht-religiöse Poesie daraus ableiten, ohne daß Eichendorffs christlich angebundene Anthropologie des „ganzen Menschen" deshalb einen orthodox institutionalisierten Katholizismus ansteuert.[3]

Schon der Roman-Erstling *Ahnung und Gegenwart* (1815), besonders das satirische 'Residenz'-Kapitel, richtet seinen Spott auch gegen Repräsentanten romantischer Literatur: gegen die „Poesierer", die die „Göttlichkeit der Poesie" nur beschwören anstatt sie „vor lauter Komplimenten davor und Anstalten dazu" tatsächlich lebendig „zum Vorschein" zu bringen.[4] Die Konsequenz zieht Eichendorff in der ersten dramatischen Literatursatire *Krieg den Philistern!* (1824), indem er die beiden Fraktionen zusammen, ausgelöst durch das funkensprühende Schwert des Riesen Grobianus am Pulverturm, in die Luft jagt[5] – damit den seit 1800 virulenten Diskurs zwischen anti-/romantischem Literaturstreit und bürgerlicher Kunstaneignung in einer Radikalität ganz eigener Art zu Ende bringt und mit der Zerstörung eben auch der falschen romantischen Poesie Platz schafft für eine schöne Literatur auf eigene Narrenkappe.[6] Die 'wahre' Poesie[7] der „Versöhnung" versteckt sich deshalb, ähnlich wie schon in Brentanos *Gustav Wasa*, im Zentrum der dramatischen Literatursatire: hinter dem Eingang des vierten 'Abenteuers', im 'eingeschlossenen Tal', wo sich als eine Art zweiter Garten der Poesie (allerdings eben ohne Dichterautoritäten) der für Eichendorffs Lyrik typische „Sprachton" artikuliert[8] – in einer schönen Sprache als zweiten Natur, die in

---

3   Eichendorff-DKV VI, 53. Es geht Eichendorff um eine zukunftsoffene Gegenwärtigkeit als Einheit von Sinnlichkeit, Phantasie, Verstand und Religiosität in einer geschichtlich sich wandelnden als ewigen göttlichen Ordnung der Dinge (*Der Adel und die Revolution*; Eichendorff-DKV V, 414).

4   Eichendorff-DKV II, 195f.

5   Bereits Gräfin Romana verglüht und zerstiebt wie eine Rakete (Eichendorff-DKV II, 255), eine Vorstellung, mit der noch der späte Eichendorff eingangs seiner *Geschichte der neuern romantischen Poesie in Deutschland* die flüchtig-schöne Romantik ins Bild setzt (VI, 13).

6   „Narr, mein Herzens-Narr", meint der zuletzt übrig bleibende 'Verfasser' vor seinen „verstümmelt umher" liegenden Figuren, „Ich hab' so vertraulich mit Dir hantiert – und nun ich Dir in dieser schauerlichen Einsamkeit plötzlich so recht in die Augen blicke – weh! Du bist mein leibhaftiger Doppelgänger! – *er eilt entsetzt fort*" (Eichendorff-DKV IV, 128); zur herausragenden Figur der – gedoppelten – Narrenfiguration in dieser selbst närrischen Komödie an der Grenze zum Vormärz, der all den „an Tieck erinnernden Strukturen der Selbstbezüglichkeit" zum Trotz die frühromantische Heiterkeit abgehe, vgl. Brummack (2000, 59-64, hier 63).

7   Die Bifurkation zwischen wahrer und falscher Poesie aus der Doppelung von falscher und erneuerter Romantik konkretisiert sich bei Eichendorff etwa Mitte der 20er Jahre, also zu Beginn der dramatischen Werke, die im Unterschied zum Romanerstling *Ahnung und Gegenwart* im verfestigten Bewußtsein der Problematik romantischer Poesie verfaßt werden. Zur wahren und falschen Poesie und einer religiös erneuerten Romantik im zweiten Roman *Dichter und ihre Gesellen* (1834), allegorisiert in der Figuration Fiamettas als der 'echten' Aurora gegenüber der 'falschen' Aurora, die auch die Prosa-Satire *Viel Lärmens um Nichts* (1832) organisiert, vgl. Eichendorff-DKV III, Kommentar, 742.

8   Die versöhnende Aufhebung satirischen Sprechens im „Sprachton" bzw. im Aufbau einer besonderen „Klangwelt", wo die „Existenz echter Poesie gut aufgehoben" ist (Kucher 1991, 165, 164), äußert sich in der Lyrik von Jäger und Hirt (vgl. Eichendorff-DKV IV, 92), die Eichendorff auch

den kurz darauf folgenden Trauerspielen aber gerade die empfindlichsten Figuren nur noch als Lüge wahrnehmen und kaum mehr ertragen.

Spätzeitlichkeit als Bewußtseinslage – „das ist nun aus der Mode", beteuern 'zweiter Soldat' und 'Seekönig' im *Krieg den Philistern!* zu Goethe, Sternbald, Tasso und die „Sehnsucht" nach „Heimat" und „Troubadourtracht"[9] – entsteht seit den 20er Jahren in Reaktion auf den endgültigen Zerfall des Glaubens an die poetische Erlösung angesichts des beschleunigten Wandels im gesellschaftlichen, technischen und massenmedialen Feld gegenläufig zum politischen Stillstand der sog. Restauration. Sie prägt das gesamte literarische Werk Eichendorffs nach dem noch eher zuversichtlich gestimmten Erstling *Ahnung und Gegenwart* (1815), der trotz der zuletzt wiedergefundenen Kindheit Friedrichs aber bereits mit dem düsteren Blick auf den „blutige[n] Finger" endet, in dem sich „ein großes, unvermeidliches Unglück" und das „Kriegs-Gespenst" einer aus den „Fugen" geratenen Zeit ankündigt.[10] Wie *Ahnung und Gegenwart*, des grauenhaften Vorscheins künftigen Unglücks zum Trotz, die Zuversicht auf das Vermögen der Poesie bewahrt, einen „sichere[n] Mittelpunkt" finden zu können, „aus welchem alles dieses zu einem lebendigen Ganzen gelangen könnte" – und zwar nicht allein vermöge der Religiosität Friedrichs[11], sondern eben auch durch die ihr komplementäre Autonomieästhetik Fabers[12] –, so bleibt auch das Dramenwerk eingespannt zwi-

---

in die Gedicht-Sammlung von 1837 aufnimmt (vgl. Schultz 1989, 145). Es ist keine Versöhnung durch Reaktivierung des Vergangenen, sondern eine Befreiung durch die Lebendigkeit und Produktivität schöner Rede im aktuellen Vollzug: „Besänft'ge Fremdling, Dich, laß das Vergangne! / Versöhnung bringt die Zeit, wir sind versöhnlich" – „Blick' um Dich, es blühen / Rings Lenz und Lust – und wahrlich auch für Dich!", beteuert der Hirt dem Boten (Eichendorff-DKV IV, 94). Die Doppelung von Literatursatire und positiver Poesie zugrundegelegt, nennt Brummack (2000, 59) den *Krieg den Philistern* zu Recht gut tieckisch „'gewissermaßen eine Fortsetzung des *Zerbino*'", auch wenn die Komödie, nach dem extrem zersplitterten Zitatverfahren und dem Grad der Desillusionierung beurteilt, zuletzt mehr Tiecks *Däumchen* vergleichbar ist.

9   Eichendorff-DKV IV, 71, 81.
10 Eichendorff-DKV II, 381.
11 Vgl. Eichendorff-DKV II, 375.
12 „Die Poesie mag wohl Wurzel schlagen in *demselben* Boden der Religion und Nationalität, aber unbekümmert, bloß um ihrer himmlischen Schönheit willen, als Wunderblume zu uns heraufwachsen. Sie will und soll zu nichts *brauchbar* sein. [...] Denn wer die Gegenwart aufgibt, wie Friedrich, wem die frische Lust am Leben und seinem überschwenglichen Reichtume gebrochen ist, mit dessen Poesie ist es aus" (Eichendorff-DKV II, 376). Daß Eichendorffs Poesieauffassung heteronome gegen autonome Poesie (bis an die Grenze zum *l'art pour l'art*) nicht ausspielt, sondern gleich gültig nebeneinander bestehen läßt, demonstriert die händereichende „Versöhnung" Fabers mit Friedrich (378), der sogleich Leontins Lied ebenso allegorisch (indem es die Versöhnungskonzeption expliziert) beispringt: „Und so wollen wir uns teilen, / Eines Fels verschiedne Quellen, / Bleiben so auf hundert Meilen / Ewig redliche Gesellen!" (379). Garantiert wird die Einheit des Verschiedenen durch den gemeinsamen Ursprung, metaphysischer Fluchtpunkt der 'Einen Poesie', den der zweite Roman *Dichter und ihre Gesellen* auf die leitende Hand Gottes als Integrationsinstanz der „verschiedenen Richtungen des Dichterlebens" zurückführt (so Eichendorff zum Darstellungsinteresse im Brief an Theodor von Schön vom 12. April 1833; zit. nach Eichendorff-DKV II, Kommentar, 682).

schen der religiös-poetischen Beglaubigung einer lebendigen Ordnung der Welt
und der irreversiblen Wehmut über deren 'Vorbei': zwischen sprachlicher Evokation des 'sicheren Mittelpunkts' durch das 'Zauberwort' und dem Bewußtsein ihrer Lüge, zwischen Wahrung der von der Romantik ausdifferenzierten Literaturformen und Erstarrung zu einem stereotyp-seriellen Formelstil[13] bzw. allegorischen 'Figuralismus' (Meixner), der der Darstellung gerade bei Eichendorff aber
merkwürdigerweise nichts von ihrer Lebendigkeit nimmt. Keinesfalls ist es aber
mehr die unbesorgte Gelauntheit der frühen Romantik. Deren Verlust ist ein entscheidender Grund dafür, daß die Spätromantik bei Eichendorff an den pessimi-
stisch verdüsterten Frührealismus angrenzt.

Die spezifische Problemkonstante schlägt sich – wie bei Arnim und Brentano
– im dramatischen Werk nieder. Bestimmte Motive und Verfahrensstrukturen der
bühnenhaften Prosa[14] kehren, generisch eingepaßt, in den szenischen Texten wieder. In erster Linie gehen sie auf die Poetologie der Reminiszenz zurück, bemerkbar an der Überfülle der Anspielungen, Zitate und Motiv-, Ton- und Verfahrens-
imitationen, die zur extremen Zersplitterung in Partikularreferenzen bei gleichsam
allegorischer Transparenz der poetisch-religiösen wie satirischen Darstellungsab-
sicht führen. Wie die Religiosität Eichendorffs aber keinen orthodoxen Katholizismus anstrebt, visiert die Satire nicht mehr bestimmte Gegner oder Fraktionen
aus einer ebenso selbstgewissen wie generalisierbaren Position heraus, sondern
eher nur den Gesamtbestand zeitgenössischer Textphänomene: von Shakespeare
und Calderón über Goethe, Schiller, Tieck und Brentano bis zu Müllner, Grillparzer, Scott, Houwald und zahllosen anderen zeitgenössischen Autoren. Eichendorffs Werke sind – mit zunehmender Tendenz auch in der in dieser Hinsicht einigermaßen unterschätzten späteren Prosa – durch und durch intertextuell konstituiert.[15] In der dramenförmig organisierten Literatur über Literatur resultiert dar-

---

[13] Vgl. Koopmann (1989) mit Beobachtungen zu Eichendorffs Modernität gerade kraft des in der
      Serialität durchschlagenden Zeitlichkeitsbewußtseins.

[14] Vgl. Koopmann (1989, 96/Anm. 3) mit Verweis auf Seidlin.

[15] So v.a. die Prosa-Satire *Viel Lärmen um nichts* (1833) über den reisenden Prinzen Romano, die im
      Titel bereits den Shakespeare- als Theaterbezug ins Spiel bringt und sich nicht zuletzt wegen der
      unvermittelt eingefügten szenischen Passagen (vgl. Eichendorff-DKV III, 24f.) ins Verhältnis zu
      den dramatischen Satiren setzt. Figuren aus *Ahnung und Gegenwart* treten hier auf und werden sati-
      risiert, so daß sich die Erzählung auch als Verspottung des eigenen Enthusiasmus und als
      „Bewährungsprobe" für Dichter und Dichtungstheorien der Romantik an den Verhältnissen um
      1830 ausstellt (Eichendorff-DKV III, Kommentar 601). Die Auseinandersetzung mit dem
      'rasenden Stillstand' der neuen Zeit (zwischen technischem Fortschritt und politischer 'Restau-
      ration') und der historischen Distanz zur Initiation der Romantik um 1800 ist das hauptsächliche
      Thema der Prosa-Satire, fortgesetzt im zweiten Roman *Dichter und ihre Gesellen*. Romano reprä-
      sentiert die platt und oberflächlich gewordene Romantik, während sich die Identifikation Eichen-
      dorffs mit Willibald und dem Ich-Erzähler, der soeben den vorliegenden Text verfaßt, erst zum
      Schluß abzeichnet. Nicht zuletzt aus solchen Formen der Selbstreflexion ergibt sich die komplexe
      Erzählstruktur in der späten Prosa Eichendorffs: Der Autor schreibt jetzt einen gleichsam von
      Aurora selbst erzählten Text, der die frühen Motive wie das 'Rauschen' erkennbar als Zitate, als
      erinnerte Romantik vergleichbar den Textformationen des späten Tieck, einsetzt. Wenn Aurora

aus aber nicht mehr eine distinkte Referenzform (zwischen Einzeltext- und transformatorischer Systemreferenz im geklärten Verhältnis von Parodie und Travestie), sondern eher eine Kombinatorik intertextueller Spielarten mit Tendenz zur dissonanten „Konfusion"[16] und Polyphonie: zu zersplitterten Strukturen, nunmehr formgewordenes Zeichen dafür, daß ein übergeordneter Sprecherort für bestimmte Darstellungsabsichten jenseits des Glaubens an eine gewisse Weltvertrautheit kraft Poetizität im 'Sprachton' nicht mehr einzunehmen ist.[17]

Die basale Logik Eichendorffscher Bildlichkeit zugrundegelegt, ergibt sich aus dem epigonalen Recycling intertextueller Echos eine Dramaturgie der Doppelbildlichkeit. Wie die Prosa prägt auch das Drama eine Poetik der Doppelbelichtung durch Überblendung: Wertbesetzte Oppositionen – oben/unten, oberflächlich/tief, christlich/sündhaft, philiströs/poetisch, geborgen/gefährlich usw. – werden in einer Relation der Permanenzvertauschung in Bewegung gehalten. Die intertextuellen Reminiszenzen, die vor dem Hintergrund dieser polaren Topik in den „schöne[n] Wahnsinn" und in die religiöse Erlösungszuversicht auseinandertreten[18], überwuchern die Isotopie-Ebenen und blenden die Gegensätze so ineins, bis der Irrsinn an der Lüge des Poetischen und die schöne Befreiung vom Identifizierungszwang nicht mehr zu unterscheiden sind.[19] Die Reminiszenzpoetik läßt

---

und Willibald am Ende „durch die glänzende Landschaft nach Italien fort" ziehen (82), dann reinszeniert die Erzählung eben auch den Schluß des *Marmorbilds* von 1815/16. 'Herr Publikum', der als neue „Weltmacht" (26) die schnell- und vielschreibenden Novellendichter an seinem Hof hält, folgt erkennbar dem Vorbild der parabatischen Komödien, wobei die Satire jetzt die geradezu industrielle Textproduktion der modischen Novellenschreiber attackiert, symbolisiert in der Schnellpresse und der Foliantenverwurstungsmaschine, die kleine Bücher im „Taschenformat" ausspuckt (27f.). Gemeint sind dabei auch Tieck und die Gespenstergeschichten E.T.A. Hoffmanns (51). In Eichendorffs Prosa um 1830 schlägt demnach der für die Dramen ebenso relevante Kontrast zwischen frühromantischem Enthusiasmus und neuer, technisch beschleunigter Zeit durch, nun eben auch dadurch witzig inszeniert, daß Figuren der eigenen frühen Prosa (v.a. aus *Ahnung und Gegenwart*) den neuen Verhältnissen ausgesetzt werden. Schon von daher erscheint die spätere Prosa Eichendorffs zeitbezogen prosaischer und satirischer zugleich.

16 Eichendorff-DKV IV, 52, 114, 123. Zu Recht erkennt Kucher (1991, 172) in den Komödien einen „Kombinationsstil", der etwa die englisch-deutschen Königs- und Geschichtsdramen in eine Shakespeare-Komödie, den schottischen Roman in eine frührealistische Diskussionsnovelle und einen romantischen Theaterabend versetzt.

17 Jeder Totalitätsanspruch ist närrisch, weil er die Möglichkeit des Überblicks in einer „lumpige[n] Zeit" unterstellt, die tatsächlich nur noch viel „Papier" verbraucht (Eichendorff-DKV IV, 34): Der Negativität der Darstellung ist nur noch das „Und doch" des Mottos im *Krieg den Philistern* entgegenzusetzen (28), weil das Positive bzw. Andere der Satire selbst nicht mehr entbinden werden kann (Brummack 2000, 62f.).

18 In den Trauerspielen modifiziert als Dialektik von Wehmut und Gewaltbereitschaft, kondensiert in der höchst ambivalenten Formel von der „furchtbar schönen Zeit" des „schöne[n] Wahnsinn[s]" (Eichendorff-DKV IV, 258).

19 Zur Logik dieser Doppelbildlichkeit im Ineins wertbesetzter Gegensätze, von gut und böse, Faszination und Bedrohung vor der Hintergrund einer basalen Topik des Unten und Oben, Innen und Außen, des Schönen und Dämonischen/Närrischen, die in ständig sich verkehrender Permanenzbeweglichkeit gehalten werden, vgl. Scherer (2000a, 175-178).

so auch die reinszenierten prototypischen Varianten romantischer Dramaturgie interferieren, weil die überzähligen Partikularreferenzen das aufgegriffene typologische Schema wie eine überlang und mehrfach belichtete Photographie überschreiben. Das palimpsestartige Ineins, das die übereinandergelagerten Ebenen gleich gültig durchscheinen läßt, bewahrt die poetische Dignität (kraft Systemreferenz) und löst diese zugleich in ein verschwimmendes Gewimmel der Zitate und Töne auf. Beamtensatire und 'Poesierer'-Kritik fallen mit der Poetizität frühromantischer Komödienverfahren zusammen wie das Geschichtsdrama mit einer gesteigerten Kombination romantischer Komödienmodelle in den christlich-nationalen Trauerspielen. Es entstehen mehrsinnige und vielstimmige szenische Räume, in denen die typologischen Muster und gegeneinandergestellten Motivketten oszillieren; so in etwa, wie die Farbe Blau im *Marmorbild* zwischen den Isotopiefeldern 'Himmel' und 'Abgrund' – zwischen Tiefe / Helle / Unendlichkeit / Himmelsmantel Marias / Geborgenheit *und* Oberfläche / Dunkelheit / Spiegel und Projektion / Dämonie der Innerlichkeit / Gefahr usw. – unaufgelöst eingespannt ist.

Eichendorffs Dramen sind demnach angetrieben von einem doppelten Darstellungsimpuls: einer romantikreferentiellen Kontextualisierung im Aufgreifen der prototypischen Varianten romantischer Dramaturgie samt Wahrung ihrer poetischen Metaphysik auf der einen, einer dekonstruktiven Reflexion der dabei zutagetretenden Schwierigkeiten (nicht zuletzt auf die fehlende Theatralität) auf der anderen Seite. *Krieg den Philistern!*, *Meierbeth's Glück und Ende* und – mit Einschränkung – das späte *Incognito* aktualisieren die parabatische Literatursatire, während *Die Freier* erkennbar auf die illudierende Spielkomödie (den von Eichendorff bewunderten *Ponce de Leon*[20]) zurückgreifen.[21] Die einzig abgeschlossenen beiden christlich-nationalen Trauerspiele schließlich – *Ezelin von Romano* und *Der letzte Held von Marienburg* – geben sich als Kontamination einer schillernahen Geschichtsdramatik mit der szenischen Universalpoesie zu erkennen, die wiederum die Universaldramen Tiecks mit der illudierenden Spielkomödie kombiniert.[22] Legt man die grundsätzliche Rückbindung solcherart Reminiszenzdramaturgie an bühnengerechte Theatralität zugrunde – ein gedrucktes Drama hielt Eichendorff, so anläßlich des *Ezelin von Romano* im Brief an Julius Eduard Hitzig vom April 1827, für ein „Schiff auf dem Lande"[23] –, dann leuchtet die von Kluge für die

---

[20] Vgl. dazu – auch im Verhältnis der Spielkomödie zur *Gründung Prags* – Eichendorff-DKV VI, 286, 762f.;

[21] Zu Eichendorffs Reproduktion der Typologie der romantischen Komödie vgl. Japp (1999, 73-88).

[22] Zur dekonstruktiven Kombination der typologischen Varianten romantischer Dramaturgie mit dem christlich-nationalen Trauerspiel als geschlossenem Handlungsdrama vgl. Scherer (2000a, 191-197).

[23] Zit. nach Frühwald (1977, 115). Der erste Nebentext der kurz vor *Ezelin von Romano* entstandenen Literatursatire *Krieg den Philistern* (1824), der das „ungeheure[] Schiff" der „Poetischen" mit „künstlichen Walzen" auf einer „große[n] Sandfläche" exponiert, ist von daher auch ironischer Kommentar auf eine verfehlte Dramaturgie (Eichendorff-DKV IV, 29).

Komödie erkannte Doppelung von 'Triumph' und 'Fragwürdigkeit' des szenischen Spielsinns als kennzeichnendes Merkmal für die Dramaturgie Eichendorffs überhaupt ein.[24]

Textintern äußert sich der dekonstruktive Impetus als Partikularisierung und Kombination intertextueller Reflexe, die bis in den Grenzbereich der Imitation eines Autorentons (das Pastiche) reichen. Der vielstimmigen Formentgrenzung wirkt die 'Redramatisierung' im Sinne einer theatergerechten Bändigung entgegen. Darin besteht Eichendorffs systemreferentielle Kritik an der dissipativen Grenzauflösung romantischer Dramaturgie. Dies begründet eine Art *backlash* in Richtung Einhaltung von Gattungskonventionen *gegen* das Vermischungspostulat. Eichendorffs Dramen sind gleichsam klassizistischer grundiert als ihre romantischen Vorbilder (worin sich, nebenbei gesagt, eine gewisse Ähnlichkeit mit der späteren Entwicklung Arnims andeutet). Die grundsätzlich bühnenfähige Handlung wird, wie auch immer intern chaotisiert, zu einem (meist theatralitätsreflexiven) Abschluß gebracht. Auch in der Immanenz der Stücke selbst macht sich deshalb eine doppelte Tendenz geltend: – zur allegorischen Transparenz auf der Thematisierungsebene (im Sinne benennbarer Darstellungsintentionen zwischen 'wahrer' und 'falscher' Poesie einschließlich Selbstreflexion auf den teils explizit ausgewiesenen allegorischen Status der Figuren[25]); – zur Diffusion auf der komplementären Ebene der Verfahrensweisen und Handlungsführung. Der Eindeutigkeit der Intention opponiert die Unübersichtlichkeit der Gestaltung.[26] Die Stücke sind klarer und konfuser zugleich; im Vergleich mit den Vorbildern romantischer Dramaturgie thematisch einsichtiger, strukturell aber weit weniger distinkt im Blick auf die übernommenen Verfahren. Die grundsätzlich vergleichbaren Verwirrungseffekte resultieren deshalb aus anders gelagerten Voraussetzungen.

Den Disput über die neue Bühne, die das romantische Drama wieder theaterlebendig machen will, läßt Eichendorff im zweiten Roman *Dichter und ihre Gesellen* Otto und Lothario austragen. Der auf Tieck anspielenden Figur rät das 'kühne Wesen' Lotharios, sich aller „theatralischer Flausen gänzlich zu entschlagen". „Wenn alle so dächten", meint Otto dazu aber einigermaßen „verwundert",

> so müßte die dramatische Poesie in der Luft spielen und die Bühne zu Grunde gehen –
> Ja, das hoff ich auch! sagte Lothario, die Dichter müssen nur nicht nachgeben, sondern
> die Theater poetisch aushungern, sie an ihrer eigenen Misere und Langweiligkeit allmählich
> verschmachten lassen und unterdes draußen frisch und keck die Welt auf ihre
> eigne Hand dramatisieren. Das Publikum ist so dumm gerade nicht, wie es aussieht. Ist

---

24   Vgl. Kluge (1963, 132-156).
25   „Ei seht doch! Was bild'st Du Dir ein?", meint der 'Verfasser' zum Riesen Grobianus, „bist ja / So'n Hirngespinst nur – 'ne Allegorie – / Und obendrein noch eine ungeschickte" (Eichendorff-DKV IV, 126).
26   Zur primären Transparenz der Aussagen vgl. auch Nolte (1986, 26), die freilich die gegenläufige Verfahrenskomplexität verkennt, während Ries (1997, 128) die Vermittlung zwischen Funktionalität der Satire und Autonomie des Dramas als Kunstform sieht.

es erst im Buch [!] an die ursprüngliche Schönheit wieder gewöhnt, so wird es auch die Bühnen schon zwingen, sich zu akkommodieren. Aus der guten alten Poesie kann sich ein neues Theater bilden, nimmermehr aber eine neue Poesie aus den kranken Gelüsten des Publikums und der Pedanterei der Theatermaschinisten. [...] wollt Ihr ein Dichter werden [...], so müßt Ihr Euch ein für allemal daran gewöhnen, für die Handvoll Gescheuter im Lande zu dichten und nach den andern nicht zu fragen.[27]

Postuliert wird folglich ein exklusives Projekt, das auf Kennerschaft in der Poesie setzt, die Künstlichkeit der romantischen Lesedramatik Tiecks aber überwinden will, weil die dergestalt ver-rückte Position Eichendorffs nur noch an den eigenen Ton, an eine lebendige Sprache als zweite Natur glauben kann.

Die systemreferentielle Konstitution der Dramatik Eichendorffs potenziert und depotenziert die bekannten Modelle romantischer Dramaturgie. Auf der komischen Seite ist es die satirisch-parabatische Literaturkomödie Tiecks wie das Verwirr- und Verwechslungsschema der lustigen Spielkomödie, reinszeniert an der Bifurkation zwischen *Krieg den Philistern!* und den *Freiern* samt Schicksalsdramenverulkung in *Meierbeth's Glück und Ende*, die nun die Verspottung der trivialen Rührdramatik Ifflands und Kotzebues substituiert. Die christlich-nationalen Trauerspiele mit historiographisch bearbeitetem Stoff integrieren die dissoziierenden Effekte der Tieckschen Universaldramen (etwa die Mondnacht-Szenen der *Genoveva*), verschoben nun aber auf den für Eichendorffs Lyrik symptomatischen *sound*, dessen Wehmut auch in die lyrischen Szenen der *Freier* einwanderte. Es entsteht jeweils eine vergleichsweise geschlossene, im ernsten Bereich der Trauerspiele fast schon schillernahe Handlungsdramatik, deren propagandistischer Zweck indes nicht allein durch die Kombination mit den Komödienmodellen gebrochen wird. Neben der höchst ambivalenten Verbindung der Prototypen romantischer Dramaturgie destabilisieren das christlich-nationale Trauerspiel auch die textintern problematisierten Sinnstiftungsverfahren aus den barocken Traditionen emblematischen Bilderdenkens: das zitierte *pictura-subscriptio*-Verhältnisses, das gerade die dramatischen Texte an der Kreuzes-Bildlichkeit als hermeneutisches Problem umspielen.[28] So repräsentieren auch die Trauerspiele eine spätromantische Reminiszenz- und Kontaminationsdramaturgie, die den bezeichneten literarhistorischen Ort Eichendorffs an der Grenzfläche zum Frührealismus bestätigt: zum pessimistisch-gewalttätigen Geschichtsdrama Grabbes und Büchners gleichermaßen wie zur psychopathologischen Komplizierung der Figurendarstellung in Grillparzers klassizistisch verzweifeltem *Bruderzwist in Habsburg*.[29]

---

[27] Eichendorff-DKV III, 203.
[28] Vgl. Scherer (2000a, 182/Anm. 20, 190f.); in der Literatursatire ist es das Kreuz auf dem Schiff der Philister, das der 'fremde Herr' ähnlich divergent ausdeutet wie *Ezelin von Romano*: unentschieden zwischen bloß arbiträrem Zeichen („ein Klumpe roh Metall, / Von einem Narren kindisch ausgemeißelt") und leuchtendem Verweis auf das Höhere (Eichendorff-DKV IV, 50).
[29] Vgl. Scherer (2000a, 191-197).

Der dramatische Erstling *Krieg den Philistern!* (verfaßt um 1822) betreibt Polemik gegen alles Erstarrte – eben auch gegen die in Tiecks *Zerbino* eingeführten 'Poetischen'[30] (bei Eichendorff teils Konvertiten aus dem bürgerlichen Leben wie ehemalige Schneider). Die systemreferentielle Kontrafaktur auf die romantische Komödie (bei Übernahme ihrer Verfahren) indiziert bereits der Paratext 'Dramatisches Märchen', insofern das Stück Märchenmotive gerade vermissen läßt, es sei denn, man zählte den Riesen Grobianus dazu, den die Philister mit „Flaschenbier" aus dem 'Sagenwelt' locken. Wie andere Elemente der Verspottung deutschtümelnder Mittelalterbegeisterung – in der Figur des 'Minnesängers' in „abgeschabte[r] Troubadourtracht"[31], in kryptogermanisierten Namen wie 'Godofried' oder in der imitierenden Veralberung des 'Vaterländischen' durch Pseudo-Rearchaisierung der Sprache: „Geuß in die Welt Dich aus, Born ewiger Gedanken!"[32] – kann man auch die Sagenfigur des Riesen auf Tiecks *Däumchen* (Leidgast) zurückführen. Verschärft hat sich jedoch die politische Polemik. Das Märchennahe wird jetzt vor allem als teutonisches Unternehmen verspottet, der romantisierende „Zeitgeist" als Stillstand.[33] Es dekouvriert modische Publikumswünsche, bewahrt dennoch zugleich den Geist höherer Realität.[34]

Hinsichtlich der Tieck-Referenzen ist die Übernahme parabatischer Verfahren unübersehbar: Immer wieder macht sich das 'Publikum' im Theater geltend, wird handgemein mit dem 'Volk' oder stürmt gar die Bühne; der Narr kennt, wie gesehen, den 'Verfasser' persönlich und weiß um seine „Rolle aus: Krieg den Philistern"[35] usw. usf. Trotzdem hat das Stück mit dem von Eichendorff wegen sprachlicher „Gewandtheit" und Formwitz zeitlebens bewunderten Vorbild[36] vergleichsweise wenig gemein: Polemik, Konfliktlinien und Handlung einer Komödie, die immer weniger vorankommt, ja gegen Ende mit den Zuschauern sogar 'einschläft', weil ihr „die Ideen" 'ausgehen'[37], werden zusehends diffus. Es geht Eichendorff offenbar um die Auflösung der vorgeblichen Differenz zwischen Poetischen und Philistern im szenischen Vollzug selbst, indem er parodistisch vorführt, wie die Philister den „Nektar" romantisierenden Sprechens einsaugen.[38] In jedem Fall aber sind die Einfälle kontingenter als die soweit *formal* einsehbar gehaltenen Ebenenwechsel bei Tieck. Im „verwirrte[n] Gesumse" der „Stimmen

---

30 Vgl. Tieck-S X, 332.
31 Eichendorff-DKV IV, 81.
32 Eichendorff-DKV IV, 31.
33 Eichendorff-DKV IV, 46.
34 Vgl. Kucher (1991, 164).
35 Eichendorff-DKV IV, 106.
36 Eichendorff schätzt die Versatilität und Leichtigkeit der frühen Dramen Tiecks, kritisiert aber die Gefahr der „Sünde" im Gehalt als „Tod der Romantik" (Eichendorff-DKV VI, 45); zur „Lüge" der vorgeblich religiösen Universaldramen Tiecks vgl. die Randnotiz in den Exzerpten aus Gervinus' Literaturgeschichte (Eichendorff-DKV IV, 1092f.).
37 Eichendorff-DKV IV, 115f.
38 Eichendorff-DKV IV, 69.

der Zeit" (Schneider 'Fasel')[39], reproduziert im überbordenden Anspielungsreichtum an Zitaten und Ton-Imitationen[40], zerfällt das Drama in eine Abfolge intertextueller Gags. Eichendorff hält sich dabei an die bis zum *Däumchen* ausdifferenzierten (folglich als bekannt vorausgesetzten) Verfahren wie das parodistische Inszenieren des jambischen Trimeters. Mit Ausnahme des 'ländlichen Tals' im '4. Abenteuer' werden sämtliche Varianten gebundenen Sprechens satirisch eingesetzt, wenn die Figuren das gnadenlose Reimen oder die formal korrekte asklepiadeische Ode sichtlich unbeholfen, angeeignet im Schweiße ihres Angesichts, exekutieren, bis sie vom Narren, so Pastinak nach seiner Liebesarie mit finaler Koloratur, zurückgepfiffen werden, weil sie ja das „prosaische Prinzip" verkörpern sollen.[41]

Aller Unübersichtlichkeit der in satirische Formspiele bis zur finalen Sprengung zersplitterten Handlung zum Trotz bleibt das Darstellungsinteresse des Stücks vergleichsweise transparent: Die Philister sind „dumm", die Poetischen „fatal".[42] Die Figuren verkörpern intertextuelle oder politische Allegorien. Sie sind literarische und staatspolitische Rollen im närrischen Theater der Welt (in der doppelten Semantik von Selbstinszenierung und Staatsaktion) und als gewissermaßen systemreferentielle Personen für sich gesehen völlig durchsichtig: vom Bürgermeister über den jungen Liebhaber, den Minnesänger, den 'Deutschtümler' und andere Mittelalter-Rollen bis zum Kritikus, 'privatisierenden Gelehrten' und zum 'Verfasser' als Repräsentanten des Literaturbetriebs. Wie die zeitgenössische Literatur und Politik selber kommt auch die Märchenkomödie nicht mehr voran, weil sie nur ältere oder sonstwie beim Publikum erfolgreiche Modelle restauriert[43] – satirisch gespiegelt auf verschiedenen Integrationsebenen des Stücks: von paratextuellen Signalen über die Organisation der Szenen bis zur Produktionslogik der gesamten Komödie; so beispielsweise in den doppelt historisierenden Formzitaten auf den Mittelalterkomplex, markiert allein durch die Gliederung nach 'Abenteuern' als Anspielung auf Fouqué und mittelalterliche *aventiuren*, wobei die epische Reihung die strukturelle Irrelevanz der fünfaktigen Gliederung demonstriert. Statt einen Spannungsbogen zu begründen, parodiert die quasi klassizistische Ordnung das Stocken der Handlung. Den Widerstreit gegensätzlicher Formelemente bestätigt die Ironisierung weiterer paratextueller Signale aus der spätmittelalterlich-frühneuzeitlichen Literatur: identifizierbar gehalten etwa an den paar-

---

[39] Eichendorff-DKV IV, 80.
[40] Der Narr fällt aus der Rolle, indem er in die Rolle Fausts gerät (Eichendorff-DKV IV, 60), die 'große Teegesellschaft' (möglicherweise in Anspielung auf Tiecks gleichnamiges Stück) faselt im Stile der „Ideen" F. Schlegels (vgl. 77), reproduziert dabei das 'Unverständlichkeits'-Theorem selbst völlig unverstanden (vgl. 76) usw.
[41] Eichendorff-DKV IV, 86.
[42] Eichendorff-DKV IV, 126. Bereits im *Krieg den Philistern* wird das zeitgenössische Schicksalsdrama mit seinen weißen Nachtgestalten, Gespenstern und fatalen Requisiten verulkt (vgl. 63ff.).
[43] Zum Konnex von episierender Form und politischer Situation im Stillstand der Restauration vgl. Kucher (1991, 162f.).

gereimten, nicht streng alternierenden (also knittelartigen) Inhaltsangaben, die als eine Art Motto dem 'Abenteuer' vorangestellt werden und damit an die Ereignis-referate nach den Kapitelüberschriften im frühbürgerlichen Prosaroman erinnern sollen. Die episodische Reihung im parataktischen Aneinander der 'Abenteuer' betreibt demnach ein formironisches Spiel mit der poetischen Mittelalterrezeption der früheren Romantik einschließlich Rezeptionsgeschichte in der spätromanti-schen Dramatik etwa Fouqués. Zu Ende gebracht werden kann diese nur noch durch die ebendaraus herleitbare und im spätromantischen Märchendrama Tiecks komisierte Figur des Riesen, den das Stück allerdings selbst zu einer ungeschick-ten Allegorie erklärt. (Dem Riesen kommt deshalb kaum, wie gelegentlich anno-tiert, positive Qualität zu, zumal ihn gerade die Zuschauer als „Fatum" der von Eichendorff stets verspotteten Schicksalstragödie anerkennen.[44]) Zuletzt kommt die Märchenkomödie nicht voran, weil nicht einmal die „vernünftige Intrige" funktioniert, die der Narr mit dem Prosaiker Pastinak plant, obwohl diese ja ein der parabatischen Märchendramatik durchaus „fremde[s] Element[]" dargestellt, es sei denn, man führt den Mechanismus wiederum auf Gozzi zurück. Im *Krieg den Philistern!* „intrigieren" die Figuren aber gleich „selbst gegen das Stück"[45], indem beispielsweise die Zuschauer „philosophischen Genuß" statt einer vernünftigen Illusion einklagen.[46]

Bis zu den 1000 Toten nach der finalen Explosion (die mit dem „tragischen Eindruck" den Rührungsbedarf der Zuschauer erfüllen[47]) produziert das Stück komische Effekte auf allen Ebenen aus dem Kontrast von Form und Gehalt, Vermögen und Anspruch, bis es das Ganze mit dem shakespearisierenden Epilog zum bloß närrischen Spiel im Theater der Welt fiktionalisiert. Genannt seien u.v.a.: – die formgeschichtlich avancierten Promenadenszenen als panoramatische Demonstration der Phrasenförmigkeit öffentlichen Sprechens komplementär zum 'Journalismus der Poetischen', die allein kraft ihrer Fähigkeit zur Entlarvung von Kitsch durch Tonimitation bestechen und in ihrer satirischen Schärfe auf *Dantons Tod* und Grabbes *Napoelon* vorausweisen; – die Doppelgänger-Motivik zur spie-gelbildlichen Verdopplung der Narrenfigur auch auf Seiten der Philister, so daß Poetische und Philister stets als Komplementärphänomene aufscheinen[48]; – die

---

44 Eichendorff-DKV IV, 127.
45 Eichendorff-DKV IV, 91.
46 Eichendorff-DKV IV, 38; vgl. hierzu die Satire auf Fichtes „Ich bin Ich!" (so der Narr, 37), die Büchners *Leonce und Lena* wiederholen wird. Gerade darin aber kann die angemaßte Fichte- und Kant-Kennerschaft des 'Publikums', obwohl die Fichte-Paraphrasen dessen Wunsch ja eigentlich erfüllen, nur völligen „Unsinn" sehen.
47 Eichendorff-DKV IV, 127.
48 Vgl. Eichendorff-DKV IV, 52. Alle Figuren sind praktisch Doppelgänger der je anderen Fraktion, weshalb Philister und Poetische zuletzt nur gemeinsam erledigt werden können. Einer auch in anderen Werken Eichendorffs wiederholt vorkommenden Bildlogik zufolge gehören das Phili-ströse und das falsche Poetische zusammen wie die Innen- und Außenseite eines Handschuhs, weshalb mit dem Umstülpen nur die andere Seite des Gleichen hervorgekehrt wird (vgl. 72).

parodistische Verulkung der Waldhornpoesie Tiecks[49] und die Selbstparodie Eichendorffs auf *Die zwei Gesellen* in den Strophen *Von Engeln und Bengeln*, die vom
Narren sogleich als Allegorien der Poetischen und Philister ausgedeutet werden,
so daß Eichendorff zuletzt sogar die auktoriale Leserlenkung romantischer Dramaturgie spöttisch reinszeniert.[50] Auf der mittleren Integrationsebene der Szenen
äußert sich die Kontrastkomik in der Kontrafaktur auf den Garten der Poesie im
'Altfranzösischen Garten mit Statuen' samt Minnesänger, Kritikus, Amarillis und
Coridon (einem „jungen Kavalier mit Haarbeutel") direkt nach dem 'arkadischen'
Tal im 4. Abenteuer. Mit der gleichsam historistischen Versammlung von Mittelalter, französischer Aufklärung und ironisierter Rokokokultur kommt diesem
'Abenteuer' ohnehin ein Sonderstatus zu, und zwar als eine Art ironisierter Kul-
turhistoriographie zur Selbstreflexion auf die Genealogie der Verwirrtheit in der
eigenen Zeit: „Galante, Ur- Ritter- und andere Zeiten / Hier durcheinander
schreiten und streiten".[51] Sogleich wird deshalb die zunächst als „versöhnlich"
gerühmte „unverdorbne[]" Sprache des Hirten, der die empfindsame Feier der
ländlichen Idylle mit der Aufforderung zum direkten Wahrnehmen der Natur
kontert, vom Boten als ungebildete Dummheit des Bauernvolks denunziert.[52]

Die Liste solcherart Komik der Diskrepanz zwischen Anspruch und Vermögen, die das Stück auf sämtlichen Segmentierungsebenen durchspielt, ließe sich
verlängern. Symbolisch gespiegelt werden die Effekte in den Nebentexten. Gleich
die erste Szenenanweisung setzt die Haltlosigkeit der Anmaßung ins Bild vom
Schiff auf künstlichen Walzen, das die Poetischen in den Sand gesetzt haben.[53]
Die überlieferte Allegorie von Staat und Narrheit kommt wie das Stück selbst
nicht mehr voran: steckengeblieben in der 'Poesierei' als Attitüde, wobei schon
nach dem 2. Abenteuer immer weniger klar wird, in welchem Belagerungszustand
Poetische und Philistersphäre tatsächlich zueinander stehen. Die Satire versteht
sich nicht mehr als polemische Abqualifizierung falscher Prinzipien einer bestimmten Fraktion, sondern als ein Krieg aus der Perspektive lebendiger Poesie
gegen alles Erstarrte, das die lächerlichen Prätentionen auf beiden Seiten umfaßt:
ein Krieg allem Künstlichen und Mechanischen, der mit dem Ausrufezeichen seines Titels die auktoriale Perspektive aber nur noch vermittelt ins Spiel zu bringen
weiß.[54] Das Sammelsurium der Zitate, Stile und Stimmen produziert ein szeni-

---

[49] „Es tönet der Wälder Mund / Und, / Wie das Getöne verhallt, / hallt, / Wieder Herz, Höhe und
Grund / rund, / Ja tust mir grüne Gewalt, / Wald" (Eichendorff-DKV IV, 84).
[50] Eichendorff-DKV IV, 100; zur Deutung der Strophen vgl. 102.
[51] Eichendorff-DKV IV, 92.
[52] Eichendorff-DKV IV, 94.
[53] Jenseits der politisch-geographischen Symbolik ist das Sand-Bild zugleich eine Anspielung auf die
dünnen und kargen Pflänzchen im 'Wüsten'-Theater des *Prinz Zerbino* (Tieck-S X, 319-321).
[54] Im Stück bleibt die Autorposition auch insofern ausgespart, als das vom 'Verfasser' geplante
„dritte[] Element" der 'Versöhnung', die „poetisch-Poetischen" als Schlußstein einer „Trilogie",
ausfällt: Das Publikum will davon nichts mehr wissen, weil der rührende tragische Schluß ja erreicht, die Handlung folglich abgeschlossen sei (Eichendorff-DKV IV, 127). Ratlos blickt der

sches Schlachtfeld aus den „Trümmern / Gestrandeter Systeme und Gedanken",
auf denen das gleichsam selbst verstümmelte Stück mit seinen invaliden Figuren
ziellos herumtreibt.[55] Die Negativität äußert sich in den zertrümmerten Formzitaten und Reminiszenzen bis in die erkennbar unbeholfenen Verse (durch um-
gangssprachliche Apostrophe) hinein. Vor dem Verfasser zerstreut herumliegend,
dürfen die gestrandeten Allegorien erst als Tote zur Ruhe kommen. Die romantische Ganzheit kraft eines versöhnenden 'Dritten' scheint ebenso unmöglich wie
eine regelgerechte Satire durch Parodie oder Travestie der angespielten Literatur,
so daß sich der „dritte[] Himmel" in Gestalt des Riesen am Pulverturm nur noch
als schiere Destruktivität geltend machen kann.[56]

Nichts ist mehr distinkt oder komplettiert sich zur fragmentarischen Universalität, weil der neue Einfall, das Geschwätz und die zur Phrase herabgesunkene
Nachahmung jede wahrhaft poetische Regung sogleich zerstört. Am Ende gehen
einfach nur die Einfälle aus. Unter den Bedingungen vollends eingerichteter
Kontingenz bleibt das Beharren der ungeschoren davonkommenden Zuschauer
auf einen „vernünftigen Schluß"[57] Illusion, wenngleich die monströse Sprengung
ihre zynische Schaulust auf Trauerspiel-Rührung zuletzt doch so befriedigt, daß
sie vom 'versöhnenden' 'Dritten' kraft der „poetisch-Poetischen" nichts mehr
wissen wollen. Wie auch immer in dieser Tautologie eine Selbstverulkung beschlossen sein mag: Das Spezifische der dramatischen Literatursatire Eichendorffs besteht zuletzt weniger im Interesse, Zeitmoden zu verspotten oder einen
bestimmten Gegner zu erledigen, als über die Entlarvung des Illusionären aller
Poesie hinaus durch „Sprachform und Melodie", durch „Musikalisierung des zitierenden Sprechens" in einer „Konstellation atmosphärischer Anspielungen" das
„Wunschhaft-Mögliche" eben nicht völlig zu tilgen.[58] Der Tenor des Melodischen
in einer Art musikalischer Gleichzeitigkeit, wo ein Zitat auf das andere verweist
und sich die Töne wechselseitig evozieren, hat Eigenwert auch in der Satire: als
Residuum gegen alle vielstimmige Zerstreuung und dissonante Desillusionierung,
die sich in der durch Anspielungsüberfluß verstümmelten Form niederschlägt und
die Komödie der frührealistischen Literatursatire annähert. Gegenüber Büchner
und Grabbe aber verleiht gerade das Poetische im signifikanten *sound* Eichendorffs auch der Satire „bei aller Treffsicherheit versöhnliche Züge"[59], weil sie im
getroffenen Sprachklang die befreiende Produktivität der Poesie präsent hält.

Insgesamt betreibt *Krieg den Philistern!* damit eine eher äußerliche Überbietung
der Dramaturgie Tiecks. Im Kern ist die Satire auch deren Kritik: an der 'Lüge'
und Phrasenhaftigkeit standpunktloser Oberflächlichkeit, an der Nachahmung

---

'Verfasser' vor seinen „verstümmelt" herumliegenden „Personen" auf die ihm „unbekannte[n]
Zuschauer", die ihn nicht verstehen, bis er im Narren seinen Doppelgänger erkennt (128).

55   Eichendorff-DKV IV, 116.
56   Eichendorff-DKV IV, 126.
57   Eichendorff-DKV IV, 117.
58   Kucher (1991, 164).
59   Kucher (1991, 164).

künstlicher Poesie, am relativierenden Wechsel der Perspektiven ohne substantiel-
le Wahrhaftigkeit bzw. Religiösität, deren Mangel Tieck in den späteren literarhistorischen Schriften wiederholt angekreidet wird. Bewundert Eichendorff Tieck
als Vorbild aller romantischen Dramatik im Blick auf die Leichtigkeit und Versatilität, bezichtigt er die Stücke doch auch der poetischen Unwahrheit. Tiecks Ironie ist zersetzend. Sie trifft eben nicht das 'Zauberwort', auf das es Eichendorff
fundamental ankommt, selbst wenn Tieck die literarischen Techniken zur performativen Herbeiführung von 'Heimat' durch poetische Sprache selbst vorgeprägt hat.

Nebenbemerkung: Zur Darstellung der Romantik in den späten literarhistorischen Schriften.
Die religiöse Standortgebundenheit der späten literarhistorischen Schriften Eichendorffs liegt auf der Hand: Erfüllungsgehilfen der katholischen Propaganda,
die ihren willigen Betreiber fand. Sie begründet die nicht unproblematischen
Werturteile und die ebenso problematische Aufmerksamkeitsfokussierung auf
bestimmte Autoren samt tendenziöser Textauswahl und Textparaphrase. Ebensowenig zu verkennen ist freilich auch, wie treffsicher und empfindlich Eichendorff die Eigenheiten der Autoren vernimmt. Eichendorff ist ein idiosynkrati-
sches Genie im Sinn für das Ästhetische, ausgestattet mit Gespür für die Differenzqualität der Autoren. So kann Zacharias Werner aufgrund seines Katholizismus die edle Gesinnung (ähnlich wie Fouqué) zwar nicht abgesprochen werden,
scharfsinnig erkennt Eichendorff aber auch das Unpoetische der hypertrophen
Texte. Insofern sind die späten literaturgeschichtlichen Schriften nicht nur als Literatur interessant.[60] Sie sind als Differenzseismographen erschließend, selbst
wenn man sich den Bewertungsmaßstäben ihres Verfassers nicht anschließen
mag, die vor allem die experimentelle Frühromantik mehr oder weniger systematisch mißachten.

Die Schicksalsdramenverulkung **Meierbeth's Glück und Ende** (1828), gleichfalls
mit den romantikeinschlägigen Elementen der Selbstreflexion von Theatralität
samt den von Schauspielern gespielten Tieren ausgestattet, war zunächst möglicherweise als dramatische Einlage in *Dichter und ihre Gesellen* vorgesehen.[61] Der Paratext „Tragödie mit Gesang", umgesetzt in einer reinen Szenenfolge, verweist auf
die „besondere Klangwelt"[62], die das ernste Drama als Literatursatire in ein Lustspiel verwandelt, das die Figuren durch wechselseitiges Niederstechen und
(Selbst-)Erhängen zum Schluß aber wiederum tragödienaffin zu Tode kommen
läßt. Die Literaturkomödie veralbert Trauerspielverfahren zwischen *Macbeth, König
Ottokars Glück und Ende* und den zeitgenössischen Schicksalstragödien mit all ihren
fatalen Requisiten und Daten (hier eine Flasche Aquavit mit Becher und Bildnis

---

60 Vgl. Eichendorff-DKV VI, Kommentar 1077–1090.
61 Vgl. 'Exkurs' in vorliegender Arbeit (Anm. 99).
62 Kucher (1991, 165).

des Vaters). Als Genre wird damit die abgedroschene Verspottung der trivialen
Rührdramatik Ifflands und Kotzebues ersetzt. Einen ironischen Bezug auf zeitgenössische Literatur-Moden installiert bereits das Bühnenbild der ersten Szene als
Scott-Dekoration. Parodiert wird aber vor allem Grillparzers *Ahnfrau* im teils
schon gewaltsamen Einhalten der vierhebigen Trochäen, insofern diese auch nur
noch dadurch zu bewerkstelligen sind, daß man Verse schlicht kupiert.[63] Im Vergleich zu *Krieg den Philistern!* sind die intertextuellen Relationen *zwischen* Parodie
und Travestie distinkter inszeniert[64], ohne daß das Stück zur klassizistischen Geschlossenheit vordringt, die die ironischen Grillparzer-Anspielungen und die Reminiszenzen im Schiller-Idiom bzw. Goethe-Ton insinuieren.

Gezeigt wird Meierbeth wie Macbeth auf dem Weg zur Krone in der Kulisse
der Scott-Romane, so daß die Ironie der Aktualisierung des *Macbeth* als Schicksalstragödie ebenso gilt wie der zeitgenössischen Scott-Manie. Eichendorff läßt Meierbeth nach den Gesetzen der zitierten Gattungen, Stile und Tonlagen scheitern,
indem auf der Bühne Held und Schicksal direkt handgemein werden. Die Dra-
menhandlung selbst hingegen zeigt sich „buchstäblich de-klassiert, und das vor
Zuschauern, für die Klassizität zwar als Format passé, als moralisches Diktat aber
normativ verbindlich bleibt."[65] Formauflösung und Stilmischung verrät die Gliederung nach neun Szenen, die eher das epische Reihungsprinzip als eine tragische
Konfliktstruktur anzeigen.[66] Stilistisch gibt sich das Stück folgerichtig pathetisch
und rüpelhaft zugleich, bis es zuletzt mit dem gesungenen Epilog Rüpels, shake-
speareartig aus dem Löwen-Rachen hervorblickend, in „bestialischer" Veralberung das Schicksalspathos in die gute Laune der Wiener Volkskomödie auflöst:
„Mir ist Alles Eins, mir ist Alles Eins, / Ob wir'n Schicksal haben oder kein's".[67]

Eichendorff inszeniert also literarische Tragödien in mehrerlei Hinsicht – in
einer Komödie der Töne und einer musikalisierenden Sprache, die das Komische
aus dem anspielenden Tonfall „der komplizierten Summationstechnik seiner Zitate" freisetzt, um einen mehrdeutigen „Gesamtklang neuer Einfachheit" zu gewinnen.[68] Die Literatursatire verwandelt sich in eine Art szenischen Spiels zweiter
Ordnung, weil sie ihre sekundäre Simplizität durch das Imitieren von Aussage-
formen und Sprachmelodien hindurch gewinnt. Allem Anspielungsreichtum auf
Handlungselemente der Vorlagen zum Trotz – „so ersticht Meierbeth in Analogie

---

[63] „Sagen gehen hier und da: / Meierbeth gefangen – wund, / Oder gar – o Gott! – erschla – /
Sprich's nicht aus, leichtsinn'ger Mund! – " (Eichendorff-DKV IV, 218).

[64] Vgl. Japp (1999, 80-82).

[65] Kucher (1991, 167f.).

[66] Vgl. das Bild vom „Tret-Rade" im Zusammenhang des Nicht-vom-Fleck-Kommens eines Stücks,
das mit Rekurs auf den *Zerbino* jetzt tatsächlich fast als rückwärtslaufender Film bis zur Wiederkehr der Berlinerin aus der 1. Szene zurückgedreht wird (Eichendorff-DKV IV, 222, 232), weshalb der Rezensent zweimal erhängt werden kann: einmal von Meierbeth, das zweite Mal von eigener Hand.

[67] Eichendorff-DKV IV, 232f.

[68] Kucher (1991, 169-172, hier 171).

zu Karl Moor seine Selma, und die Begleitfiguren sterben in veroperten Zwei-
kämpfen nach quasi angelsächsischem Muster"; die Handlung „interpretiert das
Verhältnis Meierbeth-Selma als Geschwisterbeziehung im Muster von Jaromir
und Berta [...] aufgrund der Melodik eines Verstons, der Trochäen mit spezifi-
schem Grillparzerklang wiedergibt"[69] usw. –, trotz dieser Reminiszenzen auf
Handlungskerne der Vorlagen also dominiert die Polyphonie des Sprechens. Das
ironische Inszenieren von Vielstimmigkeit prägt die Satire stärker als die Veralberung zeitgenössischer Literaturmoden. Zum Schluß, nach allem Überdruß am
Stillstand der Restauration durch stereotype Wiederholung des Allzubekannten[70],
bleibt außer Rüpels Epilog über das närrische Theater des Ganzen nichts übrig:
Held, Heldin und Nebenfiguren sind zu Tode gekommen, die Vertreter des Literaturbetriebs haben sich gegenseitig erstochen, der Rezensent ist erhängt, die Muse wird vom Löwen getötet und das Fatum ist mit den letzten Worten Rüpels un-
verbindlich geworden. Die Tragödie läuft sich zu Tode, und zwar in einem Ko-
mödienvorgang, der aufgrund des Tonfalls lebendig bleibt, indem er der Literatursatire den Klang der Wiener Volkskomödie einschreibt. Eichendorff kann vor-
handene Diktionen in lebendigen Anspielungen von präziser Eindeutigkeit aufgreifen. Problematisch sind diese aber wegen ihres permanent wechselnden Charakters. Im Vergleich zur Theatralität der Wiener Komödie wird die resultierende
literarische Dichte bezahlt mit dem Verlust an voraussetzungsloser Schlichtheit.
Damit kehrt das Problem der Exklusivität zurück, das die sekundäre Naivität der
spätromantischen Komödie an der Grenze zum Frührealismus zuletzt doch von
der *theatralischen* Virtuosität Nestroys[71] trennt.

Bühnengeschichtlich am erfolgreichsten sind – soweit davon überhaupt die Rede
sein kann – gerade vor diesem Hintergrund *Die Freier* (1833), Eichendorffs bekannteste und vergleichsweise vielinterpretierte Komödie[72], die als durchaus
theatralisches Intrigen- und Verwechslungslustspiel aus der fragmentarischen
Vorstufe *Wider willen* (1822) in durchgängig gereimten vierhebigen Trochäen hervorgeht. Schon die fünf Szenen *Liebe versteht keinen Spaß* (1822) als Erstfassung
wiederum dieses Fragments, deren Titel maßgebende Deutungsperspektiven vor-

---

[69] Kucher (1991, 169).
[70] „Und Blumen, Waldesrauschen so monoton / Das hatten wir alles hundertmal schon / Könnt ihr
denn gar nichts Neues bringen / Auf das langweil'ge alte Tapet?", beklagt die Muse, um sogleich
dieses Neue aus der Verkehrung der Verhältnisse in typischer Eichendorff-Bildlichkeit hervortreten zu lassen: „Ja, wenn einmal die Berge vom Himmel hingen, / Mit Wäldern und Allem was
darauf steht, / Und wir auf den Köpfen hier unten gingen, / In blauem Grund mit Sternen be-
sä't!" (Eichendorff-DKV IV, 227). Von der Vorwegnahme eines berühmten Motivs in Büchners
Lenz abgesehen, wird hier der schöne Sternenhimmel auf dem spiegelnden Wasser der Weiher *und*
im blauen Gewand Marias zitiert, der in Eichendorffs Werk geradezu leitmotivisch den Abgrund
in Erlösung umkodiert.
[71] Vgl. zu Nestroy das Kapitel 'Wirkung' in vorliegender Arbeit.
[72] Vgl. Kluge (1963, 132-156), Catholy (1982, 269-285), Marks (1988), Japp (1999, 83-85), Simon
(2000, 270-274); Pross (2001, 287-318).

gibt, übernehmen Motive aus Marivaux' *Le jeu de l'amour et du hazard*.[73] Die endgültige Form, ungefähr gleichzeitig mit den beiden Trauerspielen um 1829 verfaßt, unterstellt den Wechsel von Prosa, Wortspiel und poetischen Versen der
Dialektik von verwirrendem Schein der Maskerade und authentischer Wahrheit
des Sprechens. Darin potenziert sich die illudierende Spielkomödie Brentanos zur
Erfüllung des 'lustigen Lustspiels' „ohne eigentliche Komik".[74] Einerseits. Andererseits irritiert gerade das Wahrheitsproblem die schöne Lustigkeit auf vielerlei
Weise: indem in die Sprache der Liebe die verdüsterte Wehmut des *Ezelin von Romano* eindringt; indem sich der turbulent vervielfältigte Verwechslungs- und Intri-
genmechanismus[75] bis zur 'Fragwürdigkeit' eines Spiels vorantreibt, das Individualität und Sozialität der Figuren zu zerstören droht; indem das Lustspiel nicht
zuletzt das soziale Falsch- als Glücksspiel im Schein der Maskerade, vermittelt
über die Tauschabstraktionslogik des Gelds, an Flitt und Schlender komödienre-
flexiv durchdekliniert[76], systemreferentiell gespiegelt wiederum an Weinschenk
Knoll, der durch die inkompetente Anverwandlung gelehrt klingender Wörter geradezu als personifiziertes Wortspiel durch das Stück geistert, in der Rede über
das „Rumorantische" aber unfreiwillig auch einen Kern der Bedrohung aller
schönen Verwirrung trifft.[77]

Geplant ist das Eintreten bedrohlicher Untertöne bis an die Grenze des Tragischen natürlich nicht. Die Schloßgesellschaft weiß schließlich, daß Hofrat Fleder
inkognito für die rechte Ordnung der Liebe zwischen Leonard und Adele sorgen
soll (was er durch die Offenbarung der gräflichen Identität zum Schluß auch faktisch gewährleistet). Denn der Präsident vertraut die Hochzeitspläne mit seinem
Neffen der Gräfin Jolante an, die wiederum „unter dem Siegel der Verschwiegenheit" Adele informiert.[78] Gerade weil die Schloßgesellschaft die Intrige kennt,
kann die Gegenintrige mit vierfacher Vertauschung der Verhältnisse (Kleider,
Stand, Geschlecht und Sprache) inszeniert werden. Erst durch die gewissermaßen
interne Konfusion der beidseitig verstellten Spiele als absichtsvollen Komödienbe-
lustigung – „Maskerade, Konfusion, Komödie!", ruft Jäger Victor als wichtige

---

[73] Vgl. Eichendorff-DKV IV, Kommentar, 855f.
[74] Eichendorff-DKV VI, 796.
[75] Vgl Japp (1999, 83f.).
[76] Simon (2000, 271f.) hat die Wirtshausszene als „Allegorie der Komödienlektüre" im Rahmen der
Tauschhandlungen entfaltet, die die symbolische Ebene (Kleidertausch) und die ökonomische
Ebene (Glücksspiel, Inszenierung von Besitz durch äußeren Schein) überkreuz verschränken.
Wichtig ist sein Befund, daß die Verwechslungskomödie nur „oberflächlich eine ist. Die Semantik
der Verstellung trifft nur das niedere Personal. Die hohen adligen Personen – Adele und Leonard
– führen die Natursprache lyrischer Eigentlichkeit" (273), weshalb die Konflikte noch grundsätzlich romantisch gelöst werden: „Versöhnung" ist „die Einstimmigkeit in einer lyrischen Ontolo-
gie" (273), die sich freilich gerade in den *Freiern* zwischenzeitlich durchaus trauerspielnah verdüstert.
[77] Eichendorff-DKV VI, 545.
[78] Eichendorff-DKV VI, 529.

Spielfigur noch frohgemut[79] – geraten die Kalküle so durcheinander, daß zum
Schluß tatsächlich blutige Gefahr droht.

Aber auch ohne solche Gefährdung durch die Intrigenhandlung selbst weist
das „eigentlich *feine* Lustspiel"[80] dunkle Momente auf – anders gelagert allerdings
als die aus der narzißtischen Melancholie des Ponce[81] : Die Wehmut der Lyrik Eichendorffs schlägt bei der männerverachtenden Adele in den (nächtlichen) Gar-
tenszenen durch[82], hervorgerufen von der Erinnerung an das verlorene Jünglings-
Bild in Heidelberg, das in Florestin wiederaufersteht, das erst zum Schluß aber
durch Fleder ständisch angemessen verortet wird. Die gute Laune der vielfach
sich überkreuzenden Verwechslungskomödie überblendet die latente Trauer und
den Ernst der Liebe eben nicht vollständig. Natürlich sind die *Freier* deshalb keine
Tragikomödie. Immerhin aber kulminiert die Handlung im Gefecht zwischen Leonard und Flora (in Offizierskleidung), das nur durch das dazwischentretende
Machtwort Adeles – „Das falsche Spiel / Komm ich zu enden" – nicht tödlich
ausgeht.[83] So besteht tatsächlich mehr als latent die Gefahr, daß die schöne Komödie der lustvoll inszenierten Maskerade, die zuletzt niemand mehr durchschaut
und schon gar nicht mehr wie noch Sarmiento dirigiert[84], umschlägt in Gewalt.

Der gute Schluß mit „Feuerwerk und Hochzeits-Carmen"[85] verwandelt das
Stück dann aber tatsächlich zur „Vollendung" der poetischen Spielkomödie[86],
auch wenn die Lösung nicht aus dem Intrigenspiel selbst hervor- und der Ernst
weit über die einzig satirische (und dennoch erst eigentlich konfliktlösende) Figur
des Hofrats Fleder (der sich ins Kleid der Gräfin verliebt) hinausgeht: in der
Problematisierung von individueller Autonomie und Bann der Liebe, die als politisch-soziale Bedrohung und Irrewerden daran in den gleichzeitigen Trauerspielen
wiederkehrt, sich bei Eichendorff aber im Unterschied etwa zu *Leonce und Lena*
durch das Vertrauen auf die Poetizität zwischenmenschlicher Sympathie und die

---

[79] Eichendorff-DKV VI, 529; zur Bedeutung Victors als zentralem Anstifter eines nicht-egoisti-
      schen Spielsinns auf der niederen Ebene, der wegen der selbstlosen und heiteren Komik die Ka-
      tegorie der Intrige selbst fragwürdig erscheinen lasse, vgl. Catholy (1982, 276, 281).

[80] Eichendorff-DKV VI, 799.

[81] Vgl. Catholy (1982, 284).

[82] „Hier auch kein Laut rings – nur die Bäume rauschen; / Das Schloß steht leer; wem ich begegne,
      weicht / Geheimnisvoll mir aus [...] / Als schauert' Alles heimlich vor den Schatten, / In die
      vielleicht ein fröhlich atmend Herz / Auf ewig bald versinkt! [...] / Seit wann kenn' ich die Angst?
      – Es ist vorüber! – / Nie sag' die Welt: die Tochter hoher Helden / Sei so entartet aller Helden-
      hohheit, / Daß sie verlernt, sich selbst zu überwinden. / Jetzt gleich, eh' blut'ges Unheil sich be-
      gibt, / Brech' ich die Rätsel dieser Mummerei, / Die dem gemeinen Trieb der Welt mich gleich-
      gestellt. – / Noch einmal, als die *freie Herrin*, tret' ich / Vor Florestin – und seh' ihn nie mehr
      wieder" (Eichendorff-DKV IV, 561). Zur zentralen Bedeutung dieser Verse, die die – ständische
      – Selbstaufklärung Adeles als Angst ausweisen, bevor sich die finale Überwindung ihrer Männer-
      verachtung im 'Ja' der Hochzeit mit dem gräflichen Leonard vollzieht, vgl. Kluge (1963, 146ff.).

[83] Eichendorff-DKV IV, 570.

[84] Vgl. Kluge (1963, 134).

[85] Eichendorff-DKV IV, 573.

[86] Kluge (1963, 132).

Unbedingtheit der Liebe noch immer wie von selbst löst.[87] Der wiederhergestellten Ordnung korrespondiert die formale Geschlossenheit im dramaturgischen Aufbau, die Büchners extremem Zitaten-Mosaik bei vergleichbarer Referenz auf dieselben Hypotexte (Shakespeares und Brentanos Spielkomödien) abgeht.[88] Der unversöhnten Dissonanz der desintegrierten Form, die noch die Literatursatiren kennzeichneten, steht hier die schöne Freude eines in Heiterkeit aufgelösten 'lustigen Lustspiels' gegenüber. Die Figuren sind weit weniger allegorisch (und damit kontextualisierungsbedürftig) angelegt als in den Literatursatiren, und auch die Poetizität der Durchführung plausibilisiert sich ohne notwendig vorauszusetzende Einsicht in systemreferentielle Zusammenhänge[89] durch einen gleichsam selbsttransparenten Formwechsel (Blankvers, Prosa, Wortspiel) und die ebenso durchsichtige raumsymbolische Topographie: von Oben (Balkon) und Unten (Garten), Innen (Wirtshaus) und Außen, die nach aller Verkehrung der Verhältnisse im 2. Akt und der daraus resultierenden 'täuschenden Täuschung' zum guten Schluß die richtige ständische Ordnung in der Doppelhochzeit von Adele/Leonard und Victor/Flora wiederherstellt.[90] Um 1830 aber scheint der Endpunkt des schönen Lustspiels erreicht, insofern die theatralitätsironischen Signale in der Selbstthematisierung des Ganzen als Komödie[91] die schöne Freude zur bloßen Illusion derealisieren. Markiert ist damit die literarhistorische Schwelle, an der sich der Übertritt ins primär theatralische Unterhaltungstheater des 19. Jahrhunderts zwischen Schwank, Operette und (Zauber-)Posse bei Raimund, Nestroy und anderen endgültig durchsetzt.[92]

Die beiden zum Abschluß gebrachten Trauerspiele präsentieren sich als christlich-nationale Persuasionsstücke mit historiographisch bearbeitetem Stoff, der aber gerade im Fall des *Ezelin von Romano* die Ambivalenz romantischer Formensprache und die Mehrdeutigkeit der emblematischen Sinnstiftung nicht auffängt. Ihr

---

[87] Ob jedoch der Unterschied zur Verwirrung des Gefühls in Kleists *Amphitryon* (Kluge 1963, 149) so groß ist, daß Adele nicht irr wird an ihrer Liebe zu Leonard wie Alkmene, bleibe im Blick auf die spezifische Nähe zur Behandlung des Motivs in den gleichzeitigen Trauerspielen Eichendorffs dahingestellt.

[88] Büchners Lektüre und – wohlgemerkt – positive Anverwandlung Eichendorffs (und dessen Sprachmusik) „durch Heine hindurch" ist im Anhang der kritischen Studienausgabe von *Leonce und Lena* (1835/36) dokumentiert (vgl. Voss 1987, 420). Gewürdigt werden hier aber nur der *Taugenichts* und das *Marmorbild*, obwohl gerade an den 1833 gedruckten *Freiern* die Gemeinsamkeiten aller politischen und strukturellen Differenzen zum Trotz schon aufgrund derselben Hypotexte zu untersuchen wären.

[89] Vgl. etwa die *Hamlet*-Parodie Schlenders auf den einschlägigen Monolog übers Sein oder Nicht-Sein (Eichendorff-DKV IV, 565).

[90] Zur symbolischen Topographie des Stücks auch im Rahmen des „kunstvolle[n] Wechsel[s] der Sprachebenen" zwischen jambischer Bindung (teils als Blankvers, teils gereimt, teils in Knittelnähe), Wortspielen und Prosa vgl. Catholy (1982, 273ff., hier 277).

[91] Vgl. Eichendorff-DKV IV, 533.

[92] Vgl. Catholy (1982, 284).

genereller Zug, aller komischen Brechung durch burleske Verfahren zum Trotz, ist die Verdüsterung in einer 'Dramatik des Unbewußten'[93] mit Figuren, denen sich die Welt in einen wahnsinnsförmigen Projektionsraum verwandelt. Der offensichtlichen Tendenz zur dramaturgischen Geschlossenheit steht eine Verkomplizierung der Figurenpsychologie ins Psychopathologische gegenüber; eine Verdüsterung jedenfalls, die über die frühromantische Behandlung des Wahnsinns seit dem *Runenberg* und der *Genoveva* weit hinausgeht. Erst in den nachfolgenden historischen Trauerspielen vom *Letzten Helden von Marienburg* bis zu den späten Fragmenten *Johann v. Werth* und *Bernhard v. Weimar* (beide 1844/45) verfestigt sich mit der strafferen Organisation die Erstarrung und Vereindeutigung des christlich-nationalen Gehalts[94], während *Ezelin von Romano* romantische Verfahrenskomplexität durch episodische Verselbständigung der dramatischen Rede in lyrische Szenen und vielgestaltige Referenzen auf die romantische Komödie bewahrt.

Zwar verweist die dominierende Kreuzes-Bildlichkeit auf die *Autos sacramentales* Calderóns. Diese machen sich bei Eichendorff formal tatsächlich erst aber im Fragment gebliebenen *Allegorischen dramatischen Spiel in Versen* (1849)[95] auf der Basis der in den 40er Jahren begonnenen Übersetzungen des katholischen Dramatikers geltend.[96] In den abschlossenen Trauerspielen um 1830 hingegen hat Calderón im Unterschied zu Shakespeare noch keinen texturprägenden Einfluß, ohne damit daß die allegorischen bzw. emblematischen Züge der Darstellung in den Hintergrund treten.[97] Natürlich zielen die Trauerspiele auf eine Erlösungs- und Gnadendramatik ab, weniger freilich im nationalen als personalen Sinn der individuellen Befreiung von weltlicher Schuld. Das aufscheinende Kreuz selbst hat aber keine unmittelbare Gnadenwirkung wie noch bei Zacharias Werner, zumal Eichendorff grundsätzlich von allen diesseitigen Beglaubigungen der höheren Ordnung absieht. Die Trauerspiele sind vielmehr durchsetzt von den düsteren Vorzeichen revolutionären Umbruchs im leitmotivischen Wetterleuchten, dessen Symbolik sich im formelhaft wiederholten Meer vom Blut der Gewalt konkretisiert. Mehr als an die romantischen Universaldramen, die neben der Geschichtsdramatik Schillers als dramaturgische Vorbilder wirksam bleiben, grenzen die christlich-nationalen Trauerspiele Eichendorffs an die düstere Novellistik im *Schloß Dürande* (1837) an. Das Kreuz verweist nur noch auf die von der szenischen Darstellung selbst strikt abgetrennte höhere Lenkung. Die diesseitige Befreiung

---

93 Dazu im einzelnen Fröhlich (1999).
94 Vgl. Fröhlich (1989, 178-214), der in den letzten Fragmenten die „Sackgasse der 'leeren Rede'" (199) und einen in bloßer Ideologie erstarrten Nationalismus erkennt (213) – poetologisch erkennbar an der Figurenrede „in Prosa u. ohne Nachahmung Shakespeares, keck historisch – [...] die großen katholischen Gestalten grandios in dem wirren Treiben der lutherischen Pietisten" (Eichendorff-SW VI/1, 525).
95 Vgl. Eichendorff-SW VI/1, 627-629.
96 *Das große Welttheater, Balthasars Nachtmahl, Der göttliche Orpheus* (Eichendorff-DKV IV, 607-748).
97 Zur historischen und geschichtsphilosophischen Differenz zwischen Calderóns Allegorik und Eichendorffs Emblematik vgl. Hillach (1977).

kann nur punktuell vom 'Zauberwort' kommen, das dem spätesten Eichendorff zufolge dann tatsächlich Calderón getroffen habe. Die 'Fragwürdigkeit' christlich-nationaler Persuasion offenbart sich aber nicht nur in den zur hermeneutischen Befragung freigegebenen Zeichen ihrer Beglaubigung, die zuletzt sogar die Beschwörung religiösen Erlöstseins der Protagonisten im Augenblick des Todes anfrißt. Überall drängt die Rede vom „Nichts" in der „öde[n] Luft" der Natur[98] vor, vom Zusammenbruch der alten Ordnung unter dem „Leichentuch" der neuen Zeit[99], in der sich ein „lügenhafte[s] Zwielicht" breitgemacht hat.[100] Die Welt äußert sich als Dialektik von „Furchtbarschöne[m]"[101] und blutigem Grauen. Zwar gibt es die Hoffnung auf göttliche Lenkung in einem völlig undurchschaubaren Geschichtsprozeß. Durch menschlichen Eingriff kann dieser aber grundsätzlich nicht gesteuert werden, denn jede Form der Naturbeherrschung erscheint als Frevel: „Was ist die Meinung / Des Einzelnen im Sturm der Weltgeschichte", fragt der Ordensritter Schwartzburg rein rhetorisch, „Die über uns ein höh'rer Meister dichtet, / Uns unverständlich und nach andern Regeln", so daß „Menschenhand" an dieser Ordnung in keiner Weise „rühren" dürfe.[102] Bleibt Eichendorffs weltanschauliche Position aller geistesgegenwärtigen Zukunftsoffenheit zum Trotz im Festhalten an der Treue zu Gott und zur Tradition unzweideutig restaurativ, gespiegelt nicht zuletzt an den Bemühungen um die Wiederherstellung der realen Marienburg, so zeigen die verdüsterten Befunde doch auch die niederreißende Gewalt der neuen Verhältnisse an. Im Letzten stellt ein derart wahrgenommener Geschichtsprozeß, der sich nur noch weiter zu beschleunigen scheint, das Pathos der christlich-nationalen Erneuerung zusammen mit der romantischen Trauerspiel-Dramaturgie selbst in Frage.

Wie *Ezelin von Romano* gehört **Der letzte Held von Marienburg** insofern noch diesem Paradigma an, als sich die Dramatisierung eines historiographisch bearbeiteten Stoffs romantischer Verfahrenskomplexität bedient, ohne daß Eichendorff daraus eine Art poetisierter Geschichtsschreibung mit nationalpolitischen Zielen ableitet.[103] Dies unterscheidet Eichendorffs Trauerspiel der christlichen Erlösung individueller Schuld von der Linie der Geschichtsdramen in 'vater-ländisch'-politischer Absicht, die zwischen 1820 und 1840 das literarische Feld beherrschen. Im Vergleich mit den romantischen Hypotexten unterscheidet es sich als Handlungsdramatik aber auch von Brentanos mythopoietischer Medialität in der *Gründung Prags* und von der manieristischen Bearbeitung regionalpatriotischer Stoffe bei Arnim. Die geradezu klassizistische Begründung zeigt die insoweit eingehaltene regelpoetische Organisation, als sie hohe und niedere Figuren den Genres samt

98 Eichendorff-DKV IV, 408.
99 Eichendorff-DKV IV, 410.
100 Eichendorff-DKV IV, 494.
101 Eichendorff-DKV IV, 445
102 Eichendorff-DKV IV, 496.
103 Zu den Modifikationen romantischer Geschichtsdramatik vgl. Scherer (2000a, 182f.).

sprachlicher Differenzierung zwischen Blankvers und Prosa zuordnet. Komplexer diversifiziert – nicht zuletzt durch die satirische Entlarvung rhetorisch-ideologischer Funktionen gebundenen Sprechens gleich den Promenadenszenen im *Krieg den Philistern!* – ist nur *Ezelin von Romano*, obwohl sich auch hier die Eichendorff generell eignende Tendenz zur Rückbindung an Bühnenfähigkeit niederschlägt. Am nähesten steht Eichendorffs Erlösungsspiel kraft systemreferentieller Kontextualisierung durch Kombination romantischer Dramenmodelle mit einer Handlungs- und Konfliktdramaturgie dem illudierend-religiösen Trauerspiel Brentanos, also *Aloys und Imelde*, das nicht zuletzt in der Wiederkehr der Wunden-, Gnaden- und Gefängnismetaphorik durchscheint: Im Gefängnis reißt Ezelin sich in einer neuen Imitatio Christi die Wunden auf wie Aloys, und selbst der 'Mittelvorhang' als theatrales Indiz für die emblematische Verfaßtheit kehrt bei Eichendorff wieder[104], ohne daß sich das Trauerspiel bei ihm aber für die Idee einer höhere Vereinigung der Liebenden interessiert. Schließlich geht die mediale Figur Zilie nicht nur auf Valeria[105], sondern auch auf die Poesie-Allegorie Zinga zurück.

Im Hinblick auf romantik- und theatralitätsreflexive Elemente dieser Art, die seitens der Komödien in den shakespearisierenden Epilogen hervortreten, zeichnet sich vom *Ezelin von Romano* zum *Letzten Helden von Marienburg*[106] die Verhärtung propagandistischer Züge komplementär zur Rücknahme generischer Verfahrensvariabilität ab. Die formelhafte Wiederholung der Bilder und Motive dient weniger romantischer Ambiguität als der ideologischen Vereindeutigung durch Ausgliederung der burlesken Elemente bei Profilierung des thematischen Konflikts: Plauen, der Gutmensch im Gegensatz zum dämonisch besessenen Tyrannen Ezelin, will den Krieg, nachdem er sich vorher zum Ordensführer ernannt hat. Er will Ordensfrömmigkeit und Gottergebenheit bewahren, obwohl dies den Feldzug gegen Polen bedeutet. Gewalt rechtfertigt sich in der Berufung auf Gott. Plauen ist so die spiegelbildlich verkehrte Komplementärfigur zu Ezelin: positiv begründet und doch problematisch im weltlichen Fehlgehen. Das Stück fällt, wie Eichendorff selbst betont, in jeder Hinsicht bühnengerecht aus.[107] Ungeachtet aller shakespearisierenden Kontrastechnik sind die Akte überschaubarer, wenngleich die Verbindung zwischen Plauen und der poetischen Sphäre um Rominta einigermaßen undeutlich bleibt. Stärker noch aber als in *Ezelin* verdüstert sich die Darstellung, indem die Figuren in ihrer Innerlichkeit, in der Verstörtheit über das endgültige Vorüber der im Klang der Welt noch einmal aufscheinenden Präsenz

---

[104] Vgl. Brentano-Kemp IV, 493; Eichendorff-DKV 399; zum Deutungsproblem durch dergestalt theatralitätsreflexive Paratexte vgl. Scherer (2000a, 190f.).

[105] Vgl. Scherer (2000a, 196).

[106] Vgl. zu diesem Stück Krogoll (1979, 87f.), im Kontext aller Trauerspiele und Trauerspielfragmente Fröhlich (1999).

[107] „Beide Stücke [*Der letzte Held von Marienburg, Die Freier*] überschreiten ihrer Ausdehnung nach nicht das gewöhnliche Theatermaß und sind auch sonst, soviel ich davon verstehe, vollkommen spielbar" (Brief an einen Verleger; zit. nach Eichendorff-DKV IV, Kommentar, 944).

von Heimat versinken – ein Irrewerden an der unauflöslichen Doppelung von Präsenz des alten Zaubers (im Erklingen der Erinnerung an den kindlichen Garten) und irreversiblem Verlust. Die vorherrschende Atmosphäre ist im *Letzten Helden von Marienburg* das Grauen. Die Figuren sind bleich und verwirrt, die Natur ist keine Hieroglyphenschrift mehr, sondern sie täuscht und lügt als unenträtselbares Labyrinth, in das sich die Psyche verstrickt. „Wie ist mir denn?", räsoniert Wirsberg, nachdem er die als Ritter verkleidete Rominta versehentlich erstochen hat, während Plauen herannaht:

> Da ringelt sich die Nacht
> Der Locken wieder – wildes Traumgesicht! –
> O wer mir sagt', das sei ein Traum, meine Seele
> Gäb' ich ihm drum! – Fort! Schlangen sind Dein Haar
> Und jede hat ein Stück von mir vergiftet:
> Treu, Ehr' – den Rest werf' ich Dir nach, mich graut
> Vor mir und Dir. – Lass' los! da naht er wieder! –
> Es ist nicht wahr! – Das lügenhafte Zwielicht
> Verwirrt nur Sinn und Auge mir und spiegelt
> Verfluchte Doppelgänger in der Nacht – [108]

Was auch immer man von der sprachlichen Qualität der Trauerspiele Eichendorffs halten mag: Die Realität ist in ihnen verworren wie ein Traum gleich der Flammenschrift der Gewalt am blutigen Abendhimmel.[109] Die psychophysische Verstörung grenzt ans Paranoide in einer gewitterschwülen Atmosphäre des Untergangs, der sich im Rot des Firmaments bespiegelt. Sprachlich wird sie als Klage über haltlose Wehmut laut: „Schweigt, schweigt! ich will das Lied nicht weiter hören! –", wehrt Rominta den schönen Gesang zweier Stimmen im nächtlichen Garten ab,

> Falsch ist Musik, verträumte Fernen lügt sie,
> Wo silbern Ströme gehn von blauen Bergen –
> Und wenn wir folgen, bricht der Zaubergrund
> Und mit den Klängen zieht uns die Sirene
> Hinab ins bodenlose Meer von Wehmut. – [110]

Hier lügt die Sehnsucht selbst. Ob solcher Haltlosigkeit durch Glauben noch abzuhelfen ist, steht in der niederbrechenden Verzweiflung, die Adorno den *Zwei Gesellen* attestierte, mehr als in Frage.

Die letzte Komödie Eichendorffs, das 'Puppenspiel' *Das Incognito* (um 1841-1844), kehrt noch einmal zur Literatur- und Politiksatire bei residualer Wahrung

---

[108] Eichendorff-DKV IV, 494
[109] Zu dieser auf die *Genoveva* zurückgehenden Verbindung von Schriftmetaphorik und unlesbar gewordener Natur, die schon die 'verworrene Doppelschrift' des *Ezelin* durchsetzt, vgl. Eichendorff-DKV IV, 428.
[110] Eichendorff-DKV IV, 478.

romantischer Selbstreflexivität zurück. Die Polemik gegen die von Nicolai perso-
nifizierte Aufklärung und gegen eine vollends historisch gewordene Romantik, die
in der 'blauen Monatschrift' als Figur und als Zitat von der 'Waldeinsamkeit' auf-
kreuzt, ist allerdings noch diffuser geworden, auch wenn die weltanschauliche
Position zuletzt für den Bestand der Monarchie zu optieren scheint.

Um seiner selbst willen geliebt zu werden, gibt der König, des ubiquitären Ge-
schwätzes und Vivat-Geschreis seines Volks überdrüssig, die Macht auf. Der Narr
besteigt den Thron und bekommt als reisender Herrscher vom jüdischen Fi-
nanzmann Paphnutius die Ehe mit seiner Nichte Colombine angetragen. Das
traditionelle Motiv der verkehrten Welt ist freilich kaum mehr kohärent durchgeführt. Zwischenzeitlich scheint das Stück sogar den vom Titel vorgegebenen Topos zu vergessen, weshalb aus dem Ganzen auch kaum ohne weiteres eine Affirmation der Monarchie abzuleiten ist, wenn bereits am Ende des ersten Akts der
einigermaßen desinformierte König vom Volk wieder auf den Thron zurückge-
hievt wird.

Eigentliches Thema ist das bloß Scheinbare des Gegensatzes von Vergangenheit und Gegenwart, indem das Stück das angeblich fortschrittliche liberale Zeitalter und die abgestandene Aufklärung/Romantik zugleich decouvriert. Überall
zeigt sich in Wahrheit die Reaktion, die das Stagnieren des Spiels wie der politischen Verhältnisse erklärt, so daß sich Fortschritt und Restauration, Neu und Alt
wechselseitig über ihre Ähnlichkeit hinwegtäuschen, im angeblich politischen Gegeneinander faktisch sogar neutralisieren. Das kleine Puppenspiel stellt die Widersprüchlichkeit des Zeitgeists dar, indem es das Närrische der Wirklichkeit im poetischen Spiel kenntlich macht, ohne aber zu einer schlagenden Zeitkritik auf dem
Niveau der längst etablierten realistischen Dramatik vorzudringen. Andererseits
zerfallen aber auch die romantikbezüglichen Verfahren ohne strukturelle Er-
schließungskraft. Das Puppenspiel formuliert keine Lösung mehr, die akuten Ge-
genwartsfragen zerbröseln im nichtigen Schein der komödienanzeigenden Hochzeit Colombines mit dem Narren, der als Kasperl identifiziert wird. Tanz und allgemeine Freude zum Schluß gehen in keiner Weise mehr aus einer kaum noch erkennbaren Handlung hervor.

Das disparate kleine Stück im vorherrschenden Knittelgestus, dem auch der
Kommentar der DKV-Ausgabe dramaturgische Schwächen im vielstimmigen
Getöne zwischen Aufklärungssatire, Historischwerden der Romantik und untrifti-
ger Zeitkritik nicht absprechen kann, räsoniert kraft der Polyphonie seines Gere-
des auf recht allgemeine bzw. bloß allegorische Weise über die Verhältnisse: Weder das Alte noch das Neue sei erträglich, die Aufklärung ist bloß nützlich, der
neue „Dampf ist ein Allerwelt-Hans worden".[111] Er führt den katastrophalen
Umsturz von Eisenbahnen herbei und hinterläßt zertrümmerte Waggons, aus dem
die Allerweltsgleichheit von König, Ralf, Kuntz, Nicolai und die blaue Monats-
schrift hastig hervorkriechen. Abstrakte Figurationen dieser Art zeigen die neuen

---

[111] Eichendorff-DKV IV, 601.

Verhältnisse unbegriffen. Sie simplifizieren den gesellschaftlichen Stand zu einer allegorisierenden Zeit- und Literaturkritik, die eher den Zerfall an satirischer Sprachmächtigkeit in reaktionäre Kulturkritik als eine motivierte Form zur Darstellung der neuen Zeit anzeigt: „Außen morsch, pfei, pfei, und inwendig hohl!"[112] Die beiden asymmetrisch gebauten Akte (der eine als Szenenfolge, der zweite ohne Binnengliederung) begründen nur noch ein Sammelsurium an romantikhistorischen, politischen, technik- und industrialisierungskritischen Anspielungen. Eine reine Literatursatire ist das 'mikrologische Lustspiel' nicht[113], eine politische Option aber auch nicht. Der tumultarische Einbruch der neuen Zeit in die Stadt produziert ein Komödienende, das sich als „Scheinschluß" ausstellt, wo Kaspar seine Colombine erhält und der zurückgekehrte König die wiederhergestellte Ordnung repräsentiert.[114] Denn durch die Komödie geht der „Ernst incognito", sagt der Narr, der im Stück das letzte Wort hat; dies aber in einer selbst fragmentierten Sprache, die den gekappten Reimworten der Zeilenrede kaum mehr als zwei Silben zugesteht und so auch die Narrenrede dem unverständlichen Lallen annähert.[115] Ein solcher Befund ist möglicherweise aber schon zu viel der Ehre für ein kleines Stück, das man auf die einigermaßen paradoxe Formel vom Alterswerk eines Spätgeborenen bringen könnte. Nach dem Zerfall satirischer und poetischer Spannkraft hat es einer unbegriffenen neuen Welt außer der letzten Aufbietung längst antiquierter Komödienmodelle nichts mehr entgegenzusetzen.

Im Unterschied zur Dramaturgie der Doppelbilder bei Arnim, die Mannigfaltigkeit als Nebeneinander präsent hält, handelt es sich bei Eichendorff, aller vergleichbaren Vielstimmigkeit ungeachtet, um eine Art dialektischer Verkoppelung von Satire und Musikalisierung fremder Sprachtöne im Kontrast zur eigenwertigen lyrischen Gestimmtheit. Dies korrespondiert dem für Eichendorff symptomatischen Ineins von Weltlichkeit und höherer Zuversicht, von Religiosität und Anerkennung des ganzen Menschen, das sich poetologisch als Überblendung von Literaturmodellen äußert. Die Dramaturgie Eichendorffs schleift ihre mosaikartigen Reminiszenzen ein, während Arnim das Disparate kenntlich hält. Die ganze eigene Komplexität Eichendorffs im Gegensatz zu Grabbe, Büchner und anderen postromantischen Autoren besteht wiederum in der Wahrung einer lyrischen Ganzheit im blitzhaften Aufleuchten des erlösenden Zauberworts, wie auch immer sowohl die Komödien als auch die Trauerspiele bereits vom Bewußtsein der Lüge des Poetischen affiziert sind.

---

[112] Eichendorff-DKV IV, 583.

[113] Vgl. Japp (1999, 87f.) im Vergleich mit Arnims 'Schattenspiel' *Das Loch*, zu dem das *Incognito* auch im Bereich politischer Motive Ähnlichkeiten aufweise.

[114] „In Wahrheit wird die überanstrengte Komödienform zum Mittel gemacht, die disparaten Kräfte der Zeit in ihrer unversöhnten Dissonanz darzustellen" (Brummack 2000, 64).

[115] Vgl. Eichendorff-DKV IV, 603.

Eichendorffs Dramen zeigen die Krisensymptome ihrer Zeit, die politische Situation und literaturgeschichtliche Stellung im Selbstverständnis als Romantiker zwischen programmatischem Postulat und pluralisierendem Befund gleichermaßen betreffen. Die historische Analyse der literarischen und politischen Zeitverhältnisse wird hier zum poetischen Modell. Die Entlarvung der gegenwärtigen Situation verbindet sich aber noch mit der Dialektik überzeitlichen Spielens kraft der (ironischen) Bewahrung einer Barockmetaphorik in der Einheit von Welt- und Volkstheater. Die Klang- und die Bildmontagen garantierten Vielstimmigkeit. Der Konnex von Welttheater und romantischer Dramenform begründet, daß der Kampf gegen alles Erstarrte und Unreligiöse als eine Aufgabe erscheint, die das höhere Spiel nicht ausschließt. Insofern ist die Tradition im Zitat bei Eichendorff noch nicht typisierend reduziert wie bei Grabbe, nicht kalt konstruierend wie bei Platen und nicht begrifflich zugerichtet wie im Falle Büchners, sondern lebendig und mehrdeutig. Die Problematik der Wiedererringung eines einfachen Tonfalls wird aber auch bei ihm wie bei allen postromantischen Autoren evident. Genreübergreifend ist es die Zersplitterung der Form als Zerstörung einer geschlossenen Universalität, die sich in der verwirrten Lust und der dissoziierten Trauer artikuliert – beides gleich nahe der schönen Befreiung vom Identifizierungszwang wie vom verdüsterten Irrsinn. Spätzeitlich verschärft, bleibt die Darstellung bei Eichendorff aber noch zurückgebunden an poetische Verweisungen als Garanten für das höhere Verstehen im Zeichen einer schönen Sprache. Dies begründet die durchaus befremdliche Doppelfunktion von Infragestellung und Bejahung, von Erneuerung und Denunziation szenischer Poetizität an der Grenzfläche von letzter Spätromantik und eintretendem Frührealismus. Darin kann man, wie für die Lyrik und Prosa seit längerem von der Forschung erwiesen, die spezifische Modernität Eichendorffs sehen. Triumph und Fragwürdigkeit romantischer Poesie auch im Bereich des Dramas indizieren die problematisch gewordene Produktivität des Recyclings von Vorlagen, die das Vertrauen in die positive Effektivität poetischen Sprechens selbst aber nie verliert.

Wirkung

1. Entfernung der Romantik.
Dramatische Reaktionen auf das romantische Drama
im 19. Jahrhundert

Die literarhistorische Kontextualisierung romantischer Dramatik zeigt, daß mit Ausnahme Eichendorffs und Fouqués ein epochale Grenze zwischen 1815 und 1820 erreicht wird. An dieser Zeitstelle, politisch gekennzeichnet durch den Einsatz der sog. Restauration im Gefolge des Wiener Kongresses, bricht die dramatische Produktion der maßgeblichen romantischen Autoren ab. Nachfolgende Dramatiker, die noch mit erkennbarem Bezug auf romantische Verfahrensweisen operieren, schreiben unter veränderten gesellschafts- und kulturpolitischen und zunehmend auch technisch mediatisierten Verhältnissen. Diese Verschiebungen lagern sich in die dramatischen Texturen ein und verwandeln die szenischen Formationen gleichsam von innen heraus: sei es als Reaktion auf die neuen Anforderungen, sei es als ostentative Rückkehr zu eingerichteten klassizistischen Verfahren. Vor dem Hintergrund dieser Entwicklung beobachtet die nachfolgende Überblicksskizze Varianten literarischer und theatralischer Grenzoperationen in den 20er bis 40er Jahren an den Schnittstellen zwischen Spätromantik und Frührealismus: an Aspekten der positiven wie negativen Wirkungsgeschichte romantischer Dramaturgie in szenischen Texten, die soweit noch erkennbar auf deren Verfahrenstechniken und Motive reagieren, ohne damit aber noch die durch Poesie gestiftete höhere Ganzheit anzusteuern.

Zwar spielt bei **Grabbe** die rudimentäre Vorbildfunktion Tiecks sowohl in der Komödie als auch im ernsten Drama noch erkennbar hinein: im Aufgreifen des parabatischen Verfahrens bis zum persönlich auftretenden Autor einerseits, in den *short cuts* der zersplitterten und panoramatisch ausgreifenden Geschichtsdramen andererseits.[1] Der „Schandflitter der Oberfläche" aber, den *Napoleon oder die hundert Tage* (1831) im virtuosen Kaleidoskop visueller und akustischer Eindrücke eines durch latente oder offene Gewalt im öffentlichen Leben gekennzeichneten Zeitpanoramas der beginnenden Restauration (im Paris des Jahres 1815) inszeniert, um dann mit ebenso kaltem Blick auf die Macht 'Napoleon' einen welthistorischen Augenblick wie die in filmartiger Totalität in Szene gesetzte,

---

[1]   Vgl. Ribbat (1990, 110-112).

monströse Entscheidungsschlacht bei Waterloo[2] als farcenhafte „Komödie" zu denunzieren[3], zeigt die Vergleichbarkeit mit dem romantischen Drama nur noch auf einer rein formalen Ebene an: der parataktischen Episodizität der Szenen. Wie das *Napoleon*-Stück gehören auch Grabbes Komödien der Wirkungsgeschichte romantischer Dramaturgie an. Zwar ergeht sich auch dort die allein wegen ihrer Feenszenerie samt metrischer Vielfalt durchaus romantikaffine Erstfassung des Märchendramas **Aschenbrödel** (1829) noch einer teils idealisierenden, teils die romantische Vermischungs- und Unverständlichkeitspoesie reproduzierenden Positivierung des Literarischen.[4] Letztlich hat aber auch dieses Lustspiel mit kruden Einfällen wie dem von der durch die Feen-Königin in einen Menschen verwandelten Schloßratte, die sich wegen der Verarmung des Barons an dessen Bibliothek verfressen hat[5], nur noch wenig mit dem heiteren Subversions- und Entgrenzungsoptimismus der romantischen Komödie gemein: Handlungsbestimmend bzw. die komisch-grotesken Situationen freisetzend sind die Sorgen des überschuldeten Barons von Fineterra, der sich permanent des mit antisemitischem Reflex gestalteten Juden Isaak zu erwehren und die reiche Verheiratung seiner Töchter voranzutreiben hat. Völlig unverhofft erfüllt sich dieser Wunsch

---

[2] Dramengeschichtlich wird erstmals hier der Krieg als brutales Massenschlachten gezeigt, dessen Detailrealismus auch waffentechnisch den Stand der Zeit beachtet: Wie der Jude Ephraim, dem eine Kanonenkugel den Kopf abreißt (Grabbe 1963 II, 435; V/2), können alle Beteiligten den unüberschaubar und unbeherrschbar gewordenen Ereignissen alternativ- und entscheidungslos zum Opfer fallen (vgl. auch IV/6, wo ein Fußgardist von einer Kugel getroffen wird und einem anderen Gardisten der Leib von einer Kanonenkugel aufgerissen wird; Grabbe 1963 II, 421). Schlachtdarstellungen wie in Tiecks *Genoveva* oder Schillers *Jungfrau von Orleans*, die noch dem Pathos des Nahkampfs unterliegen, erscheinen dagegen wie harmlose Veranstaltungen. Eingeholt wird die Avanciertheit von Grabbes szenischer Vergegenwärtigung des Kriegs erst durch Kraus' Weltkriegs-'Tragödie' *Die letzten Tage der Menschheit*.

[3] Den „Schandflitter der Oberfläche" – so die auf die Formel gebrachte Quintessenz des *Napoleon*-Dramas (Grabbe 1963 II, 399; IV/1) – will Jouve, der zynische Fatalist und doch stets gewaltbereite jakobinische 'Kopfabhacker' während seines letzten Auftritts vor dem „amphitheatralisch" als „Bühne" aufgebauten Thron des neuen alten Kaisers Napoleon (396) vernichten: „[...] 's ist ja doch alles Komödie – Es wird nächtens schwerhalten Theaterprinzessinnen von echten zu unterscheiden" (398). Gespiegelt wird Jouves prophetischer Befund in Napoleons Schlußmonolog (V/7) mit dem Ausblick auf die heroenlose Zukunft: „statt der goldnen Zeit, wird eine sehr irdene, zerbröckliche kommen, voll Halbheit, albernem Lugs und Tandes – [...] von diplomatischen Assembléen, Konvenienzbesuchen hoher Häupter, von Komödianten, Geigenspielern und Opernhuren" (457).

[4] Dies ist insbesondere dort der Fall, wo der König inkognito mit poetischen 'Unbegreiflichkeiten' das Wohlverhalten seine Umgebung erprobt, womit er unverhofft die wahre Liebe des Aschenbrödels Olympia bemerkt – nicht ohne Hilfe der Feen-Königin samt ihres Gefolges allerdings (vgl. Grabbe 1963 II, 289f.; III/1): Aschenbrödel versteht seine Verse zwar „nicht ganz", 'fühlt' aber in ihnen sofort das wechselseitige Einverständnis der Liebe (290). In der szenischen Anverwandlung der Perrault-Vorlage sieht Ribbat (1990, 111) einen Indikator dafür, daß auch der spätere Grabbe „seine Position noch nicht in einem definitiv nachromantischen Zeitalter sah".

[5] Dies v.a. an den auf gutem Papier gedruckten schlechten Trauerspielen Raupachs (vgl. Grabbe 1963 II, 284; III/1).

bei der als Aschenbrödel vernachlässigten Tochter Olympia aus erster Ehe, in die sich der König verliebt. Deutlicher noch von der Romantik entfernt sich die literarisch stärkere erste Komödie Grabbes: Zwar zitiert ihr berühmter Titel *Scherz, Satire, Ironie und tiefere Bedeutung* (1822) zentrale Poetologeme romantischer Poesie, die im Stück in tieckbezüglichen Verfahren wie dem Aus-der-Rolle-Fallen der Figuren oder dem persönlich auftretenden Autor Grabbe ausagiert werden.[6] Im alles Niedrige und Gemeine entlarvenden, ebenso höhnischen wie empörten „Lachen der Verzweiflung"[7], einer starken Lustigkeit der trotzigen Verachtung herrscht aber der bewußt unschöne Angriff auf die Unvollkommenheiten und Lächerlichkeiten der Welt vor: erklärt nunmehr zum grotesk eskalierenden, mittelmäßigen Lustspiel eines „gelbschnabelige[n] Engel[s]", der in einer dem Menschen „unbegreiflichen Welt" lebe und sein Stück als Primaner in den Sommerferien zusammengeschmiert habe.[8] Auf jeden Fall sei die Hölle darin besser geraten als der Himmel, zu ersehen schon an der so lächerlichen wie witzigen Figur des Teufels, der wegen des höllischen Putztags von seiner schönen Großmutter in die Kälte des heißesten Jahrestags auf Erden versetzt wird, dabei fast erfriert und sich am Ende vom versoffenen Schulmeister mit Kondomen gefangennehmen lassen muß. Zur Kenntlichkeit entstellt wird die Hölle auf Erden an der Niedertracht, Unbedarftheit und Jämmerlichkeit der Figuren zwischen Geldgier, Geilheit, Feigheit, Alkoholismus, zwischen dichterischer Impotenz und unangemessen sentimentalem Pathos, das besonders Herr von Mollfels als inkorporierte literarische Empfindsamkeit absondert. Dergestalt werden die von Grabbe reichlich krud dargestellten körperlichen Vorgänge (Fressen, Saufen und Ausscheiden) metonymisch mit dem Bereich des Literarischen kurzgeschlossen, so daß nicht nur die epigonale Läppischkeit der zeitgenössischen Literatur die alles (auch sich selbst) einschließende Verachtung des Satirikers auf sich zieht. Nur kraft ihrer Illusionslosigkeit bewahrt die konkrete Negation und teils schon slapstickartige Überdrehung dieser anarchischen bzw. 'tollkomischen'[9] Literatur den Anspruch auf eine bessere Welt.

Ähnlich läßt sich **Büchners** 'Lustspiel' *Leonce und Lena* (Entstehung 1835), das die deutlichsten Affinitäten zur romantischen Komödie – besonders zu Brentanos *Ponce de Leon* – ausprägt, nur noch der Wirkungsgeschichte zurechnen.[10]

---

6   Wernthal und Mordax thematisieren sich als Rolle, bevor sie in den Orchestergraben fliehen, und am Ende tritt Grabbe als Autor, sich selbst als „vermaladeite" und „zwergigte Krabbe" verspottend, in sein Stück „herein" (Grabbe 1960 I, 273; III/6).

7   Brief an Georg Ferdinand Kettembeil, 28. Dezember 1827 (Grabbe 1970 V, 195).

8   Grabbe (1960 I, 241f.). Die Erstfassung von Tiecks *Verkehrter Welt* brachte die Engel, wie gesehen, als finale Beobachterinstanz des komisch verkehrten Welttheaters vor: eben so 'unbegreiflich' für die Zuschauer wie die auf die Bühne gebrachte Poesie.

9   Vgl. Grabbes Charakterisierung des *Aschenbrödel* im Brief an Kettembeil, 18. April 1829 (Grabbe 1970 V, 270).

10   Vergleichsstellennachweise bei Renker (1924); vgl. mit weiterführenden Literaturhinweisen Dedner (1987, bes. 160) und im Anhang der Kritischen Ausgabe von *Leonce und Lena* die Beiträge von

Zwar 'poetisiert' gerade Büchner sehr viel stärker noch als Grabbe Sequenzen der Figurenrede – auch in den shakespearisierenden Varianten von *Dantons Tod* zwischen der aperçuhaft pointierten oder witzig durchsexualisierten Rede der Männer und der zarten Sprache der Frauen, innerhalb derer Camille und Danton eine eigene – ambivalentere – Stellung einnehmen. Die Forciertheit einer extremen Intertextualität in mosaikartiger Zitattechnik bei gleichzeitiger Demonstration der bereits von Grabbe vorgeführten phrasenförmigen Zurichtung des öffentlichen und privaten Sprechens (bis zum stets eskalationsbereiten Umschlagen seiner performativen in tatsächlich körperliche Gewalt) zeigt aber an, daß auch die 'romantisierenden' Bezugnahmen an die erlösende Produktivität von Poesie nicht mehr glauben[11]: Mit der absolutismus-, idealismus- und gesellschaftskritischen Darstellung zielt der Wirkungsimpuls einer grundsätzlich mitleidspolitisch fundierten Dramatik, die in szenischen Denkspielen dem Zuschauer oder Leser das Urteil und die daraus resultierenden politischen Konsequenzen überläßt, auf aggressive Kritik an den Verhältnissen einerseits, auf die sowohl 'realistische' als auch satirisch-hyperbolische Demonstration historischer Vergesellschaftungs- und Unterdrückungsmechanismen andererseits. Ausblicke auf einen befreiten Zustand durch das Zerschlagen der Uhren werden nur in *Leonce und Lena* – gleichsam aber nur noch wie eingezäunt – eröffnet. Vielleicht aber bedeutet die Herrschaft der Blumenuhr, wie ernst gemeint das in der Forschung mit Gründen so umstrittene finale 'Dekret' Valerios überhaupt anzusehen ist[12], auch nur die naturanaloge wie eben dergestalt öde Wiederkehr des Gleichen.

Den gleichzeitig mit Eichendorffs Stücken in den 20er Jahren entstehenden aristophanischen Komödien **Platens**, Bühnenwerken eines dezidierten Anti-Romantikers, hat die Forschung zur Geschichte des Lustspiels wegen ihrer parabatischen Elemente (nun tatsächlich vermittels des Chors) eine bestimmte Nähe zur romantischen Komödie attestiert.[13] In der Schicksalsdramen-Satire *Die verhängnisvolle Gabel* (1826) und der Immermann-Kritik *Der Romantische Ödipus* (1829) dominiert aber neben dem satirischen Haß die Didaxe: „Platen's Poesie war wesentlich reflektierend, räsonierend und lehrhaft, ihr Hauptinhalt eigentlich eine Antikritik der über ihn ergangenen Kritiken. Seiner schriftstellerischen Per-

---

Berns und Voss, zudem Hiebel (1990, 367-378); zum Verhältnis der Komödien Büchners und Grabbes innerhalb der durch Tieck und Brentano bezeichneten Traditionen der romantischen Komödie vgl. Ehrlich (1990, 182-186). Ein besonderer Stellenwert kommt dabei, wie genauer zu erforschen wäre, Tiecks *Ritter Blaubart* zu (vgl. die Hinweise in Kap. 3. Frühromantik).

[11] Dies bedeutet nicht, daß bei Büchner und Grabbe trotz der Negativität ihrer Darstellung die Zuversicht auf den Wert von Literatur und deren 'tiefere Bedeutung' überhaupt unterminiert wäre. Nur gibt es bei ihnen keine höhere Ganzheit mehr, die als regulative Idee die zersplitterte Darstellung bindet oder zumindest als Residuum eines erlösenden Anderen durchscheint.

[12] Vgl. Dedner (1987, 169).

[13] Vgl. Japp (1999, 89-97), der die Degeneration des parabatischen Mechanismus zum „Schema" konstatiert (119).

sönlichkeit nach aber repräsentiert er gewissermaßen die Karikatur von Heinrich von Kleist".[14] Die romantische Komödie hat jedoch „keine xenialische Tendenz", so der überpointierte, aber eine richtige Tendenz anzeigende Befund Kluges, „wo diese das Übergewicht erhält, handelt es sich um Literatursatiren".[15] Eine „Fratze des Romantischen" ist, mit August Wilhelm Schlegel zu sprechen[16], von daher schließlich bei Immermann selbst zu identifizieren.[17]

Zuvor bereits zeigt sich die Verfallsform parabatischer Spiel-im-Spiel-Dramatik, die Degeneration zur öden Mechanik, in **Jens Baggesens** *Der vollendete Faust oder Romanien in Jauer* (1836), das als Manuskript bereits 1808 fertiggestellt war. Die antiromantische Satire des dänischen Parteigängers der Fraktion um Voß, über den sich Arnim in der sonderbar verwirrten Figur Wallers im 19. Kapitel der *Gräfin Dolores* ausläßt, exekutiert den Geist des Klassizismus überraschenderweise mittels eines selbst überdrehten Spiel-im-Spiel-Verfahrens samt aufgegriffenen Mythologemen aus der romantischen Rezeption germanischer Sagen (Chrimhilde, Rüdiger usw.). Romantische Poesie ist hier das Produkt von Tollhäuslern: Vor einer hohen Gesellschaft (Herzog, politische Honoratioren, Militärs) mit Dichterfiguren im Zuschauerraum (der Zuschauer Opitz ist Goethe, St. Preux Jean Paul) geben die Verrückten im Irrenhaus von Jauer (Jena/Auerstedt) ein zweiteiliges Stück: die 'Komödie' *Des vollendeten Faust's erster Theil. Die Philister-Welt, oder Romanien im Wirthshause* als 'Vorspiel' zur eigentlichen 'Comi-Tragödie in sieben Aufzügen' *Des vollendeten Faust's zweiter Theil. Die romantische Welt oder Romanien im Tollhause.* Bemerkenswert ist Baggesens Satire, wie schon die paratextuellen Anspielungen signalisieren, weil sich die politische Romantiksatire aus der Übernahme systemreferentieller Elemente romantischer Dramatik selbst speist: zu ersehen nicht nur an den Kommentaren der hohen Zuschauer, die um die politische Ordnung besorgt sind[18], so daß im Gegensatz zum Wunsch nach einer 'vernünftigen Illusion' seitens der Kleinbürger und Handwerker bei Tieck den Turbulenzen auf der Bühne offenbar nun tatsächlich ein Gefährdungspotential im Hinblick auf den Bestand der alteuropäischen Gesellschaft unterstellt wird. Das systemreferentiell konstituierte Bühnengeschehen erscheint folglich als Barbarei, die sich in den zahllosen Anspielungen auf die zeitgenössischen Literatur-

---

[14] Eichendorff-DKV VI, 775. Zu der mittels Parabase exekutierten „direkte[n] Belehrung, Agitation und Parteinahme" bei Platen, die die aristophanische Form nur noch „als Mittel zum Zweck aktueller Stellungnahme, Kritik, Beweisführung und Aktivierung" aufgreift, vgl. Denkler (1979, 14).

[15] Kluge (1963, 155).

[16] Schlegel-KS VI, 290.

[17] So auch Kluge (1963, 214) zur postromantischen Komödie Platens und Immermanns. Zur Übergangsstellung der Dramen Immermanns an der „Grenze zwischen der idealistisch-idealisierenden Welt- und Kunstauffassung der Goethezeit sowie dem empirisch-realistischen Welt- und Kunstverständnis des späteren 19. Jahrhunderts" vgl. Ziegler (1967, 149). Die intertextuellen Reminiszenzen auf die Romantik etwa in *Cardenio und Celinde*, die Platen zur Zielscheibe seiner Satire auf Immermann im *Romantischen Ödipus* macht, untersucht Fauser (1999,140-153).

[18] Im 'Jakobböhmischen' wittert der Herzog das 'Jakobinische' (vgl. Schulz 1989, 588).

verhältnisse um 1800 entlarven soll: auf die Tiecksche Stimmungspoesie und die parodistisch eingesetzten, fast wörtlichen Zitate aus dem *Gestiefelten Kater* und der *Verkehrten Welt*[19]; dem Prolog als „Epiprologus"[20] folgen u.a. eine Goethe-Travestie des Philosophen-Monologs Fausts, eine Verspottung der Sonette August Wilhelm Schlegels, die Verulkung des *Octavianus* durch Parodie auf die Echo-Poesie in einer 'doppelten Terzinen-Terzin', der Spott auf die Romanzenmode und Böhme-Begeisterung, auf die Verwechslung von Aufzügen, auf „Schrelling und Einbein"[21], auf das „Kyrie Eleison" in Werners *Kreuz an der* Ostsee[22] usw. usf. – stets begleitet von der parabatischen Kommentierung aller Unbegreiflichkeiten, moniert als Bizarrerie einer uferlosen Aufführung, die sich im siebten Aufzug zu einem Stück im Stück (mit Attila und Chrimhilde im fünften Jahrhundert in Alexandrinern) verselbständigt, bis zuletzt reale Turbulenzen vor dem Theater ausbrechen. Man vermutet ein Erdbeben bei einem „Lärm, als wenn / Die ganze Welt in Stücke ginge". Genau dies sei, wie Hans Wurst zum Tollhausinspektor bemerkt, die Absicht der Irren, während er den Herzog beschwichtigt: „Es ist nichts, Eure Hoheit! / Nichts als die feindliche vandalische Armee, / Die hinter dieser Bühne durch die Gassen / Von Jauer einzieht, und – wie mir so eben / Der Commandant berichtet, ganz Romanien / Fast ohne Schwertstreich eingenommen hat", um die Auslieferung des einzigen Faust zu erwirken.[23] Wie direkt und ungewitzt die Satire auch immer ausfällt: Das formenreiche Stück in der drastischen Komplettverwurstung alles dessen, was die zeitgenössische Literatur um 1800 verfahrenstechnisch zu bieten hat, ist tatsächlich das, was Heine sonst an der deutschen Satire vermißte: erkennbar politisch, insofern Philosophie und Literatur in 'Jauer' in einen ursächlichen Zusammenhang mit der Niederlage der preußischen Armee 1806 gebracht werden. Die satirische Reinszenierung von Systemreferenzen und Motiven verbleibt aber bei einer kraftlosen Kritik an der Romantik als Form barbarischen Irreseins. Literarisch gesehen einigermaßen dürftig, exekutiert diese Kritik all ihre Verfahrensweisen in geradezu gnadenloser Mechanik, die so auf drastische Weise kenntlich gemacht wird.

Im ernsten Bereich bleibt **Grillparzers *Ahnfrau*** (1817) – trotz romantisierender Trochäen und literarisierender Gesänge in der Traditionslinie Calderóns und Shakespeares[24] – eine psychopathologisch verinnerlichte Gespenster- und Schick-

---

[19] Baggesen (1985, 45, 110, 112, 122).
[20] Baggesen (1985, 116).
[21] Baggesen (1985, 240).
[22] Baggesen (1985, 245).
[23] Baggesen (1985, 312).
[24] Die strukturellen Affinitäten der integrierten Lieder und chorischen Passagen (vgl. Grillparzer 1986, 111f.) bestätigen sich in den konkreten motivischen Bezugnahmen auf den *Sommernachtstraum* innerhalb der sentimentalischen Erinnerungen Berthas an die Poesie der „Sommernacht" (Grillparzer 1986, 21, V.220) und an das verlorene 'Feenland' ihrer Jugend, in der sich der postromantische Bewußtseinsstand des 19. Jahrhunderts als untröstbare Melancholie des unwieder-

salstragödie. Die zerrissene Identität und die auf Projektionen basierenden Wahrnehmungsverzerrungen einer Figur wie Jaromir werden also vorrangig psychologisch plausibilisiert. Schon daraus begründet sich die wesentliche Differenz zur reihenbildenden Tradition des Schicksalsdramas seit Zacharias Werners *Vierundzwanzigstem Februar*. Die dennoch bestehende Anbindung an dieses Dramenmodell und die psychologisch beschreibbare Verinnerlichung der Konfliktlagen indiziert, ebenso wie die über die durchgängige Gefängnismetaphorik sowohl raum- als auch psychosymbolisch transparent gehaltene dramaturgische Geschlossenheit des Trauerspiels, das theatralische Telos der Darstellung. Dies bestätigt sich in Grillparzers Geringschätzung der Dramen Tiecks, die als formlos abgeurteilt werden, weshalb die zwar melancholiedurchsetzte, aber maß-, form- und theaterbewußte Restauration des klassizistischen Dramas in Österreich wie dann auch Hebbels Versuche zur Wiederherstellung der hohen Tragödie (bei vergleichbarem Stoffbezug in der *Genoveva*) nur noch der indirekten, polemisch negierenden Wirkungsgeschichte romantischer Dramatik zugehören.

Ganz eigen verhält es sich – wie im übrigen auch in Grillparzers Blankvers-Komödie *Weh dem, der lügt!* (1840) – mit der Komödienentwicklung in Österreich, insofern sich die strukturellen Ähnlichkeiten zur szenischen Literarisierung des romantischen Dramas bei Nestroy und Raimund aus der spezifisch österreichischen Eigentradition und ihrer barocken Theater- und Opemgeschichte herleiten. Zielen die moralisierend didaktisch orientierten und teils überdeutlich allegorisch ausgestatteten 'romantischen Original-Zauberspiele' **Raimunds** wie *Das Mädchen aus der Feenwelt oder Der Bauer als Millionär* (1826) und *Der Alpenkönig und der Menschenfeind* (1828) trotz aller literarischen Ambitionen[25] und allen wunderbaren Feen- und Geisterzaubers unzweideutig aufklärerisch auf die vernünftige Selbsterkenntnis des Menschen (im Ideal der Weisheit oder der Selbstzufriedenheit), eskaliert der improvisationsgewillte Jux, den sich Figuren bei **Nestroy** machen wollen, bis an den Rand der Gefährdung ihrer sozialen Existenz. Die Ich-Identität als gesellschaftlicher Zwang, der dem arbeitenden (Klein)-Bürger zur Wahrung einer sozialen Rolle auferlegt wird, bleibt so auch in der gut gelaunten Abenteuerlust Weinberls mit all den daraus resultierenden Turbulenzen, Verkleidungen, Verwechslungen und Täuschungen bis zum völligen Kollaps der

---

bringlichen 'Vorbei' artikuliert: „Wohin seid ihr goldne Tage? / Wohin bist du, Feenland? / Wo ich ohne Wunsch und Klage, / Mit mir selber unbekannt, / Lebte an der Unschuld Hand" (61, V.1534-1538). In den ersten Nebentexten zum dritten und vierten Aufzugs wird Bertha entsprechend in der Haltung des von der Hand gestützten Kopfs, in der Ikonographie des Melancholikers, exponiert.

25 Auf literarische Valenz zielt allein die wechselnde Metrik bei vorherrschenden vierhebigen Trochäen in der Grillparzer-Tradition ab. Trotz der opernhaften und wegen ihrer Theatralität durchaus romantikwidrigen Anlage der Zauberspiele (vgl. dazu A.W. Schlegels Spott über das Genre; Schlegel-KS VI, 290) inszeniert Raimund Literarizität zudem in dialektalen Figurenreden, die wie andere wort- und sprachkomische Verfahren auch parodistisch eingesetzt werden.

personalen Selbstgewißheit[26] als Norm bestehen. Den Gegensatz zu den poetischen Verwirrspielen der romantischen Komödie, die sich um die ökonomische Existenzsicherung völlig unbesorgt zeigen (weil sie offenbar keine Frage ist), markiert trotz aller sonstigen Affinitäten auch auf der Ebene der situativen Sprachkomik die aktions- und schauspielerbezogene Theatralität der Wiener Komödie in der ersten Hälfte des 19. Jahrhunderts. Konstitutiv theatralisch gedacht, entwickeln Nestroys Possen ihre Komik der Kollision mit dem Unvorhergesehenen und sämtliche illudierenden Konfusionen rein situationistisch, aus den Szenen selbst heraus, indem sie auch theatralische Requisiten wie die spanische Wand in II/18 gleichsam selbst als Rollen agieren lassen.[27] Ein expandierender Nebentext muß deshalb stets angeben, wer zu wem unter welchen Voraussetzungen spricht, indem er festhält, für wen ein Sprecher sein Gegenüber jeweils hält und wie die mit seiner Figurenrede verbundenen Absichten sich auch gestisch artikulieren. Nur dadurch wird der Wissensvorsprung des Zuschauers, der allein die Komik der Kollision realisiert, gewährleistet, weil dieser als einziger gleichsam auktorial durchschaut, wer hier wem unter welchen Bedingungen und welchem strategischen Interesse was vormacht.[28] Wird bei Raimund die Theatralität potenziert

---

[26] In Nestroys Posse *Einen Jux will er sich machen* (1842) ist die komplette Identitätsdiffusion im dritten Akt erreicht, wo die wechselseitigen Täuschungen und Verwechslungen durch Verkleidungen und Rollenwechsel so weit getrieben sind, daß kein Mensch mehr so recht weiß, wer er noch ist und wem er gerade unter welchen Voraussetzungen begegnet: „Was waren denn das hernach für Leute?" fragt Fräulein von Blumenblatt ihren Schwager Zangler, der nur noch antworten kann: „Das weiß ich nicht", obwohl er eigentlich mit vertrauten Personen seiner Umgebung konfrontiert war (Nestroy 1970 II, 502). Zuvor, in II/7, wird Weinberl mit Frau von Fischer, die er sich in bedrängter Lage im Modewarenladen Madame Knorrs handstreichartig zur Gattin erkoren hatte, dann tatsächlich als Ehefrau konfrontiert, weil diese sich auf seine Komödie einläßt; und in III/6 äußert er alias Sonders sein Gespanntsein darauf, sich selbst begegnen und das eigene Verhalten beobachten zu können, das ihm Sonders in der Rolle Weinberls vorspielen wird (vgl. 498) – Konsequenzen allesamt seines Wunsches, sich vor dem Aufstieg zum 'Associé' Zanglers noch einmal einen Jux zu machen und endlich einmal ein verfluchter Kerl zu sein, der in behaglichen Lebensrückblicken von den Lebensabenteuern in der großen Stadt erzählen könne. Die „Hardiesse" selbst (Nestroy 1970 II, 466) besteht dann allerdings im mehr oder weniger defensiven Reagieren darauf, der Identifizierung durch Zangler in der Hauptstadt zu entgehen, wo er doch zu Hause dessen Geschäfte zu führen hätte. „Ich riskier' nix, aber ich bin dabei" (Nestroy 1970 II, 457; auch 454), lautet das Motto des Lehrjungen Christopherl, der Weinberls risikoscheuen Jux, dem kleinbürgerlichen Geist der Feigheit entbunden, auf den Begriff bringt (zur Risiko- und Rendite-Metaphorik vgl. u.a. 504, 472). Konsequent bittet Weinberl am Ende aller überstandenen Komplikationen gegenüber seiner künftigen Gattin Frau von Fischer in „ängstlicher Verlegenheit" nur noch um „Verschwiegenheit und Schonung" (518).

[27] Zu „Nestroys durchdachte[r] Praxis des Theaters" vgl. Klotz (1996, 185-214), hier auch zu den 'mitspielenden Gegenständen' im *Jux* (193-201); zum Verhältnis der solcherart situationistisch freigesetzten Verdopplungs- und Selbstbeobachtungstrukturen gegenüber der metaphysischen Absicherung aller Maskierungen und Rollenwechsel durch eine nicht-illudierende, 'eigentliche Natursprache' der Poesie in den Spielkomödien Brentanos und Eichendorffs vgl. Simon (2000, 274-280).

[28] Auf diese Weise wird der Nebentext auch bei Nestroy literarisiert, indem seine Narration selbst ins Komische umkippt; auf die Spitze getrieben in der sich verschlingenden Beschreibungsschleife

durch einen prunkvollen, opernhaft aufgerüsteten Zauberapparat samt einer der
'Besserungsdramatik' unterstellten Bifurkation in gute und böse Geister, sind es
beim Improvisationsgenie Nestroy neben allen gesellschaftssatirisch affizierten
Turbulenzen die geistesgegenwärtigen Couplets, deren Situationismus die theatralische Potenz dieser gegenwartsbezogenen Dramatik garantiert. Ihre problemlose
Aktualisierbarkeit unter veränderten Zeitverhältnissen bestätigt sich an der un-
verminderten Präsenz Nestroys auf den heutigen Bühnen. Der Typologie der romantischen Komödie folgend wäre eine handlungs- und situationskomisch organisierte Posse wie *Einen Jux will er sich machen* dem illudierenden Typus (unter Absehung der metaphysischen Absicherung durch Poesie) zuzuordnen, während
Raimunds Zauberspiele zwar nicht den parabatischen Mechanismus ausagieren,
mit dem Zauberapparat aber unverkennbare Ähnlichkeiten mit romantischen
Märchenkomödien Tiecks aufweisen. In jedem Fall aber erfüllen sich beide Varianten der Wiener Komödie im Gegensatz zum romantischen Lustspiel in der
schauspielerischen bzw. bühnentechnischen Virtuosität der szenischen Darbietung – in theatralischen Aktionen dramatischer Figuren also, an denen der Zuschauer während der Aufführung leibhaftig teilhat.[29]

Alle postromantische Dramatik steht in einem generischen Spannungsverhältnis,
das schon das romantische Drama seiner spezifischen Wirkung beraubte: in Konkurrenz zum Roman, die sich im Laufe der gesellschaftlichen und technisch-
medialen Veränderungen des 19. Jahrhundert derart verschärft, daß die szenische
Rede aus ihrer bevorzugten Stellung als Leitgattung entlassen wird. Besteht zwischen den skizzierten Transformationsvarianten der dramatischen Rede im Verhältnis zur anpassungsfähigeren Prosa von 1820 bis 1840 noch eine Art ausbalan-
cierter Stabilität hinsichtlich der je eigenwertigen Geltung der Gattung[30], zeichnet

---

des Szenarios in III/7, mittels derer erläutert wird, wie Fräulein von Blumenblatt Sonders und
Weinberl im Glauben darüber anspricht, dieser sei jener und umgekehrt: Sie „präsentiert dem
Weinberl, den sie für Sonders hält, diesen als Herrn Weinberl, und dem wirklichen Sonders, den
sie für Weinberl hält, den Weinberl als Herrn Sonders, folglich verkehrt" (Nestroy 1970 II, 499).
Die Differenz zur 'auktorialen' Literarisierung des Nebentexts im romantischen Drama besteht
darin, daß die Komik dieser Beschreibung der narrativen Einholung der komischen Kollision in
der Szene selber entspringt.

[29] Daß das Theatralitätskriterium zur Abgrenzung des romantischen Dramas taugt, belegt einmal
mehr Klotz' Auswahl der 'Radikaldramen' von Holberg über Kleist und Grabbe bis Nestroy.
Auch romantische Dramatik ist 'Radikaldramatik', nicht aber nach dem Gesichtspunkt 'radikaler'
Theatralität, zumal sie ja auch nicht gespielt werden. Nur sehr kursorisch geht Klotz deshalb auf
Tiecks Literaturkomödien als Hintergrund für Grabbes *Scherz, Satire, Ironie und tiefere Bedeutung* ein
(vgl. Klotz 1996, 167, 175), wobei die außerordentliche Qualität gerade dieser Komödie von ihm
zu Recht auch darin gesehen wird, daß sich hier slapstick- bzw. *comedy*-artig inszenierte Theatralität
und literatursatirisch artikulierte Literarizität wechselseitig aus den Angeln heben (vgl. 166-168).

[30] Eine Reminiszenz an den goethezeitlichen Roman kann man von daher beispielsweise noch in
Mörikes *Maler Nolten* (1832) sehen, insofern er u.a. Tiecks *Verkehrte Welt* als Theateraufführung
nach dem Vorbild des *Wilhelm Meister* integriert (vgl. Kap. 3 'Re-entry des Hanswursts und fiktionsironischer Spiele ins Theater auf der Bühne').

sich gegen Ende der 30er Jahre ein Abbruch und Neueinsatz der Dramenproduktion kanonischer Autoren ab, der das polare Spannungsverhältnis zwischen restauriertem 'klassizistischen' Drama und experimentell 'realistischem' Total- und Gegenwartsroman des 'Nebeneinander' (Gutzkow) klärt: Grabbe (1836), Büchner (1837), Grillparzer (1838), Immermann (1840) gegenüber den literarischen Anfängen bei Gutzkow (1835)[31], Nestroy (1833) und Hebbel (1841).[32]

Beobachtet man diese grundsätzliche Verschiebung, in der sich die Dominanz des Romans als Leitgattung des 'Realismus' herauspräpariert, geht die gewissermaßen subkutane Wirkungsgeschichte romantischer Dramaturgie in eine andere Richtung: hin zur **Oper** bzw. zum **Gesamtkunstwerk**, das den voranschreitenden Zerfall der normativen Gattungspoetik in einer neuen Bühnenform als Modus von Totalitätsdarstellung integriert. Obwohl es des produktionsästhetischen Prinzips der Sprachlichkeit wegen auf die Bühnenumsetzung nicht angewiesen ist, bereitet das episierende romantische Drama, formgeschichtlich gesehen, die *Grand Opéra* ebenso vor wie die **'Musikdramatik'** Wagners; und zwar nicht allein im Blick auf die Musikalisierung der Sprache, zu der im romantischen Drama eine komponierte Musik nicht hinzutreten muß, weil sich der dramatische Text selbst bereits deren Performativität aneignet.[33] Von Tiecks *Genoveva* reichen die Linien über Schiller, E.T.A. Hoffmann, Fouqué bis zu Wagners 'Musikdramen', die ja bekanntlich selbst besonderen Wert auf die poetische, d.h. eben parallelistische Qualität ihrer Sprache (u.a. im exzessiven Stabreim) legen. Nicht zuletzt ist der Entwicklung von Totalitätsdarstellung im Drama kraft simultaner Verweisungen, die die panoramatische *Grand Opéra* dem Roman annähert[34], Goethes *Faust II* einzuordnen: Als absolutes Welttheater zwischen Himmel und Hölle inszeniert er die dramatische Vermittlung von Antike und romanischen Theatertraditionen, bei Goethe wiederum vorbereitet in der metrischen Experimentaldramatik des 'Festspiels' *Pandora* (1810), das in Verlängerung der romantisierend-antikisierenden Dramenprojekte um 1803 die tatsächlich wirkungsmächtige Entwicklung romantischer Dramaturgie im Theater des 19. Jahrhunderts vorzeichnet.[35]

---

[31] Zu dem von Gutzkow und Immermann fortgeführten Typus des 'historischen' Lustspiels vgl. Fauser (1999, 187f.).

[32] Vgl. dazu für das Drama um 1830 auch Krah (1996).

[33] Zum Verhältnis zwischen romantischem Drama und Entwicklung des Gesamtkunstwerksgedankens vor dem Hintergrund dieser Leitdifferenz von realer und sprachlicher Musikalität vgl. C. Stockinger (2000a, 310-313, hier 312).

[34] Vgl. dazu die Merkmalliste bei Gier (1998): entscheidungsunfähiger Held, 'Tableau'-Technik (Chor- und Massenszenen: Chor als zerstörende Masse), Autonomie der Einzelbilder, panoramatischer Totalitätscharakter gleich dem Roman (145f., 148f.). Auf die Geschichtsdramatik nach 1800 (Schiller, Fouqué) hin perspektiviert werden diese Strukturvorgaben samt formaler Affinität zum barocken Welttheater bei aller Differenz zwischen parataktischer Serialität und höherer Ganzheit von C. Stockinger (2000a, 325-329).

[35] Zur entsprechenden Sonderstellung des romantischen Dramas, das sich der Polarität von idealisierendem und realistischem Drama völlig entziehe und genau darin Verbindungen mit Goethes zweitem *Faust* und Wagners Idee des Gesamtkunstwerks aufweise, vgl. Ziegler (1967, 163): Vom

Der literarhistorische Stellenwert des romantischen Dramas nach dem Gesichtspunkt praktischer Wirksamkeit besteht demnach in der Vorbereitung einer episierenden Dramaturgie, deren „paradigmatische[] Strukturen" als eigentlich sinntragende Elemente[36] im 19. Jahrhundert von der Oper durchdekliniert werden. Hier potenziert sich die traditionell nicht-aristotelische Anlage des Librettos (aus der Abkehr von der Linearität syntagmatischer Verknüpfungen hin zur panoramatischen Simultandarstellung) kraft einer von der Performanz des Musikalischen unterstützten Innerlichkeit – dichotomisch der in großformatigen Tableaus (Massenszenen, Kriegsdarstellung usw.) gezeigten gesellschaftlichen Abstraktion entgegengesetzt.[37] Die ebenso funktionale wie literarhistorische Bedeutung romantischer Dramaturgie erweist sich demzufolge generell darin, daß sie Strukturmerkmale des Librettos gleichermaßen aufgreift[38] wie in die Oper des 19. Jahrhunderts hinein fortwirken läßt. Im Unterschied zum musikalischen Gesamtkunstwerk aber bleibt das romantische Drama ein transzendentalpoetisch begründetes Sprachkunstwerk, das sämtliche Effekte in der synästhetischen Integration der Künste kraft der Performativität von Sprache allein freizusetzen unternimmt.

2. Ausblick: Wiener Moderne und Gegenwart

Eine bestimmte Wirkungsgeschichte über die benannten unmittelbaren Verwandtschaften in der ersten Hälfte des 19. Jahrhunderts hinaus hat romantische Dramaturgie allenfalls im Bereich der parabatischen Formationen: leicht erklärbar, insofern der selbstreflexive Mechanismus seinen Witz als theatralitätsspezifische Möglichkeit auch ganz ohne transzendente Absicherung entbinden kann. Für das Universaldrama und die illudierende Spielkomödie gilt dies weniger, so daß hier

---

Standpunkt des 19. Jahrhunderts aus betrachtet, gehöre der „'romantische' oder 'romantisierende' Dramentypus eher der Vergangenheit als der Gegenwart an – und hierin liegt es wohl begründet, daß er, abgesehen von den beiden großen Ausnahmen des *Faust II* und des Wagnerschen Musikdramas, während des 19. Jahrhunderts ein verhältnismäßig nur wenig beachtetes und wirksames Schattendasein geführt hat", das gleichwohl auf die Zukunft neuromantischer oder symbolistischer Dramatik an der Schwelle zur literarischen Moderne vorausweise (163).

[36] Gier (1998, 8).

[37] Zur Darstellung gesellschaftlicher Wirklichkeit in der *Grand Opéra* vgl. Gier (1998, 145f.); zu den paradigmatischen Strukturen, die die Oper als Spielart der offenen, nicht-aristotelischen Dramatik erweisen, vgl. die Merkmalliste des Librettos nach Gier: Das Selbständigwerden der Teile (10) zeigt sich in der Episodenstruktur (11) mit auktorialen Erzählerkommentaren zur Durchbrechung der Figurenperspektive (12), die das Libretto nicht zuletzt wegen seiner diskontinuierlichen Zeitstruktur (14) der 'epischen Dramenform' (12) zuordnen. Zu den metastrukturellen Selbstreflexionsformen der Gattung und ihrer 'Rückstrahlung' auf Texte, die nicht zur Vertonung bestimmt sind, vgl. Mayer (1995).

[38] Neben den Traditionen des Melodramas spielt hier das selbstreflexive Potential der Oper auch insofern hinein, als die ostentative Unwahrscheinlichkeit und 'Unnatürlichkeit' der von Gottsched attackierten Form bereits vor der Romantik Opern-Parodien hervorbringt, die das selbstreflexive Spiel mit den Theaterverhältnissen betreiben (vgl. C. Stockinger 2000a, 311).

die Traditionslinien abbrechen bzw. derart umfunktioniert werden, daß von Bezugnahmen über vergleichbare Stoffähnlichkeiten hinaus kaum mehr die Rede
sein kann. Im Bereich universaler Mittelalterdramatik ist an Tankred Dorst zu erinnern, der ja sogar mit einer Bearbeitung von Tiecks *Gestiefeltem Kater* (1963) hervorgetreten war: vor allem an die monumentale Dramatisierung des Artus-Stoffs
und der vergeblich nach dem Gral suchenden mittelalterlichen Ritterrunde in
Merlin oder Das wüste Land (1981), das sich erkennbar als Theaterspektakel mit parabatischen Elementen zur Selbstthematisierung der theatralischen Verfaßtheit
ausstellt.

Ist Shakespeare in solchen Zusammenhängen naturgemäß auch in der Moderne in zahllosen Filiationen der Anverwandlung präsent, führt die Calderón-
Rezeption im 20. Jahrhundert in jedem Fall weg von den Intrigenkomödien um
Liebe und Ehre hin zum allegorisch-religiösen Welttheater, das Hofmannsthal
von den 'Jedermann'- und Welttheater-Stücken bis zum düsteren *Turm* reaktiviert.
Jenseits der nur noch sehr allgemein zu fassenden Ähnlichkeiten im expressioni-
stischen Stationen- als Erlösungsdrama gibt es in der Zeit zwischen den Weltkrie-
gen anderweitig motivierte Ausnahmen episierend-religiöser Dramatik wie Beer-
Hofmanns panoramatisches Bibelszenarium *Die Historie von König David*, das in der
tableauartigen Breite szenischer 'Bilder' altestamentarische Gründungsgeschichten
zur Selbstverständigung einer kulturell-religiösen, dezidiert nicht-nationalistischen
jüdischen Identität auf die Gegenwartsbühne bringt.[39] Es handelt sich um Form-
ähnlichkeiten mit romantischer Dramaturgie, ohne daß diese noch von einer vergleichbaren Metaphysik des Poetischen getragen werden, zumal es neben den religiösen Fluchtpunkten vor allem um lebenspraktische oder gar lebenspathetische
Perspektiven geht. Generell unterstehen alle Varianten solcher Monumentaldra-
matik der von Szondi seit 1880 festgestellten Tendenz zur Episierung des Dramas
in der Moderne. Dem sind ganz verschiedene Theaterprojekte zwischen den beiden angedeuteten Polen, markiert durch Kraus' politisch-satirische Weltkriegs-
dramatik *Die Letzten Tage der Menschheit* auf der einen und eben Hofmannsthals
kryptoreligiös-volksgemeinschaftlichen Welttheaterspektakeln auf der anderen
Seite, zuzuordnen.

Bemerkbar bleibt an solchen Hinweisen, daß Ähnlichkeiten mit Verfahren romantischer Dramaturgie, ganz abgesehen von der fundamentalen Differenz hinsichtlich ihrer metaphysischen Begründung, nur noch auf partikulare Formmerk-
male beschränkt bleiben. Im Falle der parabatischen Varianten verbinden sie sich
mit generellen theatralitätsreflexiven Mechanismen, die nicht selten auf die un-
verminderte Geltung Shakespeares zurückgehen. Dies indiziert eine spezifische
Geschichte dramatischer Verfahrensweisen, in der die romantische Dramaturgie
selbst steht, weshalb sich entsprechende Aktualisierungsvarianten auch ohne distinkten Romantikbezug einstellen können.

---

[39] Vgl. Scherer (1993a, 121-154).

Eine gewisse Schwerpunktbildung zeigt sich dabei in der Wiener Moderne, die wegen ihres stilpluralistisch kostümierten Historismus ohnedies zu rollenreflexiven Spekulationen über die Traum- und Theaterförmigkeit des Lebens als 'Komödien der Seele' (*Prolog zu dem Buch 'Anatol'*) neigt. Genannt seien Schnitzlers Weltheaterklamauk *Zum großen Wurstel* (1905)[40] oder *Der grüne Kakadu* (1899)[41], aber auch der weniger bekannte Einakter *Das Echo des Lebens* (1909) von Beer-Hofmann als theatralitätsreflexive Persiflage auf Schnitzlers *Der Ruf des Lebens*, ohne daß über das eigenwillige Aufgreifen der überlieferten szenischen Selbstbeobachtungsmechanismen hinaus eine generelle Tendenz der Aktualität romantischen Komödien daraus abzuleiten wäre. Ähnlich wie Schnitzlers *Zum Großen Wurstel* perspektiviert Beer-Hofmanns 'Epilog zur Generalprobe des Stückes *Der Ruf des Lebens*'[42] die Theatersphäre auf den Ernst des Lebens, indem er die Figuren des Schnitzlerschen Hypotexts als Schauspieler der eingeübten Inszenierung über das Stück und die dabei zutagetretende doppelte Identität räsonieren läßt. Der besondere Reiz des kleinen Einakters rührt daher, daß die Schauspieler, die unter den Namen der Figuren des *Rufs* auftreten, ihre Rolle für die Inszenierung wie ihren Status als leibhaftige Personen thematisieren: im Gespräch mit dem Souffleur oder in der probehalber aufleuchtenden zwischenmenschlichen Aktualität der gespielten Vorlage. Zwar wird die „unmaterielle[] Wirklichkeit" des Dichterworts durch die Schauspieler ins Leibhaftige der Bühnenrealität verwandelt. Es entsteht daraus aber keine Wirklichkeit, sondern nur deren sinnlicher Schein: die „materielle[] Unwirklichkeit" der Bühnenillusion.[43] Der Witz der Szene, der auf der Wiederkehr der Lebensumstände von Schnitzlers Stück in der Probensituation basiert, geht aus dem Reflexivwerden der in der Immanenz des gespielten Stücks sonst als selbstverständlich gesetzten 'Realität' hervor; eben dadurch, daß die Figuren als Doppelfiguren erscheinen: als Figuren des geprobten Stücks und als Schauspieler, die deren Rolle nur spielen. Sie tun dabei aber so, als wenn es wie den aktualisierten Figuren tatsächlich um ihr Schicksal ginge. Ein Schauspieler schlägt als solcher deshalb den Ton an, den er eigentlich nur spielen soll, obgleich seine Rede die Rolle dementiert. In der Doppelung von vorwegnehmender Aktualisierung und distanzierender Kommentierung erweist Beer-Hofmann die Bühne als lebensnah materialisierten Illusionsraum, indem er das Spiel gewissermaßen zwischen der faktischen Realität der Bühne und der Bühnenrealität, die aus der Sprache des Hypotexts hervorgeht, ansiedelt. Die Metareflexion der Figuren über ihr Schicksal, das im dritten Akt von Schnitzlers *Ruf* ja tatsächlich verhandelt wird, macht aus der 'Generalprobe' ein Vexierspiel zwischen Spiel des

---

40 Auf den auch Heimrich (1968, 128) in den Überlegungen zum 'literaturgeschichtlichen Ort' und zur 'fiktionstheoretischen Bedeutsamkeit der romantischen Fiktionsironie' hinweist.

41 Vgl. Pfister (1988, 301f.); zu beiden Schnitzler-Stücken siehe auch Kiermeier-Debre (1989, 185ff., 196ff.).

42 Vgl. Scherer (1993a, 470-473).

43 Beer-Hofmann (1998, 206).

Lebens und Ernst des Theaters. Zum Teil ist kaum mehr zu entscheiden, ob man bereits das Rollenspiel in der Aktualisierung des Stücks oder bloß das Räsonnement der Schauspieler auf der Ebene der 'Generalprobe' vernimmt. Das Stück entbindet einen lebenspraktisch realen Ernst der Probensituation, indem es die Figuren so präsentiert, als sei ihre Existenz als Schauspieler mit dem Schicksal der Bühnenfigur vergleichbar. Die Probe selbst reicht damit an den Ernst heran, den das Spiel der Fiktion behauptet. Die Differenz zwischen der Umsetzung einer dramatischen Vorlage auf der Bühne und den realen Lebensumständen ihrer Vollzugsorgane, konstitutiv für alle Theatralität, wird innerhalb der neuen Fiktions- als Spielebene damit gleichermaßen aufgehoben wie in der lebenspraktischen Relevanz der theatralischen Umsetzung eines fiktiven Hypotexts zugleich gezeigt: Die 'Generalprobe' ist das fiktionale 'Echo' der im *Ruf des Lebens* verhandelten Schicksalsförmigkeit dieses 'Lebens' (die sich auch bei Schnitzler in verschiedenen Stücken vermittels der Marionettentopik reflektiert). Das Stück agiert die Differenz zwischen Rollen- und Schauspielerbewußtsein aus, um die Doppelbezüglichkeit von Theater auf Kunst und Leben ineins zu beobachten: und zwar in strikter Relation sowohl auf die lebenspraktischen Implikation für die realen Lebensumstände der Schauspieler wie für die innerhalb der Fiktion ebenso realen Umstände der aktualisierten Figuren, insofern die Verschränkung von Probe und Vergegenwärtigung beide Ebenen gleich gültig präsent hält. Die intertextuelle Relation bezeichnet die Spiegelung des 'Lebens' im 'Echo' der theatralischen Umsetzung eines fiktiven Hypotexts, der dieses 'Leben' im Kunstraum der Bühne 'ruft'. Szenische Selbstreflexionen dieser Art, die die nicht-fiktionale Realität ins Spiel der Kunst bringen, greifen in der Wiener Moderne auch in Trauerspiele oder Operntexte ein. Das ernste Genre wird dadurch, wo es sich z.B. über die Anverwandlung altenglischer oder antiker Vorlagen aktiviert, von innen heraus ausgehöhlt: so in Beer-Hofmanns *Der Graf von Charolais* (1904) komplementär zu Hofmannsthals *Das gerettete Venedig* (1905), im Bereich des Librettos mit antikem Stoff etwa in Hofmannsthals *Ariadne auf Naxos* (1912).

Zu den bekanntesten metadramatischen Texten der späteren Moderne zählen Pirandellos *Sechs Personen suchen einen Autor*. Aber auch Becketts *Endspiel* kann man auf die autoreflexiven Ausdeutungen der präsent gehaltenen Selbstbegründung als Theaterstück hin beobachten. In der Gegenwartsliteratur setzt sich das Verfahren in Dramenexperimenten fort, die das Modell des Theaters auf dem Theater aktualisieren.[44] Hingewiesen sei auf Botho Strauß' 'Komödie' *Besucher* (1988) mit

---

[44] Vgl. Kiermeier-Debre (1989) und Schmeling (1977) zu Pirandello (177-196) mit Ausblicken auf Perspektiven der Spiel-im-Spiel-Dramatik der Gegenwart. Siehe dazu auch Heimrichs (1968, 128ff.) Beispiele dramatischer Fiktionsironie in der Moderne: Pirandellos *Jeder auf seine Weise* (1904) und Bremers *Mitspiel* (1965). Die entscheidende Differenz zur romantischen Komödie macht Heimrich daran fest, daß Stücke der Moderne den bei aller fiktionsironischen Indifferenzierung in der Romantik noch geschlossenen Illusionsraum aufbrechen, indem sie die *realen* Umstände und Bestandteile von Theatralität, z.B. das tatsächlich anwesende Publikum, einbeziehen (vgl. 130 zu Pirandello).

'Zuschauer', 'Pförtner' und 'Garderobenfrau' als *dramatis personae*, als Figuren im Theaterraum teils Abspaltungen des jungen Schauspielers Max, der mit dem bewunderten Regisseur ein Stück probt. Bereits der Titel deutet auf das Theater im Theaterstück hin, das in der Inszenierung der Münchner Kammerspiele ebenderen Zuschauerraum auf die Bühne stellte: dem *realen* Zuschauer also das Stück als Rollenspiel seiner selbst im öffentlichen Raum der Kunst samt dem in den Projektionen sich verselbständigenden Wuchern seiner Imaginationen eben als Probehandlung vorspie(ge)lte. Daran anknüpfend kann schließlich – nicht zuletzt wegen der doppelten Bezugnahme sowohl auf Pirandello als auch auf einen romantischen Stoff – Alban Nikolai Herbsts dreiaktige 'Komödie' *Undine* (1995) ins Spiel gebracht werden.[45] Das Stück beginnt in Anlehnung an Pirandellos *Sechs Personen suchen einen Autor*, insofern während der Theaterprobe eines *Undine*-Stücks verspätet eine Frau auftritt, die behauptet, den Regisseur Ringstetten zu kennen und Undine zu sein, sie also nicht bloß als Rolle spielen zu können: eben so, wie auch die 'absoluten' Figuren Pirandellos ihr Stück nicht spielen können, weil sie dessen Figuren *sind*. Für alle überraschend kennt Undine folgerichtig den Text des Stücks. Auch Herbsts Drama agiert die von der metadramatischen Komödie her bekannte Differenz einer dramatischen Figur zwischen Spiel als Schauspieler und Identität mit der Rolle im Spiel aus, jetzt aber noch dadurch gewissermaßen romantisch potenziert, daß Undine als Wassergeist zu den „Mehrdeutigen" und „Fantasmen" mit dem „fantastischen Witz" des Nicht-Identischen gehört.[46] Nach dem 'Intermezzo' vor dem 3. Akt, der als Monolog Undines einen hohen Ton mythischen Sprechens mit Anklängen ans Mittelhochdeutsche anschlägt, gleitet das Stück über gebundene Dialoge zwischen Undine und einer Figur namens Ölrun immer stärker in einen von der Romantik einst erschlossenen mythopoetischen Raum, wobei Undine plötzlich nur noch Rolle und Schauspielerin ist: ihre Ausgangsrolle also verschoben hat, diese jetzt tatsächlich spielt, dies aber genau unter Voraussetzung der Pirandello-Vorlage, daß „wir jeder um unser Leben" spielen[47]: „Ein Spiel ist's, weiter nichts! So können wir weiterleben. Und doch ist's uns ernst. Gerade drum".[48] Das bloß illudierende Spiel erfüllt sich in einem romantiknahen inneren Ernst des Spielens: „Es darf nicht Wirklichkeit werden. Aber in uns selbst, da darf es wahr sein. In uns selbst für das Publikum".[49] Innerhalb der Probensituation bleibt aber auch auf der mythischen Ebene das Alltägliche präsent („Tachschen Ölrun"[50]), weshalb das Stück wegen witziger Kontrasteffekte dieser Art nie ins unironisch weihevolle Raunen umschlägt, das man von Botho Strauß her kennt. Am Ende liegt der Regisseur, der den Namen des Ritters

---

45 Zu den romantischen Texturen bei Herbst auch in den Großromanen vgl. Scherer (1997).
46 Herbst (1995, 63).
47 Herbst (1995, 77).
48 Herbst (1995, 75).
49 Herbst (1995, 72).
50 Herbst (1995, 67).

aus Fouqués *Undine* trägt, in einer Wasserpfütze, in die sich seine Geliebte gleich den Wassernixen in den *Metamorphosen* Ovids wieder verflüchtigt hat, um im Epilog, einem rein epischen Nebentext, aus der illudierten Probensphäre herauszutreten und – völlig durchnäßt, verwundert, verstört und traurig – ins applaudierende Publikum zu blicken.

'Völliger Schluß'

Prologus *tritt bescheiden herein.*

PROLOGUS: Sie werden hier ein Stück sehen, meine Verehrungswürdigkeiten, das
   ein wenig wunderlich aussieht, das es aber von Herzen gut meint. Es ist gut,
   wenn wir manchmal des mannichfaltigen Elends dieser großen Erde vergessen, und dazu dient vielleicht nachfolgendes.
   Gefällt ihnen das Stück nicht, so steht es umso schlimmer um den Verfasser,
   alle Entschuldigungen sind dann umsonst, und ich will ihn also auch nicht entschuldigen. Wenn Ihnen also die Zeit lange währt, so wünsche ich Ihnen von
   ganzem Herzen bei irgend einem andern Schauspiel desto mehr Vergnügen. –
   Doch ich sehe soeben, es ist kein Zuschauer da, der diesen so notwendigen
   Prologus anhören könnte.
ZUSCHAUER: Wir sitzen hinter der Gardine, Herr Prologus, beim Herrn Scaramuz.
PROLOGUS: So will ich also auch zu ihm gehn. Ich empfehle mich. – (*Er verbeugt
   sich ehrerbietig gegen die leeren Bänken, und geht ab.*)
GRÜNHELM: Nun ist der ganze Prolog an mich gerichtet, und doch ist er mich gar
   nicht gewahr geworden, und doch bin ich hier der einzige Mensch! Es ist im-
   mer sehr wunderbar, und verdient wohl eine Untersuchung der Philosophen –
   Aber ich tue am besten und gehe nach Hause, und erzähle meiner ordentlichen Frau von meinen wunderbaren Begebenheiten diesseit und jenseit den
   Lampen, denn die Verbindung mit der Thalia war nur eine Komödienheirat.
   (*Er geht.*)

Siglen

Arnim

Arnim-SW (I-XI)   Sämmtliche Werke. Neue Ausgabe (1857), Berlin 1857
[Nachdruck 11 Bde., Hildesheim / Zürich / New York 1982];
in Bd. 4 zusammengebunden: Bd. 6, 7 [= Schaubühne I und II];
in Bd. 5 zusammengebunden: Bd. 8, 9, 10 [= Schaubühne III, IV, V].

Arnim-DKV (I-VI)   Werke in sechs Bänden, hrsg. v. Roswitha Burwick, Jürgen Knaack,
Paul Michael Lützeler, Renate Moering, Ulfert Ricklefs, Hermann
F. Weiss, Frankfurt a. M. 1989-1994.

Kronenwächter   Die Kronenwächter [1817]. Roman, hrsg. v. Paul Michael Lützeler,
Stuttgart 1983.

Ariel   Ariel's Offenbarungen [1804], hrsg. v. Jacob Minor, Weimar 1912.

Schaubühne   Ludwig Achim von Arnim's Schaubühne. Erster Band, Berlin 1813.

Steig (I-III)   Achim von Arnim und die ihm nahe standen, hrsg. von Reinhold Steig
und Hermann Grimm,
– Bd. 1: Achim von Arnim und Clemens Brentano;
– Bd. 2: Achim von Arnim und Bettina Brentano;
– Bd. 3: Achim von Arnim und Jacob Wilhelm Grimm,
Stuttgart / Berlin 1894, 1913, 1904 [Nachdruck Bern 1970].

Arnim-Brentano (I/II)   Achim von Arnim und Clemens Brentano. Freundschaftsbriefe, 2
Bde. [Bd. 1: 1801 bis 1806, Bd. 2: 1807 bis 1829], vollständige kritische
Edition, hrsg. von Hartwig Schultz, Frankfurt a. M. 1998.

Brentano

Brentano-SW (XII/XIV)   Sämtliche Werke und Briefe. Historisch-Kritische Ausgabe, veranstal-
tet vom Freien Deutschen Hochstift, hrsg. v. Jürgen Behrens, Wolf-
gang Frühwald, Detlev Lüders, Stuttgart / Berlin / Köln / Mainz
1975ff.;
– Bd. 12: Dramen I. Prosa zu den Dramen, hrsg. v. Hartwig Schultz,
Stuttgart / Berlin / Köln / Mainz 1982.
– Bd. 14: Die Gründung Prags. Ein historisch-romantisches Drama.
Prosa zu Gründung Prags, hrsg. v. Georg Mayer und Walter Schmitz,
Stuttgart / Berlin / Köln / Mainz 1980.

Brentano-Kemp (I-IV)   Werke, 4 Bde., hrsg. v. Friedhelm Kemp, München 1963-1968.

Eichendorff

Eichendorff-SW (VI/1)   Sämtliche Werke, Historisch-Kritische Ausgabe. Bd. 6/1: Historische
Dramen und Dramenfragmente. Text und Varianten, hrsg. v. Harry
Fröhlich, Tübingen 1996.

Eichendorff-DKV (I-VI)   Werke in sechs Bänden, hrsg. v. Wolfgang Frühwald, Brigitte Schill-
bach, Hartwig Schultz, Frankfurt a. M. 1985-1993.

Tieck

1. Werkausgaben / Editionen

Tieck-DKV (I, VI, VII, XI, XII)	Schriften in zwölf Bänden, hrsg. v. Hans Peter Balmes, Manfred Frank, Achim Hölter, Michael Neumann, Uwe Schweikert, Karin Wilcke, Ruprecht Wimmer, Frankfurt a. M. 1985ff. [erschienen: Bd. 1, 6, 7, 11, 12].
Tieck-S (I-XXVIII)	Ludwig Tieck's Schriften, 28 Bde., Berlin 1828-1854 [Nachdruck Berlin 1966].
Tieck-KS (I-IV)	Kritische Schriften. Zum erstenmale gesammelt und mit einer Vorrede herausgegeben von Ludwig Tieck, Leipzig 1848 [Nachdruck Berlin / New York 1974].
Tieck-NS (I-II)	Ludwig Tieck's nachgelassene Schriften. Auswahl und Nachlese, hrsg. v. Rudolf Köpke, 2 Bde., Leipzig 1855 [Nachdruck Berlin 1974].
Tieck-Thalman (I-IV)n	Werke in vier Bänden, hrsg.v. Marianne Thalmann, München 1963-1966.
Tieck-Wackenroder (I-II)	Wilhelm Heinrich Wackenroder: Sämtliche Werke und Briefe. Historisch-kritische Ausgabe, hrsg. v. Silvio Vietta, Richard Littlejohns, 2 Bde., Heidelberg 1991.
Tieck-Halley	Albert Browning Halley (Hrsg.): Five Dramas of Ludwig Tieck. Hitherto Unpublished. A Critical Edition [2. Teil], phil. Diss. Cincinatti 1959 [Editionsteil durchgehend paginiert].
Tieck-Niobe	Achim Hölter: Ludwig Tieck und der Niobe-Stoff. Ein ungedrucktes Drama aus dem Nachlaß. In: Euphorion 81 (1987), 262-285.
Tieck-Boleyn	Frank A. Preuninger (Hrsg.): Ludwig Tieck's Unpublished Dramatic Fragment *Anna Boleyn*. A Critical Edition, M.A. Cincinnati 1941 [gesondert paginierte Edition im 2. Teil, 1-86].
Tieck-Don Carlos	Alfred Puhan (Hrsg.): *Der neue Don Carlos. Eine Posse in drei Akten* von Ludwig Tieck, M.A. Cincinnati 1935 [Edition, 88-144].
BüS	Das Buch über Shakespeare. Handschriftliche Aufzeichnungen. Aus dem Nachlaß hrsg. v. Henry Lüdeke, Halle 1920.

2. Erstdrucke

Lovell	William Lovell [1795], hrsg. v. Walter Münz, Stuttgart 1986.
Blaubart	Ritter Blaubart. Ein Ammenmärchen von Peter Leberecht [1797]. In: Dramen der Frühromantik, hrsg. v. Paul Kluckhohn, Leipzig 1936, 17-85.
Kater	Der gestiefelte Kater. Kindermärchen in drei Akten. Mit Zwischenspielen, einem Prologe und Epiloge [1797], hrsg. v. Helmut Kreuzer, Stuttgart 1964.
Verkehrte Welt	Die verkehrte Welt. Ein historisches Schauspiel in fünf Aufzügen [1798], hrsg. v. Walter Münz, Stuttgart 1996.
Sternbald	Franz Sternbalds Wanderungen. Eine altdeutsche Geschichte, herausgegeben von Ludwig Tieck [1798]. Studienausgabe. Mit 16 Bildern, hrsg. v. Alfred Anger, Stuttgart 1966.
Minnelieder	Minnelieder aus dem schwäbischen Zeitalter, neu bearbeitet und herausgegeben von Ludewig Tieck. Mit Kupfern, Berlin 1803 [Nachdruck Hildesheim 1966].

3. Sonstige Quellen

Schweikert (I-III)	Ludwig Tieck, hrsg. v. Uwe Schweikert, 3 Bde., München 1971 (Dichter über ihre Dichtungen 9/I-III).
Kasack (I-II)	Ludwig Tieck, hrsg. v. Hermann Kasack und Alfred Mohrhenn, 2 Bde., Berlin 1943.
Köpke (I-II)	Rudolf Köpke: Ludwig Tieck. Erinnerungen aus dem Leben des Dichters nach dessen mündlichen und schriftlichen Mitteilungen, erster u. zweiter Teil, Leipzig 1855 [Nachdruck Darmstadt 1970].
Günzel	König der Romantik. Das Leben des Dichters Ludwig Tieck in Briefen, Selbstzeugnissen und Berichten, hrsg. v. Klaus Günzel, Berlin (Ost) 1981.
Tieck-Schlegel	Ludwig Tieck und die Brüder Schlegel. Briefe. Auf der Grundlage der von Henry Lüdeke besorgten Edition neu hrsg. u. komm. v. Edgar Lohner, München 1972.
Tieck-Solger (I-II)	Karl Wilhelm Ferdinand Solger: Nachgelassene Schriften und Briefwechsel, hrsg. v. Ludwig Tieck und Friedrich von Raumer, 2 Bde., Leipzig 1826 [Nachdruck Heidelberg 1973].

Sonstige Werkausgaben

²Novalis (I-IV)	Schriften. Die Werke Friedrich von Hardenbergs, hrsg. v. Paul Kluckhohn, Richard Samuel, 2. nach den Handschriften ergänzte, erweiterte und verbesserte Auflage in vier Bänden und einem Begleitband, Stuttgart 1960ff.
Novalis	Werke in einem Band, hrsg. v. Hans-Joachim Mähl, Richard Samuel, München 1981.
KFSA (I-xx)	Kritische Friedrich-Schlegel-Ausgabe, hrsg. v. Ernst Behler unter Mitwirkung von Jean-Jacques Anstett und Hans Eichner, Paderborn / München / Wien / Zürich 1958ff.
KSuF (I-VI)	[Friedrich Schlegel]: Kritische Schriften und Fragmente. Studienausgabe in sechs Bänden, hrsg. v. Ernst Behler, Hans Eichner, Paderborn / München / Wien / Zürich 1988.
LN	[Friedrich Schlegel]: Literarische Notizen 1797-1801. Literary Notebooks, hrsg., eingel. und komm. v. Hans Eichner, Frankfurt a. M. 1980.
Schlegel-SW (I-XII)	[August Wilhelm Schlegel]: Sämmtliche Werke, 12 Bde., hrsg. v. Eduard Böcking, Leipzig 1846-1847.
Schlegel-KS (I-VI)	[August Wilhelm Schlegel]: Kritische Schriften und Briefe, 6 Bde., hrsg. v. Edgar Lohner, Stuttgart [später Berlin / Köln / Mainz] 1962-1967.
Schlegel-Vo I	[August Wilhelm Schlegel]: Kritische Ausgabe der Vorlesungen, Bd. 1, hrsg. v. Ernst Behler in Zusammenarbeit mit Frank Jolles, Paderborn / München u.a. 1989.
Athenäum I-III	Athenaeum. Eine Zeitschrift. Herausgegeben von August Wilhelm Schlegel und Friedrich Schlegel, 3 Bde., Berlin 1798-1800 [Nachdruck Darmstadt 1992].
Europa	Europa. Eine Zeitschrift. Herausgegeben von Friedrich Schlegel, 2 Bde., Frankfurt a. M. 1803-1805 [Nachdruck Darmstadt 1973].

HA (I-XIV)   [Johann Wolfgang von Goethe]: Werke. Hamburger Ausgabe in 14
                                Bänden, hrsg. v. Erich Trunz, 10. neubearb. Aufl. München 1981.
Schiller (I-III)   Werke in drei Bänden, hrsg. v. Herbert G. Göpfert, 5. Aufl. München
                                1984. [¹1966].
NA (I-xx)   Schillers Werke. Nationalausgabe, hrsg. v. Julius Petersen, Gerhard
                                Fricke u.a., Weimar 1943ff.
Schiller-Goethe   Der Briefwechsel zwischen Schiller und Goethe, hrsg. v. Emil Staiger,
                                2 Bde., Frankfurt a. M. 1977 [¹1966] [durchpaginiert].
Kleist-DKV (I-IV)   Sämtliche Werke und Briefe in vier Bänden, hrsg. v. Ilse-Marie Barth,
                                Klaus Müller-Salget, Walter Müller-Seidel, Hinrich C. Seeba, Frankfurt
                                a. M. 1987-1997.
Kleist (I-IV)   Sämtliche Werke und Briefe in vier Bänden, hrsg. v. Helmut
                                Sembdner, München 1982 [nach der 6., ergänz. u. revid. Aufl. 1977].

Bibliographie

Vorbemerkung: In die Diskussion eingearbeitet sind Forschungsbeiträge bis Ende 2000. Neuere Arbeiten konnten nur von Fall zu Fall gewürdigt werden.

1. Werke und Quellen (ohne Siglen)

[Die] [Ä]sthetische Prügeley. Streitschriften der antiromantischen Bewegung, hrsg. von Rainer Schmitz, Göttingen 1992 [August von Kotzebue: Der hyperboreeische Esel / A.W. Schlegel: Ehrenpforte und Triumphbogen / Johann Daniel Falk: Der Jahrmarkt zu Plundersweilern; Anonymus: Der Thurm zu Babel / Garlieb Helvig Merkel: Ansichten der Literatur und Kunst unsres Zeitalters / Angelus Cerberus: Die ästhetische Prügeley / August von Kotzebue: Expectorationen, Julius von Voß: Der travestierte Nathan der Weise u.a.].

Aristoteles: Poetik, griechisch / deutsch, übers. u. hrsg. v. Manfred Fuhrmann, Stuttgart 1982.

Baggesen, Jens: Der vollendete Faust oder Romanien in Jauer. Faksimiledruck nach der Ausgabe von 1836 (Poetische Werke in deutscher Sprache 3. Theil), hrsg. u. mit einer Einl. von Leif Ludwig Albertsen, Bern / Frankfurt a. M. / New York 1985.

Beer-Hofmann, Richard: Das Echo des Lebens. In: Große Richard Beer-Hofmann-Ausgabe in sechs Bänden, Bd. 1, Schlaflied für Mirjam. Lyrik, Prosa, Pantomime und andere verstreute Texte, hrsg. v. Michael Matthias Schardt, Oldenburg 1998, 206-216.

Blanckenburg, Friedrich von: Versuch über den Roman, Leipzig / Liegnitz 1774 [Reprint Stuttgart 1965].

Büchner, Georg: Leonce und Lena. Kritische Studienausgabe, Beiträge zu Text und Quellen von Jörg Jochen Berns, Burghard Dedner, Thomas Michael Mayer u. E. Theodor Voss, hrsg. v. Burghard Dedner, Frankfurt a. M. 1987.

Calderon de la Barca, [Petro]: Die Andacht zum Kreuze. Schauspiel in drei Aufzügen, übersetzt v. August Wilhelm Schlegel, Leipzig 1925.

Chamisso, Adelbert von: Sämtliche Werke, Bd. 1, Prosa, Dramatisches, Gedichte, Nachlese der Gedichte. Nach dem Text der Ausgaben letzter Hand und den Handschriften, hrsg. v. Jost Perfahl, Stuttgart 1976.

– Werke in zwei Bänden, hrsg. v. Werner Feudel, Christel Laufer, München 1982.

Fortunatus. Studienausgaube nach der editio princeps von 1509. Mit Materialien zum Verständnis des Texts hrsg. v. Hans-Gert Roloff, Stuttgart 1981.

Fouqué, Friedrich de la Motte: Der Parcival. Erstdruck, hrsg. v. Tilman Spreckelsen, Peter Henning Haischer, Frank Rainer Max, Ursula Rautenberg, Hildesheim / Zürich / New York 1997.

Gerstenberg, Heinrich Wilhelm von: Ugolino. Eine Tragödie in fünf Aufzügen. Mit einem Anhang und einer Auswahl aus den theoretischen und kritischen Schriften, hrsg. v. Christoph Siegrist, Stuttgart 1966.

Goethe und die Romantik. Briefe mit Erläuterungen, 2 Bde., hrsg. v. Carl Schüddekopf, Oskar Walzel, Weimar 1898 / 1899.

Grabbe, Christian Dietrich: Werke und Briefe. Historisch-kritische Gesamtausgabe in sechs Bänden, hrsg. v. der Akademie der Wissenschaften in Göttingen, bearb. von Alfred Bergmann, Emsdetten 1960-1973.

Grillparzer, Franz: Dramen 1817-1828, hrsg. v. Helmut Bachmaier, Frankfurt a. M. 1986.

[Hanswurstiaden]: Joseph Anton Stranitzky, Joseph Felix Kurz, Philipp Hafner, Joachim Perinet, Adolf Bäuerle: Hanswurstiaden. Ein Jahrhundert Wiener Komödien, hrsg. u. mit einem Nachwort von Johann Sonnleitner, Salzburg 1996.

Heine, Heinrich: Sämtliche Schriften, Bd. 3, hrsg. v. Karl Pörnbacher, München 1971.

Herbst, Alban Nikolai: Undine. Komödie, Frankfurt a. M. 1995.

Hoffmann, E.T.A.: Fantasie- und Nachtstücke. Fantasiestücke in Callots Manier. Nachtstücke. Seltsame Leiden eines Theater-Direktors, hrsg. v. Walter Müller-Seidel, München 1960.
– Die Serapions-Brüder, hrsg. v. Walter Müller-Seidel, Wulf Segebrecht, München 1963.
– Späte Werke, hrsg. v. Walter Müller-Seidel, Wulf Segebrecht, München 1965.
Holberg, Ludwig: Komödien, übertr. v. Hans und Agathe Holtorff, Bd. 1, Wedel in Holstein 1943.
Horaz: Ars Poetica / Die Dichtkunst. Lateinisch u. deutsch, übers. u. mit einem Nachwort hrsg. v. Eckart Schäfer, Stuttgart 1972.
Jean Paul: Werke in drei Bänden, hrsg. v. Norbert Miller. Nachwort von Walter Höllerer, Darmstadt ⁴1986.
– Werke, Bd. 5, Vorschule der Ästhetik. Levana oder Erziehlehre. Politische Schriften, hrsg. v. Norbert Miller, München ⁵1987.
Jonson, Ben: Volpone, or The Fox / Volpone oder Der Fuchs, engl. / dt., übers. v. Walter Pache, Richard Perry, erl. u. mit einem Nachwort hrsg. v. Walter Pache, Stuttgart 1983.
Kerner, Justinus: Die Reiseschatten, hrsg. mit einem Nachwort v. Gunter E. Grimm, Frankfurt a. M. / Leipzig 1996.
Kind, Friedrich: Van Dyck's Landleben. Malerische Schauspiele, Leipzig 1817.
– Andeutungen über malerische Schauspiele und damit verwandte Gegenstände. In: F. K.: Van Dyck's Landleben. Malerisches Schauspiel, 2. verb. u. verm. Auflage 1821, 1-54.
[Kleist] Heinrich von Kleists Lebensspuren. Dokumente und Berichte der Zeitgenossen. Erweiterte Neuausgabe, hrsg. v. Helmut Sembdner, Frankfurt a. M. 1977 [¹1957].
Klinger, Friedrich Maximilian: Prinz Seidenwurm der Reformator oder die Kronkompetenten. Ein moralisches Drama aus dem fünften Teil des *Orpheus*, Stuttgart 1978.
Kraus, Karl: Schriften, Bd. 8, Aphorismen. Sprüche und Widersprüche. Pro domo et mundo. Nachts, hrsg. v. Christian Wagenknecht, Frankfurt a. M. 1986.
Lenz, Jakob Michael Reinhold: Werke und Briefe in drei Bänden, hrsg. v. Sigrid Damm, Frankfurt a. M. / Leipzig 1987.
[Lessing]: Gotthold Ephraim Lessing, Moses Mendelssohn, Friedrich Nicolai. Briefwechsel über das Trauerspiel, hrsg. u. komment. v. Jochen Schulte-Sasse, München 1972.
Menasse, Robert: Sinnliche Gewißheit. Roman, Frankfurt a. M. 1996. [1988¹].
Merkel, Garlieb Helwig: Brief an ein Frauenzimmer über die neuesten Produkte der schönen Literatur in Teutschland. Erster Band. Vom September – December 1800, Berlin 1800.
Moritz, Karl Philipp: Popularphilosophie. Reisen. Ästhetische Theorie, Werke in zwei Bänden, Bd. 2, hrsg. v. Heide Hollmer, Albert Meier, Frankfurt a. M. 1997.
– (Hrsg. u.a.): GNOTHI SEAUTON oder Magazin zur Erfahrungsseelenkunde als ein Lesebuch für Gelehrte und Ungelehrte. Mit Unterstützung mehrerer Wahrheitsfreunde hrsg. v. Carl Philipp Moritz und C.F. Pockels, 10 Bde., Nördlingen 1986 [neugesetzter Nachdruck nach der Ausgabe Berlin 1783-93].
Müller, Adam: Kritische, ästhetische und philosophische Schriften, Bd. 1, Kritische Ausgabe, hrsg. v. Walter Schroeder, Werner Siebert, Neuwied / Berlin 1967.
[Müller, Friedrich]: Dichtungen. Mit Einleitung hrsg. v. Hermann Hettner, 2 Bde., Leipzig 1868 [Reprint Bern 1968].
Musil, Robert: Der Mann ohne Eigenschaften. Roman, hrsg. v. Adolf Frisé, Reinbek 1978.
– Gesammelte Werke, Bd. 1, Prosa und Stücke. Kleine Prosa, Aphorismen. Autobiographisches, Bd. 2, Essays und Reden, Kritik, hrsg. v. Adolf Frisé, Reinbek 1983 [durchgehend paginiert].
Nestroy, Johann: Komödien. Ausgabe in drei Bänden, hrsg. v. Franz H. Mautner, Frankfurt a. M. 1970.
Perrault, Charles: Sämtliche Märchen. Übersetzung u. Nachwort von Doris Distelmaier-Haas, Stuttgart 1986.
Proust, Marcel: À la recherche du temps perdu. Édition établie et présentée par Pierre Clarac et André Ferré, Paris 1954.

- Auf der Suche nach der verlorenen Zeit, Deutsch von Eva Rechel-Mertens, 13 Bde., Frankfurt a. M. 1982.
- Tage des Lesens. In: M.P.: Nachgeahmtes und Vermischtes, Frankfurter Ausgabe, Werke 1, Bd. 2, hrsg. v. Luzius Keller, Frankfurt a. M. 1989, 220-269.
- Der gewendete Tag. *Auf der Suche nach der verlorenen Zeit* in den Vorabdrucken, hrsg. v. Christina Viragh, Hanno Helbling, München, 1996.
[Schiller – Körner] Briefwechsel zwischen Schiller und Körner, hrsg., ausgew. u. komment. v. Klaus L. Berghahn, München 1973.
Schlegel, August Wilhelm: Ion, Hamburg 1803.
- Brief an Fouqué, 12. März 1806. In: Briefe an Friedrich Baron de la Motte Fouqué, hrsg. v. Albertine Baronin de la Motte Fouqué, Berlin 1848 [Reprint Bern 1968].
Schlegel, Dorothea: Florentin. Ein Roman, hrsg. v. Wolfgang Nehring, Stuttgart 1993.
Schleiermacher, Friedrich Daniel Ernst: Schriften aus der Berliner Zeit 1796-1799, Kritische Gesamtausgabe, 1. Abt., Schriften und Entwürfe, Bd. 2, hrsg. v. Günter Meckenstock, Berlin / New York 1984.
Schopenhauer, Arthur: Werke in fünf Bänden. Nach den Ausgaben letzter Hand, hrsg. v. Ludger Lütkehaus, Zürich 1988.
Schütz, Wilhelm von: Lacrimas, ein Schauspiel, hrsg. v. August Wilhelm Schlegel, Berlin 1803.
- Niobe. Eine Tragödie vom Verfasser des Lacrimas, Berlin 1807.
[Shakespeare]: [Vergleichsstellen der Dramen an Ort und Stelle mit Akt- und Versangaben nach den zweisprachigen Reclam-Ausgaben].
Valéry, Paul: Zur Theorie der Dichtkunst. Aufsätze und Vorträge, Frankfurt a. M. 1962.
Wagner, Richard: Die Musikdramen, München 1978.
Werner, Zacharias: Ausgewählte Schriften. Aus seinem handschriftlichen Nachlasse hrsg. von seinen Freunden, 15 Bde., Grimma 1840/41 [Reprint Bern 1970].
Wieland, Christoph Martin: Sämmtliche Werke, 36 Bde., Leipzig 1794-1811 [Reprint Hamburg 1984].
- Geschichte des Agathon. Erste Fassung, unter Mitw. v. Reinhard Döhl hrsg. v. Fritz Martini, Stuttgart 1979.

2. Drama der Romantik (allgemein)

Arntzen, Helmut: Die ernste Komödie. Das deutsche Lustspiel von Lessing bis Kleist, München 1968.
Behler, Ernst: Die Theorie der Tragödie in der deutschen Frühromantik. In: Romantik in Deutschland. Ein interdisziplinäres Symposion, hrsg. v. Richard Brinkmann, Stuttgart 1978, 572-583.
Brüggemann, Werner: Spanisches Theater und deutsche Romantik, Münster 1964.
Brummack, Jürgen: Satirische Dichtung. Studien zu Friedrich Schlegel, Tieck, Jean Paul und Heine, München 1979.
- Komödie und Satire der Romantik. In: Neues Handbuch der Literaturwissenschaft, Bd. 14, Europäische Romantik 1, hrsg. v. Karl Robert Mandelkow Wiesbaden 1982, 273-290.
- Narrenfiguren in der dramatischen Literatur der Romantik. In: Das romantische Drama. Produktive Synthese zwischen Tradition und Innovation, hrsg. v. Uwe Japp, Stefan Scherer, Claudia Stockinger, Tübingen 2000, 45-64.
Burwick, Frederick: Romantic Drama. From Optics to Illusion. In: Literature and science. Theory and Practice, hrsg. v. Stuart Peterfreund, Boston 1990, 167-208.
- Illusion and the Drama. Critical Theory of the Enlightenment and Romantic Era, The Pennsylvania State University Press 1991.
- Illusion and Romantic Drama. In: Romantic Drama, hrsg. v. Gerald Gillespie, Amsterdam / Philadelphia 1994, 59-80.

Catholy, Eckehard: Das Lustspiel in der Romantik. In: E.C.: Das deutsche Lustspiel. Von der Aufklärung bis zur Romantik, Stuttgart / Berlin / Köln / Mainz 1982, 183-285.

Dedeyan, Charles: Le drame romantique en Europe. France – Angleterre – Allemagne – Italie – Espagne – Russie, Paris 1982.

Feldmann, Helmut: Die Fiabe Carlo Gozzis. Die Entstehung einer Gattung und ihre Transposition in das System der deutschen Romantik, Köln / Wien 1971.

Fetzer, John: Das Drama der Romantik. In: Romantik-Handbuch, hrsg. v. Helmut Schanze, Stuttgart 1994, 289-310.

Furst, Lilian R.: Shakespeare and the Formation of Romantic Drama in Germany and France. In: Romantic Drama, hrsg. v. Gerald Gillespie, Amsterdam / Philadelphia 1994, 3-15.

Gillespie, Gerald (Hrsg.): Romantic Drama, Amsterdam / Philadelphia 1994.

Grimm, Gunter E.: Nachwort. In: Justinus Kerner: Die Reiseschatten, hrsg. von Gunter E. Grimm, Frankfurt a. M. 1996, 225-254.

Groß, Edgar: Die ältere Romantik und das Theater, Hamburg / Leipzig 1910.

Güttinger, Fritz: Die romantische Komödie und das deutsche Lustspiel, Leipzig 1939.

Hardy, Swana L.: Goethe, Calderón und die romantische Theorie des Dramas, Heidelberg 1965.

Haym, Rudolf: Die Romantische Schule. Ein Beitrag zur Geschichte des deutschen Geistes, Berlin [4]1920 [[1]1870].

Heimrich, Bernhard: Fiktion und Fiktionsironie in Theorie und Dichtung der deutschen Romantik, Tübingen 1968.

Hinck, Walter: Das Lustspiel des 17. und 18. Jahrhunderts und die italienische Komödie. Commedia dell'arte und Théâtre italien, Stuttgart 1965 [zur Romantik 380-394].

Japp, Uwe: Die Komödie der Romantik. Typologie und Überblick, Tübingen 1999.

– / Scherer, Stefan / Stockinger, Claudia (Hrsg.): Das romantische Drama. Produktive Synthese zwischen Tradition und Innovation, Tübingen 2000.

Kayser, Wolfgang: Formtypen des deutschen Dramas um 1800. In: W. K.: Die Vortragsreise. Studien zur Literatur, Bern 1958, 195-213.

Kiermeier-Debre: Eine Komödie und auch keine. Theater als Stoff des Theaters von Harsdörffer bis Handke, Stuttgart 1989.

Kindermann, Heinz: Theatergeschichte Europas, Bd. 6, Romantik, Salzburg 1964 [hier: Romantisches Theater im deutschen Sprachraum, 11-81].

Kluckhohn, Paul: Einführung. In: Dramen der Frühromantik, hrsg. v. Paul Kluckhohn, Leipzig 1936, 5-16.

– Einführung zu den Bänden 20, 21, 22. In: Dramen von Zacharias Werner, hrsg. v. Paul Kluckhohn, Leipzig 1937, 5-53 [Reprint Darmstadt 1964].

– Die Dramatiker der deutschen Romantik als Shakespeare-Jünger. Festvortrag vor der Hauptversammlung der Deutschen Shakespeare-Gesellschaft 1938. In: Jahrbuch der Deutschen Shakespeare-Gesellschaft 74 (1938), 31-49.

Kluge, Gerhard: Spiel und Witz im romantischen Lustspiel. Zur Struktur der Komödiendichtung der deutschen Romantik, phil. Diss. Köln 1963.

– Das Lustspiel der deutschen Romantik. In: Das deutsche Lustspiel. Erster Teil, hrsg. v. Hans Steffen, Göttingen, 1968, 181-203.

– Das romantische Drama. In: Handbuch des deutschen Dramas, hrsg. v. Walter Hinck, Düsseldorf 1980, 186-199.

Kremer, Detlef: Romantik. Lehrbuch Germanistik, Stuttgart/Weimar 2001 ['Romantisches Drama', 209-267].

Krogoll, Johannes: Nachwort [zu Zacharias Werner: Der vierundzwanzigste Februar], Stuttgart 1967, 77-93.

– Religion und Staat im romantischen Drama. In: Vestigia 1 (1979), 59-94.

- Geschichte im Drama und im Roman der Romantik. In: Neues Handbuch der Literaturwissenschaft, Bd. 14, Europäische Romantik 1, hrsg. v. Karl Robert Mandelkow, Wiesbaden 1982, 319-354.

Krüger, Herm. Anders: Pseudoromantik. Friedrich Kind und der Dresdener Liederkreis. Ein Beitrag zur Geschichte der Romantik, Leipzig 1904.

Liepe, Wolfgang: Das Religionsproblem im neueren Drama von Lessing bis zur Romantik, Halle 1914.

Menhennet, Alan: Romantic Drama (General). In: A. M.: The Romantic Movement, London 1981, 108-125.

Paulin, Roger: The Drama. In: The Romantic Period in Germany. Essays by Members of the London University, Institute of Germanic Studies, hrsg. v. Siegbert Prawer, New York 1970, 173-203.

Pross, Caroline: Kunstfeste. Drama, Politik und Öffentlichkeit in der Romantik, Freiburg 2001.

Reinhardt, Hartmut: Das 'Schicksal' als Schicksalsfrage. Schillers Dramatik in romantischer Sicht: Kritik und Nachfolge. In: Aurora 50 (1990), 63-86.

- „...jene tiefere, echt romantische Tendenz". Goethes *Egmont* und seine Rezeption bei den Romantikern. In: Schnittpunkt Romantik. Text- und Quellenstudien zur Literatur des 19. Jahrhunderts. Festschrift für Sibylle von Steinsdorff, hrsg. v. Wolfgang Bunzel, Konrad Feilchenfeldt, Walter Schmitz, Tübingen 1997, 1-22.

Renker, Armin: Georg Büchner und das Lustspiel der Romantik. Eine Studie über *Leonce und Lena*, Berlin 1924.

Schäfer, Dorothea: Die historischen Formtypen des Dramas in den Wiener Vorlesungen August Wilhelm Schlegels. In: ZfdPh 75 (1956), 397-414.

Scherer, Stefan / Japp, Uwe / Stockinger, Claudia (Hrsg.): Das romantische Drama. Produktive Synthese zwischen Tradition und Innovation, Tübingen 2000.

Schmeling, Manfred: Das Spiel im Spiel. Ein Beitrag zur Vergleichenden Literaturkritik, Rheinfelden 1977.

- 'Theater in the Theater' and 'World Theater': Play Thematics and the Breakthrough of Romantic Drama. In: Romantic Drama, hrsg. v. Gerald Gillespie, Amsterdam / Philadelphia 1994, 35-57.

Schmidt, Peter: Romantisches Drama. Zur Theorie eines Paradoxons. In: Deutsche Dramentheorien. Beiträge zu einer historischen Poetik des Dramas in Deutschland, hrsg. v. Reinhold Grimm, Frankfurt a. M. 1971, 245-269.

Sengle, Friedrich: Das historische Drama in Deutschland. Geschichte eines literarischen Mythos, 2. Aufl. Stuttgart 1969 [1952[1]] [zur Romantik 68-106].

Simon, Ralf: Romantische Verdopplungen – komische Verwechslungen. Von der romantischen Reflexionsphilosophie über die Verwechslungskomödie zur Posse und zurück. In: Das romantische Drama. Produktive Synthese zwischen Tradition und Innovation, hrsg. v. Uwe Japp, Stefan Scherer, Claudia Stockinger, Tübingen 2000, 259-280.

Stockinger, Claudia: Dramaturgie der Zerstreuung. Schiller und das romantische Drama. In: Das romantische Drama. Produktive Synthese zwischen Tradition und Innovation, hrsg. v. Uwe Japp, Stefan Scherer, Claudia Stockinger, Tübingen 2000 (b), 199-225.

- / Japp, Uwe / Stockinger, Claudia (Hrsg.): Das romantische Drama. Produktive Synthese zwischen Tradition und Innovation, Tübingen 2000.

Storz, Gerhard: Schwäbische Romantik. Dichter und Dichterkreise im alten Württemberg, Stuttgart 1967.

- Klassik und Romantik. Eine stilgeschichtliche Darstellung, Mannheim / Wien / Zürich 1972 [zum romantischen Drama 205-239].

Thalmann, Marianne: Provokation und Demonstration in der Komödie der Romantik. Mit Grafiken zu den Literaturkomödien von Tieck, Brentano, Schlegel, Grabbe und zum Amphitryon-Stoff, Berlin 1974.

Ulshöfer, Robert: Die Theorie des Dramas in der deutschen Romantik, Berlin 1935.

Wendriner, Karl Georg: Das romantische Drama. Eine Studie über den Einfluß von Goethes Wilhelm Meister auf das Drama der Romantiker, Berlin 1909.

Weber, Elisabeth: Die Phantasiebühne der Romantiker. Über das Verhältnis vo Theater und Drama um 1800, phil. Diss. Berlin 1969.

Williams, Tena Kimberly: Romantic Tragedy: Theory vs. Theater, phil. Diss. New Haven (Yale University) 1977.

3. Zu den Autoren

Arnim

Bibliographie:

Barth, Johannes: Arnim-Bibliographie 1925-1995. In: Universelle Entwürfe – Integration – Rückzug: Arnims Berliner Zeit (1809-1814). Wiepersdorfer Kolloquium der Internationalen Arnim-Gesellschaft, hrsg. v. Ulfert Ricklefs, Tübingen 2000, 295-297.

Barth, Johannes: „Dieses Elend der Gelehrten" – Wissenschaftskritik in Arnims *Die Päpstin Johanna*. In: Universelle Entwürfe – Integration – Rückzug: Arnims Berliner Zeit (1809-1814). Wiepersdorfer Kolloquium der Internationalen Arnim-Gesellschaft, hrsg. v. Ulfert Ricklefs, Tübingen 2000, 117-132.

Burwick, Roswith W.: Achim von Arnims Verhältnis zur Bühne und seine Dramen, phil. Diss. Los Angeles 1972.

Ehrlich. Ludwig Achim von Arnim als Dramatiker. Ein Beitrag zur Geschichte des romantischen Dramas, phil. Diss. Halle (Saale) 1970.

– Arnims poetisch-politisches Theaterprojekt und die *Schaubühne* von 1813. In: Universelle Entwürfe – Integration – Rückzug: Arnims Berliner Zeit (1809-1814). Wiepersdorfer Kolloquium der Internationalen Arnim-Gesellschaft, hrsg. v. Ulfert Ricklefs, Tübingen 2000, 101-115.

Falkner, Gerhard: Die Dramen Achim von Arnims. Ein Beitrag zur Dramaturgie der Romantik, Zürich 1962.

Japp, Uwe: Dramaturgie der Vertauschung. Achim von Arnims *Die Päpstin Johanna*. In: Das romantische Drama. Produktive Synthese zwischen Tradition und Innovation, hrsg. v. Uwe Japp, Stefan Scherer, Claudia Stockinger, Tübingen 2000, 159-173.

– Virtuelle Inszenierung: Achim von Arnims Schattenspiel *Das Loch* multimedial. In: Neue Zeitung für Einsiedler. Mitteilungen der Internationalen Arnim-Gesellschaft 2 (2002), H.1/2, 7-21.

Hartmann, Max: L. Achim von Arnim als Dramatiker, phil. Diss. Breslau 1910.

Kayser, Rudolf: Arnims und Brentanos Stellung zur Bühne, Berlin 1914.

Kluge, Gerhard: 'Materialien'. In: Ludwig Achim von Arnim: Das Loch oder Das wiedergefundene Paradies. Ein Schattenspiel / Joseph von Eichendorff: Das Incognito oder die mehreren Könige oder Alt und Neu. Ein Puppenspiel, hrsg. v. G.K., Berlin 1968, 69-130.

Kremer, Detlef: Durch die Wüste. Achim von Arnims uferloses Drama *Halle und Jerusalem*. In: Das romantische Drama. Produktive Synthese zwischen Tradition und Innovation, hrsg. v. Uwe Japp, Stefan Scherer, Claudia Stockinger, Tübingen 2000, 137-157.

Moering, Renate: Quellen und Zeitbezug von Achim von Arnims Drama *Marino Caboga*. In: Aurora 46 (1986), 262-280.

Paulin, Roger: Gryphius' *Cardenio und Celinde* und Arnims *Halle und Jerusalem*. Eine vergleichende Untersuchung, Tübingen 1968.

Ricklefs, Ulfert: Magie und Grenze. Arnims *Päpstin-Johanna*-Dichtung. Mit einer Untersuchung zur poetologischen Theorie Arnims und einem Anhang unveröffentlicher Texte, Göttingen 1990 (a).

– Kunstthematik und Diskurskritik. Das poetische Werk des jungen Arnim und die eschatologische Wirklichkeit der *Kronenwächter*, Tübingen 1990 (b).

- Vorwort. In: Universelle Entwürfe – Integration – Rückzug: Arnims Berliner Zeit (1809-1814). Wiepersdorfer Kolloquium der Internationalen Arnim-Gesellschaft, hrsg. v. Ulfert Ricklefs, Tübingen 2000 (a), VII-XXI.

- 'Ahasvers Sohn'. Arnims Städtedrama *Halle und Jerusalem*. In: Universelle Entwürfe – Integration – Rückzug: Arnims Berliner Zeit (1809-1814). Wiepersdorfer Kolloquium der Internationalen Arnim-Gesellschaft, hrsg. v. Ulfert Ricklefs, Tübingen 2000 (b), 143-244.

Riley, Helene M. Kastinger: Idee und Gestaltung. Das konfigurative Strukturprinzip bei Ludwig Achim von Arnim, Bern / Frankfurt a. M. 1977.

- Achim von Arnim in Selbstzeugnissen und Bilddokumenten, Reinbek 1979.

Schaible, Friedrike: Die Geschichte zur Wahrheit läutern: Arnims *Wiedertäufer*-Fragment. In: „Frische Jugend, reich an Hoffen". Der junge Arnim. Zernikower Kolloquium der Internationalen Arnim-Gesellschaft, hrsg. v. Roswitha Burwick, Heinz Härtl, Tübingen 2000, 201-215.

Schreyer, Johannes: Die psychologische Motivierung in Arnims Dramen, Halle (Saale) 1929.

Spoglianti, Edi: Motivi storico-politici e ambivalenze tragicomiche nell'opera drammatica di Achim von Arnim, phil. Diss. Firenze 1994/95.

- Arnims Plan eines nationalen Volkstheaters. In: „Frische Jugend, reich an Hoffen". Der junge Arnim. Zernikower Kolloquium der Internationalen Arnim-Gesellschaft, hrsg. v. Roswitha Burwick, Heinz Härtl, Tübingen 2000, 189-199.

Streller, Dorothea: Arnim und das Drama, phil. Diss. Göttingen 1956.

Wingertszahn, Christof: Ambiguität und Ambivalenz im erzählerischen Werk Achims von Arnim. Mit einem Anhang unbekannter Texte aus Arnims Nachlaß, St. Ingbert 1990.

Wolff, Heinz: Die Dramen *Halle und Jerusalem* und *die Gleichen* im Zusammenhang der religiösen Entwicklung Ludwig Achim von Arnims, phil. Diss. Göttingen 1936.

Vordtriede, Werner: Achim von Arnim. In: Deutsche Dichter der Romantik. Ihr Leben und Werk, hrsg. v. Benno von Wiese, Berlin 1971, 253-279.

Brentano

Bellmann, Werner: Eine unbekannte Selbstanzeige Brentanos zum *Gustav Wasa*. In: Clemens Brentano. Beiträge des Kolloquiums im Freien Deutschen Hochstift 1978, hrsg. v. Detlef Lüders, Tübingen 1980, 331-333.

Fetzer, John Francis: Die Schwelle als Schwäche oder Stärke des romantischen Dramas. In: Das romantische Drama. Produktive Synthese zwischen Tradition und Innovation, hrsg. v. Uwe Japp, Stefan Scherer, Claudia Stockinger, Tübingen 2000, 119-136.

Hinck, Walter: Triumpf der Improvisation. Zu Brentanos *Ponce de Leon*. In: Ein Theatermann – Theorie und Praxis. Festschrift für Rolf Badenhausen, hrsg. v. Ingrid Noll, München 1977, 121-126.

Kayser, Rudolf: Arnims und Brentanos Stellung zur Bühne, Berlin 1914.

Kluge, Gerhard: Clemens Brentano: *Ponce de Leon*. In: Europäische Komödie, hrsg. v. Herbert Mainusch, Darmstadt 1990, 355-378 [Diskussion, 373-376].

Marks, Hanna. H.: 'Maskenrecht, Menschenrecht!'. Die Demaskierung der Spielmetapher in Brentanos *Ponce de Leon*. In: ZfdPh 107 (1988), 16-32 [Sonderheft: Studien zur deutschen Literatur von der Romantik bis Heine, hrsg. v. Hartmut Steinecke].

Reifenberg, Bernd: Die 'schöne Ordnung' in Clemens Brentanos *Godwi* und *Ponce de Leon*, Göttingen 1990.

Ricklefs, Ulfert: Objektive Poesie und Polarität Gesetz und Gnade: Brentanos *Die Gründung Prags* und Grillparzers *Libussa*. In: Germanistik in Erlangen. Hundert Jahre nach Gründung des Deutschen Seminars, hrsg. v. Dietmar Peschel, Erlangen 1983, 239-269.

Riley, Helene M. Kastinger: Clemens Brentano, Stuttgart 1985.

Schultz, Hartwig: Brentanos *Gustav Wasa* und seine versteckte Schöpfungsgeschichte der romantischen Poesie. In: Clemens Brentano. Beiträge des Kolloquiums im Freien Deutschen Hochstift 1978, hrsg. v. Detlef Lüders, Tübingen 1980, 295-333.

– Clemens Brentano, Stuttgart 1999, 150-186.

Seidlin, Oskar: Prag: deutsch-romantisch und habsburgsch-wienerisch. In: O. S.: Von erwachendem Bewußtsein und vom Sündenfall. Brentano – Schiller, Kleist, Goethe, Stuttgart 1979, 93-119.

Stockinger, Claudia: Tod und Auferstehung des Autors im Architext. Clemens Brentanos philologisch-poetische Gründung Prags. In: Autorschaft. Positionen und Revisionen, DFG Symposion 2001, hrsg. v. Heinrich Detering, Stuttgart / Weimar 2002, 220-240.

Chamisso

Walzel, Oskar: *Fortunati Glückseckel und Wunschhütlein,* ein Spiel von Adelbert von Chamisso (1806) aus der Handschrift zum erstenmal herausgegeben von G.F. Koßmann. In: Euphorion 4 (1897), 132-145.

Hörisch, Jochen: Schlemihls Schatten – Schatten Nietzsches. Eine romantische Apologie des Sekundären. In: Athenäum 5 (1995), 11-42.

Eichendorff

Demuth, Otto: Das romantische Lustspiel in seinen Beziehungen zur dichterischen Entwicklung Eichendorffs, Prag 1912 [Reprint Hildesheim 1973].

Erdmann, Julius: Eichendorffs historische Trauerspiele. Eine Studie, Halle (Saale) 1908.

Fröhlich, Harry: Dramatik des Unbewußten. Zur Autonomieproblematik von Ich und Nation in Eichendorffs 'historischen' Dramen, Tübingen 1998.

Frühwald, Wolfgang: Der Philister als Dilettant. Zu den satirischen Texten Joseph von Eichendorffs. In: Aurora 36 (1976), 7-26.

Frühwald, Wolfgang: Eichendorff-Chronik. Daten zu Leben und Werk, München / Wien 1977.

Heckel, Hans: Eichendorff als Dramatiker. In: Aurora 6 (1936), 67-75.

Hillach, Ansgar: Dramatische Theologie und christliche Romantik. Zur geschichtlichen Differenz von calderonianischer Allegorik und Eichendorffscher Emblematik. In: GRM 27 (1977), 144–168.

Heyer, Ilse: Eichendorffs dramatische Satiren im Zusammenhang mit dem geistigen und kulturellen Leben ihrer Zeit, phil. Diss. Halle (Saale) 1931.

Koopmann, Helmut: Serielles in Eichendorffs Lyrik? In: Eichendorffs Modernität. Akten des internationalen, interdisziplinären Eichendorff-Symposions 6.-8. Oktober 1988. Akademie der Diözese Rottenburg-Stuttgart, hrsg. v. Michael Kessler, Helmut Koopmann, Tübingen 1989, 81–96.

Kucher, Gabriele: Die Literatursatire als Lösung einer Strukturkrise. Eichendorffs Beitrag zur satirischen Komödie im Wandel der Spätromantik. In: Studien zur Literatur des Frührealismus, hrsg. v. Günter Blamberger, Manfred Engel, Monika Ritzer, Frankfurt a. M. / Bern u.a. 1991, 151-173.

Nolte, Cornelia: Symbol und historische Wahrheit. Eichendorffs satirische und dramatische Schriften im Zusammenhang mit dem sozialen und kulturellen Leben seiner Zeit, Paderborn / München / Wien / Zürich 1986.

Ries, Franz Xaver: Zeitkritik bei Joseph von Eichendorff, Berlin 1997.

Scherer, Stefan: Verworrne Doppelschrift. Christlich-nationale Erneuerung und poetische Ambivalenz in Eichendorffs *Ezelin von Romano.* In: Das romantische Drama. Produktive Synthese zwischen Tradition und Innovation, hrsg. v. Uwe Japp, Stefan Scherer, Claudia Stockinger, Tübingen 2000 (a), 175-198.

Schultz, Hartwig: Eichendorffs satirische Dramen. In: Eichendorffs Modernität. Akten des Internationalen Inderdisziplinären Eichendorff-Symposions, 6.-8. Oktober 1988, Akademie der Diözese Rottenburg-Stuttgart, hrsg. v. Michael Kessler, Helmut Koopmann, Tübingen 1989, 141-154.

Strasser, Stephan: Eichendorff als Dramatiker. Versuch einer Ergänzung der bisherigen Forschung, phil. Diss. Wien 1993.

Fouqué

Stockinger, Claudia: Das dramatische Werk Friedrich de la Motte Fouqués. Ein Beitrag zur Geschichte des romantischen Dramas, Tübingen 2000 (a).

F. Schlegel

Meier, Albert: „Gute Dramen müssen drastisch sein": Zur ästhetischen Rettung von Friedrich Schlegels *Alarcos*. In: Goethe Yearbook 8 (1996), 192-209.

Schütz

Hiebel, Friedrich: Wilhelm von Schütz (1776-1847). Leben und Werke eines Romantikers, phil. Diss. Wien 1928.

Sembdner, Helmut: Schütz-Lacrimas. Das Leben des Romantikerfreundes, Poeten und Literaturkritikers Wilhelm von Schütz (1776-1847). Mit unbekannten Briefen und Kleist-Rezensionen, Berlin 1974.

Tieck

Tiecks Bibliothek

Cataloque de la bibliothèque célèbre de M. Ludwig Tieck qui sera vendue à Berlin le 10. décembre 1849 et jours suivants par MM. A. Asher & Comp., Berlin 1849 [Nachdruck Niederwalluf bei Wiesbaden 1970].

Nachlaßverzeichnis

Busch, Lothar: Der handschriftliche Nachlaß Ludwig Tiecks der Staatsbibliothek zu Berlin Preussischer Kulturbesitz, Wiesbaden 1999.

Kommentierte Bibliographie

Klett, Dwight A.: Ludwig Tieck. An Annotated Guide to Research, New York / London 1993.

Forschung

Auerochs, Bernd: Ludwig Tieck: *Der gestiefelte Kater*. Übermut und innere Freiheit. In: Dramen des 19. Jahrhunderts. Interpretationen, hrsg. v. Theo Elm, Stuttgart 1997, 15-38.

Begemann, Christian: Eros und Gewissen. Literarische Psychologie in Ludwig Tiecks Erzählung *Der getreue Eckart und der Tannhäuser*. In: IASL 2 (1990), 89-145.

Benay, Jeanne: Le théâtre de Ludwig Tieck. Anticipation du Théâtre Epique de Bertolt Brecht, phil. Diss. Nancy 1977.

– Le Théâtre de Ludwig Tieck. Tradition et Révolution. In: Revue d'Allemagne 12 (1980), 547-566.

Behrmann, Alfred: Wiederherstellung der Komödie aus dem Theater. Zu Tiecks 'historischem Schauspiel' *Die verkehrte Welt*. In: Euphorion 79 (1985), 139-181.

Bertrand, J.-J. A.: L. Tieck et le Théâtre Espagnol, Paris 1914.

Beyer, Hans Georg: Ludwig Tiecks Theatersatire *Der gestiefelte Kater* und ihre Stellung in der Literatur- und Theatergeschichte, phil. Diss. Stuttgart 1960.

Blamires, David: Tieck's *Däumchen*. Some notes on sources. In: MLR 91 (1996), 406-413.

Bodensohn, Anneliese: Ludwig Tiecks *Kaiser Octavianus* als romantische Dichtung, Frankfurt a. M. 1937.

Bosch, Eva: Dichtung über Kunst bei Ludwig Tieck, phil. Diss. München 1962.

Bosse, Anke: Orientalismus im Frühwerk Ludwig Tiecks. In: Ludwig Tieck. Literaturprogramm und Lebensinszenierung im Kontext seiner Zeit, hrsg. v. Walter Schmitz, Tübingen 1997, 43-62.

Brecht, Christoph: Die gefährliche Rede. Sprachreflexion und Erzählstruktur in der Prosa Ludwig Tiecks, Tübingen 1993.

Brinker-Gabler, Gisela: Poetisch-wissenschaftliche Mittelalter-Rezeption. Ludwig Tiecks Erneuerung altdeutscher Literatur, Göppingen 1980.

Brodnitz, Käthe: Die vier Märchenkomödien von Ludwig Tieck, phil. Diss. Erlangen 1912.

Brüggemann, Heinz: Entzauberte Frühe? Jugend als Medium literarischer Selbstreferenz in Ludwig Tiecks Novelle *Waldeinsamkeit*. In: Jugend – Ein romantisches Konzept? hrsg. v. Günter Oesterle, Würzburg 1997, 105-128.

Bunzel, Wolfgang: Tradition und Erneuerung. Tiecks Versuch einer literarischen Positionsbestimmung zwischen Weimarer Klassik und Jungem Deutschland am Beispiel seiner 'Tendenznovelle' *Der Wassermensch*. In: Ludwig Tieck. Literaturprogramm und Lebensinszenierung im Kontext seiner Zeit, hrsg. v. Walter Schmitz, Tübingen 1997, 193-216.

Chang, Young Eun: „...zwischen heiteren und gewittrigen Tagen“: Tiecks romantische Lustspielkonzeption, Frankfurt a. M. u.a. 1993.

Corkhill, Alan: An Interpretation of Ludwig Tieck's Play *Der Abschied*. In: AUMLA 50 (1978), 261-270.

Drach, Erich: Tiecks Bühnenreformen, Berlin 1909.

Dux, Karl: Der Wechsel zwischen Poesie und Prosa im Drama Ludwig Tiecks, Gießen 1926.

Galaski, Lisa: Romantische Ironie in Tiecks *Die Verkehrte Welt*. Zum Verständnis einer artistischen Theaterkomödie aus der Berliner Frühromantik. In: Recherches Germaniques 14 (1984), 23-57.

Gentges Ignaz: Die Geste als Wort und Gebärde im Drama Tiecks, Bonn 1923.

Geulen, Hans: Zeit und Allegorie im Erzählvorgang von Ludwig Tiecks Roman *Franz Sternbalds Wanderungen*. In: GRM N.F. 18 (1968), 281-298.

Giese, Armin: Die Phantasie bei Ludwig Tieck – ihre Bedeutung für den Menschen und sein Werk, phil. Diss. Hamburg 1973.

Gish, Theodore: Vorspiele auf dem Theater: Dramatical and Theatrical elements in Ludwig Tieck's *Straußfedern*. In: Theatrum Mundi. Essays on German Drama and German Literature Dedicated to Harold Lenz on his Seventieth Birthday, September 11, 1978, hrsg. v. Edward R. Haymes, München 1980, 51-58.

Görte, Erna: Der junge Tieck und die Aufklärung, Berlin 1926.

Günther, Hans: Romantische Kritik und Satire bei Ludwig Tieck, Leipzig 1907.

Günzel, Klaus: Vorwort: Eine dialogische Natur. In: König der Romantik. Das Leben des Dichters Ludwig Tieck in Briefen, Selbstzeugnissen und Berichten, hrsg. v. K. G., Berlin (Ost) 1981, 5-23.

Halley, Albert Browning: Five Dramas of Ludwig Tieck. Hitherto Unpublished. A Critical Edition, phil. Diss. Cincinatti 1959 [gesondert paginierter 1. Teil: Interpretation].

Halter, Ernst: Kaiser Octavianus. Eine Studie über Tiecks Subjektivität, Zürich 1967.

Harms, Paul: Die deutschen Fortunatus-Dramen und ein Kassler Dichter des 17. Jahrhunderts, Hamburg / Leipzig 1892.

Hauffen, Adolf: Zu Ludwig Tiecks Nachlaß. In: Archiv für Literaturgeschichte 15 (1887), 316-322.

Heilmann, Markus: Die Krise der Aufklärung als Krise des Erzählens. Tiecks *William Lovell* und der europäische Briefroman, Stuttgart 1992.

Heller, Robert: Der Einfluss von Ludwig Tiecks *Kaiser Octavianus* auf Adam Oehlenschlägers dramatisches Märchen *Aladdin oder die Wunderlampe*, phil. Diss. Wien 1912.

Hellge, Rosemarie: Motive und Motivstrukturen bei Ludwig Tieck, Göppingen 1974.

Hemmer, Heinrich: Die Anfänge L. Tiecks und seiner dämonisch-schauerlichen Dichtung, Berlin 1910.

Hewett-Thayer W., Harvey: Tiecks's Revision of his satirical Comedies. In: Germanic Review 12 (1937), 147-164.

Hillmann, Heinz: Ludwig Tieck. In: Deutsche Dichter der Romantik. Ihr Leben und Werk, hrsg. v. Benno von Wiese, Berlin 1971(b), 111-134.

Hölter, Achim: Ludwig Tieck und der Niobe-Stoff. Ein ungedrucktes Drama aus dem Nachlaß. In: Euphorion 81 (1987), 262-285.

– Ludwig Tieck. Literaturgeschichte als Poesie, Heidelberg 1989.

– [Rez. Christoph Brecht: Die gefährliche Rede]. In: Arbitrium 13 (1995), 229-232.

– Apoll und die Göttin der Poesie. Urteilsinstanzen in der literarischen Tradition und ihre Aktualisierung bei Ludwig Tieck. In: Ludwig Tieck. Literaturprogramm und Lebensinszenierung im Kontext seiner Zeit, hrsg. v. Walter Schmitz, Tübingen 1997, 17-62.

Immerwahr, Raymond M.: The Esthetic Intent of Tieck's Fantastic Comedy, Saint Louis 1953.

Ito, Shuichi: Eine eigene Sprache? Ludwig Tiecks Konzeption des poetischen Ausdrucks. In: ZfdPh 110 (1991), 530-550.

Jäger, Hans-Wolf: Trägt Rotkäppchen eine Jakobiner-Mütze? Über mutmaßliche Konnotate bei Tieck und Grimm. In: Literatursoziologie, Bd. 2, Beiträge zur Praxis, hrsg. v. Joachim Bark, Stuttgart / Berlin / Köln / Mainz 1974, 159-180.

Kaiser, Oscar: Der Dualismus Ludwig Tiecks als Dramatiker und Dramaturg, Leipzig 1885.

Kern, Hanspeter: Ludwig Tiecks Calderonismus. In: Gesammelte Aufsätze zur Kulturgeschichte Spaniens, Bd. 23, hrsg. v. Johannes Vincke, Münster 1967, 189-356.

–   Calderon und Tiecks Weltbild. In. Gesammelte Aufsätze zur Kulturgeschichte Spaniens, Bd. 24, hrsg. v. Johannes Vincke, Münster 1968, 337-396.

Kern, Johannes P.: Ludwig Tieck: Dichter einer Krise, Heidelberg 1977.

Klett, Dwight A.: Tieck-Rezeption. Das Bild Ludwig Tiecks in den deutschen Literaturgeschichten des 19. Jahrhunderts, Heidelberg 1989.

Kluge, Gerhard: Idealisieren – Poetisieren. Anmerkungen zu poetologischen Begriffen und zur Lyriktheorie des jungen Tieck. In: Ludwig Tieck, hrsg. v. Wulf Segebrecht, Darmstadt 1976, 386-443 [zuerst: JbdSchG 13 (1969), 308-360].

Klussmann, Paul Gerhard: Die Zweideutigkeit des Wirklichen in Ludwig Tiecks Märchennovellen. In: Ludwig Tieck, hrsg. v. Wulf Segebrecht, Darmstadt 1976, 352-385 [zuerst: ZfdPh 83 (1964), 426-452].

–   Bewegliche Imagination oder Die Kunst der Töne. Zu Ludwig Tiecks *Glosse*. In: Gedichte und Interpretationen, Bd. 3, Klassik und Romantik, hrsg. v. Wulf Segebrecht, Stuttgart 1984, 343-357.

Kokott, Jörg Henning: Das Theater auf dem Theater im Drama der Neuzeit. Eine Untersuchung über die Darstellung der theatralischen Aufführung durch das Theater auf dem Theater in ausgewählten Dramen von Shakespeare, Tieck, Pirandello, Genet, Ionesco und Beckett, phil. Diss. Köln 1968.

Kolk, Rainer: „Ächte Revoluzionsmänner". Zu einigen Rahmenbedingungen für das Frühwerk Ludwig Tiecks. In: Ludwig Tieck. Literaturprogramm und Lebensinszenierung im Kontext seiner Zeit, hrsg. v. Walter Schmitz, Tübingen 1997, 63-85.

Kreuzer, Helmut: Nachwort. In: Ludwig Tieck: Der gestiefelte Kater. Kindermärchen in drei Akten mit Zwischenspielen, einem Prologe und Epiloge, Stuttgart 1964 [erweitertes Nachwort 1984], 66-80.

Kreuzer, Ingrid: Märchenform und individuelle Geschichte. Zu Text- und Handlungsstrukturen in Werken Ludwig Tiecks zwischen 1790 und 1811, Göttingen 1983.

Krogoll, Johannes: Die Revolution findet im Saale statt: Tiecks *Verkehrte Welt*. In: Germanica Wratislaviensia 99 (1993), 143-154.

Landfester, Ulrike: „„...die Zeit selbst ist thöricht geworden...". Ludwig Tiecks Komödie *Der gestiefelte Kater* (1797) in der Tradition des *Spiel im Spiel*-Dramas. In: Ludwig Tieck. Literaturprogramm und Lebensinszenierung im Kontext seiner Zeit, hrsg. v. Walter Schmitz, Tübingen 1997, 101-133.

Lüdeke, Henry: Ludwig Tieck und das alte englische Theater. Ein Beitrag zur Geschichte der Romantik, Frankfurt a. M. 1922 [Reprint Hildesheim 1975].

Lüdtke, Ernst: Ludwig Tiecks *Kaiser Octavianus*. Ein Beitrag zur romantischen Geistesgeschichte, phil. Diss. Greifswald 1925.

Lüer, Edwin: Aurum und Aurora. Ludwig Tiecks *Runenberg* und Jakob Böhme, Heidelberg 1997.

Lussky, Afred Edwin: Tieck's Approach to Romanticism, Borna / Leipzig 1925.

Marelli, Adriana: Ludwig Tiecks frühe Märchenspiele und die Gozzische Manier. Eine vergleichende Studie, phil. Diss. Köln 1968.

Marret-Geitner, Christa: De la contrainte du texte à la liberté du jeu théâtral. *Le chat botté* de Tieck – adaption et mise en scène. In: Cahiers d'études germaniques 20 (1991), 127-137.

Menke, Gabriele Christa: Edition eines Lustspiel-Fragments des jungen Tieck [ohne Titel]. Magisterarbeit Münster 1993.

Meves, Uwe: Zu Ludwig Tiecks poetologischem Konzept bei der Erneuerung mittelhochdeutscher Dichtung. In: Mittelalter-Rezeption. Gesammelte Vorträge des Salzburger Symposions 'Die Rezeption mittelalterlicher Dichter und ihrer Werke in Literatur, bildender Kunst und Musik des 19. und 20. Jahrhunderts', hrsg. v. Jürgen Kühnel, Hans-Dieter Mück, Ulrich Müller, Göttingen 1979, 107-126.

Minder, Robert: Un poète romantique Allemand: Ludwig Tieck (1773-1853), Paris 1936.

– Das gewandelte Tieck-Bild. In: Festschrift für Klaus Ziegler, hrsg. v. Eckehard Catholy, Winfried Hellmann, Tübingen 1968, 181-204.

Münz, Walter: [Kommentar, Materialien, Nachwort]. In: Die verkehrte Welt. Ein historisches Schauspiel in fünf Aufzügen, hrsg. v. W. M., Stuttgart 1996, 119-191.

Nef, Ernst: Das Aus-der-Rolle-Fallen als Mittel der Illusionszerstörung bei Tieck und Brecht. In: ZfdPh 83 (1964), 191-215.

Nottelmann-Feil, Mara: Ludwig Tiecks Rezeption der Antike. Literarische Kritik und Reflexion griechischer und römischer Dichtung im theoretischen und poetischen Werk Tiecks, Frankfurt a. M. / Berlin / Bern u.a. 1996.

Oesterle, Ingrid: Arabeske Umschrift, poetische Polemik und Mythos der Kunst. Spätromantisches Erzählen in Ludwig Tiecks Märchen-Novelle Das alte Buch und die Reise ins Blaue hinein. In: Romantisches Erzählen, hrsg. v. Gerhard Neumann, Würzburg 1995, 167-194.

Ottmann, Dagmar: Angrenzende Rede. Ambivalenzbildung und Metonymisierung in Ludwig Tiecks späten Novellen, Tübingen 1990.

Paulin, Roger: The Early Ludwig Tieck and the Idyllic Tradition. In: The Modern Language Review 70 (1975), 110-124.

– Ludwig Tieck, Stuttgart 1987.

– Ludwig Tieck. Eine literarische Biographie, München 1988 [engl. Original Oxford 1985].

Pestalozzi, Karl: Materialien zum Verständnis des Texts. In: Ludwig Tieck: Die verkehrte Welt. Ein historisches Schauspiel in fünf Aufzügen. Text und Materialien zur Interpretation, besorgt von Karl Pestalozzi, Berlin 1964, 95-147.

Petersen, Julius: Schiller und die Bühne. Ein Beitrag zur Litteratur- und Theatergeschichte der klassischen Zeit, Berlin 1904.

Petzoldt, Ruth: Albernheit mit Hintersinn. Intertextuelle Spiele in Ludwig Tiecks romantischen Komödien, Würzburg 2000.

Pfeiffer, Emilie: Shakespeares und Tiecks Märchendramen, phil. Diss. Bonn 1933.

Preuninger, Frank A.: Ludwig Tieck's Unpublished Dramatic Fragment Anna Boleyn. A Critical Edition, M.A. Cincinnati 1941 [gesondert paginierter 1. Teil: Interpretation, 1-64].

Puhan, Alfred: Der neue Don Carlos. Eine Posse in drei Akten von Ludwig Tieck, M.A. Cincinnati 1935 [Interpretationsteil, 1-88].

Ranftl, Johann: Ludwig Tiecks Genoveva. Als romantische Dichtung betrachtet. Graz 1899 [Reprint Hildesheim 1977].

Rath, Wolfgang: Ludwig Tieck. Das vergessene Genie. Studien zu seinem Erzählwerk, Paderborn / München / Wien / Zürich 1996.

Regener, Edgar Alfred: Tieck-Studien. Drei Kapitel zu dem Thema: 'Der junge Tieck', Wilmersdorf-Berlin 1903.

Rek, Klaus: Das Dichterleben des Ludwig Tieck, Berlin 1991.

Ribbat, Ernst: Ludwig Tieck. Studien zur Konzeption und Praxis romantischer Poesie, Kronberg / Ts. 1978.

– Poesie und Polemik. Zur Entstehungsgeschichte der romantischen Schule und zur Literatursatire Ludwig Tiecks. In: Romantik. Ein literaturwissenschaftliches Studienbuch, hrsg. v. E. R., Königstein / Ts. 1979 (b), 58-79.

– Sprachverwirrung und universelle Poesie. Ludwig Tiecks Absolutierung der Literatur. In: Ludwig Tieck. Literaturprogramm und Lebensinszenierung im Kontext seiner Zeit, hrsg. v. Walter Schmitz, Tübingen 1997, 1-16.

Schmidt, Arno: 'Funfzehn'. Vom Wunderkind der Sinnlosigkeit [1959], Bargfelder Ausgabe, Werkgruppe II, Dialoge, Bd. 2, Bargfeld 1990, 285-332.

Schmitz, Walter (Hrsg.): Ludwig Tieck. Literaturprogramm und Lebensinszenierung im Kontext seiner Zeit, Tübingen 1997.

Schulz, Karlheinz: Die Begründung des historischen Kunstbegriffs und des ästhetischen Modernismus bei Tieck. In: GRM 45 (1995), 24-47.

Seyboth, Hermann: Dramatische Technik und Weltanschauung in Tiecks *Genoveva* und Maler Müllers *Golo und Genoveva*, phil. Diss. Erlangen 1928.

Spielmann, Hans Robert: Ludwig Tieck: *Der Gestiefelte Kater*. Ein Leseabenteuer. In: Literatur in Wissenschaft und Unterricht 25 (1992), 241-260.

Staiger, Emil: Ludwig Tieck und der Ursprung der deutschen Romantik. In: Ludwig Tieck, hrsg. Wulf Segebrecht, Darmstadt 1976, 322-351 [zuerst NR 71 (1960)].

Stanger, Hermann: Der Einfluß Ben Jonsons auf Ludwig Tieck. Ein Abschnitt aus Tiecks Leben und Dichten. In: Studien zur vergleichenden Literaturgeschichte, hrsg. v. Max Koch, Bd. 1, Berlin 1901, 182-227; Bd. 2, Berlin 1902, 37-86.

Steiner, Bernhard: Ludwig Tieck und die Volksbücher. Ein Beitrag zur Geschichte der älteren romantischen Schule, Berlin 1893.

Steinert, Walter: Das Farbempfinden Ludwig Tiecks. Ein Beitrag zur Geschichte des Naturgefühls in der deutschen Dichtung, phil. Diss. Bonn 1907.

Stockinger, Ludwig: Ludwig Tiecks *Leben und Tod der heiligen Genoveva*. Konzept und Struktur im Kontext des frühromantischen Diskurses. In: Das romantische Drama. Produktive Synthese zwischen Tradition und Innovation, hrsg. v. Uwe Japp, Stefan Scherer, Claudia Stockinger, Tübingen 2000, 89-118.

Stopp, Elisabeth: Ludwig Tieck and Dante. In: Deutsches Dante-Jahrbuch 60 (1985), 73-95.

Strosetzki, Christoph: Ludwig Tieck und das Spanieninteresse der deutschen Romantik. In: Ludwig Tieck. Literaturprogramm und Lebensinszenierung im Kontext seiner Zeit, hrsg. v. Walter Schmitz, Tübingen 1997, 247-251.

Stockhammer, Robert: Der lustige Literaturkritiker auf der Bühne (und im Publikum): Freisetzung des Un-Sinns in Aristophanes' *Die Frösche* und Tiecks *Der gestiefelte Kater*. In: Die lustige Person auf der Bühne. Gesammelte Vorträge des Salzburger Symposions 1993, Bd. 2, hrsg. v. Peter Csobádi, Gernot Gruber u.a., Salzburg 1994, 577-587.

Szafarz, Jolanta: Die Rezeption mittelalterlicher Volksbuchmotive in Ludwig Tiecks Dramen. In: Mittelalter-Rezeption. Gesammelte Vorträge des Salzburger Symposions 'Die Rezeption mittelalterlicher Dichter und ihrer Werke in Literatur, bildender Kunst und Musik des 19. und 20. Jahrhunderts', hrsg. v. Jürgen Kühnel, Hans-Dieter Mück, Ulrich Müller, Göttingen 1979, 127-140.

– Ludwig Tiecks Dramenkonzeption, Wroclaw 1997.

Thalmann, Marianne: Das Experiment der Form. In: M. Th.: Romantik und Manierismus, Stuttgart 1963, 128-190.

Trainer, James: Ludwig Tieck. From Gothic to Romantic, London / Paris 1964.

Vietta, Silvio: Zur Differenz zwischen Tiecks und Wackenroders Kunsttheorie. In: Ludwig Tieck. Literaturprogramm und Lebensinszenierung im Kontext seiner Zeit, hrsg. v. Walter Schmitz, Tübingen 1997, 87-99.

Weimar, Klaus: Limited poem unlimited – Tiecks verkehrtes Welttheater. In: Germanistik und Komparatistik, DFG-Symposion 1993, hrsg. v. Hendrik Birus, Stuttgart / Weimar 1995, 144-159.

Wessollek, Peter: Ludwig Tieck oder Der Weltumsegler seines Innern. Anmerkungen zur Thematik des Wunderbaren in Tiecks Erzählwerk, Wiesbaden 1984.

Wimmer, Ruprecht: Tiecks Lyrik. In: Ludwig Tieck: Schriften in zwölf Bänden, Bd. 7, Gedichte, hrsg. v. R. W., Frankfurt a. M. 1995, 555-575.

Zeydel, Edwin H.: Ludwig Tieck, the German Romanticist, Princeton 1935 [Reprint Hildesheim / New York 1971].

Ziegner, Thomas Günther: Ludwig Tieck – Studien zur Geselligkeitsproblematik. Die soziologisch-pädagogische Kategorie der *Geselligkeit* als einheitsstiftender Faktor in Leben und Werk des Dichters, Frankfurt a. M. / Bern u.a. 1987.

Zhang, Yuan Zhi: Der Legendenstoff der heiligen Genoveva in dramatischen Bearbeitungen vom Barock bis zum Realismus, Frankfurt a. M. / Bern u.a. 1998.

Z. Werner

Beuth, Ulrich: Romantisches Schauspiel. Untersuchungen zum dramatischen Werk Zacharias Werners, phil. Diss. München 1979.

Stuckert, Franz: Das Drama Zacharias Werners. Entwicklung und literargeschichtliche Stellung, Frankfurt a. M. 1926.

4. Sonstige Literatur

Adorno, Theodor W.: Zum Gedächtnis Eichendorffs. In: Noten zur Literatur, hrsg. v. Rolf Tiedemann, Frankfurt a. M. 1981 (a), 69-94.

– Parataxis. Zur späten Lyrik Hölderlins. In: Noten zur Literatur, hrsg. v. Rolf Tiedemann, Frankfurt a. M. 1981 (b), 447-491.

Andreotti, Mario: Traditionelles und modernes Drama. Eine Darstellung auf semiotisch-strukturaler Basis. Mit einer Einführung in die Textsemiotik, Bern / Stuttgart / Wien 1996.

Alt, Peter-André: Tragödie der Aufklärung. Eine Einführung, Tübingen / Basel 1994.

Bauer, Roger: „The fairy way of writing". Von Shakespeare zu Wieland und Tieck. In: Das Shakespeare-Bild in Europa zwischen Aufklärung und Romantik, hrsg. v. Roger Bauer in Verb. mit Michael de Graat, Jürgen Wertheimer, Bern / Frankfurt a. M. / New York / Paris 1988, 143-161.

Becker, Claudia: 'Naturgeschichte der Kunst' – Aspekte eines Programms von August Wilhelm Schlegel. In: Athenäum 7 (1997), 95-111.

Behler, Ernst: Die Theorie der Tragödie in der deutschen Frühromantik. In: Romantik in Deutschland. Ein interdisziplinäres Symposion, hrsg. v. Richard Brinkmann: Stuttgart 1978, 572-583.

– [Rez. zu Manfred Franks *Einführung in die frühromantische Ästhetik*]. In: Athenäum 1 (1991), 243-253.

– Frühromantik, Berlin / New York 1992.

Benjamin, Walter: Der Begriff der Kunstkritik in der deutschen Romantik, hrsg. v. Hermann Schweppenhäuser, Frankfurt a. M. 1973.

Blamberger, Günter / Engel, Manfred / Ritzer, Monika (Hrsg.): Studien zur Literatur des Frührealismus, Frankfurt a. M. / Bern u.a. 1991.

Blinn, Hansjürgen: Einführung: Shakespeare in Deutschland. 1790-1830. In: Shakespeare-Rezeption. Die Diskussion um Shakespeare in Deutschland, Bd. 2, Ausgewählte Texte von 1793 bis 1827, hrsg. v. H. B., Berlin 1988, 9-66.

Böckmann, Paul: Die romantische Poesie und ihre Grundlagen bei Friedrich Schlegel und Tieck. Ein Beitrag zur Entwicklung der Formensprache der deutschen Romantik. In: Jahrbuch des Freien Deutschen Hochstifts Frankfurt a. M. (1934/35), 56-176.

Bockelmann, Eske: Propädeutik einer endlich gültigen Theorie von den deutschen Versen, Tübingen 1991.

– Das Hören nach dem Takt. Oder: Vom Rätsel angeborener Geschichte. In: Historische Anthropologie 6 (1998), 294-317.

Bohrer, Karl Heinz: Der romantische Brief. Die Entstehung ästhetischer Subjektivität, München 1987.

– Die Kritik der Romantik. Der Verdacht der Philosophie gegen die literarische Moderne, Frankfurt a. M. 1989.

Bollenbeck, Georg: Das 'Volksbuch' als Projektionsformel. Zur Entstehung und Wirkung eines Konventionsbegriffes. In: Mittelalter-Rezeption. Gesammelte Vorträge des Salzburger Symposions 'Die Rezeption mittelalterlicher Dichter und ihrer Werke in Literatur, Bildender Kunst und Musik des 19. und 20. Jahrhunderts', hrsg. v. Jürgen Kühnel, Hans-Dieter Mück, Ulrich Müller, Göttingen 1979, 141-171.

Bormann, Alexander von: Der Töne Licht. Zum frühromantischen Programm der Wortmusik. In: Die Aktualität der Frühromantik, hrsg. v. Ernst Behler, Jochen Hörisch, Paderborn / München / Wien / Zürich 1987, 193-207.

Bourdieu, Pierre: Die Regeln der Kunst. Genese und Struktur des literarischen Feldes, übers. v. Bernd Schwibs, Achim Russer, Frankfurt a. M. 1999.

Brandstetter, Gabriele: *Penthesilea*. 'Das Wort des Greuelrätsels'. Die Überschreitung der Tragödie. In: Kleists Dramen. Interpretationen, hrsg. v. Walter Hinderer, Stuttgart 1997, 75-115.

Bräutigam, Bernd: Leben wie im Roman. Untersuchungen zum ästhetischen Imperativ im Frühwerk Friedrich Schlegels (1794-1800), Paderborn / München / Wien / Zürich 1986.

Brenner, Peter J.: Das Problem der Interpretation. Eine Einführung in die Grundlagen der Literaturwissenschaft, Tübingen 1998.

Broich, Ulrich / Pfister Manfred (Hrsg.): Intertextualität. Formen, Funktionen, anglistische Fallstudien, Tübingen 1985.

Bürger, Peter: Prosa der Moderne, unter Mitarbeit von Christa Bürger, Frankfurt a. M. 1988.

Busch, Werner: Das sentimentalische Bild, München 1993.

Buschendorf, Bernhard: Goethes mythische Denkform. Zur Ikonographie der *Wahlverwandtschaften*, Frankfurt a. M. 1986.

Campe, Rüdiger: Vor Augen Stellen. Über den Rahmen rhetorischer Bildgebung. In: Poststrukturalismus. Herausforderung an die Literaturwissenschaft, DFG-Symposion 1995, hrsg. v. Gerhard Neumann, Stuttgart / Weimar 1997, 208-225.

Catholy, Eckehard: Die geschichtlichen Voraussetzungen des Illusionstheaters in Deutschland. In: Festschrift für Klaus Ziegler, hrsg. v. Eckehard Catholy, Winfried Hellmann, Tübingen 1968, 93-111.

Ciupke, Markus: „Des Geklimpers vielverworrner Töne Rausch". Die metrische Gestaltung in Goethes *Faust*, Göttingen 1994.

Dannenberg, Matthias: Schönheit des Lebens. Eine Studie zum 'Werden' der Kritikkonzeption Friedrich Schlegels, Würzburg 1993.

Dedner, Burghard: Bildsystem und Gattungsunterschiede in *Leonce und Lena*, *Dantons Tod* und *Lenz*. In: Georg Büchner. Leonce und Lena. Kritische Studienausgabe, Beiträge zu Text und Quellen von Jörg Jochen Berns, Burghard Dedner, Thomas Michael Mayer u. E. Theodor Voss, hrsg. v. Burghard Dedner, Frankfurt a. M. 1987, 157-218.

Demmer, Sybille: Untersuchungen zu Form und Geschichte des Monodramas, Köln / Wien 1982.

Denkler, Horst: Einleitung. In: August von Platen: Die verhängnisvolle Gabel. Der romantische Ödipus. Neudruck der Erstausgaben. Mit Karl Immermanns *Der im Irrgarten der Metrik umhertaumelnde Cavalier*, hrsg. v. Irmgard Denkler, Horst Denkler, Stuttgart 1979, 3-33.

Denneler, Iris: Die Kehrseite der Vernunft. Zur Widersetzlichkeit der Literatur in Spätaufklärung und Romantik, München 1996.

Derrida, Jacques: Grammatologie, Frankfurt a. M. 1983 [¹1967].

Ehrlich, Lothar: Grabbe und Büchner. Dramaturgische Tradition und Innovation. In: Grabbe und die Dramatiker seiner Zeit. Beiträge zum 2. Internationalen Grabbe-Symposion 1989. Im Auftrag der Grabbe-Gesellschaft hrsg. v. Detlev Kopp, Michael Vogt unter Mitw. v. Werner Boor, Tübingen 1990, 169-186.

Ehrlich, Lothar / Steinecke, Hartmut / Vogt, Michael (Hrsg.): Vormärz und Klassik, Vormärz-Studien 1, Bielefeld 1999.

Eibl, Karl: Die Entstehung der Poesie, Frankfurt a. M. / Leipzig 1995.

Eisenhauer, Gregor: 'Die Rache Yorix'. Arno Schmidts Poetik des gelehrten Witzes und der humoristischen Gerichtsbarkeit, Tübingen 1992.

Endres, Johannes: Das 'depotenzierte' Subjekt. Zu Geschichte und Funktion des Komischen bei Heinrich von Kleist, Würzburg 1996.

Engel, Manfred: Der Roman der Goethezeit, Bd. 1, Anfänge in Klassik und Frühromantik: Transzendentale Geschichte, Stuttgart / Weimar 1993.

Esposito, Elena: Code und Form. In: Systemtheorie der Literatur, hrsg. v. Jürgen Fohrmann, München 1996, 56-81.

Fauser, Markus: Intertextualität als Poetik des Epigonalen. Immermann-Studien, München 1999.

Fohrmann, Jürgen: Schiffbruch mit Strandrecht. Der ästhetische Imperativ in der 'Kunstperiode', München 1998.

Frank, Gustav: Krise und Experiment. Komplexe Erzähltexte im literarischen Umbruch des 19. Jahrhunderts, Wiesbaden 1998.

Frank, Manfred: Das Problem 'Zeit' in der deutschen Romantik. Zeitbewußtsein und Bewußtsein von Zeitlichkeit in der frühromantischen Philosophie und in Tiecks Dichtung, München 1972.

– Einführung in die frühromantische Ästhetik. Vorlesungen, Frankfurt a. M. 1989.

– 'Unendliche Annäherung'. Die Anfänge der philosophischen Frühromantik, Frankfurt a. M. 1997 (a)

– Wie reaktionär war eigentlich die Frühromantik? (Elemente zur Aufstörung der Meinungsbildung). In: Athenäum 7 (1997) (b), 141-166.

Fromm, Waldemar: Inspirierte Ähnlichkeit. Überlegungen zu einem ästhetischen Verfahren des Novalis. In: DVjs 71 (1997), 559-588.

Fuchs, Peter: Die Form romantischer Kommunikation. In: Athenäum 3 (1993), 199-222.

Gaier, Ulrich: Kritik des Epochenbegriffs 'Romantik'. In: DU 39 (1987), 43-57.

Genette, Gérard: Fiktion und Diktion. Aus dem Französischen von Heinz Jatho, München 1992 [frz. Original 1991].

– Palimpseste. Die Literatur auf zweiter Stufe. Aus dem Französischen von Wolfram Bayer, Dieter Hornig, Frankfurt a. M. 1993 [frz. Original 1982].

Gier, Albert: Das Libretto. Theorie und Geschichte einer musikoliterarischen Gattung, Darmstadt 1998.

Gnüg, Hiltrud: Entstehung und Krise lyrischer Subjektivität. Vom klassischen lyrischen Ich zur modernen Erfahrungswirklichkeit, Stuttgart 1983.

Greif, Stefan: Die Malerei kann ein sehr beredtes Schweigen haben. Beschreibungskunst und Bildästhetik der Dichter, München 1998.

Greiner, Bernhard: Die Komödie. Eine theatralische Sendung: Grundlagen und Interpretation, Tübingen 1992.

Groß, Sabine: Lese-Zeichen. Kognition, Medium und Materialität im Leseprozeß, Darmstadt 1994.

Guthke, Karl S.: Gerstenberg und die Shakespearedeutung der deutschen Klassik und Romantik. In: Journal of English and Germanic Philology 58 (1959), 91-108.

Hamburger, Käte: Die Logik der Dichtung, Frankfurt a. M. / Berlin / Wien 1980 [¹1957].

Hegel, Georg Wilhelm Friedrich: Vorlesungen über die Ästhetik, 2 Bde., hrsg. v. Rüdiger Bubner, Stuttgart 1971.

Heidbrink, Ludger: Intensität als Kategorie ästhetischer Erfahrung. In: Musik & Ästhetik 3 (1999), 5-27.

Henkel, Arthur: Was ist eigentlich romantisch? In: Festschrift für Richard Alewyn, hrsg. v. Herbert Singer / Benno von Wiese, Köln / Graz 1967, 292-308.

Hering, Christoph: Friedrich Maximilian Klinger. Der Weltmann als Dichter, Berlin 1966.

Hettner, Hermann: Maler Müller [Einleitung]. In: Dichtungen von Maler Müller, hrsg. v. H. H., Bd. 1, Leipzig 1868 [Reprint Bern 1968], V-XVI.

Hiebel, Hans H.: Allusion und Elision in Georg Büchners *Leonce und Lena*. Die intertextuellen Beziehungen zwischen Büchners Lustspiel und Stücken von Shakespeare, Musset und Brentano. In: 2. Internationales Georg Büchner Symposium 1987. Referate, hrsg. v. Burghard Dedner, Günter Oesterle, Frankfurt a. M. 1990, 353-378.

Hillmann, Heinz: Wunderbares in der Dichtung der Aufklärung. Untersuchungen zum französischen und deutschen Feenmärchen. In: DVjs 1 (1969), 76-113.

– Bildlichkeit der deutschen Romantik, Frankfurt a. M. 1971 (a).

Hinck, Walter: Das deutsche Lustspiel des 17. und 18. Jahrhunderts und die italienische Komödie, Commedia dell'arte und Théâtre italien, Stuttgart 1965.

– Einleitung. In: Handbuch des deutschen Dramas, hrsg. v. Walter Hinck, Düsseldorf 1980, 7-10.

Hoff, Dagmar von: Dramatische Weiblichkeitsmuster zur Zeit der Französischen Revolution. Dramen von deutschsprachigen Autorinnen um 1800. In: Die Marseillaise der Weiber. Frauen, die Französische Revolution und ihre Rezeption, hrsg. v. Inge Stephan, Sigrid Weigel, Hamburg 1989, 74-88.

Hoffmeister, Gerhart: Deutsche und europäische Romantik, Stuttgart 1978.

– Deutsche und europäische Romantik. In: Romantik-Handbuch, hrsg. v. Helmut Schanze, Stuttgart 1994, 130-164.

Homann, Renate: Selbstreflexion der Literatur. Studien zu Dramen von G.E. Lessing und H. von Kleist, München 1986.

– Unterkomplexe Autopoiesis. Zu Peter Fuchs' systemtheoretischer Betrachtung von Kunst und Literatur. In: IASL 21 (1996), 190-210.

– Theorie der Lyrik. Heautonome Autopoiesis als Paradigma der Moderne, Frankfurt a. M. 1999.

Hubert, Ulrich: Karl Philipp Moritz und die Anfänge der Romantik. Tieck – Wackenroder – Jean Paul – Friedrich und August Wilhelm Schlegel, Frankfurt a. M. 1968.

Hühn, Lore: Das Schweben der Einbildungskraft. Zur frühromantischen Überbietung Fichtes. In: DVjs 70 (1996), 569-599.

Hüser, Rembert: Frauenforschung. In: Systemtheorie der Literatur, hrsg. v. Jürgen Fohrmann, München 1996, 238-275.

Immerwahr, Raymond: Romantisch. Genese und Tradition einer Denkform, Frankfurt a. M. 1972.

Inbar, Eva Maria: Shakespeare in der Diskussion um die aktuelle deutsche Literatur 1773-1777. Zur Entstehung der Begriffe 'Shakespearisierendes Drama' und 'Lesedrama'. In: Jahrbuch des Freien Deutschen Hochstifts (1979), 1-39.

Iser, Wolfgang: Vorwort. In: Theodor A. Meyer: Das Stilgesetz der Poesie, Frankfurt a. M. 1990 [¹1901], 12-20.

– [Wolfgang Iser im Gespräch mit Ellen Spielmann]. Neu starten, Spurenwechsel: Poetik und Hermeneutik, ein Exportprodukt. In: Weimarer Beiträge 22 (1998), 92-103.

Jakobson, Roman: Linguistik und Poetik (1960). In: R. J.: Poetik. Ausgewählte Aufsätze 1921-1971, hrsg. v. Elmar Holenstein, Tarcisius Schelbert, Frankfurt a. M. 1979, 83-121.

Japp, Uwe: Hermeneutik. Der theoretische Diskurs, die Literatur und die Konstruktion ihres Zusammenhangs in den philologischen Wissenschaften, München 1977.

– Theorie der Ironie, Frankfurt a. M. 1983.

– Die literarische Fiktion. In: Die Dichter lügen, nicht. Über Erkenntnis, Literatur und Leser, hrsg. v. Carola Hilmes, Dietrich Mathy, Würzburg 1995, 47-58.

– Kleist und die Komödie seiner Zeit. In: Kleist-Jahrbuch (1996), 108-120.

– Rekapitulation der Weltliteratur. Arno Schmidts Totengespräche. In: DVjs 71 (1997), 164-177.

Kalmbach, Gabriele: Der Dialog im Spannungsfeld von Schriftlichkeit und Mündlichkeit, Tübingen 1996.

Kannicht, Richard : Handlung als Grundbegriff der Aristotelischen Theorie des Dramas. In: Poetica 8 (1976), 326-336 [im Rahmen des Sonderteils 'Dramentheorie – Handlungstheorie' (Bochumer Diskussion), 321-450].

Keßler, Ludwig: Der Prosaroman vom Kaiser Oktavian. Eine Stoff- und Stilanalyse, phil. Diss. Frankfurt a. M. 1930.

Ketelsen, Uwe-K.: Narrative Form und Präsenz der Figur. 'Lebensläufe' im Drama um 1800 oder: Warum gab es kein Bildungsdrama?. In: Lebensläufe um 1800, hrsg. v. Jürgen Fohrmann, Tübingen 1998, 106-120.

Kimmich, Dorothee / Renner Rolf Günter / Stiegler Bernd (Hrsg.): Texte zur Literaturtheorie der Gegenwart, hrsg. und komment. v. Dorothee Kimmich, Rolf Günter Renner, Bernd Stiegler, Stuttgart 1996.

Kittler, Friedrich A.: Über romantische Datenverarbeitung. In: Die Aktualität der Frühromantik, hrsg. v. Ernst Behler, Jochen Hörisch, Paderborn / München / Wien / Zürich 1987, 127-140.

– Aufschreibesysteme 1800/1900, 3. vollst. überarb. Aufl. München 1995.

Kittsteiner, Heinz. D.: Die Entstehung des modernen Gewissens, Frankfurt a. M. 1991.

Klöckner, Bernhard: Theodor A. Meyers *Stilgesetz der Poesie* und der ästhetische Diskurs der Jahrhundertwende. In: Poetica 29 (1997), 270-305.

Klotz, Volker: Geschlossene und offene Form im Drama, München 1972[6] [1960[1]].

– Radikaldramatik. Szenische Vor-Avantgarde: Von Holberg zu Nestroy, von Kleist zu Grabbe, Bielefeld 1996.

Kluge, Gerhard: *Die Braut von Messina.* In: Schillers Dramen. Neue Interpretationen, hrsg. v. Walter Hinderer, Stuttgart 1979, 242-270.

Konersmann, Ralf: Der Schleier des Timanthes. Perspektiven der historischen Semantik, Frankfurt a. M. 1994.

Koschorke, Albrecht: Die Geschichte des Horizonts. Grenze und Grenzüberschreitung in literarischen Landschaftsbildern, Frankfurt a. M. 1990.

– Alphabetisation und Empfindsamkeit. In: Der ganze Mensch. Anthropologie und Literatur im 18. Jahrhundert, DFG-Symposion 1992, hrsg. v. Hans-Jürgen Schings, Stuttgart / Weimar 1994 (a), 605-628.

– Die Verschriftlichung der Liebe und ihre empfindsamen Folgen. Zu Modellen erotischer Autorschaft bei Gleim, Lessing und Klopstock. In: Lesen und Schreiben im 17. und 18. Jahrhundert. Studien zu ihrer Bewertung in Deutschland, England, Frankreich, hrsg. v. Paul Goetsch, Tübingen 1994 (b), 251-264.

– Platon / Schrift / Derrida. In: Poststrukturalismus. Herausforderung an die Literaturwissenschaft, DFG-Symposion 1995, hrsg. v. Gerhard Neumann, Stuttgart / Weimar 1997, 40-58.

– Körperströme und Schriftverkehr. Mediologie des 18. Jahrhunderts, München 1999.

Košenina, Alexander: Anthropologie und Schauspielkunst. Studien zur 'eloquentia corporis' im 18. Jahrhundert, Tübingen 1995.

Krämer, Jörg: Deutschsprachiges Musiktheater im späten 18. Jahrhundert. Typologie, Dramaturgie und Anthropologie einer populären Gattung, 2 Bde. [durchgehend paginiert], Tübingen 1998.

Kraft, Herbert: Das Schicksalsdrama. Interpretation und Kritik einer literarischen Reihe, Tübingen 1974.

Krah, Hans: 'Gelöste Bindungen / bedingte Lösungen'. Untersuchungen zum Drama im ersten Drittel des 19. Jahrhunderts, Passau 1996.

Krause, Markus: Das Trivialdrama der Goethezeit 1780-1805. Produktion und Rezeption, Bonn 1982.

Kremer, Detlef / Wegmann, Nikolaus: Geld und Ehre. Zum Problem frühneuzeitlicher Verhaltenssemantik im *Fortunat.* In: Germanistik – Forschungsstand und Perspektiven. Vorträge des Deutschen Germanistentages 1984, hrsg. v. Georg Stötzel, 2. Teil: Ältere Deutsche Literatur. Neuere Deutsche Literatur, Berlin / New York 1985, 160-178.

– Romantische Metamorphosen. E.T.A. Hoffmanns Erzählungen, Stuttgart / Weimar 1993.

– Prosa der Romantik, Stuttgart / Weimar 1997.

Kreutzer, Hans Joachim: Der Mythos vom Volksbuch. Studien zur Wirkungsgeschichte des frühen deutschen Romans seit der Romantik, Stuttgart 1977.

Küster, Ulrike: Das Melodrama. Zum ästhetikgeschichtlichen Zusammenhang von Dichtung und Musik im 18. Jahrhundert, Frankfurt a. M. / Berlin / Bern u.a. 1994.

Kurzke, Hermann: Die Wende von der Frühromantik zur Spätromantik. In: Athenäum 2 (1992), 165-177.

Landwehr, Jürgen: Das suspendierte Formurteil. Versuch der Grundlegung einer Gattungslogik anläßlich von Lenz' sogenannten Tragikomödien *Der Hofmeister* und *Die Soldaten*. In: Lenz-Jahrbuch 6 (1996), 7-61.

Lubkoll, Christine: Mythos Musik. Poetische Entwürfe des Musikalischen in der Literatur um 1800, Freiburg 1995.

Luhmann, Niklas: Die Kunst der Gesellschaft, Frankfurt a. M. 1995.

– Eine Redeskription 'romantischer Kunst'. In: Systemtheorie der Literatur, hrsg. v. Jürgen Fohrmann, München 1996, 325-344.

– Die Gesellschaft der Gesellschaft, Frankfurt a. M. 1997.

Luserke, Matthias: Sturm und Drang. Autoren – Texte – Themen, Stuttgart 1997.

Martin, Dieter: Barock um 1800. Bearbeitung und Aneignung deutscher Literatur des 17. Jahrhunderts von 1770 bis 1830, Frankfurt a. M. 2000.

Martus, Steffen: Sinn und Form in Goethes *Egmont*. In: Goethe-Jahrbuch 115 (1998), 45-61.

– / Stockinger, Claudia: Die Beruhigung des Innern. Zur Audiologie der Affekte. In: Emotions and Cultural Change. Gefühlskultur im Wandel, hrsg. v. Burkhardt Krause, Ulrich Scheck, Tübingen 2003 [im Druck].

Matuschek, Stefan: Über Novalis' *Monolog* und kritische Erbauung. In: Athenäum 6 (1996), 197-206.

– 'Doch Homeride zu sein, auch nur als letzter, ist schön.' Zur Bedeutung der Mythologie bei Friedrich Schlegel. In: DVjs 72 (1998), 115-125.

Mayer, Mathias: Selbstbewußte Illusion. Selbstreflexion und Legitimation der Dichtung im *Wilhelm Meister*, Heidelberg 1989.

– Künstlicher Naturzustand: Zur Literaturgeschichte der Oper. In: IASL 20 (1995), 155-172.

Meier, Albert: Dramaturgie der Bewunderung. Untersuchungen zur politisch-klassizistischen Tragödie des 18. Jahrhunderts, Frankfurt a. M. 1993.

Menke, Bettine: Prosopopoiia. Stimme und Text bei Brentano, Hoffmann, Kleist und Kafka, München 2000.

Mennemeier, Franz Norbert: Friedrich Schlegels Poesiebegriff, dargestellt anhand der literaturkritischen Schriften. Die romantische Konzeption einer objektiven Poesie, München 1971.

– Der 'heilige Hauch [...] in den Tönen der Musik'. Bemerkungen zur (früh)romantischen Theorie des Lyrischen. In: GRM 46 (1996), 34-43.

Menninghaus, Winfried: Unendliche Verdopplung. Die frühromantische Grundlegung der Kunsttheorie im Begriff absoluter Selbstreflexion, Frankfurt a. M. 1987.

– Klopstocks Poetik der schnellen 'Bewegung'. In: Friedrich Gottlieb Klopstock: Gedanken über die Natur der Poesie. Dichtungstheoretische Schriften, hrsg. v. Winfried Menninghaus, Frankfurt a. M. 1989, 259-361.

– Lob des Unsinns. Über Kant, Tieck und Blaubart, Frankfurt a. M. 1995.

– Lärm und Schweigen. Religion, moderne Kunst und das Zeitalter des Computers. In: Merkur 50 (1996), 469-479.

Meyer, Theodor A.: Das Stilgesetz der Poesie. Mit einem Vorwort von Wolfgang Iser, Frankfurt a. M. 1990 [¹1901].

Michelsen, Peter: Der Bruch mit der Vaterwelt. Studien zu Schillers *Räubern*. Heidelberg 1979.

Minor, Jacob: Classiker und Romantiker. In: Goethe-Jahrbuch 10 (1889), 212-232.

Müller, Götz: Die Einbildungskraft im Wechsel der Diskurse. Annotationen zu Adam Bernd, Karl Philipp Moritz und Jean Paul. In: Der ganze Mensch. Anthropologie und Literatur im 18. Jahrhundert, DFG-Symposion 1992, hrsg. v. Hans-Jürgen Schings, Stuttgart / Weimar 1994, 697-723.

Mülder-Bach, Inka: Im Zeichen Pygmalions. Das Modell der Statue und die Entdeckung der 'Darstellung' im 18. Jahrhundert. München 1998.

Müller-Seidel, Walter: Episches im Theater der Deutschen Klassik. Eine Betrachtung über Schillers *Wallenstein*. In: JbdSchG 20 (1976), 338-386.

– *Penthesilea* im Kontext der deutschen Klassik. In: Kleists Dramen. Neue Interpretationen, hrsg. v. Walter Hinderer, Stuttgart 1981, 144-171.

Naumann, Barbara: Musikalisches Ideen-Instrument. Das Musikalische in Poetik und Sprachtheorie der Frühromantik, Stuttgart 1990.

Nagel, Ivan: Autonomie und Gnade. Über Mozarts Opern, München / Wien 1988.

Neumann, Michael: Unterwegs zu den Inseln des Scheins. Kunstbegriff und literarische Form in der Romantik von Novalis bis Nietzsche, Frankfurt a. M. 1991.

Neumann, Gerhard / Oesterle, Günter (Hrsg.): Bild und Schrift in der Romantik, Würzburg 1999.

Oesterle, Günter: Die folgenreiche und strittige Konjunktur des Umrisses in Klassizismus und Romantik. In: Bild und Schrift in der Romantik, hrsg. v. Gerhard Neumann, Günter Oesterle, Würzburg 1999, 29-58.

Ort, Claus-Michael: Zeichen und Zeit. Probleme des literarischen Realismus, Tübingen 1998.

Osinski, Jutta: Katholizismus und deutsche Literatur im 19. Jahrhundert, Paderborn / München / Wien / Zürich 1993.

Ostermann, Eberhard: Fragment / Aphorismus. In: Romantik-Handbuch, hrsg. v. Helmut Schanze, Stuttgart 1994, 276-288.

Pache, Walter: Nachwort. In: Ben Jonson: Volpone, or The Fox / Volpone oder Der Fuchs, eng. / dt., übers. v. Walter Pache, Richard Perry, erl. u. mit einem Nachwort hrsg. v. Walter Pache, Stuttgart 1983, 307-350.

Paulin, Roger: Romantik. In: Literaturlexikon, Bd. 13, Begriffe, Realien, Methoden, hrsg. v. Volker Meid, Gütersloh 1993 (a), 316-321.

– 1806/07 – ein Krisenjahr der Frühromantik? In: Kleist-Jahrbuch (1993) (b), 137-151.

Peter, Klaus (Hrsg.): Romantikforschung seit 1945, Königstein / Ts. 1980.

– (Hrsg.): Die politische Romantik in Deutschland. Eine Textsammlung, Stuttgart 1985.

Petersdorff, Dirk von: Mysterienrede. Zum Selbstverständnis romantischer Intellektueller, Tübingen 1996.

– 200 Jahre deutsche Kunstreligion. Ein Gang zu den Wurzeln der Moderne; und Gegenmoderne; und zurück. In: NR 108 (1997) H. 4, 67-87.

Pfister, Manfred: Das Drama. Theorie und Analyse, München 1988[7] [1977[1]].

Pfotenhauer, Helmut: Pygmalion. Heinses Hermeneutik lebendiger Bilder. In: H. Pf.: Um 1800. Konfigurationen der Literatur, Kunstliteratur und Ästhetik, Tübingen 1991, 27-56.

– / Bernauer, Markus / Miller, Norbert u.a. (Hrsg.): Frühklassizismus. Position und Opposition: Winckelmann, Mengs, Heinse, Frankfurt a. M. 1995.

Pikulik, Lothar: Romantik als Ungenügen an der Normalität. Am Beispiel Tiecks, Hoffmanns, Eichendorffs, Frankfurt a. M. 1979.

– Frühromantik. Epoche – Werke – Wirkung, München 1992.

Plumpe, Gerhard / Werber, Niels: Systemtheorie in der Literaturwissenschaft oder 'Herr Meier wird Schriftsteller'. In: Systemtheorie der Literatur, hrsg. v. Jürgen Fohrmann, München 1996, 173-208.

Pohlheim, Karl Konrad (Hrsg.): Der Poesiebegriff der deutschen Romantik, Paderborn 1972.

Poschmann, Gerda: Der nicht mehr dramatische Theatertext. Aktuelle Bühnenstücke und ihre dramaturgische Analyse, Tübingen 1997.

Profitlich, Ulrich u.a. (Hrsg.): Komödientheorie. Texte und Kommentare. Vom Barock bis zur Gegenwart, Reinbek 1998.

Pütz, Peter: Die Zeit im Drama. Zur Technik dramatischer Spannung, Göttingen 1970.

Ribbat, Ernst: Einleitung. In: Romantik. Ein literaturwissenschaftliches Studienbuch, Königstein / Ts. 1979 (a), 1-6.

– Grabbe und Tieck. Notizen zu einem Mißverständnis. In: Grabbe und die Dramatiker seiner Zeit. Beiträge zum 2. Internationalen Grabbe-Symposion 1989. Im Auftrag der Grabbe-Gesellschaft hrsg. v. Detlev Kopp, Michael Vogt unter Mitw. v. Werner Boor, Tübingen 1990, 103-116.

Rieger, Stefan: Medienwissenschaft der Literatur – Literaturwissenschaft der Medien. In: Einführung in die Literaturwissenschaft, hrsg. v. Miltos Pechlivanos, Stefan Rieger, Wolfgang Struck, Michael Weitz, Stuttgart / Weimar 1995, 402-412.

Ritzer, Monika: Schillers dramatischer Stil. In: Schiller-Handbuch, hrsg. v. Helmut Koopmann in Zusammenarbeit mit der Deutschen Schillergesellschaft Marbach, Stuttgart 1988, 240-269.

Roberts, David: Die Paradoxie der Form in der Literatur. In: Probleme der Form, hrsg. v. Dirk Baekker, Frankfurt a. M. 1993, 22-44.

Sauder, Gerhard: Maler Müllers dramatische Welt. In: Lenz-Jahrbuch 6 (1996), 182-197.

Sautermeister, Gert / Schmid, Ulrich (Hrsg.): Zwischen Restauration und Revolution 1815-1848, München 1998.

Schabert, Ina (Hrsg.): Shakespeare-Handbuch. Die Zeit, der Mensch, das Werk, die Nachwelt, Stuttgart 1992.

Schadewaldt, Wolfgang: Antikes und Modernes in Schillers *Braut von Messina*. In: JbdSchG 13 (1969), 286-307.

Schanze, Helmut: Einleitung. In: Romantik-Handbuch, hrsg. v. Helmut Schanze, Stuttgart 1994 (a), 1-15.

– Romantische Rhetorik. In: Romantik-Handbuch, hrsg. v. Helmut Schanze, Stuttgart 1994 (b), 336-350.

Scheffel, Michael: Formen selbstreflexiven Erzählens. Eine Typologie und sechs exemplarische Analysen, Tübingen 1997.

Scheffer, Bernd: Interpretation und Lebensroman. Zu einer konstruktivistischen Literaturtheorie, Frankfurt a. M. 1992.

Scherer, Stefan: Richard Beer-Hofmann und die Wiener Moderne, Tübingen 1993 (a).

– (zusammen mit Ulrike Bausewein / Randall Herz / Dietrich Huschenbett / Frank Sczesny / Bettina Wagner): Deutsche und niederländische Pilgerberichte von Palästina-Reisenden im späten Mittelalter und in der Frühen Neuzeit. Das SFB-Projekt A5. In: Wissensliteratur im Mittelalter und in der Frühen Neuzeit. Bedingungen, Typen, Publikum, Sprache, hrsg. v. Horst Brunner, Norbert Richard Wolf, Wiesbaden 1993 (b), 131-155.

– Die Metamorphosen des Wolpertingers. Zur Poetik und zum Werk von Alban Nikolai Herbst. In: Juni 26 (1997), 167-190.

– Philologische Modernisierung in der Restauration. Literaturwissenschaft in den 1950er Jahren: Peter Szondi. In: Literaturwissenschaft und Wissenschaftsforschung, DFG-Symposion 1998, hrsg. v. Jörg Schönert, Stuttgart / Weimar 2000 (b), 292-316.

– Linearität - Verräumlichung / Simultaneität - Selbstinvolution. Texturen erzählter Zeit 1900 - 2000. In: Zeitwahrnehmung und Zeitbewußtsein der Moderne, hrsg. v. Annette Simonis, Linda Simonis, Bielefeld 2000 (c), 335-358.

– Mediologische Narration. Sinnliche Gewißheit und erzählte Medientheorie in Prosatexten der 90er Jahre. In: Akten des X. Internationalen Germanistenkongresses Wien 2000. 'Zeitenwende – Die Germanistik auf dem Weg vom 20. ins 21. Jahrhundert', hrsg. v. Peter Wiesinger unter Mitarbeit v. Hans Derkits, Bd. 7: Gegenwartsliteratur, betreut v. Corina Caduff, Helmut Kiesel, Bern / Berlin / Bruxelles / Frankfurt a. M. u. a 2002, 113-118.

Scheuer, Helmut: Das 'Volksbuch' *Fortunatus* (1509). Zwischen feudaler Anpassung und bürgerlicher Selbstverwirklichung. In: Literatursoziologie, Bd. 2, Beiträge zur Praxis, hrsg. v. Joachim Bark, Stuttgart / Berlin / Köln / Mainz 1974, 99-117.

Schimpf, Wolfgang: Lyrisches Theater. Das Melodrama des 18. Jahrhunderts, Göttingen 1988.

Schlaffer, Hannelore: Nachwort. In: Karoline von Günderrode: Gedichte, Prosa, Brief, hrsg. v. H.S., Stuttgart 1998, 131-145.

Schlaffer, Heinz: Faust zweiter Teil. Die Allegorie des 19. Jahrhunderts, Stuttgart 1989 [¹1981].

– Poesie und Wissen. Die Entstehung des ästhetischen Bewußtseins und der philologischen Erkenntnis, Frankfurt a. M. 1990.

Schmidt, Siegfried J.: Die Selbstorganisation des Sozialsystems Literatur im 18. Jahrhundert, Frankfurt
   a. M. 1989.

Schmitz, Walter: „Die Welt muß romantisiert werden...". Zur Inszenierung einer Epochenschwelle
   durch die Gruppe der 'Romantiker' in Deutschland. In: Germanistik und Komparatistik, DFG-
   Symposion 1993, hrsg. v. Hendrik Birus, Stuttgart / Weimar 1995, 290-308.

Schneider, Jost: Autonomie, Heteronomie und Literarizität in den *Herzensergießungen eines kunstliebenden
   Klosterbruders* und den *Phantasien über die Kunst.* In: ZfdPh 117 (1998), 161-172.

Schneider, Sabine M.: Das Ornament als Reflexionsfigur einer Kunsttheorie am Beginn der Moderne.
   Karl Philipp Moritz' *Vorbegriffe zu einer Theorie der Ornamente.* In: Historismus und Moderne, hrsg.
   v. Harald Tausch, Würzburg 1996, 19-40.

– Die schwierige Sprache des Schönen. Moritz' und Schillers Semiotik der Sinnlichkeit, Würzburg
   1998.

Schöpflin, Karin: Theater im Drama bei Shakespeare und auf der englischen Bühne seiner Zeit, phil.
   Diss. Hamburg 1988.

Schrimpf, Hans Joachim: Karl Philipp Moritz, Stuttgart 1980.

Schulz. Gerhard: Die deutsche Literatur zwischen Französischer Revolution und Restauration. Erster
   Teil: Das Zeitalter der Französischen Revolution 1789-1806, München 1983.

– Die deutsche Literatur zwischen Französischer Revolution und Restauration. Zweiter Teil: Das
   Zeitalter der Napoleonischen Kriege und der Restauration 1806-1830, München 1989.

– [Rez.: Lothar Pikulik: Frühromantik. Epoche – Werke – Wirkung]. In: Arbitrium 12 (1994), 207-
   211.

– Romantik. Geschichte und Begriff, München 1996.

Schwering, Markus: [Zeitgeschichte (16-30), Politische Romantik (477-507), Romantische Theorie der
   Gesellschaft (508-540), Romantische Geschichtsauffassung – Mittelalterbild und Europagedanke
   (541-555)]. In: Romantik-Handbuch, hrsg. v. Helmut Schanze, Stuttgart 1994.

Segeberg, Harro: Phasen der Romantik. In: Romantik-Handbuch, hrsg. v. Helmut Schanze, Stuttgart
   1994, 31-78.

Sengle, Friedrich: Biedermeierzeit. Deutsche Literatur im Spannungsfeld zwischen Restauration und
   Revolution 1815-1848, Bd. 1: Allgemeine Voraussetzungen, Richtungen, Darstellungsmittel,
   Stuttgart 1971.

– Biedermeierzeit. Deutsche Literatur im Spannungsfeld zwischen Restauration und Revolution
   1815-1848, Bd. 2: Die Formenwelt, Stuttgart 1972 (a)

– Die Braut von Messina. In: Schiller. Zur Theorie und Praxis der Dramen, hrsg. v. Klaus L. Berghahn; Reinhold Grimm, Darmstadt 1972 (b), 249-273.

Sohn-Rethel: Warenform und Denkform. Mit zwei Anhängen, Frankfurt a. M. 1978.

Speck, Stefan: Von Šklovskij zu den Man. Zur Aktualität formalistischer Literaturtheorie, München
   1997.

Sprengel, Peter: Triumph und Versammlung. Strukturen des Festspiels in Klassik und Romantik. Mit
   einem ungedruckten Text Achim von Arnims: *Plan zu einem Festspiele beym Feste des allgemeinen Friedens.* In: Aurora 50 (1990), 1-26

Staub, Margret: Die spanische Romanze in der Dichtung der deutschen Romantik mit besonderer Be-
   rücksichtigung des Romanzenwerkes von Tieck, Brentano und Heine. Untersuchung zur vergleichenden Literaturgeschichte, phil. Diss. Hamburg 1970.

Stein, Volkmar: Bericht über den 10. Internationalen Kongreß der Eichendorff-Gesellschaft vom
   5. bis 8. Juli 1990 in Marbach. In: Aurora. 50 (1990), 236-244.

Steiner, Uwe C.: Die Verzeitlichung romantischer Schrift(t)räume – Tiecks Einspruch gegen Novalis.
   In: Athenäum 4 (1994), 311-347.

– „Können die Kulturwissenschaften eine neue moralische Funktion beanspruchen?". Eine Bestandsaufnahme. In: DVjs 71 (1997), 5-38.

Steinmetz, Horst: Die Trilogie. Entstehung und Struktur einer Großform des deutschen Dramas nach 1800, Heidelberg 1968.
- Das deutsche Drama von Gottsched bis Lessing, Stuttgart 1987.
Stierle, Karlheinz: Über den Zusammenhang von Handlungstheorie und Handlungspoetik. In: Poetica 8 (1976), 312-326 [im Rahmen des Sonderteils 'Dramentheorie – Handlungstheorie' (Bochumer Diskussion), 321-450].
Stockinger, Claudia / Martus, Steffen: Die Beruhigung des Innern. Zur Audiologie der Affekte. In: Emotions and Cultural Change. Gefühlskultur im Wandel, hrsg. v. Burkhardt Krause, Ulrich Scheck, Tübingen 2003 [im Druck].
Stockinger, Ludwig: Die Auseinandersetzung der Romantiker mit der Aufklärung. In: Romantik-Handbuch, hrsg. v. Helmut Schanze, Stuttgart 1994, 79-105.
Strohschneider-Kohrs, Ingrid: Die romantische Ironie in Theorie und Gestaltung, 2. durchges. und erw. Aufl. München 1977
Struck, Wolfgang: Konfigurationen der Vergangenheit. Deutsche Geschichtsdramen im Zeitalter der Restauration, Tübingen 1997.
Süss, Wilhelm: Aristophanes und die Nachwelt, Leipzig 1911.
Sussmann, Herbert J.: Anna Boleyn im deutschen Drama, Wien / Leipzig 1916.
Szondi, Peter: Theorie des modernen Dramas 1880-1950, Frankfurt a. M. 1963 [1956[1]].
- Poetik und Geschichtsphilosophie I/II, Bd. 1: Antike und Moderne in der Ästhetik der Goethezeit. Hegels Lehre von der Dichtung, hrsg. v. Senta Metz, Hans-Hagen Hildebrandt; Bd. 2: Von der normativen zur spekulativen Gattungspoetik. Schellings Gattungspoetik, hrsg. v. Wolfgang Fietkau, Frankfurt a. M. 1974.
- Versuch über das Tragische. In: Schriften I, Theorie des modernen Dramas (1880-1950). Versuch über das Tragische. Hölderlin-Studien. Mit einem Traktat über philologische Erkenntnis, Redaktion Wolfgang Fietkau, Frankfurt a. M. 1978, 149-260.
- Friedrich Schlegel und die romantische Ironie. Mit eine Beilage über Tiecks Komödien. In: Schriften II. Essays: Satz und Gegensatz. Lektüren und Lektionen. Celan-Studien. Anhang: Frühe Aufsätze, Redaktion Wolfgang Fietkau, Frankfurt a. M. 1978, 11-31.
- Briefe, hrsg. v. Christoph König, Thomas Sparr, Frankfurt a. M. 1993.
Tausch, Harald (Hrsg.): Historismus und Moderne, Würzburg 1996.
Thomasberger, Andreas: Verwandlungen in Hofmannsthals Lyrik. Zur sprachlichen Bedeutung von Genese und Gestalt, Tübingen 1994.
Titzmann, Michael (Hrsg.): Zwischen Goethezeit und Realismus. Wandel und Spezifik in der Phase des Biedermeier, Tübingen 2002.
Turk, Horst (Hrsg.): Theater und Drama. Theoretische Konzepte von Corneille bis Dürrenmatt, Tübingen 1992.
Ueding, Gert: Klassik und Romantik. Deutsche Literatur im Zeitalter der Französischen Revolution 1789-1815, München / Wien 1987.
Unger, Thorsten: Handeln im Drama. Theorie und Praxis bei J. Chr. Gottsched und J.M.R. Lenz, Göttingen 1993.
Vietta, Silvio: Literarische Phantasie: Theorie und Geschichte. Barock und Aufklärung, Stuttgart 1986.
- Vom Renaissance-Ideal zur deutschen Ideologie: Wilhelm Heinrich Wackenroder und seine Rezeptionsgeschichte. In: Romantik und Renaissance. Die Rezeption der italienischen Renaissance in der deutschen Romantik, hrsg. v. S. V., Stuttgart / Weimar 1994, 140-162.
Voss, E. Theodor: Arkadien in Büchners Leonce und Lena. In: Georg Büchner. Leonce und Lena. Kritische Studienausgabe, Beiträge zu Text und Quellen von Jörg Jochen Berns, Burghard Dedner, Thomas Michael Mayer u. E. Theodor Voss, hrsg. v. Burghard Dedner, Frankfurt a. M. 1987, 275-421.
Waring, Rainer: Elemente einer Pragmasemiotik der Komödie. In: Das Komische, hrsg. v. Wolfgang Preisendanz, Rainer Warning, München 1976, 279-333.

Wegmann, Nikolaus / Kremer, Detlef: Geld und Ehre. Zum Problem frühneuzeitlicher Verhaltens-
    semantik im *Fortunat*. In: Germanistik – Forschungsstand und Perspektiven. Vorträge des Deut-
    schen Germanistentages 1984, hrsg. v. Georg Stötzel, 2. Teil: Ältere Deutsche Literatur. Neuere
    Deutsche Literatur, Berlin / New York 1985, 160-178.

Wellbery, David E.: Das Gedicht: zwischen Literatursemiotik und Systemtheorie. In: Systemtheorie
    der Literatur, hrsg. v. Jürgen Fohrmann, München 1996, 366-383.

Werber, Niels: Literatur als System. Zur Ausdifferenzierung literarischer Kommunikation, Opladen
    1992.

– /Plumpe, Gerhard: Systemtheorie in der Literaturwissenschaft oder 'Herr Meier wird Schriftstel-
    ler'. In: Systemtheorie der Literatur, hrsg. v. Jürgen Fohrmann, München 1996, 173-208.

Willems, Gottfried: Anschaulichkeit. Zur Theorie und Geschichte der Wort-Bild-Beziehungen und
    des literarischen Darstellungstils, Tübingen 1989.

Wünsch, Marianne: Die Fantastische Literatur der Frühen Moderne (1890-1930). Definition. Denkge-
    schichtlicher Kontext. Strukturen, München 1991.

Zabka, Thoma: Faust II – Das Klassische und das Romantische. Goethes 'Eingriff in die neueste Li-
    teratur', Tübingen 1993.

Zeller, Rosmarie: Struktur und Wirkung. Zu Konstanz und Wandel literarischer Normen im Drama
    zwischen 1750 und 1810, Bern / Stuttgart 1988.

Ziegler, Klaus: Stiltypen des deutschen Dramas im 19. Jahrhundert. In: Formkräfte der deutschen
    Dichtung vom Barock bis zur Gegenwart, hrsg. v. Hans Steffen, 2. durchges. Aufl. Göttingen
    1967 [1963[1]], 141-164.

Ziolkowski, Theodore: Das Amt des Poeten. Die deutsche Romantik und ihre Institutionen. Aus dem
    Amerikanischen übers. v. Lothar Müller, Stuttgart 1992.

– Friedrich Schlegel und seine drei Tendenzen: krank oder gesund?. In: Goethe-Jahrbuch 112
    (1995), 121-134.

Zmegac, Viktor: Kategorien der literarischen Epochenbildung. Die Jahrhundertwenden 1800 und
    1900. In: Tradition und Innovation. Studien zur deutschsprachigen Literatur seit der Jahrhun-
    dertwende, Köln / Weimar 1993 (a), 9-25.

– Zur Geschichte ästhetischer Künstlichkeit. In: Tradition und Innovation. Studien zur deutsch-
    sprachigen Literatur seit der Jahrhundertwende, Köln / Weimar 1993 (b), 26-44.

Zollna, Isabell: Einbildungskraft (imagination) und Bild (image) in den Sprachtheorien um 1800. Ein
    Vergleich zwischen Frankreich und Deutschland, Tübingen 1990.

Zymner, Rüdiger: Manierismus. Zur poetischen Artistik bei Johann Fischart, Jean Paul und Arno
    Schmidt, Paderborn / München / Wien / Zürich 1995.